RECHERCHE
DE
LA NOBLESSE
DANS LA GÉNÉRALITÉ DE TOURS
EN 1666

PROCÈS-VERBAUX DE COMPARUTION

PUBLIÉS ET ANNOTÉS

PAR

L'ABBÉ ÉM.-LOUIS CHAMBOIS ET PAUL DE FARCY

MAMERS

G. FLEURY ET A. DANGIN, IMPRIMEURS-ÉDITEURS

M D CCC XCV

RECHERCHE

DE

LA NOBLESSE

DANS LA GÉNÉRALITÉ DE TOURS

EN 1666

RECHERCHE
DE
LA NOBLESSE
DANS LA GÉNÉRALITÉ DE TOURS
EN 1666

PROCÈS-VERBAUX DE COMPARUTION

PUBLIÉS ET ANNOTÉS

PAR

L'abbé Ém.-Louis CHAMBOIS et Paul De FARCY

MAMERS
G. FLEURY ET A. DANGIN, IMPRIMEURS-ÉDITEURS

M D CCC XCV

INTRODUCTION

UNE longue préface, exposant l'état de la noblesse française en 1666 et montrant par là même la nécessité absolue d'une poursuite sévère contre les usurpateurs des titres nobiliaires, eut, sans doute, été favorablement accueillie par beaucoup de nos lecteurs. Nous n'avons pas voulu entreprendre ce travail pour éviter, tout d'abord, de grossir démesurément ce volume et surtout parce que ceux qui s'intéressent à ces sortes de questions trouveront facilement ailleurs tous les documents relatifs à ce sujet.

Nous nous contenterons d'indiquer à quelles sources nous avons puisé la matière de notre travail. La partie la plus importante nous a été fournie par un manuscrit in-folio de 399 feuillets soigneusement numérotés, découvert par l'abbé Em.-Louis Chambois dans les archives d'un château de Touraine. Ce document, du plus haut intérêt historique, se trouvait là sans qu'on soupçonnât même son existence. Très-gracieusement donné à l'abbé Chambois il fut copié par ses soins, famille par famille, sur des fiches classées ensuite par ordre alphabétique.

Le volume ne porte aucun titre : le premier procès-verbal commence en haut du premier feuillet et le dernier clôt la dernière feuille, sans la moindre interruption. En examinant attentivement la reliure, on peut constater que pas une page n'a disparu : on est donc en présence d'un document absolument intact et complet.

Sur une feuille servant de garde au livre, on lit : « *Ce manuscrit est très-* » *curieux et peut servir, mais il ne doit estre communiqué qu'avec la plus* » *grande discrétion* ».

Les procès-verbaux sont originaux ; tous, sauf un seul, sont signés par les déposants. C'est ce volume qui servait à l'Intendant, ou à ses délégués, pour inscrire les actes de comparution. Les procès-verbaux ont été rédigés à Chinon, à Tours ou à Château-du-Loir : ce qui prouve que les commissaires se transportèrent dans ces localités afin de procéder plus facilement à leur enquête.

Le manuscrit est actuellement la propriété du très-distingué Président de la Société historique et archéologique du Maine, Monsieur le comte de Bastard d'Estang, et fait partie de la belle collection d'archives de son château de Dobert. Ce document est imprimé en première ligne et en gros caractères.

Le second ouvrage est conservé à la Bibliothèque nationale, Cabinet des Titres, volume 439. C'est un manuscrit, petit in-folio de 169 feuillets, il porte ce titre : « *Catalogue des gentilshommes des provinces de Touraine, Anjou et* » *Maine, qui ont représenté, en exécution de l'arrêt du conseil du 22 mars 1666,* » *leurs titres de noblesse, par devant Monsieur Voysin, conseiller du Roy en* » *ses Conseils, maistre des requestes ordinaires de son hôtel, commissaire* » *départy pour l'exécution des ordres de Sa Majesté en la Généralité de Tours,* » *dans lequel est marqué depuis quel temps ils ont justiffié la possession du* » *titre de noblesse, ensemble le blazon de leurs armes.* »

On trouve dans ce manuscrit quelques annotations de la main de d'Hozier de Sérigny. Les articles du volume 439 sont placés, en petits caractères, immédiatement après ceux du premier manuscrit. Enfin, le troisième document est une copie manuscrite du commencement du XVIIIe siècle, appartenant à M. Paul de Farcy. Elle intéresse seulement l'Anjou et a été publiée en 1890 dans la *Revue historique de l'Ouest*. Nous l'avons placée dans notre travail après les articles du volume 439.

Telles sont les diverses sources auxquelles nous avons puisé pour reconstituer la recherche de la noblesse de 1666 dans la généralité de Tours. Nous ne pouvons terminer cette courte introduction sans féliciter nos éditeurs d'avoir entrepris la publication d'un ouvrage de cette importance. Nous faisons les vœux les plus sincères pour que le succès vienne les récompenser de leur initiative et des généreux sacrifices qu'ils savent s'imposer pour l'avancement des sciences historiques dans notre région.

RECHERCHE
DE
LA NOBLESSE

DANS LA GÉNÉRALITÉ DE TOURS

UJOURD'HUY, huictiesme jour de septembre 1666, par devant nous Jean Le Breton, conseiller du Roy, lieutenant particulier, assesseur criminel et premier conseiller au bailliage et ressort de Chinon, est comparu Jean de Laspeire, chargé de l'exécution de l'arrest du Conseil du 22 mars dernier pour la recherche des usurpateurs du tiltre de noblesse, lequel nous a remonstré que Monsieur Voisin, chevallier, seigneur de la Noiraye, conseiller du Roy en ses conseils, m^{tre} des requestes ordinaire de son hostel, commissaire desparty par Sa Majesté pour l'exécution de ses ordres en la généralité de Tours, sur la requeste qu'il luy auroit présentée le jour d'hier auroit rendu son ordonnance par laquelle il nous auroit commis et subdélégué pour inscrire pendant son absence les inscriptions en faulx formées par led. Laspaire contre les tiltres et contracts communiqués par ceux qui se prétendent nobles jusqu'à jugement

définitif exclusivement, et aussy pour recevoir les comparutions sur les assignations données pour la réprésentation des tiltres de noblesse, requérant qu'il nous plaise accepter lad. subdélégation :

Signé : Ménouvrier, advocat dud. Laspeyre.

Sur quoy nous avons décerné acte aud. Laspeyre de sa comparution et requeste cy dessus, mesmes de la réprésentation de lad. requeste quy demeurera attachée à la minutte du présent procès verbal pour y avoir recours quand besoing sera, et en acceptant la subdélégation portée par lad. ordonnance, avons ordonné qu'il sera par nous procédé suivant et au désir d'icelle, à l'effect de quoy avons commis pour nostre greffier Pierre Savois, clerc et praticien, duquel à cette fin avons requis, pris et receu le serment en tel cas accoustumé.

Faict à Chinon, lesd. jour et an.

Signé : Le Breton.

A

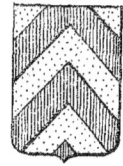

ACHÉ (Charles d'), seigneur dud. lieu, y demeurant eslection et génerallité d'Alençon, seigneur de Souvigné, la Roche-Talbot, génerallité de Tours, comparant le 12e aoust 1667, par m^tre Louis Le Damoysel, procureur suivant Monsieur l'Intendant, fondé de procuration spéciale passée devant Urban Roullet, notaire royal du Mans, demeurant à Sablé, lequel a dict que led. sieur d'Aché entend maintenir la qualité d'escuier et de chevallier, et qu'il luy est faict pareilles poursuictes par devant Monsieur de Marles, intendant en la génerallité d'Alençon et qu'il a laissé ses tiltres entre les mains de son greffier, à cause de quoy, il demande délay de les représenter, et a signé :

Le Damoysel.

Les pièces dud. sieur d'Aché luy ont esté rendues le 19e septembre 1668.

ACHÉ (d'). — Originaire du Mayne [1].

Messire Charles d'Aché, chevalier, seigneur dudit lieu, demeurant paroisse de Souvigné, élection de La Flèche, bailliage du Mans, a justiffié la possession du titre de noblesse depuis

---

(1) Cette famille, connue en Normandie dès avant le XIIIe siècle y fut maintenue en 1463, 1520, 1540 et 1666.

l'année 1525, commençant en la personne de messire Gallois d'Aché, chevalier, seigneur dud. lieu, eschanson ordinaire du Roy, et capitaine-général de tous les arquebusiers de l'armée de S. M., bisayeul dudit Charles d'Aché.

Porte : *Chevronné d'or et de gueules (de 6 pièces).*
— Charles d'Assé, renvoyé comme Gentilhomme.

ADDE ou DADDE (CHARLES), sieur de Bécheron, comparant le 8 juillet 1666, nous a dit qu'il entend maintenir la qualité d'escuyer, et qu'il mettera par devant nous les pièces dont il entend se servir, et a signé :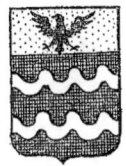

CHARLES DADDE.

Le 10 août 1666, led. sieur Dadde a mis au greffe ses pièces, lesquelles ont esté rendues au sieur Charpentier de la Rochedais, ayant charge dud. sieur Dadde, le 11 février 1667.

ADDE (D'). — Originaire de Milan.

Charles Dadde, escuier, sieur de Bescheron, demeurant paroisse de Saché, élection de Chinon, petit-fils d'Hercules Dadde, natif de Milan, et de la famille des Daddes qui s'establit en France et obtint des lettres de naturalisation en 1586, renvoyé au Conseil sur la contestation formée par le préposé à la recherche, et par arrêt contradictoire a été maintenu en sa noblesse et ordonné qu'il seroit compris dans le catalogue.

Armes : *De sable à deux fasces ondées, entées d'argent, au chef d'or chargé d'une aigle de sable* [1].

ADRIANSIN (RENÉ), sieur de Casant, gentilhomme ordinaire de Monsieur frère unique du Roy, demeurant paroisse de Ferrières sur Beaulieu, comparant le six avril 1667, par m^{tre} Michel Bernard, procureur au bureau des finances, en cette ville de Tours, lequel a dict qu'icelluy Adriansin entend maintenir la qualité d'escuyer [2], et a signé :

BERNARD.

Les pièces dud. sieur Adriansin ont esté rendues aud. Bernard, ce XVIe juillet 1667.

Condamné.

---

[1] Carré de Busserolles dit : *fascé enté d'argent et de sable de 6 pièces.* Cette famille est alliée dans le Maine aux du Buat.
[2] Cette famille portait : *De sable à la fasce d'argent surmontée de 3 merlettes rangées en chef de même.*

AMAURY ou **AMORY** (Pierre), sieur de Lavau, y demeurant parroisse de Verrüe, ellection de Richelieu, seneschaussée d'Angers, comparant le xxᵉ septembre 1667 lequel a dit qu'il entend maintenir la qualité d'escuyer, pour la justiffication de laquelle il a mis au greffe les pièces dont il entend se servir et a signé :

Pierre Amaury.

Les pièces dud. sieur Amaury luy ont esté rendues ce 22 septembre 1667.

AMORY. — Originaire du Poitou.

Pierre Amory, escuier, sieur de la Vau, demeurant paroisse de Verrüe, élection de Richelieu a justiffié la possession du titre de noblesse depuis l'année 1547 commençant en la personne de son bysayeul.

Porte pour armes : *De gueules à 3 fleurs de lys d'or, 2 et 1* ¹.

AMELLON (François), lieutenant criminel en l'Eslection du Mans, y demeurant, comparant le 29 juillet 1666, nous a dit qu'il n'a poinct pris la qualité d'escuier, n'y s'est servy d'icelle, estant à cause de sa charge exempt des Tailles, et a signé :

Amellon.

Condamné.

AMELLON (Mᵗʳᵉˢ Jacques), sieur d'Amigné, grenettier au grenier à sel du Mans, Louis Morin, sieur de la Masserye, et Guillaume Lepintre, sieur de Bremetier?, controlleurs aud. grenier et René Mocquereaux procureur aud. grenier, ont comparu le douze avril 1669 par Jacques Delahaye, clerc de Mᵉ Michel Bernard, procureur au bureau des finances à Tours, lequel Delahaye pour satisfaire aux assignations à eux données a dict qu'ilz n'ont jamais pris la qualité d'escuyer et qu'ilz y renoncent.

Delahaye.

René Amellon fut maintenu en sa noblesse le 7 juin 1697 et mourut en 1703. De cette famille était Jacques-François-Charles Amellon, écuyer, sieur de Fatines, gendarme de la

---

(1) Carré de Busserolles et Denais donnent à cette famille : *D'azur au chevron d'argent, surmonté de 3 étoiles d'or et accompagné en pointe de trois roses mal ordonnées de même.*

garde ordinaire du Roi, fils de feu Jacques-François, écuyer, juge-magistrat au Mans et de Geneviève Le Goué, qui épousa, le 14 septembre 1761, Louise de Renusson de la Borde, fille de Pierre, écuyer, et de Jeanne-Françoise Le Boucher.

Armoiries : *D'or à 3 roses de gueules 2 et 1 et une hermine de sable en cœur.*

AMIRAULT (Moise)[1], sieur de Chantrobin, gentilhomme servant de la grande fauconnerie, demeurant à Saumur, comparant le 4 aoust 1666, a dit n'avoir jamais pris la qualité d'escuier.

AMYRAULT (Moise), sieur de Champ-Robin, gentilhomme servant de la grande fauconnerie du Roy, demeurant parroisse de Vivy, eslection et ressort de Saumur, comparant le dix octobre 1666, a dit avoir déjà esté assigné aux mesmes fins et en conséquence comparu au greffe et déclaré comme il fait de rechef qu'il ne prétend point la qualité d'escuyer par sa naissance et qu'il ne l'a prise qu'en conséquence de sad. charge de gentilhomme servant de la grande fauconnerie et depuis seulement qu'il en est pourveu et qu'il produira au premier jour les pièces dont il entend se servir pour la justiffication de ses prétentions, et a signé :

AMYRAULT.

Bouet[2] (Damoiselle Perrine), vefve de deffunct RENÉ AMOUREUSE, vivant escuier, sieur de Vernusson, demeurante au bourg de Jallais, eslection et ressort d'Angers, mère et tutrice des enfans dud. deffunct et d'elle, comparante le XXIe may 1667, par m{tre} Le Damoysel, procureur suivant monsieur l'Intendant, lequel a dit que lad. damoiselle entend maintenir la qualité d'escuier prise par sondict mary, lequel estoit d'extraction noble, et demande délay pour répresenter ses tiltres de noblesse et faire sa production conjoinctement avec Pierre Amoureuse, sieur du Mureau qui a la plus grande partye de ses tiltres et a led. Damoysel signé :

LE DAMOYSEL.

---

(1) Voir sur ce personnage : C. Port. *Dict. de Maine-et-Loire*. Tome I. p. 21.
(2) Bouet : *D'azur au chevron d'or accompagné de 3 roses de même 2 et 1.*

AMOUREUSE (Pierre), sieur du Mureau et de la Bellottière, demeurant parroisse de Sainct-Pierre-de-Chemillé, eslection et ressort d'Angers, comparant le XXIe may 1667 par m^{tre} Le Damoysel, procureur suivant monsieur l'Intendant, lequel a dict que icelluy sieur du Mureau entend maintenir la quallité d'escuier et que pour cet effect demande délay pour apporter ses tiltres de noblesse, et a led. Damoysel signé :

Le Damoysel.

AMOUREUSE (René), sieur de Vernusson, demeurant au bourg de Jallais, eslection d'Angers, comparant le cinquiesme octobre 1668, lequel a déclaré qu'il entend maintenir la qualité d'escuier, qu'il est l'aisné de sa maison, que Marcial, Marie, Françoise, Michelle, Claude et Charlotte Amoureuse, sont ses frères et sœurs mineurs, que Pierre Amoureuse, sieur de Murcau, et ...... Amoureuse, sieur des Landes, sont issus d'une branche de cadets de sa maison et n'en connoist autres qui portent son nom et armes qui sont : *d'azur, à trois testes d'aigle d'or, arrachées, bectéez d'argent, accompagnées de six trèfles aussy d'argent*, et pour la justiffication de sad. qualité a mis au greffe les pièces et tiltres dont il entend se servir et damoiselle Perrine Bouet, sa mère, vefve de deffunct René Amoureuse, sieur de Vernusson, son père, laquelle auroit cy-devant comparu, et a signé :

René Amoureuse.

Les pièces dud. sieur Amoureuse luy ont esté rendues le sixiesme octobre 1668.

AMOUREUSE. — Originaire d'Anjou.
Pierre Amoureuse, écuyer, sieur du Mureau, demeurant paroisse de Saint-Pierre-de-Chemillé, René Amoureuse, écuyer, sieur de Vernusson et Martial Amoureuse, son frère, demeurants paroisse de Jallais, élection d'Angers, ont justifflé la possession du titre de noblesse depuis l'année 1490, commençant en la personne de leur quart ayeul. Porte : *d'azur à 3 têtes d'aigle arrachées d'or, accompagnées de 6 trèfles d'argent, 3, 2 et 1*.
— René Amoureuse et Pierre... curent acte de la représentation de leurs titres scavoir led. Pierre le 14 juin 1667 et led. René le 6 octobre 1668.

AMYOT (Antoine), sieur de la Potterie, garde du corps du Roy, demeurant aud. lieu, parroisse de Bérus, eslection du Mans, duché et pairie de Saosnois, comparant le xiie décembre 1667, a dit qu'en l'année 1660, ayant esté desnoncé et poursuivy à la Cour des aydes à la requeste d'une personne mal intentionnée contre luy pour raison de la qualité d'escuier qu'il prenoit, il auroit esté condamné par arrest de lad. Cour en la somme de deux mil livres, au préjudice de quoy, il n'auroit délaissé de prendre lad. qualité d'escuyer en conséquence du pouvoir à luy octroyé par les lettres de provision à luy accordées par Sa Majesté de lad. charge de garde du corps de Sad. Majesté en l'année 1664, laquelle il entend maintenir tant qu'il sera pourveu de lad. charge et non par sa naissance, et que pour faire voir qu'il a esté pourveu de lad. charge, il produira cy-après les pièces dont il entend s'ayder, et a signé :

AMYOT.

AMYS (GABRIEL), conseiller du roy, assesseur civil et lieutenant particulier en la séneschaussée et siège présidial de Chasteaugontier, eslection dud. lieu comparant le 12e du mois d'aoust 1666, lequel, pour satisfaire à l'assignation à luy donnée sur deffault le quatre dud. mois par exploict de Breton, huissier, pour procéder aux fins dud. exploict dud. deffault et de nostre ordonnance y énoncée, a dit led. deffault avoir esté mal obtenu pour ne luy avoir esté donné de précédente assignation et qu'il a droict de prendre la qualité d'escuyer parcequ'il est fils puisné de deffunct Salomon Amys, vivant conseiller et doyen du Parlement de Bretagne, qui est mort revestu de sa charge qui a vacqué aux parties casuelles, le droict annuel estant révoqué lors de son décéds, et que par arrest du Parlement du Paris, il a esté ordonné que sa succession seroit partagée noblement, ce qui a esté faict en sorte qu'il est dans la disposition des ordonnances qui veulent que la qualité ne soit poinct contestée lorsqu'elle est confirmée par un arrest du Parlement ; que led. Amys estant allé de la ville d'Angers, lieu de sa naissance, qui est ville franche, en celle dud. Chasteau-Gontier pour y exercer sa charge, les habitans dud. lieu l'ont imposé au roolle de la Taille, au sujet de quoy instance s'est meue et dévolue à la Cour des aydes où il a pris commission pour faire assigner son frère aisné afin de maintenir sa qualité ou luy rendre les avantages d'aisnesse qu'il a pris sur luy, lequel s'estant pourveu au Parlement de Paris a faict naistre un conflict de jurisdiction qu'il a porté au privé conseil où Thomas Bosseau cy devant chargé de la recherche des nobles et La Vallée Cornet sa caution sont intervenus,

lesquels ayant eu communiquation des tiltres dud. Amys a recogneu et demeuré d'accord qu'il n'avoit poinct usurpé la qualité d'escuyer et s'est désisté de luy faire demande de l'amande, mais parce que par surcroist de bon droict led. Amys avoit obtenu des lettres de Sa Majesté conformes aux déclarations rendues en faveur des Parlemens de Paris et de Bretagne, led. Bosseau incista à ce qu'il luy payast la somme de quinze cens livres, prétendant que lesd. lettres estoient d'anoblissement, et néantmoins pour se libérer de vexation, quoy qu'il ne luy dust rien, il luy a payé la somme de douze cens livres, lequel payement a esté aprouvé aud. conseil et a entré dans les comptes que led. Bosseau a rendus à ceux qui estoient préposés par Sa Majesté pour le recevoir et parceque les pièces pour la justifification de ce que dessus sont produictes à la Cour des aides aud. procès qu'il y a contre lesd. habitans de Chasteaugontier, il a requis délay compétant de les retirer et nous les réprésenter, et a faict eslection de domicille en la personne de M^{tre} Michel Bernard, procureur au bureau des finances à Tours, estant à nostre suitte, et a signé :

GABRIEL AMYS [1].

Le 21e septembre 1666, led. sieur Amys a mis au greffe les pièces dont il entend se servir, lesquelles ont esté paraphées par première et dernière.

Le 22e décembre ensuivant, led. sieur Amis a produict de nouveau.

Les pièces dud. sieur Amis ont esté rendues aud. Bernard, son procureur fondé de procuration pour les retirer, le 31 mars 1667.

AMYS (ANTOINE), advocat en parlement, demeurant à Chasteaugontier, bailliage et eslection de lad. ville, comparant le 19 aoust 1666 par m^{tre} Michel Bernard, son procureur et au bureau des finances de Tours, fondé de procuration passée devant René Rigault, notaire royal aud. Chasteaugontier, le seize du présent mois d'aoust, lequel Bernard, en vertu du pouvoir à luy donné par lad. procuration qui est demeurée au greffe, a dit pour satisfaire à l'assignation donnée aud. Amys sur deffault le quatre du présent mois à la requeste de Laspeyre par exploict de Breton, que led. deffault a esté mal obtenu pour n'avoir esté donné de précédente assignation aud. Amys et qu'icelluy sieur

---

(1) Armoiries : *D'argent au chevron de gueules, accompagné de 3 feuilles de vigne de sable 2 et 1.* — Aliàs : *D'argent à 3 feuilles de vigne de sinople, 2 et 1.* (Généalogie Gaultier de Brûlon).

Amys entend maintenir la qualité d'escuyer, estant fondé de la prendre suivant les tiltres qu'il communiquera, lesquels tiltres estans aux Cours de Parlement et des Aydes produicts aux procès qu'il y a, il prétend demander délay de les retirer pour les produire, et a signé :

BERNARD.

Les pièces dud. sieur Amys ont esté rendues à m^{tre} Michel Bernard, procureur au bureau des finances à Tours, fondé de procuration pour les retirer, ce dernier mars 1667.

Condamné.

AMYS (PIERRE), sieur du Ponceau, capitaine du chasteau de Sablé, demeurant à Angers, comparant le 24e aoust 1666, lequel pour satisfaire à l'assignation à luy donnée à la requeste de Laspeyre, pour voir dire que l'arrest rendu contre luy à la Cour des aydes, le 20 may 1665 sera exécuté et ce faisant contrainct au paiement des sommes y contenues tant en principal que dépens, par exploict de Carré, du dix-sept de ce mois, a dit que led. arrest de la Cour des aydes ne lui peut nuire ny préjudicier comme estant rendu par deffault, et qu'il maintient et prétend justiffier la qualité d'escuyer par luy prise et qu'ainsy il n'est point usurpateur de noblesse puisque feu Salomon Amy, son père, est mort conseiller et soubz doyen du Parlement de Bretagne, revestu de sa charge après vingt neuf ans de services, que feu Anthoine Amys, son frère aisné a partagé la succession paternelle noblement, que luy Pierre Amys s'en estant voulu faire relever par arrest du Parlement du six juin 1643, il a esté dit que lad. succession seroit partagée noblement, et que quand à luy, il a toujours servy le Roy en ses armées et dans les négociations près les ambassadeurs de Sa Majesté, sans avoir jamais tiré aucun advantage ny bénéfice pour avoir pris lad. qualité d'escuyer, et n'ayant tous les tiltres pour la justiffication de ce que dessus, attendu qu'il est cadet, il prétend présenter requeste à Monsieur l'intendant afin qu'il luy soit donné délay compétant de les retirer de ses aisnés et les réprésenter, et a faict eslection de domicile en la personne de m^{tre} Miré, estant à la suitte de mond. sieur l'intendant, et a signé :

PIERRE AMYS.

Les pièces dud. sieur Amys ont esté rendues à m^{tre} Michel Bernard, procureur au bureau des finances, fondé de procuration pour les retirer, ce dernier mars 1667.

Damoiselle Marie de Baraudin [1], veufve de CHARLES D'ANCELON, sieur de Fontbaudry, demeurant en la ville de Loches, parroisse de Sainct-Ours, comparant le troisiesme septembre 1668, par m^{tre} Michel Bernard, lequel a dit qu'icelle veufve entend maintenir la qualité d'escuyer dud. deffunct son mary, lequel estoit cadet de sa maison et que l'aisné qui a les tiltres de lad. maison les a produicts devant monsieur l'intendant de la générallité de Poictou, et a led. Bernard signé :

BERNARD.

Lad. damoiselle de Baraudin a mis au greffe les tiltres dont elle entend se servir par Jean Leclerc, clerc dud. Bernard, le 31 janvier 1669

J'ay soubsigné, clerc de m^e Michel Bernard, recongnois que les pièces et tiltres de noblesse de lad. dame Ancellon, m'ont esté remis entre les mains. Faict à Tours, ce 7 febvrier 1669.

DELAHAYE.

DANCELON. — Originaire de Touraine.

D^{lle} Marie Baraudin v^e de Charles Dancelon, escuier, sieur de Fontbaudry, mère et tutrice d'Honorat et d'Antoine Dancelon ses enfans, demeurans en la ville de Loches, ont justifié la possession du titre de noblesse depuis l'année 1532, commençant en la personne du bisayeul dudit Charles Dancelon son mary.

Porte : *De gueules semé de fleurs de lis d'or* [2].

ANDIGNÉ (CHARLES D'), sieur de l'Espinay, demeurant parroisse de Sainct-Georges-sur-Loire, eslection et seneschaussée d'Angers, comparant le xxviiie avril 1667 tant pour luy que pour Christophle d'Andigné, sieur des Essarts, mesmes maison et parroisse, son père, et Louis d'Andigné, sieur de la Haie,

---

(1) De Baraudin. — *D'azur à 2 bandes d'or,* alias, *d'argent, accompagnées de 3 étoiles de même posées en pal.*
(2) Carré de Busserolles dit : *De gueules semé de fleurs de lis d'argent au franc canton aussi d'argent chargé d'une fleur de lis d'azur.*

son frère, demeurant aussy mesmes maison et paroisse, lequel pour satisfaire à l'assignation donnée à sond. père, a dit que sesd. père, frère et luy entendent maintenir la qualité d'escuyer, qu'ils sont seuls d'une branche de leur maison, que... d'Andigné, marquis de Vezins, maison et paroisse d'Angrie, eslection d'Angers, et seneschaussée de lad. ville, est d'une autre branche de lad. maison ; que... d'Andigné, sieur des Touches, est encore d'une autre branche de lad. maison ; que... d'Andigné, sieur de la Chelluère, est aussy d'une autre branche de lad. maison ; que... d'Andigné, sieur de la Ragottière, est aussy d'une autre branche ; que... d'Andigné, sieur de la Gresleraye, est encor d'une autre branche ; que... d'Andigné, sieur de la Chasse, demeurant en Bretagne, est encor d'une autre branche ; que... d'Andigné, sieur de la Barre, est encor d'une autre branche ; que... d'Andigné, sieur de Mainneuf, demeurant à Angers, est encor d'une autre branche de lad. maison, et qu'il n'en cognoist d'autres, et que tous lesd. sieurs d'Andigné, sont demeurans dans l'étendue de cette généralité, et ne scait précisément les paroisses, et qu'il porte pour armes : *d'argent à trois aigles de gueules, becquées et pietées d'azur*, et pour la justification de la noblesse desd. et de luy a mis au greffe les pièces dont ils entendent se servir, et a signé :

C. D'ANDIGNÉ.

Les pièces dud. sieur de l'Espinay luy ont esté rendues ce XXI may 1667.

— Christophe d'Andigné... eut acte de la représentation de ses titres le 21 mars 1667.

ANDIGNÉ (CHARLES-FRANÇOIS D'), marquis de Vezins, demeurant à Angers, comparant le deux mai 1667, par m^{tre} Jacques-Paul Mirey, procureur estant à la suitte de Monsieur l'Intendant, lequel a dit que led. sieur de Vezins entend maintenir sa qualité de gentilhomme de nom et d'armes, et a signé :

MIREY.

— Charles d'Andigné... eut acte de la représentation de ses titres le 6 juin 1667.

ANDIGNÉ (JEAN D'), sieur de Chazé, demeurant paroisse de Sainct Aubin, eslection d'Angers, bailliage de Chasteaugontier, comparant le 30 may 1667, tant pour luy que pour dame Suzanne d'Andigné, veufve de René d'Andigné, seigneur de Ribou, mère et tutrice de Louis, René et Jean-Baptiste d'Andigné, enfans dud. deffunct et d'elle, demeurans paroisse de Saincte James, près Segré, eslection et seneschaussée de lad. ville d'Angers, pour Jean d'Andigné, sieur de Saincte James, demeurant parroisse de la Jaillette, mesmes eslection et seneschaussée, et pour Louis d'Andigné, demeurant province de Bretagne, par m^{tre} Louis Le Damoysel, procureur à la suitte de monsieur l'Intendant, lequel a dict qu'ils entendent maintenir la qualité d'escuier pour justiffication de laquelle il a mis au greffe les pièces dont ils entendent se servir, portent pour armes : *d'argent à trois aigles de gueules becquées et patées d'azur*, et a signé :

LE DAMOYSEL.

Les pièces desd. sieurs et dame ont esté rendues le dix huict juin 1667.

— Jean d'Andigné... eurent acte de la représentation de leurs titres le 17 juin 1667.

ANDIGNÉ (GUY D'), sieur de la Ragottière, gentilhomme de Monsieur le marquis de Jarzé, aide de camp dans les armées du Roy, demeurant parroisse de Marigné, eslection de Chasteau-Gontier, comparant le xxx mars 1668, par m^{tre} Louis Le Damoysel, procureur à la suite de monsieur l'Intendant, lequel a dit que led. sieur d'Andigné entend maintenir la qualité d'escuier et que pour la justifier il demande délay de représenter ses tiltres attendu qu'il est sur son départ pour aller trouver led. sieur de Jarzé à Paris, pour ensuitte aller aux armées de Sa Majesté, et porte pour armes : *d'argent, à trois aigles exployées de gueulles*, et a led. Le Damoysel signé :

LE DAMOYSEL.

Les pièces dud. sieur d'Andigné luy ont esté rendues le xxIIII avril 1668.

— Guy d'Andigné... eut acte de la représentation de ses titres le ... avril 1668.
— Jean d'Andigné, seigneur de la Ragottière..... le 4 avril 1668.

ANDIGNÉ (ARMAND D'), sieur de Beauregard, demeurant en la parroisse de Jumelles, eslection et ressort de Baugé, comparant le vi^e octobre 1668, a dit qu'il entend maintenir la qualité d'escuier, qu'il est aisné de sa maison et qu'outre René d'Andigné, sieur de la Chaluère, son oncle, et les sieurs d'Andigné de la province d'Anjou, il n'en connoist autres de son nom et armes, qu'il porte : *d'argent, à trois aigles esployées de gueules, membrées d'azur*, et pour la justiffication de sa qualité d'escuier il produira au premier jour les pièces et tiltres dont il entend se servir et a signé :

D'ANDIGNÉ.

ANDIGNÉ (RENÉ D'), seigneur de la Challuère, demeurant parroisse de Gennes, eslection de Chasteaugontier, comparant le 11e janvier 1668, par m^{tre} Louis Le Damoysel, procureur à la suitte de monsieur l'Intendant, lequel a déclaré que led. sieur entend maintenir la quallité d'escuier, qu'il est puisné de la maison de Grand-Fontaine d'Andigné, parroisse de Ruillé, en Anjou, eslection dud. Châteaugontier, avec Eustache et Hector d'Andigné, ses frères puisnés, led. Eustache bénéficier et led. Hector, chevalier de Malte, commandant le régiment d'infanterye de Carignan pour le service du Roy en Canadas, avec plusieurs autres portans led. nom d'Andigné et mesmes armes qui sont : *d'argent à trois aigles de gueules onglées et bectées d'azur* et pour la justiffication de lad. qualité demande délay de représenter ses tiltres attendu qu'ils sont entre les mains de son procureur à Paris, et a led. Le Damoysel signé :

LE DAMOYSEL.

ANDIGNÉ (D'). — Originaire d'Anjou.

Messire François d'Andigné, chevalier, seigneur marquis de Vezins, demeurant paroisse d'Angrie, élection d'Angers, a justifié la possession du titre de noblesse depuis l'année 1441 commençant en la personne de son quartayeul.

Christophe d'Andigné, écuyer, seigneur des Essarts et Charles d'Andigné, son fils, demeurans paroisse de Saint-Georges, élection d'Angers, ont justifié la possession, du titre de noblesse depuis l'année 1484 commençant en la personne du trisayeul dud. Christophe.

Jean d'Andigné, écuyer, seigneur de Chazé, demeurant paroisse de Saint-Aubin, René, Jean et Louis d'Andigné ses petits neveux, demeurans paroisse de Sainte-James près Segré, Jean d'Andigné, écuyer, seigneur de Sainte-James, neveu dud. Jean, Louis et François d'Andigné frères, aussi neveux dud. seigneur de Chazé, demeurans en Bretagne, ont justifié la possession du titre de noblesse depuis l'année 1530 commençant scavoir led. Louis et François d'Andigné en celle de leur bisayeul et lesd. René, Jean et Louis en celle de leur trisayeul.

Guy d'Andigné, écuyer, sieur de la Ragottière, demeurant paroisse de Marigné, élection de Châteaugontier, bailliage d'Angers, a justiffié la possession du titre de noblesse depuis l'année 1551 commençant en la personne de son bisayeul, portent : *d'argent à 3 aigles éployées d'azur, armées et becquées de gueules, 2 et 1*.

— Armand d'Andigné, René... eurent acte de la représentation de leurs titres le 20 mars 1670.

— Charles d'Andigné, seigneur des Escottais et René, seigneur de Montgauger..., eurent acte de la représentation de leurs titres le 30 décembre 1669.

— Jean d'Andigné, seigneur de la Ruaudière... eut acte de la représentation de ses titres le 5 février 1669.

ANGENEAU (M^{tre} Pierre), cy-devant conseiller au présidial de Tours, y demeurant, comparant le cinquiesme janvier 1669, a dit qu'il n'a jamais pris la qualité d'escuyer et a toujours demeuré en lad. ville où il a exercé et fait la fonction de lad. charge de conseiller et de celle d'assesseur du prévost provincial de lad. ville, et a signé :

P. Angeneau.

ANGLERAIS (Ignace d') sieur de la Boissière, demeurant à Chaumussay, eslection et ressort de Loches, bailliage de Tours, comparant le dix huict febvrier 1667, a déclaré qu'il entend maintenir la qualité d'escuyer, qu'il est puisné de sa maison, et qu'Adrien d'Anglerais, sieur de Trisac, demeurant dicte paroisse de Chaumussay, est son aisné, et que Anne d'Anglerais, sieur de Joussy, demeurant à Paris, est son cousin-germain, et François d'Anglerais, sieur de la Roche, demeurant paroisse de Genillé, est son cousin remué de germain, et qu'il n'en cognoist autres de son nom et armes qu'il porte : *de sable, à l'aigle esploiée d'argent afrontée*, et pour la justiffication de lad. qualité a mis au greffe les pièces dont il entend se servir, et a signé :

Ignace d'Anglerais.

Les pièces dud. sieur ont esté rendues le deux mars 1667.

ANGLERAIS (Adrien d'), sieur de Trisac, demeurant paroisse de Parçay, eslection et ressort de Richelieu, comparant le 8e aoust 1668, a dit qu'il entend maintenir la quallité d'escuier, qu'il est puisné de sa maison, que Ignace d'Anglerais, sieur de la Bouessière, demeurant parroisse de Chaumussay, eslection et ressort de Loches, est son frère cadet, que Anne d'Anglerais, escuier, advocat au conseil privé du Roy, demeurant à Paris, est son cousin-germain, que François d'Anglerais, sieur de la Roche, demeurant paroisse de Genilly, aussy eslection de Loches est pareillement son cousin, et n'en connoist autres qui portent son nom et armes qui sont : *de sable à une aigle exployée d'argent*, et pour la justiffication de lad. qualité d'escuyer employe l'inventaire des pièces justificatives de sa noblesse cy-devant produict par led. Ignace d'Anglerais son frère, et l'acte de renvoy que monseigneur l'Intendant luy a donné au bas dud. inventaire et a signé :

Adrien d'Anglerais.

ANTHENAISE (Augustin d'), sieur de la Boullaye, demeurant parroisse de la Renaudière, comparant le dix sept may 1667, par Louis Le Damoisel, procureur estant à la suitte de Monsieur l'Intendant, lequel a dict que led. sieur d'Antenaize entend maintenir la qualité d'escuyer, qu'il n'est que cadet de sa maison et que les tiltres pour la justification de sa noblesse sont entre les mains de la veufve de Charles d'Anthenaise, vivant son frère aisné, laquelle est demeurante en Bretagne, pour retirer lesquels tiltres et les produire, il prétend demander délay et a signé :

Le Damoysel.

La dame d'Anthenaise a produict les tiltres tant pour elle que pour ses enfans et pour led. Augustin d'Anthenaize le sept juin 1667 par led. Le Damoysel, son procureur.

Les pièces ont esté rendues à lad. dame d'Anthenaise, le onze juin 1667.

Signé : Anne Le Peigné.

ANTHENAISE (d'). — Originaire du Mayne.
D^{elle} Anne Lespaigné v^e de deffunct Charles d'Anthenaise, escuyer, sieur de Portjouslin, Charles et Marguerite d'Anthenaise ses enfans, demeurans paroisse de Vallets, pays de Bretagne, évêché de Nantes, et Augustin d'Anthenaise, escuyer, sieur de la Boullaye,

demeurant paroisse de la Renaudière, élection et ressort d'Angers, ont justiffié la possession du titre de noblesse depuis l'année 1539, commençant en la personne de leur bisayeul.

Porte : *écartelé aux 1 et 4 d'argent à une aigle éployée de gueules, aux 2 et 3 vairé d'or et de gueules, sur le tout bandé d'argent et de gueules de 8 pièces.*

ARGY (JEAN D'), sieur de Manne, demeurant parroisse de Crouzilles, eslection et ressort de Richelieu, bailliage de Tours, comparant le trante aoust 1666, a déclaré qu'il entend maintenir la qualité d'escuyer, et qu'il est issu et aisné d'un cadet et qu'il ne cognoist de lad. branche que damoiselle Charlotte d'Argy, femme de Louis Bergerault, escuier, sieur de Malmault et que le sieur d'Argy, demeurant au pays blaisois, est chef du nom et des armes qu'il porte : *d'or, à cinq fasces et demye d'azur*, et pour la justiffication de lad. qualité a mis au greffe les pièces dont il entend se servir, et a faict eslection de domicille en cette ville de Chinon, au logis de m^tre André Bourguignon, et a signé :

J. D'ARGY.

Lesd. pièces ont esté rendues aud. sieur d'Argy le cinq octobre 1666.

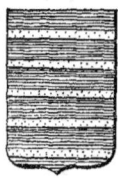

ARGY (JEAN D'), sieur de la Raudière et de Neron, demeurant aud. lieu de la Raudière, parroisse de Fransay, eslection de Chasteaudun, bailliage de Tours, comparant le quatre febvrier 1669, a dit qu'il entend maintenir la qualité d'escuier, qu'il est aisné de sa maison de laquelle il ne congnoist que Louis d'Argy, escuier, sieur de la Cour d'Argy, demeurant à la Cour d'Argy parroisse d'Unzain, eslection de Blois, Jean d'Argy, escuier, provost et antien chanoine de l'église de Vendosme et Jean d'Argy, frère de luy comparant, et qu'il porte pour armes : *d'azur, à cinq fasces d'or*, et pour la justiffication de sa noblesse a produict et mis au greffe les pièces dont il entend se servir et a signé :

J. D'ARGY.

Les pièces dud. sieur d'Argy luy ont esté rendues ce cinquiesme febvrier 1669.

ARGY (d'). — Originaire de Touraine.

Jean Dargy, escuyer, sieur de la Raudière, demeurant paroisse de Françay, élection de Chateaudun, bailliage de Tours, a justiffié la possession du titre de noblesse depuis l'année 1522 commençant en la personne de François Dargy, son bisayeul.

Jean Dargy, escuyer, sieur de Mannes, demeurant paroisse de Crousilles, élection de Richelieu, bailliage de Tours, a justiffié la possession du titre de noblesse depuis l'année 1491 commençant en la personne de son trisayeul.

Porte : *d'azur à 5 burelles d'or* [1].

ARMENAULT (Pierre), conseiller du roy, président au grenier à sel de Chinon, y demeurant, comparant le 19 aoust 1666, lequel pour satisfaire à l'assignation à luy donnée à la requeste de Laspeyre, le quatre du présent mois, sur deffault, par exploict de Breton, huissier, pour procéder aux fins desd. deffault, exploict et ordonnance y énoncée, a dit led. deffault avoir esté mal obtenu, ne luy ayant point esté donné de précédente assignation et qu'il n'a jamais prétendu ny ne prétend lad. qualité d'escuyer qu'il n'a jamais prise et que sy elle luy a esté donnée par quelques actes, ç'a esté à son inseu et sans son consentement et qu'il a toujours esté imposé aux rolles des tailles avecq les autres officiers du grenier, ainsy qu'il le justiffiera, et a faict eslection de domicille en la personne de m^{tre} Bernard, et a signé :

ARMENAULT [2].

Condamné.

ARSAC (Charles d'), sieur de Ternay, demeurant parroisse de Ternay, eslection et ressort de Loudun, comparant le trois mars 1667, lequel, pour satisfaire à l'assignation à luy donnée à la requeste de Laspeyre, a dit qu'il entend maintenir la qualité d'escuyer, qu'il est aisné de sa maison, et qu'outre Cézard d'Arsac, pbrestre, prieur de Sainct Vincent de l'Oratoire en Mons, son frère, il ne cognoist personne de son nom et armes : qu'il porte : *de sable à un aigle d'argent onglé et becqueté de gueules*, et a faict eslection de domicille

---

(1) Carré de Busserolles dit : *d'or à 5 trangles d'azur.*
(2) Une famille Armenault résidait à Tours à la fin du XVIIe siècle et portait pour armes : *d'hermines, à deux bandes de gueules.*

en cette ville de Tours, au logis de m^{tre} Jean Moreau, commis au greffe criminel de Tours, rue de la Gallère, et a signé :

Charles d'Arsac.

Les pièces dud. d'Arsac luy ont esté rendues ce XXI juillet 1667.

ARSAC (d'). — Originaire de Loudunois.
Charles d'Arsac, écuyer, sieur du Chesne, demeurant paroisse de Ternay, élection et bailliage de Loudun, a justiffié la possession du titre de noblesse depuis l'année 1525 commençant en la personne de son bisayeul.
Porte : *de sable à l'aigle esployée d'argent, becquée et onglée de gueules.*

ARTAUD.
Jean Artaud, écuyer, maître de la chambre des comptes de Nantes, eut acte de la représentation de ses titres le 22 mars 1681.
Armoiries : *de gueules à 3 tours d'or, 2 et 1.*
— Catalogue d'Anjou.

ARTUS (Hercules), sieur de la Vaudelle, âgé de 58 ans, demeurant à Mézeré, bailliage du Mans, fils aisné et seul héritier de Jean Artus, sieur de Mordoy, lequel Jean Arthus estoit puisné de Hercules Arthus, sieur de Remars, duquel Hercules Artus aisné est issu Urban Artus, sieur de la Poussetière, qui n'a laissé que des filles. Tous lesd. sieurs Artus ayans pour armes : *un lion rampant d'or en champ d'azur* ; lequel sieur Hercules Arthus comparant le 23 juillet 1666, a dit qu'il entend maintenir la qualité d'escuyer, et que la plus part de ses tiltres estans produicts à la Cour des aydes au procès qui y est indécis entre les habitans de Montigné et lesd. sieurs Hercules et Urban Artus, il a requis délay pour les retirer. Signé :

H. Artus.

AULBERT ou AUBERT (Pierre d'), sieur de Launay, de Beaulieu, demeurant parroisse du Pertre, ressort et bailliage de Rennes, comparant le 14e aoust 1666, lequel pour satisfaire à l'assignation à luy donnée sur deffault à la requeste de Laspeyre le cinq du présent mois par exploict de Breton, huissier, pour procéder aux fins desd. exploicts et deffault et de nostre ordonnance y énoncée, a dit qu'il entend maintenir la qualité d'escuyer par luy prise, et qu'estant de la province de Bretagne où il peut estre assigné aux mesmes fins, ce qui le pouroit consommer en grands frais, il nous a requis le renvoyer par devant le sieur commissaire départy par Sa Majesté dans lad. province pour y représenter ses tiltres ou luy octroyer un délay de deux mois pour nous représenter sesd. tiltres, et a faict eslection de domicille en cette ville de Chinon, au logis de me André Guérin, procureur en cette ville et a signé :

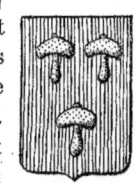

P. D'AULBERT.

Led. sieur a produict ses pièces le 5 octobre 1666.
Led. sieur a mis au greffe une seconde production le 7 febvrier 1667.
Les pièces dud. sieur luy ont esté rendues ce 13e febvrier 1667 [1].

AUBERY (JACQUES), sieur de Varennes, y demeurant, parroisse du Bouchet, eslection de Richelieu, bailliage de Tours, comparant le XIIIe septembre 1667, en la ville de Loches, a dit qu'il entend maintenir sa qualité d'escuyer, pour la justiffication de laquelle il représentera cy après les pièces et tiltres dont il s'entend ayder en luy donnant un délay de deux mois pour le faire, et a signé :

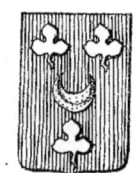

JACQUES AUBERY.

AUBERY (LOUIS), sieur du Maurier, demeurant parroisse de la Fontaine Sainct-Martin, eslection de la Flèche, ressort du Mans, comparant le quinze juin 1667, tant pour luy que pour Maximilien Aubery, sieur de la Fontaine d'Angé, demeurant parroisse de... eslection de Chinon, et encore pour Maurice Aubery, sieur de la Ville-au-Maire, demeurant parroisse d'Huismes, eslection dud. Chinon, ses frères, a dict qu'il entend maintenir la qualité d'escuier tant pour luy que pour sesd. frères et qu'il ne connoist autres personnes de son nom et armes que sesd. frères et Louis Aubery, son nepveu, fils de son

(1) Armoiries : *de gueules à 3 maillets d'or, 2 et 1.*

frère aisné, qu'il porte pour armes : *de gueules à trois treffles d'argent avec un croissant d'or au milieu,* et a signé :

Louis Aubery du Maurier.

AUBERY. — Originaire du Mayne.

Louis Aubery, écuyer, sieur du Maurier, demeurant paroisse de la Fontaine-Saint-Martin, élection de la Flèche, bailliage du Mans.

Maximilien Aubery, écuyer, sieur de la Fontaine d'Angé y demeurant, élection de Chatellerault et Maurice Aubery, capitaine en Hollande, frères, ont justiffié leur noblesse establie sur ce que Benjamin Aubery, sieur du Maurier, leur père, a esté pourvu de la charge de conseiller-secrétaire du Roy de la maison de Navarre, en 1590, laquelle fut érigée en celle de secrétaire du Roy de la maison et couronne de France et de Navarre par édit du mois d'aoust 1608 dont il prit de nouvelles provisions et ensuite obtint des lettres de vétéran le 17 octobre 1614. Il a esté en Hollande en qualité d'ambassadeur ordinaire de S. M.

Louis Aubery n'a point d'enfans masles.

Porte : *de gueules à 3 trèfles d'argent 2 et 1 et un croissant d'or (en abyme).*

— Louis Aubry... eurent acte de la représentation de leurs titres le 15 juin 1667.

Nota que plusieurs frères dud. Louis Aubry ont esté maintenus dans leur noblesse, par jugement rendu par M. Barentin intendant en Poitou, le 26 juillet 1667.

AUBIGNÉ (Guy d') sieur du Carteron, y demeurant parroisse de Trémentines, eslection et seneschaussée d'Angers, comparant le xxviiie avril 1667, par m^{tre} Jacques-Paul Mirey, lequel a dict qu'icelluy sieur d'Aubigny entend maintenir la qualité d'escuyer et que n'estant que cadet de sa maison et n'ayant aucuns tiltres pour la justiffication de sa qualité, il prétend demander délay de les retirer de ses aisnés pour les réprésenter et a signé :

Mirey.

AUBIGNÉ (Urban d'), seigneur de Tigné, demeurant en son chasteau de Tigné, comparant le troisiesme jour d'aoust 1667 par m^{tre} Louis Le Damoysel, procureur estant à la suitte de monsieur l'Intendant, lequel a dit que led. sieur de Tigné entend maintenir la qualité d'escuier, et qu'il demande délay d'apporter ses tiltres de noblesse, attendu que depuis six sepmaines il est au lict malade, et a led. Damoysel, signé :

Le Damoysel.

AUBIGNÉ (d'). — Originaire d'Anjou.

Urbain d'Aubigné, chevalier, seigneur de Tigny, y demeurant, et René d'Aubigné, chevalier, seigneur de la Salle, demeurant paroisse de Sernusson (Cernusson) élection de Saumur, frères, ont justiffié la possession du titre de noblesse depuis l'année 1519 commençant en la personne de leur bisayeul.

Portent : *de gueules au lion d'hermines, armé, lampassé et couronné d'or.*

— Urbain et René d'Aubigné... eurent acte de la représentation de leurs titres le 14 août 1667.

AUBIN (Charles), sieur de Grandchamp, avocat en parlement, demeurant à Loudun, comparant le xxiiiie mars 1667 par Jacques Auger, praticien à Tours, lequel a dict que led. Aubin n'a jamais pris la qualité d'escuyer et qu'il y renonce en tant que besoin est ou seroit, desavouant touttes personnes quy la luy pouroient avoir donné par aucuns actes, attendu qu'il a toujours esté cottisé aux roolles des tailles et du sel es parroisses où il a faict sa demeure et faict les fonctions de roturier en lad. ville de Loudun, et a led. Auger signé :

AUGER.

Les pièces dud. Aubin ont esté rendues à m^{tre} Michel Bernard, ce trois avril 1668.

Condamné.

AUBRY (Adam), sieur du Mellé, l'un des vingt-quatre eschevins de la ville de Tours, y demeurant, comparant le xxviie janvier 1667, lequel pour satisfaire à l'assignation à luy donnée à la requeste de Laspeyre, a dit qu'il a toujours pris en tous actes lad. qualité d'escuyer tant à cause de lad. qualité d'eschevin que comme fils de feu Me Gilles Aubry, vivant conseiller au siège présidial de lad. ville et aussy eschevin perpétuel d'icelle, ce qui luy a donné droict de la prendre, et a faict eslection de domicille en lad. ville de Tours en la maison où il demeure, et a signé :

AUBRY DU MELLÉ [1].

(1) *D'argent à une hure de sanglier de sable, défendue et allumée d'argent, au chef d'azur dentelé par le bas et chargé de 3 roses d'or.*

AUDOUYN (Pierre), sieur de la Blanchardière, conseiller du roy au siège présidial d'Angers, cy devant eschevin et depuis maire de lad. ville d'Angers, y demeurant parroisse Sainct-Denis, comparant le neuf novembre 1666, lequel pour satisfaire à l'assignation à luy donnée à la requeste de Laspaire, a dict qu'il entend maintenir sa qualité d'escuier, ayant eu droict de la prendre comme maire et eschevin de cette ville suivant les privilèges de noblesse qui leur sont attribuez, et pour la justiffication de sa noblesse, il produira au premier jour les pièces justifficatives, et a signé :

P. Audouyn.

Le 13 février 1671 les pièces dud. sieur Audouin de la Blanchardière ont esté rendues à m^{tre} Pierre Berneust le jeune, procureur au présidial de Tours, ayant charge de les retirer.

AUDOUIN (Gaston), sieur des Chastelliers, demeurant paroisse de Montreuil-sur-le-Loir, eslection et ressort d'Angers, comparant le xxx mars 1667, tant pour luy que pour François Audouin, son frère puisné, sieur de la Germainerie, par m^{tre} Pierre Berneust, le jeune, procureur au présidial de cette ville de Tours, lequel a dict que lesd. Gaston et François Audouin, son frère, entendent maintenir la qualité d'escuyer par eux prise comme ils feront aparoir par les pièces et tiltres qu'ils produiront, et a signé :

Berneust.

AUDOUIN (Jacques), sieur de Danne, cy-devant conseiller du roy, assesseur au siège royal de la prévosté d'Angers et eschevin de lad. ville, y demeurant, comparant le 4 juillet 1668, a dit qu'il a pris la qualité d'escuyer en conséquence de lad. qualité d'eschevin et des concessions et privillèges y attribuez par les Roys prédécesseurs de Sa Majesté et par elle confirmés, et a mis au greffe les pièces dont il entend se servir et a signé :

J. Audouyn.

Les pièces dud. sieur Audouyn luy ont esté rendues ce cinq juillet 1668.

AUDOUIN [1], d'Angers. — Noblesse de Mairerie.

Me Pierre Audouin, sieur de la Blanchardière, conseiller au présidial d'Angers, échevin de cette ville en 1649 et Me Jacques Audouin, sieur de Danne, son frère, aussi échevin de lad. ville en lad. année 1649 ont payé la confirmation.

Gaston Audouin, sieur des Chasteliers, François, sieur de la Germanerie, Michel Audouin, sieur de la Roche, Charles Audouin, sieur de la Chesnaye et Jacques Audouin, sieur de la Midière, enfans de François Audouin, sieur des Chastelliers, échevin de la ville d'Angers en 1646 ont aussi payé la confirmation.

— Pierre Audouin..., échevin en 1664 et comme tel eut acte de la représentation de ses titres le 21 mars 1668.

— Jacques Audouin, fait échevin d'Angers en 1649, eut acte de la représentation de ses titres le 5 juillet 1668 à condition de payer la taxe pour la confirmation de ses titres.

— Pierre Audouin..., qui a été échevin en 1649, pour jouir de la conservation de sa noblesse, suivant l'édit du mois de mars 1667 et arrêt du conseil payera la somme de...

— Jacques,... qui a été échevin en 1649,... paiera...

Les enfans de François,... qui fut échevin en 1646,... paieront...

AUGUSTIN (Louis D') sieur de Bourguisson, demeurant parroisse d'Espeigné, eslection d'Amboise, comparant le dix sept may 1667, lequel a dit qu'il entend maintenir la qualité d'escuier, qu'il est cadet de sa maison, dont Charles d'Augustin, sieur de Migny, demeurant eslection de Chasteauroux en Berry est l'aisné, et qu'il ne cognoist autres de son nom et armes, qu'il porte : *de sable, à une fasce d'or et trois hérissons de mesme, deux en chef et un en poincte* et a faict eslection de domicille au logis de mtre Urbain Conseil, procureur au présidial de cette ville de Tours, et a signé :

LOUIS D'AUGUSTIN BOURGUISSON.

Les pièces dud. sieur de Augustin luy ont esté rendues le 25e janvier 1669.

AUGUSTIN. — Originaire de Touraine.

Louis Augustin, escuyer, sieur de Bourguisson, demeurant paroisse de Pigny, élection d'Amboise, bailliage de Tours, a justiffié la possession du titre de noblesse commençant en la personne de son ayeul.

Porte : *de sable à la fasce d'or, à 3 hérissons de même 2 et 1* [2].

---

(1) Armoiries : *de gueules à 3 coquilles d'argent 2 et 1*.
(2) Carré de Busserolles dit : *la fasce d'argent, accompagnée de 3 porcs épics d'or*.

AUX (d'). — Originaire de Poitou.

Damoiselle Fulgence de la Viallière veuve de René d'AUX écuyer, sieur de Jardré, mère et tutrice de René, Armand et François d'Aux ses enfans et dud. deffunct, demeurant paroisse de Jaulné, élection de Richelieu a rapporté une ordonnance avec renvoy de M. Barentin, intendant en Poitou, par la quelle il paroist que lad. veuve a justiffié la possession du titre de noblesse depuis l'année 1563, commençant en la personne du bisayeul de ses enfans.

Porte: *d'or au lyon de sable, au chef de gueules chargé de 3 roquets (rocs d'échiquier) d'argent*.

Vol. 439 du Cabinet des titres.

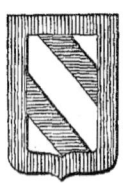

AUTRIVES ou HAUTERIVE (Urbain d'), sieur de Chennevières, demeurant en sa maison de Chennevières, eslection de la Flèche, comparant le xxe aoust 1667 par m^{tre} Michel Bernard, lequel a dict qu'icelluy sieur d'Autrives entend maintenir la qualité d'escuyer, pour la justification de laquelle il produira cy-après les pièces et tiltres dont il s'entend ayder en luy donnant délay compétant, et a signé:

BERNARD.

Les pièces dud. s^r d'Autrives ont esté rendues aud. Bernard, son procureur le xxiiiie juin 1668.

HAUTERIVE (d'). — Originaire d'Anjou.

Urbain d'Hauterive, écuyer, sieur de Chenevière, y demeurant, élection de la Flèche, bailliage d'Angers, a justifié la possession du titre de noblesse depuis l'année 1435 commençant en la personne de son quartayeul.

Porte : *d'argent à 2 bandes d'azur, à la bordure de gueules*.

— Urbain d'Auterive... au nombre des maintenus par M. Voisin de la Noiraye.

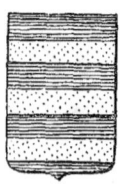

AUZY (Gabriel d'), escuier, sieur de Lestortière, demeurant paroisse de Sainct-Thomas-de-la-Flèche, eslection dud. lieu, comparant le septiesme may 1669, lequel a déclaré qu'il entend maintenir la quallité d'escuier, qu'il est le seul de sa famille, qui porte son nom et armes qui sont *d'azur à trois fasces d'or*, et pour la justiffication de sa noblesse a produict au greffe les pièces et tiltres dont il entend se servir, et a signé :

GABRIEL D'AUZY.

Les pièces dud. sieur d'Auzy luy ont esté rendues le 8 may 1669.

AVELINE (Charles), sieur de Sainct Mars, conseiller du roy, juge magistrat au siège présidial d'Angers, y demeurant, comparant le xxiiiie mars 1667 par mtre Jean Moreau, commis au greffe criminel de Tours, lequel a dict qu'icelluy Aveline a cy devant pris la qualité d'escuyer comme fils de Laurent Aveline, sieur de Narcé qui a esté nommé eschevin de lad. ville d'Angers, le premier may 1639, en conséquence des privillèges accordés aux maire et eschevins de lad. ville, desquels privilèges led. sieur Aveline déclare ne se vouloir servir que tant et sy longtemps qu'il plaira à Sa Majesté les confirmer, et a led. Moreau signé :

              Moreau.

AVELINE (Laurent), sieur de Narcé, demeurant en la ville d'Angers, comparant le 26 may 1667 par mtre Michel Bernard, procureur au bureau des finances de Tours, lequel a dit qu'icelluy Aveline ayant esté esleu eschevin de lad. ville d'Angers dès l'année 1639, il a accepté la noblesse qu'il a pleu aux Roys accorder à la maison de lad. ville et en a faict ses déclarations aux greffes de lad. maison de ville et de l'eslection, depuis lequel temps il a toujours vescu noblement, et pour la justiffication de lad. qualité il emploie les tiltres qui ont esté produicts devant mond. sieur l'intendant, par Charles Aveline, son fils, et a led. Bernard signé :

              Bernard.

AVELINE, d'Angers. — Noblesse d'échevinage.
René Aveline, conseiller du Roy, président, trésorier-général au bureau des finances à Tours, fils de René Aveline, sieur de la Garenne, échevin d'Angers en 1624 a payé la confirmation tant pour luy que pour René et Philbert ses enfans.
Me Charles Aveline, conseiller au présidial d'Angers fils de Me Laurent Aveline, sieur de Narcé, échevin en 1634 a aussy payé la confirmation.
 — Charles Aveline, sieur de Saint-Mars... eut acte de la représentation de ses titres comme fils d'échevin le 29 août 1667.
 — René Aveline, fils puisné de René qui a exercé la charge d'échevin en 1624... a payé...
 — Laurent Aveline, qui fut échevin en 1639... a payé...
Armoiries : *d'azur à 2 chevrons d'or accompagnés en chef de 2 étoiles de même et en pointe d'une rose d'argent* [1].

(1) Carré de Busseroles dit : *d'azur au chevron d'or accompagné de 2 roses de même en chef et d'une quintefeuille aussi d'or en pointe.*

AVOINES (Jean-François d'), seigneur de la Jaille, Gastines, baron de Fougeré, demeurant en son chasteau de Gastines, parroisse dudict lieu, eslection de Baugé, comparant le huict septembre 1666, lequel pour satisfaire à l'assignation sur deffault à luy donnée à la requeste de Laspeyre, par Cartron, huissier, le premier du présent mois, a dit qu'il entend maintenir la quallité d'escuyer qu'il a prise, qu'il est l'aisné d'un cadet de sa maison, et qu'il a pour cousin-germain.... d'Avoyne, chef du nom et des armes de la maison, demeurant en sa maison seigneurialle de la Jaille, en Anjou, parroisse de Noellet, et n'en cognoist autre de son nom fors les enfans dudict sieur de la Jaille qui sont encor en bas aage, et porte pour armes : *de gueulles au léopard d'argent*, et pour la justiffication de sa noblesse produira au premier jour ses tiltres, nous remonstrant que s'il n'a pas comparu lors de la première assignation, ç'a esté parce qu'il n'avoyt pas lors ses tiltres, lesquelz estoient entre les mains dud. sieur de la Jaille, aisné de la famille qu'il a esté contrainct de faire assigner pour les luy fournir, et a esleu domicile en la maison de maistre Jacques Bruzard, procureur au bailliage de Chinon, et a signé :

JEAN-FRANÇOIS D'AVOINES.

Led. sieur d'Avoines a mis au greffe les pièces dont il entend se servir, ce deux octobre 1666.

Les pièces dud. sieur luy ont esté rendues ce 11e octobre 1666.

AVOINES (François d') sieur de la Jaille, demeurant parroisse de Noellet, eslection et ressort d'Angers, comparant le six octobre 1666, lequel pour satisfaire à l'assignation à luy donnée sur deffault le trante septembre dernier à la requeste de Laspeyre, a dict qu'il entend maintenir la qualité d'escuyer, et qu'il est aisné de sa maison et qu'il ne cognoist de son nom et armes que Jean-François d'Avoines, sieur de la Jaille Gastines, demeurant parroisse de Fougeré, eslection et ressort de la Flèche, qu'il porte pour armes : *de gueules à un léopart passant d'argent*, et pour la justiffication de sa noblesse, emploie les pièces qui ont esté producites par led. sieur d'Avoines de la Jaille Gastines, et a faict eslection de domicille au logis de m^{tre} André Guérin, procureur en cette ville de Chinon, et a signé :

FRANÇOIS D'AVOINES.

AVEINE (D'). — Originaire d'Anjou.

François d'Aveine, écuyer, sieur de la Jaille et de Fougeré, y demeurant, élection de Baugé, bailliage d'Angers, a justifié la possession du titre de noblesse depuis l'an 1471 commençant en la personne de son quartayeul : *de gueules au léopard d'argent*.

— Jean François d'Avoine... eut acte de la représentation de ses titres le 11 décembre 1666.

AVRIL (ABEL), conseiller du roy, juge magistrat au siège présidial d'Angers, y demeurant, comparant le vingt-huict mars 1667, par m^{tre} Jacques-Paul Mirey, lequel a dit qu'icelluy sieur Avril n'a poinct prétendu estre d'extraction noble, ny pris les qualités ny jouy des avantages dont jouissent les nobles du royaume et de la province d'Anjou; que le premier may 1666, il a esté nommé eschevin de lad. ville pour deux ans qui finiront au premier may 1668, auxquels maire et eschevins ont esté accordés privilèges et avantages de noblesse par les roys de France, par déclarations en conséquence desquelles lesd. maire et eschevins sortans de leurs charges doivent faire leurs déclarations s'ils entendent jouir desd. privilèges ou non, et que ne sortant de sad. charge qu'au mois de may 1668, il fera lors telle déclaration qu'il jugera à propos et a signé :

MIREY.

AVRIL. — Originaire d'Angers, noblesse d'échevinage.

Abel Avril, sieur de Louzil, conseiller au présidial d'Angers en 1666, a payé la confirmation.

Me Abel Avril, sieur de Louzil, conseiller au présidial, échevin en 1666... a payé.

Armes : *d'argent au chêne arraché de sinople, au chef d'azur chargé de 3 roses d'argent*.

Cette famille a fourni depuis 1640 cinq conseillers au parlement de Bretagne.

AVRIL (RENÉ), sieur de la Roche, demeurant à Angers, comparant le 26 mai 1667, par m^{tre} Michel Bernard, lequel a dit qu'icelluy Avril entend maintenir la qualité d'escuyer comme descendu d'eschevin de lad. ville, et a led. Bernard, signé :

BERNARD.

AVRIL. — Originaire d'Anjou, noblesse de mairerie.

René Avril, escuyer, sieur de la Roche, demeurant en la ville d'Angers, et Julien Avril, escuyer, sieur de la Prévosté de Méron, conseiller du Roy, sénéchal, président, lieutenant-général de Saumur, cousins-germains, ont justiffié leur noblesse commençante en la personne de Maurice Avril, leur ayeul, qui estoit échevin de lad. ville d'Angers 1586.

Portent : *d'argent à l'arbre de sinople, au chef d'azur chargé de 3 roses d'or.*

— Julien Avril, escuyer, sénéchal de longue robe... eût acte de la représentation de ses titres le 12 juin 1669.

AVRIL (ANTHOINE), sieur du Vau, demeurant à Angers, parroisse Sainct Maurille, comparant le quinze décembre 1666, par m^{tre} Pierre Berneux le jeune, procureur au siège présidial de Tours, lequel a dict qu'icelluy Avril n'entend maintenir la quallité d'escuyer, laquelle il n'a poinct prise et a signé :

BERNEUST.

Les pièces dud. sieur Avril ont esté rendues à m^{tre} Pierre Berneust le XXIXe janvier 1667.

AYRAULT (PIERRE), conseiller du roy, lieutenant général criminel d'Anjou, à Angers, y demeurant, parroisse Sainct-Michel-du-Tertre, comparant le XVII janvier 1668, par m^{tre} Michel Bernard, lequel a dit que led. sieur Ayrault ne se souvient d'avoir pris la qualité d'escuyer et qu'en tout cas, s'il se trouve qu'il l'ait prise il entend la soustenir. Signé :

BERNARD.

Le sieur Ayrault a mis au greffe par led. Bernard les pièces dont il entend se servir, ce X febvrier 1668.

Lesd. pièces ont esté rendues aud. Bernard, ce XI febvrier 1668.

AYRAULT. — Orignaire d'Angers, noblesse de mairerie.

Pierre Ayrault, conseiller du Roy, lieutenant-criminel en la sénéchaussée et siège présidial d'Angers a justiffié sa noblesse establie sur la qualité d'eschevin de la ville d'Angers que René Ayrault son bisayeul a possédé en 1540.

Porte : *d'azur à 2 chevrons d'or.*

— Pierre Ayrault, écuyer, lieutenant... et échevin perpétuel de la ville d'Angers eut acte de la représentation de ses titres le 18 juin 1669.

B

BABINEAU (JEAN), sieur de la Vallée, valet de chiens ordinaire de la grande vénerie du roy, demeurant parroisse de Candé, comparant le xxviiie avril 1667 par M[tre] Michel Bernard, lequel a dict qu'icelluy Babineau n'a jamais pris la qualité d'escuyer et qu'il y renonce et qu'il ne jouist de l'exemption de taille qu'en vertu de sad. charge, et a signé :

BERNARD.

BAIGNAN (ALAIN DE), sieur de la Cataudière, paroisse de Sepmes, eslection et ressort de Chinon, bailliage de Tours, comparant le 26e aoust 1666, lequel pour satisfaire à l'assignation à luy donnée à la requeste de Laspeyre le vingt du présent mois par exploict de Ladebat, pour procéder aux fins dud. exploict et de nostre ordonnance y énoncée a dict qu'il entend maintenir la qualité d'escuyer et qu'il est aisné de sa maison, et qu'outre Jacques de Baignan, son frère, il recognoist de son nom et armes ...... de Bagnan, sieur de Beaumené, ... de Bagnan, sieur de Chassené, et ...... de Bagnan, sieur de Pantière, demeurans en Berry, et qu'il mettera dans sa généalogie ses armes et produira au premier jour les tiltres dont il entend se servir pour la justiffication de sa noblesse et a faict eslection de domicille en cette ville de Chinon, au logis de M[tre] Angibert, esleu, et a signé :

ALLAIN DE BAIGNAN.

Les pièces dud. sieur de Baignan ont esté rendues de l'ordre verbal de Monsieur l'Intendant aux sieurs abbé de la Patoudière de Lomeron et Angibert, esleu à Chinon, ce trois octobre 1666. Signé :

L. DE LOMERON.   ANGIBERT.

BAIGNAN (DE). — Originaire de Touraine.

Alain de Baignan, écuyer, sieur de la Cataudière, paroisse de Sepmes, élection de Chinon, bailliage de Tours, a justiffié la possession du titre de noblesse depuis l'année 1478 commençant en la personne de son quartayeul.

Porte : *d'argent au chevron de sable, accompagné de 3 rasles de même becquées et membrés de gueules, 2 et 1.*

BAIGNEUX (DE) 1. —

Antoine de Baigneux, escuyer, sieur de Courcival, Pierre de Baigneux, escuyer, son frère, demeurans paroisse de Courcival et Jean de Baigneux, escuyer, sieur de Saint-Mars leur oncle, demeurant paroisse de Montbizot, tous élection du Mans, ayant remontré à M. Voysin de la Noiraye, intendant de Tours qu'ils avoient été maintenus dans leur noblesse par arrest du conseil d'estat du Roy du 22 juillet 1669, cet intendant leur donna à Tours le 7 décembre aussi 1669 acte de la réprésentation dud. arrest pour y avoir égard lors de la confection du catalogue des gentilhommes ordonné par l'arrest du conseil du 22 mars 1666.

Signé : D'HOZIER.

Armoiries : *de sable à 3 étoiles d'or, 2 et 1.*

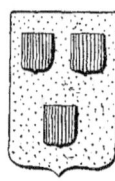

BAILLEUL (JEAN DU), demeurant parroisse de Larchamp, eslection de Mayenne, comparant le XXIXe may 1668, tant pour luy que pour Jullien du Bailleul, sieur d'Orcis, son père, et Yzac du Bailleul, sieur dud. lieu, son frère, demeurans aussy en lad. parroisse, lequel a dict que sesd. père, frère et luy entendent maintenir la qualité d'escuyer, qu'ils sont issus de cadet de leur maison que René du Bailleul, sieur de la Régalerye, demeurant parroisse de Sainct-Mars de Grenne, eslection de Domfront, est l'aisné de lad. maison, et n'en connoist autres qui portent son nom et armes qui sont: *d'or, à trois escus de gueulles, deux en chef et un en poincte* et pour la justiffication de leurs noblesse et qualité d'escuier a mis au greffe les pièces dont ils entendent leur servir et a signé :

JEAN DU BAILLEUL.

Les pièces dud. sieur du Bailleul luy ont esté rendues ce xxx may 1668.

BAILLEUL (DE). — Originaire du Mayne.

Jullien de Bailleul, escuyer, demeurant paroisse de Larchamp, élection du Mayne, Jean de Bailleul, escuyer, sieur Dorcis et Isaac de Bailleul, escuyer, ses enfants, demeurans en la même paroisse ont justifié la possession du titre de noblesse depuis l'année 1551 commençant en la personne du bisayeul dud. Jullien, trisayeul desd. Jean et Isaac 2.

Porte: *d'or à 3 écussons de gueules 2 et 1.*

---

(1) Cet article mis en marge du volume 439 du Cabinet des titres est de la main de d'Hozier de Serigny.
(2) Cette famille fut maintenue le 28 mai 1668 par de Marle en l'élection de Domfront.

Billonnet (Marthe de), veufve de JEAN BALLU, sieur de la Fontaine du Chesne, demeurant parroisse de Coustures, eslection et ressort de Saumur, bailliage d'Angers, comparant le 21 septembre 1666, a dit qu'elle entend persister et jouir des privillèges attribuées à la qualité d'escuyer prise par son deffunct mary et qu'elle entend que Claude Ballue son fils continue de prendre lad. qualité, et que sondict deffunct mary estant cadet de sa maison, elle n'a aucuns tiltres pour la justiffication de sa noblesse, lesquels sont entre les mains d'Yves Ballu, son aisné, pour retirer lesquels et les produire elle prétend demander délay, et a faict eslection de domicille en la maison de Me André Le Bourguignon, advocat en cette ville de Chinon, et en la ville de Tours en la maison de M^{tre} Reverdy procureur, demeurant rue du Boucassin, et a signé :

MARTHE DE BILLONNET.

Les pièces de lad. damoiselle luy ont esté rendues le trois octobre 1666.

BALLUE (DE). — Originaire d'Anjou.
Dame Marthe de Billonnet, v^e de Jean de la Ballue, escuyer, sieur de la Fontaine, ayant la garde noble de Claude de la Ballue son fils, demeurante paroisse de la Couture, élection de Saumur, a justiffié pour ledit Claude Ballue son fils, la possession du titre de noblesse depuis l'année 1530 commençant en la personne du trisayeul de sond. fils.
Porte : *d'argent au chevron de sable accompagné de 3 merlettes de sable 2 en chef et 1 en pointe* [1].

BARATON (JEAN), sieur de la Freslonnière, demeurant à la Tousche, parroisse d'Auvers-le-Hamon, eslection de la Flesche, bailliage de Chasteaugontier, comparant le douze novembre 1666, lequel a dict qu'il entend maintenir la qualité d'escuier, comme descendu de parens nobles et escuiers qu'il est seul de sa famille et porte pour armes: *d'argent a sept croix pattées de sable, quatre en chef et trois en poincte deux et une, à la fasce de cinq fusées de gueules*, et a esleu domicille à la Flèche en la maison du sieur de la Fontaine, président en l'Eslection de la Flesche et a signé :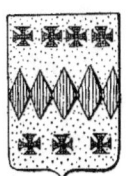

FRELLONNIÈRE BARATON.

(1) Denais dit le chevron *de gueules.*

BARATON. — Originaire d'Anjou.

Jean Baraton, escuyer, sieur de la Frélonnière, demeurant paroisse de Auvers-le-Hamon, élection de la Flèche, ressort de Châteaugontier, a justifié la possession du titre de noblesse depuis l'année 1430 commençant en la personne de son quintayeul.

Porte : *d'argent à 5 fusées de gueules rangees en fasce accompagnées de 7 croisettes pattées de sable 4 en chef et 3 en pointe.*

BARAUDIN. — Originaire de Savoye.

Louis Baraudin, escuyer, sieur de Maurières et de la Cloustière, demeurant en la ville et élection de Loches, présidial de Tours, a raporté pour la justifffication de sa noblesse des lettres de noblesse accordées par le duc de Savoye à Emmanuel Baraudin son secrétaire, bisayeul du produisant, en datte de 1515 et des lettres de confirmation dud. anoblissement données par François Ier en 1543 enregistrées en la chambre des comptes de Paris et en l'élection de Loches la même année.

Porte : *d'azur à 3 bandes d'argent accostées de 3 estoiles d'or* [1].

BARBERIE (René de la), sieur de la Pommeraye, demeurant en la ville de la Flesche, comparant le 28 aoust 1666, lequel pour satisfaire à l'assignation qui luy a esté donnée à la requeste de Laspeyre, le vingt uniesme aoust dernier, a dict qu'il a pris la qualité d'escuier, laquelle il entend maintenir comme descendu de parens nobles, mais qu'estant cadet de sa famille les tiltres sont entre les mains de Henry de la Barberye, sieur de la Pommeraye, son aisné, demeurant parroisse du Baillieul, eslection de la Flesche, il requiert un dellay pour les aller retirer ; porte pour armes : *d'azur à un lyon d'or rampant*, et a esleu domicille en la personne de M^{tre} Miré, estant à nostre suitte, et a signé :

R. de la Barberye.

BARBERIE (Henri de la), demeurant à la Flèche, comparant le xxie septembre 1666, lequel pour satisfaire à l'assignation à luy donnée à la requeste de Laspeyre, a dit qu'il entend maintenir la qualité d'escuier et qu'outre René de la Barberie, son frère, il ne cognoist personne de son nom et armes qu'il porte : *d'azur au lyon d'or*, et pour la justifffication de sa noblesse a mis au

---

(1) Vol. 439 du Cabinet des titres.

greffe les pièces dont il entend se servir, et a faict eslection de domicille en la personne de M^tre Miré estant à la suitte de Monsieur l'Intendant et a signé :

H. DE LA BARBERYE.

Led. sieur de la Barberie a produict de nouveau le xxiiiie septembre 1667.

BARBERIE (DE LA). — Originaire d'Anjou.
Henry de la Barberie, escuyer, sieur de Malleville et René de la Barberie, escuyer, sieur de la Pommeraye, frères, demeurans en la ville de la Flèche, ayant produit pour premier titre justificatif du titre de noblesse le contrat de mariage de Jacques de la Barberie, leur ayeul, du 24 novembre 1548, lequel par jugement en dernier ressort a été déclaré faux et les autres actes de leur production ne commençant qu'en 1566 nous les aurions condamnés comme usurpateurs en 1,000^t d'amende chacun, mais ayant supplié S. M. de leur remettre le temps qui leur manquoit pour la justiffication de leur noblesse, ils ont obtenu arrest du 31 janvier 1669 par lequel S. M. les a maintenus en leur qualité de noble, encores qu'ils n'en rapportent les titres avant l'extrait basptistaire de Martin de la Barberie, fils de René de la Barberie écuyer, sieur de la Pommeraye du 24 juin 1566, dont en considération de leurs services, S. M. les a dispensés et relevés sans restitution, néant moins, des sommes par eux payées et consignées, et a été ordonné que toutes lettres nécessaires leur seront expédiées.
Portent : *d'azur au lyon d'or*.

BARBIER (GUILLAUME), ancien advocat au Mans, y demeurant, comparant le 7 juin 1667, par M^tre René Simon, advocat au Chasteau-du-Loir, a dict qu'il n'a jamais pris la qualité d'escuier en aucuns actes, à laquelle il renonce et en cas qu'il en soit représenté aucun, proteste de s'inscrire en faux contre iceux, et a signé :

SIMON, pour le sieur BARBIER.

BARDIN (JACOB), sieur des Jariets [1], demeurant à Sainct Cosme de Vair, comparant le xxvie septembre 1666, par M^tre Michel Bernard, lequel a dict que led. Bardin inciste en la qualité d'escuyer que luy et ses prédécesseurs ont toujours prise, et que ses tiltres pour la justiffication de lad. qualité ayant esté produicts par l'un de ses parens de mesme nom par devant Monsieur de

---

(1) Ce nom ne figure pas dans la recherche de la Généralité d'Alençon et n'est pas connu en Normandie.

Marles, M^tre des requestes, commissaire départy pour l'exécution des ordres de Sa Majesté en la générallité d'Alençon, il prétend demander délay de les retirer pour les produire, et a signé :

Bernard.

BARDIN (Anthoine), sieur de la Borde, demeurant à Angers, comparant le 8 mars 1667, lequel a dict qu'il n'a jamais pris la qualité d'escuier, à laquelle il renonce, sy elle luy a esté donnée c'est à cause que son frère aisné la prend ordinairement, et qu'il a toujours payé les charges dont les roturiers sont tenus, et a signé :

A. Bardin.

BARDIN (Jacques), sieur du Parc, demeurant à Angers, comparant le xxiiie mars 1667, lequel a dict qu'il entend maintenir la qualité d'escuier comme descendu de parens nobles et escuiers qu'il est l'aisné de sa famille, qu'il a pour frères Anthoine Bardin, sieur de la Borde, demeurant aud. Angers, et René Bardin, chanoine à Sainct Pierre d'Angers, et Michel Bardin, aussy son frère qui est au service de Sa Majesté, et ne reconnoist autres de sa famille que les dessusdicts, porte pour armes : *d'azur, à trois croix patées d'or, rangées en fasce, un croissant d'argent montant, en chef, et deux estoilles d'or en poincte,* proteste demander délay pour retirer ses tiltres qui sont entre les mains d'un procureur à Paris, et a signé :

du Parc Bardin [1].

Led. sieur du Parc a mis au greffe ses pièces ce xxviiie avril 1667.
Lesd. pièces ont esté rendues le 2e may 1667.

BARDOUL (Michel), sieur de Miliers et de la Léverie, demeurant parroisse de Draché, eslection et ressort de Chinon, bailliage de Tours, comparant le

---

(1) De cette famille était Louis Bardin, conseiller secrétaire du Roy en son grand conseil vivant au XVIe siècle.
D'azur à 3 croisettes pattées d'or rangées en fasce, surmontées d'un croissant d'argent et soutenues de 2 étoiles d'or.

26e aoust 1666, lequel pour satisfaire à l'assignation à luy donnée à la requeste de Laspeyre par exploict de Ladebat du vingt trois du présent mois, pour procéder aux fins dudict exploict et de nostre ordonnance y énoncée, a dict qu'il entend maintenir la qualité d'escuyer et qu'il est aisné de sa maison qui est de Bretagne [1] et qu'il ne cognoist de son nom et armes que....... Bardoux, son oncle, et sa famille, demeurans en la province de Bretagne, et quil porte pour armes : *d'argent, bordé de gueules à un limier de sable, accompagné de trois molettes d'espron de gueules*, et pour la justiffication de sa noblesse produira au premier jour les pièces dont il prétend se servir, et a faict eslection de domicille en la maison de M^{tre} Angibert, esleu à Chinon, et a signé :

MICHEL BARDOUL.

Les pièces dud. sieur Bardoul luy ont esté rendues ce trois octobre 1666.

BARDOUL. — Originaire de Touraine [2].
Michel Bardou, sieur de Miliers, de Levrie, demeurant paroisse de Draché, élection de Chinon, bailliage de Tours, a justiffié la possession du titre de noblesse, depuis l'année 1522, commençant en la personne de son trisayeul.
Porte : *d'argent, au chien de sable passant, accompagné de 3 molettes d'éperon de gueules, 2 et 1*.

BARJOT (Messire RENÉ), seigneur de Moussy, et de Roncée, demeurant aud. lieu de Roncée, parroisse de Panzou, eslection de Richelieu, ressort de Chinon, bailliage de Tours, comparant le xxve septembre 1666, lequel a déclaré qu'il entend maintenir la qualité d'escuyer et chevallier, qu'il est aisné, issu d'une branche de cadets, et que Alexis et Pierre Barjot sont ses deux frères et que Louis Barjot, seigneur d'Osneuil [3], demeurant près Beauvais, en Picardie, est l'aisné de sad. maison, et qu'il n'en cognoist autres du nom et armes, qu'il

---

(1) Cette famille fut en effet maintenue en Bretagne en 1669.
(2) Carré de Busserolle indique cette famille comme originaire de Bretagne.
L'*Armorial général* de d'Hozier blasonne ainsi les armes de cette maison : *d'argent, à un chien limier, passant, la gueule ouverte, de sable, accompagné de trois molettes de gueules, 2 et 1*.
L'abbé Goyet donne à cette famille les mêmes armes que celles qui sont indiquées dans le procès-verbal de comparution de Michel Bardoul.
(3) Auneuil, chef-lieu de canton, arrondissement de Beauvais (Oise).

porte: *d'azur, au griffon d'or à une estoille aussy d'or en chef*, et qu'il produira au premier jour les pièces dont il entend se servir pour la justiffication de lad. qualité, et a faict eslection de domicille au logis de M^tre André Bourguignon, advocat en cette ville, et a signé :

RENÉ BARJOT MOUSSY.

BARJOT. — Originaire de Paris [1].

René Barjot, escuyer, sieur de Moussy, demeurant parroisse de Panzou, élection de Chinòn, a justifié la possession du titre de noblesse depuis l'an 1514, commençant en la personne de son trisayeul.

Porte : *d'azur, au griffon d'or et une estoille de même (au premier canton).*

BARRAT (FRANÇOIS-RENÉ DE), escuyer, seigneur de la Brunelle, gouverneur de la ville et chasteau de Beaumont-le-Vicomte, demeurant en son chasteau de la Buissonnière, parroisse de Mareschè, comparant le 20ᵉ avril 1669 par Jacques Delahaye, clerc de M^tre Michel Bernard, lequel a dict que led. sieur entend maintenir la qualité d'escuyer, pour la justification de laquelle il produira cy après les tiltres dont il entend se servir et a led. Delahaye signé :

DELAHAYE.

Les pièces dud. sieur de Barrat ont esté mises au greffe par Jacques Delahaye le huict febvrier 1670.

Les pièces dud. sieur Barat ont esté rendues aud. Delahaye le dernier may 1671 [2].

BARRAULT (RENÉ), sieur de la Couldre, demeurant parroisse de Chantelou, eslection de Montreuil-le-Beslay, ressort d'Angers, comparant le XVIIIᵉ may 1667, lequel a dict qu'il entend maintenir la qualité d'escuyer, qu'il ne connoist

---

(1) Originaire de Bourgogne, C. de Busserolle. *Arm. de Touraine.*
(2) Cette famille fut maintenue le 4 avril 1667 par de Marle en l'élection de Mortagne.
Armoiries : *d'argent à la croix ancrée et anillée de sable.*

personne qui porte son nom et armes qui soit de sa famille et produira ses tiltres au premier jour et a signé :

RENÉ BARRAULT.

Les pièces dud. Barrault ont esté rendues à M^{tre} Le Damoysel, son procureur, le 8e aoust 1670 [1].

— Jean Barrault... a justiffié sa noblesse depuis 1645, au nombre des maintenus par M. Voisin de la Noyrais.

BARRE (CLAUDE DE LA), sieur de Chargé-Contré, demeurant parroisse de la Roche-Clermault, eslection et ressort de Chinon, bailliage de Touraine, comparant le 29e aoust 1666, lequel a déclaré qu'il entend maintenir la qualité d'escuyer et qu'il est aisné de sa maison et que Philipes de la Barre, sieur de la Maison-Blanche est son frère et Charles de la Barre, son fils, et qu'il ne cognoist autres du nom et armes, qu'il porte : *d'or, à six croissans de sable, trois, deux et un*, et pour la justiffication de sa noblesse a mis au greffe les pièces dont il entend se servir, et a faict eslection de domicille au logis de M^{tre} André Guérin, procureur en cette ville de Chinon, et a signé :

CLAUDE DE LA BARRE.

Le 30e dud. mois d'aoust les pièces dud. sieur de la Barre luy ont esté rendues.

BARRE (DE LA). — Originaire de Touraine.
Claude de la Barre, escuyer, sieur de Chargé et Philippes de la Barre, escuyer, sieur de la Maison-Blanche, demeurans paroisse de la Roche-Clermaut, élection de Chinon, ont justifié la possession du titre de noblesse depuis l'année 1460 commençant en la personne de leur quintayeul.
Portent : *d'or, à 6 croissants montants de sable, 3, 2 et 1*.

BARRE (CHARLES DE LA), sieur de Villiers, parroisse de la Selle-Sainct-Avant, eslection et ressort de Chinon, bailliage de Tours, comparant le trante aoust

---

[1] De cette famille étaient Jean-Baptiste échevin d'Angers en 1474 et Olivier, trésorier de Bretagne et maire de cette ville 1497-1505.
Armoiries : *d'or, à 2 léopards lionnés de gueules au chef* d'Anjou Sicile qui est *d'azur, semé de fleurs de lis d'or à la bordure de gueules*.

 1666, lequel pour satisfaire à l'assignation à luy donnée à la requeste de Laspeyre le 23e du présent mois par exploict de Ladebat huissier, pour procéder aux fins dud. exploict et de nostre ordonnance y énoncée, a dict qu'il entend maintenir la qualité d'escuyer et qu'il reste seul de son nom et armes, qu'il porte : *d'argent, à trois barres de sable*, et pour la justiffication de lad. qualité, il produira au premier jour les pièces et tiltres dont il entend se servir, et a faict eslection de domicille en cette ville de Chinon au logis de Mtre Jacques Brusard, procureur, et a signé :

CHARLES DE LABARE.

Damoiselle Marguerite de Puy-Nivet [1], veufve de CHARLES de la BARRE, sieur de Villiers et de Saincte-Radegonde, demeurant parroisse de la Selle-Sainct-Advant, eslection de Chinon, bailliage de Tours, comparant le neuf febvrier 1668 par Mtre Jacques Bruzard, procureur au siège royal de Chinon, lequel a déclaré qu'elle entend maintenir la quallité d'escuyer dud. deffunct son mary, et a produict les tiltres dont elle entend se servir, porte pour armes: *d'azur à trois barres d'or*, et a signé :

BRUZARD.

Armoiries : *d'argent à 3 barres de sable*.

BARRE (CLAUDE DE LA), sieur de Saulnay, demeurant parroisse St-Mesmes de Chinon, eslection et ressort de lad. ville, bailliage de Tours, comparant le six octobre 1666, avec François de la Barre, frère dud. Claude, demeurant parroisse de Veigney, eslection et ressort de Tours, lesquels ont dict qu'ils entendent maintenir la qualité d'escuyer, que led. Claude est l'aisné et François, cadet de lad. maison, et qu'outre Léonord de la Barre, chevallier de Malte [2] et Gabriel de la Barre, leurs frères, ils ne cognoissent personne de leur nom et armes que ..... de la Barre, sieur de la Tuffière, mineur, et qu'ils portent pour armes: *d'argent, à trois lions de sable, armés, couronnés et lam-*

---

(1) Armes de la famille du Puy-Nivet : *de sinople, à une bande d'or, bordée de sable, accompagnée de 6 merlettes aussi d'or, 3 en chef et 3 en pointe.*

(2) Eléonore de la Barre, chevalier de Malte, commandeur de Ballan (1641-1697).

passés d'or, et pour la justiffication de leur noblesse ont mis au greffe les pièces dont ils entendent se servir et ont signé :

Claude de La Barre de Saunay.   François de La Barre.

Les pièces dud. sieur de la Barre luy ont esté rendues ce xie octobre 1666, et n'a esté jugé.

Et depuis led. sieur de la Barre ayant remis ses pièces, elles luy ont esté rendues après avoir esté veues, ce six febvrier 1667.

BARRE (DE LA). — Originaire d'Anjou.
Claude de la Barre, sieur de Saunay, chanoine de l'église de Saint-Mesme de Chinon, François de la Barre, chevalier de Malte, paroisse de Veigné, élection de Tours, ont justiffié la possession du titre de noblesse depuis l'année 1542 commençant en la personne de leur bisayeul.
Portent : *d'argent, à 3 lions de sable, armés et lampassés d'or, 2 et 1*.

BARRE (François de la), conseiller au présidial de cette ville de Tours, y demeurant, comparant le xxviie janvier 1667, a dit qu'il entend maintenir la qualité d'escuyer, qu'il est aisné et seul héritier d'une branche de cadets de sa maison et que les enfants de feu monsieur de la Barre, président à la troisiesme chambre des enquestes du Parlement de Paris, sont les aisnés de lad. maison, que le sieur de la Barre, abbé de Nostre-Dame-des-Vaux, de Lorraine, et mestre escolle en l'église d'Angers est son cousin-germain, réprésentant une branche de cadets, que le sieur de la Barre de Vou, lieutenant particulier à Chinon est aussy son cousin-germain et chef d'une autre branche de cadets, que le sieur de la Barre de Fraux est frère puisné dud. s^r de Vou et que le s^r de la Barre, trésorier de France en cette ville est son cousin issu de germain et germain des enfants dud. feu sieur président de la Barre et qu'il n'en cognoist autres de son nom et armes, qu'il porte : *d'azur, à la bande d'or accottée de deux croissans montans aussy d'or* et a signé :

De la Barre ¹.

Les pièces dud. sieur de la Barre luy ont esté rendues ce dernier avril 1667.

(1) François de la Barre fut maire de Tours en 1677.

BARRE (Lancelot de la), sieur de Monchauvon, demeurant parroisse d'Échemiré, eslection et sénéchaussée de Baugé, comparant le xviiie septembre 1667, a dit qu'il entend maintenir la qualité d'escuyer, qu'il est aisné de sa maison et qu'outre François de la Barre, Renée et Margueritte de la Barre, ses frères et sœurs, il ne cognoist personnes de son nom et armes qu'il porte : *d'azur, à la bande d'or, accompagnée de deux croissans de mesme,* a mis au greffe les pièces dont il entend se servir et a signé :

Lancelot de la Barre.

Les pièces dud. sr de la Barre luy ont esté rendues ce xxe septembre 1667.

BARRE (Jean de la), seigneur de Fontenay, conseiller du Roy, trésorier-général de France en la généralité de Tours, y demeurant, comparant le xiiiie febvrier 1668 par Mtre Michel Bernard, lequel a dit que led. sieur de la Barre entend maintenir la qualité d'escuyer, qu'il est issu d'un cadet de sa maison, et reconnoist monsr de la Barre, président aux enquestes du Parlement de Paris, et François de la Barre, sieur d'Aubigny, conseiller au présidial de cette ville de Tours, estre de la mesme maison, et qu'il porte pour armes : *d'azur, à la bande d'or, accostée de deux croissans montans de mesmes;* a mis au greffe les pièces dont il s'entend ayder, et a led. Bernard signé :

Bernard.

Lesd. pièces ont esté rendues aud. Bernard le xviiie febvrier 1668.

BARRE (Apothesme de la), sieur de Bougeard, demeurant parroisse du Vieil-Baugé, eslection et ressort de Baugé, comparant le douze septembre 1668 par Mtre Louis Le Damoisel, lequel a dit que led. sieur entend maintenir la quallité d'escuier, qu'il est cadet d'une branche de cadetz de sa maison, que les enfans de deffunct Bonadvanture de la Barre, sieur des Touches, demeurans parroisse de Corzé, eslection d'Angers, sont les aisnés de la branche et que Lancelot de la Barre, sieur de Mont-Chauvon, demeurant parroisse de Chemiré, eslection et ressort de Baugé est l'aisné de la famille et n'en connoist autres qui portent son nom et armes qui sont : *d'azur, à la bande d'or, accompagnée de deux croissans de mesmes*, a mis au greffe les pièces dont led. sieur entend se servir et a signé :

LE DAMOYSEL.

Les pièces dud. sieur ont esté rendues le 13e septembre 1668.

BARRE (DE LA). — Originaire de Touraine.

Lancelot de la Barre, escuyer, sieur de Montchauvon, paroisse de Chemiré, élection de Baugé, Aposthème de la Barre, escuyer, sieur de Bougeard, paroisse du Vieil-Baugé, même élection, ont justiffié la possession du titre de noblesse depuis l'année 1546 commençant en la personne du trisayeul dud. Lancelot, bisayeul dud. Aposthème.

Porte : *d'azur à la bande d'or accostée de deux croissants montants de même*.

Jean de la Barre, escuyer, sieur de Fontenay, conseiller du Roy, trésorier-général des finances à Tours, y demeurant, François de la Barre, escuyer, sieur d'Aubigny, conseiller du Roy au présidial de Tours, ont justiffié la possession du titre de noblesse depuis l'année 1536 commençant en la personne de leur bisayeul.

Porte : Mesmes armes.

— Lancelot de la Barre... et Aposthème eurent acte de la représentation de leurs titres les 20 septembre 1667 et 26 septembre 1668.

BARRE (PIERRE DE LA), sieur du Buron, demeurant parroisse de Chastelays, eslection et seneschaussée d'Angers, comparant le quatre aoust 1667 tant pour luy que pour Jaquine de la Chesnaie, veufve de René de la Barre, vivant sieur de la Brière, bail et garde-noble des enfans dud. deffunct et d'elle, demte parroisse de la Boissière, eslection dud. Angers, seneschaussée de Chasteaugontier, François de la Barre, sieur de la Pommeraye, demt en lad. parroisse de la Boissière et Jean de la Barre, sieur de la Rousselaye, demt parroisse de Denazé, eslection dud. Chasteaugontier, sénéschaussée dud. Angers, a dit que lesd. sieurs, veufve et luy entendent maintenir la qualité de noble et d'escuyer et qu'il ne cognoist autres de son nom et armes, qu'il porte : *de gueules, à un léopart d'argent*, a mis au greffe les pièces dont il entend se servir et a signé :

P. DE LA BARRE.

Les pièces dud. sr de la Barre luy ont esté rendues ce six aoust 1667.

BARRE (DE LA). — Originaire d'Anjou.

Pierre de la Barre, sieur du Buron, demeurant paroisse de Chatelais, élection et sénéchaussée d'Angers, Jacqueline de la Chesnaye, v⁰ de René de la Barre, escuyer, sieur de la Brière, ayant la garde noble de ses enfans, paroisse de la Boissière, élection d'Angers, sénéchaussée de Chateaugontier, François de la Barre, escuyer, sieur de la Pommeraye, même paroisse de la Boissière, Jean de la Barre, escuyer, sieur de la Boullaye, demeurant paroisse de Denazé, élection de Châteaugontier, sénéchaussée d'Angers, ont justifié la possession du titre de noblesse depuis l'année 1520 commençant en la personne de leur bisayeul.

Portent : *de gueules au léopard passant d'argent* aliàs *d'or*.

— Pierre de la Barre... Jacqueline... François et Jean eurent acte de la représentation de leurs titres le 6 août 1667.

BARRE (MATHURIN DE LA), sieur de la Haultepierre y demeurant parroisse de Villiers-au-Bouin, eslection et seneschaussée de Beaugé, comparant le vII⁰ octobre 1668 par Mᵗʳᵉ Michel Bernard, tant pour luy que pour.... de la Barre, son frère puisné, lequel Bernard a dit que led. sieur de la Barre entend maintenir la qualité d'escuyer, qu'il est aisné de sa maison et qu'outre led....., François et... de la Barre, ses frères puisnéz, demeurans en la mesme parroisse fors led. François en celle de Mayet, eslection de la Flèche, il ne connoist autres personnes de son nom et armes, qu'il porte : *écartellées d'azur au premier et troisiesme quartier de trois fusées d'or et au secoṇ ¹ et quatriesme de trois fasces aussy d'or* ; a mis au greffe les pièces dont l' ¹ sieur entend se servir et a signé :

BERNARD.

Les pièces dud. sʳ de la Barre ont esté rendues aud. Bernard le 7 octobre 1668.

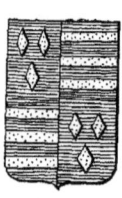

BARRE (DE LA). — Originaire de Touraine.

Mathurin de la Barre, escuyer, sieur de la Hautepierre, demeurant paroisse de Villiers-au-Bouin, élection de Beaugé, Aube de la Barre, demeurant en lad. paroisse et François de la Barre, escuyer, demeurant paroisse de Mayet, élection de Château-du-Loir, frères, ont justiffié la possession du titre de noblesse depuis l'année 1539 commençant en la personne de leur bisayeul.

Portent : *écartelé aux 1 et 4ᵉ d'azur à 3 fusées d'or, 2 et 3ᵉ d'azur à 3 fasces d'or*.

— Mathurin de la Barre... et François eurent acte de la représentation de leurs titres le 27 octobre 1668.

BARRÉ (Pierre), sieur d'Ardré, commis au controlle extraordinaire des tailles de Baugé, y demeurant, lequel, comparant le xxviii® avril 1669, a dict qu'il ne prétend point maintenir la qualité d'escuier et que s'il l'a prise ce n'a esté que pendant qu'il a esté garde et exempt des gardes du corps du roy, lesquelles qualités luy ont donné le droit de prendre lad. qualité d'escuyer qu'il n'a poinct prise depuis qu'il s'est défait desd. charges et a faict eslection de domicile en la maison de M^{tre} François Dubois, advocat au présidial de cette ville de Tours, et a signé :

BARRÉ.

BASCLE (Léonard le), sieur de la Cour d'Avon, demeurant parroisse dud. Avon, eslection et ressort de Richelieu, bailliage de Tours, comparant le trois décembre 1666, lequel a dit qu'il entend maintenir la qualité d'escuyer et qu'il est aisné et resté seul de sa maison, qu'il porte pour armes : *de gueules à trois macles d'argent, deux en chef et une en poincte,* et qu'il produira au premier jour les pièces dont il entend se servir pour la justiffication de sa noblesse et a faict eslection de domicille en cette ville de Tours, au logis de M^{tre} Fergeau, procureur au présidial, et a signé :

L. LE BASCLE.

Les pièces dud. sieur Le Bascle luy ont esté rendues ce xiiie may 1667.

BASCLE (LE). — Originaire de Touraine.
Léonard Le Bascle, escuyer, sieur de la Cour d'Avon, paroisse d'Avon, élection de Chinon a justiffié la possession du titre de noblesse depuis l'année 1468 commençant en la personne de son quartayeul.
Porte : *de gueules à 3 macles d'argent, 2 et 1.*

BASCLE (Balthazar le), sieur du Pin et de Rochecot, demeurant en cette ville de Tours, comparant le douze mars 1667, a dit qu'il entend maintenir la qualité d'escuyer, qu'il est aisné de sa maison et qu'outre René Le Bascle, bénéficier, et Hardouin Le Bascle, sieur du Bois-Coudray, ses frères, il ne cognoist de son nom et armes que Hardouin Le Bascle et Pierre Le Bascle, ses oncles et qu'il porte pour armes : *de gueules, à trois macles d'argent*, a mis au greffe les pièces dont il entend se servir et a signé :

BALTAZAR LE BASCLE.

Les pièces dud. sieur Le Bascle luy ont esté rendues ce XXVIIe mars 1667.

BASCLE (LE). — Originaire de Touraine.
Balthazard Le Bâcle, escuyer, sieur du Pin et de Rochecot, conseiller honoraire au présidial de Tours, y demeurant, a justiffié la possession du titre de noblesse depuis l'année 1516 commençant en la personne de son trisayeul.
Porte : *de gueules, au chevron d'or accompagné de 3 macles de même, 2 et 1*.

BASSELER (PHILIBERT DE), sieur de Miraumont, demeurant en sa maison de Chalays, parroisse du Serrain, eslection de Tours et bailliage dud. lieu, comparant le 4 may 1668 par M^{tre} Jean Morinet, l'esné, son procureur, lequel a dict qu'icelluy sieur de Miraumont entend maintenir la qualité d'escuyer, en produira les tiltres et a signé :

MORINET.

Led. sieur de Basseler a mis au greffe les pièces dont il entend se servir le vingt trois aoust 1668.
Lesd. pièces ont esté rendues aud. sieur Basseler le 24 may 1669.

Signé : PHILIBERT DE BASSELER.

BASSELER (LE). — Originaire du pays d'Artois.
Philibert de Basseler de Miraumont, escuyer, sieur de Beaumont et d'Istelin gentilhomme du pays d'Arthois, demeurant présentement paroisse de Serrain, élection de Loudun, a justiffié la possession du titre de noblesse, depuis l'année 1496, commençant en la personne de son quartayeul.
Porte : *écartelé aux 1er et 4e d'azur à 3 oies*[1] *d'argent pattées becquées de gueules 2 et 1, aux 2e et 3e d'argent à 3 tourteaux de gueules 2 et 1*.

(1) Carré de Busserolles dit : *3 cigognes*.

BASTARD (ROLLAND), sieur de la Rollandière, demeurant parroisse Sainct-Hillaire-des-Trois-Moutiers, ressort de Loudun, bailliage de Tours, comparant le 22 juillet 1666, a dit qu'ayant servy Sa Majesté en qualité de gendarme de sa garde l'espace de vingt-deux à vingt-trois ans, il a eu droict de prendre la qualité d'escuier qu'il a encore droit de prendre sa vye durant en vertu des lettres de vétéran par luy obtenues et a requis délay de six sepmaines pour représenter ses tiltres, et a signé :

ROLLAND BASTARD DE ROLLANDIÈRE.

Condamné.

BASTARD (FRANÇOIS DE), sieur de la Roche Paragère, demeurant parroisse de la Pallu, eslection de Mayenne, bailliage du Mans, comparant le huict septembre 1666, lequel pour satisfaire à l'assignation à luy donnée le vingt six aoust dernier à la requeste de Laspeyre par exploict de Jallu, pour respondre aux fins dud. exploict et de nostre ordonnance y énoncée a dict qu'il entend maintenir la qualité d'escuier et qu'il est aisné et issu d'un cadet et que de lad. branche il ne cognoist personne que Louis de Bastard, prestre, son frère, et que Louis de Bastard, sieur de la Paragère, est sorty d'un autre cadet, et que Claude de Bastard, sieur de la Salle, Daubert et de Fontenay, est l'aisné de la famille, et qu'il n'en congnoist poinct d'autres de son nom et armes, que les sieurs de Bastard, prieur de Nové (Nauvay) et... de Bastard, curé d'Asnières, ses oncles, et qu'il porte pour armes : *d'azur à une aigle accompagnée d'une demie fleur de lis d'or*, et prétend demander délay à Monsieur l'Intendant pour représenter les tiltres justificatifs de sa noblesse attendu qu'il est cadet et fort esloigné de cette ville, et a faict eslection de domicille en cette ville de Tours au logis de honorable homme... Peligeay, marchand, demeurant devant Saint-Saturnin, et a signé :

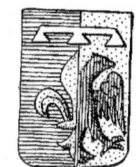

FRANÇOIS DE BASTARD DE LA PARAGÈRE.

Les pièces dud. sieur de Bastard luy ont esté rendues le 23ᵉ du mois de janvier 1669.

BASTARD (CLAUDE), sieur de Fontenay, la Salle et Daubert, demeurant parroisse de Fontenay, eslection de la Flèche, bailliage de Chasteaugontier, comparant le dix décembre 1666, lequel a dit qu'il entend maintenir la qualité d'escuier et qu'il est aisné de sa maison et porte pour armes : *d'azur à demie fleur de lis d'or et demie aigle de gueules, au lambel d'argent*, et qu'il ne cognoist de son nom et armes outre Monique et Louise Bastard, ses sœurs, que René Bastard, sieur de la Roche, et sa famille, et Louis Bastard, sieur de la Paragère, et Florent et Jacques Bastard, pbrestres, et pour la justiffication de sa noblesse et de celle desd. Louis Bastard, sieur de la Paragère et de René Bastard, sieur de la Roche, il a produict les pièces dont il entend s'aider en deux sacqs et a signé :

CLAUDE BASTARD.

Les pièces dud sieur Bastard luy ont esté rendues ce xxve avril 1669.

Signé : LOUIS DE BASTARD.

BASTARD (DE). — Originaire du Mayne.

Louis Bastard, escuyer, sieur de la Paragère, paroisse de Chantenay, élection de la Flèche, Florent Bastard, escuyer, sieur de la Bouillonnière, paroisse d'Asnière, même élection, René Bastard, escuyer, sieur de la Roche et François Bastard, son fils, demeurant paroisse de la Pallu, élection du Mans, Claude Bastard, escuyer, sieur de Fontenay, La Salle et Doberl, paroisse de Fontenay, élection de la Flèche, ont justiffié la possession du titre de noblesse depuis l'année 1483 commençant tous en la personne de Macé quintayeul de Claude et quartayeul de Louis, Florent et René.

Portent : *parti d'azur à la fleur de lys d'or et d'or au demy aigle de gueules au lambel d'argent en chef*.

— Claude, René, Florent Bastard... eurent acte de la représentation de leurs titres le 3 décembre 1667.

BAUCHER [1]. — Originaire d'Anjou.

Simon Baucher, escuyer, sieur de la Garde, paroisse de Louéré, eslection et séneschaussée de Saumur, Pierre Baucher, escuyer, sieur du Ponceau son frère, Jean, Simon, Pierre-Charles Baucher, ses neveux, demeurans paroisse de Grezillé, eslection et ressort de Saumur, ont justiffié la possession du titre de noblesse, depuis l'année 1487, commençant en la personne de son trisayeul.

Portent : *de gueules au lambel d'argent de cinq pièces*.

(1) Volume 439 du cabinet des Titres.

BAUDOUARD (Jean de), demeurant au lieu de la Rivière, parroisse de Montautour, province de Bretagne, comparant le premier octobre 1666, lequel a dict que mal à propos il a esté assigné en la ville de Laval, d'aultant qu'estant originaire de Bretagne il a toujours demeuré dans lad. province, et que s'il a faict quelque séjour de temps en temps en lad. ville de Laval c'estoit pour exercer une charge de président en l'Eslection de lad. ville laquelle ayant esté suprimée, il l'a entièrement abandonnée et s'est retiré en lad. parroisse de Montautour, province de Bretagne, et par conséquent proteste de demander d'estre renvoyé par devant les commissaires de lad. province, et en cas qu'il n'obtienne led. renvoy soustient n'avoir jamais pris lad. qualité d'escuyer à laquelle il renonce, et qu'il luy estoit inutile de prendre lad. qualité puisque sad. charge de président en lad. Eslection luy donnoit une exemption des charges et a signé:

Jean de Baudouard.

BAUDRY (Louis), sieur de la Gilbretière demeurant à la Turpinière-Daillon, parroisse Sainct-Aubin-de-Luigné, eslection et séneschaussée d'Angers, comparant le xxiiie febvrier 1668, par M^{tre} Michel Bernard, procureur au bureau des finances à Tours, lequel a dict qu'icelluy sieur Baudry entend maintenir la qualité d'escuyer, et a ledit Bernard signé :

Bernard.

Led. Baudry a mis au greffe les pièces dont il entend se servir, ce xvie mars 1668.

Les pièces dud. sieur Baudry ont esté rendues aud. Bernard, son procureur ce xxiiiie juin 1668.

BAUDRY. — Originaire d'Anjou.
Louis Baudry, escuyer, sieur de la Gillebertière et de la Turpinière, paroisse de Saint-Aubin-de-Luigné, élection et séneschaussée d'Angers, a justiffié la possession du titre de noblesse depuis l'année 1440, commençant en la personne de son quartayeul.
Porte : *d'argent à l'aigle éployée de sable, becquée, onglée de gueules.*

BAUGÉ (René de), sieur des Touches, demeurant à la grand'maison seigneurialle de Pouançay, parroisse de Sainct-Hillaire dud. lieu, ellection de Loudun, bailliage de Tours, comparant le cinquiesme décembre 1667 par M^tre Michel Bernard, lequel a dict qu'icelluy s^r de Baugé entend maintenir sa qualité d'escuyer pour la justiffication de laquelle il ne peut quant à présent réprérenter les ti.. n'estant que cadet de sa famille, lesquels tiltres sont entre les mains de l'ai..né de lad. famille lequel les a produits pour raison de sa qualité d'escuyer devant monsieur l'Intendant de la généralité de Poictiers, pourquoy il requiert délay compétant pour les retirer de sond. aisné et a led. Bernard signé :

BERNARD.

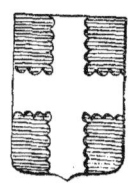

BAUGÉ (JACQUES DE), sieur de la Choupesse, demeurant parroisse de Thurageau, eslection de Richelieu, seneschaussée d'Angers, comparant le XIIIIe aoust 1668, a dit qu'il entend maintenir la qualité d'escuyer, qu'il est aisné de sa maison, qu'outre René de Baugé, sieur dud. lieu, son fils, demeurant en la générallité de Poictiers, les enfans de sond. fils, François, René, et damoiselle de Baugé, frères, sœurs, cousins germains et cousines germaines, demeurans scavoir led. François et ladicte.... de Baugé en lad. eslection de Richelieu et led. René, eslection de Loudun, et les deux enfans dud. René de Baugé, il ne cognoist personne de son nom et armes, qu'il porte : *d'azur, à la croix engreslée d'argent*, pour la justiffication de laquelle qualité d'escuyer il a produict et mis au greffe les pièces et tiltres dont il entend s'ayder, et a signé :

JACQUE DE BAUGÉ.

BAULT (FRANÇOIS), sieur de Beaumont, demeurant en la ville d'Angers, comparant le vingt neuf décembre 1666, lequel pour satisfaire à l'assignation à luy donnée à la requeste de Laspeyre, a dit qu'il entend maintenir la qualité d'escuier par luy prise comme issu de René Bault, sieur de Beaumont, vivant conseiller au présidial d'Angers et premier eschevin de lad. ville, son bisaïeul, attendu les privilèges attribués aux eschevins dud. lieu et à leurs descendans, comme ont faict Toussaincts et François Baults ses père et grand père et n'ont faict aucun acte desrogeant à noblesse, et pour la justiffication de sa noblesse produira au premier jour ses tiltres et porte pour armes : *d'azur, à un croissant*

d'or et une branche de palme et une espée aussy d'or, et a faict eslection de domicille en la personne de M^tre Jacques Paul Mirey et a signé:

F. BAULT.

Damoiselle Françoise de Cours, veuve de JACQUES BAULT, vivant sieur de Montreuil, demeurant aud. Montreuil, parroisse dud. lieu, eslection d'Amboise, comparant le quatre janvier 1668, laquelle a dict qu'elle ne scait sy son deffunct mary a pris la qualité d'escuyer et que quand à elle elle ne la prétend poinct, et a signé:

DE COURS.

BAULT (JACQUES), sieur de la Marre, conseiller du roy, esleu en l'eslection d'Angers et René Bault, sieur de Villenières, demeurans à Angers, parroisse Sainct-Maurille, comparant le cinq janvier 1668 par Jacques Pouperon, demeurant en cette ville de Tours, parroisse Sainct-Hillaire, au logis de M^tre Anthoine Compain, greffier du bureau des finances, lequel a dict que lesd. Jacques et René Bault entendent maintenir la qualité d'escuyer et pour la justiffication d'icelle a mis au greffe les pièces dont il entend se servir, et a signé:

POUPERON.

Les pièces desd. sieurs Bault ont esté rendues aud. Pouperon le 23 janvier 1668.

BAULT. — Originaire d'Angers, noblesse de Mairerie.

François Bault, escuyer, sieur du Vaux et Jacques Bault, escuyer, sieur de la Mare, son cousin du 2° au 3° degré et René Bault, fils dud. Jacques, ont justiffié l'origine de leur noblesse en la personne de René Bault, eschevin et maire d'Angers, ès années 1596 et 1597 bisayeul desdits François et René et ayeul aud. Jacques.

Portent: *d'azur au croissant d'argent chargé à dextre d'une épée et à senestre d'une palme le tout d'argent.*

— François Bault... renvoyé comme ayant été anobli par l'échevinage de son bisayeul.
— Jacques Bault descend d'un maire en 1596 au nombre des maintenus par M. Voisin de la Noyrais.

BAUTRU (Guillaume de), sieur de Chérelles, demeurant à Angers, comparant le xxᵉ febvrier 1668, lequel pour satisfaire à l'assignation à luy donnée à la requeste de Laspeyre, a dit qu'il entend maintenir la qualité d'escuyer, qu'il est seul d'une branche de cadets de sa maison dont le sieur de Bautru, comte de Ser... .t est l'aisné, que le sieur de Bautru, comte de Nogent est aussy de la mesme maison, dont il ne cognoist autres que lesd. sieurs et leurs familles, et qu'il porte pour armes : *d'azur au chevron (d'or) ou d'argent et à deux rozes d'argent en chef et une teste de loup arrachée aussy d'argent en poincte*, a produict les pièces dont il entend se servir et a signé :

Guillaume de Bautru.

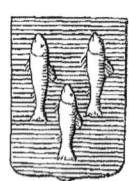

BEAULOIRE (Jacques-Mathieu de), sieur de l'Estang, demeurant parroisse de Villiers au Bouin, païs d'Anjou, comparant le cinquiesme octobre 1668, a dit qu'il entend maintenir la qualité d'escuier et qu'il produira dans trois jours, et a signé :

Jacques Mathieu de Bauloire.

Armoiries : *d'azur à 3 barbeaux d'argent 2 et 1*.

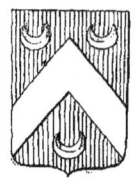

BEAUMONT (Jean de), sieur dud. lieu et de la Guerrie, demeurant aud. lieu de la Guerrie, parroisse de Chailland, eslection, duché et payrie de Mayenne comparant le cinquiesme décembre 1667 par Mᵗʳᵉ Michel Bernard, lequel a dit qu'icelluy sieur de Beaumont entend maintenir la quallité d'escuyer, pour la justiffication de laquelle il représentera cy-après en luy donnant délay compétant pour le faire les pièces et tiltres dont il entend s'ayder.

Signé : Bernard.

Les pièces dud. sieur de Beaumont luy ont esté rendues ce six may 1668.

Signé : J. de Beaumont.

d'escuyer dud. deffunct son mary, pour la justiffication de laquelle elle représentera cy après les tiltres dont elle entend se servir, et a led. Bernard signé :

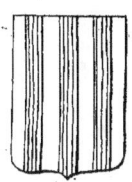

BERNARD.

Lad. de Lhommeau a produict les tiltres justifficatifs de sa noblesse le 5ᵉˢᵐᵉ octobre 1668.

Les pièces de lad. damoiselle de Lhommeau ont esté rendues à Louis de Beauvois, escuier, sieur de la Cossonnière, fils de lad. damoiselle, le 5ᵉ janvier 1669.

BEAUVOIS (DE). — Originaire de Touraine.

Dame Philippe de l'Hommeau, vᵉ de René de Beauvois, escuyer, sieur de la Cossonnière, demeurante paroisse de Sainct-Flovier, élection et ressort de Loches, bailliage de Tours, a justiffié la possession du titre de noblesse de son mari, depuis l'année 1501, commençant au trisayeul de son mary [1].

Porte : *d'argent à 3 pals de gueules.*

BEAUVOLLIER (GABRIEL DE), sieur du Mur, demeurant au Mur-du-Val, eslection de Chinon, bailliage de Tours, comparant le xxvɪᵉ septembre 1666, lequel a dit qu'il entend maintenir la qualité d'escuyer comme issu de parens nobles et escuiers, qu'il est l'aisné de la famille, et en cette reconnoist..... Beauvollier, sieur des Mallardières, et n'on d'autres ; porte pour armes : *de gueule à deux fers de lance d'argent morné*, et pour la justiffication de sa noblesse produira au premier jour ses tiltres, et a esleu domicille en la maison de Mᵗʳᵉ Bruzard, procureur en cette ville de Chinon, et a signé :

DE BEAUVOLLIER.

BEAUVOLLIER (GABRIEL DE), sieur du Mur-du-Val et de la Richardière, demeurant ordinairement aud. lieu de la Richardière, parroisse Sainct-Branch, en Touraine, comparant le xvɪɪɪᵉ febvrier 1669 par Mᵗʳᵉ Pierre Petit, son

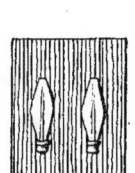

(1) Le fief de la Cossonnière, en Saint-Flovier, appartenait dès 1479 à Jean de Beauvais. (C. de Buss. *Dict. d'Indre-et-Loire.* II, 365.)

procureur, lequel a dict que led. sieur entend maintenir et justiffier la qualité d'escuyer par luy prise et en produire les pièces justificatives dans huictaine et a signé :

PETIT.

BEAUVOLLIER (CHARLES DE), sieur dudit lieu, cy-devant premier capitaine du régiment de Noirmoustier, demeurant parroisse de Sapvenières, eslection et ressort d'Angers, comparant le trois may 1667, lequel a dict qu'il entend maintenir la qualité d'escuyer, qu'il est aisné de sa maison et qu'outre René de Beauvollier, lieutenant de l'artillerie au chasteau de Blaye, il ne cognoist personne de son nom et armes, qu'il porte : *de gueule à deux fers de lance d'argent mornés* [1], et pour la justiffication de lad. qualité a mis au greffe les pièces dont il entend se servir, et a signé :

DE BEAUVOLLIER.

Lesd. tiltres luy ont esté rendus le neuf may 1667.

— Charles de Beauvollier.... au nombre des maintenus par M. Voisin de la Noirays.

BECASSEAU (JEAN), sieur de la Chevallerie, cy-devant garde du corps de Sa Majesté, demeurant en cette ville de Tours parroisse de Sainct-Saturnin, avec la veuve Rapin, sa belle-mère, comparant le VIIe janvier 1668, lequel a dict qu'il a esté pourveu de la charge de garde du corps du Roy au mois de may 1650 et que par ses provisions la qualité d'escuyer luy est donnée, qu'il a toujours exercé lad. charge depuis led. temps jusques environ l'année 1663, pendant lequel temps qu'il a esté officier il a pris la qualité d'escuyer qu'il ne prétend poinct de naissance et n'a prise depuis qu'il s'est defaict de lad. charge et a signé :

BECCASSEAU [2].

Led. sieur Beccasseau a produict les pièces justifficatives de sa charge de garde du corps le 24 janvier 1668.

---

(1) Carré de Busserolles dit : *de gueules à 2 fers de lance mornés et contrepointés d'argent, posés en pal.*
(2) Armoiries : *d'argent à 3 bécasses de sable rangées en fasce.*

BEAUMONT (DE). — Originaire de Normandie.

Jean de Beaumont, escuyer, sieur du lieu, demeurant paroisse de Chailland, élection, duché et pairie de Mayenne a justiffié la possession du titre de noblesse depuis l'année 1488 commençant en la personne de son quartayeul.

Porte : *de gueules au chevron d'argent accompagné de 3 croissants montants de même 2 et 1.*

BEAUREGARD (RENÉ DE), sieur de la Durandière, gendarme de la compagnie de la garde du Roy, comparant le neuf aoust 1666, tant pour luy que pour Cosme de Beauregard, son père, cy-devant gendarme de lad. compagnie, demeurans tous parroisse de Doussé, eslection de Richelieu, lequel pour satisfaire aux assignations à eux données le deuxiesme du présent mois par exploicts de Ladebat, pour procéder aux fins desd. exploicts et de nos ordonnances y énoncées, a dit que sond. père et luy ont eu et ont encore droict de prendre la qualité d'escuyer en conséquence de leurs charges de gendarmes et des lettres de vétéran de lad. charge octroyées par Sa Majesté aud. Cosme, le 8 novembre 1664, desquelles charges et lettres de vétéran ils offrent de vérifier toutes fois et quantes, et a faict eslection de domicile en la ville de Tours au logis de M^{tre} Estienne Ridet, procureur au présidial, et a signé :

R. BEAUREGARD.

Condamné.

BEAUREGARD (RENÉ DE), sieur du Fresne, demeurant parroisse de Champéon, eslection et ressort de Mayenne, comparant le xiie juin 1668, lequel a dit qu'il entend maintenir la quallité de chevallier et d'escuier, qu'il est le seul de son nom et armes, qu'il porte : *d'argent, au chevron de sable accompagné de deux lions de gueules rampans sur le chevron,* et pour la justiffication de sesd. quallitéz d'escuier et chevallier a mis au greffe les tiltres et pièces dont il entend s'aider et a signé :

RENÉ DE BEAUREGARD.

Les pièces et tiltres dud. sieur de Beauregard luy ont esté rendus le treize juin 1668.

BEAUREGARD (de). — Originaire de Touraine.

René de Beauregard, chevalier, sieur du Fresne, demeurant paroisse de Champéon, élection et ressort de Mayenne a justiffié la possession du titre de noblesse depuis l'année 1505 commençant en la personne de son trisayeul.

Porte: *d'argent à un chevron de sable, à deux lyons de gueulles, affrontés en chef.*

BEAUVAU (Messire JACQUES DE), chevalier, marquis de Beauvau, le Rivault, mareschal des camps et armées du Roy, capitaine des gardes suisses de feu monsieur le duc d'Orléans, chevallier de l'ordre du Roy, demeurant au Rivault, eslection de Richelieu, bailliage de Chinon, ressort de Tours, comparant le 23e aoust 1666, lequel a dit pour satisfaire audict arrest du Conseil de Sa Majesté, du vingt-deuxiesme mars dernier et nostre ordonnance en conséquence pour nous rapporter ses tiltres de noblesse, qu'il porte pour ses armes : *d'argent à quatre lyons cantonnéz de gueules, arméz, couronnéz et lampasséz, aux bastons d'azur péri en bande pour briseure;* qu'il reconnoist pour aisnés de sa famille les sieurs marquis de Bovault de Flesville, demeurant en Lorraine, et sa famille Messire de Bovault-Vatimont?, en Brie, et leur famille, Monsieur de Beauvau, Tigny, en Anjou; et pour cadets de sa branche : Messire Louis de Bovault-seigneur de la Baissière, prestre, Messire Gabriel de Beauvau, évesque de Nantes, Messire François, marquis de Bovault-Rivaranne, en ce ressort, Messire Louis, baron de Bovault, son frère, demeurant en Berry, et Messire Jean de Bovault, abbé, tous trois frères, cousins remué de germain; et pour ses frères cadets: Messire Pierre-François de Bovault, prestre, Claude de Bovault; et pour enfans : Jacques-Louis de Bovault, Gaston-Jean-Baptiste-Joseph de Bovault, Gabriel de Beauvau, Pierre-Magdelon de Bovault, René de Beauvau, N. de Beauvau et n'en connoist poinct d'autres parens de son nom.

Signé : DE BEAUVAU DE RIVAU.

BEAUVAU (CHARLES DE), sieur de la Treille, Seguinière, demeurant parroisse Sainct-Pierre de Chollet, eslection de Montreuil-Bellay, seneschaussée d'Angers, comparant le sept may 1667 par M^{tre} Michel Bernard, lequel a dict qu'icelluy de Beauvau entend maintenir la qualité d'escuyer estant d'ancienne et noble extraction.

Signé : BERNARD.

Les pièces dud. sieur de Beauvau ont esté rendues à dame Jeanne de Sesmaisons, sa femme, le deux aoust 1667.

Signé : Jeanne de Sesmaisons.

BEAUVAU (de). — Originaire d'Anjou.

Charles de Beauvau de Tigny, chevalier, sieur de la Treille, demeurant paroisse de Saint-Melaine de la Treille, élection de Montreuil-Bellay, a justifié la possession du titre de noblesse depuis l'an 1536 commençant en la personne de son bisayeul.

Porte : *d'argent à quatre lyons de gueules, cantonnés, armés, lampassés et couronnés d'or à l'estoille d'azur*, pour brisure (écartelé : *d'argent à la croix patée et alaisée, mi-partie de sable et de gueules, de l'un en l'autre*) qui est de Tigny.

— Charles de Beauveau, sieur de Tigné et de la Treille, paroisse de Saint-Melaine, élection de Montreuil-Bellay, au nombre des maintenus par M. Voisin de la Noyrais.

Jacques de Beauvau, marquis du Rivau, demeurant paroisse de.... élection de Chinon et dame Suzanne (Louise) Dollé, veuve de messire Louis de Beauvau, chevalier, sieur de la Bessière, demeurante à Saumur, sa tante, ont justifié la possession du titre de noblesse depuis l'an 1000.

Portent : *d'argent à quatre lions cantonnés de gueules, armés, lampassés et couronnés d'or, brisé d'un bâton (écoté) d'azur, péri en bande*.

BEAUVAU (Cosme de), sieur de Basse, demeurant aud. lieu de Basse, parroisse de Sainct-Mesme, eslection et bailliage de Chinon, comparant le 23e aoust 1666, lequel pour satisfaire à l'assignation à luy donnée à la requeste de Laspeyre, le 17 du présent mois, par Ladebat, huissier, a dit qu'il porte pour armes : *quatre lyons de gueules en champ d'argent, onglés, couronnés et lampassés d'or*, et qu'il entend maintenir la qualité d'escuyer comme fils légitime de Messire Gabriel de Beauvau, évesque de Nantes, et de dame Marie Péquineau, et qu'il ne peut présentement représenter ses tiltres, d'aultant qu'ils sont entre les mains dud. seigneur évesque de Nantes, détenu prisonnier en la maison de Grandmont [1], et que pour cet effect, il présentera sa requeste pour obtenir un dellay compétant, qu'il est fils unicque dud. seigneur évesque de

(1) Gabriel de Beauvau, évêque de Nantes, abbé d'Ivry, en Normandie, et de Turpenay, en Touraine, portait : de Beauvau du Rivau, *à la bordure de gueules*. Il mourut au prieuré de Grandmont, en 1667. (*Généal. de Beauvau*, p. 110.)

Nantes, a esleu domicille en la maison de M^tre Jean Baudouin, advocat au bailliage de Chinon, et a signé :

DE BEAUVAU BASSE.

BEAUVAU (COSME DE), sieur de Basse, demeurant parroisse de Sainct-Mesmes, eslection et bailliage de Chinon, comparant le XIIIe avril 1667 par m^tre Louis Delaroche, procureur au présidial de Tours, lequel a dict qu'icelluy de Beauvau entend prendre la qualité d'escuyer comme fils légitime et principal héritier de messire Gabriel de Beauvau, évesque de Nantes, nonobstant l'ordonnance de Monsieur l'Intendant rendue par forclusion de produire les pièces justifficatives de sa naissance, et a signé :

DELAROCHE.

Condamné.

BEAUVOIS (URBAIN DE), gentilhomme de la vénerie du Roy, capitaine du chasteau du Verger, y demeurant parroisse de Seiches, comparant le dix octobre 1666, par M^tre André Guérin, procureur au siège royal de cette ville de Chinon, lequel a dict que led. de Beauvois n'a jamais usurpé la qualité d'escuyer ny pris autre qualité que celle cy dessus et que sy lad. qualité d'escuyer luy a esté donnée en quelques actes et affaires pour Monsieur le prince de Guémené, seigneur dudict chasteau, comme ayant ledit de Beauvois toujours esté son domestique, ç'a esté de l'authorité de mond. sieur prince qui l'a voulu absolument, quoy que ledit de Beauvois sy soit toujours opposé et désavoue les nottaires qui l'ont employé sy tant est qu'ils l'ont faict, n'en ayant aucune cognoissance et a signé :

GUÉRIN.

Damoiselle Philippe Delhommeau, veufve de René de BEAUVOIS, vivant sieur de la Cossonnière, y demeurant parroisse de Sainct-Flovier, eslection de Loches, bailliage de Tours, comparant le troisiesme septembre 1668 par m^tre Michel Bernard, lequel a dict qu'icelle veufve entend maintenir la qualité

BÉGAUD. — Originaire de Touraine.

René Bégaud, escuyer, sieur dud. lieu, demeurant paroisse de Cherves, élection de Richelieu, a justifié la possession du titre de noblesse depuis l'an 1313, commençant en la personne de son neufvième ayeul.

Porte : *de gueules à 5 fleurs de lis (d'or) posées en deux pals, au franc quartier de sable chargé d'un lyon d'or armé, couronné et lampassé de gueules.*

Béjon (Damoiselle Claire de), fille de deffunct BERNARD DE BÉJON, sieur de Villemainseul, et de damoiselle Renée Prévost, ses père et mère, demeurant en la parroisse de Blou, eslection de Saumur, comparant le 23e décembre 1668 par M^{tre} Jacques-Paul Miré lequel a dit qu'elle entend maintenir la qualité d'escuier prise par sond. deffunct père et qu'elle ne connoist autres de sa famille que Philippes de Béjon, son frère aisné, officier, commandant au chasteau d'Angers, et pour la justiffication de sad. qualité d'escuier elle produira les tiltres de sa noblesse au premier jour, et a led. Miré signé :

MIRÉ

BÉGEON (PHILIPPE DE), sieur de Villemainseul, comparant par M^{tre} Louis Le Damoysel le xe janvier 1669 tant pour luy que pour René-François de Bégeon, son fils, demeurant au chasteau d'Angers, lequel Le Damoysel pour lesd. sieurs de Begeon a déclaré qu'ils entendent maintenir la qualité d'escuier qu'ils sont aisnés de leur maison, que damoiselle Claire de Bégeon, demeurante parroisse de Blou, eslection et ressort de Baugé est sœur dud. Philippe et n'en connoist autres qui portent leur nom et armes qui sont : *d'argent à la fasce de gueulles dantelée de sable accompagnée de trois estoilles aussy de gueulles, deux en chef et une en poincte*, et a led. Le Damoysel mis au greffe les pièces et tiltres dont ils entendent leur servir.

Signé : LE DAMOYSEL.

Les pièces desd. sieurs et damoiselle de Bégeon ont esté rendues aud. Le Damoysel le 10e janvier 1669.

BÉGEON (DE). — Originaire d'Anjou.

Philippe de Bégeon, escuyer, sieur de Villemainseul, René-François Bégeon, son fils, demeurant au château d'Angers, damoiselle Claire de Bégeon, sa fille, demeurante paroisse de Blou, élection de Baugé, ont justifflé la possession du titre de noblesse depuis l'année 1529 commençant en la personne de l'ayeul dud. Philippe, bisayeul dud. René-François.

Porte : *d'argent à la fasce de gueules, dentelée de sable, accompagnée de 3 estoiles de gueules, 2 et 1.*

— René-François Bégeon, escuyer... eut acte de la représentation de ses titres, tant pour lui que pour son père et sa tante, le 10 janvier 1669 [1].

BEL (RENÉ LE), sieur de la Jaslière, du Chastellier et autres lieux, chevallier des ordres du Roy et du Mont-Carmel et de Saint-Lazare, demeurant en sa maison de la Jaslière, parroisse de la Chapelle-Montrelet, comparant le xviiie juin 1668 par M^{tre} Michel Bernard, lequel a dit que led. sieur Le Bel, entend maintenir la qualité d'escuyer, pour la justiffication de laquelle qualité, il produira cy-après les tiltres dont il entend se servir.

Signé : BERNARD.

Led. Le Bel a mis au greffe le xxiiiie aoust 1668 les pièces dont il entend se servir.

BEL (LE).

René Le Bel, chevalier de N.-D. du Mont-Carmel et de Saint-Lazare, sieur de la Jaillière, demeurant paroisse de Chemazé, élection de Châteaugontier, sénéchaussée d'Angers, a justifflé la possession du titre de noblesse depuis l'année 1522 commençant en la personne de son trisayeul.

Porte : *d'or fretté d'azur de six pièces* [2].

René Le Bel, chevallier, sieur de la Jaillière, du Chastellier, Vousseronde et Montalaye, demeurant ordinairement à la Jaillière, province de Bretagne, paroisse de la Chapelle-de-Montrelais et assigné.

BELET (DE) *aliàs* BLET (DE) [3].

Louis de Belet, écuyer, sieur de la Mancelière, demeurant paroisse de Razines, élection de

---

(1) Célestin Port, *Dict. de Maine-et-Loire*, t. III, p. 727, appelle cette famille : de Brégeon.
(2) Carré de Busserolles, dit... *de gueules*.
(3) Vol. 439 du Cabinet des Titres.

Richelieu, a justiffié la possession du titre de noblesse depuis l'année 1506 commençant en la personne de son trisayeul.

Porte : *d'argent à 3 feuilles de bette ou de laurier de sinople, 2 et 1.*

BELHOMME (JACQUES), conseiller du Roy, à Baugé, y demeurant, comparant le 25e aoust 1666. Lequel pour satisfaire à l'assignation à luy donnée à la requeste de Laspeyre le dix neuf du présent mois par exploict de Carré, pour procéder aux fins dud. exploict et de nostre ordonnance y énoncée, a dit n'avoir jamais pris la qualité d'escuyer, ainsy qu'il l'a cy-devant faict signifier à M^{tre} Bousseau, cy-devant préposé pour la recherche des usurpateurs du tiltre de noblesse, ce qu'il est prest de justiffier par son contract de mariage et une infinité d'autres actes, et que sy elle luy a esté donnée çà esté à son inseu et sans son consentement et y renonce, et qu'au contraire depuis vingt ans qu'il est marié et taxable, il a toujours esté imposé es rolles des tailles à des sommes considérables de vingt-cinq à trante livres, ainsy qu'il offre justiffier, quoy qu'il n'ait que fort peu de biens et le nombre de sept enfans, la plus grande partie de ce qu'il avoit de biens qui estoit en rentes sur l'hostel de ville de Paris luy a esté retranché depuis peu, et a faict eslection de domicille en la personne de M^{tre} Michel Bernard, estant à la suitte de Monsieur l'Intendant, et a signé :

BELHOMME.

BELIN (JEAN-BAPTISTE), bailly de la chastellenie de Vallon, eslection de la Flèche, seneschaussée du Mans, comparant le xxixe juillet 1667, lequel a dict qu'il n'a jamais prétendu la qualité d'escuyer et qu'au contraire a esté toujours imposé aux rolles des tailles et du sel des parroisses où il a demeuré, et a faict eslection de domicille en la personne de M^{tre} Jacques-Paul Miré, procureur estant à la suitte de Monsieur l'Intendant, et a signé :

J.-B. BELIN.

BELLAUDEAU (CÉSAR), sieur de Cangé, demeurant en cette ville de Tours, comparant le trante janvier 1668, a dict qu'il a pris la qualité d'escuyer

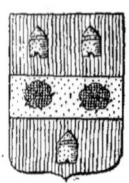

comme fils de Jean Bellaudeau, sieur de la Loge, vivant conseiller du Roy, prévost-général et provincial en Touraine et l'un des eschevins de lad. ville de Tours, qui estoit aussy dessendu de Jean Bellaudeau, vivant conseiller secrétaire du Roy, maison et couronne de France et maire [1] et eschevin de lad. ville, et a faict eslection de domicille en cettd. ville de Tours en la maison du sieur Tartaret, conseiller au présidial d'icelle ville, et a signé :

C. DE BELLODEAU.

Led. sieur Bellaudeau a mis au greffe les pièces dont il entend se servir par Jean Leclerc, clerc de M^{tre} Michel Bernard, procureur, le 25 janvier 1669 [2].

BELLAY (CHARLES DU), sieur du Plessis-Raganne, demeurant parroisse de Sainct-Georges de Sevois, eslection et ressort de Saumur, comparant le trante décembre 1666, lequel pour satisfaire à l'assignation à luy donnée à la requeste de Laspeyre, a dit qu'il entend maintenir la qualité d'escuyer et qu'il est aisné issu d'une branche de cadet de sa maison, et qu'il ne cognoist de lad. branche que les sieurs du Plessis du Bellay, demeurans en Poictou, près Thouars, et que la branche de l'aisné de ladicte maison est tombée en quenouille, et que les sieurs de la Courbe du Bellay, et des Buards et la Pallu du Bellay, demeurans les uns et les autres en Anjou, sont des mesmes noms et armes du Bellay, mais très-esloignés et de plus de trois cens ans, qu'il porte pour armes: *d'argent, à une bande fuzellée de gueules et six fleurs de lis d'azur*, et pour la justiffication de sa noblesse a mis au greffe les pièces dont il entend se servir, et a signé :

CHARLES DU BELLAY.

Les pièces dud. sieur du Bellay luy ont esté rendues ce dernier mars 1667.

BELLAY (ANTHOINE, seigneur DU), sieur de la Courbe-Raguin et baron du Plessis-Macé, demeurant parroisse de Chazé-sur-Argos, comparant le XVIIIe

---

(1) Jean Bellaudeau ou Belodeau, fut maire de Tours en 1565.
(2) Armoiries : *de gueules à la fasce d'or chargée de 2 roses de sable et accompagnée de 3 ruches d'or, 2 et 1.*

Les pièces dud. sieur Beccasseau luy ont esté rendues ce cinq juin 1668. (Envoyé noble).

BEDÉ (PAUL), sieur de Chasnays, demeurant parroisse du Bailleul, eslection et ressort de la Flèche, comparant le XIX mars 1667, lequel a dit qu'il entend maintenir la qualité d'escuyer, et est fils d'Abel Bédé, sieur des Aulnais, demeurant parroisse de Bazouches, près Chasteaugontier, et qu'ils sont seuls de leur famille et n'en cognoist autre de son nom et armes et ne se souvient du blason de ses armes, que led. sieur des Aulnais, son père, a les tiltres et pièces justifficatives de leur noblesse dont il refuse de l'aider attendu que sond. père est de la religion prétendue réformée et que luy Paul Bédé qui en estoit cy-devant en a faict abiuration et s'est converty et fait profession de la religion catholique apostolique et romaine, pour raison de quoy sond. père a conceu une haine extraordinaire contre luy, pourquoy il se raporte aux pièces qui seront produictes par sond. père lorsqu'ils sera assigné et jusques à ce proteste de demander délay à Monsieur l'Intendant et a signé :

PAUL BÉDÉ.

BEDÉ (PAUL), sieur des Chanais, demeurant parroisse de Bazouges, eslection et seneschaussée de Chasteaugontier, comparant le deux aoust 1667, lequel a dict qu'il entend maintenir la qualité d'escuyer, qu'il est aisné d'une branche de cadets de sa maison et que Jacques Bedé, sieur de Ruillé, demeurant mesme parroisse est son frère, que le sieur Bédé de Louzillière, advocat en parlement et le sieur Bedé des Fougerais, premier médecin de la Reine, frères, demeurans à Paris, sont les aisnés de sa maison, dont il n'en cognoist poinct d'autres et portent pour armes : *d'azur, à une licorne d'or passant ayant soubz le pied droict un croissant d'argent,* et a signé :

PAUL BÉDÉ.

Les tiltres m'ont esté rendus le 3 janvier 1671.

Signé : PAUL BÉDÉ.

BEDÉ (Isaac), sieur de l'Estang, demeurant parroisse de Bournan, eslection et ressort de Loudun, comparant le 23ᵉ septembre 1667, lequel a dit qu'il entend maintenir la quallité d'escuier, qu'il est unicque de la maison issu d'une branche de cadetz, que le sʳ Bédé des Fougerais, demeurant ordinairement à Paris est l'aisné de la famille, lequel a un frère cadet nommé David Bédé, sieur de l'Oisillière, demeurant ausy à Paris et connoist le sieur de Beddé demeurant à Issoudun et Paul Bedé, sieur de Chasnez, et non aultre qui porte son nom et armes, lesquelles sont : *d'argent à la licorne de sinople*, et pour la justiffication de sa noblesse demande délay de représenter ses tiltres et a signé :

ISAAC BEDÉ.

— Paul et Isaac Bédé... eurent acte de la représentation de leurs titres le 20 août 1670.

Armes : *d'azur à la licorne passante d'or ayant sous le pied droit de devant un croissant montant d'argent*.

 BEGAUD (René), sieur de Cherves, parroisse dud. lieu, eslection de Richelieu, ressort de Saumur, bailliage d'Angers, lequel pour satisfaire à l'assignation à luy donnée à la requeste de Laspeyre le trois aoust 1666 par exploit de Ladebat huissier, pour procéder aux fins dudit exploict et de nostre ordonnance y énoncée, comparant le 18 aoust 1666, a dit qu'il entend maintenir la qualité d'escuyer et qu'il est aisné et issu de l'aisné de sa maison qui porte pour armes : *de gueules à cinq fleurs de lis d'or en pal, trois et deux avec un quanton droict de sable chargé d'un lion rampant d'or armé, lampassé et couronné de gueules* et qu'outre Jacques, Jean et Claude Begault ses frères, Jacques et Philippes Begault, ses oncles, et les enfans dud. Philippes, il ne cognoist personne de lad. maison et armes, et pour la justiffication de lad. qualité d'escuyer, il a mis au greffe les pièces et tiltres dont entend se servir, lesquels ont esté paraphés par première et dernière, et a faict eslection de domicille en cette ville de Chinon au logis de Mᵗʳᵉ Angibert, conseiller du Roy et esleu en l'eslection de cette ville, et a signé :

RENÉ BÉGAUD.

Les pièces dud. sieur Bégault luy ont esté rendues ce 20ᵉ aoust 1666 avril 1667 par M^tre Jacques-Paul Miré, lequel a dit qu'icelluy du Bellay entend maintenir la qualité d'escuyer et qu'il prétend demander délay pour aporter les tiltres justifiçatifs de sa noblesse, attendu qu'ils sont dans les trésors des chasteaux de Gizeux et de la Feuillée, principalles demeures des seigneurs du Bellay, princes d'Yvetot et comtes de la Feuillée, cy-devant aisnés de lad. maison du Bellay qui sont décédés sans enfans. Signé :

MIRÉ.

BELLEY (CHARLES DU), sieur de la Pallu, demeurant parroisse de la Jumelière, comparant le sept juin 1667 tant pour luy que pour Louis du Bellay, son frère puisné seigneur des Buards, par M^tre Jacques-Paul Miré, lequel a dict que led. sieur du Bellay entend maintenir la qualité d'escuyer tant pour luy que pour sond. frère et qu'il prétend demander délay pour rapporter les tiltres justifficatifs de sa noblesse et a signé :

MIRÉ.

BELLAY (DU). — Originaire d'Anjou.

Charles du Bellay, écuyer, sieur du Plessis-Ragane, demeurant paroisse de Saint-Georges-des-Sept-Voies, élection et ressort de Saumur a justifié la possession du titre de noblesse depuis l'année 1478 commençant en la personne de son trisayeul.

Porte : *d'argent à la bande fuselée de gueules accostée de six fleurs de lys d'azur.*

— Charles du Bellay... eut acte de la représentation de ses titres le 29 mars 1667.

— Charles... Antoine... eurent acte de la représentation de leurs titres le 22 mars 1669.

BELLEFILLE (JEAN), cy-devant lieutenant ancien du provost provincial des mareschaux de Touraine, demeurant à présent parroisse de Cravan, eslection et ressort de Chinon, bailliage de Tours, comparant le 17 aoust 1666, lequel pour satisfaire à l'assignation à luy donnée à la requeste de Laspeyre le 29 juillet dernier, par exploict de Ladebat, huissier, pour procéder aux fins dud. exploict et de nostre ordonnance y énoncée, a dit qu'il ne prétend point la qualité d'escuyer et qu'il ne l'a jamais prise avant qu'il fust pourveu de lad. charge de lieutenant et que de vérité pendant qu'il a exercé lad. charge il a peu la prendre en quelques actes comme avoient faict ses prédécesseurs attendu que lad. charge est du corps de la gendarmerie qui a droit de prendre lad. qualité, laquelle n'a faict aucun préjudice au Roy ny au public attendu que pendant le temps qu'il a exercé lad. charge et qu'il a peu prendre lad. qualité, il estoit exempt de touttes impositions et contributions, et que depuis qu'il s'est deffaict de lad. charge, il n'a poinct pris lad. qualité, et a esté imposé aux roolles des tailles et du sel, et a esleu domicille en cette ville de Chinon au logis de M^tre Anthoine Guérin, procureur et a signé :

BELLEFILLE.

Condamné.

Jarosseau[1] (Marguerite), veufve feu PIERRE DE BELLÈRE, sieur de la Ragotterie, demeurante parroisse de Martigné-Briant, eslection et ressort de Saumur, bailliage d'Angers, comparant le xxie septembre 1666, laquelle pour satisfaire à l'assignation à elle donnée à la requeste de Laspeyre, a dict qu'elle entend persister et continuer à jouir des privilèges de la qualité d'escuyer qu'a prise led. sieur de la Ragoterie son mary, et qu'elle entend que Cézard et François de Bellère, ses enfans, continuent à la prendre, et que led. deffunct sieur de Bellère, son mary, estoit issu d'un cadet de sa maison, et avoit pour frère feu Roger de Bellère qui a laissé un filz nommé Louis de Bellère et que le sieur de Bellère de Cangé, demeurant près d'Amboise est l'aisné de la maison et armes qu'il porte : *d'or à un porc-espic de sable*, et pour la justification de lad. qualité elle produira au premier jour les pièces dont elle entend se servir, et a faict eslection de domicille en la personne de M^tre Jacques-Paul Miré estant à la suitte de Monsieur l'Intendant, et a signé :

MARGUERITE DE JAROCEAU [2].

Le xxiii dud. mois lad. damoiselle a mis ses tiltres au greffe.

Le xxiiie avril 1667, led. Sezard a mis une seconde production.

Les deux productions ont esté rendues aud. sieur de Bellère ce 2 febvrier 1668.

Signé : CESAR DE BELLÈRE.

(1) C. de Busserolle fait erreur en donnant pour épouse à Pierre de Bellère, Marguerite de Sarousseau. (*Dict. d'Indre-et-Loire*, I, 205.)

(2) Jarosseau : *d'or au chabot de gueules.*

BELLÈRE (DE). — Originaire de Poitou.

Cézar de Bellère, écuyer, sieur du Tronchay et de la Ragotière, François de Bellère, écuyer, son frère, demeurants paroisse de Martigné-Briand, élection de Saumur, ont justiffié la possession du titre de noblesse depuis l'année 1526, commençant en la personne de leur trisayeul.

Portent : *d'azur au porc-épic d'or.*

— César et François... eurent acte de la représentation de leurs titres le 2 février 1668.

BELLERIEN (RENÉ DE), sieur de Villaines, demeurant parroisse dud. Villaines-la-Gosnais, comparant le 28 juillet 1666, par messire Jacques de Courtoux, chevallier, seigneur-baron de la Chartre, nous a dict qu'ayant pleu au Roy de l'honnorer de l'ordre de Sainct-Michel, après avoir esté faict preuve de sa noblesse et services par le sieur marquis de Sourdis, pour ce député de Sa Majesté, il ne peut plus estre tenu faire nouvelle preuve [1].

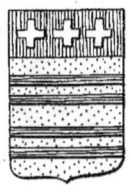

Signé : DE COURTOUX.

BELLEVILLE (LOUIS DE), sieur de la Proutière, demeurant paroisse de Ligré, eslection et ressort de Chinon, bailliage de Tours, comparant le 1er septembre 1666, lequel a déclaré qu'il entend maintenir la qualité d'escuyer et qu'il est cadet et issu de cadet de sa maison, et qu'outre Jacques et Claude de Belleville, ses frères, il ne cognoist personne de son nom et armes, et que néantmoins il y en a plusieurs desd. nom et armes qui demeurent à Crespy-en-Vallois et ès environs, qu'il ne cognoist pas, et qu'il porte pour armes : *d'or à la croix Sainct-André de gueule accompagnée de quatre aigles de sable,* et pour la justiffication de sa noblesse a mis au greffe les pièces dont il entend se servir lesquelles ont esté paraphées par première et dernière, et a faict eslection de domicille en la maison de M^tre André Guérin, procureur en cette ville de Chinon et a signé :

LOUIS DE BELLEVILLE.

Les pièces dud. sieur de Belleville luy ont esté rendues ce 24e septembre 1666.

(1) Armoiries : *d'or à 2 jumelles d'azur, au chef de gueules chargé de 3 croisettes d'argent.*

BELLEVILLE (DE). — Originaire du Vendosmois.

Louis de Belleville, écuyer, sieur de la Prouttière, demeurant paroisse de Ligré, élection de Chinon, Claude de Belleville, écuyer, sieur du dit lieu, demeurant paroisse de Couesme, élection de Baugé, ont justifié la possession du titre de noblesse depuis l'année 1518 commençant en la personne de leur trisayeul.

Porte : *d'argent au sautoir de sable cantonné de quatre aigles de même.*

— Claude de Belleville, écuyer, sieur de la Proutière... eut acte de la représentation de ses titres, le 7 juillet 1667.

BELLIN (FRANÇOIS DE), demeurant parroisse de Juvardeil, eslection et bailliage d'Angers, comparant le six octobre 1666, lequel a dit qu'il entend maintenir la qualité d'escuyer mais qu'estant cadet de sa famille, il est obligé de faire sommer le curateur de son aisné de représenter ses tiltres, pour cest effect déclare qu'il donnera sa requeste affin d'obtenir un dellay compétant; porte pour armes : *d'argent au pin de sinople,* et a signé :

DE BLAIN.

BELLIVIER. — Originaire de Poitou [1].

François Bellivier, écuyer, sieur de la Genette, demeurant paroisse de Huisme, élection de Chinon, a représenté l'ordonnance de renvoy de M. Barentin donnée à Pierre Bellivier, son frère, par laquelle il paroît que led. Pierre Bellivier a justiffié la possession du titre de noblesse, depuis l'année 1496 commençant en la personne de son 5e ayeul.

Porte : *de gueules à 3 fers de lance d'argent 2 et 1.*

BELLOT (MATHURIN), serdeau de feu Son Altesse royalle monsieur le duc d'Orléans, demeurant au bourg et parroisse de Mosnes, eslection d'Amboise, comparant le 30 décembre 1668 par Jean Leclerc, lequel a dict que led. sieur ne scait pourquoy il a esté assigné, touttesfois que sy c'est que l'on prétende qu'il ayt pris la qualité d'escuier ou de chevallier déclare qu'il ne l'a jamais prise et que sy c'est comme exempt des tailles qu'il est prest de produire ses provisions de lad. charge et autres pièces nécessaires pour justiffier qu'il a droict d'en jouir,

Signé : LECLERC.

(1) Vol. 439 du cabinet des Titres.

BELOCIER (René), conseiller du Roy, trésorier général de France en la généralité de Tours, comparant le seize septembre 1666 par M^tre Michel Bernard, lequel a dit en vertu du pouvoir qui luy a été donné par la procuration dud. sieur Belocier que led. sieur soustient la qualité d'escuyer et qu'elle luy est acquise au moyen de sondict office de trésorier de France, et a signé :

BERNARD [1].

BELOT (Charles), sieur de la Chaussée, demeurant à Angers, comparant le dix octobre 1666, lequel a dit qu'il n'a poinct de cognoissance, d'avoir pris la qualité d'escuyer, et que sy elle luy a esté donnée par quelques notaires, il les désavoue, et que quand il auroit pris lad. qualité (que non), cela n'auroit peu préjudicier au Roy ny au public, n'estant majeur que depuis un an, et ayant toujours demeuré en lad. ville d'Angers qui est franche, et n'ayant jamais faict valloir aucun bien, estant encor garçon sans aucun mesnage, et a faict eslection de domicille en cette ville de Chinon, au logis de M^tre André Guérin procureur et a signé :

CHARLES BELOT.

BELOT (Jacques), sieur de Marthou, demeurant à Angers, parroisse Sainct-Maurille, comparant le douze novembre 1666, lequel pour satisfaire à l'assignation à luy donnée à la requeste de Laspeyre a dict qu'il entend maintenir la qualité d'escuier comme fils de Jacques Bellot, sieur de Marthou, son père qui a esté eschevin de cette ville d'Angers, à laquelle charge la qualité d'escuier est attribuée et a esleu domicille en sa maison en cette ville d'Angers, au Pillory, et a signé :

J. BELOT DE MARTHOU.

Le neuf décembre 1666, led. sieur a produict ses pièces.
Le xviiie mars 1667, led. sieur a produict de nouveau.
Le deux avril 1667, led. sieur a mis au greffe une troisiesme production.

[1] Armoiries : *de gueules à l'aigle essorante d'or, accompagnée en chef de 2 étoiles de même.*

Les pièces dud. sieur Belot ont esté rendues au sieur de Launay de la Brosse ayant charge de les retirer, le 6 may 1667.

Signé : Hercules de Launay.

BELOT (Jacques), sieur de Marthou, demeurant à Angers, comparant le xxvie mars 1667 par Jacques Belot, sieur de Marthou, son fils, lequel a dit que sond. père entend maintenir la quallité d'escuyer comme ayant esté eschevin de lad. ville, bien qu'il la pust soustenir d'origine et d'extraction, et a signé :

Belot de Marthou.

BELOT d'Angers. — Noblesse de Mairerie.
Jacques Belot, sieur de Martou, fils de Jacques de Belot eschevin en 1616 a payé la confirmation.
Porte : *d'azur à la bande d'argent chargée de 3 crousilles de gueules, accostée de 2 lions d'or.*
— Me Jacques Belot... qui a été échevin en 1656 et Jacques son fils... a payé...

BELOT (Michel), sieur du Mortier, conseiller du Roy en ses conseils d'Estat et privé, et second maistre d'hostel ordinaire de sa Majesté, demeurant à Paris et de présent en cette ville de Tours, comparant le xxie janvier 1669, lequel a dit qu'il a droict de prendre la qualité d'escuyer à cause de sesd. charges de conseiller d'Estat et Maistre d'hostel de sa Majesté, et a faict eslection de domicille en la maison où il est présentement logé rue des Amandiers de cette ville de Tours et a signé :

Belot du Mortier.

BELOTEAU (Antoine), sieur de la Treille, demeurant en sa maison de la Treille, parroisse de Sainct-Pierre de Montreuil-Bellay, eslection dud. Montreuil-Bellay, seneschaussée de Saumur, comparant le troisiesme aoust 1668, lequel a dit qu'il entend maintenir la quallité d'escuier, qu'il est seul de son nom et armes, qu'il porte : *d'azur au lion d'or et au chef de gueules*, et pour la justiffication de lad. qualité a mis au greffe les pièces dont il entend se servir, et a signé :

A. BELLOTEAU.

Les pièces dud. sieur Belotteau luy ont esté rendues le septiesme jour d'aoust 1668.

BELLOTEAU. — Originaire d'Anjou [1].

Anthoine Belloteau, écuyer, sieur de la Treille, paroisse et élection de Montreuil-Bellay, a justiffié qu'Antoine Belloteau, son ayeul, avoit obtenu des lettres d'anoblissement pour services en 1592, vérifiées où besoin a esté.

Porte : *d'azur au lion d'or, au chef de gueules.*

— Antoine de Beloteau... au nombre des maintenus par M. Voisin.

BENOIST (CLAUDE), sieur de la Chillerie, lieutenant en l'Eslection de Loches, comparant le 10 juillet 1666, nous a dit qu'il n'a jamais pris la quallité d'escuyer, qu'il n'a jamais prétendue, et a signé :

BENOIST [2].

BÉRANGER (JACQUES DE), sieur de la Guitterie, demeurant parroisse du Puy-Nostre-Dame, eslection de Montreuil-Bellay, comparant le XIX septembre 1666 ; lequel pour satisfaire à l'assignation qui luy a esté donnée à la requeste de Laspeyre par Girault huissier le 13e du présent mois et an, a dict qu'il entend maintenir la quallité d'escuier, qu'il a prise, et pour la justification de sa noblesse produira au premier jour ses tiltres, qu'il est aisné de sa famille et seul dans cette province, et porte pour armes : *gironné d'or et de gueules de huict pièces*, et a esleu domicille en la maison de Me André Guérin, procureur au bailliage de Chinon, et a signé :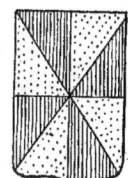

JACQUES DE BÉRENGER.

(1) C. Port, *Dict. de Maine-et-Loire*, t. III, p. 614, dit que cette famille fut anoblie par lettres du 3 septembre 1592 et lui donne à tort pour armoiries : *deux cygnes, buvant à la même fontaine et au lion rampant sur champ d'azur.*

(2) Armories : *d'or à un cœur de gueules.*

Les pièces que led. sieur de Béranger avoit mises au greffe ont esté rendues à la dame sa femme ayant à ce qu'elle a dict pouvoir de les retirer.

Au Chasteau-du-Loir, ce 8 octobre 1673.

MADELENE LE GOUZ LA GUITTRIE.

BÉRARD (FRANÇOIS DE), seigneur baron de la Croix, lieutenant-colonel du régiment de Normandie, demeurant parroisse de la Croix, eslection d'Amboise, bailliage de Tours, comparant le xxiiie avril 1667, lequel a dit qu'il entend maintenir la qualité d'escuyer, qu'il est aisné de sa maison, que Claude de Bérard et Louis de Berard sont ses frères puisnés et qu'outre Thomas de Bérard, demeurant au païs messin, parroisse de Sorbey, est son cousin-germain et.... de Berard, demeurant aud. pays messin est frère dud. Thomas, et qu'il ne cognoist autres de son nom et armes, qu'il porte : *d'argent à la fasce de gueules, chargée de trois treffles d'or, accompagné de trois sauterelles de sinople armées et miraillées d'or deux en chef et une en poincte*, et a signé :

FRANÇOIS DE BÉRARD DE LA CROIX.

BÉRARD (CLAUDE DE), seigneur baron de la Croix, demeurant parroisse du Vieil-Baugé eslection et ressort de Baugé, comparant le trois janvier 1668, lequel a dit qu'il entend maintenir la qualité d'escuyer et chevallier, qu'il est fils de François de Bérard, baron de la Croix, lieutenant-colonel du régiment de Normandie, lequel est aisné de son nom et armes, qu'il porte : *d'argent à trois sauterelles de sinople deux et une, à la fasce de gueules chargée de trois tréfles d'or,* que Claude de Bérard, demeurant à Migennes, pays de Champagne, est son oncle et pareillement Louis de Bérard, seigneur de la Grange, demeurant en sa maison de l'Ecluze, païs de Brie, et cognoist en outre Thomas de Bérard, et sa famille, demeurant à Sorbey, païs messin, pour son parent d'une autre branche, et que lesd. sieurs Louis et Claude de Bérard, ses oncles, ayant esté assignés par devant MM. les commissaires-généraux, luy comparant leur a presté la plus grande part de ses tiltres qu'ils ont produict par devant mesd.

sieurs les commissaires généraux à Paris, pour retirer lesquels il prétend demander délay à Monsieur l'Intendant et a signé :

Claude de Bérard de la Croix.

Dame Guillemette de Coutance, veufve Olivier BERAUD [1], seigneur de la Haye, demeurant en sa maison de la Haye de la Vau, parroisse dud. la Vau, evesché de Nantes, province de Bretagne, comparant le 22ᵉ may 1667 par Mᵗʳᵉ Jean Ferregeau, a dit et déclaré comme tutrice de ses enfans qu'estant de lad. province de Bretagne où elle a et sond. deffunct mary toujours faict sa demeure et non au païs d'Anjou elle n'a peu estre assignée, estant preste néantmoings de maintenir la qualité d'escuyer prise par led. deffunct son mary, s'il est ainsy trouvé raisonnable.

Signé : Ferregeau.

BÉRAUDIÈRE (Philippes de la), sieur de Maumusson, comparant le quinze avril 1667 tant pour Louis de la Berraudière, sieur de la Coudre, son frère, demeurans parroisse de Cléré, eslection de Montreuil-Bellay, seneschaussée de Saumur, a dit que sond. frère et luy entendent maintenir la qualité d'escuyer et qu'ils sont seuls de leur nom et armes, qu'ils portent : *escartelé au premier et dernier d'or aux aigles à deux testes de gueules, onglées, becquées et couronnées de sinople, et aux deux et troisiesme d'azur à la croix fleuronnée d'argent*, a mis au greffe les pièces dont il entend se servir et a signé :

Philippe de la Béraudière.

Les pièces dud. sieur de la Béraudière luy ont esté rendues ce xxᵉ avril 1667.

BÉRAUDIÈRE (de la). — Originaire d'Anjou.
Philippes de la Béraudière, écuyer, sieur de Montmusson, paroisse de Cléré, élection de

---

(1) Cette famille, originaire de Poitou, fut en effet maintenue en 1668 dans l'évêché de Nantes et portait pour armoiries : *de gueules au loup passant d'argent accompagné de 3 coquilles de même, 2 et 1*. D'après C. de Busserolle, les *coquilles* devraient être remplacées par *3 croisettes. Arm. de Tours*.

Montreuil-Bellay, a justiffié la possession du titre de noblesse depuis l'année 1527 commençant en la personne de son trisayeul.

Porte : *de gueules à deux dauphins d'argent adossés et cantonnés de... estoilles de même*[1].

— Philippe de la Béraudière... au nombre des maintenus par M. Voisin.

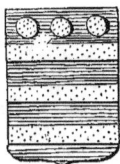

BÉRAUDIN (Pierre), sieur de la Bourrelière, seneschal ordinaire au duché de Mirebeau, demeurant eslection de Richelieu, seneschaussée d'Angers, comparant le dernier may 1667 par M^{tre} Michel Bernard, lequel a dict qu'icelluy Beraudin entend maintenir la quallité d'escuyer, pour la justiffication de laquelle il représentera cy après les pièces dont il s'entend ayder en luy donnant délay compétent pour ce faire, et a signé :

Bernard.

Led. sieur Béraudin a mis au greffe par ledict Bernard les pièces dont il entend se servir, ce xxviie juillet 1667.

Les pièces dud. sieur Béraudin luy ont esté rendues le treize février 1669.

Béraudin.

BÉRAUDIN (Henry), sieur de Puzay, demeurant parroisse de Cuon, eslection de Richelieu, présidial d'Angers, comparant le xviiie febvrier 1669, lequel a dit qu'il entend maintenir la qualité d'escuier qu'il ne connoist autres personnes de son nom et armes qui sont : *d'azur, à trois fasces d'or chargées de trois besans de mesme en chef*[2], pour la justiffication de laquelle a mis au greffe les pièces dont il entend se servir et a signé :

Henry Béraudin de Puzé.

Les pièces dud. sieur Béraudin luy ont esté rendues le 25 avril 1670.

---

(1) Carré de Busserolles dit que cette famille, originaire du Poitou, fut maintenue le 18 avril 1667 et le 28 sep^tembre 1744, et qu'elle portait : *écartelé aux 1 et 4 d'azur à la croix fourchée d'argent, aux 2 et 3 d'or, à l'aigle éployée de gueules, armée, becquée et couronnée de sinople.*

(2) Il faut lire : *d'azur à 3 fasces d'or, surmontées de 3 besans rangés de même.*

BÉRAULT (RENÉ), sieur de la Chaussaire, sénéchal de Beaupreau, demeurant à Angers, comparant le unze mars 1667, lequel a dit qu'il n'entend maintenir la qualité d'escuier et qu'il ne l'a jamais prise en aucuns actes ny contrats, que sy elle luy a esté donnée sça esté par les nottaires ou greffiers et que quand mesme il l'auroit prise, elle n'auroit peu préjudicier au Roy et au public d'aultant qu'il a toujours esté et est encor de présent demeurant dans lad. ville d'Angers qui est une ville franche, et a signé :

BÉRAULT.

Armoiries : *de sable à la croix d'argent chargée en cœur d'un trèfle de sinople et cantonnée de 4 étoiles d'or.*

BERGERAULT (LOUIS DE), sieur de Malivault, demeurant parroisse de Théneuil, eslection de Richelieu, comparant le 12e septembre 1668 par Mtre Michel Bernard, lequel a dit que led. sieur Bergerault entend maintenir la qualité d'escuyer pour la justiffication de laquelle il ne peult quand à présent en raporter les tiltres d'aultant qu'il ont esté produits par sa mère devant monsieur l'intendant de Berry, lesquels ne peuvent estre retirés attendu l'absence de mond. sieur l'intendant de lad. province, pourquoy il a requis délay compétent pour en informer et a led. Bernard signé :

BERNARD.

BERLAND (ANTHOINE DE), sicur de la Louère [1], demeurant aud. lieu de la Louère, parroisse de Marcé, ressort de Chinon, bailliage de Tours, comparant le 15 juillet 1666, nous a déclaré qu'il entend maintenir la qualité d'escuyer et à cet effect a déposé à nostre greffe un inventaire des pièces dont il entend se servir, et a signé :

DE BERLAND.

Le 22 juillet 1666, les pièces produites par led. sieur de Berland luy ont esté rendues.

(1) Cette famille a été maintenue dans sa noblesse le 21 avril 1592 et le 1er juin 1658.
Armoiries : *de gueules à deux merlans adossés d'argent, cantonnés de 4 étoiles de même.*

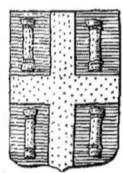

BERNABÉ (Claude de), seigneur de la baronnye de la Haye, demeurant parroisse Sainct-Maurice de la Haye, comparant le six avril 1667 par M^{tre} Michel Bernard, lequel a dict qu'icelluy de Bernabé entend maintenir la qualité d'escuyer et a signé :

BERNARD.

BERNABÉ (DE). — Originaire d'Anjou.

Claude Bernabé, écuyer, baron de la Haye, paroisse de Saint-Maurice, élection de Montreuil-Bellay, a représenté un arrêt, par lequel S. M. l'a excepté de la déclaration de 1654, qui révoque tous les anoblissements depuis 1610. Sébastien Barnabé son père en ayant obtenu en 1616.

Porte pour armes : *d'azur à la croix d'or, cantonnée de 4 colonnes de même.*

Le 8 septembre 1666 est comparu Robert Bourget, sieur du Coudray, demeurant en la ville d'Angers, parroisse Sainct-Maurice, curateur à la personne et aux biens de Charles BERNARD, sieur de la Rivière, par M^{tre} André Guérin, procureur au bailliage de Chinon, lequel Guérin pour ledict Bourget en vertu de sa procuration passée par Carré, notaire royal à Angers le 4e du présent mois et an, nous a requis le vouloir recevoir partie intervenante en l'assignation quy a esté donnée aud. Bernard à la requeste de Laspeyre pour veoir dire que l'arrest rendu contre ledict Bernard à la Cour des aydes le 30e avril 1665 sera exécuté selon sa forme et teneur, ce faisant contrainct au paiement des sommes y contenues, et pour moiens dict que led. Bernard de la Rivière ayant esté interdict et exérédé par sentence rendue en la seneschaussée et siège présidial d'Angers le 13e avril 1654, led. Bourget a esté créé curateur à sa personne et biens, laquelle sentence d'exérédation a esté leüe, publiée et insignuée au greffe de la prévosté dud. Angers dès le 14e avril aud. an 1654, et ainsy led. de Laspeyre n'a pu vallablement poursuivre led. Bernard, en lad. Cour des aydes ne aagir contre luy puisque il n'estoit pas capable de respondre, non plus que de prendre la quallité d'escuier, ne autres quallités, ne mesme contracter vallablement sans l'authorité dud. Bourget son curateur, et ainsy led. de Laspeire ne peut tirer aulcun adventage des actes et des qualités qu'il prétend que led. Bernard a prises depuis lad. exérédation et interdiction, et au moins de ce requiert que led. Bernard soit deschargé de lad. demande et assignation avecq dommaiges interests et despens et a esleu domicille en la maison de M^{tre} André Guérin procureur à Chinon.

Signé : GUÉRIN.

Led. sieur Bernard a mis au greffe les pièces dont il entend se servir par M^{tre} Michel Bernard, procureur au bureau des finances, ce 27e avril 1667.

Les pièces dud. Bernard ont esté rendues aud. M^{tre} Michel Bernard ce deux juin 1667.

BERNARD (Me Philippes), conseiller du roy, juge magistrat au siège présidial de la ville d'Angers, y demeurant, comparant le xie avril 1667 par M^{tre} Pierre Berneust, procureur au présidial de Tours, lequel a dict qu'icelluy Bernard n'a poinct pris la qualité d'escuyer ny jouy d'aucuns privillèges de noble quoy qu'il y fust fondé et a signé :

Berneust.

BERNARD (Yves), sieur de la Fosse, demeurant à Angers, comparant le quinze avril 1667, lequel a dit qu'il n'a point pris la qualité d'Escuyer quoi qu'il l'eust peu prendre depuis l'année 1651 jusques en l'année 1664 pendant lequel temps il a esté chevallier servant de l'ordre de sainct Jean de Hiérusalem, depuis lequel temps s'estant marié il n'a point encore pris lad. qualité quoy qu'il l'a pust encore prendre comme estant dessendu d'un maire de la ville d'Angers, et a signé :

J. Bernard.

Led. sieur Bernard a mis au greffe les pièces dont il entend se servir pour la justiffication de la qualité d'escuier qu'il a déclaré maintenir ce xxe aoust 1667.

Les pièces dud. Bernard luy ont esté rendues ce xviiie febvrier 1668.

Jean Bernard, maire d'Angers, 1485-1488.
D'argent à deux lions léopardés de sable, armés, lampassés de gueules l'un au-dessus de l'autre.

— BERNARD.
Me N. Bernard et N. Bernard fils de Me Gabriel Bernard sieur de la Hunaudière, avocat au Parlement de Bretagne, qui fut échevin en 1638, demeurant à Vannes (?), paieront pour jouir comme dessus, la somme de...

Mⁿ N. Bernard, demeurant paroisse de Montejean, élection d'Angers, fils dud. Bernard de la Hunaudière, pour jouir...
Catalogue d'Anjou.

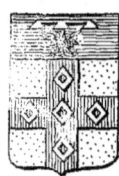

BERNEZAY (Charles de), sieur de Préval, demeurant parroisse de Chançay, eslection d'Amboise, comparant le vingt-neuf novembre 1667, lequel a dit qu'il entend maintenir la qualité d'escuyer et qu'il est aisné et seul d'une branche de cadets de sa maison, que Nicolas de Bernezay, sieur de Bourdigalle, demeurant parroisse de Nouzilly, eslection de Tours, est l'aisné de sa maison, que François de Bernezay, sieur de Beauregard, demeurant parroisse de Mettray, de lad. eslection de Tours, est son oncle, et qu'il ne cognoist autres de son nom et armes, qu'il porte : *d'or à la croix de gueules chargée de cinq besans d'argent au chef d'azur chargé d'un aigle d'or membré et becqué de gueules à un lambel d'argent*, et a faict eslection de domicille en cette ville de Tours en la maison de Mᵗʳᵉ Phélix Daragon, sieur des Maisonsrouges, rue du Boucassin et a signé :

De Bernezay.

Les pièces dud. sieur de Bernezay ont esté rendues à Mᵗʳᵉ Phélix Daragon sʳ des Maisonsrouges, controlleur général des gabelles en Poictou, demeurant en cette ville de Tours, beau-frère dud. sieur de Bernezay, le sixiesme juin 1669.

BERNEZAY (de). — Originaire de Touraine.
Charles de Bernezay, écuyer, sieur de Préval, demeurant paroisse de Chancé, élection d'Amboise, bailliage de Tours, Nicolas de Bernezay, écuyer, sieur de Bourdigalle, demeurant paroisse de Nouzillé, élection et ressort de Tours, cousin au 3ᵉ dégré dud. sieur de Préval, ont justifflé la possession du titre de noblesse, depuis l'année 1543, commençant en la personne de leur bisayeul.
Porte : *d'or à une croix de gueules chargée de 5 macles d'argent*[1], *au chef d'azur chargé d'un aigle d'or armé et becqué de gueules et d'un lambel d'argent.*

BERNIER (Léonard), escuier, sieur de la Borde, demeurant parroisse de Saincte-Catherine-de-Fierbois, ressort de Chinon, comparant le 26 juillet

---

(1) Carré de Busserolles dit : *cinq besans d'or.*

1666, soustient sa qualité d'escuier et a déclaré qu'il ne scait avoir aucuns descendans de sa famille que René et Thomas Bernier, ses cousins-germains, qui sont dans les armées depuis dix ou douze ans, et porte pour armes : *un chevron brisé d'argent au champ d'azur, accompagné de trois estoilles d'argent deux en chef et l'aultre en poincte,* et a signé :

Léonor Bernier.

Les pièces dud. sieur Bernier luy ont esté rendues le 27 décembre 1666.

BERNIER. — Originaire de Touraine.
Léonard Bernier, écuyer, sieur de la Borde, demeurant paroisse de Sainte-Catherine-de-Fierbois, élection de Chinon, bailliage de Tours, a justiffié la possession du titre de noblesse, depuis l'année 1518, commençant en la personne de son bisayeul.
Porte : *d'azur au chevron d'argent accompagné de 3 estoiles de même, 2 et 1.*

BERON (Isaac de), sieur du Val, garde du haras du roy, demeurant parroisse de Contre-en-Verras, eslection du Mans, ressort de Mamers, comparant le xxiie juillet 1667 lequel a dict qu'il n'a jamais pris la quallité d'escuyer et qu'il y renonce, quoy qu'il la peu prendre à cause de sad. charge de garde du haras du roy et pour prouver sad. qualité a produict au greffe les pièces la concernant, et a signé :

Isaac de Béron.

Lesd. tiltres ont esté rendus aud. sieur de Béron le 25 juillet 1667.

BERRUYÈRE (Jacques de la), sieur de la Motte, demeurant à St-Laon, eslection et bailliage de Loudun, comparant le xviiie avril 1667 par M[tre] Jean Ferregeau, procureur au présidial de cette ville de Tours, lequel a dit qu'icelluy de La Bruyère entend maintenir la qualité d'escuyer et que son deffunct père ayant esté assigné aux mesmes fins à la requeste de Thomas Bosseau, cy-devant chargé par Sa Majesté de la recherche des usurpateurs du tiltre de noblesse, à la cour des aides de Paris et y ayant produit ses tiltres, led. Jacques de la Berruyère ne les a encor retirés attendu son peu d'intelligence estant encor mineur parquoy prétend demander délay suffisant et a signé :

Ferregeau.

BERRUYÈRE (Jacques de la), sieur des Mé, demeurant paroisse de Saint-Laon, eslection de Loudun, comparant le 20e juin 1667 par Mtre Jacques-Paul Miré, procureur estant à la suitte de Monsieur l'Intendant, lequel Miré a dit que led. sieur n'entend maintenir la qualité d'escuier et qu'il s'en désiste quant à présent et ne prétend led. sr de la Berruière estre subjet a aucune taxe attendu sa minorité qu'il justiffiera en temps et lieu par son extraict baptistaire.

Signé : Miré.

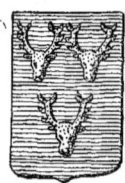

BERTAULT (Daniel), sieur de la Bertaudière, demeurant parroisse de Meigné [1], eslection et ressort de Saumur, bailliage d'Angers, comparant le 21 septembre 1666, lequel pour satisfaire à l'assignation à luy donnée à la requeste de Laspeyre, a dit qu'il entend maintenir la qualité d'escuyer, et qu'il est aisné de sa maison, et que François Bertault, sieur de la Grize, demeurant à Saumur est issu d'un cadet de lad. maison et qu'il ne cognoist outre ses enfans aultres de son nom et armes : qu'il porte : *d'azur, à trois testes de serf d'or, deux et une*, et qu'il produira au premier jour les pièces et tiltres dont il entend se servir pour la justiffication de sa noblesse, et a faict eslection de domicille en la personne de Mtre Jacques-Paul Miré, estant à la suitte de Monsieur l'Intendant, et a signé :

Daniel Bertault.

Le 25e décembre 1666, led. sieur a produict ses tiltres.

BERTHÉ (Charles de), sieur de Chailly, demeurant ordinairement depuis près de deux ans en la parroisse de Sambin, ellection de Blois, généralité d'Orléans, et assigné en sa maison de la Joubardière, paroisse de Chédigny, eslection et siège royal de Loches, bailliage de Tours, lequel comparant le xxve janvier 1668, a dit qu'il entend maintenir sa quallité d'escuyer, qu'il est aisné d'un cadet de sa famille de laquelle il ne cognoist autres personnes que François de Berthé son cousin issu de germain de présent aux Indes orientales

(1) Armoiries : *d'azur à 3 massacres de cerf d'or, 2 et 1.*

ou occidentales, et Gabriel et Louis de Berthé, ses enfans, et qu'il porte : *d'argent à trois merlettes de sable, deux et une,* pour la justiffication de lad. qualité il produira cy-après les pièces et tiltres dont il entend s'ayder, et a signé :

CHARLES DE BERTHÉ.

Led. s^r de Berthé a mis au greffe les pièces et tiltres dont il entend s'ayder ce xxiiie mars 1668.

Les pièces dud. sieur de Berthé luy ont esté rendues le xxvie mars 1668.

BERTHÉ (DE). — Originaire de Touraine.

Charles de Berthé, écuyer, sieur de Chailly, demeurant paroisse de Chédigny, élection de Loches, bailliage de Tours, a justiffié la possession du titre de noblesse, depuis l'année 1543, commençant en la personne de son bisayeul.

Porte : *d'argent à 3 merlettes de sable, 2 et 1.*

BERTHELOT (RENÉ), sieur de l'Asnerie, eschevin de la ville d'Angers, y demeurant, comparant le treize janvier 1667 par M^{tre} André Javelle, procureur au siège présidial de Tours, lequel a dict qu'icelluy Berthelot n'a jamais pris la qualité d'escuyer que depuis qu'il a esté esleu échevin de lad. ville, qu'il a eu droict de la prendre, conformément aux privilèges accordés aux eschevins de lad. ville.

Signé : JAVELLE.

— Me Réné Berthelot qui a été échevin en 1664..... paiera.....

Armoiries : *d'azur à 3 têtes de léopard d'or, 2 et 1.*

BERTHEREAU (MATHIEU), sieur de Bierné, demeurant à Angers, comparant le trante mars 1667 par M^{tre} Michel Bernard, lequel a dict qu'icelluy Berthereau desnie d'avoir pris et s'estre servy de la quallité d'escuyer, et qu'il y renonce.

Signé : BERNARD.

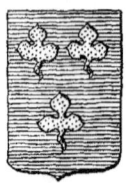

BERZIAU (Guillaume), sieur des Hayes et de la Marsellière, demeurant aud. lieu de la Marseillière, parroisse de Marçon eslection de la Flesche, bailliage de Tours, comparant le six septembre 1666, par Me René Boutin, procureur au présidial de Tours, en vertu de la procuration spécialle à luy passée par led. sieur Berziau devant Jouye, notaire royal à Tours, le premier septembre, lequel a dict qu'il entend maintenir la qualité d'escuyer comme descendu de parens nobles et escuyers, et pour la justiffication d'icelle produira au premier jour son arbre généalogique, blazon et pièces justiffcatives, et a esleu domicille en la ville de Tours en la maison dud. Boutin, et ailleurs en la personne de M^{tre} Michel Bernard procureur au bureau à Tours estant à nostre suitte, et a led. Boutin signé :

BOUTIN.

Les pièces dud. Berziau luy ont esté rendues ce XXVIe mars 1667.

BERZIAU (DE). — Originaire de Touraine.

Guillaume de Berziau, écuyer, sieur des Hayes et de la Marsillière, demeurant paroisse de Marçon, élection de la Flèche, bailliage de Tours, a justiffié la possession du titre de noblesse depuis l'année 1536, commençant en la personne de son trisayeul.

Porte : *d'azur à 3 trèfles d'or, 2 et 1.*

— Guillaume Berziau, et ses frères, eurent acte de la représentation de leurs titres le 9 octobre 1666.

BESNARD (Louis), sieur des Més, demeurant parroisse de Razines, eslection et ressort de Richelieu, présidial d'Angers, comparant le XXVe febvrier 1667 par damoiselle Magdeleine de Razines, son espouse, laquel a dict que sondict mary entend maintenir la qualité d'escuyer et qu'elle produira au premier jour les pièces dont elle entend se servir à cet effect, que sond. mary est l'aisné de sa maison et qu'il n'y a plus de lad. maison que Michel Besnard, sieur de Pérouse, frère de sond. mary, et qu'il porte pour armes : *d'azur, à l'ancre d'argent au chef d'or chargé de trois estoilles de gueulles*, et a signé :

MADELENE DE RASINE.

BETZ (René de), sieur de la Hartelouaire, demeurant au Lude, eslection de Baugé, bailliage de Tours, comparant le xxve septembre 1666 par M^{tre} André Guérin, procureur à Chinon, lequel a dit que led. sieur de Betz entend maintenir la qualité d'escuyer et produira au premier jour les pièces dont il entend se servir pour la justiffication de sa noblesse et a signé :

Guérin.

BETZ (de). — Originaire de Touraine.
René de Betz, chevalier, sieur de Larteloire, demeurant en la ville du Lude, élection de Baugé, a justiffié la possession du titre de noblesse depuis l'an 1490, commençant en la personne de son quintayeul. Il prétend tirer son origine de plus loin, mais elle n'est point bien prouvée.
Porte : *d'or à 2 fasces de sable accompagnées de 9 merlettes de sable 4 en chef, 2 en fasce et 3 en pointe.*
— René de Betz, chevalier, eut acte de la représentation de ses titres le 9 octobre 1666.

BIARS (Messire Jacques de), sieur de Sainct-Georges et Louis de Biars, son frère, demeurans parroisse dud. Sainct-Georges-le-Gaultier, eslection de Mayenne, comparans le neuf avril 1669 par M^{tre} Louis Le Damoysel, lequel a dit qu'ils entendent maintenir la qualité de chevallier et d'escuier, qu'ils portent pour armes : *d'argent fresté de sable* et pour la justiffication de leursd. quallités a mis led. Le Damoysel les pièces et tiltres dont ils entendent leur servir et a signé :

Le Damoysel

Les pièces desd. sieurs ont esté rendues aud. Le Damoysel le unziesme avril 1669.

BIARS (de). — Originaire du Mayne.
Jacques de Biars, chevalier, sieur de Saint-Georges, Louis de Biars, chevalier, sieur de Touchamps, demeurants paroisse de Saint-Georges-le-Gaultier, élection de Mayenne, ont justiffié la possession du titre de noblesse, depuis l'année 1558, commençant en la personne de leur trisayeul.
Porte : *d'argent fretté de sable.*

82

BIENVENU (René)¹, sieur de la Bochallière, ayde de l'eschansonnerie de la deffuncte Reine mère du Roy, demeurant à Angers, comparant le xxe avril 1667, par M^tre Louis Champigny, clerc de M^tre Pierre Cazeau, procureur au présidial de Tours, lequel a dit qu'icelluy Bienvenu passant quelques actes chez des nottaires, ils luy auroient donné la qualité d'escuyer quoy qu'il n'ait jamais entendu la prendre à laquelle il a renoncé et renonce mesmes de s'en voulloir aider et servir en façon quelconque tant du passé que de l'advenir.

Signé : Champigny.

BIGNON (Guillaume)², conseiller du roy, lieutenant ancien du prévost provincial des mareschaux de Chasteaugontier y demeurant, comparant le xxiiie febvrier 1668, lequel pour satisfaire à l'assignation à luy donnée à la requeste de Laspeyre, a dit qu'il n'a jamais pris la qualité d'escuyer qu'en conséquence de sadite charge de lieutenant seul et ancien résidant près la personne dud. prévost et a signé :

G. Bignon.

Led. s^r Bignon a mis au greffe les pièces dont il entend s'aider ce xxvie mars 1668.

Les pièces dud. s^r Bignon ont esté rendues à M^tre Michel Bernard, ayant charge de les retirer, le premier juin 1668.

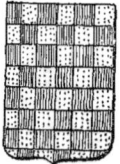

Damoiselle Magdelaine de Cabaret³, veufve de feu René Bigot, vivant sieur de la Martellière, demeurante paroisse de Sainct-Germain, eslection de Thouars, comparant le xvie février 1667, par M^treNicolas Picard, pbrestre, demeurant aud. Sainct-Germain, lequel a dit que lad. damoiselle entend

(1) D'Hozier donna des armoiries, relatives à ses fonctions, à noble homme René Bienvenu, sieur de la Bochalière : *d'azur à une main d'argent tenant une bouteille d'or.*

(2) Ce Guillaume Bignon était de la famille des Bignon de Sablé qui portaient : *d'azur à la croix alaisée et coupée d'argent, entourée d'un cep de vigne de sinople portant 5 grappes de raisin d'or sortant d'une terrasse de même et accompagnée de 4 flammes d'argent 2 et 2.*

(3) Cabaret : *d'azur au chevron d'or accompagné de 3 roses de même, 2 et 1.*

maintenir la qualité d'escuyer prise par sond. deffunct mary, et pour la justiffication d'icelle a mis au greffe les pièces dont elle entend se servir.

Signé: NICOLAS PICARD, p^{bre}.

Les pièces de lad. damoiselle Cabaret ont esté rendues au sieur Jamineau ayant charge de les retirer le XXII mars 1668.

Signé: LOUIS JAMINEAUT.

BIGOT (DE). — Originaire de Poitou.
Les enfans de feu René Bigot, écuyer, sieur de la Martillière, comparant par Dame Madeleine Cabaret, leur mère, demeurante à Passavant, élection de Montreuil-Bellay, ont justiffié la possession du titre de noblesse, depuis l'année 1494, commençant en la personne de leur quartayeul.
Porte : *échiqueté de gueules et d'or. (Alias échiqueté d'argent et de gueules.)*
— Magdelaine Cabaret... au nombre des maintenus par M. Voisin.

BIGOT (FRANÇOIS), sieur des Parquets, demeurant parroisse de Denezé (sous-le-Lude), eslection et ressort de Baugé, comparant le XIe octobre 1668 par M^{tre} Louis Le Damoysel, lequel a dit que led. sieur Bigot entend maintenir la qualité d'escuier, qu'il est cadet de sa maison, que messieurs Bigot, de la ville de Rouen, sont ses aisnés, qu'il n'en connoist autres qui portent son nom et armes qui sont : *d'argent, au chevron de sable accompagné de trois rozes de gueulles, deux en chef et une en poincte*, et pour la justiffication de sa qualité d'escuier il produira au premier jour l'ordonnance de renvoy qu'il a obtenue de monsieur Barin, intendant en la généralité de Rouen, sur le veu de ses tiltres de noblesse qu'il a vériffiez sur la représentation et production que ont faictes devant luy sesd. aisnés, lesquels n'ayant voulu se désaisir des originaux desd. tiltres luy auroient envoyé le duplicata de lad. ordonnance signée dud. sieur Barin, et a led. Le Damoysel signé :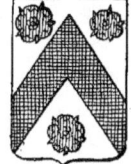

LE DAMOYSEL.

Les pièces dud. sieur Bigot ont esté rendues aud. Le Damoysel le 6e febvrier 1669.

BIGOT. — Originaire de Normandie [1].

François Bigot, écuyer, sieur des Parquets, demeurant paroisse d'Ennezay, élection de Baugé, a raporté l'ordonnance de renvoy à lui donnée et à ses frères, demeurants en la généralité de Rouen, par M. Barin de la Gallisonnière, sur la production faite par devant luy et paroist qu'ils ont justifflé la possession du titre de noblesse, depuis l'année 1537, commençant en la personne de leur bisayeul.

Porte : *d'argent au chevron de sable accompagné de 3 roses de gueules, 2 et 1.*

— François Bigot... eut acte de la représentation de ses titres le 24 janvier 1669.

BIGOT (René le), sieur de Cherbon, demeurant parroisse de Bazouges, eslection de la Flèche, ressort de Baugé, présidial d'Angers, comparant le quatre avril 1667 tant pour luy que pour Jacques Le Bigot, sieur de la Motte-Linière, demeurant parroisse de Courcelles, mesme eslection de la Flèche, son oncle, et René Le Bigot, sieur de la Chevallerie, demeurant parroisse de Malicorne, eslection de la Flèche et présidial du Mans, son cousin-germain et fils dud. sieur de la Motte-Linière, et pour la veufve et enfans de deffunct Charles Le Bigot, sieur de Linière, Garguesalle et de dame Suzanne de Loubes, demeurant parroisse de Gouy, eslection de la Flèche et présidial d'Angers, a dit qu'ils entendent maintenir la qualité d'escuyer et qu'il n'en cognoist autre de son nom et armes, qu'ils portent : *d'azur, au chef d'or et au chevron aussy d'or, accompagné de trois quoquilles de mesme*, et pour la justiffcation desd. qualités Jean de Saint-Ouyn, escuier, sieur de la Rigaudière, tuteur desd. enfans mineurs, et luy ont produict les tiltres dont ils entendent se servir et ont signé :

        Jean de Saint-Ouen.   R. Le Bigot.

Les pièces desd. sieurs ont esté rendues aud. sr de Saint-Ouyn, ce ixe avril 1667.

BIGOT. — Originaire d'Anjou.

René Bigot, écuyer, sieur de Linières, demeurant avec damoiselle Suzanne de Loubes, sa mère, paroisse de Gouy ; René Bigot, écuyer, sieur de Cherbon, demeurant paroisse de Bazouges, Jacques Bigot, écuyer et René Bigot, son fils, led. Jacques demeurant paroisse de Courcelles et René, paroisse de Malicorne, tous élection de La Flèche, ont justifflé la possession du titre de noblesse, depuis l'année 1526, commençant en la personne du trisayeul dud. sieur de Linières et dudit Jacques, bisayeul dud. de Cherbon et dud. René.

(1) Maintenue les 26 février 1667 et 25 septembre 1670, en la vicomté de Rouen.

Porte : *d'azur au chevron d'argent (alias d'or) accompagné de 3 coquilles de même 2 et 1, au chef aussi d'argent (alias d'or).*

— René Le Bigot... eût acte de la représentation de ses titres le 8 avril 1667.

BIGOTTIÈRE (Guy de la), sieur de Perchambault, p^{bre}, conseiller du Roy au siège présidial d'Angers, y demeurant, comparant le xxve mars 1667 par M^{tre} Paul Mirey, lequel a dit qu'icelluy sieur de la Bigottière fut nommé eschevin de lad. ville le premier may 1646, laquelle charge il auroit exercée pendant les deux ans lors suivans, qu'incontinent après sa nomination en lad. charge et en sortant d'icelle, il auroit faict sa déclaration tant par devant les maire et officiers dud. corps de ville que par devant les esleus dud. Angers par acte des 4 et 15 may 1646, 28 avril et 21 juillet 1648, conformément aux arrests de la cour des aides des 3 may 1635 et dernier aoust 1643, qu'il acceptoit le privilège de noblesse octroyé et confirmé par les Roys, mesmes par Sa Majesté heureusement régnant aux maire et eschevins de lad. ville, en concéquence de quoy il auroit pris la qualité d'escuyer jusqu'à ce qu'il ait esté dans les ordres sacrés depuis lequel temps il ne l'auroit prise et y renonce pour l'advenir.

Signé : Mirey.

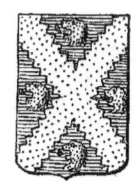

Led. s^r de La Bigottière a mis au greffe les pièces dont il entend se servir ce 1er avril 1667. Lesd. pièces ont esté rendues le xviiie avril 1667.

BIGOTTIÈRE (de la).

Guy de la Bigottière, sieur de Perchambault, conseiller au siège présidial d'Angers, élection dud. lieu, au nombre des maintenus par Voisin.

Armoiries : *d'azur au sautoir endenté d'or, cantonné de 4 têtes de lion arrachées d'or, lampassées de gueules.*

BILLARS (Charles de), sieur de la Villeguérin, demeurant parroisse de Sainct-Denis-de-Gastines, eslection de Mayne, comparant le neuf mars 1669 tant pour luy que pour Cristophle de Billars, sieur des Landes et Marc de Billars, sieurs du Prémorel, ses frères, demeurans à présent en Bretagne, lequel a dit qu'il entend maintenir la qualité d'escuier pour luy et pour sesd. frères et que pour la justiffication de lad. quallité d'escuier il produira ses tiltres au

premier jour, et qu'outre sesd. frères il ne connoist autres personnes de son nom et armes qui sont : *d'argent, à l'aigle éployée de sable, becquée et membrée d'or,* et a signé :

CHARLES DE BILLARS.

Les pièces dud. sieur de Billars ont esté mises au greffe le 14e mars 1669.
Les pièces dud. sieur de Billars ont esté rendues à Mtre Miré, son procureur, le 15e mars 1669.

BILLARS (DE). — Originaire de Bretagne [1].

Charles de Billars, escuyer, sieur de Villéguérin, demeurant paroisse de Saint-Denis-de-Gastine, Christophe de Billars, écuyer, sieur des Landes, Marc de Billars, écuyer, sieur de Prémorel, demeurants en Bretagne, ont justifié la possession du titre de noblesse depuis l'année 1540, commençant en la personne de leur bisayeul.

Porte : *d'argent à l'aigle esployée de sable, becquée, membrée d'or.*

Dame Marie Guilloteau, veufve de deffunct CHARLES DE BILLON, seigneur de la Touche, y demeurant paroisse de Mouliherne, eslection et seneschaussée de Baugé, comparant le 30e décembre 1668 par Jean Leclerc, lequel a dit qu'elle entend maintenir la quallité d'escuyer dud. deffunct son mary, pour la justiffication de laquelle elle produira cy-après les tiltres et pièces dont elle entend se servir en lui donnant délay compétant de les retirer des mains des aisnés du nom et armes qui sont demeurans en Bresse, et a led. Leclerc signé :

LE CLERC.

Armoiries : *d'azur à 3 écots noueux et alaisés d'or, arrondis et posés les 2 du chef en chevron et le 3 en bande.*

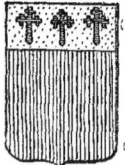
BINET (PIERRE), sieur de Montiffray, seigneur de Monmoutier, demeurant en sa maison seigneurialle dudict Monmoutier, paroisse de Sainct-Florent-le-Viel, eslection et seneschaussée d'Angers, comparant le XVIII may 1668 a dit qu'il entend maintenir la qualité de chevallier, qu'il est aisné issu d'un des

(1) Cette famille fut maintenue en Bretagne par arrêt du Parlement en 1743, comme originaire du Maine.

cadets de sa famille dont il ne connoist autres personnes que Victor Binet, seigneur de Montiffray, son frère puisné du premier lict, Anthoine et Louis Binets, aussy ses frères puisnés du second lit,... Binet et.... Binet, ses nepveus enfans desd. Victor et Louis Binets ; les deux enfans de luy Pierre Binet, comparant, et ceux de... Binet, vivant seigneur de Chemilly et de Vaugaudez et... Binet, vivant seigneur de la Boissière, ses cousins issus de germain, et le sieur Binet de Beaurepaire, lieutenant aux gardes, le sieur Binet de Marconnet ayde major aud. régiment des gardes, et leurs frères, demeurans, scavoir lesd. Victor Binet,... Binet seigneur de Chemilly, et Binet, seigneur de la Boissière, en l'eslection de Tours, led. de Marconnet et ses frères en la ville de Paris, et led. Louis Binet, en la province de Bretagne, qu'il porte pour armes : *de gueules au chef d'or chargé de trois croix recroisétées à pied fiché d'azur*, pour la justiffication de laquelle qualité de chevallier il a produict et mis au greffe tant pour luy que pour led. Victor Binet, son frère, les pièces et tiltres dont il s'entend ayer, et a signé :

Pierre Binet de Monmoutier.

Les pièces dud. sieur ont esté rendues ce xixe may 1668.

Damoiselle Françoise Testu, veufve de Louis BINET, escuier, sieur de Chemilly, tutrice naturelle des enfans dud. deffunct et d'elle, demeurante en la ville de Tours, comparante le 23e janvier 1669 par Jean Leclerc, clerc de M^{tre} Michel Bernard, procureur au bureau des finances et son procureur, lequel a dit qu'elle entend aud. nom maintenir la qualité d'escuyer dud. deffunct Binet son mary qui estoit cadet de la maison de Pierre Binet escuyer, seigneur de Montiffray, lequel a cy-devant représenté devant monseigneur l'Intendant les tiltres de sa noblesse et sur iceux obtenu son renvoy, pour la justiffication de laquelle qualité elle produira cy-après les tiltres dont elle entend se servir et qu'elle a en ses mains pour joindre à la production dud. sieur de Montiffray.

Signé : Leclerc.

J'ay soubzsigné recongnoist que les pièces de lad. damoiselle Testu m'ont esté remises ès mains. Faict à Tours ce 3 may 1669.

Delahaye.

BINET. — Originaire de Touraine.

Pierre Binet, écuyer, sieur de Montifray, demeurant paroisse de Saint-Florent-le-Vieil élection et sénéchaussée d'Angers, Victor Binet, écuyer, sieur de Montifray, son frère, demeurant paroisse de Beaumont-la-Ronce, élection et bailliage de Tours, Dame Françoise Testu, veufve de Louis Binet, écuyer, sieur de Chemilly, demeurante à Tours, paroisse Saint-Hilaire, Dame Claude de Fougère, veuve de Jean Binet, écuyer, sieur des Bandes, demeurante paroisse de Vernou, élection de Tours, Charles Binet, écuyer, sieur de la Boissière, demeurant à Tours, paroisse de Lescrignol, ont justiffié la possession du titre de noblesse, depuis l'année 1520, commençant en la personne de leur bisayeul.

Portent : *de gueules au chef d'or chargé de 3 croix recroisettées, au pied fiché d'azur.*

— Pierre Binet… Victor… eurent acte de la représentation de leurs titres le 19 mars 1668.

BITAULT [1] (RENÉ), sieur du Plessis-Bitault, Hauteberge, la Gaucherie, demeurant parroisse de Faveraye en Anjou, comparant le deux septembre 1666 par M^{tre} Michel Bernard son procureur fondé de procuration spécialle passée Bommyer, notaire royal à Angers, lequel pour satisfaire à l'assignation à luy donnée à la requeste de Laspeyre a dict qu'il est noble d'extraction et n'a faict aucun acte desrogeant, et est lad. procuration demeurée au greffe et a signé :

BERNARD.

BITAULT (RENÉ), sieur de la Gaucherie, demeurant en la paroisse de Faverays, pays d'Anjou, eslection de Montreuil-Bellay, comparant le unziesme septembre 1666 par M^{tre} André Guérin, procureur au bailliage de Chinon, lequel a dict que led. sieur Bitault entend maintenir la qualité d'escuier qu'il a prise et que pour la justiffication de sa noblesse, il produira au premier jour ses tiltres, et a esleu son domicille en la maison dud. Guérin.

Signé : GUÉRIN.

BITAULT (RENÉ), seigneur de la Gaucherie, du Plessis et autres lieux, demeurant en sa maison dud. lieu de la Gaucherie, parroisse de Faverais,

(1) Armoiries : *de sable au chevron d'argent accompagné en pointe d'une molette de même.*
— Jacques Bitaud, écuyer, sieur de Gousselière, demeurant paroisse de Faveraye, élection de Montreuil-Bellay, maintenu par M. Voisin.

ellection de Montreuil-Bellay, séneschaussée d'Angers, comparant le xvᵉ aoust 1667 par Mᵗʳᵉ Michel Bernard, lequel a dict qu'icelluy sieur entend maintenir la qualité d'escuyer, pour la justiffication de laquelle il a produict et mis au greffe les pièces et tiltres dont il entend s'ayder,

Signé : Bernard.

Les pièces dud. sʳ Bitauld ont esté rendues aud. Bernard, le 1ᵉʳ juin 1668.

BITAULT (Jacques), sieur de Riou, y demeurant parroisse de Tigné, eslection et ressort de Saumur, bailliage d'Angers, comparant le ivᵉ juin 1668, lequel a dict qu'il entend maintenir la qualité d'escuyer, comme estant petit-fils de conseiller de la cour de parlement de Paris et de maistre des requestes, qu'il est puisné de sa maison et qu'outre monsieur François Bitault, conseiller du Roy en son grand conseil, demeurant à Paris, son frère aisné, les trois enfans dud. François, Charles Bitault, sieur de Chizay, son frère puisné, capitaine au régiment des gardes, et Guillaume Bitault, aussi son frère puisné, estudiant, il ne connoist autres personnes de son nom et armes qu'il porte : *d'argent, à trois testes d'aigle arrachées de sable, deux en chef et l'autre en poincte*, pour la justiffication de laquelle quallité d'escuyer il produira cy-après les pièces et tiltres dont il entend se servir et a signé :

Bitaut.

Led. sieur a produict ce 15ᵉ septembre 1668.
Les pièces dud. sieur Bitault ont esté rendues le xxxiᵉ décembre 1668.

BITAULT. — Originaire de Paris.
Jacques Bitault, écuyer, sieur de Riou, demeurant paroisse de Tigny, élection de Saumur, seneschaussée d'Angers, a justiffié que son ayeul a eu des lettres de Maistre des requestes ordinaire, registrées aux requestes de l'hôtel, que son père a été conseiller au Parlement depuis 1623 jusqu'en 1658.
Porte : *d'argent à 3 testes d'aigle arrachées de sable, 2 et 1.*

BLANCHIS [1] (Charles du), sieur du Rechillon, y demeurant parroisse de

(1) Armoiries : *d'or au sautoir de sable traversé au milieu d'une lance posée en pal et accosté de 2 lions de même.*

Tourageau (Thurageau) eslection de Richelieu, seneschaussée d'Angers, comparant le troisiesme septembre 1668 par M^tre Michel Bernard, lequel a dict qu'icelluy sieur du Blanchis entend maintenir la quallité d'escuyer pour la justiffication de laquelle il a prétendu demander délay, et a led. Bernard, signé :

BERNARD.

BLET (LOUIS DE), sieur de la Mancellière, demeurant parroisse de Razines, eslection de Richelieu, seneschaussée d'Angers, comparant le xie octobre 1668, lequel a dit qu'il entend maintenir la qualité d'escuyer, qu'il ne connoist autres personnes de son nom et armes que Louis de Blet, sieur des Brosses, demeurant en la généralité de Berry, qu'il porte pour armes : *d'argent, à trois feuilles de bette de sinople,* pour la justiffication de laquelle qualité il a produit et mis au greffe les tiltres dont il entend se servir, et a signé :

LOUIS DE BLET.

Receu ma production le xiie octobre 1668.

LOUIS DE BLET.

BLOND (MARTIN LE), sieur de la Martinière, l'un des cent hommes d'armes de la Reine, demeurant parroisse de Métré, eslection et bailliage de Tours, comparant le xviiie décembre 1667, a dit qu'il ne se souvient point avoir jamais pris la qualité d'escuyer et ne la prétend point et que sy elle luy a esté donnée à son inseu, ç'a esté à cause des services par luy rendus à Sa Majesté en qualité de mareschal-des-logis du régiment de cavallerie de la feue reine mère, pendant sept ans, de cornette du régiment de cavallerie de Broille pendant trois ans et de lieutenant aud. régiment pendant six ou sept ans jusques à la paix dernière qu'il a esté reformé et comme tel retenu par Sa Majesté à la pension de cinq cens livres, et outre dans la compagnie de chevau-légers de Monseigneur le Dauphin dans laquelle il sert encor présentement, produira au premier jour les pièces justiffcatives de ce que dessus et a signé :

Le Blond La Martinière.

BLOSSET (Charles de), sieur de la Croix, demeurant paroisse de Jaulnay, eslection de Richelieu, seneschaussée d'Angers, comparant le troisiesme septembre 1668 par M{tre} Michel Bernard, lequel a dit qu'icelluy sieur Blosset entend maintenir la qualité d'escuyer, pour la justiffication de laquelle il représentera cy après, les pièces et tiltres dont il entend s'aider, et a led. Bernard signé :

Le procès-verbal est signé : Charles de Blosset [1].

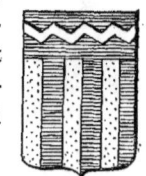

BLOUIN (René), sieur des Cousteaux, demeurant à Angers, comparant le 12 mars 1667 par Michel Courtois, clerc de M{tre} Jean Fergeau, procureur au présidial de cette ville de Tours, lequel Courtois a dict qu'icelluy Blouin a esté bien fondé de prendre la qualité d'escuyer ayant esté plus de vingt ans commissaire ordinaire de la marine, et est encore à présent commissaire-général de lad. marine du ponant, et de plus a esté esleu eschevin de lad. ville d'Angers, dès le premier may 1662, et a led. Courtois signé :

Courtois.

Les pièces dud. sieur Blouin ont esté rendues aud. Fergeau, son procureur, ce xvi may 1667.

BLOUIN [2]. — D'Angers.

M⁰ René Blouin, sieur des Cousteaux, intendant et commis général de la marine, eschevin de lad. ville en 1662, a payé la confirmation.

René Blouin... renvoyé au conseil avec avis, le 30 mars 1667, de le condamner à l'amende de 600ˡ, pour avoir pris la qualité d'escuyer avant que d'estre échevin.

— M⁰ René Blouin... pour jouir....

Gabriel Blouin, sieur de la Vionnière, qui fut échevin, en 1650, pour jouir....

---

(1) Armoiries : *Pallé d'or et d'azur de 6 pièces, au chef d'azur chargé d'une fasce vivrée d'argent.*
Ce sont celles de la famille Blosset de Carrouges et de Torcy éteinte en 1578.

(2) Armoiries : *d'azur au lion d'or, armé, lampassé, couronné de gueules, adextré d'une couronne d'argent.*

BLUYNEAU (René), demeurant à Saumur, comparant le xiiiie may 1667, lequel a dict qu'il entend maintenir la qualité d'escuier comme fils de René Bluyneau, conseiller au présidial d'Angers et eschevin de lad. ville, qu'il est seul de sa famille ; porte pour armes : *d'azur au croissant d'argent et deux estoilles de mesme et un ancre aussy d'argent posée en poincte* [1], pour la justification de ce que dessus produira au premier jour, et a signé :

R. BLUYNEAU.

BLUINEAU. — Noblesse d'échevinage d'Angers.
René Bluineau, sieur de la Lande, demeurant à Saumur, fils de René Bluineau, échevin en 1633, à payé la confirmation.

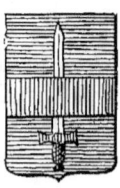

BODET (Jacques-Leonor), escuier, sieur de la Fenestre, la Saulaie et autres lieux, demeurant parroisse d'Yzernay, eslection de Montreuil-Bellay, seneschaussée d'Angers, comparant le 26 may 1667, lequel a dit qu'il entend maintenir la qualité d'escuyer, qu'il est l'aisné de sa famille, qu'il ne cognoist autres personnes de son nom, armes et famille sinon Jean et René Bodet, ses puisnés demeurans en la province de Poictou et qu'il porte pour armes : *d'azur à la fasce en devise de gueules, l'espée à garde d'argent à la poignée aussy de gueules*, a mis au greffe les pièces dont il entend se servir, et a signé :

JACQUES-LÉONOR BODET.

Les pièces dud. sieur Bodet luy ont esté rendues ce xxviiie may 1667.

BODET. — Originaire d'Anjou.
Jacques Bodet, écuyer, sieur de la Fenestre et de la Saulaye, paroisse d'Isernay, élection de Montreuil-Bellay, sénéchaussée d'Angers, a justiffié la possession du titre de noblesse, depuis l'année 1545, commençant en la personne de son trisayeul.
Porte : *d'azur à l'espée d'argent la poignée de gueules la pointe en haut, posée en pal, à la fasce de gueules brochant sur le tout.*
— Jacques Léonard Bodet... maintenu par M. Voisin de la Noyrais.

(1) Denais donne à cette famille : *d'argent, semé de quintefeuilles d'azur.*

BODEAU ou BODIAU (René de), sieur de la Brichetière, demeurant à Bouloire, seneschaussée du Mans, comparant le 9 aoust 1666 par M^tre Jacques Pavin, son procureur et au présidial de Tours, fondé de procuration spécialle passée par Me René Le Vilain, notaire royal, le premier du présent mois laquelle est demeurée à nostre greffe ; lequel Pavin pour satisfaire à l'assignation donnée aud. de Bodeau, le 5 juillet dernier par exploict de Jallu pour procéder aux fins dud. exploict et de nostre ordonnance y énoncée, a dit en vertu du pouvoir à luy donné par lad. procuration que led. de Bodeau entend maintenir la qualité d'escuyer par luy prise et requis délay pour rechercher les pièces et tiltres justifficatifs de lad. qualité et nous les représenter et a faict eslection de domicile en la ville de Tours ou logis où il est demeurant rue Sainct Maurice et a signé :

PAVIN.

Led. sieur a déposé ses pièces le 3 janvier 1667, lesquelles luy ont esté rendues le 3 janvier 1669.

BODIAU. — Originaire d'Anjou.
René Bodiau, escuier, sieur des Brichetières (en Bocé), demeurant paroisse de Boulloire, élection de Chateau-du-Loir, a justiffié la possession du titre de noblesse, depuis l'an 1535, commençant en la personne de son bisayeul.
Porte : *d'argent à 3 fleurs de lis d'azur, 2 et 1.*

BODIN (Robert)[1], sieur de la Logerie, capitaine au régiment de la marine, demeurant à Angers, comparant le deux septembre 1666 par M^tre Michel Bernard, son procureur, lequel a dit en vertu du pouvoir à luy donnée par lad. procuration, qu'icelluy Bodin entend maintenir la qualité d'escuyer qui luy a esté donnée par Sa Majesté pour récompense de ses services, et pour laquelle il luy a pleu faire expédier son brevet de retenue le 27 juin 1665, lequel brevet, lettres de noblesse et certificats de ses services, il produira au premier jour, et est lad. procuration demeurée au greffe et a signé :

BERNARD.

(1) Armoiries : *de gueules à 2 fasces d'hermines.*
— Robert Bodin... anobli pour services en 1651, confirmé en 1663, eut acte de la représentation de ses titres le 5 avril 1667.

Les pièces dud. sieur Bodin ont esté rendues aud. Bernard, son procureur, ce neuf avril 1667.

BODIN.

Jourdain Bodin, écuyer, sieur de Froidefontaine, capitaine-exempt des gardes du corps du Roy, demeurant paroisse de Chemillé, élection d'Angers, eut acte de la représentation de ses titres le 30 avril 1669.

Catalogue d'Anjou.

BODINEAU (JACQUES), sieur d'Ourne, demeurant en cette ville du Chasteau-du-Loir, comparant le quatre juin 1667, lequel a dict qu'il n'a jamais pris ny prétendu prendre la qualité d'escuyer et qu'au contraire il a tousjours esté compris aux rolles des tailles depuis qu'il est marié et a signé :

J. BODINEAU [1].

BODINEAU (LÉGER), sieur de Vauxperron, demeurant parroisse du Grand-Lucé, eslection et ressort du Chasteau-du-Loir, seneschaussée du Mans, comparant le six juin 1667, lequel a dit qu'il n'a jamais pris la qualité d'escuyer et au contraire a toujours esté imposé aux rolles des tailles, et a faict eslection de domicille en cette ville du Chasteau-du-Loir, au logis de M^{tre} Léger Bodineau, lieutenant criminel de lad. ville et a signé :

L. BODINEAU.

BŒUF (JEAN LE), sieur de Launay, demeurant en la ville de Saumur, comparant le 11 juillet 1666, nous a dit qu'il n'a jamais pris la qualité d'escuyer qu'il ne prétend point, et a signé :

J. LE BŒUF.

BŒUF (FRANÇOIS LE), sieur des Roches, cy-devant président en l'eslection de Saumur, y demeurant comparant le deux septembre 1666, par M^{tre} Michel

---

(1) Jacques Bodineau, lieutenant criminel au siège de Château-du-Loir, mari d'Anne Jouault, est qualifié « noble homme et écuyer » dans de nombreux actes de l'Etat-civil de Château-du-Loir.

Bernard, fondé de procuration spécialle, lequel a dit en vertu du pouvoir à luy donné par lad. procuration que led. Lebœuf n'a jamais eu intention de prendre la qualité d'escuyer, que sy elle luy a esté donnée par quelques actes, ç'a esté du propre mouvement de ceux qui les ont passés, aussy qu'elle luy auroit esté inutile, estant exempt par sad. charge de président et ainsy il n'en a jamais profité, et que d'ailleurs après avoir esté supprimé et perdu sa charge en laquelle consistoit tout son bien, il demeure très incommodé en sa personne, ayant mesmes perdu la vue, et que ce qu'il lui reste à payer du remboursement de sad. charge ne suffist pour payer les taxes qui ont esté faictes sur icelles et avancées par ses amis et à payer ses autres debtes, en sorte qu'il renonce à tous ses biens au profflct de Sa Majesté, ne subcistant qu'à grande peine de la faveur et bienfaicts de ses amis, et est lad. procuration demeurée au greffe, et a signé :

BERNARD.

BŒUF (MARC LE)[1], sieur du Petit-Puy, advocat à Saumur, y demeurant, comparant le XXVIe septembre 1666 par M^{tre} Angibert, advocat en cette ville de Chinon, lequel a dit qu'icelluy Le Bœuf n'a jamais eu dessein d'usurper la qualité d'escuyer, et que sy elle luy a esté donnée par quelques actes, ç'a esté lors qu'il estoit capitaine au régiment de Brezé, chevau-léger de la garde et Maistre d'hostel du Roy, et que depuis qu'il n'a plus lesd. charges, il a toujours esté imposé aux roolles du sel et de la taille et mesmes au paravant led. temps, et a signé :

ANGIBERT.

Les pièces dud. Le Bœuf luy ont esté rendues ce dernier febvrier 1668.

BOILEAU (DANIEL), sieur du Plessis et des Forges, conseiller enquesteur et général réformateur des eaues et forests de France au département de Touraine, Anjou et Maine, comparant le XVIe febvrier 1667 par M^{tre} Michel

---

(1) Cette famille a fourni un commissaire provincial d'artillerie qui portait : *d'azur à 3 têtes de bœuf d'or*, *2 et 1*. Ces armoiries se voient sur un grand plat de fayence de la collection de M. le comte Charles Lair, provenant de la vente du marquis d'Houdan.

Bernard, lequel a soustenu que led. sieur du Plessis a eu droict de prendre la qualité qu'il a prise d'escuyer tant au sujet de lad. charge que autres qu'il desduira et fera veoir touttes fois et quantes.

Signé : BERNARD.

BOINDRE (MATHURIN LE), sieur de.... demeurant en la ville du Mans, comparant le xviiie juillet 1667 par Mtre Michel Bernard, lequel a dict qu'icelluy Le Boindre n'a jamais pris la qualité d'escuyer et a signé :

BERNARD.

BOIREAU (FRANÇOIS) sieur de la Restrie, aagé d'environ 24 ans, demeurant à Amboise, bailliage de Tours, comparant le 20 juillet 1666, a déclaré qu'il n'a jamais pris la qualité d'escuyer, et a signé :

BOIREAU [1].

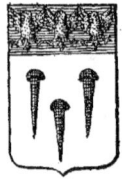

BOIS (RÉMY DU), sieur du May demeurant parroisse de Sainct-Pierre-des-Eschaubrognes, eslection de Monstreuil-Bellay, comparant le 17e septembre 1666, lequel pour satisfaire à l'assignation à luy donnée à la requeste de Laspeyre par Girault huissier le sixiesme du présent mois et an, a dict qu'il entend maintenir la quallité d'escuyer qu'il a prise ainsy que ses prédécesseurs l'ont prise, qu'il est né dans la parroisse de Dreslincourt en Picardie eslection de Noyon, et comme il auroit espouzé il y a quinze ans sa deffuncte femme natifve de lad. parroisse de Sainct-Pierre-des-E... ...bronnes, sy seroit habitué, qu'il n'a aucuns parens dans ces provinces, ...bien en Picardie, en la parroisse de Machemont où le sieur du Bois son cousin remué de germain et qui est le chef du nom et des armes faict sa demeure, et porte pour armes : *d'or à trois chenilles de sable, au chef d'azur chargé de trois aiglettes d'or*, et comme les tiltres de sa noblesse sont en Picardie et particulièrement entre les

---

(1) Dans l'Armorial Général de 1696 : *d'argent au lion de gueules, armé et lampassé d'azur.*

mains dud. sieur du Bois chef de la famille a requis un dellay de six mois pour les recouvrer et a signé :

Rémy du Bois du May.

BOIS (Jean du), seigneur comte de Fontaines-Rouziers, et autres lieux, demeurant en son chasteau de Fontaines, parroisse de Rouziers, eslection et bailliage de Tours, comparant le XXVIIe juillet 1668 par Mtre Michel Bernard, tant pour Messire Louis du Bois, marquis de Givry, lieutenant-général des armées du roy, bailly de Touraine, son frère puisné, demeurant ordinairement en la ville de Paris, et de présent dans sa maison du Plessis-Barbe, parroisse de Bueil, mesmes eslection et bailliage de Tours, lequel Bernard a dit que lesd. sieurs entendent maintenir la qualité d'escuyer et de chevallier, qu'ils ne congnoissent autres personnes de leur nom et armes que les sieurs du Bois de Mennetou, et qu'ils portent pour armes : *d'or, à trois chevilles de sable, deux et une, au chef d'azur chargé de trois aiglettes d'argent*, et led. Bernard a mis au greffe les pièces dont ils entendent se servir et a signé :

Bernard.

Les pièces dud. sieur du Bois ont esté rendues aud. Bernard le premier aoust 1668.

BOIS (du). — Originaire de Touraine [1].

Jean du Bois, chevalier, comte de Fontaines, Rouziers, sieur de la Roche-Bourdeille, Verneuil et le Plessis-Barbe, Louis du Bois, chevalier, marquis de Givry, lieutenant des armées du Roy et grand bailly de Touraine, son frère, ont justifié la possession du titre de noblesse depuis l'année 1467 commençant en la personne de leur quartayeul.

Porte : *d'or à 3 clous (de la passion) de sable 2 et 1, au chef d'azur chargé de 3 aiglettes d'argent*.

BOIS (Anthoine du), sieur de La Ferté, demeurant parroisse de La Pommeraye, eslection et seneschaussée d'Angers, comparant le 4 may 1667, a dict

---

[1] Carré de Busserolle avec plus de raison dit cette famille originaire de Flandre où elle portait primitivement le nom de Fiennes. (*Arm. de Tour.*)

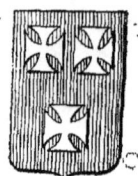

qu'il entend maintenir la qualité d'escuyer, qu'il est aisné d'une branche de cadets de sa maison, que Joseph du Bois, sieur d'Argonne, parroisse de Joué, mesmes eslection et ressort, est l'aisné de lad. maison et que Louis du Bois, sieur de la Prairie, demeurant parroisse de Faveraye, eslection de Montreuil-Bellay, est unique d'une autre branche de lad. maison, et qu'il n'en cognoist autres de son nom et armes, qu'il porte *de gueules à trois croix pattées d'argent*, et a mis au greffe les pièces dont il entend se servir pour la justiffication de sa noblesse et dud. Louis du Bois, son nepveu et a signé :

ANTHOINE DU BOIS.

BOIS (JOSEPH DU), seigneur d'Argogne et de Chanzeaux, demeurant en sa maison seigneurialle d'Argogne, parroisse de Joué, eslection et seneschaussée d'Angers, lequel comparant le XIIIe mars 1668, a dict qu'il entend maintenir la qualité d'escuier, qu'il est aisné de sa maison, de laquelle il ne connoist autres personnes qu'Anthoine du Bois, sieur de La Ferté, son cousin issu de germain, ses enfans, Louis du Bois, son cousin au troisiesme degré, et Charles et Joseph du Bois, ses enfans, ensemble Philippes du Bois, fils dud. Charles, tous lesquels du Bois demeurent en la province d'Anjou, qu'il porte pour armes: *de gueulles à trois croix pattées d'argent, deux en chef et l'autre en poincte*, pour la justiffication de laquelle qualité d'escuyer il a produict et mis au greffe les pièces dont il entend se servir, et a signé :

JOSEPH DU BOYS D'ARGONNES.

Les pièces dud. sieur du Boys luy ont esté rendues le XIIIIe mars 1668.

BOIS (DU). — Originaire d'Anjou.

Joseph du Bois, écuyer, sieur d'Argonnes et de Chanzeaux, demeurant paroisse de Joué, élection et seneschaussée d'Angers, Charles du Bois, écuyer, sieur de Chanzeaux, son fils, demeurant même paroisse, Anthoine du Bois, écuyer, sieur de La Ferté, demeurant paroisse de La Pommeraye, élection et seneschaussée d'Angers, Louis du Bois, écuyer, sieur de la Prairie, demeurant même paroisse, son neveu, ont justiffié la possession du titre de noblesse depuis l'année 1445 commençant en la personne de Charles quintayeul dud. Joseph et dud. Louis et quartayeul dud. Anthoine.

Porte : *de gueules à 3 croix pattées d'argent 2 et 1*.

— Antoine du Bois... et Louis... eurent acte de la représentation de leurs titres le 13 mars 1667.

Damoiselle Fleurante David, veufve de deffunct Louis du Bois, vivant escuier, sieur de La Touche-Ferronnière, demeurante parroisse de Saint-Germain-des-Prés, eslection et ressort d'Angers, comparant le deux may 1667, par M^{tre} Louis Le Damoysel, lequel a dict qu'icelle David en qualité de veufve dudict du Bois et de tutrice des enfans dud. deffunct et d'elle entend maintenir la qualité d'escuyer.

Signé : Le Damoysel.

Le sieur du Bois Ferronnière a produict pour lad. damoiselle David ce xxviie may 1667.

Les pièces dud. sieur du Bois luy ont esté rendues ce xxixe may 1667.

Signé : Charles du Bois.

BOIS (du). — Originaire de Bretagne (y maintenus de 1429 à 1669).

Dame Florance David veuve de Louis du Bois, écuyer, sieur de La Touche, Ferronnière, demeurante paroisse de Saint-Germain-des-Prés, élection et seneschaussée d'Angers, comme ayant la garde noble de ses enfans, Charles du Bois, écuyer, sieur de la Ferronnière, demeurant paroisse du Louroux-Bothereau, évesché de Nantes, ont justiffié la possession du titre de noblesse depuis l'année 1545 commençant en la personne de leur bisayeul.

Porte : *de gueules à 3 espées d'argent posées en pal la pointe en bas*.

— Charles du Bois... et Florance David... eurent acte de la représentation de leurs titres le 28 mars 1667.

BOIS (Mathurin du), sieur de Macquillé, y demeurant paroisse de Contigné, eslection et séneschaussée d'Angers, comparant le xxiiie aoust 1667, a dict qu'il entend maintenir sa quallité d'escuyer, qu'il est seul de sa maison, qu'il ne connoist autres personnes de son nom et armes et famille sinon Monsieur Messire du Bois, conseiller au grand conseil, son cousin au cinquiesme degré, issu d'un des cadets de sa famille, et qu'il porte pour armes : *d'argent à quatre emmanchures de sable*, et pour la justiffication de sad. qualité a produict les tiltres dont il entend se servir et a signé :

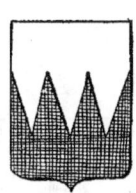

Mathurin Duboys.

Les pièces dud. sieur Dubois luy ont esté rendues ce xxvie aoust 1667.

BOIS (DU). — Originaire d'Anjou.

Mathurin du Bois, écuyer, sieur de Masquillé, demeurant paroisse de Contigné, élection et sénéschaussée d'Angers a justiffié la possession du titre de noblesse depuis l'année 1510 commençant en la personne de son trisayeul.

Porte : *d'argent à 4 emmanchures de sable*. Il faut lire : *coupé, emmanché d'argent et de sable de 5 pièces et 2 demies*.

— Mathurin du Bois... eut acte de la représentation de ses titres le 24 août 1667 [1].

BOISARD (LOUIS), conseiller du Roy et lieutenant-général criminel au siège royal de Chinon, demeurant en lad. ville de Chinon, comparant le 29 aoust 1666, lequel pour satisfaire à l'assignation qui luy a esté donnée à la requeste de Laspaire par exploict de Carré, huissier, du dix-neuf aoust dernier, a dict qu'il n'a jamais pris la qualité d'escuyer ny mesme prétendu, à laquelle il renonce, et qu'il a toujours esté compris aux roolles des tailles comme exempt à cause de la charge de receveur des tailles en l'eslection de Baugé dont il estoit pourveu aprez le décedz de son père, pour la conserver en sa famille, a esleu domicille en sa maison, et a signé :

BOISARD [2].

BOISARD (FRANÇOIS DE), sieur de Villegraton, demeurant parroisse de Vaas, eslection de La Flèche, ressort de Baugé, comparant le dernier avril 1667, lequel a dit qu'il entend maintenir la qualité descuyer qu'il est seul de son ... qu'il porte *d'azur à trois pilliers d'or* et pour la justiffication

F. DE BOISARD.

BOISBERRANGER (JUDE DU), sieur de Vigré, demeurant parroisse de Sainct-Martin-du-Bois, eslection d'Angers, comparant le quatre avril 1667 tant pour luy que pour Guy de Boisberranger, son frère, par M^{tre} Paul Mirey, procureur à la suitte, lequel a dict que lesd. sieurs du Boisberranger entendent

(1) M^r d'Achon, à La Roche de Gennes, possède la grosse de cette maintenue.
(2) Armes : *d'azur à trois piliers d'or*. C. de Busserolles : *Arm. de Tour.*

maintenir la qualité d'escuier, qu'ils portent pour armes : *d'or à la bande de gueules*, et led. Miré a mis au greffe les pièces dont ils entendent se servir et signé :

MIRÉ.

Les pièces dud. sieur du Boisberranger luy ont esté rendues ce premier febvrier 1668.

BOISBERRANGER (MAGDELON DU), sieur de Montdoublain, demeurant parroisse de Charné, eslection et duché de Mayenne, comparant le trois aoust 1667, lequel a dict qu'il entend maintenir la qualité d'escuyer, qu'il est cadet de sa maison, que François du Boisberranger, demeurant en Bretagne, est son frère aisné et Jullien du Boisberranger, demeurant en Bretagne, est son frère cadet et que Guy du Boisberranger demeurant parroisse de Charné, mesme eslection et duché de Mayenne, et Jude du Boisberranger, demeurant en Anjou, frères, sont de mesmes nom et armes et que le sieur du Boisberranger du Bois-Marie est encore du mesme nom et armes et qu'il n'en cognoist autres, et porte pour armes : *d'argent à une bande de gueules* et pour la justiffication de sa noblesse a mis au greffe les pièces dont il entend se servir et a signé :

M. DU BOISBERRANGER.

Les pièces ont esté rendues aud. sieur du Boisberranger le cinq aoust 1667.

Damoiselle Françoise Barbes, veufve de LOUIS DU BOISBERRANGER, vivant sieur de La Rouvraye, demeurant au fauxbourg de Mayenne de la ville de Laval, comparant le 29e juin 1668 par Jacques Auger, praticien, pour l'absence de Mtre Michel Bernard, procureur au bureau des finances à Tours, et à la suitte de monsieur l'Intendant, lequel Auger a dict que lad. veufve entend maintenir la qualité d'escuyer prise par led. deffunct, son mary, qu'outre Louis et Jean du Boisberranger, enfans en bas âge dud. deffunct son mary et d'elle, elle ne connoist autres personnes du nom et armes dud. deffunct son mary, qu'il portoit : *d'argent, à la bande de gueules*, pour la justiffication de laquelle qualité led, Auger a mis et produict au greffe les pièces et tiltres dont lad. veufve entend se servir, et a signé :

AUGER.

Le treiziesme juillet 1668 les pièces ont esté rendues aud. Bernard.

BOISBÉRANGER (DE). — Originaire du Maine.

Jude de Boisbéranger, écuyer, sieur de Vigré, demeurant paroisse de Saint-Martin-du-Bois, élection et ressort d'Angers, Guy de Boisbéranger, écuyer, demeurant paroisse de Charné, élection de Mayenne, dame Françoise Barbe, veuve de Louis de Boisbéranger, écuyer, sieur de La Rouveraye, mère de Louis, Jean, Anne et Françoise de Boisbéranger, demeurante au faubourg du Pont de Mayenne, paroisse de Saint-Vénérand, de la ville de Laval, Madelon de Boisbéranger, écuyer, sieur de Mondoublin, demeurant paroisse de Charné, élection de Mayenne, ont justiffié la possession du titre de noblesse scavoir lad. veuve depuis l'année 1463 commençant en la personne du cinquième ayeul de son mary, led. Jude et Guy depuis l'année 1546 commençant en la personne de leur trisayeul ledit Madelon depuis 1556 commençant en la personne de son bisayeul. On ne peut remarquer le degré de parenté y ayant fort longtemps que les branches se sont séparées, portent mesmes armes qui sont *d'argent à la bande de gueules.*

Jude du Bois-Berranger... et Guy... eurent acte de la representation de leurs titres le 1ᵉʳ février 1668.

Dame Françoise Hardouin, veufve de messire HERCULES-FRANÇOIS DU BOISJOURDAIN, seigneur dud. lieu, comparant le XXIIᵉ aoust 1667, tant pour elle que comme bail et garde noble de René-Marc et Louis de Boisjourdan, chevalliers de Sainct-Jean de Hiérusalem, ses enfans, demeurant parroisse de Bouère, eslection de la Flèche, séneschaussée de Chasteaugontier, et pour Anselme du Boisjourdan, seigneur des Courans, demeurant parroisse de Longuefuie, eslection de La Flèche et seneschaussée de Chasteaugontier, laquelle a dit qu'elle entend maintenir tant pour elle que pour sesd. enfans la quallité d'escuyer de sond. deffunct mary et que led. sieur des Courans entend aussy maintenir la qualité d'escuier et qu'elle ne cognoist autre dud. nom et armes de Boisjourdan lesquelles armes sont *d'or à trois losanges de gueules semé de fleurs de lis d'azur*, et pour la justiffication de sa noblesse a mis au greffe les pièces dont elle entend se servir, et a signé :

FRANÇOISE DE HARDOUIN.

Lesd. tiltres ont esté rendus à lad. dame le 23ᵉ aoust 1667.

BOISJOURDAN (DE). — Originaire du Mayne.

Ancelme de Boisjourdan, chevalier, seigneur des Courans, demeurant paroisse de Longuefuye, élection de Châteaugontier, dame Françoise Ardouin veuve de Messire Hercule-François de Boisjourdan, chevalier, seigneur dud. lieu, ayant la garde-noble de René-Marc de Boisjourdan, écuyer et de Louis de Boisjourdan chevalier de Malte, demeurante parroisse de Bouère, élection de La Flèche, ressort de Chateaugontier, ont justiffié la possession du titre de noblesse depuis l'année 1539 commençant en la personne de leur trisayeul.

Porte : *d'or à 3 losanges de gueules 2 et 1, semé de fleurs de lis d'azur sans nombre* [1].

— Ancelme de Boisjourdan... Hercule-François... eurent acte de la réprésentation de leurs titres le 23 août 1667.

BOISSARD (Louis DE), sieur de La Rigaudrie, comparant par Isaac de Boissard son fils, le huict janvier 1667, led. Louis de Boissard demeurant parroisse de Longué, eslection d'Angers, bailliage de Baugé, a dict qu'il entend maintenir la qualité d'escuyer, qu'il est aisné de sa famille, de laquelle il ne reste aucun que René de Boissard, son frère, prestre, et ses enfans, porte pour armes: *de gueulles à trois faisseaux d'or relliés de mesme, deux et un,* et pour l'establissement de sa noblesse produira au premier jour.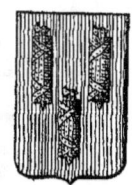

Signé : Isaac de Boissard.

Les pièces dud. sieur de Boissard luy ont esté rendues ce treize febvrier 1667.

BOISSARD (DE). — Originaire d'Anjou.

Marc de Boissard, écuyer, sieur de La Rigauderie, demeurant paroisse de Longué, élection d'Angers ressort de Baugé, a justiffié la possession du titre de noblesse depuis l'année 1426 commençant en la personne de son quintayeul.

Porte : *de gueules à 3 faisceaux d'or liés de même, 2 et 1.*

— Isaac Boissard... eut acte de la représentation de ses titres le 14 février 1667.

BOISTENANT (Samuel DE), sieur du Verger, demeurant à Vou, eslection et ressort de Loches, bailliage de Tours, comparant le xxiiiie septembre 1666, lequel a dit qu'il entend maintenir la qualité d'escuyer, qu'il est seul de sa

---

(1) Carré de Busserolles donne à tort à cette famille un écu: *d'or, au chevron d'azur, chargé d'un croissant d'argent en pointe.*

maison et armes ; qu'il porte : *d'argent à un chevron et deux lions de gueulles*, et a mis au greffe les pièces dont il entend se servir pour la justiffication de sa noblesse, et a faict eslection de domicille en la personne de M^tre Michel Bernard, procureur au bureau des finances, estant à la suitte de monsieur l'Intendant, et a signé :

De Boistenant [1].

Les pièces dud. sieur de Boistenant ont esté rendues aud. Bernard, ce 22 febvrier 1667.

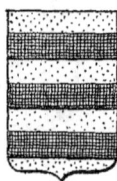

BOISY (François de), sieur de La Charte-Bouchère, demeurant aud. lieu parroisse d'Yzernay, eslection de Montreuil-Bellay, comparant le xixe septembre 1666, lequel pour satisfaire à l'assignation à luy donnée à la requeste de Laspeyre par Girault huissier le vi^e des présens mois et an a dict qu'il entend maintenir la quallité d'escuier qu'il a prise, qu'il est seul de son nom et armes, et porte pour armes : *d'or à trois bandes de sable posées en fasces,* et pour la justiffication de sa noblesse requiert dellay de deux mois pour retirer ses tiltres, lesquels sont entre les mains d'un procureur du Parlement de Paris, affin de les produire à nostre greffe, et a faict eslection de domicille en la maison de M^tre André Le Bourguignon, advocat au bailliage de Chinon et a signé :

Fr. de Boisy.

Les pièces dud. sieur de Boisy luy ont esté rendues le quatorze juin 1667.
Led. sieur de Boisy a mis ses pièces au greffe pour une autre production, ce xve janvier 1668.
Les pièces dud sieur de Boisy luy ont esté rendues ce xxiie janvier 1668.

Signé : Charte Bouchère de Boisy.

BOISSY (de). — Originaire d'Anjou.
François de Boissy, écuyer, sieur de Beauregard, de La Chartre-Bouchère, y demeurant parroisse d'Izernay, élection de Montreuil-Bellay, bailliage d'Angers, par jugement contradic-

---

(1) Armoiries : *d'argent au chevron de gueules accompagné en chef de 2 lionceaux affrontés de même.*

toire a esté maintenu en sa noblesse dont il a justiffié la possession depuis l'année 1533 commençant en la personne de son bisayeul.

Porte : *d'or à 3 fasces de sable.*

— François de Boissy... maintenu par arrêt du 7 septembre 1667.

BOIVIN (HILAIRE), seigneur du Monteil-Boyvin, demeurant parroisse de Serigny, eslection et ressort de Richelieu, comparant le XXIe aoust 1668, lequel a dit qu'il entend maintenir sa quallité d'escuier, qu'il est seul qui porte son nom et armes qui sont : *d'or, à deux chevrons de sable,* et pour la justiffication de lad. quallité a mis au greffe les pièces et tiltres dont il entend se servir et a signé :

H. BOIVIN.

Les pièces et tiltres dud. sieur Boivin luy ont esté rendues le 22e aoust 1668.

BOIVIN. — Originaire de Touraine [1].

Hilaire Boivin, écuyer, sieur de Montreuil-Boivin, demeurant paroisse de Serigny, élection et ressort de Richelieu, a justiffié la possession du titre de noblesse depuis l'année 1488 commençant en la personne de son trisayeul.

Porte : *d'or à deux chevrons de sable.*

BONCHAMP (RENÉ DE), sieur de Maurepart, aagé de 68 ans, chevallier de l'ordre du Roy, gentilhomme de sa chambre, demeurant en son chasteau de Maurepart, parroisse de Brigné, ressort de Saumur, bailliage d'Angers, comparant le 4 aoust 1666, a dit qu'il entend maintenir la qualité d'escuyer et de chevallier, qu'il est descendu d'un cadet de sa maison et que l'aisné est François de Bonchamps, sieur de Pierrefitte, escuier, provost provincial de Touraine et qu'il ne cognoist de sad. maison que led. François et ses enfans en bas-âge et René de Bonchamps, sieur de Brosse, Arthus de Bonchamp, prestre chanoine en l'église catédralle d'Angers, et Pierre de Bonchamps, sieur de Brosse, fils dud. sieur René de Bonchamps, sieur de Maurepart, et qu'il porte pour armes : *de gueules chargé d'un sixpantes d'or,* avec le collier de l'ordre, et a mis au greffe les pièces dont il entend se servir, et a signé :

DE BONCHAMPS.

(1) Cette famille n'est pas mentionnée dans l'Armorial de C. de Busserolles.

Les pièces dud. sieur luy ont esté rendues le 5 aoust 1666, et il a eu acte de sa représentation le 6.

BONCHAMP (René de), sieur des Brosses, et de la chastellenie d'Islay, demeurant parroisse de Sainct-Pierre-de-Louressé, eslection et ressort de Saumur, l'un des cent gentilshommes de la maison du roy, comparant le xxviiie avril 1667 par M^{tre} Michel Bernard, lequel a dit que led. de Bonchamp entend maintenir la qualité d'escuyer et que les pièces pour la justifffication d'icelle estans entre les mains du sieur de Bonchamp, son père, l'un des cent chevalliers de l'ordre de Sainct-Michel retenus par Sa Majesté, lesquels tiltres il a envoyé à Paris pour faire preuve de sa noblesse par devant messieurs les commissaires députés par Sa Majesté à cet effect, il prétend demander délay de réprésenter lesd. tiltres jusqu'à ce qu'ils ayent esté rendus à sond. père.

Signé : Bernard.

BONCHAMPS (René de), sieur de Maurepart, demeurant parroisse de Louresse, eslection et seneschaussée de Saumur, présidial d'Angers, comparant le xviie juin 1667, lequel a dict qu'il entend maintenir la qualité d'escuyer et qu'outre René de Bonchamps, chevallier de l'ordre de Sainct-Michel, son père, et Pierre et Arthus de Bonchamps, ses frères, il ne congnoist personne de ses nom et armes que le sieur de Bonchamps-Pierrefitte, prévost provincial de Tours, et qu'il porte pour armes : *de gueules à double triangle entrelassé d'or*, a mis au greffe les pièces dont il entend se servir, et a signé :

De Bonchamps.

Les pièces dud. sieur de Bonchamps luy ont esté rendues ce xixe septembre 1667.

BONCHAMP (de). — Originaire de Touraine.

François de Bonchamp, chevalier, sieur de Pierrefitte, prévôt provincial des mareschaux de Touraine, demeurant en la ville de Tours.

Et René de Bonchamp, chevalier, sieur de Maurepard, demeurant paroisse de Brigné, élection et ressort d'Angers, ont justifié la possession du titre de noblesse depuis l'an 1454, commençant en la personne de Louis de Bonchamp, écuyer, sieur de Pierrefite, quintayeul dud. sieur de Pierrefite et quartayeul dud. de Maurepard.

Porte : *de gueules à une sepante, ou deux delta d'or. — De gueules à 2 triangles d'or enlacés en forme d'étoile.*

— René de Bonchamp, sieur de Maurepart et de La Baronnière, chevalier de l'ordre Saint-Michel, et

René de Bonchamp, son fils aisné, demeurant paroisse de Louresse, élection de Saumur, eurent acte de la représentation de leurs titres le 18 septembre 1667.

BONNARD (Thimotée), demeurant paroisse d'Antogny comparant le 18 juillet 1666, par m^{tre} Michel Bernard, procureur au bureau des finances à Tours ; lequel nous a déclaré que les tiltres concernans la qualité d'escuyer dud. Bonnard auroient esté cy-devant examinés par les sieurs d'Estampes et de Bragelongne, lesquels sont entre les mains de parens qui en ont eu besoin, pourquoy requiert délay de trois moys pour venir faire sa déclaration en personne.

Signé : Bernard.

BONNARD (Thimothée), escuier, sieur du Marest, d'Anthonny-le-Teillac, demeurant en sa maison du Marest, ressort de Chinon, bailliage de Tours, comparant le 26 juillet 1666, nous a dit qu'il entend maintenir la qualité d'escuier comme descendant de parens nobles, qu'il ne reconnoist aucun de sa famille que Daniel Bonnard, escuier, sieur de Laubeuge, son frère et ses descendans, et a signé :

Timothée Bonnard.

Les pièces dud. sieur ont esté rendues à Daniel Bonnard, escuier, sieur d'Antonny, fils dud. Timothée.

BONNARD (Daniel), escuier, sieur de Laubeuge, demeurant à Antonny ressort de Chinon, bailliage de Tours, comparant le 26 juillet 1666, nous a dit qu'il maintient la qualité d'escuier et à cet effect emploie les tiltres déposés par Thimothée Bonnard, son frère aisné :

Signé : Daniel Bonnard.

BONNARD. — Originaire de Touraine.

Thimotée Bonnard, écuyer, sieur du Marest, d'Antoigny-le-Tillac, Daniel Bonnard, écuyer, sieur d'Aubuge son frère demeurant paroisse d'Anthoiny, élection et siège royal de Chinon, présidial de Tours, ont justiffié la possession du titre de noblesse, depuis l'année 1460, commençant en la personne de leur quartayeul.

Porte : *d'or à 3 cors de chasse de gueules 2 et 1.* — Alias : *d'azur à 3 huchets d'or, liés de gueules et virolés d'argent.*

BONNEAU (Louis), sieur de La Ronde, y demeurant parroisse de Mouterre-Silly, eslection et bailliage de Loudun, présidial de Tours, comparant le xixe septembre 1667, lequel a dict qu'il entend maintenir sa qualité d'escuyer, qu'il est unique de sa famille et qu'il ne connoist autres personnes de son nom et armes que Louis Bonneau, son fils, et qu'il porte pour armes : *d'azur à la fontaine d'argent accompagnée de deux estoilles de mesme en chef;* pour la justiffication de sadite qualité a mis au greffe les pièces dont il entend se servir et a signé :

Bonneau.

BONNÉE (Eslie), sieur de Boisbriand, demeurant à Angers, parroisse de la Trinité, comparant le xxiiie janvier 1668 par Pierre Petit, clerc de m^{tre} Pierre Belgarde, son procureur, a dict qu'il n'a jamais pris la qualité d'escuyer, proteste de s'inscrire en faux en cas qu'on luy rapporte quelque acte dans lequel elle soit employée, et a signé :

Petit.

BONNERRIER (André de), sieur de La Chevallerie, demeurant parroisse de Bruslon, eslection de la Flèche, ressort du duché de Sablé, comparant le xxiiie septembre 1666, lequel a dit qu'il entend maintenir la qualité d'escuyer et qu'il est resté seul de son nom et armes avec deux sœurs dont l'une religieuse, et qu'il porte pour armes : *d'azur au chevron d'or quantonné de trois estoilles de mesme, au croissant aussy d'or en chef*, et a signé :

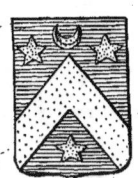

A. DE BONNERRIER.

— André Bonnerrier, écuyer, sieur de La Chevallerie.... au nombre des maintenus par M. Voysin de la Noyrais.

BONNINIÈRE (ANNE DE LA), seigneur des Chastelliers, Rortre et autres lieux, demeurant parroisse de Beaumont-de-la-Ronce, eslection et bailliage de Tours, comparant le xxviie febvrier 1669, a dit qu'il entend prendre la qualité d'escuyer et de chevallier, qu'il est aisné de sa maison dont il ne cognoist que ses enfans et qu'il porte pour armes : *d'argent à la fleur de lys de gueules*, et a signé :

ANNE DE LA BONNINIÈRE.

Led. sieur de La Bonninière a mis au greffe les pièces dont il entend se servir ce dernier febvrier 1669.

Les pièces dud. s^r de La Bonninière luy ont esté rendues le troisiesme mars 1669.

BONNINIÈRE (DE LA). — Originaire de Touraine.

Anne de la Bonninière, chevalier, seigneur des Chasteliers, demeurant paroisse de Beaumont-de-la-Ronce, élection de Tours, a justiffié la possession du titre de noblesse ... en la personne de son trisayeul.

Porte : *d'argent à la fleur de lys de gueules*.

BORDIN (JOURDAIN), sieur de Froide-Fontaine, demeurant parroisse Nostre-Dame-de-Chemillé, eslection et seneschaussée d'Angers, comparant le vingt-huit avril 1669, lequel a dit qu'il entend maintenir la qualité d'escuyer, qu'il est cadet de sa maison, que le sieur du Parc-Bordin, demeurant en Normandie est aisné de sa maison, que le sieur Bordin des Griettes, demeurant aussy en Normandie est son oncle, et que Jacob Bordin, sieur des Jarriers, demeurant au pays du Maine est son cousin et qu'il ne congnoist autres de son nom, et

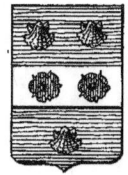

armes qui sont : *d'azur à trois coquilles d'or, deux en chef et une en pointe à la fasce d'argent chargée de deux rozes de gueules,* et a signé :

JOURDAIN BORDIN.

Les pièces dud. sieur Bordin ont esté rendues à Louis Le Damoysel, son procureur, lequel les avoit mises au greffe, le dernier avril 1669.

BORDIN. — Originaire de Normandie [1].

Jourdain Bordin, écuyer, sieur de Frédefontaine, demeurant paroisse de Notre-Dame de Chemillé, élection d'Angers, exempt des gardes du corps de Sa Majesté, a justiffié la possession du titre de noblesse depuis l'année 1516, commençant en la personne de son bisayeul.

Porte : *d'azur à la fasce d'argent chargée de 2 roses de gueules et accompagnée de 3 coquilles d'or, 2 et 1.*

BOSCHER (SIMON), sieur de La Garde, eslection et ressort de Saumur, comparant le 6 septembre 1666, lequel pour satisfaire à l'assignation à luy donnée à la requeste de Laspeyre le xxx aoust dernier, a dit qu'il entend maintenir la qualité d'escuier et qu'il est cadet issu d'un cadet de sa maison et que Pierre de Boscher est son frère aisné et que les enfans de feu Jean de Boscher sont aisnés de sa maison qui porte pour armes : *cinq lambeaux d'argent en fasce en champ de gueules* et pour la justiffication de sa noblesse et de sond. frère il produira au premier jour les pièces dont il entend se servir, et a faict eslection de domicile en la personne de m^tre Michel Bernard procureur au bureau des finances de Tours estant à la suitte de monsieur l'Intendant, et a signé :

SIMON BOSCHER.

Le troisiesme jour de janvier 1667 les pièces dud. sieur de Boscher luy ont esté rendues.

BOSSU (ALEXANDRE LE), seigneur de Marcé et du Bois-de-Chillou, demeurant parroisse dud. Marcé, comparant le cinq octobre 1667 par m^tre Michel

[1] Cette famille fut maintenue en l'élection d'Alençon par de Marle le 13 mars 1667.

Bernard procureur au bureau des finances de cette ville de Tours, lequel a dit qu'icelluy sieur Le Bossu entend maintenir la qualité d'escuyer et produira les pièces dont il entend se servir [1].

Signé : BERNARD.

Led. sieur Le Bossu a mis au greffe les pièces dont il entend se servir ce XVIIe mars 1668.

BOTHEREAU (PIERRE DE), sieur de La Fuye, demeurant parroisse Sainct-Mesme-de-Chinon, ressort de lad. ville, bailliage de Touraine, comparant le 22 juillet 1666, a déclaré qu'il entend maintenir la qualité d'escuyer et a déposé au greffe les pièces dont il entend se servir.

Signé : PIERRE DE BOTHEREAU.

Le 23 aoust 1666, les pièces dud. sieur de Bothereau luy ont esté rendues.

BOTHEREAU (RENÉ DE), sieur de Bellefontaine, comparant le 22 juillet 1666, par M^{tre} Jacques Defrementel, procureur au présidial de Tours, a déclaré qu'il est demeurant parroisse de Guilly, près la ville de Vatan en Berry, et a requis estre renvoyé devant le commissaire départy en la généralité de Bourges.

Signé : DUFREMENTEL.

BOTHEREAU (PIERRE DE), sieur de Villiers, demeurant parroisse de Sainct-Mesme-de-Chinon, bailliage de Tours, âgé de 40 ans ou environ, comparant le 24 juillet 1666, nous a dit qu'il entend maintenir la qualité d'escuier, qu'il est issu de Charles de Bothereau, fils aisné de Pierre de Bothereau, cadet de Charles Bothereau, et qu'il n'y a de lad. branche dud. Charles que luy Pierre Bothereau, René Bothereau son frère cadet et Philippe et Louise Bothereau

---

(1) Armoiries : *d'or à 3 têtes de Maure au naturel, bandées de gueules, à la bordure de même.*

leurs sœurs, et pour la justiffication de lad. qualité emploie la généalogie et les tiltres qui ont esté produicts par Pierre de Bothereau, aisné de lad. maison, et a signé :

PIERRE DE BOTHEREAU [1].

BOUCAULT (M{tre} RENÉ), sieur des Hommeaux, conseiller du roy au siège présidial d'Angers, y demeurant parroisse de Sainct-Pierre, comparant le 4e juillet 1667, par m{tre} Jacques-Paul Miré, procureur, lequel a dict qu'icelluy Boucault n'a jamais pris la qualité d'escuyer et que sy elle a esté employée en quelques actes s'est sans l'avoir requise, et a renoncé et renonce à lad. qualité d'escuier et a led. Mirey signé [2] :

MIRÉ.

BOUCHARDIÈRE (RENÉ DE), sieur de Valençay, demeurant parroisse de Balesmes, ressort de Chinon, bailliage de Tours, comparant le 17 juillet 1666, nous a dit qu'il entend maintenir la qualité d'escuyer et à cet effect a déposé au greffe les pièces justiffcatives de sa noblesse, et a signé :

RENÉ DE BOUCHARDIÈRE.

Les pièces dud. sieur luy ont esté rendues le 25 juillet 1666.

BOUCHARDIÈRE. — Originaire de Touraine.
René Bouchardière, écuyer, sieur de Valençay, demeurant parroisse de Balesme, élection de Chinon, a justiffié la possession du titre de noblesse depuis l'année 1527 commençant en la personne de son bisayeul.
Porte : *d'argent à 3 hures de sanglier de sable, défendues d'argent, 2 et 1.*

BOUCHARDIÈRE (RENÉ DE LA), sieur de La Septrée, demeurant en sa maison de Vonnes, parroisse de Saint-Pierre-de-Tournon, eslection de

---

(1) Armoiries : *Coupé d'argent et de gueules au lion de l'un en l'autre.*
(2) Cette famille qui a fourni deux conseillers au Parlement de Bretagne en 1715 et 1747 et un maire d'Angers en 1729 portait : *de gueules au lion d'or accompagné en chef au 1er canton d'une fleur de lis d'or et en pointe d'un croissant.* — Alias : *d'azur à 3 têtes de chêne versées d'or, les glands de même, 2 et 1.*

Loches, baronnie de Preuilly, bailliage de Tours, comparant le troisiesme mars 1668 par M^tre Michel Bernard, lequel a dit que led. sieur entend maintenir la qualité d'escuyer, qu'il est cadet de sa famille, de laquelle il ne connoist autres personnes que Jacques de La Bouchardière, son frère aisné, François de La Bouchardière, son nepveu, demeurans en la province de Limousin, généralité d'Angoûmois, et François, René et Jacques de La Bouchardière ses enfans, produira cy-après les pièces dont il s'entend ayder et a led. Bernard signé :

BERNARD.

Led. sieur de La Bouchardière a mis au greffe les pièces dont il entend se servir le xxe mars 1668.

Les pièces dud. sieur de La Bouchardière ont esté rendues aud. Bernard, le xxiie mars 1668.

BOUCHARDIÈRE (DE LA). — Autrefois BOUCHARD, originaire de Touraine.

René de La Bouchardière, écuyer, sieur de Lastrée, demeurant paroisse de Saint-Pierre-de-Tournon, élection de Loches, baronnie de Preuilly, bailliage de Tours, a justiffié la possession du titre de noblesse depuis l'année 1514 commençant en la personne de son bisayeul.

Porte : *d'azur à 3 estoiles d'argent 2 et 1, au croissant montant de même en pointe, accompagné de 3 grains d'orge d'or, mal ordonnés.*

BOUCHER (FRANÇOIS DU), escuier, seigneur de Couaineau, demeurant parroisse d'Aubigné, eslection de la Flèche, ressort de Baugé, comparant le xxvie avril 1667, lequel a dit qu'il entend maintenir la qualité d'escuyer, qu'il est seul de sa maison et porte pour armes : *de sinople au griffon vollant d'argent becqué et onglé de gueules* et pour la justiffication de sa noblese a mis au greffe les pièces dont il entend se servir, et a signé :

F. DU BOUCHER.

Les pièces dud sieur du Boucher luy ont esté rendues le neufiesme juin 1668.

BOUCHER (DU). — Originaire du Mayne.

François du Boucher, écuyer, sieur de L'Hommeaux, Louis, Michel, Léonard et Charlotte du Boucher ses frères et sœurs, demeurants paroisse d'Aubigné, élection et ressort de La Flèche, ont justiffié la possession du titre de noblesse, depuis l'année 1498, commençant en la personne de leur quartayeul.

Portent : *de sinople au griffon d'argent, armé, becqueté de gueules.*

— François du Boucher et... au nombre des maintenus par M. Voysin de la Noirays.

BOUCHER (ANTOINE LE), sieur des Buchetières, demeurant parroisse de Pontvalain, eslection de La Flèche, seneschaussée du Mans, comparant le dix-huict juin 1667 par Anthoine Le Boucher, sieur de Bernay, demeurant parroisse de Mayet, mesmes eslection et seneschaussée lequel a dit que sond. père et luy entendent maintenir la qualité d'escuyer et qu'il ne cognoist personne de son nom et armes que François Le Boucher, sieur de Coyneau, demeurant paroisse d'Aubigné mesmes eslection et seneschaussée, qu'il porte pour armes : *de sinople au griffon d'argent, armé de gueules,* et a signé :

A. LE BOUCHER.

Le xxviiie aoust 1667 led. sieur Le Boucher a mis au greffe les pièces dont il entend se servir.

Le xxxe dud. mois les pièces dud. sieur Le Boucher ont esté rendues.

BOUCHER (LE). — Originaire du Mans.

Anthoine Le Boucher, écuyer, sieur des Buchetières, demeurant paroisse de Pontvallain, élection de La Flèche, ressort de Château-du-Loir, Anthoine le Boucher, écuyer, son fils, demeurant paroisse de Mayet, mesmes eslection et ressort, ledit Anthoine père a justifié la possession du titre de noblesse depuis l'année 1521 commençant en la personne de son bisayeul.

Porte : mesmes armes que ledit François du Boucher, *de sinople au griffon d'argent.* L'on ne remarque pourtant point de parenté.

— Anthoine Le Boucher, écuyer, sieur de Bernay, demeurant à Mayet.... eut acte de la représentation de ses titres, tant pour luy que pour son père le 29 août 1667.

BOUCHER (JOSEPH LE), seigneur de Lhommelaye et de Martigny, demeurant en sa maison seigneuriale de Martigny, parroisse de Fondettes, eslection et bailliage de Tours, comparant le 12e septembre 1668 par M^{tre} Michel Bernard, lequel a dit qu'icelluy sr Le Boucher entend maintenir la qualité de chevalier et d'escuyer, qu'il est aisné de sa maison, qu'outre Louis-Charles, Jean, Joseph et Charles Le Boucher, ses enfans et Louis Le Boucher, escuyer, sieur de La Felonnière, son cousin-germain, demeurant en la province de Touraine, il ne connoist autres personnes de son nom et armes, qu'il porte : *d'azur, à la fasce d'or, au chef chargé d'un lion d'or et en pointe de trois anneletz aussy d'or, deux et un* [1] ; a mis au greffe les pièces dont led. sieur entend se servir et a led. Bernard signé :

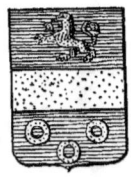

BERNARD.

Les pièces dud. sr Le Boucher ont esté rendues aud. Bernard, son procureur le 13e septembre 1668.

BOUCHERON (CLAUDE), escuier, sieur de La Chauvinière, demeurant en la parroisse de La Croix de Bléré, eslection d'Amboise, et ressort de Tours, comparant le xxiie may 1667, lequel pour satisfaire à l'assignation à luy donnée à la requeste de Laspeyre, a dit qu'il entend maintenir la qualité d'escuier, qu'il cognoist de sa famille : François, Jacques et Claude Boucheron, ses nepveus, demeurans à Paris et qu'il n'en cognoist autre qui porte son nom et armes de sa famille, lesquelles armes sont : *d'azur à trois chevrons d'or*, et produira les pièces justifficatives de sad. qualité d'escuier, et a signé :

BOUCHERON.

BOUCHERON. — Originaire de Paris.

Claude Boucheron, écuyer, sieur de La Chauvinière, demeurant paroisse de La Croix de Bléré, élection d'Amboise, ressort de Tours, a représenté des lettres d'anoblissement, accordées par le Roy Henri II en 1554 à Me Claude Boucheron, procureur-général en la Cour des aydes de Paris, son ayeul, les dites lettres enregistrées en la Chambre des comptes et Cour des aydes de Paris.

Porte : *d'azur à 3 chevrons d'or*.

BOUCHET (JEAN DU), sieur de La Pommeraye, demeurant paroisse de Chantocé, eslection et seneschaussée d'Angers, comparant le xxve avril 1667,

---

(1) Carré de Busserolles dit *le lion d'or lampassé de gueules*.

lequel pour satisfaire à l'assignation à luy donnée à la requeste de Laspeyre le dix-sept du présent mois d'avril a dit qu'il entend maintenir la qualité d'escuier et qu'il est seul de son nom et armes, qu'il porte : *de gueules à trois testes de buffle de sable et trois boucles d'argent*[1], et a signé :

J. DU BOUCHET.

BOUÈRE (JEAN DE LA), sieur dud. lieu y demeurant paroisse de Jalais, eslection et seneschaussée d'Angers, comparant le xxe may 1667 par Louis de La Bouère, son fils aisné, dem^t en lad. parroisse, lequel a dit que sond. père et luy entendent maintenir la qualité d'escuyer, qu'ils ne connoissent personne dudict nom de La Bouère que sond. père porte en conséquence d'une donnation faicte à feue Charlotte Amoureux, mère de sond. père, à la charge que ses enfans porteroient led. nom et armes de La Bouère et qu'auparavant ses enestres s'apelloient de Cordon, dont led. s^r de La Bouère n'est que cadet, que les sieurs de Cordon de Montdion demeurans au pays du Maine, sont les aisnéz de la maison et qu'il ne connoist autres dud. nom de Cordon ny de celuy de Bouère qu'Isaac et Charles de La Bouère, ses cousins-germains, qu'il porte : *de gueulles au lion d'argent armé, lampassé et couronné d'or*, que les armes des de Cordon, sont *d'hermines à deux fasces de gueules* ; et a signé :

LOUIS DE LA BOUÈRE.

Led. sieur de La Bouère a mis au greffe les pièces dont il entend se servir ce xxiie may 1667.

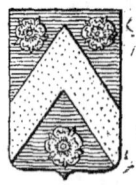

BOUET (JACQUES), sieur de La Noue, comparant le xviiie may 1667 tant pour luy que pour Estienne Bouet, sieur de La Noue, son fils, demeurans en cette ville de Tours, lequel a dict que sond. fils et luy entendent maintenir la qualité d'escuyer et qu'il ne cognoist de son nom et armes que Charles Bouet sieur de La Noue, procureur du roy des Eaues et Forests de la maistrise d'Orléans, et qu'il porte pour armes : *d'azur au chevron d'or et trois rozes de*

---

(1) Denais dit : *de gueules à 3 têtes de bufle d'or à la fasce d'argent chargée de 3 annelets de sable.*

mesmes, deux et une, et pour la justiffication de lad. qualité a mis au greffe les pièces dont il entend se servir, et a signé :

BOUET.

BOUET. — Originaire de Tours.

Jacques Bouet, écuyer, receveur-général des décimes de la généralité de Tours, Étienne Bouet, écuyer, sieur de La Noue, son fils, ont justiffié que led. Jacques Bouet est fils de Charles Bouet trésorier de France et l'un des 24 échevins de la ville de Tours establis par le Roy Henri III. Lesquels pour récompense de services et de fidélité ont esté anoblis par le même Roy sans que led. anoblissement puisse tirer à conséquence pour les maires et échevins qui seroient éleus à l'avenir. Les dits 24 eschevins annoblis comme compromis dans la révocation de 1598 qui revoquoit tous anoblissements depuis 1578 furent confirmez dans leur noblesse par Henri IVe.

Porte : *d'azur au chevron d'or, à 3 roses de même, 2 et 1.*

BOUEX (ROBERT DU), seigneur de Villemort, cy-devant lieutenant de roy de la province et pays blaisois, et à présent capitaine des chasses pour Sa Majesté du ressort et baronnies de Montmorillon, Angle et Chauvigny, capitaine commandant le régiment du Couldray-Montpensier, demeurant en sa maison seigneurialle de Méré, parroisse dud. lieu, eslection de Loches, lequel, comparant le xxvie febvrier 1668, a dict qu'il entend maintenir sa qualité de chevallier, qu'il est unique de sa maison, de laquelle il ne connoist autres personnes qu'Henry-François, Léonard-Charles et .... du Bouex, ses enfans, qu'il porte pour armes : *d'argent à deux fasces de gueules,* pour la justiffication de laquelle qualité il a produict et mis au greffe les pièces et tiltres dont il s'entend ayder, et a signé :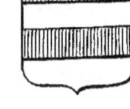

ROBERT DU BOUEX.

Les pièces dud. sieur du Bouex luy ont esté rendues ce xxviie febvrier 1668.

BOUEX (DU). — Originaire de Limousin [1].

Robert du Bouex, chevalier, seigneur de Villemort, demeurant paroisse de Méré, élection de Loches, bailliage de Tours, a justifié la possession du titre de noblesse, depuis l'année 1461, commençant en la personne de son quartayeul.

Porte : *d'argent à 2 fasces de gueules.*

(1) D'Angleterre, d'après C. de Busserolles.

 BOUILLÉ (Pierre de), sieur de La Valette, demeurant parroisse du Bailleul, eslection de La Flèche, ressort de Sablé, comparant le dernier mars 1667 tant pour luy que pour René de Bouillé, sieur de Chevigné, demeurant parroisse de Chevigné, eslection et présidial de La Flèche, lequel a dit que led. sieur René de Bouillé et luy entendent maintenir la qualité d'escuyer et que led. sieur de Chevigné est l'aisné de lad. maison et luy le cadet, et qu'il n'en cognoist poinct d'autre que Henry de Bouillé, son frère, et porte pour armes : *d'argent, à l'aigle d'azur, couronnée, becquetée et onglée d'or*, et pour la justification de lad. qualité a mis au greffe les pièces dont il entend se servir et a signé :

P. de Bouillé.

Les pièces desd. sieurs ont esté rendues le 27 avril 1667.

Signé : René de Bouillé.

BOUILLÉ (de). — Originaire d'Anjou.

Pierre de Bouillé, écuyer, sieur de La Valette, demeurant paroisse du Bailleul, élection de La Flèche, ressort de Sablé, René de Bouillé, écuyer, sieur de Chevigny, demeurant paroisse de Chevaigné, élection du Mans, ressort de La Flèche, ont justifié la possession du titre de noblesse depuis l'année 1537 commençant en la personne de leur bisayeul.

Porte : *d'argent à l'aigle d'azur, armée, becquetée et couronnée d'or.*

— Pierre de Bouillé... eut acte de la représentation de ses titres, le 26 avril 1670.

BOUJU (Pierre-Quantin), sieur de Ganjac, demeurant à Toulouze, comparant le cinq décembre 1666, lequel pour satisfaire à l'assignation à luy donnée à la requeste de Laspeyre, le vingt-deux novembre dernier, a dict qu'il entend maintenir sa qualité d'escuier, mais que n'estant domicillié en ceste généralité mais bien en celle de Toulouze et qu'il ne demeure en cette ville que pour la sollution d'un procez comme procureur de Guillaume et Quentin Bouju, ses frères, il prétend demander son renvoy en lad. généralité de Toulouse avecq ses frères et a signé :

Quentin de Ganjac.

Armoiries : *d'or à trois aigles de sable, membrées et becquées de gueules.*

BOUL (Michel du), sieur de La Sionnière, demeurant à Argenton, eslection et bailliage de Chasteaugontier, comparant le xviiie mars 1667, lequel a dit qu'il entend maintenir la qualité d'escuyer, qu'il est cadet de sa maison et que Jean du Boul est son frère aisné, François du Boul, sieur des Forges, demeurant parroisse de Méon, eslection de Baugé, est son cousin-germain et que .... du Boul, sieur des Janières, est encor son cousin, ne scait à quel degré, et ne cognoist autres de son nom et armes, qu'il porte : *d'or à une bande de gueules,* et qu'il produira au premier jour les pièces dont il entend se servir, et a signé:

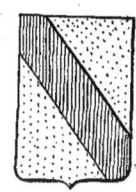

Michel du Boul.

BOUL (Jean du), sieur de Saintré, demeurant parroisse de Parcé, eslection et ressort de Baugé, comparant le trante mars 1667 tant pour luy que pour Michel du Boul, sieur de La Sionnière, son frère, demeurant parroisse d'Argenton, eslection de Chasteaugontier, seneschaussée d'Angers, lequel a dict que sond. frère et luy entendent maintenir la qualité d'escuyer, qu'il est l'aisné de sa maison et qu'outre sond. frère, il ne cognoist de son nom et armes que François du Boul, sieur des Forges, demeurant parroisse de Méon, eslection de La Flèche, et Alexandre du Boul, sieur des Janières, demeurant parroisse d'Hommes, eslection de Baugé, et qu'il porte pour armes : *d'or à la bande de gueules,* et produira au premier jour les pièces dont il entend se servir et a signé :

Jean du Boul.

Led. sieur a mis ses pièces au greffe, ce deux avril 1667.
Les pièces dud. sieur luy ont esté rendues ce xie may 1667.

BOUL (Alexandre du) sieur des Janières, demeurant parroisse d'Hommes, eslection et ressort de Baugé, comparant le premier avril 1667, lequel a dit qu'il entend maintenir la qualité d'escuyer, qu'il est seul resté d'une branche de cadets de sa maison, que Jean du Boul, sieur de Saintré est l'aisné de lad. maison, et que Michel du Boul, sieur de La Sionnière est frère dud. sieur de Saintré, et que François du Boul, sieur des Forges, est encor de lad. maison, et qu'il n'en cognoist d'autres, et qu'il porte pour armes : *d'or à la bande de gueules*, et qu'il produira au premier jour conjoinctement avec led. sieur de ~aintré, son aisné, et a signé :

A. DU BOUL.

Les pièces dud. sieur du Boul ont esté rendues à la damoiselle sa sœur ayant charge de luy de les retirer ce quatorze décembre 1667.

Signé : CHARLOTTE DU BOUL.

BOUL (DU).

Jean du Boul, écuyer, sieur de Saintré, demeurant paroisse de Parcé, élection de Baugé, Michel Duboul, écuyer, sieur de La Sionnière, paroisse d'Argenton, élection de Chateaugontier frères, François du Boul, sieur des Forges, demeurant paroisse de Méon, élection de La Flèche, cousin-germain, Alexandre du Boul, écuyer, sieur des Jasnières, demeurant paroisse d'Hommes, élection de Baugé, cousin issu de germain desd. du Boul, ont justifié la possession du titre de noblesse depuis l'année 1456 commençant en la personne du trisayeul dud. Alexandre et du quartayeul des autres.

— Jean du Boul... eut acte de la représentation de ses titres le 26 avril 1670.

BOURDAIS (....... LE), demeurant au Mans, comparant le 20 juillet 1666, par M^{tre} Bernard, a requis délay pour représenter ses tiltres [1].

Signé : BERNARD.

Condamné.

BOURDAIS (M^{tre} RENÉ LE), conseiller du Roy controlleur ancien et demy-triennal au grenier à sel d'Ernée, cy-devant juge criminel au duché et pairye de Mayenne, demeurant aud. Ernée, comparant le unze avril 1669 par Jacques Delahaye, clerc de Me Michel Bernard, procureur au bureau des finances à Tours, lequel Delahaye a dit que led. Le Bourdais n'a jamais pris la qualité

---

(1) A cette famille appartenait Jean-François-Charles Le Bourdais de Chassillé, écuyer, capitaine de cavalerie, chevalier de Saint-Louis, mari de Charlotte-Jacquine-Monique Amellon de Saint-Cher.

d'escuyer, qu'il y renonce et qu'il a toujours esté mis aux rolles des tailles comme il offre le justiffier.

Signé : DELAHAYE.

BOUREAU (JACQUES), sieur de La Guesserie, conseiller du roy et prévost des mareschaux de Langeais, y demeurant, comparant le 16e febvrier 1668, lequel a dict qu'il n'a pris la qualité d'escuyer qu'en conséquence de sa charge du despuis qu'il en est pourveu et y a esté receu, qu'il ne la prétend point de naissance ny la prendra à l'advenir [1], et a signé :

BOUREAU.

Damoiselle Claude de Changy [2], veufve D'AUSTREMOINE BOURGAULT [3], vivant sieur de Chastillon, demeurant parroisse de Courcé, eslection et siège royal de Loches, bailliage de Tours, comparant le troisiesme septembre 1668 par Mtre Michel Bernard, lequel a dict qu'icelle veufve n'a connoissance si led. deffunct son mary a pris la qualité d'escuyer et s'il l'a pouvoit maintenir et prétendre, qu'elle ne peut de son chef soustenir ny renoncer à lad. qualité d'autant qu'elle a des enfans mineurs dud. deffunct et d'elle, pourquoy il a prétendu demander délay pour que lad. veufve en confère avec les parens desd. mineurs et en faire la déclaration qu'ils adviseront bon estre; et quant à lad. veufve qu'elle entend jouir des privillèges attribuez aux nobles de ce royaume comme estant noble d'extraction ainsi que ...... de Changy, sr de Villiers, son cousin-germain issu de l'aisné de leur maison, demeurant en la générallité de Poictiers l'a justiffiée devant monsieur l'Intendant de lad. générallité, et a signé :

BERNARD.

BOURNEAU (JEAN), sieur de Melinay, demeurant à Beaulieu, eslection de Loches, bailliage de Tours, comparant le 15 septembre 1667, lequel a dict

---

(1) Il portait : *d'azur au chevron d'argent accompagné en chef d'une fleur de lis, accostée de 2 hermines et en pointe d'un lionceau, le tout de même.*
(2) De Changy : *Écartelé aux 1er et 4e contrécartelé d'or et de gueules, aux 2e et 3e d'azur à la croix d'or cantonnée de 20 croisettes de même posées 5 en sautoir dans chaque canton.*
(3) Armoiries : *d'azur à une souche d'or en fasce, écotée de 3 pièces une dessus, 2 dessous et accompagnée de 3 coquilles de même.*

qu'il entend maintenir la qualité d'escuier, qu'il est seul de sa famille et porte pour armes : *escartellé d'or et d'azur au premier et dernier chargé de trois glans d'or ; au second et troisiesme à trois esgles un chevron de sable*, et a signé :

De Mesliné Bourneau.

BOURNEAU (de). — Originaire d'Anjou.

Jean Bourneau, écuyer, sieur du Mesliné, demeurant à Beaulieu, paroisse de Saint-Laurens, élection de Loches bailliage de Tours, a justiffié la possession du titre de noblesse depuis l'année 1528 commençant en la personne de son bisayeul, sénéchal, lieutenant-général à Saumur.

Porte : *Escartelé aux 1er et 4º d'or au chevron de gueules acccompagné de 3 aiglettes de sable, 2 et 1, aux 2º et 3º d'azur à 3 glands d'or, 2 et 1* [1].

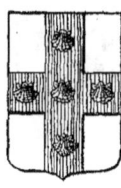

BOURSEAU (Jean), sieur de La Daumerie, demeurant à Angers, comparant le six septembre 1666 par M^{tre} Michel Bernard, son procureur, lequel a dict que led. Boursault [2] est bien fondé de prandre lad. qualité d'escuyer au moyen de ce qu'il a pleu aux Roys prédécesseurs de Sa Majesté accorder le tiltre de noblesse aux maire et eschevins de la maison commune de lad. ville ou autres officiers d'icelle, enfans et dessendans, et depuis confirmés par Sa Majesté : led. Bourseau estant fils de deffunct Anthoine Bourseau [3] vivant eschevin, et produira au premier jour les pièces dont il entend se servir pour la justiffication de lad. qualité et a signé :

Bernard.

— Jean Bourseau... au nombre des maintenus par M. Voysin de la Noyrais.

BOURSAULT (Messire Pierre de), seigneur, marquis de Viantais, mareschal-des-camps et armées du roy et maistre de la garde-robe de Monsieur frère unique de Sa Majesté et l'un des cent chevalliers de l'Ordre de Sainct-Michel réservés par Sa Majesté, demeurant ordinairement à Paris, comparant le six febvrier 1668 par M^{tre} René Briffault, procureur au bureau des finances de cette ville de Tours lequel a dict que led. sieur de Viantais entend maintenir

---

(1) Carré de Busserolles intervertit l'écartelé.
(2) Armes : *d'argent à une croix de gueules chargée de 5 coquilles d'or*.
(3) Antoine Bourseau *ou* Bourceau fut échevin en 1654.

la quallité d'escuyer et chevallier, pour la justiffication desquelles il a produict l'extraict de vériffication faicte de sa noblesse par devant messieurs le duc de Noailles, pair de France, capitaine des gardes du corps du roy, et de Béringhem, premier escuyer de Sa Majesté, chevallier commandeur de ses ordres et Colbert, conseiller au conseil royal, controlleur-général des finances et grand trésorier desd. ordres, députés par le roy pour faire la révision des preuves et tiltres de noblesse desd. cent chevalliers de l'ordre de Sainct-Michel [1], et a signé :

BRIFFAULT.

BOURU (NICOLAS), sieur de Trizay, comparant le 5 juillet 1666, a déclaré n'avoir jamais prétendu la qualité d'escuyer, et n'avoir jamais jouy d'aucuns privilèges attribués à lad. qualité, et ne la vouloir prendre à l'advenir, et a signé :

N. BOURU [2].

Condamné.

BOUSCHERIE (JEAN DE LA), demeurant parroisse d'Avoise, païs du Maine, eslection de La Flèche, bailliage du Mans, comparant le 29 mars 1667, a dit qu'il entend maintenir la qualité d'escuier, qu'il est seul de sa famille, porte pour armes : *escartellé et contrescartellé au premier et quatriesme quartier d'azur au cerf passant d'or et au second et troisiesme quartier de gueules, à une fasce d'argent à la bordure d'or chargée de huict fleurs de lis d'azur mises en orle ;* a produit ses tiltres et a signé :

JEAN DE LA BOUSCHERIE DE LASTIE.

Led. sieur de La Boucherie a produict de nouveau le six may 1668.
Les pièces dud. sieur de La Boucherie luy ont esté rendues le XIIIIᵉ febvrier 1671.

---

(1) Armoiries : *d'argent à 3 boursaults ou boutons de rose tigés et feuillés au naturel.*
(2) A cette famille appartenait Nicolas Bourru, écuyer, sieur de Trizay, trésorier des turcies et levées à Tours vers 1654.
Armoiries : *d'azur au chevron d'or, accompagné de 3 roses de même, 2 et 1.*

BOUSSAY (René de), sieur de La Bodinière, y demeurant parroisse de Jaulnay, eslection de Richelieu, seneschaussée d'Angers, comparant le xxi⁰ aoust 1668 par M^tre Michel Bernard, lequel a dict que led. sieur de Boussay entend maintenir la qualité d'escuier, qu'il ne peut quant à présent en représenter les tiltres d'aultant qu'ils sont products devant monsieur l'intendant de la généralité de Poictiers, pourquoy il a prétendu demander délay de les retirer et iceux représenter.

Signé : Bernard.

Led. sieur de Boussay a produict au greffe les pièces dont il entend se servir ce 17 septembre 1668.

Les pièces dud. sieur de Boussay luy ont esté rendues ce 19 septembre 1668.

Signé : René de Boussay.

BOUSSAY (de). — Originaire de Poitou.

René de Boussay, écuyer, sieur de La Bodinière, demeurant paroisse de Saint-Jean-de-Jaunay, élection de Richelieu, sénéchaussée d'Angers, a justiffié la possession du titre de noblesse depuis l'année 1545 commençant en la personne de son bisayeul.

Porte : *de sable au lion couronné d'or, armé et lampassé de gueules.*

BOUTENAY (Michel de), sieur du Chastelier, demeurant parroisse de Sainct-Florentin d'Amboise, comparant le cinquiesme janvier 1669 par M^tre Jacques-Paul Miré, son procureur et à la suitte de monseigneur l'Intendant, lequel a dit que pour satisfaire à l'assignation donnée à la requeste de Laspeyre aud. sieur de Boutenay qu'il entend maintenir la qualité d'escuier et qu'il est seul de son nom et armes qu'il porte : *de gueules à trois lis d'or, deux en chef et l'aultre en poincte et à la bande d'argent chargée de trois estoilles de sable,* et a mis au greffe les pièces dont il entend se servir et a signé :

Miré.

Le quinze janvier 1669, les pièces dud. sieur de Boutenay ont esté rendues aud. Miré son procureur.

BOUTENAY (DE). — Originaire de Touraine.

Michel de Boutenay, écuyer, sieur du Chastelier, demeurant à Amboise, a justiffié la possession du titre de noblesse depuis l'année 1524 commençant en la personne de son trisayeul.

Porte: de gueules à la bande d'argent chargée de 3 étoilles de sable et accostée de 3 lis d'or, 2 et 1.

Catherine Renazé, veufve de deffunct PIERRE BOUTET, sieur de La Borde, demeurante en cette ville de Tours, rue du Signe, comparante le 26 febvrier 1667, laquelle a dict que quoyque led. deffunct Pierre Boutet soyt décedé dez le vingt-huict novembre 1662, néantmoins M[tre] Jean de Laspaire n'auroit délaissé le vingt-cinquiesme du mois de janvier dernier, de le faire assigner par devant monseigneur l'Intendant pour apporter les tiltres en vertu desquels il avoit pris la qualité d'escuier, ce qui est une nullité formelle, déclarant lad. Renazé que en qualité de mère et tutrice de ses enfans et dud. deffunct elle n'entend maintenir lad. qualité d'escuier et y renonce, en conséquence de laquelle déclaration proteste de demander d'estre renvoyée de lad. assignation, et a signé:

CATHERINE RENAZÉ [1]

BOUTEVILLAIN (JEAN DE), sieur de La Gilberdière, conseiller et advocat du roy aux Eaues et Forestz de Beauvoir et forestz de Perseigne et cy-devant conseiller et advocat du roy au siège royal de Saosnois et Peray à Mamers, comparant le xxviie juin 1667, lequel a dict qu'il entend maintenir la qualité d'escuier, qu'il est aisné et seul de sa famille de laquelle il ne reste plus que Charles de Boutevillain, sieur de La Gilberdière, conseiller et advocat du roy aud. siège royal de Mamers et Jean de Boutevillain, sieur d'Olivet, ses enfans; porte pour armes: *party (coupé) d'or et de sable, chargé en chef d'une aigle de gueules becquée et membrée d'azur, à la poincte au lion d'argent armé et lampassé de mesme*, et pour la justiffication de sa noblesse en a produict les tiltres et a signé:

J. BOUTEVILLAIN.

Les pièces dud. sieur Boutevillain luy ont esté rendues le dixiesme mars 1670.

(1) Armoiries de la famille Boutet: *d'azur à 3 chicots d'argent mis en bande.*

BOUTIN (Jacques de), sieur de Mezureau [1], demeurant parroisse de Razines, eslection et ressort de Richelieu, comparant le 20ᵉ aoust 1668, a dit qu'il entend maintenir la quallité d'escuier, qu'il ne congnoist personne qui porte son nom et armes en cette province qui sont: *d'argent à trois chevrons de sable, au chef de gueules chargé de trois estoilles d'argent* et pour la justiffication de sad. qualité a demandé délay de représenter ses tiltres et a signé:

Jaque de Boutin.

Led. Boutin a produict ses tiltres le 25ᵉ janvier 1670.
Lesd. tiltres ont esté rendus aud. sieur de Boutin le 16 avril 1670.

BOUTREUX (Joseph), sieur d'Etiau, demeurant en la ville d'Angers, parroisse Sainct-Martin, comparant le xxvᵉ febvrier 1668 par Jean Leclerc, lequel a dict qu'icelluy Boutreux n'a point pris ny entendu prendre la qualité d'escuyer à laquelle il renonce et a signé:

Le Clerc.

BOUVET (Pierre Le), sieur des Meneaux, demeurant cy-devant en Languedoc, à la suitte de Monsieur le Prince de Conty et depuis un mois en la parroisse de Parçay, eslection de Richelieu, bailliage de Touraine, en attendant l'ordre de madame la princesse de Conty, comparant le 21ᵉ aoust 1666, lequel pour satisfaire aux assignations à luy données en vertu d'ordonnance et deffault les 28ᵉ juillet dernier et 14ᵉ du présent mois, pour procéder aux fins desd. exploicts, deffault et ordonnance, a dict qu'il entend maintenir la qualité d'escuyer et que n'ayant ses pièces pour la justiffication de lad. qualité, il prétend demander délay pour les chercher et les représenter, et a faict eslection de domicille en cette ville de Chinon au logis de Mᵗʳᵉ André Bourguignon, et a signé:

Des Méneaux Le Bouvet.

Condamné.

---

[1] Mesmeau, d'après C. de Busserolles.

BOUYER (Julien Le), sieur de Sainct-Gervais, demeurant parroisse de Monhoudou, eslection du Mans, ressort de Mamers, présidial de La Flèche, comparant le 16 septembre 1666, lequel pour satisfaire à l'assignation à luy donnée à la requeste de Laspeyre, a dit qu'il entend maintenir la qualité d'escuyer et qu'il est aisné de sa maison, et qu'outre Robert Le Bouyer, sieur du Marga, demeurant parroisse de Nostre-Dame de Mortagne au Perche, généralité d'Alençon, il ne cognoist personne de son nom et armes, qu'il porte: *d'or à trois testes de lyon arrachées d'azur, au chef de gueules*, et que pour la justiffication de lad. qualité, il produira au premier jour les pièces dont il entend se servir, et a fait eslection de domicille en la personne de M^{tre} Michel Bernard procureur au bureau des finances de la ville de Tours et a signé :

Le Bouyer.

Les pièces que led. sieur Le Bouyer avoit mises au greffe pour la justiffication de sa noblesse luy ont esté rendues ce xxi septembre 1666.

BOUYER (le). — Originaire de Mortagne, pays du Perche[1].
Julien Le Bouyer, écuyer, sieur de Saint-Gervais, demeurant paroisse de Monhoudou, élection du Mans, ressort de Sonnois, présidial de La Flèche, a présenté des lettres d'anoblissement accordées par le Roi Louis XIII en 1634 enregistrées en la Chambre des comptes et des aydes en Normandie et un brevet signé : Le Tellier, pour estre confirmé dans led. anoblissement, nonobstant les révocations portées par les déclarations depuis intervenues.
Porte : *d'or à 3 testes de lion arrachées d'azur, au chef de gueules*.

— Jean de la Bovette[2], écuyer, sieur dud. lieu, eut acte de la représentation de ses titres le 14 août 1670.

Catherine Dupin, femme de Gabriel Boyer, sieur de La Croix, interdit par justice, il y a deux ans ou environ et procuratrice nommée par justice dud. Boyer, demeurant parroisse de Chambellay, comparant le xxviiie avril 1667 par M^{tre} Michel Bernard, lequel a dit que sy la qualité d'escuyer a esté donnée aud. Boyer, ç'a esté par erreur et surprise, n'ayant jamais jouy du privilège,

---

(1) Cette famille fut aussi maintenue en l'élection de Mortagne par de Marle le 24 aoust 1667.
(2) *Catalogue d'Anjou.* Ce nom n'a pu être identifié.

ayant esté au contraire plusieurs fois collecteur des tailles et du sel de lad. parroisse et avoir esté annuellement imposé aux rooles des tailles et du sel de lad. parroisse tant auparavant son mariage que depuis, et a signé :

BERNARD.

BOYLESVE (CHARLES), sieur des Aulnays, demeurant à Angers, comparant le 25 mars 1667, par Jean Moreau commis au greffe criminel de cette ville de Tours, lequel a dict que led. sieur Boislève entend maintenir la qualité d'escuyer et qu'il produira au premier jour les pièces dont il entend se servir, et a signé :

MOREAU.

Les pièces dud. sieur ont esté rendues à Jacques Boislève, sieur du Plantys, ce 9 juin 1667.

Signé : DU PLANTYS BOYLESVE.

BOYLESVE (LOUIS), seigneur de La Gilière et du Plantis, conseiller du Roy en ses conseils, président en la seneschaussée d'Anjou, demeurant à Angers, comparant le xxe may 1667 tant en son nom que pour Louis Boylesve, son fils aisné, sieur dudict lieu, lieutenant-général en lad. seneschaussée, que pour Jacques Boylesve, aussy son fils, sieur du Plantis et Henry Boylesve, sieur de La Morinière, frère aisné dudict sieur président, tous demeurans aud. Angers, par M^{tre} Jean Ferregeau, leur procureur, lequel a dict qu'ils entendent soustenir la qualité d'escuyer par eux prise et ont offert produire les tiltres justifficatifs de leur noblesse.

Signé : FERREGEAU.

BOYLESVE (FRANÇOIS), sieur de Goismard, conseiller du roy, au siège présidial d'Angers, y demeurant, comparant le dernier may 1666 par M^{tre} Michel Bernard, lequel a dict qu'icelluy sieur Boylesve entend maintenir la qualité d'escuyer pour la justification de laquelle il représentera cy-après les pièces justifficatives dont il s'entend ayder en luy donnant délay compétant pour ce faire, et a signé :

BERNARD.

Led. Bernard a mis au greffe les pièces dont led. Boylesve prétend se servir ce premier juillet 1667.

Les pièces dud. sieur Boylesve ont esté rendues aud. Bernard, ce xix febvrier 1669.

BOYLESVE (MICHEL), sieur de La Galaizière, demeurant à Baugé, parroisse Sainct-Pierre, comparant le neufiesme janvier 1669 par M^{tre} Jacques-Paul Miré, tant pour luy que pour damoiselle Perrine de Bueil, veufve de Henry de Boylesve, sieur d'Auvers, son frère, demeurant parroisse de Gouis, eslection de La Flèche, et encor pour damoyselles Angélique et Henriette Boyslesve, filles de lad. damoiselle de Bueil, demeurantes avec leurd. mère, lequel Miré a dict qu'ils entendent maintenir la qualité d'escuier et qu'outre monsieur Boylesve. lieutenant-général d'Angers, ils n'en connoissent autres de leur nom et armes qui sont *trois sautoirs de gueules en champ d'azur* et pour la justiffication de leur qualité, led. Miré a mis au greffe les pièces et tiltres dont ils entendent se servir, et a signé :

MIRÉ.

BOISLESVE. — Originaire d'Anjou, noblesse de Mairerie.

Louis Boislève, écuyer, sieur de La Gillière et du Planty, président au présidial d'Angers, cy-devant lieutenant-général, Henri Boislèves, sieur de La Mauricière, Charles Boislève, sieur des Aulnais, conseiller au Parlement de Bretagne, tous frères, Louis Boislève, sieur de La Gillière, lieutenant-général au présidial d'Angers, Jacques Boislève, sieur du Planty, François Boislève, sieur des Noulis, bénéficier, frères et enfant dud. Louis Boislève, président.

Charles Boislève, écuyer, sieur des Aulnais fils dud. Charles, conseiller au Parlement de Bretagne, Marin Boislève, écuyer, sieur de La Mauroussière, tous demeurans en la ville d'Angers, ont justifflé estre descendu de François Boislève, eschevin en 1562, ayeul des dits 3 premiers et bisayeul des autres cinq.

Michel Boislève, écuyer, sieur de La Galaizière demeurant à Baugé ; Perrine Binel veuve de Henry Boislève, écuyer, son frère, demeurant paroisse de Gouy, élection de La Flèche, ont aussi justifflé estre descendus de François Boislève, en 1562, leur bisayeul.

François Boislève, sieur de Goismard, conseiller au présidial d'Angers, y demeurant, fils de M. Boylesve eschevin en 1628 de la ville d'Angers, a payé la confirmation.

Portent : *d'azur à 3 sautoirs d'or, 2 et 1.*

— Louis Boylesve et... eurent acte de la représentation de leur titre le...
Michel Boylesve... le 9 août 1669.
Marin, sieur de La Maurouzière... le 7 juin 1667.
Cette branche ajoutait à ces armes, par concession de 1598, un chef *d'azur à 3 fleurs de lis d'or*, l'écu entouré du collier de Saint-Michel.
François Boylesve, sieur de Goismard... fils de René... qui exerça la charge de maire en 1628 comme un des anciens échevins, pour...

René Trouvé, receveur de la terre et seigneurie de Perray, y demeurant paroisse d'Iseures, eslection de Loches, comparant le XIe may 1668 par Me Michel Bernard, lequel a dit que les nommés Mandreville et autres huissiers laissèrent aud. Trouvé un exploict par lequel ils donnoient assignation à CHARLES DE BOYLESVE, sieur de Perray, à la requeste de Laspeyre, pour représenter les tiltres de sa noblesse, à laquelle assignation led. de Boylesve ne peut comparoir, estant décédé, il y a plus de xv ans, lequel n'a laissé pour enfans qu'une fille unique apellée Silvie de Boylesve qui a esté mariée à un gentilhomme appelé Benjamin de Magné, seignenr de Sigongne, duquel elle est a présent veufve et est demeurante aud. lieu de Sigongne, païs d'Aunis, proche la Rochelle.

Signé : BERNARD.

Armoiries : *d'azur au chevron d'argent, accompagné de 3 merlettes de même, 2 et 1.*

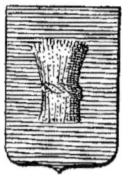

BRAQUE (NICOLAS DE), sieur de L'Isle, demeurant parroisse de Montlouis, eslection d'Amboise, bailliage de Tours, comparant le 23e décembre 1666 par Mtre Michel Bernard, lequel a dict qu'icelluy de Braque entend maintenir la qualité d'escuyer et qu'il produira au premier jour les pièces dont il entend se servir pour la justiffication de sa noblesse, et a signé :

BERNARD.

Porte : *d'azur à la gerbe d'or.*

BRÉCHU (PIERRE), conseiller du roy et doyen de messieurs du présidial d'Angers y demeurant, comparant le xxe may 1667, par Mtre Michel Courtois, clerc de M^tre Jean Ferregeau, lequel a dict que led. Bréchu entend maintenir la qualité d'escuyer en conséquence des privillèges attribués aux maire et eschevins de lad. ville, pour la justiffication de laquelle il produira les pièces dont il entend s'ayder.

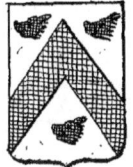

Signé : Courtois.

— Me Pierre Bréchu... qui a été échevin en 1654, pour...
Armoiries : *d'argent au chevron de sable accompagné de 3 hures de sanglier de même, 2 et 1.*

BREIL (Georges du), sieur de La Groisardière, demeurant parroisse de Landémont, eslection et seneschaussée d'Angers, comparant le xiiiie may 1667, lequel a dict qu'il entend maintenir la qualité d'escuyer, qu'il est seul de son nom et armes, qu'il porte *d'or à trois lyons de gueules à la bordure d'argent chargée de huict merlettes de sable*, et a signé :

Georges du Breil.

Les pièces dud. sieur du Breil ont esté rendues à Me Jacques-Paul Miré, son procureur, le xxiiie may 1667.

BRÉON (Cristophle de), sieur dud. lieu, demeurant à La Guiardière, parroisse de Neufville et Greez-sur-Mayne, eslection et seneschaussée d'Angers, comparant le 4e juillet 1667, a dit qu'il entend maintenir la qualité d'escuyer à luy acquise par sa naissance, qu'il ne connoist autre personne de son nom que Marc de Bréon, sieur dud. lieu, son fils aisné, et qu'il porte pour armes : *d'argent à la face de gueulle fleurdelisée* ; pour la justiffication de laquelle qualité, il a mis et produict au greffe les pièces et tiltres dont il entend s'aider, et a signé :

Christofle de Bréon.

Les pièces dud. sieur de Bréon luy ont esté rendues ce six juillet 1667.
BRÉON (de). — Originaire d'Anjou.

Christophle de Bréon, écuyer, sieur dud. lieu, demeurant paroisse de Neufville-sur-Mayne élection et sénéchaussée d'Angers, Marc de Bréon, écuyer, son fils, demeurant paroisse de

Marigné élection de Châteaugontier, ont justiffié la possession du titre de noblesse depuis l'année 1520 commençant en la personne de leur trisayeul.

Porte : *d'argent à la fasce de gueules fleurdelysée (et contrefleurdelysée de 3 pièces chacune).*

BRESLAY (Louis de), sieur de La Roche, demeurant a Soulitré, eslection et présidial du Mans, comparant le vingt-six mars 1667, lequel a dict qu'il entend maintenir la qualité d'escuyer, qu'il est aisné de sa maison, et qu'outre René de Breslay, sieur du Plessis, demeurant parroisse de Sainct-Célerin, mesmes eslection et ressort, et damoiselles Magdeleine et Marie de Breslay, ses sœurs, il ne cognoist personne de son nom et armes, qu'il porte : *d'argent à un lion de gueules*, et qu'il produira au premier jour les pièces dont il entend se servir, et a signé :

L. de Breslay.

Les pièces dud. sieur de Breslay luy ont esté rendues le quatriesme de mars 1670.

BRESLAY (Louis de), sieur des Liardières, demeurant parroisse de Montilliers, eslection de Montreuil-Bellay, seneschaussée de Saumur, comparant le XVIIe avril 1667, lequel a dict qu'il entend maintenir la qualité d'escuyer et qu'il ne cognoist personne de son nom et armes que treize enfans qu'il a scavoir neuf garçons et quatre filles, Léonord, Artus, René, Louis-Alexandre, René, Louis-Joseph, Henry-Charles, Jean-Cézard, François-Gaucher, et Marie, Louise, Anne-Gabrielle et Jeanne-Catherine de Breslay et qu'il porte pour armes : *d'argent au lyon de gueules tenant un croissant d'azur* et pour la justiffication de lad. qualité a mis au greffe les pièces dont il entend se servir et a signé :

Louis de Breslay.

Les pièces dud. sieur de Breslay luy ont esté rendues ce XXIIe avril 1667.

BRESLAY (Charles de), sieur de Chapelière, gentilhomme servant ordinaire du Roy, demeurant parroisse de Challes, eslection du Chasteau-du-Loir, seneschaussée du Mans, comparant le XXVIe may 1667, lequel a dict sans préjudicier à sa qualité de naissance qu'il n'a pris la qualité d'escuyer qu'en conséquence de lad. charge, et qu'ayant esté assigné aux mesmes fins à la requeste de Thomas Bousseau cy-devant chargé de la recherche des usurpateurs du tiltre de noblesse à la cour des aydes, il se seroit pourveu au conseil et obtenu arrest de descharge desd. assignations avec deffences aud. Bousseau de le poursuivre pour raison de ce, et a produict les pièces dont il entend se servir, et a signé :

Charles de Breslay.

BRESLAY (de). — Originaire du Maine.

Claude de Breslay, écuyer, sieur de Posset, demeurant paroisse de Téloché, élection de Chateau-du-Loir, sénéchaussée et siège présidial du Mans, a justiffié la possession du titre de noblesse depuis l'année 1519 commençant en la personne de son trisayeul.

Porte : *d'argent au lion de gueules, cantonné au 1er canton d'un croissant montant d'azur.*

Louis de Breslay, écuyer, sieur des Liardières, demeurant paroisse de Montilliers, élection de Montreuil-Bellay, a justiffié la possession du titre de noblesse depuis l'année 1540 commençant en la personne de son bisayeul.

Porte : mesmes armes que Claude de Breslay, cy-dessus. L'on ne voit point la parenté.

— Louis de Breslay, au nombre des maintenus par M. Voisin.

BRETON (Mtre Jean le), conseiller du Roy, lieutenant particulier, assesseur criminel et premier conseiller au bailliage de Chinon et secrétaire ordinaire de la feue Reine mère du Roy, demeurant aud. Chinon, comparant le dernier juillet 1668, a dict ne vouloir maintenir la qualité d'escuyer laquelle il n'a jamais prise ny prétendue et que sy elle luy a esté donnée ça esté sans son ordre et à son inseu, et que quand il auroit pris lad. qualité il pouroit prétendre l'avoir pu faire en lad. qualité de sécrétaire ordinaire de la Reine sans encourir pour raison de ce aucune peine suivant les arrests du conseil donnés en faveur des officiers des maisons royales qui l'ont ainsy réglé, d'autant plus qu'il a esté employé dans les estats de la maison de la reine registrés à la cour des aides, et qu'ayant esté troublé en ses privilèges il a obtenu arrest en lad. cour confirmatif d'iceux contradictoirement avec monsieur le procureur-général et les habitants et collecteurs le cinq febvrier 1659, par lequel arrest et par les pièces et procédeures sur lesquelles il est intervenu il ne se trouvera point qu'il ait pris la qualité d'escuyer et quand il l'auroit prise et qu'il seroit

sujet à la recherche de Laspeyre — que non après la déclaration cy-dessus — qu'il n'entend pas maintenir lad. qualité d'escuyer, et a signé :

Le Breton [1].

Led. Le Breton a produict les pièces dont il entend se servir le xxiie febvrier 1669.

Les pièces dud. sieur Le Breton luy ont esté rendues ce xxiie may 1669.

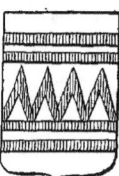

BRUEIL ou BREUIL (Claude du), sieur de La Courtaisière, demeurant parroisse de Courcoué, eslection de Richelieu, bailliage de Tours, comparant le deux octobre 1666 tant pour luy que pour Charles et Jacques du Brueil, ses frères, demeurans, scavoir led. Charles parroisse de Luzé, eslection de Chinon, bailliage de Tours, et led. Jacques, parroisse de La Selle-Sainct-Avant, mesmes eslection et bailliage, lequel a dit qu'il entend maintenir la qualité d'escuyer tant pour luy que pour sesd. frères dont il est le cadet, Charles l'aisné et Jacques le puisné et qu'il ne cognoist de son nom et armes outre sesd. frères que Louis du Brueil, sieur de Courcueil, demeurant parroisse d'Écueillé, eslection de Loches, bailliage de Tours, et qu'il porte pour armes : *d'argent à quatre chevrons entre deux jumelles, le tout de gueulles bordé de sable*, et a signé :

Claude de Brueil.

BREUIL (Louis du), sieur de Courcueil, demeurant parroisse d'Écueillé, eslection de Loches et bailliage de Touraine, comparant le xiie septembre 1668, a dit qu'il entend maintenir la quallité d'escuier, qu'il est aisné de sa maison, que messieurs du Breuil, demeurans parroisse de Courcoué, eslection de Chinon, sont les cadets de sa maison et n'en connoist autres qui porte son nom et armes qui sont : *d'argent, à quatre chevrons de gueulles bordés de sable, entre deux jumelles aussy de gueulles bordées de sable*, pour la justiffi-

---

(1) Armoiries : *d'azur au chevron d'or, accompagné de 2 étoiles d'argent en chef, et d'un croissant de même en pointe.*

cation de sa noblesse a mis au greffe les pièces dont il entend se servir et a signé :

Louis du Brueil.

Les pièces dud. sieur du Breul luy ont esté rendues le 14e septembre 1668.

BREUIL (DU). — Originaire de Touraine.

Louis du Breuil, écuyer, sieur de Courceuille, demeurant paroisse de .... élection de Loches, bailliage de Tours, a justiffié la possesion du titre de noblesse depuis l'année 1528 commençant en la personne de son trisayeul.

Porte : *d'argent à 2 jumelles de gueules et 4 chevrons de même posés en fasce* [1].

BREUL (Messire René du), seigneur baron d'Ingrandes et d'Azé, demeurant parroisse d'Azé, eslection et ressort de Chasteau-Gontier, comparant le xxe aoust 1668, a dit qu'il entend maintenir la quallité de chevallier et d'escuier, qu'il est le seul qui porte son et armes qui sont : *losangé d'argent et d'azur, au chef de gueules chargé de deux testes de léopard d'or* et pour la justiffication de sa noblesse a mis au greffe les pièces dont il entend se servir et a signé :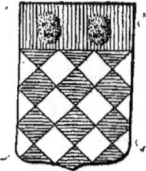

Du Breul d'Ingrandes

Les pièces dud. sieur du Breul luy ont esté rendues le 21e aoust 1668.

BREUL (DU). — Originaire de Normandie.

René du Breul, chevalier, seigneur, baron d'Ingrande, y demeurant, élection de Châteaugontier, a justiffié la possession du titre de noblesse depuis l'année 1393 commençant en la personne de son quintayeul.

Damoiselle Françoise Espron [2], veufve de feu Charles BRIANT, vivant sieur de La Brosse et de Bretz, mère et garde-noble de René-François et de Françoise Briant, enfans d'elle et dud. deffunct demeurant en sa maison de L'Eschigné, parroisse du Vieil-Baugée, slection et ressort de lad. ville de Baugé,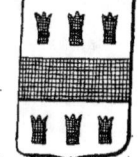

---

(1) Carré de Busserolles dit cette famille originaire de l'Anjou et lui donne pour armoiries : *d'argent à la fasce vivrée de gueules accompagnée de 2 jumelles de même, la fasce et les jumelles bordées de sable.*
(2) Esperon. — Armes : *de sable à la croix fleuronnée d'argent.*

comparant le xix⁰ aoust 1667 par Louis de Dommaigné, lequel a dict qu'icelle damoiselle Espron entend maintenir la quallité d'escuyer tant pour sesd. enfans que pour elle et que les armes dud. sieur Briand sont : *d'argent à la fasce de sable et six roquets de mesme trois en chef et trois en poincte* et a signé :

LOUIS DE DOMMAIGNÉ.

Les tiltres de lad. damoiselle ont esté rendus aud. sieur de Dommaigné le 23ᵉ aoust 1667.

BRIAND (JEAN DE), escuier, sieur de Bretz, demeurant en la ville d'Angers, comparant le xxiiiᵉ janvier 1668 par Jacques Pouperon, son procureur, lequel a dit que led. sieur entend maintenir la qualité d'escuier par luy prise comme issu de parens nobles et escuiers, et pour la justiffication de sa noblesse qu'il en produira les tiltres en luy donnant un délay raisonnable.

Signé : POUPERON.

BRIAND. — Originaire d'Anjou.

René-François Briand, écuyer, sieur de Brez, comparant par Dame Françoise Esperon sa mère demeurante paroisse du Vieil-Baugé, élection de Baugé, René Briand, écuyer, sieur dudit lieu, comparant par Dame Renée Béranger sa mère, demeurant à Angers, ont justiffié la possession du titre de noblesse depuis l'année 1533 commençant en la personne de leur trisayeul.

Porte : *d'argent à la fasce de sable accompagnée de 6 roquets de même 3 et 3*.

— Charles Briand, écuyer, sieur de La Brechette avait épousé Françoise Épron laquelle étant veuve de lui et tutrice de ses enfans .... et René .... eurent acte de la représentation de leurs titres le 3ᵉ décembre 1667.

BRIDONNEAU (FRANÇOIS), sieur des Marais, fourier vétéran des logis du Roy, demeurant paroisse d'Huismes, ressort de Chinon, bailliage de Tours, âgé de soixante ans ou environ, aisné de sa maison, comparant le 23ᵉ juillet 1666, nous a dict qu'il maintient la qualité d'escuyer que Sa Majesté luy a donnée tant par lad. charge de fourier que celle de gentilhomme ordinaire de sa chambre qu'il possède encor à présent, et que la plus part de ses tiltres sont produicts à la cour des aydes au procès qu'il a contre les habitans de lad. parroisse d'Huismes, pour recouvrer lesquels il a requis délay de trois mois et outre a déclaré qu'il ne cognoist aucun de sa maison ny des branches d'icelle qui ait lad. qualité d'escuyer, ayans tous desrogé :

Signé : BRIDONNEAU DES MARAIS.

Armoiries : *d'or à un chevron d'azur, accompagné en chef de 2 roses de gueules et en pointe d'un phénix de sable sur un bûcher enflammé de gueules.*

BRIDONNEAU (M^tre FRANÇOIS), conseiller du roy, président en l'eslection de Chinon, y demeurant parroisse de Sainct-Estienne, comparant le XXVIIIe may 1668, lequel a dit qu'il n'a jamais pris la qualité d'escuyer à laquelle il a renoncé et renonce entend que besoin est ou seroit et en cas qu'il se trouve que lad. qualité luy ayt esté donnée desclare que ce n'a esté de son consentement et que ce ne peut estre que de l'esprit des notaires, et a signé :

BRIDONNEAU.

Damoiselle Marie de Lux, veufve de deffunct FRANÇOIS DE BRIE, sieur de La Houssaye, demeurant parroisse de Rablay, eslection d'Angers, comparant le quinze juillet 1667 par M^tre Urbain Conseil, procureur au présidial de Tours, lequel a dict qu'elle entend maintenir la qualité de noble de sond. deffunct mary et qu'elle produira au premier jour les pièces justifficatives de sa noblesse, et a led. Conseil signé :

CONSEIL.

Les pièces de lad. damoiselle de Lux ont esté rendues à M^tre Michel Bernard, son procureur le XXVe aoust 1667.

BRIE (DE). — Originaire d'Anjou.

Demoiselle Marie de Luxe, veuve de deffunt François de Brie, vivant écuyer, sieur de La Houssaye, mère et tutrice d'Anthoine, François, Anne, Élisabeth-Marie et René de Brie, ses enfans mineurs et dud. deffunt, demeurante paroisse de Rablé élection d'Angers, a justiffié la possession du titre de noblesse pour lesd. mineurs depuis l'année 1540 commençant en la personne de N. et P. Jean de Brie, sieur de Savonnière, trisayeul.

Porte : *d'argent à 3 fasces de sable au lion rampant de gueules sur le tout.*

— François de Brie... eut acte de la représentation de ses titres le 24e aoust 1667.

BRILLET (CHARLES), sieur de La Ferté, seigneur de La Motte-Lesbron, et de Loiré, demeurant parroisse de Loiré, comparant le 24e décembre 1666 par M^{tre} Jacques-Paul Mirey, procureur, lequel a dit que led. sieur Brillet entend maintenir la qualité d'escuyer et a mis au greffe les pièces dont il entend se servir pour la justiffication de sa noblesse, et a signé :

MIREY.

BRILLET (JEAN), sieur de La Vilatte, comparant le douze janvier 1668 tant pour luy que pour Thimothée Brillet, sieur de La Grée et Claude Brillet, sieur de La Rivière, ses frères, a dit que sesd. frères et luy entendent maintenir la qualité d'escuyer, qu'il ne cognoist de son nom et armes que Charles Brillet, sieur de La Ferté, lequel ayant esté assigné aux mesmes fins a produict pour la justiffication de sa noblesse et obtenu le renvoy de Monsieur l'Intendant à la manière accoustumée, lequel ils produiront pour justiffication de leur noblesse et a signé :

JEAN BRILLET.

BRILLET [1].

Charles Brillet, écuyer, sieur de La Ferté tant pour luy que pour ses frères a justiffié la possession du titre de noblesse depuis l'année 1445 commençant en la personne de son 5e ayeul.

Porte : *d'argent à 3 têtes de loup, arrachées de gueules, 2 et 1.*

— Timothée Brillet, sieur de La Grée, Charles, sieur de La Ferté, Claude, René, Jean, sieurs de La Villate, François Brillet, prêtre, tous frères,

.... eurent acte de la représentation de leurs titres le 6e février 1667.

BRISSAC (JACQUES), sieur des Loges, comparant le 30e juillet 1666, par M^{tre} Jacques Pavin, procureur au présidial de Tours a déclaré que n'ayant tous ses tiltres, il requiert délay d'un mois pour les retirer.

Signé : PAVIN.

(1) D'après C. de Busserolle, cette famille est originaire de l'Anjou.

BRISSAC (Jacques de), sieur des Loges, demeurant en la ville de Loudun, comparant le 9e aoust 1666 par Mtre Jacques Pavin, son procureur et au présidial de Tours fondé de procuration spécialle passée par Aubry, notaire aud. Loudun, le 26 juillet dernier, laquelle est demeurée à nostre greffe, lequel pour satisfaire à nostre ordonnance du 19e dud. mois signifiée au domicille dud. Pavin, a dit en vertu du pouvoir à luy donné par lad. procuration que led. de Brissac entend maintenir la qualité d'escuyer par luy prise, pour la justiffication de laquelle il produira au premier jour les pièces et tiltres dont il entend se servir et a signé :

Pavin.

Les pièces que led. sieur de Brissac avoit mis au greffe pour la justiffication de sa noblesse ont esté rendues à Benjamin Ribay, son procureur spécial à la réserve des deux premières pièces de son inventaire qui ont esté lacérées comme soupsonnées fausses. Fait ce 3e septembre 1666.

Signé : B. Ribay [1].

BRISSAC (Charles de), sieur du Lavoir, demeurant à Neufvy, eslection, ressort et bailliage d'Angers, comparant le trois septembre 1666, lequel pour satisfaire à l'assignation à luy donnée à la requeste de Laspeyre le 26e aoust dernier par exploict de Carré pour veoir dire que l'arrest de la cour des aydes du 30e avril 1665 sera exécutté selon sa forme et teneur et ce faisant contrainct au payement des sommes y contenues, a dict que led. arrest ayant esté rendu précipitamment et par deffault il se seroit contre icelluy pourveu au conseil et obtenu arrest le 20e avril dernier portant renvoy pardevant Monsieur l'Intendant pour procéder à la vérification des tiltres de noblesse dudict de Brissac, ainsy qu'il auroit peu estre faict auparavant led. arrest de lad. cour des aides, et qu'il maintient la qualité d'escuyer et prétend demander deslay à mond. sieur l'Intendant de retirer ses pièces de son advocat du conseil pour les représenter, et qu'il est l'aisné et demeuré seul de son nom et armes, qu'il porte : *d'argent, à une croix de gueules raccourcie accompagnée d'hermines sans*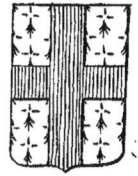

---

(1) Une branche de cette famille, résidant à Preuilly, fut maintenue le 28 novembre 1669 par M. de Maupeou, intendant de Poitou.
Armoiries : *d'azur au sautoir d'argent chargé de 4 coquilles de sable et d'un dauphin de même posé en abime.*

140

nombre, et a faict eslection de domicille en cette ville de Chinon, au logis de M^tre André Guérin, procureur, et a signé :

CHARLES DE BRISSAC.

Le 23e mars 1667, les pièces dud. sieur de Brissac luy ont esté rendues [1].

Armoiries : *d'hermines à la croix de gueules.*

BRISSAC (MATHIEU), sieur de La Peire, lieutenant-colonel du régiment de Bourbon, capitaine d'une compagnie-franche de chevau-légers et gentilhomme ordinaire de Monsieur le prince de Condé, demeurant ordinairement à Paris, à l'hostel de mond. sieur le Prince, comparant le douze avril 1667 par M^tre Michel Bernard, lequel pour satisfaire à l'assignation donnée audit Brissac le premier jour dud. présent mois à la requeste de Laspeyre, au lieu des Landes, parroisse de Clairay, eslection de Montreuil-Bellay, a dit que icelluy de Brissac entend maintenir la qualité d'escuier, mais qu'estant cadet de sa maison, et ses aisnés estant de la généralité de Guyenne où ils ont représenté leurs tiltres, il luy est impossible de les représenter quand à présent et prétend demander délay de les aller quérir et les répresenter.

Signé : BERNARD.

Les pièces dud. sieur luy ont esté rendues le premier may 1667.

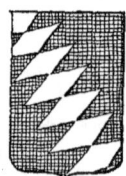

BROC (VICTOR DE), sieur de La Ville-au-Fourier, demeurant parroisse de Verneil, eslection de Baugé, comparant le xxve septembre 1668, par M^tre Jacques-Paul Miré, lequel a dit que led. sieur entend maintenir la quallité d'escuier, qu'il est sorty de cadets de sa maison et que le sieur comte de Broc est l'aisné et qu'outre led. sieur comte de Broc et les sieurs de Broc, enfans

---

(1) Le fief du Lavoir avait été donné, en 1608, par le maréchal de Cossé-Brissac à Edme de Brissac fils naturel d'Arthus de Cossé, légitimé en 1612. Charles, baron du Lavoir, son fils, avait obtenu d'Henri-Albert de Cossé, en 1661, le droit de prendre le nom et les armes de Cossé en ajoutant à son nom celui du Lavoir et à son écu un pal d'argent mais il y renonça, en présence de toute la famille de Cossé, le 26 février 1687. Cél. Port. *Dictionnaire de Maine-et-Loire*, t. I. p. 759.

issus d'Adrian de Broc, cadet de lad. maison, demeurans en Anjou, il n'en connoist autres de son nom et armes qui sont : *de sable à une bande fuzelée d'argent*, et pour la justiffication de la qualité d'escuier dud. sieur de Broc, led. Miré a mis au greffe les pièces justifficatives de sa noblesse et a signé

MIRÉ.

Les pièces dud. sieur de Broc ont esté rendues aud. Miré, son procureur, le 28e septembre 1668.

BROC (JACQUES DE), sieur de La Roche, comparant le xxviie septembre 1668 tant pour luy que pour damoiselle Mathurine de Broc, sa tante, demeurans parroisse de Vernay-le-Fourier, eslection de Baugé, a dict qu'ils entendent maintenir la quallité d'escuier, qu'il est issu d'une branche de cadets de sa maison, que Victor de Broc, sieur de Villaufourier, demeurant parroisse dud. Vernay est l'aisné de sad. maison, que damoiselle Charlotte de Broc, demeurante en Poictou est aussy cadette de lad. maison et n'en connoist autres qui portent son nom et armes qui sont *de sable, à la bande fuzellée d'argent*, et pour la justiffication de sad. quallité a mis au greffe les pièces et tiltres dont il entend se servir, et a signé :

JACQUES DE BROC.

Les pièces dud. sieur de Broc luy ont esté rendues le 28e septembre 1668.

BROC (ANTOINE DE), seigneur de Chemiré, demeurant en sa maison dud. Chemiré, parroisse dud. lieu, eslection et ressort de Baugé, comparant le xxe septembre 1668 par Mtre François Mestivier, procureur au siège présidial de Tours, lequel a dit qu'icelluy sieur de Brocq entend maintenir la quallité d'escuier et que n'estant que cadet de sa maison il prétend demander délay compétant pour faire insignuer son assignation à messire Pierre de Brocq, seigneur comte de Brocq, son frère aisné, qui a tous les tiltres de sa maison pour luy en ayder pour la justiffication de sa noblesse et a signé :

MESTIVIER.

Les pièces dud. de Broc ont esté rendues à Mtre Louis Le Damoysel, son procureur, le 9e avril 1669.

BROC (Mre PIERRE DE), seigneur comte de Broc, demeurant parroisse de Broc, messire Michel de Broc, demeurant au Lude et messire Jacques de Broc, frères, comparans le 14e febvrier 1669 par M^tre Louis Le Damoisel, lequel a dict qu'ils entendent maintenir la qualité de chevallier et d'escuier, qu'ils portent pour armes : *de sable, à la bande fuzellée d'argent*, et pour la justiffication desd. quallités a mis au greffe les pièces dont ils entendent leur servir, et a led. Le Damoisel signé :

LE DAMOYSEL.

Les pièces desd. sieurs de Broc ont esté rendues aud. Le Damoisel leur procureur le 15e febvrier 1669.

BROC (DE).

Jacques de Brocq, chevalier, seigneur dud. lieu, demeurant paroisse de .... élection de La Flèche, Pierre de Broc, chevalier, seigneur comte de Brocq, paroisse de Broc, élection de Baugé, Michel de Broc, chevalier, seigneur de ..... demeurant au Lude élection de Baugé, frères, Armand de Broc, chevalier, seigneur baron de Chemiré, demeurant paroisse de Chemiré, élection de Baugé, cousin-germain, ont justiffié la possession du titre de noblesse depuis l'année 1504 commençant en la personne de leur quartayeul.

Portent : *de sable à la bande fuselée d'argent*.

Victor de Broc, écuyer, seigneur de La Ville-au-Fourier, Jacques de Broc, écuyer, seigneur de La Roche, cousin issu de germain dud. Victor, demoiselle Mathurine de Broc, leur tante, demeurants paroisse de Vernay, élection de Baugé, ont justiffié la possession du titre de noblesse depuis l'année 1529 commençant en la personne du bisayeul desd. Victor et de lad. de Broc.

Portent : mesmes armes que ceux cy-dessus. L'on ne voit point en quel degré sont parens.

— Pierre de Broc... eut acte de la représentation de ses titres le 15 février 1669, Armand... le 11 avril 1669, Jacques ... le 28 septembre 1668 et Victor ... le 22 septembre 1668.

BROISE (JEAN DE LA), sieur de Challange, demeurant parroisse de Juvigné, eslection de Laval, ressort de Mayenne, comparant le troisiesme juin 1667, par M^tre Louis Le Damoisel, son procureur, lequel a dit que led. de La Broise, entend maintenir la quallité d'escuier, qu'il porte pour armes : *d'azur, au chevron d'or, barré de deux barres et accompaigné de trois molettes d'espron, le tout d'or* ; a mis au greffe les pièces dont il s'entend ayder et a led. Le Damoisel signé :

Le Damoysel.

Les pièces dud. sieur de La Broise, ont esté rendues le 4e juin 1668.

BROISE (de La). — Originaire de Normandie.

Jean de La Broise, écuyer, sieur de Chalange, demeurant paroisse de Juvigné, élection de Laval et ressort de Mayenne, a justiffié la possession du titre de noblesse depuis l'année 1548 commençant en la personne de son bisayeul.

Porte : *d'azur au chevron d'or barré de deux fasces de même accompagnées de 3 molettes aussi d'or, 2 et 1.*

Cette famille fut maintenue en Normandie en 1464, 1523, 1599, 1624, 1635 et 1666.

BROSSARD (Rolland de), sieur de La Chevalière, demeurant à Lignières (la Toussaincts), eslection du Mans, bailliage du Maine, comparant le XIIIe septembre 1666, lequel pour satisfaire à l'assignation qui luy a esté donnée à la requeste de Laspeyre par exploict du dix-huict aoust dernier, a dict qu'il entend maintenir sa qualité d'escuier, comme issu de parens nobles et escuiers, qu'il est cadet de sa famille, que Jacques Brossard en est l'aisné ; reconnoist Charles et Guillaume Brossard, ses nepveus fils de Gaspard, et ne reconnoissent d'autres de leur famille. Porte pour armes: *de gueulles à trois fleurs de lis d'argent coupées d'une barre d'argent*, et pour la justiffication de sa noblesse produira au premier jour ses tiltres, et a esleu domicille en la maison de Mtre Guérin, procureur à Chinon, et a signé :

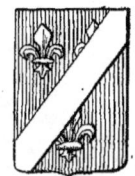

R. de Brossard.

Ce jourd'huy XXe septembre 1666, les pièces dud. sr qu'il avoit mis au greffe pour la justiffication de sa noblesse luy ont esté rendues.

BROSSARD (de). — Originaire de Normandie.

Jacques de Brossard, écuyer, Rolland Brossard, écuyer, sieur de La Chevallerie, frères, demeurants paroisse de Lignières-la-Toussaint élection du Mans.

Dame Louise de Mezanges, ayant la garde-noble de Charles et Guillaume Brossard ses enfants, cousins-germains desd. Jacques et Rolland,

Ont justiffié la possession du titre de noblesse depuis l'année 1502 commençant en la personne de leur quartayeul.

Portent : *trois fleurs de lis d'argent en champ de gueules traversées d'une barre d'argent, l'une couppée par le milieu, l'autre blessée, l'autre entière.*

BROSSARD (Daniel de), sieur de La Chevallerie, demeurant parroisse Sainct-Gatien, eslection et ressort de Loudun, comparant le xxviiie avril 1667, a dit qu'il entend maintenir la qualité d'escuyer, qu'il est aisné de sa maison et qu'outre Gabriel de Brossard, sieur de Belair, demeurant en Berry, son frère, il ne cognoist personne de son nom et armes, qu'il porte : *d'azur à trois fleurs de lis d'or dont deux blessées d'une bande de gueules,* et pour la justiffication de lad. qualité a mis au greffe les pièces dont il entend se servir, et a signé :

Daniel de Brossard.

Daniel BROSSARD, écuyer, sieur de La Chevallerie, demeurant paroisse de Saint-Gatian élection de Loudun, ressort de Tours, a justiffié la possession du titre de noblesse depuis l'année 1528 commençant en la personne de son bisayeul.

Porte : mesmes armes que lesd. Brossard cy-dessus.

BROSSARD (René de), sieur de Launay, y demeurant paroisse de Mouliherne, eslection de Baugé, comparant le 30e décembre 1668 par Jean Leclerc, lequel a dit que led. sieur de Brossard entend maintenir la qualité d'escuier, pour la justiffication de laquelle il produira cy après les pièces et tiltres dont il entend se servir.

Signé : Leclerc.

René de BROSSARD, écuyer, sieur de Launay, demeurant paroisse de Moliherne, élection et ressort de Baugé, Innocent et Jean, écuyers, ses frères, demeurans même paroisse, ont justiffié la possession du titre de noblesse depuis l'année 1554 commençant en la personne de leur trisayeul.

Portent : mesmes armes: Ils portoient tous autrefois : *3 fleurs de lis d'or en champ d'azur, traversées d'une barre de gueules, l'une coupée par le milieu, l'autre blessée, la 3e entière* mais en 1633 il fut ordonné par arrêt de la cour des aydes de Normandie qu'ils changeroient les fleurs de lis *d'or* en celles *d'argent* et le champ d'azur en celuy *de gueules traversé d'une barre d'argent* [1].

(1) On voit que tous ne se conformaient pas à cet arrêt et portaient comme auparavant l'écu de France brisé d'une barre.

— René de Brossard, demeurant en sa maison des Ausne-aux Bœufs... pour lui et Innocent, Élisabeth, Jean et Anne, ses frères et sœurs eut acte de la représentation de ses titres le 9 mai 1669.

BROSSIER (M^{tre} JEAN), advocat en parlement, bailly et juge ordinaire du duché-pairie de Mondoubleau, eslection de Chasteau-du-Loir, comparant le XXIIe may 1667, lequel a dict qu'il n'a jamais pris ny prétendu prendre la qualité d'escuier, et au contraire a toujours esté compris aux roolles des tailles de lad. ville de Mondoubleau, et a signé :

BROSSIER.

BROSSIN (JACQUES), seigneur de Messars et de La Thiberdière, demeurant parroisse de Cussé, eslection de Loches, bailliage de Tours, comparant le sept febvrier 1668, tant pour luy que pour Anthoine Brossin, seigneur de La Thiberdière, parroisse de Méré, mesmes eslection et bailliage, son frère puisné, a dict que sond. frère et luy entendent maintenir la quallité de chevallier et qu'il est l'aisné d'une branche de sa maison, et que Cézard Brossin, demeurant au bourg d'Yzeures est l'aisné de lad. maison et Georges Brossin, marquis de Méré, capitaine au régiment des gardes de Sa Majesté et mestre de camp d'un régiment de cavallerie, et frère dud. Césard, sont ses cousins-germains, et que ..... Brossin, baron de Méré, est son cousin remué de germain, et qu'outre Louis Brossin, seigneur de Brossin, son frère cadet, non marié, estant au service du roy, il ne cognoist autres de son nom et armes, et qu'estant cadet comme dict est de sa maison, il n'a aucuns tiltres pour la justiffication de sa noblesse, lesquelz sont entre les mains dud. Cézard Brossin, pour retirer lesquelz il prétend demander un délay, et a signé :

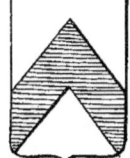

JACQUE BROSSIN.

Led. sieur Brossin a mis au greffe les pièces dont il entend se servir, ce XXe mars 1669.
Les pièces dud. sieur Brossin luy ont esté rendues le deuxiesme may 1669.

BROSSIN (César), commandeur des ordres du roy militaires de Nostre-Dame et de Sainct-Lazare, lieutenant-général desd. ordres en la langue d'Acquitaine par mer et par terre et en l'escadre de la garde-coste de Bretaigne, pour le service de Sa Majesté, marquis de Méré, demeurant en la paroisse d'Yseures, eslection de Loches, comparant le 30ᵉ décembre 1668 par Jean Leclerc, lequel a dit que led. sieur Brossin entend maintenir la qualité de chevallier et d'escuier pour la justiffication de laquelle il a requis délay de représenter les tiltres et pièces dont il entend se servir, et a led. Leclerc signé :

Leclerc.

BROSSEIN (de). — Originaire de Touraine [1].

Jacques de Brossin, chevalier, sieur de Messard, demeurant paroisse de Cussé, élection de Loches, Antoine de Brossin, chevalier, sieur de La Thiberdière, demeurant paroisse de Méré, mesme élection, Louis Brossin, chevalier, sieur dud. lieu, demeurant paroisse de Sainte-Maure, élection de Chinon, frères, ont justifié la possession du titre de noblesse depuis l'année 1537 commençant en la personne de leur bisayeul.

Portent : *d'argent au chevron d'azur.*

BRUNDEAU (Yves), sieur de La Gaulerie, bourgeois de la ville d'Angers, y demeurant parroisse Sainct-Pierre, comparant le neufiesme janvier 1668, par Mᵗʳᵉ Louis Le Damoysel, procureur à la suitte de monsieur l'Intendant, lequel a déclaré que icelluy sieur Brundeau n'a jamais pris ne entendu prendre la qualité d'escuier et qu'il y renonce et a signé :

Le Damoysel.

BRUNEAU (Mᵗʳᵉ Daniel), procureur du roy au siège royal de Saincte-Suzanne, demeurant en la parroisse dud. Saincte-Suzanne, comparant le xxvɪᵉ juillet 1667 par Mᵗʳᵉ Louis Le Damoysel, lequel a déclaré que led. Bruneau n'a jamais pris la quallité d'escuier, qu'il ne l'a jamais entendu prendre et qu'il y renonce ayant tousjours esté impozé aux roolles des Tailles de lad. parroisse, et a led. Le Damoysel signé :

Le Damoysel.

[1] La famille de Brossin, originaire de l'Anjou, ne s'est établie en Touraine qu'au commencement du XVᵉ siècle.

BRUNET DE BEAUVILLE (François de), sieur de Fontenaille, demeurant en la ville du Lude, eslection de la Flèche, comparant le 30ᵉ décembre 1668 par Jean Leclerc, lequel a dit qu'icelluy de Brunet entend maintenir la qualité d'escuyer par l'arrest de Nosseigneurs du Conseil du sept may 1668 obtenu par Charles de Brunet de Beauville, escuyer, sieur de Lestelle son frère tant pour luy que pour Jacques de Brunet de Beauville et led. François et par les autres pièces qu'il représentera cy-après et a led. Leclerc signé :

LECLERC.

BRUNET DE BEAUVILLE (François), sieur de Fontenaille, demeurant en la ville du Lude, eslection de La Flèche, comparant le neufiesme janvier 1669, a dit qu'il entend maintenir la qualité d'escuier par luy prise, qu'il est puisné de sa maison et que Charles Brunet de Beauville, sieur de Lestelle, lieutenant du gouverneur de Sainct-Germain-en-Laye est son frère aisné et Jacques de Brunet-Beauville et Lestelle est son frère cadet, et qu'il a pour ses sœurs : Marie et Chaterinne Brunet-Beauville et ne connoist autres personnes de son nom et armes, et pour la justiffication de lad. qualité produira au greffe l'arrest du Conseil obtenu par led. sieur de Lestelle, son aisné, en datte du 8ᵉ may 1668, par lequel luy son frère aisné et cadet sont déclaréz nobles eux et leur postérité comme issuz de noble famille, a faict eslection de domicille en la maison de Mᵗʳᵉ Berthot, procureur en l'eslection de Tours et a signé :

F. Breunet de Beauville Fontenaille [1].

BRUNETIÈRE (Paul de La), sieur du Plessis de Gesté, comparant le huict may 1667 tant pour luy que pour Jacques de La Brunetière, sieur de La Poulinière, son frère, demeurans parroisse de Jetté (Gesté), eslection et seneschaussée d'Angers, a dit que sond. frère et luy entendent maintenir la qualité d'escuyer et qu'il ne cognoist personne de son nom et armes, qu'il porte : *d'hermines, à trois chevrons de gueules*, a mis au greffe les pièces dont il entend se servir et a signé :

Paul de La Brunetière.

Les pièces dud. sieur de la Brunetière luy ont esté rendues le XIIᵉ may 1667.

(1) Armoiries : *de gueules au lévrier rampant d'argent accolé, bouclé d'or, à la bordure dentelée de même*. D'après C. de Busserolles ces armoiries doivent se lire : *d'or à une levrette rampante d'argent, accompagnée de 10 losanges d'or, un en chef, l'autre en pointe et 4 de chaque côté de l'écu*.

148

BRUNETIÈRE (DE LA). Originaire d'Anjou.

Paul de la Brunetière, écuyer, sieur du Plessis-Gesté, Jacques de La Brunetière, écuyer, sieur de La Poullinière, son frère, demeurant paroisse de Gesté, élection et sénéchaussée d'Angers, ont justiffié la possession du titre de noblesse depuis l'année 1507 commençant en la personne de leur quartayeul.

Porte : *d'hermines à 3 chevrons de gueules.*

— Paul de La Brunetière.... eut acte de La représentation de ses titres... le 11e mars 1667.

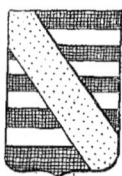

BU (JEAN DU), demeurant parroisse de Fyé, eslection et seneschaussée du Mans, comparant le XVIIe mars 1667, lequel a dit qu'il entend maintenir la qualité d'escuyer, qu'il est aisné de sa maison, et qu'outre Urbain du Bus, son frère, il ne cognoist personne de son nom et armes que Urbain du Bu, son oncle et que ses armes sont : *de sable, à quatre fasces d'argent et une bande d'or*, et qu'il produira au premier jour les pièces dont il entend se servir, et a signé :

JAN DU BU.

BU (DU). — Originaire du Mans.

Jean Dubut, écuyer, sieur de Cons, demeurant paroisse de Fyez, élection du Mans, a justiffié la possession du titre de noblesse depuis l'année 1510 commençant en la personne de son trisayeul.

Porte : *d'argent à 3 fasces de sable chargées d'une bande d'or.*

BUAT (CHARLES DU), sieur de La Subrardière, demeurant en sa maison seigneurrialle de Chanteil, parroisse de Méral, eslection et bailliage de Chasteaugontier, comparant le XIIIIe juin 1668, par Mtre Michel Bernard, procureur au bureau des finances à Tours, lequel a dict que led. sieur du Buat entend maintenir la qualité d'escuyer et qu'il ne connoist de son nom et armes qu'il porte : *d'azur à trois quintefeuilles d'or, deux et une*, que damoiselle Marie du Buat, femme de Pierre Aubert[1], escuier et Charles-Joseph, Malo-Marie, Madelon-Jacinte et Jean-Baptiste du Buat, ses fils, Charlotte et Françoise-Élizabeth du Buat, ses filles, et pour la justiffication de la noblesse dud. sieur du Buat, led. Bernard a mis au greffe les pièces dont icelluy du Buat entend se servir, et a signé :

BERNARD.

---

(1) Aubert : *de gueules à 3 maillets d'or, 2 et 1.*

Les pièces dud. sieur du Buat ont esté rendues aud. Bernard, ce xve juin 1668.

Dame Anne Éveillard, vefve de deffunct ANSELME DU BUAT, seigneur du Chastelet, comparant le xviie aoust 1668 par M^{tre} Louis Le Damoysel, en son nom et comme mère et tutrice des enfans dud. deffunct et d'elle, demeurante parroisse de Sainct-Gault, eslection et ressort de Chasteaugontier, lequel Le Damoisel a dict qu'elle entend maintenir pour elle et ses enfans la quallité d'escuier dud. deffunct du Buat, son mary, lequel estoit cadet de sa maison, que Charles du Buat, sieur de La Soubrardière, estoit son aisné et n'en connoist autres qui portent son nom et armes qui sont : *d'azur à trois quintes feuilles d'or, deux et une au chef d'argent chargé de cinq fusées de gueulles*, et pour la justiffication de lad. qualité d'escuyer a mis les tiltres au greffe dont elle entend se servir, et a signé :

LE DAMOYSEL.

Les pièces de lad. damoiselle Éveillard ont esté rendues aud. Le Damoysel le xviiie aoust 1668.

BUAT (DU).
Charles du Buat, écuyer, sieur de La Subrardière, demeurant parroisse de Méral, élection de Châteaugontier, sénéchaussée d'Angers, Dame Anne Éveillard, veuve de Ancelme du Buat, écuyer, sieur de Teillay, comme ayant la garde-noble de ses enfans et du deffunct Anselme du Buat, demeurante parroisse de Singault (Saint-Gault) élection et ressort de Châteaugontier, ont justifflé la possession du titre de noblesse depuis l'année 1442 commençant en la personne de leur 5e ayeul.
Porte, led. Charles : *d'azur à 3 quintefeuilles d'or, 2 et 1*, et lesdits mineurs comme cadets portent de même *au chef d'argent fuselé de gueules*.
— Charles du Buat... demeurant en sa maison de Chanteil, paroisse de Méral... eut acte de la représentation de ses titres le 15 août 1668.
Anne Éveillard... le 7 août 1668.

BUISSON (CHARLES DU), sieur dud. lieu, parroisse Sainct-Michel-sur-Loire, eslection et ressort de Chinon, bailliage de Tours, comparant le huict septembre 1666, lequel pour satisfaire à l'assignation à luy donnée à la requeste de Laspeyre le quatre du présent mois par exploict de Bazin, pour respondre

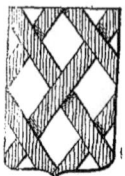

aux fins dudict exploict et de nostre ordonnance y énoncée a dict qu'il entend maintenir la qualité d'escuyer, et qu'il reste seul de son nom et armes, qu'il porte : *d'argent fretté de gueules, bordé de sable*, et pour la justiffication de sa noblesse produira au premier jour les pièces et tiltres desquels il prétend s'aider et a faict eslection de domicile en la personne de M^tre Jacques-Paul Miré estant à la suitte de monsieur l'Intendant, et a signé :

Charles du Buisson.

Led. sieur du Buisson a produict ses tiltres le sept janvier 1667.

Les pièces dud. sieur du Buisson luy ont esté rendues ce huict febvrier 1667.

BUISSON (du). — Originaire d'Anjou.

Charles du Buisson, écuyer, sieur de La Boutarderie, demeurant parroisse de Saint-Michel-sur-Loire, élection et ressort de Chinon, a justiffié la possession du titre de noblesse depuis l'année 1496 commençant en la personne de son quartayeul.

Porte : *d'argent fretté de gueules*.

BUSSIÈRE (Jacques de La), sieur de La Bauberderie (*aliàs* La Roberderie), demeurant parroisse de Bleche (Vellèches) eslection de Chastellerault, ressort de Poitou, comparant le 25e aoust 1666, lequel pour satisfaire à l'assignation à luy donnée à la requeste de Laspeyre, le vingtiesme du présent mois, par exploict de Bazin, huissier, pour procéder aux fins dud. exploict et de nostre ordonnance y énoncée a dit qu'il entend maintenir la qualité d'escuyer et qu'il a desjà esté assigné aux mesmes fins par devant monsieur Colbert, maistre des requestes cy-devant intendant de cette généralité et de celle de Poitiers, par devant lequel il a représenté ses tiltres dont il luy a esté donné acte, et que depuis il a encore esté assigné pardevant monsieur Barantin, aussy m^tre des requestes et intendant de lad. généralité de Poictou par devant lequel il a représenté ses tiltres qui sont encor en son greffe, dont il offre justifier, pourquoy il prétend demander d'estre deschargé de lad. assignation du vingt du présent mois, et renvoyé par devant mond. sieur Barantin, et a faict eslection de domicile au logis de M^tre Mangot, advocat en cette ville de Chinon, et a signé :

Jaque de Labeussière [1].

(1) Cette famille fut maintenue en Poitou le 27 septembre 1667 et le 10 octobre 1668.

Armoiries : *d'azur à la bande d'argent accompagnée de 2 vols d'épervier de même en barre et de deux molettes d'or en pal*.

BUSSY (René de), sieur de Bizay et de La Bardonneau, demeurant parroisse de Sainct-Pierre-d'Épieds, comparant le xɪᵉ avril 1667, par Mᵗʳᵉ Pierre Berneust, lequel a dict qu'icelluy de Bussy entend maintenir la qualité d'escuyer et qu'il produira au premier jour les pièces dont il entend se servir et a signé:

BERNEUST.

BUSSY (de). — Originaire du Mayne.
René de Bussy, écuyer, sieur de La Bardonneau, demeurant paroisse de Saint-Pierre-de-Piés, élection de Loudun, damoiselle Geneviève et René de Bussy, ses sœurs, demeurantes en la mesme paroisse, ont justiffié la possession du titre de noblesse depuis l'année 1525 commençant en la personne de leur bisayeul.
Portent: *de sable à l'aigle esployée d'or*.

C

CABARET (Pierre), sieur du Puy, parroisse de Courcoué, eslection de Richelieu, ressort de Chastellerault, âgé de 55 ans, comparant le 6ᵉ aoust 1666, a dit qu'il entend maintenir la qualité d'escuier et qu'il est issu de deffunct René Cabaret cadet de lad. maison et qu'il n'y a de lad. branche que luy et Louis, Henry et Pierre Cabaret, ses enfants qui sont au service de Sa Majesté dans son armée navalle, et que l'aisné de lad. maison est Charles Cabaret, sieur de Luché, à présent capitaine commandant un vaisseau appelé *le Prince anglois*, dans lad. armée navalle et que Charles Cabaret, sieur de Nantilly, cousin-germain dud. Charles est aussy cadet de lad. maison qui porte pour armes: *d'azur à un chevron d'or accompagné de trois rozes aussy d'or, deux en chef et une en pointe*, et ayant esté assigné aux mesmes fins à la Cour des aydes il nous a requis délay compétant pour les retirer, et a signé :

P. CABARET, escuier.

Le 5ᵉ septembre 1666, led. sieur a produict ses tiltres, lesquels luy ont esté rendus le 29ᵉ décembre 1667.

CABARET (Charles), sieur de Luché, capitaine entretenu et commandant un des vaisseaux du roy dans son armée navalle, demeurant en sa maison de Champdalon, parroisse de Marnay, eslection de Richelieu, séneschaussée d'Angers, comparant le cinquiesme décembre 1667 par M^{tre} Michel Bernard, lequel a dit qu'icelluy sieur Cabaret entend maintenir sa quallité d'escuier par les pièces et tiltres produicts au greffe de monsieur l'Intendant par Pierre Cabaret, sieur du Puy, son cousin issu de germain, puisné de sa famille, et par ceux qu'il produira cy-après en luy donnant délay compétent de ce faire, que led. Charles Cabaret est l'aisné de sad. famille dont il ne connoist autres personnes, excepté led. Pierre Cabaret, Pierre, Louis et Henry Cabarets, fils dud. Pierre, Charles Cabaret, sieur de Nantilly, lieutenant de l'un des vaisseaux du roy et Pierre Cabaret, religieux de La Grenetière, frères, demeurans en Poictou, ses cousins-germains, et Jacques Cabaret, sieur dud. lieu de Champ-Dalon, son fils, et qu'il porte pour armes : *d'azur, au chevron brisé d'or et trois roses aussy d'or deux en chef et l'aultre en poincte* et a led. Bernard signé :

Bernard.

CABARET. — Originaire du Poitou.

Pierre Cabaret, écuyer, sieur demeurant paroisse de Courcoué, élection de Richelieu, bailliage d'Angers, Charles Cabaret, écuyer, sieur de Luché, demeurant paroisse de... élection de Richelieu, ont justifié la possession du titre de noblesse depuis l'an 1511 commençant en la personne de leur trisayeul.

D'azur au chevron d'or accompagné de 3 roses de même, 2 et 1.

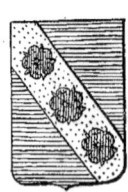

CADELAC (Charles de), sieur de La Mothe, Bonnelaye, demeurant parroisse de Sainct-Aignan, eslection de Chasteau-Gontier, comparant le xiie juin 1668 par Jean de Cadelac, sieur de La Chevrie, son fils, lequel pour satisfaire à l'assignation donnée à sond. père a dict qu'il entend maintenir la quallité d'escuier, qu'il est l'aisné de sa maison, que Pierre de Cadelac, sieur dud. lieu et Joseph de Cadelac, sieur des Désers, sont ses cousins cadets de sa maison demeurants en Bretagne et n'en connoist autres qui portent son nom et armes qui sont : *d'azur à la bande d'or chargée de trois roses de gueules* et pour la justiffication de sa qualité d'escuier a mis au greffe les tiltres dont il entend se servir et a signé :

Jean de Cadelac.

CADELAC (de). — Originaire du Bas-Mayne.

Charles de Cadelac, écuyer, sieur de La Motte, Bonnelaye, demeurant paroisse de Saint-Aignan, élection de Chateaugontier, a justiffié la possession du titre de noblesse depuis l'an 1500 commençant en la personne de leur trisayeul.

Porte : *d'azur à la bande d'or chargée de 3 roses de gueules.*

— Charles de Cadelac... eut acte de la représentation de ses titres le 2ᵉ juin 1668.

CADOR (René), sieur de Belle-Touche, demeurant parroisse de Bazougers, eslection de La Flèche, ressort de Baugé, présidial d'Angers, comparant le xiᵉ febvrier 1667, lequel pour satisfaire à l'assignation à luy donnée à la requeste de Laspeyre le premier du présent mois, a dit qu'il entend maintenir la qualité d'escuyer, qu'il porte pour armes : *de sinople à un olivier d'or* et qu'il produira au premier jour les pièces dont il entend se servir pour la justiffication de sa noblesse, et a faict eslection de domicille au logis de Mᵗʳᵉ Jean Moreau, commis au greffe criminel de Tours, rue de la Gallère et a signé :

René Cador.

Du despuis a produict ses tiltres de noblesse le quatre mars 1667.
Le xxiiiiᵉ dud. mois les pièces dud. sieur Cador luy ont esté rendues.

CADORE (Jehan de), sieur du Petit-Vau, demeurant à Chancé, bailliage de Tours, comparant le 20ᵉ juillet 1666, nous a dit qu'il entend maintenir la qualité d'escuyer, réquérant délay pour réprésenter ses tiltres qui sont ès-mains de Jehan de Cadore, sieur de Launay, son père, demeurant en Basse-Bretagne, et a signé :

Jan de Cadore.

Armoiries : *d'or à l'ours de sable, bridée de même, clouée et embellie d'argent.*

CAILLARD (Mathieu), demeurant en la parroisse de Beauvoir, païs et eslection du Mans, comparant le xxiiᵉ juillet 1667, a dict qu'il entend maintenir la qualité d'escuier que luy et ses prédécesseurs ont tous jours prise et d'aultant

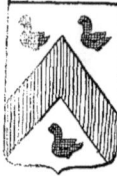

qu'il est cadet de sa famille, requiert un délay d'un mois pour produire, de laquelle comparution luy a esté donné acte, ordonné qu'il produira dans quinzaine et signé :

M. Caillard.

Cette famille fut maintenue au conseil d'État le 23 septembre 1671, obtint des lettres de confirmation de noblesse en 1675 et fut maintenue de nouveau le 4 janvier 1698.
D'argent au chevron de gueules accompagnée de 3 merlettes de sable, 2 et 1.

CAM (Roland de), sieur de Vaumorin, demeurant parroisse de Sivré (Civray), eslection et ressort d'Amboise, comparant le second jour de janvier 1668, lequel a dit qu'il renonce à la quallité d'escuier et qu'il ne l'a point prise depuis qu'il fust poursuivy par Me Nicollas Bousseau, chargé des déclarations du roy, aussy pour la recherche des usurpateurs du tiltre de noblesse en l'année 1665 devant messieurs de la Cour des aydes qui le condamnèrent par leur arrest à la somme de quatre cens livres qui a signé :

De Cam.

Cette famille avait été maintenue le 22 mai 1641 et portait : *d'azur au chevron d'or, accompagné en chef de deux moutons d'argent et en pointe d'un lionceau d'or, au chef de gueules chargé d'un croissant d'argent accosté de 2 étoiles d'or.*

CAMUS (François), sieur de Fontaine, demeurant parroisse d'Yzernay, eslection de Montreuil-Bellay, comparant le XIIIe septembre 1666, lequel sur l'assignation à luy donnée à la requeste de Laspeyre, le ve du présent mois par Girault huissier, a dict qu'il entend maintenir la qualité d'escuyer qu'il a prise et pour la justiffication de sa noblesse il produira au premier jour ses tiltres, qu'il est chef de sa maison et armes, et a pour nepveux Pierre, Isaye et Marc Camus, et outre qu'il est parent esloigné des sieurs Camus de Pontcaré, conseillers au Parlement de Paris, porte pour armes : *d'azur à trois croissans d'argent montans, deux en chef et l'aultre en poincte et une estoille d'or en cœur*, et a esleu domicille en la maison de Mtre André Guérin, procureur à Chinon, et a signé :

François Camus.

Les pièces dud. sieur Camus luy ont esté rendues le troisiesme juin 1668.

CAMUS (de). — Originaire de Normandie.

François Camus, écuyer, sieur de Fontaine, demeurant paroisse d'Izernay, élection de Montreuil-Bellay, Marc Camus, écuyer, sieur du Chesne, neveu dud. François, demeurant paroisse de Jallais, élection et bailliage d'Angers, ont justiffié la possession du titre de noblesse depuis l'année 1517 commençant en la personne de son trisayeul et led. Marc en celle de son tresayeul.

Porte : *d'azur à 3 croissants d'argent, 2 et 1 et une étoile d'or posée en abime.*

En marge d'Hozier de Sérigny a ajouté ces mots.

Les titres sur lesquels M. Voysin a maintenu cette famille sont faux. Armes usurpées, ce sont celles des Camus-Pontcarré.

CAMUS (Joseph), sieur de La Guiberdière, demeurant à Angers, comparant le unziesme mars 1667 par M^{tre} François Godefroy, procureur au présidial de Tours, lequel a dit que led. Camus a pris la qualité d'escuyer comme fils de Gilles Camus, l'aisné, conseiller et eschevin perpétuel de l'hostel et maison commune de lad. ville d'Angers, en concéquence des privilèges accordés aux maire et eschevins de lad. ville, que sy Sa Majesté veut supprimer lesd. privilèges il n'entend point prendre lad. qualité d'escuyer.

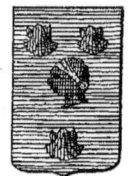

Signé : GODEFROY.

— Mre Gilles Le Camus qui fut échevin en 1625. N. Le Camus fils dud. Gilles pour...

Porte : *d'azur à 3 coquilles cousues de gueules 2 et 1, en cœur une tête de Maure de sable tortillée d'or.*

CAMUS (Pierre le), sieur de La Fuye, conseiller du roy, bailly de La Ferté-Bernard, y demeurant, comparant le dix-sept may 1667, a dit qu'il entend maintenir la qualité d'escuyer, qu'il est aisné de sa maison, et .... Le Camus, sieur des Huttières, demeurant parroisse de Beaufeu est son cousin-remué de germain, qu'il n'en cognoist autres de son nom et armes, qu'il porte : *d'argent, à un sanglier de sable, passant,* et a signé :

Le Camus.

Led. sieur Le Camus a mis au greffe les pièces dont il entend se servir ce xviie juin 1667.

CAMUS (Marc le), sieur du Chesne, demeurant parroisse de Jallais, eslection et ressort d'Angers, comparant le troisiesme mars 1668 par Me Louis Le Damoysel, lequel a dit que led. Le Camus entend maintenir la qualité d'escuyer qu'il est issu de cadets de sa maison, que François Camus, sieur de Fontaines, est son aisné et son oncle et demeure parroisse d'Izerné eslection de Montreuille-Bellay et ressort d'Angers, lequel a produicts cy-devant les antiens tiltres de lad. maison pour la justiffication de leur noblesse ce qui faict que led. Le Camus, sieur du Chesne, ne les peut représenter en son inventaire mais bien a produict les tiltres pour joindre à la production de son aisné et prouver qu'il est dessendu de lad. maison, et a signé :

Le Damoysel.

Les pièces dud. sieur Le Camus ont esté rendues aud. Le Damoysel son procureur le 22e may 1668.

CANAYS (Pierre), sieur de Grandfons et de Palluau, demeurant parroisse de Sainct-Marsolle, eslection et bailliage de Loudun, comparant le 26e décembre 1667 par Me Jean Moreau, commis au greffe criminel de cette ville de Tours, lequel a dit qu'icelluy sieur Canays entend maintenir la qualité d'escuyer, qu'il est cadet de sa maison et que le sieur Canays, conseiller du roy en sa cour de Parlement de Paris, son aisné, a les pièces justifficatives de sa noblesse pour lesquelles retirer et les produire il prétend demander délay.

Signé : Moreau.

Led. sieur Canays a mis au greffe les pièces dont il entend se servir ce XXIIe janvier 1669.

J'ay soubzigné recongnoist que les pièces dud. sieur de Canays m'ont esté remises ès mains. A Tours, le dernier may 1669.

Moreau.

CANAYE (de). — Originaire de Paris.

Pierre de Canaye, écuyer, sieur de Palluau, demeurant à Saint-Marsolle, élection de Loudun, bailliage de Tours, a rapporté un arrest du conseil du 13e octobre 1667 par lequel Louis de Canaye Saint-Brassay son cousin issu de germain est maintenu en sa noblesse. Il paroit par led. arrest que led. Louis de Canaye a justiffié sa noblesse au conseil depuis l'année 1550 commençant en la personne de Jean de Canaye, conseiller et secrétaire du Roy, bisayeul dud. Pierre de Canaye.

Porte : *d'azur au chevron d'or accompagné de 3 étoiles d'argent en chef et en pointe d'une rose d'or* [1].

CANCHES (CHARLES), sieur de Bourlegas, gendarme de la compagnie des gendarmes de la garde du roy, demeurant parroisse de Brizay, eslection de Richelieu, bailliage de Tours, comparant le 19e aoust 1668, a dit qu'il n'a pris ny n'entend prendre la qualité d'escuyer qu'en ladicte qualité de gendarme de la garde du roy et a signé :

CANCHES.

Led. sieur Canches a mis au greffe les pièces dont il entend se servir le xxe janvier 1669.

Les pièces dud. sieur ont esté rendues le premier febvrier 1669.

CANTINEAU (RENÉ), sieur de La Quantinière demeurant parroisse de Razines, eslection et ressort de Richelieu, comparant le xviiie aoust 1668, a dit qu'il entend maintenir la qualité d'escuier, qu'il est aisné de sa maison, que Jacques Cantineau, sieur de La Charpenterye, chevallier de l'ordre Sainct-Michel, l'un des cent retenus par Sa Majesté, demeurant parroisse de Lameré, est son frère cadet et n'en connoist autres qui portent son nom et armes qui sont : *d'argent à trois molettes d'esperon de sable* ; auquel sieur de La Charpenterye il a presté ses tiltres pour justiffier sa noblesse devant messieurs les commissaires deputés par Sa Majesté pour l'examen de la noblesse desd. chevalliers, pour représenter lesquels il prétend demander délay, et a signé :

RENÉ CANTINEAU.

CANTINEAU (ANTHOINE DE), sieur de La Vallinière, comparant le troisiesme septembre 1668 tant pour luy que pour Michel de Cantineau, sieur de Dangé,

---

(1) Carré de Busserolles dit les étoiles *d'or* et la rose *feuillée et tigée de même*.

son père, et pour Gilles de Cantineau, sieur de La Besnardière, son frère demeurants parroisse de Rillé, eslection et ressort de Baugé, a dit qu'ils entendent maintenir la qualité d'escuier, que sond. père est cadet de sa maison, que François de Cantineau, sieur de La Chastaigneraie, demeurant parroisse de Vernay-le-Fourrier, aussy eslection de Baugé, est l'aisné de lad. maison, que René de Cantineau, sieur de La Cantinière, demeurant parroisse de Razines, eslection de Richelieu, est aussy de lad. maison et n'en connoist autres qui portent son nom et armes qui sont: *d'argent à trois molettes d'espron de sable*, et pour la justiffication de lad. qualité produira au premier jour les tiltres dont il entend se servir et a signé :

A. DE CANTINEAU.

CANTINEAU (FRANÇOIS DE), sieur de La Chasteigneraye, comparant le 27e septembre 1668, tant pour lui que pour François de Cantineau, sieur dud. lieu, son père, demeurans parroisse de Verneil, eslection de Baugé a dit qu'ils entendent maintenir la quallité d'escuier, qu'ils sont les aisnés de leur maison, que Michel Cantineau, sieur de Dangé et Anthoine de Cantineau, sieur de La Vallinière, son fils, sont les cadetz de leur maison, demeurans parroisse de Rillé et damoiselle Marie de Cantineau, demeurante parroisse de Méon, tous eslection de Baugé, et n'en connoist autres qui portent son nom et armes qui sont : *d'argent, à trois molettes d'espron de sable, deux et une*, et pour la justiffication de leur quallité a mis au greffe les pièces dont ils entendent leur servir et a signé :

FRANÇOIS DE CANTINEAU.

Les pièces dud. sieur Cantineau ont esté rendues le 5e octobre 1668.

CANTINEAU. — Originaire d'Anjou.

François Cantineau, écuyer, sieur de La Châteigneraie et François, son frère, demeurants paroisse de Verneuil, Michel Cantineau, sieur d'Anzay, Antoine Cantineau, sieur de La Vallinière et Marie Cantineau, aussi ses enfants, demeurants paroisse de Rillé, élection de Baugé, ont justiffié la possession du titre de noblesse depuis l'année 1518 commençant en la personne du bisayeul dud. François Cantineau père.

Portent : *d'argent à 3 molettes de sable, 2 et 1*.

— François de Cantineau... François et Antoine... eurent acte de la représentation de leurs titres le 5 novembre 1668.

CAPPEL DU TILLOY (Louis), demeurant à Saumur, comparant le 16 juillet 1666, nous a déclaré qu'il entend maintenir la qualité d'escuyer et qu'il produira au premier jour les pièces dont il entend se servir, et a signé :

L. Cappel du Tilloy.

CAPPEL (Jacques), sieur de Montjaubert, demeurant à Saumur, comparant le xxvie septembre 1666, lequel a déclaré qu'il entend maintenir la qualité d'escuyer, et qu'il est cadet de sa maison et Louis Cappel, sieur du Tilloy est puisné, et Henry Cappel fils de Jean Cappel, aisné de lad. maison, et qu'il n'en cognoist poinct d'autres outre leurs enfans de leur nom et armes, qu'il porte *d'azur à trois fleurs d'iris d'or, au lambel aussi d'or*, et pour la justiffication de sa noblesse a produict conjoinctement avec led. Louis Cappel, son frère, les pièces dont ils entendent se servir, et a faict eslection de domicille au logis de M^{tre} André Bourguignon, advocat en cette ville de Chinon, et a signé :

Jacques Cappel.

Lesd. pièces ont esté rendues à Louis Cappel le cinq octobre 1666.

Signé : L. Cappel du Tilloy.

CAPEL. — Originaire de Paris.
Louis Capel, écuyer, sieur du Tillois et Jacques Capel, écuyer, sieur de Montjaubert, frères, demeurants en la ville de Saumur. Renvoyés au conseil où ils ont obtenu arrest de maintenue, ils ont justiffié la possession du titre de noblesse depuis l'année 1534 commençant en la personne de Jacques Capel avocat-général du parlement de Paris, leur bisayeul.
Portent : *d'azur à* ...
— Louis et Jacques Capel... renvoyés au conseil le 1er février 1663 et maintenus par arrest du 26 may 1667.

CARBONNIER (Charles de), sieur de Rouveau, y demeurant parroisse de Chaumont, eslection et seneschaussée de Baugé, comparant le xviiie septembre 1668, a dict qu'il entend maintenir la qualité d'escuier, qu'il est issu de cadetz de sa maison qu'outre Gaspard et Urbain de Carbonnier, escuier, sieur dud.

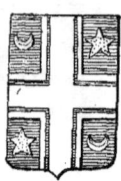

lieu, son cousin-germain, demeurant en la ville de Castillonays (Castillonnès en Agenois) il ne cognoist autres personne de son nom et armes qu'il porte *de gueules à la double croix périe d'argent, cantonnée au premier et quatre d'un croissant d'argent et au second et trois d'une estoille d'or*, pour la justiffication de laquelle quallité il a produict et mis au greffe les pièces dont il entend se servir et a signé :

CARBONNIER.

Les pièces dud. sieur de Carbonnier luy ont esté rendues le 19e septembre 1668.

CARBONNIER (DE). — Originaire d'Agenois.
Charles de Carbonnier, écuyer, sieur de Rouveau, demeurant paroisse de Beaumont, élection de Baugé, bailliage d'Angers a justiffié la possession du titre de noblesse depuis l'année 1539 commençant en la personne de son bisayeul.
Porte : *de gueules à la double croix périe d'argent, cantonnée aux 1 et 4 d'un croissant de même, aux 2 et 3 d'une étoile d'or.*
— Charles de Carbonnier eut acte de la représentation de ses titres, tant pour lui que pour son épouse, le 23 avril 1667.

CARNAYE (CHARLES DE LA), sieur de Charmont, demeurant parroisse de Draché, eslection et ressort de Chinon, bailliage de Tours, comparant le 30e aoust 1666, lequel pour satisfaire à l'assignation à luy donnée à la requeste de Laspeyre, par exploict de Bazin, pour procéder aux fins dud. exploict et de nostre ordonnance y énoncée a dict qu'il maintient la qualité d'escuyer, et qu'outre Mondor de la Carnaye, son frère, et Louis, son fils, il ne cognoist personne de son nom et armes, qu'il porte : *d'argent à une fasce d'or chargée d'un lion de gueulles et troys bandes aussy de gueules,* et pour la justiffication de lad. qualité a mis au greffe les pièces dont il entend se servir, et a faict eslection de domicille au logis de Mtre Jacques Bruzard, procureur en cette ville de Chinon, et a signé :

CHARLES DE LA CARNAYE.

Les pièces dud. sieur de La Carnaye luy ont esté rendues ce cinq septembre 1666.

CARNAYE (DE LA). — Originaire du Blésois.

Charles de La Carnaye, écuyer, sieur dud. lieu, demeurant parroisse d'Abilly, élection de Chinon, bailliage de Tours, a justiffié la possession du titre de noblesse depuis l'année 1510 commençant en la personne de son trisayeul.

Porte : *d'argent à 3 bandes d'azur au chef d'or chargé d'un lion de gueules* [1].

CARRÉ (BLANCHE), dame de Villebrun, demeurant au bourg de Méré, eslection et siège royal de Loches, bailliage de Tours, comparant le xxi° febvrier 1668 par M^{tre} Michel Bernard, laquelle a dict qu'icelle Carré entend mainte ir la qualité de noble et de damoiselle, et a led. Bernard signé :

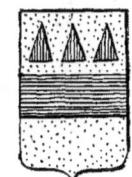

BERNARD.

Lad. damoiselle Carré a mis au greffe les pièces dont elle entend se servir le dixiesme mars 1668.

Les pièces de lad. damoiselle ont esté rendues aud. Bernard l'unze mars 1668.

CARREY (DE). — Originaire de Berry.

Demoiselle Blanche Carré, demeurante au bourg de Méré-le-Gautier élection de Loches, bailliage de Tours, a justiffié la possession du titre de noblesse depuis l'année 1482 commençant en la personne de son trisayeul. Il n'y a plus mâles de la branche des aisnez.

Porte : *d'or à la fasce d'azur à 3 demies fusées de gueules en chef.*

CARRÉ (JEAN), sieur de La Gondurie, conseiller du roy, premier lieutenant en la mareschaussée d'Anjou, comparant le x° janvier 1669 par M^{tre} Jacques Auger, procureur fiscal de la justice temporelle de l'abbaye de Sainct-Jullien, lequel a dit qu'icelluy Carré pourroit soustenir la qualité d'escuyer comme estant issu de noble race, mais quant à présent qu'il se restreint à maintenir lad. qualité d'escuier en conséquence des privillèges attribuez à sa charge de lieutenant en la mareschaussée d'Anjou et a led. Auger signé :

AUGER.

---

[1] Carré de Busserolles dit : *d'argent à 3 bandes de gueules à la face d'or brochant sur le tout chargée d'un lion léopardé de gueules.*

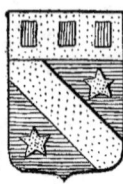

CARREY (Pierre), sieur de Bellemare, en Assé, y demeurant, comparant le XIIIe septembre 1666 par M^{tre} Michel Bernard, procureur au bureau des finances, fondé de procuration spécialle du neuf du présent mois de septembre passée par Ermond, notaire royal au Mans, lequel pour satisfaire à l'assignation donnée aud. de Carrey le six dud. mois par Jallu, huissier, à la requeste de Laspeyre, a dict que led. de Carrey soustient la qualité d'escuyer, et que ses tiltres pour la justiffication d'icelle estans en Normandie, il prétend demander délay pour les aller quérir et les représenter, et a signé :

Bernard.

Le deuxiesme octobre 1666, led. sieur de Carrey a mis au greffe les pièces dont il entend se servir pour la justiffication de sa noblesse.

CARRÉ DE BELLEMARE (de). — Originaire de Rouen.
Pierre de Carré, écuyer, sieur de Bellemare, demeurant paroisse d'Assé-le-Riboul, élection et bailliage du Mans, a rapporté les lettres d'anoblissement obtenues par Nicolas de Carré son ayeul, capitaine de la ville de Rouen, au quartier de Beauvoisin, au mois de juin 1598 pour les services rendus au Roi durant son séjour en lad. ville de Rouen, ensemble les arrest d'enregistrement d'icelles.
Porte : *d'azur à la bande d'or cantonnée de 2 estoilles de même, au chef d'or chargé de 3 billettes de gueules* [1].

CARRIÈRES (Louis de), escuier, sieur dud. lieu et de La Plesse, demeurant ordinairement à Paris, comparant le XXe septembre 1668, a dict avoir esté assigné à la requeste de Laspeyre paroisse d'Avrillé, eslection et ressort d'Angers, lequel a dit qu'il entend maintenir la quallité d'escuier, qu'il est le seul qu'il connoisse qu'il porte son nom et armes qui sont : *d'azur au chevron d'or, accompagné en chef de deux testes de héron accollées d'argent et en poincte d'une estoille aussy d'argent*, et pour la justification de lad. quallité d'escuier il ne peut présentement représenter les tiltres, d'aultant que sur l'assignation qui luy a esté donnée depuis peu par devant messieurs les commissaires généraux sur le mesme faict, il les a produicts et offre les représenter

---

(1) Cette famille fut maintenue le 7 avril 1666 par de Marle en la généralité d'Alençon.
Carré de Busserolles dit : *d'azur à la bande d'or chargée de 3 carreaux bordés de sable et accompagnée de 2 étoiles d'or*.

ou un renvoy de messieurs les commissaires en luy donnant du temps pour le retirer et a signé :

DE CARRIÈRE [1].

CARRION (GABRIEL), sieur de La Roulerie, demeurant à Angers, comparant le xviiie avril 1667 tant pour luy que pour Pierre Carrion, sieur de Lespronnière, son père, demeurant parroisse de Vezains, eslection de Montreuil-Bellay, ressort d'Angers, lequel a dict que sond. père et luy entendent maintenir la qualité d'escuyer et qu'outre Charles, Pierre-Joseph et François Carrion, il ne congnoist de son nom et armes que .... Carrion, son cousin-germain, et qu'il porte : *d'or, à trois bandes d'azur, au chef d'hermines*, et a mis au greffe les pièces dont il entend se servir.

Signé : GABRIEL CARRION.

Les pièces dud. sieur Carrion luy ont esté rendues ce xxiiie avril 1667.

CARION (DE). — Originaire d'Anjou.
Pierre de Carion, écuyer, sieur de l'Esperonnière, Gabriel Carion, écuyer, sieur de La Rouillerie, son fils, demeurants à Angers, ledit Carion père a justifié la possession du titre de noblesse depuis l'année 1538 commençant en la personne de son ayeul.
Porte : *d'argent (d'or), à 3 bandes d'azur au chef d'hermines*.

CARTIER (PIERRE), demeurant parroisse de Chahaignes, eslection de La Flèche, bailliage de Tours, comparant le xxviiie avril 1667 a dict qu'il n'a jamais pris ny prétendu prendre la qualité d'escuyer et y renonce, et a signé :

P. CARTIER.

CARTIER DE LA GALONNIÈRE (PIERRE), demeurant parroisse de Chahaignes, eslection de La Flesche, ressort de Tours, comparant le six juin

---

(1) Louis de Carrières, époux de Marie Chalopin, eut un fils né au château de La Plesse en Avrillé le 1er septembre 1662. Celui-ci, entré chez les Oratoriens en 1689, fut le célèbre traducteur de la Bible et mourut à Paris le 11 juin 1717.
Armes: *d'azur au chevron d'or accompagné en chef de 2 têtes de héron arrachées et affrontées d'argent et en pointe d'une étoile de même.*

1667, lequel a dict que mal à propos il a esté réassigné d'aultant qu'il a faict sa comparution sur la première assignation à luy donnée et déclaré comme il faict encor à présent qu'il n'a jamais pris la qualité d'escuyer à laquelle il renonce et a esleu domicille chez M^tre Christophe Beduet, conseiller et advocat du roy en ce siège du Chasteau du Loir, et a signé :

P. Cartier.

CATALDE *aliàs* CALTADE (René de), escuier, sieur de La Jauneraye, demeurant parroisse de Sainct-Espain, eslection et ressort de Chinon, bailliage de Touraine, comparant le 29e aoust 1666, lequel pour satisfaire à l'assignation à luy donnée à la requeste de Laspeyre par exploict de Ladebat, huissier, du 23 du présent mois, a dit qu'il entend maintenir la qualité d'escuyer, qu'il est aisné de sa famille et qu'outre ses enfans et Anthoinette, sa sœur, il ne connoist personne de son nom et armes, qu'il porte : *d'argent au chevron de gueulles, accompagné de trois testes de loup et de deux lions léopardéz aussy de gueulles en pointe*, et pour la justiffication de lad. qualité a mis au greffe les pièces dont il entend se servir, et a faict eslection de domicille en cette ville de Chinon au logis de M^tre André Bourguignon, advocat, et a signé :

René de Catalde.

Les pièces dud. sieur de Catalde ont esté rendues au sieur de Geoffroy, sieur de La Tour, ayant charge dud. sieur de les retirer, ce cinq may 1667.

Signé : Charles Joufroy.

CATALDE (de). — Originaire de Naples.
René de Catalde, écuyer, sieur de La Loutière, demeurant paroisse de Saint-Epain, élection de Chinon, bailliage de Tours, a justiffié la possession du titre de noblesse depuis l'année 1538 commençant en la personne de Anthoine de Catalde, son bisayeul, qui s'établit en France ayant obtenu des lettres de naturalité.
Porte : *d'argent au chevron de gueules accompagné de 3 têtes de loup de même 2 et 1, deux lions léopardez en pointe aussi de gueules*.

CAUMONT (Raoul de), demeurant parroisse de Martigné-Briant, eslection et ressort de Saumur, bailliage d'Angers, comparant le xxi⁰ septembre 1666, lequel pour satisfaire à l'assignation à luy donnée à la requeste de Laspeyre, a dit qu'il entend maintenir la qualité d'escuyer et qu'il est aisné de sa maison, et qu'outre Pierre de Caumont son cadet il ne cognoist personne de ses nom et armes, qu'il porte : *d'azur à trois anneaux d'or* et qu'il produira au premier jour les pièces dont il entend se servir pour la justiffication de sa noblesse et a faict eslection de domicile en cette ville de Chinon au logis de M^tre André Guérin procureur et a signé :

Raoul de Caumont.

CAUX (René de), escuier, sieur de Chacé, demeurant à Bourgueil, ressort de Chinon, comparant le 26⁰ juillet 1666, par M^tre Pierre Berneust, procureur au présidial de Tours, a déclaré qu'il entend maintenir la qualité d'escuier, réquérant délay d'un mois pour présenter ses tiltres.

Signé : Berneust.

Les pièces dud. sieur luy ont esté rendues le 2⁰ septembre 1666.

Signé : René de Caulx.

CAUX (François-Anthoine de), escuier, sieur de Sainct-Estienne, comparant le 26⁰ juillet 1666 par M^tre Berneust, nous a dict qu'il entend maintenir sa qualité d'escuier comme issu de parens nobles et a requis délay d'un mois pour produire ses tiltres.

Signé : Berneust.

Les pièces dud. sieur luy ont esté rendues le 2⁰ septembre 1666.

Signé : F.-A. de Caulx.

CAUX (de). — Originaire de Touraine.
René de Caulx, écuyer, sieur de Chassay et François-Antoine de Caux, sieur de Saint-

Etienne, demeurans à Bourgueil, élection de Saumur, bailliage de Tours ont justiffié la possession du titre de noblesse depuis l'année 1457 commençant en la personne de leur quartayeul.

Porte : *d'azur à 3 lions d'or, 2 et 1.*

— François-Antoine de Caux, escuyer, sieur de Saint-Etienne, René de Caux, escuyer, sieur de Chassé, demeurans paroisse de Saint-Etienne-de-Bourgueil, élection de Saumur, eurent acte de la représentation de leurs titres le 2 septembre 1666.

Gabrielle et Antoine de Caux, sieur de Chassé, demeurant à Saint-Germain-de-Bourgueil élection de Saumur, au nombre des maintenus de M. Voisin de La Noyrais.

CAZET (JACQUES), sieur de Grand-Pont, conseiller du roy et président au grenier à sel de Laval, y demeurant, comparant le 12ᵉ aoust 1666 par François Cazet, son fils, fondé de procuration passée par Pierre Poulain, notaire royal aud. Laval, le 8ᵉ du présent mois, lequel pour satisfaire à l'assignation à luy donnée à la requeste de Laspeyre a dit que led. sieur Cazet, son père, a eu et a droict de prendre la qualité d'escuyer comme estant issu de Jean Cazet lequel a esté l'espace de vingt ans et plus conseiller au Parlement de Bretagne et est décédé dans l'exercice d'icelle et l'ayant résignée à François Cazet, son fils, il l'a aussy exercée plus de vingt ans et pour la justiffication de ce que dessus produira au premier jour les pièces dont il entend se servir, et a faict eslection de domicille en la personne de Mᵉ Bernard, et a signé :

FRANÇOIS CAZET.

Condamné.

CAZET (JEAN), demeurant à Laval, bailliage du Mans, comparant le huict septembre 1666, par Maistre Michel Bernard procureur au bureau des finances à Tours, lequel a dict en vertu du pouvoir à luy donné que led. Cazet entend maintenir la quallité d'escuyer pour la justiffication de laquelle il produira au premier jour les pièces dont il entend se servir et a faict eslection de domicille en sa maison, et a signé :

BERNARD.

Les pièces dud. sieur Cazet ont esté rendues aud. Bernard son procureur le XIXᵉ may 1667.

CAZET (Jacques), sieur de Grandpont, conseiller du roy, président au grenier à sel de Laval, comparant le xiie avril 1667 par Mtre Michel Bernard, procureur au bureau des finances de Tours, lequel a dict qu'icelluy sieur Cazet entend maintenir la quallité d'escuyer et a signé :

Bernard.

Led. sieur Cazet a mis au greffe par led. Bernard les pièces dont il entend se servir ce xxviiie avril 1667.

Les pièces dud. sieur Cazet ont esté rendues aud. Bernard le six aoust 1667.

Condamné.

CAZET (René) sieur de La Grange, premier lieutenant du provost provincial du Maine en la résidence de Mayenne, comparant le xxviiie juillet 1667, a dit qu'il a cy-devant pris la qualité d'escuyer à cause de sad. charge, et que depuis l'arrest du conseil du 12e mars 1665 par lequel les lieutenans de prévosts généraux et provinciaux ensemble tous les prévosts généraux et provinciaux et leurs lieutenans sont deschargés des demandes qui leur estoient faictes par Thomas Bousseau cy-devant préposé à la recherche des usurpateurs du tiltre de noblesse et des taxes sur eux faictes pour avoir pris la quallité d'escuyer et ce pour le passé ; depuis lequel temps il n'a poinct pris lad. qualité d'escuyer et a signé :

Caset.

CAZET (de). — Originaire de Laval.

Jean Cazet, escuier, sieur de Ranzon, demeurant à Laval, Louis Cazet, sieur d'Aligny, trésorier de France à Tours, ont justifié leur noblesse comme fils et petit-fils de François et Jean Cazet conseillers au Parlement de Bretagne morts revestu de leurs charges.

Portent : *d'azur à 3 aigles esployées d'argent (d'or), 2 et 1* [1].

CERIZIERS (Pierre de), sieur de La Roche-Vernaise, demeurant parroisse de Sainct-Hillaire-des-Trois-Moutiers, ressort de Loudun, bailliage de Tours, comparant le 22 juillet 1666, a déclaré qu'il entend maintenir la qualité d'escuier et qu'ayant esté assigné aux mesmes fins à la Cour des aydes, il a

---

(1) René Cazet, maire de Tours en 1658 et trésorier de France au bureau des finances de cette ville portait : *d'azur au chevron d'argent, accompagnée en chef de deux aigles au vol abaissé, d'or, et en pointe d'une pomme de pin aussi d'or la tige en haut.*

envoyé ses tiltres et pour ce nous a requis délay de six sepmaines, et a signé :

De Ceriziers La Roche Vernaise.

Condamné.

Cette famille avait été anoblie par lettre du mois de novembre 1638.
Armoiries : *d'or à un cerisier de sinople, fruité de gueules.*

CERVON (de) ou SERVON [1]. — Originaire du Maine.

Christophe de Servon, escuier, sieur dud. lieu et René de Servon, escuier, sieur du Rocher, frères, demeurans paroisse de La... élection et ressort du Mans ont justifié la possession du titre de noblesse depuis l'année 1497 commençant en la personne de son quintayeul.

Porte : *d'azur au cerf rampant d'or.*

CHABOT (Jacques), chevalier de l'ordre du roy, de Sainct-Michel, demeurant parroisse de Tourageau (Turageau), eslection et ressort de Richelieu, présidial d'Angers, comparant le xvie avril 1667, lequel a dict qu'il entend maintenir la qualité d'escuyer et que pour preuve d'icelle il a produict ses tiltres par devant les sieurs de Noailles, Beringam et Colbert, commissaires députés par Sa Majesté pour la vérifification des tiltres des cent chevalliers de l'ordre dud. Sainct-Michel retenus par Sa Majesté, et qu'il ne cognoist de son nom et armes outre sa famille que Louis Chabot, son frère, et qu'il y en a plusieurs autres du mesme nom et armes et fort esloignés en plusieurs provinces du royaume, et qu'il porte pour armes : *d'or à trois chabots de gueules*, et a signé :

Jacques Chabot.

CHABOT (Louis), sieur d'Ambers, demeurant en lad. maison d'Ambers parroisse dud. lieu, eslection de Richelieu, seneschaussée d'Angers, comparant le xiiiie aoust 1668, a dit qu'il entend maintenir la quallité d'escuyer, qu'il est cadet de sa maison, que Jacques Chabot, chevallier de l'ordre du roy, de Sainct-Michel, demeurant parroisse de Tourageau, mesmes eslection et seneschaussée, est son frère aisné, et qu'il ne cognoist autres de sa branche que les enfans de sond. frère et les siens et que les sieurs de Jarnac Chabot, sont de la mesme maison, et qu'il porte pour armes : *d'or à trois chabots de gueules*, et que présentement il ne peut produire les tiltres justifficatifs de sa noblesse

(1) Vol. 439 du Cabinet des titres.

attendu qu'ils sont produicts par sond. frère devant messieurs les commissaires nommés par Sa Majesté pour l'examen des tiltres des chevalliers dud. ordre de Sainct-Michel, pour produire lesquels il prétend demander délay, et a signé :

Louis Chabot.

CHABOT (Charles), sieur de La Bourlière, demeurant parroisse de Cuon, eslection de Richelieu et seneschaussée d'Angers, comparant le xiiiie àoust 1668 par Jacques Chabot, chevallier de l'ordre du Roy, de Sainct-Michel, son père, demeurant parroisse de Turageau, mesmes eslection et seneschaussée, lequel a dict que sond. fils entend maintenir la qualité d'escuier et qu'il ne cognoist personne de sa branche que Louis Chabot, sieur d'Ambers, son oncle et que les sieurs de Jarnac-Chabot, sont d'une autre branche de ladicte maison et qu'il porte pour armes : *d'or, à trois chabots de gueules*, et qu'il ne peut présentement produire les pièces justifficatifs de la noblesse de sond. fils, attendu qu'il n'en a produicts par devant messieurs les commissaires députés par Sa Majesté pour l'examen des tiltres des Chevalliers de son ordre de Sainct-Michel et prétend demander délay, et a signé :

Jacque Chabot.

Les pièces des sieurs Jacques, Charles et Louis Chabot ont esté mis au greffe le 12e avril 1669.

Les pièces desd. sieurs leurs ont esté rendues le 14e avril 1669.

Signé : Charles Chabot.

CHABOT (de). — Originaire du Poitou.

Jacques Chabot, chevalier de l'ordre de Saint-Michel, demeurant paroisse de Turageau et Charles Chabot, sieur de La Bourelière, son fils et Louis Chabot, sieur d'Ambers, frère dud. Jacques, demeurant élection de Richelieu, bailliage d'Angers, ont justiffié la possession du titre de noblesse depuis l'année 1452 commençant sçavoir lesd. Jacques et Louis en la personne de leur trisayeul et led. Charles en celle de son quartayeul.

Portent : *d'or à 3 chabots de gueules, 2 et 1*.

CHALOPIN (Nicolas), sieur de Bonrepos, comparant le 6e juillet 1666, nous a dit qu'il n'est point escuyer et n'en a jamais pris la qualité, et a signé :

N. Chalopin.

Condamné ¹.

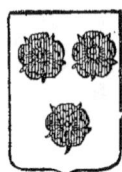

CHALOPIN (René), sieur de Vauberger, demeurant parroisse de Brissarthe, eslection et ressort d'Angers, comparant le cinquiesme septembre 1666, lequel pour satisfaire à l'assignation à luy donnée à la requeste de Laspeyre le trante un aoust dernier par exploict de Carré huissier pour veoir dire que l'arrest contre luy rendu à la cour des aides le xxie avril 1665 sera exécuté selon sa forme et teneur et ce faisant contrainct au paiement des sommes y énoncées, a dit que led arrest ayant esté précipitamment obtenu par deffault, il auroit obtenu requeste civille contre icelluy, laquelle attendu la surcéance accordée par Sa Majesté pour la poursuitte et recherche des usurpateurs du tiltre de noblesse, n'a esté plaidée, et qu'il entend maintenir la qualité d'escuyer, et qu'il est aisné issu d'un cadet de sa maison et outre Jacques Chalopin, son frère, et Louise et Magdeleine, ses sœurs, ... Chalopin, sieur de Mauny et sa famille sont de la mesme branche de cadet et que Raoul Chalopin, sieur de La Plesse, demeurant parroisse de la Chapelle-Sainct-Laud, ou proche d'icelle est encor issu d'une autre branche de cadet et que Guillaume Chalopin, sieur de Chevigné, demeurant à Sainct-Georges-sur-Loire est l'aisné de lad. maison qui porte *d'argent à trois rozes de gueules* et qu'il produira au premier jour les pièces dont il entend se servir pour la justiffication de sa noblesse, et a faict eslection de domicille en la ville de Chinon au logis de Mtre André Guérin, procureur, et a signé :

René Chalopin.

Les pièces desd. sieurs Chalopin leur ont esté rendues le neuf octobre 1672.

CHALOPIN (Noble et discret Me Louis de), prieur de Saincte-Catherine, demeurant parroisse de Sainct-Georges-sur-Loire, comparant le xxvie avril

---

(1) François Chalopin de Bonrepos, mort chanoine de Saint-Martin, à Tours, le 12 juin 1747 portait : *d'azur au cœur d'or mis en abime, accompagné de 3 pommes de pin, de même, placées 2 et 1.*

1667 par M^tre Pierre Berneust, procureur au présidial de Tours, lequel a dit qu'icelluy sieur de Chalopin est gentilhomme de nom et d'armes, et a signé :

BERNEUST.

Led. Berneust a mis au greffe les pièces dont led. Chalopin entend s'aider ce premier may 1667.

Lesd. pièces ont esté rendues aud. sieur Chalopin le IXe octobre 1672.

Signé : LOUIS CHALOPIN.

CHALOPIN (FABIEUX), sieur de La Noüe et Marc Chalopin, sieur de La Sauvitière, demeurans en la ville de Tours, comparans le XIXe décembre 1667 par maistre Louis Le Damoysel, leur procureur, lequel a dict que lesd. sieurs Chalopin n'ont jamais pris la quallité d'escuier et y renoncent ne l'entendant jamais prendre, et a signé :

LE DAMOYSEL.

CHALUS (FRANÇOIS DE), sieur de La Beraudaie, demeurant parroisse de Juvigné, eslection et duché de Mayenne, comparant le 19e juin 1668, tant pour luy que pour Pierre de Chalus, sieur de Rosé, demeurant mesme parroisse, a dit qu'ils entendent maintenir la qualité d'escuiers et qu'il ne connoist autres de son nom et armes que Gilles de Chalus aussy son frère, encore jeune, et qu'il porte pour armes : *d'azur à trois croissans d'argent*, et pour la justification de sa noblesse a mis au greffe les pièces dont il entend se servir et a signé :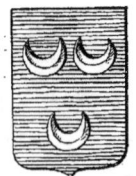

F. DE CHALUS.

Les pièces dud. sieur de Chalus luy ont esté rendues ce XXe juin 1668.

CHALUS (JEAN DE), sieur de La Bénehardière demeurant en sa maison seigneurialle de Fresnay, parroisse de Bourgneuf-la-Forest, eslection de Laval, duché et pairye de Mayenne, comparant le XIXe juin, 1668, a dit qu'il entend maintenir la qualité d'escuier, qu'il est aisné de sa maison, et qu'outre Pierre de Chalus, curé de la parroisse de La Baconnière et prieur de Juvigné, et Guillaume de Chalus, sieur dud. lieu, ses frères puisnés, demeurans scavoir led. Pierre en lad. eslection de Laval et led. Guillaume en la province de Xaintonges, Pierre et Gabriel de Chalus, ses cousins issus de germains, demeurans scavoir led. Gabriel en la ville de Paris et led. Pierre en lad. eslection de Laval, René de Chalus, sieur de La Poupardière, son cousin au quatre ou cinquiesme degré, et François et Pierre de Chalus, frères, sieurs de La Braudais et de Rosé, ses cousins au neuf ou dixiesme degré tous demeurans en lad. eslection de Laval, il ne connoist personne de son nom et armes, qu'il porte : *d'azur à 3 croissans d'argent*, pour la justiffication de laquelle qualité d'escuier il a mis au greffe les pièces dont il entend se servir et a signé :

JEAN DE CHALUS.

Lesd. pièces ont esté rendues ce xxe juin 1668.

CHALUS (DE). — Originaire du Bas-Mayne.

Jean de Chalus, écuyer, sieur de La Benardière, demeurant paroisse de Bourgneuf, élection de Laval, Guillaume de Chalus, écuyer, sieur dud. lieu, demeurant en Saintonge et Pierre de Chalus, prieur de Juvigné, frères, Pierre de Chalus, écuyer, sieur de La Bérauday et Pierre de Chalus, écuyer, sieur du Rozay son frère, demeurants paroisse de Juvigné, élection de Mayenne, ont justiffié la possession du titre de noblesse depuis l'année 1483 commençant en la personne de n. h. Guillaume de Chalus, sieur de La Benehardière, 6e ayeul des sieurs de La Benehardière et quintayeul desd. sieurs de La Bérauday.

Portent : *d'azur à 3 croissants d'argent, 2 et 1*.

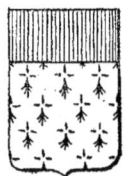

CHAMPAIGNÉ (BRANDELIS DE), sieur de Mocé et de La Poitevinière, demeurant parroisse de Courléon, seneschaussée de Saumur, bailliage d'Angers, comparant le 16e juillet 1666, nous a dit qu'il entend maintenir la qualité d'escuyer et qu'il produira au premier jour les pièces dont il entend s'aider, et a signé :

BRANDELIS DE CHAMPAIGNÉ.

CHAMPAIGNÉ (RENÉ DE), sieur de Moiré, demeurant parroisse de Seurdres, eslection d'Angers, comparant le treiziesme aoust 1667, tant pour luy que pour

Anthoine de Champaigné, escuier, sieur de La Mothe, demeurant parroisse de Sainct-Laurens-des-Mortiers, eslection d'Angers, a dit qu'il entend maintenir la qualité d'escuier, qu'il est aisné de sa maison et qu'il ne cognoist autres de sad. maison que le sieur de La Motte-Ferchaux et le sieur de La Pommerais et plusieurs autres qui sont de la province de Bretagne, porte pour armes : *d'argent semé d'hermines, au chef de gueules,* et pour la justiffication de lad. qualité d'escuier a mis au greffe les pièces dont il entend se servir et a signé :

RENÉ DE CHAMPAIGNÉ.

Lesd. tiltres ont esté rendus aud. sieur de Champaigné le 20e aoust 1667.

CHAMPAIGNÉ (Messire RENÉ DE), seigneur de La Mothe-Ferchault, demeurant paroisse du Lion d'Angers, comparant le xiiiie mars 1668, lequel pour satisfaire à l'assignation à luy donnée le 20e febvrier dernier à la requeste de Laspeire a dit qu'il entend maintenir la quallité de chevallier et d'escuier, qu'il est aisné de sa maison et armes, qu'il connoist le sieur de Champaigné, seigneur de La Pommeraye, demeurant en Anjou et non autres de sa famille et qu'il porte pour armes : *d'argent semé d'ermines et au chef de gueulles* et pour la justiffication de sad. quallité a mis au greffe les pièces dont il entend se servir et a signé :

RENÉ DE CHAMPAIGNÉ.

Les pièces dud. sieur de Champaigné luy ont esté rendues le seize mars 668.

CHAMPAIGNÉ (DE). — Originaire d'Anjou.

Mre René de Champaigné, chevalier, seigneur de La Motte-Ferchaut, demeurant paroisse du Lion d'Angers ; René de Champaigné, écuyer, seigneur de Moiré, demeurant paroisse de Seurdres ; Antoine de Champaigné, écuyer, seigneur de La Motte, demeurant paroisse de Saint-Laurent-des-Mortiers ; Isaac de Champaigné, écuyer, seigneur de La Pommeraye, demeurant paroisse de Verneil-le-Fourier, élection de Saumur. Lesdits Antoine et Isaac frères puisnés dud. sieur de Moiré ; Brandely de Champaigne, écuyer, sieur de Mossé, demeurant paroisse de Courléon, élection et ressort de Saumur et Abdon de Champagné, son frère, demeurant paroisse de Jumelles, élection et bailliage d'Angers, les dits sieurs de Champagné ont justiffié la possession du titre de noblesse depuis l'année 1495 commençant en la personne de N. P. Jean de Champaigné, sieur de La Motte-Ferchault, quintayeul des sieurs de Moiré et quartayeul des sieurs de Mossé.

Porte : *d'hermines au chef de gueules.*

— René sieur de La Motte-Ferchault eut acte de la représentation de ses titres le 16 mars 1668. Les sieurs de Moiré le 20 août 1667, et les sieurs de Mossé le 8 mars 1668.

Damoiselle Louise Godron, veufve de Benjamin de CHAMPCHEVRIER, vivant sieur de L'Aunay, demeurant parroisse de Morannes [1], comparant le douze avril 1667 par M^{tre} André Javelle, procureur, lequel a dict qu'icelle damoiselle Godron entend maintenir pour elle et ses enfans et dud. deffunct la qualité d'escuyer prise par sond. deffunct mary, lequel n'estant que cadet de sa maison, elle n'a aucuns tiltres que son contract de mariage, pour recouvrer lesquels et les répresenter elle prétend demander délay.

Signé : Javelle.

CHAMPIN (Jacques), sieur de Gisné et de Champhault, pays de Normandie et baron de Verrières, demeurant parroisse de Bournan, eslection et ressort de Loudun, comparant le xxe septembre 1667, lequel a dict qu'il entend maintenir la quallité d'escuier, qu'il est aisné de sa maison, qu'il a deux frères, scavoir : Félix de Champin, prebtre et Anthoine Champin, demeurant en sa maison en Normandie, et n'en connoist autres qui portent son nom et armes, lesquelles sont : *d'argent, à trois hures de sanglier arrachées de sable*, et pour la justiffication de sa noblesse a mis au greffe les pièces dont il entend se servir lesquelles luy ont esté à l'instant rendues, et a signé :

J. de Champin Gisné.

CHAMPAIN (de). — Originaire de Normandie.

Jacques de Champain, écuyer, sieur de Gisné, baron de Verrière, demeurant paroisse de Bournan, élection de Loudun, a justiffié la possession du titre de noblesse depuis l'année 1545 commençant en la personne de son bisayeul.

---

(1) Cette branche de Champchévrier portait : *d'argent à l'aigle éployée de gueules, membrée, becquée et couronnée de sable.*

Porte : *d'argent à 3 hures de sanglier arrachées de sable, 2 et 1* [1].
Cette famille fut maintenue le 18 janvier 1667 par de Marle en l'élection de Lisieux.

CHANNÉ (FRANÇOIS DE), sieur de Launay, demeurant en sa maison seigneurriale de Sourdigné, parroisse de Gonnord, eslection et seneschaussée d'Angers, comparant le xxi⁰ febvrier 1668, a dit qu'il entend maintenir la qualité d'escuyer, qu'il est unique de sa famille dont il ne connoist personne et qu'il porte pour armes : *d'or et d'azur, au lion rampant de mesme sur le tout, armé, lampassé et couronné de gueulles*, pour la justiffication de laquelle il a produict et mis au greffe les pièces et tiltres dont il entend s'ayder et a signé :

FRANÇOIS DE CHANNÉ.

Les pièces dud. sieur de Channé luy ont esté rendues ce XXIII⁰ febvrier 1668.

CHASNÉ (DE). — Originaire de Bretagne.

François de Channay, écuyer, sieur de Launay, demeurant paroisse de Gonnor, élection et bailliage d'Angers, a justiffié la possession du titre de noblesse depuis l'année 1464 commençant en la personne de son quartayeul.

Porte : *coupé d'or et d'azur au lion de l'un en l'autre armé, lampassé et couronné de gueules* [2].

— François de Chané... eut acte de la représentation de ses titres le 22⁰ février 1668.

CHANTELOU (LOUIS DE), demeurant ordinairement parroisse de Gastines, en Anjou, eslection de Chasteaugontier, ressort et bailliage d'Angers, comparant le 18⁰ aoust 1666, lequel pour satisfaire à l'assignation à luy donnée sur deffault soubs le nom de LOUIS LE CHEVALLIER que portoit son deffunct père et que ledit Chantelou a changé en conséquence du contract de mariage d'entre Pierre Chevallier son deffunct père et Margueritte de Mondamer sa deffuncte mère, à la requeste de Laspeyre, le quatriesme du présent mois, par exploict de Ladebat, pour procéder aux fins desd. exploict, deffault et de nostre ordonnance y énoncée, a dit qu'il entend maintenir la qualité d'escuyer, et qu'ayant esté cy-devant assigné à la Cour

---

(1) Carré de Busseroles dit à tort les hures *contournées*.
(2) Denais écrit Chahannay et dit avec C. de Busserolles : *parti d'or et d'azur...*

des aydes aux mesmes fins, il y a produict ses tiltres, pour retirer lesquels et les représenter, il prétend demander délay à monsieur l'Intendant et a faict eslection de domicile en la personne de Me Michel Bernard, procureur au bureau des finances à Tours, estant à la suite de monsieur l'Intendant et a signé :

L. DE CHANTELOU.

CHANTELOU (JEAN), sieur de La Haulte-Porée, demeurant en la ville d'Angers, comparant le quatre avril 1667 par M^{tre} François Godefroy, lequel a dict qu'icelluy Chantelou entend se servir de la qualité d'escuier en qualité de cy-devant eschevin de lad. ville d'Angers, autant qu'il plaira à Sa Majesté, et qu'il desnie avoir pris lad. qualité avant qu'il eust esté esleu eschevin et a led. Godefroy mis au greffe les pièces dont led. sieur de Chantelou entend se servir et a signé :

GODEFROY.

— Jean Chantelou, sieur de Portebize [1], qui fut échevin en 1660, pour...
D'azur à 3 quintefeuilles d'or, au chef cousu de gueules.

CHANTEPIE (RENÉ DE), sieur du But, demeurant à Laval, comparant le xxiiiie mars 1667 par M^{tre} Jean Moreau, commis au greffe criminel de cette ville de Tours, lequel a dit qu'icelluy de Chantepie ne prétend et n'a jamais prétendu estre noble, qu'il a toujours payé sel et taille en lad. ville de Laval, a esté imposé sur les rolles, fait les charges de collecteur et assayeur et autres charges des roturiers de lad. ville, qu'il n'a jamais pris qualité d'escuyer en quelque acte que se soit dont il ait eu congnoissance et désavoue touttes personnes qui luy auroient donné la prétendue qualité d'escuyer et a led. Moreau signé :

MOREAU.

(1) Denais donne aux sieurs de Portebise : *d'azur à la fasce d'or chargée de 8 croisettes de gueules et accompagnée en chef d'un croissant d'argent et en pointe d'une tête de loup arrachée de même.*

CHANTREAU (Daniel), demeurant à Vayalle, eslection de Richelieu, bailliage de Tours, comparant le xxii⁰ mars 1667, a dict qu'il entend maintenir la qualité d'escuier comme dessendu de parens nobles et escuiers, qu'il est l'aisné de sa famille et n'en reconnoist d'autres que Pierre Chantreau, son cousin-germain, demeurant en Poictou, porte pour armes : *d'azur à trois estoiles d'or en chef et trois tourterelles de gueulles, deux et une*, et pour la justiffication de sa noblesse proteste de demander un délay, et a signé :

Daniel Chantreau.

Led. sieur Chantereau a mis au greffe les pièces dont il entend se servir ce xxiiii⁰ mars 1667.

Les pièces dud. sieur de Chantreau m'ont esté rendues en conséquence du pouvoir qu'il m'a donné de les retirer ce douziesme aoust 1670.

Le Damoysel.

CHANU (Antoine), cy-devant l'un des vingt-cinq gentilshommes de la garde eccossoise de Sa Majesté, demeurant parroisse de Vilbourg, eslection et bailliage de Tours, comparant le xx⁰ avril 1667, lequel a dit que s'il a pri⁰ la qualité d'escuyer ce n'a esté que pendant qu'il a exercé lad. charge qui luy donnoit droict de prendre lad. qualité, laquelle il n'a prise ny avant qu'il en ait esté pourveu ny depuis qu'il s'en est deffaict, depuis lequel temps il a esté au contraire imposé aux rolles des tailles et du sel de lad. parroisse et a signé :

Chanu.

Led. sieur Chanu a mis au greffe les pièces dont il entend se serv r le premier may 1667.

CHAPELLE-RAINSOUIN (Urbain de La), demeurant à Angers, comparant le premier juin 1667, lequel pour satisfaire à l'assignation à lui donnée à la requeste de Laspeyre, a dict qu'il entend maintenir la qualité d'escuier, qu'il est seul et unicque de sa famille, à la réserve de Renée de La Chapelle, héritière

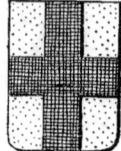

de l'aisné de la maison de La Chapelle, veufve de feu messire Claude de Beaumanoir, vicomte de Lavardin, et porte pour armes : *d'or à la croix de sable*, et a signé :

U. DE LA CHAPELLE-RINSSOUIN.

CHAPELLE (DE LA). — Originaire du Bas-Mayne.
Urbain de La Chapelle, écuyer, sieur de Vaugeois, demeurant en la ville d'Angers, a justiffié la possession du titre de noblesse depuis l'année 1462 commençant en la personne de son trisayeul.
Porte : *d'or à la croix de sable*.
— Urbain de La Chapelle... eut acte de la représentation de ses titres le 4 juin 1667.

CHAPELLE (DAMOISELLE LOUISE DE LA) [1], fille seconde puisnée de deffunct Samuel de La Chapelle vivant seigneur de La Rochegiffart, demeurant parroisse de Seurdres, eslection et seneschaussée d'Angers, comparant par m^{tre} René Trochon, advocat au présidial de Chasteaugontier, lequel a dict qu'icelle damoiselle de La Chapelle entend maintenir la qualité de damoiselle et noble et que les tiltres pour la justiffication de sa noblesse sont entre les mains du sieur de La Rochegiffart son frère aisné, demeurant en Bretagne, elle prétend demander son renvoy ou délay compétant pour retirer lesd. pièces pour les représenter, et a faict eslection de domicille pour lad. damoiselle de La Chapelle en la maison de m^{tre} Jullien Pottier, audiancier de cette ville du Chasteau-du-Loir, et a signé :

R. TROCHON.

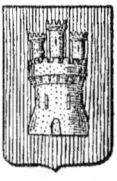

CHAPELLES (JACQUES DES), sieur dudict lieu, y demeurant parroisse des Chapelles, eslection du Mans, province du Maine, comparant le XVIIIe décembre 1667 par m^{tre} Michel Bernard, lequel a dict qu'icelluy sieur des Chapelles entend maintenir sa qualité d'escuier, pour la justiffication de laquelle il représentera cy-après les pièces et tiltres dont il entend s'aider.

Signé : BERNARD.

---

(1) Armoiries : *d'argent à 6 annelets d'azur 3, 2 et 1*.

Led. sieur des Chapelles a mis au greffe les pièces dont il entend se servir ce xᵉ juin 1668.

Les pièces dud. sieur des Chapelles luy ont esté rendues ce xiiiᵉ juin 1668.

CHAPELLES (DES). — Originaire du Mayne.

Jacques des Chapelles, écuyer, sieur dud. lieu, y demeurant élection et bailliage du Mans, a justiffié la possession du titre de noblesse depuis l'année 1395 commençant en la personne de son 7ᵉ ayeul.

Porte : *de gueules à la tour sommée de 3 tours d'or.*

CHAPPEDELAINE (RENÉ DE), sieur d'Isles, y demeurant parroisse de Brecé, eslection, duché et payrie de Mayenne, comparant le viiᵉ décembre 1667, lequel a dict qu'il entend maintenir sa qualité d'escuier, qu'il est aisné de sa famille dont il ne connoist autres personnes sinon Jacques de Chappedelaine, sieur de La Guiberdière, son frère puisné, demeurant avec luy, Suzanne et Michelle de Chappedelaine ses sœurs et Claude de Chappedelaine, sa tante, et qu'il porte pour armes : *de sable, à l'espée d'argent et six fleurs de lis aussy d'argent,* et a signé :

R. DE CHAPPEDELAINE.

CHAPEDELAINE (DE). — Originaire du Bas-Mayne.

René de Chapedelaine, écuyer, sieur des Isles, y demeurant, élection et ressort de Mayenne a justiffié la possession du titre de noblesse depuis l'année 1523 commençant en la personne de son trisayeul.

Porte : *de sable à l'épée d'argent, accostée de 6 fleurs de lis de même.*

CHAPUISET (CLAUDE DE), sieur de Montreuil, demeurant à La Roche-Couasnon, parroisse de Ruillé, eslection et bailliage du Mans, comparant le premier juin 1667 lequel a dict qu'il entend maintenir la qualité d'escuier, qu'il est l'aisné de sa famille, reconnoist Louis de Chapuiset demeurant en la généralité d'Orléans, son frère, Jean de Chapuiset, sieur de La Richardière, eslection de Vandosme ; porte pour armes : *d'azur à trois rozes d'argent, deux en chef et une en pointe et une estoille d'or posée en abisme,* et produira les tiltres justifficatifs de sa noblesse et a signé :

C. DE CHAPUISET.

Les pièces dud. sieur de Chapuiset ont esté rendues ce xxii⁰ juillet 1667 à m^tre Bernard son procureur.

CHAPUISET (JACQUES DE), sieur de La Vaumorière, demeurant parroisse de Vic, eslection du Chasteau-du-Loir, duché de Vendôme, comparant le dix-huict juin 1667, a dit qu'il entend maintenir la qualité d'escuier, qu'il est aisné et seul d'une branche de sa maison, et que Claude de Chapuiset, demeurant parroisse de Ruillé, eslection du Mans, et Louis et Jean de Chapuiset, demeurans parroisse de Fontaines, eslection d'Orléans, tous trois frères, sont d'une autre branche de ladicte maison dont il ne cognoist autres en ses provinces, a ouy dire qu'il y en a plusieurs du mesme nom et armes en Auvergne, que leursd. armes sont : *d'azur, à trois rozes d'argent, deux et une, et une estoille d'or en abisme*, et a signé :

JACQUES DE CHAPUISET.

CHAPUISET (DE). — Originaire du Mayne.
Claude Chapuiset, écuyer, sieur de Montreuil, demeurant paroisse de Ruillé, élection et bailliage du Mans, Jacques Chapuiset, écuyer, sieur de La Vaumorière, demeurant paroisse de Vic, élection de Château-du-Loir, ont justiffié la possession du titre de noblesse depuis l'année 1539 commençant en la personne de noble Christophe de Chapuiset qui eut deux garçons Antoine, ayné, bisayeul de Claude, et François, puisné, bisayeul dud. Jacques.
Porte : *d'azur à 3 roses d'argent 2 et 1 et une étoile d'or en abime.*

S'est présenté MAURICE CHARDON, sieur de Nueil qui nous a supplié de vouloir remarquer les diverses vexations qui luy ont esté faictes pour la présente recherche. Premièrement il a esté assigné à la Cour des aydes de Paris, à la requeste du Procureur général, poursuite et diligence de m^tre Thomas Bousseau chargé de l'exécution des déclarations des 8⁰ février 1661 et 22⁰ de juin 1664 par exploict de Grandis du 27⁰ de septembre 1664 ; ensuite de quoy par arrest contradictoire du 4⁰ de décembre aud. an il auroit esté envoyé de l'assignation à luy donnée à la requeste dud. Bousseau et auroit esté enjoinct aux collecteurs de la parroisse où il demeure de le comprendre en leurs roolles si faire se doit, et led. Bousseau condamné en quatre-vingt livres parisis de despens, quoy que le suppliant eust esté à soliciter led. arrest à la suite de lad. Cour des aydes pendant près de 3 mois à grands frais, excédans six fois lesd. quatre-vingts livres à luy adjugez.

Et depuis ayant esté ordonné par arrest du 22ᵉ de mars dernier que les poursuictes pour l'exécution desdictes déclarations se feroient devant messieurs les commissaires départis pour estre par eux les usurpateurs condamnés en l'amende, eu égard à leurs facultéz et au bénéfice qu'ils auroient eu de leur usurpation, mᵗʳᵉ Jean Laspeyre chargé de l'exécution dud. arrest auroit par exploict du 26ᵉ de juillet dernier fait assigner le suppliant devant nous pour assister à la liquidation qui seroit par nous faite de la somme de deux mil deux cens livres à laquelle il auroit esté condamné par arrest de la Cour des aydes du 15ᵉ de novembre 1664, à laquelle assignation il se seroit rendu à nostre suitte et auroit faict sa comparution par escrit, a déclaré qu'il ne pouvoit y avoir d'arrest de la Cour des aydes contre luy rendu ainsy qu'alléguoit led. Laspeyre par son exploict, et qu'il en demandoit néanmoins communication. Sur quoy led. Laspeyre seroit demeuré d'accord devant nous qu'il n'y avoit aucun arrest contre led. de Nueil qui nous en auroit demandé acte et de la vexation qui luy estoit continuée. Depuis encore led. Laspeyre la continuant l'auroit par nouvel exploict du sept aoust ensuivant faict assigner devant nous, en la maison de mᵗʳᵉ Louis de La Roche, procureur à Tours, qui n'est poinct son domicile, et enfin il l'auroit de nouveau faict encore assigner en cette ville de Chinon devant nous par exploict du 17ᵉ dud. mois d'aoust dernier, pour estre condamné comme usurpateur du tiltre de noblesse, et quoy qu'il ne l'ayt jamais esté ny n'ait eu intention de l'estre, ce qui paroist par l'arrest contradictoire d'envoy qu'il en a obtenu en lad. Cour des aydes, rendu sur les pièces par lesquelles il paroist qu'il n'en a point pris le titre qui ne luy auroit apporté nulle utilité, n'ayant jamais esté taillable, au moien de ce qu'il a toujours demeuré en la ville de Paris ou eu des employs qui l'ont exempté, lesquels mesme il a esté taxé à la chambre de justice à mil livres qu'il a paiées entièrement sans remise au trésorier de lad. chambre par quictance signée : Pecquot qui est une somme exorbitante pour son peu de bien, laquelle il a empruntée pour éviter la contraincte et obéyr à l'ordre du Roy ; joint à tout cela quand on luy auroit donné en quelque acte lad. qualité, bien que c'eust esté sans son consentement, néanmoins il se trouveroit fondé en tiltre, Sa Majesté l'ayant honoré d'un brevet de son conseiller et maistre d'hostel ordinaire, du 15ᵉ de janvier 1651, signé de sa main et contresigné et scellé, par lequel elle luy donne la qualité d'escuyer, en conséquence de quoy il auroit eu l'honneur de la servir en lad. qualité de son maistre d'hostel ordinaire, ayant esté pour ce couché sur l'estat de la maison de Sad. Majesté, envoyé à la cour des aydes en l'année 1656 ; c'est pourquoy il nous a requis vouloir l'envoyer de la demande à luy faicte devant nous par led. Laspeyre, avec despens.

CHARDON (Maurice), sieur de Nueil, demeurant présentement en la ville de Chinon, comparant le 6ᵉ aoust 1666 pour satisfaire à l'assignation à luy donnée à la requeste de mᵗʳᵉ Jean Laspeyre, pour assister à la liquidation de la somme de deux mil deux cens livres à laquelle il a esté condamné par arrest de la cour des aydes du 15 décembre 1664, a dit qu'il n'a aucune cognoissance dud. arrest qui ne peut avoir esté rendu contre luy et en demande communication et a signé :

Chardon de Nueil.

Condamné.

Damoiselle Lucrèce Chotard, veufve Louis DE CHARLEVOIS, vivant seigneur de Lublé, l'un des cent gentilshommes ordinaires de la maison du roy, plus ancien capitaine commandant le régiment de la marine, y demeurante parroisse dud. lieu, eslection et seneschaussée de Baugé, comparante le 9ᵉ octobre 1668 par mᵗʳᵉ Michel Bernard, lequel a dit que lad. en qualité de mère et tutrice des enfans dud. deffunct et d'elle entend maintenir la qualité d'escuyer prise par led. deffunct son mary, pour la justiffication de laquelle elle produira cy après les tiltres dont elle entend se servir et a led. Bernard signé :

Bernard.

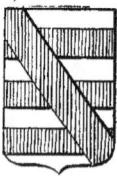

CHARLOT (Charles de), sieur de Chambourg, demeurant parroisse de Colombiers, eslection et duché de Mayenne, comparant le treize mars 1667 par Julien Richard, sieur de Rairie, fondé de procuration spéciale passée par devant Pierre Police, notaire royal au Maine, demeurant à Carelles, le sept du présent mois, lequel a dict qu'icelluy Charlot entend maintenir la qualité d'escuyer, qu'il est aisné de sa maison, et qu'outre René-Ambroise et Jean-Charlot, ses frères, il ne cognoist personne de son nom et armes que led.

Richard n'a seu dire, et a icelluy Richard mis au greffe les pièces dont led. Charlot prétend se servir pour la justiffication de sa noblesse, et a signé :

J. RICHARD.

Les pièces dud. sieur de Charlot ont esté rendues aud. Richard, ce deux may 1667.

CHARLOT (DE). — Originaire du Mayne.

Charles de Charlot, écuyer, sieur de Chambour, demeurant paroisse de Coulombiers, René et Ambroise Charlot, ses frères puisnez, demeurants paroisse de Coulombiers, élection de Mayenne, bailliage du Mans ont justiffié la possession du titre de noblesse depuis 1515 commençant en la personne de leur quartayeul.

Portent : *d'argent à 3 fasces de gueules, à la bande de même brochante.*

CHARLOT (RENÉ), sieur des Bigottières, demeurant à Laval, comparant le XVIe mars 1667 par m^{tre} Jean Moreau, commis au greffe criminel de cette ville de Tours, lequel a dict qu'iceluy Charlot n'a jamais pris aucune qualité d'escuyer ny de noble et que sy par erreur il se trouve qu'aucun nottaire luy eust emploié telle qualité, il le désavoue, et a led. Moreau.

Signé : MOREAU.

CHARLOT [1] (JACQUES) sieur de La Claverie, demeurant à Laval, comparant le XVIe mars 1667 par m^{tre} Jean Moreau, commis au greffe criminel de cette ville de Tours, lequel a dit qu'icelluy Charlot n'a jamais pris la qualité d'escuyer, et a signé :

MOREAU.

CHARNIÈRES (GABRIEL DE), sieur de Grésigné et de La Rosellière, comparant le VIIIe mars 1668 tant pour lui que pour Jean de Charnières et Louis

---

[1] Cette famille portait : *d'azur au chevron d'or, accompagné de 3 croissants d'argent, 2 et 1, celui de la pointe soutenant un trèfle d'or.*

de Charnières, sieur de Chartrené, ses frères, demeurants scavoir led. Gabriel et Jean de Charnières, parroisse de Brion et led. Louis de Charnières, parroisse de Chartrené, eslection, d'Angers et ressort de Baugé, et pour damoiselle Renée de Charnières, sa sœur, demeurante parroisse Sainct-Maurice d'Angers, lequel a dit qu'ils entendent maintenir la qualité d'escuier, qu'il est aisné de sa maison, qu'il ne connoist personne qui porte son nom et armes que sesd. frères, lesquelles armes sont : *d'argent à trois merlettes de sable*, a mis au greffe les tiltres dont ils entendent se servir et a signé :

De Charnières.

Les pièces dud. sieur de Charnières luy ont esté rendues ce neuf mars 1668.

CHARNIÈRES (de). — Originaire d'Anjou.
Gabriel de Charnières, écuyer, sieur de Grésigny et Jean de Charnières, sieur de La Chouannière, demeurant paroisse de Brion et Louis de Charnières, écuyer, demeurant paroisse de Chartrenay, élection et bailliage d'Angers, frères, ont justifié la possession du titre de noblesse depuis l'année 1461 commençant en la personne de leur quartayeul.
Portent : *d'argent à 3 merlettes de sable, 2 et 1*.
— Gabriel de Charnières... eut acte de la représentation de ses titres... le 9 mars 1668.

CHASTEIGNIER (Edmond), conseiller du roy en ses conseils, et son maistre d'hostel ordinaire, seigneur d'Andonville, comparant le deux octobre 1668 par m^{tre} Michel Bernard, lequel a dit qu'icelluy sieur Chasteignier entend maintenir la quallité de chevallier et d'escuyer, et a led. Bernard signé :

Bernard.

Led. sieur Chasteignier a mis au greffe les pièces dont il entend se servir le 23e janvier 1669.
Les pièces dud. sieur Chasteignier ont esté rendues le 20e febvrier 1669.

CHASTEIGNIER. — Originaire de Touraine.
Esmond Chasteigner, écuyer, sieur d'Andonville, demeurant paroisse N.-D. d'Isseure et demoiselle Marthe Favereau veuve de deffunct Antoine Chasteignier, son cousin issu de germain demeurante entre la paroisse de Roche-Posay, élection de Loches, bailliage de

Tours, ont justiffié la possession du titre de noblesse depuis l'année 1522 commençant en la personne de leur bisayeul.
Porte : *d'or au lion passant de sinople.*

CHASTEL [1] (PHILIPPE DU), écuyer, sieur de Brillé et de Boufaire (?), élection de Saumur, eut acte de la représentation de ses titres le 17 août 1670. (Catalogue des Gentilshommes d'Anjou).

CHASTELET (LOUIS DU), sieur du Rossay, demeurant parroisse de Sainct-Clément-de-la-Place, eslection et ressort d'Angers, comparant le XXIIIIe mars 1667 a dit qu'il entend maintenir la qualité d'escuyer, qu'il est aisné de sa maison, dont il ne cognoist que Charles du Chastelet, son frère, et qu'il porte pour armes : *d'argent à trois tours de sable et un cor de gueules,* et pour la justiffication de sa noblesse et de sond. frère a mis au greffe les pièces dont il entend se servir et a signé :

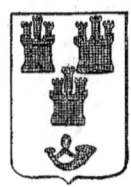

LOUIS DU CHASTELET.

Les pièces dud. sieur du Chastelet luy ont esté rendues ce XXVIIIe mars 1667.

CHASTELET (DU). — Originaire d'Anjou.
Louis du Chastelet, écuyer, sieur du Rossay y demeurant, élection et bailliage d'Angers, a justifié la possession du titre de noblesse depuis l'année 1454 commençant en la personne de son 6e ayeul.
Porte : *d'argent à 3 tours sommées chacune de 3 tourelles de sable, maçonnées d'argent 2 et 1, et un cor de chasse de gueules en pointe* alias *au château donjonné de 3 tours...*
— Louis du Chastelet... eut acte de la représentation de ses titres le 28 mars 1667.

Damoiselle Marie de Boiregnart veufve de LOUIS LE CHAT, sieur de Thenay comparant le 26e mars 1668 par Me Estienne Guesbin, procureur au présidial de Tours, tant pour elle que pour Louis Le Chat, aussy sieur de Thenay, son fils, demeurants aud. lieu et parroisse de Thenay, eslection d'Amboise et ressort de Bloys, lequel a dict que lad. damoiselle et sond. fils entendent

---

(1) Denais donne aux du Chatel, sieur de Billy : *d'argent au chevron hérissé de gueules accompagné de 3 étoiles d'or, 2 et 1.*

maintenir la quallité d'escuier prise par led. deffunct et pour cet effaict demande délay de représenter ses tiltres.

Signé : GUESBIN.

Armoiries : *d'argent à deux fasces d'azur, accompagnées de 7 merlettes de même, 3, 3, et 1.*

CHATEAU-CHALONS (LOUIS DE), escuyer, sieur de Lajon, demeurant parroisse de Monguion, eslection de Poictiers comparant le xxvie febvrier 1668 tant pour luy que pour Anthoine de Chasteau-Challons, escuier, sieur dud. lieu, demeurant parroisse de Bournan, eslection et ressort de Tours, a dit qu'il entend maintenir la qualité d'escuier, qu'il ne connoist autres personnes de son nom et armes que led. Anthoine de Chasteau-Challons, et a faict eslection de domicile en la maison et personne de m^{tre} Louis Le Damoysel, procureur à la suitte de monsieur l'intendant et a led. sieur de Chasteau-Challons desclaré ne scavoir signer et a Leclerc, clerc dud. Le Damoysel signé pour l'absence dud. Le Damoysel,

LE CLERC.

Led. sieur de Chasteau-Challons a mis au greffe les pièces dont il entend se servir ce dix mars 1668.

Les pièces dud. sieur ont esté rendues le 13e mars 1668.

CHATEAU-CHALON (DE). — Originaire de Touraine.
Louis de Château-Châlon, écuyer, sieur de Lageon, demeurant paroisse de Montguyon en Poitou et Anthoine de Chateau-Chalon, écuyer, sieur dud. lieu, demeurant paroisse de Bournan, élection de Tours, ont justifié la possession du titre de noblesse depuis l'année 1518 commençant en la personne du trisayeul dud. Louis, bisayeul dud. Antoine.
Porte : *d'argent à la bande d'azur chargée de 3 châteaux d'or.*

CHAUVEL (Noble homme IGNACE)[1], sieur de La Boulaie, demeurant en la ville d'Angers, comparant le neufiesme juillet 1667 par m^{tre} Michel Bernard, lequel a dict qu'icelluy sieur Chauvel est mineur de vingt-cinq ans, qu'il

---

(1) Cette famille anoblie par Henri IV portait : *de sinople à 3 fasces d'argent.*

n'entend quand à présent prendre la qualité d'escuyer et se servir des privilèges y attribuéz, que s'il a esté estably dans quelques actes soubs lad. qualité d'escuyer, on n'en peult tirer aucune conséquence contre luy estans nuls, sans effect, comme consentis par un mineur, et a signé :

Bernard.

CHAUVIN [1] (Jacques), sieur de La Remonnerie, comparant le 20e juillet 1666, par mtre Bernard, a déclaré qu'ayant esté assigné à la cour des aydes, il y a envoyé ses tiltres, pour quoy a requis délay de trois mois.

Signé : Bernard.

Le 22e décembre 1666, led. sieur Chauvin a déposé ses pièces.

CHAVIGNY (François de), sieur de La Goujonnière, demeurant parroisse de Couzières, eslection de Chinon, ressort de Saumur, comparant le xxe septembre 1667, lequel a dit qu'il entend maintenir la qualité d'escuier et qu'il est resté seul de son nom et armes, qu'il porte : *d'argent, à deux lions de gueules en chef et l'autre de sable en poincte, armé, couronné et lampassé d'or* et pour la justiffication de sad. qualité d'escuier a mis au greffe les pièces dont il entend se servir, et a signé :

François de Chavigny.

Les pièces dud. sieur Chavigny de La Goujonnière lui ont esté rendues à Loches ce 25e septembre 1667.

CHAVIGNY (de). — Originaire de Touraine.
François de Chavigny, écuyer, sieur de La Goujonnière, demeurant paroisse de Couzières, élection de Chinon, ressort de Saumur a justiffié la possession du titre de noblesse depuis l'année 1501 commençant en la personne de son bisayeul.
Porte : *d'argent à 3 lions, les 2 du chef, de gueules, celui de la pointe, de sable, armé, lampassé et couronné d'or.*

(1) Armoiries : *écartelé aux 1 et 4 d'argent à l'aigle d'azur, aux 2 et 3 burelé d'argent et d'azur.*

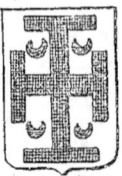

CHEMIN (Paul du), sieur de La Bretonnière, demeurant parroisse de Soulaines, eslection et bailliage d'Angers, comparant le XIIIe may 1667 par m^{tre} Louis Le Damoysel, lequel a dict que led. sieur entend maintenir la qualité d'escuier et produira au premier jour les tiltres justifficatifs de sa noblesse, et a signé :

Le Damoysel.

Led. sieur du Chemin a mis au greffe les pièces dont il entend se servir ce dix juin 1667.

Led. sieur Chemin a produict de nouveau le VIIIe juillet 1667.

Les pièces dud. sieur du Chemin ont esté rendues aud. Le Damoysel le 22e may 1668.

Damoiselle Louise de Thorode [1], veufve de deffunct François du CHEMIN, escuier, sieur de La Michelière et de La Bretonnière, demeurant parroisse de Tilliers, comparant le XXIIIe may 1667 par m^{tre} Louis Le Damoysel, lequel a dict que lad. damoiselle de Thorode, entend maintenir la qualité d'escuyer de sond. deffunct mary et pour la justiffication de sa noblesse, elle prétend demander délay pour aporter ses tiltres.

Signé : Le Damoysel.

CHEMIN (du). — Originaire de Poitou.

Paul Duchemin, écuyer, sieur de La Bretonnière et François Duchemin, écuyer, sieur du Carteron, son frère, demeurants paroisse de Tilliers, élection et ressort d'Angers, ont justiffié la possession du titre de noblesse depuis l'année 1504 commençant en la personne de leur quartayeul.

Portent : *d'argent à la croix potencée de sable, cantonnée de 4 croissants d'azur.*

Paul du Chemin... eut acte de la représentation de ses titres tant pour lui que pour son frère et leur mère le 17 may 1668.

CHENEDÉ (Joachim de), conseiller du roy au siège présidial d'Angers, conseiller de l'hostel de lad. ville et substitut en la ville de Paris de messire

---

(1) Armes des Thorodes : *d'argent à la bande componnée d'azur et de sable de 6 pièces, les trois de sable chargées d'un lionceau passant d'or.*

Vincent Hotman, chevallier, seigneur de Fontenay, conseiller du roy en ses conseils, maistre des requestes ordinaire de son hostel, procureur général de Sa Majesté en la chambre de justice, intendant des finances de France, demeurant à Paris, rue Neufve des Petits-Champs, paroisse Sainct-Eustache, comparant le dernier janvier 1668 par m^{tre} Michel Bernard, lequel a dict qu'icelluy sieur de Chenedé entend maintenir la qualité d'escuyer en concéquence des privilèges attribuez aux Maire et Eschevins de lad. ville d'Angers, led. s^r de Chenedé ayant esté maire et eschevin de lad. ville en 1658 et 1661 et a led. Bernard signé :

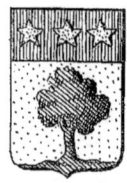

BERNARD.

Led. sieur de Chenedé a mis au greffe les pièces dont il entend se servir ce premier febvrier 1668.

Lesd. pièces ont esté rendues aud. Bernard le xie febvrier 1668.

CHENEDÉ (DE). — Noblesse d'échevinage d'Angers.

Me Jouachim de Chenedé, sieur de La Plaine, conseiller au présidial d'Angers, a justiffié sa noblesse comme ayant été maire en ladite ville d'Angers en 1661, en a payé la confirmation.

Porte : *d'or au chêne de sinople posé sur une terrasse de même, au chef de gueules chargé de 3 étoiles d'or.*

— Joachim de Chenedé... eut acte de la représentation de ses titres le 11 février 1668 à la charge de payer la somme à laquelle il sera taxé au conseil du Roy pour être confirmé en sa noblesse suivant l'édit du mois de mars 1667, arrêt du conseil qui maintient led. Joachim dans sa noblesse le 10 novembre 1671.

Joachim de Chenedé, conseiller au présidial d'Angers, qui fut maire en 1660, pour...

CHENU (JACQUES DE), sieur de Villarseau, demeurant ordinairement parroisse de Boufrey, eslection de Chartres, généralité d'Orléans, comparant le xxviie juin 1667 tant pour luy que pour dame Suzanne Le Cirier, veufve de deffunct Jacques de Chenu, vivant escuier, sieur de Villarseau, ses père et mère, demeurante parroisse de Sainct-Martin-des-Monts, eslection et ressort du Mans et encore pour Emery, Marc et François de Chenu ses frères, demeurans avec leur mère, par M^{tre} Jacques-Paul Miré, lequel a dict que led. sieur de Chenu entend maintenir la qualité d'escuier tant pour luy que pour sad. mère et frères, et qu'il produira au greffe les pièces justificatives de sa noblesse au premier jour.

Signé : MIRÉ.

Les pièces dud. sieur de Chenu ont esté produictes le 22ᵉ septembre 1667.
Les pièces dud. sieur de Chenu ont esté rendues le 29ᶜ septembre 1667.

CHENU (DE). — Originaire du Mayne.

Jacques de Chenu, sieur de Villarceaux, demeurant paroisse de Bouffry, élection de Chartres, Esmery, Marc et François Chenu ses frères, demeurants paroisse de Saint-Martin-des-Monts, élection et ressort du Mans, ont justiffié leur noblesse depuis l'année 1547 commençant en la personne de leur ayeul.

Portent : *d'argent à 5 hermines de sable 3 et 2, au chef fuselé de gueules*[1].

CHERBONNIER (Mᵗʳᵉ CHARLES), procureur du roy des eslection et grenier à sel de Tours, y demeurant, comparant le xxviiᵉ janvier 1667, lequel a déclaré qu'il n'a jamais pris la qualité d'escuyer, n'ayant esté envieux jusques à ce poinct là ; que s'il se trouve quelque acte où elle soit employée, c'est hors sa cognoissance quoy qu'il ait droict de la prendre ayant l'honneur d'estre l'un des vingt-quatre eschevins perpétuels de lad. ville, laquelle qualité luy estant attribuée par les lettres patentes des Roys Louis Unze, Henry trois, Henry quatre, et confirmée par tous les Roys jusques à présent, et a signé :

CHERBONNYER.

Led. sieur Cherbonnier a produict au greffe les pièces dont il entend se servir ce xxiiiiᵉ janvier 1669.

CHEREAU. — Originaire d'Angers, noblesse d'échevinage.

Louis Chéreau écuyer, sieur de La Touche, demeurant paroisse de Saint-Just-de-Vercher, élection de Montreuil-Bellay, a justiffié l'establissement de sa noblesse comme fils de Louis Chéreau qui fut échevin de la dite ville d'Angers en 1613 et a payé la confirmation.

— Louis Chereau fils de Louis Chereau qui fut aussi échevin en 1613, pour jouir...

Armoiries : *d'argent à une palme de sinople posée en pal et accostée de 2 fauvettes au naturel* [2].

FRANÇOIS DE CHERBÉE *aliàs* CHERBAYE, écuyer, sieur d'Ardanne, demeurant avec ses frères, paroisse de Corzé, élection d'Angers, eut acte de la représentation de ses titres, tant pour lui que pour Joseph, Louis et Philippe de Cherbée ses frères, le 22 juillet 1670.

(1) Cette famille à laquelle appartenait Ysabeau, princesse d'Yvetot en 1430, femme de l'historien Martin du Bellay, portait : *d'hermines au chef d'or chargé de 5 losanges de gueules*.
(2) Vol. 449 du Cabinet des titres et Catalogue d'Anjou.

Armoiries : *de gueules à 6 têtes de lion arrachées d'argent, couronnées et lampassées d'or, posées 3, 2 et 1* [1].

CHERGÉ (RENÉ DE), escuyer, seigneur de La Martinière et de La Bréchetière, demeurant à La Martinière, parroisse de Courcoué, eslection de Richelieu, bailliage d'Angers, comparant le 29e aoust 1666, lequel pour satisfaire à l'arrest du conseil du 22e mars dernier, a dit qu'il entend maintenir sa qualité d'escuyer comme descendu de parens nobles et escuiers, qu'il est aisné de sa famille, qu'il ne reconnoist de sad. famille, que Pierre de Chergé, son frère puisné, demeurant en la parroisse de Braslou, eslection de Richelieu et bailliage d'Angers, porte pour armes : *d'argent au chef de gueulles*, et a esleu domicile en la maison de m^{tre} Bruzard procureur à Chinon, et a signé :

RENÉ DE CHERGÉ.

Les pièces dud. sieur de La Martinière luy ont esté rendues ce premier septembre 1666.

CHERGÉ (Damoiselle SUZANNE DE), dame de La Naudière, demeurante parroisse de ...... ressort de Chinon, eslection de Tours, comparante le cinq mars 1667 par René Veau, escuier, sieur de La Cour de Verneuil, lequel a dict qu'elle entend maintenir la qualité de damoiselle comme issue de parens nobles et escuiers, qu'elle est seule et unicque de sa famille, et porte pour armes : *d'argent, au chef de gueules*, et pour la justiffication de sa noblesse, a produict au greffe les pièces justifficatives d'icelle.

Signé : RENÉ VEAU.

CHERGÉ (DE). — Originaire de Touraine.
René de Chergé, écuyer, sieur de La Martinière, de Chergé, demeurant paroisse de Courcoué, élection de Richelieu bailliage de Tours, a justifié la possession du tiltre de noblesse depuis l'année 1478 commençant en la personne de son quartayeul.
Porte : *d'argent au chef de gueules.*
— Il eut acte de la représentation de ses titres le 1er septembre 1666.

(1) Catalogue d'Anjou.

CHÉRITÉ (François de), sieur de Voisin, demeurant parroisse de Corzé, eslection et ressort de Baugé, bailliage d'Angers, comparant le xxiiiie septembre 1666, lequel a dit qu'il entend maintenir la qualité d'escuyer et qu'il est aisné et chef de sa maison et armes, et que Charles de Chérité, sieur de La Verderie, est cadet de lad. maison, et que ..... de Chérité, sieur de La Touche-Voisin, est issu d'une autre branche, et Louis de Chérité, sieur de Beauvais, est encor d'une autre branche de lad. maison et qu'il n'en cognoist d'autres d'icelle maison, et qu'il porte pour armes : *d'azur, au sautoir d'argent cantonné de quatre croix d'or pattées*, et que pour la justiffication de lad. qualité, il produira au premier jour les pièces dont il entend se servir, et a faict eslection de domicille en cette ville de Chinon, en la maison de M^{tre} André Guérin, procureur et a signé :

F. de Chérité.

CHERITÉ (de). — Originaire d'Anjou.

Charles de Chérité, écuyer, sieur de La Verderie et Arthus de Chérité, écuyer, sieur de La Noue, son fils, demeurants en la ville de Beaufort, élection et bailliage d'Angers, ont justiffié la possession du titre de noblesse depuis l'année 1510 commençant en la personne de Charles trisayeul dud. Arthus.

Porte : *d'azur au sautoir d'argent cantonné de 4 croix pattées d'or* [1].

— Artur de Cherité... eut acte de la représentation de ses titres, tant pour luy que pour son père, le 21 may 1667.

CHESNAYE [2].

— N. et N. Chesnaye frères, fils de Maurice Chesnaye qui fut échevin en 1610, pour jouir...

CHESNAYE (Jacques de La), sieur du Boulay, demeurant parroisse de Saché, eslection de Chinon, comparant le 19e may 1669 tant pour luy que pour Henry de La Chesnaye, sieur de La Roche-des-Pins, son père, demeurant parroisse de Villaines mesme eslection, a déclaré qu'ils entendent maintenir leur quallité d'escuyer, qu'ils sont cadetz de leur maison que les enfans Rolland de La Chesnaye, sieur des Pins, demeurant parroisse de Soings, générallité d'Orléans, sont les aisnés de lad. maison, Jacques de La Chesnaye, demeurant

---

(1) C'est par erreur que Carré de Busserolles dit le sautoir *d'or*.
(2) Catalogue d'Anjou.

parroisse de Chémery, mesme générallité, et Georges de La Chesnaye, escuier, sieur du Gué, demeurant parroisse de Vellèches, eslection de Richelieu, ses cousins-germains et n'en connoist autres de sa famille et maison qui portent son nom et armes fors François de La Chesnaye, sieur du Bouslay, son frère cadet, porte pour armes : *d'argent à trois chevrons de sable*, a mis au greffe les pièces dont ils entendent leur servir et a signé :

JACQUES DE LA CHESNAYE.

Les pièces dud. sr de La Chesnaye luy ont esté rendues le 21 may 1669.

CHESNAYE (DE LA). — Originaire de Touraine.
Henri de La Chesnaye, écuyer, sieur de La Boullaye et Jacques de La Chesnaye son fils, demeurant paroisse de Villaines, élection de Chinon, ont justifié la possession du titre de noblesse depuis l'année 1543 commençant en la personne du trisayeul dud. Henri et du quartayeul dud. Jacques.
Porte : *d'argent à 3 chevrons de sable.*

CHESNE (Marguerite Moreau, veufve de RENÉ DU), sieur de La Dardelière, demeurant parroisse de Restigny, eslection de Saumur, ressort de Chinon, bailliage de Tours, comparant le neuf octobre 1666, a dit qu'elle entend maintenir la qualité d'escuyer que feu sond. mary avoit, et jouir des privilèges y attribués, et qu'elle produira au premier jour les pièces dont elle entend se servir, et a signé :

M. MOREAU.

Le xxII^e janvier 1667 les pièces de lad. damoiselle Moreau luy ont esté rendues.

CHESNE (DU). — Originaire du Poitou.
Demoiselle Marguerite Moreau veuve de René Duchesne, écuyer, sieur de La Dardelière, mère et tutrice d'Anne, Éleine et Marguerite Duchesnes, ses filles, demeurantes paroisse de Restigny, élection de Saumur, bailliage de Tours, a justiffié la possession du titre de noblesse en la famille desd. Duchesne depuis l'année 1537 commençant en la personne du trisayeul dud. René Duchesne son mari qui n'a point laissé d'enfants masles.
Porte : *d'or à 2 écureuils passants de gueules affrontés et au lambel de même* [1].

(1) Carré de Busserolles dit : *d'argent à 2 écureuils passants de gueules, ombrés, le second contourné.*

— René du Chesne, le jeune, écuyer, sieur de La Dardelière... eut acte de la représentation de ses titres le 31 décembre 1666.

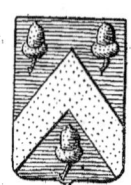

CHESNE (Joseph du), sieur de La Bertelotière, y demeurant parroisse de Chanzeaux, eslection et seneschaussée d'Angers, comparant le xxii° fcbvrier 1668, a dit qu'il entend maintenir la qualité d'escuyer, qu'il est aisné de sa famille de laquelle il ne connoist autres personnes fors .... du Chesne, sieur des Mons, bailly d'Elbeuf, en la province de Normandie, y demeurant, son cousin au troisiesme ou quatriesme degré, qu'il porte pour armes : *d'azur, à trois glans de chesne d'or, deux en chef et l'autre en poincte et un chevron de mesme*, pour la justiffication de laquelle il représentera cy-après les pièces et tiltres dont il s'entend ayder en luy donnant délay compétant pour en retirer partie qui sont ès mains dud. sieur des Mons qui les a produicts devant monsieur l'Intendant de lad. province de Normandie, et a signé :

Joseph du Chesne de La Berthelottière.

Led. sieur du Chesne a mis au greffe les pièces dont il entend se servir ce xiiii° mars 1668.

Lesd. pièces ont esté rendues ce xviii° mars 1668.

CHESNE (du). — Originaire d'Anjou.
Joseph Duchesne, écuyer, sieur de La Berthelotière, demeurant paroisse de Chanzeaux élection et bailliage d'Angers, a justiffié la possession du titre de noblesse depuis l'année 1518 commençant en la personne de son trisayeul.
Porte : *d'azur au chevron d'or accompagné de 3 glands de chêne de même, 2 et 1*.
— Joseph du Chesne... eut acte de la représentation de ses titres le 7 avril 1668.

CHESNE (René du), sieur de Mareil, comparant par Louis Le Damoysel le xiii febvrier 1669, tant pour luy que pour damoiselle Louise du Chesne, sa sœur, demeurans parroisse du Viel-Baugé, eslection et ressort de Baugé, lequel a dict qu'ils entendent maintenir la quallité d'escuier, qu'ils portent pour armes : *d'argent à trois chevrons de sable* et a produict les pièces dont ils entendent leur servir.

Signé : Le Damoysel.

Les pièces dud. sieur du Chesne ont esté rendues le 14° febvrier 1669.

CHESNE (DU) [1]. — Originaire d'Anjou.

René Duchesne, écuyer, sieur de Mareuil et demoiselle Louise Duchesne sa sœur, demeurants paroisse de Vieil-Baugé, ont justiffié la possession du titre de leur noblesse depuis l'année 1557 commençant en la personne de leur ayeul.
Portent : *d'argent à 3 chevrons de sable.*
— René du Chesne... eut acte de la représentation de ses titres le 14 février 1669.

CHESNEAU (Me Jacques du), conseiller du roy, trésorier général de France au bureau des finances à Tours, seigneur de La Doussinière, demeurant en lad. ville de Tours, comparant le cinquiesme janvier 1669, a dit qu'il entend maintenir la quallité d'escuier et de chevallier, qu'il est issu d'un cadet de sa maison et qu'outre les enfans de Pierre du Chesneau, escuier, son oncle, il ne cognoist personne de son nom et armes, qu'il porte *d'azur au chevron d'or, semé de besans d'argent*, et qu'il a ouy dire à ses père et grand père y avoir des gentilshommes en Poictou de son nom et pour la justiffication de sa noblesse a mis au greffe les pièces dont il entend se servir, a faict eslection de domicile en sa maison rue de La Guerche, et a signé :

Du Chesneau.

Les pièces dud. sieur luy ont esté rendues ce huict janvier 1669.

CHESNEAU (DU). — Originaire de Berry.
Jacques Duchesneau, écuyer, conseiller du roy, trésorier-général de France en la généralité de Tours, y demeurant a justiffié la possession du titre de noblesse depuis l'année 1511 commençant en la personne de son trisayeul.
Porte : *d'azur semé de besans d'argent, au chevron d'or.*

CHESNEAU (Louis du), sieur de La Trapière, demeurant parroisse de Doussay, eslection et ressort de Richelieu, comparant le xxie aoust 1668 tant pour luy que pour Isaac du Chesneau, sieur de La Croix, son frère aisné, et pour damoiselle Magdelaine Chesneau, sa sœur, demeurans mesme parroisse, a dit qu'ils entendent maintenir la quallité d'escuier et qu'ils sont les seuls qui portent leur nom et armes qui sont : *d'argent au lion couronné de gueules,* et

(1) Voir de la Chesnaye.

pour la justiffication de lad. quallité d'escuier a mis au greffe les pièces dont ils entendent se servir, et a signé :

Louis du Chesneau.

Les pièces dud. sieur du Chesneau luy ont esté rendues le 5e febvrier 1669.

CHESNEAU (du). — Originaire du Poitou.

Isaac Duchesneau, écuyer, sieur de La Croix, demeurant paroisse de Doussé et Louis Duchesneau, écuyer, sieur de La Trapinière, et Madeleine Duchesneau, ses frères et sœur, demeurants paroisse de Doucé, élection de Richelieu, bailliage de Tours, ont justiffié la possession du titre de noblesse depuis l'année 1529 commençant en la personne de leur trisayeul.

Portent : *d'argent au lion de gueules couronné de même.*

CHÉTARDIE (Gabriel de La), chevalier, seigneur de Paviers, parroisse de Mougon, ressort de Chinon, demeurant aud. lieu de Mougon, lequel, pour satisfaire à l'assignation à luy donnée à la requeste de Laspaire, par exploict de Ladebat, huissier, du unze aoust dernier, comparant le 16e aoust 1666, a dit qu'il entend maintenir sa qualité, et qu'estant cadet de sa maison, son aisné demeurant dans la province de Limouzin, et qui a les tiltres principaux de la famille, et par conséquent ne peut les justiffier présentement et nous requiert un délay compétant d'aller en lad. province pour les aller retirer, déclare qu'il est issu de François de La Chétardie, chevalier, seigneur dud. lieu, frère de Charles de La Chétardie, sieur dud. lieu, son aisné, enfans de deffunct Messire Gabriel de La Chétardie, sieur dud. lieu, et que dud. Charles de La Chétardie est issu Jean de La Chétardie, aisné de la famille, demeurant en lad. province de Limouzin et qui a lesd. tiltres, et que led. sieur de Paviers a pour frères : Joachim, Jacques, Philippes et Jean-François de La Chétardie qui sont les seuls qu'il reconnoist de sa branche ; porte pour armes : *de sable à deux chats passans d'argent*, et a esleu domicille en la maison de m^{tre} André Guérin, procureur à Chinon, et a signé :

Gabriel de La Chétardye.

Ce jour d'huy 23e aoust 1666, led. sieur de Chestardie a mis au greffe les pièces dont il entend s'aider pour la justiffication de sa noblesse, lesquelles ont esté paraphées par première et dernière.

Les pièces dud. sieur de La Chétardie luy ont esté rendues ce 29e aoust 1666.

CHÉTARDIE (DE LA). — Famille originaire de Florence dont le nom anciennement estoit TROTIN.

Gabriel de La Chétardie, écuyer, sieur de Paviers, demeurant parroisse de Mougon, élection de Richelieu, bailliage de Tours, a justifié la possession du titre de noblesse depuis l'an 1517 commençant en la personne de Jean Trotin écuyer, sieur de La Chétardie, son trisayeul, lequel avec d^{elle} Marguerite de Chotard sa femme firent une donation en l'année 1545 en faveur de Joseph Trotin leur fils, bisayeul dud. sieur de Paviers, à la charge de porter les nom et armes de La Chétardie.

Porte : *écartelé aux 1 et 4* de Trotin *qui sont d'azur à 3 espis d'or, au chef d'or chargé de 3 olives de sinople, aux 2 et 3* de La Chétardie *qui sont de sable à 2 chats passants d'argent*.

CHEVALIER (CHRISTOPHE), sieur de La Goupillière, demeurant parroisse de Cheffres, ellection et sénéchaussée d'Angers, comparant le XVIIe avril 1668 par m^{tre} Michel Bernard son procureur lequel a dit que led. Chevalier n'a jamais pris la qualité d'escuyer à laquelle il a renoncé et renonce entend que besoin est ou seroit et a led. Bernard signé :

BERNARD.

CHEVALLERIE (RENÉ DE LA), sieur de La Touchardière, dem^t parroisse de Livré, eslection de Chasteaugontier, présidial d'Angers, comparant le 17e septembre 1668 tant pour luy que pour dam^{lle} Diane de La Primaudaye, veuve Daniel Chevallerye, sa tante, dem^{te} dite parroisse de Livré, et dam^{elle} Anne de La Primaudaye, aussy sa tante, veufve Gilles Chevallerye, sieur de La Mothe-Guyot, dem^{te} parroisse de Ballots, eslection dud. Chasteaugontier, a dit qu'il entend maintenir la qualité d'escuyer et qu'outre sesd. tante et Guy de La Chevallerie, son frère, Daniel de La Chevallerie, son cousin-germain, Charles de La Chevallerie, René et Siméon Chevallerye aussy ses cousins-germains, il ne connoist autres personnes de son nom et armes, qu'il porte: *de gueules, au cheval effrayé d'argent*, a mis au greffe les pièces dont il entend se servir et a signé :

RENÉ DE LA CHEVALLERIE.

Reçu les actes.

Signé : RENÉ DE LA CHEVALLERIE.

CHEVALLERIE (DE LA). — Originaire d'Anjou.

René de La Chevallerie, écuyer, sieur de La Touchardière, demeurant paroisse de Livré, élection de Châteaugontier, Guy de La Chevallerie, écuyer, sieur de La Motte, son frère demeurant parroisse de Courcelles, élection de Laval, d^{elle} Diane de La Primaudaie, sa tante, veuve de Daniel de La Chevallerie, écuyer, sieur de La Motte-Déat, pour René de La Chevallerie, écuyer, sieur de La Moncellerie, son fils, demeurants parroisse de Ballots, élection de Châteaugontier, ont justiffié la possession du titre de noblesse depuis l'année 1549 commençant en la personne de leur bisayeul.

Portent : *de gueules au cheval effrayé d'argent.*

— René de La Chevallerie... eut acte de la représentation de ses titres tant pour lui que pour Guy, son frère, René et Daniel ses cousins, les veuves de Daniel et de Gilles ses oncles le 18 septembre 1668.

CHEVALLIER (THOMAS LE), sieur de La Giraudière, demeurant parroisse de Blaison, eslection et ressort de Saumur, comparant le cinq septembre 1666, lequel pour satisfaire à l'assignation à luy donnée à la requeste de Laspeyre le trante aoust par exploict de Girault huissier, a dit qu'il entend maintenir la qualité d'escuyer par luy prise et qu'il est l'aisné de sa maison, que son père et André Lechevallier, son oncle, et sa famille demeurent en Normandie, et outre que Gabriel et Ollivier Le Chevallier ses germain et remué de germain et leurs familles sont aussy demeurans en Normandie, et qu'il ne cognoist autres personnes de son nom et armes, qu'il porte : *de gueules à un cheval armé, sellé, bridé et caparassonné et ferré d'argent, que combat un hercules couvert et sa massue d'or,* et produira au premier jour les pièces dont il entend se servir pour la justiffication de lad. qualité d'escuyer et a faict eslection de domicille en la ville de Chinon, au logis de m^{tre} André Bourguignon, advocat, et a signé :

T. LECHEVALIER.

Led. sieur Lechevalier a mis au greffe les pièces dont il entend se servir pour la justiffication de sa noblesse le XXIe septembre 1666.

CHEVALLIER. — Originaire de Normandie.

Louis et Thomas Chevallier, père et fils, écuyers, sieurs de Lenaudière, André Chevallier, écuyer, sieur de Rompré, son frère, Gabriel Chevallier, sieur d'Agneaux et Olivier Chevalier, sieur de Closfortin, cousins-germains dud. Louis, demeurants parroisse de Blezon élection de Saumur, ont justiffié la possession du titre de noblesse depuis l'année 1487 commençant sçavoir led. Louis et ses frères en la personne de leur trisayeul et led. Thomas en celle de son quartayeul.

De gueules à un chevalier armé d'argent sur un cheval de sable bridé, sellé, caparaçonné et ferré d'argent, combattant un sauvage d'or ayant une massue de même, sur une terrasse de sinople.
— Thomas Le Chevalier... eut acte de la représentation de ses titres le 21 septembre 1666.

CHEVALLIER (JOACHIM-FRANÇOIS), sieur de La Vouste, demeurant parroisse de Chouppes, eslection et ressort de Richelieu, comparant le XXIe aoust 1668, a dit qu'il entend maintenir la qualité d'escuier, qu'il est seul et aisné de sa maison, que damoiselle Renée Chevalier est sa sœur cadette et n'en connoist autres qui portent son nom et armes qui sont: *d'azur, au chevron d'argent accompaigné de deux roses d'argent en chef et en poincte d'un croissant de mesme* et pour justiffier lad. quallité d'escuier demande délay de représenter ses tiltres attendu qu'il est demeuré en bas aage lors de la mort de son père et qu'il est natif de Poictou, et a signé :

J.-F. CHEVALLIER.

CHEVALLIER (CLÉMENT), sieur de Coismes, demeurant de présent en sa maison de La Gaupillière, parroisse de Chefs, eslection et ressort d'Angers, comparant le Xe décembre 1668 par mtre Louis Le Damoisel, lequel a dict que led. Chevallier n'a jamais pris la quallité d'escuier quoy qu'il aye esté depuis trente cinq ans au service de Sa Majesté, et qu'il y renonce n'ayant jamais jouy d'aucuns privillèges attribuez à lad. quallité attendu ses continuels services, et a led. Le Damoysel signé :

LE DAMOYSEL.

CHEVEREAU (JACQUES), conseiller du roy, président au bailliage et siège royal de Loudun, y demeurant, comparant le XVIIIe mars 1667, a dit qu'il entend maintenir la qualité d'escuyer, qu'il est l'aisné et seul resté de sa famille, qu'il porte pour armes : *de gueules, à un chevreuil passant, d'or, dans un chevron brisé de mesme, et deux estoilles d'argent en chef*, et qu'il produira au premier jour les pièces dont il entend se servir pour la justiffication de sa noblesse, et a faict eslection de domicille en la maison de mtre Pierre Boistard, procureur au siège présidial de cette ville de Tours et a signé :

J. CHEVREAU.

Led. sieur Chevreau a mis au greffe les pièces dont il entend se servir, ce premier may 1667.

Les pièces dud. sieur Chevereau ont esté rendues à m^tre Guillaume Roger, conseiller au bailliage de Loudun et procureur du roy en la mareschaussée dud. lieu, suivant le procureur dud. Chevereau le 26ᵉ avril 1669 [1].

CHEVERUE (Louis de), sieur de La Boutonnière et Pierre de Cheverüe, sieur de Chemant, demeurans parroisse de Blaison, eslection et ressort de Saumur, comparans le 1ᵉʳ septembre 1666 par Louis de Cheverüc fondé de procurations spécialles du dernier aoust dernier passées par Beauvillain notaire et sellées, lesquelles sont demeurées au greffe, lequel pour satisfaire aux assignations à eux données par exploicts de Carré et Girault, sergens, des vingt-cinq et trente dud. mois, à la requeste de Laspeyre, pour procéder aux fins desd. exploicts et des ordonnances y énoncées a dit en vertu du pouvoir à luy donné par lesd. procurations que lesd. Louis et Pierre de Cheverüe entendent maintenir la qualité d'escuyer, que led. Louis est à présent l'aisné, la branche dud. aisné estant tombée en quenouille, et qu'outre Louis de Cheverue, frère cadet dud. Pierre et leurs familles, ils ne cognoissent personne de leur nom et armes fors François de Cheverue, sieur de La Haussière et sa famille, demeurant près Fougère en Normandie (Bretagne), et qu'ils portent pour armes : *de gueules à trois testes de chèvre d'argent, arrachées deux en chef et une en poincte*, et qu'ils produiront au premier jour les pièces dont ils entendent se servir pour la justiffication de sa noblesse, et a signé :

Louis de Cheverue.

Led. sieur a déposé ses pièces ce 21ᵉ septembre 1666.

CHEVERRUE (de). — Originaire d'Anjou.

Louis de Cheverrue, écuyer, sieur de La Boutonnière et Pierre, écuyer, sieur de Chemans, demeurants à Angers, ont justiffié la possession du titre de noblesse depuis l'année 1407 commençant sçavoir led. Louis en la personne de son quartayeul et led. Pierre en celle de son quintayeul.

Porte : *de gueules à 3 têtes de chèvre arrachées d'argent*.

— Louis de Chevrue.... eut acte de la représentation de ses titres le 12 novembre 1666.

(1) Armoiries : *de gueules au chevron brisé d'or accompagné en chef de 2 étoiles d'argent et en pointe d'un chevreuil passant d'or*.

CHIVIÈRE ou CHEVIÈRE (François de La), sieur de Mézangeau, demeurant parroisse de Drain, païs d'Anjou, comparant le treize may 1667, par m^tre Michel Bernard, procureur au bureau des finances de cette ville de Tours, lequel a dit qu'icelluy de La Chivière entend maintenir la qualité d'escuyer, et a signé :

Bernard.

Led. s^r de La Chivière a mis au greffe les pièces dont il entend se servir ce 4e juillet 1667.

Les pièces dud. s^r de La Chivière ont esté rendues à damoiselle Louise Dorineau sa femme, le six juillet 1667.

CHÉVIÈRE (de la). — Originaire d'Anjou.
François de La Chévière, écuyer, sieur de Mésangeau, demeurant paroisse de Drain, élection et bailliage d'Angers a justiffié la possession du titre de noblesse depuis l'année 1518 commençant en la personne de son bisayeul.
Porte : *d'argent à 3 têtes de cerf de gueules, 2 et 1.*

CHEVRIER (Pierre), sieur des Noyers, demeurant à Angers, comparant le deux avril 1667 a dit qu'il entend maintenir la qualité d'escuier comme ayant esté esleu eschevin de lad. ville en concéquence des privilèges qui ont esté accordés aux maire et eschevins de lad. ville, et a produict les pièces dont il entend se servir et a signé :

Chevrier.

Les pièces dud. sieur Chevrier ont esté rendues au sieur Chevrier son fils, ce xviie may 1667.

— Pierre Chévrier... demeurant à Angers, paroisse de Saint-Maurille, échevin de ladite ville, au nombre des maintenus par M. Voisin de la Noirays.
Pierre Chévrier.... receveur des consignations du présidial d'Angers et qui a été échevin en 1651, pour....
Armoiries : *d'argent coupé d'azur à une croix ancrée de l'un en l'autre.*

CHÉVRIER (Joseph)[1], mineur aagé de vingt-quatre ans, procédant en présence et soubs l'autorité de m^tre Claude Bruneau, advocat au siège présidial

---

(1) Il était de la famille du précédent.

de la ville d'Angers comparant le viie décembre 1667, par m^{tre} Michel Bernard, lequel a dit que Louis Chevrier, sieur des Metterayes, oncle dud. Joseph Chevrier luy auroit mis en main une assignation sur deffault donnée le xviiie novembre dernier à Gervais Chevrier, sieur de Ballée, à comparoir dud. jour en trois sepmaines devant monsieur l'Intendant pour raporter les tiltres en vertu desquels led. Gervais Chevrier prend la qualité d'escuier ; laquelle assignation auroit esté laissée en la maison dud. sieur des Maitteries ; que led. Joseph Chevrier ne connoist personne portant le nom de Gervais, mais bien que son deffunct père portoit led. nom de Gervais Chevrier, lequel seroit décédé il y ust quatre ans au mois d'avril dernier, duquel il n'auroit accepté la succession que soubs bénéfice d'inventaire, au moyen de quoy Jean Laspeyre auroit prétendu faire assigner led. Joseph Chevrier, déclare qu'il n'a jamais pris la qualité d'escuyer et n'entend la prendre et a led. Bernard signé :

BERNARD.

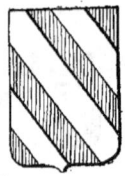

CHEVROLLIER (CLAUDE), premier et plus ancien conseiller au siège de la prévosté, police et conservation d'Angers, et ancien eschevin de lad. ville, comparant le douze novembre 1666, lequel a dict qu'il entend maintenir sa qualité d'escuier comme ancien eschevin de lad. ville d'Angers à laquelle lad. qualité est attribuée, comme il fera veoir par les pièces qu'il produira au premier jour, et a esleu domicille en sa maison scize près des Cordeliers, et a signé :

CHEVROLLIER [1].

CHILLEAU (FRANÇOIS DU), seigneur du Vignaud, demeurant parroisse de ...... eslection de Richelieu, ressort d'Angers, comparant le xixe aoust 1668 tant pour luy que pour François du Chilleau, sieur du Grand-Velours, demeurant paroisse de Nostre-Dame-d'Aoust, eslection de Richelieu, ressort de Saumeur, son frère cadet, a dict qu'il entend maintenir la quallité d'escuier, qu'il est cadet de sa maison, que François du Chilleau, sieur du lieu, demeurant parroisse de ...., eslection de Poictiers, est son frère aisné, que Charles

---

(1) Portait : *de gueules à 3 bandes d'argent.*

du Chilleau, sieur de Duretal, est son frère cadet, et n'en connoist qui portent son nom et armes qui sont : *de sable, à trois moutons passans d'argent*, et pour la justiffication de sad. qualité d'escuier a mis au greffe l'inventaire de ses tiltres au bas duquel est le renvoy et ordonnance de monsieur Barentin, intendant en la généralité de Poictou obtenu par lesd. du Chilleau, ses frères, et a signé :

F. DU CHILLEAU.

CHILLEAU (DE). — Originaire de Poitou.

François de Chilleau, écuyer, sieur de Vigneau, demeurant paroisse de Cron et François de Chilleau, écuyer, sieur du Grand-Velours, son frère, demeurant paroisse de Notre-Dame-d'Aoust, élection de Richelieu, bailliage d'Angers, ont représenté une ordonnance de renvoy... Barentin, intendant de Touraine, obtenue par François de Chilleau, leur frère aisné, demeurant en Poitou, par laquelle il paroist qu'ils ont justiffié la possession du titre de noblesse depuis l'année 1446 commençant en la personne de leur quintayeul.

Portent : *de sable à 3 moutons paissants d'argent, 2 et 1.*

CHIVRÉ (Mre HENRY DE), seigneur marquis de La Barre, demeurant en son chasteau de La Barre, parroisse de Bierné, eslection et seneschaussée de Chasteaugontier, comparant le dix-huict aoust 1667, tant pour luy que pour messire Gédéon de Chivré, seigneur de Melian, demeurant à Sœurdres, eslection et seneschaussée d'Angers, son oncle, par m^{tre} René Trochon, advocat aud. Chasteaugontier lequel a dit que lesd. sieurs marquis de La Barre et de Melian entendent maintenir la quallité d'escuyer et de chevallier et qu'ils portent pour armes : *d'argent, au lion de sable armé, lampassé et couronné d'or*, et a signé :

R. TROCHON.

CHIVRÉ (DE). — Originaire du Mans.

Mre Henry de Chivré, chevalier, marquis de La Barre, demeurant au château de La Barre, parroisse de Bierné, élection de Châteaugontier, et Mre Gédéon de Chivré, sieur de Mélian, demeurant paroisse de Seurdre, élection et bailliage d'Angers, son frère puisné ont justiffié la possession du titre de noblesse depuis l'année 1524 commençant en la personne de leur quartayeul.

Porte : *d'argent au lion de sable, armé, lampassé et couronné d'or.*

— Henri de Chivré... eut acte de la représentation de ses titres le 19e aoust 1667.

CHOLLIÈRE (Jacob), sieur de Cottereau, demeurant en la ville de Loudun, comparant le xviiie mars 1667, a dit qu'il maintient la qualité d'escuier, qu'il est seul resté de sa famille, qu'il porte pour armes : *de sable, à trois bandes d'or, au chef d'azur chargé d'un lyon passant d'argent*, et qu'il produira au premier jour les pièces dont il entend se servir, a faict eslection de domicille en cette ville de Tours au logis de m{tre} Pierre Boistard, procureur au présidial et a signé :

J. Chollière.

J'ay soubsigné Jacques de La Haye, fondé de la procuration dud. sieur Chollière recongnoist que M. Desvaux, secrettaire de Monseigneur l'Intendant, m'a mis ès-mains touttes les pièces dud. sieur Chollière.

Faict à Tours, le 29 novembre 1669.

Delahaye.

CHOPIN (Pierre), sieur du Moulin-Ferme exempt des gardes de la feue reyne mère Marie de Médicis, demeurant parroisse d'Azay-le-Rideau, comparant le huict septembre 1666 par François de Bellivier, sieur de La Genette, fondé de procuration spéciale, lequel a déclaré que led. Chopin entend maintenir la qualité d'escuier qu'il a prise et que pour la justiffication de sa noblesse il produira au premier jour ses tiltres et a esleu domicile en la maison de m{tre} André Guérin, procureur au bailliage de Chinon, et a signé :

F. de Bellivier.

Les pièces dont led. Choppin prétend s'aider pour la justiffication de sa noblesse ont esté mises au greffe par m{tre} Berthélemy Menouvrier.

Les pièces dud. sieur Choppin ont esté rendues aud. sieur de Bellivier ce dix-neuf avril 1667.

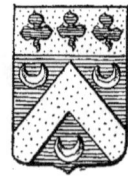

CHOPIN. — Mort non jugé.
Armoiries : *d'azur à 11 étoiles d'argent 4, 3, 4.*
CHOTARD [1]. — Originaire d'Anjou, noblesse de mairie.

Me François Chotard avocat au présidial d'Angers y demeurant, a justifié sa noblesse comme petit-fils de Jean Chotard, sieur du Puis, échevin de la ville d'Angers en 1587.

(1) Vol. 439 du cabinet des titres et Catalogue d'Anjou.

Porte : *d'azur au chevron d'or accompagné de 3 croissants d'argent 2 et 1, au chef d'or chargé de 3 trèfles d'azur.*

— M⁰ N. Chotard... fils de Jean Chotard, sieur du Pin, qui fut échevin en 1604, pour jouir...
François Chotard... eut acte de la représentation de ses titres le 17 août 1668.

Joseph Chotard, sieur des Chasteliers, demeurant à Angers paroisse Saint-Maurille, eut acte de la représentation de ses titres le 12 janvier 1670.

CHOTARD (JEAN), sieur de La Hardière conseiller du roy, cy-devant assesseur au siège de la Prevosté royal d'Angers, y demeurant parroisse Sainct-Denis, comparant le neufiesme janvier 1668 par m^{tre} Michel Bernard, lequel a dict qu'icelluy Chotard entend maintenir sa qualité d'escuier comme ayant esté esleu et nommé eschevin de lad. ville d'Angers en l'année 1661, et a led. Bernard signé :

BERNARD.

Led. sieur Chotard a mis au greffe les pièces dont il entend se servir ce XVIIe febvrier 1668.

Lesd. pièces ont esté rendues le 8e mars 1668.

Jean Chotard de La Hardière a aussi justifié sa noblesse comme échevin de la dite ville d'Angers en l'année 1661 et payé la confirmation.

— Jean Chotard, sieur de La Hardière... fut échevin en 1661, eut acte de la représentation de ses titres le 4 mars 1668, à la charge de payer la somme à laquelle il sera taxé au conseil pour être confirmé en sa noblesse.

Jean Chotard sieur de La Hardière, qui fut échevin en 1661, pour...

Porte aussi : *d'azur au chevron d'or accompagné de 3 croissants d'argent 2 et 1, au chef d'or chargé de 3 trèfles d'azur.*

CHOUPPES (Messire AYMARD DE), lieutenant-général des armées du Roy, conseiller d'estat, seigneur du Fau et de Chanseaux, demeurant en la parroisse et maison du Fau, eslection et ressort de Loches, comparant le quinze mars 1668 tant pour luy que pour m^e Pierre de Chouppes, mareschal de camp des armées du Roy, seigneur baron de Choupes son frère aisné, demeurant parroisse de Chouppes, eslection de Richelieu et ressort de Tours, a dit qu'il entend et sond. frère maintenir la quallité de chevallier et qu'il ne connoist de de sa maison que les sieurs de Beaudeau de Chouppes, demeurants parroisse

de Doussé, eslection de Richelieu, René de Chouppes, seigneur du Potteau, son nepveu, demeurant en Poitou et porte pour armes : *d'azur à trois crois d'argent, deux et une*, et pour la justiffication de sad. qualité produira les tiltres dont il entend se servir, et a signé :

EMAR DE CHOUPPES.

CHOUPPES (Messire GUY DE), seigneur de Chouppes et de Beaudeau, demeurant parroisse de Doussé, eslection et ressort de Richelieu comparant le 28e aoust 1668, a dit qu'il entend maintenir la qualité d'escuier et de chevallier, qu'il est l'aisné de sa maison, que Lancelot de Chouppes, chevallier de l'ordre de Sainct-Jean-de-Hiérusalem est son frère cadet, que messire Pierre de Chouppes, sieur de Chouppes, demeurant parroisse de Chouppes, eslection et ressort de Richelieu et messire Esmars de Chouppes, seigneur du Fau, demeurant parroisse du Fau, eslection de Loches, frères, sont issus d'une branche de cadets de sa maison et n'en connoist autres qui portent son nom et armes qui sont : *d'azur, à trois croix d'argent, deux et une*, et pour la justiffication desd. qualitéz a mis au greffe les pièces et tiltres dont ils entendent se servir, et a led. Guy signé :

GUY DE CHOUPPES, l'esné du non.

Les pièces desd. de Chouppes ont esté rendues le dernier aoust 1668.

CHOUPPES (DE). — Originaire du pays de Mirbalais.

Mre Guy de Chouppes, chevalier, seigneur de Chouppes, demeurant parroisse de Doussé, Mre Pierre de Chouppes, chevalier, seigneur de Choupes y demeurant, élection de Richelieu et Mre Esmare de Chouppes, seigneur du Fau, y demeurant, élection de Loches, bailliage de Tours, conseiller du roy en ses conseils, lieutenant-général des armées de S. M., ont justiffié la possession du titre de noblesse depuis l'année 1495 commençant en la personne de leur trisayeul.

Portent: *d'azur à 3 croisettes d'argent, 2 et 1*.

CHOURSES (GABRIEL DE), sieur de Beauregard, gouverneur du chasteau de Bonnestable, y demeurant, comparant le XXIXe juillet 1667, par mtre Jean

Maureau, commis au greffe criminel de cette ville de Tours, lequel a dit qu'icelluy de Chourses entend maintenir la quallité d'escuier et a signé :

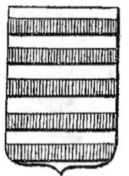

MOREAU.

Led. sieur de Chourses a mis au greffe les pièces dont il entend se servir ce XIIe febvrier 1668.

Les pièces dud. sieur de Chourses ont esté rendues aud. Moreau ce quinze janvier 1668.

CHOURSES. — Originaire du Mayne.

Gabriel de Chourses, écuyer, sieur de Beauregard, gouverneur de la ville et chasteau de Bonnestable y demeurant élection et bailliage du Mans, a justiffié la possession du titre de noblesse, depuis l'année 1499, commençant en la personne de son trisayeul.

Porte : *d'argent à 5 burelles de gueules*, alias *burelé de 10 pièces d'argent et de gueules*.

CIGONGNE (JOACHIM DE LA), sieur du Bois de Maienne, demeurant parroisse de Rennes, eslection et seneschaussée du Mans, comparant le XXVe juillet 1667, a dit qu'il entend maintenir la qualité d'escuyer, qu'il est aisné de sa maison et qu'outre René de La Cigongne, pbre, curé de lad. parroisse de Rennes et François de La Cigongne, sieur de Villebranche, demeurant parroisse de Saincte-Marie-du-Bois, partie de Normandie, généralité d'Alençon, ses frères, il ne cognoist personne de son nom et armes, qu'il porte : *d'azur, à trois fleurs de lis d'or, à la barre de deux traits componée d'or et de gueules* ; a mis au greffe les pièces dont il entend se servir et a signé :

JOACHIM DE LA CIGONGNE.

Les pièces dud. sieur de la Cigongne luy ont esté rendues ce XXVIIe juillet 1667.

CIGOGNE (DE LA). — Originaire du Mayne.

Joachim de La Cigogne, écuyer, sieur du Bourg-Mayenne (Bois de Maine), demeurant paroisse de Rennes, élection du Mans, a justifié la possession du titre de noblesse depuis l'année 1527 commençant en la personne de son bisayeul.

Porte : *d'azur à 3 fleurs de lis d'or à la bande de 2 traits d'or et de gueules.*

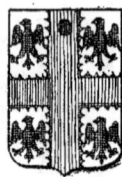

CLERC (René Le), baron de Saultré, demeurant parroisse de Feneu, eslection et ressort d'Angers, comparant le douze octobre 1666, tant pour luy que pour Louis Le Clerc, son frère, demeurant parroisse de Challain, mesmes eslection et ressort, et Urbain Le Clerc, son cousin-germain, demeurant parroisse de Morannes, aussy des mesmes eslection et ressort, lequel a dict qu'il entend maintenir la qualité d'escuyer et qu'il est aisné issu d'une branche de cadets de sa maison, et qu'outre sesd. frère et cousin-germain, il recognoist que Jacques Le Clerc, seigneur de Juigné, demeurant parroisse de Juigné, est l'aisné de lad. maison, et que Louis Le Clerc, sieur de Coulaines, demeurant parroisse de Loué, pays du Maine, est aussy issu d'une branche de cadets de lad. maison, et qu'il n'en cognoist autres de son nom et armes, qu'il porte : *d'argent à une croix edentée de gueules cantonnée de quatre aigles de sable bectées et armées de gueules*, et a signé :

René Le Clerc de Saultré.

1re production, le 1er janvier 1667.
2e production, xxe avril 1667.
Les pièces dud. sieur de Saultray luy ont esté rendues ce premier may 1667.

CLERC (Urbain Le), sieur de Génetay, demeurant parroisse de Morannes, eslection et ressort d'Angers, comparant le premier avril 1667 par m^{tre} Michel Bernard, procureur au bureau des finances de cette ville de Tours, lequel a dict qu'icelluy Leclerc est noble et soustient la qualité d'escuyer, et que René Leclerc, sieur de Sautray, son cousin-germain ayant esté assigné aux mesmes fins a comparu et produit tant pour luy que pour led. sieur de Genetay les tiltres justifficatifs de leur noblesse.

Signé : Bernard.

CLERC (le). — Originaire d'Anjou.
René Le Clerc, écuyer, sieur de La Rochejoulain, de Noyant, baron de Sautré y demeurant paroisse de Feneu, élection et ressort d'Angers et Louis Le Clerc, écuyer, sieur des Aulnays, son frère et Urbain Le Clerc, écuyer, sieur du Genetay, leur cousin-germain ont justiffié la possession du titre de noblesse depuis l'année 1471 commençant en la personne de leur trisayeul. Les s^{rs} de Sautré et des Aulnays frères, ont été renvoyés au conseil pour estre réglez sur la prétendue dérogeance commise par René Le Clerc leur père et qualifié dans un

contrat de mariage maistre d'hostel de M. de Rohan, et par arrêt contradictoire, ont été maintenus en leur noblesse, conformément à notre avis.

Portent : *d'argent à la croix dentelée et fichée de gueules cantonné de 4 aigles esployées de sable, armées et becquées de gueules, au tourteau de sable en chef* [1].

— René Le Clerc.... produisit ses titres par devant Mr Voisin... Renvoyé au Conseil avec avis de les maintenir le 7 mai 1667, qui les maintint en leur noblesse.

CLERC (Pierre Le), conseiller du roy, assesseur au siège présidial d'Angers, comparant le neuf novembre 1666, lequel a dict qu'il n'a jamais eu en intention d'usurper sa noblesse, à laquelle il renonce, que s'il se trouve qu'en quelques actes dont pourtant il n'a point de connaissance les nottaires passeurs luy ayent donné lad. qualité c'est sans l'avoir demandé aud. recherché et les désavouera volontiers, et a signé :

P. Leclerc.

CLERC (Alexandre Le), sieur de Vaux, demeurant parroisse de Loisle, eslection de La Flèche, seneschaussée du Mans, comparant le seize mars 1667, a dit qu'il entend maintenir la qualité d'escuyer, qu'il est cadet de sa maison, que Louis Le Clerc, sieur de La Bretaiche-Mosny, demeurant parroisse de Saint-Jean-des-Mauverets, eslection d'Angers, est son frère aisné et qu'il ne cognoist autre de son nom et armes, qu'il porte : *d'argent, à la croix d'azur, cantonnée de quatre coquilles de mesme*, produira au premier jour les pièces dont il entend se servir et a signé :

Le Clerc.

CLERC (Jean Le), sieur des Emereaux, demeurant à Angers, comparant le xxiiiie mars 1667, par m^{tre} Jacques Auger, praticien de cette ville de Tours, lequel Auger a dit que led. sieur Le Clerc a pris la qualité d'escuyer et prétend demander délay pour représenter les pièces justifficatives d'icelle qualité et a signé :

Auger.

---

(1) Carré de Busserolle, dit la croix *bordée et engreslée de sable*.

Du despuis a produict les pièces justifficatives de sa noblesse le 22e avril 1667.

Les pièces dud. sieur Leclerc luy ont esté rendues ce XXIIIe avril 1667.

Signé : DES EMEREAUX LE CLERC.

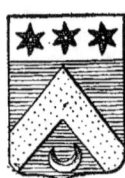

CLERC (LE). — Originaire d'Anjou.

Jean Le Clerc, écuyer, sieur des Émeraux, demeurant en la ville d'Angers a justifié que Pierre Le Clerc, sieur de La Gallorière, son père, a été reçu en la charge de conseiller secrétaire du roy le 16 mai 1639 en laquelle il a servy jusqu'au mois de septembre 1660 et a obtenu des titres de vétéran.

Porte : *d'azur au chevron d'or accompagné d'un croissant d'argent en pointe, au chef d'argent chargé de 3 molettes d'éperon de sable.*

— Jean Le Clerc... eut acte de la représentation de ses titres le 23 avril 1667.

CLERC (PIERRE LE), sieur de La Mannourière? conseiller et maistre des requestes ordinaire de l'hostel de la feue Reine, mère du Roy, demeurant parroisse d'Avesnières-lez-la-ville-de-Laval, comparant le trante mars 1667 par mtre Michel Bernard, lequel a dict qu'icelluy Leclerc n'a jamais eu intention de prendre la qualité d'escuyer et n'a point cognoissance de l'avoir prise, et que sy elle luy a esté donnée ça esté à son inseu, et que quand mesmes il l'auroit prise — que non — il ne pouroit pour ce estre condamné en aucune amande, attendu sad. charge de mtre des reqtes de feu la Reine, mère du Roi qu'il a servi plus de vingt ans en lad. qualité.

Signé : BERNARD.

CLERC (FRANÇOIS LE), sieur des Chastelliers, conseiller du Roy, chevallier du guet et assesseur en la seneschaussée de Laval, y demeurant, comparant le trante mars 1667 par mtre Michel Bernard, lequel a dit qu'icelluy Le Clerc soustient la qualité d'escuyer qui luy est deube à raison de sad. charge de chevallier du guet par l'eedict de création de lad. charge, que sy néantmoins Sa Majesté désire que led. Le Clerc ne prenne plus la qualité d'escuyer, il est prest d'obéir.

Signé : BERNARD.

Led. sieur Le Clerc a mis au greffe les pièces dont il entend se servir, ce xxviiie avril 1667.

CLERC (DENIS LE), sieur de Vaujois, conseiller du Roy, président en l'Election de Laval, y demeurant, comparant le trante mars 1667 par Me Michel Bernard, lequel a dit qu'icelluy Leclerc n'a jamais pris la qualité d'escuyer et ne s'est prévalu d'icelle et désavoue tous actes où l'on auroit raporté pour luy lad. qualité d'escuyer.

Signé : BERNARD.

CLERC (LOUIS LE), sieur de Mauny, demeurant parroisse de Saint-Jean-des-Mauvrets, eslection et seneschaussée d'Angers, comparant le premier avril 1667, a déclaré qu'il entend maintenir la qualité d'escuyer, que Hardouin Le Clerc, sieur de Maulny, demeurant mesme parroisse est l'aisné de sa maison dont il ne cognoist personne que René Leclerc, sieur de La Cheverie, chanoine de Martigné-Briant, et Alexandre Leclerc, sieur de Vaux, demeurant parroisse de Loille, eslection de La Flèche, seneschaussée du Mans, porte pour armes : *d'argent, à la croix d'azur, cantonnée de quatre coquilles de gueules,* produira au premier jour les pièces justifficatives des qualités de sesd. père, frères et luy et a signé :

Louis LE CLERC.

Led. Le Clerc a mis au greffe les pièces dont il entend se servir ce deux avril 1667.

Les pièces dud. sieur Le Clerc luy ont esté rendues ce 6e avril 1667.

CLERC de Mauny (LE). — Originaire d'Anjou.

René Le Clerc, écuyer, sieur de Mauny, demeurant paroisse de Martigné-Briand, élection et ressort d'Angers, a justiffié la possession du titre de noblesse depuis l'année 1462 commençant en la personne de son quintayeul.

Porte : *d'argent à la croix d'azur cantonnée de 4 crousilles de gueules.*

— Louis Le Clerc, écuyer, sieur de Mauny et de La Bretescho... eut acte de la représentation de ses titres tant pour luy que pour ses père et frère le 16 avril 1667.

CLERC (PHILIPPES LE), sieur de La Ferrière, demeurant parroisse de La Ferrière, eslection et seneschaussée d'Angers, comparant le xiiiie avril 1667, a dit qu'il entend maintenir la qualité d'escuyer, qu'il est seul resté de sa maison et qu'il porte pour armes : *d'argent, à une croix de sable, dentelée de gueules et quantonnée de quatre aigles aussy de sable bectées et onglée de gueules*, a mis au greffe les pièces dont il entend se servir et a signé :

PHILIPE LE CLERC.

Les pièces dud. sieur Le Clerc luy ont esté rendues ce XXIIIe avril 1667.

CLERC (LE). — Originaire d'Anjou.

René Le Clerc, écuyer, sieur de La Ferrière, y demeurant, élection et ressort d'Angers, a justiffié la possession du titre de noblesse, depuis l'année 1545, commençant en la personne de son bisayeul.

Porte : *d'argent à une croix de sable dentelée de gueules, cantonnée de 4 aigles de sable couronnés, becqués et onglés de gueules.*

En marge de la main de d'Hozier de Serigny ;

Les titres sur lesquels cette famille a été maintenue par M. Voysin sont faux. Les armes usurpées sont celles de Le Clerc de Juigné.

— Philippe Le Clerc, écuyer, sieur de La Ferrière eut acte de la représentation de ses titres le 23 avril 1667.

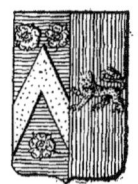

CLERC (JACQUES LE), sieur de Crannes, demeurant parroisse de Saint-Germain-le-Fouilloux, eslection et ressort du comte de Laval, comparant le XXe avril 1667 tant pour luy que pour damoiselle Renée Gemin, veufve de feu Jean Leclerc, vivant sieur de La Prévosterie, demeurante dans la ville de Laval, a dit que lad. veufve Jean Leclerc sa belle-sœur tant pour elle que pour Jean Leclerc son fils et luy entendent maintenir la qualité d'escuyer et qu'il ne cognoist autres de son nom et armes, qu'il porte : *parti, au premier d'azur à un chevron d'or et trois rozes d'argent et au second de gueules à un léopart d'or.*

Signé : LE CLERC DE CRANNES.

Led. sieur Le Clerc a mis au greffe les pièces dont il entend se servir ce XXIXe avril 1667.

Les pièces dud. sieur Le Clerc luy ont esté rendues ce cinq may 1667.

CLERC (LE). — Originaire de Laval.

Demoiselle Rennée Jemin, veuve de Jean Le Clerc, écuyer, sieur de La Prévosterie, mère et tutrice de Jean Le Clerc son fils unique et Jacques Le Clerc, écuyer, sieur de Boisvert, frère puisné dud. Jean, demeurant paroisse de Saint-Germain-le-Fouilloux, élection et comté de Laval, la dite veuve Jemin nous a représenté les lettres d'anoblissement obtenues au mois de may 1594 par Guillaume Le Clerc, sieur de Crasnes, capitaine général de la ville de Laval, ayeul de son mari et dud. Jacques Le Clerc pour avoir esté l'auteur principal de la réduction de lad. ville en l'obéissance de S. M. ensemble les arrêts d'enregistrement desd. lettres.

Porte : *mi-parti d'azur à un chevron d'or accompagné de 3 roses d'argent 2 et 1, et de gueules au léopard d'or* (qui est de Laval ancien).

CLERC (Louis Le), sieur des Aulnays, demeurant à Angers, comparant le xxiie avril 1667 par Mtre Michel Bernard, lequel a dit que led. sieur Le Clerc intervient sur l'assignation donnée à René Le Clerc, sieur de Sautray, son frère et perciste avec led. sieur de Sautré à prendre la qualité d'escuyer et soustient y estre bien fondé en vertu des tiltres qui seront représentés par led. sieur de Sautré.

Signé : Bernard.

CLERMONT (Jean et Charles de), frères, demeurant à La Chevallerie, parroisse de La Croix-de-Bléré, eslection d'Amboise, comparans le dernier avril 1667 par Mathurin Redouin, clerc de Mtre Jacques Pavin, procureur au présidial de Tours, lequel a dit qu'iceux de Clermont n'ont jamais pris la qualité d'escuyer et n'entendent la maintenir, et a signé :

Redouin.

CLINCHAMPS (Jacques de), sieur dud. lieu, demeurant parroisse de Vibraie, eslection du Chasteau-du-Loir, comparant le vingt juin 1667 par Mtre René Froger, advocat aud. Chasteau-du-Loir, lequel a dit qu'icelluy de Clinchamps entend maintenir la qualité d'escuier qu'il a toujours prise comme tous ses prédécesseurs, et a signé :

Froger.

Les pièces dud. sieur de Clinchamps luy ont esté rendues ce xxviie febvrier 1668.

CLINCHAMPS (Louis de), sieur de Sainct-Marceau, demeurant parroisse dud. Sainct-Marceau, eslection du Mans, seneschaussée de La Flèche, comparant le quinze juillet 1667, a dict qu'il entend maintenir la qualité d'escuier, qu'il est aisné de sa maison, et qu'outre Jacques de Clinchamps, seigneur de Sainct-Marceau et de Tilly, demeurant mesme parroisse, et Louis de Clinchamps, seigneur du Puy, capitaine réformé d'une compagnie de cavallerie estrangère, cy-devant commandée par le sieur comte de Belin, demeurant parroisse de Sainct-Martin-de-Connée, eslection et seneschaussée du Mans, ses enfans, il ne cognoist personne de son nom et armes, qu'il porte : *d'argent, à une bande ondée de gueules, bordée de sable, accompagnée de six merlettes de mesme* et a signé :

Louis de Clinchamps.

Led. sieur de Clinchant a mis au greffe les pièces dont il entend se servir ce seize juillet 1667.

Les pièces dud. sieur de Clinchant luy ont esté rendues ce xviiie juillet 1667.

CLINCHAMPS (de). — Originaire du Mayne.

Louis de Clinchamps, écuyer, sieur de Saint-Marceau, y demeurant, Jacques de Clinchamps, son fils aisné, demeurant en lad. paroisse de Saint-Marceau et Louis de Clinchamps, sieur du Puy, son fils puisné, demeurant paroisse de Connerré, élection et bailliage du Mans ont justifié la possession du titre de noblesse depuis l'année 1463 commençant en la personne du trisayeul dudit Louis, quartayeul des dits Jacques et Louis ses enfans.

Jacques de Clinchamps, écuyer, sieur de Tiret, demeurant paroisse de Vibray, élection de Château-du-Loir, a justiffié la possession du titre de noblesse depuis l'année 1556 commençant en la personne de son bisayeul.

Portent : *d'argent à la bande ondée de gueules, bordée de sable et accostée de 6 merlettes aussi de gueules.*

COCHELIN (René), sieur de La Bellière, demeurant à Angers, comparant le unze may 1667, a dit qu'il entend maintenir la qualité d'escuier, qu'il est seul et unicque de sa maison et porte pour armes : *d'azur, à trois teste de lyon arrachées d'or, à la fasce d'argent, chargée d'une estoille d'asur*; et a signé :

R. Cochelin.

COCHELIN. — Noblesse de mairie d'Angers.

René Cochelin, écuyer, sieur de La Bellière, demeurant en la ville d'Angers a justifié sa noblesse qu'il tire de François Cochelin qui fut échevin de la ville d'Angers en 1577.

Porte : *d'azur à la fasce d'argent chargée d'une étoile d'azur et accompagnée de 3 têtes de lion arrachées d'or 2 et 1.*
— René Cochelin... eut acte de la représentation de ses titres le 11 may 1667.

COCHON (FRANÇOIS), sieur du Goupillon, demeurant à Angers, comparant le vingtiesme décembre 1666 par M{tre} Pierre Berneust le jeune procureur au présidial de cette ville de Tours, lequel a dict que led. sieur Cochon entend maintenir la qualité d'escuyer et qu'il produira au premier jour les pièces justifficatives d'icelle, et a signé :
BERNEUST.

Depuis a produict ses tiltres le huict janvier 1667.
Les pièces dud. sieur de Goupillon luy ont esté rendues ce XIXe juillet 1667.

COCHON. — Originaire d'Anjou.
François Cochon, écuyer, sieur de Goupillon, demeurant à Angers, a justifié la possession du titre de noblesse depuis l'année 1535 commençant en la personne de son bisayeul.
Porte : *de gueules au chevron d'or au croissant de même en chef et une étoile aussi de même en pointe.*
— François Cochon... eut acte de la représentation de ses titres le 19 juillet 1667.

COCQ (MATHURIN LE), sieur de La Neufville, capitaine apoincté en la garnison de Brouage, et ayde des camps et armées de Sa Majesté, demeurant ordinairement parroisse Sainct-Pierre-de-Beaulieu, ressort de Loches, bailliage de Tours, âgé d'environ 59 ans, comparant le 29 juillet 1666, nous a dit qu'il entend maintenir la qualité d'escuier qui luy a esté donnée par Sa Majesté en considération des services qu'il luy a rendus en ses armées et au roy Louis XIII son père, de glorieuse mémoire, et qu'il raportera incessamment les pièces justifficatives de sa noblesse.

Signé : MATHURIN LECOCQ.

Le 30 juillet 1666, les pièces dud. sieur ont esté mises au greffe et led. jour luy ont esté rendues.

COCQ (LE). — Originaire de Loches.
Mathurin Le Cocq, sieur de La Neufville, demeurant en la ville de Loches, a rapporté des

216

lettres d'anoblissement par luy obtenues pour services en l'année 1650, ensemble un brevet de retenue pour y être confirmé nonobstant la révocation portée par la déclaration de 1669.

Porte : *d'azur à 3 coqs d'or, 2 et 1* [1].

CŒUR (GABRIEL LE), sieur de La Motte, prevost et lieutenant criminel de robbe court en la mareschaussée de Saumur, y demeurant, lequel, comparant le six octobre 1666, a dit qu'il a pris la qualité d'escuyer en laquelle il a creu estre bien fondé ainsy qu'ont toujours faict ses devanciers en lad. charge et autres officiers de pareille qualité et que néantmoins il est prest à discontinuer de la prendre s'il est ainsy ordonné, et a faict eslection de domicille en la personne de m^{tre} Michel Bernard, procureur au bureau des finances, à Tours, estant à la suitte de Monsieur l'Intendant, et a signé :

LE CŒUR.

COHON (JEAN), conseiller et m^{tre} d'hostel du Roy, demeurant ordinairement au chasteau royal de Bonadventure dont il est capitaine et concierge, comparant le 5e aoust 1666 par m^{tre} Gilles Maridois, procureur au présidial de Tours, a dit n'avoir jamais pris la qualité d'escuyer ou chevallier, recognoissant n'avoir aucuns tiltres pour icelles prendre ny autres qualités que celle cy-dessus de m^{tre} d'hostel du Roy, capitaine et concierge dud. chasteau royal de Bonadventure en laquelle qualité il a esté receu en la chambre des comptes de Paris le 2e septembre 1645, et sy par quelque acte lad. qualité d'escuyer luy avoit esté attribuée, ça esté à son inseu et du propre mouvement de ceux qui les ont escrits dans l'opinion qu'ils avoient qu'ayant l'honneur d'estre frère d'un évesque qui est Mre Anthime-Denis Cohon, évesque de Nismes [2], il estoit de naissance pour prendre lad. qualité à laquelle il renonce.

Signé : MARIDOIS.

---

(1) Carré de Busserolles donne à cette famille : *d'azur à un coq de gueules le pied dextre levé, l'autre appuyé sur une terrasse de sinople.*

(2) L'évêque de Nîmes portait : *d'azur à la fasce d'or accompagné en chef d'un soleil de même et en pointe de 3 étoiles aussi d'or, rangées en fasce.*

COISCAULT (François), sieur de La Ducherie, demeurant parroisse Sainct-Germain-des-Prés, comparant le xxviiie avril 1667, par Pierre Petit, clerc de m^{tre} Pierre Belgarde, procureur au présidial de Tours, lequel a dict qu'icelluy Coiscault a pris la quallité d'escuier comme fils d'eschevin de la ville d'Angers, qui ont droict de prendre lad. qualité, a mis au greffe les pièces dont il entend se servir, et a signé :

Petit.

— Me N. Coicault, sieur de La Ducherie... fils de Me Philippe Coicault, vivant avocat au siège présidial d'Angers et qui a été échevin en 1642, paiera pour jouir comme dessus la somme de...[1]

COLLAS (Jean), sieur de Chasle, demeurant à Baugé, conseiller du Roy, cy-devant lieutenant criminel et à présent lieutenant particulier civil et lieutenant criminel de robbe courte en la mareschaussée dud. Baugé, comparant le 26e aoust 1666, lequel pour satisfaire à l'assignation à luy donnée à la requeste de Laspeyre le dix-neuf du présent mois par exploict de Carré, pour procéder aux fins dudict exploict et de nostre ordonnance y énoncée, a dict qu'il n'a pas et ne prétend poinct de naissance la qualité d'escuyer, et que sy elle luy a esté donnée, ç'a esté à cause de sad. charge de lieutenant criminel de robbe courte, laquelle ayant esté créée à l'instart des provosts provinciaux qui ont droict de prendre lad. qualité d'escuyer, et n'a poinct préjudicié ny au Roy, ny au public, ayant toujours esté et estant exempt de touttes impositions à cause de lad. charge, les provisions de laquelle il représentera touttes fois et quantes, et a faict eslection de domicille en la ville de Chinon, au logis de m^{tre} Jacques Bruzard, procureur, et a signé :

Colas.

Le 30e aoust led. sieur Collas a mis au greffe les pièces dont il entend se servir.

COLLAS.

— N. et N. Collas et N. Collas, fils de Me Claude Collas, sieur de La Cointerie, vivant conseiller à la prévôté d'Angers et échevin en 1660, pour jouir...

(1) Armes ; *d'azur à l'oiseau de paradis d'or, accompagné de 3 étoiles d'argent, 2 et 1.*

Porte : *d'or au chêne de sinople terrassé de même, au sanglier passant de sable sur le fut de l'arbre.*
Catalogue d'Anjou.

COLLASSEAU (Marc-Antoine), sieur des Roches, demeurant au Houx, parroisse de Sainct-Georges-du-Puy-de-la-Garde, eslection de Montreuil-Bellay, comparant le unziesme septembre 1666, lequel pour satisfaire à l'assignation à luy donnée à la requeste de Laspeyre par Girault, huissier, le sixiesme du présent mois et an, a dict qu'il entand maintenir la qualité de noble et escuier qu'il a prise, qu'il est filz aisné de François Collasseau, sieur du Houx, demeurant ordinairement à Paris, chef du nom et des armes de la maison, qu'il a pour cousin-germain Prosper Collasseau, sieur de Briasse, demeurant à Briasse, évesché de Nantes, et Prosper Collasseau, sieur de Grandinière, demeurant paroisse de Noyant, eslection de Saulmur, qui a pour filz Prosper Collasseau, sieur de Noyant, soldat dans la compagnie du sieur de Pierrebasse, capitaine dans le Régiment du Roy, et ne cognoist autre personne de son nom et armes, qu'il porte pour armes : *d'argent à trois molettes d'espron de sable, deux en chef et une en poincte, avec une roze au milieu de gueulle bordée de sable* et pour la justification de sa noblesse produira au premier jours ses tiltres, et a esleu domicille en la maison de m^{tre} Anthoine Angibert esleu à Chinon, et a signé :

Marc-Anthoine Collasseau.

Led. sieur Collasseau a déposé ses pièces le xxe may 1667.
Lesd. pièces ont esté rendues aud. sieur Collasseau le 27e février 1670.

COLLASSEAU (Prosper), sieur de Grandinière, demeurant à Noyant, eslection de Saulmur, comparant le xie septembre 1666 ; lequel pour satisfaire à l'assignation à luy donnée par Girault, huissier, le trente ung d'aoust dernier, a dict qu'il entend maintenir la qualité d'escuier qu'il a prise, qu'il est issu d'un cadet de sa maison, qu'il a pour cousin remué de germain François Collasseau, sieur des Roches du Houx, demeurant parroisse de Sainct-Georges-du-Puy-de-la-Garde, eslection de Montreuil-Bellay, et n'a qu'un filz apellé Prosper Collasseau, sieur de Noyant, et ne congnoistre aultre personne de son nom et armes, et porte pour armes: *d'argent à trois molettes d'esperon de sable avecq une roze au millieu de gueulle bordée de sable,* et pour la justiffication de sa noblesse produira ses tiltres au premier jour, outre l'employ qu'il fera de ceux qui seront produicts par led. Marcq-Anthoine Collasseau, et a esleu domicille en la maison de m^tre Antoine Angibert, esleu à Chinon, et a signé :

Prospère Collasseau.

COLLIN (Symphorien), escuier ordinaire en la grande escuirie du roy, demeurant à Angers, comparant le neufiesme janvier 1668, a dict qu'il n'a jamais pris autre qualité que celle d'escuier de la grande escurie du roy ny n'en prétend poinct d'autre, et a signé :

Collin.

Simphorien Collin.... renvoyé par M. Voysin avec deffences de prendre la qualité d'escuyer.

COLLONNIER (Philbert), sieur des Gazelières, demeurant à Angers, comparant le xviie febvrier 1667, a dit qu'ayant servy le Roy en ses armées pendant l'espace de trente cinq ans en différends employs qui luy ont donné commandement, il a cru devoir prendre pendant led. temps la quallité d'escuier pour se faire plus facillement obéir et depuis a creu pouvoir continuer à prendre lad. qualité à cause de ses services, laquelle néantmoins ne luy a aucunement profité, ny préjudicié au Roy, ny au public ayant toujours demeuré en ville franche, et a signé :

Philbert Collonnier.

COMMANDEUR (Guy le), sieur de Montrenou, y demeurant parroisse de Saint-Seneray, eslection de Laval, présidial de La Flèche, comparant le xxiiiie may 1668, a dit qu'il entend maintenir la qualité d'escuyer, qu'il est unique de sa famille, qu'il porte pour armes : *d'azur, à trois molettes d'espron d'argent, deux en chef et l'autre en pointe ;* a mis au greffe les pièces dont il entend se servir et a signé :

Guy Le Commandeur.

Les pièces dud. sieur Le Commandeur luy ont esté rendues ce xxviie may 1668.

COMMANDEUR (LE). — Originaire du Maine.

Guy Le Commandeur, écuyer, sieur de Montrenou, demeurant paroisse de Saint-Cénéray élection de Laval, présidial de la Flèche, a justiffié la possession du titre de noblesse depuis l'année 1505, commençant en la personne de son trisayeul.

Porte : *d'azur à 3 molettes d'éperon d'argent, 2 et 1.*

COMPAIN (M^{tre} GABRIEL), conseiller du roy au siège présidial de Tours, y demeurant parroisse Sainct-Venant comparant le 23e janvier 1669, a déclaré que bien qu'il ayt peu cy-devant prendre la quallité d'escuier en concéquence de celle de maire de lad. ville dont il a presté serment le premier novembre 1665....

(Acte incomplet).

Armoiries : *d'azur à la tête de léopard arrachée d'or soutenue d'un massacre de cerf aussi d'or.*

CONSEIL (JEAN), sieur dud. lieu, demeurant parroisse de Beauvoir, païs du Maine, comparant le xxiie may 1667 par m^{tre} Jean Ferregeau, son procureur, lequel a dit qu'icelluy sieur Conseil entend maintenir la quallité d'escuier, et a signé :

FERREGEAU.

Led. sieur Conseil a mis au greffe les pièces dont il entend se servir ce xxiie juillet 1667.

CONTADES (ERASME DE), sieur de La Roche-Thibault, demeurant parroisse de Jarzé, eslection de Baugé, seneschaussée dud. lieu, présidial d'Angers, comparant le xxiiie avril 1667, a dit qu'il entend maintenir la qualité et qu'outre Gaspard de Contades, bénéficier, son frère aisné, il ne cognoist personne de son nom et armes, qu'il porte : *d'or, à une aigle d'azur, becquée*

et esclairée de gueules, et pour la justiffication de lad. quallité a mis au greffe les pièces dont il entend se servir, et a signé :

ERASME DE CONTADES.

Lesd. tiltres ont esté rendus aud. sieur le 2ᵉ may 1667.

CONTADES (DE). — Originaire de Narbonne, en Languedoc.

Erasme de Contades, écuyer, sieur de La Rochetibault, demeurant paroisse de Jarzay, élection de Baugé, a justiffié la possession du titre de noblesse depuis l'année 1547 commençant en la personne de son bisayeul.

Porte : *d'azur à l'aigle esployée d'or, becquée et onglée de gueules.*

— Erasme de Contades.... eut acte de la représentation de ses titres le ... may 1667.

CONTE (PIERRE LE), sieur de Beauvais, demeurant dans la ville de Poitiers, comparant le 7ᵉ aoust 1666, a dit qu'il a esté cy-devant assigné aux mesmes fins par devant Monsieur Barantin, maistre des requestes, commissaire desparty pour l'exécution des ordres de Sa Majesté en la généralité de Poitiers par devant lequel il a déclaré comme il fait encore devant nous que Sa Majesté lui ayant octroyé la charge de l'un des gardes de son corps, qu'il possède encor à présent et par les provisions de lad. charge la qualité d'escuyer, il a pris lad. qualité depuis qu'il a lad. charge et point auparavant, et a signé :

LECONTE.

Led. sieur a déposé ses tiltres le 21ᵉ avril 1667, lesquels luy ont esté rendus le 25ᵉ avril 1667.

Damoiselle Jacquine Toutblanc, veufve de feu CLAUDE COQUEREAU[1], sieur de Boisbernier, mère et tutrice et ayant la garde noble des enfans dud. deffunct et d'elle comparant le xxvɪᵉ avril 1667 par mᵗʳᵉ Pierre Berneust, lequel a dict qu'icelle damoiselle Toutblanc entend maintenir la qualité

(1) Armes : *d'azur au coq d'or.*

d'escuyer dud. deffunct Coquereau son mary tant pour elle que pour ses enfans et dud. deffunct, et a signé :

Berneust.

CORAL (Pierre de), sieur de Villiers, demeurant parroisse Sainct-Jullien-de-Chédon, eslection d'Amboise, bailliage de Blois, comparant le xxviiie avril 1667, a dict qu'il entend maintenir la qualité d'escuyer, qu'il est aisné et seul d'une branche de cadets de sa maison et que .... de Coral, sieur de .... demeurant en Limosin est l'aisné de sa maison, et que .... de Coral, sieur du Breuil, demeurant en Poictou, est frère dud. sieur de ...., et qu'il n'en cognoist autres de son nom et armes, qu'il porte : *d'argent à trois branches de coral de gueulles*, et a signé :

Pierre de Coral.

Le sieur de Coral a mis au greffe les pièces dont il entend se servir, ce xviie juillet 1667.

Les pièces dud. du Coral luy ont esté rendues ce xiiiie janvier 1668.

CORAL (de). — Originaire de Limousin.

Pierre de Coral, écuyer, sieur de Villiers, demeurant paroisse de Saint-Jullien-de-Chédon, élection d'Amboise, bailliage de Tours, a justiffié la possession du titre de noblesse depuis l'année 1377, commençant en la personne de son 5ᵉ ayeul.

Porte : *d'argent à la croix ancrée de gueules traversée d'un bâton posé en barre de même.*

Dame Marie du Poulpry[1], veufve de messire Claude de La Corbière, vivant seigneur de Juvigné et conseiller au Parlement de Bretagne, demeurante en sa maison seigneurialle des Allus *(sic)*, parroisse et ressort de Cossé-le-Vivien, eslection de Chasteaugontier, seneschaussée d'Angers, comparant le xiiiie juin 1668 en la ville du Chasteau-du-Loir, par mᵗʳᵉ Michel Bernard, lequel a dit qu'icelle dame de Juvigné entend maintenir la qualité d'escuyer dud. feu sieur de La Corbière, tant pour elle que pour Charles-Guillaume, François-Marie, Claude-René, Julien-Marie et.... de La Corbière, encores non

---

(1) Armes de la famille de Poulpry : *d'argent, au rencontre de cerf de gueules*.

nommé, ses filz et dudit deffunct et dam^lles Anne-Claude et Guillemette-Charlotte de La Corbière, et qu'elle ne connoist outre sesd. enfans du nom et armes dud. feu s^r de La Corbière qui sont : *d'argent, au lion de sable, armé, lampassé et couronné de gueules,* que Charles et Charles et Charles-Joseph de La Corbière, frères puisnéz dud. feu sieur, a mis au greffe les pièces dont lad. veufve entend se servir et a signé :

BERNARD.

Les pièces de lad. dame veufve de La Corbière ont esté rendues ce xve juin 1668.

CORBIÈRE (DE LA). — Originaire d'Anjou.

Demoiselle Marie de Pourpry, veuve de Claude de La Corbière, écuyer, sieur de Juvigné, demeurante paroisse de Cossé-le-Vivien, élection de Châteaugontier, bailliage d'Angers, mère et tutrice de Charles, Jullien, Claude et François de La Corbière ses enfans et dud. deffunt a justiffié la possession du titre de noblesse depuis l'année 1444, commençant en la personne de son 6e ayeul.

Porte : *d'argent au lion de sable, armé, lampassé et couronné de gueules.*

— Claude de La Corbière... eut acte de la représentation de ses titres le 15 juin 1668.

CORDOUAN (JACQUES DE), escuier, sieur de La Forest, demeurant au Mans, parroisse de Sainct-Pavin en la ville du Mans, comparant le xxvie avril 1669 par m^tre Louis Le Damoysel, lequel a dit que led. sieur de Cordouan entend maintenir la quallité d'escuier, qu'il est cadet de sa maison, pourquoy il prétend demander délay de représenter ses tiltres, et a led. Le Damoysel signé :

LE DAMOYSEL.

Les pièces dud. sieur de Cordouan ont esté rendues aud. Le Damoysel, le 7e may 1669.

Armoiries : *d'or à la croix engreslée de sable cantonnée de 4 lionceaux de gueules, armés, lampassés de sable.*

CORMIER (CLAUDE), demeurant en la ville d'Angers, comparant le premier octobre 1666, lequel a dict qu'il n'a jamais pris la qualité d'escuier, que sy elle luy a esté donnée en quelques actes de légère conséquence, cella a esté sans son adveu et par le mouvement des notaires qui sont accoustumés de la donner indifféremment à Angers à cause de la quantité de nobles de merrerie qu'il y a, que bien loing d'avoir voulu usurper cette qualité il a faict toutes les charges de roturier, et a signé :

Cormier.

CORMIER (Jean), sieur de La Dominière, demeurant en la ville d'Angers, comparant le premier octobre 1666, lequel a dict qu'il n'a jamais pris la qualité d'escuier, que si elle luy a esté donnée en quelques actes de légère conséquence, ç'a esté par le mouvement des notaires sans son adveu et participation, et qu'il ne l'a jamais prise en son contract de mariage, partages et autres tiltres de famille comme il le justiffiera par les pièces qu'il produira, et a signé :

J. Cormier.

— CORNAY *aliàs* COURNEZ (Claude), sieur de Monac, exempt des gardes du corps du Roi, qui a été maire de la ville d'Angers en 1657, pour jouir....

Armoiries : *d'azur à deux vols d'or chargés chacun d'une fleur de lys d'azur*[1]*, au huchet aussi d'or en pointe.*

Catalogue d'Anjou.

CORNILLAUD (Pierre de), sieur de La Coudraye, demeurant parroisse de Sainct-Pierre de Chaubrogne, eslection de Montreuil-Bellay, ressort d'Angers, comparant le quinze avril 1667 par m^{tre} Pierre Gyerault, lequel a dict qu'icelluy de Cornillaud, entend maintenir la quallité d'escuier, qu'il est seul de sa maison et porte pour armes : *d'or, au chevron de sable, accompagné de trois corneilles de mesme bectées et membrées de gueules* et a led. Gyerault mis au greffe les pièces dont led. de Cornillaud entend se servir, et a signé :

Gyerault.

Les pièces dud. sieur Cornillaud ont esté rendues aud. Gyerault, son procureur ce xxxve avril 1667.

(1) *De gueules*, d'après C. Port. *Dict. de Maine-et-Loire*, art. Cournez.

Damoiselle MARIE-PHILIPPE DE CORNILLAUD, veufve de feu René Cheminée[1], sieur de La Brunelière, demeurant parroisse de Villedieu, eslection d'Angers, ayant renoncé à la communauté dud. deffunct et d'elle et à la succession mobilière de deffunct Pierre Cheminée, son fils unicque, comparant le XVIIe may 1667 par m^{tre} Jean Ferregeau, lequel a dict qu'elle entend maintenir la qualité de damoiselle comme issue du noble extraction.

Signé : FERREGEAU.

Les pièces de lad. de Cornillau ont esté rendues à m^{tre} Le Damoysel, son procureur, le 22e mars 1668.

CORNILLAUD (PHILIPPE-MARIE), veufve de René Cheminée, sieur de Brunelière, demeurant parroisse de La Blouère, eslection et bailliage d'Angers, comparant le six juin 1667 par m^{tre} Bernard, son procureur, a dict qu'elle entend maintenir la qualité de noble de son chef comme issue de la famille et nom de Cornillau, fille aisné de Claude de Cornillau vivant sieur de La Monnerie, et a signé :

BERNARD.

CORNILLAU (DE). — Originaire de Poitou.

Pierre de Cornilleau, écuyer, sieur de La Coudraye, demeurant paroisse de Saint-Pierre-de-Chaubrogne, élection de Montreuil-Bellay et Philippe-Marie de Cornilleau, sa sœur, demeurante parroisse de La Bellouère, élection et ressort d'Angers, ont justiffié la possession du titre de noblesse depuis l'année 1522 commençant en la personne de leur bisayeul.

Portent : *d'or au chevron de sable accompagné de 3 corneilles de sable, becquées et membrées de gueules.*

— Pierre et Philippe-Marie.... au nombre des maintenus par M. Voisin de la Noirays.

CORNILLEAU (JULIEN DE), sieur de La Dorengerie, y demeurant parroisse de Larchant, eslection, duché et payrie de Mayenne, comparant le quatriesme juin 1668 par m^{tre} Michel Bernard, lequel a dit qu'icelluy sieur de Cornilleau

---

(1) Cheminée : *d'argent à 3 têtes de lion de ..... couronnées et lampassées d'or, 2 et 1.*

entend maintenir la qualité d'escuier, qu'il est unicque de sa maison et qu'il ne connoist autres personnes de son nom et armes, qu'il porte pour armes : *d'argent, à trois corneilles de sable becquées et enluminées de mesme, membrées d'or, deux en chef et l'autre en poincte*, pour la justiffication de lad. qualité d'escuyer led. Bernard a mis au greffe les tiltres dont led. sieur de Cornilleau entend s'ayder et a signé :

BERNARD.

Les pièces dud. sieur de Cornilleau ont esté rendues aud. Bernard le VIIe juin 1668.

CORNILLEAU. — Originaire du Maine.

Julien Cornilleau, écuyer, sieur de La Dorangerie, demeurant paroisse de Larchamps, élection et ressort de Mayenne, a justiffié la possession du titre de noblesse depuis l'année 1499 commençant en la personne de son quartayeul.

Porte : *d'argent à 3 corneilles de sable, membrées d'or, 2 et 1*.

CORNU (HENRI LE), sieur du Plessis de Cosme, demeurant parroisse de Brissarthe, eslection et bailliage d'Angers, comparant le sept febvrier 1667, lequel a déclaré qu'il entend maintenir la qualité d'escuier, et qu'il est seul de son nom et armes, qu'il porte : *d'or, à une teste de serf de gueules et une aigle de sable desployée*, et qu'il produira au premier jour les pièces dont il entend se servir, et a signé :

HENRY LE CORNU.

CORNU (LE). — Originaire d'Anjou.

Henry Le Cornu, écuyer sieur du Plessis de Cosme, demeurant paroisse de Brissarthe, élection et bailliage d'Angers, a justiffié la possession du titre de noblesse depuis l'année 1532 commençant en la personne de son trisayeul.

Porte : *d'or au massacre de cerf de gueules et une aigle esployée de sable en chef*.

— Henry Le Cornu.... eut acte de la représentation de ses titres le 8 février 1668.

COSNIER (JACQUES), sieur des Mortiers, demeurant parroisse Sainct-Ouyn, près Amboise, comparant le 31e juillet 1666, a déclaré qu'il n'entend maintenir la qualité d'escuier et a signé :

COSNIER.

Condamné.

COSSÉ (HIÉROSME), sieur des Grouas, demeurant à Angers, comparant le IXe mars 1667 par m^{tre} François Godefroy, son procureur, lequel a dit que led. Cossé n'a pris la qualité d'escuyer que comme eschevin de lad. ville et depuis qu'il a esté nommé en lad. charge en concéquence des privilèges accordés par Sa Majesté aux maire et eschevins de lad. ville et que sy Sad. Majesté désire révoquer lesd. privilèges, il n'entend après lad. révoquation prendre lad. qualité d'escuier, et a signé :

F. GODEFROY.

Hiérosme Cossé, sieur des Grois qui fut échevin en 1660, pour...
Porte : *de gueules à la fasce d'argent accompagnée de 3 quintefeuilles de même.*
— Jérosme Cossé... échevin de la ville d'Angers au nombre des maintenus par M. Voisin de la Noirays.

COSTE (MARTIN), commis au grenier à sel de Tours, comparant le 28e juillet 1666, nous a dit qu'il n'a jamais pris la qualité d'escuier et a signé :

COSTE.

COSTE (DE LA). — Originaire de Touraine.
Gaspard de La Coste, écuyer, sieur de Pontlong, demeurant paroisse d'Ansay, élection de Loudun, bailliage de Tours, a justifié la possession du titre de noblesse depuis l'année 1533 commençant en la personne de son trisayeul.
Porte : *de gueules à la bande d'argent accompagnée de 3 besans de même 2 et 1* [1].
Vol. 439 du Cabinet des titres.

COTTEREAU (CLAUDE), seigneur de La Bédouère, demeurant en son chasteau de La Bédouère, parroisse de Cérelles, eslection et bailliage de Tours, comparant le XXIIe may 1668, a déclaré qu'il entend maintenir la quallité de chevallier et d'escuier et que outre m^{re} François Cottereau, seigneur de Champart, l'un des vingt-cinq gentilshommes ordinaire de la maison du Roy, demeurant ordinairement à Paris, et m^{re} Michel Cottereau, chanoine de l'église de Tours y demeurant, m^{re} Paul Cottereau, seigneur de La Poissonnière, demeurant en lad. ville de Tours, ses frères, il recongnoist encore de sa

(1) D'après Carré de Busserolle cette famille portait : *d'argent à 4 fleurs de lys de gueules, 2, 2.*

maison mre Gilles Cottereau, conseiller du Roy et président au présidial de Tours, Bertrand Cottereau, Cézard et Charles Cottereau, frères, ses cousins-germains, demeurans tous à Tours, et que outre il y a encores quelques particulliers de mesme nom demeurans en la province de Berry et de Soulogne qu'il ne connoist particullièrement et qu'il porte pour armes : *d'argent, à trois laizardes de sinople* et a signé :

LA BÉDOUÈRE COTEREAU.

Les pièces dud. sieur Cotereau luy ont esté rendues ce xxiiie may 1866.

COTEREAU. — Originaire de Touraine.

Claude Cotereau, écuyer, sieur de Bedouère, paroisse de Serelle, élection et bailliage de Tours, a justiffié la possession du titre de noblesse depuis l'année 1517 commençant en la personne de son trisayeul.

Porte : *d'argent à 3 lézards grimpants de sinople 2 et 1*.

COTTINIÈRE (GUILLAUME DE LA), sieur dud. lieu, demeurant parroisse de Chantoceaux, eslection et bailliage d'Angers, comparant le dix-huit may 1667, a dit qu'il entend maintenir la qualité d'escuier qu'il est seul et unique de son nom et armes et porte pour armes : *d'argent à une fasce de sable chargée de trois croix d'argent et un chevron de gueules et une molette d'espron de gueules*, et a signé :

G. DE LA COTTINIÈRE.

COUASNON (PIERRE DE), sieur de La Barillière, y demeurant paroisse de La Croisille, eslection de Laval, duché et pairie de Mayenne, comparant le 18e juin 1668, lequel a dit qu'il entend maintenir la qualité d'escuier, qu'il est aisné de sa maison, et qu'outre Alexis de Couasnon, prestre, prieur et curé de Sainct-Martin-de-Poché, eslection du Mans, et Jean de Couasnon, sieur de Chastenay, de présent au service du Roy, ses frères puisnés et Renée et Marie de Couasnon, ses sœurs, il ne connoist autres personnes de son nom et armes, qu'il porte : *d'argent à trois molettes d'espron de sable, deux en chef et l'autre*

en poincte, pour la justiffication de laquelle qualité d'escuier, il a mis et produict au greffe les pièces dont il s'entend ayder et servir et a signé :

PIERRE DE COUASNON.

Les pièces dud. sieur de Couasnon luy ont esté rendues le neuf juin 1668.

PIERRE DE COUASNON.

COUASNON (DE). — Originaire du Mayne.

Pierre de Couasnon, écuyer, sieur de La Barillière, demeurant paroisse de La Crousille, élection de Laval et Jean de Couasnon, son frère puisné de present au service du Roy, ont justiffié la possession du titre de noblesse depuis l'année 1537 commençant en la personne de leur trisayeul.

Porte : *d'argent à 3 molettes d'éperon de sable, 2 et 1.*

COUDREAU (M^{tre} MATHURIN), conseiller du roy, receveur général des bois de la généralité de Tours et commissaire provincial de l'artillerie de France au département de Guienne, demeurant à Tours, comparant le vingt-septiesme janvier 1667, a dit qu'il n'a jamais pris ny prétendu prendre la qualité d'escuyer et que sy elle luy a esté donnée c'a esté à son inseu et sans son consentement, et a signé :

COUDREAU [1].

Armoiries : *d'argent au chevron de gueules accompagné en chef de deux maillets de sable et en pointe d'une grenade de guerre de sable, enflammée de gueules.*

COUÉ-LUSIGNAN (LOUIS DE), seigneur de Betz et autres lieux, demeurant en son chasteau de Betz, paroisse dudict lieu, eslection et siège royal de Loches, bailliage de Tours, comparant le quatre juin 1668 par M^{tre} Michel Bernard, lequel pour satisfaire à l'assignation donnée à Paul de Coué de Lusignan, seigneur des Roches de Bets, frère puisné dud. sieur de Coué-Lusignan a dict qu'icelluy sieur de Coué de Lusignan entend maintenir la

---

(1) En 1677, André Coudreau, de la même famille, était maire de Tours.

qualité de chevalier, qu'il est aisné de sa maison et qu'oultre Louis, Pierre, François, Paul,... de Coué, et .... de Coué de Lusignan, ses enfans, Charles de Coué de Lusignan, seigneur de La Courtinais, son frère puisné, demeurant en lad. eslection, led. Paul de Coué de Lusignan, aussy son frère puisné, demeurant eslection de Chinon, Henry de Coué de Lusignan, seigneur de La Menardière, son cousin-germain, demeurant eslection du Blanc, en Berry, généralité de Bourges, seneschaussée de Poictiers; trois enfans de François de Coué de Lusignan, vivant seigneur de La Roche-Aguet, ses cousins issus de germain, demeurans en lad. eslection du Blanc en Berry; Henry de Coué de Lusignan, seigneur des Bergerais, aussy son cousin issu de germain demeurant eslection de Richelieu; René de Coué de Lusignan, seigneur de La Giraudière et Pierre de Coué de Lusignan, seigneur de Thouvault, frères, pareillement ses cousins issus de germain, demeurans scavoir led. Pierre en lad. eslection du Blanc en Berry, il ne connoist autres personnes de son nom et armes, qu'il porte : *écartelé au premier et quart d'or, au second et tiers d'azur, chacun quartier chargé d'une merlette de l'un à l'aultre;* pour la justiffication de laquelle qualité de chevallier led. Bernard a mis au greffe les pièces et tiltres dont ledit sieur de Coué de Lusignan entend s'aider et a signé :

BERNARD.

Les pièces dud. sieur de Coué de Lusignan ont esté rendues aud. Bernard le VIe juillet 1668.

COUÉ (DE). — Originaire de Touraine.

Louis de Coué-Lusignan, chevalier, seigneur de Betz, y demeurant, Charles de Coué, écuyer, seigneur de La Courtinais, demeurant paroisse de Betz, élection de Loches et Paul de Coué, chevalier, seigneur des Roches, demeurant paroisse d'Abilly, élection de Chinon, bailliage de Tours, Henri de Coué, sieur de La Ménardière, demeurant à Monthenault-en-Berry, cousin-germain dudit Louis de Coué et François de Coué, sieur de La Roche-Aguet, demeurant paroisse de Saint-Pierre-de-Maillé en Berry, son frère Henry de Coué, sieur des Espergerais, demeurant paroisse de Serigny, élection de Richelieu et Pierre de Coué, sieur de Touvaut, frères, demeurans en Berry, cousins issus de germain dud. Louis de Coué, aisné de la famille, ont justiffié la possession du titre de noblesse depuis l'année 1426 commençant en la personne du quintayeul des uns et quartayeul des autres.

Lesdits sieurs de Coué ont adjousté le nom de Lusignan à celui de Coué, leur père et ayeul ne les ayant point pris.

Portent : *écartelé d'or et d'azur, à 4 merlettes de l'un en l'autre.*

Julien Potier, audiancier du siège royal du Chasteauduloir, comparant le 30ᵉ may 1667 a dit luy avoir esté envoyé une assignation donnée aux sieurs (COUETTE) de La Faverie en leur maison de La Faverie parroisse de Beaumont-Pied-de-Bœuf, eslection dud. Chateauduloir, de la requeste de Laspeyre le seize du présent mois de may, par le mestayer dud. lieu de La Faverie et que l'un desd. sieurs de La Faverie est mort depuis peu au service de Sa Majesté et que de l'autre est encor présentement au service de Sad. Majesté près de sa personne, pour avertir lequel de lad. assignation il prétend demander délay compétant et a signé :

POTIER.

Led. Potier a mis au greffe les pièces desd. sieurs Couette de La Favrie, ce trois juillet 1667.

Lesd. pièces ont esté rendues aud. sieur de Faverye le sept septembre 1667.

Signé : HENRY COUETTE.

COUETTE. — Originaire de Touraine.

Jacques Couette, écuyer, sieur de La Roche de Vaas, y demeurant, élection de La Flèche, et Henry Couet, écuyer, sieur de La Faverie, Marie et Renée Couettes, sœurs, demeurant paroisse de Beaumont-Pied-de-Bœuf, élection du Châteauduloir, cousin et cousines issues de germain de Jacques, ont justiflié la possession du titre de noblesse depuis l'année 1545 commençant en la personne de leur bisayeul.

Porte : *d'argent à 2 biches de gueules, passantes.*

COULDRAY (CHARLES DU) sieur de La Vaugottière, demeurant parroisse Sainct-Martin-du-Limet, eslection de Chasteaugontier, comparant le XXIXᵉ juillet 1667, lequel a dit qu'il entend maintenir la qualité d'escuier, qu'il est seul de sa famille, nom et armes qui sont : *d'argent, au lyon de gueules* et a signé :

CHARLES DU COULDRAY.

Les pièces dud. sieur du Couldray luy ont esté rendues le deux aoust 1667.

COUDRAY (DU). — Originaire du Bas-Mayne.

Charles du Coudray, écuyer, sieur de La Vaugotière, demeurant paroisse de Saint-Martin-du-

Limet, élection de Châteaugontier, ressort d'Angers, a justiffié la possession du titre de noblesse depuis l'année 1534 commençant en la personne de son bisayeul.

Porte : *d'argent au lion de gueules, armé de sable.*

— Charles du Coudrai... eut acte de la représentation de ses titres le 1ᵉʳ aoust 1667.

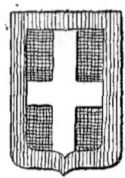

COURAUD (Pierre), sieur de Bonneuil et de Sainct-Michel, demeurant en la parroisse dud. Sainct-Michel, eslection et ressort de Loches, comparant le 27ᵉ janvier 1668 par Bernard Couraud, sieur de Bonneuil, son fils, lequel a dit que sond. père et luy entendent maintenir la quallité d'escuier, que sond. père est cadet de sa maison que le sieur de Couraud de La Roche-Chevreux, demeurant en Poictou, est l'aisné de lad. maison et qu'il n'en connoist autres de son nom et armes, qu'il porte : *de sable, bordé de gueules, à la croix d'argent demy fichée*, et a signé :

Bernard Couraud.

Led. sieur Couraud fils a mis au greffe les pièces dont il entend se servir ce xxviiiᵉ febvrier 1668.

Les pièces dud. sieur luy ont esté rendues ce xxiiᵉ febvrier 1668.

COURAUD. — Originaire de Berry.

Pierre Couraud, chevalier, sieur de Bonnœil et Bernard Couraud, son fils, demeurants paroisse Saint-Michel, élection de Loches, bailliage de Tours, ont représenté une ordonnance de renvoy de M. d'Herbigny intendant de Berry par laquelle il paroit qu'ils ont justifié la possession du titre de noblesse depuis l'année 1497 commençant en la personne du quintayeul dud. Pierre Couraud père et du 6ᵉ ayeul dud. Bernard.

Porte : *de sable à la croix d'argent, à la bordure de gueules.*

COURTARVEL (de). — Originaire du Mayne.

Jean de Courtarvel, écuyer, sieur de Saint-Hillaire, François et Marc-Anthoine de Courtarvel ses enfans, demeurants paroisse de .... élection du Châteauduloir, ledit Jean de Courtarvel père a justifié la possession du titre de noblesse depuis l'année 1516 commençant en la personne de son trisayeul.

Porte : *d'azur au sautoir d'or cantonné de 16 losanges de même posés 3 et 1 dans chaque canton.*

Vol. 439 du Cabinet des titres.

COURTIN (Jean), sieur de La Hunaudière, conseiller du roy, lieutenant-criminel de la seneschaussée d'Anjou, gouverneur de la ville et chasteau de

Baugé, demeurant aud. chasteau, comparant le huict febvrier 1667, a dit qu'il entend maintenir la qualité d'escuier, qu'il est aisné d'une branche de cadets de sa maison et que l'aisné de lad. maison est Mre Nicolas Courtin, seigneur de Rozay, conseiller du roy en ses conseils et en la grande chambre du Parlement de Paris et Mre Jean Courtin, chevalier, marquis de Givry, aussy conseiller du roy aud. Parlement et commissaire aux requestes du pallais, Mre Charles Courtin, chevallier, Mre Honoré Courtin, chevalier, conseiller du roy en ses conseils, M^tre des requestes ordinaire de son hostel, ambassadeur pour Sa Majesté en Allemagne, Mre Marc Courtin, chevallier, seigneur de Villiers, capitaine au régiment des gardes et commandant les chevau-légers de la reine, et Mre René Courtin, abbé de Sainct-Remy, sont tous dessendans de Mre Jean Courtin vivant chevallier, seigneur de Rozay, conseilller du roy en ses conseils et doyen de sond. Parlement de Paris, aisné de lad. maison et que Mre Louis Courtin, conseiller du roy en ses conseils et M^tre des requestes ordinaire de son hostel et Jacques Courtin, escuier, sieur de Nanteuil, conseiller du roy et président au siège présidial de Blois, sont d'une autre branche de cadets dont Mre Guillaume Courtin, chevallier, seigneur de La Grange-Rouge, vivant conseiller du roy en ses conseils et M^tre des requestes ordinaire de son hostel estoit l'aisné et qu'il ne cognoist personne de son nom et armes que les cy-dessus nommés et que les armes de sad. maison sont : *d'azur à trois croissans d'or*, et qu'il produira au premier jour les pièces dont il entend se servir,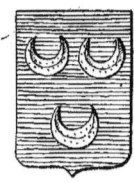

Signé : COURTIN.

Led. sieur Courtin a mis au greffe les pièces dont il entend se servir ce XIIIIe avril 1667.

Les pièces dud. sieur Courtin ont esté rendues ce deuxiesme janvier 1668.

Damoyselle Anne Charlot[1], vefve de JACQUES COURTIN, vivant sieur de La Cochelière, bailly juge ordinaire général civil et criminel au siège royal de Saincte-Suzanne, eslection et ressort de La Flèche, comparant le XXVIe juillet 1667, par M^tre Louis Le Damoysel, lequel a dict que lad. damoiselle entend

---

(1) Charlot : *d'azur au chevron d'or accompagné de 3 croissants d'argent 2 et 1, celui de la pointe surmonté d'un trèfle d'or.*

maintenir la quallité d'escuyer dud. deffunct Courtin, son mary, qu'elle n'a les tiltres de la famille pour la justiffier mais qu'ils sont entre les mains de l'aisné de lad. famille de sond. mary, pourquoy elle demande temps de les représenter.

Signé : Le Damoysel.

Damoiselle Anne Charlot, vefve de deffunct Jacques COURTIN, sieur de Boisclair, conseiller du roy, bailly, juge civil et criminel au siège royal de la baronnye de Saincte-Suzanne comparant le cinquiesme décembre 1667 par M^{tre} Louis Le Damoisel, lequel a dict qu'elle entend maintenir la quallité d'escuier de son deffunct mary quoy qu'il ne luy en est de besoing, attendu qu'elle est aagée de 78 ans ou environ et qu'elle n'a aucuns enfans malles quy ayent besoing de lad. qualité dud. deffunct sieur Courtain non obstant ce elle offre la justiffier et demande un temps pour faire apparoir des tiltres ne les ayant entre ses mains estans entre ceux des aisnés de la famille dud. Courtin, et a led. Le Damoysel signé :

Le Damoysel.

Anne Charlot, vefve de deffunct M^{tre} Jacques COURTIN, vivant sieur de Boisclair, conseiller du roy, bailly, juge-général civil et criminel au siège royal de la ville de Saincte-Suzanne, comparant le huictiesme febvrier 1668 par M^{tre} Louis Le Damoysel, lequel a dict que lad. Charlot ayant esté assignée à la requeste de Laspeyre et faict sa déclaration qu'elle entendoit maintenir la quallité d'escuyer de sond. mary lequel avoit esté toujours reconneu pour noble dans la province, mais déclare à présent que sond. mary n'estant dessendu que de cadetz, que la recherche de ses tiltres seroit très-difficille et qu'elle luy seroit plus honéreuse que profitable, attendu qu'elle n'a qu'une fille qui est mariée et à laquelle elle a faict démission de tous ses biens et mesme renoncé à la communauté de sond. mary, elle déclare qu'elle n'entend poinct maintenir lad. quallité d'escuier de sond. deffunct mary et y renonce et révocque la déclaration qu'elle a cy-devant faicte par erreur, et a signé :

Le Damoysel.

COURTIN. — Originaire d'Anjou.

Jean Courtin, écuyer, sieur de La Hunnaudière, lieutenant-criminel, gouverneur de Baugé, a esté renvoyé au conseil où il a obtenu arrest de maintenue en qualité de noble :

Porte : *d'azur à 3 croissants d'or, 2 et 1*.

— Jean Courtin... produisit ses titres par devant M. Voisin de La Noirays qui le renvoya au conseil le 27 avril 1667. Arrest qui maintient led. Jean Courtin du 15 mars 1669.

COURTIN (FRANÇOIS), sieur de Beauré, lieutenant du provost provincial des mareschaulx de Touraine, à la résidence de Montrichard, y demeurant, comparant le xxvie avril 1667, lequel a dit qu'il n'a pris la quallité d'escuyer que depuis qu'il est pourveu et reçue en lad. charge de lieutenant dud. Provost comme tous ses prédécesseurs en lad. charge ont faict et ont eu droict par les édicts et déclarations de Sa Majesté, et que néantmoins il s'est abstenu de prendre lad. qualité d'escuyer depuis la déclaration de Sa Majesté pour la recherche des usurpateurs du tiltre de noblesse et ne prétend la prendre à l'advenir jusques à ce qu'autrement en ait esté ordonné et a signé :

COURTIN.

COURTOUX (Messire JACQUES DE), chevallier de l'ordre Sainct-Michel, baron de la baronnye de La Chartre-sur-le-Loir, seigneur de La Gidonnière et autres lieux, demeurant en lad. maison de La Gidonnière parroisse de Lhommes, eslection du Chasteau-du-Loir, ressort et seneschaussée du Mans, comparant le xxe janvier 1669 par M^{tre} René Boutin, procureur au siège présidial de Tours, lequel a dict qu'icelluy sieur de Courtoux entend maintenir la qualité de chevallier pour la justiffication de laquelle a mis au greffe les pièces dont il entend se servir et a signé :

BOUTIN.

Les pièces dud. sieur ont esté rendues aud. Boutin ce premier mars 1669.

COURTOUX (JACQUES DE), sieur dud. lieu, demeurant parroisse de Sainct-Nicollas du Mans, comparant le 19e may 1669 tant pour luy que pour Louis de Courtoux, son frère, premier lieutenant de la compagnie colonelle de

Piedmont, estant au service du roy, lequel pour satisfaire à l'assignation donnée à sond. frère à la requeste de Laspeyre, a dit qu'il entend aussy bien que luy maintenir la quallité d'escuier, qu'ils sont cadetz de leur maison, que Jacques de Courtoux, baron de La Chartre, demeurant parroisse de Lhommes, eslection de La Flèche, est l'aisné de lad. maison, et n'en connoist autres de leurs nom et armes qui sont : *d'argent, à la fasce dantellée de sable accompaignée de trois roses de gueules, deux en chef et une en poincte* et pour la justiffication de leursd. quallités et noblesse a mis au greffe les pièces dont ils entendent leur servir et a signé :

J. DE COURTOUX.

Les pièces dud. sieur de Courtoux luy ont esté rendues le 21e may 1669.

J. DE COURTOUX.

COURTOUX (DE). — Originaire du Mayne.

Jacques de Courtoux, chevalier de l'ordre de Saint-Michel, baron de La Chartre, y demeurant élection du Châteauduloir et Jacques de Courtoux, écuyer, sieur dud. lieu, demeurant en la ville du Mans, son cousin issu de germain ont justiffié la possession du titre de noblesse depuis l'année 1456, commençant en la personne de leur quartayeul.

Portent : *d'argent à la fasce d'or, dentelée de sable et accompagnée de 3 roses de gueules, 2 et 1.*

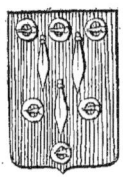

COURTYNIER (CHARLES), sieur du Vivier y demeurant, parroisse de Seuilly, eslection de Richelieu, ressort dud. lieu, bailliage d'Angers, comparant le 21e aoust 1666, lequel a dit qu'il entend maintenir la qualité d'escuyer, et qu'il est issu d'un cadet, et que François Courtinier est l'aisné de la maison et que ..... Courtinier, sieur de Valancé et ..... Courtinier, son frère, sont aussy dessendus d'un cadet de lad. maison, et n'en cognoist point d'autres sinon les enfans desd. sieurs estans en bas âge, et qu'il porte pour armes : *de gueules à six boucles d'argent et trois fers de lance en pal, en chef, aussy d'argent* et a mis au greffe les tiltres et pièces dont il entend se servir pour la justiffication de sa noblesse, lesquelles ont esté paraphées par première et dernière, et a faict eslection de domicille en la personne de M^{tre} Michel Bernard, et a signé :

CHARLES COURTYNIER.

Le 22e aoust 1666, les pièces dud. sieur Courtinier luy ont esté rendues.

COURTINIER. — Originaire de Poitiers, noblesse d'échevinage.

Charles Courtinier, écuyer, sieur du Vivier, demeurant paroisse de .... élection et ressort de Richelieu, bailliage d'Angers, a justiffié que Pierre Courtinier son bisayeul a été échevin et maire de la ville de Poitiers ès années 1572 et 1574.

Porte : *de gueules à 6 boucles d'argent 3, 2, 1 et trois fers de lance en chef posés en pal.*

Il eut acte de la représentation de ses titres le ..... 1667.

Armoiries : *de gueules à 3 fers de lance versés d'argent, 2 et 1, entre 6 annelets de même, 3, 2 et 1.*

COUSCHET (MICHEL), lieutenant au siège royal de Beaufort, demeurant eslection d'Angers, comparant le xxe may 1667, a dit qu'il n'a jamais pris la qualité d'escuyer ny mesme entendu la prendre en aucuns actes, y renonçant et a signé :

COUSCHET.

COUSTARD [1] (FRANÇOIS), sieur de Nerbonne, demeurant en la ville d'Angers, comparant le xxvie septembre 1666 par M^{tre} Baudouin, advocat à Chinon, lequel a dict pour led. Coustard qu'il n'a jamais pris la qualité d'escuier en aucun acte, que si elle lui a esté donnée ça esté par le mouvement du notaire et sans son adveu, qu'il a toujours payé les subsides comme les autres roturiers, et a signé :

BAUDOUIN.

COUSTELLIER (RENÉ LE), sieur de Bource, demeurant parroisse de Vivoin, pays du Maine, comparant le xxixe juillet 1667 par M^{tre} Michel Bernard, lequel a dit qu'icelluy Le Coustellier entend maintenir la qualité d'escuyer, produira au premier jour les pièces justifficatives de lad. qualité et a signé :

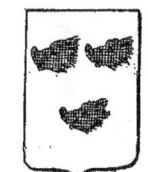

BERNARD.

COUSTELIER (HENRY LE), sieur de Saint-Pater, y demeurant, parroisse dud. lieu, eslection et seneschaussée du Mans, comparant le 17e janvier 1669

---

(1) Armoiries : *d'azur au chevron d'or accompagné de 3 losanges de même, 2 et 1, celui de la pointe soutenant un croissant d'argent.*

par Jean Leclerc pour la malladie de m^tre Michel Bernard procureur au bureau des finances à Tours, lequel Leclerc a dit que led. Le Coustelier entend maintenir la qualité d'escuyer et qu'outre Thomas Le Coustelier, escuyer, sieur de Bonnebos, demeurant en la généralité d'Allençon, il ne connoist autres personnes de son nom et armes qui sont : *d'argent, à trois hures de sanglier arrachées, de sable* ; a mis au greffe les pièces dont led. sieur entend se servir et a signé :

Leclerc.

Les pièces dud. sieur Le Coustellier ont esté rendues aud. sieur Bernard, à Tours le 13e janvier 1671.

COUSTELY (Charles de), sieur de Beauregard, demeurant à Tours, parroisse de Sainct-Pierre-du-Boille, comparant le cinquiesme janvier 1667, a dit qu'il ne prétend poinct la qualité d'escuyer, ny estre exempt de tailles et autres impositions que comme habitant de lad. ville et poursuivant d'armes du roy, et a signé :

De Coutely.

Led. sieur de Coustely a ce jourd'huy produict les pièces dont il entend se servir pour la justiffication de la qualité d'escuier qu'il a déclaré vouloir maintenir. Faict ce premier décembre 1667.

Signé : De Coustely.

Les pièces dud. sieur de Coustely luy ont esté rendues ce cinq juin 1668.

COUSTELY (Enéas de), sieur de Launay, demeurant parroisse de Chançay, eslection d'Amboise, bailliage de Tours, comparant le xxviie mars 1667, lequel a dict qu'il a pris la quallité d'escuier pendant qu'il a esté au service du Roy dans le régiment du marquis de Brezé, dans celuy de Touraine en qualité d'enseigne et en celuy de Clanleu, ès-qualités d'enseigne et lieutenant, le tout pendant près de trente ans et que depuis la paix faicte, ayant esté obligé de se retirer, il a traicté il y a environ trois ans d'une charge de piqueur de la venerie du chevreuil de monsieur le duc d'Orléans, en concéquence de laquelle il a continué à prendre quelque temps lad. qualité d'escuier, laquelle il a cessé de prendre depuis qu'il a apris que ce n'estoit l'intention du roy, et a signé :

ENÉAS DE COUSTELYS [1].

COUTANCES (ANTOINE DE), sieur de La Besnardière, demeurant parroisse de Continvoir, eslection de Saumur, ressort de Chinon, bailliage de Tours, comparant le neuf octobre 1666, lequel a dit qu'il entend maintenir la qualité d'escuyer, qu'il est cadet de sa maison, que Hardouin de Coutances, sieur de Sainct-Anthoine-du-Rocher, y demeurant, eslection et ressort de Tours et présentement depuis dix-huict mois à La Curée, pays de Forest est son aisné, et Nicolas de Coutances, sieur de Belair, demeurant paroisse de Semblançay, eslection et ressort de Tours, est aussy son frère et que outre sesd. frères il y a plusieurs enfans de Hardouin de Coutances, sieur de Baillou qui estoit son cousin germain, aisné de lad. maison, desquels enfans estans en bas age il ne scait les noms, qu'il y a aussy des enfans en bas age dont il ne scait les noms de feu .... de Coutances, sieur de La Selle, qui estoit aussy son cousin-germain, lesquels enfans demeurent au pays Nantois, et qu'il ne cognoist personne de son nom et armes que les ci-dessus, et qu'il porte pour armes : *d'azur à deux fasces d'argent et trois besans de sinople*, et qu'estant cadet, comme dict est il n'a aucuns tiltres pour la justiffication de sa noblesse, lesquels sont entre les mains de sond. frère aisné qui est aud. pays de Forez, pour retirer lesquels et les produire il prétend demander délay à monsieur l'Intendant et a signé :

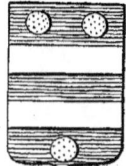

ANTHOINE DE COUTANCES.

Hélène Foullon, veufve de JOSEPH-ELIZÉE DE COUTANCES, seigneur de Baillou, demeurant à Tours, mère et tutrice ayant la garde noble de ses enfans et dud. deffunct; comparant le xxvie avril 1667 tant pour elle que pour Hardouin de Coustances demeurant parroisse Sainct-Anthoine-du-Rocher,

(1) Cette famille portait : *de sable au dragon volant d'argent*.

Nicollas de Coustance, sieur de Bois-le-Comte, Anthoine de Coustance, escuier, sieur des Besnardières, cousins germains dud. deffunct seigneur de Coustances, a déclaré qu'elle entend maintenir la qualité d'escuier tant pour sesd. enfans que pour lesd. sieurs de Coustances, qu'elle reconnoist encore de sa famille Hardouin de Coustances, sieur de La Bonnardière, demeurant en Bretagne ; porte pour armes: *d'azur, à deux fasces d'argent, chargées de trois besans d'or*, et pour la justiffication de sa noblesse en a produict les tiltres et a signé :

HÉLÈNE FOULON.

Les tiltres concernans la filiation de Hardouin de Coutance, sr de Sainct-Anthoine ont esté rendus aud. sieur le seize may 1667.

COUTANCES (FRANÇOIS DE), escuier, sieur de Varennes et de Villeprovert, demeurant ordinairement parroisse de Lunay, païs vendosmois et quelquefois en sa maison de La Boissière, parroisse de Loupfougère, eslection du Mans, comparant le mardi deuxième avril 1669, a dit qu'il entend maintenir la quallité d'escuier, qu'il est de la famille de Coutances dont le seigneur de Coutances de Baillou est l'aisné, et que de sa branche il recognoist les enfans de deffunct François de Coutances, n'en cognoist autres, porte pour armes : *d'azur, à deux fasces d'argent, accompagnées de trois besans d'or, deux et un*, et pour la justiffication de sa noblesse produira au premier jour, et a signé :

DE COUTANCES.

Les pièces dud. sieur ont esté produictes le premier juin 1669.
Les pièces dud. sieur ont esté rendues le VIe dud. mois et an.

COUTANCE (DE). — Originaire du Mayne.
Dame Hélène Foulon, veuve de Élisée de Coutance, écuyer, sieur de Baillou, mère et tutrice et ayant la garde noble de Joseph, François et Hardouin de Coutances, écuyers, sieurs de La Curée, demeurants paroisse de Saint-Antoine-du-Rocher, élection et bailliage de Tours, Nicolas de Coutances, écuyer, sieur de Bois-le-Comte, demeurant en lad. parroisse de Saint-Antoine et Antoine de Coutance, écuyer, sieur de La Besnardière, son frère, demeurant paroisse de Continvoyre, élection de Chinon, bailliage de Tours, cousins issus de germains dud. deffunct sieur de Baillou ont justiffié la possession du titre de noblesse depuis l'année

1541 commençant scavoir les enfants de lad. dame Foulon en la personne de leur quartayeul et Hardouin Nicolas et Antoine en celle de leur trisayeul.

Porte : *d'azur à 2 fasces d'argent et trois besans d'or 2 en chef et 1 en pointe* [1].

COUVEY (JEAN-BAPTISTE), demeurant parroisse Sainct-Fraimbault de Lassé, eslection et seneschaussée du Mans, comparant le xxv⁰ juillet 1667, a dit qu'il entend maintenir la qualité d'escuier, qu'il est cadet de sa maison et que Josias Couvey, sieur de La Tousche, demeurant parroisse de Romaigny, viconté de Mortaing, bailliage de Caen est l'aisné de sad. maison et n'en connoist autres de sa famille, qu'il porte pour armes : *d'azur, au chevron d'or et trois quintefeuilles d'or deux en chef et une en pointe*, a mis au greffe les pièces dont il entend se servir et a signé :

J. COUVEY.

Les pièces dud. sieur Couvey luy ont esté rendues ce xxviii⁰ juillet 1667.

COUVEY. — Originaire du Perche.

Jean-Baptiste Couvey, écuyer, sieur de La Brumanière, demeurant paroisse Saint-Fraimbault de Lassé, élection et ressort du Mans, a justiffié la possession du titre de noblesse depuis l'année 1546 commençant en la personne de son bisayeul.

Porte : *d'azur au chevron d'or accompagné de 3 quintefeuilles de même, 2 et 1.*

CRESPIN (CHARLES), sieur de L'Orme, piqueur au vol pour corneille en la fauconnerie de monsieur le duc d'Orléans, demeurant parroisse de Torcé, eslection du Mans, bailliage dud. lieu, comparant le xiiii⁰ septembre 1666, lequel pour satisfaire à l'assignation à luy donnée sur deffault le huict du présent mois à la requeste de Laspeyre, a dict qu'ayant esté cy-devant assigné à la cour des aydes, à la requeste de M⁰ Thomas Bousseau, cy-devant chargé de la recherche des usurpateurs du tiltre de noblesse aux mesmes fins, il se seroit pourveu au conseil et obtenu arrest le trois juin 1665 par lequel il a esté deschargé de lad. assignation à luy donnée à la requeste dud. Bousseau à lad. cour des aides avec deffences aud. Bousseau de faire aucunes contrainctes contre luy et aud. Crespin de prendre à l'advenir lad. qualité ;

---

[1] Carré de Busserolles dit les fasces d'argent *bordées de sable*.

depuis lequel arrest il ne l'a prise et y renonce, et a faict eslection de domicille en cette ville de Tours au logis de Mᵉ Pierre Brédif, le jeune, procureur, et à la suitte de monsieur l'intendant, en la personne de Mᵗʳᵉ Bernard, et a signé :

CRESPIN.

Les pièces dud. sieur Crespin luy ont esté rendues le xviiiᵉ mars 1667.

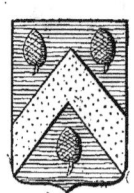

CRESPIN (PIERRE), sieur de La Chabosselaie, demeurant paroisse de Chazé-sur-Argos, eslection et bailliage d'Angers, comparant le xxiiiᵉ avril 1667, a dit qu'il entend maintenir la qualité d'escuier, qu'il est aisné de sa maison, que Pierre Crespin, sieur de Poulenne et Louis Crespin, sieur de Billy, frères demeurans en Berry, sont d'une branche de cadets de sad. maison et Zacarie et Théodore Crespin, aussy frères, demeurans en Xainctonge sont encor d'une autre branche et qu'il n'en cognoist poinct d'autres de son nom et armes, qu'il porte : *d'azur, au chevron d'or, accompagné de trois pommes de pin de mesme*, a mis au greffe les pièces dont il entend se servir, et a signé :

PIERRE CRESPIN.

Les pièces dud. sieur Crespin luy ont esté rendues ce xviiiᵉ avril 1667.

CRESPIN. — Originaire d'Anjou.
Pierre Crespin, écuyer, sieur de La Chabosselaye, demeurant paroisse de Chazé-sur-Argos, élection et ressort d'Angers, a justiffié la possession du titre de noblesse depuis l'année 1519 commençant en la personne de son trisayeul.
Porte : *d'azur au chevron d'or* aliàs *d'argent accompagné de 3 pommes de pin de même*, *2 et 1*.
— Pierre Crespin... eut acte de la représentation de ses titres le 16ᵉ avril 1667.

Dame Marie Chevallier, veufve de messire HIÉROSME CRESPIN, vivant chevalier, sieur du Vivier, conseiller et maistre d'hostel ordinaire du Roy, mère, tutrice et garde-noble de Hiérosme Crespin, sieur de Chasle, son fils et dud. deffunct, demeurant ordinairement en la ville de Paris et quelques fois en sa maison du Vivier, parroisse de Chasles, eslection du Chasteau-du-Loir, seneschaussée du Mans, comparant le xxixe juillet 1667, par M^{tre} Michel Bernard, lequel a dict que lad. dame Chevallier entend maintenir la quallité d'escuyer prise par sond. deffunct mary tant pour elle que pour sond. fils, et a mis au greffe les pièces dont lad. dame entend se servir, et a signé :

BERNARD.

Les pièces de mad. dame Chevallier ont esté envoyées à M. l'assesseur du Chasteau-du-Loir pour les luy rendre le unze janvier 1668.

CRESPIN. — Originaire de Paris.

Dame Marie Chevalier, veuve de Hiérosme Crespin, escuier, sieur du Vivier, mère et tutrice de Hiérosme Crespin, escuier, sieur de Chasles, son filz et dud. deffunct, demeurante à Paris, ledit deffunct Hierosme Crespin estoit filz de M° Hiérosme Crespin conseiller du Roy en la Grand'chambre du Parlement de Paris, décédé, revestu de sa charge le 7 octobre 1651.

Porte...

CRESPY (FRANÇOIS DE), sieur de La Mabillière, conseiller et procureur du Roy, en la seneschaussée d'Anjou et siège présidial d'Angers, y demeurant, comparant le vingt un décembre 1666, par M^{tre} Michel Bernard, lequel a dict qu'icelluy Crespy entend maintenir la qualité d'escuier par luy cy-devant prise comme noble d'extraction, estant fils de deffunct Adrien de Crespy sieur de La Mabillière, lequel a esté pourveu en l'année 1629 de l'office de conseiller du roy, maistre ordinaire de sa chambre des comptes en Bretagne, lequel après l'avoir exercée vingt-quatre ans a obtenu de Sa Majesté en l'an 1652 lettres de conseiller honoraire, en lad. chambre, lequel Adrien de Crespy était fils et principal héritier de Jullien de Crespy, sieur de La Lande, qui fut aussy pourveu dud. office de conseiller du roy et maistre ordinaire en lad. chambre en l'année 1592 et après l'avoir exercée vingt-trois ans a aussy lettre de conseiller et M^{tre} honoraire en lad. chambre en l'an 1616, et a M^{tre} Jean Moreau, commis au greffe de cette ville de Tours, signé pour l'absence dud. Bernard.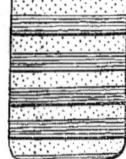

MOREAU.

CRESPY (DE). —Originaire d'Angers.

François de Crespy, écuyer, sieur de La Mabillière, conseiller et procureur du Roy en la sénéchaussée d'Anjou et siège présidial d'Angers, a justiffié sa noblesse comme fils d'Adrien de Crespy, sieur de La Mabilière, conseiller du Roy, maistre ordinaire en sa chambre des comptes de Bretagne, qui estoit fils de Jullien de Crespy, aussi maistre des comptes en Bretagne, lesquels après avoir servy plus de vingt années ont obtenu lettres de vétérance que ledit François a présentées.

Porte : *burelé d'or et d'azur de 10 pièces.*

— François Crespy... eut acte de la représentation de ses titres le 8ᵉ janvier 1667.

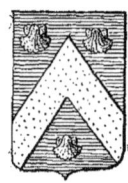

CROCHART (François de), sieur de La Sansonnière, comparant le 29ᵉ aoust 1666, tant pour luy que pour Andrien de Crochard, son frère puisné, demeurant parroisse d'Auverse, eslection de Baugé, bailliage d'Angers, lequel pour satisfaire aux assignations qui leur ont esté données à la requeste de Laspeire par exploict du vingtiesme aoust dernier, a dict qu'il entend maintenir sa qualité d'escuier comme issu de parens nobles et escuiers, qu'il ne reconnoist de sa famille que led. Adrien de Crochard et François de Crochard, prestre, ses frères, porte pour armes : *d'azur au chevron brisé d'or chargé de trois crouzilles d'or*, et pour la justiffication de sa noblesse a produict en nos mains ses tiltres, et a esleu domicille en la personne de Mᵗʳᵉ Miré, estant à nostre suitte, et signé :

François de Crochart.

Le 29ᵉ aoust 1666, led. sieur de Crochard a mis au greffe les pièces dont il entend se servir.

Les pièces dud. sieur de Crochart luy ont esté rendues ce cinq septembre 1666.

CROCHARD (de). — Originaire d'Anjou.

François de Crochard, écuyer, sieur de La Sansonnière et Adrien de Crochard, écuyer, sieur de Pigny ou Lespinay, son frère, demeurants paroisse d'Auverse, élection de Baugé, ont justifié la possession du titre de noblesse depuis l'année 1496, commençant en la personne de leur quartayeul.

Porte : *d'azur au chevron d'or accompagné de 3 crousilles de même, 2 et 1.*

— François et Adrien... eurent acte de la représentation de leurs titres le 5ᵉ septembre 1666.

CROCHARD (Julien), sieur de La Crochardière, demeurant parroisse de Chemiré-le-Rouge, eslection et ressort de Baugé, comparant le xixᵉ aoust

1667, a dit qu'il entend maintenir la qualité d'escuier, qu'il est aisné de sa maison dont il ne cognoist que damoiselle Anne Crochard, sa sœur, qu'il porte pour armes : *d'argent à trois treffles de sable,* et a signé :

Julien Crochard.

Led. sieur Crochard a mis au greffe les pièces dont il entend se servir, ce xxe aoust 1667.

Lesd. pièces ont esté rendues aud. sieur de Crochard le 28e aoust 1667.

CROCHARD. — Originaire d'Anjou.
Jullien Crochard, escuier, sieur de La Crochardière, demeurant paroisse de Chemiré, élection de Baugé, bailliage d'Angers, a justiffié la possession du titre de noblesse depuis l'année 1536 commençant en la personne de son bisayeul.
Porte : *d'argent à 3 trèfles de sable, 2 et 1.*
— Jullien Crochard... eut acte de la représentation de ses titres le 27e aoust 1667.

CROIX (de la).
— Charles de La Croix, écuyer, sieur de Moinet, paroisse de Saint-Mathurin, élection d'Angers, eut acte de la représentation de ses titres le 16e septembre 1670.
Armoiries : *d'azur à la croix d'argent cantonnée de 4 roses d'or.*
Catalogue d'Anjou.

Dame Anne-Marie de Cornillaud [1], vefve de deffunct m^{re} Claude de La Crossonnière, vivant seigneur du lieu de La Crossonnière comparant le 22e aoust 1667 tant pour elle que pour François-Henry-Louis de La Crossonnière, son fils, en estant garde noble, demeurans parroisse de Mozé, eslection et ressort d'Angers, a dict qu'elle entend pour elle et pour sond. fils maintenir la quallité d'escuyer et de chevallier dud. deffunct son mary, que led. sieur de La Crossonnière, son fils, est seul qui porte led. nom et armes qui sont *d'argent à la bande de gueules fassée d'azur,* et pour la justiffication de leurs quallités produira les pièces dont ils entend leur servir et a signé :

Anne-Marie de Cornillaud.

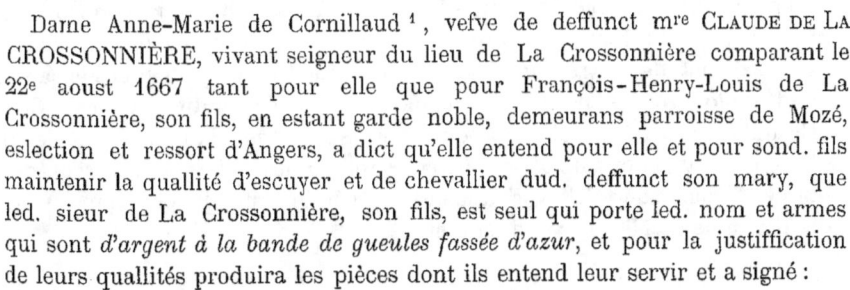

(1) De Cornillau : *d'or au chevron de sable accompagné de 3 corneilles de même, becquées, membrées de gueules.*

CROSSONNIÈRE (DE LA). — Originaire d'Anjou.

Demoiselle Marie Cornillaud veuve de deffunct Claude de La Crossonnière, écuyer, sieur dud. lieu, mère et tutrice de François-Henry-Louis, son fllz unique et dud. deffunct demeurant paroisse de Mozé, élection et bailliage d'Angers, a justifflée la possession du titre de noblesse depuis l'année 1548 commençant en la personne du bisayeul de son mary.

Porte : *d'argent à la bande de gueules, coupée d'une fasce d'azur brochante.*

— Anne de Cornilleau... eut acte de la représentation de ses titres le 22e aoust 1667.

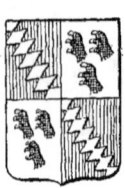

CROUILLON (PIERRE DE), sieur du Rouzay, exempt des gardes du corps de Sa Majesté, demeurant en la ville et présidial de La Flèche, comparant le 27e aoust 1666, lequel pour satisfaire à l'assignation qui luy a esté donnée à la requeste de Laspeyre le 21e aoust dernier a dit qu'il est fondé à prendre la qualité d'escuyer qu'il prétend maintenir et qu'il produira au premier jour les pièces dont il entend se servir pour la justiffication de lad. qualité et a faict eslection de domicille en la personne de M^{tre} Bernard, et a signé :

PIERRE DE CROUILLON.

CROUILLON (CHARLES), sieur de Peaupuy, y demeurant parroisse de Thorée, eslection et ressort de La Flesche, comparant le 29e aoust 1666, par Pierre Crouillon, sieur de Sainct-Loup, son frère, ayant pouvoir de luy, lequel pour satisfaire à l'assignation qui luy a esté donnée à la requeste de Laspeyre par exploict de Carré du dix-sept du présent mois, pour procéder aux fins dud. exploict et de nostre ordonnance y énoncée, a dit pour led. Charles Crouillon, son frère, qu'il a produict tous ses tiltres à la Cour des aydes pour le soustien de la qualité d'escuyer, pour retirer lesquelles et les représenter, prétend demander déllay et a faict eslection de domicille pour sond. frère en la personne de M^{tre} Bernard, et a signé :

PIERRE DE CROUILLON.

CROUILLON (CHARLES DE), sieur de Peaupuy, demeurant à Torré, eslection et ressort de Baugé, présidial d'Angers, comparant le XIIIe septembre 1666, par M^{tre} Michel Bernard, lequel a dit que ledit de Crouillon soustient la quallité d'escuyer pour la justiffication de laquelle, il produira au premier jour les pièces dont il entend se servir et a signé :

BERNARD [1].

ÉCUILLÉ (RENÉ D') ou CUILLÉ, sieur d'Escorces, demeurant parroisse de Villiers-Charlemagne, pays du Maine, eslection de Chasteaugontier, comparant le 4e juillet 1667 par M^{tre} Jacques-Paul Miré, tant pour luy que pour Pierre d'Escuilly, escuyer, sieur de La Marre d'Escorces, son oncle, cadet de sa maison, lequel a dict que led. sieur d'Escuilly entend maintenir la qualité d'escuyer tant pour lui que pour le sieur Pierre d'Escuilly, son oncle et qu'il produira les tiltres de sa noblesse au premier jour et qu'il porte pour armes : *d'argent à un sautoir de sable dantelé* et a signé :

MIRÉ.

Le sieur d'Escuilly a produict, les pièces justifficatives de sa noblesse le 28e may 1668.
Lesd. pièces ont esté rendues aud. sieur d'Escuilly le 29e may 1668.

Signé : RENÉ D'ÉCUILLÉ.

CUILLÉ (DE) ou D'ESCUILLÉ. — Originaire d'Anjou.
René de Descuillé, écuyer, sieur des Corces, demeurant paroisse de Ruillé, élection de Châteaugontier, et Pierre de Descuillé escuier, sieur de la Mure, son oncle, demeurant paroisse de Brissac, élection d'Angers, ont justiffié la possession du titre de noblesse depuis l'année 1540 commençant scavoir led. René en la personne de son bisayeul et led. Pierre en celle de son ayeul.
Porte : *d'argent à la fasce engreslée de sable, à la bande aussi engreslée aussi de sable brochante* [2].
— René de Cuillé... Pierre... eurent acte de la représentation de leurs titres le 28 mai 1668.

CUISSARD (Mre PIERRE), seigneur de Mareil et messire Mathurin Cuissard, sieur de La Roche, frères, demeurans parroisse de Vernante, eslection de

(1) Armoiries de la famille de Crouillon : *écartelé aux 1 et 4 de gueules à la bande fuselée d'argent de 7 aux 2 et 3 d'argent à pièces, 3 pattes de loup à pied ouvert de sable armées d'or, 2 et 1.*
(2) Denais dit : *la bande supportant la fasce....*

Baugé, comparans le xe janvier 1669 par M^{tre} Louis Le Damoysel, lequel a dit qu'ils entendent maintenir la quallité d'escuier, qu'ils portent pour armes : *d'or, au chef de sable chargé de trois crousilles d'argent*, pour la justiffication de leursd. quallités a mis led. Le Damoysel au greffe les pièces dont ils entendent leur servir et a signé :

Le Damoysel.

Les pièces desd. sieurs Cuissard ont esté rendues le 12e janvier 1668.

CUISSART. — Originaire d'Anjou.

Pierre Cuissard, écuyer, seigneur du Mareil et Marin Cuissart, écuyer, sieur de La Roche son frère, demeurants paroisse de Vernante, élection de Baugé, bailliage d'Angers, ont justiffié la possession de titre de noblesse depuis l'année 1539 commençant en la personne de leur bisayeul.

Portent : *d'or au chef de sable*, aliàs *de gueules chargé de 3 coquilles rangées d'argent*.

— Pierre de Cuissard.. eut acte de la représentation de ses titres le 12e novembre 1669.

CUPIF (François), sieur de La Béraudière, demeurant en la ville d'Angers, comparant le xiiiie septembre 1666, lequel pour satisfaire à l'assignation à luy donnée sur deffault le sixiesme du présent mois à la requeste de Laspeyre, a dit qu'il entend maintenir la qualité d'escuyer comme issu d'un eschevin de la ville d'Angers, qu'il a pour frère Simon Cupif, demeurant aud. Angers et que François Cupif, demeurant en Holande, est son oncle, et qu'il cognoist autres de sa famille et qu'il porte pour armes : *d'azur au chevron d'argent accompagné de trois trèfles d'or*, et qu'il produira au premier jour les pièces dont il entend se servir pour la justiffication de sa noblesse, et a faict eslection de domicille en la personne de M^{tre} Michel Bernard, procureur au bureau des finances à Tours, estant à la suitte de Monsieur l'intendant, et a signé :

F. Cupif.

Ce jourd'huy quinze septembre 1666, led. sieur Cupif a mis au greffe les pièces dont il entend se servir.

Les pièces ont esté rendues à Me Bernard procureur dud. Cupif le 28e may 1667.

CUPIF (SIMON), sieur de Gaigné, demeurant en la ville d'Angers, parroisse Sainct-Michel-du-Tertre, comparant le treize novembre 1666, lequel pour satisfaire à l'assignation qui luy a esté donnée à la requeste de Laspeyre a dict qu'il entend maintenir la qualité d'escuier par luy prise comme estant petit-fils de François Cupif, vivant escuier, sieur de La Béraudière, son ayeul paternel, qui a esté eschevin de lad. ville d'Angers et par cette qualité acquis noblesse à luy et à sa postérité, qu'il est cadet de François Cupif son frère qui a esté assigné pour le mesme faict et produict ses tiltres, lesquels il employe pour l'establissement de sa noblesse, et a esleu domicille en cette ville d'Angers en sa maison, et a signé :

S. CUPIF.

CUPIF (NICOLAS), sieur de Teildraps, conseiller du roy, juge magistrat au siège présidial d'Angers, assesseur et lieutenant de robbe longue en la mareschaussée générale et provinciale d'Anjou, demeurant à Angers, comparant le XXVIII° janvier 1667 par Jacques Belot, sieur de Marthou, lequel a dit que led. Cupif entend maintenir la qualité d'escuier et pour la justiffication d'icelle a mis au greffe les pièces dont il entend se servir et a signé :

J. BELOT DE MARTHOU.

M° Simon Cupif, avocat, fils de M° François, pour jouir de sa noblesse paiera...
Nicolas Cupif, sieur de Teildras, conseiller au présidial d'Angers, au nombre des maintenus par M. Voisin de La Noirays.
— Nicolas Cupif... conseiller... et assesseur en la maréchaussée, petit-fils de M° Nicolas Cupif sieur des Hommeaux, vivant président en l'élection d'Angers et échevin en 1614, pour...

D

DABIN (SIMON-ANTHOINE), sieur de Bessé, demeurant demeurant parroisse de Huisme, ressort de Chinon, bailliage de Tours, comparant le 23ᵉ juillet, 1666, nous a dit qu'il entend maintenir la qualité d'escuyer, et qu'estant d'Auvergne,

(1) Voir dans Célestin Port, t. I, p. 807, le curieux article sur François Cupif, prêtre apostat, réfugié en Hollande, et oncle de François, sieur de La Béraudière.

et y ayant ses tiltres, il a requis délay de deux mois pour les aller rechercher.

Signé : DABIN.

Le 24e février 1667, led. sieur Dabin a déposé ses tiltres, lesquels luy ont esté rendus le 5 octobre 1671 [1].

DAIN (FRANÇOIS), escuyer, sieur de Ry, comparant le 23e juillet 1666, nous a dict que le deuxiesme du présent mois, il a esté donné une assignation à la femme de chambre de la dame, sa femme, dans le marché de Bléré, à Philippes Sallier, sieur de Chesnays, et que led. Sallier n'est poinct demeurant en la province de Touraine il y a plus de trois ans, et n'est point seigneur dud. lieu de Chesnays, et mesme n'a aucuns biens dans la province de Touraine ny aux environs, et a requis délay de six sepmaines pour advertir led. sieur Sallier, et a signé :

F. DAIN.

Condamné.

DAIN (CÉSAR), seigneur de La Rochedain, demeurant parroisse de Souvigné-soubs-Chasteaux, eslection et bailliage de Tours, comparant le vingt-trois avril 1667 par François Dain, sieur de Ris, cousin-germain dud. sieur de La Rochedain et luy entendent maintenir la quallité d'escuyer, qu'icelluy sieur Cézard Dain est l'aisné de la maison, qu'il n'en cognoist autres et qu'ils portent pour armes : *de sable, bordé d'argent, à trois testes de dains d'or*, et a signé :

F. DAIN.

Led. sieur Dain a mis au greffe les pièces dont il entend se servir, ce deux may 1667.

Les pièces dud. sieur Dain luy ont esté rendues ce VIIIe may 1667.

(1) Armoiries : *d'argent à 3 étoiles de gueules, 2 et 1, celle de la pointe soutenue par un croissant de même.*
(2) Carré de Busserolles appelle cette famille Daen ; les armes qu'elle portait étaient celles des anciens seigneurs de Daon près Châteaugontier dont était Bouchard de Daon, archevêque de Tours, en 1285.

DAIN. — Originaire d'Anjou.

Cézard Dain, écuyer, sieur de La Rochedain, demeurant paroisse de Souvigné-sous-Chasteaux, en Anjou, élection et bailliage de Tours, et François Dain, écuyer, sieur de Ry, son cousin-germain, demeurant paroisse de La Croix-de-Bléré, élection d'Amboise, présidial de Tours, ont justiffié la possession du titre de noblesse depuis l'année 1525 commençant en la personne de leur trisayeul.

Porte : *de sable à 3 têtes de dain d'or, à la bordure d'argent.*

DALONNEAU (Jean-Gabriel), sieur de La Bertonnière, cadet de sa maison, aagé de 35 ans ou environ, demeurant parroisse Saint-Senoch, ressort de Loches, bailliage de Tours, comparant le 2e aoust 1666, a dit qu'il entend maintenir la qualité d'escuier, pour justiffication de laquelle il employe les tiltres qui seront products par Regnault Dalonneau son cousin-germain et qu'il ne cognoist poinct d'autres branches de sa maison et armes que led. sieur Regnault Dalonneau et le sieur Dallonneau de Chaubourg et Maré demeurant à Bourges, et a signé :

Dalonneau.

Condamné.

DALLONNEAU (Regnault), comparant le 6e aoust 1666, a déclaré qu'il maintient la qualité d'escuyer et a requis délay pour représenter ses tiltres.

Condamné.

DALONNEAU (Regnault)[1], sieur du Roullet et Sainct-Flovier et Jean-Gabriel Dallonneau, sieur de La Bretonnière, comparans le XIIIe septembre 1666, ont mis au greffe les pièces dont ils entendent se servir pour la justiffication de leur noblesse.

Les pièces desdits sieurs Dalonneau ont esté rendues à Mtre Michel Bernard procureur au bureau des finances à Tours ayant charge de les retirer le 8e aoust 1668.

---

(1) Armoiries : *d'azur au lion rampant d'or sur un rocher de même, regardant une étoile aussi d'or posée à dextre.*

DALLONNEAU (ÉMERY), conseiller du Roy en ses conseils d'estat et privé et de ses finances, président et lieutenant-général de Loches, lequel a dit que combien qu'il peut justiffier sa noblesse par la naissance, que néantmoings il se retrainct aux moyens qu'il a sur lad. charge de conseiller d'estat ordinaire dont il est pourveu et receu par lettres patentes du mois de febvrier 1652, et que sy la qualité d'escuier luy a esté donnée ça esté conjoinctement avec celle de conseiller d'estat, que néanmoings il n'a pas connoissance de l'avoir prise n'ayant jamais affecté ceste qualité, et a signé :

DALLONNEAU.

DANGLERAIS [1]. — Originaire de Touraine.

Ignace Danglerais, écuyer, sieur de La Boissière, demeurant paroisse de Chaumussay, élection de Loches, et Adrien Danglerais, demeurant paroisse de Parçay, élection de Loudun, ont produit lettres d'anoblissement accordées au mois de mars 1584 à Anthoine Danglerais leur bisayeul, pour services rendus, vériffiées au Parlement et à la Cour des aydes et des lettres obtenues par la veuve dud. Antoine, aussy vérifiées en la Cour des aydes par lesquelles le roi Henri IV déclare n'avoir voulu comprendre dans sa révocation ordonnée par déclaration de 1598 les dites lettres d'anoblissement accordées audit Anthoine Danglerais.

Porte : *de sable à l'aigle éployée d'argent.*

Vol. 439 du Cabinet des titres.

Suzanne Dissandeau, veufve de deffunct CLAUDE DE DARON, vivant sieur de La Cochonnière demeurant parroisse de Sainct-Rémy-en-Mauges, diocèze d'Angers comparant le 27e may 1667 tant en son nom que comme mère et tutrice naturelle de ses enfants mineurs et dud. deffunct, par M^{tre} Jacques-Paul Miré, procureur, lequel a dict que lad. Dissandeau depuis la mort de son mary n'a en aucune façon entendu prendre ny maintenir pour elle et pour ses enfans la qualité de noble ny jouir des privilèges de noblesse, et que led. deffunct son mary estant de Sainct-Aignan de Berry, à cause de l'esloignement du pays, elle ne peut justiffier sa noblesse à laquelle elle renonce tant pour elle que pour sesd. enfans.

Signé : MIRÉ.

(1) Voir ANGLERAIS (d').

DARTOIS (Jacob), sieur du Fresne, fermier du Grand-Rigné, demeurant parroisse de Villelevesque, eslection et bailliage d'Angers, comparant le 10e may 1667 par M^tre Louis Champigny clerc de M^tre Pierre Luzeau, lequel a dict qu'il n'a jamais pris la qualité d'escuier ny prétendu la prendre à laquelle il renonce, au contraire a tousjours esté imposé aux roolles des tailles de lad. parroisse de Villevesque, ainsy qu'il justiffiera par les extraicts des roolles des tailles, partant a soustenu debvoir estre renvoyé de lad. assignation et a signé :

CHAMPIGNY.

DATTAGNY (René), sieur de La Roche, demeurant parroisse de Tuffé, eslection du Mans, chapelain de la chapelle de La Hanelottière de la parroisse de Fougeré, proche La Flèche, comparant le 30e juillet 1666, a dit qu'il recognoist avoir pris la qualité d'escuier qui n'a poinct esté contestée à son deffunct père qui estoit Béarnoix de nation et chassé de son pays durant la Ligue et qu'il est demeuré mineur en l'âge de 13 ans sans aulcuns tiltres ny biens, ce qui l'auroit obligé par l'assistance de ses amys d'estudier et depuis auroit servy domestiquement la dame de Turbilly depuis quinze ans jusques à présent et qu'il n'a à présent aucuns tiltres pour maintenir la qualité d'escuier, et a signé :

RENÉ DATAGNY.

Condamné.

DAUDIER [1] (François), sieur de La Morinière, cy-devant exempt des gardes du corps du Roy, demeurant à Angers, comparant le dernier janvier 1668 par M^tre Jacques Pouperon, son procureur, a dict qu'il n'a jamais pris la qualité d'escuier, à laquelle il renonce, que pendant le temps qu'il a esté pourveu de lad. charge d'exempt qui luy en donnoit droict, ainsy qu'il justiffiera par les provisions et autres pièces en luy donnant un dellay de trois [mois] pour les retirer de Paris où elles sont, et a signé :

POUPERON.

---

(1) De cette famille était : Daniel Daudier, écuyer, conseiller et procureur au bureau des finances de la Généralité de Tours en 1770.
Armoiries : *d'azur au chevron d'argent, accompagné de 3 roses d'or, 2 et 1.*

DAULDiN (René) sieur de La Courneufve, demeurant parroisse d'Huismes, ressort de Chinon, bailliage de Tours, comparant le 23ᵉ juillet 1666, a requis délay pour rechercher et représenter ses tiltres.

Les pièces dud. sieur Doldin luy ont esté rendues le 5ᵉ avril 1667.

R. Dauldin.

DAUDIN. — Originaire d'Anjou.

René Daudin, écuyer, sieur de La Courneuve, demeurant paroisse d'Huismes, élection de Chinon, bailliage de Tours, a justiffié la possession du titre de noblesse depuis l'année 1538, commençant en la personne de son bisayeul. Il ne reste plus de garçon de cette famille.

Porte : *de sable au lion couronné d'or*, aliàs : *armé et lampassé d'argent*.

DAVOUST (Mtre Pierre), sieur de Haute-Esclaire, contrôleur-général des traictes et gabelles d'Anjou, comparant le vingt-cinquiesme febvrier 1668 par Mtre Michel Bernard, a déclaré qu'il ne prétend aucun tiltre, droit ny qualité et que jusques à présent il n'a aucun domicille ny establissement arresté, n'a esté que simple comissionnaire non taillable et a led. Bernard signé :

Bernard.

DAVY (Jacques), sieur du Chiron, demeurant à Angers, comparant le 21ᶜ septembre 1666, par Mtre Michel Bernard, lequel a dict que led. David a pris la qualité d'escuyer comme eschevin de la ville d'Angers, qui ont droict de prendre lad. qualité jusques à ce qu'il ait pleu à Sa Majesté faire rendre son arrest du vingt-deux mars dernier pour la recherche de ceux qui ont pris la qualité d'escuyer qui porte que ceux qui ont exercé la charge de procureur soit conjoinctement soit séparément de celle d'advocat seront taxés ; depuis lequel temps il n'a pris lad. qualité et a mis au greffe les raisons et moyens dud. David et les pièces dont il entend se servir, lesquelles ont esté paraphées par première et dernière et a signé :

Bernard.

DAVY d'Angers. — Noblesse d'échevinage.

Jacques Davy, sieur du Chiron, eschevin de la ville d'Angers en l'année 1652, a payé la confirmation.

Jacques Davy, sieur du Chiron, avocat, procureur et banquier extraordinaire en cour de Rome, demeurant à Angers, fut échevin de la dite ville en 1651, continué en 1653 par déclaration du Roy du 17 avril 1653, produisit ses titres avec Clément Davy, conseiller au présidial d'Angers, son fils, renvoyé au conseil le 29 avril 1667. Arrêt du .... 1668 qui les maintient.

Armoiries : *d'azur à 3 cygnes d'argent, 2 et 1, au chef d'argent chargé d'une croisette de gueules*, aliàs *d'azur à 3 canettes d'or cantonnées et une croisette de même au canton senestre*.

DAVY (CLÉMENT), conseiller du roy au siège présidial d'Angers, comparant le treize novembre 1666, lequel pour satisfaire à l'assignation à luy donnée à la requeste de Laspeyre, a dict qu'il entend maintenir la qualité d'escuier comme fils de Jacques Davy, son père, qui a esté eschevin en lad. ville d'Angers, ainsy que led. sieur Davy, son père, justiffiera par les pièces qu'il produira au greffe et qu'il employe pour l'establissement de la sienne, et a eslu domicille en cette ville d'Angers, en sa maison, scize au bas du Pillory, et a signé :

C. DAVY.

DAVY (RENÉ)[1], sieur de Chavigné, conseiller du Roy, sécrétaire et auditeur en sa chambre des comptes de Bretagne, demeurant à Nantes, comparant le quinze novembre 1666 par M^{tre} Guy Odiau, sieur de La Piltière, advocat en parlement, demeurant à La Flèche, lequel a dict que led. sieur Davy entend maintenir la qualité d'escuier, laquelle luy appartient par le titre de sond. office de conseiller, sécrétaire et auditeur des comptes suivant les privillèges accordés aux officiers de lad. chambre, et a signé :

G. ODIAU.

Le xxiiiie décembre 1666, led. sieur David a mis au greffe les pièces dont il entend se servir.

Les pièces dud. sieur David ont esté rendues à M^{tre} Michel Bernard, son procureur, le xxiiiie febvrier 1667.

---

(1) Armoiries : *d'azur au chevron d'or accompagné en chef de 2 étoiles de six raies de même et en pointe d'un épi aussi d'or.*

— René Davy... au nombre des maintenus par M. Voisin de la Noirays.

Damoiselle Fulgence de La Viallière, vefve de deffunct RENÉ DAVY, vivant sieur de ...... comparant le troisiesme septembre 1668 par M^{tre} Louis Le Damoysel, son procureur, tant en son nom que comme tutrice et garde-noble de René et Armand-François Davy enfans mineurs dud. deffunct et d'elle demeurante en la maison noble de Gaune (Jaulnay?) appellée la Grand' Maison, en la parroisse de Gauné, eslection de Richelieu, lequel Damoisel a dit qu'elle entend maintenir pour elle et pour ses enfans la quallité d'escuier dudict deffunct son mary, pour la justification de laquelle qualité demande délay de représenter les tiltres attendu qu'ils sont entre les mains du sieur de la Bourdillière, frère aisné dudict deffunct et a led. Le Damoysel signé :

LE DAMOYSEL.

Led. Le Damoisel a mis les pièces de lad. de La Viallière au greffe le 26e septembre 1668.
Led. pièces ont esté rendues aud. Le Damoysel le 27e septembre 1668.

— DAVY (GABRIEL), sieur de Létortière? demeurant à la Flèche, au nombre des maintenus par M. Voisin de la Noirays.
Armoiries : *d'argent à 3 étoiles de sable, 2 et 1.*
Catalogue d'Anjou.

DEBONNAIRE [1] (PIERRE), sieur de La Roche-Foissard, comparant le xxiiiie febvrier 1667 par François Coustis, sieur de Gravouillau, son curateur, demeurant à Saumur, lequel a dit qu'icelluy Debonnaire est absent depuis plusieurs années au service du roy, qu'il est mineur et que ainsy que croit led. Cousty, il n'a jamais pris la qualité d'escuier, et a signé.

F. COUSTIS.

(1) Armoiries : *de gueules au chevron d'or accompagné de 3 besans de même, 2 et 1.*

DECOURS (M^tre ANTHOINE), conseiller du roy, bailly d'Amboise, demeurant aud. Amboise, bailliage de Tours, comparant le douze mars 1667 par Michel Courtois, clerc de Me Jean Fergeau, procureur au présidial de cette ville de Tours, lequel a dict que led. Decours n'a jamais pris la qualité d'escuyer et que quand il l'aurait prise il l'auroit peu ayant esté créé à l'instar de la ville de Poitiers et a signé :

COURTOIS

DELABARRE (FRANÇOIS), sieur du Plessis, conseiller du roy au siège royal de Chinon, y demeurant, comparant le viie octobre 1667, a dit qu'il n'entend maintenir la qualité d'escuyer laquelle il n'a jamais prise ny affectée ayant tousjours esté employé ès-rolles des tailles et payé les autres subsides qui se sont faictes ès-parroisses où il a faict sa demeure et que s'il se trouvoit que lad. qualité luy eust esté donnée en quelques actes que ce ne peut estre que de l'esprit des nottaires et a signé :

DELABARRE.

DELAGUÉRINIÈRE (PIERRE), prévost de Baugé, y demeurant, comparant le dernier décembre 1666, a dit qu'il n'a pris la qualité d'escuyer que dans les actes de la fonction et exercice de sa charge et en vertu d'icelle, et que sy autrement auparavant c'a esté depuis et en conséquence de l'arrest du conseil par luy obtenu le vingt-sept aoust mil six cent cinquante cinq, par lequel il a esté deschargé de l'assignation à luy donnée à la cour des aydes de Paris, à la requeste du procureur-général de lad. cour par un dénonciateur et ordonné qu'il jouira et pourra prendre lad. qualité d'escuyer ainsy et à l'exemple des autres prévots des mareschaux du royaume tant qu'il sera pourveu de lad. charge et n'y desrogera ; lequel arrest les nommés Amellon, Lamoys, Guillemin, Mouche et Blanchart, lieutenans des provosts des mareschaux du Mans, La Rochelle, et lieutenant de robbe courte au bailliage de Troyes, ayant demandé estre déclaré commun avec eux, auroient, sur la requeste par eux présentée à cet effect au conseil, obtenu arrest le douze mars 1665, portant descharge de l'amande et taxe sur eux faits pour avoir pris lad. qualité d'escuyer et qu'entre temps, le dix febvrier 1665, il fust assigné aux mesmes fins à lad. cour des aydes, poursuictes depuis la signification que led. Delaguérinière luy auroit fait faire dud. arrest du xxviie aoust 1655, le dix-neuf janvier 1665, et qu'il désire obéir et satisfaire entièrement au contenu dud. arrest du xiie mars 1665 auquel il déclare n'avoir depuis desrogé, et a faict eslection de domicile en la maison de Mtre Lehoux, lieutenant du provost provincial de cette ville de Tours, et a signé :

P. Delaguérinière.

DELHOMMEAU (Mtre Denis), sieur de La Paquerie, conseiller du Roy, grenetier ancien au grenier à sel de Saumur y demeurant parroisse Nostre-Dame de Nantilly, comparant le vie juin 1668 par Me Michel Bernard, lequel a dit qu'icelluy sieur Delhommeau n'a jamais pris ny entendu prendre la qualité d'escuyer et que s'il se trouvoit qu'elle luy eust esté donnée en quelques actes que ce n'est que de l'esprit des notaires et a signé :

Bernard.

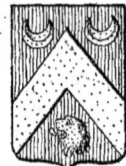

DENIAU (Jacques), sieur des Pins, conseiller au présidial de La Flèche, comparant le trois septembre 1666, lequel pour satisfaire à l'assignation à luy donnée le vingt un aoust dernier à la requeste de Laspeyre, a dict ne vouloir maintenir quant à présent la qualité d'escuyer, laquelle il n'a jamais requise ny demandée, au contraire a toujours esté compris dans le roolle des tailles et payé ses taxes, et que si elle lui a esté donnée en quelques actes ce n'a esté que par la considération que son aïeul, ses oncles et cousins-germains ont esté et sont encor conseillers au Parlement de Bretagne qui portent cette qualité, laquelle luy peut aussy avoir esté donnée comme un tiltre d'honneur sans aucun effect, veu qu'en plusieurs actes qu'il est près de produire on luy a donné la qualité de messire et de noble homme sans préjudicier aux protestations de se pourvoir ainsy qu'il advisera, et a fait eslection de domicile au logis de Mtre André Bourguignon, procureur à Chinon, et a signé :

Denyau.

DENYAU (Jacques), conseiller du Roy au présidial de Chasteaugontier, y demeurant, comparant le 29e septembre 1666, lequel pour satisfaire à l'assignation qui luy a esté donnée à la requeste de Laspeyre, a dict qu'il entend soustenir sa qualité d'escuier comme descendu de parens nobles et escuiers, qu'il est cadet de la famille, que l'aisné est Jacques Denyau, conseiller au Parlement de Bretagne ; porte pour armes : *de gueulles au chevron d'or, et deux croissans d'argent en poincte, et une teste de lyon arrachée*, et pour la justiffication de sa noblesse, produira au premier jour ses tiltres, et a esleu domicille en la personne de M^{tre} Miré estant à la suitte de Monsieur l'Intendant, et a signé :

JACQUES DE NYAU [1].

Les pièces dud. sieur Denyau ont esté rendues aud. Miré, son procureur, le deux may 1667.

DENIAU (CHARLES), advocat au siège royal de Beaumont, y demeurant comparant le trois may 1667 par Me Paul Miré, lequel a dit qu'icelluy Denyau n'entend soustenir la qualité d'escuyer, que sy les nottaires luy ont donnée en quelques actes ça esté contre son intention et qu'il a tousjours esté imposé aux rolles des tailles et du sel et a signé :

MIRÉ.

DENIS (PIERRE), sieur de Molierne, déclare maintenir la qualité d'escuyer, et à cet effect a mis à notre greffe les pièces dont il entend se servir, le 5e juillet 1666, et a signé :

DENYS.

Les pièces dud. sieur luy ont esté rendues le 20e juillet 1666.

DENIS (JEAN), sieur de La Guichetière, demeurant paroisse de Souvigny, près Amboise, ressort dud. Amboise, bailliage de Tours, comparant le 20e juillet 1666, a déclaré qu'il entend maintenir sa qualité d'escuyer et qu'ayant esté

---

[1] Cette famille portait : *de gueules au chevron d'or accompagné en chef de deux croissans et en pointe d'une tête de lion arrachée de même.*

assigné aux mesmes fins à la Cour des aydes, il y a envoyé ses tiltres, réquérant délay d'un mois pour les retirer.

Le 9e aoust 1666, led. sieur a mis ses tiltres au greffe.

J'ay soubsigné reconnois que les pièces produictes par deffunct Jean Denis, sieur de La Guichetière, mon père, m'ont esté rendues, ce jourd'huy 30e octobre 1670.

Signé : DENIS.

DENIS (FRANÇOIS), sieur du Chastellier, gendarme de la compagnie escossoise n'ayant autre demeure que dans les lieux de garnison de lad. compagnie, lequel comparant le xxviiie avril 1667 pour satisfaire à l'assignation donnée à Jean Denis, sieur de La Guichetière, son frère cadet à la requeste de Laspeyre le septiesme du présent mois d'avril, a dit que sond. frère et luy entendent maintenir la qualité d'escuyer et qu'il ne cognoist autres de son nom et armes et pour la justiffication de lad. qualité employe les tiltres et pièces qui ont esté produicts par deffunct Jean Denis, sieur de La Guichetière, vivant son père, et a signé :

DENIS DU CHATELLIER.

DENIS, — de Tours, noblesse de mairie.

Pierre Denis, écuyer, sieur de Molierne, demeurant en la ville de Tours, a justiffié sa noblesse comme petit-fils de Pierre Denis, sieur de La Béraudière, l'un des 24 échevins anoblis par Henri III, au mois de mai 1583.

Porte : *d'azur à 3 colonnes d'or rangées en pal.*

DEODEAU (GILLES), sieur du Fourneau, demeurant à Amboise, comparant le xxviiie avril 1667, a dit qu'il entend maintenir la qualité d'escuyer, et qu'il est aisné d'une branche de cadet de sa maison et qu'outre Jean Deodeau, religieux et Jean Deodeau, estant au service du roy au régiment de Normandie, ses frères, il ne cognoist personne de son nom et armes que... Deodeau son cousin-germain et aisné de lad. maison, lequel est aussy au service de Sa Majesté dans ses troupes et qu'il porte pour armes : *à l'escusson penchant de gueules au chevron d'argent accompagné de deux estoilles d'or en chef et un croissant aussy d'argent en pointe*, et a signé :

G. DÉODEAU.

Led. sieur Deodeau a produict tant pour luy que pour la damoiselle sa mère ce quatre may 1667.

Les pièces dud. sieur Deodeau luy ont esté rendues ce VIIIe may 1667.

Damoiselle Françoise de Boineau[1], veufve de JEAN DEODEAU, vivant sieur des Fourneaux, demeurant à Amboise, comparant le deux may 1667, a dict qu'elle entend maintenir la qualité d'escuyer qu'a prise sond. deffunct mary et que Gilles Deodeau, son fils aisné, a esté aussy assigné aux mesmes fins lequel produira tant pour elle que pour luy, et a signé :

FRANÇOISE DE BOINEAU.

DEODEAU. — Originaire d'Amboise.

Gilles Deodeau, écuyer, sieur du Fourneau, demeurant à Amboise, a raporté les lettres d'anoblissement, obtenues par Hélie Deodeau son ayeul, du roy Henri III en 1582 en considération des services par luy rendus depuis 50 ans en la charge de controlleur-général de la maison du roy, vérifiées où besoin a esté. Ledit Gilles a obtenu des lettres de confirmation en tant que besoin sera au mois de juin 1666 adressantes au Parlement où celles de 1582 n'auroient pas esté vériffiées.

Porte : *de gueules au chevron d'argent accompagné de 2 estoilles d'or en chef et un croissant d'argent en pointe*, l'écu posé de côté.

DERARD (JACQUES), sieur des Carrouges, demeurant parroisse de Sainct-Callais, eslection du Mans, bailliage dud. lieu, comparant le 14e aoust 1667, a dict n'avoir jamais pris la qualité d'escuier à laquelle il renonce, au contraire despuis qu'il a esté marié a payé la taille, que sy lad. qualité luy a esté donnée ç'a esté sans son advis et pendant sa minorité et lorsqu'il estoit au service du Roy, où il a esté pendant seize campagnes et engagé encore à présent d'y retourner dans le régiment de Sainct-Loup en qualité de lieutenant de cavallerie, et a signé :

DERARD.

DEROUET voir DROUET.

---

(1) De Boisneau ou Boyneau : *de gueules au lion d'argent, au chef d'azur chargé de 3 étoiles d'or*, aliàs *d'argent à la bande ondée d'azur accostée de 6 arbres de sinople, 3 et 3.*

DESBOIS (Louis), sieur des Soullais, lieutenant en l'eslection de La Flesche, y demeurant, comparant le 29e aoust 1666 ; lequel pour satisfaire à l'assignation qui luy a esté donnée à la requeste de Laspeyre par exploict de Cartron, huissier, le vingt un aoust dernier a dict n'avoir jamais pris la qualité d'escuier et ne voulloir la prendre à l'advenir, mesme avoir esté imposé au roolle des tailles et du sel, et payé les sommes ausquelles il auroit esté cottisé avant qu'il fut pourveu de lad. charge de lieutenant en lad. eslection, pour raison de laquelle il a payé les taxes des années 1653, 1656, 1661, la taxe de laquelle année estoit de 4 mil livres qu'il n'a pas eu moyen de payer, et pour monstrer qu'il n'a jamais voullu prendre lad. qualité, son frère aisné ayant obtenu des lettres de réhabilitation de noblesse, il s'y est formellement opposé pour en empescher l'effect et a esleu domicille en la maison de M^{tre} Charles Angibert advocat à Chinon, et a signé :

DESBOYS.

DESBOYS (René), sieur du Chastelet, conseiller au présidial de La Flèche, comparant le dix septembre 1666 : lequel nous a déclaré que si l'on luy a donné en quelques actes la qualité d'escuier, ça esté en considération des lettres de relief de noblesse obtenües par M^{tre} Charles Desboys, lieutenant-géneral dudict La Flèche, dès le second avril 1655 et non pour s'exempter des tailles, sel et autres impositions auxquelles les non-nobles sont cotisables, les aiant toujours et continuellement payées devant et après l'obtention desdictes lettres dont l'enthérinement se poursuict encores à la Cour des aydes où l'instance est appoinctée et distribuée à monsieur Le Maye, conseiller en icelle ; déclare néantmoins ledict Desboys n'entendre maintenir la dite qualité d'escuier non seulement à cause de l'incommodité de sa maison chargée de huict enfans, mais encores à cause de ses debtes non acquittées et causées principallement pour le payement de sa rançon quand il fut pris des corsaires d'Alger s'en allant en Portugal pour le service du deffunct Roy, pour la récompanse de laquelle il auroit cy-devant pris la liberté de présenter placet à Sa Majesté sur lequel il n'auroit pas encores esté statué, et a faict eslection de domicille en la maison de m^{tre} Charles Angibert, avocat au bailliage de Chinon, et a signé :

DESBOYS.

Le procès-verbal est écrit en entier de la main de René Desboys.

DESBOIS (René), sieur du Chastelet, conseiller garde-scel au Présidial de La Flèche, comparant le 11e septembre 1666, lequel pour satisfaire à l'assignation qui luy a esté donnée le quatre septembre dernier à la requeste de Laspeyre a dit que sy on luy a donné en quelques actes la qualité d'escuier ç'a esté seullement en considération des tiltres de relief de noblesse obtenues par Me Charles Desbois, cy-devant lieutenant-général dud. La Flèche, son père, dez le second avril 1655, et non pour s'exempter des tailles et autres impositions, les ayant toujours et continuellement paiées devant et après l'obtention desd. lettres dont l'enthérinement se poursuict encore à la Cour des aydes où l'instance est appoinctée et distribuée à Monsieur Le Maye, conseiller en icelle, oultre que l'on luy peut avoir donné cette qualité comme estant pourveu d'une charge de m^{tre} des requeste de la Reyne de laquelle il a presté le serment ; déclarant néantmoins led. Desbois n'entendre maintenir quant à présent lad. qualité d'escuier tant à cause de l'incommodité de sa maison chargée de huict enfans, mais encore à cause de ses debtes non acquittées et causées principallement par le payement de sa rançon lorsqu'il fut pris des corsaires d'Alger, s'en allant en Portugal au service du deffunct Roy, pour la récompance de laquelle il auroit présenté un placet à Sa Majesté, sur lequel n'auroit pas esté statué ; et a esleu domicille en la personne de M^{tre} Miré estant à nostre suitte et a signé :

Desboys.

DESBOYS (Charles), cy-devant lieutenant-général de La Flèche, y demeurant ordinairement, comparant le xxie septembre 1666, par René Desboys, conseiller du Roy au présidial de lad. ville, son fils, fondé de procuration spécialle passée par Dubois, notaire au comté du Lude, le dix-neuf du présent mois ; lequel en vertu du pouvoir à luy donné par lad. procuration a dit qu'encores que le Roy par ses lettres du moys d'avril mil six cens cinquante cinq adressées à la Cour des aydes, l'ait relevé de ce que Michel Desboys, son ayeul, avoit desrogé à la noblesse, et lesquelles depuis ont esté présentées à lad. Cour pour l'enthérinement d'icelles, mais nonobstant la continuation des poursuites, les incidens et mesme les oppositions formées par ses enfans en ont retardé led. enthérinement, l'instance duquel réglée et appoinctée a esté ensuite distribuée à Monsieur Le Moye, conseiller de lad. Cour ; ce néantmoins led. Desboys déclare ne vouloir prendre ny se servir de la qualité d'escuier ny des droits et privilèges y afférans ; reconnoit qu'estant lieutenant-général audit La Flèche, charge par luy exercée près de vingt ans, les greffiers du siège, par une ancienne usance, ajoutoient aux données des sentences après la qualité de lieutenant-général, celle d'escuier, dont ledict Desboys, informé que tous les lieutenans-généraux, ses prédécesseurs, en avoient ainsi usé et que mesme les autres lieutenans-généraux en usoient généralement ainsy, il ne voulut rien innover ; mais que depuis trente-cinq ans sont et plus, il n'a pris ladite qualité, ce qu'il vérifiera devant mondit seigneur l'intendant par la réprésentation de plus de deux cens actes passés devant notaires mesme par les deux contracts de mariage de ses deux enfans aisnés qui seuls peuvent tirer à conséquence pour la noblesse. Si depuis et après que l'incommodité de sa famille chargée de neuf ans, la nécessité de se défaire de sa charge, cette qualité s'est glissée dans quelques actes de peu de conséquence, ç'a esté par inadvertence et sans aucun préjudice aux droicts du Roy, estant à remarquer que la Reyne mère, ayeule du Roy, l'ayant gratiffié d'une charge de maistre des requestes de son hostel dans laquelle il a esté receu, presté le serment, les lettres enregistrées et obtenu sentence des Eleus de La Flèche, servy ou obtenu dispense de service, il a jouy des privilèges et exemptions de cette office jusques à ce que Sa Majesté les aiant surcis pour l'esloignement de ladicte Reyne, il fut depuis imposé sur les roolles, et le Roy aiant quelque temps après levé les surséances, il a jouy durant quelque temps des exemptions et non pas toujours estant encores à présent sur roolles comme un autre homme privé, reduict à ce genre de vie après avoir passé par la charge de lieutenant-général audit La Flèche, ét de procureur du roy à Saumur, par le peu de moyens qui luy restent à cause des grandes dépenses par luy cy-devant faites pour l'entretien de trois de ses enfans à la Guerre pour le service de Sa Majesté et payemens de leur rançon, laquelle déclaration led. procureur soutient véritable et offre à en informer tant par titre que par tesmoins et a signé :

DESBOYS.

Armoiries : *d'azur à 3 annelets d'or, 2 et 1.*

DESCHAMPS (ADAM), conseiller du roy, lieutenant-général en la seneschaussée d'Anjou et prévosté réunie à Baugé, y demeurant, comparant le 25e aoust 1666, lequel pour satisfaire à l'assignation à luy donnée à la requeste de Laspeyre, par exploict du 19e du présent mois signé Carré, pour procéder aux fins dud. exploict et de nostre ordonnance y énoncée, a dit qu'il n'a jamais pris la qualité d'escuyer et que sy elle luy a esté donnée, ç'a esté à son inseu et sans son consentement, et y renonce, et pour preuve il a esté compris au roolle des tailles dont il offre justiffier, et a faict eslection de domicille en la personne de M^{tre} Bernard et a signé :

DESCHAMPS.

Le sieur Deschamps a mis au greffe les pièces dont il entend se servir, lesquelles ont esté paraphées par première et dernière.
Les pièces dud. sieur Deschamps ont esté rendues au sieur lieutenant-général du Chasteau-du-Loir ce 24e juin 1667.

DESCHAMPS (Louis), sieur de La Voulte, demeurant à Marnay, eslection de Poictiers, comparant le 28 aoust 1666, par M^{tre} André Guérin, procureur à Chinon, en vertu de la lettre missive qu'il nous a représentée et laissée, lequel pour satisfaire à l'assignation qui lui a esté donnée à la requeste de Laspaire, par exploict du vingtiesme aoust, a dict qu'il a esté cy-devant assigné devant monsieur Barantin, Intendant en Poictou, par devant lequel il requiert d'estre renvoyé, sinon luy accorder un dellay compétant pour représenter ses tiltres, et a led. Guérin esleu domicille en sa maison, et a signé :

GUÉRIN.

Louise Gervais, veufve de FRANÇOIS DESCHAMPS, vivant sieur de La Boulerie, demeurant parroisse du Vieil-Baugé, eslection et seneschaussée dudict Baugé, comparant le XXII septembre 1668 par M^{tre} Michel Bernard, lequel a dict qu'elle entend maintenir la qualité d'escuyer prise par led. deffunct son mary, comme issu de maire [1] de l'hostel-de-ville d'Angers, pour

---

(1) Guillaume Deschamps fut maire d'Angers en 1571.
Armoiries : *d'argent à 3 bouleaux de sinople rangés sur une plaine de même.* D'après M. C. Port : *d'azur à 3 chênes.....*

la justiffication de laquelle qualité, elle produira cy-apprès les pièces et tiltres dont elle entend se servir en luy donnant délay compétant pour ce faire, et a signé :

BERNARD.

DESCHAMPS (PIERRE), sieur de Montibaut, bourgeois de Paris, cy-devant écuier de la grande écurie du Roy, comparant le 5ᵉ avril 1668 a faict lad. comparition en personne sans déroger à son droict de bourgeoisie de Paris et avec protestation qu'elle ne luy pourra préjudicier ny estre tirée à conséquence contre luy et a déclaré que s'il a pris lad. qualité d'escuier ce n'a esté qu'en conséquence de sad. charge à laquelle elle apartient de droit attendu qu'elle en fait le tiltre.

PIERRE DESCHAMPS.

DESFRICHES (Mᵉ NICOLLAS), chapellain de la chapelle Sainct-Yves, desservie en l'esglize Sainct-Martin de la ville de Tours, comparant le 26ᵉ juillet 1666, a déclaré qu'il n'a pas pris la qualité d'escuier, et a signé :

DESFRICHES.

DESIRARD [1]. — Originaire d'Anjou.

Gilles Desirard, écuyer, sieur de La Joncheraye, demeurant paroisse de .... élection et bailliage du Mans, a justiffié la possession du titre de noblesse, depuis l'année 1520, commençant en la personne de son quartayeul.

Porte : *de sable à la cigogne d'argent couronnée d'or.*

Claude du Mousseau, veufve RENÉ DÉSIRÉ, vivant sieur de Souvigny, demeurant paroisse de Bazouges, eslection et présidial de Chasteau-Gontier comparant le 14ᵉ septembre 1668 par Mᵗʳᵉ Michel Bernard, lequel a dit que lad. veufve entend maintenir la qualité d'escuyer prise par led. deffunct son mary et a signé :

BERNARD.

---

(1) Vol. 439 du Cabinet des titres. — Voir SIRARD (DE).

DESMARAIS (Gédéon), sieur de Pietable, demeurant parroisse de Princé, eslection et ressort de Richelieu, bailliage d'Angers, comparant le 24ᵉ aoust 1666, lequel pour satisfaire à l'assignation à luy donnée à la requeste de Laspeyre le 5ᵉ du présent mois, pour procéder aux fins dud. exploict et de nostre ordonnance y énoncée, a dit qu'ayant servi Sa Majesté dans ses armées par l'espace de quarante ans et eu des emplois honorables, ayant commandé près de vingt ans une compagnie de chevau-légers en qualité de lieutenant, et le reste du temps en divers employs, comme commissaire de l'artillerie, mareschal-des-logis, cornette, dans lesquels employs il a receu plusieurs coups et playes, il a véritablement pris la qualité d'escuyer pendant led. temps dans l'espérance de pouvoir obtenir des lettres de noblesse, mais ayant consommé tout son bien et n'ayant de quoy obtenir lesd. lettres, il se seroit retiré après la paix dans son pays où il vit avec peine avec sa famille, et néantmoins a déclaré qu'il renonce à la qualité d'escuyer sinon qu'il plaise à Sa Majesté d'y pourvoir eu esgard à ses services et aux blesseures par luy receues, les commissions et certifficats desquels employs et services il offre de représenter et a faict eslection de domicille en cette ville de Chinon au logis de Mᵉ André Guérin, procureur et a signé :

Desmarais.

DESMIER (François), sieur de Lespinay, comparant le 29ᵉ juillet 1666, par Mᵗʳᵉ Jean Bretonneau, procureur au présidial de Tours, nous a déclaré que n'estant que cadet de sa maison, il n'a pas les tiltres justifficatifs de sa noblesse, lesquels estans es mains de ses aisnés, réquérant délay de deux mois pour les répresénter.

Signé : Bretonneau.

DESMIER (Charles), sieur de Cléret, demeurant parroisse de Saunay, bailliage de Tours, aagé de 48 ans ou environ comparant le 6 aoust 1666 tant pour luy que pour Louis Desmier, sieur de La Roderie l'un de ses cadets, a déclaré que sond. frère et luy entendent maintenir la qualité d'escuyer, que luy Charles est l'aisné de sa maison et qu'il porte pour armes : *de gueules à un lion d'argent accompagné d'un croissant aussy d'argent en chef et d'un dart à la hampe d'or et fer d'argent perçant le flanc du lion* et qu'il ne cognoist de sa maison et armes outre Charles-Gilles son fils, que Louis et François Desmier ses frères cadets, Louis Desmier fils dud. Louis Desmier, et François Desmier fils dud. François, et a déposé les pièces dont il entend se servir.

Signé : CHARLES DESMIER.

Les pièces dud. sieur ont esté rendues le 4ᵉ mars 1670.

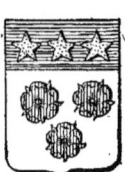

DESNOTZ (PIERRE), demeurant en cette ville de Tours, comparant le dixiesme may 1667, lequel a dit qu'il entend maintenir la qualité d'escuyer, qu'il est seul de son nom et armes, qu'il porte : *d'argent, à trois rozes de gueules au chef d'azur, chargé de trois estoilles d'or*, et qu'il produira au premier jour les pièces dont il entend se servir pour la justiffication de sa qualité d'escuyer, et a faict eslection de domicille en cetted. ville en la maison où il est demeurant cloistre Saint-Gatien et a signé :

DESNOTZ DE SAINT-PIERRE.

DESNOTZ. — Originaire de Touraine.
Pierre Desnotz, écuyer, sieur de Saint-Pierre, demeurant à Tours, a justiffié sa noblesse comme fils d'un secrétaire du Roy, mort dans sa charge.
Porte : *d'argent à 3 roses de gueules, 2 et 1, au chef d'azur chargé de 3 étoiles d'or*.

DESPRÈS (FRANÇOIS), sieur de La Janière, demeurant parroisse de Savigny, eslection de Richelieu, ressort de lad. ville, bailliage d'Angers, comparant le 15ᵉ aoust 1666 par Louis de Marans, chevallier, seigneur de Varennes, son gendre et principal héritier, lequel sieur de Varennes ayant charge dud. sieur de La Janière, son beau-père, a dit pour satisfaire à l'assignation donnée à icelluy de La Janière le deuxiesme du présent mois par exploict de Ladebat pour procéder aux fins dud. exploict et de nostre ordonnance y énoncée, qu'il entend maintenir la qualité d'escuyer et est issu d'un cadet et qu'il ne cognoist de sad. branche que Magdeleine et Louise ses filles et qu'il porte pour armes : *d'argent à un chevron d'azur accompagné de trois crouzilles de gueules, deux en chef et une en pointe* et pour la justiffication de la noblesse dud. sieur Després a produict les pièces dont il entend s'aider, lesquelles ont esté justiffiées par première et dernière, et a faict eslection de domicille en cette ville de Chinon pour led. sieur Desprès en la personne de M⁰ Michel Bernard, et a signé :

DE MARANS.

Le deux septembre 1666, ledict sieur Després a produict par addition et les pièces ont esté paraphées par première et dernière.

Les pièces dud. sieur Després ont esté rendues au sieur de Maran, son gendre, le 4 septembre 1666.

DESQUOY (GUILLAUME), sieur de Minguet, demeurant à Saugé, eslection d'Angers, comparant le dixiesme aoust 1667, lequel a dit qu'il n'a jamais pris la qualité d'escuier à laquelle il renonce, mais seullement celle de domestique de monsieur le duc de Brisac, chez lequel il demeure et a signé :

DASQUOY.

DIEUZIE (RENÉ DE), sieur dud. lieu, comparant le trante mars 1667 tant pour lui que pour René de Dieusie, son père et René de Dieusie, sieur de Sermont, son cousin-né de germain, demeurans tous parroisse de Saincte-Jamme, eslection et seneschaussée d'Angers, lequel a dit que sesd. père, cousin et luy entendent maintenir la qualité d'escuyer, que led. sieur de Dieusie, son père est l'aisné de sa maison qui a pour frère Pierre de Dieuzie, sieur de La Saulaie, et que Louis de Dieusie, est de la mesme maison dont il n'en cognoist d'autres et qu'il porte pour armes : *d'or à un lyon de sable, couronné, armé, lampassé et esclairé de gueules apuyé sur un tronc aussy de sable et trois molettes d'espron deux en chef et l'autre en coin* et pour la justification desd. qualités de sond. père, dud. sieur de Sermon, son cousin et de luy a mis au greffe les pièces dont il entend se servir et a signé :

RENÉ DE DIEUZIE.

Les pièces dudict sieur de Dieusie luy ont esté rendues ce trois avril 1667.

DIEUSIE (DE). — Originaire d'Anjou.

René de Dieusie, écuyer et René de Dieusie, son fils, et René de Dieusie, écuyer, sieur de Sermon, leur cousin, demeurant paroisse de Sainte-Jame près Segré, élection et bailliage d'Angers, ont justiffié la possession du titre de noblesse depuis l'année 1541 commençant led. René père et ledit sieur de Sermon en la personne de leur bisayeul et ledit René, fils, en celle de son trisayeul.

Portent: *d'or* aliàs *d'argent au lion de sable, couronné, lampassé, éclairé et armé de gueules, rampant contre un tronc d'arbre de même et cantonné aux 1, 2 et 3e quartiers d'une molette d'éperon aussi de sable.*

— René de Dieuzie, écuyer, sieur de La Haye... eut acte de la représentation de ses titres le 2 avril 1667 ainsi que René, sieur de Sermon.

DIVIN (Mtre JACQUES LE), conseiller du Roy, lieutenant particulier en la seneschaussée et siège présidial du Mans, y demeurant, comparant le xxve febvrier 1668, par Me Michel Bernard, lequel a déclaré que led. sieur Ledivin entend maintenir la qualité d'escuyer par luy prise par les pièces et tiltres qu'il en réprésentera en luy donnant un délay compétent.

Signé : BERNARD.

Led. sieur Divin a mis au greffe les pièces dont il entend se servir ce xviie avril 1668.

Les pièces dud. sieur Le Divin ont esté rendues aud. Bernard.

Armoiries : *de gueules à la fasce d'argent accompagnée de 3 étoiles de même, 2 et 1.*

DOMMAIGNÉ (LOUIS DE), seigneur de La Roche-Hue, demeurant parroisse de Cheviré-le-Rouge, eslection et ressort de Baugé, a dit qu'il entend maintenir la qualité d'escuyer et de chevallier, qu'il est aisné de sa maison dont il ne cognoist personne que les sieurs de Dommaigné du Frémiou, demeurans parroisse de Sainct-Jean-des-Marais, près d'Angers, et qu'il porte pour armes : *d'argent à trois frestées de gueules* et a faict eslection de domicille en la maison de M^tre Jullien Pottier, audiancier de cette ville du Chasteau-du-Loir, et a signé :

Louis de Dommaigné.

Led. sieur de Dommaigné a mis au greffe les pièces dont il entend se servir ce xx aoust 1667.

Les pièces dud. sieur de Dommaigné luy ont esté rendues le xxiie aoust 1667.

DOMMAGNÉ (de). Originaire d'Anjou.

Louis de Dommagné, écuyer, sieur de La Rochehue, demeurant paroisse de Cheviré-le-Rouge, élection de Baugé, bailliage d'Angers, a justiffié la possession du titre de noblesse depuis l'année 1536 commençant en la personne de son trisayeul.

Porte : *d'argent fretté de gueules de six pièces.*

— Louis de Dommagné... eut acte de la représentation de ses titres le 22 août 1667.

DOSTORNE (Pierre), demeurant à Saumur, comparant le 29e aoust 1666, lequel pour satisfaire à l'assignation à luy donnée à la requeste de Laspeyre par exploict de Girault du 26e du présent mois, a dict qu'il n'a jamais pris la qualité d'escuyer qu'il n'a jamais prétendue ayant toujours esté compris aux rolles des tailles et de l'impost du sel sy excessivement qu'il fut obligé pour s'en exempter d'achepter une charge de fourier de la vainerie de Monseigneur le duc d'Orléans, nonobstant laquelle il ne deslaissa d'estre taxé ausd. tailles, ce qui l'obligea à entreprendre un procès contre les habitans de Saumur qui luy a beaucoup cousté et a ensuitte perdu lad. charge par la supression qui a esté faicte de partie des officiers de mond. seigneur, de telle sorte qu'il ne luy reste plus aucuns biens pour son entretien et de sa famille composée de huict enfans, et a faict eslection de domicille en cette ville de Chinon au logis de Me André Guérin procureur et a signé.

Dostorne [1].

DOULL (Guillaume), demeurant à Saumur, comparant le trois octobre 1666, lequel pour satisfaire à l'assignation à luy donnée à la requeste de Laspeyre, a dit qu'il entend maintenir la qualité d'escuyer comme issu de noble extraction d'Écosse, qu'il est cadet de sa maison, et que Jean Doull, demeurant en Escosse est son aisné, et qu'en France, il n'y a personne de son

---

(1) Dostorne ou Ostorne, famille protestante de Saumur. En 1622, Guillaume Ostorne ou Dostorne était docteur-médecin dans cette ville.

nom et armes que luy et ses enfans et qu'il porte pour armes : *de sinople à trois croissans d'argent et une barre aussy d'argent chargée de trois macles de sable,* et que pour la justiffication de sa noblesse il produira au premier jour les pièces dont il entend se servir et a signé :

W. Doull [1].

DOUSSET (Urbain), sieur de Chamgran demeurant parroisse du Bouschet, comparant le XIIIe mars 1667, par M^{tre} Moreau, son procureur, lequel a dit qu'il entend maintenir la qualité d'escuier comme descendu de parens nobles et escuiers, qu'il est l'aisné d'une branche de puisnés dont les aisnés demeurent en Lorreine et ne reconnoit d'autres de sa branche que Léon Dousset, sieur de La Chesnaye, son frère puisné, demeurant en Lorraine et porte pour armes : *d'azur, à deux espées d'argent passées en sautoir aux trois estoilles d'or rangées en chef au croissant d'argent,* et pour la justification de sa noblesse proteste de requérir un dellay compétant pour aller en Lorraine pour retirer ses tiltres et a led. Moreau signée :

Moreau.

DOYSSEAU (Charles), grenetier au grenier à sel de Malicorne, eslection et baillage de Sablé, demeurant aud. lieu de Malicorne, comparant le six septembre 1666, lequel pour satisfaire à l'assignation qui luy a esté donnée à la requeste de Laspeyre par exploict du vingt un aoust, a dict qu'il n'a jamais pris la qualité d'escuier à laquelle il renonce, qu'il a toujours esté emploié aux roolles des tailles et sel pendant le temps qu'il n'a poinct eu d'exemption, comme il justiffiera par les extraicts des roolles et autres pièces, comme partages, contracts de mariage, donations et autres actes de conséquence qu'il prétend produire à cest effect ; a esleu domicille en la personne de M^{tre} Michel Bernard, procureur au bureau à Tours, estant à nostre suitte, et a signé :

C. Doysseau.

(1) Guillaume Doull, professeur d'éloquence en l'Académie protestante à Saumur, 1670. (C. Port. *Dict. de Maine-et-Loire.* II, 59).

273

DREUX (Guillaume), sieur de Bellefontaine, demeurant en la ville de Chinon, bailliage de Tours, comparant le xxixe febvrier 1668, lequel a dit qu'il n'a jamais pris ny prétendu prendre la qualité d'escuyer et que s'il se trouve qu'elle luy ayt esté donnée en quelques actes que ce ne peust estre que de l'esprit des notaires, et a signé :

Dreux de Bellefontaine.

DREUX (M^{tre} Philippe), conseiller du Roy en ses conseils, lieutenant-général au siège royal de Chinon, y demeurant, comparant le dernier juillet 1668, a dit qu'il n'a jamais pris la qualité d'escuier, au contraire dans tous les actes qu'il a passés il n'en a pris d'autre que celle de ses charges, que sy dans quelques actes elle luy a esté donnée ça esté sans son ordre quoy qu'il le peut faire en conséquence des lettres de provision et réception en la charge de conseiller d'estat dont il a pleu à Sa Majesté l'honorer, qu'il produira au premier, et qu'il ne s'est jamais prévalu de lad. qualité en chose quelconque pour en tirer advantage et a signé :

Dreux.

Led. s^r Dreux a mis au greffe, le 21 aoust 1668.

Led. s^r Dreux a mis au greffe une production nouvelle le trois septembre 1668.

Lesd. pièces ont esté rendues à M^{tre} Michel Bernard, procureur dud. sieur Dreux le 1er septembre 1669.

DROUET ou DEROUET (Charles), sieur de Cimbré, demeurant parroisse de Tiercé, eslection et ressort d'Angers, comparant le quatre décembre 1666, lequel a dit qu'il entend maintenir la qualité d'escuyer et qu'il est aisné de sa maison, et porte pour armes : *de gueules à un lyon d'or*, et qu'outre Urban Drouet, sieur de La Sublerie, son frère, il ne cognoist personne de son nom et armes que les enfans du feu sieur de La Croix Drouet, demeurans en Anjou et que pour la justiffication de sa noblesse il produira au premier jour les pièces dont il entend se servir et a signé :

Charle Derouet [1].

---

(1) Porte : *de gueules au lion d'argent*.

Les pièces dud. sieur Drouet luy ont esté rendues ce XXIe avril 1667.

— Charles Drouet... au nombre des maintenus par M. Voisin.

DROUET (René), sieur de La Croix, demeurant parroisse de Saix, eslection et bailliage de Loudun, comparant le vingt trois avril 1667 par M^{tre} Pierre Berneust, procureur au présidial de cette ville de Tours, lequel Berneust a dit qu'icelluy Drouet entend maintenir la qualité d'escuyer et a signé :

BERNEUST.

Les pièces dont led. s^r Drouet entend se servir ont esté mises au greffe par led. Berneust, le xx febvrier 1669.
Les pièces dud. s^r Drouet ont esté rendues aud. Berneust le xxiiii dud. mois aud. an 1669.

DROUET. — Originaire du Loudunois.
René Drouet, écuyer, sieur de La Croix-Drouet, demeurant paroisse de Says, élection de Loudun, bailliage de Tours, a représenté des lettres d'anoblissement obtenues par Isaac Drouet, son ayeul, annobly par le Roy Henri IV, au mois de mars 1600.
Porte : *d'azur à l'aigle d'or* [1].

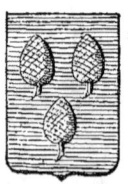

DROUILLARD (Jacques), sieur de La Barre, demeurant parroisse de Chaslain, eslection et ressort d'Angers, comparant le treize avril 1667, tant pour luy que pour Hisidore Drouillard, sieur de Lesbeauxpinais, demeurant mesmes parroisse, ressort et eslection, a dit qu'il entend maintenir la qualité d'escuyer et qu'il ne cognoist de son nom et armes que ledict sieur Hisidore Drouillard, son nepveu et qu'il porte pour armes : *d'azur, à trois pommes de pin d'or,* et pour la justiffication a mis au greffe les pièces dont il entend se servir, et a signé :

JACQUES DROUILLARD.

Les pièces dud. sieur Drouillard luy ont esté rendues ce XXIII avril 1667.

(1) Carré de Busserolles dit : *de gueules au lion d'argent*, les confondant avec la famille qui précède.

Et depuis led. sieur Drouillard a remis au greffe les pièces dont il entend se servir, en concéquence d'arrest de Mrs les commissaires généraux du sept juin dernier, lesquelles pièces ont esté parafées par première et dernière ce XIIII juillet 1668.

Les pièces dud. sieur Drouillard luy ont esté rendues ce 24e jour de juillet 1668.

DROUILLARD. — Originaire de Bretagne.

Jacques Drouillard, écuyer, sieur de La Barre, et Isidore Drouillard, écuyer, sieur de Lesbaupinay son neveu, demeurant paroisse de Chalains et ressort d'Angers, ont justifié la possession du titre de noblesse, depuis l'année 1501, commençant en la personne de leur bisayeul.

Porte : *d'azur à 3 pommes de pin d'or, 2 et 1.*
— Jacques Drouillard... au nombre des maintenus par M. Voisin.

DROUIN (CHARLES), sieur de La Borde et du Gué de Pré, demeurant en sa maison seigneurialle de la Borde, parroisse Sainct-Anthoine-du-Rocher, eslection et bailliage de Tours, comparant le XXIX décembre 1667 par Mtre Michel Bernard, lequel a dit qu'icelluy sieur Drouin entend maintenir sa qualité d'escuyer pour la justiffication de laquelle il représentera cy-après les tiltres dont il entend s'ayder en luy donnant délay compétant pour les retirer des mains de son cadet lequel les a produicts pour raison de la mesme recherche devant monsieur l'intendant de la généralité d'Orléans et a led. Bernard signé :

BERNARD [1].

DRUGEON (Mtre CHARLES), sieur des Portes, conseiller du roy à la séneschaussée de Saumur y demeurant, comparant le deux septembre 1666, lequel pour satisfaire à l'assignation à luy donnée à la requeste dud. Laspeyre le vingt sixiesme aoust dernier par exploict de Girault huissier, a dict n'avoir poinct pris la qualité d'escuyer, et que sy elle luy a esté donnée (ce qu'il ignore), ç'a esté à son inseu et sans son consentement ayant tousjours esté

---

(1) Armoiries : *d'azur à 3 clous de la passion appointés en pairle d'or, accompagnés de 3 étoiles mal ordonnées d'argent.*

taxé au rolle de la taille à plus de trante livres chaque année, ce qu'il offre justiffier, et à l'impost du sel à plus d'un boisseau, et a faict eslection de domicille au logis du sieur Angibert de La Nivardière, en cette ville de Chinon, et a signé :

C. DRUGEON.

DUBOIS (JEAN), sieur de Bonrepos, demeurant parroisse de Bournan, comparant le 30 juillet 1666, a dit qu'il n'a jamais pris la qualité d'escuier, qu'il y renonce et a signé :

JEAN DUBOIS.

DUBOIS (VINCENT), sieur de Champmarteau, demeurant à Saumur, comparant le 22e janvier 1667 par M^{tre} Jacques Paul Mirey, procureur estant à la suitte de monsieur l'Intendant, lequel a dit que led. sieur Dubois n'a jamais usurpé ny pris la qualité d'escuier, que depuis huict ans en ça il a toujours esté dans la ville de Paris à poursuivre l'assassin de mort tant de sa deffuncte femme que de Louis Dubois, son frère et depuis deux ans en ça, s'est marié en la ville de Saumur et y a pris femme et y a payé sel et taille comme il offre justiffier par extraicts des roolles des tailles et du sel de lad. ville de Saumur, et a signé :

MIREY.

DUBOIS (JACQUES), sieur de Vallagon, chapelain du Roy en sa chapelle de Saint-Georges fondée en l'église de Saint-Martin de cette ville de Tours, comparant le dernier du moys de febvrier 1667 par M^{tre} François Mestivier, procureur au présidial de lad. ville, lequel a dict qu'icelluy Dubois n'entend maintenir la qualité d'escuyer et qu'ayant esté cy-devant assigné à la cour des aydes a mesmes fins à la requeste de Me Thomas Bousseau, il auroit composé pour l'amande à laquelle il pouvoit estre taxé, à la somme de cinq cens cinquante livres avec le nommé Teixier se disant procureur dud. Bousseau qui luy auroit promis de luy fournir quittance de lad. somme du sieur de Beaumont Chassepot et l'employer au premier rolle de modération qui seroit fait et ce par l'entremise de Louis Augustin, escuier, sieur de

Bourguisson qui auroit payé lad. somme aud. Teixier suivant sa quittance du xx⁰ may 1665 dont il justiffiera au premier jour et a signé :

MESTIVIER.

DUBOIS (JOSEPH), vallet de chambre ordinaire du Roy, demeurant parroisse de La Chartre, eslection de La Flèche, comparant le unze may 1667, lequel a dict que Marie Dubois, sieur du Poirier, aussy valet de chambre du Roy, son père, ayant esté assigné à la requeste de M⁰ Thomas Bousseau à la Cour des aydes aux mesmes fins, il se seroit pourveu au conseil où il auroit obtenu arrest tant pour luy que pour ledit Joseph Dubois, le XIII⁰ may 1665, par lequel il auroit esté deschargé de l'assignation à luy donnée avec deffences de prendre à l'advenir la qualité d'escuyer, ce qu'il n'a fait et n'entend faire à l'advenir et y renonce et a signé :

DUBOIS.

DUCHESNE (ÉTIENNE), sieur de La Blanchardière, demeurant à Malicorne, eslection de La Flèche, ressort de Sablé, comparant le dix septembre 1666 par M^{tre} Nicolas Patin, sieur du Bois, lequel a dict qu'icelluy Duchesne n'a jamais entendu prendre la quallité d'escuyer, que sy quelque nottaire a employé dans les actes qu'il a attesté pour luy lad. qualité d'escuyer, que ç'a esté sans son ordre et par méprise et qu'il n'a point pris lad. qualité par son contract de mariage ny par l'acte de prestation de serment par luy faict pour la charge de secrétaire ordinaire de la chambre du roy dont il fut pourveu en 1635, et qu'en 1653 il fut pourveu de la charge de M^{tre} d'hostel ordinaire du roy, a presté le serment et ses lettres registrées au controlle général de la chambre aux deniers, et qu'en 1656 il fut pourveu de la charge de conseiller m^{tre} des requestes de Monsieur le Duc d'Anjou, presté le serment, les lettres sellées du grand seau de la chancellerie de France, enregistrées en la Cour des aydes et en l'eslection du Mans, dans tous lesquels actes il n'a point pris la qualité d'escuyer, et que depuis l'année 1644 il fut commis de l'administrateur général des gabelles de France à la recette des greniers de La Flèche et de Malicorne où il a esté maintenu jusqu'à ce jour, touttes lesquelles charges et commissions l'ont exempté de la contribution des tailles, et a faict eslection de domicille en la personne de M^tre Michel Bernard et a signé :

Patin.

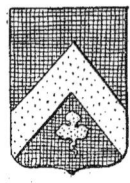

DUFFERIE (Mre René de La), seigneur de Bouère et de La Vezouzière, demeurant en lad. parroisse de Bouère, eslection de La Flèche, ressort du marquisat de Sablé, comparant le six aoust 1667, a dit qu'il entend maintenir la qualité d'escuyer et de chevallier, qu'il est aisné de sa maison dont il ne cognoist que François de La Dufferie, seigneur de La Motte-Husson, son frère, demeurant parroisse de Martigné-soubz-Laval et qu'il porte pour armes : *de sable, au chevron d'or et un treffle d'or de mesme en poincte*, et cy devant ses ancestres portoient : *d'azur, au lyon passant d'or, la patte dextre appuyée sur un tronc d'arbre de mesme avec trois fleurs de lys d'or en chef* ; produira au premier jour les pièces dont il entend se servir et a signé :

René de La Dufferie.

A produit ses titres le 9 aoust 1667.
Les pièces ont esté rendues le 11e aoust 1667.

DUFFERIE (François de La), sieur de La Motte-Husson, demeurant parroisse de Martigné-soubz-Laval, eslection et ressort de Mayenne, comparant le 8e juin 1668, a dit qu'il entend maintenir la quallité, d'escuier, qu'il est cadet de sa maison, que René de La Dufferie, sieur dud. lieu et de La Vezouzière, demeurant parroisse de Bouerre, eslection de La Flèche, est son frère aisné et chef de son nom et armes, lequel a cy-devant produict pour la justiffication de sa noblesse et n'en connoist autres qui portent son nom et armes qui sont : *de sable au chevron d'or, accompaigné en poincte d'un trèfle aussy d'or* ; a mis au greffe les pièces dont il entend s'ayder et a signé :

F. de La Dufferie.

Les pièces dud. s^r de La Dufferie luy ont esté rendues le 8e juin 1668.

DUFFERIE (DE LA), qui portait anciennement le nom de BAGUELIN ou BAGLION. — Originaire du Mayne.

René de La Dufferie, écuyer, sieur du lieu, demeurant paroisse de Bouère, élection de La Flèche et François de La Dufferie, écuyer, sieur de La Motte-Husson, demeurant paroisse de Martigné, élection et ressort de Mayenne, ont justiffié la possession du titre de noblesse depuis l'année 1499 commençant en la personne d'Ambroise Baguelin, écuyer, sieur de La Dufferie leur trisayeul, auquel la terre de La Dufferie fut donnée par Catherine de La Dufferie par testament du 13 mars 1502 à la charge que son fils aisné et ses descendants porteroient le nom et les armes de La Dufferie, ensuite du quel testament Guy Baguelin, fils d'Ambroise, prit le nom de Baguelin de La Dufferie et Guy, deuxième du nom, son fils, ayeul des sieurs de La Dufferie, celui de La Dufferie seul. Pour raison de ce changement de nom, y ayant eu contestation, par arrest du Parlement du 15 may 1664, il fut permis aux sieurs de La Dufferie de porter les noms et armes de La Dufferie qui sont : *de sable au chevron d'or et un trèfle de même en pointe*, et celles de Baguelin : *d'azur au lyon passant d'or la patte dextre appuyée sur un tronc aussi d'or et 3 fleurs de lys d'or rangées en chef.*

— René de La Dufferie... eut acte de la représentation de ses titres le 11 aout 1667.

DUFOUR (JACQUES), sieur de La Brosserie, demeurant parroisse de Villechauve en Touraine, comparant le xviiie septembre 1666 par M^{tre} Michel Bernard, lequel a dit qu'icelluy Dufour a deub et peu prendre la qualité d'escuyer et qu'estant prisonnier il ne peut répresenter les tiltres justifficatifs de ladicte qualité, pourquoy il prétend demander délay, et a signé :

BERNARD.

Led. Dufour a mis au greffe les pièces dont il entend se servir, par Me Louis Ledamoisel procureur, ce xxviiie mars 1668.

DUFREZIER (M^{tre} JEAN), cy-devant conseiller du roy acesseur au siège de la prévosté d'Angers, y demeurant parroisse de Sainct-Pierre, comparant le quatorziesme janvier 1668 par M^{tre} Michel Courtois, clerc de M^{tre} Jean Ferregeau procureur au siège présidial de Tours, lequel Courtois a dit quy ledit sieur Dufrezier n'a pris ny entendu prendre la quallité d'escuyer et y renonce et a signé :

COURTOIS.

DUGUÉ (Jean), conseiller du roy au présidial de Chasteaugontier et commissaire des montres de la mareschaussée provincialle et chevallier du guet de lad. ville, comparant le 19 aoust 1666, lequel pour satisfaire à l'assignation à luy donnée à la requeste de Laspeyre sur deffault le quatre du présent mois par exploict de Breton, pour procéder aux fins desd. deffault, exploict et de nostre ordonnance y énoncée, a dict led. deffault avoir esté mal obtenu pour ne luy avoir esté donné aucune précédente assignation et que bien que par l'édict du mois de may 1635, portant création de soixante-neuf commissaires provinciaux des guerres, ensemble des commissaires des montres desd. mareschaussées, par icelle création les pourveus desd. offices ayent pouvoir de prendre la qualité d'escuyer, néantmoins qu'en conséquence dud. droict sy l'on la luy a donnée par mesprise et à son inseu, il n'a prétendu se l'attribuer ny n'en a tiré aucun advantage ayant toujours mesmes esté taxé et compris au rolle des tailles comme il fera apparoir, n'ayant jamais mesmes pris en tous actes autentiques comme sa réception au Parlement, son contract de mariage, réception à la connestablie et autres lad. qualité d'escuyer, desclarant qu'il n'entend s'en servir et en cas que besoin seroit y a renoncé et y renonce, et a faict eslection de domicille en la personne de M^{tre} Bernard, et signé :

J. Du Gué.

Condamné.

DUMONSEL (Jean-Mathieu), demeurant au chasteau de Pressigny, parroisse dud. lieu, eslection de Chinon, bailliage de Tours, comparant le six janvier 1668, lequel a dit que bien qu'il soit gentilhomme de naissance, il ne prétend quand à présent maintenir la qualité d'escuyer, n'estant que cadet de sa maison qui est originaire de Savoie, et a esté ruinée et son père tué au service de Sa Majesté en qualité de gendarme de Monsieur le duc de Savoie, et que luy depuis l'age de dix-sept ans jusques à la paix dernière a toujours esté au service de Sa Majesté, scavoir : dans le régiment de Chasteaubriant en quallité de cavallier pendant quatre ans, dans celluy de Sillery-Infanterie, en qualité de lieutenant pendant cinq ans, et depuis dans le régiment de Turenne aussy infanterie pendant six ans et jusques à la paix en la mesme qualité de lieutenant, et depuis la déclaration de la guerre a servy et est encor à présent dans le régiment royal estranger de cavallerie et qu'à cause de cette longue absence de son pays, du grand esloignement d'icelluy et de la ruisne de sa maison, il ne peut pas scavoir ou peuvent estre les tiltres justificatifs de sa noblesse et aussy qu'il ne croit pas avoir pris lad. qualité d'escuyer et que sy elle luy a esté donnée ce n'a esté qu'en considération des services qu'il a rendus à Sa Majesté et des employs qu'il a eus, et a signé :

DUMONSEL.

DUMOULIN (CLAUDE), sieur de Boutard, demeurant en cette ville de Tours, parroisse Sainct-Saturnin, comparant le xxixe décembre 1667, a dit qu'il n'entend point soustenir la qualité d'escuyer à laquelle il a renoncé et renonce et déclaré qu'il ne l'a jamais prise qu'en conséquence de la charge de chevallier du guet de cettedite ville dont il estoit cy-devant pourveu et que depuis qu'il ne possède plus lad. charge il n'a pris lad. qualité et a signé :

C. DUMOULIN.

DUPAS (FRANÇOIS), sieur de La Grée, demeurant à Angers, parroisse de Sainct-Maurice, comparant le deux septembre 1666, par M^{tre} Michel Bernard, lequel a dit que led. Dupas n'a jamais entendu prendre la qualité d'escuyer et que sy elle luy a esté donnée en quelques actes notorisés ou autres ç'a esté par surprise sans que lad. qualité luy ait jamais donné aucunes exemptions, ayant toujours demeuré en ville franche n'a point entendu s'en servir, qu'il y a renoncé et y renonce, et a signé :

BERNARD [1].

DUPAS (CLAUDE), sieur de La Rebillière, demeurant en la ville d'Angers, comparant le cinq octobre 1667, par M^{tre} Pierre Berneust le jeune, procureur au présidial de cette ville de Tours, lequel a dit qu'icelluy Dupas n'a jamais pris ny entendu prendre la qualité d'escuier et y renonce et a signé :

BERNEUST.

(1) De cette famille était Georges, conseiller du roi, assesseur à l'Hôtel-de-ville d'Angers en 1696. Armoiries : *d'argent à deux fasces de gueules accompagnées en chef d'une hure de sanglier de sable.*

DURAND (M^tre PIERRE) conseiller du Roy et garde scel au siège présidial de Tours, demeurant audict Tours, paroisse Sainct-Saturnin, lequel comparant le 27e janvier 1668 a dit qu'il entend maintenir la quallité d'escuier, qu'il est cadet de sa maison, que monsieur Durant, conseiller du Roy en la Cour de Parlement à Paris, est son frère aisné qui a les tiltres de leur maison et n'en connoist autres qui portent son nom et armes qu'il fera apparoir au haut de sa généalogie lequel sieur Durand demande délay de rapporter lesd. tiltres et a signé :

DURAND.

DUSOUL (M^tre NICOLAS), procureur du Roy en la sénéschaussée de Saumur, y demeurant, comparant le trante aoust 1666, lequel pour satisfaire à l'assignation a luy donnée à la requeste de Laspeyre le vingt-huit du présent mois par exploict de Girault, pour procéder aux fins dud. exploict et de nostre ordonnance y énoncée, a dit qu'il n'a jamais pris la qualité et ne l'a jamais prétendue et a toujours esté compris aux roolles des tailles et du sel dont il offre justiffier, et a faict eslection de domicille en cette ville de Chinon au logis de M^tre Charles Angibert, conseiller du Roy en ladicte ville, et a signé :

DUSOUL.

DUSUR (LOUIS), demeurant à La Haye, parroisse Sainct-Georges, eslection de Chinon, comparant le xe mars 1668, lequel a dit qu'après avoir servy Sa Majesté en ses armées pendant l'espace de trente-sept ans ou environ, il s'est retiré et marié audict lieu depuis quatorze ans où il paye sel et tailles et ne se souvient d'avoir pris la qualité d'escuyer et quand il l'auroit prise ou qu'elle luy auroit esté donnée se seroit à cause des employs qu'il a eus où il a consommé sy peu de bien qu'il avoit et a signé :

DUSEUR.

DUTERTRE (ALFONCE), sieur du Petit-Bois, conseiller du roy à la sénéschaussée de Saumur, y demeurant, comparant le 16 juillet 1666, nous a déclaré n'avoir jamais pris la qualité d'escuyer et avoir toujours esté au contraire compris au rolle des tailles et du sel de lad. ville de Saumur, et a signé :

A. DU TERTRE DU PETIT-BOIS,
Qui soustient n'avoir jamais pris la qualité d'escuier.

DUVAL (FRANÇOIS), sieur de La Monerie, demeurant parroisse de Trans, du ressort du duché-pairie de Mayenne, comparant le 24 juillet 1666, a dit qu'il n'a jamais pris la qualité d'escuier, qu'il a tousjours esté compris aux roolles des tailles des parroisses où il a demeuré, et est encor présentement collecteur des tailles de la Chapelle Oribou, de laquelle parroisse il est sorty pour venir demeurer en lad. parroisse de Trans, l'année dernière 1665 et a signé :

DUVAL.

Condamné.

E

ERNAULT (FRANÇOIS), sieur de Montguion, demeurant parroisse de Sauge, eslection de La Flèche, bailliage de Saincte-Suzanne, comparant en personne le dixiesme aoust 1667, a dict qu'il n'a jamais pris la qualité d'escuier ny entend la prendre et a faict eslection de domicille en la maison de M^{tre} René Froger, advocat au Chasteau-du-Loir, et a signé :

ERNAULT.

ESCHELLES (ALEXANDRE D'), sieur de Pally et des Gastinières, demeurant parroisse de Beaumont près La Chartre-sur-le-Loir, eslection de La Flèche, bailliage de Tours, comparant le six septembre 1666 par M^{tre} Boutin ; lequel a dict qu'il entend maintenir la qualité d'escuier comme descendu de parens

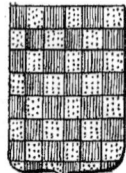

nobles et escuiers, et pour la justiffication de sa noblesse il produira au premier jour son arbre généalogique, blazon et autres pièces justifficatives et a esleu domicille en la maison dud. Boutin et a led. Boutin signé :

BOUTIN.

Led. sieur Deschelles a mis ses pièces au greffe le XXIX avril 1667.

Les pièces dud. sieur Dechelles ont esté rendues aud. Boutin son procureur ce XIX may 1667.

DECHELLES (Famille). — Originaire du Mayne.

Alexandre Deschelles, écuyer, sieur du Palys, demeurant paroisse de Beaumont, élection de la Flèche, a justiffié la possession du titre de noblesse commençant en la personne de son bisayeul.

Porte : *échiqueté d'or et de gueules*, alias *de gueules et d'or*.

ESCOTAIZ (AMBROISE DES), chevallier, seigneur de Chantilly, demeurant paroisse de Courcelles, eslection de Baugé, comparant le XXIIe septembre 1668, a dit qu'il entend maintenir la quallité d'escuier et de chevallier, qu'il est l'aisné de sa famille, laquelle estant fort estendue et en diverses provinces il ne peut présentement déclarer ceux qui sont de sa famille, ce qu'il fera dans son arbre généalogique dans lequel il les emploiera et porte pour armes : *d'argent à trois quintes feuilles de gueules* et a signé :

A. DES ESCOTTEZ.

Les pièces dud. sieur des Escottais ont esté producites au greffe par M[tre] Louis Le Damoysel et luy ont aussy esté rendues le 27e janvier 1669.

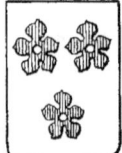

ESCOTAIS (AMBROISE DES), seigneur de Chantilly, de La Chevallerie et de La Houdinière, demeurant paroisse de Courcelles, eslection et ressort de Baugé, comparant le XIe octobre 1668, a dit qu'il entend maintenir la qualité d'escuier, qu'il est l'aisné de sa famille, laquelle estant fort estendue et en diverses provinces, il ne peut présentement déclarer ceux qui sont de sa famille, ce qu'il fera dans son arbre généalogique dans lequel il les employera et porte pour armes : *d'argent, à trois quintes feuilles de gueules* et pour la justiffication de sa qualité d'escuier, il produira au premier jour les pièces et tiltres dont il entend se servir, et a signé :

A. DES ESCOTAIS.

ESCOTTAIS (DES). — Originaire du Mayne.

Ambroise des Escottais, écuyer, sieur de Chantilly, demeurant paroisse de Courselles, élection et ressort de Baugé, a justiffié la possession du titre de noblesse depuis l'année 1514 commençant en la personne de son quartayeul.

Porte : *d'argent à 3 quintefeuilles de gueules, 2 et 1.*

— Allexandre des Écottais... eut acte de la représentation de ses titres le 26 mai 1667.

ESCOUBLANC (ESPRIT D'), sieur de La Sorrinière et de La Touche d'Escoublanc, demeurant à La Sorrinière, parroisse de Sainct-Pierre de Chemiré, eslection et ressort d'Angers, comparant le VIIIe mars, 1668 tant pour luy que pour Michel d'Escoublant, sieur de La Hardière, son cousin, demeurant parroisse de Sainct-Florent, mesme eslection et ressort, a dit qu'il entend et sondit cousin maintenir la quallité d'escuier, qu'il est aisné de sa maison et que led. Michel son cousin est aisné d'une branche de cadetz, qu'il connoist Pierre et Jouachim d'Escoublanc, demeurants en Poitou, de sa famille et frères cadets dud. Michel et non autres qui portent son nom et armes qui sont : *d'azur, à deux aigles d'argent demy exployéz*, et pour la justification de leurs quallitéz et noblesse a mis les tiltres au greffe et a signé :

ESPRIT D'ECOUBLANT.

Le sac et pièces dud. sieur d'Escoublanc luy ont esté rendus le neuf^e mars 1668.

DESCOUBLANC. — Originaire de Touraine.

Esprit Descoublanc, écuyer, sieur de La Sorinière, demeurant paroisse de Saint-Pierre-de-Chemiré, et Michel Descoublanc, écuyer, sieur de La Hardière, son cousin, demeurant paroisse de Saint-Florent, élection et ressort d'Angers, ont justiffié la possession du titre de noblesse, depuis l'année 1516, commençant scavoir ledit Esprit en la personne de son trisayeul et ledit Michel en celle de son ayeul.

Porte : *d'azur à 2 aigles d'argent éployées et rangées en fasce.*

— Esprit d'Escoublant... et Michel.. eurent acte de la représentation de leurs titres le 9 mars 1668.

ESLIE ou ESLYS (JEAN), sieur des Roches, conseiller du roy au siège de la prévosté de la ville d'Angers, y demeurant, comparant le 16 mars 1667 par M^{tre} Jean Moreau, greffier au greffe criminel de cette ville de Tours, lequel a dit qu'icelluy Eslie a pris la qualité d'escuyer depuis le premier may 1659 qu'il a esté nommé et esleu maire et capitaine-général de lad. ville d'Angers, suivant les privilèges accordés aux maire et eschevin de lad. ville et desnie avoir pris lad. qualité d'escuyer avant led. temps et a signé :

MOREAU.

Led. Eslie a mis au greffe les pièces dont il entend se servir ce XXIIIe avril 1667.

J'ay soubzsigné recongnoist que les pièces dudit sieur Hélye m'ont esté rendues.

Faict à Tours, ce 20 mars 1669.

MOREAU.

— Me Jean Eslie, sieur des Roches, conseiller au siège de la prévosté d'Angers qui a été maire de la ville en 1659, pour jouir...

Armoiries : *d'argent à la croix pattée et alaisée de gueules cantonnée de 4 roses de même.*

ESPAGNE (CHARLES D') sieur de Laubonnière, demeurant parroisse de Villiers-au-Bouin, eslection et seneschaussée de Baugé, comparant le deux octobre 1668 par M^{tre} Michel Bernard, a dit qu'il entend maintenir la qualité d'escuier, et a led. Bernard signé :

BERNARD.

ESPAGNE (Messire LOUIS-PAUL D'), seigneur de Venevelle et dud. Espaigne, comparant le 12e janvier 1669 tant pour luy que pour damoiselle Suzanne Vasseur, sa mère, veufve de deffunct Mre Henry d'Espaigne, son père, tutrice et garde-noble de Henry, Claude, Charles-Gaspard, Suzenne-Gabrielle et

Henriette les d'Espaigne ses frères et sœurs demeurants parroisse de Luché, eslection de La Flèche et pour Mre Charles d'Espaigne, seigneur de Laubonnière, demeurants parroisse de Villiers, eslection de Baugé, a dit qu'il entend maintenir la qualité d'escuier et de chevallier qu'il ne connoist personne de sa famille qui porte son nom et armes que ceux cy dessus nommés, qui sont : *d'azur, au paigne d'argent, accompagné de trois estoilles d'or, deux en chef et une en poincte* et pour la justiffication de lad. qualité demande délay de représenter ses tiltres et a signé :

L. P. DESPAIGNE.

Les pièces dud. sieur d'Espaigne ont esté rendues à Louis Le Damoysel, son procureur, lequel les avoit mises au greffe, le 15e mars 1669.
ESPAIGNE (D'). — Originaire d'Anjou.

Dame Suzanne Le Vasseur, veuve de deffunct Henri Despaigne, chevalier, seigneur de Venevelle, mère et garde-noble de Louis-Paul, Henry, Claude-Gaspard, Suzanne, Gabrielle et Henriette D'Espaigne ses enfans et dud. deffunct, et Mre Charles D'Espaigne, chevalier, seigneur de Laubonnière, demeurant paroisse de Villiers, élection de Baugé, ont justiffié la possession du titre de noblesse depuis l'année 1499 commençant en la personne du trisayeul dud. Henry et dud. Charles.
Porte : *d'azur au peigne d'argent accompagné de 3 étoiles d'or, 2 et 1*.
— Charles d'Espagne... au nombre des maintenus par Mr Voisin de la Noirays.

ESPERONNIÉRE ou LESPRONNIÈRE (Antoine de L'), sieur de La Roche-Bardoul, lieutenant de la venerie du Roy, demeurant parroisse de Freigné, païs d'Anjou, comparant le dix-sept may 1667 par m^tre Jacques-Paul Miré, procureur à la suitte de Monsieur l'Intendant, lequel a dit que led. sieur de Lespronnière entend maintenir la qualité d'escuyer et attendu qu'il est présentement en quartier à servir près de Sa Majesté qui ne finira qu'au dernier juin prochain il prétend demander délay.

MIRÉ.

ESPERONNIÈRE (DE L') ou LESPERONNIÈRE. — Originaire d'Anjou.
Anthoine de Lesperonnière, chevalier, seigneur de La Rochebardouil, lieutenant de la venncrie du roy, demeurant paroisse de Freigné, élection et ressort d'Angers, a justifié la possession du titre de noblesse, depuis l'année 1519, commençant en la personne de son trisayeul.

Porte : *d'argent semé d'hermines fretté de gueules au chef de gueules chargé de losanges sans nombre d'or.*

ESPINAY (François-Henri d'), sieur de La Plesse, demeurant parroisse de Rivarenne, eslection et ressort de Chinon, bailliage de Tours, comparant le six septembre 1666, lequel pour satisfaire à l'assignation à luy donnée à la requeste de Laspeyre le quatre septembre 1666 par Bazin huissier, pour procéder aux fins dud. exploict et de nostre ordonnance y énoncée, a dit qu'il maintient la qualité d'escuier et qu'il est aisné issu d'un cadet et que la branche de l'aisné de sa maison est tombée en quenouille et qu'il porte pour armes : *d'argent au lion rampant le haut de gueules et le bas de sinople, couronné, lampassé et armé d'or*, et que pour la justiffication de lad. qualité, il produira au premier jour les pièces dont il entend se servir, et a faict eslection de domicille en cette ville de Chinon au logis de M^{tre} Guillaume Daguindeau, advocat et a signé :

D'ESPINAY.

Les pièces dud. sieur d'Espinay luy ont esté rendues ce XXIIe janvier 1667.

ESPINAY (D'). — Originaire de Touraine.

François-Henry d'Espinay, écuyer, sieur de ...... demeurant paroisse de Chemillé, élection de Chinon, bailliage de Tours, a justifié la possession du titre de noblesse depuis l'année 1521, commençant en la personne de son quartayeul.

Porte : *d'argent au lyon à la teste de gueules le reste de sinople, armé, lampassé et couronné d'or.*

LESPINAY (René de), sieur de La Hauterivière, demeurant à Angers, comparant le trente mars 1667, tant pour luy que pour Nicolas de Lespinay, son frère, et Jean de Lespinay, sieur de Villatte, demeurant parroisse de Challain, eslection et seneschaussée d'Angers, a dit qu'ils entendent maintenir la qualité d'escuyer, qu'il est aisné de sa maison, dont il ne cognoist autres que lesd. Nicolas et Jean de Lespinay et qu'il porte pour armes : *d'argent coupé d'une bande de gueules à un lyon de sable brochant de l'un à l'autre, armé, lampassé et esclairé de gueules*, a mis au greffe les pièces dont ils entendent se servir et a signé :

RENÉ DE LESPINAY.

289

Les pièces dud. sieur de Lespinay luy ont esté rendues ce 2 avril 1667.

ESPINAY (DE L') ou LESPINAY. — Originaire d'Anjou.
René de Lespinay, écuyer, sieur de La Hauterivière, demeurant en la ville d'Angers, et Nicolas de Lespinay, écuyer, son frère, demeurant paroisse de .... et Jean de Lespinay, écuyer, sieur de La Villatte, son oncle, demeurant paroisse de Chalain, élection et ressort d'Angers, ont justiffié la possession du titre de noblesse, depuis l'année 1491, scavoir lesd. René et Nicolas en la personne de leur quartayeul et led. Jean en celle de son trisayeul.

Portent : *d'argent au lion de sable armé et lampassé de gueules, coupé d'une fasce de sable*, aliàs *d'argent à la fasce de gueules au lion de sable brochant, armé, lampassé et couronné de gueules.*

LESPINAY (CHARLES DE), seigneur de Courléon, demeurant parroisse de Vernay-le-Fourier, eslection et ressort de Baugé, comparant le douze septembre 1668, a dit qu'il entend maintenir la qualité d'escuier, qu'il est le seul de sa famille qui porte son nom et armes qui sont : *d'argent, au lion de gueulle, armé, lampassé et couronné*, a mis au greffe les pièces dont il entend se servir et a signé :

CHARLES DE LESPINAY.

Les pièces dud. sieur de Lespinay luy ont esté rendues ce 13ᵉ septembre 1668.

LESPINAY (DE). — Originaire d'Anjou.
Charles de Lespinay, écuyer, sieur de Courléon, demeurant paroisse de Verneuil-le-Fournier, élection de Baugé, ressort d'Angers, a justiffié la possession du titre de noblesse, depuis l'année 1512, commençant en la personne de son bisayeul.
Porte mêmes armoiries.

ESTANG (DE L'). — Originaire du pays de Mirebalais.
Pierre de Lestang, écuyer, sieur de Villaine et de Vauvers, demeurant paroisse de Varenne, élection et ressort de Richelieu, bailliage d'Angers, a justiffié la possession du titre de noblesse depuis l'année 1550, commençant en la personne de son ayeul.
Porte : *d'argent à 7 fusées rangées de gueules, 4 et 3.*
Vol. 439 du Cabinet des titres.

290

ESTEVOU (Charles), sieur de La Mérandière, demeurant parroisse de Saincte-Maure [1], eslection de Chinon, ressort dud. lieu, bailliage de Touraine, comparant le 29 aoust 1666, lequel pour satisfaire à l'assignation à luy donnée à la requeste de Laspeyre par exploict de Ladebat, pour procéder aux fins dud. exploict et de nostre ordonnance y énoncée, a dict qu'il entend maintenir la qualité d'escuier et qu'il ne cognoist personne de son nom et armes au premier et au second degré, et qu'il porte pour armes : *d'argent à trois olliviers de sinople, deux et un*, et pour la justiffication de lad. qualité mettera au premier jour les pièces dont il entend se servir, et a faict eslection de domicille en la personne de m^{tre} Michel Bernard, procureur au bureau des finances à Tours, estant à la suitte de Monsieur l'Intendant, et a signé :

Estevou de La Merrandière.

ESTOILLE (Louis deL'), sieur de Bouillé-Saint-Paul, demeurant parroisse dudict lieu, eslection de Thouars, comparant le XVII septembre 1666, lequel pour satisfaire à l'assignation à luy baillée à la requeste de Laspeyre, le troisième du présent mois et an, a dict qu'il entend maintenir la quallité d'escuyer qu'il a prise, qu'il est l'aisné de sa famille, qu'il a ung frère puisné qui se nomme Louys de Lestoille, sieur d'Ardancour, qu'il n'a aultres parens de son nom dans les provinces de cette généralité et celle de Poictou, d'aultant que feu Louis de Lestoille, son père, estoit originaire d'auprès d'Abbeville en Picardie où il a encore des parens de son nom et armes, et entr'aultres le sieur de Lestoille, sieur de Francqueville, et ne se souvient des noms et seigneuries des aultres, et porte pour armes : *d'azur au lion passant d'argent chargé de trois estoilles aussy d'argent*, et nous a remonstré que cy-devant il auroit esté assigné aux fins de la représentation de ses tiltres par devant Monsieur Colbert, à quoy il auroit satisfaict dès le 23e mars 1665, et ne peult à présent les représenter d'aultant qu'ils sont entre les mains dud. sieur d'Ardencourt son puisné, requis un dellay de deux mois pour les retirer et les produire en nostre greffe pour la justiffication de sa noblesse, et a faict eslection

---

(1) Il était capitaine-gouverneur du château de Sainte-Maure.

de domicille en la maison de m^tre Jacques Bruzard, procureur au bailliage de Chinon, et a signé :

Louys de Lestoille [1].

ESTOILE (Louis de L'), sieur d'Ardencourt, demeurant à La Grange de Baugé, eslection de Montreuil-Bellay, comparant le trois décembre 1666, par m^tre Jacques-Paul Mirey, lequel a dict qu'icelluy de L'Estoille entend maintenir la qualité d'escuyer et qu'il produira au premier jour les tiltres justifficatifs d'icelle, et a signé :

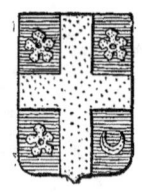

Mirey.

Les pièces dud. sieur de Lestoille luy ont esté rendues à la réserve de celle qui a esté déclarée fausse, ce XIIII janvier 1668.

Signé : Louis de Létoille.

ESTOILLE (Louis de L'), sieur d'Ardencour, demeurant parroisse Saint-Pierre-de-Verche, eslection de Montreuil-Bellay, seneschaussée d'Angers, comparant le 12e septembre 1668, lequel en exécution de l'arrest de messieurs les commissaires-généraux du Conseil, du 19e juillet dernier, a produit et mis au greffe les pièces justifficatives de la requeste esnoncée aud. arrest du Conseil, et a signé :

Louis de L'Étoille.

Lesd. pièces luy ont esté rendues ce 26 septembre 1668.

ESTOILLE (de L'). — Originaire de Picardie.
Louis de l'Estoille, écuyer, sieur d'Ardancourt, demeurant paroisse de Saint-Pierre-de-Verche, élection de Montreuil-Bellay, ressort d'Angers, par jugement en dernier ressort du 26 septembre 1667, le contrat de mariage de Charles de L'Estoille son ayeul du 2 juin 1575, qui justiffioit la filiation avec son bisayeul ayant esté déclaré faux, par jugement du 20 mai 1668, il auroit esté condamné comme usurpateur, contre lequel s'estant pourvû au conseil et

---

(1) Armoiries : *d'azur au lion léopardé d'argent accompagné de 3 étoiles rangées de même en chef.*

fait une nouvelle production qui justiffioit lad. filiation et la noblesse de ses ayeuls il a obtenu arrêt par lequel il est maintenu en sa noblesse.

Porte : *d'azur à la croix d'or cantonnée aux 1, 2 et 3º quartiers d'une quintefeuille d'or et au 4º d'un besan de même* [1].

ESTURMYS (RENÉ), conseiller du Roy au siège présidial de Chasteaugontier, y demeurant, comparant le 21e aoust 1666, lequel pour satisfaire à l'assignation à luy donnée sur deffault à la requeste de Laspeyre par exploict de Bertrond, huissier, du 4e du présent mois, a dit que led. deffault est nul n'ayant eu aucune assignation préceddante, qu'il n'a jamais pris la qualité d'escuier, à laquelle il renonce, comme il apert par son contract de mariage, baptesme de ses enfans, enquestes et actes judiciaires par luy faicts comme juge et autres actes de conséquence, que sy lad. qualité luy a esté donnée en quelques actes de légère conséquence, ç'a esté sans son adveu et par le caprice de quelques notaires, au contraire il a tousjours despuis qu'il est estably aud. Chasteaugontier payé la taille, ce qu'il justiffiera par les pièces qu'il produira à cet effect, a esleu domicille en la personne de M{tre} Michel Bernard, procureur au bureau des finances à Tours, estant à nostre suitte, et a signé :

R. ESTURMYS.

Condamné.

EVEILLARD (JACQUES), sieur de L'Aunay, cy-devant gentilhomme servant de Sa Majesté et chevau-léger de sa garde, demeurant à Nogent-le-Bernard, pays du Maine, comparant le XIIII septembre 1666, lequel pour satisfaire à l'assignation à luy donnée à la requeste de Laspeyre, a dit qu'il ne prétend point la qualité d'escuyer et que sy il l'a cy-devant prise ç'a esté à cause de sesd. charges et qu'il y renonce pour l'advenir, et a faict eslection de domicille en la personne de M{tre} Jacques-Paul Miré estant à la suitte de Monsieur l'Intendant et a signé :

LAUNAY EVEILLARD.

Condamné.

(1) Armes actuelles : *d'azur à la croix d'or accompagnée aux 1, 2 et 3e quartiers d'une étoile d'or, au 4e d'un croissant de même.*

EVEILLARD (François), conseiller du Roy, président au siège de la prévosté royal, ville et quinte d'Angers, conseiller et eschevin perpétuel de l'hostel et maison commune de lad. ville, y demeurant comparant le xxi⁰ avril 1667 par m^tre Pierre Berneust le jeune, procureur au présidial de cette ville de Tours, lequel a dit qu'icelluy Eveillard entend sousténir la qualité d'escuyer qu'il a prise tant parce qu'il est conseiller et eschevin de lad. ville que comme [fils] de feu François Eveillard vivant aussy président de lad. prévosté et conseiller et eschevin perpétuel de lad. ville, lequel estoit aussy fils de conseiller et eschevin de lad. ville, et a signé :

BERNEUST.

Les pièces dud. sieur Eveillard ont esté rendues audict Berneust le cinq novembre 1667.

ESVEILLARD — d'Angers, noblesse d'échevinage.

François Éveillard, président en la prévosté d'Angers, fils de M⁰ François, écuyer, aussi président en lad. prévosté, qui a été maire en 1641 et payé la confirmation...
Porte : *d'azur à 3 trèfles d'or, 2 et 1, et une étoile de même en cœur.*
— François Éveillard... eut acte de la représentation de ses titres le 6 août 1667.
M⁰ François Éveillard... pour jouir...

F

FARCY (Gilles de), conseiller du Roy, juge-général civil et criminel au comté et pairie de Laval, comparant le neuf juin 1667, lequel pour satisfaire à l'assignation à luy donnée à la requeste de Laspeire, a dict qu'il entend maintenir la qualité d'escuier tant pour luy que pour Charles de Farcy, demeurant au Bas-Anjou, Jacques de Farcy, sieur de Peinel, François, René et Philipes de Farcy, demeurans en Bretagne, ses cadetz, et ne reconnoist d'autres de sa famille que ceux cy dessus ; porte pour armes : *d'or fretté d'azur au champ de gueulles*, et pour la justiffication de sa noblesse en produira au premier jour les tiltres, et a esleu domicille en la personne de M⁰ Le Damoisel et a signé :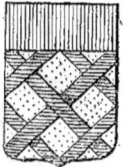

DE FARCY.

FARCY (DE). — Originaire de Normandie.

Gilles de Farcy, écuyer, juge ordinaire civil et criminel au comté de Laval y demeurant, et Charles de Farcy, écuyer, sieur de La Carterie, son frère, demeurant paroisse de Cuillé, élection de Châteaugontier, ont justiffié la possession du titre de noblesse, depuis l'année 1530, commençant en la personne de leur bisayeul.

Portent : *d'or fretté d'azur au chef de gueules.*

D'Hozier de Serigny a effacé depuis l'année 1530, remplacé bisayeul par père et ajouté anobli le 16 février 1644. *Enfin il a mis en marge:* « ce titre (1530) est faux ainsi que tous ceux qui parlent de leur noblesse avant 1644 [1]. »

— Charles Farcy...... eut acte de la représentation de ses titres le 7 août 1667.

FAROU (JACQUES DE), sieur de Saint-Marsolles, demeurant parroisse dud. St-Marsolles, eslection et bailliage de Lodun, présidial de Tours, comparant le XVIIIe avril 1667, a dit qu'il entend maintenir la qualité d'escuyer, qu'il est aisné d'une branche de sa maison dont il ne cognoist que les réprésentans Jean de Farou, sieur de Coué, demeurant parroisse de Menetou-Rasteau en Berry qui sont les aisnés de sa maison et qu'il porte pour armes : *d'azur, à trois testes de lyon arachées d'or* et pour la justification de lad. qualité a mis au greffe les pièces dont il entend se servir, et a signé :

JACQUES DE FAROU.

Les pièces dud. sieur de Saint-Marsolles ont esté rendues au sieur de Ternay ayant charge de luy de les retirer, ce XXII juillet 1667.

Signé : CHARLES D'ARSAC.

FAROU (DE). — Originaire de Berry.

Jacques de Farou, écuyer, sieur de Saint-Marsolle, y demeurant, élection de Loudun, bailliage de Tours, a justiffié la possession du titre de noblesse depuis l'année 1529 commençant en la personne de son trisayeul.

Porte : *d'azur à 3 têtes de lion arrachées d'or, 2 et 1.*

---

(1) Cette note, dont on trouvera la réfutation p. 4 de la *Généalogie de Farcy*, est d'autant plus incompréhensible de la part de d'Hozier qu'il avait sous les yeux les lettres de confirmation de noblesse d'Annibal de Farcy père de Gilles, obtenues en décembre 1643 et enregistrées aux aides le 23 mai 1644. Cette date du 16 février 1644 est d'ailleurs fausse.

FAUCILLE (PIERRE DE LA), sieur de Saint-Aubin, demeurant parroisse dud. Saint-Aubin-du-Pavoil, eslection d'Angers, comparant le dix-neuf avril 1667, tant pour luy que pour Pierre de La Faucille, son oncle, demeurant parroisse de L'Hostellerie de Flée, eslection et seneschaussée de Chasteau-Gontier et de Marc de La Faucille, sieur dud. Saint-Aubin, y demeurant, son père, lequel a dit que sesd. oncle et père entendent maintenir la qualité d'escuyer, que sond. oncle est l'aisné de la maison et qu'il n'en cognoist autres du nom et armes que René de La Faucille, son frère et que sesd. armes sont : *d'azur à une bande d'argent cottisée d'or, quantonnée de six losanges d'or, trois et trois*, a mis au greffe les pièces dont il entend se servir et a signé :

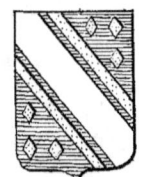

PIERRE DE LA FAUCILLE.

Les pièces dud. sieur de La Faucille luy ont esté rendues le XXVIe avril 1667.

FAUCILLE (DE LA). — Originaire d'Anjou.

Pierre de La Faucille, écuyer, sieur dud. lieu, demeurant paroisse de L'Hôtellerie de Flée, élection de Châteaugontier et Marc de La Faucille, écuyer, sieur de Saint-Aubin, son frère, Pierre de La Faucille, fils dud. Marc demeurants paroisse de Saint-Aubin, élection d'Angers, ont justiffié la possession du titre de noblesse depuis l'année 1418 commençant lesd. Pierre Ier et Marc en la personne de leur quartayeul et led. Pierre en celle de son quintayeul.

Portent : *d'azur à la bande d'argent cotissée d'or et accostée de 6 losanges aussi d'or, en orle.*

— Pierre... eurent acte de la représentation de leurs titres le 26 avril 1667.

FAURE (CLAUDE DU), sieur de Ville-Blanche, demeurant en la parroisse de Mettray, eslection et ressort de Tours, comparant le XXIIe décembre 1667, a déclaré qu'il entend maintenir la quallité d'escuyer, qu'il connoist Claude du Faure, sieur de La Chevallerye demeurant parroisse d'Amaillou, eslection de Poictiers et non autres qui portent son nom et armes, qu'il produira au hault de sa généalogie et demande délay de produire ses tiltres attendu qu'ils sont produicts par led. sieur de la Chevallerye devant monsieur Barentin, intendant en la généralitté de Poictou, et a signé :

DUFAURE VILLEBLANCHE [1].

(1) Armoiries : *de sable au chevron d'argent, accompagné de 3 montagnes*, aliàs, *rocs d'échiquier de même*, 2 et 1.

FAVREAU (Louis) sieur de Chizé et de Doussay, demeurant au chasteau de Doussay, parroisse dud. lieu, eslection de Richelieu, païs d'Anjou, comparant le dix septembre 1666, lequel encores qu'il n'ait esté assigné à la requeste dud. Laspeyre, néantmoins pour satisfaire à l'arrest du 22 mars dernier, nous a déclaré qu'il entend maintenir la qualité d'escuier par luy prise, qu'il est aisné de sa maison, n'a qu'un seul fils nommé Louis Favereau qui n'est pas marié, et ne cognoist poinct d'autres personnes de son nom et armes, sinon qu'il peut y en avoir dans la ville de Paris, lesquels il ne cognoist pas à présent, pour estre la parenté trop esloignée, et porte pour armes : *d'azur au chevron d'or à trois coquilles d'argent, deux en chef et une en poincte,* et pour la justiffication de sa noblesse produira au premier jour ses tiltres, et a esleu domicille en la maison de m^tre Adam Chartrain, advocat au bailliage de Chinon,

Louis Favreau-Doussay.

Les pièces dont led. Favereau entend s'aider pour la justification de sa noblesse ont esté mises au greffe, ce premier febvrier 1667 par m^tre Berthelemy Ménouvrier.

Led. sieur Favereau a produict de nouveau le premier juin 1669.

J'ay retiré lesdites deux productions.

Signé : Louis Favreau.

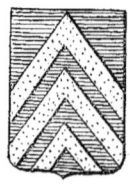

FAVEROLLES (Jacques de), seigneur de la ville et chastellenie de Bléré, y demeurant, eslection d'Amboise, bailliage de Tours, lequel comparant le xxviiie avril 1667, a dit qu'il entend maintenir la qualité d'escuyer, qu'il est aisné de sa maison et qu'outre François de Faverolles, son frère, il ne cognoist personne de son nom et armes, qu'il porte : *d'azur à trois chevrons d'or,* a faict eslection de domicille en cette ville de Tours au logis de Me André Javelle, procureur au présidial, et a signé :

Faverolles Bléré.

Led. sieur de Faverolles a mis au greffe les pièces dont il entend se servir ce xiie may 1667.

Les pièces dud. sieur de Lestenou luy ont esté rendues ce XIIII may 1667.

Signé : FAVEROLLES BLÉRÉ.

FAVEROLLES (DE). — Originaire de Touraine [1].

Jacques de Faverolles, chevalier, seigneur châtelain de Bléré, y demeurant, et François de Faverolles, chevalier, seigneur du Plessis, frères, y demeurant, élection d'Amboise ont justiffié la possession du titre de noblesse depuis l'année 1510 commençant en la personne de leur trisayeul.

Portent : *d'azur à 3 chevrons d'or.*

FAVRY (Me GILLES), sieur du Ponceau, demeurant en la ville du Mans, parroisse Sainct-Benoist, comparant le cinq avril 1667, a dit qu'il n'a jamais pris ny entendu prendre la qualité d'escuyer à laquelle il renonce et au contraire ayant esté imposé au roolle des tailles de lad. parroisse de Sainct-Benoist, il en a esté deschargé par arrest de la cour des aydes du 27 juin 1646 en qualité de Bourgeois de Paris, outre qu'à la fin de sa tutelle, il a eu une infinité de procèz et obtenu plus de soixante arrestz en quoy il a despensé la plus grande partie de son bien et est chargé de neuf enfans vivans, dont ses ennemys prenant advantage luy suscitent cette nouvelle affaire pour le divertir de la sollicitation de ses affaires en la ville de Paris où il fault présentement qu'il s'en retourne pour faire vuider une requeste civile qu'ils ont obtenue au mois de mars dernier contre lesd. arrests, partant a soustenu debvoir estre renvoyé de la demande de Laspeyre, et a signé :

G. FAVRY.

FAY (RENÉ DE), sieur des Croix, demeurant parroisse de Sainct-Laurens-des-Forges, eslection et ressort de Saumur, comparant le XXIIIe mars 1668, a dit qu'il entend maintenir sa quallité d'escuier, qu'il est cadet de sa maison, que Louis de Fay, sieur de Juillé est son frère aisné, demeurant parroisse de Joué prez Richelieu et aisné de son nom et armes, qu'il connoist Ambrois de Fay, sieur de La Marminière, demeurant en lad. parroisse de Sainct-Laurens-des Forges, son cousin et non autres qui portent son nom et armes qui sont *de*

---

(1) De Normandie, d'après C. de Busserolles. Ce nom est inconnu dans cette province.

gueulles à trois genettes d'argent, deux en chef et une en pointe, et pour la justiffication de sa qualité d'escuyer demande délay de représenter ses tiltres, et a signé :

DE FAY.

FAY (LOUIS DE), sieur de Juillé, demeurant parroisse de Jaulnay, eslection et ressort de Richelieu, comparant le 2e may 1668, tant pour luy que pour Ambrois de Fay, sieur de la Marminière, son cousin, demeurant parroisse de Forges, eslection et ressort de Saumur, a dit que sond. cousin et luy entendent maintenir la qualité d'escuier, qu'il est aisné de sa maison et qu'il a un frère nommé René de Fay, sieur des Croix, demeurant parroisse dud. Forges, lequel auroit cy-devant comparu et ne connoist autres personnes qui portent son nom et armes qui sont : *de gueulles à trois genettes d'argent*, et pour la justiffication de leurs quallitéz d'escuiers a mis au greffe les pièces dont ils entendent leur servir et a signé :

L. DE FAY.

Les pièces dud. sieur de Fay, luy ont esté rendues, ce trois may 1668.

FAY (DU). — Originaire du Mayne.
Louis du Fay, écuyer, sieur de Juillé, demeurant paroisse de Jaulnay, élection de Richelieu, bailliage de Tours, René du Fay, écuyer, sieur de Croye son frère, demeurant paroisse de Saint-Laurent-des-Forges, élection et ressort de Saumur, et Ambroise du Fay, écuyer, sieur de La Marminière, leur cousin-germain, demeurant en lad. paroisse de Forges, ont justiffié la possession du titre de noblesse, depuis l'année 1531, commençant en la personne de leur bisayeul.
Portent : *de gueules à 3 genettes ou renards d'argent, 2 et 1*.
— Ambroise du Fay... et René... eurent acte de la représentation de leurs titres le 3 mai 1668.

FAYAU (RENÉ DE), sieur de La Melletaie, conseiller du Roy, lieutenant du grand prévost des mareschaux d'Anjou, demeurant parroisse du Bourg d'Iray, eslection et seneschaussée d'Angers, comparant le quatorze avril 1667, a dit qu'il entend maintenir la quallité d'escuyer tant par sa naissance que par sa charge et que n'estant que cadet du sieur des Aulnays, son frère, mort civilement et hors de France dont il est sorti précipitamment et abandonné la maison dans laquelle ses tiltres estant demeurés, il ne scait ce qu'ils sont devenus, pourquoy prétend demander délay pour les rechercher et les représenter, et qu'il porte pour armes : *d'azur, au chevron d'argent et deux aigles en chef de sable et une rose en pointe de gueules*, et a signé :

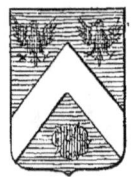

R. DE FAYAU.

FAYE (PIERRE DE), sieur de La Mazure, demeurant à Champigny-sur-Veudes, eslection de Richelieu, bailliage de Tours, comparant le cinq mars 1667, a dict qu'il entend maintenir sa qualité d'escuier comme issu de parens nobles et escuiers, qu'il est l'aisné de sa famille, reconnoist Philippes de Faye, son frère, et Hugues de Faye, son cousin-germain et non autres, porte pour armes : *d'argent, à trois cœurs de gueulles, deux en chef et un en poincte*, et pour la justiffication de sa noblesse produira au premier jour ses tiltres, et a signé :

PIERRE DE FAYE.

La veuvfve dudict sieur de Faye a mis au greffe par m^tre Michel Bernard les pièces dont elle entend se servir le huict mars 1668.

FEBVRE (CLAUDE LE), sieur de La Guiberdière, demeurant en la ville d'Angers, comparant le six octobre 1666, lequel a dict qu'il entend maintenir la qualité d'escuyer et qu'il est cadet de sa maison, et que François Lefebvre, sieur des Gracières, est son frère aisné, et Guillaume Lefebvre, sieur de La Touche, est son frère cadet, et que François Lefebvre, seigneur de Laubrière, conseiller du roy, doyen du Parlement de Bretagne, est l'aisné de lad. maison, et que Hierosme Lefebvre, conseiller au Parlement de Paris, et Jean Lefebvre, baron de La Haie Jouslin sont frères cadets dud. sieur de L'Aubrière, doyen dud. Parlement de Bretagne, et que .... Lefebvre, sieur de La Ferronnière, conseiller aud. parlement de Bretagne, est issu d'une autre branche de cadets d'icelle maison, et qu'il ne cognoist autres dud. nom et armes que led. sieurs cy-dessus nommés et leurs familles et qu'il porte pour armes : *d'azur à une*

levrette d'argent, et qu'il produira au premier jour les pièces dont il entend se servir, et a signé :

GUIBERDIÈRE LEFEBVRE.

Le XXVII° décembre 1666, led. sieur a mis ses pièces au greffe.
Le deux janvier 1667 les pièces dud. sieur Lefebvre luy ont esté rendues.

FEBVRE DE LAUBRIÈRE (LE). — Originaire d'Anjou.
Charles Lefebvre, écuyer, sieur de Lespinay, demeurant paroisse de Bonchamps, élection de Châteaugontier, Claude Lefebvre, écuyer, sieur de La Guiberdière, demeurant en la ville d'Angers, ont justiffié leur noblesse depuis l'année 1325, commençant en la personne de leur neufviesme ayeul.
Porte : *d'azur à une levrette d'argent rampante accolée de gueules à la boucle d'anneau d'or.*
— Charles Lefebvre... eut acte de la représentation de ses titres, le 31 mars 1668.
Claude Lefebvre... le 31 décembre 1666.

FEBVRE (Monsieur Maistre CHARLES LE), seigneur de Lespinay, conseiller du Roy en sa cour de Parlement de Rennes, y demeurant ordinairement parroisse de Toussainct, comparant le dernier janvier 1668 par m^{tre} Michel Bernard, fondé de procuration spéciale, lequel a dit qu'icelluy sieur Lefebvre pour satisfaire à l'assignation à luy donnée en sa maison de Lespinay, parroisse de Bonchamps, ellection de Chasteaugontier, seneschaussée d'Angers, entend maintenir sa qualité d'escuyer,

Signé : BERNARD.

Led. sieur Lefebvre a mis au greffe les pièces dont il entend se servir ce XXX mars 1668.
Les pièces dud. sieur Lefebvre luy ont esté rendues ce premier avril 1668.

FEBVRE (RENÉ LE), sieur de Chamboureau, conseiller du Roy et auditeur ordinaire en sa chambre des comptes de Bretagne, demeurant en la ville d'Angers, parroisse Saint-Maurille, comparant le douze avril 1667 par m^{tre} Michel Bernard, lequel a dit que led. sieur Lefebvre a pris la qualité d'escuier et qu'il entend la prendre à l'advenir en conséquence des privilèges attribuéz aux officiers de la chambre des comptes de Bretagne.

Signé : BERNARD.

Led. Lefebvre a mis au greffe les pièces dont il entend se servir ce XXIX avril 1667.

Les pièces dud. sieur Lefebvre ont esté rendues aud. Bernard, son procureur, le XIIIIe may 1667.

FEBVRE (LE). — Originaire d'Anjou.
René Lefebvre, sieur de Chambourreau, conseiller du roy, auditeur de ses comptes en Bretagne, demeurant à Angers, fils de René Lefebvre, écuyer, sieur de Chambourreau, vivant pourvu de lad. charge de conseiller du roy, auditeur en sa Chambre des comptes de Bretagne.
Porte : *d'azur au chevron d'or accompagné de 3 grelots de même, 2 et 1.*
— René Lefebvre... eut acte de la représentation de ses titres par devant M. Voisin qui le maintint en sa qualité tant qu'il exercera sa charge et ne fera acte dérogeant le 14 mai 1667.

FEBVRE (CHARLES LE), sieur de L'Estang-Bruslaire, demeurant parroisse de Gesté, eslection et ressort d'Angers, comparant le XVIIIe may 1667, a dit qu'il entend maintenir la quallité d'escuier, qu'il est seul de sa maison, qu'il ne connoist personne de sa famille qui porte son nom et armes lesquelles sont : *d'azur, au chevron d'or, une estoille en chef et trois roses cantonnées deux et une aussy d'or*, produira au premier jour les tiltres dont il entend se servir et a signé :

CHARLES LE FEBVRE.

FEBVRE (LÉONARD LE), sieur de Juillé, demeurant parroisse Saint-Germain, eslection de La Flèche, ressort de Sablé, comparant le XXe mars 1667 tant pour luy que pour Jean-Baptiste-Cézard Lefebvre, sieur de Champagné, son père, demeurant parroisse de Morannes, lequel a dit que sond. père et luy entendent maintenir la qualité d'escuyer, que sond. père est aisné de sa maison, dont il ne cognoist personne que François-Louis, Louis et Charles Lefebvre, ses

frères et qu'il porte pour armes : *d'argent, à trois croix épatées d'azur*, a mis au greffe les pièces dont il entend se servir et a signé :

L. Lefeubvre.

Les pièces dud. sieur Lefebvre luy ont esté rendues ce XXVI mars 1667.

L. Lefebvre.

FEBVRE (le). — Originaire d'Anjou.

Cézar Lefebvre, écuyer, sieur de Juillé et Léonard Lefebvre son fils, demeurant paroisse de Saint-Germain, élection de La Flèche, ont justiffié la possession du titre de noblesse, depuis l'année 1535 commençant en la personne de leur trisayeul et quartayeul.

Portent : *d'argent à 3 croix pattées d'azur, 2 et 1* [1].

— Léonard Lefebvre... eut acte de la représentation de ses titres tant pour luy que pour son père le 26 mars 1667.

FEBVRE (Me David Le), sieur de La Valette, conseiller du Roy en ses conseils, premier et ancien président en l'Eslection du Mans, y résidant présentement, comparant le premier janvier 1669, a dit qu'il ne sait pas avoir jamais pris la qualité d'escuyer et ny rien prétendre et luy estre inutile attendu ses qualités et a certiffié à peine de trois mil livres d'amende d'avoir esté habitant de Paris depuis la sortie de ses escoles en l'année 1632, qu'il fut reçu advocat en Parlement jusque sur la fin de l'année 1662, qu'il prist une maison en lad. ville du Mans pour y résider, Sa Majesté ayant enjoinct à tous les officiers des eslections et autres de résider au lieu de l'exercice de leurs charges que néantmoins de temps en temps il n'a pas laissé d'aller demeurer à Paris sans avoir renoncé à la qualité de bourgeois de lad. ville et y retournera demeurer dès le moment qu'il aura trouvé occasion de vendre sa charge ou s'il peut obtenir dispense de résider, et a signé :

Lefebvre de La Valette.

(1) Vol. 439 du Cabinet des titres.

FEBVRE (GUILLAUME LE), sieur de Congé, conseiller du Roy, président bailly et juge royal civil et criminel au bailliage et siège royal de Sonnois et Perray et maire perpétuel de Mamers, y demeurant, comparant le premier avril 1667 par m^tre Jacques Paul Miré, procureur estant à la suitte de Monsieur l'Intendant, lequel a dit que led. Lefebvre n'a jamais pris la qualité de chevalier ny d'escuier et que s'il se trouve aucuns tiltres, actes ou expéditions esquels lesd. qualitez ayent esté employés il n'entend s'en aider ains proteste de s'inscrire en faux contre iceux après qu'il en aura eu communiquation.

Signé : MIRÉ.

FENOUILLET (FRANÇOIS DE), sieur de La Rable, demeurant en la parroisse de Saint-Cir du Gault, bailliage et eslection de Tours, comparant le XXVI janvier 1669, a dit qu'il entend maintenir la qualitté d'escuier par luy prise comme issu de noble race et qu'il ne connoist autre personne de son nom et armes et qu'il est l'aisné et seul de sa famille et porte pour armes : *d'or, à trois estoilles de gueulles et trois grenades aussy de gueule*, le tout rangé deux et un, et pour la justiffication de sa noblesse produira au premier jour ses tiltres et a signé :

FR. DE FENOUILLET.

Les pièces dud. sieur de Fenouillet luy ont esté rendues le 23e febvrier 1669.

FENOUILLET (DE). — Originaire de l'Orléannais.
François de Fenouillet, écuyer, sieur de La Rable, demeurant paroisse de Saint-Cyr-du-Gault, élection et bailliage de Tours, a justifié la possession du titre de noblesse, depuis l'année 1536, commençant en la personne de son trisayeul.
Porte : *d'or à 3 étoiles de gueules, 2 et 1, et 3 roses de même, 2 et 1* [1].

FÉRON (ANTOINE LE), sieur du Pré, demeurant en la ville du Mans, eslection, ressort et seneschaussée de lad. ville, comparant le 25e aoust 1666, lequel pour satisfaire à l'assignation à luy donnée à la requeste de Laspeyre

---

(1) Carré de Busserolles dit : *d'or à 3 grenades de gueules, 2 et 1, surmontées chacune d'une étoile de même.*

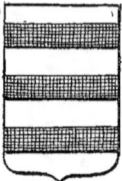

par exploict de Berton, huissier, du seize du présent mois d'aoust, pour procéder aux fins dudict exploict et de nostre ordonnance y énoncée a dit qu'il entend maintenir la qualité d'escuyer par luy prise, et qu'il est aisné de sa maison et qu'outre Mathurin et Jean-Baptiste Féron, ses frères, il ne cognoist personne du même nom et armes, qu'il porte *d'argent à trois faces de sable*, et pour la justiffication de sa noblesse a mis au greffe les pièces dont il entend se servir, lesquelles ont esté paraphées par première et dernière, et a faict eslection de domicille en la personne de M^{tre} Jacques Paul Miré estant à la suitte de Monsieur l'intendant, et a signé :

A. Le Féron.

Les pièces dud. Féron ont esté rendues aud. Mirey son procureur ayant charge de les retirer ce dernier fefvrier 1667.

Mirey.

FÉRON (Jean-Baptiste Le), sieur d'Arcy, demeurant parroisse de Chevillé, eslection de La Flèche, comparant le xiiiie may 1669 par M^{tre} Louis Le Damoysel, procureur à la suitte de Monseigneur l'Intendant, lequel a dit que led. sieur entend maintenir la qualité d'escuier, qu'il est cadet de sa maison, qu'il porte pour armes : *d'argent, à trois fasces de sable,* a mis au greffe les pièces dont led. sieur entend se servir et a signé :

Le Damoysel.

Les pièces dud. sieur Le Féron ont esté rendues le 16 may 1669.

FÉRON (Le). — Originaire du Mayne.

Antoine Le Féron, écuyer, sieur du Prez, demeurant à Douillet, élection du Mans, Mathurin Le Féron, écuyer, sieur de Saugé et Jean-Baptiste Le Féron, écuyer, sieur d'Arcy, demeurant paroisse de Chevillé, élection de La Flèche, ont été maintenus dans leur noblesse par arrest du conseil du 21 mai 1667 en conséquence des lettres d'anoblissement obtenues par led. Le Feron leur ayeul en 1590 pour services par luy rendus.

Porte : *d'argent à 3 fasces de sable.*

FERREGEAU (M^tre PIERRE), advocat au siège présidial de cette ville de Tours, y demeurant, comparant le 23ᵉ janvier 1669, a déclaré que le jour saint Simon saint Jude, de l'année 1665, il a esté esleu eschevin de lad. ville, au lieu et place du deffunct sieur Voysin des Touches et en a presté le serment le xxixᵉ novembre ensuivant, en conséquence de laquelle qualité d'eschevin il a droict à la noblesse accordée aux maires et eschevins de lad. ville par le roy Louis XI par ses lettres patentes confirmées par les roys ses successeurs et pour la justiffication de ce que dessus a mis au greffe les pièces dont il entend se servir et a signé :

FERREGEAU.

FERRIÈRE (HENRY DE LA), sieur de La Turlière, demeurant parroisse du Temple, eslection du Chasteauduloir, seneschaussée du Mans, comparant le dix-sept juin 1667, a dit qu'il entend maintenir la qualité d'escuyer, que Samuel de La Ferrière, son frère, demeurant parroisse de Montaillé, des mesmes eslection et ressort et François de La Ferrière, demeurant en Bretagne, est son cousin-germain et qu'il ne cognoist autres de son nom et armes et que sond. frère qui a les tiltres justifficatifs de leur noblesse est allé en Bretagne pour affaires pourquoy prétend demander délay jusques à son retour pour réprésenter lesd. tiltres et a signé :

H. DE LA FERRIÈRE.

FERRIÈRE (SAMUEL DE LA), sieur dud. lieu, demeurant parroisse de Montaillé, eslection et ressort du Chasteauduloir, comparant le six juillet 1667, a dit qu'il entend maintenir la qualité d'escuyer, qu'il est aisné de sa maison, qu'il n'en connoist autres de son nom et armes que Henry de La Ferrière, son frère et François de La Ferrière, sieur du Plessis-Mesle, a mis au greffe pour la justiffication de sa qualité d'escuyer et de celle dud. Henry de La Ferrière, son frère, les pièces dont il entend se servir, porte pour armes : *d'argent, à deux lions léopardéz de sable couronnéz et arméz d'or* et a signé :

S. DE LA FERRIÈRE.

Les pièces dud. sieur de La Ferrière luy ont esté rendues ce sept juillet 1667.

FERRIÈRE (DE LA). — Originaire du Mayne.

Henry de La Ferrière, écuyer, sieur de La Turrelière, demeurant paroisse du Temple et Samuel de La Ferrière, sieur dud. lieu, demeurant paroisse de Montaillé, élection de Châteauduloir, bailliage du Mans, ont justiffié la possession du titre de noblesse, depuis l'année 1545, commençant en la personne de leur bisayeul.

Portent : *d'argent à deux lions léopardés de sable, armés et couronnés d'or.*

FERRIÈRES (NICOLAS DE), sieur de Champigny, demeurant parroisse de Champigny, eslection de Richelieu, comparant le xxiiie aoust 1668, tant pour luy que pour Jacques de Ferrières, sieur de Champigny, son père, demeurant parroisse de ...... mesme eslection de Richelieu, a dit qu'il entend maintenir la qualité d'escuier, tant pour luy que pour sond. père, qu'il est aisné de sa maison et qu'il ne connoist autres personnes de son nom et armes, qu'il porte : *d'azur à trois pommes de pin d'or*, et pour la justiffication de sa qualité a mis au greffe les tiltres concernans sa noblesse, et a signé :

NICOLAS DE FERRIÈRES.

Les pièces dud. sieur de Ferrière luy ont esté rendus le 24e aoust 1668.

FERRIÈRES (DE). — Originaire de Mirebalais.

Jacques de Ferrières, écuyer, sieur de Champigny et Nicolas de Ferrières, son fils, demeurants paroisse de Sauves, élection de Richelieu, ont justifié la possession du titre de noblesse, depuis l'année 1542, commençant en la personne de leur ayeul et bisayeul.

Portent : *d'azur à 3 pommes de pin d'or, 2 et 1.*

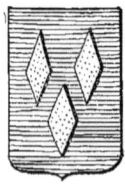

FESCAN ou **FESCAM** (JEAN DE), sieur du Plessis, demeurant à Vautigny parroisse de Mestray, eslection et bailliage de Tours, comparant le 14 febvrier 1669, a dit qu'il a esté donné assignation le 30 janvier dernier à Victor de Fescan, son frère aisné, quoy qu'il soit decedé il y a plus de deux ans et n'a laissé que des mineurs desquels il est curateur et a dit qu'il entend pour eux et pour luy maintenir la qualité d'escuyer et qu'il ne congnoist autres de son nom et armes qui sont : *d'azur, à trois fuzées d'or* que cesd. nepveus et niepces, enfans de sond. deffunct frère et a signé :

DE FESCAN.

Les pièces dud. sieur de Fescan ont esté rendues à Jean Leclerc, son procureur le huict may 1669.

FESQUES (DE). — Originaire d'Anjou.

Charles de Fesques, écuyer, sieur d'Arbonville, demeurant paroisse de Parçay, élection de Richelieu, bailliage de Tours, a justiffié la possession du titre de noblesse, depuis l'année 1520, commençant en la personne de son trisayeul.

Porte : *d'or à l'aigle éployée de gueules* [1].

— Charles de Fesque, écuyer, sieur de Marmande, demeurant paroisse de La Fosse, élection de Montreuil-Bellay et Jacques de Fesque, écuyer, sieur de L'Éperonnière, demeurant paroisse de .... élection d'Angers, eurent acte de la représentation de leurs titres le 23 février 1668.

FEUQUEROLLES (FRANÇOIS DE), sieur de Princé, demeurant au chasteau de Duretal, eslection de La Flèche, ressort de Baugé, bailliage d'Angers, comparant le 29e aoust 1666, lequel pour satisfaire à l'assignation à luy donnée à la requeste de Laspeyre, le dix-sept du présent mois, par exploict de Carré huissier, a dit qu'il entend maintenir la qualité d'escuyer et qu'il est aisné issu de cadet de sa maison, et que sa maison estant originaire de Normandie, il y a plusieurs particuliers de mesmes nom et armes qu'il ne cognoist poinct et qu'il porte pour armes : *d'or à un brin de fougère de sinople et une bande d'argent sur le tout*, et qu'il mettera au premier jour au greffe les pièces dont il entend se servir pour la justiffication de sa noblesse, et a faict eslection de domicille en la personne de M^{tre} Jacques Paul Miré, estant à la suitte de Monsieur l'Intendant, et a signé :

F. DE FEUQUEROLLES.

Le 30 dud. mois d'aoust, led. sieur de Feuquerolles a mis au greffe les pièces dont il entend se servir.

(1) Vol. 439 du Cabinet des titres.
Denais, dit l'aigle *armée et becquée de gueules*.

Les pièces dud. sieur de Feuquerolle luy ont esté rendues ce deuxiesme jour de septembre 1666.

Claude de Feuquerolles fut maintenu le 31 août 1668 par M. de La Galissonnière, en l'élection de Lyons.
Armoiries : *d'azur à la branche de fougère d'or posée en bande.*
— François de Feuquerolles eut acte de la représentation de ses titres le 27 septembre 1666.

FILIARD (François du), chevalier de l'ordre du Roy, seigneur des Ormes, conseiller et maistre d'hostel ordinaire de Sa Majesté, capitaine et exempt des gardes de son corps, capitaine entretenu sur les gallères en la marine du Levant, cy-devant commandant pour le Roy aux villes, citadelles et gouvernement du Hâvre de Grâce, demeurant à Angers parroisse de la Trinité, comparant le unziesme avril 1667 par m^{tre} Jacques Paul Miré, a dit qu'il entend maintenir la qualité d'escuier et qu'il produira au premier jour les pièces dont il entend se servir pour la justiffication de sa noblesse :

Signé : Miré.

Les pièces dud. sieur du Filiard luy ont esté rendues ce trois may 1667.

Signé : F. du Filiard.

FILY voir PHILY.

Marie Barillet, veufve de deffunct Louis de FLEURÉ, demeurant parroisse de Vernay [le-Chétif], eslection de La Flèche, seneschaussée du Mans, comparant le six juin 1667, laquelle a dit que sond. deffunct mary a toujours vescu noblement et l'a laissée chargée de deux enfans, un fils, lequel est mort depuis peu au régiment des gardes au service de Sa Majesté, et une fille qui demeure avec elle sans aucuns biens et sont nourries par la dame comtesse de Tessé : que le frère dud. deffunct son mary appelé Jean de Fleuré, pour justiffier sa noblesse auroit pris les tiltres du vivant de sond. mary pour un procès qu'il avoit à la cour des aydes et depuis qui a esté envoyé à Limoges, et pendant le procès est mort en la parroisse de Sainct-Symphorien en Xaintonge pourquoy elle n'a et ne peut représenter autres tiltres que son contract de mariage, et a faict eslection de domicille en cette ville du Chasteau-du-Loir en la maison de M⁰ Jary advocat et a signé.

Marie Barillet.

FLEURIOT (René), sieur de La Charpenterie, ouvrier en la monnoye d'Angers, y demeurant parroisse de la Trinité, comparant le vii⁰ janvier 1668 par mᵗʳᵉ Jacques Paul Miré, procureur estant à la suite de Monsieur l'Intendant, lequel a dit que led. Fleuriot n'a jamais pris la qualité d'escuier et qu'il y renonce et a signé :

Miré.

FLEURIOT (Mᵗʳᵉ Pierre), et Mᵗʳᵉ Pierre Fleuriot son fils, advocatz en Parlement et siège présidial d'Angers, y demeurans, comparans le neufiesme janvier 1668, par Mᵉ Michel Bernard, procureur au bureau des finances à Tours, a dit qu'iceux sieurs Fleuriot n'ont jamais pris ny entendu prendre la qualité d'escuyer, qu'ils n'ont jamais jouy des privilèges de noblesse et n'entendent en jouir, et a led. Bernard signé :

Bernard [1].

FONTAINE (Jean de la), sieur de La Grand-Maison, demeurant à La Gousterie, parroisse de Chemillé, eslection de La Flèche, bailliage de Tours, comparant le xvii⁰ juin 1667, a dit qu'il entend maintenir la qualité d'escuyer, qu'il est aisné et seul de sa maison, porte pour armes : *d'or, à la bande d'azur, accompagnée de six estoilles de sable*, et a signé :

De La Fontaine.

Led. sieur de La Fontaine a mis au greffe les pièces dont il entend se servir, ce xxi⁰ juin 1667.

---

(1) Cette famille qui a fourni un page de la reine en 1750, portait : *d'or au chevron d'azur, accompagné de 3 roses de gueules boutonnées d'or et tigées de sinople, 2 et 1.*
P. de Courcy dit le fonds *d'argent* et le chevron *de gueules*.

FONTAINE (DE LA). — Originaire d'Anjou.

Jean de La Fontaine, écuyer, sieur de Grandmaison, demeurant paroisse de Chemillé, élection de La Flèche, bailliage de Tours, a justiffié la possession du titre de noblesse, depuis l'année 1492, commençant en la personne de son quartayeul.

Porte : *d'or à la bande d'azur accostée de 6 étoiles de sable* [1].

— Jean de La Fontaine... eut acte de la représentation de ses titres le 9 juillet 1667.

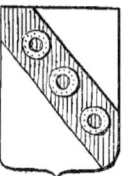

FONTAINE (DE LA). — Originaire du Maine [2].

Jean de La Fontaine, écuyer, sieur de Chevillé y demeurant, élection et bailliage du Mans, a justiffié la possession du titre de noblesse, depuis l'année 1453, commençant en la personne de son quartayeul.

Porte : *d'argent à la bande de gueules chargée de 3 annelets d'or.*

FONTENAY (ANDRÉ DE), sieur de Launeau, comparant le 6 juillet 1666, nous a déclaré que sy la qualité d'escuyer luy a esté donnée par aucuns contrats, ç'a esté à son inseu et qu'il ne la prétend poinct à l'advenir, et qu'ayant esté assigné aux mesmes fins ensemble les autres officiers de feu Son Altesse Royalle, ils ont esté deschargés de la présente recherche par plusieurs arrests du Conseil, ainsy qu'il justiffiera plus amplement par les pièces qu'il mettra au greffe, et a signé :

FONTENAY.

FONTENELLES (DE), portait anciennement le nom de GUIBERT. — Originaire d'Anjou.

René de Fontenelles, écuyer, sieur dud. lieu, demeurant paroisse de Laigné, élection de Châteaugontier, bailliage d'Angers, a justiffié la possession du titre de noblesse, depuis l'année 1519, commençant en la personne de Jean de Guibert, sieur de Fontenelle son trisayeul.

Porte : *d'argent à 4 fleurs de lys de gueules, posées 2 et 2* [3].

— René de Fontenelle... eut acte de la représentation de ses titres le 11 décembre 1668.

---

(1) Carré de Busserolle ajoute : *mises en orle.*
(2) Vol. 439 du Cabinet des titres.
(3) Vol. 439 du Cabinet des titres.

FORASTEAU (Louis DE), sieur de Girardet, demeurant parroisse de Sauné, bailliage de Tours, comparant le 22 juillet 1666, a dit qu'il maintient la qualité d'escuier et à cet effect a mis au greffe les pièces dont il entend se servir, et a signé :

LOUIS DE FORASTEAU.

Les pièces dud. sieur luy ont esté rendues le 24 juillet 1666.

Damoiselle Catherine de Préville [1], veufve de CHARLES FORATEAU, sieur de Boisaudé, deméurant en la ville de La Haye en Touraine, eslection et siège royal de Chinon, comparant le neuf février 1668 par m^{tre} Michel Bernard, lequel a dit qu'icelle damoiselle veufve Forateau entend maintenir la qualité d'escuyer prise par led. deffunct sieur son mary, pour la justiffication de laquelle elle représentera cy après les pièces et tiltres dont elle entend s'ayder et a signé :

BERNARD.

Lad. damoiselle de Préville a mis au greffe les pièces dont elle entend se servir, le quatre janvier 1669.
Les pièces de lad. damoiselle ont esté rendues le 13e janvier 1669.

FORASTEAU (DE). — Originaire de Touraine.
Louis de Forasteau, écuyer, sieur de Girardet, demeurant paroisse de Saunay, élection et bailliage de Tours.
Demoiselle Catherine de Préville, veuve de Charles Forasteau, écuyer, sieur de Boissaudet, demeurant en la ville de La Haye en Touraine, élection de Chinon, bailliage de Tours, mère et tutrice de Charles et Marthe Forasteau, ses enfants et dud. deffunct, ont justifié la possession du titre de noblesse, depuis l'année 1484, commençant en la personne du trisayeul desd. Louis et Charles.
Porte : *d'or à l'aigle éployée de gueules, armée et becquée d'azur.*

FORESTIER (GILLES LE), gentilhomme ordinaire de la chambre du Roy, demeurant ordinairement au chasteau de La Chesnuère, parroisse de Rully et

---

(1) De Préville porte : *d'argent à la bande d'azur, chargée de 3 annelets d'or.*

 de présent au chasteau d'Alleray, parroisse de Choüe, eslection du Chasteau-du-Loir, seneschaussée du Mans et René Le Forestier, sieur de Saint-Aubert, demeurant à Chéseray, parroisse de Vancé, desd. eslection et seneschaussée, frères, comparans le dix-huict juin 1667, ont dit qu'ils entendent maintenir la qualité d'escuyer, que les enfans mineurs de feu Louis Le Forestier, sieur du Plessis, demeurant au Vendosmois, sont d'une autre branche de lad. maison, desquelles deux branches Georges et Daniel Le Forestier, demeurans au chasteau de La Foresterie, parroisse de Bellou, eslection de Falaize, sont les aisnés et qu'ils ne cognoissent autres de leur nom et armes, qu'ils portent : *d'argent à cinq palmes de sinople, liées d'un lien de gueules,* et ont signé :

GILLES LE FORESTIER-BONPART.

RENÉ LE FORESTIER DE SAINCT-AUBERT.

FORESTIER (LE). — Originaire du Mayne.

Gilles Le Forestier, écuyer, sieur de Bonparc, demeurant paroisse de Ruillé, élection de Vendosme et René Le Forestier, écuyer, sieur de Saint-Auber, son frère, demeurant paroisse de Vancé, élection de Châteauduloir, ont justiffié la possession du titre de noblesse, depuis l'année 1487, commençant en la personne de leur trisayeul.

Portent : *d'argent à cinq palmes de sinople, liées d'un lien de gueules.*

FORGE (ALEXANDRE DE LA), sieur de La Martinière, comparant le 5 juillet 1666, a déclaré qu'en conséquence de la charge d'huissier de la chambre du Roy, par luy possédée l'espace de six ans ou environ, de celle de capitaine et exempt ancien des gardes du corps de Sad. Majesté par luy possédée ensuitte et sans intermission de lad. charge d'huissier de la chambre l'espace de dix-neuf à vingt ans et de la charge de commissaire ordinaire des guerres qu'il a possédée pendant vingt ans et plus avec lad. charge de capitaine exempt, et laquelle charge de commissaire il possède encor de présent, il se peut que quelques nottaires luy ayent donné la qualité d'escuyer sans son aveu et consentement, laquelle il n'a point prétendue, ne l'ayant point de naissance, et a signé :

DE LA FORGE MARTINIÈRE [1].

(1) Armoiries : *échiqueté d'argent et de gueules.*

FORTIER (CLAUDE), sieur de Resnay, demeurant parroisse de Bléré, comparant le xxvie avril 1667 tant pour luy que pour Charles Fortier, son père, demeurant en lad. parroisse, eslection d'Amboise, bailliage de Tours, a dit que sond. père et luy entendent maintenir la qualité d'escuyer et qu'ils sont seuls de leur nom et armes, qu'ils portent : *d'azur, au chevron d'or et trois fers d'espieu d'argent, deux en chef et un en pointe* et pour la justiffication de leur noblesse a mis au greffe les pièces dont ils entendent se servir, a faict eslection de domicille en la maison de m^{tre} Estienne Guesbin procureur au présidial de cette ville de Tours et a signé :

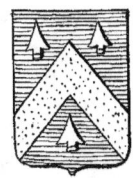

CLAUDE FORTIER RESNAY.

Les pièces dud. sieur Fortier ont esté rendues aud. Guesbin, son procureur le xxive mars 1670.

Signé : GUESBIN.

FORTIER-RESNAY.

FORTIN (PHILIPPES), docteur régent en médecine, demeurant à Saumur, comparant le 3 aoust 1666 par M^{tre} Jullien Baubin, procureur au présidial de Tours, a déclaré n'avoir jamais pris la qualité d'escuyer.

Signé : BAUBIN.

FOUCHER (THOMAS), sieur de La Fellière, et du Perray, demeurant parroisse de Beaufort, ressort dud. lieu, ellection et seneschaussée d'Angers, comparant le cinq mars 1668 a dit qu'il entend maintenir la qualité d'escuyer, qu'il est seul de son nom et armes, qu'il porte : *de sable, à quatre fasces d'or chargéees d'un lion de mesme,* pour la justiffication de laquelle qualité d'escuyer, il a produict et mis au greffe les pièces dont il entend se servir et a signé :

FOUCHER.

FOUCHER. — Originaire d'Anjou.
Thomas Foucher, écuyer, sieur de La Feillère, demeurant paroisse de Beaufort-en-Vallée,

élection et bailliage d'Angers, a justiffié la possession du titre de noblesse, depuis l'année 1451, commençant en la personne de son trisayeul.

Porte : *de sable à 4 fasces d'or, au lion de même sur le tout.*

— Thomas Foucher .. eut acte de la représentation de ses titres le 7 mars 1667.

Anne Ragonneau, veufve de JACQUES FOUCHIER, vivant sieur de Pontmoreau, et de Murault, demeurant en la ville de Mirebeau, eslection de Richelieu, comparant le XIIIIe juin 1667 par M^{tre} Michel Bernard, a dit que led. sieur Fouchier dès l'année 1665 fut assassiné, ce qui a donné lieu à de grandes poursuictes par lad. veuve faictes contre les assassinateurs dud. deffunct, pourquoy il luy est impossible quant à présent de représenter les tiltres en vertu desquels led. deffunct son mary a pris la qualité d'escuyer s'il ne luy est donné un deslay compétant pour ce faire, lequel délay elle prétend demander de deux mois.

Signé : BERNARD.

Les pièces de lad. damoiselle Ragonneau ont esté rendues aud. Bernard, le cinq aoust 1667.

FOUCHIER. — Originaire d'Anjou.

Demoiselle Anne Ragonneau, veuve de Jacques Fouchier, écuyer, sieur de Pontmoreau, mère et tutrice de François Fouchier son fils unique, demeurant paroisse de Sauves, élection de Richelieu, et sénéchaussée d'Angers, a justifié la possession du titre de noblesse en la famille dudit Jacques Fouchier son mary depuis l'année 1492, commençant en la personne de son quartayeul.

Porte : *d'argent au lion de sable, armé et lampassé de gueules* [1].

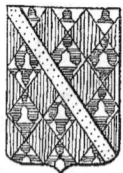

FOUGÈRES (CÉSAR DE), sieur de Renoué, y demeurant parroisse de Saint-Jean-de-Sauves, eslection de Richelieu, présidial d'Angers, lequel comparant le 17e septembre 1667 a dit qu'il entend maintenir la qualité d'escuyer et celle de Claude de Fougères, sieur de La Rangisière son fils aisné, qu'il est cadet de sa famille et que .... de Fougères, sieur de La Barre, gouverneur pour mes-

---

(1) Carré de Busserolle donne par confusion ces armoiries à la famille Ragonneau qui portait : *d'argent à un rosier de 3 branches de sinople, chaque branche chargée d'une rose de gueules, au chef d'azur, chargé de 3 étoiles d'or.*

sieurs d'Harcourt, en leur chasteau au païs du Mayne, son oncle est l'aisné, que ..... de Fougères, sieur de Villiers, demeurant en Poictou et ..... de Fougères, sieur d'Albaudières, demeurant aussy en Poictou, sont ses cousins germains, et qu'il ne connoist autres personnes de son nom et armes et que pour la justiffication de sad. qualité, il produira cy après les tiltres dont il entend s'ayder en luy donnant délay compétant et a signé.

Césare Fougère [1].

FOUGÈRES (Honoré de), sieur des Essards, demeurant parroisse d'Ausnay, eslection de Loudun, comparant le deux octobre 1668 par M^{tre} Michel Bernard, lequel a dit qu'icelluy de Fougères entend maintenir la qualité d'escuyer pour la justiffication de laquelle il ne peut en représenter les tiltres, d'aultant qu'ils sont ès mains de Cézard de Fougères, sieur de Renoué, son père, lequel a cy devant comparu au greffe de Monseigneur l'Intendant et déclaré aussy qu'il entendoit maintenir la qualité d'escuyer et qu'il croit que sondit père a produit les tiltres dont il s'entendoit se servir, et a led. Bernard signé :

Bernard.

FOULLÉ (Léonard), seigneur du Coudray, conseiller du roy et garde des seaux en la Cour des aides de Bourdeaux, demeurant en son chasteau d'Ourne, parroisse de Saincte-Cécile, eslection et ressort du Chasteau-du-Loir, seneschaussée du Mans, comparant le vingt-six may 1667, a dit qu'il entend maintenir la qualité d'escuyer, qu'il est cadet de sa maison et que monsieur Foulé, m^{tre} des requestes ordinaire de l'hostel du Roy est son frère aisné, et qu'il n'en cognoist poinct d'autre de son nom et armes, qu'il porte : *d'argent, à trois bandes d'azur traversées d'une face de gueules et six d'hermines quatre en chef et deux en poincte*, et pour la justiffication de lad. qualité a mis au greffe les pièces dont il entend se servir et a signé :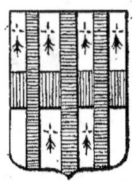

Foullé.

(1) Armoiries : *losangé de gueules et de vair, au bâton d'or brochant sur le tout*.

FOULLÉ. — Originaire de Paris.

Léonard Foullé, écuyer, sieur du Coudray, conseiller du roi et garde des sceaux de la cour des aydes de Bordeaux, demeurant paroisse de Sainte-Cécile, élection de Châteauduloir. Ledit sieur Foullé a justiffié la possession du titre de noblesse depuis l'année 1563 commençant en la personne de Jean Foullé, conseiller au Parlement de Paris, son bisayeul, mort dans la charge, qui eut pour fils Léonard Foullé conseiller du Roy et greffier des présentations du Parlement de Paris, qui eut pour fils Jacques Foullé, sieur du Coudray, avocat général au grand conseil et depuis maistre des requêtes, père du dit sieur Léonard Foullé.

Porte : *d'argent à la fasce de gueules chargée de 3 pals d'azur brochants sur le tout et accompagnée de 6 hermines de sable, 4 et 2, posées entre les pals.*

FOULON (M^{tre} François), conseiller du Roy, lieutenant général criminel à Saumur et assesseur en la mareschaussée dudict lieu, m^{tre} des requestes de la défuncte Reyne vivante mère du Roy, capitaine de la milice bourgeoise dud. Saumur, cy-devant lieutenant criminel de robbe courte aud. lieu, demeurant paroisse de Nantilly dud. Saumur comparant le 22e janvier 1667 par M^{tre} Jacques Paul Mirey, procureur estant à la suitte de Monseigneur l'Intendant a dit qu'il n'a jamais prétendu prendre la qualité de noble et que de ce il en a donné des preuves particulières et publiques par les partages des successions de ses père et mère, contract de mariage, expéditions de ses offices, jugemens des esleus et officiers du grenier à sel de Saumur, par toutes lesquelles pièces il paroist qu'il n'a poinct prétendu lad. qualité de noble ny des privilèges et immunités qu'à raison de ses charges, qui est une abnégation formelle et publique en la noblesse, à laquelle il peut mesme dire avoir renoncé puisqu'il ne s'est pas prévallu d'un annoblissement que le Roy avoit eu la bonté de luy accorder à la prière et sur le raport faict par deffunct monsieur de Guitault, gouverneur de Saumur, des services que led. Foulon avoit rendus à Sa Majesté en lad. qualité de capitaine pendant les mouvemens de la province et sièges du chasteau dud. Saumur, parce qu'il avoit trop peu de bien pour maintenir l'esclat de cette dignité et faire eslever en cette condition le grand nombre d'enfans que Dieu lui a donnés, et par ainsy quand il se trouveroit quelques actes particulières par lesquelles la qualité d'escuyer auroit esté emploiée, dont il n'a aucune connoissance ils auroient esté faicts par erreur, que d'ailleurs lesd. actes particulières, sy aucunes sont, ne pouvant produire aucun effect contre les droicts du Roy ne de ses subjects, ils ne peuvent par conséquent aussy faire aucun préjudice aud. Foulon d'aultant plus qu'il s'est tousjours acquité de son debvoir pour le service de Sa Majesté dans touttes les fonctions politicques et millitaires de ses charges.

Signé : MIREY [1].

FOUREAU (CHARLES), conseiller du Roy, lieutenant général au siège présidial de Chasteaugontier, cy-devant maistre des requestes ordinaire de la feu Reine Marie de Médicis, comparant le 19 aoust 1666, lequel pour satisfaire à l'assignation à luy donnée sur deffault à la requeste de Laspeyre le 4 du présent mois par exploict de Berton, pour procéder aux fins desd. exploict deffault et nostre ordonnance y énoncée, a dit n'avoir jamais pris la qualité d'escuyer et y renonce, et que sy elle luy a esté donnée par quelques nottaires, ç'a esté à son inseu et sans son consentement et quand cela seroit, il n'a préjudiciée ny au roy ny au public ayant toujours esté compris au rolle des tailles de lad. ville, ce qu'il offre vérifier, et a faict eslection de domicile en la personne de M^{tre} Michel Bernard, procureur au bureau des finances de Tours, estant à la suitte de monsieur l'intendant et a signé :

C. FOUREAU [2].

Condamné.

FOURNIER (MATHURIN), sieur de La Moisselière, demeurant au chasteau de Moncointre, pays de Ludonnois, comparant le treize avril 1667 par m^{tre} Ferregeau, son procureur, a desnié avoir pris aucune quallitté d'escuier et sy luy est informé de quelques actes où il paroist de lad. quallitté déclare qu'il s'incrits en faux contre iceux.

Signé : FERREGEAU.

FOUSSIER (JEAN), sieur de La Cassinerie, demeurant en la ville d'Angers, comparant le douze octobre 1666, lequel a dit qu'il n'a poinct de cognoissance

---

(1) Armoiries : *de gueules à la croix d'argent, accostée de 2 lions affrontés d'or.*
(2) Armoiries : *d'argent au chevron d'azur accompagné en chef de 2 roses de gueules tigées, feuillées de même, boutonnées d'or et en pointe d'une aiglette éployée de sable.*

d'avoir pris la qualité d'escuyer et que sy elle luy a esté donnée, il désavoue les nottaires qui luy auroient donnée et que quand il l'auroit prise (que non), cela n'auroit peu préjudicier au Roy ny au public, ayant toujours demeuré en ville franche, où il a payé les droits comme les roturiers et mesmes esté collecteur desd. droicts en la parroisse Saint-Maurille d'Angers, et a faict eslection de domicille en cette ville de Chinon, au logis de M^tre André Guérin procureur et a signé :

J. Foussier.

FOUSSIER (M^tre Marc), sieur de La Perrière, conseiller du Roy, juge magistrat au siège présidial d'Angers, y demeurant, comparant le quinze juin 1667 par M^tre Jacques Paul Miré, lequel a dit que led. sieur n'a jamais pris la qualité d'escuier ny entendu la prendre, à laquelle il renonce et a signé :

Miré.

FOUYER (René), conseiller du roy, président, juge prévost à Saumur comparant le deux septembre 1666 par M^tre Charles Drugeon, conseiller du roy en la seneschaussée de lad. ville de Saumur, fondé de procuration spécialle passée par Henry, notaire, le premier du présent mois, lequel pour satisfaire à l'assignation donnée aud. sieur Fouyer à la requeste de Laspeyre le vingt six aoust dernier, a dict en vertu du pouvoir à luy donné par lad. procuration que led. sieur Fouyer n'a jamais pris, prétendu ny usurpé la qualité d'escuyer en aucun acte volontairement contracté et obligations et n'a jouy d'aucune exemption de tailles, gabelles, gens de guerre et autres choses, ainsy qu'il justiffiera, et a faict eslection de domicille en cette ville de Chinon, au logis du sieur de La Nivardière, et a signé :

C. Drugeon.

FRAIN (M^tre Pierre), sieur du Planty, conseiller du Roy et assesseur en l'Eslection d'Angers, y demeurant, comparant le dernier may 1667 par M^tre Michel Bernard, lequel a dict qu'icelluy sieur Frain entend maintenir la qualité d'escuyer, pour la justiffication de laquelle il représentera cy après les pièces dont il s'entend ayder en luy donnant délay compétant pour ce faire et a signé :

BERNARD.

Les pièces dud. sieur Frain ont esté rendues aud. Bernard le xxv avril 1668.

Pierre Frain, sieur du Planty, assesseur en l'élection d'Angers, y demeurant, au nombre des maintenus par M. Voisin.
— M° Pierre Frain... qui fut échevin en 1636, pour...
Jean Frain du Tremblay aussi échevin en 1663, pour...
Armoiries : *d'azur à 3 gerbes d'or, 2 et 1.*

FRANÇOIS (LOUIS), lieutenant au régiment d'infanterie de Rambures, demeurant ordinairement à Foix, parroisse de ....., eslection d'Amboise, bailliage de Tours, comparant le xxxi décembre 1667, a dit qu'il entend maintenir la qualité d'escuyer et est fils de Jacques François, demeurant parroisse des Ormes de Sainct-Martin, eslection de Chastellerault, que René-François est son frère cadet et qu'il ne cognoist autres de son nom et armes, qu'il porte : *d'azur, à une fasce d'or et trois estoilles en chef aussy d'or et un croissant d'argent en poincte,* et que sond. père ayant esté assigné aux mesmes fins devant monsieur l'Intendant de Poitiers y a produict les pièces justifficatives de sa noblesse lesquelles, attendu le service qu'il est obligé de rendre à cause de sad. charge, il ne peut présentement aller quérir pour produire et pourquoy il prétend demander délay suffisant, et a signé :

LOUIS FRANSOIS.

Led. sieur François a produict les pièces justifficatives de sa noblesse le six octobre 1668.
Les pièces dud. sieur luy ont esté rendues ce 8 octobre 1668.

Signé : LOUIS FRANSOIS.

FRANÇOIS DE LA BORDE (JEAN LE), sieur de Soulangé, demeurant parroisse de Saint-Martin du Grand-Pressigny, eslection et siège royal de

Chinon, bailliage de Tours comparant le 27ᵉ janvier 1668, a dict qu'il entend maintenir la qualité d'escuier, qu'il est cadet de sa maison, que Anthoine-François de La Borde, sieur des Courtis, demeurant parroisse de Barrou, bailliage de Touraine, est son frère aisné et aisné de sa maison, que Cézard François de La Borde est aussy son frère, demeurant en Berry et que Marc-Anthoine François, sieur de La Marre, demeurant à Liverdun, en Lorraine, est son cousin, et qu'il n'en cognoist autres de son nom et armes, qu'il porte : *d'azur, à la tour d'argent chargée de trois hermines de sable, accostée de deux fleurs de lis soutenues d'une croix d'argent*, et attendu qu'il n'est que cadet, prétend debvoir luy estre octroyé un délay compétant pour produire les pièces justifficatives de sa noblesse et a signé :

J. François.

FRANÇOIS (Antoine), sieur des Courtis, y demeurant parroisse de Barrou, eslection de Loches, bailliage de Tours, comparant le deuxiesme febvrier 1668, a dit qu'il entend maintenir la qualité d'escuier et qu'il produira les tiltres dont il entend s'ayder au premier jour et a signé :

Anthoine Françoys.

Led. sieur de Courtis a mis au greffe les pièces dont il entend se servir ce troisiesme febvrier 1668.

Led. sieur des Courtis a produict de nouveau, ce XVIIᵉ may 1668.

Lesd. pièces ont esté rendues aud. sieur François le 18ᵉ may 1668.

FRANÇOIS DE LA BORDE. — Originaire de Savoie.

Anthoine François, écuyer, sieur de La Borde et des Courtils, Jean François, écuyer, sieur de Soulangé, demeurant paroisse de Barou, et Cœsar François, écuyer, sieur de Chillay, demeurant paroisse de Saint-Senoch, élection de Loches, bailliage de Tours, ont justifié la possession du titre de noblesse, depuis l'année 1487, commençant en la personne de leur bisayeul.

Portent : *d'azur à la tour crénelée d'argent chargée de 3 hermines 2 et 1, accostée de 2 fleurs de lys d'argent et soutenue d'une croisette de même.*

FRANÇOIS (Thomas Le), sieur de La Prousterie, demeurant parroisse de Saint-Cyr-du-Gault, eslection et bailliage de Tours, comparant le dix neufᵉ janvier 1669, a dit qu'il entend maintenir la qualité d'escuyer, qu'il est aisné de sa maison et qu'outre damoiselle Jeanne Le François, sa sœur, il ne connoist personne de son nom et armes, qu'il porte : *d'azur, au chevron d'or, deux massacres en chef et un lyon en poincte aussy d'or*, et qu'ayant esté cy-devant assigné à la cour des aydes aux mesmes fins il y a produict, et obtenu le désistement de Thomas Bousseau, lors chargé de la recherche des usurpateurs des tiltres de noblesse, et il n'a peu retirer ses pièces à cause de son extrême pauvreté, pour retirer lesquelles pièces il prétend demander délay suffisant.

Signé : LE FRANÇOIS.

Les pièces dud. sieur Le François ont esté rendues après qu'il les a eues produictes le 28e febvrier 1669.

FRANÇOIS DE LA PROUSTERIE. — Originaire de Vendosme.

Thomas François, écuyer, sieur de La Prousterie, demeurant paroisse de Saint-Cyr-du-Gault, élection et ressort de Tours, a justiffié la possession du titre de noblesse, depuis l'année 1530, commençant en la personne de son trisayeul.

Porte : *d'azur au chevron d'or accompagné de 2 massues d'argent en chef et d'un lion d'or en pointe armé d'argent.*

FRANCS (PIERRE DES), escuier, sieur du Pas, demeurant au Pas, parroisse de Bœuxes, eslection et bailliage de Loudun, comparant le 28 aoust 1666, par dame Margueritte Aymard [1], son espouse assistée de m^tre André Guérin, son procureur, lequel pour satisfaire à l'assignation qui luy a esté donnée à la requeste de Laspeyre, a dict qu'il entend maintenir sa qualité d'escuier, qu'il est cadet de sa branche et que Jean des Frans, sieur de La Bretonnière, son frère aisné, a représenté ses tiltres par devant M. Barantin, intendant en Poictou, et a esté renvoyé de ladicte assignation ainsy qu'il appert par son procès-verbal du 14 mars dernier qu'il produira au premier jour avecq les aultres pièces justifficatives de sa noblesse, porte pour armes : *d'argent à deux fasses de sable*, et esleu domicille en la maison dud. Guérin et a lad. Aymard et led. Guérin signé :

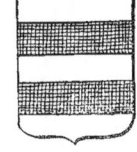

MARGUERITE AYMAR.
GUÉRIN.

(1) AYMARD : *De gueules à 3 coquilles d'argent, 2 et 1.*

FRANCS (Pierre des), sieur du Pas, demeurant parroisse de Beuxe, eslection et ressort de Loudun, bailliage de Tours, comparant le trente aoust 1666 par m^tre André Guérin, procureur en cette ville de Chinon, fondé de procuration spécialle dud. sieur des Frans passée par devant Godart, notaire, le 29 aoust présent mois, laquelle est demeurée au greffe, lequel Guérin en vertu du pouvoir à luy donné par lad. procuration a dit pour satisfaire à l'assignation donnée aud. des Frans à la requeste de Laspeyre que led. sieur des Frans entend maintenir la qualité d'escuyer, et à cet effect a mis au greffe les pièces dont il entend se servir, lesquelles ont esté paraphées par première et dernière et a signé :

GUÉRIN.

Les pièces dud. sieur des Francs ont esté rendues aud. Guérin et a damoiselle Marguerite Aymard femme dud. sieur des Francs ce premier septembre 1666.

Signé : MARGUERITE AYMAR.

GUÉRIN.

FRANCS (des). — Originaire de Poitou.
Pierre des Francs, écuyer, sieur du Pas, demeurant paroisse de Beuxe, élection et ressort de Loudun, a justiffié la possession du titre de noblesse, depuis l'année 1463, commençant en la personne de son trisayeul.
Porte : *d'argent à deux fasces de sable.*

FRANCQUETOT (Guy de), seigneur de Saint-Hénis, demeurant en son chasteau dud. lieu, parroisse d'Andigné, eslection et ressort d'Angers, comparant le xx mars 1668 par Me Louis Le Damoysel, procureur à la suite de monsieur l'Intendant, lequel a dit que led. de Franctot entend maintenir la quallité d'escuier et de chevallier, qu'il est cadet de sa maison et que les aisnés demeurent en Normandie, lesquels sont saisis des tiltres de noblesse de sa maison, ce qu'il faict qu'il demande délay de les aller quérir pour les représenter.

Signé : LE DAMOYSEL.

FRANQUETOT (de). — Originaire de Normandie.
Guy de Franquetot, écuyer, sieur de Saint-Aynis, demeurant paroisse d'Andigné, élection

et ressort d'Angers, a justiffié la possession du titre de noblesse, depuis l'année 1543, commençant en la personne de Robert Guillotte, vicomte de Carantan, son bisayeul, lequel fut annobly avec Thomas Guillotte greffier de l'élection de Coutance, son frère, sieur des fiefs de Franquetot et Gommonville par le roy François Ier, étant informé de leurs facultés qui se montoient à 10,000 l. de revenu, moyennant la somme de 1,200 escus. Les descendants de Thomas Guillotte, ont porté le nom de Franquetot, d'où sont descendus MM. de Franquetot de Normandie ce qui obligea Louis Guillotte, ayeul du sieur Saint-Aynis, fils dud. Robert, anobly, qui avait épousé Diane de Montmorency fille du sire de Thury, baron de Fautraux, d'obtenir des lettres pattantes, au mois de may 1630, pour changer le nom de Guillotte en celui de Franquetot.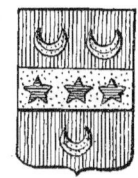

Porte : *de gueules à la fasce d'or chargée de 3 étoiles d'azur et accompagnée de 3 croissants d'or, 2 et 1.*

— Guy de Franquetot... au nombre des maintenus de M. Voisin et eut acte le 23 mars 1668.

FRÉART (JEAN), sieur de Chantelou, commissaire provincial des guerres ancien en Champagne, demeurant au Mans, comparant le 28e may 1667, a dict qu'il entend maintenir la qualité d'escuier attachée à sad. charge de commissaire des guerres provincial par l'édict de création du moys de may 1635, et en conséquence a soustenu debvoir estre renvoyé de l'assignation à luy donnée, et a signé :

FRÉARD DE CHANTELOU.

FRÉART (ROLAND), sieur de Chantelou, aumosnier du Roy, chapellain de la chapelle royale de Becoiseau scituée en la forest de Coucy proche Meaux-en-Brie, demeurant ordinairement en la ville du Mans, comparant le XXVIIIe may 1667 par Jean Fréard, sieur de Chantelou, commissaire provincial des guerres en Picardie, a dit qu'il n'a jamais pris la qualité d'escuier, à laquelle il renonce, en aucuns actes ny dans les ouvrages qu'il a donné au public, laquelle ne convient pas à son caractère d'ecclésiastique, qu'elle luy est inutile et ainsy qu'il doibt estre renvoyé de lad. assignation.

Signé : FRÉARD DE CHANTELOU.

FRESNAYE (JEAN DE LA), sieur de Beaurepos, capitaine exempt des gardes du corps de Sa Majesté, demeurant à Cormenon, eslection du Chasteauduloir, bailliage de Mondoubleau, comparant le 11 septembre 1666, lequel pour satisfaire à l'assignation à luy donnée à la requeste de Laspeyre par exploict de Berton du quatorze aoust dernier, a dict qu'il est vray qu'il a pris la qualité d'escuier en conséquence de sa charge d'exempt des gardes du corps de Sa Majesté qui la lui donne, et que pour la justiffication il produira au premier jour les provisions de sa charge et lettres de retenue, et a esleu domicille en la personne de M^{tre} Michel Bernard, procureur au bureau à Tours, et a signé :

De la Frenais.

FRESNE (du) ou DUFRESNE (René), sieur de Montigné, demeurant à Angers, comparant le xxiiie septembre 1666 par M^{tre} André Guérin, procureur en cette ville de Chinon, porteur de la procuration dud. Dufresne passée à Raoul de Chaloppin, escuier, sieur de La Plesse, par devant Ragot, notaire royal à Angers, le dix-sept du présent mois, lequel Guérin a dit que led. Dufresne n'a jamais entendu prendre la qualité d'escuyer, que s'il se trouve quelques actes ou l'on luy ayt donné cette qualité, sont esté les notaires qui la lui ont donnée à son inseu, ne s'en est jamais prévaleu et n'en a tiré aucun advantage, ayant contribué à touttes les charges de ville tant pour taxes que logement des gens de guerre, pris du sel au grenier et n'a fait valloir aucuns de ses héritages à la campagne, et a faict eslection de domicille pour led. Dufresne en cette ville de Chinon en la maison où il est demeurant, et a signé :

Guérin.

FRESNE (du). — Originaire d'Angers, noblesse d'échevinage.

René du Fresne de Montigny, demeurant en la ville d'Angers, a justiffié l'origine de sa noblesse en la personne d'Ollivier du Fresne, son père, qui a été échevin de lad. ville d'Angers en 1585.

Porte : *d'argent à la fasce de gueules accompagnée de 3 feuilles de fresne de sinople, 2 et 1.*

FRÉZEAU (Messire François), seigneur marquis de La Fraizelière et de Mons, demeurant en son chasteau du Bouchet, parroisse de Lassé, eslection et ressort de Baugé comparant le vingt-neufviesme aoust 1667, a dit qu'il entend maintenir la qualité d'escuyer et chevallier, qu'il est seul de son nom et armes, qu'il porte : *burlé d'argent et de gueules de dix pièces à la cottice en bande d'or brochant,* et a signé :

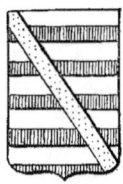

FRANÇOYS FREZEAU.

FREZEAU. — Originaire d'Anjou.

Messire Charles Frezeau, chevalier, marquis de La Frezelière et de Mons, demeurant paroisse de Lassé, élection de Baugé, bailliage d'Angers, a justiffié la possession de son titre de noblesse, depuis l'année 1355, commençant en la personne de son huitième ayeul.

Porte : *fascé d'argent et de gueules de 10 pièces à la cotice d'or brochante.*

— François Frezeau... eut acte de la représentation de ses titres le 29 août 1667.

FROGIER (JEAN), sieur de Pontlevois, demeurant à Angers, comparant le XXIIIe septembre 1666, lequel pour satisfaire à l'assignation à luy donnée à la requeste de Laspeyre, a dit qu'il entend maintenir la qualité d'escuyer et est aisné de sa maison et qu'outre Jacques Frogier, son frère et Jean Frogier, son oncle, il ne cognoist personne de son nom et armes, qu'il porte : *d'azur à un poinçon d'argent et deux gerbes d'or* [1] et qu'il produira au premier jour les pièces dont il entend se servir pour la justiffication de sa noblesse, et a faict eslection de domicille en cette ville de Chinon, au logis de M[tre] André Guérin, procureur, et a signé :

J. FROGIER.

M[tre] Jean Fergeau, procureur au présidial de Tours à ce jourd'huy XXIII mars 1667 produict pour led. Frogier.

— Me N. Frogier, sieur de Pontlevoy, juge des traites, fils de Me Jean Frogier, sieur de Pontlevoy en son vivant juge des traites et échevin en 1625, pour jouir...

FROMENTIÈRES (HILARION DE), seigneur des Estans-l'Archevesque et de La Moinerie, demeurant parroisse Saint-Vincent-du-Lorouer, eslection et

(1) Carré de Busserolles dit : *d'azur à 2 gerbes d'or et un poinçon levé aussi d'or.*

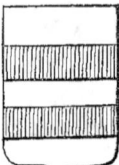

ressort de Chasteau-du-Loir, séneschaussée du Mans, comparant le trante may 1667, par M^{tre} Michel Bernard, procureur au bureau des finances à Tours, estant à la suitte de Monsieur l'Intendant, lequel a dit qu'icelluy sieur de Fromentières entend maintenir la qualité d'escuyer à luy attribuée par sa naissance, pour la justiffication de laquelle il représentera les pièces dont il entend se servir, et a signé :

BERNARD.

FROMENTIÈRES (DE). — Originaire du Mayne.

Hillarion de Fromentières, écuyer, sieur des Estangs, y demeurant paroisse de Saint-Vincent-du-Lorouer, élection de Châteauduloir, bailliage du Mans, a justiffié la possession du titre de noblesse, depuis l'année 1542, commençant en la personne de son bisayeul.

Porte : *d'argent à deux fasces de gueules.*

FUMÉE (RENÉ), sieur des Fourneaux, comparant le 20 juillet 1666, par M^{tre} Michel Bernard, a déclaré estre aagé de plus de quatre-vingts ans et au lict malade, requérant délay de deux mois de comparoir.

Signé : BERNARD.

FUMÉE (RENÉ), sieur des Fourneaux, demeurant parroisse d'Abilly, comparant le 6 aoust 1666, par M^{tre} Michel Bernard, procureur au bureau des finances, à Tours, a dit qu'il entend maintenir la qualité d'escuier et pour le justiffier a requis délay suffisant.

Signé : BERNARD.

Led. sieur Fumée a mis au greffe par le sieur Fumée chanoine de l'église de Tours, son fils, les pièces dont il entend se servir le 4 janvier 1669, lesquelles luy ont esté rendues le 12 aoust 1670 [1].

(1) René Fumée, chanoine de l'église de Tours, dès 1658.
Armoiries : *d'azur à deux fasces d'or accompagnées de six besans de même, 3, 2 et 1.*

G

GABORIN (RENÉ), seigneur des terres, fiefs et seigneuries de La Forrest Clérembault, et de Touarsay demeurant parroisse de Gesté, eslection et ressort d'Angers, comparant le 17e septembre 1667 par Me Louis Le Damoysel, lequel a dit que led. sieur de Gaborin entend maintenir la qualité d'escuyer et demande délay de représenter ses tiltres.

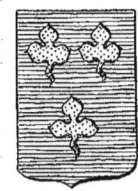

Signé : LE DAMOYSEL.

Damoiselle Anne Le Gras, veufve de deffunct RENÉ GABORIN, vivant sieur des terres, fiefs et seigneuries de La Forest-Clérambault et de Thouarsay, comparant le 19e may 1669 par Me Louis Le Damoysel, tant pour elle que comme garde noble des enfans mineurs dud. deffunct et d'elle demeurante en sa maison seigneurialle de La Forest-Clérambault, parroisse de Jetté, eslection et ressort d'Angers, lequel a dit que lad. damoiselle entend maintenir esd. noms la quallité dud. deffunct son mary, lequel estoit l'aisné de sa maison, qui porte pour armes : *d'azur, à trois trèfles d'or*, et a mis au greffe les pièces dont elle entend se servir.

Signé : LE DAMOYSEL.

Les pièces de lad. veufve ont esté rendues aud. Le Damoisel le 20 may 1669.

GABORIN. — Originaire de Poitou.

Demoiselle Anne Le Gras, veuve de deffunt René Gaborin vivant, écuyer, sieur des terres de La Forest de Clérambault, mère et tutrice de René, Lancelot et Charles Gaborin, ses enfans et dud. deffunt, demeurante paroisse de Gesté, élection et ressort d'Angers, a représenté une ordonnance de renvoy de M. Barentin dans laquelle il paroit qu'elle a justifié pour ses enfants la possession du titre de noblesse depuis l'année 1325 commençant en la personne de leur 8e ayeul.

Porte : *d'azur à 3 trèfles d'or, 2 et 1*.

— René Gaborin, chevalier, sieur de Boussay et de.... eut acte de la représentation de ses titres le 20 may 1669.

GAIGNARD (François de), sieur des Places, demeurant parroisse de Savigny en Verron, eslection et ressort de Chinon, bailliage de Tours, comparant le 23ᵉ aoust 1666, lequel pour satisfaire à l'assignation à luy donnée à la requeste de Laspeyre le 16 du présent mois par exploict de Ladebat, huissier, pour procéder aux fins dud. exploict et de nostre ordonnance y énoncée a dit qu'il entend maintenir la qualité d'escuyer et qu'il est cadet de sa maison, et que Louis de Gaignard, sieur de La Boulaie, son frère, demeurant au pays du Maine, est son aisné, et qu'il y a plusieurs particuliers du même nom qu'il ne cognoist poinct pour estre demeurans au Bas-Meine où il n'a poinct habité et qu'il porte pour armes : *d'argent à trois molettes* [1] *d'espron de gueules*, deux et une, et que sond. frère ayant tous les tiltres comme aisné, il prétend demander délay pour les aller retirer et les produire et a faict eslection de domicille en cette ville de Chinon au logis de Mᵗʳᵉ Jean Baudouin, advocat, et a signé :

François de Gaignard.

GAIGNARD (de). — Originaire de Touraine.

François de Gaignard, écuyer, sieur des Places, demeurant paroisse de Savigny, élection de Chinon, bailliage de Touraine, a justifié la possession du titre de noblesse, depuis l'année 1516 commençant en la personne de son quartayeul.

Porte : *de gueules à 3 molettes d'esperon d'argent, 2 et 1.*

GAIGNÉ (François de), seigneur de Loiré, demeurant parroisse de Marson, eslection de La Flèche, bailliage de Tours, comparant le xxvᵉ avril 1667, a dit qu'il entend maintenir la qualité d'escuyer, qu'il est seul de son nom et armes, qu'il porte : *d'azur, à six estoilles* [2] *d'argent trois en chef, deux en fasce et une en pointe*, et a signé :

François de Gaigné.

GAIGNÉ (de). — Originaire du Maine.

François de Gaigné, écuyer, sieur de Loiré, demeurant paroisse de Marçon, élection de La Flèche, bailliage de Tours, a justifié la possession du titre de noblesse, depuis l'année 1524, commençant en la personne de son trisayeul.

(1) C. de Busserolle dit à tort : *3 merlettes*.
(2) *Molettes d'éperon*, d'après C. de Busserolle.

Porte : *d'azur à 6 estoilles d'argent, 3, 2 et 1*.

— François de Gaigné.... chevalier, sieur de.... eut acte de la représentation de ses titres le 14 juin 1667.

GALICHON (Jean), sieur de La Motte, demeurant à Angers, comparant le cinq avril 1667 par Me Pierre Berneust le jeune, lequel a dit qu'icelluy sieur Galichon n'a jamais pris ny entendu prendre et se servir de la qualité d'escuyer et a signé :

Berneust.

Dame Françoise de Sainct-Aubin, veufve de deffunct Monsieur Messire Louis GALICHON, seigneur de Courchamps, conseiller du Roy en son Parlement et Grande Chambre de Bretagne, demeurante à Angers, comparante le xxve septembre 1668 par Me Jacques Paul Miré, son procureur, lequel a dit qu'elle entend maintenir la qualité d'escuier prise par sond. deffunct mary et jouyr des privilèges attribuez à noblesse et pour la justiffication de sad. qualité, elle produira au premier jour les pièces et tiltres dont elle entend se servir, et a led. Miré, signé :

Miré.

Les pièces de lad. damoiselle ont esté mises au greffe ce cinquiesme mars 1669.

Les pièces de lad. damoiselle ont esté rendues aud. Me Louis Le Damoisel le 12e febvrier 1671 [1].

GALISSON (Gatien), sieur du Plessis-Galleron [2], demeurant à Angers, comparant le xxiiie avril 1667 par Me Jacques Paul Miré, lequel a dit que led. Gallisson n'a jamais pris la qualité d'escuyer et que sy aucuns notaires luy ont donné, qu'il n'a entendu la prendre et n'entend la soustenir et de laquelle

---

(1) Armoiries : *d'azur à la fasce d'or, accompagnée de 3 merlettes d'argent 2 et 1*.

(2) G. de Galisson, maître des requêtes ordinaires de la Reine portait : *D'azur au lion d'or*, d'après l'armorial de 1696.

qualité il n'a jamais tiré aucun proffit ny advantage ayant tousjours demeuré en lad. ville d'Angers en qualité de bourgeois et habitant, n'ayant jamais faict valloir ny jouy d'aucuns biens de la campagne et a led. Miré signé :

Miré.

GALLARD DE BÉARN (Alexandre de), seigneur de Saint-Maurice, demeurant parroisse de Berthegon, eslection et ressort de Richelieu, comparant le cinquiesme janvier 1669 par M⁰ Jacques Paul Miré, lequel a dit que led. sieur entend maintenir la qualité d'escuyer, qu'il est seul de son nom et armes qu'il porte : *d'argent, à trois merlettes de sable* [1], et a mis au greffe les pièces dont led. sieur entend se servir et a signé :

Miré.

Les pièces dud. sieur de Gallard de Béarn ont esté rendues à M⁰ Louis Le Damoysel, procureur, le 11ᵉ juin 1669.

GALLON (Jean de), sieur de Chasteauganne demeurant parroisse de Parsé (Parçay), eslection et ressort de Richelieu, bailliage de Tours, comparant le 21 aoust 1666, lequel pour satisfaire à l'assignation à luy donnée à la requeste de Laspeyre sur deffault le 14 du présent mois, par exploict de Ladebat, huissier, pour procéder, aux fins dudict exploict et de nostre ordonnance y énoncée a dit qu'il entend maintenir la qualité d'escuyer et qu'il est aisné de sa maison, et qu'outre Anthoinette et Geneviefve, ses sœurs, il ne cognoist personne de sa maison qui porte pour armes celles qu'il fera mettre au hault de sa généalogie qu'il produira au premier jour avec les pièces et tiltres justifficatifs de sa noblesse, et a faict eslection de domicille, en la maison de Mᵗʳᵉ André Bourguignon, advocat en cette ville de Chinon et a signé :

J. De Gallon.

(1) Armoiries : *écartelé aux 1 et 4 d'or à 3 corneilles de sable, becquées membrées de gueules, 2 et 1, aux 2 et 3 d'or à 2 vaches passantes de gueules, accornées, accolées et clarinées d'azur.* (Église de Sainte-Catherine-de-Fierbois (Indre-et-Loire) 1ᵉʳ vitrail à droite dans la nef).

Le 25e aoust 1666, led. sieur Gallon a mis au greffe les pièces dont il entend se servir.

Les pièces dud. sieur Galon luy ont esté rendues le 14e may 1672 [1].

GANCHES (Denis), sieur du Brossay, et Pierre Ganches, sieur de La Fourerie, frères, demeurans à Angers, comparants le treize avril 1667, par Me Pierre Berneust, procureur au présidial de cette ville de Tours, lequel a dit qu'iceux Ganches entendent maintenir la qualité d'escuyer et qu'ils produiront au premier jour les pièces justifficatives de lad. qualité et a signé :

Berneust.

Led. Denis a mis au greffe par led. Berneust les pièces dont il entend se servir ce XXIe avril 1667.

Les pièces dud. sieur Ganches ont esté rendues aud. Berneust, son procureur, le deux aoust 1667.

GANCHES [2]. — Originaire d'Anjou.
Denis Ganches, sieur du Brossay, et Pierre Ganches, sieur de La Fourerie, frères, demeurants à Angers, maintenus par M. Voisin.
— Me N. Ganches, conseiller à la prevosté d'Angers, fils,... fils aîné de Hyerosme Ganches, sieur de La Jubaudière, qui fut échevin en 1633 et Pierre Ganches, sieur de La Fourerie et Denis Ganches, sieur du Brossay, fils puisné de Hierosme Ganches... pour jouir.

GANNES (Louis de), sieur de Fallaise, demeurant parroisse de Buxil enclave de La Roche-Amellon, eslection et bailliage de Poictiers, comparant le 28 aoust 1666, lequel pour satisfaire à l'assignation qui luy a esté donnée à la requeste de Laspeyre par exploict de Ladebat huissier du vingtiesme aoust 1666, a dict que mal à propos il a esté assigné par devant nous d'aultant qu'il n'est pas de cette généralité, ains de celle de Poictiers et qu'il a esté cy-devant assigné par devant monsieur Colbert, intendant de Poictou, par devant lequel il a représenté ses tiltres, et en conséquence a esté renvoyé ainsy qu'il apert

(1) Armoiries : *d'argent à 3 papillons de sable 2 et 1, un dauphin de même en cœur.*
(1) Vol. 439 du Cabinet des titres.

par le procès-verbal de mond. sieur Colbert du 16 mars 1665 et partant demande d'estre renvoyé de lad. assignation, et a esleu domicille en la maison de M^{tre} Pierre Mangot, advocat à Chinon, et a signé :

Louis de Gannes [1].

Damoiselle Marguerite de Bongars, veufve Louis Le GANTIER, vivant sieur de La Vallée, demeurante parroisse de Chastillon de La Chartre, eslection de La Flèche, duché de Vendosme, comparant le quatre may 1667, a dict qu'elle entend maintenir la qualité d'escuyer dudict deffunct sieur son mary tant pour elle que pour ses enfans et dud. deffunct son mary qui portoit pour armes : *de gueules à une bande d'argent et trois merlettes de mesmes deux en chef et une en poincte*, et a signé :

M. de Bongars.

Lad. damoiselle a produict les tiltres de sa noblesse le sept juin 1667.
Les pièces de lad. damoiselle luy ont esté rendues ce XIII juin 1667.

Damoiselle Margueritte de Bongars, veufve Louis Le GANTIER, demeurant à La Chartre, eslection de La Flèche, comparant le trois juin 1667 par M^{tre} Julien Pottier audiencier en la ville du Chasteau-du-Loir, lequel a dit que lad. damoiselle de Bongars entend maintenir la qualité d'escuyer de son deffunct mary tant pour elle que pour ses enfans et dud. deffunct, et a signé :

Potier.

GANTIER (Le). — Originaire de Touraine.
Damoiselle Marguerite Bongard veuve de deffunct Louis Le Gantier, écuyer, sieur de La Vallée, mère et tutrice de Claude, Jacques, Hercules, René, Jean-François et Louis Gantier ses enfans et dud. deffunct, demeurante paroisse de Châtillon, élection de La Flèche, ladite Bongard, a justiffié la possession du titre de noblesse dud. Louis Le Gantier son mary, depuis l'année 1537, commençant en la personne de son trisayeul.

(1) Cette famille fut maintenue dans sa noblesse par sentence du 7 septembre 1667.
Armoiries : *d'argent à 8 mouchetures d'hermines posées 4, 3 et 1.*

Porte : *de gueules à 3 merlettes d'argent à la cotice de même brochant sur le tout.*

— Louis Le Gantier,... sa veuve eut acte de la représentation de ses titres le 13 juin 1667.

Damoiselle Jeanne de La Longueraire, veufve de feu JACQUES GARNIER, vivant seigneur chastelain de Brieil, demeurant aud. Briel, comparant le dernier avril 1667 par M^{tre} Michel Bernard, lequel a dict pour satisfaire a l'assignation donnée en la parroisse de Sainct-Pierre-des-Échaubrognes à damoiselle Marie Charier, dame de La Sicardière, mère de lad. damoiselle de La Longueraire quoy que décédée dès l'année 1660, que lad. damoiselle de La Sicardière n'a laissé autres héritiers que lad. damoiselle de La Longueraire qui est demeurante en la province de Poictou où elle et Pierre Garnier, sieur de Breil, son fils aisné et autres ses enfans ont produict leurs tiltres et pièces justiffcatives de leur noblesse par devant monsieur Barantin, maistre des requestes commissaire départy en lad. généralité de Poitou, et a signé :

BERNARD.

GARREAU (MARTIN), escuyer, sieur de Boisdenier, demeurant en la ville de Tours, comparant le cinq^e febvrier 1669 par Jean Le Clerc, clerc de Me Michel Bernard, lequel a dit que sy led. Garreau a pris la qualité d'escuyer, ce n'est qu'en conséquence de la concession qui luy en a esté faicte par Sa Majesté, à cause de sa charge de capitaine exempt des gardes de Sa Majesté, suivant les provisions d'icelle charge, attendu que par icelle lad. qualité luy est donnée, pour la justiffication de ce a mis au greffe les pièces dont il entend se servir.

Signé : LECLERC.

Les pièces dud. sieur Garreau ont esté rendues à Me Michel Bernard, son procureur, le cinq juin 1669 [1].

(1) Armoiries : *d'argent à 3 palmes de sinople rangées en pal et soutenues chacune d'un croissant d'azur.*

GASCOING (René Le), sieur de La Musse et de La Rondellière, demeurant parroisse de Thilliers, eslection d'Angers, comparant le 22e may 1667, tant pour luy que pour René Le Gascoin, son père, demeurant mesme maison, a dit que sond. père et luy entendent maintenir la qualité d'escuier et que les sieurs Gascoin, sieurs de Bésidel, demeurans en Bretagne, sont ses germains et les enfans de deffunct sieur de Gascoin, demeurants en Poictou, sont ses nepveus et qu'il ne cognoist autres de son nom et armes et a signé :

René Le Gascoing.

GACOUIN (de). — Originaire de Bretagne.

René de Gacouin, écuyer, sieur de La Musse et René Gacouin, son fils, demeurants paroisse de Tilliers, élection et bailliage d'Angers, a justiffié la possession du titre de noblesse, depuis l'année 1507, commençant en la personne de son bisayeul.

Porte : *d'or au chevron de gueules, accompagné de 3 roses de même, 2 et 1.*

— René Gascoing, écuyer, sieur de La Musse, La Rondellière et du Chesnay... eut acte de la représentation de ses titres, tant pour luy que pour son fils, le 29 mai 1667.

GASSION (Jean-Alexandre de), demeurant à Saumur, comparant le 15 juillet 1666, nous a déclaré qu'il entend maintenir la qualité d'escuyer et qu'il produira au premier jour les pièces dont il entend se servir, et a signé :

J.-A. Gassion Casenave.

Le 20 avril 1667, Jean-Alexandre Gassion a produict les pièces justifficatives de sa noblesse, lesquelles luy ont esté rendues le 13 juin 1667.

GAST (Jean-Jacques de), sieur de Lussault, demeurant parroisse Saint-Martin-le-Beau, eslection d'Amboise, bailliage de Tours comparant le xviii juin 1667, a dit qu'il entend maintenir la qualité d'escuyer, qu'il est aisné d'une branche de cadets de sa maison, que Charles de Gast, marquis de Montgaugé, est aisné de lad. maison, et qu'il ne cognoist autres de lad. maison que ..... de Gast, sieur d'Artigny, qui est aussy aisné d'une autre branche de cadets de lad. maison, qu'il porte pour armes : *d'or, à cinq besans d'azur*, et pour la justiffication de lad. qualité a mis au greffe les pièces dont il entend se servir, et a signé :

JEAN-JACQUES DE GAST LUSSAULT.

GAST (Messire CHARLES DE), marquis de Montgauger, demeurant au chasteau dud. lieu, parroisse de Saint-Espain, eslection de Chinon, bailliage de Tours, comparant le xxve avril 1668 par Me Allexandre Roujou, procureur au siège présidial de cette ville de Tours, lequel a dit que led. sieur de Gast, entend maintenir la qualité d'escuier et de chevallier et qu'il produira au premier jour les pièces justifficatives de lad. qualité, et a signé :

ROUJOU.

Led. sieur du Gast a produit ses titres le premier mars 1670.
Lesd. pièces luy ont esté rendues le 17e mars 1670 [1].

GAST (RENÉ DU), sieur de Fresne, demeurant parroisse de Saint-Crespin, eslection et seneschaussée d'Angers, comparant le xiiiie may 1667, a dit qu'il entend maintenir la qualité d'escuyer qu'il est cadet de sa maison qui est de Poictou où ayant esté assigné aux mesmes fins par devant monsieur Colbert, m^e des req^{tes}, cy-devant comm^{re} en lad. province de Poictou et en cette généralité, il auroit lors conjoinctement avec ses aisnés qui sont demeurans en lad. province représenté ses tiltres par devant mond. sieur Colbert qui luy en auroyt donné acte et le tractant de lad. province pris communiquation desd. pièces et en suitte auroit esté renvoié à la Cour des aydes ou Me Thomas Bousseau, lors chargé de la recherche des usurpateurs du tiltre de noblesse luy a donné désistement, et a signé :

RENÉ DU GAST.

GAST (DU). — Originaire de Poitou.
René du Gast, écuyer, sieur du Fresne, demeurant paroisse Saint-Crespin, élection et

(1) Armoiries d'après C. de Busserolle : *d'azur à 5 besans d'or, 2, 2 et 1*.

ressort d'Angers, a justiffié la possession du titre de noblesse, depuis l'année 1473 commençant en la personne de son sixième ayeul.

Porte : *d'azur à 3 estoilles d'or, 2 et 1, et un croissant d'argent posé en abisme.*

René du Gast... eut acte de la représentation de ses titres le 11 juin 1667.

GATIAN (Jacques), conseiller honoraire au présidial de cette ville de Tours, y demeurant, comparant le xe janvier 1669, a dit qu'il a peu prendre la qualité, comme estant l'un des eschevins de lad. ville et ayant esté maire d'icelle ès années 1659 et 1660, suivant la déclaration de Sa Majesté vériffiée en toute les cours le xx avril 1667, portant révoquation des privillèges de noblesse des maires et eschevins des villes de Poitiers, Niort, Angoulesme, Bourges, Tours, Angers et plus led. sieur Gatien a déclaré qu'il a esté donné assignation en son domicille à Jacques Gatien, son fils, et qu'il n'a aucun fils dud. nom de Jacques qu'un qui est religieux feillant, il y a dix ou douze ans :

Signé : Gatian [1].

GAUDICHER (Urbain), sieur d'Aversé, demeurant parroisse de Brissarthe, eslection et seneschaussée d'Angers, comparant le xiiie avril 1667, a dit qu'il entend maintenir la qualité d'escuyer, qu'il est seul resté de sa maison et qu'il porte pour armes : *d'azur au cheveron d'or, couvert d'un arc en ciel de mesme, troys estoilles en chef et un lyon en croissant en poincte aussy d'or* et qu'il produira au premier jour les pièces donr il entend se servir et a signé :

U. Gaudicher.

Led. sieur Gaudicher a mis au greffe les pièces dont il entend se servir ce xve avril 1667.

Les pièces dud. sieur Gaudicher luy ont esté rendues ce xx avril 1667.

(1) Armoiries : *D'azur à une sphère d'or surmontant un croissant d'argent.*

GAUDICHER. — Originaire d'Anjou.

Urbain Gaudicher, écuyer, sieur d'Aversey, demeurant paroisse de Brissarthe, élection et sénéchaussée d'Angers, a représenté des lettres d'anoblissement accordées par le roy Henri IV en 1595 à Charles et Jean Gaudicher, père et ayeul, en considération de leurs services.

Porte : *d'azur à 3 étoiles d'or en chef, à l'arc-en-ciel en chevron aussi d'or, accompagné en pointe d'un lion de même soutenu d'un croissant d'argent.*

— Urbain Gaudicher, sieur de La Coutardière... eut acte de la représentation de ses titres le 18 avril 1667.

GAUDRU (Antoine de), sieur de La Roche, demeurant parroisse de Sainct-Espain, eslection et ressort de Chinon, bailliage de Tours, comparant le dernier aoust 1666 ; lequel pour satisfaire à l'assignation à luy donnée à la requeste de Laspeyre, le vingt-trois du présent mois, par exploict de Bazin, huissier, pour procéder aux fins dud. exploict et de nostre ordonnance y énoncée, a dit qu'il entend maintenir la qualité et qu'il est seul resté de sa maison avec damoiselles Anne et Claude de Gaudru, ses sœurs, et qu'il porte pour armes : *d'azur à cinq flèches d'argent, quatre passées en sautoir et l'une en pal,* et que pour la justiffication de lad. qualité, il produira au premier jour les pièces dont il entend se servir, et a faict eslection de domicille en cette ville de Chinon, au logis de M^{tre} André Bourguignon, advocat, et a signé :

A. DE GAUDRU.

Les pièces dud. sieur de Gaudru luy ont esté rendues ce septiesme octobre 1666.

GAUDRU (DE). — Originaire de Lorraine.

Antoine de Gaudru, écuyer, sieur de Roncée-Bigot, demeurant paroissse de Saint-Espain, élection de Chinon, bailliage de Tours, a justiffié la possession du titre de noblesse, depuis l'année 1548, commençant en la personne de son trisayeul.

Porte : *d'azur à 5 flèches d'argent aboutissantes à un besan de même en cœur, quatre posées en sautoir et une en pointe.*

GAUFFRE (Michel Le), sieur de La Chaumelais, demeurant à Angers, comparant le 21ᵉ avril 1667, a dit qu'il n'a jamais pris la qualité d'escuier à laquelle il renonce et qu'il a toujours demeuré en ville franche et contribué à touttes les charges, et impositions en quoy les roturiers sont tenus, et a signé :

MICHEL LE GAUFFRE.

GAULLAY (PAUL DE), sieur du Pavillon, chevau-léger de Sa Majesté, demeurant parroisse de Villaines-la-Carelle, eslection et seneschaussée du Maine, comparant le vingt juin 1667, a dit qu'il entend maintenir la qualité d'escuyer en conséquence de sad. charge sans préjudice à luy de la pouvoir maintenir par sa naissance après qu'il aura recouvert les pièces justiffcatives d'icelle et a mis au greffe les pièces dont il entend se servir à cause de sad. charge et a signé :

PAUL DE GAULLAY.

Les pièces dud. sieur de Gaullay luy ont esté rendues lesd. jour et an.

P. DE GAULLAY.

Armoiries : *D'azur à une fasce d'argent chargée de trois quintefeuilles de gueules.*

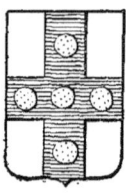

GAULLEPIED (JEAN-BAPTISTE), conseiller du roy et lieutenant particulier aux bailliage et siège présidial de Tours, comparant le XIIe febvrier 1667 a dit qu'il a creu devoir et pouvoir prendre la qualité d'escuyer, estant fils d'un trésorier de France décédé revestu de lad. charge, lequel pendant sa vie a eu droict de prendre lad qualité, mesme celle de chevallier comme ayant les mesmes droicts que les secrétaires du roy et qu'ayant esté cy-devant assigné aux mesmes fins à la Cour des aides, à la requeste de Thomas Bousseau, cy-devant chargé de la recherche des usurpateurs du tiltre de noblesse le XXVI janvier 1665, il se seroit pourveu au conseil, où il auroit obtenu arrest le XIIe mars de lad. année portant que la req^{te} dud. Gaullepied sera communiquée aud. Bousseau pour, luy ouy ou sa responce veue, estre ordonné ce que de raison, et cependant deffence de faire aucunes poursuittes contre led. Gaullepied à la Cour des aydes, ny mettre aucuns arrests d'icelle à exécution à l'encontre de luy à peine de nullité, de quinze cens livres d'amende et de tous despens, dommages et interests, lequel arrest il auroit faict signifier aud. Bousseau et au nommé Lavallée-Corné, sa caution et aussy au sieur procureur général de la Cour des aydes et d'abondant trois diverses sommations d'y satisfaire ; au préjudice de quoy led. Bousseau n'a peu obtenir l'arrest de lad Cour des aides porté en sad. assignation du XXVI janvier 1665 ; que néantmoins led. Gaullepied déclare ne prétendre point lad. qualité d'escuyer, sinon qu'en cas qu'il plaise à Sa Majesté la luy maintenir, et a signé :

GAULLEPIED [1].

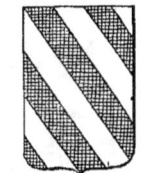

GAULT (LAURENT), le jeune, advocat au siège présidial d'Angers, y demeurant, parroisse Sainct-Maurice, comparant le XVIIe septembre 1666, par Jean Gaultier, notaire royal à Saumur, fondé de procuration, lequel Laurent Gault pour satisfaire à l'assignation quy luy a esté donnée par Carré huissier ce XXIIIe aoust dernier et à aultre assignation sur deffault aussy à luy donnée par led. Carré le sixiesme des présens mois et an a dict qu'il entend maintenir la qualité d'escuier qu'il a prise et qui luy a esté acquise pas le moien de l'eschevinage de lad. ville d'Angers dont a esté remply M^{tre} Laurent Gault, sieur de La Saunerie, son père, ainsy qu'il est prest de justiffier par la production qu'il fera à cet effect, nous remonstrant néantmoins que quand mesme lad. quallité ne luy seroit pas acquise, elle n'a porté aucun préjudice au Roy ny au publicque n'ayant jamais faict autre fonction que celle d'advocat au siège présidial de lad. ville d'Angers quy est franche et où il a tousjours faict sa demeure et a faict eslection de domicille pour led. Gault en la maison de M^{tre} André Le Bourguignon, advocat au bailliage de Chinon, et a signé :

J. GAULTIER.

GAULT (LAURENT) [2], sieur de La Saulnerie, demeurant à Angers, comparant le douze mars 1667 par Pierre Petit, clerc de Me Pierre Belgarde, procureur au présidial de cette ville de Tours, lequel a dit qu'icelluy Gault n'a aucune

---

(1) Jean-Baptiste Gaullepied fut maire de Tours en 1677.
Porte : *d'argent à la croix d'azur chargée de 5 besans d'or*.
(2) D'après C. de Busserolle, la famille Gault de La Saunerie, portait : *d'azur, à la fasce d'argent*.

mémoire ny cognoissance d'avoir pris la qualité d'escuyer et que où il se trouveroit qu'il l'auroit prise, se seroit comme eschevin de lad. ville d'Angers, et depuis qu'il a esté nommé et esleu en lad. charge suivant les privilèges accordés aux maires et eschevins de lad. ville et qu'il desnie avoir pris lad. qualité d'escuyer auparavant.

Signé : PETIT.

Me Laurent Gault, sieur de La Saulnerie, avocat au présidial d'Angers, qui a été échevin en 1645, paiera avec Laurent et Jean Gault ses enfants pour... [1]

GAULTIER (JACQUES), sieur de Fontaines, demeurant à Tours, parroisse de Sainct-Saturnin, comparant le 30 juillet 1666, a déclaré qu'il entend maintenir sa qualité d'escuyer mais comme il n'a tous ses tiltres qui sont ès mains de Jean Gaultier, sieur de Bruslon [2] son germain, il nous a requis délay d'un moys, et a signé :

J. DE FONTAINES GUÉRIN.

Le 29 aoust 1666, led. sieur a mis ses tiltres au greffe ; lesquels luy ont esté rendus le 1er septembre 1666.

Led. sieur Gaultier a produict à nouveau ses tiltres en conséquence de l'ordonnance de mrs les commissaires généraux du 3 décembre 1667, lesquels luy ont esté rendus le 28 may 1668.

GAULTIER (LOUIS),[3] sieur de Boumois, demeurant en la parroisse de Sainct-Martin-de-la-Place, prez Saulmur, eslection et bailliage de Saumur, comparant le XXVIe septembre 1666, lequel a dit qu'il entend maintenir la qualité d'escuier comme issu de parens nobles et escuiers, qu'il est aisné de sa famille, et en cette qualité reconnoist Gabriel Gaultier, demeurant au lieu de

---

(1) Armoiries : *bandé d'argent et de sable de 8 pièces.*

(2) La famille Gaultier de Brullon possède cette maintenue.

Armoiries : *d'azur à la rose d'argent en cœur, accompagnée en chef de 2 étoiles d'or et en pointe d'un croissant aussi d'or.*

(3) Armoiries : *d'azur au chevron d......... accompagné en chef de 2 étoiles d'or et en pointe d'une rose de gueules.*

Boumois, son frère, et non d'autres, porte pour armes celles qu'il fera mettre en son arbre généalogique et a esleu domicille en la personne de M^tre Michel Bernard, procureur, estant à nostre suitte, et a signé :

LOUIS GAULTIER.

GAULTIER (JACQUES), sieur de La Grange, conseiller du roy au siège présidial d'Angers y demeurant, comparant le xxe may 1667, par Me Michel Bernard, procureur au bureau des finances à Tours, lequel a dit que led. sieur Gaultier entend maintenir la qualité d'escuier, pour la justiffication de laquelle il produira cy-après les pièces dont il entend s'ayder et a signé :

BERNARD.

GAULTIER (JACQUES), sieur des Plasses, demeurant en la ville d'Angers, comparant le xxe may 1667, par Me Michel Bernard, lequel a dit que led. sieur Gaultier entend maintenir la qualité d'escuyer, pour la justiffication de laquelle il produira cy après les pièces dont il s'entend ayder, et a signé :

BERNARD.

GAUTIER. — Originaire d'Angers.
Jacques Gaultier, écuyer, sieur des Granges, des Places, et Jacques Gautier son fils, conseillers au présidial d'Angers, y demeurant, et Jacques Gautier, sieur des Places, neveu dud. Gautier père, demeurant en la ville d'Angers, ont justifié la possession du titre de noblesse, depuis l'année 1493, commençant en la personne de son bisayeul et led. Jacques fils et neveu en celle de leur trisayeul.
Portent : *(d'or) à la fasce de gueules accompagnée en chef de 2 merlettes et en pointe d'une étoile de même.*
— Jacques Gautier, écuyer, sieur de Chanzé.... eut acte de la représentation de ses titres le 8 juin 1668.

GAULTIER (PIERRE), sieur de Sainct-Germain, demeurant à Richelieu, comparant le cinq avril 1669 par Jacques Delahaye, clerc de M^tre Michel

Bernard, lequel a dit que led. sieur Gaultier ne prétend point la qualité d'escuyer et qu'il y renonce.

Signé : DELAHAYE

GAUVAIN (FRANÇOIS), sieur d'Auvers, y demeurant parroisse de Saint-Juste-des-Verchers, eslection et siège royal de Montreuil-Bellay, seneschaussée d'Angers, comparant le xv⁰ avril 1668 par M⁰ Michel Bernard, lequel a dit qu'icelluy sieur Gauvain entend maintenir la qualité d'escuyer, qu'il est aisné de sa maison, de laquelle il ne connoist autres personnes que Cristophle Gauvain, sieur des Poissonnières, son frère puisné, demeurant avec luy, Marie Gauvain, sa sœur, demeurante aussy avec luy et Marie et Marguerite Gauvain, filles mineures de deffunct Charles Gauvain vivant sieur de La Gauvinière, son frère aisné, demeurantes en la province de Poictou, et qu'il porte pour armes: *d'azur à deux espées d'argent en saultoir, cantonnées de trois pommes de pin d'or*, et a signé :

BERNARD.

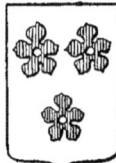

Renée Jacques, veufve JEAN LE GAY, sieur de La Giraudière, demeurant en la ville du Lude, eslection de Baugé, seneschaussée de La Flèche, comparant le xxiiii⁰ juin 1667, laquelle a dict qu'elle entend maintenir la qualité d'escuyer de sond. mary et qu'elle ne cognoist du nom de sond. deffunct que ..... Le Gay, sieur de Brillaudin, demeurant parroisse de Sainct-Aubin, eslection de Tours, et que les armes desd. sieurs Le Gay sont : *d'argent à trois quintes feuilles de gueules percées d'or*, et a faict eslection de domicille en cette ville du Chasteau-du-Loir au logis de M⁽ʳᵉ⁾ Charles Moynerie, advocat, et a signé :

RENÉE JACQUES.

Les pièces de lad. dame de La Giraudière luy ont esté rendues ce six juillet 1667.

GAY (LE). — Originaire d'Anjou.
D⁽ᵉˡˡᵉ⁾ Renée Jacques, veuve de deffunct Jean Le Gay, écuyer, sieur de La Giraudière, demeu-

rante au Lude, élection de Baugé, a justiffié la possession du titre de noblesse de son mary, depuis l'année 1518, commençant en la personne de son trisayeul.

Porte : *d'argent à 3 quintefeuilles de gueules percées d'un poinson d'or.*

— Jean Le Gay, sieur de ... et de La Poissonnière... eut acte de la représentation de ses titres le 4 juillet 1667.

GAY (RENÉ LE), sieur du Verger, dem^t parroisse de Touarcé, eslection et seneschaussée d'Angers, comparant le xxiiiie febvrier 1668 par M^{tre} Michel Bernard, lequel a dit qu'icelluy Legay entend maintenir la qualité d'escuyer, qu'il est aisné de sa famille de laquelle il ne connoist autres personnes qu'André Legay, sieur du Teilleul, son cousin-germain, demeurant parroisse de Saint-Sauveur de Flée, eslection et présidial de Chasteau-Gontier, les deux enfans masles du d. André son cousin et ses deux enfans masles, qu'il porte pour armes : *d'argent, à trois quintes-feuilles de gueules, deux en chef et l'autre en pointe,* a mis au greffe les pièces dont lesd. René Legay et André Legay entendent se servir et a signé :

BERNARD.

Les pièces dud. sieur Legay ont esté rendues aud. Bernard le neuf mars 1668.

GAY (RENÉ LE), sieur de Brillaudin, demeurant parroisse de Saint-Aubin-le-Despeint, eslection et bailliage de Tours, comparant le 15e avril 1669 tant pour luy que pour René Legay, sieur de La Guignardière, son fils, demeurant mesme parroisse a dit qu'ils entendent maintenir la quallité d'escuyer, qu'ils sont seuls de leur nom et armes qui sont : *escartelées au premier et troisiesme d'argent à trois quintefeuilles de gueules et au second et quatre d'argent à trois fasces d'azur et une croix ancrée de gueulles posée sur le tout*[1] ; demande délay de représenter ses tiltres et a signé :

RENÉ LEGAY.

Les pièces dud. sieur Legay luy ont esté rendues après qu'il les a eues produites le premier may 1669.

RENÉ LEGAY.

(1) C. de Busserolle blasonne avec plus de raison : *aux 1 et 4 ; aux 2 et 3.*

GAY (LE).

René Le Gay, écuyer, sieur de La Guignardière, René et François Le Gay, ses enfans, demeurants paroisse de Saint-Aubin-le-Depain, élection et bailliage de Tours, ledit René Le Gay père a justifié la possession du titre de noblesse, depuis l'année 1487, commençant en la personne de son 5e ayeul.

Porte : *d'argent à 3 quintefeuilles de gueules, 2 et 1.*

— René Le Gay, écuyer, sieur du Verger, demeurant paroisse de Thouarcé, élection et ressort d'Angers, a justifflé la possession du titre (d'escuyer), depuis l'année 1490, commençant en la personne de son quintayeul.

Porte : *d'argent à 3 quintefeuilles de gueules* qui sont les armes de Le Gay.

René Le Gay... et André Le Gay, écuyer, sieur du Tilleul, demeurant paroisse de Saint-Sauveur de Flée, élection de Châteaugontier, eurent acte de la représentation de leurs titres le 4 mars 1668.

GAZEAU (JEAN), sieur de L'Escuirie, fils aisné de deffunct Guy Gazeau vivant sieur dud. lieu demeurant aud. lieu de L'Escuirie paroisse de Sainct-Pierre-de-Chaubrongne, eslection de Montreuil-Bellay, comparant le XIII septembre 1666, par M^{tre} André Guérin, procureur au bailliage de Chinon, fondé de procuration spéciale ; lequel sur l'assignation donnée à Me Guy Gazeau son père le v du présent mois par Girault huissier, a dit par led. Guérin que lad. assignation est nulle d'aultant que sond. père est décedé il y a plus de trois ans et a l'esgard de luy Jean Gazeau qu'il est seullement âgé de dix neuf ans ainsy qu'il apert par l'extraict du papier baptismal de la parroisse dud. Chaubrongne du XXII avril 1647 signé Gruget, curé, et qu'il n'a jamais entendu jouir du privillège de noblesse n'ayant jamais pris la qualité d'escuier, déclare qu'il y renonce, et quand aud. deffunct Guy Gazeau père, s'il se treuve que par quelques actes il aye pris la qualité d'escuyer, sela ne l'a pas empesché qu'il n'ait esté imposé aux rolles des tailles et a mesme payé les francsfiefs à Gabriel Dattet comme il apert par sa quictance du 16 may 1658, et a faict eslection de domicille en sa maison aud. Chinon et a signé :

GUÉRIN.

GAZIL (PIERRE), sieur de Bois-Jésus, demeurant en cette ville de Tours, parroisse Saint-Hillaire, comparant le XXIX décembre 1667 par Me Michel Bernard, lequel a dit qu'icelluy sieur Gasil entend maintenir sa qualité d'escuyer comme fils d'eschevin de la maison de ville dud. Tours par les privilèges et moyens des autres personnes de pareille qualité pour raison de quoy il produira cy-après les pièces dont il s'entend ayder et a led. Bernard signé :

BERNARD.

GÉBERT (GABRIEL DE), seigneur de Noyant, comparant le quinze décembre 1667 tant pour luy que pour Gabriel de Gébert, seigneur de Noyant, son père, demeurans en cette ville de Tours, a dit que sond. père et luy entendent maintenir la quallité d'escuyer et chevallier, et qu'il ne cognoist de son nom et armes que le sieur de Gébert de Préaulx, demeurant en Berry et Isaac de Gébert, seigneur de Baugé, demeurant en Poitou, et qu'il porte pour armes : *escartelé au premier et quatriesme d'azur, à une fleur de lys d'or, au second et troisiesme d'argent, à trois rozes de gueulles, deux et une*, et a mis au greffe les pièces dont il entend se servir.

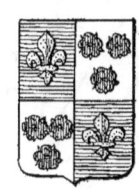

Signé : DE GÉBERT.

Les pièces desd. sieurs de Gébert ont esté rendues au sieur de Gébert, père, ce vingt-deux décembre 1667.

GÉBERT (DE). — Originaire de Touraine.

Gabriel de Gébert, écuyer, sieur de Noyan et Gabriel Gébert son fils, écuyer, sieur de Noyan, y demeurant, élection de Chinon, ont justifié la possession du titre de noblesse, depuis l'année 1476, commençant en la personne de leur bisayeul et trisayeul.

Porte : *écartelé aux 1 et 4 d'azur à la fleur de lys d'or, aux 2 et 3 d'argent à 3 roses de gueules, 2 et 1*.

GENCIAN (JOACHIM), sieur d'Esrigné, demeurant parroisse dud. lieu d'Érigny, séneschaussée d'Angers, comparant le XXIX juillet 1667 a dit qu'il entend maintenir la qualité d'escuyer, qu'il est seul de son nom et armes, qu'il porte : *d'argent, à trois faces vivrées de gueules, à la branche (bande) semée de France, brochant sur le tout*, et a mis au greffe les pièces dont il entend se servir et a signé :

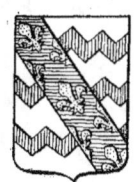

JOACHIM GENCIAN.

Les pièces dud. sieur Gencian luy ont esté rendues le premier aoust 1667.

GENCIAN (DE). — Originaire de Paris.

Joachim Gencian, écuyer, sieur de Rigny (d'Érigné), y demeurant, élection et ressort d'Angers, a justiffié la possession du titre de noblesse, depuis l'année 1536, commençant en la personne de son trisayeul.

Porte : *d'argent à 3 fasces vivrées de gueules, à la bande d'azur semée de fleurs de lys d'or brochant sur le tout.*

— Joachim Gencien... eut acte de la représentation de ses titres le 30 juillet 1667.

GENDRAULT (PIERRE), sieur de Chambon et des Pastures, demeurant ordinairement à Saumur, comparant le 12 juillet 1666, nous a dit qu'il entend maintenir la qualité d'escuyer qu'il a toujours prise, et qu'il mettera par devant nous au premier jour les pièces dont il entend se servir, et a signé :

GENDRAULT.

GENDRAULT. — Originaire de La Rochelle, noblesse de mairie.

Pierre Gendrault, écuyer, sieur de Chambon, demeurant en la ville de Saumur, a justiffié sa noblesse, comme petit-fils de Guillaume Gendrault maire et capitaine de la ville et gouvernement de La Rochelle en 1576.

Porte : *d'azur au chevron d'or accompagné de 3 demi-vols d'argent, 2 et 1, les deux du chef affrontés.*

—Pierre Gendrault, écuyer, sieur de Chambon, Savary et des Pastures... eut acte de la représentation de ses titres le 20 décembre 1666.

GENEST (JEAN DU), demeurant parroisse de Panzou, eslection de Chinon, comparant le quatre septembre 1668, a dit qu'il entend maintenir la qualité d'escuier, qu'il est cadet issu d'une branche de cadets de la maison du sieur de Genest, seigneur de Charné demeurant parroisse de Lucé-le-Mars, en Berry, et n'en cognoist autres qui porte son nom et armes qui sont : *d'argent à quatre demyes fusées de sable rangez*, et pour la justiffication de sad. qualité d'escuier, produira les tiltres dont il entend se servir et a signé :

DE GENEST.

Led. sieur de Genest a mis au greffe les pièces dont il entend se servir ce XXVI febvrier 1669.

Les pièces dud. sieur de Genest luy ont esté rendues le 27e febvrier 1669.

GENEST (DE). — Originaire du Poitou.

Jean de Genest, écuyer, sieur dud. lieu, demeurant paroisse de Panzoult, élection de Chinon, a justiffié la possession du titre de noblesse, depuis l'année 1501, commençant en la personne de son bisayeul.

Porte : *d'argent à 4 demies fusées de sable en chef* [1].

GENNES (René de), sieur de La Guespière, demeurant parroisse de Faye, eslection et seneschaussée d'Angers, comparant le cinq^e mars 1668, a dit qu'il entend maintenir la qualité d'escuyer, qu'il est cadet de sa maison issu d'un cadet, de laquelle il ne connoist que René de Gennes, sieur de Launay, son cousin germain, demeurant parroisse de Chavaignes, eslection de Baugé, Hector, René, François et Gabriel de Gennes, ses cousins issus de germain, enfans dud. René de Gennes, Charles et ...... de Gennes, ses nepveus, enfans de feu Mathurin de Gennes, son frère aisné, Charles et Augustin de Gennes, ses frères puinéz et de Gennes, son filz non nommé, qu'il porte pour armes : *de Bretagne, à la fasce de gueules*, a produict les tiltres dont il entend s'ayder et a signé :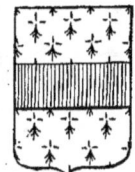

René de Gennes.

Les pièces dud. sieur de Gennes luy ont esté rendues ce six mars 1668.

GENNES (DE). — Originaire d'Anjou.

Messire René de Gennes, chevalier, sieur de Launay-Baffer, et Hector de Gennes, chevalier, sieur de Launay, René et François de Gennes ses enfants, demeurant paroisse de Chavagne, élection de Baugé, et René de Gennes, écuyer, sieur de La Guespière, demeurant paroisse de Faye, élection et ressort d'Angers, Charles de Gennes, écuyer sieur de Charou, demeurant paroisse de Verchers, élection et ressort de Saumur, et Augustin de Gennes, écuyer, sieur de La Roullerie, frères, demeurant paroisse de Lignières, élection de Baugé, cousins-germains dud. sieur de Launay-Baffer père, ont justiffié la possession du titre de noblesse, depuis l'année 1551, commençant led. sieur de Launay-Baffer père et ses cousins en la personne de leur ayeul et les enfans dud. sieur de Launay en celle de leur bisayeul.

Portent : *de Bretagne (d'hermines) à la fasce de gueules*.

— René de Gennes,.. Charles,.. Augustin,.. eurent acte de la représentation de leurs titres le 6 mars 1668, Hector,... le 4 juin 1669.

---

(1) Carré de Busserolles dit : *de sable à 4 demi fusées sortant du chef d'argent*.

GIBOT (René de), sieur de Moulin-Vieux, demeurant parroisse de Saint-Germain, près Montfaucon, eslection et ressort d'Angers, comparant le dix-sept may 1667, a dit qu'il entend maintenir la qualité d'escuyer, qu'il est aisné de sa maison, et que ..... de Gibot, sieur de La Carlière, demeurant près Alançon est son cousin, et qu'il ne connoist autres de son nom et armes, qu'il porte : *d'argent, à un léopard passant de sable*, et a signé :

René de Gibot.

GIBOT. — Originaire d'Anjou.

René de Gibot, écuyer, sieur de Moulin-Vieux, demeurant paroisse de Saint-Germain, élection et ressort d'Angers, a justiffié la possession du titre de noblesse, depuis l'année 1527, commençant en la personne de son trisayeul.

Porte : *d'argent au léopard de sable.*

— René de Gibot, écuyer, sieur ... et de La Perrinière,... eut acte de la représentation de ses titres tant pour lui que pour René-Luc de Gibot, son fils, écuyer, page de la grande écurie, le 19 mars 1667.

GIFFARD (Charles de), sieur de Vaux, demeurant parroisse de Sainct-Nicolas-de-Bourgueil, eslection de Saumur, ressort de Chinon, présidial de Tours, comparant le six octobre 1666, lequel à dict qu'il entend maintenir la qualité d'escuyer et qu'il est aisné issu d'un cadet, et a deux frères : Jean et Claude de Giffard, et que Gaspard de Giffard est l'aisné de sa maison et qu'il n'en cognoist autres dud. nom et armes, qu'il porte : *d'azur à trois faces ondées d'or à la bande de gueules chargée de trois lyons aussi d'or*, et pour la justiffication de sa noblesse produira au premier jour les pièces dont il entend se servir, et a signé :

Charles de Giffart.

Les pièces dud. sieur de Giffard ont esté rendues à la dame sa femme le XVIIe may 1667.

Signé : Renée de Masseilles.

GIFFARD (de). — Originaire de Normandie.

Noël de Giffard, écuyer, sieur de Vaux, demeurant paroisse de Bourgueil, élection de Saumur, ressort de Chinon, bailliage de Tours, a justiffié la possession du titre de noblesse, depuis l'année 1512, commençant en la personne de son trisayeul.

Porte : *d'azur à 3 fasces ondées d'or, à la bande de gueules chargée de 3 lionceaux d'or.*

GIGAULT (Charles de), sieur de Bellefonds, demeurant paroisse de Genillé, eslection de Loches, bailliage de Tours, comparant le xxiiie avril 1667 tant pour luy que pour Louis Gigault, sieur de Marennes, son frère puisné, demeurant parroisse de Sivré, eslection et bailliage d'Amboise, a dit que sond. frère et luy entendent maintenir la qualité d'escuyer, qu'il est l'esné de sa maison, que Bernardin Gigault, marquis de Bellefonds, premier m^e d'hostel du Roy est aisné d'une branche de lad. maison, que Nicolas Gigault, sieur de La Dorée, estant au service de Sa Majesté, et sa sœur, sont d'une autre branche de lad. maison, et que les enfans de feu Louis Gigault, vivant sieur de Marennes, demeurans en Basse-Normandie, sont encor d'une autre branche de lad. maison et qu'il n'en cognoist autres que les cy-dessus et leurs familles de son nom et armes, qu'il porte: *d'azur, à un chevron d'or et trois losanges d'argent*, et pour la justiffication de sa noblesse, a mis au greffe les pièces dont il entend se servir et a signé :

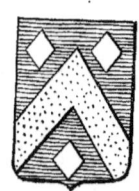

Charles Gigault Bellefonds.

Les pièces dud. sieur Gigault luy ont esté rendues ce xxviiie avril 1667.

GIGAULT. — Originaire de l'Isle de France (Berry).

Charles Gigault, chevalier, sieur de Bellefonds, demeurant paroisse de Genillé, élection de Loches, et Louis Gigault, écuyer, sieur de Mareines, demeurant paroisse de Civray, élection d'Amboise, ont justiffié la possession du titre de noblesse, depuis l'année 1520, commençant en la personne de leur trisayeul ; Jean Gigault leur ayeul est aisné de Bernardin Gigault, écuyer, sieur des Granges, gouverneur de Caen, ayeul de M. le mareschal de Bellefonds.

Porte : *d'azur au chevron d'or, accompagné de 3 losanges d'argent 2 et 1* [1].

GILLES (Samuel), sieur des Guyonnières, conseiller du roy, au siège présidial du Mans, commissaire et controlleur des montres de la mareschaussée du Maine, comparant le 15 juillet 1666, par M^{tre} Pierre Gilles, son fils, aussy conseiller aud. présidial, lequel nous a déclaré que par l'esdict de création des commissaires des montres il leur est attribué les mesmes droicts, prérogatives et franchises qu'aux commissaires des guerres lesquels peuvent prendre la qualité d'escuier, conformément à l'esdict du mois de may 1635 en conséquence de quoy il a creu s'attribuer lad. qualité d'escuier sans en avoir néantmoins

---

[1] Cette famille a été maintenue en Normandie en 1576, 1624, 1634, 1666.

jamais tiré aucun advantage, ayant toujours esté taxé et compris aux rolles des tailles, et a déclaré ne vouloir maintenir lad. qualité d'escuyer, et a signé :

P. GILLES.

Condamné.

GILLES (JEAN), sieur de La Grue, demeurant à Angers, comparant le douze mars 1667, a dit qu'il entend maintenir la qualité d'escuyer, qu'il est l'aisné de sa maison, et qu'outre François, Charles et Claude Gilles, ses frères, il ne cognoist personne de son nom et armes, qui sont : *d'argent, à trois biches de gueules, passantes, deux et une,* et qu'il produira au premier jour les pièces dont il entend se servir, et a signé :

GILLES DE LA GRUE.

Les pièces dudict sieur de la Grue, luy ont esté rendues ce XXVI mars 1667.

GILLES. — Originaire d'Angers.

Jean Gilles, écuyer, sieur de La Grue, François Gilles, écuyer, sieur de La Bérardière et Charles Gilles, écuyer, sieur de Volennes, conseiller du roy, trésorier-général de France à Tours, demeurants en la ville d'Angers et Claude Gilles, écuyer sieur de Baigneux, demeurants en la ville de Tours, frères, ont justiffié leur noblesse commençant en la personne de Claude de La Grue leur trisayeul pourvu de la charge de secrétaire du Roy en l'année 1552, de laquelle estoit revêtu lors de son déceds.

Portent : *d'argent à 3 biches de gueules, passantes, 2 et 1.*

— Jean Gilles... eut acte de la représentation de ses titres le 25 mars 1667, et François sʳ... et du Bois de Soulaire.... le 3 mars 1669.

GILLES (HIPPOLYTE), sieur de La Charlottière, demeurant parroisse de Loché, eslection de Loches, bailliage de Tours, comparant le trois avril 1667, a dit qu'il entend maintenir la qualité d'escuyer, qu'il est seul de son nom et armes et qu'il produira au premier jour les pièces dont il entend se servir, et a signé :

HIPOLITTE GILLES.

GILLIER (MARC-ANTOINE), sieur de Haut-Éclair, y demeurant parroisse de Razines, eslection de Richelieu, seneschaussée d'Angers, comparant le XXIII aoust 1668 par Me Michel Bernard, procureur au bureau des finances à Tours, lequel a dit que led. sieur Gillier entend maintenir la qualité d'escuyer, qu'il est issu de cadet de sa maison, qu'outre Pierre, Marc-Anthoine, et dam^{lle} Angélique et Marie Gillier, ses nepveus et niepces, issus de l'aisné de sad. maison, demeurans en l'eslection de Loudun, et dam^{lle} Élisabeth et Anne Gillier, ses cousines germaines demeurantes en l'eslection dud. Loudun, il ne connoist autres personnes de son nom et armes, qu'il porte : *d'or, à trois macles de gueules, deux en chef et l'autre en pointe, au chevron d'azur*, et a mis au greffe les pièces dont il entend se servir, et a led. Bernard signé :

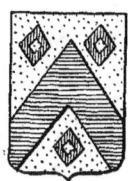

BERNARD.

GILLIER. — Originaire du Poitou.

Antoine Gillier, écuyer, sieur de Haute - Claire, y demeurant, élection de Richelieu, bailliage d'Angers, a justifié la possession du titre de noblesse depuis l'année 1522, commençant en la personne de Joachim Gillier, chevalier, sieur du Puy-Garreau, son trisayeul, mari de dame Isabeau de Bueil, baronne de Marmande.

Porte : *d'or, au chevron d'azur accompagné de 3 mâcles de gueules, 2 et 1.*

GIRARD (JACQUES DE), sieur de Gastines, demeurant à Angers, comparant le huict septembre 1666, par M^{tre} André Guérin, procureur au bailliage de Chinon, lequel a déclaré que led. sieur de Girard entend maintenir la quallité d'escuier et requis un dellay d'un mois pour représenter et produire les tiltres justifficatifs de sa noblesse, et a led. Guérin esleu domicille pour led. Girard en sa maison aud. Chinon, et a signé :

GUÉRIN.

GIRARD (JACQUES-PHILIPPES DE), sieur de Charnacé, lieutenant des gardes du corps du Roy, demeurant parroisse d'Auverse, eslection de Baugé, bailliage dud. lieu, comparant le xxe septembre 1666 tant pour luy que pour Philippes de Girard, sieur de Charnacé, son père, demeurant parroisse de Ballée, pays du Mayne, eslection de La Flèche, lequel pour satisfaire aux assignations à eux données à la requeste de Laspeyre par Guérin et Carré huissiers, a dict que sond. père et luy entendent maintenir la quallité d'escuiers qu'ils ont prise, que sond. père est l'aisné et chef de sa famille et armes, qu'il a pour oncles : Jacques de Girard, sieur de Gastines, qui a cy-davant comparu, lequel demeure en la province de Bretagne ordinairement quoy que la dame sa femme d'avecq laquelle il est séparé de biens ait son domicille en la ville d'Angers où il a receu l'assignation en laquelle il a comparu ; et Pierre Girard, aussy son oncle demeurant de présent parroisse de Sainct-Aubin en Poictou ; et portent pour armes : *d'azur à trois chevrons briséz d'or*, et pour la justiffication de sa noblesse produira au premier jour ses tiltres, et a esleu domicille en la maison de M^tre André Guérin procureur au bailliage de Chinon, et a signé :

JACQUES-PHILIPPES DE GIRARD.

Led. sieur de Girard a mis au greffe les pièces dont il entend se servir le 24e septembre 1666.

Les pièces dud. sieur de Girard luy ont esté rendues ce troisiesme octobre aud. an.

GIRARD. — Originaire du Maine.

Philippes de Girard, sieur de Charnacé, tant pour luy que pour Jacques, et Pierre ses frères, et Philippes de Girard, son fils unique, à justiffié la possession du titre de noblesse depuis l'année 1500, commençant en la personne de son trisayeul.

Porte : *d'azur à 3 chevrons d'or*.

Philippes... eut acte de la représentation de ses pièces le 3 octobre 1666.

GIRARD (NICOLAS), sieur de Bené, garde du corps ordinaire du roy, demeurant parroisse de Chenusson, eslection et ressort de Tours, lequel a dit qu'il n'entend maintenir la qualité d'escuyer que tant qu'il exercera lad. charge de garde du corps et qu'il plaira à Sa Majesté la luy donner, et a esleu domicille en cette ville de Tours au logis de M^tre Fergeau Pichardière, procureur au présidial et a signé :

GIRARD.

GIRARD (BONADVENTURE DE), sieur de Bois-Morin, demeurant parroisse de Chivré-le-Rouge, eslection et ressort de Baugé, comparant le XIX aoust 1667, a dit qu'il entend maintenir la qualité d'escuyer, qu'il est aisné et seul de sa maison, et porte pour armes : *d'azur, à trois merlettes d'or*, et a signé :

B. DE GIRARD.

Led. sieur de Girard a mis au greffe les pièces dont il entend se servir, ce xx aoust 1667.
Les pièces dud. sieur de Girard luy ont esté rendues ce xxiie aoust 1667.

GIRARD (DE). — Originaire d'Anjou.
Bonaventure de Girard, écuyer, sieur du Bois-Morin, demeurant parroisse de Cheviré-le-Rouge, pays d'Anjou, élection de Baugé, a justiffié la possession du titre de noblesse depuis l'année 1524 commençant en la personne de son trisayeul.
Porte : *d'azur à trois merlettes d'or, 2 et 1*.
— Bonaventure de Girard... eut acte de la représentation de ses titres le 22 août 1667.

GIRARD (ALEXIS), sieur du Planty, l'un des gardes du corps de Son Altesse Royalle, demeurant parroisse de Jouay (?) comparant le 17e décembre 1668 par René Boutin, procureur au présidial de Tours, lequel a dict qu'icelluy Girard n'a jamais pris la qualité d'escuyer dans aucun acte, quoy qu'il fust fondé de la prendre tant en vertu de ses lettres de provision de garde que par l'arrest du conseil du xxviie febvrier dernier, et a signé :

BOUTIN.

GIRARDIN (PIERRE), sieur de La Maillette, demeurant parroisse de Sainct-Marsolles, eslection et bailliage de Loudun, présidial de Tours, comparant le xviiie avril 1667, lequel a dit qu'il n'a jamais pris ny prétendu prendre la qualité d'escuyer, que sy elle luy a esté donnée, ç'a esté à son inseu et sans son consentement, et a signé :

GIRARDIN DE LA MAILLETTE.

GIRARDIN (JEAN), gouverneur vétéran des pages de la chambre du Roy, demeurant en cette ville de Tours, comparant le xxixe décembre 1667, a dit qu'ayant esté cy-devant assigné à la requeste de Me Thomas Bousseau, aussy chargé de la recherche des usurpateurs du tiltre de noblesse, à la cour des aides, aux mesmes fins, il se seroit pourveu au Conseil privé du roy où il auroit obtenu arrest le vingt janvier 1665, par lequel Sa Majesté l'auroit deschargé des poursuittes faictes à l'encontre de luy à la requeste dud. Bousseau, à lad. Cour des aides, pour raison de lad. qualité d'escuyer, à la charge qu'il ne la pouroit prendre à l'advenir à peine d'encourir les peines portées par les ordonnances et règlemens, depuis lequel temps, il n'a pris lad. qualité d'escuyer et ne la prétend prendre et a signé :

GIRARDIN.

GIRAULT (RENÉ), sieur de La Brosse, demeurant parroisse de Sencé (Chançay), bailliage de Tours, comparant le 13 juillet 1666, nous a dit qu'il entend maintenir la qualité d'escuyer et qu'il mettra par devers nous au premier jour les pièces dont il entend se servir, et a signé :

R. GIRAULT.

Le 22 janvier 1667, le sieur Girault a mis ses tiltres à nostre greffe, et le 31 may 1668, ils ont esté rendus à damoiselle Marie Boutet, sa femme [1].

GIRAULT (Damoiselle CLAUDE), espouse de François Doncan sieur de Saincte-Hélène, comparant le 20 juillet 1666, par M^{tre} Belgarde, a déclaré que led. sieur Doncan est absent depuys trois ans et demy de la ville de Saumur, estant en Angleterre en la maison du sieur Herberq, en qualité de gouverneur du sieur duc de Sommiers, son beau-fils, pourquoy requiert délay de six mois pour avertir sond. mary.

Le 10 janvier 1667, lad. damoiselle a mis ses tiltres à nostre greffe, lesquels ont esté rendus au sieur de Morins, advocat à Saumur, ayant charge de ladite damoiselle Girault, le 4 février 1669.

---

(1) Armoiries : *d'azur au chevron d'or, accompagné en chef de 2 étoiles d'argent et en pointe d'une rose de même.*

355

GIRAULT (Nicolas), conseiller et procureur du Roy au siège de la prévosté d'Angers et y demeurant, comparant le 15e septembre 1666, lequel a déclaré n'avoir jamais pris la qualité d'escuyer, si elle se trouve dans quelques actes, s'est de l'esprit du notaire, et déclare qu'il y renonce, et a esleu domicille en la maison et personne de M^tre Michel Bernard, procureur à Tours, et a signé:

N. Girault.

GIRAULT (Louis), sieur du Plessis, demeurant à Angers, comparant le xxiiiie mars 1667 par Jacques Auger, praticien, demeurant en cette ville de Tours, lequel a dit qu'icelluy sieur Girault ayant esté eschevin de lad. ville d'Angers, en l'année 1647 et fait les déclarations qu'il entendoit jouir des privilèges accordés à la mairie et eschevinage de lad. ville, il perciste encor et entend jouir desd. privillèges et tiltre de noblesse et a led. Auger signé :

Auger.

GIRAULT.
Louis Girault, sieur du Plessis, demeurant parroisse de Noillet élection d'Angers, qui fut échevin en 1647, payera pour jouir...
Armoiries : *d'azur au chevron d'argent accompagné de 3 trèfles d'or, 2 et 1.*

Dame Marie du Tronchay veufve de feu Pierre de GIROIS, vivant chevallier, seigneur de Neufvy, La Roche-Mayet, Bonneval et autres lieux, demeurant en sa maison seigneurrialle dud. lieu de La Roche, parroisse de Mayet, eslection de La Flèche, ressort du Chasteau-du-Loir, bailliage et seneschaussée du Mans, et Anthoine de Girois, sieur de Bonneval, demeurant au lieu seigneur de Sainct-Aubin, au bourg de Chevillé, comparans le 12e juin 1667 par M^tre Michel Bernard, lequel a dict qu'icelle dame de Neufvy et led. sieur de Bonneval entendent maintenir leur qualité d'escuyer, pour la justiffication de quoy lad. dame de Neufvy produira cy-après tant pour elle que pour led. sieur de Bonneval, oncle dud. deffunct seigneur de Neufvy, son mary, les pièces dont elle entend s'aider,

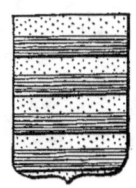

Signé : Bernard.

GIROIS (DE). — Originaire du Mayne.

Dame Marie du Tronchet, vᵉ de Pierre de Girois, chevalier, seigneur de Neufvis, La Roche-Mayet et Bonneval, demeurant parroisse de Mayet, élection de La Flèche, bailliage du Mans, mère et tutrice des enfants mineurs du dit deffunct et d'elle et Anthoine Girois, écuyer, sieur de Bonneval oncle dud. deffunct sieur de Neufvy, la dite dame a justiffié la possession du titre de noblesse de son mary depuis l'année 1478 commençant en la personne de son quartayeul et led. Anthoine de Girois en celle de son trisayeul.

Portent : *d'or à 4 burettes d'azur.*

— Pierre de Girois... eut acte de la représentation de ses titres... le 14 juin 1667.

GLAIS (SIMON), sieur de Sainte-Croix, demeurant à Sainte-Maure, bailliage de Tours, comparant le 23 juillet 1666, a déclaré que bien qu'il ait été cappitaine au régiment d'infanterie du Gué-Saint-Fleuve, l'espace de cinq ans, et depuis encor cappitaine au régiment d'infanterie d'Aubeterre quatre ans, et depuis encor esté cappitaine au régiment d'infanterie de Clanleu l'espace de plus de dix ans pendant lesquels il a presque toujours commandé ledict régiment, et depuis cappitaine-lieutenant au régiment de Chéméraux, desquelles charges de cappitaine d'infanterie et de cavallerie il a les commissions et certifficats de services par luy rendus pendant l'espace de plus de quarante ans, néantmoins il n'a pas pris la qualité d'escuyer mais seullement celle de capitaine, en considération de laquelle et de sa pauvreté cogneue par les habitans de lad. parroisse ils ne l'ont poinct compris dans leurs roolles, et a signé :

SAINTE-CROIX.

GODARD (ANDRÉ), sieur du Bois-d'Assé, demeurant parroisse de Saint-Aignan, eslection et seneschaussée du Mans, comparant le xx mars 1667 par Nicolas Godard, archer du provost provincial du Mans, lequel Nicolas Godard, a dit qu'icelluy André Godard, n'a jamais pris la qualité d'escuyer, et au contraire a toujours esté employé aux rolles des tailles, et a signé :

GODARD.

GODARD (RENÉ) sieur de Villiers, conseiller au parlement de Bretagne, demeurant parroisse de Launay, eslection de Laval, présidial de Chasteau-

Gontier, comparant le xxiiii juin 1667, a dit qu'il entend maintenir la qualité d'escuyer, qu'il est aisné de sa maison, qu'outre François Godart, sieur de La Jarrosseraye, son frère puisné, demeurant en la province de Bretagne, il ne connoist autres personnes de son nom et armes, qu'il porte : *d'azur, à la croix fleurdelisée d'argent, cantonnée de quatre rozes d'or*, et a produict et mis au greffe les pièces dont il entend se servir, et a signé :

René Godard.

Les pièces dud. Godard luy ont esté rendues le xxve juin 1668.

GODARD. — Originaire de Bretagne.

René Godart, écuyer, sieur de Villiers-Launay, conseiller du Roy au parlement de Bretagne, demeurant paroisse de Launay, élection de Laval et François Godard, sieur de La Jarosseraye son frère, demeurant en Bretagne, ont justiffié la possession du titre de noblesse depuis l'année 1542 commençant en la personne de leur bisayeul.

Porte : *d'azur à la croix fleurdelysée d'argent, cantonnée de 4 roses d'or*.

GODDES (François), sieur de Varennes et de La Perrière, conseiller d'Estat et m^e d'hostel du Roy, comparant le 29e avril 1668 tant pour luy que pour François Goddes, gentilhomme ordinaire de la chambre du Roy, son fils, demeurants en la maison seigneurialle de La Perrière, paroisse d'Avrillé eslection et ressort d'Angers, par M^{tre} Louis Le Damoisel, son procureur, lequel a dit que lesd. Goddes entendent maintenir la qualité d'escuyer, qu'ils portent pour armes : *en chef d'azur, à deux estoilles d'or, à la fasce de gueules soustenue en poincte d'or, à la hure de sanglier de sable*, et pour la justiffication de leursd. qualités d'escuiers a led. Le Damoysel mis au greffe les pièces dont ils entendent leur servir, et a signé :

Le Damoysel.

Les pièces dud. sieur Godes m'ont esté rendues, comme ayant charge de les luy renvoyer. A Tours, ce 5e juin 1671.

De Geneville [1].

[1] Armoiries : *d'argent à la fasce de gueules, accompagné en chef de 2 étoiles de sable et en pointe d'une hure de sanglier de même défendue d'argent*.

GODEFROY (Gilles), valet de limier de la vennerie du Roy, demeurant paroisse de Chemillé, eslection de La Flèche, bailliage de Tours, comparant le huict juin 1667, lequel pour satisfaire à l'assignation à luy donnée à la requeste de Laspeyre le cinquiesme du présent mois de juin a dit que lad. assignation a esté donnée en sa maison à Louis Godefroy et que sy l'on a entendu que c'est à luy Gilles Godefroy que lad. assignation a esté donnée, il déclare qu'il n'a jamais pris la qualité d'escuyer et y renonce et n'a jouy d'exemption de tailles qu'en vertu de sad. charge et a signé :

G. Godefroy.

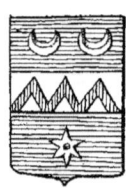

GODEFROY (Étienne de), sieur de Chauné, comparant le dix-sept may 1667, tant pour luy que pour damoiselle Marie Bucheron, veufve de feu Pierre de Godeffroy, sa mère, demeurant parroisse d'Espeigné, eslection d'Amboise, a dit que sad. mère et luy entendent maintenir la qualité d'escuyer, qu'il est aisné de sa famille, qu'il a plusieurs parens du mesme nom et armes au pays de Caux, qu'il ne cognoist point et qu'il porte pour armes : *d'azur, à la bande d'argent chargée de trois chevrons de gueules et deux croissans d'argent posés en chef et une molette d'esperon en poincte* aussy d'argent et a signé :

Estienne de Godefroy.

GODEFROY (de). — Originaire de Normandie.

D^{elle} Marie Bucheron, veuve de Pierre Godefroy vivant écuyer, sieur de Chaunay, mère et tutrice d'Étienne de Godefroy, son fils, et dud. deffunct, a justiffié la possession du titre de noblesse depuis l'année 1534, commençant en la personne de Pierre Godefroy bisayeul dud. Étienne Godefroy.

Porte : *d'azur à la fasce d'argent chargée de 3 chevrons de gueules, accompagnée de 2 croissants d'argent en chef et d'une molette de même en pointe* [1].

GODEFROY (Robert), sieur de Vezot, demeurant présentement parroisse dud. Vezot, eslection du Mans, seneschaussée de La Flèche, comparant le vingt juin 1667, a dit qu'il ne prétend point la qualité d'escuyer par sa naissance et qu'il ne l'a prise qu'en conséquence des charges de gentilhomme de la vennerie

---

(1) Cette famille fut maintenue en l'élection de Caudebec le 27 juillet 1667. — Chevillard, dit la fasce *emmanchée de gueules et d'argent*.

de Sa Majesté et de garde de son corps qu'il a exercées depuis près de vingt ans, ayant esté au précédent depuis l'âge de quatorze à quinze ans au service de Sa Majesté dans ses armées et lorsqu'il quitta estoit cornette au régiment de Gesvre et qu'il y a environ un an qu'estant allé pour servir en sad. charge de garde de Sa Majesté, estant à cheval près le carosse de Sa Majesté, sond. cheval s'abatit soubs luy et l'estropia en telle façon que depuis il n'a peu rendre aucun service, ce qu'ayant remontré à Sa Majesté et prié d'avoir a gré qu'il mist une personne en sa place, elle l'auroit a gré de la personne de son frère qui est présentement au service, et a signé :

R. GODEFFROY.

GODIN (M^{tre} JEAN), cy-devant conseiller et procureur du Roy au siège de la prévosté et mareschaussée de Saumur, y demeurant, comparant le huict octobre 1666 par M^{tre} Michel Bernard, procureur au bureau des finances, lequel a dit que sy led. Godin a cy-devant pris la qualité d'escuyer, ç'a esté de l'autorisation du Roy qui l'en a gratiffié par ses lettres patentes, qu'il n'a peu faire vériffier n'y registrer d'aultant qu'incontinant l'obtention d'icelles il tomba malade de la maladie dont il est encor détenu, et que lad. qualité par luy prise n'a préjudicié aux droicts du Roy ny du public ayant toujours esté imposé aux roolles des tailles et du sel et contribué au logement des gens de guerre, et autres charges publiques et a signé :

BERNARD.

GOHIER (SAMUEL), sieur de Valette, demeurant en la ville d'Angers, comparant le dix octobre 1666, lequel pour satisfaire à l'assignation à luy donnée à la requeste de Laspeyre le 4 du présent mois, a dict qu'il n'a jamais pris la qualité d'escuyer, ny entendu la prendre, et qu'il ne porte point la seigneurie des Jarillais qui luy est donnée par ledict exploict d'assignation et que lad. terre ne lui appartient poinct, qu'il est garçon, qu'il a toujours demeuré en la ville d'Angers qui est franche, et n'a jamais faict valloir aucun bien, et a signé ;

S. GOHIER.

GOHIN (François), sieur des Aulnays, secrétaire ordinaire de la Reine, demeurant à Angers, comparant le xie avril 1667 par M^{tre} Pierre Berneust, procureur au Présidial de cette ville de Tours, lequel a dit qu'icelluy Gohin entend maintenir la qualité d'escuyer.

Signé : BERNEUST.

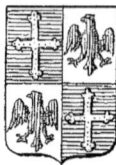 GOHIN (François), sieur des Aulnays, secrétaire ordinaire de la Reine, demeurant à Angers, lequel comparant le xxie avril 1667 a dit qu'il entend maintenir la qualité d'escuyer comme issu et descendu de maire et eschevins de lad. ville et a signé :

F. GOHIN.

GOHIN (Michel), sieur de Montreuil, conseiller du Roy et juge magistrat au siège présidial de la ville d'Angers, y demeurant, comparant le xxvie may 1667 par M^{tre} Michel Bernard, lequel a dit qu'icelluy Gohin entend se servir et soustient la qualité d'escuyer et a signé :

BERNARD.

GOHIN (Michel), sieur de Montreuil, conseiller du roy au présidial d'Angers, y demeurant, comparant le quatre juin 1667, a dit qu'il a eu droict de prendre la qualité d'escuyer comme estant issus de Maires et eschevins de lad. ville d'Angers depuis l'année 1561, et a faict eslection de domicile en la personne de M^{tre} Michel Bernard, procureur au bureau des finances de Tours, estant à la suitte de Monsieur l'Intendant, et a signé :

MICHEL GOHIN.

GOHIN. — Noblesse d'échevinage d'Angers.

François Gohin, écuyer, sieur des Aunays, demeurant en la ville d'Angers, et Michel Gohin, conseiller au présidial d'Angers, y demeurant, cousins-germains, tirent leur noblesse de la personne de Jean Gohin leur bisayeul, échevin et maire de la ville d'Angers ès-années 1538 et 1561.

Portent : *écartelé aux 1 et 4 d'azur à la croix tréflée d'or, aux 2 et 3 d'argent à l'aigle esployée de gueules.*

GONTAUT (François de), demeurant au Mans, comparant le 18 juillet 1666, par M^tre Urban Conseil, procureur au siège présidial de Tours, lequel procureur nous a déclaré que led. sieur de Gontaut estant en la ville de Paris au service de Sa Majesté, il requiert délay d'un mois afin de pouvoir venir faire sa déclaration en personne, et a signé :

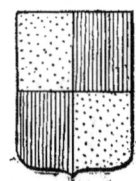

CONSEIL.

GONTAULT (François de), a mis au greffe, le XIII septembre 1666, les pièces dont il entend se servir pour la justiffication de sa noblesse et charges, lesquelles ont esté paraphées par première et dernière et a de rechef déclarer qu'il entend maintenir sa qualité de noblesse tant par sa naissance que par ses charges, et a réitéré son eslection de domicille au logis de M^tre Conseil, procureur à Tours, et a signé :

FRANÇOIS DE GONTAULT DE MOUGNY.

Les pièces dud. sieur de Gontault luy ont esté rendues ce jourd'huy XIXe septembre 1666 [1].

GOUDEAU (Charles de), sieur du Tertre, demeurant parroisse de Villiers-au-Bouin, eslection et ressort de Baugé, comparant le seize janvier 1669, par Me Jean Morinet, l'aisné, procureur au présidial de cette ville de Tours, lequel a dit que led. sieur du Tertre entend maintenir la qualité d'escuyer, qu'il est seul de son nom et armes, qu'il porte : *de gueules, au chevron d'argent et trois treffles de mesme deux et un* [2] et pour la justiffication de sa noblesse, a mis au greffe les pièces dont il entend se servir,

Signé : MORINET.

GOUÉ (Louis de), prieur de La Motte dit Libergère et de Sins, demeurant en sa maison de La Motte, parroisse de Placé, ellection duché et payrie de

---

(1) Il s'agit ici sans doute de François de Gontaut, marquis de Biron, baron de Saint-Blancard, maistre de camp du régiment de Périgord, lieutenant-général des armées du roi, mort le 22 mars 1700.
   Armoiries : *écartelé d'or et de gueules* ; l'écu en bannière.
(2) C. de Busserolles donne pour armes à cette famille : *d'argent au chevron de sable accompagné de 3 trèfles 2 et 1 de même.*

Mayenne, comparant le viie décembre 1667, a dit qu'il entend maintenir sa qualité d'escuyer, qu'il est l'aisné de sa maison issue d'un cadet de sa famille, dont il ne connoist autres personnes que Jean de Goué, son frère puisné, Claude de Goué, sieur d'Esclivoy, son cousin issu de germain, demeurant en lad. ellection de Mayenne, et David de Goué, sieur du Marchais, aussy son cousin issu de germain demeurant en la province du Poictou, et qu'il porte pour armes : *d'or, au lion de gueules et à une fleur de lis de France au chef* et a signé :

Moulinneuf de Goué.

GOUÉ (de). — Originaire du Maine.

Louis de Goué, prieur de La Motte dit Libergère, et Jean de Goué, écuyer, sieur de Moulin-Neuf, son frère, demeurant paroisse de Placé, élection et duché de Mayenne, ont justiffié la possession du titre de noblesse depuis l'année 1533 commençant en la personne de leur trisayeul.

Porte : *d'or au lion de gueules armé et lampassé et une fleur de lys de France (d'azur) en chef.*

GOUÉZAULT (Robert), sieur de La Roche, demeurant en la ville d'Angers, comparant le xi octobre 1666, lequel a dit qu'il n'a jamais pris la qualité d'escuyer et que sy elle luy a esté donnée en quelques actes, c'a esté à son inseu et sans son consentement et pendant sa minorité et que quand il auroit pris lad. qualité (que non), elle n'auroit fait préjudice au Roy ny au public ayant toujours demeuré en ville franche, et faict d'ailleurs plusieurs pertes et entre autre d'une charge d'eslu en l'eslection d'Angers dont son deffunct père estoit pourveu et qui s'est trouvée suprimée après sa mort et à laquelle par conséquent il n'a peu se faire pourvoir ny recevoir, et a faict eslection de domicille au logis de M^{tre} André Guérin, procureur au siège royal de cette ville de Chinon, et a signé :

Robert Gouezault.

GOULLARD (Jean) sieur de La Vergne, Beauvais, demeurant parroisse de Saint-Sauveur de Guiramnay, eslection de Thouars, en Poictou, comparant le 22e may 1667, a dit qu'il entend maintenir la qualité d'escuier et que bien qu'il soit de lad. province de Poictou et que Anne et René Goullard escuiers, ses aisnez aye produict et vériffié les tiltres de noblesse et obtenu leur renvoy par devant monsr Barentin, me des reqtes commissaire départy par Sa Majesté en lad. province tant pour eux que pour luy et Henry Goulard, son frère puisné, gouverneur des villes de Guérande et du Croisic, que néantmoins, il veut bien représenter ses tiltres ou renvoy de mond. sieur Barentin, luy estant pour ce donné un délay compétent qu'il prétend demander, et que outre sesd. aisnéz, il ne connoist en lad. province d'Anjou que Cristophle Goulard escuier, sieur de La Grange et de La Boullaye parroisse de Trémentines, et qu'il y en a plusieurs du mesme nom et armes en plusieurs autres provinces et qu'il porte pour armes : *d'azur, au lion d'or, armé, couronné et lampassé de gueules* et a signé :

JEAN GOULLARD.

GOULLET (RENÉ DU), sieur des Pastis, demeurant parroisse de Morannes, eslection de La Flèche, seneschaussée d'Angers, comparant le xviiie mars 1667, a dit qu'il entend maintenir la qualité d'escuyer, qu'il est seul resté de sa maison, qu'il porte pour armes : *d'argent, à trois bandes d'azur* et qu'il produira au premier jour les pièces dont il entend se servir, et a signé :

RENÉ DUGOULLET.

Le xxie mars 1667, led. sieur de Goullet a mis au greffe les pièces dont il entend se servir.

Les pièces dud. sieur du Goullet ont esté rendues à Louis Soulas, ayant charge de les retirer le xxiiii juillet 1667.

GOULET (DU). — Originaire de Normandie.

René du Goulet, écuyer, sieur des Pâtis, demeurant paroisse de Morannes, élection de la Flèche, bailliage d'Angers, a justiffié la possession du titre de noblesse depuis l'année 1487, commençant en la personne de son trisayeul.

Porte : *d'argent à 3 fasces d'azur*.

— René du Goulet, sieur de La Chévrière, eut acte de la représentation de ses titres le 21 juin 1667.

GOULX (JEAN LE), sieur des Mortiers, demeurant parroisse de Saint-Aubin-de-Pouancé, eslection et seneschaussée d'Angers, comparant le vingt-huict mars 1667, a dit qu'il entend maintenir la qualité d'escuyer, qu'il reste seul de

sa maison et porte pour armes : *d'azur à trois croissans d'argent*, produira au premier jour les pièces dont il entend se servir et a signé :

JEAN LEGOULX.

Led. sieur Legoulx a mis au greffe les pièces dont il entend se servir, ce XXIX mars 1667.

Lesd. pièces ont esté rendues aud. Legoulx le 20ᵉ may 1667.

GOUX (LE). — Originaire d'Anjou.

Jean Le Goux, écuyer, sieur des Mortiers, demeurant paroisse de Saint-Aubin de Pouancé, élection et ressort d'Angers, a justifié la possession du titre de noblesse depuis l'année 1546 commençant en la personne de son bisayeul.

Porte : *d'azur à 3 croissants d'argent, 2 et 1.*

— Jean Le Goux... eut acte de la représentation de ses titres le 19 may 1667.

GOUPILLIÈRE (MARIN DE LA), sieur dud. lieu et de Dollon, et Israël de La Goupillière frères, demeurants led. Marin de La Goupillière en sa maison et parroisse dud. lieu de Dollon et led. Israël en sa maison de Courjon, paroisse de Bouer, le tout eslection du Chasteauduloir, ressort et seneschaussée du Mans, comparans le quinziesme juin 1667, ont dit qu'ils entendent maintenir leur qualité d'escuyer à eux acquise par leur naissance, pour la justification de laquelle ils produiront cy-après tant pour eux que pour Charles de La Goupillière, sieur de Dollon, fils unicque dud. sʳ Marin, demeurant avec sond. père, les tiltres dont ils s'entendent ayder, lesquels sont ès mains dud. sʳ Marin de La Goupillière aisné, et ont signé :

M. DE LA GOUPILLIÈRE.

ISRAEL DE LA GOUPPILLIÈRE.

GOUPILLIÈRE (DE LA). — Originaire du Mans.

Marin de La Goupillière, écuyer, sieur dud. lieu et de Dolon, Charles de La Goupillière, son fils, et Israël de La Goupillière, écuyer, sieur de Lestang, son frère, demeurant paroisse de Dolon, élection du Chateauduloir, ont justifié la possession du titre de noblesse depuis l'année 1502 commençant lesd. Marin et Israël en la personne de leur trisayeul et led. Charles en celle de son quartayeul.

Porte : *d'argent à 3 renards de gueules passants l'un sur l'autre.*

GOURDAULT (Chistophe de), sieur de Lespinay, demeurant parroisse d'Huismes, eslection de Chinon, bailliage de Touraine, comparant le cinq octobre 1666, lequel pour satisfaire à l'assignation qui luy a esté donnée à la requeste de Laspeyre a dict qu'il a pris la qualité d'escuier en conséquence des employs et charges qu'il a eue comme de mareschal de bataille des armées du Roy, ayde de camp des arméés, capitaine major du régiment d'infanterie de Périgol, capitaine de chevau-légers au régiment du duc de Roannès et de brigadier de la compagnie de la garde des chevau-légers de monseigneur le Dauphin où il sert présentement, et escuier de la grande escuirie du Roy, ainsy qu'il se voit par les pièces qu'il a produictes et qui luy ont esté rendues, et a esleu domicille en la maison de M^{tre} André Guérin, procureur à Chinon, et a signé :

Christophle de Gourdault [1].

GOURREAU (Philippe), sieur de Launay, demeurant en la ville d'Angers, comparant le xxiiie febvrier 1668 par M^{tre} Michel Bernard, lequel a dit qu'icelluy Gourreau a pendant plusieurs années servy Sa Majesté en ses armées de Flandre et de Catalogne en qualité de gendarme de Son Altesse monsieur le prince de Conty et de capitaine au régiment d'infanterie de la marine dont il auroit esté pourveu par provisions de Sa Majesté, laquelle charge ayant avec les deux autres derniers capitaine dud. régiment esté supprimée par Sa Majesté lors du traicté de paix avec le roy d'Espagne, led. Gourreau ayant perdu sa charge par la supression d'icelle qui faisoit la plus grande partie de son bien, il se seroit retiré en la ville dud. Angers, avec beaucoup d'incommoditez, où il a tousjours demeuré, et que si par quelques actes, il se trouvoit que la qualité d'escuyer luy eust esté donnée, c'est peut-être que par inadvertance, n'ayant jamais affecté lad. qualité d'escuyer, ny jouy d'aucuns privilèges d'icelle et à laquelle qualité il a renoncé et renonce quoy qu'il soit d'ancienne famille, ne s'en voulant ayder ny servir.

Signé : Bernard.

Lucrèce Bizot, veufve de Maurice Gourreau, tutrice naturelle des enfans dud. deffunct et d'elle, comparant le xie juin 1668 par M^{tre} Michel Bernard,

---

(1) Armoiries : *d'argent à 3 quintefeuilles de gueulles, au chef de même chargé de 2 croisettes d'or.*

procureur au bureau des finances à Tours, fondé de procuration spécialle passée devant Chesné notaire au duché de Beaupreau le dernier avril dernier, lequel Bernard pour lad. veufve pour satisfaire à l'assignation donnée à Pierre Gourreau, son fils, a dit que lad. veufve n'a aucune connoissance si led. Pierre Gourreau, son fils, a pris la quallité d'escuier, que s'il se trouve qu'elle luy ayt esté donnée que ce peut estre que lors de sa minorité d'autant que durant icelle et jusqu'à présent il a tousjours esté au service de Sa Majesté en ses armées, et a led. Bernard, signé :

Bernard.

GOUREAU.
— Me N. Goureau, cy-devant conseiller au présidial d'Angers, fils de Jacques Goureau, sieur de La Blanchardière, aussi conseiller aud. présidial, qui fut échevin de la ville d'Angers en 1606, pour jouir paicra...
Armoiries : *d'or, à l'aigle éployée de sable, becquée, membrée de gueules.*

GOUSSEY (Siméon de), sieur de Monteville demeurant parroisse du Lyon d'Angers, eslection et seneschaussée de lad. ville d'Angers, comparant par Charles Guilbault, son gendre, lequel a dit qu'icelluy de Goussey entend maintenir la qualité d'escuyer qu'il reste seul de sa maison et porte pour armes : *d'or, au chevron de gueules, accompagné de trois rozes, deux en chef et une en poincte* et pour la justiffication de lad. qualité a mis au greffe les pièces dont il entend se servir, a faict eslection de domicille au logis de M^{tre} Charles Moinerie, advocat en cette ville du Chasteau-du-Loir, et a signé :

Guilbault.

GOUTARD (André), sieur de La Perrière, demeurant en la ville d'Angers, comparant le 4e may 1667 par Me Pierre Berneust, le jeune, lequel a déclaré que led. sieur n'a pris ny entendu prendre la qualité d'escuyer et a signé :

Berneust.

GOUYON (Charles-Alexandre), sieur de La Rimbaudière, demeurant parroisse de Noyal-sur-Villaine, ressort de Rennes en Bretagne, comparant le vingt-huict mars 1667, lequel a dit qu'il entend maintenir la qualité d'escuyer et prétend demander son renvoy par devant le commissaire député par Sa Majesté pour la recherche des usurpateurs du tiltre de noblesse en la province de Bretagne, d'où il est et a signé :

Charles-Alexandre Gouyon.

GOUYON (Charles-Alexandre), sieur de La Rimbaudière, demeurant en Bretagne, comparant le vingt-huict may 1667 tant pour luy que pour Pierre Gouyon, sieur de La Frétellière, son cousin, demeurant parroisse de Trémentines, eslection de Montreuil-Bellay, a dit qu'ils entendent maintenir la qualité d'escuyer, qu'ils sont l'un et l'autre cadets de leur maison, que leur aisné est le sieur Gouyon de Vaurouault, demeurant en Bretagne, que Claude-Charles Gouyon, comte de Larchamps, baron de Marcé, demeurant près Laval est aussy de la mesme maison et qu'outre il y a encore plusieurs du mesme nom et armes en Bretagne, les sieurs marquis de La Moussaye, Touraude-Gouyon, Beaucorps-Gouyon, Gouyon de Launay, Gouyon de La Ravillaie, Gouyon de La Rivière, Gouyon La Garenne, Gouyon Villepierre, Gouyon La Motte, Gouyon des Rochettes, Gouyon-Quérambar, Gouyon-Groschêne, Gouyon-Grand-Maison, et n'en connoist d'autres, qu'ils portent pour armes : *d'argent, au lyon de gueules, armé, lampassé et couronné d'or,* et a signé :

Charles-Alexandre Gouyon.

Lesd. sieurs Gouyon ont produict par Me Paul Miré leur procureur les pièces dont ils entendent se servir.

Led. sieur Gouyon a produict de nouveau ce xxiiii septembre 1667.

Les pièces dud. sieur Gouyon luy ont esté rendues ce xxvie septembre 1667.

Charles-Alexandre Gouyon.

GOUYON. — Originaire de Bretagne.

Charles-Alexandre Gouyon, écuyer, sieur de La Raimbaudière, demeurant en Bretagne et

Pierre Gouyon, écuyer, sieur de La Frétilière, son cousin, demeurant paroisse de Tremantines, élection de Montreuil-Bellay, ressort d'Angers, ont justiffié la possession du titre de noblesse depuis l'année 1517 commençant en la personne du quartayeul dud. Charles, trisayeul dud. Pierre.

— Charles-Alexandre Gouyon... et Pierre... au nombre des maintenus par M. Voisin de La Noirays.

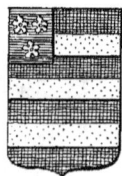

GOUZ (Raoul Le), sieur de Goivre, demeurant parroisse de Pontigny eslection et ressort de Baugé, bailliage d'Angers, comparant le 25ᵉ aoust 1666, lequel pour satisfaire à l'assignation à luy donnée à la requeste de Laspeyre par exploict de Carré, pour procéder aux fins dud. exploict et de nostre ordonnance y énoncée a dit qu'il entend maintenir la qualité d'escuyer et qu'il est cadet de sa maison et que outre François Le Gouz fils de feu Gabriel Le Goust, son aisné qui est par l'ordre de Sa Majesté es pais estrangers, il ne cognoist personne de son nom et armes que Anthoine Le Gouz, sieur du Plessis, demeurant parroisse de Maigné en Anjou, et qu'estant originaire de Bretagne, il y a plusieurs particuliers du mesme nom et armes qu'il ne cognoist point, et qu'il porte pour armes : *de sable à trois faces d'or, cantonné d'azur chargé de trois quintes feuilles d'argent*, et qu'estant cadet comme dict est, il prétend demander délay compétant à monsieur l'Intendant pour retirer les pièces justiffcatives de sa noblesse qui sont entre les mains de son aisné pour les représenter, et a faict eslection de domicille en la personne de Mᵗʳᵉ Bernard, et a signé :

Raoul Le Gouz.

GOUZ (Anthoine Le), sieur du Plessis-Lionnois, demeurant parroisse de Meigné-le-Vicomte, ellection de Baugé, comparant le quatre octobre 1668, a dit qu'il entend maintenir la qualité d'escuyer et qu'il produira ce jourd'huy les pièces et tiltres dont il entend se servir et a signé :

Antoine Legouz.

Produit le vᵉ rendu le six dud. mois.

Damoiselle Jeanne Boul, vefve de deffunct Gabriel Le Gouz, vivant escuyer, sieur des Bordes, demeurante parroisse de Boissé, eslection de Baugé, comparant le neufe octobre 1668 par M^tre Louis Le Damoysel procureur à la suitte de Monseigneur l'intendant, lequel a dit qu'elle entend maintenir la qualité d'escuyer prise par led. deffunct son mary, a mis au greffe les pièces dont elle entend se servir et a signé :

LE DAMOYSEL.

Les pièces de lad. v^e Le Gouz ont esté rendues le x octobre 1668.

GOUX (LE). — Originaire d'Anjou.
Antoine Le Goux, écuyer, sieur du Plessis-le-Vicomte, demeurant paroisse de Meigné, Raoul Le Goux, écuyer, sieur du Goivre, demeurant paroisse de Pontigny, et d^elle Jeanne du Boul veuve de deffunct Gabriel Le Goux, vivant, écuyer, sieur des Bordes.
Portent : *de sable à 3 fasces d'or, au franc quartier d'azur chargé de 3 quintefeuilles d'argent.*
— Raoul Le Gouz présenta ses titres le 27 septembre 1666, et eut acte de leur représentation le 3 novembre 1666 et Antoine, le 6 octobre 1668 [1].

GOYET (ALEXIS), sieur de La Raturière, demeurant présentement parroisse de Chenusson, eslection et bailliage de Tours et cy-devant il y a six mois seullement en sa maison des Hayes, parroisse de Tresson, eslection et ressort du Chasteau-du-Loir et seneschaussée du Mans, lequel comparant le dernier may 1667 a dit qu'il entend maintenir la quallité d'escuier, qu'il est aisné de sa maison, que les sieurs Goyet de Bécherel, demeurant en Brye sont de sa maison, et les sieurs Goyet des Hayes demeurants parroisse de Rochecorbon, eslection et bailliage de Tours et qu'il n'en connoist autres de son nom et armes, qu'il porte *escartelées au premier et au quatre d'azur au chevron d'or accompagné de trois pellicamps de mesme et au second et troisiesme d'argent, à la bande de trois pièces de gueulles* et a signé :

ALEXIS GOYET LA RATURIÈRE.

GOYET. — Originaire de Touraine.
Alexis Goyet, écuyer, sieur de La Raturière, demeurant paroisse de Chenusson, Jean, Jacques, Maximilien, Hélie et Pierre Goyet, ses frères, demeurants paroisse de Roche-Corbon,

---

(1) Les grosses originales de ces deux maintenus sont actuellement chez M. Charles d'Achon, à La Roche-de-Gennes (Maine-et-Loire).

élection et ressort de Tours, et Pierre Goyet, écuyer, sieur de Lauberdière, leur cousin, demeurant paroisse de Courcelles, élection et ressort de Baugé, ont justiffié la possession du titre de noblesse depuis l'année 1505 lesd. Goyet frères commençants en la personne de leur quartayeul et Pierre Goyet leur cousin en celle de son trisayeul.

Portent : *écartelé aux 1 et 4 d'azur au chevron d'or accompagné de 3 pélicans de même, aux 2 et 3 d'argent à 3 bandes de gueules.*

GRAILLY (Louis de), sieur de Fredilly, demeurant parroisse de Chassaignes, eslection de Loudun, ressort de Tours, comparant le 29e aoust 1668 a dit qu'il entend maintenir la qualité d'escuyer et qu'outre Jouachim de Grailly, sieur des Certeaux, il n'en connoist autres de son nom et armes, qu'il porte : *d'or, à la croix de sable fichée, chargée de cinq crouzilles d'argent,* et pour la justiffication de sa qualité il a mis au greffe les pièces justifficatives de sa noblesse et a signé :

Louis de Grailly.

Les pièces dud. sieur de Grailly luy ont esté rendues le 30e aoust 1668.

GRAILLY (de). — Originaire de Poitou.

Louis de Grailly, écuyer, sieur de Fredilly, demeurant paroisse de Chassaignes, élection de Loudun, bailliage de Tours, a justiffié la possession du titre de noblesse depuis l'année 1520 commençant en la personne de son trisayeul.

Porte : *d'or à la croix de sable chargée de 5 crouzilles d'argent.*

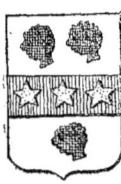

GRAND (Édouard de), sieur de La Bessonnière [1], demeurant à L'Isle-Bouchart, eslection et ressort de Chinon, bailliage de Tours, comparant le six septembre 1666, lequel pour satisfaire à l'assignation à luy donnée à la requeste de Laspeyre le vingt trois aoust dernier par exploict de Ladebat huissier, pour procéder aux fins dud. exploict et de nostre ordonnance y énoncée a dit qu'il entend maintenir la qualité d'escuier, qu'il est l'aisné et seul de sa maison, et qu'il porte pour armes : *d'argent à trois testes de mort de sable et une fasce de gueules chargée de trois estoilles d'or,* et qu'il produira au premier jour les

---

(1) Et non Berselonnière, comme l'indique M. Carré de Busseroles.

Armoiries : *d'argent, à la fasce de gueules chargée de 3 étoiles d'or et accompagnée de 3 têtes de Maure de sable, 2 et 1.*

pièces dont il entend se servir pour la justiffication de sa noblesse, et a faict eslection de domicile en la ville de Chinon au logis de M^tre Jacques Bruzard, procureur, et a signé :

DE GRAND.

Anne Anguerrant femme de HERCULLES LE GRAND, sieur de La Montagne, prévost au régiment de Piedmont, demeurant village de Villiers parroisse de Tauxigny, eslection de Loches, authaurizée par justice pour la poursuicte et direction de ses droictz et dud. Le Grand son mary et administration de leurs biens par acte rendu par le sieur lieutenant de Loches le 25e octobre 1667, à cause de la maladie et incommodité estant en la personne dud. sieur Le Grand qui est demeuré paralitique d'un catarre à luy survenu en la plus grande partie de son corps et privé de la parrolle, comparante le 7e septembre 1668 par M^tre Pierre Belgarde, son procureur, lequel a dict que lad. Legrand n'a aucune congnoissance que led. Legrand son mary ayt jamais pris par aucun acte que se soit la qualité d'escuyer et en conséquence requis estre deschargée de lad. assignation.

PETIT.

GRANDIÈRE (RENÉ DE LA), sieur dud. lieu, demeurant à Angers, comparant le xviie juin 1667 par René d'Espinay, sieur de La Haulte-Rivière, lequel a dit qu'icelluy sieur de la Grandière entend maintenir la qualité d'escuyer, qu'il porte pour armes : *d'azur au lyon d'argent, armé, lampassé et couronné d'or*, a mis au greffe les pièces dont il entend se servir et a signé :

RENÉ DE LESPINAY.

Les pièces dud. sieur de La Grandière ont esté rendues aud. sieur de Lespinay, ce xviie juin 1667.

GRANDIÈRE (RENÉ DE LA), sieur de Montjouffray [Montgeoffroy], y demeurant parroisse de Mazé, eslection et ressort de Baugé, seneschaussée d'Angers, comparant le vi^e mars 1668 par M^tre Michel Bernard, lequel a dit que icelluy de

La Grandière entend maintenir la qualité d'escuyer, qu'il est seul de sa maison de laquelle il ne connoist autres personnes que ...... de La Grandière, sieur dud. lieu, demeurant parroisse de Grée-Neufville, province d'Anjou, ses enfans, et... de La Grandière, sieur de Marcey, demeurant en la province de Normandie, ses cousins au cinq ou six degré qu'il porte pour armes : *d'azur, au lion d'argent rempant, armé, lampassé et couronné d'or*, a mis au greffe les pièces dont il s'entend ayder.

Signé : BERNARD.

Les pièces dud. sieur de Lagrandière ont esté rendues aud. Bernard le VIIIe mars 1668.

GRANDIÈRE (DE LA). — Originaire d'Anjou.

René de la Grandière écuyer, sieur de Montjouffroy, demeurant parroisse de Mazé, élection et ressort de Baugé, bailliage d'Angers, a justiffié la possession du titre de noblesse depuis l'année 1551 commençant en la personne de son bisayeul.

Porte : *d'azur au lion d'argent, armé, lampassé et couronné d'or*.

— René de La Grandière... eut acte de la représentation de ses titres le 8 mars 1668 et René... sieur de Laillée le 18 juin 1667.

Dame Renée Le Proust, vefve de RENÉ DE GRANGES, vivant seigneur de La Gibonnière, comparant le XVe septembre 1667 tant pour elle que comme tutrice et garde noble de damoiselles Élizabeth et Renée de Granges filles dud. deffunct et d'elle, demeurant en sa maison noble de Barc, parroisse de Maulay, eslection et ressort de Loudun, a dict qu'elle entend maintenir la qualité d'escuyer dud. deffunct sieur de Granges, son mary, et attendu que led. sieur de Granges n'estoit que cadet de sa maison et que les tiltres pour la justiffication de sa noblesse sont entre les mains de ses aisnez proteste de demander délay de les représenter et a signé :

RENÉE LEPROUST.

Les pièces de lad. dame Leproust luy ont esté rendues ce sept décembre 1667.

GRANGES (DES). — Originaire du pays Loudunois.

Renée Le Proust veuve de René des Granges vivant écuyer, sieur de La Gibonnière, mère et tutrice d'Élisabeth et Renée des Granges, ses filles, demeurante paroisse de Molé, élection de Richelieu. Lad. Le Proust a justiffié la possession du titre de noblesse de son mary depuis l'année 1516 commençant en la personne de son bisayeul. Il n'y a pas de masles de cette branche.

Porte : *losangé d'argent et de gueules, les losanges d'argent chargés de gonfanons de sinople au chef d'or chargé d'un lambel à 3 pendants de sable* [1].

GRAS (CLAUDE LE), sieur de Villette [2], demeurant au Mans, comparant le treize septembre 1666 par Me Mathurin Redouin praticien demeurant à Tours, lequel a dit que led. Legras entend maintenir la qualité de noble estant issu d'un officier de cour souveraine et n'aiant faict aucun acte desrogeant à son privillège, et a faict eslection de domicille en la maison de Me Jacques Pavin procureur au présidial de Tours, rue Sainct-Maurice, et a signé :

REDOUIN.

Les pièces dud. Legras ont esté rendues à Me Louis Fourier huissier audiancier au siège royal du Chasteau-du-Loir fondé de procuration dud. Legras pour les retirer, le deux aoust 1670.

GRAS (ANTOINE LE), sieur de L'Augardière, demeurant parroisse d'Andrezé, eslection et seneschaussée d'Angers, comparant le 22e may 1667, a dict qu'il entend maintenir la qualité d'escuier, qu'il est aisné de sa maison, néantmoins sorty de cadetz et qu'il ne cognoist de sad. maison outre Baltazard Legras, son fils que Claude Legras, sieur de Linière et du Plessis Glin, gardes du corps du Roy, servans présentement près la personne de Sa Majesté et qu'il porte pour armes : *d'argent, aux cinq fasces de sable, chargé par le milieu de cinq fuzées de gueules,* et a signé :

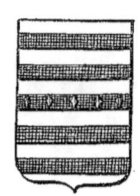

ANTHOYNE LEGRAS.

Led. sr Legras a mis au greffe les pièces dont il entend se servir ce XVIIe septembre 1667.

Les pièces dud. sieur Legras luy ont esté rendues ce XIX septembre 1667.

---

(1) Carré de Busserolles dit : *de gueules fretté de vair de 6 pièces au chef d'or chargé d'un lambel de sable.*
(2) Armoiries : *d'azur à 3 rencontres de cerf d'or, 2 et 1.*

GRAS (LE).

Anthoine Le Gras, écuyer, sieur de Laugardière, demeurant paroisse d'Andrezay, élection et ressort d'Angers, a justiffié la possession du titre de noblesse, depuis l'année 1519, commençant en la personne de son trisayeul.

Porte : *d'argent à cinq fasces de sable, celle du milieu chargée de 5 fusées de gueules.*

GRASLEUL (Eustache de), seigneur de La Roche-Bretheau [1], y demeurant parroisse de Ciran-la-Latte, eslection et siège royal de Loches, bailliage de Tours, comparant le 7e septembre 1668 par Me Michel Bernard, lequel a dit qu'icelluy sieur de La Roche-Breteau entend maintenir la qualité de chevalier et d'escuyer, pour la justiffication de laquelle il représentera cy-après les pièces dont il entend se servir et a led. Bernard signé :

Bernard.

GRAT (Pierre du) demeurant à Angers, comparant le xxvie septembre 1666, lequel pour satisfaire à l'assignation qui luy a esté donnée à la requeste de Laspeyre a dict qu'il entend maintenir sa qualité d'escuyer comme fils de Pierre Dugrat eschevin de lad. ville d'Angers en 1625, qu'il est seul de sa famille, porte pour armes celles qu'il fera mettre en son arbre généalogique, et a esleu domicille à Chinon en la maison de Mtre Jean Baudouin, advocat, et a signé :

Dugrat.

GRAT (Pierre du), sieur de Malvoisinne, demeurant à Angers, comparant le 3 juin 1667, par Me Paul Miré, lequel a dit que led. sieur du Grat a pris la qualité d'escuier comme il a creu le debvoir prandre attendu que Pierre Du Grat, vivant son père a esté eschevin de la ville d'Angers, à cause des privillèges attribuez aux maires et eschevins, et néantmoins ayant crainte de quelques taxes pour la confirmation des privilèges, déclare qu'il renonce à l'advenir à prendre lad. qualitté d'escuier non obstant la déclaration par luy cy-devant faicte au greffe, et a led. Miré signé :

Miré.

---

(1) Armoiries : *de sinople au lion d'argent.*

GRAT (DU).

— N. du Grat, maître des eaux et forêts d'Angers, fils de Pierre du Grat qui fut échevin en 1625, a payé pour...

Porte : *d'azur au chevron cousu de sable surmonté d'un croissant d'argent accosté de 2 grappes de raisin d'or rangées en chef et accompagné en pointe d'une corneille de sable posée sur un bâton mis en bande de même.*

GRATELOUP (BERNARD DE), sieur de Mantelan, demeurant à Loches, bailliage de Tours, comparant le xxiiiie may 1667, tant pour luy que pour Claude de Gratelou, sieur du Fey, son frère aisné, demeurant ordinairement en lad. ville de Loches, a dit que sond. frère et luy entendent maintenir la qualité d'escuier et que sond. frère et luy restent seuls de leur nom et armes, qu'ils portent : *de gueulles au loup d'argent et une main de mesme qui le gratte* et a signé :

DE GRATELOUP.

Led. sieur de Grateloup a mis au greffe par Me Jullien Pottier, son procureur, ce six juillet 1667.

Les pièces dud. sieur de Grateloup ont esté rendues ce xxviii mars 1668.

GRATELOUP (CLAUDE DE), sieur du Fay[1], grand-aumosnier en l'esglise cathédralle de Metz, demeurant en la ville de Loches, comparant le xxie febvrier 1668, par Me Michel Bernard, lequel a dit qu'icelluy de Grateloup entend maintenir la qualité d'escuier, pour la justiffication de laquelle il emploie la production faicte au greffe de Monsieur l'Intendant par Bernard de Grateloup, chevallier, seigneur de Mantelan, son frère puisné et a led. Bernard signé :

BERNARD.

GRAY (HENRI), sieur de La Tronière, demeurant à Saumur, comparant le 15 juillet 1666, nous a déclaré qu'il entend percister en la quallité d'escuyer par luy prise et qu'il produira au premier jour les pièces dont il entend se servir, et a signé :

H. GRAY DE LA TRONIÈRE.

---

(1) D'après l'armorial manuscrit de l'abbé Goyet les armes de cette famille seraient : *de gueules au loup d'or, à la main dextre d'argent qui le gratte sur le dos, le bras mouvant du côté senestre.*

Le 16 juillet 1666, ledit sieur Gray a mis ses tiltres au greffe et ils luy ont esté rendus ce mesme jour attendu qu'il ne s'est trouvé personne de la part de M⁰ Laspeyre pour en prendre communication, les contredire ou donner désistement.

GRAY (DE). — Originaire d'Écosse.

Henri de Gray, écuyer, sieur de La Tronière, demeurant à Saumur, originaire d'Écosse, pour l'établissement de sa noblesse a rapporté des lettres-patentes, en bonne forme, du Roy de la Grande Bretagne, du 20 mars 1636, contenant un ample et authentique témoignage de la généalogie et noblesse dud. Gray, ensemble des lettres de confirmation des privilèges des Escossois résidens en France données par le Roi Henri IV au mois de novembre 1599.

Porte : *de gueules au lion d'argent à la bordure de même.*

— Henri Gray... eut acte de la représentation de ses titres le 11 octobre 1666.

GRAY (HUBERT DE), sieur de Chambon, y demeurant parroisse dud. lieu, eslection de Loches, bailliage de Tours, comparant le huictiesme febvrier 1668 par M⁰ Michel Bernard, lequel a dit que led. sieur de Chambond entend maintenir la qualité d'escuier et demander délay de rapporter les tiltres justifficatifs d'icelle et a led. Bernard signé :

BERNARD.

Le sieur de Gray a mis au greffe les pièces dont il entend se servir ce XXVII⁰ avril 1668.

Les pièces dud. sieur de Gray ont esté rendues aud. Bernard le premier juin 1668.

GRAY (DE). — Originaire de Touraine.

Hubert de Gray, écuyer, sieur de Chambon et Robert de Gray, écuyer, sieur des Charlottières, son fils, demeurant parroisse de Chambon, élection de Loches, bailliage de Tours, ont justiffié la possession du titre de noblesse, depuis l'année 1470, commençant en la personne de leur quartayeul et quintayeul.

Porte : *de gueules au lion d'argent à la bordure de même* ¹.

GRÉAULME (HENRI DE), sieur de Varennes, demeurant parroisse de Tournon, eslection et ressort de Loches, bailliage de Tours, comparant le

---

(1) Carré de Busseroiles dit la bordure *engreslée*.

xvııᵉ mars 1668 par Mᵉ Michel Bernard, lequel a dit qu'icelluy de Gréaume entend maintenir la qualité d'escuyer, pour la justiffication de laquelle il produira cy-après les pièces dont il s'entend ayder.

Signé : BERNARD.

Led. sieur de Gréaume a mis ses pièces au greffe le 20ᵉ aoust 1668.
Les pièces dud. sieur luy ont esté rendues ce 7ᵉ septembre 1668.

Signé : HENRY-LOUIS DE GRÉAUME.

GRÉAULME (HENRY-FRANÇOIS DE), conseiller et mᵉ d'hostel ordinaire du Roy, demeurant en sa maison de Pons, parroisse de Razines, eslection de Richelieu, seneschaussée d'Angers, comparant le troisiesme septembre 1668 par Mᵉ Michel Bernard, lequel a dit que led. sieur de Gréaulme entend maintenir la qualité d'escuyer, qu'il est cadet de sa maison et que les tiltres justifficatifs de lad. qualité d'escuyer sont ès-mains de l'aisné de lad. maison, lequel est demeurant en la province de Xaintonge, pour quoy il a prétendu demander délay pour iceux retirer et produire et a led. Bernard signé :

BERNARD.

Armoiries : *d'argent à une grue de sable, armée d'or, posée au milieu de l'écu, au chef de sable à 3 coquilles d'argent.*

GRÉE (ARTHUS DE LA), sieur de Loudière, demeurant paroisse de Saint-Laurent-des-Autels, eslection et seneschaussée d'Angers, comparant le treize may 1667 tant pour lui que pour Chistophe de La Grée, sieur dud. lieu, son oncle, et pour damoiselle Jeanne de La Grée, sa tante, demeurans parroisse de Chantoceau, mesmes eslection et seneschaussée ; a dit que sesd. oncle et tante et luy entendent maintenir la qualité d'escuyer, qu'il est aisné de sa maison et qu'outre sesd. oncle et tante il ne cognoist personne de son nom et armes qu'il porte : *d'argent à une croix patée de gueules, quantonnée de quatre*

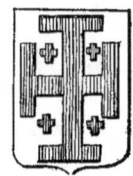

petites aussy de gueules, a mis au greffe les pièces dont il entend se servir et a signé :

ARTHUS DE LA GRÉE.

Led. sieur de La Grée a fait une nouvelle production le dix juin 1667.

Les pièces produictes par led. sieur de La Grée luy ont esté rendues le 25 septembre 1668.

GRÉE (DE LA). — Originaire d'Anjou.

Arthus de La Grée, écuyer, sieur de Loudinière, demeurant parroisse de Saint-Laurent-des-Autels, Christophle de La Grée, écuyer, sieur dud. lieu, son oncle, et d^{elle} Jeanne de La Grée sa tante, ont justiffié la possession du titre de noblesse, depuis l'année 1536, commençant scavoir lesd. lettres en la personne de son trisayeul et lesd. Christophle et Jeanne en celle de leur bisayeul.

Portent : *d'argent à la croix potencée de gueules, cantonnée de 4 croisettes de même.*

— Guillaume de La Grée... eut acte de la représentation de ses titres et Christophe de La Grée, son oncle, le 25 septembre 1668.

GRENET (FRANÇOIS DE)[1], sieur de Neufbourg, âgé de 70 ans, ou environ, demeurant paroisse de Noiant, ressort de Chinon, bailliage de Tours, comparant le 29 juillet 1666, a dit qu'il entend maintenir la qualité d'escuier et a déclaré ny avoir plus de son nom que luy et Isaac de Grenet son fils, estant au service de Sa Majesté dans la compagnie de cavalerie de Pleumartin, et Gabrielle et Charlotte de Grenet, ses filles, qu'il porte pour armes celles estans au hault de la généalogie qu'il a mise à nostre greffe, et a signé :

DE GRENET.

Les pièces dud. sieur de Grenet ont esté rendues à M^{tre} Michel Bernard ayant charge de les retirer à l'exception des pièces qui ont esté déclarées fauces, lesquelles ont esté lacérées.

Faict ce sept janvier 1668.

BERNARD.

(1) Armoiries : *de sable à la colonne d'argent en pal, entourée d'un serpent de même.*

GRENOUILLON (Armand-Jehan-Baptiste de), sieur de Fourneux, comparant le XIX septembre 1666, a dit que par exploict de Girault, huissier, du unze du présent mois et an, Geoffroy de Grenouillon, s^r de Fourneux, son père, auroit esté assigné à la requeste de Laspeyre, à comparoir devant monsieur Voisin, commissaire départy en la génerallité de Touraine, pour représenter les tiltres, en vertu desquelz il a prins la quallité d'escuyer, mays comme il est aagé de soixante dix neuf à quatre vings ans et qu'il s'est deffaict de tout son bien entre les mains de ses enfans et ensuitte retiré dans le monastaire de Fontevrault pour y finir ses jours et ne se mesle à présent d'aucunes affaires du monde, ledict Armand-Jean-Baptiste de Grenouillon, fils aisné dudict Geoffroy, avecq Geoffroy et Paoul-Philippes de Grenouillon, ses frères puisnés, pour prévenir les assignations quy leur pourroient estre données, ont comparus davant nous et desclaré tant pour leurdict père que pour eux qu'ils entendent maintenir la quallité d'escuiers qu'ils ont prises, ne congnoissans autres personnes de leurs nom et armes, et portent pour leurs armes : *de sable à troys fasces d'or chargées d'une bande d'azur ;* et sont demeurans scavoir led. Geoffroy père aud. lieu de Fontevrault, eslection de Saumur ; led. Armand-Jehan-Baptiste en sa maison de Fourneux, parroisse de Dampierre-du-Chemin, eslection dudict Saulmur, led. Geoffroy, fils, parroisse de Sainct-Léger, eslection de Lodun, et ledict Paoul-Philippes en la ville de Saulmur, parroisse de Sainct-Pierre, et pour la justiffication de leur noblesse produiront au premier jour, et ont esleu domicille en la maison de Me Jean Bruzard, procureur au bailliage de Chinon, et ont signé :

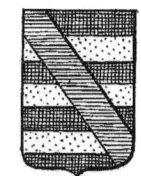

Armand-Jean-Baptiste de Grenoillon.

Geoffroy de Grenoillon.   Paul de Grenoillon.

Les pièces desd. sieurs de Grenoillon ont esté rendues le cinq octobre 1666.

GRENOUILLON (de). — Originaire d'Anjou.
Geoffroy de Grenouillon, écuyer, sieur de Fournaux, demeurant à Fontevrault, élection de Saumur, Armand-Jean-Baptiste de Grenouillon, demeurant à Dampierre, élection de Saumur, Geoffroy et Paul-Philippe de Grenouillon, demeurants à Saumur, ses enfans, ont justiffié la possession du titre de noblesse, depuis l'année 1420, commençant en la personne de leur quartayeul et quintayeul.
Portent : *de sable à 3 fasces d'or à la bande cousue d'azur brochant sur le tout.*

GRIMAUDET (François), sieur de Roche-Bouet, conseiller du roy en sa cour de Parlement de Bretagne, demeurant à Angers, comparant le douze avril 1667 par M₀ Michel Bernard, lequel a dit qu'icelluy sieur de Grimaudet entend soustenir la qualité d'escuier par luy prise tant pour luy que pour Gabriel, Louis et François ses frères puisnéz,

Signé : BERNARD.

Led. sieur Grimaudet a mis au greffe par ledit Bernard son procureur les pièces dont il entend se servir le XVIIe may 1667.

Lesd. pièces ont esté rendues aud. Bernard le six juin 1667.

GRIMAUDET (DE). — Originaire d'Anjou, noblesse de mairie.

François Grimaudet, écuyer, sieur de La Croisière, conseiller au parlement de Bretagne, Gabriel, Louis et François de Grimaudet, ses frères, demeurants en la ville d'Angers, ont justiffiés leur noblesse comme descendus de (François) Grimaudet leur bisayeul qui était échevin de la ville d'Angers en 1579.

Porte : *d'or, à 3 lions de gueules, 2 et 1.*

— François Grimaudet, écuyer, sieur de La Croisière... eut acte de la représentation de ses titres, le 6 juin 1667.

GRIMAULT (Hector), sieur de La Foucheré, demeurant parroisse Sainct-Pierre-des-Chaubrongnes, hors Marche, eslection de Montreuil-Bellay, seneschaussée d'Angers, comparant le premier avril 1667, a dit qu'il entend maintenir la qualité d'escuier, qu'il est cadet d'une branche de cadetz de sa maison, que René Grimault, sieur de La Rablais, demeurant en Poictou, est son frère aisné de lad. branche, que le sieur de Grimault de La Rivetière, absent depuis plusieurs années est aisné de sad. maison, et que .... Grimault, sieur de Liégne, demeurant près Mirebeau est aussy de la mesme maison, dont il ne cognoist autres et qu'il porte *de gueules à trois fleurs de lys d'argent*, et qu'il produira au premier jour les pièces dont il entend se servir pour la justiffication de sa noblesse et a signé.

H. GRIMAULT.

Despuis a produict les titres de sa noblesse ce 26 avril 1667.

Lesd. pièces ont esté rendues aud. sieur Grimault ce 20 may 1667.

GRIMAULT (ROLAND), sieur de Liaigne, demeurant parroisse de Thurageau, eslection de Richelieu, ressort de Saumur, seneschaussée d'Angers, comparant le XIIIIe aoust 1668 a dit qu'il entend maintenir la qualité d'escuyer, qu'il est issu d'un cadet de sa maison, qu'outre Michel, Daniel, Jacques, Charles et Pierre Grimault, ses enfans, René et Hector Grimault, ses cousins issus de germain, issus de l'aisné de sad. maison, demeurans scavoir led. Hector, eslection de Montreuil-Bellay et led. René en la province de Poictiers, il ne connoist autres personnes de son nom et armes, qu'il porte : *de gueules, à trois fleurs de lis d'argent, deux et une*, pour la justiffication de laquelle qualité, il a mis au greffe les pièces dont il entend se servir et a signé :

ROLAND GRIMAULT.

Les pièces dud. Grimault luy ont esté rendues ce xve aoust 1668.

GRIMAULT. — Originaire de Poitou.

Hector Grimault, écuyer, sieur de La Foucherie, demeurant élection de Montreuil-Bellay, Rolland Grimault, écuyer, sieur de Liaigne, demeurant paroisse de Thurageau, élection de Richelieu, bailliage d'Angers, ont justiffié la possession de noblesse depuis l'année 1548, commençant en la personne de leur trisayeul.

Porte : *de gueules à 3 fleurs de lys d'argent, 2 et 1.*

GROS (FRANÇOIS LE), sieur de Chappes, comparant le 6 juillet 1666, nous a dit qu'à son inseu, on a peu luy donner la qualité d'escuyer, qu'il ne prétend poinct, et a signé :

LEGROS.

GROSBOIS (CLAUDE DE), sieur de Champigny-le-Sec, parroisse de Braslou, eslection et ressort de Richelieu, bailliage d'Angers, et René de Grosbois, sieur du Poirier, demeurant en lad. parroisse, comparant le 25 aoust 1666, lesquels pour satisfaire aux assignations à eux données à la requeste de Laspeyre par exploicts de Ladebat, huissier, des neuf du présent mois pour procéder aux fins desd. exploicts et de nos ordonnances y énoncées, ont dit qu'ils entendent maintenir la qualité d'escuyer par eux prise, et que led. Claude est l'aisné de

sa maison et ledit René issu de cadet, et qu'ils ne cognoissent de leurs nom et armes que leurs sœurs, et qu'ils portent pour armes *de gueulles à une fasce d'argent chargée d'un croissant montant de gueulles, à trois besans d'or en chef et une quoquille d'or en pointe*, et ont mis au greffe les pièces dont ils entendent se servir pour la justiffication de leur noblesse, lesquelles ont esté paraphées par première et dernière, et ont faict eslection de domicile en la personne de M^tre Michel Bernard, et ont signé :

CLAUDE DE GROSBOYS.

RENÉ DE GROSBOIS.

Les pièces dud. sieur de Grosbois luy ont esté rendues ce 25e avril 1667.

GROSBOIS. — Originaire de Touraine.

Claude de Grosbois, écuyer, sieur de Champigny, et René Grosbois son cousin-germain, écuyer, sieur du Poirier, demeurant paroisse de Braslou, élection et ressort de Richelieu, bailliage d'Angers, ont justiffié la possession du titre de noblesse, depuis l'année 1537, commençant en la personne de leur bisayeul.

Portent : *de gueules, à la fasce d'argent chargée d'un croissant de gueules et accompagné en chef de 3 besans d'or et en pointe d'une coquille de même* [1].

GROUARD (JACQUES), sieur de Bommoys, conseiller au bailliage et siège présidial de Lodunoys, demeurant en la ville de Lodun, comparant le vingt-neuf mars 1667 par Me Pierre Boistard, procureur au présidial de cette ville de Tours, fondé de procuration spéciale passée par devant Pierre Reballau, nottaire du marquisat de Brezé, le vingt-quatre du présent mois de mars, lequel a dit qu'icelluy sieur Grouard n'a entendu cy-devant ny n'entend cy-après jouir de la qualité d'escuyer et a led. Boistard signé :

BOYTARD.

[1] René, sieur du Poirier, mourut le 9 janvier 1698 et fut inhumé dans l'église de Braslou. Carré de Busserolles donne d'autres armoiries à cette famille, *d'azur à la coquille d'argent accompagnée de 3 besans de même rangés en chef et en pointe d'un triangle vidé de sable, enfermant un croissant d'argent.*

GROUGNAULT (JACQUES DE), sieur de La Gaudière, advocat au siège royal du Sonnois et Perrey, demeurant à Mamers, comparant le huict septembre 1666 par M^tre Michel Bernard, son procureur, lequel a dit pour satisfaire à l'assignation donnée aud. de Grougnault à la requeste dud. Laspeyre que led. de Grougnault entend maintenir la qualité d'escuier et qu'il produira les pièces dont il entend se servir pour la justiffication de sa noblesse et a signé :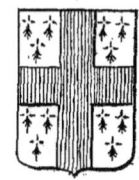

BERNARD.

Led. sieur a produict ses titres le 29 septembre 1666.

GROUGNAULT (JACQUES DE), sieur de La Chicaudière, advocat au bailliage et siège royal de Saosnois, demeurant à Mamers, eslection du Mans, bailliage de La Flèche, comparant le 16 septembre 1666, par M^tre Michel Bernard, procureur au bureau à Tours, lequel a dit que led. sieur entend maintenir sa qualité d'escuier comme dessendu de parens nobles et escuiers ce qu'il justiffiera par tiltres authentiques en luy donnant un déllay compétant attendu son indisposition, et a signé :

BERNARD.

GROUGNAULT. — Originaire de Normandie.

Jacques de Grougnault, écuyer, sieur de La Chicaudière, demeurant en la ville de Mamers, élection du Mans, a justiffié la possession du titre de noblesse, depuis l'année 1497, commençant en la personne de son trisayeul.

Porte : *d'argent à la croix de gueules cantonnée de 12 hermines de sable.*

GRUAU (HERCULE), sieur de La Vallée, grand vallet de pied ordinaire du Roy, demeurant parroisse de Saint-Léonard de Durtal, eslection et ressort de Baugé, comparant le 29e septembre 1668 par Pierre Jarry, son gendre, fourier ordinaire de Monseigneur le duc d'Orléans demeurant à Fontaines-Guérin, lequel a dit que led. sieur Gruau n'a jamais pris la quallité de chevallier ny d'escuyer, qu'il ne l'entend maintenir, mais qu'il est exempt des tailles à cause de sad. charge de vallet de pied ordinaire du Roy ce qu'il justiffiera par les pièces qu'il produira cy-après.

JARRY.

GRUAULME (Damoiselle MICHELLE DE), fille majeure, demeurant parroisse de Ceranbourg, comparant le vingt-cinquiesme janvier 1667, par Jean Moreau, commis au greffe criminel de cette ville de Tours, lequel a dit qu'icelle damoiselle entend soustenir la qualité de damoiselle et qu'elle produira au premier jour les pièces dont elle entend se servir à cet effect.

Signé : MOREAU.

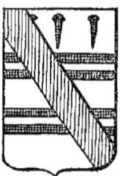
GRUDÉ.
Me N. et N. Grudé, fils de Me Guy Grudé vivant sieur de La Chesnaye, assesseur en la prévosté d'Angers et échevin en 1615, pour jouir...
Armoiries : *d'argent à 2 jumelles de sable accompagné en chef de 3 clous de sable rangés, à la bande de gueules brochant sur le tout.*
Catalogue d'Anjou.

GRUGELIN (DE).
Jacques de Grugelin, écuyer, sieur de Vaugelé, demeurant paroisse de Juigné-sur-Loire, et François de Grugelin, son frère, demeurant paroisse d'Auverse, élection de La Flèche, au nombre des maintenus par M. Voisin.
Armoiries : *d'argent au lion de gueules, armé, lampassé et couronné d'azur (aliàs) d'or.*
Catalogue d'Anjou.

GUEFFRON (RENÉ DE), sieur de La Forge, demeurant parroisse de Niaffle proche Craon, eslection de Chasteaugontier, comparant le 10e septembre 1668, a dit qu'il entend maintenir la qualité d'escuier, qu'il est dessendu de cadets, et qu'outre Joseph de Gueffron, escuier, aisné de lad. maison, demeurant en Touraine et Michel de Gueffron, aussy escuier il ne connoist autres personnes de son nom et armes et pour la justiffication de sa qualité d'escuier il produira au premier jour les tiltres concernans sa noblesse, et a signé :

RENÉ DE GUEFFRON.

GUEFFRON (JEAN DE), sieur de Beauregard, demeurant parroisse de Theneuil, eslection et ressort de Richelieu comparant le XX septembre 1668, a déclaré qu'il entend maintenir la qualité d'escuier, qu'il est aisné de sa maison, que Joseph de Gueffron, sieur de La Boisselière demeurant parroisse de Crissé et Michel de Gueffront, sieur de Boissoddé, demeurant parroisse de Mon, eslection et ressort de Richelieu, sont issus d'une branche de cadetz de sa maison, que René de Gueffron, sieur de La Forge, demeurant parroisse de Niafles, eslection de Craon, est issu cadet de lad. branche de cadetz et n'en connoist autres qui portent son nom et armes, qu'il porte : *d'argent au lion de gueulles, armé et lampassé de sinople, traversant une branche de pin de sinople, chargée de cinq pommes de pin de sable, trois en chef et deux en pointe*, et pour la justiffication de lad. qualité a mis au greffe les pièces dont il entend se servir et a signé :

JEHAN DE GUEFFRONT.

Les pièces desd. sieurs de Gueffront leur ont esté rendues le 21e septembre 1668.

GUEFFRONT (DE). — Originaire de Touraine.

Jean de Gueffrond, écuyer, sieur de Beauregard, demeurant paroisse de Theneuil, élection de Richelieu et René de Gueffron, écuyer, sieur de La Forge son frère, demeurant paroisse de Niafle, élection d'Angers.

Porte : *d'argent au lion de gueules traversant une branche de sinople chargée de 5 pommes de pin 3 en chef et 2 en poincte.*

— René de Gueffront.... eut acte de la représentation de ses tiltres le 24 septembre 1668.

GUELET (GILLES DE), sieur de La Pallière, demeurant au bourg de Bessé-sur-Bray, eslection du Chasteau-du-Loir, comparant le 16 juillet 1666, a dit qu'il n'a jamais prétendu ni ne prétend la qualité d'escuyer et a signé :

GILLES GUELET

Condamné.

GUÉNANT (GABRIEL DE), sieur de La Vallée, comparant le 20 juillet 1666, par Mtre Michel Bernard, a remontré qu'il n'a ses tiltres et requiert délay.

Signé : BERNARD.

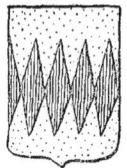

Le 7 aoust 1666, est comparu led. sieur Guénant, lequel a déclaré qu'il maintient la qualité d'escuyer et qu'il ne reste plus de sa maison que luy et ses enfans, et qu'il porte pour armes : *d'or à 3 fuzées et 2 demyes de gueules, bordées de sable, rangées.* Led. sieur a produict ses tiltres le 2 septembre 1666, lesquels luy ont esté rendus le 3 octobre 1666.

Damoiselle Magdelaine du Puy, vefve d'ESMERY DE GUENANT, vivant sieur de Vitray, demeurant en sa maison du Puy-Nivet, parroisse de La Selle Sainct-Avant, eslection et siège royal de Chinon, bailliage de Tours, comparant le 19 janvier 1668 par M^tre Michel Bernard, lequel a dit qu'icelle damoyselle entend maintenir la qualité d'escuyer prise par led. deffunct son mary, pour la justification de laquelle elle réprésentera les tiltres dont elle entend s'ayder.

Signé : BERNARD.

GUÉNAND (GABRIEL DE), sieur de Vitray et de La Roche-Chargé, demeurant en la ville de Chastillon, eslection de Chasteauroux, généralité de Berry, assigné en sa maison de Vitray, parroisse dudit lieu, eslection et siège royal de Loches, bailliage de Tours, comparant le XVIIe mars 1668, a dit qu'il entend maintenir la qualité d'escuyer, qu'il est l'aisné de sa maison de laquelle il ne connoist autres personnes que Louis de Guénand, son frère puisné, de présent au service de Sa Majesté en Lorraine, François Genand, sieur de La Courtaisière, Charles de Guénand, sieur de La Chaslonnière, ses cousins-germains, demeurans en la province dud. Berry, Louis de Guénand, sieur de Tranchelion, François et Charles de Guénand, aussy ses cousins-germains, demeurans scavoir lesd. Louis et François de Guénand en lad. province de Berry et led. Charles en la parroisse dud. Vitray, qu'il porte pour armes : *d'or, à trois fusées et deux demies de gueules en face*, produira cy-après les pièces dont il entend s'ayder, et a signé :

DE GUÉNAND.

GUESNAND (DE). — Originaire de Touraine.

François de Guesnand, écuyer, sieur de Vitray y demeurant, élection et siège royal de Loches, bailliage de Tours, a justiffié la possession du titre de noblesse, depuis l'an 1480, commençant en la personne de son quartayeul ; Gabriel de Guénant, écuyer, sieur de La Vallée, demeurant parroisse d'Abilly, élection de Chinon, bailliage de Tours, a justiffié la possession du titre de noblesse, depuis l'année 1511, commençant en la personne de son bisayeul.

Portent : *d'or à la fasce fuselée de gueules.*

GUÉNIVEAU (DENIS), conseiller du roy, assesseur criminel et premier conseiller civil en la seneschaussée de Saumur, comparant le deux septembre 1666 par M^{tre} Charles Drugeon, fondé de procuration spéciale passée par Blondeau, notaire aud. Saumur le premier du présent mois, lequel pour satisfaire à l'assignation donnée aud. sieur Guéniveau à la requeste de Laspeyre le 26ᵉ aoust dernier, a dict en vertu du pouvoir à luy donné par lad. procuration que led. sieur Guéniveau desnye avoir pris la qualité d'escuyer et que sy l'on luy justiffie qu'elle luy ayt esté donnée ça esté par erreur et qu'il la désavoue ayant porté touttes les charges dont les roturiers sont tenus comme il offre justiffier et représenter un arrest qu'il a obtenu en diminution des tailles, et a faict eslection de domicile au logis du sieur de La Nivardière, et a signé :

C. DRUGEON.

GUÉNIVEAU (M^{tre} JEAN), sieur des Forges, conseiller du Roy, président au grenier à sel de Candé, demeurant à Angers, paroisse Saint-Maurille, comparant le XVIIIe de may 1667 par Me Michel Bernard son procureur, lequel a déclaré qu'il n'a jamais pris la quallité d'escuyer et y a renoncé et renonce et en conséquance requiert son renvoy.

Signé : BERNARD [1].

GUÉRIN (FRANÇOIS DE), sieur de Villiers-Rozières, demeurant aux Louppes, eslection du Chasteau-du-Loir, bailliage du Mans, comparant le sept mars 1667, a dict qu'il entend maintenir la qualité d'escuier comme issu de parens nobles et escuiers, qu'il est cadet de sa famille ; Charles de Guérin, sieur du

---

(1) De cette famille était Joseph, assesseur criminel en la sénéchaussée de Saumur (1698). Armoiries : *d'argent à 5 tourteaux d'azur, 2, 2 et 1.*

Jarrier, demeurant à Montdubleau en est l'aisné et n'en reconnoissent poinct d'autres de leur famille, porte pour armes : *d'azur au soleil et trois estoilles d'argent posées en fasce*, et pour la justiffication de sad. noblesse a protesté de réquérir un dellay pour obliger son aisné à en représenter les tiltres et a signé :

FRANÇOIS DE GUÉRIN.

Led. sieur Guérin a produict ses tiltres le cinq^e juillet 1667.

Et depuis le 11 septembre 1670, led. sieur Guérin a remis au greffe les pièces dont il entend se servir. Les pièces dud. sieur de Guérin luy ont esté rendues le 11 septembre 1670.

GUÉRIN (CHARLES DE), sieur du Jarrier, demeurant à Mondoubleau, eslection du Chasteau-du-Loir, baronnie de Mondoubleau, ressortissant au Parlement de Paris, comparant le XIIII may 1669, a dit qu'il entend maintenir la qualité d'escuier, qu'il est aisné de sa maison de laquelle il ne cognoist personne que François de Guérin, sieur de Villiers-Rozières, son cousin-germain, demeurant parroisse de Berfay, qu'il y en a encor quelques-uns du mesme nom en Picardie d'où il est originaire, qu'il ne cognoist pas et porte pour armes : *de gueules à trois estoilles d'argent rangées en face et au chef de gueules chargé d'un soleil d'or*, et a signé :

DE GUÉRIN.

GUÉRIN (CLAUDE), sieur de La Pointe et de Faverolles, demeurant paroisse dud. Faverolles, eslection d'Amboise, bailliage de Tours, comparant le XXe may 1667, a dit qu'il entend maintenir la qualité d'escuier, qu'il est seul de son nom et armes, qu'il porte : *d'azur au sautoir dantelé d'or, accompagné de quatre faces humaines de femmes à cheveux d'or*, et pour la justiffication de lad. qualité a mis au greffe les pièces dont il entend se servir et a signé :

DELAPOINCTE GUÉRIN DEFAVEROLLES.

Les pièces dud. sieur luy ont esté rendues ce deux aoust 1667.

GUÉRIN.

Claude Guérin, écuyer, sieur de La Pointe et de Faverolles, demeurant paroisse de Faverolles, élection d'Amboise, bailliage de Tours, a justiffié la possession du titre de noblesse, depuis l'année 1554, commençant en la personne de son bisayeul.

Porte : *d'azur au sautoir dentelé d'or, cantonné de 4 têtes de femme de profil de même* [1].

GUÉRIN (René), sieur du Petit-Bois, conseiller du Roy et controlleur au grenier à sel de Craon, demeurant aud. Craon, comparant le trois aoust 1667, a dit qu'il n'a jamais pris la qualité d'escuier, bien loin de ce, qu'il est cottisé comme roturier aux roolles des tailles en lad. ville de Craon du depuis douze ou treize ans et que s'yl se trouve quelques actes dans lesquels la qualité d'escuyer soit employée, sca esté les nottaires qui les ont passés sans que led. sieur Guérin en ait jamais eu connoissance ny qu'il ayt recherché lad. qualité d'escuier et mesme s'en désiste et ne prétend la soustenir et a signé :

René Guérin.

GUÉROUST (Pierre de), sieur de Sainct-Loup, demeurant à Teillé, eslection du Mans, bailliage dud. lieu, comparant le XIII septembre 1666, lequel pour satisfaire à l'assignation qui luy a esté donnée à la requeste de Laspeyre par exploict du six septembre dernier a dit qu'il entend maintenir sa qualité d'escuier comme dessendu de parens nobles et escuiers, qu'il est fils aisné de Jacques aisné de la famille, qu'il a pour frère Jean Guéroust et reconnoist encore Loup Guéroust, son oncle, demeurant au Perche et sa famille, porte pour armes celles apposées en son arbre généalogique, qu'il produira au premier jour avec les pièces justiffatives de sa noblesse, et a esleu domicille en la maison de M^tre Urbain Conseil, procureur au présidial de Tours, et a signé :

Pierre de Guéroust.

Les pièces dud. sieur de Guéroust luy ont esté rendues ce jourd'huy deux octobre 1666.

---

(1) Carré de Busserolles dit : *4 bustes de femmes au naturel, les cheveux d'or.*

GUEROULT (DE). — Originaire du Maine.

Jacques de Gueroult, écuyer, sieur de Malnost et Pierre de Guéroust, écuyer, sieur de Saint-Loup, son fils, demeurant paroisse de Theillé, élection et ressort du Mans, ont justiffié la possession du titre de noblesse, depuis l'année 1483, commençant en la personne de leur trisayeul et quartayeul.

Porte : *d'argent au chevron de gueules accompagné de 3 branches de vigne de sinople portant chacune un raisin de même.*

GUERRIER (JEAN), sieur des Mousseaux, bourgeois de la ville d'Angers, et y demeurant, comparant le 15 septembre 1666 par M^{tre} Michel Bernard, lequel a dit qu'il n'a jamais entendu prendre la qualité d'escuier et que s'il se trouve qu'elle luy ayt esté donnée en quelques actes notariéz, ç'a esté de l'esprit et mouvement du notaire et non par son ordre, déclare qu'il y renonce, et a led. Bernard signé :

BERNARD.

GUERRIER (MATHIEU), chanoine honorere en l'église royalle et collégialle de Sainct-Martin d'Angers et prieur du prieuré de Vontes, demeurant aud. Angers, comparant le XIII septembre 1666, par M^{tre} Michel Bernard, fondé de procuration du dix du présent mois de septembre passée par devant Lenfant notaire royal aud. Angers, lequel en vertu dud. pouvoir a dit qu'il a esté donné assignation au domicille dud. Mathieu Guerrier à Pierre Guerrier, à la requeste de Laspeyre et que led. Mathieu Guerrier n'a jamais pris la qualité d'escuyer et est lad. procuration demeurée au greffe et a signé :

BERNARD.

GUESCLIN (Mre RENÉ DU), conseiller du Roy en ses conseils et cy-devant au Grand-Conseil, demeurant ordinairement en sa maison de Bossé (Beaucé), parroisse de Soulesme, eslection de La Flèche, seneschaussée de Chasteau-Gontier, comparant le 6e aoust 1667 a dit qu'il entend maintenir la quallité d'escuier et de chevallier, qu'il est aisné et seul d'une branche de cadets de sa maison et que Mre Bertrand Duguesclin, conseiller au Parlement de Bretagne,

seigneur de La Roberie son cousin-germain est l'aisné de la maison dont il ne cognoist aucun autre, qu'il porte pour armes : *d'argent, à l'aigle à deux testes de sable au baston de gueules, sur le tout* et pour la justiffication de lad. qualité mettera au premier jour au greffe les pièces dont il entend se servir et a signé :

Du Guesclin.

Led. sieur a produict ses tiltres le 9 aoust 1667.
Lesd. tiltres ont esté rendus aud. sieur le 11e dud. mois d'aoust 1667.

GUESCLIN (du). — Originaire de Bretagne.

René du Guesclin, chevalier, conseiller du Roy en ses conseils demeurant paroisse de Solesmes, élection de La Flèche, a justifié la possession du titre de noblesse, depuis l'année 1505, commençant en la personne de son trisayeul.

Porte : *d'argent à l'aigle éployée de sable, becquée et armée de gueules, au bâton de même brochant sur le tout.*

GUIBERT (Estienne), escuyer, conseiller du Roy, lieutenant civil et criminel de l'Eslection du Mans, comparant le 8 juillet 1666, nous a dit qu'il entend percister en la qualité d'escuyer par luy prise, et à cet effect a mis en nos mains les tiltres dont il entend se servir, et a signé :

De Guibert.

Les pièces dud. sieur de Guibert luy ont esté rendues ce dix juillet 1666.

GUIBERT (de). — Originaire du Mans.

Estienne de Guibert, écuyer, lieutenant en l'élection du Mans, a justifié la possession du titre de noblesse, depuis l'année 1544, commençant en la personne de son bisayeul.

Porte : *de gueules à 2 chevrons d'or, accompagnés de 3 annelets de même, 2 et 1* [1].

GUIBERT (Ambroise de), sieur de La Gapallière, demeurant parroisse de Beauchesne, eslection du Chasteau-du-Loir, ressort de Montdoubleau, baronnie-

---

(1) D^{elle} Rosalie de Guibert fut reçue à Saint-Cyr en 1766.

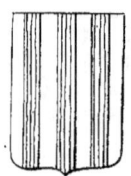

pairie, comparant le dix-huict juin 1667, a dit qu'il entend maintenir la qualité d'escuyer, qu'il est aisné d'une branche de sa maison, que Charles de Guibert et François de Guibert, frères, demeurans, scavoir led. Charles au pays du Maine, proche Coupetrain, et led. François en Picardie, sont enfans de son frère aisné, et que François de Guibert, demeurant proche led. lieu de Coupetrain est aussy son cousin et qu'il n'en cognoist point d'autres de son nom et armes, qu'il porte : *d'argent à trois palmes de gueules,* et a fait eslection de domicille au logis de Me Louis Barbin, assesseur en l'eslection dud. Chasteau-du-Loir, et a signé :

A. DE GUYBERT.

GUIBERT (FRANÇOIS DE), sieur de La Gaignerie, demeurant parroisse de Saint-Aignan, eslection et seneschaussée du Mans, comparant le six juillet 1667 tant pour luy que pour Dominique de Guibert, son frère puisné, demeurant mesme maison et pour François de Guibert, sieur de La Huronnière, demeurant parroisse de Saint-Aignan, mesmes eslection et seneschaussée, a dit qu'ils entendent maintenir la qualité d'escuyer et qu'il ne cognoist autres personnes de son nom et armes que le sieur de Guibert, sieur de La Gapaillière, demeurant parroisse de Beauchesne, eslection du Chasteau-du-Loir, son grand oncle et François de Guibert, sieur de La Perronnière, demeurant parroisse du Méliard, eslection d'Amiens, son oncle et leurs familles et qu'il porte pour armes : *d'argent, à trois pals de gueules,* et pour la justiffication de sa noblesse il a produict les pièces dont il entend se servir conjoinctement avec led. sieur de La Gapaillière, son grand-oncle et a signé :

F. DE GUIBERT.

Les pièces dud. sieur de Guibert luy ont esté rendues le trois aoust 1667.

GUIBERT (DE). — Originaire du Maine.

François de Guibert, écuyer, sieur de La Huronnière, demeurant à Saint-Aignan, élection et ressort du Mans, Ambroise de Guibert, écuyer, sieur de La Gapaillère, demeurant paroisse de Beauchesne, élection de Châteauduloir, François de Guibert, écuyer, sieur de La Gannerie et Dominique de Guibert, son frère, demeurant en lad. paroisse de Saint-Aignan, ont justiffié la possession du titre de noblesse, depuis l'année 1489, commençant scavoir lesd. François I et Ambroise en la personne de leur bisayeul et lesd. François IIe, Dominique, en celle de leur quartayeul.

Portent : *d'argent à 3 pals de gueules.*

GUILLEBAULT (Me PIERRE), sieur du Bourgdavid, conseiller du roy, controlleur au grenier à sel de Saint-Florent-le-Viel, demeurant aud. lieu, eslection et bailliage d'Angers, comparant le six may 1667 par Me Ferregeau, son procureur, a dit qu'il n'a jamais pris ny prétendu prendre la qualité d'escuier pour aucuns actes.

FERREGEAU.

GUILBAULT.
— Jacques Guilbault, sieur de La Grand' Maison, qui a été échevin en 1658, pour jouir...

GUILLEGAULT (OLIVIER), sieur de La Fontaine, demeurant ordinairement à Poitiers, comparant le 14e aoust 1666, lequel pour satisfaire à l'assignation à luy donnée à la requeste de Laspeyre par exploict de Ladebat, du deuxiesme du présent mois, pour procéder aux fins dud. exploict et de nostre ordonnance y énoncée, a dit qu'estant de la ville de Poitiers, ainsy qu'il parroist par le certifficat du curé de la parroisse de Sainct-Didier, et du maire de lad. ville de Poitiers, il n'a peu estre assigné par devant nous, mais seulement par devant le sieur Commissaire départy en la généralité de Poitiers, par devant lequel il nous a requis son renvoy et néantmoins en cas que nous veillions en prendre cognoissance a déclaré qu'il n'entend maintenir lad. qualité d'escuyer, laquelle il n'a prise qu'à l'imitation de feu son père auquel elle a esté donnée en plusieurs commissions et employs qui luy ont esté donnés, pour le service du Roy, et à cause des services par luy rendus à Sa Majesté en plusieurs occasions importantes dont il représentera les certificats, et a faict eslection de domicille en la personne de Me Bernard, et a signé :

OLLIVIER GUILLEGAULT.

Condamné.

GUILLEMIN (PIERRE), sieur de La Chicaudière, advocat au siège présidial d'Angers, y demeurant, comparant le treize avril 1667 par Me Berneust, son procureur, lequel pour satisfaire à l'assignation qui a esté donnée à la requeste de Laspeyre à François Guillemin, sieur de La Chicaudière, a déclaré que sy led. Laspeyre a entendu faire donner lad. assignation aud. Pierre Guillemin, icelluy Pierre Guillemin déclare qu'il n'a jamais pris ny entendu prendre la qualité d'escuyer et que sy lad. qualité luy a esté donnée par quelque notaire ou personne publicque, il a surpris led. Pierre Guillemin qui n'en a aucune cognoissance et n'a prétendu ny ne prétend la prendre, et a signé :

Berneust.

GUILLOT (François), sieur de La Niardière, bourgeois de Paris, y demeurant ordinairement depuis trente ans, comparant le vingt un octobre 1666, lequel a dit que mal à propos il a esté assigné par devant monsieur l'intendant et qu'il ne l'a peu estre par devant celuy de la généralité de Paris dont les bourgeois sont exempts de lad. recherche, que néantmoins il déclare qu'il n'a jamais pris la qualité d'escuyer et que sy elle luy a esté donnée en quelques actes, ç'a esté à son inseu et sans son consentement, et que quand il l'auroit prise (que non) elle n'auroit préjudicié ny au roy ny au public, ayant toujours demeuré en lad. ville de Paris, et a signé :

Guillot.

GUILLOT (de).

René de Guillot, écuyer, sieur du Plessis-Doussay, demeurant paroisse de Sainte-Colombe, élection d'Angers, René de Guillod, écuyer, sieur de La Fremillonnière, son fils, demeurant paroisse de Chenu, élection de La Flèche, au nombre des maintenus par Mr Voisin de la Noirays [1].

Armoiries : *d'argent au chevron de gueules accompagné en pointe d'un croissant de même, une fasce d'or brochante.*

GUINEUF (Pierre de), sieur de La Tersère, demeurant parroisse de Pouzay, eslection et ressort de Chinon, comparant le xxe septembre 1667 a dit qu'il entend maintenir la qualité d'escuier, qu'il est seul de son nom et armes, pour la justiffication de sa qualité d'escuier il produira les tiltres de sa noblesse au premier jour et a signé :

P. de Guineuf.

(1) Catalogue d'Anjou.

Me Louis Le Damoisel a produict les tiltres dud. sieur de Guineuf le XXIIe janvier 1668.

Les pièces dud. sieur de Guineuf ont esté rendues à Me Guillaume de Geneville qui a dict avoir charge de les retirer ce XXVIIIe febvier 1668.

GUINEUF (DE). — Originaire de Touraine.

Pierre de Guineuf, écuyer, sieur de La Tesserie, demeurant paroisse de Pouzay, élection de Chinon, bailliage de Tours, a justiffié la possession du titre de noblesse depuis l'année 1510 commençant en la personne de son trisayeul.

Porte : *d'azur à l'aigle éployée d'or, armée, becquée et éclairée de gueules.*

GUINOISEAU (RENÉ), sieur de La Giraudière, demeurant à Angers, parroisse Saint-Maurille, comparant le 8 mars 1667 par René Bitault, escuier, sieur du Plessis-Bitault, lequel a dit que si led. sieur Guinoiseau a pris la qualité d'escuier ç'a esté pendant sa minorité et lors qu'il estoit dans les armées en qualité de lieutenant de cavallerie, au régiment d'Espernon, et que despuis sa majorité, il n'a point pris la qualité d'escuier, partant soustient qu'il doibt estre renvoyé.

Signé : RENÉ BITAULT.

Damoiselle Renée Gouin, veufve de JACQUES GUINOISEAU, vivant sieur de La Giraudière, sécrétaire de la deffuncte Royne mère du Roy demeurant en la ville d'Angers, comparant le 12e juin 1667 par Mtre Michel Bernard, a dict qu'elle desnye que sond. deffunct mary ayt pris en aucun acte la qualité d'escuyer, et encore qu'il se trouvast qu'elle luy eust esté donnée que ce ne peust estre que de l'esprit des nottaires, ce qui ne peut estre tiré contre elle à conséquence d'autant que sond. deffunct mary est décéddé dès l'année 1658, lequel n'a jamais affecté lad. qualité.

Signé : BERNARD.

GURIE (PIERRE DE), sieur du Mas, gentilhomme servant de Sa Majesté, en sa grande fauconnerie, demeurant parroisse du Lyon d'Angers, eslection et seneschaussée de lad. ville d'Angers, comparant le huict avril 1667 a dit qu'il

n'a pris lad. qualité d'escuyer qu'en lad. qualité de gentilhomme servant de lad. fauconnerie quoy qu'il la pust prétendre par sa naissance dont il n'a les pièces pour la justiffication n'estant que cadet de sa maison et a produict les pièces dont il entend se servir et a signé :

Pierre de Gurie [1].

Lesd. pièces ont esté rendues aud. sieur de Gurie le vingt avril 1667.

GUYTON (François de), sieur des Marais, demeurant parroisse de Moncé-en-Belin, élection et sénéchaussée du Mans, comparant le six septembre 1667, a dit qu'il entend maintenir la qualité d'escuyer, qu'il a pleu à Sa Majesté luy octroyer par ses lettres patentes du mois de febvrier 1665, et luy confirmer par son brevet de retenue du xxviii° décembre 1655 en considération de ses services, qu'il porte pour armes : *d'azur, à trois casques de costé d'argent, au chef d'or chargé de trois aigles de sable* et a mis au greffe les pièces dont il entend se servir et a signé :

Desmarais de Guyton.

Lesd. pièces ont esté rendues aud. sieur de Guyton, le 7 septembre 1667.

H

Damoiselle Louise Dyonneau, veufve de René HABERT, vivant sieur de La Housselière, mareschal des logis de monsieur le duc d'Orléans, demeurant paroisse de La Chartre, eslection de La Flèche et ressort du Chasteau-du-Loir comparant le six may 1667 par M^tre Pierre Berneust le jeune, son procureur, lequel a dit qu'elle entend maintenir la qualité d'escuier prise par sond. mary tant en son nom qu'en qualité de tutrice des enfans d'elle et de sond. deffunct mary et qu'elle produira au premier jour les pièces dont elle

---

(1) Cette famille fut maintenue en Bretagne le 4 avril 1698 et en Touraine le 28 février 1698. Les grosses originales sont actuellement chez M. Paul de Farcy qui descend de la dernière héritière.
Armoiries : *d'argent à 3 chevrons d'azur*.

entend se servir pour la justiffication de lad. qualité d'escuier et a signé :

BERNEUST.

Louise Dionneau, veufve de feu RENÉ HABERT, sieur de Housselière, vivant mareschal des logis de Monsieur le duc d'Orléans, demeurant en la ville de La Chartre, comparant le XIIIe may 1667 a dict que bien que M^{tre} Pierre Berneust, le jeune, procureur au présidial de cette ville de Tours ayt cydevant le six du présent moins comparu pour elle et déclaré qu'elle entendoit maintenir la qualité d'escuyer de sond. deffunct mary, que néantmoins elle n'entend maintenir lad. qualité et y renonce et qu'elle ne scait pas mesmes que sond. mary l'ait prise pendant sa vie et que s'il l'a prise, ce n'est qu'en conséquence de sad. charge qui luy en donnoit pouvoir ainsy qu'il parroist par l'arrest du conseil du dix juin 1665 par lequel les mareschaulx des logis de mond. sieur le duc d'Orléans sont deschargés des assignations à eux donnés à la cour des aides à la requeste de Thomas Bousseau lors chargé de la recherche des usurpateurs du tiltre de noblesse, avec deffences aud. Bousseau de faire aucunes poursuictes contre eux pour raison de lad. qualité ny de les troubler pendant qu'ils en seront pourveus et a signé :

L. DIONNEAU.

HAINCQUE (ALEXANDRE), sieur de Boissy, conseiller du Roy, controleur général des eaues et forests au département de Touraine, Anjou et le Maine, demeurant à Chambon, a dit avoir seulement pris la qualité d'escuier depuis qu'il est pourveu de lad. charge et entendre la maintenir tant qu'il posseddera lad. charge quy luy donne lad. qualité, estant à l'instar de celle des grands maistres et pour représenter ses tiltres a requis délay de six sepmaines, et a signé :

HAINCQUE DE BOISSY [1].

Condamné.

---

(1) Armoiries : *d'argent à l'ancre de sable en pal accompagnée en chef de 2 étoiles de gueules.*

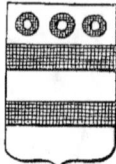

HALLOT (JACQUES DE), sieur du Vivier, demeurant parroisse de Seaux, eslection et présidial du Mans, comparant le xvii⁰ febvrier 1667, a dit qu'il entend maintenir la qualité d'escuyer et qu'il est aisné d'une branche de cadets de sa maison et que Louis de Hallot, sieur de Pontus, demeurant pays du Perche, est son nepveu et que la branche de l'aisné du nom et armes de laquelle sa branche de cadet est séparée depuis très longtemps est en Normandie, qu'il ne cognoist pas, et que ses armes sont : *d'argent, à trois annelets de sable en chef et deux fasces de mesme ;* produira au premier jour les pièces dont il entend se servir et a signé :

J. DE HALLOT.

Led. sieur de Hallot a mis au greffe les pièces dont il entend se servir le 3 juin 1667.

Lesd. pièces ont esté rendues le dix juin 1667.

HALLOT (DU). — Originaire de Beausse.

Jacques du Hallot, écuyer, sieur du Vivier, demeurant paroisse de Sceaux, élection et bailliage du Mans et Louis du Hallot, écuyer, sieurs de Pontus, son neveu, demeurant paroisse de La Chapelle, pays du Perche, ont justiffié la possession du titre de noblesse depuis l'année 1519 commençant en la personne du bisayeul dud. Jacques et du trisayeul dud. Louis.

Porte : *d'argent à 2 fasces de sable accompagnées de 3 annelets de même, rangés en chef.*

HALLOT (JEAN DU), escuyer ordinaire de la grande escurie du Roy, demeurant en la ville d'Angers, comparant le xiiii⁰ juin 1667 par M^tre Michel Bernard, procureur au bureau des finances, à Tours, lequel a dit que led. sieur Hallot a pris la qualité d'escuyer en conséquence des lettres de Sa Majesté du viii⁰ febvrier 1651, qui le retienne en la charge de l'un de ses escuyers ordinaires de sa grande escurie, laquelle qualité il n'entend prendre que tant qu'il plaira à la dite Majesté.

BERNARD.

HALLOUIN (RENÉ), sieur de La Perrotière, demeurant parroisse de Varenne, eslection de Saumur, bailliage dud. lieu, lequel comparant le 29 septembre

1666, a dict qu'il a pris la qualité d'escuier à cause de sa charge de garde du corps de la deffuncte Reyne-Mère qui la luy donne, à laquelle de son chef il renonce, et pour la justiffication produira au premier jour ses pièces, et a esleu domicille en la maison de M^{tre} Guérin, procureur à Chinon, et a signé :

HALLOUIN.

HAMELIN (CLAUDE), sieur de Nazé, demeurant dans la parroisse de Vivy, eslection et ressort de Saumur, comparant le cinq septembre 1666, lequel pour satisfaire à l'assignation à luy donnée à la requeste de Laspeyre le xxviiie aoust dernier, a dict qu'il entend maintenir la qualité d'escuyer, et qu'il est issu d'un cadet de sa maison, et qu'il ne reste de lad. branche que Marin Hamelin son frère et sa famille, et que de la branche de l'aisné il ne reste plus que dame Claude Hamelin, femme de Louis Testu, marquis de Balincourt, et qu'il porte pour armes : *d'azur à un lion rampant de gueules, armé, couronné et lampassé d'or,* et que pour la justiffication de lad. qualité il produira les pièces dont il entend se servir, et a faict eslection de domicille au logis de M^{tre} André Guérin procureur à Chinon, et a signé :

CLAUDE HAMELIN.

Les pièces dud. sieur Hamelin luy ont esté rendues le xxvie septembre 1666.

HAMELIN. — Originaire d'Anjou.
— Claude Hamelin, écuyer, sieur de Nazé et Robert Hamelin, écuyer, sieur de Champrobert, son frère, demeurant paroisse de Vivy, élection de Saumur, ont justiffié la possession du titre de noblesse, depuis l'année 1470, commençant en la personne de leur quartayeul.
Porte : *d'azur au lion de gueules, armé, lampassé et couronné d'or.*
Claude Hamelin... eut acte de la représentation de ses titres le 29 mai 1667.

HAMELIN (PIERRE), sieur de La Hamelinière, conseiller du roy, lieutenant de robbe longue en la grande prévosté et mareschaussée du duché de Beaumont et siège présidial de La Flèche, y demeurant, comparant le seize novembre 1666, lequel a dit qu'encores que par arrest du conseil d'estat du xii mars 1665 Sa Majesté ait deschargé les prévosts généraux et provinciaux et leurs lieutenans servans près leurs personnes de la présente recherche pour avoir pris la qualité d'escuyer, et que mesmes sur l'assignation qui a esté donnée aud. Hamelin et à M^{tre} Christophle Lenoir, aultre lieutenant en lad. mareschaussée, à la cour des aides, à la requeste de Thomas Bousseau, iceux Hamelin et Lenoir s'estans pourveus au conseil, présenté requeste et justiffié de leurs qualités, ils en ayent esté d'abondant et nommément deschargés par autre arrest dud. conseil du xxxie dud. mois de mars 1665, à la charge de ne prendre plus lad. qualité d'escuyer jusques à ce qu'autrement par Sa Majesté ait esté ordonné, lequel arrest a esté signiffié au domicille dud. Bousseau en la ville de Paris d'où led. Hamelin estant de retour il a trouvé lad. assignation pour représenter les tiltres en vertu desquels il prétend la qualité d'escuyer quoy qu'il ne l'ait point prise depuis led. arrest et ne prétend plus à l'advenir la prendre jusqu'à ce qu'autrement par Sa Mejesté en ait esté ordonné conformément aud. arrest et ne l'a prise qu'en qualité de sad. charge de lieutenant en lad. grande prévosté et mareschaussée créé par édict de l'année 1595 et lettres de provision qui luy ont esté expédiées dès l'année 1634, sur la résignation de feu M^{tre} Michel Hamelin son père qui l'a aussy exercée quinze ou vingt ans et a signé :

P. HAMELIN.

HAMELIN (MAURILLE), demeurant à Angers, comparant le seize mars 1667 par M^{tre} Jean Moreau, greffier au greffe criminel de cette ville de Tours, lequel a dit qu'icelluy Hamelin a esté bien fondé de prendre la qualité d'escuyer, estant petit-fils d'eschevin de lad. ville, a signé :

MOREAU.

Led. sieur Maurille a mis au greffe les pièces dont il entend se servir ce xxviiie avril 1667.

J'ay soubzsigné recongnoist que les pièces dudit sieur Hamelin m'ont esté rendues. Faict à Tours, ce 20 mars 1669.

MOREAU.

HAMELIN.
— Me N. Hamelin substitut du procureur du Roy au dit présidial (d'Angers) fils de Me Pierre

Hamelin, sieur de Richebourg, vivant avocat au présidial d'Angers et échevin en 1623, pour jouir...

Maurille Hamelin aussi fils dud. sieur de Richebourg, pour jouir...

HARAMBURE (JEAN D'), demeurant parroisse d'Évron, eslection de Mayenne, ressort du duché de lad. ville, comparant le xxve septembre 1666, lequel a dit qu'il entend maintenir la qualité d'escuyer et qu'il est seul de sa famille en cette généralité, et qu'estant originaire de la parroisse de Garris, diocèse d'Ax, près Saint-Jean-de-Lutz, il ne scait pas sy son père qu'il y a quarante un ans qu'il n'a veu ne s'est poinct remarié et a eu des enfans, et qu'il porte pour armes : *d'azur, à trois cheminées, fumantes de sable*, et que pour la justifficcation de sa noblesse il n'a ny ne peut aller chercher ses tiltres en sond. pays, n'ayant aucun bien pour faire les frais de son voiage, et n'en ayant jamais eu de ses père et mère, et a faict eslection de domicille en la personne de M^{tre} Jacques-Paul Miré, estant à la suitte de Monsieur l'Intendant, et a signé :

J. D'HARAMBURE.

HARAN (JOSEPH), sieur de La Huchonnière, comparant le 30 juillet 1666, par damoiselle Françoise Déodeau, sa femme, a déclaré estre chef de fruiterie de feu Monsieur le duc d'Orléans, et n'avoir jamais pris la qualité d'escuier et y renoncer.

Signé : F. DÉODEAU [1].

HARDAS (CHARLES DU) seigneur de Haulteville et Thomas du Hardas, seigneur du Fresnay, demeurans, scavoir led. Charles en la parroisse de Charcigné, eslection et bailliage du Mans, et Thomas, demeurant parroisse d'Auvers-le-Hamon, eslection de La Flèche, comparans le seize octobre 1666 par messire Jacques de Beauvau, chevalier, marquis du Rivau, en vertu du pouvoir à luy donné par lesd. du Hardas, lesquels entendent maintenir leur

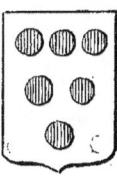

(1) Armoiries : *d'azur à 3 croissants d'argent mis en bande.*

qualité d'escuiers comme descendus de parens nobles et escuiers et ne reconnoissent poinct d'autres que ceux mentionnez en leur généalogie qu'ils produiront au premier jour avec les titres justifficatifs de leur noblesse, portent pour armes : *d'argent à six tourteaux de gueulles, trois, deux et un,* et a signé :

DE BEAUVAU LE RIVAU.

HARDAS (DU). — Originaire du Mayne.

Thomas du Hardas, chevalier, seigneur de Fresnay, Charles du Hardas, chevalier, baron d'Hauteville, demeurant paroisse d'Auvers-le-Hamon, élection de La Flèche, ont justiffié la possession du titre de noblesse, depuis l'année 1456, commençant led. Thomas en la personne de son quartayeul et led. Charles en celle de son quintayeul.

Porte : *d'argent à 6 tourtaux de gueules, 3, 2 et 1.*

— Charles et Thomas du Hardaz... eurent acte de la représentation de leurs titres le 17 octobre 1666.

HARDOUIN (PHILIPPE-EMMANUEL), seigneur de La Girouardière, demeurant parroisse de Peuton, eslection et ressort de Chasteau-Gontier, comparant le XVIIe aoust 1668, a dit qu'il entend maintenir la quallité d'escuier qu'il est le seul qui porte son nom et armes qui sont : *d'argent à la fasce de gueules ; en chef : un lion passant, de sable, armé, lampassé et couronné de gueules, et en poincte : deux roses aussy de sable,* a mis au greffe les pièces dont il entend se servir et a signé :

PHILIPPE-EMANUEL DE HARDOUIN.

Les pièces dud. sieur de Hardouin luy ont esté rendues ce XVIIIe aoust 1668.

HARDOUIN (DE). — Originaire du Maine.

Philippes-Emmanuel Hardouin, écuyer, sieur de La Girouardière, demeurant parroisse de Peuthon, élection et ressort de Chateaugontier, a justiffié la possession du titre de noblesse, depuis l'année 1525, commençant en la personne de son trisayeul.

Porte : *d'argent à la fasce de gueules accompagnée en chef d'un léopard de sable et en pointe de deux quintefeuilles de même.*

— Philippe-Emmanuel Hardouin... eut acte de la représentation de ses titres le 17 août 1668.

Le treiziesme apvril 1669 est comparu Me André Bréchet, procureur en l'élection de cette ville de Tours, y demeurant rue de la Monnoye, lequel nous a remonstré luy avoir esté envoyé par Jean HARDY, advocat en parlement, demeurant à Laval, une assination qui a esté lessé en sa maison le 30 mars dernier à Robert Hardy, à la requeste de Jehan de Laspeyre, lequel Robert Hardy est décedé dès le vingt uniesme novembre 1649 et inhumé en la paroisse de la Sainte-Trinité dud. Laval, comme il appert par le certifficat du sieur curé dud. lieu qu'il a représenté avec le certificat d'attestation du sieur Gilles de Farcy, juge civil et criminel au comté dud. Laval, ne scait sy led. sieur Hardy a pris la qualité d'escuyer de son vivant, ny ayant présentement aucune personne qui porte le mesme nom de Robert Hardy, en conséquence de quoy a requis son renvoy de lad. assination, et a signé :

Bréchet.

HAVART (René de), sieur de Senante, demeurant parroisse de Douillet, eslection et ressort du Mans, et Estienne de Havart, frère dud. René, demeurant dans lad. parroisse, comparans le XIIe febvrier 1667 par damoiselle Renée de Roux, femme dud. sieur de Senante, laquelle a dit que lesd. sieurs de Havart entendent maintenir la qualité d'escuyer, que sond. mary est l'aisné de sa branche et que les sieurs marquis de Senante, demeurant en Savoie et de Rousière, demeurant au pays chartrain, sont de la mesme maison et armes qui sont : *de gueules chargé de six coquilles d'argent ; my partie d'une bande d'or fusellée de sable ;* a signé :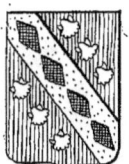

Renée de Roux.

HAVARD (DE). — Originaire de l'Isle-de-France.

René de Havard, éécuyer, sieur de Senantes, et Étienne Havard écuyer, sieur dud. lieu, demeurants paroisse de Douillet élection et ressort du Mans, son frère, ont justiffié la possession du titre de noblesse, depuis l'année 1529, commençant en la personne de N.-H. Louis de Havard, écuyer, sieur de Senantes, leur bisayeul, mari de demoiselle Jeanne de Chastillon fille d'Anthoine de Chastillon, chevalier, seigneur de Marigny.

Porte : *de gueules à la bande d'or, chargée de 4 fusées de sable et accostée de 6 coquilles d'argent (en orle).*

HAYE (Gabriel de La), sieur de Chareau, fourier du corps du Roy, demeurant en sa maison de Chareau, parroisse de Neufville, bailliage de Tours, comparant le 12 juillet 1666, nous a déclaré avoir pris la qualité d'escuyer et entend continuer à la prendre en vertu du pouvoir qui lui en est donné par Sa Majesté par l'arrest de son Conseil et commission sur icelluy du 12 mars 1665, à cause de sad. charge de fourier du corps de Sa Majesté, et a signé :

De La Haye Chareau.

HAYE (Gilbert de La), sieur de La Guignaudière, aide des camps et armées du roy, gentilhomme ordinaire de sa maison, demeurant à Tours, parroisse Sainct-Pierre du Boisle, comparant le trois décembre 1666, lequel a dict qu'il entend maintenir la qualité d'escuyer et qu'il est aisné de sa maison, et porte pour armes : *d'azur à une tour d'argent soustenue par deux lions d'or armés et lampassés de gueules sur une terrasse de sinople*, et qu'il ne cognoist personne de son nom et armes que Gabriel Delahaie, sieur de Charreau, fourier du corps du roy, et pour la justiffication de sa noblesse a mis au greffe les pièces dont il entend se servir, et a signé :

De La Haye Guinauldière.

Les pièces dud. sieur ont esté rendues le xxviie décembre 1668.

HAYE (François de La), sieur de Montbault et du Coudray, demeurant parroisse de Saint-Hillaire-du-Bois, eslection de Montreuil-Bellay, seneschaussée d'Angers et Anthoine de La Haye, sieur des Hommes, demeurant parroisse de Coron, mesmes eslection et seneschaussée, comparans le douze avril 1667, par M^{tre} Michel Bernard, lequel a dit que lesd. sieurs de La Haye entendent maintenir la qualité d'escuier, qu'ils portent pour armes : *d'or à un croissant et six estoilles de gueules trois au-dessus, trois au-dessous dud. croissant*, produira au premier jour les tiltres dont lesd. sieurs entendent se servir et a signé :

Bernard.

Lesd. sieurs de La Haie ont mis an greffe les pièces dont ils entendent se servir, ce deux may 1667.

Les pièces dud. sieur de La Haie ont esté rendues aud. sieur Bernard ce xxiiie may 1667.

HAYE-MONTBAULT (DE LA). — Originaire d'Anjou.

François de La Haye, écuyer, sieur de Montbault et du Coudray y demeurant, paroisse de Saint-Hilaire-du-Bois, et Anthoine de La Haye, écuyer, sieur des Hommes, son frère, demeurant paroisse de Montreuil-Bellay, bailliage d'Angers, ont justiffié la possession du titre de noblesse, depuis l'année 1520, commençant en la personne de N. et P. Ollivier de La Haye, sieur de Montbault, son trisayeul.

Porte : *d'or au croissant de gueules accompagné de 6 étoiles de même, 3 et 3.*

— François de La Haye... et Antoine... au nombre des maintenus par M. Voisin de la Noyrais.

HAYE (GILBERT DE LA), sieur de Mongazon et de La Vieille-Senaudière, demeurant parroisse de Bouerre, eslection de La Flèche, ressort de Chasteaugontier, comparant le xxiiiie aoust 1667, a dit qu'il entend maintenir la qualité d'escuyer, qu'il est cadet de sa maison, que Jean de La Haye, sieur de Rezeux, demeurant pays du Maine est son aisné, que Gilles de La Haye, sieur du Moulin-Neuf et de La Petite Senaudière, demeurant en lad. parroisse de Bouerre est aussy un cadet de lad. maison et porte pour armes : *d'argent à trois barres de sable*, produira au premier jour les pièces dont il entend s'aider et a signé :

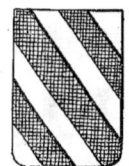

GILBERT DE LA HAYE.

Les pièces dud. sieur de La Haye luy ont esté rendues ce xxve aoust 1667.

HAYE (DE LA). — Originaire d'Anjou.

Gilbert de La Haye, écuyer, sieur de Montgazon, demeurant paroisse de Bouère, élection de La Flèche, ressort de Châteaugontier, a justiffié la possession du titre de noblesse, depuis l'année 1535, commençant en la personne de leur bisayeul.

Porte : *d'argent à 3 bandes de sable.*

— Gilbert de La Haye... eut acte de la représentation de ses titres le 14 août 1667.

HAYE (Jean-René-Baptiste de la), sieur de La Vacherie, demeurant parroisse du Puy-Nostre-Dame, eslection de Montreuil-Bellay, comparant le trois may 1668 par M^{tre} Deneu, procureur au présidial de cette ville de Tours, son procureur, lequel a dit qu'icelluy de La Haye entend maintenir la qualité d'escuyer et qu'il est aisné de sa maison et qu'en lad. qualité il a presté ses tiltres à un de ses cadets de la province de Normandie, pour retirer lesquels et les produire il prétend demander délay compétant et a signé :

Deneu.

HAYE (de la).

René-Jean de La Haye, chevalier, sieur de La Vacherie, demeurant parroisse du Puy-Notre-Dame, élection de Saumur, eut acte de la représentation de ses titres, le 6 mars 1670, tant pour luy que pour Pierre de La Haye, écuyer, sieur de La Verdonnière, demeurant parroisse de Lassay, pays du Maine.

Damoiselle Anne de La Haye [1], veufve de feu Brandelis de Champagne, fille et héritière de deffunct Charles de La Haye, sieur du Coudray, demeurant parroisse de Villaines la Juhée, comparant le xixe juillet 1667 par M^{tre} Claude Bonnette, procureur au présidial de cette ville de Tours, lequel a dict qu'il a esté donné assignation l'unze dud. présent mois à la requeste de Laspeyre aud. lieu du Coudray où est demeurante lad. damoiselle de La Haye, à Charles de La Haye, sieur du Coudray, quoy que led. sieur du Coudray, son père, soit décédé il y a cinquante ans et plus, et ainsy ce ne peut estre qu'une mesprise de la part dud. Laspeyre, lequel en conséquence ne peut prétendre aucune chose contre sa succession quand bien mesmes led. deffunct auroit pris une fausse qualité de noble, que non, parce qu'en effect il en avoit la qualité bien establie de plus de cent cinquante ans, et a signé :

Bonnette.

HAYES ou **HAIES** (Marc des), sieur de Cric, demeurant parroisse d'Avoise, eslection de La Flèche, bailliage de Chasteaugontier, comparant le sept febvrier

---

(1) De La Haye : *d'azur au bâton écoté d'or en bande soutenant 3 merlettes d'argent en chef.*

1667, lequel a déclaré qu'il entend maintenir la qualité d'escuyer, qu'il est seul de son nom et armes, qu'il porte : *(parti) d'argent et de gueules, à trois annelets de l'un en l'autre*, et pour la justiffication de lad. qualité, a mis au greffe les pièces dont il entend s'aider et a signé :

Marc des Hayes.

Les pièces dud. sieur des Haies luy ont esté rendues le neuf febvrier 1667.

HAYES (des). — Originaire du Mayne.

Marc des Hayes, écuyer, sieur de Cries, demeurant paroisse d'Avoise, élection de La Flèche, a justiffié la possession du titre de noblesse, depuis l'année 1540 commençant en la personne de son bisayeul.

Porte : *Parti d'argent et de gueules, à 3 annelets de l'un en l'autre 2 et 1.*

— Marc des Hayes eut acte de la représentation de ses titres le 7 février 1667.

HÉARD.

— M⁰ François Héard, sieur de Boissimon, procureur du Roy en l'élection et grenier à sel d'Angers qui a été échevin en 1652 et René Héard, écuyer, sieur de Bois-Simon, son fils, conseiller au présidial d'Angers, pour jouir...

Armoiries : *d'azur au chevron brisé d'argent accompagné en chef de 2 étoiles d'or et en pointe d'une larme d'argent.*

HECTOR (Louis), sieur de Tirepoil et de La Rémonnière, demeurant parroisse de Montillé, eslection de Montreuil-Bellay, ressort de Saumur, bailliage d'Angers, comparant le xxv septembre 1666, lequel a dit qu'il entend maintenir la qualité d'escuyer et qu'il est aisné de sa maison et que Georges Hector est son frère, et qu'outre Louis Hector, sieur de La Remonnière, demeurant aud. lieu de Montillé, son cousin-germain, il ne cognoist personne de son nom et armes, qu'il porte : *d'azur à trois tours d'or* et que pour la justification de sa noblesse, il produira au premier jour les pièces dont il entend se servir et a faict eslection de domicille en cette ville de Chinon au logis du sieur Angibert, esleu et a signé :

Louis Hector.

Les pièces dud. sieur ont esté rendues, le 26 mars 1667.

408

HECTOR. — Originaire d'Anjou.

Louis Hector, écuyer, sieur de Tirpoil y demeurant paroisse de Montilly, élection de Montreuil-Bellay, bailliage d'Angers, a justiffié la possession du titre de noblesse depuis l'année 1543 commençant en la personne de son trisayeul.

Porte : *d'azur à 3 tours d'or, 2 et 1.*

— Louis Hector... au nombre des maintenus par M. Voisin de laN oyrais.

HÉLIANT (RENÉ D'), sieur d'Ampoigné, y demeurant parroisse dud. lieu, eslection, ressort et seneschaussée de Chasteaugontier, aagé de 24 ans ou environ, comparant le 12 aoust 1666, lequel pour satisfaire à l'assignation à luy donnée à la requeste de Laspeyre le 4 du présent mois sur deffault par exploict de Breton huissier pour procéder aux fins dud. exploict a dict qu'il entend maintenir la qualité d'escuyer par luy prise et qu'il est aisné de sa maison, et qu'outre Jean et Louis d'Héliant ses frères cadets, René d'Héliant, sieur de La Gravelle, conseiller du Roy et premier président au présidial dud. Chateaugontier et René d'Héliant son fils sont issus de mesme tige et qu'il porte pour armes celles qu'il fera mettre au hault de sa généalogie qu'il produira par devers nous avec les pièces justifficatives de sad. qualité d'escuyer au premier jour et qu'il ne cognoist de sad. maison et armes que les cy-dessus nommés et a faict eslection de domicile en la personne de Me Michel Bernard et a signé :

D'HÉLYAND D'AMPONGNIÉ.

Les pièces dud. sieur luy ont esté rendues le 25 juin 1667.

HÉLIAND (RENÉ D'), sieur de La Gravelle, conseiller du Roy, président en la seneschaussée et siège présidial de Chasteaugontier, comparant le 19 aoust 1666, par M^{tre} Michel Bernard, fondé de procuration passée par Jean Gilles, notaire royal aud. Chasteaugontier, le seize du présent mois laquelle est demeurée au greffe, lequel pour satisfaire à l'assignation donnée aud. sieur d'Héliant sur deffault, le quatre du présent mois à la requeste de Laspeyre pour procéder aux fins desd. deffault et exploict et de nostre ordonnance y énoncée a dit en vertu du pouvoir à luy donné par lad. procuration que led. sieur d'Héliand entend maintenir la qualité d'escuyer, estant fondé de la prendre par les tiltres qu'il communiquera, pourquoy faire il prétend demander délay, et a signé

BERNARD.

Le sieur d'Héliant a mis au greffe les pièces dont il entend se servir le 15 avril 1667, lesquelles ont esté rendues à M{tre} Michel Bernard le 15 juillet 1667.

HÉLIAN. — De Châteaugontier.
René Hélian, écuyer, sieur d'Ampoigné, y demeurant, élection et présidial de Châteaugontier, fils de René Hélian, secrétaire du Roy, lequel après 14 ans de service avoit obtenu des lettres de vétéran dans l'exposé desquelles n'ayant demandé qu'à jouir des privillèges de sécrétaire du Roy pendant sa vie, le préposé à la recherche auroit prétendu qu'il n'avoit pu transférer la noblesse à ses descendants sur laquelle contestation, par jugement contradictoire, led. Hélian a été par nous maintenu en sa noblesse, ce qui a esté confirmé par arrest du Conseil.
Porte : *d'or à 3 aigles d'azur, becqués et membrés de gueules, 2 et 1.*
— René Héliand, sieur d'Ampoigné... eut acte de la représentation de ses titres et maintenu par arrêt du 7 novembre 1668.

Dame Jeanne de La Saugère [1], veufve de deffunct FRANÇOIS DE HELLAUT, seigneur de Vallière, comparant le xiiiie mars 1668 par M{tre} Louis Le Damoysel, tant pour elle que pour les enfans issus dud. deffunct et d'elle demeurans parroisse de Loiré, eslection et ressort d'Angers, lequel Le Damoysel a dict que lad. dame de La Saugère entend maintenir pour elle et pour ses enfans la quallité d'escuier prise par led. deffunct de Hellaut, son mary, lequel portoit *de gueules au griffon d'or*, a mis au greffe les pièces dont elle entend s'aider.

Signé : LE DAMOYSEL.

Les pièces de lad. dame de La Saugère ont esté rendues aud. Le Damoysel, son procureur, le seize mars 1668.

HÉLAUT (DE). — Originaire d'Anjou.
Demoiselle de La Saugère [1] veuve de deffunct François de Hélaud, écuyer, sieur de La Vallière, mère et tutrice de ...... de Hélaut son filz et dud. deffunct demeurant paroisse de

(1) De La Saugère : *de sable à 6 fleurs de lis d'argent, 3, 2 et 1.*

Loiré, élection et ressort d'Angers, a justiffié la possession du titre de noblesse depuis l'année 1525, commençant en la personne du bisayeul dud. François son mary.

Porte : *de 5 gueules au griffon d'or.*

— François de Hellaud... eut acte de la représentation de ses titres le 16 mars 1668.

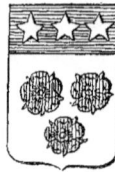

HENRY (François), sieur du Chesne et de Nozay, commissaire ordinaire de l'artillerie et l'un des cent gentilshommes de la maison du Roy et l'un des cent gendarmes réservés pour la garde de la Reine, demeurant au chasteau de Chinon, comparant le 19 aoust 1666, lequel pour satisfaire à l'assignation à luy donnée à la requeste de Laspeyre, l'unze du présent mois, par exploict de Ladebat, huissier, pour procéder aux fins dud. exploict et de nostre ordonnance y énoncée, a dit que bien que sesd. charges luy ayent donné droict de prendre la qualité d'escuyer, il ne l'a néantmoins jamais prise et que sy elle luy a esté donnée par quelques actes ç'a esté à son inseu et sans son consentement, et qu'il ne l'entend encore prendre s'il ne l'est ainsy ordonnée, en considération de lad. charge de gendarme, et a fait eslection de domicille en cette ville de Chinon, en la maison de M^{tre} André Le Bourguignon, advocat aud. Chinon, et a signé.

Henry Duchesne.

HENRY (Charles de), sieur du Champ, demeurant parroisse de Restigny, eslection et ressort de Saumur, présidial d'Angers, comparant le trente mars 1667 par M^{tre} Michel Bernard, lequel a dict que led. de Henry a pris et prend la qualité d'escuyer et entend la maintenir, a mis au greffe les pièces dont il entend se servir à cet effect.

Signé : Bernard.

Lesd. pièces ont esté rendues aud. sieur Henry le dix sept avril 1667.

Signé : De Henry.

HENRY. — Originaire de Touraine.

Charles Henry, écuyer, sieur du Champ, demeurant à Restigny élection de Saumur, bailliage de Tours, a justiffié la possession du titre de noblesse depuis l'année 1445 commençant en la personne de son quintayeul.

Porte : *d'argent à trois roses de gueules, 2 et 1, au chef d'azur chargé de 3 étoiles d'argent.*
(En marge). M. de La Grandière qui a espousé une demoiselle de cette famille dit qu'il n'y a plus de masles en 1766.
— Charles Henry... eut acte de la représentation de ses titres le 17 avril 1667.

HERBEREAU (Noel), sieur des Chemineaux, conseiller du Roy, président au grenier à sel, chevallier et capitaine du guet, et eschevin perpétuel de la ville d'Angers, comparant le seize décembre 1666 par Jacques Pouperon, son procureur, lequel a dit que led. Herbereau entend maintenir la qualité d'escuyer par luy prise esd. qualités de capitaine et chevallier du guet et eschevin de lad. ville d'Angers, et a mis au greffe les pièces dont led. sieur Herbereau entend s'aider, et a signé :

POUPERON.

— Noël Herbereau... paiera la somme de...
N. Herbereau fils du sieur de Beauvais, vivant valet de chambre du Roy et qui fut échevin en 1654, pour jouir...
N. Herbereau, fils de Jacques, sieur des Rousses, qui a été échevin en 1655, pour jouir...
Armoiries : *parti au 1er d'azur à une demie croix de Malte mouvante de la partition soutenue d'un demi croissant aussi mouvant, le tout d'or accompagné de 2 étoiles de même rangées en chef, au 2º d'argent à l'écureuil rampant de gueules,* qui est Fouquet.

HERSENT (Daniel), demeurant à Sainct-Aubin-des-Coudrais, comparant le xxiiiie juin 1667 a dit qu'il n'a jamais pris la qualité d'escuyer à laquelle il renonce, qu'il a toujours payé la taille et n'a jamais pris autre qualité que celle d'advocat et qu'il a esté assigné soubz le nom de David quoy qu'il s'appelle Daniel, a eslu domicille [en cette ville du Chasteau-du-Loir] en la maison de Me Beduet, sieur de La Perrine, advocat du Roi en ce siège et a signé :

D. HERSENT.

HERREAU (Mtre Jean), sieur du Temple, doyen des docteurs ez droictz en l'Université d'Angers, conseiller au siège de la prévosté dud. lieu, comparant le 2e mars 1669, par Mtre Louis Le Damoisel, procureur à la suitte de monsieur l'Intendant, lequel Damoysel a dit que led Herreau n'a jamais pris la quallité d'escuyer à laquelle il a toujours renoncé et renonce encore.

Signé : Le Damoysel.

HERSON (Jean de), sieur de La Bouderie, demeurant en la parroisse de Chevigné, comparant le 18 may 1667 par M^{tre} Pierre Berneust le jeune, procureur au siège présidial de Tours, son procureur, lequel a déclaré que led. sieur entend maintenir la qualité d'escuyer, qu'il produira au premier jour ses tiltres et a signé :

Berneust.

HERVÉ (Jean), sieur de La Saulais, demeurant en la ville d'Angers, parroisse Saint-Jullien, comparant le 28ᵉ janvier 1668, a déclaré qu'il n'a jamais pris la qualité d'escuyer à laquelle il renonce quoy que il ait esté dans des employs qui la luy ayent donnée, ayant esté mareschal des logis des gens d'armes de la compagnie de Monseigneur le prince de Conty pendant dix années, que lad. quallité d'escuyer luy estoit inutille, ayant toujours demeuré dans une ville franche depuis que ses blessures l'ont obligé de quitter le service du Roy, aussy il n'a jamais pris lad. qualité ainsy qu'il le justiffie par son contrat de mariage et autres actes qu'il a passés, et a signé :

La Saulais Hervé.

HERVÉ (Étienne), sieur de Pelouze, garde du corps de Sa Majesté, soulz la charge de M. le comte de Charault, demeurant parroisse de Savigné, eslection et ressort de Baugé comparant le xxvᵉ septembre 1668, a dit qu'il entend maintenir la qualité d'escuyer, comme garde du corps de Sa Majesté et non autrement, qu'il renoncera à la prendre lorsqu'il ne sera plus revestu de lad. charge, produira les pièces dont il entend se servir et a signé :

Estienne Hervé.

HILLERIN (Charles de), sieur de La Touche-de-Hillerin, conseiller du Roy, prévost provincial du Lodunois, Montreuil-Bellay, Mirbalais et Les Moges, demeurant à Lodun, comparant le six may 1667, a dict qu'encores qu'il soit noble d'extraction, néantmoins il n'entend quand à présent maintenir la qualité d'escuyer, que à cause de sad. charge dont il est pourveu depuis quarante ans, se réservant de la soustenir par sa naissance après qu'il aura retiré les tiltres qui sont ès mains de Mre Jean de Hillerin, conseiller du Roy au Parlement de Paris, son gendre, et a signé :

Charles de Hillerin [1].

HIRON (Jacques), procureur du Roy au grenier à sel de Saint-Florent-le-Vieil, y demeurant, eslection d'Angers, comparant le cinq may 1667 par M^tre Michel Bernard, procureur au bureau des finances à Tours, lequel a dit qu'icelluy Hiron n'a jamais pris ny prétendu prendre et se servir du tiltre et qualité d'escuyer en quelque acte où il ait cy-devant esté estably ny en quelques autres formes ny manière que ce soit et a signé :

Bernard.

HIVERT ou YVER.
— Les deux fils [2] de Yves Hivert, sieur de La Vallinière, qui fut échevin en 1623, pour jouir......

HOUDAN (Louis de), sieur de La Chaume, demeurant parroisse de Vernou, bailliage de Tours, comparant le 18 juillet 1666, nous a déclaré qu'il entend maintenir la qualité d'escuyer et que n'estant que cadet de sa maison, il se reporte et emploie les pièces qui seront producies par la damoiselle Marie de Sainct-André, veufve de feu Henry de Houdan, sieur des Landes, son frère aisné, et a signé :

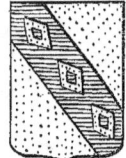

De Houdan.

(1) Armoiries : *de gueules à 3 roses d'argent, 2 et 1.*
(2) Claude Yver, écuyer, était sieur de La Vallinière en 1670.

414

Le 28 juillet, lesd. de Houdan et Marie de Sainct-André ont mis leurs tiltres à nostre greffe, lesquels leur ont esté rendus le 3 aoust 1666.

HOUDAN. — Originaire de Touraine.

Damoiselle Marie Saint-André, veuve Henri de Houdan, écuyer, sieur des Landes, et Louis de Houdan, écuyer, sieur de La Chausme, son fils, demeurant paroisse de Vernou, élection de Tours, ont justiffié la possession du titre de noblesse, depuis l'année 1504, commençant en la personne du trisayeul dud Henry de Houdan, quartayeul dud. Louis.

Porte : *d'azur à la bande d'argent chargée de 3 fusées d'or* [1].

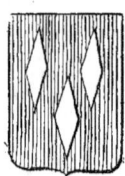

HOUDON ou HODON (RENÉ DE), sieur de La Gruellerie, demeurant parroisse de Mayet, eslection de La Flèche, ressort de Chasteauduloir, présidial du Mans, comparant le cinq may 1667 tant pour luy que pour Jean de Hodon, sieur de Vaulogé, demeurant parroisse de Sainct-Christophe-en-Champagne, eslection et seneschaussée du Mans et pour Louis de Hodon demeurant parroisse de Bascon-en-Beausse, ses frères puisnés, a dit que sesd. frères et luy entendent maintenir la qualité d'escuyer et qu'il ne cognoist personne de son nom et armes que sesd. frères et qu'il porte pour armes : ...... *à trois fasces de quenouilles d'argent rangées*, a signé :

RENÉ DE HODON.

Led. sieur de Hodon a mis au greffe les pièces dont il entend se servir ce XXVIIᵉ may 1667.

Les pièces dud. sieur de Hodon luy ont esté rendues ce quatre juin 1667.

Damoiselle Catherine Louet, veufve de deffunct RENÉ DE HOUDON, sieur de Rouveau, demeurante au bourg de Jarzé, eslection et ressort de Baugé, comparant le neuf octobre 1668 par Mᵗʳᵉ Louis Le Damoysel, lequel a dit que lad. damoiselle entend maintenir la qualité d'escuyer prise par led. deffunct de Houdan, son mary, a demandé délay pour représenter ses tiltres et a led. Le Damoysel signé :

LE DAMOYSEL.

(1) Cette famille avait déjà été maintenue le 30 juin 1664 par arrêt de la Cour des aides.
Armoiries : *d'or à la bande d'azur chargée de 3 macles du champ*.

Les pièces de lad. veufve Houdon ont esté rendues aud. Le Damoysel le xe octobre 1668.

HODON (DE). — Originaire du Mayne.
René de Hodon, écuyer, sieur de La Gruellerie, demeurant paroisse de Mayet, élection de La Flèche ressort de Chateauduloir, Jean de Hodon, écuyer, sieur de Vaulogier, demeurant paroisse de Saint-Christophe-en-Champagne, élection du Mans et Louis de Hodon, écuyer, demeurant paroisse de Baccon en Beauce, frères, et damoiselle Catherine Louet, veuve de deffunct René de Hodon, écuyer, sieur de Rouveau, demeurant paroisse de Jarzé, élection et ressort de Baugé, ont justiffié la possession du titre de noblesse, depuis l'année 1544, commençant scavoir : René de Hodon et ses frères en la personne de leur bisayeul et led. René, sieur de Rouveau, en celle de son ayeul.
Porte : *de gueules à 3 fusées d'argent, 2 et 1* [1].
— René de Houdon, sieur de Lespinay... eut acte de la représentation de ses titres, tant pour lui que pour son frère, le 28 mars 1668.

HUBERSON (RENÉ DE), sieur de Méheury? demeurant parroisse de Jupilles, eslection du Chasteauduloir, bailliage du Mans, comparant le 26 may 1667, a dict qu'il entend maintenir la qualité d'escuyer, par luy prise, qu'il est cadet de sa maison dont l'aisné est demeurant en Bretagne, pour raison de quoy proteste de demander un dellay compétant pour retirer ses tiltres, porte pour armes : *d'argent, au lyon de sable*, et a signé :

RENÉ DE HUBERSON.

HUET (CHARLES), sieur d'Artigné, conseiller du Roy, lieutenant du prévost provincial de la seneschaussée du Maine en la résidence du Chasteauduloir, chevallier du guet et lieutenant de robbe courte de lad. ville y demeurant, comparant le 12e juin 1667 a dict qu'il a pris la qualité d'escuyer tant par sa naissance qu'en vertu de ses charges qui luy en donnoient le pouvoir suivant les édits, déclarations et arrest de Sa Majesté et ainsy que tous ses prédécesseurs en lad. charge l'ont prise et que quand à présent il ne peut justifier lad. qualité d'escuyer par sa naissance n'estant que cadet et Pierre Huet, son aisné, qui

(1) Armoiries : *de gueules à 3 quenouilles ou fusées d'argent, rangées en fasce.*

a les titres estant au service de Sa Majesté depuis plusieurs années, pourquoy il prétend demander délay et a signé :

Huet.

Led. sieur Huet a mis au greffe les pièces dont il s'entend servir pour la justiffication de sa qualité d'escuyer qu'il dict vouloir maintenir, le cinq juillet 1668.

Les pièces dud. sieur Huet luy ont esté rendues le xxiiiie dud. mois de juillet 1668.

HUET. — Originaire du Maine.

Charles Huet, écuyer, sieur d'Artigné, conseiller du Roy, prévot des maréchaux à la résidence de Chateauduloir a justiffié la possession du titre de noblesse, depuis l'année 1542, commençant en la personne de son bisayeul.

Porte : *d'azur, à la tête de licorne arrachée d'argent.*

Anne Belot, veufve GABRIEL HUET, vivant conseiller du Roy en l'Eslection de Baugé, demeurant en la ville dud. lieu, comparant le 18e septembre 1668, par M^{tre} Michel Bernard, procureur au bureau des finances à Tours, lequel a dit que lad. veufve desnie que sond. deffunct mary ayt pris la qualité d'escuyer à laquelle elle a renoncé et renonce et a signé :

Bernard.

HUGUES (PIERRE), sieur du Houssay, garde du corps de deffunct Son Altesse Royalle, demeurant parroisse de Vallière, eslection d'Amboise, comparant le cinquiesme janvier 1669 par M^{tre} Louis Le Damoisel, lequel, a dit que led. sieur Hugues n'a jamais pris la qualité d'escuyer quoy qu'il ayt droit de la prendre à cause de lad. charge de garde, a mis au greffe les pièces dont il entend se servir :

Signé : LE DAMOYSEL.

Les pièces dud. sieur Hugues ont esté rendues aud. Le Damoysel le 18 janvier 1669.

HULLIN (Jacques), escuier, sieur de Pruegné, et Pierre Heullin, escuier, sieur du Ver, frères, demeurans : scavoir led. Jacques en la ville de Loudun, et ledict Pierre Heullin, parroisse du Bouschet, eslection de Richelieu, comparans le 26 juillet 1666, nous ont déclaré qu'ils entendent maintenir leurs qualités d'escuiers comme estans fils de Pierre Heullin, conseiller sécretaire du Roy, mort dans sa charge et de damoiselle Judith Gautier, déclarant en oultre qu'ils n'ont point d'autres frères, et pour leurs armes qu'ils portent : *un lion d'argent en champ de gueulles*, et ont signé :

             Hullin de Preugné.
      P. Hullin de Vair.

HULLIN. — Originaire de Loudun.

Jacques Hullin, écuyer, sieur du Prunier, demeurant paroisse du Bouchet, élection de Richelieu et Pierre Hullin, écuyer, sieur du Ver, demeurant à Loudun, bailliage de Tours, ont justifié leur noblesse comme fils de Pierre Hullin conseiller et secrétaire du Roy, mort revêtu de lad. charge.

Porte : *d'argent, au lyon de gueules*.

HULLIN (Jean), sieur de La Fresnaye, demeurant parroisse de La Selle, eslection de Chasteaugontier, comparant le treiziesme apvril 1669 par M^tre Louis Le Damoisel, lequel a dit que led. Hullin entend maintenir la quallité d'escuyer, que Mathurin Hullin, son fils, a justifié par tiltres sa noblesse devant Monseigneur l'Intendant et auroit obtenu son renvoy comme noble, c'est pourquoy pour estre deschargé de lad. assignation a produict le renvoy donné à sond. fils.

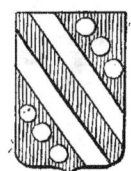

         Signé: Le Damoysel.

Led. renvoy a esté rendu le 14e avril 1669.

HULLIN. — Originaire d'Anjou.

Georges Hullin, écuyer, sieur de La Selle, Mathurin Hullin, écuyer, sieur de Saint-Amadour, demeurants paroisse de Ballots, élection de Chateaugontier, bailliage d'Angers, René Hullin, écuyer, sieur de La Guilletière, étant au service du Roy, et Mathurin Hullin, écuyer sieur de La Poissonnière, demeurant paroisse de La Boissière, élection d'Angers, frère dudit Georges Hullin, ont justifié la possession du titre de noblesse depuis l'année 1501, commençant en la personne de leur trisayeul.

Porte : *de gueules à 2 bandes d'argent, (bordées de sable) et accostées de 6 besans d'argent.*

— Georges Hulin... eut acte de la représentation de ses titres tant pour luy que pour Mathurin et René ses consins, le 28 mai 1677.

HUMPERTE REICH DE PLATS (François) [1], comparant le 20 juillet 1666, par M^{tre} Pierre Belgarde, a déclaré qu'il est natif de la ville de Brissac en Allemagne, originaire du pays de Tirol, situé en lad. Allemagne, et qu'il est gentilhomme issu de toutte antiquité de gentilshommes allemans, qu'il a par devers luy quelques tiltres et certifficats de sa noblesse, mais qu'il n'a tous ceux qu'il doibt représenter, pour lesquels recouvrer et aller chercher aud. pays d'Allemagne, il requiert un délay de six mois.

Signé : Belgarde.

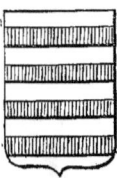

HUNAULT (Claude), sieur de Marcillé, demeurant à Angers, comparant le xie avril 1667 par M^{tre} Olivier Le Vacher, notaire royal en cette ville de Tours, lequel a dit en vertu du pouvoir à luy donné qu'icelluy sieur Hunault perciste en la qualité d'escuyer par luy cy-devant prise, et a signé :

Vacher.

Led. sieur Hunault a mis au greffe les pièces dont il entend se servir ce xxviiie avril 1667.

Les pièces dud. sieur Hunault ont esté rendues au sieur Hunault de La Thibaudière pour lequel elles estoient aussy produictes ce xxiii may 1667.

G. Hunauld de La Thibaudière.

HUNAULT. — Originaire d'Angers, noblesse de mairie.

Claude Hunault, écuyer, sieur de Marcillé, demeurant paroisse de La Membrolle, élection

---

(1) Armoiries : *Coupé d'un trait, parti de 3 autres qui font huit quartiers, au 1 d'or à la demie aigle de sable couronnée d'or, mouvante du parti, aux 2 et 7 d'azur à 3 étoiles d'or rangées en pal ; aux 3 et 6 de gueules au chevron d'argent chargé sur la cime d'une fasce de sable ; aux 4 et 5 d'azur à une tour d'argent à deux étages, maçonnée de sable posée sur une montagne de sinople ; au 8 de gueules à une demie aigle d'argent couronnée d'or, mouvante du parti ; sur le tout de sable au chevron d'argent accompagné de 3 roses de gueules, tigées, feuillées de sinople.*

d'Angers, et Germain Hunault, écuyer, sieur de La Chevallerie, son frère, demeurant paroisse d'Étriché, élection de La Flèche, bailliage d'Angers, ont justiffié leur noblesse comme descendus de Cristophe Hunault, leur trisayeul, échevin de la ville d'Angers ès-années 1529 et 1557.

Porte : *d'argent, à 4 fasces de gueules.*
— Claude Hunault... Germain... eut acte de la représentation de ses titres le 23 mai 1667.

HUNE (DE LA).

Pierre de La Hune, écuyer, sieur de La Noë, demeurant paroisse de Saint-Georges-Sept-Voies, élection de Saumur, eut acte de la représentation de ses titres le 19 septembre 1669.
Armoiries : *d'argent à 2 chevrons de sable accompagnés de 3 coquilles de gueules, 2 et 1.*

I

Damoiselle Débora de Montbouscher[1], veuve de PAUL DE L'ISLE, vivant seigneur dud. lieu de Lisle, y demeurante parroisse de Saint-Fraimbault, eslection de Mayenne, présidial de Chasteaugontier, comparante le XVIIIe juin 1668 par Me Michel Bernard, lequel a dit que lad. veufve entend maintenir la qualité d'escuyer prise par led. deffunct son mary, lequel estoit aisné de sa maison, et qu'outre Philippes de Lisle, et dam^{lle} Élizabeth de Lisle, enfans dud. deffunct et d'elle, Benjamin de Lisle, sieur de Sarcigny, frère puisné dud. deffunct son mary, dem^t aud. lieu de Lisle, et Louis de Lisle, sieur de Lon? aussy frère puisné dud. deffunct son mary, demeurant au lieu seigneurial de Conforgien, province de Bourgongne, elle ne connoist autres personnes de son nom et armes, qu'il portoit *de gueulles à la croix d'argent frettée de sable,* a mis au greffe les pièces dont elle entend se servir et a signé :

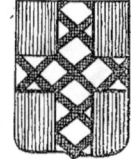

BERNARD.

Les pièces de lad. veufve ont esté rendues aud. Bernard le XIX juin 1668.

ISLE (DE L'). — Originaire de Mayenne.
Dame Débora de Montboucher veuve de messire Paul de Lisle, chevalier, seigneur de

---

(1) De Montboucher : *d'or, à 3 marmites de gueules, 2 et 1.*

Lisle du Gast, mère et tutrice de Philippe et Elisabeth de Lisle, les enfants dud. deffunct, Benjamin de Lisle, chevalier, seigneur de Sarcigny, frère dud. deffunct Paul de Lisle, demeurant paroisse de Saint-Frembault-de-Prières, élection de Mayenne, présidial de Châteaugontier et Louis de Lisle du Gast, chevalier, seigneur d'Ollon, aussi frère du sieur de Lisle, lad. dame Débora a justiffié la noblesse dud. deffunct sieur de Lisle son mary et de ses frères depuis l'année 1499 commençant en la personne de leur trisayeul.

Porte : *de gueules à la croix d'argent fretée de sable.*

J

JACQUES (François), sieur de La Hurelière, demeurant en sa maison seigneurialle de La Grefferye, parroisse de Luché, eslection de La Flèche et damoiselle Marie Hardiau, veufve de deffunct André Jacques, vivant sieur de La Borde, tant pour elle que pour les enfans dud. deffunct et d'elle demeurante en la ville du Lude, comparans le XIIIe avril 1668 par M^{tre} Louis Le Damoisel, lequel a dit que led. sieur de La Hurelière entend maintenir la qualité d'escuyer et que lad. damoiselle maintient aussy la qualité d'escuyer dudict deffunct son mary, et que pour les prouver il produiront leurs tiltres au premier jour; portent pour armes : *de gueules, à trois testes . . . . . . d'argent, bordées d'azur.*

Signé : Le Damoisel.

Led. sieur Jacques a mis au greffe les pièces dont il entend se servir ce XIIIe avril 1668.

Les pièces dud. sieur Jacques ont esté rendues aud. Le Damoisel, son procureur, le 8e may 1669.

JACQUES. — Originaire d'Anjou.

François Jacques, écuyer, sieur de La Hurlière, demeurant paroisse de Luché, et damoiselle Marie Hardiau veuve de André Jacques, vivant écuyer, sieur de La Borde, tant pour elle que ses enfans, ont justiffié la possession du titre de noblesse, depuis l'année 1559, commençant en la personne de l'ayeul dud. François et du bisayeul desd. mineurs.

Porte : *d'argent à 3 têtes de Maures de sable, bandées d'azur, 2 et 1.*

— François-Jacques... Marie Hardiau... eurent acte de la représentation de leurs titres le 7 may 1669.

JACQUIN (Pierre), sieur des Planches, demeurant paroisse de Chazé-sur-Argos, eslection d'Angers, comparant le dix-neuf avril 1667 par M^{tre} Michel Bernard, lequel a dit qu'icelluy Jaquin se désiste de prendre à l'advenir la qualité d'escuyer et déclare qu'il n'a pris lad. qualité que sur ce que son deffunct père l'avoit prise à cause des employs qu'il a eu dans les armées et les services rendus par luy Pierre Jacquin en qualité de cadet aux gardes, de cavallier, mareschal des logis, lieutenant et capitaine d'infanterie, commandant pour Sa Majesté dans les villes et chastcaux d'Espinard? suivant les certifficats qu'il en a.

Signé : Bernard.

Le xxe avril 1667, led. sieur Jaquin a mis au greffe les pièces dont il entend se servir.

Les pièces dud. sieur Jaquin ont esté rendues au sieur Jaquin, prebtre, son fils, le sept may 1667.

Signé : Urbain Jacquin.

JAILLE (Urbain de La), sieur dudit lieu, demeurant parroisse de Larchant, eslection, duché et pairie de Mayenne, comparant le 18e juin 1668 par M^{tre} Michel Bernard, lequel a dit qu'icelluy sieur de La Jaille entend maintenir la qualité d'escuyer, qu'il est issu de cadet de sa maison, qu'outre Urbain-Jean-Charles, Ollive et Marquise de La Jaille, ses enfans, Pierre de La Jaille, sieur du Chastelet, son cousin-germain aisné de la maison, demeurant parroisse Saint-Jean dessus Erve, province du Maine, et ses enfans, il ne connoist autres personnes de son nom et armes, qu'il porte : *d'argent, à la bande fuzellée de gueules ;* a mis au greffe les pièces dont led. sieur entend s'ayder et a led. Bernard signé :

Bernard.

Les pièces dud. sieur de La Jaille ont esté rendues aud. Bernard, le 28e juillet 1668.

JAILLE (Pierre de La), seigneur du Chastelet, et de Saint-Jean-sur-Erve, demeurant en sa maison seigneurialle du Chastelet, parroisse dud. St-Jean-sur-Erve, eslection de Mayenne, présidial de La Flèche, comparant le xxviie juillet 1668, a dit qu'il entend maintenir la qualité d'escuyer, qu'il est aisné de sa maison, qu'outre André-François, René-François, François de La Jaille, ses enfans et Urbain de La Jaille, sieur dud. lieu, son cousin issu de germain, demeurant en lad. eslection, et Urbain, Charles et Jean de La Jaille, enfans dud. Urbain, il ne connoist autres personnes de son nom et armes, qu'il porte : *d'argent, à la bande fuzellée de gueules*, a mis au greffe les pièces dont il entend se servir et a signé :

La Jaille.

Les pièces dud. sieur de La Jaille, luy ont esté rendues le 28 juillet 1668.

JAILLE (Jacques de La), sieur de Marcilly, demeurant au lieu seigneurial de Thou, parroisse Notre-Dame d'Yzeures, eslection et siège royal de Loches, bailliage de Tours, comparant le 10e septembre 1668 par Louis Champigny, clerc de M^{tre} Pierre Luzeau, procureur au présidial de Tours, lequel a dit qu'icelluy de La Jaille entend maintenir la qualité d'escuyer, pour la justiffication de laquelle led. sieur produira cy-après les pièces dont il entend se servir :

Signé : Champigny.

Led. sieur de La Jaille a mis au greffe les pièces dont il entend se servir le quatre janvier 1669.

Les pièces dud. sieur de La Jaille ont esté rendues à moy Jacques Maupu, fondé de procuration spécialle dud. sieur, le 23 mars 1671.

JAILLE (Dame Louise de La), demeurante en la parroisse de Bretegon, eslection et ressort de Loudun, comparant le 19e septembre 1668 tant pour elle que pour René de La Jaille, seigneur de Beauvais, son frère, demeurant en la parroisse de Sauves, eslection de Richelieu, a dit qu'elle entend maintenir la qualité d'escuier tant pour elle que pour sond. frère, qu'ils sont issus de cadets de sa maison, qu'elle ne connoist autres personnes de son nom et armes que les sieurs de La Jaille de la province d'Anjou et les sieurs de La Jaille de la province de Touraine qui sont aussy bien que lad. dame de La Jaille, cadets de la maison, a mis au greffe les pièces dont elle entend se servir et a signé :

L. DE LA JAILLE.

Lesd. pièces ont esté rendues le 21 septembre 1668.

JAILLE (DE LA). — Originaire du Loudunois.

Pierre de La Jaille, écuyer, sieur du Châtelet et de Saint-Jean-sur-Erve y demeurant, élection de Mayenne, Urbain de La Jaille, écuyer, sieur dud. lieu, demeurant paroisse de Larchant, aussi élection de Mayenne, son cousin du 2e ou 3e degré, ont justifié la possession du titre de noblesse, depuis l'année 1515, commençant en la personne de Magdelon de La Jaille, chevalier, sieur d'Avrillé, trisayeul dud. Pierre de La Jaille et bisayeul d'Urbain.

René de La Jaille, écuyer, sieur de Beauvais demeurant paroisse de Jaunes, élection de Richelieu, Jacques de La Jaille, écuyer sieur de Marsilly et de Thou, demeurant paroisse Notre-Dame d'Isseure, élection de Loches, son cousin issu de germain, ont justifié la possession du titre de noblesse depuis l'année 1514 commençant en la personne de leur trisayeul.

Porte : *d'argent à la bande fuselée de gueules.*

JAMERON (ADRIEN), sieur du Cerizier, demeurant paroisse de Neufvis, eslection et seneschaussée d'Angers, comparant le quatorze avril 1667, a dit qu'il entend maintenir la qualité d'escuyer, qu'il est aisné de sa maison et qu'outre René Jameron, sieur de Lisle, demeurant en Bretagne et Guy Jameron, sieur de La Gallaiserie, demeurant aussy en Bretagne, ses frères, il ne cognoist personne de son nom et armes, qu'il porte : *de gueules, à trois croix pattées, d'argent,* produira au premier jour les pièces dont il entend se servir et a signé :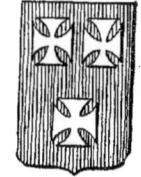

ADRIEN JAMERON.

Led. sieur Jameron a mis ses pièces au greffe ce deux juillet 1667.

JAMIN (M^{tre} NICOLAS), sieur des Brosses, bailly de Chasteauneuf de cette ville de Tours y demeurant, comparant le neufiesme janvier 1668, a dit qu'il n'a jamais pris ny entendu prendre la qualité d'escuyer, et a signé :

Jamin.

JAMIN (Robert), sieur de La Roche et de La Gastinière, demeurant ordinairement à Paris, comparant le xviiie janvier 1668, a dit qu'il n'a jamais pris la qualité d'escuyer que dans le temps qu'il a possédé des charges qui luy ont donné le droict de prendre lad. qualité, et que de plus n'estant domicilié ny habitué en cette province, il prétend demander son renvoy, a fait eslection de domicile en cette ville de Tours en la maison du sieur Canon, grenetier au grenier à sel de lad. ville et a signé :

B. Jamin de La Roche.

JAMIN (Louis), sieur de Parigny et Benjamin Jamin, sieur du Bois, frères, demeurans parroisse de Parigny et de Nouziers [Nouzilly], eslection de Richelieu, seneschaussée d'Angers, comparant le troisiesme septembre 1668 par M^{tre} Michel Bernard, lequel a dit qu'iceux Jamin entendent maintenir la qualité d'escuyer, qu'ils produiront cy-après les tiltres dont ils entendent se servir.

Signé : Bernard.

Led. sieur de Parigny a mis au greffe les pièces dont il entend se servir ce cinq janvier 1669.

Lesd. pièces ont esté rendues ce 10 janvier 1669.

JAMIN. — Originaire de Poitiers, noblesse de mairie.

Benjamin Jamin, écuyer, sieur de Parigné y demeurant paroisse de Nouzilly, élection de Richelieu, bailliage d'Angers, a justiffié la possession du titre de noblesse, depuis l'année 1499, commençant en la personne de Estienne Jamin, bourgeois et échevin de Poitiers son quartayeul.

Porte : *d'azur à 3 coquilles d'or 2 et 1.*

JAMINEAU (Louis), sieur de La Coudraye, demeurant à Cléré, eslection de Montreuil-Bellé, comparant le xx⁰ septembre 1666, lequel pour satisfaire à l'assignation à luy donnée à la requeste de Laspeyre, par Girault huissier, le treziesme des présens moys et an, a dict qu'il entend maintenir la quallité d'escuyer par luy prise, qu'il est aisné de sa famille et ne cognoist aultre personne quy porte son nom et armes : *de gueulles au lion d'argent, avecq deux tourterelles en chef, aussy d'argent*, et pour la justiffication de sa noblesse produira au premier jour ses tiltres, et a faict eslection de domisille en la maison de maistre Jacques Bruzard, procureur au bailliage de Chinon, et a signé :

Louis Jamineau.

Le xxiii septembre 1666, led. sieur Jamineau a mis au greffe les pièces dont il entend se servir.

Les pièces dud. sieur Jamineau luy ont esté rendues ce dix octobre 1666.

JAMINEAU. — Originaire d'Anjou.

Louis Jamineau, écuyer, sieur de La Coudraye, demeurant paroisse de Cleré, élection de Montreuil-Bellay, bailliage d'Angers, a justifié la possession du titre de noblesse, depuis l'année 1512, commençant en la personne de son quartayeul.

Porte : *de gueules au lyon d'argent et deux pigeons de même en chef*.

Louis Jamineau... au nombre des maintenus par M. Voisin de La Noirays.

JANNEAUX (M⁰ Louis), conseiller du Roy en la seneschaussée et siège royal de Baugé, assesseur et juge de robe longue en la mareschaussée dud. lieu, comparant le unziesme juin 1667, a dit et déclaré qu'il n'entend prendre ny usurper la qualité d'escuyer et a signé :

Janneaux.

JANNEAUX (Pierre), sieur de La Vau, demeurant en la ville de Baugé païs d'Anjou, eslection dud. Baugé, comparant le xxiiii⁰ juin 1667 par M^tre Julien Potier, audiancier en cette ville de Chasteauduloir, lequel a dit que led. sieur Lavau n'entend prendre et usurper la qualitté d'escuyer, qu'il a toujours, esté imposé au sel et à la taille de lad. ville de Baugé et que par contract de mariage ny partage il n'a point pris lad. qualité d'escuyer.

POTTIER.

JANNESTEAU? (. . . . .), chapellain de la chapelle de Sainct-Jean, desservie en l'églize parrochialle du Mesnil, y demeurant eslection et seneschaussée d'Angers, comparant le six may 1667 par M^{tre} Ferregeau, son procureur, lequel a dit que led. sieur n'a jamais pris ny prétendu la qualité d'escuier par aucuns actes.

Signé : FERREGEAU.

JARDINS (GUILLAUME DES), sieur de Clinchemore, gentilhomme ordinaire de la grande fauconnerye du Roy, demeurant ordinairement en la ville d'Alençon et de présent en sad. terre de Clinchemore, eslection du Mans, bailliage de La Flesche, comparant le 28 aoust 1666, par Dame Marie-Catherinc des Jardins, sa fille, espouse d'Anthoine de Boesset, escuier, sieur de Villedieu, capitaine au régiment de Picardie, en vertu de la procuration à elle donnée par led. sieur des Jardins passée par devant Le Riche, notaire à Sainct-Remy-du-Plain, le vingt-quatre aoust 1666, qu'elle nous a laissée, pour satisfaire à l'assignation qui luy a esté donnée à la requeste de Laspeire par exploict du dix-huict aoust dernier, a dict que mal à propos il a esté assigné à la requeste dud. Laspeire d'aultant qu'il a esté renvoyé de semblables assignations données aud. sieur des Jardins par arrest de la Cour des aydes, et que s'il a pris la qualité d'escuyer cy-devant, il l'a peut prétendre en qualité de vice-baillif d'Allençon qui la luy donnoit : à laquelle il renonce présentement, et pour la justiffication de ce qu'il a esté vice-baillif d'Allençon, et en cette qualité peut prendre celle d'escuier, il produira au premier jour ses provisions de lad. charge, et à l'esgard des arrests de descharge requis un dellay compétant pour les faire apporter de Paris, en cas que led. Laspaire en veulle desconvenir, et a esleu domicille en la maison de M^{tre} Guérin procureur à ce siège de Chinon, et a signé :

MARIE-CATHERINE DES JARDINS.

JARDINS (JACQUES DES), sieur de Vonnes, y demeurant parroisse du Pont-Druan, eslection et siège royal de Chinon, bailliage de Tours, comparant le xviiie décembre 1667, a dit qu'il entend maintenir sa qualité d'escuyer, qu'il est l'aisné de sa famille issue d'un cadet, de laquelle il ne connoist autres personnes que Aurace Desjardins, sieur de La Geraudière son frère puisné, demeurant paroisse de Cinais de lad. eslection et Charles Desjardins, en bas aage, son cousin issu de germain, demeurant en l'eslection de Loches, parroisse de Saint-Bost, produira cy-après les pièces dont il entend s'ayder et a signé :

JACQUES DES JARDINS.

JARDINS (HORACE DES), sieur de La Geraudière, demeurant parroisse de Cinais, eslection de Chinon, seneschaussée de Saumur, comparant le xxiiiie décembre 1667, a dit qu'il entend maintenir la qualité d'escuyer, qu'il est cadet de sa maison, et que Jacques des Jardins, sieur de Vonnes, demeurant parroisse du Pont-de-Ruan, eslection dud. Chinon, bailliage de Tours, est son frère aisné qui a les tiltres justifficatifs de leur noblesse, qu'il produira au premier jour ayant esté aussy assigné et qu'il ne cognoist autres de son nom et armes que Charles des Jardins, demeurant parroisse de Saint-Bault, eslection de Loches, bailliage de Tours et a signé :

HORACE DESJARDINS.

Damoiselle Jeanne de Coqueborne, veuve de ROBERT DES JARDINS, vivant sieur de La Roberdière, demeurant en la parroisse de Saint-Bault, eslection et siège royal de Loches, bailliage de Tours, comparant le xve septembre 1668 par M^{tre} Michel Bernard, lequel a dit qu'icelle veufve entend maintenir la qualité d'escuyer prise par led. deffunct son mary comme estant issu d'Horace des Jardins qui a esté l'un des vingt-quatre eschevins de cette ville de Tours, choisis et annoblis par le Roy Henry Trois en l'année 1589, ainsy qu'il a esté justiffié par Jacques des Jardins, escuyer, sieur de Vonnes, demeurant parroisse du Pont-de-Ruan, eslection de Chinon, cousin-germain dud. deffunct, a produict et mis au greffe les pièces dont elle entend se servir et a led. Bernard signé :

BERNARD.

JARDINS (des). — Originaire de Tours, noblesse d'échevinage.

Jacques Des Jardins, écuyer, sieur de Vonnes, demeurant paroisse de Pont-de-Ruan et Horace Des Jardins, écuyer, sieur de la Giraudière son frère, demeurant paroisse de Cinais, élection de Chinon, bailliage de Tours, ont justiffié leur noblesse comme descendants de Horace des Jardins, leur ayeul, l'un des 24 échevins de la ville de Tours anoblis par le roi Henri III [1].

Porte : *d'azur à 3 roses d'or 2 et 1, accompagnées en chef d'une étoile d'argent et en pointe d'un croissant de même.*

JAROUSSEAU (Hilaire), sieur de L'Angevinière, demeurant parroisse Saint-Jean-de-Sauve, eslection de Richelieu, ressort de Loudun, comparant le deux mars 1667, a dit qu'il entend maintenir la qualité d'escuyer, qu'il reste seul de sa maison et qu'il porte pour armes : *d'or, à un chabot de gueulles*, et a signé :

                                                                   Hillaire Jarousseau.

JAROUSSEAU. — De Poitou.

Hillaire Jarrousseau, écuyer, sieur de Langevinière, demeurant à La Roche, paroisse de Saint-Jean-de-Sauve, élection de Richelieu, ressort de Loudun, a justifié la possession du titre de noblesse, depuis l'année 1496, commençant en la personne de son bisayeul.

Porte : *d'or au chabot de gueules en pal.*

JARRET (Louis), sieur des Terres-Noires, comparant le xxie febvrier 1668 tant pour luy que pour Charles Jarret, escuyer, sieur de Bellevue, demeurant parroisse de Saint-Just-de-Verchers eslection de Montreuil-Bellay, a déclaré qu'il entend maintenir la qualité d'escuyer, qu'il est aisné d'une branche de cadetz de sa maison et que outre sond. frère, il ne connoist personne de son nom et armes que Charles Jarret, sieur du Boullay, demeurant parroisse Saint-Martin-de-..... eslection et ressort d'Angers, qu'il porte pour armes : *d'argent, à la hure de sanglier arrachée de sable, lampassée et esclairée de gueules*, a mis au greffe les pièces dont il entend se servir et a signé :

                                                                  Louis Jarret.

Les pièces dud. sieur Jarret luy ont esté rendues ce dernier febvrier 1668.

---

[1] Horace des Jardins, contrôleur-général des guerres à Tours, fut maire de cette ville en 1603.

JARRET (Charles), sieur du Baril, demeurant parroisse de Saint-Martin-de-Limet, eslection et présidial de Chasteau-Gontier, comparant le 17ᵉ septembre 1668 par M^tre Michel Bernard, lequel a dit qu'icelluy sieur Jarret entend maintenir la qualité d'escuyer, qu'il est seul de sa maison et armes, qu'il porte : *d'argent, à la hure de sanglier arrachée de sable,* a mis au greffe les pièces dont il entend se servir et a led. Bernard, signé :

BERNARD.

JARRET (Louis), sieur de La Roche, demeurant parroisse de Braye-sur-Meaulne, eslection et ressort de Baugé, comparant le 18ᵉ septembre 1668 par M^tre Louis Le Damoisel, procureur à la suitte de Monsieur l'Intendant, lequel a dit que led. sieur entend maintenir la quallité d'escuyer, qu'il est issu d'une branche de cadetz de sa maison, que Louis Jarret, sieur des Terres-Noires, demeurant parroisse de Saint-Just, eslection de Montreuil-Bellay et ressort d'Angers et Charles Jarret, sieur de Bellenoue (*sic*), sont les aisnez de sa maison et n'en connoist autres qui portent son nom et armes qui sont : *d'argent, à la hure de sanglier arachée de sable,* a mis au greffe les pièces dont il entend se servir et a led. Le Damoysel signé :

LE DAMOYSEL.

Les pièces dud. sieur Jarret ont esté rendues le 19ᵉ septembre 1668.

JARRET. — Originaire d'Anjou.
Charles Jarret, écuyer, sieur du Baril, y demeurant paroisse de Saint-Martin de Limet, élection et présidial de Châteaugontier, Louis Jarret, écuyer, sieur des Terres-Noires, demeurant paroisse de Saint-Just de Verchers, élection de Montreuil-Bellay, bailliage d'Angers et Charles Jarret, écuyer, sieur de Vilaine, son frère, Louis Jarret, écuyer, sieur de La Roche, demeurant paroisse de Brais, élection et ressort de Baugé ont justifié la possession du titre de noblesse depuis l'année 1524 commençant en la personne de Louis Jarret, trisayeul desd. sieurs du Baril et des Terres-Noires et bisayeul dud. sieur de La Roche :
Porte : *d'argent à la hure de sanglier arrachée de sable.*
— Louis Jarret... eut acte de la représentation de ses titres le dernier février 1668. Charles... le 18 septembre 1668 et Louis, sieur des Roches, le 19 [1].

(1) La famille conserve les 2 grosses originales de ces maintenues.

JARRY (Pierre), sieur des Rochettes, fourier de la maison de Monseigneur le duc d'Orléans, demeurant parroisse de Fontaines, eslection et ressort de Baugé, comparant le 29e septembre 1668 a dit qu'il n'a jamais pris la qualité d'escuyer, mais qu'il est exempt des tailles à cause de sa charge de fourier de la maison de Monseigneur le duc d'Orléans, ce qu'il fera veoir par les pièces qu'il produira cy-après, a renoncé à lad. quallité d'escuier et a signé :

JARRY.

Les pièces dud. sieur Jarry ont esté rendues à Me Le Damoisel son procureur lequel les avoit mises le 5e octobre 1668.

Signé : LE DAMOYSEL.

JARZÉ (RENÉ DE), sieur de Varenne, demeurant parroisse de Martigné-Briand, eslection et ressort de Saumur, bailliage d'Angers, comparant le xxie septembre 1666, lequel pour satisfaire à l'assignation à luy donnée à la requeste de Laspeyre, a dit qu'il entend maintenir la qualité d'escuyer et qu'il est aisné issu d'un cadet et que Mathurin de Jarzé est issu de l'aisné de sa maison et qu'il n'en cognoist autre de son nom et armes, qu'il porte : *d'azur à trois jars d'or*, et que pour la justiffication de sa noblesse, il produira au premier jour les pièces dont il entend se servir, et a faict eslection de domicille en cette ville de Chinon, au logis de Mtre André Guérin, procureur, et a signé :

RENÉ DE JARZÉ.

Le xxiiie janvier 1667 led. sieur de Jarzé a mis ses pièces au greffe.
Les pièces dud. sieur de Jarzé ont esté rendues à Jean Leclerc ayant pouvoir de les retirer par procuration du dix aoust 1667, ce cinq octobre 1667.

JARZÉ (MATHURIN DE), sieur de Milly, demeurant parroisse de Chavagnes, eslection et seneschaussée d'Angers, comparant le xve aoust 1667, a dit qu'il entend maintenir la qualité d'escuyer, qu'il est aisné de sa maison et qu'il ne cognoist de son nom et armes que la fille de Cezard de Jarsé, vivant son oncle et René de Jarzé, sieur de Varennes, demeurant parroisse de Martigné, eslection et seneschaussée de Saumur, qu'il porte pour armes : *d'azur, à trois jars d'or*, a signé :

MATHURIN DE JARZÉ.

Led. de Jarzé a mis au greffe les pièces dont il entend se servir ce XI janvier 1668.

Les pièces dud. de Jarzé ont esté rendues l'unze mars 1668.

JARZÉ (DE). — Originaire d'Anjou.

Mathurin Jarzé, écuyer, sieur de Millé, demeurant parroisse de Chavagnes et damoiselle Gabrielle Maubert veuve de feu Cœzar Jarzé, mort sans enfans, demeurante paroisse de Saint-Florent-le-Vieil, élection et ressort d'Angers, René de Jarzé, écuyer, sieur des Varennes, demeurant paroisse de Martigné-Briand, élection de Saumur, ont justifié la possession du titre de noblesse, depuis l'année 1514, commençant en la personne de Mathurin de Jarzé trisayeul dud. Mathurin et bisayeul desdits Cœzar et René de Jarzé.

Porte : *d'azur à 3 jards d'or, 2 et 1*.

— Mathurin de Jarzé... eut acte de la représentation de ses titres pour lui et sa tante le 12 mars 1668.

René de Jarzé... au nombre des maintenus par M° Voisin.

JAVARY (NICOLAS), gentilhomme servant ordinaire de la Reine, demeurant à Saumur, comparant le XXIII septembre 1666, lequel pour satisfaire à l'assignation à luy donnée à la requeste de Laspeyre, a dit qu'il ne prétend point la qualité d'escuyer par la naissance et qu'il ne l'a jamais prise avant sad. charge, mais seulement quelques fois depuis qu'il en est pourveu et qu'il a cessé de la prendre depuis la recherche des usurpateurs du tiltre de noblesse, et a faict eslection de domicille au logis de M^{tre} André Guérin, procureur à Chinon, et a signé :

JAVARY.

JAY (JACQUES LE), sieur de Tilly et de Cogners, demeurant en son chasteau de Cogners, eslection du Chasteau-du-Loir, duché de Vendosme, comparant le XVIIe juin 1667, a dit qu'il entend maintenir la qualité d'escuyer, qu'il est cadet de sa maison, que Monsieur Le Jay (conseiller du roi) m^{tre} des requestes ordinaire de son hostel est l'aisné de sa maison et qu'il ne cognoist autres de son nom et armes que monsieur Le Jay, marquis de Bussy, frère de mond. sieur Le Jay m^tre des req^tes et qu'il porte pour armes : *d'azur, à l'aigle d'or, quantonnée au premier d'un soleil d'or et aux trois autres costés de trois aiglons aussy d'or*, et a signé :

Le Jay.

JAY (le). — Originaire de Paris.

Jacques Le Jay, chevalier, sieur de Tilly et de Congnée y demeurant, élection de Chateauduloir, a justiffié la possession du titre de noblesse, depuis l'année 1552, commençant en la personne de Jean Le Jay, nottaire et secrétaire du Roy, mort revêtu de la dite charge, père de Nicolas Le Jay, aussi conseiller et secrétaire du Roy, correcteur en la chambre des Comptes, qui eût quatre garçons scavoir : Mre Nicolas Le Jay, premier président au parlement de Paris, garde des sceaux et surintendant des finances, mort sans enfans : Me Jacques Le Jay, conseiller du Roi en ses conseils, gentilhomme de sa chambre qui a fait la branche de M^rs Le Jay de Paris, Philippe Le Jay conseiller du Roi, président et lieutenant-général de Vitry-le-François, père dud. sieur de Congnée et le quatriesme Louis Le Jay, chevalier de Malte.

Porte : *d'azur à l'aigle éployée d'or cantonnée au 1er canton d'un soleil et de 3 aiglons le tout de même.*

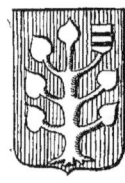

JEUNE (Pierre Le), sieur de La Furgeonnière, demeurant parroisse d'Huillé, près Durtal, eslection de La Flèche, ressort de Baugé, présidial d'Angers, comparant le dix-sept novembre 1666, lequel a dit qu'il entend maintenir la qualité d'escuier, qu'il est cadet de sa maison et qu'outre Jean Le Jeune, s^r de Bonnevau, son frère aisné, il ne cognoist personne de son nom et armes que le sieur Le Jeune de La Forest, et sa famille, demeurant à Angers, et qu'il porte pour armes : *de gueules au créquier d'argent, la première feuille chargée d'un escu d'argent à deux fasces de sable*, et qu'il produira incessamment les pièces dont il entend se servir pour la justiffication de sa noblesse et a faict eslection de domicille en cette ville de Baugé au logis de M^tre Maureau, recevreur des saisies réelles, et a signé :

Pierre Le Jeunne Furjonnière.

JEUNE (Gilles Le), sieur de La Forest, demeurant à Angers, comparant le dernier may 1667 tant pour luy que pour Gilles Le Jeune, sieur de Bonnevaux, son fils demeurant en lad. ville d'Angers, a dit que sond. fils et luy entendent maintenir la qualité d'escuyer, qu'il est aisné d'une branche de cadet de sa maison, que Jean Le Jeune, sieur de Bonnevaux, demeurant parroisse de Huillé, eslection de La Flèche, scneschaussée d'Angers est l'aisné de lad. maison que Pierre Le Jeune, sieur de La Furgeonnière, demeurant parroisse de Huillé est frère dud. Jean Le Jeune et qu'il ne cognoist autres de lad. maison que.... Le Jeune, fils dud. sieur de La Furgeonnière et les familles desd. sieurs Le Jeune cy-dessus, et qu'il porte pour armes : *de gueulles, au créquier d'argent, la première feille chargée d'un escu d'argent à deux fasces de sable*, a signé :

Le Jeune.

Led. sieur Le Jeune a esté renvoyé et ses pièces qui n'avoient point esté mises au greffe luy ont esté rendues comme à tous les autres gentilshommes, ce XXIIII avril 1668.

JEUNE (le). — Originaire d'Arthois.

Pierre Le Jeune, écuyer, sieur de La Furgeonnière, demeurant paroisse d'Huillé, élection de La Flèche, bailliage d'Angers, et Pierre Le Jeune, écuyer, sieur de La Forest, son cousin issu de germain, demeurant en la ville d'Angers, ont justiffié la possession du titre de noblesse, depuis l'année 1478, commençant en la personne d'Eustache Le Jeune leur quartayeul, père de Jean Le Jeune qui ayant dérogé par l'exercice qu'il fit de la marchandise, Jean Le Jeune receveur des tailles à Saumur obtint des lettres de réhabilitation le 24 avril 1515.

Porte : *d'argent, au créquier de gueules chargé sur la feuille dextre d'un écusson d'argent à 2 fasces de sable*.

— Pierre Le Jeune et Gillet son neveu... eurent acte de la représentation de leurs titres le 8 juin 1667.

JEUNE (Louis Le), seigneur de Malherbe et de Follet, demeurant parroisse Saint-Pierre-du-Lorouer, eslection de Chasteau-du-Loir, bailliage de Tours, comparant le XXIe juin 1667, par dame Françoise Le Coustellier, sa femme, ayant charge de luy, laquelle a dit que sond. mary entend maintenir la qualité d'escuyer, qu'il reste seul avec sa famille de son nom et armes, qu'il porte :

d'argent, à un chevron d'azur, et trois molettes d'espron de gueules, deux et une, a mis au greffe les pièces dont il entend se servir et a signé :

F. Le Coustelier.

Lesd. pièces ont esté rendues à lad. dame le 25 juin 1667.

JEUNE (LE). Originaire du Mayne.
Louis Le Jeune, écuyer, sieur de Malherbe et de Follet, demeurant paroisse Saint-Pierre-du-Lorouer élection de Chateauduloir, a justiffié la possession du titre de noblesse, depuis l'année 1508, commençant en la personne de Yves Le Jeune, chevalier, seigneur de Montreaux, son trisayeul.
Porte : *d'argent au chevron d'azur accompagné de 3 molettes de gueules, 2 et 1*. — Alias, *le chevron brisé.*

JON (François du), sieur du Sellay, demeurant parroisse d'Arcé, bailliage de Loudun, comparant le 21 juillet 1666 par M^{tre} François Briant, procureur au bailliage de Loudun, a déclaré que les pièces justifficatives de sa qualité d'escuier sont entre les mains de Jean du Jon, sieur de La Vallée, son frère aisné, demeurant parroisse d'Assigny en Berry et requiert délay de trois mois pour les retirer.

Signé : Briant.

JON (Jean du), sieur de La Vallée, demeurant parroisse d'Assigny, pays de Berry, comparant le 21 juillet 1666, par M^{tre} François Briant, procureur au bailliage de Loudun, a déclaré qu'il a esté assigné aux mesmes fins par devant le sieur commissaire estably pour l'exécution des ordres de Sa Majesté, dans la généralité de Bourges, par devant lequel il requiert son renvoy.

Signé : Briant.

JON (DU). — Originaire de Berry.
François Dujon, écuyer, sieur de Rajasse, élection de Loudun, a rapporté une ordonnance de renvoi par luy obtenu et par Jean Dujon, son frère aisné de M^e d'Herbigny intendant de Berry, dans laquelle la possession du titre de noblesse est justiffiée, depuis l'année 1507, commençant en la personne de leur trisayeul.
Porte : *d'azur au chevron d'or accompagné d'un cheval d'argent en pointe.*

JORT (Robert de), sieur de Gendeville, demeurant en la ville et parroisse de Fresnay, eslection du Mans, bailliage de La Flèche, comparant le huict novembre 1666 par René de Jort, sieur dud. lieu, son fils aisné, lequel a dict que sond. père et luy entendent maintenir la qualité d'escuyer que sond. père est l'aisné de sa maison, et qu'outre Guillaume de Jort, sieur des Mares, son oncle, demeurant parroisse de Sainct-Loup de Fribois, pays d'Auge, il ne cognoist personne de son nom et armes, qu'il porte : *d'azur, au chevron d'or, accompagné de trois coquilles d'argent, deux et une*, et pour la justiffication de la noblesse de sond. père et la sienne a mis au greffe les pièces dont il entend se servir, et a signé :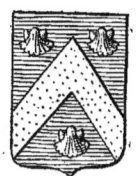

RENÉ DE JORT.

Les pièces dud. sieur de Jort luy ont esté rendues ce cinq mars 1670 [1].

JOUBERT (Charles), sieur de La Bastardière, demeurant parroisse de Montigné, eslection de Montreuil-Bellay, ressort d'Angers, comparant le seize septembre 1666, lequel pour satisfaire à l'assignation à luy donnée le quatre du présent mois de septembre à la requeste de Laspeyre, a dit qu'il entend maintenir la qualité d'escuyer et est fils de Jacques Joubert, sieur de La Jarie, et qu'outre Jacques Joubert, sieur de Montigné, son aisné et Louis Joubert, sieur de L'Orillonnière, son frère cadet, il ne cognoist personne de son nom et armes, qu'il scait néantmoins qu'il y en a en Bas-Poictou mais qu'il ne cognoist poinct et qu'il porte pour armes : *coupé au premier d'azur à un pin d'or et au second d'argent à trois barres de sable*, et pour la justiffication de lad. qualité, il produira au premier jour les pièces dont il entend se servir, et a faict eslection de domicille en la personne de Me Jacques-Paul Miré, estant à la suitte de Monsieur l'Intendant, et a signé :

CHARLES JOUBERT.

Led. sieur Joubert a mis au greffe les pièces dont il entend s'aider ce xxi septembre 1666.

Les pièces dud. sieur luy ont esté rendues les jour et an que dessus.

(1) Cette famille fut maintenue le 4 mai 1670, par de Marle, en la généralité d'Alençon.

JOUBERT (Jacques), sieur de Montigné, demeurant à Baugé, eslection et ressort dud. lieu, bailliage d'Angers, lequel, comparant le seize septembre 1666, a dit qu'il entend maintenir la qualité d'escuyer et que pour la justiffication d'icelle il produira ses pièces conjoinctement avec Charles Joubert son frère puisné et a signé :

Jacques Joubert.

JOUBERT. — Originaire d'Anjou.

Jacques Joubert, écuyer, sieur de La Jarrerie, et Charles Joubert, écuyer, sieur de La Batardière, son filz aisné, Jacques et Louis Joubert, aussi ses enfants, demeurants paroisse de Montigné, élection de Montreuil-Bellay, bailliage d'Angers, led. Jacques Joubert père est petit-fils de Michel Joubert annobly par le Roy Henri IV, au mois de mars 1609, en considération des services par luy rendus pendant les guerres.

Porte : *écartelé aux 1 et 4 d'azur au pin d'or, aux 2 et 3 d'argent à 3 bandes de sable.*

Jacques, Charles Joubert... au nombre des maintenus par M. Voisin de La Noirays.

Damoiselle Françoise Godin, veufve de Jacques JOUBERT, sieur de Moru, demeurant paroisse de Longué, eslection d'Angers, ressort de Saumur et présidial dud. Angers, comparant le unze janvier 1667, laquelle a dit que sond. deffunct mary n'a pris la qualité d'escuyer qu'en vertu de sa charge de gendarme de la compagnie de la garde du roy, qu'elle ne l'entend maintenir, mais seulement continuer à jouir des privilèges attribués aux veufves des officiers du roy, et a signé :

Françoise Godin.

JOUBERT (Nicolas)[1], sieur de La Moditière, demeurant parroisse Saint-Pierre-du-Boile, de cette ville de Tours, comparant le xxviiie janvier 1667 a dit qu'il n'a pris la qualité d'escuyer que comme fils et petit-fils de maire et eschevin de lad. ville, et a signé :

Joubert.

---

(1) Nicolas Joubert, conseiller du Roi et son lieutenant particulier en Touraine, fut maire de Tours 1616-1617. Il fut père de Nicolas Joubert, conseiller du Roy, trésorier-général des finances, à Tours et maire de cette ville en 1626.

Armoiries : *d'azur à une cigogne d'argent, membrée, becquée d'or sur une joubarbe de même et deux croissants aussi d'or posés en sautoir, en chef.*

JOUBERT (François), sieur du Puy Roger, demeurant parroisse de Brissarthe, comparant le xxiiiie may 1667 par Michel Courtois, clerc de Mtre Jean Fergeau, procureur au présidial de cette ville de Tours, lequel Courtois a dit qu'icelluy Joubert entend maintenir la qualité d'escuyer de nom et armes et qu'estant cadet de sa maison il prétend demander et réquérir que ses aisnés soient mis en cause pour réprésenter leurs tiltres et a cette fin délay compétant et a signé :

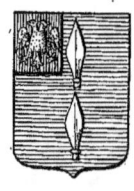

Courtois.

JOUBERT (Auguste), sieur des Harconnières, parroisse de Bécon, eslection et seneschaussée d'Angers, comparant le cinq avril 1667 tant pour luy que pour François Joubert, sieur du Puy-Roger, son frère, demeurant parroisse de Brissarthe, mesmes eslection et seneschaussée d'Angers, a dit que sond. frère et luy entendent maintenir la qualité d'escuyer, qu'il est aisné d'une branche de cadets de sa maison, que Gaston Joubert du pays d'Aunis est aisné d'une autre branche et qu'il n'en cognoist d'autres de son nom et armes, qu'il porte : *d'azur, à deux fers d'espieux d'argent, au franc quartier de gueules, chargé d'un aigle d'or*, a mis au greffe les pièces dont ils entendent se servir et a signé :

Auguste Joubert.

JOUBERT. — Originaire de La Rochelle.

Augustin Joubert, écuyer, sieur des Arçonnières et François Joubert, son frère, demeurants élection et ressort d'Angers, ont justiffié la possession du titre de noblesse, depuis l'année 1406, commençant en la personne de son quintayeul.

Porte : *d'azur, à 2 fers de lance d'argent en pal, au franc quartier cousu de gueules chargé d'une aigle éployée d'or.*

— Auguste Joubert... eut acte de la représentation de ses titres, pour luy et pour François, sieur du Puy-Roger, le 14 janvier 1668.

JOUET (Gabriel), sieur de La Saullaye, demeurant en la ville d'Angers, comparant le 17e janvier 1669 par Me Leclerc, lequel a dit que led. sieur Jouet entend maintenir la qualité d'escuyer et qu'il ne connoist personne de son

nom et armes qui sont : *d'azur à deux guidons d'or passés en sautoir, une estoille d'or en chef et une coquille de mesme en poincte,* pour la justiffication de laquelle qualité, il a produict et mis au greffe les pièces dont il entend se servir et a signé :

Le Clerc.

JOUET. — D'Angers, noblesse d'échevinage.

Gabriel Jouet, écuyer, sieur de La Saulaye, demeurant en la ville d'Angers, a justiffié l'establissement de sa noblesse commençant en la personne de Jacques Jouet son bisayeul, échevin de la ville d'Angers en 1596.

Porte : *d'azur à 2 guidons d'or posés en sautoir, une étoille d'or en chef et une coquille de même en pointe.*

Gabriel Jouet... eut acte de la représentation de ses titres le 19 mars 1669.

— Me Gabriel Jouet, fils, qui fut conseiller et maire en 1629, pour jouir.....

JOUFROY (Charles), sieur de La Tour, demeurant parroisse Sainct-Espin, ressort de Chinon, bailliage de Tours, aagé de cinquante-deux ans ou environ, aisné de sa maison, comparant le 2 aoust 1666, a dit qu'il entend maintenir la qualité d'escuier et qu'il ne cognoist de sa maison et armes que Jacques Joufroy, sieur de Margy, son frère, et qu'il produira au premier jour les pièces dont il entend se servir, et a signé :

Charle Joufroy.

Condamné.

JOULIN (Gabriel), sieur de Montours, conseiller du Roy et président au grenier à sel de Chinon, y demeurant, comparant le sept septembre 1667, a dit qu'il n'a jamais pris la qualité d'escuyer et y renonce, et a signé :

Joulin.

Armoiries : *d'azur au lion passant d'or.*

JOURDAN (Claude), sieur de La Touche, demeurant au Mans, parroisse du Crucifix, comparant le xixe juillet 1667 par M^{tre} Mathurin Redouin, clerc de Me Jacques Pavin, procureur au présidial de Tours, lequel a dit que icelluy

Jourdan entend maintenir la qualité d'escuyer et que ayant esté cy-devant assigné aux mesmes fins à la Cour des aydes, il se seroit pourveu au Roy en son conseil affin d'estre deschargé de lad. assignation, où il auroit produict les pièces justifficatives de sa qualité quy y sont encor, pour retirer lesquelles il prétend demander un délay.

Signé : REDOUIN.

Led. sieur Jourdan a mis au greffe les pièces dont il entend se servir ce deux may 1669.

Lesd. pièces ont été rendues le 10 may 1669.

JOURDAN (DE). — Du Mans.

Claude Jourdan, écuyer, sieur de La Touche, demeurant en la ville du Mans, fils de François Jourdan, conseiller et secrétaire du Roy, mort revestu de sa charge.

Porte : *d'azur à la fasce ondée d'argent accompagnée en chef d'une étoile d'or et en pointe d'une fleur de lys de même.*

JOUSSE (GERMAIN), demeurant à Chasteau-Gontier, comparant le 27ᵉ juillet 1667, a dit qu'il n'a jamais pris la qualité d'escuier à laquelle il renonce, au contraire a tousjours payé la taille et le sel, partant soustient debvoir estre renvoyé de lad. assignation, et a signé :

JOUSSE.

JOUSSEAUME (MICHEL), seigneur de Sazay et de La Grüe, demeurant aud. lieu parroisse de Gonnord, eslection d'Angers, comparant le dix septembre 1666 ; lequel pour satisfaire à l'assignation à luy donnée à la requeste de Mᵉ Jean Laspeyre, par Girault huissier, le dernier du mois d'aoust dernier, a dict que lors que l'exploict fut donné en sa maison, il estoit en la ville de Sainct-Messant en hault Poictou, distant de vingt deux lieues de sa demeure, il y a seullement trois jours, et incontinant est venu devant nous à lad. assignation pour nous desclarer qu'il entend maintenir la qualité d'escuier qu'il a prise, qu'il est fils unique du cadet de sa maison, que l'aisné du nom et des armes se nomme Louis Jousseaume[1] seigneur du Couboureau et de La

---

(1) Louis Jousseaume, sieur du Couboureau, marquis de La Bretesche, gouverneur de Poitiers.

Bretaische, demeurant aud. lieu du Couboureau, parroisse de Torfou, eslection de Montreuil-Bellay, qu'il a pour parent et qu'il porte mesme nom...... Jousseaume, sieur de La Logearderie, lequel demeure d'ordinaire dans sad. maison de La Grüe, René Jousseaume, sieur du Coulombier et Guy Jousseaume son fils aisné, sieur des Coudrays, demeurans parroisse de Parsay, eslection de Baugé et Pierre Jousseaume, sieur des Mortiers, frère dud. Guy, demeurant parroisse Sainct-Michel, eslection de Chinon et ne cognoist poinct autres parens de son nom, et porte pour armes : *de gueulles à trois croix pattées d'argent deux en chef et une en poincte, bordées d'hermine,* et pour la justiffication de sa noblesse requiert qu'il nous plaise luy accorder un dellay de quinzaine pour aller quérir ses tiltres chez led. sieur du Couboureau, aisné de la maison, pour ce faict, les produire, et a signé :

MICHEL JOUSSEAUME, seigneur de Sazay.

Le 23 septembre led. sieur Jousseaume a mis au greffe les pièces dont il entend se servir.

Les pièces dud. sieur Jousseaume luy ont esté rendues ce 26 septembre 1666.

JOUSSEAUME (RENÉ), sieur du Coulombier, demeurant parroisse de Persay [Parçay], eslection de Baugé comparant le deux octobre 1668 par M^{tre} Michel Bernard, lequel a dit qu'icelluy sieur de Jousseaume entend maintenir la qualité d'escuyer tant pour luy que pour Guy Jousseaume, son fils aisné, qu'il est aisné de sa famille, qu'outre led. Guy, Pierre, André et Charles de Jousseaume, ses enfans puisnés et Louise et Michel de Jousseaume ses cousins au huit ou neuf^e degré demeurans en Anjou, il ne cognoist autres personnes de son nom et armes, qu'il porte : *de gueulles à trois croix pattées d'argent, bordé d'ermine* et a signé :

BERNARD.

Led. sieur Jousseaume a mis au greffe les pièces dont il entend se servir le 4e janvier 1669.

Les pièces dud. sieur ont esté rendues au sieur Jousseaume, seigneur du Coudray, son fils aisné, ce premier mars 1669.

JOUSSEAUME (DE). — Originaire du Poitou.

Michel de Jousseaume, écuyer, sieur de Sazé, demeurant paroisse de La Grue [1], élection d'Angers, René de Jousseaume, écuyer, sieur du Coulombier et du Coudray, y demeurant, élection et ressort de Baugé, ont justiffié la possession du titre de noblesse depuis l'année 1481, commençant led. Michel en la personne de noble François de Jousseaume, écuyer, sieur de Launay, son quartayeul qui avoit épousé Guionne de Beaumanoir, fille de messire Guillaume de Beaumanoir, chevalier, et ledit René en celle de Pierre Jousseaume son trisayeul, frère puisné dudit François.

Armoiries : *de gueules, à 3 croisettes pattées d'argent, à la bordure d'hermines.*

— Michel et René Jousseaume... eurent acte de la représentation de leurs titres le 18 janvier 1669.

JOUSSES (NICOLAS), sieur de Villegué, demeurant parroisse de Vieil-Baugé, eslection et ressort Baugé, comparant le XXIe aoust 1667, a dit qu'il entend maintenir la quallité d'escuyer, qu'il est aisné de sa maison et qu'il a trois frères, scavoir : Charles Jousses, sieur de Bonnevau, Louis Jousses, sieur de La Chapellière, Jean Jousses, sieur de Marigné, estant de présent au service du Roy et ne connoist autres de sa famille qui portent son nom et armes qui sont : *d'azur, au chevron d'argent, accompagné de trois estoilles d'or,* produira au premier jour les pièces dont il entend se servir et a signé :

NICOLAS JOUSSES.

JOUSSES. — Originaire d'Anjou.

Nicolas Jousses, écuyer, sieur de Villeguiers, demeurant paroisse du Vieil-Baugé, Charles, Louis et Jean Jousses, ses frères, demeurants paroisse de Marigné, élection de Baugé, ont justiffié la possession du titre de noblesse, depuis l'année 1533, commençant en la personne de leur trisayeul.

Porte : *d'azur au chevron d'argent accompagné de 3 étoiles d'or, 2 et 1.*

— Nicolas Jousse..... eut acte de la représentation de ses titres, tant pour luy que pour sa mère et ses sœurs, le 21 aoust 1667.

JOUYE (M^{tre} PIERRE), sieur des Roches, conseiller du Roy, président au présidial de La Flèche, comparant le trois septembre 1666, lequel pour satis-

---

(1) La Grue n'est pas une paroisse mais un château situé en la commune de Gonnord.

faire à l'assignation à luy donnée à la requeste de Laspeyre, le vingt un aoust dernier, a dit qu'il ne prétend point la qualité d'escuyer et qu'il y renonce, et que sy elle luy a esté donnée ç'a esté à son inseu et sans son ordre et pour tiltre d'honneur à cause de ses charges de Président, conseiller d'estat et autres employs et services et a toujours payé la taille et autres impositions dont les nobles sont exemptés, et a faict eslection de domicille en cette ville de Chinon, au logis de M^{tre} André Bourguignon, procureur et advocat et a signé :

P. Jouye.

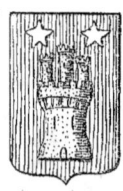

JOYÈRE (Charles de La), sieur de La Guérinière, demeurant parroisse de Cantenay, eslection et seneschaussée d'Angers, comparant le viiie mars 1668, tant pour luy que pour Inocent de La Joyère, sieur de Mosny, demeurant mesme parroisse, a dit que sond. frère et luy entendent maintenir la qualité d'escuyer, qu'il est aisné et qu'il ne cognoist autres de son nom et armes que sond. frère et que sesd. armes sont : *de gueules, au donjon d'or sommé de trois tours de mesme et deux estoiles d'argent en chef ;* a mis au greffe les pièces dont il entend se servir et a signé :

C. de La Joyère.

Les pièces dud. sieur de La Joyère luy ont esté rendues ce neuf mars 1668.

JOYÈRE (de la). — Originaire du Mayne.

Charles de La Joyère, écuyer, sieur de La Guérinière, et Innocent de La Joyère son frère puisné, demeurants paroisse de Cantenay élection et ressort d'Angers, ont justiffié la possession du titre de noblesse, depuis l'année 1506, commençant en la personne de leur trisayeul.

Porte : *de gueules au donjon d'or sommé de 3 tours de même, et deux étoiles d'argent en chef.*

JUGLART (François du), sieur de Forgeais, y demeurant parroisse de Chenu, eslection de Baugé, présidial de La Flèche, comparant le deux octobre 1668 par M^{tre} Michel Bernard, lequel a dit qu'icelluy sieur du Juglart entend maintenir la qualité d'escuyer et a signé :

Bernard.

Led. sieur du Juglart a produict ses tiltres lesquels luy ont esté rendus le 9 janvier 1676.

JUGLARD (DU) [1].

François Du Juglard, écuyer, sieur de Forgeais, élection de Baugé, fut maintenu dans sa noblesse, par M. Voisin de La Noiraye, le 9 janvier 1670. (Note de d'Hozier.)

— François de Juglard, sieur de ..... et de Chanteloup, eut acte de la représentation de ses titres, le 9 janvier 1670.

JUIGNÉ (RENÉ DE), sieur de La Brossinière, demeurant parroisse de Chemazé, eslection et ressort de Chasteau-Gontier, comparant le xiiiie juin 1667, a dit qu'il entend maintenir la quallité d'escuier, qu'il est aisné de sa maison, nom et armes, qu'il connoist Isaac de Juigné, sieur de Molières, demeurant en Champagne, son cousin-germain et François de Juigné, sieur de Laubinays, demeurant parroisse de Saint-Saturnin du Limet, en Cranais, pays d'Anjou, son cousin au quatriesme degré, qu'il porte pour armes : *d'argent à un lion de gueules le chef d'or, armé et lampassé de mesme*, produira au premier jour les tiltres justifficatifs de sa noblesse et a signé :

RENÉ DE JUIGNÉ.

Damoiselle Françoise de Charbonnier, veufve de JACQUES DE JUIGNÉ, vivant seigneur du Parvis au nom et comme mère et tutrice de de Juigné fils dud. deffunct et d'elle non nommé, demeurante en la maison de Bauchesne, parroisse de Saint-Saturnin, eslection de Chasteau-Gontier, comparante le xxve septembre 1668 pour satisfaire à l'assignation donnée à François De Juigné, sieur de Laubinais, ayeul dud. deffunct Jacques de Juigné, demeurant avec lad. comparante, laquelle a dit qu'elle entend maintenir la quallité d'escuyer dudict François de Juigné et celle prise par led. deffunct son mary, produira au premier jour les pièces dont elle entend se servir et a signé :

FRANÇOISE DE CHARBONNIER.

(1) D'Hozier, dans l'armorial de 1696, donne à cette famille ces armoiries : *d'argent au pal de sable, écartelé de sable au pal d'argent.* Ce sont des armes données *d'office*.

Lad. damoiselle a mis au greffe les pièces dont elle entend se servir le xve febvrier 1669.

Jay soubzsigné recongnoist que les pièces de lad. dame Cherbonnier m'ont esté remises ès-mains. Faict à Tours ce 14 mars 1669.

DELAHAYE.

JUIGNÉ (DE). — Originaire d'Anjou.

René Juigné, écuyer, sieur de La Brossinière, demeurant paroisse de Chemazé, élection et ressort de Châteaugontier, Françoise Cherbonnier veuve de Jacques De Juigné, écuyer, sieur du Parvis, demeurante paroisse Saint-Saturnin-du-Limet, de lad. élection de Chateaugontier, ont justifié la possession du titre de noblesse, depuis l'année 1457, commençant en la personne du 4e ayeul dud. René, et du trisayeul dud. Jacques.

Porte : *d'argent au lion de gueules, la tête d'or, lampassé et couronné de même.*

— Françoise... eut acte de la représentation de ses titres, le 3 mars 1669.

JUMEAU (TOUSSAINCT LE), comparant le 15 juillet 1666, tant en son nom comme aisné de la maison Le Jumeau, seigneur des Perrières, de la parroisse de Blou, ressort de Baugé, bailliage d'Angers, que comme ayant charge de Michel Le Jumeau, son oncle, nous a dit qu'ils entendent maintenir la qualité d'escuyer et qu'à cet effect luy Toussainct Le Jumeau, comme aisné, produira ses tiltres au premier jour, et a signé :

TOUSSAINCT LE JUMEAU.

Le 17 décembre 1666, led. sieur Le Jumeau a mis au greffe les pièces dont il entend se servir, lesquelles luy ont esté rendues le 2 may 1667.

Damoiselle Renée de Chevreux, dame de La Bellotière, demeurant en la parroisse de Sainct-Pierre de Chemillé, eslection et ressort d'Angers, veufve en premières nopces de Marc Amoureuse, escuier, sieur du Mureau, et en secondes nopces d'Adrien LE JUMEAU, escuier, sieur de Launay, de Thunes, mère et tutrice d'Adrien Le Jumeau, son fils comparant le xxi ͤ may 1667 tant pour elle que pour led. son fils par M ͭʳᵉ Louis Le Damoysel lequel a dict que lad. damoiselle et sond. fils entendent maintenir la qualité d'escuier et que pour justiffication d'icelle elle demande délay de représenter ses tiltres de noblesse.

Le Damoysel.

JUMEAU (Adrien Le), sieur de Launay, de Thunes, demeurant parroisse de Saint-Pierre de Chemillé, eslection et ressort d'Angers, comparant le quinziesme juin 1667 par M ͭʳᵉ Jacques-Paul Miré, procureur à la suitte de Monsieur l'Intendant, lequel a dict qu'icelluy Le Jumeau entend maintenir la qualité d'escuier, qu'il est sorty de cadet de sa maison, a mis au greffe les pièces dont led. sieur entend se servir et a signé :

Miré.

JUMEAU (le). — Originaire de Normandie.

Toussaint Le Jumeau, écuyer, sieur des Perrières, demeurant paroisse de Blou et Michel Le Jumeau, écuyer, sieur de Thunes [1], son oncle, demeurant paroisse de Neuville élection et ressort de Saumur, ont justifié la possession du titre de noblesse, depuis l'année 1547, commençant led. Toussaint en la personne de son bisayeul et led. Michel en celle de son ayeul.

Portent : *d'argent au chef de gueules chargé d'un lyon du champ.*

— Toussaint et Michel... eurent acte de la représentation de leurs titres, le 2 may 1667 et Adrien... le 17 juin 1667.

L

LABBÉ (Charles-Gallois), seigneur de Champagnette, demeurant parroisse de Bazougers, eslection et siège royal de Laval, comparant le xxii ͤ may, 1668, a dit qu'il entend maintenir la qualité de chevalier et qu'outre Urbain Labbé, ... Labbé, Pierre, François-Nicolas et René-Gallois Labbé, ses enfans, il ne connoist personne de son nom et armes, qu'il porte : *coupé d'argent et de*

---

(1) Michel Le Jumeau sieur de Thunes, mari de damoiselle Marie Cochon.

gueules, au lion aussy coupé de gueules et d'argent, a mis au greffe les pièces dont il s'entend ayder et a signé :

CHARLES-GALLOIS LABBÉ DE CHAMPAGNETTES.

Les pièces dud. sieur Labbé luy ont esté rendues ce XXIII may 1668.

LABBÉ. — Originaire du Maine.

Charles Gallois Labbé, écuyer, sieur de Champagnettes, demeurant paroisse de Bazougers, élection et ressort de Laval, a justifié la possession du titre de noblesse, depuis l'année 1506, commençant en la personne de son quartayeul.

Porte : *Coupé d'argent et de gueules au lion couronné de l'un en l'autre.*

LABLE (CLAUDE DE), garde du corps de feu Monsieur le duc d'Orléans, demeurant à Neufvy, eslection et bailliage de Tours, comparant le XXVIIIe febvrier 1669, a dit que bien qu'en conséquence de lad. charge il ait peu prendre la qualité d'escuyer il ne la néantmoins jamais prise ny entendu prendre et a signé :

C. DE LABLE.

Led. sieur de Lable a mis au greffe les pièces dont il entend se servir ce neuf mars 1669.

Les pièces dud. sieur de Lable ont esté rendues au sieur de Lable, son fils ce trante janvier 1670.

J. DE LABLE.

LADMIRAULT (GUILLAUME), sieur de Vautibault, demeurant à Richelieu comparant le 3 aoust 1666, a dit qu'il n'a jamais pris la qualité d'escuier, qu'il n'a jamais esté compris dans les rolles des tailles comme escuyer mais seullement comme procureur du Roy de l'eslection de lad. ville de Richelieu et a signé :

G. LADMYRAULT.

Condamné.

LAFONS (Jacques de), sieur des Rocherais, demeurant parroisse d'Ancinnes, eslection du Mans, baronnie du Saosnois, présidial de La Flèche, comparant le xx avril 1667 lequel a dit qu'il entend maintenir la qualité d'escuyer, qu'il est seul de son nom et armes, qu'il porte : *d'azur, à un lyon d'argent entouré de douze bezans d'or ;* produira incessamment les pièces dont il entend se servir et a signé :

De La Fons.

LAMBERT. Armoiries : *d'argent à 3 têtes de cerf de sable coupées et posées de profil 2 et 1.*
Charles de Lambert, écuyer, sieur de La Fredonnière, demeurant paroisse de Juigné-sur-Sarthe, élection de La Flèche, eut acte de la représentation de ses titres, tant pour luy que pour son père, le 20 septembre 1667.

LAMBINET (Pierre de), escuier sieur de La Chaulme, demeurant parroisse de Sainte-Maure, ressort de Chinon, bailliage de Tours, comparant le 26 juillet 1666, soustient la qualité d'escuier.

Signé : P. de Lambinet.

LAMBOULT (Charles de), sieur dud. lieu, demeurant parroisse de Juigné, eslection de La Flèche, bailliage de Chasteaugontier, comparant le six aoust 1667 par Mre René Du Guesclin, conseiller du roy en ses conseils et cy-devant en son grand conseil, son procureur, lequel sieur a dit qu'icelluy Lamboult entend maintenir la qualité d'escuyer et produira au premier jour les pièces dont il entend se servir et a signé :

Duguesclin.

LAMBOUL (de). — Originaire du Maine.
Charles de Lamboul, écuyer, sieur de La Trudonnière et Charles de Lamboul, son fils, demeurants paroisse de Juigné, élection de La Flèche, ressort de Châteaugontier, a justiffié la possession du titre de noblesse, depuis l'année 1546, commençant en la personne de leur bisayeul et trisayeul.
Porte : *d'azur à 3 étoiles d'or, 2 et 1.* — Aliàs, *en pal.*

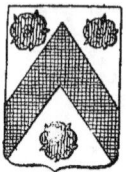

Anne de Vaugirault [1], veufve de deffunct Lancelot de LANCRAU, vivant seigneur de Piart demeurant parrroisse du Loroux-Becconnoys, en Anjou, comparant le xxviiie avril 1667 tant en son nom privé que comme mère et tutrice naturelle de ses enfans mineurs et dud. deffunct par Mtre Jacques Paul Miré, procureur, lequel a dict qu'elle entend soustenir la qualité d'escuier prise par led. sieur son mary et d'aultant qu'icelluy de Piart estoit cadet de sa maison et que les tiltres de sa noblesse ont demeuré entre les mains de deffunct Jean de Lancrau, sieur de La Saudraye, son frère, et depuis son decedz entre les mains de deffunct Jacques de Lancrau, son fils aisné duquel sont issus plusieurs enfans mineurs desquels le sieur de La Sionnière est curateur au païs du Maine, entend demander délay pour aporter les tiltres pour la justiffication de sa noblesse qu'elle produira au premier jour.

Signé : Miré.

Michel du Boul, escuier sieur de La Sionnière, demeurant parroisse d'Argenton, eslection de Chasteaugontier, curateur aux personnes et biens d'Alexis et Henry de LANCRAU, enfans mineurs de feu Jacques de Lancrau, sieur du Tertre-Sauldraye et de damoiselle Renée de Meaune [2] leurs père et mère, comparant le xxe may 1667, lequel a dict qu'il entend maintenir la qualité d'escuyers pour lesd. enfans mineurs et qu'ils sont à présent en pension pour aprendre leurs exercices, et pour la justiffication de lad. qualité ensemble de celle de Jacques de Lancrau enfant mineur de Lancelot de Lancrau et de damoiselle Anne de Vaugirault a mis au greffe les pièces dont il entend se servir, et a dict que lesd. sieurs de Lancrau portent pour armes : *d'argent au chevron de sable et trois rozes de gueules boutonnées d'or*, et a signé :

Michel du Boul.

Le 23e may 1667 les pièces desd. sieurs de Lancrau ont esté rendues aud. sieur du Boul, leur curateur.

---

(1) De Vaugirault. — *D'argent à l'aigle éployée de sable, becquée, éclairée et onglée de gueules.*
(2) De Meaulne. — *D'argent, semé de fleurs de lis de sable à la bande fuselée de gueules brochant sur le tout.*

LANCREAU (de). — Originaire du Maine.

Alexis de Lancrau, écuyer, sieur du Tertre et Henry de Lancrau, son frère, demeurants paroisse d'Argenton, élection de Chateaugontier, et damoiselle Anne de Vaugirault veuve de Lancelot de Lancrau, écuyer, sieur de Piard, mère et tutrice de Jacques, Anne et Élisabeth de Lancrau ses enfans et dudit défunt, cousins du 2 ou 3e degré dud. Alexis et Henry, ont justiffié la possession du titre de noblesse, depuis l'année 1532, commençant ledit Alexis en la personne de son trisayeul et lesd. François, Anne et Élisabeth en celle de leur bisayeul.

Portent : *d'argent, au chevron de sable accompagné de 3 roses de gueules boutonnées d'or, 2 et 1.*

— Anne de Vaugirault… eut acte de la représentation de ses titres, tant pour elle que pour ses enfans, le 22 may 1667.

LANDE (Messire Eustache de La), seigneur de Villangloze, demeurant en sa maison de Sainct-Martin, eslection de Chasteau-Gontier, et Mre Urbain de La Lande, seigneur du lieu de La Lande, cousins-germains, demeurant en sa maison de Margat, eslection dud. Chasteaugontier, comparant le xviiie may 1668 par M^{tre} Louis Le Damoysel, lequel a dit qu'ils entendent maintenir les quallitéz d'escuyer et de chevallier, qu'ils portent pour armes : *d'or, au cor de sable, lié de mesme, au chef de gueulles, chargé de trois estoilles d'or et soustenu d'une fasce de sable*, ont mis au greffe les pièces dont ils entendent leur servir et a led. Le Damoysel signé :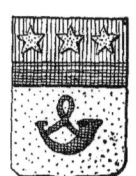

Le Damoysel.

Les pièces desd. sieurs de La Lande ont esté rendues aud. Le Damoysel le 21 may 1668.

LANDE (de La). — Originaire du Maine.

Eustache de la Lande, chevalier, sieur de Saint-Martin et de Villengloze, demeurant paroisse de Saint-Martin et Urbain de La Lande, chevalier, sieur dud. lieu, son frère, demeurant en la maison de Margat, élection de Chateaugontier, ont justiffié la possession du titre de noblesse, depuis l'année 1494, commençant en la personne de leur bisayeul.

Porte : *d'or, au cor de chasse de sable, surmonté d'une fasce de même, soutenant un chef de gueules à 3 étoiles d'or.*

— Eustache… Urbain de La Lande… eurent acte de la représentation de leurs titres le 21 mai 1668.

LANDEVY (Pierre de), sieur de Vaux-de-Chaumont, advocat au siège présidial d'Angers, y demeurant, comparant le xxie avril 1667 par M^{tre} Pierre Berneust le jeune, lequel a dict, que sy on a donné la qualité d'escuyer aud. Landevy par quelques actes d'ont toutesfois icelluy de Landevy n'a cognoissance, cela ne s'est fait que conformément et en suitte des privilèges octroyés de temps en temps aux maires et échevins de lad. ville, et a signé :

Berneust.

Led. sieur de Landevy a mis au greffe les pièces dont il entend se servir ce xxiie avril 1667.

Lesd. pièces ont esté rendues ce 20 may 1667 [1].

LANGAN (Pierre de), sieur de Beauvays, demeurant paroisse de Montenay, eslection de Mayenne, ressort d'Ernée, comparant le cinq^e juin 1668 par Me Louis Le Damoysel, procureur à la suitte de Monsieur l'Intendant, lequel a dit que led. sieur de Langan entend maintenir la qualité d'escuyer, qu'il est issu d'une branche de cadetz de sa maison, que l'aisné est demeurant en Bretagne et qui est le sieur de Langan, sieur du Bois-Febvrier, et que le sieur de La Poissonnaye, demeurant aussy en Bretagne est cadet de sa branche et n'en connoist autres qui portent son nom et armes, qui sont : *de sable, au léopard d'argent, armé, lampassé et couronné de gueules ;* a mis au greffe les pièces dont il entend s'ayder et a signé led. Le Damoysel :

Le Damoysel.

Les pièces dud. sieur de Langan ont esté rendues le 5e juin 1668.

LANGAN (de). — Originaire du Maine [Bretagne].

Pierre de Langan, écuyer, sieur de Beauvais, demeurant paroisse de Montenay, élection de Mayenne, a justiffié la possession du titre de noblesse, depuis l'année 1542, commençant en la personne de son trisayeul.

Porte : *de sable au léopard d'argent, armé, lampassé et couronné de gueules.*

---

[1] Jean Landevy, sieur de Médouin, échevin d'Angers, le 17 avril 1492, fut élu maire le 1er mai 1507 et réélu le 1er mai 1508.

Armes : *d'or, à quatre fasces de gueules.* Ce sont les armoiries des anciens s^{rs} de Landevy au Maine.

LANGELLERIE (Louis DE), seigneur dud. lieu, y demeurant parroisse de Beaulieu, seneschaussée du Mans, élection de Laval, comparant le xiiiie juin 1668 par M^tre Michel Bernard, lequel a dit qu'icelluy de Langellerie entend maintenir la qualité d'escuyer et ne connoist de son nom et armes (qu'il porte : *d'argent, à trois estoilles de gueules, deux et une et un croissant en abisme de mesme*) que Charles, Louis, André et René de Langellerie, ses fils, et damoiselles Françoise, Charlotte-Renée et Louise de Langellerie ses filles, a mis au greffe les pièces dont il entend se servir et a led. Bernard signé :

BERNARD.

Les pièces dud. lieu de Langellerie ont esté rendues aud. Bernard ce xve juin 1668.

LANGELLERIE (DE). — Originaire du Maine.

Louis de Langellerie, écuyer, sieur dud. lieu, demeurant paroisse de Beaulieu, élection de Laval, ressort du Mans, a justiffié la possession du titre de noblesse, depuis l'année 1485, commençant en la personne de son trisayeul.

Porte : *d'argent à 3 étoiles de gueules, 2 et 1, un croissant de même en abime.*

Damoiselle Claude Louet [1], femme et espouse de RENÉ DE LANGLÉE, sieur de La Barre Mesnardière et de La Boirie, demeurant en sa maison seigneurialle du Perroy, parroisse du Viel-Baugé, eslection et siège royal de Baugé, seneschaussée d'Angers, fondée de procuration spéciale dud. sieur de Langlée son mary, comparant le huict janvier 1668, a dict qu'icelluy sieur de La Barre, son mary, entend maintenir sa qualité d'escuyer, pour la justiffication de laquelle il réprésentera cy-après les pièces et tiltres dont il entend s'ayder en luy donnant délay compétant pour ce faire, et a signé :

CLAUDE LOUET.

LANGLÉE (DE). — Originaire de Mayenne.

René de Langlée, écuyer, sieur de La Menardie, demeurant paroisse du Viel-Baugé,

(1) Louet : *d'azur à 3 coquilles d'or, 2 et 1.*

élection et siège royal dud. lieu, a justiffié la possession du titre de noblesse, depuis l'année 1558, commençant en la personne de son bisayeul.

Porte : *d'argent à 3 fasces de pourpre cantonnées de 9 trèfles de même posés 4 et 4 en pal et 1 en pointe.* — Aliàs : *de sable à 3 fasces d'argent et 15 quintefeuilles de l'un en l'autre 7 et 7 et 1.*

LANIER (Laurent), seigneur de La Guerche, conseiller du Roy en ses conseils, premier président en la seneschaussée d'Anjou et présidial d'Angers, eschevin perpétuel et cy-devant maire de lad. ville, fils de François Lanier, escuyer, seigneur de Sainte-Gemme, aussy conseiller du Roy en ses conseils, premier président esd. seneschaussée d'Anjou et siège présidial d'Angers, maire et eschevin perpétuel de lad. ville, fils de Jean-Jacques Lanier, escuier, seigneur de Leffretière et de Sainte-Gemme, conseiller et advocat du Roy esd. seneschaussée d'Anjou et siège présidial d'Angers, eschevin perpétuel de lad. ville, fils de Guy Lasnier, escuier, seigneur de Leffretière, conseiller du Roy esd. seneschaussée et présidial d'Angers, eschevin perpétuel et maire de lad. ville, comparant le xxe febvrier 1668 par M^{tre} Michel Bernard, lequel a dit pour led. sieur que puisqu'il a pleu aux Roys de France, mesme à Sa Majesté à présent heureusement régnant, accorder aux maires et eschevins de la ville d'Angers, les mesmes avantages, privilèges, libertez franchises et autres prérogatives qu'ont les autres nobles et gentilshommes du royaume, il veut et entend continuer à jouir des mesmes grâces non-seulement à cause qu'il a esté maire et qu'il est eschevin perpétuel, mais encor parceque lesd. sieurs ses père, ayeul et bisayeul ont esté reçus, honorés des mesmes dignitéz, partant soustient lad. qualité d'escuyer.

Signé : Bernard.

LANIER. — Originaire d'Angers, noblesse de mairie.

Laurens Lanier, écuyer, seigneur de La Guierche, premier président en la sénéchaussée et siège présidial d'Angers, Guy Lanier, écuyer, sieur de Contigné, cousins au 3e degré demeurants à Angers, tirent l'origine de leur noblesse de Guy Lanier, leur bisayeul, échevin et maire de la ville d'Angers ès-années 1556, 1557, 1559 et 1560.

Porte : *d'azur au sautoir losangé d'or cantonné de 4 laniers de même.*

Guy Lasnier... maintenu par arrêt du conseil du 2 décembre 1669.

— Laurens... eut acte de la représentation de ses titres le 28 mars 1668 et par arrêt du 2 décembre 1669.

Jacques Lasnier, sieur de Contigné, fils de messire Jacques Lasnier, sieur de Saint-Lambert, vivant président et lieutenant-général aud. présidial et maire en 1639, pour jouir....

LANTIVY (Pierre de), sieur de Lisletison, demeurant parroisse de La Lande de Niafle, eslection de Chasteau-Gontier, seneschaussée d'Angers, comparant le xxixe juillet 1667 a dit qu'il entend maintenir la qualité d'escuyer, qu'il reste seul de son nom et armes avec ses enfans et qu'il porte pour armes : *de gueules, à une espée d'argent en pal*, a mis au greffe les pièces dont il entend se servir et a signé :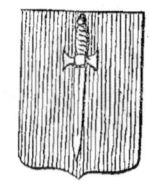
Pierre de Lantivy.

Les pièces dud. sieur de Lantivy luy ont esté rendues le deux aoust 1667.

LANTIVY (de). — Originaire de Bretagne.
Pierre de Lantivy, écuyer, sieur de Kermainguy, demeurant paroisse de Niafles, élection et ressort d'Angers, a justifié la possession du titre de noblesse, depuis l'année 1538, commençant en la personne de son bisayeul.
Porte : *de gueules à l'épée d'argent (en pal la pointe en bas)*.
— Pierre de Lantivy... eut acte de la représentation de ses titres le 1er août 1667.

LARGE (Claude Le), sieur des Cartes, mareschal des logis du roy à tiltre de surnuméraire, demeurant à Amboise, comparant le xxiiie mars 1667, tant pour luy que pour Charles, Thomas et Jacques Le Large, ses frères puisnez, a dit que luy et sesd. frères entendent maintenir la qualité d'escuyer et qu'il ne cognoist personne autres de son nom et armes que Louis Le Large, mareschal des logis du Roy, son oncle, et qu'il porte pour armes : *d'azur, à deux fasces d'argent chargées de trois annelets de gueules deux et un*, produira au premier jour les pièces dont il entend se servir et a signé :
Le Large.

Led. sieur Le Large a mis au greffe les pièces dont il entend se servir.
Les pièces dud. sieur Le Large ont esté rendues au sieur Le Large, procureur du Roy, d'Amboise, son frère, ce 5 mars 1667.

Armoiries : *d'azur, à deux fasces d'argent chargées de trois annelets de gueules, deux sur la première, un sur la seconde*.

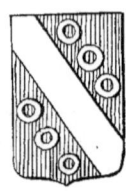

LASPAYE *aliàs* LESPAYE (François de), sieur dud. lieu, demeurant en la parroisse de Parçay, eslection de Baugé, ressort de Saumur, seneschaussée d'Angers, comparant le 9 may 1669, a dit qu'il entend maintenir la qualité d'escuier par luy prise et que Pierre de Laspaye, sieur de Limons, demeurant parroisse de Saint-Pierre de Curçay, eslection de Loudun, est son frère aisné et que André de Laspaye, sieur de Montigné, demeurant aud. lieu de Limons, est son frère cadet, et ne cognoist autres personnes de son nom et armes et qu'il porte pour armes : *de gueules, à six annelets d'argent, à la bande de même passant sur le tout*, a mis au greffe les pièces dont il entend se servir et a signé :

F. DE LASPAYE.

Les pièces dud. sieur de Laspaye luy ont esté rendues le neuf may 1669.

LASPAYE (DE). — Originaire de Poitou.
Pierre de Laspaye, écuyer, sieur de Limons, demeurant paroisse de Saint-Pierre-de-Curçay, élection de Loudun et François de Laspaye, écuyer, sieur du lieu, son frère puisné, demeurant paroisse de Parcé, élection de Baugé, ressort de Saumur, a justiffié la possession du titre de noblesse, depuis l'année 1524, commençant en la personne de son quartayeul.
Porte : *de gueules à la bande d'argent accostée de 6 annelets de même.*

LAUNAY (Hercule de), sieur de La Brosse Maldemeure, demeurant parroisse de Champigné eslection et ressort d'Angers, comparant le six septembre 1666, lequel pour satisfaire à l'assignation à luy donnée le xxxe aoust dernier par exploict de Carré à la requeste de Laspeyre a dict qu'il entend maintenir la qualité d'escuyer et qu'il est aisné et seul resté de sa maison et qu'il porte : *d'argent à quatre rozes de gueules, un sautoir aussy de gueules,* et pour la justiffication de sa noblesse produira au premier jour les pièces dont il entend se servir et a faict eslection de domicille au logis de M^{tre} Jacques Bruzard procureur à Chinon, et a signé :

HERCULES DE LAUNAY.

Les pièces dudict sieur de Launay luy ont esté rendues le 20 mai 1667.

LAUNAY (de). — Originaire du Maine.

Hercule de Launay, écuyer sieur de La Brosse et de Maldemeure, demeurant paroisse de Champigné, élection et ressort d'Angers, par jugement contradictoire, a été maintenu en la possession du titre de noblesse dont il a rapporté la preuve depuis l'an 1552, commençant en la personne de son bisayeul.

Porte : *d'argent au sautoir de gueules cantonné de 4 roses de même.*

— Hercule de Launay... au nombre des maintenus par M. Voisin de La Noirays.

LAUNAY (Gabriel de), sieur de La Gautraye, demeurant parroisse de Longué, eslection et présidial d'Angers, comparant le dix janvier 1667, a dit qu'il entend maintenir la qualité d'escuyer, qu'il est aisné d'une branche de cadets de sa maison et que Gabriel de Launay, demeurant parroisse de Brion, païs d'Anjou, est l'aisné de lad. maison et que Jean de Launay, sieur de Lorière, est d'une autre branche de lad. maison et François de Launay, sieur de Cumeray, l'un et l'autre dud. païs d'Anjou, est encor d'une autre branche de la mesme maison et qu'outre lesd. sieurs cy-dessus nommés, il ne cognoist personne de son nom et armes, qu'il porte : *d'or, à l'arbre de pourpre accompagné de deux aigles de sable ;* produira au premier jour les pièces dont il entend se servir, et a signé :

GABRIEL DE LAUNAY.

LAUNAY (Gabriel de), sieur de La Motais [Mottaie], parroisse de Brion, eslection et ressort de Baugé, présidial d'Angers, comparant le XVIIe febvrier 1667, a déclaré qu'il entend maintenir la qualité d'escuyer, qu'il est l'aisné de sa maison et que François de Launay sieur de Cumeray, est son cousin-germain, Jean de Launay, sieur de Laurière, demeurant parroisse de Brion, est aisné d'une branche de cadets de lad. maison et que Gabriel de Launay, sieur de La Gautraye qui a cy-devant comparu est aussy aisné d'une autre branche de lad. maison et que lesd. sieurs de Launay entendent maintenir pareillement la qualité d'escuyer et qu'il portent tous mesmes armes : *d'or, à l'arbre de sinople.... accosté de deux aigles esployées de sable,* a produit les tiltres dont il s'entend s'ayder et a signé :

G. DE LAUNAY.

Les pièces dud. sieur de Launay luy ont esté rendues ce XIIe mars 1667.

LAUNAY (de). — Originaire d'Anjou.

Gabriel de Launay, écuyer, sieur de La Mothais, Jean de Launay, écuyer, sieur de La Louverie, son oncle, demeurants paroisse de Brion, Gabriel de Launay, écuyer, sieur de La Gauteraye, demeurant paroisse de Longué, élection de Baugé, aussi oncle dudit sieur de La Mothais, et François de Launay, écuyer, sieur de Cumeré, son cousin-germain demeurant paroisse des Sept-Voyes, élection de Saumur, bailliage d'Angers, ont justiffié la possession du titre de noblesse, depuis l'année 1521, commençant scavoir lesd. sieurs de La Mothais et de Cumeré en la personne de leur trisayeul et lesd. sieurs de La Louvrière et de La Gautraye en celle de leur bisayeul, Henry de Launay, écuyer, sieur de La Balluère, demeurant paroisse de Pirmil, élection de La Flèche, ressort du Mans, a justifié la possession du titre de noblesse, depuis l'année 1529, commençant en la personne de son quartayeul [1].

Porte: *d'or, à l'arbre de sinople accosté de deux aigles de sable, becquées et onglées de gueules.*

LAUNAY (Henry de), sieur de La Baluère, demeurant parroisse de Pirmil, eslection de La Flèche, seneschaussée du Mans, comparant le dix-huict may 1667, a dit qu'il entend maintenir la qualité d'escuyer, qu'il est aisné de sa maison, que Nicolas de Launay, sieur de Beslay, demeurant mesme paroisse est son oncle, et que ...... de Launay, demeurant en Anjou est son cousin du mesme nom et armes et qu'il n'en connoist poinct d'autres, qu'il porte pour armes : *d'or, à l'aulne arrachée, de sable, accosté de deux aigles de sable, becquées et patées de gueules,* et a signé :

Henry de Launay.

LAUNAY (Julien de), sieur de La Chederye, demeurant parroisse de Bourgneuf, eslection de Laval, comparant le VIe juin 1668, a dit qu'il entend maintenir la qualité d'escuier et qu'il est aisné de sa maison, qu'il ne connoist autres de son nom et armes que Henry de Launay, sieur du Domaine, cadet de sa maison, demeurant en Bretagne, qu'il porte pour armes : *d'argent, à un fousteau de sinople, arraché* ; produira au premier jour les pièces justifficatives de sa noblesse et a signé :

J. Delaunay.

(1) La grosse originale de leur maintenue, datée du 12 mars 1667, appartient à Mme la comtesse de La Motte-Rouge.

Led. sieur de Launay a mis au greffe les pièces dont il entend se servir ce XXII juin 1668.

Les pièces dud. sieur de Launay luy ont esté rendues le XXV dud. mois de juin.

LAUNAY (DE). — Originaire de Touraine.

Jullien de Launay, écuyer, sieur de Chedris, demeurant paroisse du Bourneuf, élection de Laval, et Julien de Launay, écuyer, sieur de La Bonnerie, son fils, demeurant paroisse de Saint-Mars; élection et ressort de Mayenne, ont justiffié la possession du titre de noblesse, depuis l'année 1530, commençant en la personne de leur bisayeul et trisayeul.

Porte : *d'argent, au fouteau [fresne] arraché de sinople.*

LAURENCIN (JULIEN), sieur de La Porcherie, demeurant en cette ville de Tours, parroisse Saint-Estienne, comparant le XXIX décembre 1667 par M^{tre} Michel Bernard, procureur au bureau des finances aud. Tours, lequel a dit que led. Laurencin n'a jamais entendu soustenir la qualité d'escuyer, et a signé :

BERNARD [1].

LAURENS (GUILLAUME), sieur de La Chouanière, demeurant parroisse de Saint-Lambert de La Potterie, eslection d'Angers, comparant le 2e juin 1667, a dit qu'il entend maintenir la qualité d'escuier comme issus de parens nobles d'extraction, entend se servir des tiltres produicts par Pierre Laurent, sieur de La Motte-Bourjolly, son frère, aisné, à nostre greffe, pour le maintien de sa noblesse, et ne cognoist autres personnes de son nom et armes et porte pour armes : *d'or, au chevron d'azur, au croissant de gueules, et deux aigles à deux testes, de sable, en chef, au lion aussy de gueules armé et lampassé d'azur,* et a signé :

G. LAURENS.

LAURENS (PIERRE), sieur de Bourjolly, demeurant à Angers, comparant le douze mars 1667, a dit qu'il entend maintenir la qualité d'escuyer, qu'il est

---

[1] Louis Laurencin, conseiller au siège présidial de Tours, le 12 décembre 1654.
Armoiries : *de sable, au chevron d'or accompagné de trois étoiles de même.*

l'aisné de sa maison et qu'il ne cognoist de son nom et armes que Guillaume Laurent, son frère, et que sesd. armes sont : *d'or, au chevron d'azur, au croissant de gueules et deux aigles à deux testes armé et lampassé d'azur*, a mis au greffe les pièces dont il entend se servir et a signé :

P. LAURENS.

Les pièces dud. sieur Laurens luy ont esté rendues ce six juillet 1667.

LAURENT.

Pierre Laurent, écuyer, sieur de Bourjoly, élection d'Angers, Guillaume Laurent, écuyer, sieur de La Chouannière, demeurant paroisse Saint-Lambert-de-la-Potterie, élection d'Angers, eurent acte de la représentation de leurs titres, le 4 juillet 1667.

Armoiries : *d'or, au laurier arraché de sinople accosté de 2 merlettes de sable.*

LAURENT (URBAIN DU), seigneur de Joreau, demeurant parroisse de Sainct-Vétérain de Gennes, eslection et ressort de Saumur, comparant le trante décembre 1666, lequel pour satisfaire à l'assignation à luy donnée à la requeste de Laspeyre a dict qu'il entend maintenir la qualité d'escuyer, et qu'il est aisné de sa maison et qu'outre Hillaire, Cézard, Charlotte, Bonne et Magdelaine du Laurent, ses frères et sœurs, il ne cognoist personne de son nom et armes, qu'il porte *my-party d'argent et de sable au lyon rampant de mesme de l'un en l'autre*, et qu'il produira au premier jour les pièces dont il entend se servir pour la justiffication de sa noblesse, et a faict eslection de domicille en cette ville de Tours, au logis de M^{tre} Moreau, commis au greffe, et a signé :

URBAIN DE LAURENS.

Les pièces dud. sieur Dulorent luy ont esté rendues ce XXVIIIe avril 1667.

LAURENS (DU). — Originaire d'Angers.

— Urbain du Laurens, écuyer, sieur de Joreau, demeurant paroisse de Saint-Vecterin-de-Gennes, élection et ressort de Saumur, bailliage d'Angers, a justiffié la possession du titre de noblesse, depuis l'année 1524, commençant en la personne de son bisayeul.

Porte : *coupé d'argent et de sable au lyon de l'un en l'autre.*

Urbain du Laurent... eut acte de la représentation de ses titres le 20 mars 1669.

LAURON *aliàs* LORON (ANDRÉ), sieur de Mazières, gentilhomme ordinaire de Monsr le duc d'Orléans, demeurant en cette ville de Tours, comparant le XIXe décembre 1667, a dit qu'ayant esté cy-devant assigné à la req^{te} de Thomas Bousseau, chargé de la recherche des usurpateurs du tiltre de noblesse, à la cour des aides, il se seroit pourveu au Roy en son Conseil, où il auroit obtenu arrest le douze mars 1665, pour lequel il a esté deschargé de lad. assignation à luy donnée à lad. cour des aides, à la req^{te} dud. Bousseau, avec deffences de le plus poursuivre pour ladicte qualité d'escuyer, à la charge par led. Lauron de ne la plus prendre à l'advenir, depuis lequel temps il n'a pris lad. qualité d'escuyer.

Signé : LAURON [1].

LAVALLET (PIERRE DE), sieur de La Touche, lieutenant de roy des ville et citadelle de Stenay, faisant quelque séjour en sa maison de La Touche, parroisse de Cheillé, eslection de Chinon, bailliage de Tours, comparant le neuf décembre 1666, lequel a dit qu'il entend maintenir la qualité d'escuyer et qu'il est aisné d'un cadet de sa maison dont les aisnés sont de Bourbonnois qu'il ne cognoist y ayant plus de cent cinquante ans que lesd. branches d'aisné et cadet sont séparées, et qu'outre Alexandre et René de Lavallet, ses frères, et leurs familles demeurans scavoir led. Alexandre à Chastillon-sur-Loing près Montargis, et René, demeurant à La Touche de Lin, parroisse Sainct-Laurent, en Anjou, il ne cognoist personne de son nom et armes, qu'il porte : *d'azur à une fasce d'or et trois estoilles aussy d'or en chef*, et pour la justiffication de lad. qualité a mis au greffe les pièces dont il entend se servir et a signé :

LA TOUCHE DE LAVALLET.

Les pièces dud. sieur de La Vallet luy ont esté rendues ce quinze décembre 1666.

LAVAU (MICHEL DE), demeurant à Sainct-Hipolite, ressort de Saumur, bailliage d'Angers, comparant le 18 juillet 1666, nous a dit qu'il entend

---

(1) André Lauron ou Loron fut échevin de Tours en 1698. Il portait pour armes : *d'or à 3 feuilles de laurier de sinople mises en pal.*

maintenir la qualité d'escuyer et qu'ayant esté assigné aux mesmes fins à la Cour des aydes, à Paris, où il a envoyé ses tiltres, il requiert délay d'un mois pour les retirer et les produire, et a signé :

De Lavau.

Le 25 février 1667, led. sieur de Lavau a produict par M^{tre} Pierre Berneux le jeune, son procureur, et les pièces dud. sieur luy ont esté rendues le 9 may 1667, à la réserve de deux contre lesquelles il y a inscription de faux [1].

LEBOUCHER (Charles), conseiller du Roy, lieutenant-général criminel au siège présidial de La Flèche, comparant le trois septembre 1666, lequel pour satisfaire à l'assignation à luy donnée à la requeste de Laspeyre le vingt un aoust dernier a dict qu'il n'a jamais pris la qualité d'escuier, y renonce et a toujours esté imposé aux roolles des tailles et autres impositions de lad. ville, et a faict eslection de domicille au logis de M^{tre} André Bourguignon, procureur à Chinon, et a signé :

Leboucher.

LEGROS (François), sieur de Chappes, conseiller du Roy, assesseur au siège royal et mareschaussée de Beaufort, y demeurant, eslection et bailliage d'Angers, comparant le 27e aoust 1666, lequel pour satisfaire à l'assignation qui luy a esté donnée le vingt du présent mois à la requeste de Laspeyre, par Carré, huissier, a dict que mal à propos il a esté assigné d'aultant que l'ayant esté une première fois, il a comparu par devant nous en la ville de Tours [2] et déclaré qu'il n'entend maintenir la qualité d'escuyer et que si elle luy a esté donnée dans quelques actes de légère conséquence ç'a esté pendant le temps qu'il demeuroit à Angers qui est une ville franche, et par conséquent qu'elle n'a tiré à aucune conséquence ny préjudicier au Roy ny au publicq, et que depuis deux ans ayant quitté lad. ville d'Angers et s'estant retiré en celle de Beaufort où il demeure présentement il n'a poinct pris lad. qualité et a toujours esté employé aux roolles des tailles de lad. ville, ce qu'il justyfiera

---

(1) Armoiries : *d'argent à 3 lions de sable, armés et lampassés de gueules, posés 2 et 1.*
(2) Voir page 381.

par les extraicts qu'il nous représentera, et a esleu domicile en la personne de M^tre Miré estant à nostre suitte et a signé :

LEGROS.

Jeanne Adam, veufve de feu PIERRE LEMERCIER, vivant exempt des gardes du corps du Roy, demeurante à Montsoreau, eslection et ressort de Saumur, comparant le deux octobre 1666, laquelle a dit qu'elle entend continuer à jouir des privilèges attribués aux veufves des officiers du Roy, et non en la qualité d'escuier que sond. deffunct mary a prise et a eu droict de prendre en conséquence de sad. charge d'exempt, et a signé :

J. ADAM.

LENFANT (JACQUES), sieur de La Patrière, demeurant parroisse Saint-Pierre de Duretal, eslection de La Flèche, ressort de Baugé, comparant le XXVIe mars 1667 tant pour luy que pour Isaac Lenfant, sieur du Bordage et Henry Lenfant, sieur de La Garrelière, frères, demeurant parroisse de Baracé, eslection de La Flèche, ressort de Baugé, a dit que lesd. sieurs Isaac et Henry Lenfant et luy entendent maintenir la qualité d'escuyer, que luy de La Patrière est l'aisné de son nom et armes, que lesd. Isaac et Henry Lenfant sont frères et cadets de lad. maison et que Gédéon Lenfant est l'aisné de lad. branche de cadets et qu'il n'en cognoist autre de son nom et armes que Guillaume Lenfant, sieur Despeaux et de Congrié, demeurant parroisse de Congrié, frère de luy Jacques, et qu'il porte pour armes : *d'or, à trois fasces de gueules,* a mis au greffe les pièces dont il entend se servir, et a signé :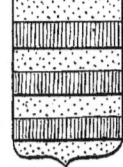

JACQUES LANFANT PATRIÈRE.

Les pièces dud. sieur Lenfant luy ont esté rendues ce dernier mars 1669.

LENFANT (GÉDÉON), sieur du Bois-Moreau et des Escorces, demeurant parroisse de Gouy, eslection de La Flèche, ressort de Baugé, comparant le xxvɪᵉ mars 1667, a dit qu'il entend maintenir la qualité d'escuyer, qu'il est aisné d'une branche de cadets de sa maison et que Isaac et Henry Lenfant, sont d'une autre branche de cadets, que Jacques Lenfant, sieur de La Patrière, est l'aisné de lad. maison et Guillaume Lenfant sieur Despaux, frère dudict Jacques et qu'il n'en cognoist point d'autres de son nom et armes, qu'il porte : *d'or à trois fasces de gueules* a mis au greffe les pièces dont il entend se servir et a signé :

Gédéon Lenfant des Escorces Boismoreau.

Les pièces dud. sieur Lenfant luy ont esté rendues ce dernier mars 1667.

LENFANT. — Originaire d'Anjou.

Jacques Lenfant, écuyer, sieur de La Patrière, d'Espeaux, aide-de-camp des armées du Roy, demeurant à Durtal, Isaac Lenfant, écuyer, sieur du Bordage et Henri Lenfant, écuyer, sieur de a Garelière, demeurant paroisse de Barassé et Gédéon Lenfant, écuyer, sieur de Boismoreau, cousin-germain d'Isaac et Henri, demeurant paroisse de Gouy, élection de La Flèche, lesd, Isaac, Henry et Gédéon cousins du 2 au 3ᵉ degré dud. sieur de La Patrière, ont justiffié la possession du titre de noblesse, depuis l'année 1538, commençant en la personne de Georges Lenfant, écuyer, sieur de La Patrière, mary de damoiselle Duplessis-Richelieu, bisayeul dud. sieur de La Patrière et trisayeul desd. Lenfant.

Porte : *d'or, à 3 fasces de gueules*.

— Jacques... Isaac... et Henry Lenfant... eurent acte de la représentation de leurs titres le 29 mars 1667.

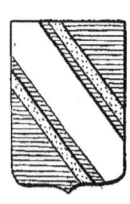

LENFANT. — Originaire d'Anjou.

Damoiselle Louise Le Gouz veuve de Madelon Lenfant, écuyer, sieur des Essarts, mère et tutrice de ses enfants et dud. deffunct, demeurante paroisse du Louroux-Becconnois, élection et ressort d'Angers, a justifié la possession du titre de noblesse de son mary, depuis l'année 1530, commençant en la personne de son bisayeul.

Porte : *d'azur à la bande d'argent accostée de 2 cotices d'or*.

— Damoiselle Louise Le Gouz veuve... eut acte de la représentation des titres de ses enfants le 8 janvier 1669.

LENOIR (Christophle), lieutenant en la mareschaussée du duché de Beaumont, présidial et mareschaussée de La Flèche, demeurant en lad. ville de La Flèche, comparant le trois septembre 1666, lequel pour satisfaire à l'assignation qui luy a esté donnée à la requeste de Laspeyre par exploict du vingt un aoust dernier, a dict qu'ayant esté assigné pour mesmes fins à la Cour des aydes, à la requeste de Thomas Boussault, il auroit obtenu arrest au conseil le trante un mars 1665, par lequel il est deschargé des poursuictes dud. Boussault mesme de l'amande, si aucune estoit intervenue à la charge néantmoings qu'il ne prendroit plus à l'advenir lad. qualité d'escuier jusques à ce qu'autrement par Sa Majesté il n'en ayt esté ordonné, laquelle qualité n'ayant poinct esté par luy prise depuis led. arrest, il n'a peu ny deub estre inquietté à la requeste dud. Laspeyre et proteste de demander d'estre renvoyé de lad. assignation avecq despens, et a esleu domicille en la personne de M^{tre} Miré estant à nostre suitte et a signé :

C. LENOIR.

LENORMAND (RENÉ), sieur de La Chesnaye, demeurant présentement et depuis un mois seulement au lieu de Chastaignier, parroisse de Fondettes et néantmoins habitant de la ville de Tours, comparant le 8 aoust 1666, a dit qu'il n'a jamais pris la qualité d'escuier et que sy elle luy a esté donnée par quelques notaires de village, ç'a esté à son inseu et de leur propre mouvement et qu'il n'a jamais jouy ny prétendu jouir des privillèges attachés à lad. qualité, et a signé :

LENORMAND.

LEROY (JACQUES), sieur de Longlée, demeurant parroisse de Corpain, comparant le 2 aoust 1666, a déclaré qu'il se peut que pendant qu'il estoit au service de Sa Majesté en ses armées on luy ayt donné la qualité d'escuyer, mais que depuis qu'il s'est retiré, il y a environ 4 ou 5 ans, il n'a point pris lad. qualité, et a signé :

J. LEROY.

Condamné.

L'ESBAY ou LESBAY (FRANÇOIS DE), sieur de La Barre, demeurant parroisse de Saint-Gourgon, eslection et bailliage de Tours, comparant le dix-neuf janvier 1669, a dit qu'il entend maintenir la qualité d'escuyer, qu'il est aisné de sa maison et qu'outre Pierre de Lesbay, sieur de Bourneuf, demeurant parroisse de Marcilly, eslection de Vendosme, génerallité d'Orléans, son frère et damoiselle Marie et Vincente de Lesbay, ses sœurs, demeurantes en lad. parroisse de Saint-Gourgon, il ne cognoist personne de son nom et armes, qu'il porte : *d'argent au porc espy de sable, à trois roses de gueules en chef;* et que sond. frère ayant esté assigné aux mesmes fins par devant Monsieur l'Intendant d'Orléans il luy a presté ses pièces pour retirer lesquelles il prétend demander délay suffisant, et a signé :

F. DE LESBAY.

Les pieces dud. sieur ont esté mises au greffe le 30e janvier 1669.
Les pièces dud. sieur luy ont esté rendues le 1er febvrier 1669.

LESBAHY (DE). — Originaire de l'Orléanais.

François de Lesbahy, écuyer, sieur de La Barre, demeurant paroisse Saint-Gourgon, élection de Tours, a justifié la possession du titre de noblesse, depuis l'année 1496, commençant en la personne de son trisayeul.

Porte : *d'argent au porc-épic de sable, accompagné de 3 roses de gueules rangées en chef.*

LESCOT (JEAN DE), sieur du Marais, demeurant au lieu de La Garde, parroisse de Ports, élection et siège royal de Chinon, bailliage de Tours, comparant le xv janvier 1668 par Mtre Michel Bernard, procureur au bureau des finances à Tours, fondé de procuration spéciale, lequel a dit qu'icelluy sieur de Lescot entend maintenir sa qualité d'escuyer et qu'estant cadet de sa famille, il n'en peut quant à présent réprésenter les tiltres qui sont es mains de damlle Catherine Lefebvre, veuve de Jouachim de Lescot, vivant sieur du Marais, son frère aisné, requiert délay compétant et a led. Bernard signé :

BERNARD.

Damoiselle Catherine Lefebvre, veufve de deffunct JOACHIM DE LESCOT, sieur du Marais, comparant le neufiesme febvrier 1668 tant pour elle que pour Gabriel de Lescost, sieur dud. lieu, demeurans au bourg et parroisse de Pouzay, eslection et ressort de Chinon, bailliage de Tours, par M^{tre} Jacques Bruzard, procureur au siège royal de Chinon, lequel a déclaré que led. sieur de Lescot entend maintenir la qualité d'escuyer et a produict ses tiltres pour la justiffication d'icelle tant pour luy que pour Jean de Lescot escuyer, sieur de La Garde, son oncle, demeurant parroisse de Ports, eslection dud. Chinon, lesquels portent pour armes : *d'azur aux losanges de pourpre sans nombre*, et a led. Bruzard signé :

BRUZARD.

LESCRIVAIN (JEAN DE) sieur du Bois-Noblet, demeurant parroisse de Loiré, eslection et seneschaussée de Saumur, bailliage d'Angers, aagé de 78 ans, cadet de sa maison, comparant le 4 aoust 1666, a dit qu'il entend maintenir la qualité d'escuyer et que l'aisné de sa maison estoit René de Lescrivain, sieur de La Plochère, qui n'a laissé que deux filles, l'une marié à François de Carbonniere, escuier, sieur de Rouveau, et l'autre mariée en Bretagne décédée sans enfans, et qu'il a eu deux sœurs qui sont décédées sans enfans et qu'il n'a de son mariage qu'une fille qui a esté mariée en Basse Bretagne et est décédée sans enfans et ne cognoist personne de son nom et armes qu'il porte *d'azur chargé d'un chevron d'or accompagné de trois rozes aussy d'or deux en chef et une en pointe*, et a mis au greffe les pièces justifficatives de sa noblesse, et a signé :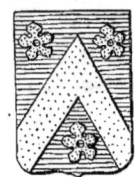

JEAN DE LESCRIVAIN.

Les pièces dud. sieur luy ont esté rendues le 16 mai 1667.

LESCRIVAIN. — Originaire de Normandie.
Jean de Lescrivain, écuyer, sieur du Bois-Noblet, demeurant paroisse de Louéré, élection et sénéchaussée de Saumur, bailliage d'Angers, a justifié la possession du titre de noblesse, depuis l'année 1522, commençant en la personne de son trisayeul.
Porte : *d'azur au chevron d'or accompagné de 3 quintefeuilles de même, 2 et 1*.
— Jean de Lescrivain, sieur du Bois-Noblet et du Chêne... eut acte de la représentation de les titres le 14 mai 1667.

LESPEIGNÉ. — Originaire de Bretagne [1].
Dame Anne Lespeigné, demeurante en Bretagne, et Hardy Lespeigné, écuyer, sieur de

---
[1] Ce nom ne figure pas dans l'armorial de Bretagne.

Larmoise, son oncle, et Antoine Lespeigné son fils, demeurants paroisse de Tilliers, élection et ressort d'Angers, ont justiffié la possession du titre de noblesse, depuis l'année 1642, commençant lad. dame en la personne de son bisayeul et led. Hardy en celle de son ayeul.

Porte : *de sable, à l'épée d'argent posée en pal, accompagnée de 3 fers de mulet de même, cloués de sable, 2 et 1.*

LESRAT (René de), seigneur des Briottières, demeurant à l'hostel de Vertu, parroisse Saint-Jean-Baptiste d'Angers, comparant le 6 febvrier 1668 par M{tre} Michel Bernard, lequel a dit qu'icelluy sieur de Lesrat entend maintenir sa qualité d'escuyer, présentera cy-après les pièces dont il s'entend ayder en luy donnant délay compétant pour les retirer de Mons. Me Guy de Lesrat, conseiller du Roy en sa cour de parlement de Bretagne, son frère aisné, y demeurant.

BERNARD.

LESRAT (de). — Originaire d'Angers.

René de Lesrat, écuyer, sieur des Briotières, demeurant en la ville d'Angers, a justiffié la possession du titre de noblesse, depuis l'année 1535, commençant en la personne de Guillaume de Lesrat, son bisayeul, lequel pour les services rendus par luy au Saint-Siège fut annobly luy et sa postérité et fait comte du Sacré-Pallais et chevallier et gentilhomme Romain par le pape Paul III en la dite année 1535 et étant revenu en France fut pourveu d'une charge de conseiller au Grand-conseil et depuis de celle de lieutenant-général d'Anjou et fut élu maire de lad. ville d'Angers en 1547 [1] et eut deux garçons scavoir : Guillaume IIe, aisné, président à mortier au Parlement de Bretagne, qui obtint des lettres de confirmation du Roy Henri III en l'année 1583, desdites lettres d'anoblissement accordées par le pape à son père pour luy et la postérité de son père. Il ne reste plus d'enfants de la branche de l'aisné que la femme de M. Lejay maître des requestes. Le second fils dud. Guillaume I fut Guy de Lesrat, conseiller au parlement de Bretagne et président lieutenant-général d'Angers, ayeul dud. sieur de Lesrat.

Porte : *d'azur à la tête de loup arrachée d'or, au chef d'argent.*

— René de Lesrat... eut acte de la représentation de ses titres le 9 avril 1668.

LESTANG (Pierre de), sieur de Villene, demeurant parroisse de Varenne, eslection de Richelieu, ressort dud. lieu, bailliage d'Angers, aagé de 77 ans ou

---

(1) Guillaume Lesrat fut élu maire d'Angers le 3 juillet 1546 et continué le 1er mai 1547. (C. Port. *Dict. de Maine et Loire*, t. II, p. 508).

environ, comparant le 12e aoust 1666, tant pour luy que pour Daniel de Lestang, sieur de Vauvert, demeurant parroisse de La Grimaudière, des eslection, ressort et bailliage que dessus, lequel pour satisfaire aux assignations à luy données et à sond. fils, à la requeste de Laspeyre par exploicts des 2 et 3 du présent mois pour procéder aux fins desd. exploicts et de nos ordonnances y énoncées, a dit que sond. fils et luy entendent maintenir la qualité d'escuyer par eux prises et qu'à cet effect il produira au premier jour par devers nous les tiltres et pièces dont il entend se servir, qu'il est issu d'un cadet de sa maison qui porte pour armes : *d'argent à sept fusées de gueules quatre en chef et trois en poincte*, et qu'outre sond. fils, ses enfans et luy, René de Lestang, sieur de Furigny, demeurant parroisse de Neufville près Poitiers est de lad. branche, et que de la branche de l'esné de lad. maison et armes sont issus François de Lestang, seigneur de Ry, Louis, Jacob, Jean et outre deux frères cadets et trois sœurs dud. François de Lestang, l'aisné, dont il ne scait le nom, et les enfans d'icelluy sieur François de Lestang aisné dont il ne scait aussy le nom, et a faict eslection de domicille en la personne de Me Michel Bernard, et a signé :

Pierre de Lestang.

Les pièces dud. sieur de Lestang ont esté rendues à Gabriel Decourt ayant charge dud. sieur de les retirer par procuration passée par devant Lamoureux nottaire royal résident à Mirbeau le 27 décembre dernier, ce 29 janvier 1667.

LESTENOU (Charles de), sieur de La Chaubruère, demeurant parroisse de Gizeux, ressort de Baugé, bailliage d'Angers, comparant le 16 juillet 1666, a déclaré qu'il entend maintenir la qualité d'escuyer et qu'il produira au premier jour les pièces dont il entend se servir, et a signé :

Charles de Lestenou.

Le 17 dud. mois led. sieur de Lestenou a produict ses tiltres quy luy ont esté rendus le 18 du mesme mois.

LESTENOU (de). — Originaire de Touraine.
Charles de Lestenou, écuyer, sieur de La Chaubruère, demeurant paroisse de Giseux,

ressort de Baugé, bailliage d'Angers, a justiffié la possession du titre de noblesse, depuis l'an 1516, commençant en la personne de son trisayeul.

Porte : *de gueules au lion d'argent.*

Charles de Lestenou a produit ses titres le 28 janvier 1669 (le 17 juillet 1666).

LESTENOU (EMMANUEL DE), sieur de La Gaudetterie, parroisse de La Selle-Guenant, eslection de Loches, bailliage de Tours, comparant le 29 aoust 1666, lequel pour satisfaire à l'assignation à luy donnée à la requeste de Laspeyre par exploict de Bazin, huissier, du vingt un du présent mois pour procéder aux fins dudict exploict et de nostre ordonnance y énoncée, a dit qu'il entend maintenir la qualité d'escuyer et qu'il est aisné et issu de l'aisné de sa maison, et que René de Lestenou est de la mesme branche d'aisné, et que Charles de Lestenou, sieur de La Chaubruère est issu d'un cadet de la mesme maison et porte pareilles armes : *de gueulles au lion rampant d'argent,* et que pour la justiffication de sad. qualité, il produira au premier jour les pièces dont il entend se servir et a faict eslection de domicille en cette ville de Chinon au logis de M^{tre} Bruzard, procureur et a signé :

E. DE LESTENOU.

Les pièces dud. sieur de Lestenou luy ont esté rendues le quatre septembre 1666.

LESTENOU (DE). — Originaire de Touraine.

Emmanuel de Lestenou, écuyer, sieur de Bouferré, demeurant paroisse de La Selle-Guenand, élection de Loches, bailliage de Touraine, a justifié la possession du titre de noblesse depuis, l'année 1423, commençant en la personne de son 6e ayeul [1].

Porte : *de gueules au lion d'argent.*

Les sieurs de Bouferré portaient : *écartelé au 1 et 4 de gueules ou de sable* [2] *au lion d'argent; aux 2 et 3 d'azur au bouc d'argent ferré d'or et rampant contre un chêne englanté au naturel, qui est* de Bouferré.

---

[1] La terre de Bouferré, paroisse du Grand-Pressigny, vint dans la famille de Lestenou par le mariage de Jean de Lestenou avec Jeanne de Bouferré, vers 1430.

[2] C. de Busserolle dit : *de sable.*

LÉVISTON (René de), sieur de La Huslinière, y demeurant parroisse de Niafle, eslection et présidial de Chasteau-Gontier, comparant le 17e septembre 1668 par René de La Chevallerie, sieur de La Touchardière, demeurant parroisse de Livré, eslection dud. Chasteaugontier, lequel a dit qu'icelluy Léviston entend maintenir la qualité d'escuyer, requérant délay compétant de retirer ses tiltres de l'aisné de sa maison demeurant en la province et généralité d'Orléans.

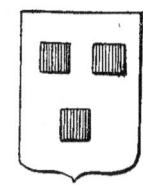

Signé : René de La Chevallerie.

Led. sieur de Léviston a mis au greffe les pièces dont il entend se servir le 4e janvier 1669.

Les pièces dud. sieur de Léviston ont esté rendues le 28e janvier 1669.

LEVISTON (de). — Originaire de Lorraine.
René de Leviston, écuyer, sieur de La Hullinière, demeurant paroisse de Niafles, élection et ressort d'Angers, a justiffié la possession du titre de noblesse, depuis l'année 1541, commençant en la personne de son bisayeul.
Porte : *d'argent à 3 carreaux de gueules, 2 et 1.*
— René de Leviston... eut acte de la représentation de ses titres, le 20 janvier 1669.

LHUILLIER ou LULLIER (Anthoine de), sieur de Bellefosse, demeurant parroisse de Moiteron, eslection du Mans, ressort de Fresné, bailliage de lad. ville du Mans, comparant le 25e aoust 1666, par René Lhuillier, son fils, lequel pour satisfaire à l'assignation donnée à sond. père, pour procéder aux fins de lad. assignation et de nostre ordonnance y énoncée, a dit que led. sieur Lhuillier, son père, entend maintenir la qualité d'escuyer par luy prise, et qu'à cet effect, il produira au premier jour les pièces dont il entend se servir, et a faict eslection de domicille en la personne de Mtre Michel Bernard, et a signé :

R. de Lullier.

Le 2e octobre 1666, led. sieur Lhuillier a mis au greffe les pièces dont il entend se servir.

Le cinquiesme octobre lesd. pièces luy ont esté rendues.

LHUILLIER. — Originaire de Touraine.
Anthoine Lhuillier, écuyer, sieur de Bellefosse, demeurant paroisse du Plessis-Moitron,

élection et bailliage du Mans, a justifié la possession du titre de noblesse, depuis l'année 1485, commençant en la personne de son trisayeul.

Porte : *coupé d'argent et de gueules au lion couronné de l'un en l'autre.*

LIÉNARD (CHARLES), sieur de L'Olive, demeurant parroisse de Balesmes, eslection et ressort de Chinon, comparant le xxiiie septembre 1666, par M^{tre} Anthoine Angibert, esleu aud. Chinon, lequel a dit que ledict Liénard entend maintenir la qualité d'escuyer et que ses tiltres pour la justiffication d'icelle estans produicts en un procès qu'il a au grand conseil du Roy, il est party pour les aller retirer pour les produire, pourquoy il prétend demander délay, et a signé :

ANGIBERT.

Damoiselle Catherine Berthelot, veufve de deffunct RENÉ DE LIF, demeurante au fauxbourg de Chamboisseau, eslection de Baugé, comparante le trante décembre 1668 par Jean Le Clerc, son procureur, lequel a dict que lad. veufve ne scait sy led. deffunct son mary a pris la qualité d'escuyer et que quand ainsy seroit, elle ne la voudroit maintenir, que néanmoings elle est exempte des tailles et autres subsides comme estant led. deffunct son mary mort au service du Roy en la charge de l'un des cent chevaulégers de la garde de Sa Majesté, produira les provisions et autres charges dud. deffunct et a led. Leclerc signé :

LECLERC.

LIGER (RENÉ DE), sieur de Lairaudière, y demeurant parroisse de Saint-Germain-le-Guillaume, ellection et duché et payrie de Mayenne, comparant le xiie décembre 1667, a dit qu'il entend maintenir sa qualité d'escuyer qu'il est unicque de sa famille de laquelle il ne connoist autres personnes que Pierre de Liger, sieur d'Estival, son cousin-germain, mineur, demeurant en la province dud. Mayenne, porte pour armes : *d'argent, au chevron de sable, chargé de deux molettes à une teste de cheval effraiée de mesme ;* ne peut quand à présent réprésenter ses tiltres d'autant qu'ils sont produicts en une instance que ses prédécesseurs avoyent en la cour des aydes avec les habitans de lad. parroisse de Saint-Germain-le-Guillaume, pourquoy il a requis délay compétent pour les retirer et les représenter et a signé :

RENÉ DE LIGER.

LIGNIS (NOEL), sieur des Jardins, capitaine du chasteau de La Coustancière, y demeurant parroisse de Brain sur Aslonne, eslection et ressort de Saumur, bailliage d'Angers, comparant le 26ᵉ aoust 1666, lequel pour satisfaire à l'assignation à luy donnée à la requeste de Laspeyre, a dict qu'il n'a jamais pris la qualité d'escuyer et y renonce et que sy elle luy a esté donnée, ç'a esté à son inseu et sans son consentement, et qu'il a esté toujours domestique du sieur compte de Monsoreau et du sieur grand-provost de France, de présent, seigneur dud. Montsoreau et de La Coustancière, et a faict eslection de domicille au logis de Mᵗʳᵉ Jacques Paul Miré, estant à la suitte de Monsieur l'Intendant, et a signé :

LIGNIS [1].

LIMESLE (LOUIS DE), sieur de La Bouvraie, demeurant parroisse d'Ingrandes, eslection et ressort d'Angers, comparant le quinze novembre 1666, lequel a dict qu'il entend maintenir la qualité d'escuyer, et qu'il est resté seul de son nom et armes, qu'il porte : *d'argent à trois tourteaux d'azur chargés chacun d'une quintefeuille d'argent,* et qu'il produira au premier jour les pièces dont il entend se servir pour la justiffication de sa noblesse et a faict eslection de domicille en cette ville de La Flesche, au logis de Mᵗʳᵉ Guy Odiau, advocat en parlement, et a signé :

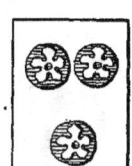

LOUIS LIMESLE.

LIMESLE (DE). — Originaire d'Anjou.
Louis de Limesle, écuyer, sieur de Bettefroy ? demeurant paroisse d'Ingrande, élection et ressort d'Angers, a justiffié la possession du titre de noblesse, depuis l'année 1514, commençant en la personne de son trisayeul.
Porte : *d'argent à 3 tourteaux d'azur chargés chacun d'une quintefeuille d'argent.*
— Louis de Limesle... eut acte de la représentation de ses titres le 26 octobre 1667.

(1) Noël Lignis, sieur des Jardins, en 1661, est simplement qualifié *honorable homme.* C. Port, *Dict. de Maine-et-Loire,* t. II, p. 899.

LOGÉ (Jean de), sieur de La Gandonnière, demeurant parroisse de Cigné, eslection et ressort de Mayenne, comparant le xx⁰ juillet 1667, a dit qu'il entend maintenir la quallité d'escuyer, qu'il ne connoist personne qui porte son nom et armes que Jousselin de Logé qui demeure en la mesme parroisse, et ne scait s'ils sont parents, lesquelles armes sont : *d'azur, à trois quintefeuilles d'or*, a mis au greffe les pièces dont il entend se servir et a signé :

J. DE LOGÉ.

Les pièces dud. sieur de Logé luy ont esté rendues ce xxiiii⁰ juillet 1667.

LOGÉ (DE). — Originaire du Maine.
Jean de Logé, écuyer, sieur de La Gandonnière, demeurant paroisse de Cygné, élection de Mayenne, a justiffié la possession du titre de noblesse depuis l'année 1521, commençant en la personne de son bisayeul.
Porte : *d'azur à 3 quintefeuilles d'or, 2 et 1*.

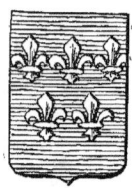

LOGES (Louis des), sieur du Fresne et de Byart, demeurant parroisse Sainct-Rigomer-des-Bois, eslection du Mans, bailliage de La Flèche, comparant le 16ᵉ juillet 1667, a dict qu'il entend maintenir la qualité d'escuier, qu'il est seul de sa famille, porte pour armes : *d'azur, à cinq fleurs de lis d'argent, trois en fasces et deux en pointe*, et a signé :

Louis des Loges.

Led. sieur des Loges a produict les tiltres de sa noblesse le 15 juillet 1667
Les pièces dud. sieur des Loges luy ont esté rendues ce xxi juillet 1667.

LOGES (DES). — Originaire du Mayne.
Louis Desloges, écuyer, sieur du Fresne, demeurant paroisse de Saint-Rigomer-des-Bois, élection et bailliage du Mans, a justifié la possession du titre de noblesse, depuis l'année 1538, commençant en la personne de son trisayeul.
Porte : *d'azur à 5 fleurs de lys d'argent posées 3 et 2*.

LOMERON (Gabriel de), sieur de Brizay, demeurant parroisse de Courcoué, eslection de Richelieu, comparant le 30 juillet 1666, tant pour luy que pour

Henry de Lomeron, son père, sieur de La Pataudière, y demeurant parroisse de Champigny, nous a dit que sond. père et luy entendent maintenir la qualité d'escuiers comme issus et descendans d'un sécrétaire du Roy et qu'il mettra par devant nous au premier jour les pièces dont il entend se servir, et a signé :

GABRIEL DE LOMERON.

Le dernier de juillet 1666, led. sieur a déposé ses tiltres au greffe, lesquels luy ont esté rendues le 5 aoust 1666.

LOMERON. — Originaire de Paris.

Henry de Lomeron, écuyer, sieur de La Pataudière, demeurant paroisse de Champigny, élection de Chinon, bailliage de Tours, et Gabriel de Lomeron, sieur de Brissay, son fils, demeurant paroisse de Courcoué, élection de Richelieu, bailliage de Poitiers, ont justifié leur noblesse comme descendants de René de Lomeron, conseiller et secrétaire du Roy, mort revêtu de lad. charge, père dud. Henry et ayeul de Gabriel [1].

Porte : *d'or à 3 mouches de sable, 2 et 1* [2].

LONGUEIL (ANTOINE-HYACINTHE DE), seigneur des Chenetz, demeurant parroisse de Boissé, eslection de La Flèche, bailliage de Chasteaugontier, comparant le neuf aoust 1667, a dit qu'il entend maintenir la qualité d'escuyer par luy prise, qu'il est l'aisné de sa branche, de laquelle il reconnoist Louis de Longueil, son frère, porte pour armes : *d'azur, à trois quintesfeuilles d'argent, au chef d'or, chargé de trois quintefeuilles de gueules à la bordure componée d'argent et de gueules* ; a produict les tiltres justifficatifs de sa noblesse et a signé :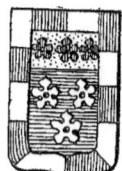

ANTHOINE-HYACINTHE DE LONGUEIL.

J'ay retiré la production cy-dessus. Fait ce 10 aoust 1667 :

DE LONGUEIL.

LONGUEIL (DE). Originaire de Paris.

Messire Antoine-Hyacinthe de Longueil, chevalier, seigneur de Chenets, demeurant paroisse

---

(1) René de Lomeron, conseiller du roi et général de ses finances en Poitou, mourut avant 1534.
(2) *D'or, à trois fourmis de sable.* C. de Buss. *Armorial de Touraine.*

de Boissay, élection de La Flèche, ressort de Chateaugontier, a justiffié la possession du titre de noblesse commençant en la personne de Jean de Longueil, son quintayeul, conseiller du Roy, maistre des requêtes ordinaire de son hôtel, père de Jean de Longueil, conseiller du Roy en sa cour de parlement qui eut deux garçons, Jean, aussi conseiller au parlement dont est issu Monsieur le président de Longueil et Louis de Longueil, aussi conseiller au parlement de Paris, trisayeul dud. sieur des Chenets.

Porte : *d'azur à 3 quintefeuilles d'argent 2 et 1, au chef d'or chargé de 3 quintefeuilles de gueules, à la bordure componée d'argent et de gueules de 12 pièces.*

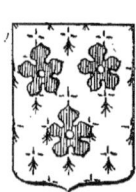

LORÉ (AMBROISE DE), sieur du Terrier, comparant le 28e septembre 1668 tant pour luy que pour Samuel de Loré, sieur dud. lieu de Terrier, son père, demeurans parroisse de Sainct-Laurent-de-Lain, eslection et ressort de Baugé, a dit qu'ilz entendent maintenir la quallité d'escuyer, qu'ils sont les seuls de leurs nom et armes qui sont : *d'argent, semé d'hermines, à trois quintesfeuilles de gueules, deux en chef et une en poincte ;* produira les pièces dont il entend se servir et a signé :

AMBROISE DE LORÉ.

Les pièces dud. de Loré ont esté rendues le 5e octobre 1668.

LORRÉ (DE). — Originaire d'Anjou (Normandie).

Samuel de Lorré, écuyer, sieur dud. lieu et Ambroise de Loré, écuyer, sieur du Terrier, son fils, demeurant paroisse du Lin, élection et ressort de Baugé, ont justifié la possession du titre de noblesse, depuis l'année 1550, commençant ledit Samuel en la personne de son ayeul et led. Ambroise en celle de son bisayeul.

Porte : *d'hermines à 3 quintefeuilles de gueules, 2 et 1*

— Ambroise de Loré... eut acte de la représentation de ses titres le 5 octobre 1668.

LOSSE (DOMINIQUE DE), sieur de Mombuer, demeurant parroisse de Veniers, eslection de Loudun, bailliage de Tours, comparant le XVIe septembre 1667, a dit qu'il entend maintenir la qualité d'escuyer, qu'il est seul avec René de Losse, son frère, de son nom et armes, qu'il porte : *d'azur, à trois os d'argent en sautoir (triangle), accompagnés de trois testes de mort de sable deux et une;* a mis au greffe les pièces dont il entend se servir et a signé :

D. DE LOSSE.

Les pièces dud. sieur de Losse luy ont esté rendues le xviie septembre 1667.

LOSSE (DE). — Originaire de Sezame près Boulogne, en Italie.
Dominique de Losse, écuyer, sieur de Montbuez y demeurant, paroisse de Veniez, élection de Loudun, bailliage de Tours, a justiffié qu'il est petit fils de Dominique de Losse natif de Sezame, près Boulogne, qui s'établit en France et obtint du Roi Henri IV des lettres de naturalité et d'anoblissement au mois de novembre 1606 registrées en la chambre des comptes et cour des aydes.
Porte : *d'azur à 3 os d'argent posés en sautoir (aliàs triangle), accompagnés de 3 têtes de Maure, 2 et 1.*

LOUAYRIE (JEAN DE LA), sieur de Grand-Bois, demeurant parroisse de Brain-sur-l'Authion, eslection et ressort d'Angers, comparant le six octobre 1666, lequel a dit qu'il entend maintenir la qualité d'escuyer et qu'il est aisné du cadet de sa maison et que Guy de La Louayrie, sieur dud. lieu est l'aisné de lad. maison, lequel demeure en Bretagne, et qu'il n'en cognoist autre de son nom et armes, qu'il porte : *d'azur à trois fasces d'or, bordées de gueules,* et qu'il produira au premier jour les pièces dont il entend se servir pour la justiffication de sa noblesse et a faict eslection de domicille au logis de Mtre André Guérin, procureur en cette ville de Chinon, et a signé :

JEAN DE LA LOUAYRIE.

Le xxiiie décembre 1666, led. sieur a mis ses pièces au greffe.
Lesd. pièces ont esté rendues aud. sieur de La Louayrie le 29 may 1667.

LOUAIRIE (DE LA). — Originaire de Bretagne.
Jean de La Louairie, écuyer, sieur de Grand-Bois, demeurant paroisse de Brain, élection et ressort d'Angers, renvoyé par jugement contradictoire comme noble, a justifié la possession du titre de noblesse, depuis l'année 1558, commençant en la personne de son bisayeul.
Porte : *d'azur à 3 fasces d'or, bordées de gueules.*
Jean de La Louairie... a été renvoyé comme gentilhomme par ordonnance contradictoire du 28 may 1667.

LOUBES (JEAN DE), seigneur de Lambroise, demeurant parroisse de Saint-Sulpice-sur-Loire, eslection et seneschaussée d'Angers, comparant le unze

aoust 1667, a dit qu'il entend maintenir la qualité d'escuyer, qu'il est cadet de sa maison, que Martin Loubes, sieur du Saulce, demeurant parroisse de Soisé, pays du Perche-Gouet, est son frère aisné et chef de la maison, de laquelle outre leurs familles il ne connoist que les sieurs Loubes de La Gastevine demeurans en Poictou et qu'il porte pour armes : *lozangé d'or et d'azur*, a produict les pièces dont il entend se servir et a signé :

J. DE LOUBES.

Les pièces dud. sieur de Loubes luy ont esté rendues ce XIIe aoust 1667.

LOUBES (DE). — Originaire d'Anjou.
Messire Jean de Loubes, écuyer, sieur de Lambroise, demeurant paroisse Saint-Sulpice-sur-Loire, élection et ressort d'Angers, a justifié la possession du titre de noblesse, depuis l'année 1554, commençant en la personne de son bisayeul.
Porte : *lozangé d'or et d'azur*.
— Jean de Loubes... eut acte de la représentation de ses titres le 12 août 1667.

LOUET (RENÉ), sieur de La Porte, demeurant parroisse de Sermaise, eslection et ressort de Baugé, présidial d'Angers, comparant le six octobre 1666, lequel a dit qu'il entend maintenir la qualité d'escuyer et qu'il est resté seul d'une branche de cadets de sa maison, qu'il porte : *d'azur à trois coquilles d'or*, et que Guillaume Louet, sieur de La Motte Dorvaux et Clément Louet, lieutenant particulier d'Angers et Nicolas Louet sieur de La Devançais, ses frères, sont les aisnés de lad. maison, et Georges Louet, président en lad. eslection de Baugé, et François Louet, son frère, sont d'une autre branche et qu'il n'en cognoist autres de son nom et armes, et pour la justiffication de lad. qualité a mis au greffe les pièces dont il entend se servir, et a signé :

DE LA PORTE LOUET.

Les pièces dud. sieur Louet luy ont esté rendues le seize febvrier 1669.

LOUET (GUILLAUME), sieur de La Motte d'Orvault, d'Anjou, demeurant parroisse Sainct-Martin-du-Bois, eslection et ressort d'Angers, comparant le vingt-neuf décembre 1666, lequel a dict qu'il entend maintenir la qualité d'escuyer et qu'il est aisné de sa maison d'aisné en aisné et que l'un de ses cadets apellé Nicolas Louet pour tascher de parvenir au partage esgal des biens de la succession de leur père a déclaré en justice ne vouloir vivre noblement, et que Clément Louet, lieutenant particulier d'Angers, son autre cadet, a toujours vescu et vit encor noblement, et qu'outre sesd. frères, il ne cognoist que René Louet, sieur de La Porte, comme estant de la mesme famille et portant mesmes armes et que le nommé Rangeardière Louet qui est aussy d'une branche de lad. famille a desrogé ainsy que l'on prétend et ne vit noblement, deux de ses ancestres ayant esté advocats procureurs à Baugé, et qu'il ne cognoist autres de sa famille, et armes, qu'il porte : *d'azur, à trois coquilles d'or*, et qu'il produira au premier jour les pièces dont il entend se servir pour la justiffication de sa noblesse et a signé :

G. LOUET.

Le premier janvier 1667 led. sieur Louet a mis au greffe les pièces dont il entend se servir.

Les pièces dud. sieur Louet ont esté rendues à M^{tre} Robert Caudart, greffier du bureau des finances de cette ville de Tours ayant charge de les retirer, ce premier mars 1667.

CAUDART.

LOUET (NICOLAS), sieur de La Devansaye, demeurant en la ville d'Angers, comparant le deux mars 1667, a dit qu'il entend maintenir la qualité d'escuyer par luy prise comme issu de Clément Louet, son bisayeul et de Charles Louet, son père, qui ont esté receuz maire et eschevins de lad. ville d'Angers, à cause des privillèges par eux acquis en lad. quallité ; et déclare qu'il s'oppose à ce que Guillaume Louet, sieur de La Motte d'Orvaux, son frère aisné puisse prendre la qualitté d'escuier d'extraction, n'en ayant aucun pouvoir, mais seullement comme issu desd. Clément et Charles Louet, qui ont esté maire et eschevins, et outre à ce que pareillement René Louet, sieur de La Porte, demeurant à Angers soit pareillement déclaré noble et ce pour les causes et moyens d'opposition qu'il dira entend et lieu que de raison, produira au premier jour les tiltres dont il entend se servir, porte : *d'azur, à trois cocquilles d'or,* et a signé :

NICOLAS LOUET.

LOUET (CLÉMENT), sieur de Longchamps, lieutenant particulier en la seneschaussée et siège présidial d'Angers, y demeurant, comparant le dernier janvier 1668, par M^tre François Godefroy, procureur au présidial de Tours, lequel a dit qu'icelluy sieur Louet, entend maintenir la qualité d'escuyer, et a signé :

F. GODEFROY.

Led. sieur Louet a mis au greffe les pièces dont il entend se servir le huict febvrier 1668.

Damoiselle Françoise Boumard, veufve GEORGES LOUET, vivant sieur de La Rangeardière, conseiller du Roy et président en l'eslection de Baugé, comparante le 28ᵉ septembre 1668 par Mᵉ Paul Miré, procureur, a dit qu'elle n'a jamais pris la qualité de vefve dud. deffunct Georges Louet, son mary, comme escuier, qu'elle y a renoncé et y renonce.

Signé : MIRÉ.

LOUET. — Originaire d'Anjou.

René Louet, écuyer, sieur de La Porte, demeurant paroisse de Sermaize, élection de Baugé, bailliage d'Angers, a rapporté des lettres d'anoblissement, obtenues au mois d'avril 1595, par Daniel Louet procureur du Roy à Baugé, en considération des services par luy rendus pendant les guerres.

Porte : *d'azur à 3 crouzilles d'argent, 2 et 1.* Lisez : *d'or.*

— René Louet... eut acte de la représentation de ses titres le 16 février 1669.

LUTHIER (GAILLARD-CLAUDE), sieur de Richerie et du Breuil, gentilhomme ordinaire de feu Monseigneur le duc d'Orléans, demeurant en la ville de Loches, comparant le 12 juillet 1666, nous a déclaré qu'il entend maintenir la qualité d'escuyer par luy prise tant par sa naissance que par sad. charge, et à cet effect pour la justiffication de lad. qualité d'escuyer par sa naissance, se rapporte aux tiltres qui seront produicts par devant nous par Adrien Lutier, escuyer, sieur d'Armancé, son frère aisné, et a signé :

LUTHIER.

LUTHIER (CLAUDE), sieur de Sainct-Germain et d'Armancé, lieutenant des gardes du corps de feu Monsieur le duc d'Orléans, demeurant en sa maison de Sainct-Germain, parroisse dud. lieu, bailliage de Tours, comparant le 12 juillet 1666, nous a déclaré qu'il entend maintenir la qualité d'escuyer par luy prise tant par sa naissance que par sad. charge, et se rapporte aux tiltres qui seront produicts par devers nous par Adrien Luthier, escuier, sieur d'Armancé son père et a mis au greffe ses provisions de lieutenant des gardes de mond. sieur duc d'Orléans et celle d'enseigne desd. gardes, et a signé :

LUTHIER D'ARMENÇAY.

LUTHIER (ADRIEN), sieur d'Armençay, demeurant à Loches, bailliage de Tours, comparant le trois septembre 1666 par M[tre] Michel Bernard, son procureur, lequel ayant charge dud. sieur Luthier a mis au greffe les pièces dont il entend se servir pour la justiffication de sa noblesse, lesquelles ont esté paraphées par première et dernière, et a signé :

BERNARD.

Les pièces dud. sieur Luthier luy ont esté rendues ce jourd'huy 14 janvier 1669 [1].

M

MABILLE (CLAUDE), sieur de La Pommelière, demeurant parroisse de Bessé, eslection et ressort de Saumur, comparant le trante décembre 1666,

(1) Cette famille anoblie, par lettres du 9 novembre 1623, en faveur de Daniel Luthier, lieutenant en l'élection de Loches, fut maintenue le 10 novembre 1671.
Armoiries : *d'argent au lion de sable tenant en sa gueule un serpent de sinople lampassé de gueules et posé en fasce.*

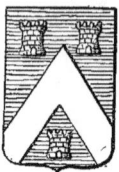

lequel pour satisfaire à l'assignation à luy donnée à la requeste de Laspeyre, a dict qu'il entend maintenir la qualité d'escuyer, et qu'il est aisné de sa maison qui porte pour armes : *d'azur à un chevron et trois tours d'argent,* et qu'outre Jacques, Phelippes, Gabriel et Louis Mabille, ses frères il ne cognoist personne de son nom et armes, et pour la justiffication de lad. qualité d'escuyer a mis au greffe les pièces dont il entend se servir, et a signé :

CLAUDE MABILLE.

Les pièces dud. sieur Mabille ont esté rendues à M^tre Mirey, procureur, ce dernier janvier 1667.

MABILLE. — Originaire d'Anjou.

Claude Mabille, écuyer, sieur de La Pommelière, demeurant paroisse de Bessé, élection et ressort de Saumur, a justiffié la possession du titre de noblesse, depuis l'année 1518, commençant en la personne de son quartayeul.

Porte : *d'azur au chevron d'argent accompagné de 3 tours de même, maçonnées de sable, 2 et 1.*

— Claude Mabile... eut acte de la représentation de ses titres le 25 janvier 1667.

Cette famille porte actuellement : *de gueules au chevron d'or accompagné de 3 tours de même.*

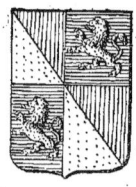

MADAILLAN (Messire PHILIPPES DE), seigneur de Chauvigny, demeurant paroisse d'Athée, eslection de Chasteaugontier, ressort d'Angers, comparant le neuf^e juin 1668 par Amaury de Madaillan, son fils, seigneur de Lisle, lequel a dit que led. sieur de Madaillan et luy entendent maintenir la quallité de chevallier et d'escuyer, qu'il est issu cadet de la maison des sieurs de Madaillan de Montataire, que l'aisné d'icelle est m^re Louis de Madaillan, seigneur de Montataire et marquis de Lassé et m^re François de Madaillan, son frère, ses nepveus, demeurants ordinairement à Paris, et n'en cognoist autres qui portent son nom et armes que ses enfans, scavoir m^re René de Madaillan, conte de Chauvigny, dem^t en Bretaigne, m^re Philippes de Madaillan, sieur du lieu, demeurant en sa maison de Villiers, pays du Perche, et m^re Pierre de Madaillan, seigneur des Ajoncs, demeurant en son chasteau d'Esve, paroisse de Balesme, eslection de Chinon, et led. s^r de Madaillan, son procureur, porte pour armes : *escartelé: au premier et troisiesme escar : gironné de deux pièces*

d'or et de gueules et au deuxiesme et quatriesme escar: d'azur au lion d'or rampant, a mis au greffe les pièces dont il s'entend ayder et a signé :

AMAURY DE MADAILLAN.

Les pièces et tiltres produits par led. de Madaillan qui n'estoient que des copies ont esté rendues à M^{tre} Louis Le Damoisel, son procureur, ayant produict les originaux desd. tiltres dans la production du s^r de Madaillan de Montataire, lesquels luy auroient aussy esté rendues le xe octobre 1668.

MADAILLAN (Messire LOUIS DE), seigneur de Montataire, marquis de Lassé, comte de Cully, baron de Boisfrout, Lamboust et autres lieux comparant par M^{tre} Louis Le Damoysel le neuf octobre 1668, tant pour luy que pour Mre François de Madaillan, seigneur-baron de Marsillé et autres lieux, son frère cadet, demeurant parroisse de Niort, eslection et ressort du Mans, lequel Le Damoysel a dict qu'icelluy s^r de Montataire et sond. frère entendent maintenir la quallité de chevallier et d'escuier, qu'ils sont les aisnez de leur maison, que Mre de Madaillan, seigneur de Chauvigny et ses dessendans sont les cadets de sad. maison et n'en connoist autres qui portent son nom et armes qui sont : *escartelées, au premier et troisiesme : d'azur au lion d'or, au second et quatre : gironné de deux pièces d'or et de gueules*, a mis au greffe les pièces dont ils entendent leur servir et a signé :

LE DAMOYSEL.

Lesd. pièces ont esté rendues le xe octobre 1666.

MADAILLAN (DE). — Originaire du Mayne.
Philippe de Madaillan, chevalier, seigneur de Chauvigny demeurant paroisse d'Athée élection et ressort d'Angers, Louis de Madaillan, chevalier, seigneur de Montataire, marquis de Lassay, comte de Cully, François de Madaillan, chevalier seigneur baron de Marsillé, frères et neveux dud. Philippe demeurants parroisse de Niort, élection et ressort du Mans ont justiffié la possession du titre de noblesse, depuis l'année 1517, commençant scavoir led. Philippe en la personne de son bisayeul et les autres en celle de leur trisayeul.
Porte : *écartelé au 1 et 4 tranché d'or et de gueules, aux 2 et 3 d'azur au lion d'or.*
— Philippe de Madaillan... eut acte de la représentation de ses titres le 8 octobre 1668.

MAHAULT (ROULIN), piqueur et veneur de la vainerie du Roy, demeurant à Gesvres, eslection et ressort du Mans, comparant le dix septembre 1666, lequel pour satisfaire à l'assignation à luy donnée sur deffault à la requeste de Laspeyre le vingt un aoust dernier a dict que bien qu'il ait esté cy-devant garde du corps de Sa Majesté et depuis jusqu'à présent piqueur, veneur et valet de limiers de Sa Majesté, il n'a néantmoins jamais pris lad. qualité d'escuyer et que sy elle luy a esté donnée par quelques nottaires, ç'a esté à son inseu et sans son consentement et que quand il l'auroit prise elle ne luy auroit poinct profité ayant toujours esté contrainct de payer la taille par les habitans de lad. parroisse de Gesvres, pour raison de quoy il est en procès contre eux à la cour des aides afin de restitution de ce qu'il a esté contrainct de payer, et a faict eslection de domicile en la personne de M^{tre} Jacques Paul Miré étant à la suite de monsieur l'Intendant, et a signé :

MAHAULT.

MAIGNAN (CLAUDE LE), sieur du Marais et de La Roche Brochart, demeurant parroisse de Voide, comparant le 3 aoust 1666, a déclaré soustenir la qualité d'escuier et de gentilhomme, réquérant délay d'un mois pour représenter ses tiltres.

Le 25 septembre 1666, led. sieur a déposé ses pièces, et le 26 septembre lesd. pièces luy ont esté rendues.

Signé : CLAUDE LEMAYGNEN.

MAIGNAN (LE). — Originaire d'Anjou [1].

Claude Le Maignan, écuyer, sieur du Marest, de La Roche-Brochart et des Molands, demeurant paroisse du Voide, élection de Montreuil-Bellay, ressort d'Angers, a justifié la possession du titre de noblesse, depuis l'année 1532, commençant en la personne de son trisayeul.

Porte : *de gueules à la bande d'argent chargée de 3 coquilles de sable.*

— Claude, au nombre des maintenus par M. Voisin de la Noirais.

Damoiselle Emée de Thibault, veufve de FRANÇOIS MAILLE, vivant sieur de Champgrand, demeurant parroisse de Bléré eslection d'Amboise, ayant la

[1] Cette famille est originaire de Bretagne où elle fut maintenue en 1428, 1543 et 1668.

garde noble de Claude-François Maille son fils, comparant le xxvi⁰ avril 1667 par Mathurin Redouin, clerc de M^tre Jean Pavin, procureur au présidial de cette ville de Tours, lequel a dict qu'icelle damoiselle de Thibault entend maintenir pour elle et sond. fils la qualité d'escuyer que led. deffunct sieur de Champgrand, son mary a prise.

Signé : REDOUIN.

Led. sieur Maille a produict ses tiltres le 28 janvier 1668.
Les pièces dud. sieur Maille luy ont esté rendues ce cinq febvrier 1668.

Signé : C. F. MAILLE.

MAILLE (DE). — Originaire de Tours.

François de Maille, écuyer, sieur de Champgrand, demeurant paroisse de Bléré, élection d'Amboise, Claude Maille, son fils, ont justiffié qu'ils sont descendus de François Maille ayeul dud. Champgrand, l'un des 24 échevins annoblis de la ville de Tours, establis par le Roy Henri III, lesquels pour récompense de service et de leur fidélité furent annoblis sans que led. annoblissement tirast à conséquence pour les maires et eschevins qui le seroient à l'avenir. Les dits 24 eschevins annoblis, comme compris dans la révocation de 1598 qui révoque tous annoblissemenls accordés depuis ans, furent confirmés dans leur noblesse par Henri IV [1].

Porte : *d'argent au chevron de gueule accompagné en chef d'un arbre de sinople et d'un épervier de sable et en pointe d'une fleur de lys aussi de sable* [2].

MAILLÉ DE LA TOURLANDRY (LOUIS DE), seigneur marquis de Gilbourg et autres lieux, demeurant parroisse de Freigné, en sa maison de Bourmont, eslection et ressort d'Angers, comparant le xxii⁰ décembre 1667, a dit qu'il entend maintenir la quallité de chevallier et d'escuier, qu'il est aisné de sa maison, qu'il connoist M^rs les marquis de Bénéhard, demeurant païs du Maine, M^rs les marquis de Carmain en Bretagne et M^rs de La Guéritaude, demeurans en Touraine, tous ses alliés et ne scait à quel dégré, a mis au greffe les pièces

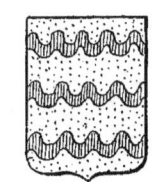

---

(1) François Maille fut maire de Tours en 1592.
(2) Carré de Busserolles dit : *d'argent au chevron de gueules accompagné en chef à dextre d'un arbre de sinople traversé d'un bâton péri en barre d'azur et à sénestre d'un épervier de sable posé sur le vhevron et en pointe d'une fleur de lis de même.*

dont il entend se servir lesquelles luy ont à l'instant esté rendues, porte pour armes : *d'or, à trois fasces ondées de gueule* et a signé :

L. de Maillé de La Tourlandry.

MAILLÉ (René de), chevallier, seigneur marquis de Bénéhart, capitaine des chasses de Sa Majesté, ès pays et comté du Maine, baronnie du Chasteauduloir, et forest de Bercé, seigneur de Chahaignes, La Jaille, Le Lorouer, Ruillé et autres lieux, comparant par Me Louis Le Damoisel, le quatre janvier 1668, tant pour luy que pour François et Henry de Maillé, ses frères, demeurants en son chasteau dud. Bénéhart, parroisse de Chahaignes, eslection et ressort de La Flèche ; lequel Damoysel a dit que lesd. sieurs de Maillé entendent maintenir les quallités de chevallier et d'escuyer, qu'ils portent pour armes : *d'or, à trois faces ondées, de gueulles entées*, ont mis au greffe les pièces dont ils entendent leur servir et a signé :

Le Damoysel.

Les pièces desd. sieurs de Maillé ont esté rendues aud. Le Damoysel le 6e janvier 1668.

Dame Charlotte de La Barre, veufve de Herculle de Maillé, vivant seigneur de La Guéritaude, y demeurante parroisse de Brion, eslection et seneschaussée de Baugé, comparante le xxve septembre 1668 par M^{tre} Michel Bernard lequel a dit qu'icelle veufve entend maintenir la qualité de chevallier dud. deffunct son mary, lequel estoit issu cadet de sa maison et qu'outre les sieurs de La Tourlandry et de Bénehart, demeurans en cette généralité, elle ne connoist autres personnes du nom et armes dud. deffunct son mary, qu'il porte : *d'or à trois ondes de gueules entées*, a mis au greffe les pièces dont elle entend se servir et a led. Bernard signé :

Bernard.

Lesd. pièces ont esté rendues à lad. dame de Maillé.

MAILLÉ (Messire CHARLES DE), de La Tour-Landry, seigneur marquis de Jalesnes, demeurant en son chasteau de Jalesnes, parroisse de Vernantes, eslection de Baugé, comparant le 28e septembre 1668 par Me Estienne Jouin, greffier dud. marquisat, son procureur, lequel a dit que led. sieur de Maillé entend maintenir la quallité d'escuier et de chevallier, qu'il est fils de messire Louis de Maillé de La Tourlandry, seigneur marquis de Gillebourg, demeurant parroisse de Freigné, eslection d'Angers, lequel auroit justiffié la noblesse de sa maison, comme il fera voir par les pièces qu'il produira cy-après et porte pour armes ; *d'or à trois fasces undées de gueules* et a signé :

JOUYN.

Les pièces dud. sr de Maillé ont esté rendues le 5 octobre 1668.

MAILLÉ (DE). — Originaire d'Anjou.
Louis de Maillé de La Tour-Landry, chevalier, marquis de Gilbourg, demeurant parroisse de Fregné, élection et seneschaussée d'Angers, Charles de Maillé de La Tour-Landry, chevalier, marquis de Jalesnes, son fils, demeurant à Jalesnes, parroisse de Vernantes, élection de Baugé, ont justifié la possession du titre de noblesse, depuis l'année 1527, commençant en la personne du bisayeul dud. Louis.
Porte : *d'or à 3 fasces ondées, antées de gueules.*
René de Maillé, chevalier, marquis de Bénehard, capitaine des chasses de S. M. ès-pays et comté du Mayne, baronnie de Chateau-du-Loir et forêt de Bercé, seigneur de Chahaignes, François et Henri de Maillé, escuyers, demeurants paroisse de Chahaignes, élection et ressort de La Flèche pays du Maine, ont justifié la possession du titre de noblesse, depuis l'année 1461, commençant en la personne de leur 5e ayeul.
Portent mêmes armes.
Dame Charlotte de La Barre veuve de mre Hercules de Maillé, chevalier, seigneur de La Guéritaude, demeurant parroisse de Brion, élection et ressort de Baugé, a justifié la possession du titre de noblesse, depuis l'année 1519, commençant en la personne du..... de feu son mary.
Porte de même.
— Charlotte de La Barre... eut acte de la représentation de ses titres le 28 septembre 1668 et René.... le 5 janvier 1668.

MAIRE (PIERRE LE), sieur de La Planche, demeurant parroisse de Maillé Layllé, eslection et ressort de Chinon, bailliage de Tours comparant le 28e aoust 1666, lequel pour satisfaire à l'assignation qui luy a esté donnée le vingtiesme du présent mois à la requeste de Laspeyre a dict qu'il entend

maintenir la qualité d'escuier comme dessendu de parens nobles et escuiers, qu'il est seul et unique de sa famille, n'ayant qu'une sœur, porte pour armes celles qui sont dans son arbre généalogique, et pour la justiffication de sa noblesse, il produira au premier jour ses tiltres et a esleu domicille en la maison de M^{tre} Bourguignon, advocat, à Chinon et a signé :

P. Lemaire.

Et du depuis nous a dict qu'il porte : *de gueulles à un lyon d'or rampant armé et lampassé.*

MAIRE (Le). — Originaire de Touraine.

Pierre Le Maire, écuyer, sieur de La Planche, demeurant parroisse de Maillé-Layllée, élection de Chinon, a justifié la possession du titre de noblesse depuis l'année 1459, commençant en la personne de son quartayeul.

Porte : *de gueules au lyon d'or.*

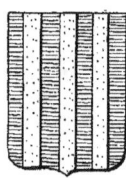

MAIRE (Claude Le), sieur de La Mairerie, demeurant parroisse d'Izé, eslection et ressort du Mans, comparant le 29 aoust 1666, par M^{tre} Claude Laigle, procureur estant à la suitte de Monsieur l'Intendant, fondé de procuration passée par Thibault notaire le vingt trois du présent mois, lequel Laigle en vertu du pouvoir à luy donné par lad. procuration, a dit pour led. sieur Lemaire, pour satisfaire à l'assignation à luy donnée à la requeste de Laspeyre le vingt deux du présent mois, pour procéder aux fins dud. exploict et de nostre ordonnance y énoncée, que led. Lemaire entend maintenir la qualité d'escuyer et qu'il produira au premier jour les pièces dont il entend se servir pour la justiffication de lad. qualité et a signé, et est lad. procuration demeurée au greffe :

Laigle.

Led. sieur Lemaire a mis au greffe les pièces dont il entend se servir ce 21 septembre 1666.

Les pièces dud. sieur Lemaire ont esté rendues à la damoiselle sa femme, ce 26 septembre 1666.

Signé : A. Dumont.

MAIRE (LE). — Originaire du Maine.

Claude Le Mère, écuyer, sieur de La Mererie, demeurant paroisse d'Izé, élection et bailliage du Mans, a justifié la possession du titre de noblesse depuis l'année 1456, commençant en la personne de son quintayeul.

Porte : *d'azur à 3 pals d'or.*

MAIRE (LE). — Originaire d'Anjou.

François Le Maire, écuyer, sieur de La Roche-Jacquelin et Alexandre Le Maire, écuyer, sieur de La Roque-Jacquelin son fils, demeurants paroisse de Daumeray élection de La Flèche, ont justiffié la possession du titre de noblesse depuis l'année 1538 commençant en la personne du trisayeul d'Alexandre.

Porte : *d'azur au lion d'or, l'écu semé de fleurs de lys de même.*

— Alexandre Le Maire.... eût acte de la représentation de ses titres le 25 mars 1667.

MAISTRE (Pierre Le), sieur de Montmort et de La Graffinière, demeurant parroisse de Cuon, eslection et ressort de Baugé, comparant le xx janvier 1668, a dit qu'il entend maintenir la qualité d'escuier, qu'il est issu de cadet de sa maison, que Claude Le Maistre, seigneur de Montsabert, conseiller au parlement de Paris et commissaire aux requestes du pallais est l'aisné de sa branche de cadetz et que Mrs de Ferrière Le Maistre demeurants à Paris, sont les aisnéz de lad. maison, qu'il connoist Mr le président Le Maistre, président de la quatriesme chambre des enquestes de Paris pour son cousin issu de germain Mr Le Maistre de Ferrière aussy son cousin issu de germain et Mrs de Grandchamp Le Maistre, demeurants à Paris et Mrs de Bermainville ? Le Maistre, demeurants en Beauce, ses parents et n'en connoist autres qui portent son nom et armes qui sont : *trois soussis d'or en champ d'azur,* produira ses tiltres et a signé :

Le Maistre Mommort.

Les pièces dud. Le Maistre luy ont esté rendues le vingt-quatre janvier 1668.

MAISTRE (LE). — Originaire de Paris.

Pierre Le Maistre, chevalier, sieur de Montmor et de La Graffinière, demeurant paroisse de Cuon, élection et ressort de Baugé, a justiffié être descendu de Pierre Le Maistre nottaire et sécrétaire du Roy de l'ancien collège et greffiier de la chambre des comptes de Paris, mort revêtu de la charge de sécrétaire du Roy.

Messieurs Le Maistre de Belle-Jambe et M. Le Maistre conseiller aux requestes du Pallais sont aussi descendus du même Pierre sécrétaire du Roy.
Porte : *d'azur à trois soucis d'or, 2 et 1.*
— Pierre Le Maistre.... eut acte de la représentation de ses titres le 24 janvier 1668.

MAL (Nicolas Le), sieur du Mortier, demeurant parroisse de Marcé, eslection et seneschaussée de Baugé, comparant le vingt-six aoust 1667, a dit qu'il entend maintenir la qualité d'escuyer, qu'il reste seul de son nom et armes : qu'il porte : *d'azur, à un lyon accompagné de trois coquilles aussy d'or, deux en chef et l'une en pointe*, a mis au greffe les pièces dont il entend se servir et a signé :

Nicolas Lemal.

Lesd. pièces ont esté rendues aud. Lemal le 27 aoust 1667.

MAL (Le).
Nicolas Le Mal, écuyer, sieur du Mortier, demeurant paroisse de Marcé, élection de Baugé, a justiffié que Pierre Le Mal son bisayeul a esté échevin de la ville d'Angers en l'année 1545.
Porte : *d'azur au lyon d'or, accompagné de 3 coquilles de même 2 en chef et 1 en pointe.*

MALET (Isaie), sieur de La Roquemitière, demeurant à Saumur, comparant le XIIIe may 1667, a dit qu'il n'a jamais pris la qualité d'escuyer, et au contraire a toujours esté compris aux rolles des tailles et du sel et mesme esté collecteur de l'impost dud. sel de la parroisse Saint-Pierre de Saumur en l'année 1664 dont il doibt encor dix-huict cens livres, pourquoy il a esté emprisonné plusieurs fois, n'ayant aucun bien, ayant mangé celuy qu'il avoit au service du Roy et est séparé de biens d'avec sa femme il y a plus de dix ans, a faict eslection de domicille en cette ville de Tours, au logis de la veufve Besnard, vivant m^d orphèvre de cetted. ville et a signé :

Mallet.

MALHERBE (Pierre), advocat au siège royal de Loudun, y demeurant, comparant le treize avril 1667, par Benjamin Ribé, advocat aud. Loudun, lequel a dit qu'icelluy Malherbe n'a jamais pris aulcun tiltre de noblesse et a signé :

B. Ribay.

MALINEAU (Claude), sieur du Plessis-Malineau et de La Brosse, demeurant parroisse de Chanzeaux, eslection d'Angers, comparant le xvie septembre 1666, lequel pour satisfaire à l'assignation à luy donnée à la requeste de Laspeire par Girault huissier, a dit qu'il entend maintenir la quallité d'escuier qu'il a prise, qu'il est l'aisné d'un cadet, qu'il a un seul frère nommé François Mallineau, sieur de La Brissonnière, demeurant en la parroisse du Mé, eslection de Montreuil-Bellay ainsy qu'il croit, et que celuy qui représente l'aisné et qui est chef du nom et des armes demeure en Poictou et se nomme Pierre Mallineau, sieur de Mons, et ne cognoist autres personnes de son nom que ceux cy-dessus, et porte pour armes : *d'argent à une fasce de gueules bordée de sable, chargée de cinq croix de Saint-André d'or et accompagnée de cinq merlettes de sable trois en chef et deux en poincte aux deux costés d'un ancre de sable* et pour la justiffication de sa noblesse produira au premier jour et a esleu domicille en la maison de M^{tre} Anthoine Angibert esleu à Chinon, et a signé :

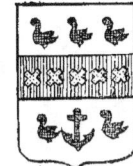

Claude Malineau.

Les pièces qu'avoit mises au greffe led. sieur Malineau ont esté rendues à Monsieur Angibert esleu à Chinon, son procureur le douze octobre 1666.

MALINEAU (François), sieur de La Brissonnière, demeurant paroisse du May, eslection de Montreuil-Bellay, seneschaussée d'Angers, comparant le vingt-huict mars 1667, a dit qu'il entend maintenir la qualité d'escuyer, qu'il est cadet de sa maison et que Claude Malineau, sieur du Plessis, est son frère aisné et qu'il ne cognoist autre de son nom et armes que sond. frère et sa famille, qu'il porte : *d'argent, à la bande de gueules, chargée de cinq sautoirs d'or, à trois merlettes en chef, de sable, et à l'ancre en pointe acostée de deux merlettes, le tout de sable*, et pour la justiffication de sa noblesse produira incessamment l'inventaire des pièces qui ont esté produictes par sond. frère et au bas d'icelluy le renvoy de Monsieur l'Intendant, et a signé :

François Malineau.

MALINEAU.

Claude Malineau, sieur du Plessis-Malineaux et de La Brosse, demeurant paroisse de Chanzeaux, élection et ressort d'Angers, François Malineau, écuyer, sieur de la Brissonnière, demeurant paroisse de Thouarcé, élection d'Angers, ont justiffié la possession du titre de noblesse depuis l'année 1451 commençant en la personne de leur sexayeul.

— Portent : *d'argent à la fasce de gueules chargée de 5 sautoirs d'or, accompagnée de 5 merlettes de sable 3 en chef les 2 autres et une ancre aussi de même en pointe.*

— Claude Malineau.... eut acte de la représentation de ses titres le 5 octobre 1666 et François .... le 29 avril 1667.

MALLINEAU (Anthoine de),

sieur de La Guitardière, y dem^t parroisse de Verneuil, eslection et siège royal de Loches, bailliage de Tours, comparant le seize décembre 1668, a dit qu'il entend maintenir la quallité d'escuier, qu'il ne connoist autres personne de son nom et armes sinon Louis de Mallineau, sieur de La Canterie, son frère, et de Malineau, escuyer, sieur de Trée, son cousin, demeurant en la parroisse de Baudres, généralité de Berry, porte pour armes : *d'argent, au lion de sable, armé, couronné et lampassé d'or,* a mis au greffe les pièces dont il entend se servir et a signé :

De Mallinau.

Les pièces dud. sieur de Mallineau ont esté rendues le 22 décembre 1668.

MALINEAU (de). — Originaire de Touraine.

Anthoine de Malineau, écuyer, sieur de La Guitardière, Louis de Malineau, écuyer, sieur de La Canterie son frère, demeurant paroisse de Verneuil, élection et siège royal de Loches, ont justiffié la possession du titre de noblesse depuis l'année 1479 commençant en la personne de leur trisayeul.

Porte : *d'argent au lion de sable, armé, lampassé et couronné d'or.*

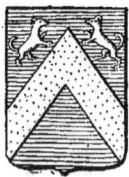

MALIVERNÉ (Urbain de),

sieur de La Vignolle, demeurant parroisse de Cizay, eslection de Saumur, bailliage d'Angers, comparant le premier octobre 1666, lequel pour satisfaire à l'assignation à luy donnée à la requeste de Laspeyre, a dit qu'il entend maintenir la qualité d'escuier, et qu'il reste seul de sa maison, et qu'il porte pour armes : *d'azur à un chevron d'or et deux levrettes d'argent rampantes,* et qu'il produira au premier jour les pièces dont il entend se servir pour la justiffication de sa noblesse, et a faict eslection de domicile au logis de M^tre Thomas Guérin, l'aisné, procureur en cette ville de Chinon et a signé :

URBAIN DE MALIVERNÉ.

Les pièces dud. sieur de Maliverné luy ont esté rendues ce dernier avril 1667.

MALIVERNÉ (DE). — Originaire d'Anjou.

Urbain de Maliverné, écuyer, sieur de Vignolle, demeurant paroisse de Cizay, élection de Saumur, a été renvoyé contradictoirement et a justiffié la possession du titre de noblesse depuis l'année 1545, commençant en la personne de son trisayeul.

Porte : *d'azur au chevron d'or, à deux levrettes d'argent affrontées en chef.*

— Urbin de Maliverné... eut acte de la représentation de ses titres le 29 avril 1667.

MALLET (ISAYE), sieur de La Rocinitière, demeurant à Saumur, comparant le deux septembre 1666, lequel pour satisfaire à l'assignation à luy donnée à la requeste de Laspeyre le vingt six aoust dernier pour veoir régler l'amende à laquelle il a esté condamné par arrest de la Cour des aides du vingt mai 1665, a dit qu'il a toujours esté compris aux rolles des tailles et du sel de lad. ville de Saumur et mesmes a esté collecteur de l'impost du sel en l'année 1664, et desnie avoir jamais pris la qualité d'escuyer et que sy elle luy a esté donnée par quelques actes, il désavoue les notaires et touttes autres personnes qui la luy auroient donnée, et qu'ainsy il ne peut estre condamné en aucune amende, joinct que d'ailleurs il n'a aucuns biens et est séparé de biens d'avec sa femme il y a dix ans, et a faict eslection de domicile en cette ville de Chinon au logis de M^tre André Guérin procureur et a signé :

J. MALLET.

MALLET (RENÉ), sieur du Breul, comparant le huict may 1669 tant pour luy que pour Jean Mallet, sieur de Chevrigny, son père, demeurant parroisse de Javron, eslection du Mans, et pour Philippes Mallet, sieur de Beaumesnil, demeurant parroisse de Sainct-Cir-en-Pail, mesme eslection, a dit qu'ils entendent maintenir la quallité d'escuier, qu'ils connoissent Jacques Mallet,

sieur de Coullefru, demeurant parroisse de Sainct-Aygnan, aussy mesme eslection qui porte leurs noms et armes qui sont : *d'azur, au chevron d'or, à deux gerbes d'argent en chef et un lion passant en poincte de mesme, à la bordure de gueulles, chargée de trois boucles d'or*, et a mis au greffe les pièces et tiltres dont ils entendent leur servir et a signé :

RENÉ MALLET.

Les pièces desd. sieurs Mallet ont esté rendues le 9ᵉ may 1669.

MALLET (DE). — Originaire de Normandie.[1]

Philippe Mallet, écuyer, sieur de Beaumesnil, demeurant paroisse Saint-Cyr-en-Pail, élection du Mans, Jean Mallet, écuyer, sieur de Chevrigné, son frère, demeurant paroisse de Javron, élection du Mans, René Mallet, sieur du Breuil, fils dud. Jean, demeurant avec son père, ont justifié la possession du titre de noblesse depuis l'année 1510 commençant en la personne de leur trisayeul.

Porte : *d'azur au chevron d'or, accompagné en chef de 2 gerbes de blé d'argent et en pointe d'un lion de même, à la bordure de gueules chargée de trois boucles d'or, 2 et 1.*

MALVAULT (LOUIS DE), escuier sieur de La Mothe, de Beauregard, demeurant parroisse de Saint-Quentin, eslection et ressort de Loches, comparant le XXVIᵉ janvier 1668 a dit qu'il entend maintenir la quallité d'escuier, qu'il est seul de son nom et armes qu'il porte : *d'argent, au chevron de sable, à trois roses de gueulle pattées de sinople deux en chef et une en poincte* ; a mis au greffe les pièces dont il entend se servir et a signé :

L. DE MALVAULT.

Led. sieur de Malvault a produict de nouveau ce 18ᵉ janvier 1669.

MARAIS (JACQUES) [2], sieur de Sabatan [des Abattans], prieur de Sainct-Vigor, demeurant à Gas prez Laval, eslection dud. lieu, bailliage de Chasteaugontier,

---

(1) Cette famille fut maintenue en 1599 et 1666.

(2) Cette famille Marest des Abattants a fourni deux secrétaires du roi et trois conseillers au parlement de Bretagne depuis 1681. Elle portait : *d'azur au lion d'or, aliàs, d'argent, accompagné en chef de 3 étoiles de même.* Aliàs : *d'azur semé de coquilles d'argent au lion d'argent, armé, lampassé de gueules, brochant.*

comparant le cinq octobre 1666, par M^tre Michel Bernard, lequel a dict que ledict sieur n'a jamais pris la qualité d'escuier à laquelle il renonce comme contraire à sa profession, et qu'auparavant d'estre bénéficié il a esté collecteur des tailles et payé les contributions comme les autres roturiers, et a signé :

BERNARD.

MARAIS (JEAN [DES]), sieur de Lucé, lieutenant pour le Roy au gouvernement de Laval y demeurant, comparant le cinq^e juillet 1667 par Me Louis Le Damoisel, lequel déclare que led. sieur de Lucé entend maintenir la quallité d'escuier et que pour prouver sad. quallité il demande délay de produire ses tiltres :

Signé : LE DAMOISEL.

Led. sieur [des] Marais a mis au greffe les pièces dont il entend se servir ce xxviiie juillet 1667.
Lesd. pièces ont esté rendues le 8e avril 1672.

MARANS (DE). — Originaire du Mayne.
Maximilien de Marans, écuyer, sieur de La Gagnerie, demeurant paroisse de La Bruère, élection de Baugé, ressort de La Flèche, René de Marans, écuyer, sieur de La Loutière son cousin germain, demeurant paroisse de .... élection de Château-du-Loir, ressort de Vendosme, a justiffié la possession du titre de noblesse depuis l'année 1527 commençant en la personne de leur trisayeul.
Porte : *parti burelé d'or et d'azur à l'écu d'argent en abime.*

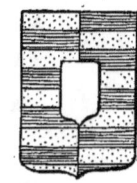

MARCÉ [MARSAY] (FRANÇOIS DE), sieur de La Chattière, demeurant parroisse d'Abilly lès la ville de La Haye en Touraine, ressort de Chinon, bailliage de Tours, comparant le 17 juillet 1666, par M^tre Louis de La Roche, procureur au présidial de Tours, lequel procureur nous a dit que led. sieur de La Chatterie entend maintenir la qualité d'escuyer et de chevalier et a requis délay de trois mois pour justiffier de ses tiltres et iceux retirer de la ville de Paris où il les a cy-devant envoyés pour produire à la Cour des aydes sur pareille recherche, et a signé :

DÉLAROCHE.

Le 10 aoust 1666, led. sieur a mis ses tiltres à nostre greffe lesquels luy ont esté rendus le 23 dud. mois.

MARSAY (DE). — Originaire de Touraine.

François de Marzay, écuyer, sieur de La Chattière, demeurant paroisse d'Abilly, élection de Chinon, bailliage de Tours, Anthoine de Marzay, écuyer, sieur de Bergeresse, son cousin issu de germain demeurant même paroisse, ont justifié la possession du titre de noblesse depuis l'an 1512 commençant en la personne de leur trisayeul.

Portent : *de sable semé de fleurs de lys d'or, sans nombre* [1].

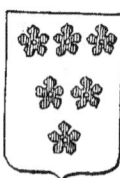

MARCÉ (JEAN DE), sieur de La Pouplinière, demeurant en la ville de Chinon, parroisse Sainct-Estienne, eslection de Chinon, bailliage de Touraine, comparant le 28 aoust 1666, lequel pour satisfaire à l'assignation qui luy a esté donnée à la requeste de Laspaire, par exploict du vingt un aoust dernier par Berton, huissier, nous a dict qu'il entend maintenir la qualité d'escuier, qu'il est aisné de sa branche, a pour frère Jean de Marcé, cadet de sa famille, dont l'aisné est Rolland de Marcé, demeurant parroisse du Guet-Denyo, eslection de Baugé, entre les mains duquel sont tous les tiltres de la famille, partant requiert un dellay pour les aller retirer et les produire. Porte pour armes : *d'argent à six quintes feuilles de gueulles, trois, deux et un*, et a esleu domicile en la maison de M^tre André Guérin, procureur à Chinon, et a signé :

J. DEMARCÉ.

Le 25e septembre 1666 led. sieur de Marcé a mis au greffe les pièces dont il entend se servir.

MARCÉ (ROLAND DE), sieur de Maunay [Mosné], et de La Bouchetière, demeurant parroisse du Gué-Deniau, eslection et ressort de Baugé, comparant

(1) Cette famille a été maintenue dans sa noblesse le 21 mai 1635, le 23 août 1660 et le 24 septembre 1715.

le six septembre 1666, a déclaré qu'il entend maintenir la qualité d'escuier et qu'il est aisné issu d'un cadet de sa maison, et que Jean de Marcé, sieur de La Pouplinière est son cousin-germain, et que .... de Marcé, sieur de Loupes est dessendu de l'aisné de lad. maison, qu'il a pour frère .... de Marcé, sieur de Maunay, et qu'il ne cognoist autres personnes de son nom et armes, qu'il porte : *d'argent à six quintefeuilles de gueules trois, deux et une, à la molette d'espron d'azur en abisme* et pour la justiffication de sa noblesse et dud. sieur Jean de Marcé, sieur de La Pouplinière, son cousin, il produira au premier jour les pièces dont il entend se servir et a faict eslection de domicille en cette ville de Chinon, au logis de M^tre André Guérin procureur et a signé :

R. DE MARCÉ.

— Roland de Marcé, sieur de La Rousselière, demeurant avec sa sœur... eut acte de la représentation de ses titres le 21 septembre 1669 [1].

Armoiries : *d'argent à 6 quintefeuilles de gueules, 3, 2 et 1.*

MARCHANT (MACÉ), sieur de Lardillière demeurant parroisse de Charantilly, eslection et ressort de Tours, comparant le troisiesme janvier 1667 tant pour luy que pour Margueritte du Silla, veufve de Joseph Marchant, sieur des Ligneris [Ligneries], a dit que lad. damoiselle du Silla et luy entendent maintenir la qualité d'escuyer, que led. deffunct sieur Joseph Marchant estoit aisné de sa maison et qu'outre les enfans dud. feu sieur Joseph Marchant, Anne Marchant, sieur d'Écoman, demeurant au pays chartrain est de la mesme maison et armes, qu'il n'en cognoist poinct d'autres et qu'il produira au premier jour les pièces dont il entend se servir pour la justiffication de sa noblesse et a signé :

MACÉ MARCHANT.

Les tiltres dud. sieur Marchand luy ont esté rendus le dix may 1667.

MARCHAND. — Originaire de Touraine.

Macé Marchand, écuyer, sieur de Lardillière, demeurant paroisse de Charantilly, élection

---

(1) La maison de Marcé a été maintenue dans sa noblesse les 20 juin 1458 et 15 décembre 1460, le 3 avril 1635, le 23 septembre 1666 et le 16 juin 1714.

et ressort de Tours, dame Marguerite du Silla, veuve de Joseph Marchand, écuyer, sieur des Ligneries, cousin germain dud. Macé, ayant la garde noble de ses enfants mineurs, a représenté des lettres d'anoblissement accordées par Louis XII en 1510 à Mathieu Marchand notaire et secrétaire du Roy, sieur des Ligneries, trisayeul desd. Macé et Joseph Marchand.

Porte : *d'azur à la fasce d'argent chargée de 3 hermines et accompagnée de 3 lionceaux d'or, 2 et 1* [1].

MARCHANT (Louis Le), sieur de La Belloyère, demeurant parroisse de Genellay, comparant le XVIIIe septembre 1666, par M^{tre} Jacques Pavin, son procureur et au présidial de Tours, fondé de procuration spéciale du sixiesme du présent mois par devant Dupin, notaire royal au Maine, demeurant en lad. parroisse, lequel a déclaré que led. Lemarchant entend soustenir la qualité d'escuier et qu'il prétend demander délay pour produire les pièces pour la justiffication de lad. qualité, et est lad. procuration demeurée au greffe, et a led. Pavin substitué en sa place Me Jacques Paul Miré, procureur estant à nostre suitte, pour hors de cette ville de Tours faire touttes choses nécessaire pour led. sieur Marchant, et a Mathurin Redouin, clerc dud. Pavin, signé pour luy

REDOUIN.

Led. sieur Le Marchant a mis ses titres au greffe le XVIII janvier 1669.

MARCHAND.

— Me N. Marchand, petit-fils de Pierre Marchand vivant avocat et écheyin, pour jouir...

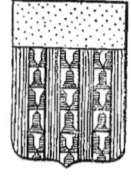

MARCONNAY (Charles de), sieur du Coulombier, demeurant parroisse Sainte-Radegonde de Marconnay, eslection de Richelieu, seneschaussée de Saumur, comparant le xxe mars 1669, a dit qu'il entend maintenir la qualité d'escuyer, que Louis de Marconnay, sieur de Chasteauneuf, parroisse susd. est son frère, que Florimond de Marconnay, sieur de Mondevis, demeurant en Poitou est son oncle, que Louis de Marconnay, sieur de Mornay, est son cousin-germain, qu'Ollivier de Marconnay, frère dud. sieur de Mornay, est

---

(1) Carré de Busserolles les dit : *armés et lampassés de gueules.*

aussy son cousin-germain, que Charles et Louis de Marconnay, sieur de Ponsac et de Beaulieu, sont aussy ses cousins-germains et que Louis de Marconnay, seigneur dudict lieu est son cousin remué de germain et aisné de sa maison, qu'il porte : *de gueulles, à trois pals de vert au chef d'or*, a mis au greffe les pièces dont il entend se servir, et a signé :

CHARLES DE MARCONNAY.

Les pièces dud. sieur de Marconnay luy ont esté rendues ce xxie mars 1669.

MARCONNAY (LOUIS DE), sieur de Mornay, demeurant au lieu seigneurial de Marconnay, parroisse de Sainte-Radegonde de Marconnay, eslection duché et pairye de Richelieu, séneschaussée d'Angers, comparant le dix-neuf janvier 1669, a déclaré qu'il entend maintenir la qualité d'escuyer, qu'il est cadet de sa maison, que Louis de Marconnay, chevalier, seigneur dud. lieu, son nepveu, demeurant aud. Marconnay est aisné de lad. maison, que Olivier de Marconnay, escuyer, sieur de Blanzay demeurant parroisse de Mazeuil, mesmes eslection et ressort, est son frère puisné, et Filémon de Marconnay, escuyer, sieur de Mondevis, demeurant parroisse de Sainte-Néomaye, en Poictou, est son oncle, Louis de Marconnay, escuier, sieur de Chasteauneuf et Charles de Marconnay, escuier, sieur de Coulombiers, frères, demeurans en lad. parroisse de Sainte-Radegonde de Marconnay sont ses consins germains, et que Charles de Marconnay, escuier, sieur de Ponsac, demeurant à Joinvilliers, généralité d'Orléans, et Louis de Marconnay, escuier, sieur de Beaulieu, demeurant parroisse de Saint-Jean-de-Sauves, mesme eslection et ressort de Richelieu, sont aussy ses cousins-germains et qu'outre les sieurs de Curzé-Marconné, demeurans en Poictou il ne connoist autres de son nom et armes, qu'il porte : *de gueulles à trois pals de vair, au chef d'or*, et pour la justiffication de sa noblesse a mis au greffe les pièces dont il entend se servir et a signé :

LOUIS DE MARCONNAY.

Les pièces dud. sieur de Marconnay luy ont esté rendues le 22e janvier 1669.

MARCONNAY (DE). — Originaire de Touraine.

Louis de Marconnay, chevalier, sieur de Mornay, demeurant paroisse de Sainte-Radégonde-Marconnay, élection et duché de Richelieu, sénéchaussée d'Angers, Dame Marie Rogier veuve de Gabriel de Marconnay, chevalier, sieur dud. lieu, son frère aisné, demeurante paroisse Sainte-Radegonde, Ollivier de Marconnay, chevalier, sieur de Blanzay frère puisné, demeurant paroisse de Mareuil, même élection, Louis de Marconnay, chevalier, sieur de Châteauneuf, Charles de Marconnay, chevalier, sieur de Coulombiers, frères et cousins-germains, demeurants paroisse de Sainte-Radégonde. Charles de Marconnay, chevalier, sieur de Ponsac, demeurant paroisse de Crosne, pays Chartrain. Louis de Marconnay, chevalier, sieur de Beaulieu, frères et cousins-germains, demeurant paroisse Saint-Jean-de-Sauves, élection de .... ont justiffié la possession du titre de noblesse depuis l'année 1445 commençant en la personne de leur 6e ayeul.

Porte : *de gueules à 3 pals de vair, au chef d'or.*

MAREAU (Louis), sieur du Boisguérin, demeurant en la ville de Loudun, comparant le cinq^e janvier 1669 par Me Louis Le Damoisel, lequel a dit que led. sieur du Boisguérin entend maintenir la qualité d'escuier, qu'il porte pour armes : *d'azur, à la bande d'or,* a mis au greffe les tiltres dont il entend se servir.

Signé: Le Damoysel.

Les pièces dud. sieur Mareau ont esté rendues aud. Le Damoysel le 7e janvier 1669.

MAREAU. — Originaire de Loudun.

Louis Mareau, écuyer, sieur du Boisguérin, demeurant en la ville de Loudun, a représenté des lettres d'anoblissement accordées par le Roy Henri IV à Marc-Anthoine Mareau, sieur du Bois-Guérin, son ayeul, capitaine du château de Loudun en 1601, enregistrées en la chambre des comptes et cour des aydes de Paris.

Porte : *d'azur à la bande d'or.*

MARESCHAU (Torquat), sieur de La Chauvinière, y demeurant, parroisse du Boullay, ellection et bailliage de Tours, comparant le viie janvier 1668, a dit qu'il entend maintenir sa qualité d'escuyer, qu'il est aisné de sa famille, dont il ne connoist autres personnes de son nom et armes que Charles Mareschau, sieur de Linières, son nepveu, François Mareschau, sieur du

Plessis et Jacques Mareschau, sieur de Beauregard, frères, demeurans parroisse de Villedomer, ellection d'Amboise, estans de présent au service de Sa Majesté, ses nepveus, et François, Fleurant, Torquat et Claude-Alexis-François Mareschaux, ses fils, et Claude-Marthe Mareschau, sa fille, qu'il porte pour armes : *de gueulles, à trois croix d'argent nillées, deux et une*, et pour la justiffication de sad. qualité d'escuyer et a signé :

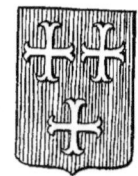

Torquate Mareschau.

MARESCHAU. — Originaire de Touraine.

Torquat Mareschau, écuyer, sieur de La Chauvignière, demeurant paroisse du Boullay, élection et bailliage de Tours, Charles Mareschau, écuyer, sieur de Linières, François Mareschau, écuyer, sieur du Plessis, Jacques Mareschau, écuyer, sieur de Beauregard, frères et neveux dud. Torquat, demeurant paroisse de Villedomé, élection d'Amboise, bailliage de Tours, ont justiffié la possession du titre de noblesse depuis l'année 1509 commençant scavoir ledit Torquat en la personne de son bisayeul et lesd. neveux en celle de leur trisayeul.

Porte : *de gueules à 3 croix ancrées d'or, 2 et 1.*

MAREST (Jacques), advocat en parlement, greffier en chef au siège présidial d'Angers, comparant le xxvie septembre 1666, lequel pour satisfaire à l'assignation qui luy a esté donnée à la requeste de Laspayre, a dit que s'il a pris lad. qualité d'escuier cella a esté en conséquence des lettres de noblesse par luy obtenues, lesquelles ayant esté révoquées, il n'a plus prins lad. qualité à laquelle il renonce, et a signé :

Marest.

MARIÉ (Philippe Le), gouverneur pour le Roy de la ville et chasteau de Beaufort, seneschal et lieutenant-général au siège royal dud. lieu, y demeurant, comparant le xxe may 1667, a dit qu'estant aisné de deffunct Pierre Le Marié, sieur de La Morinaye, son ayeul, vivant eschevin de la ville d'Angers, il entend maintenir sa qualité d'escuyer et pour Jacques Le Marié, sieur de L'Espine, son puisné, demeurant en la ville dud. Angers, sans se despartir de la qualité à eux acquise par leur naissance et a dit ne connoistre autre personne de son

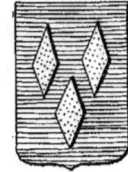

nom et famille que led. Jacques Le Marié et qu'il porte pour armes : *d'azur, à trois losanges d'or*, produira les pièces dont il s'entend ayder et a signé :

Ph. Le Marié [1].   J. Le Marié.

MARIÉ (Le). — D'Angers, noblesse d'échevinage.

Philippes Le Marié, sénéchal de Beaufort, fils de Pierre Le Marié, sieur de La Morinaye, échevin de lad. ville d'Angers en 1612, a payé la confirmation.
Porte : *d'azur à 3 losanges d'or, 2 et 1*.

— Philippe Le Marié, sénéchal et gouverneur de Beaufort, fils de Pierre Le Marié, écuyer, sieur de La Noyraie qui fut échevin en 1611, pour jouir ...

N. Le Marié, cy devant lieutenant en l'élection d'Angers, aussi fils dud. Pierre, pour jouir...

MARIETTE (François), cy-devant commissaire antien des guerres en Picardie, comparant le vingt-huictiesme may 1667, a dict qu'il n'entend maintenir la qualité d'escuyer à laquelle il renonce, et que sy elle luy a esté donnée, çà esté dans le temps qu'il estoit pourveu de lad. charge de commissaire et d'autres considérables qui luy donnoient lad. qualité, et en conséquence a soustenu devoir estre renvoyé de lad. assignation et a signé :

Mariette.

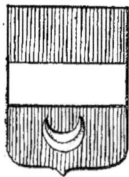

MARQUERAYE (Pierre de La), conseiller du roy, lieutenant de robbe longue à la mareschaussée d'Anjou, demeurant à Angers, comparant le deux octobre 1666, lequel a dit qu'il entend maintenir la qualité d'escuyer et qu'il est cadet de sa maison, et que les enfans de l'aisné de lad. maison sont demeurans en Bretagne et dont il ne scait les noms propres à cause de l'esloignement, et qu'outre lesd. enfans et Georges de La Marquerais, son nepveu, il ne cognoist personne de son nom et armes, qu'il porte *de gueules à une fasce d'argent et un croissant en poincte aussi d'argent*, et qu'il produira

---

(1) Philippe Le Marié, sieur de l'Épinay, marié en juin 1635 avec Françoise Jousselin, gouverneur du château de Beaufort en 1660, meurt à Sarrigné et est inhumé à Beaufort le 22 novembre 1689.
C. Port. *Dict. de Maine-et-Loire*, art. Lemarié.

au premier jour les pièces dont il entend se servir pour la justiffication de sa noblesse, et a faict eslection de domicille en la personne de M^tre Michel Bernard, procureur au bureau des finances estant à la suitte de Monsieur l'Intendant, et a signé :

P. DE LA MARQUERAYE.

Le s^r de La Marqueraye a mis au greffe les pièces dont il entend se servir, ce XXVIe mars 1667.

Led. sieur a produict de nouveau ce XIIIe janvier 1668.

Retiré lesd. sacz le 24e janvier 1668.

Signé : P. DE LA MARQUERAYE.

MARQUERAYE (GEORGES DE LA), sieur de Chanteloup, demeurant à Saint-Jean-des-Mauvrets, eslection et ressort de Saumur, comparant le XVIe avril 1667 par Me Jacques Paul Miré, son procureur, lequel a dit que led. sieur de La Marqueraye entend maintenir la qualité d'escuyer, mais qu'estant un cadet de son nom il n'a aucuns tiltres quand à présent et qu'ils sont entre les mains de son aisné, lequel prétend demander délay et a led. Miré signé :

MIRÉ.

Led. sieur de La Marqueraye a mis au greffe les pièces dont il entend se servir ce cinq aoust 1667.

Lesd. pièces ont esté rendues aud. sieur de La Marqueraye le 24 janvier 1668.

MARQUERAYE (DE LA). — Originaire d'Anjou.

Pierre de La Marqueraye, écuyer, lieutenant de robe longue et assesseur en la maréchaussée provinciale d'Angers, y demeurant, Georges de La Marqueraye, écuyer, sieur de Charvaux son neveu, demeurant paroisse de Saint-Jean-des-Mauvrets, élection et ressort d'Angers, ont iustiffié la possession du titre de noblesse depuis l'année 1526 commençant en la personne de son bisayeul pour Pierre et led. Georges en celle de son trisayeul.

Porte : *de gueules à la fasce d'argent accompagnée d'un croissant de même en pointe.*

— Pierre et Georges de La Marqueraye .... ont eu acte de la représentation de leurs titres le 23 mars 1668.

MARSOLLES (François de), sieur de La Gauberderie[1] comparant le 2 aoust 1666, a dit qu'ayant pleu à Sa Majesté le pourvoir de la charge de capitaine exempt des gardes de son corps qu'il a exercée l'espace de 9 à 10 ans, et ensuitte de celle d'escuier de sa grande escuirie qu'il possède encor à présent, il a eu droict de prendre la qualité d'escuier, et que quand lesd. charges ne luy auroient donné led. droict, la qualité de bourgeois de Paris qu'il a l'exempteroit de la présente recherche : les bourgeois de Paris en estans exempts suivant l'intention et déclaration de Sa Majesté, et a signé :

F. de Marsolles.

MARSOLLES (Pierre de), sieur de ..... demeurant en la ville de Passavant, comparant le xxiie mars 1668, par M^{tre} Pierre Petit, son procureur, lequel a dict que led. sieur n'a jamais prétendu la qualité d'escuyer et que s'il se trouve qu'il l'ayt prise ou qu'elle luy ayt esté donnée, ce ne peut estre qu'en minorité, n'estant encor âgé que de vingt-quatre ans comme il fera veoir et ainsy l'on n'en peut tirer aucune conséquence contre luy.

Petit.

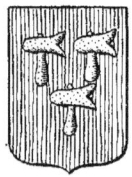

MARTEL (Martin), sieur de La Gaudinière, demeurant parroisse de Rilly, eslection de Chinon, bailliage de Tours, comparant le xxiiie décembre 1667 par Me Joseph Dulac, lequel a dit qu'icelluy Martel entend maintenir la qualité d'escuyer et qu'il porte pour armes : *de gueules, à trois marteaux d'or, deux et un* et a signé :

Dulac.

MARTEL (de). — Originaire de Normandie.
Martin Martel, chevalier sieur de La Rivière et de La Gaudinière, demeurant paroisse de Claunay ?, élection de Loudun, a justiffié la possession du titre de noblesse depuis l'année 1530 commençant en la personne de son ayeul.
Porte : *de gueules à 3 marteaux d'or, 2 et 1*.

(1) La Gauberderie, à Doué, appartenait en 1653 à François de Marsolle, capitaine exempt des gardes du corps.
C. Port. *Dict. de Maine-et-Loire*, art. Gauberdière (la).

MARTEL. — Originaire de Poitou.

Charles Martel, écuyer, sieur de Rée, demeurant paroisse de Saint-Sauveur-en-Poitou, assigné dans la paroisse de Jublains, élection de Mayenne, a rapporté l'ordonnance de renvoy de M. Barentin par laquelle il paroît qu'il a justiffié la possession du titre de noblesse depuis l'année 1474 commençant en la personne de son quintayeul.

Porte : *de gueules à 3 marteaux d'or, 2 et 1*. Aliàs : *d'or à 3 marteaux de gueules*.

MARTIGNÉ. (Messire HONORÉ DE), seigneur de Villenoble, demeurant en sa maison de Martigné, parroisse de Saint-Denis-d'Anjou, eslection de Chasteaugontier, ressort d'Angers, comparant le XVIIIe may 1668, a déclaré qu'il entend maintenir la quallité d'escuier et de chevallier, qu'il ne connoist personne qui porte son nom et armes que ses enfans malles au nombre de six, scavoir son fils aisné Joseph de Martigné, demeurant parroisse de Souvigné, eslection de La Flèche, lequel a esté marié contre le gré dud. comparant et sa femme ; Jacques de Martigné, sieur des Moulins ; Marquis de Martigné, s^r de Saint-Pairs ; Martin de Martigné, sieur d'Orton, demeurant parroisse de Contigné, en Anjou ; Urbain de Martigné, sieur de La Frébouchère et Honoré de Martigné, ses enfans puisnés, et ses filles, porte pour armes : *d'azur, à trois genouillières d'armes d'argent, deux et une*, a mis au greffe les pièces dont il entend se servir et a signé :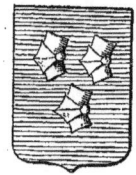

H. DE MARTIGNÉ.

Les pièces dud. s^r de Martigné luy ont esté rendues le 21 may 1668.

MARTIGNÉ (DE). — Originaire du Maine[1].

Honoré de Martigné, chevalier, seigneur de Villenoble, demeurant paroisse de Saint-Denis-d'Anjou, élection de Châteaugontier ressort d'Angers, Joseph de Martigné, écuyer, demeurant parroisse de Souvigné, élection de La Flèche, Martin de Martigné, écuyer, sieur d'Orthon, demeurant paroisse de Contigné, élection et sénéchaussée d'Angers, frères et enfans dud. Honoré, lequel a justiffié la possession du titre de noblesse pour luy et ses enfants depuis l'an 1493 commençant en la personne de son quartayeul.

Porte : *d'azur à 3 genouillères d'argent, 2 et 1*.

Honoré de Martigné ... eut acte de la représentation de ses titres le ...

---

[1] Cette famille, jusqu'au XVe, s'appelait de La Genouillerie.

MARTIN (Claude), sieur des Marais, demeurant parroisse de Vivain, eslection du Mans, ressort de Beaumont-le-Duché, comparant le 26ᵉ aoust 1666, lequel pour satisfaire à l'assignation à luy donnée sur deffault à la requeste de Laspeyre le vingtiesme du présent mois par exploict de Jallu, pour procéder aux fins dud. exploict et de nostre ordonnance y énoncée, a dit qu'il n'a jamais pris la qualité d'escuyer et y renonce, et qu'au contraire il a toujours esté imposé aux roolles des tailles et esté collecteur en 1664, dont il offre justiffier, et a esleu domicille en la personne de M^{tre} Jacques Paul Miré estant à la suitte de Monsieur l'Intendant et a signé :

Claude Martin.

Condamné.

MARTIN (Jean), sieur de Poussay, demeurant parroisse de Sainte Marsolle, eslection et ressort de Loudun, comparant le xvᵉ septembre 1667, par Mᵉ Louis Le Damoysel, lequel a dit qu'il entend maintenir la quallité d'escuier, qu'il est cadet de sa maison, et que les tiltres et papiers concernans sa famille ayant esté priz et emportez par deffunct Philippe Martin, vivant sieur de La Rigallière, fils aisné de leur maison, qui s'en seroit emparé aprez le decedz de leurs père et mère, qui est décédé ayant laissé plusieurs enfans mineurs auxquels on a faict pourvoir un curateur à leurs personnes et biens, lequel curateur s'est saisy de tous les tiltres de leur famille, à cause de quoy demande délay pour les réprésenter et les demander aud. curateur desd. mineurs et a signé :

Le Damoysel.

Armoiries : *d'argent à la bande de sable chargée de 3 roses d'argent boutonnées de sable.*

Barbe de Montalais[1], dame de Fourmentières, veufve Tristan de MARTINEAU, vivant sieur de La Brosse, demeurante au chasteau de Fromentières, comparante le quinze avril 1667 par M^{tre} Michel Bernard procureur au bureau des finances de cette ville de Tours, lequel a dit qu'icelle

---

(1) De Montalais. — *D'or à 3 chevrons de gueules, à la fasce d'azur brochante sur le tout.*

dame de Montalais entend maintenir la qualité de noble et que n'estant que cadette de sa maison, elle prétend demander délay pour faire intervenir dame Françoise de Montalais, veufve du feu sieur comte de Marans, son aisnée pour réprésenter les tiltres de sa noblesse :

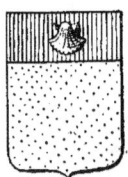

Signé : BERNARD.

Lad. dame veufve de Martineau a mis au greffe tant pour elle que pour Alexandre et Jean-Joseph de Martineau ses enfans les pièces dont elle entend se servir ce 12 septembre 1668.

Les pièces de lad. dame ont esté rendues aud. Bernard ce XXII septembre 1668.

MARTINEAU (GILBERT DE), seigneur de La Gallonnière, demeurant parroisse de Joué, eslection d'Angers, comparant le XXIIe febvrier 1668 par M^{tre} Jean Hardouin, procureur au présidial de cette ville de Tours, lequel a dit qu'icelluy Martineau entend maintenir la qualité d'escuyer et pour réprésenter les pièces justifficatives d'icelle prétend demander délay et a signé :

HARDOUIN.

MARTINEAU (GILBERT DE), seigneur de La Sauvagère et de La Gallonnière, demeurant en sa maison seigneurialle de La Gallonnière, parroisse de Joué, eslection et seneschaussée d'Angers, comparant le VIe mars 1668, a dit qu'il entend maintenir la qualité d'escuyer, qu'il est aisné de sa famille de laquelle il ne connoist que Jean-Joseph et Alexandre de Martineau, ses cousins germains, deux de ses enfans non nomméz et Henry de Martineau, son fils, qu'il porte pour armes : *d'or, à la fasce de gueulles chargée d'une coquille d'argent*, pour la justiffication de laquelle il a mis au greffe les pièces dont il s'entend ayder et a signé :

G. DE MARTINEAU, escuier, sieur de La Gallonnière.

Les pièces dud. sieur de Martineau luy ont esté rendues ce neuf mars 1668.

MARTINEAU (Jean-Joseph de), sieur de Fromentières, y demeurant paroisse dud. lieu, eslection et présidial de Chasteau-Gontier, comparant le 1er aoust 1668 tant pour lui que pour Alexandre de Martineau, son frère puisné, a dit qu'il entend maintenir la qualité d'escuyer, qu'il est issu de cadetz de sa maison et qu'outre Gilbert de Martineau seigneur de La Sauvagère, son cousin-germain aisné de lad. maison et les trois enfans dud. Gilbert de Martineau, il ne connoist autres personnes de son nom et armes, qu'il porte : *d'or, au chef de gueules chargé d'une coquille d'argent,* produira cy-après les pièces nécessaires pour faire veoir qu'il est cadet de Tristan de Martineau, lequel Tristan auroit cy-devant produict devant Monsieur l'Intendant les tiltres justifficatifs de leur noblesse dont luy auroit esté donné acte par mond. sieur l'Intendant.

Signé : J.-J. de Martineau, escuier

seigneur de Fromentières.

MARTINEAU (de). — Originaire d'Anjou.

Gilbert de Martineau, chevalier, seigneur de La Sauvagère et de La Gallonnière, demeurant paroisse de Joué, élection et sénéchaussée d'Angers. Dame Barbe de Montalais, veuve de Tristan de Martineau vivant, écuyer, sieur de La Brosse, Gallonnière et de Fromantière faisant pour Alexandre et Jean-Joseph de Martineau ses enfans mineurs, demeurante parroisse de Fromentière élection et ressort de Châteaugontier, sénéchaussée d'Angers, ont justiffié la possession du titre de noblesse depuis l'année 1535 commençant en la personne de leur bisayeul.

Porte : *d'or au chef de gueules chargé d'une coquille d'argent.*

— Phillibert de Martineau... eut acte de la représentation de ses titres le 8 mars 1668.

MARTINEAU (Mtre Nicolas), ancien juge de la prévosté, maire et capitaine général de l'hostel de ville d'Angers, comparant le xe mars 1668, par Me Michel Bernard, lequel a dit qu'icelluy sieur Martineau entend maintenir la qualité d'escuyer tant comme maire de lad. ville d'Angers que comme fils de maire d'icelle ville, produira cy-après les pièces dont il s'entend ayder.

Signé : Bernard.

MARTINEAU. — D'Angers, noblesse de mairie.

Nicolas Martineau et François Martineau, sieur de Princé, frères, demeurants en la ville d'Angers, enfans de Nicolas Martineau qui fut maire de la dite ville en 1617 ont payé la confirmation.

— Me Nicolas Martineau, fils de Nicolas, qui fut maire de la ville d'Angers en 1617, pour jouir...

François Martineau, sieur de Princé aussi fils dudit Nicolas, pour jouir....

MASSEILLES (Joseph de), sieur de L'Isle-Milon, l'un des deux cens chevau-légers de la garde du Roy, demeurant parroisse de Sainct-Georges de Sevoie, eslection et ressort de Saumur, lequel a dit qu'il entend maintenir la qualité d'escuyer en vertu de sad. charge de chevau léger de la garde du Roy sans préjudice à sa naissance, par laquelle il se rapporte à Louis de Masseilles, son père et à Henry de Masseilles, son frère aisné, de la maintenir ainsy qu'ils adviseront, et a faict eslection de domicille au logis de M^{tre} Jean Morinet l'aisné, procureur au présidial de Tours et a signé :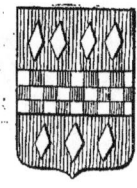

J. de Masseilles.

Les pièces dud. sieur de Masseilles luy ont esté rendues ce xxvii febvrier 1668.

MASSEILLES (Noel de), sieur de La Gautraye, demeurant parroisse de Marcé, eslection et ressort de Baugé, comparant le xx aoust 1667, a dit qu'il entend maintenir la qualité d'escuyer, qu'il est aisné et seul d'une branche de cadets de sa maison, dont Louis de Masseilles, sieur de Milon demeurant parroisse de Milon, eslection et ressort de Baugé, est aisné et chef de lad. maison, que led. sieur Milon a deux frères : Pierre de Masseilles, sieur de Petite Mulle et Ambroise de Masseilles, sieur de Launay, demeurans en lad. parroisse de Milon et que led. sieur de Masseilles de Milon a trois fils et deux filles, et qu'outre il y a encor plusieurs particuliers dud. nom en Normandie et Bretaigne qu'il ne cognoist point porte pour armes : *de gueules à la face lozangée d'argent et de sable accompagnée de sept fuzées d'argent rangées quatre en chef et trois en poincte* et a signé :

Noel de Masseilles.

MASSEILLES (Henri de), sieur de Fontaine-Milon, demeurant parroisse de Saint-Georges-du-Bois, eslection et seneschaussée de Baugé, comparant le xxiiiie aoust 1667 tant pour luy que pour Louis de Masseilles, aussy sieur de Fontaine-Milon, son père, Ambrois de Masseilles, sieur de Launay, demeurant parroisse de Millon, et Pierre de Masseilles, sieur de Petitte-Mulle, ses oncles, demeurant parroisse de Saint-Georges-du-Bois, lequel a dit qu'ils entendent maintenir la qualité d'escuyer, qu'il est l'aisné de sa maison, qu'il a deux frères cadetz nommés Joseph et Étienne de Masseilles, et qu'il n'en connoist autres qui portent son nom et armes qui sont : *de gueulles à la fasce échiquetée d'argent et de sable, chargée de sept fusées d'argent, quatre en chef et trois en poincte*, et produira les tiltres dont ils entendent leur servir et a signé :

Henry de Masseilles.

Led. sieur a mis ses pièces au greffe ce xxve aoust 1667.
Les pièces dud. sieur luy ont esté rendues ce xxvie aoust 1667.

MASSEILLES (de). — Originaire d'Anjou.
Louis de Masseilles, écuyer sieur du dit lieu, Ambroise de Masseilles, écuyer, Pierre de Masseilles, écuyer, frères, demeurants paroisse de Millon, élection de Beaugé, Joseph de Masseilles, écuyer, Étienne de Masseilles, écuyer, frères et enfans dud. Louis, ont justiffié la possession du titre de noblesse depuis l'année 1531 commençant scavoir : Louis, Ambroise et Pierre en la personne de leur bisayeul et les autres en celle de leur trisayeul.
Portent : *de gueules à la fasce échiquetée d'argent et de sable de 3 traits, accompagnée de 7 fusées d'argent, 4 en chef et 3 en pointe* [1].
— Henri de Masseilles, écuyer, sieur de La Fontaine-Millon... eut acte de la représentation de ses titres tant pour luy que pour ses frères, pour son père et ses oncles le 26 aoust 1667.

MASSOUGNE (Denis de), sieur de La Guillonnière, demeurant parroisse de Pouzay-le-Viel, eslection de Loches, baronnie de Pruilly, bailliage de Tours, comparant le xviii mars 1668, a dit qu'il entend maintenir la qualité d'escuyer, qu'il est cadet issu d'un des cadets de sa maison, de laquelle il ne connoist autres personnes que Cézard de Massougne, sieur de La Villardière, son cousin

---

(1) Denais dit : *de gueules à la fasce losangée de 2 traits d'argent et de sable de six pièces, accompagnée de 7 fusées d'argent, 4 et 3.*

issu de germain demeurant en la province de Poictou et Jacques, François et Jacinte de Massougne, ses enfans, et qu'il porte pour armes : *d'azur, à trois fasces d'argent, au chef chargé d'une fleur de lis d'or*, a produict et mis au greffe les pièces dont il entend se servir et a signé :

Denis de Massougne.

Les pièces dud. sieur de Massougne luy ont esté rendues le 20e mars 1668.

MASSOUGNE (de). — Originaire de Touraine.
Denis de Massougne, écuyer, sieur de La Guillonnière, demeurant paroisse de Pouzay-le-Viel, élection de Loches, baronnie de Preuilly, bailliage de Tours, a justiffié la possession du titre de noblesse, depuis l'année 1531, commençant en la personne de son bisayeul.
Porte : *d'azur à 3 fasces d'argent surmontées d'une fleur de lys d'or*.

MATHIEU.
— Jacques Mathieu, écuyer, sieur de Beaulène? et de Lestang, demeurant paroisse de Villiers-au-Bouin, élection de Baugé, eut acte de la représentation de ses titres le dernier juillet 1670.
Armoiries : *d'azur à la fasce d'argent chargée d'un vol de gueules*.

MATHERAYE (Isaac de La), sieur dud. lieu et du Contest, demeurant paroisse de Contest, eslection de Mayenne, comparant le quatre juin 1668, a dit qu'il entend maintenir la qualité d'escuier et qu'il est resté seul de sa maison et armes, qu'il porte : *d'argent, à une quinte-feuille de gueules*, et ses enfans, a mis au greffe les pièces dont il entend se servir et a signé :

J. de La Matraye.

Les pièces dud. sieur de La Matraye, luy ont esté rendues ce quatre juin 1668.

MATRAYE (de la). — Originaire du Maine.
Isaac de La Matraye, écuyer, sieur dud. lieu et de Conté, demeurant paroisse de Conté, élection de Mayenne, a justiffié la possession du titre de noblesse, depuis l'année 1527, commençant en la personne de son trisayeul.
Porte : *d'argent à la quintefeuille de gueules*.

Damoiselle Anne de Langlée[1], femme de JACQUES MAUDET, sieur du Verger, mareschal général des logis du Roy, camps et armées de France, demeurant parroisse de Vallon, eslection de La Flèche, seneschaussée du Mans, comparant le XXIXe juillet 1667, par M^{tre} Jean-Baptiste Belin, bailly dud. Vallon, lequel a dict pour lad. damoiselle de Langlée que led. sieur Maudet est présentement au service de Sa Majesté, pour sad. charge et requiert délay pour advertir sond. mary de l'assignation à luy donnée à la requeste de Laspeyre le XXIIIe du présent mois, pour envoyer le certifficat dud. service, et a signé :

J.-B. BELIN.

MAUDET (RENÉ), sieur de Bessac, demeurant parroisse de Neuillé, eslection de Saumur, comparant le 19e may 1669, a dit qu'il entend maintenir la quallité d'escuier qu'il ne connoist de sa maison que les enfans mineurs de deffunct René Maudet, sieur du Perray, demeurant en Poictou, et non autres qui portent son nom et armes qui sont : *de gueulle à la fasce d'azur, chargée de trois estoilles d'argent, accompagnée de trois aigles exployées d'or, à deux testes* ; a mis au greffe les pièces dont il entend se servir, et a signé :

RENÉ MAUDET.

Les pièces dud. sieur Maudet luy ont esté rendues le 21e may 1669.

MAUDET. — Originaire d'Anjou.
René de Maudet, écuyer, sieur de Bessac, demeurant paroisse de Neuillé, élection de Saumur, a justiffié la possession du titre de noblesse, depuis l'année 1531, commençant en la personne de son bisayeul.
Porte : *de gueules à la fasce cousue d'azur, chargée de 3 étoilles d'argent et accompagnée de 3 aigles éployées d'or, 2 et 1* [2].
— Jacques Maudet... et Thomas Maudet, demeurants paroisse de Vallon..., au nombre des maintenus par M. Voisin de La Noirays.
René Maudet... eut acte de la représentation de ses titres le 21 may 1669.

---

(1) De Langlée. — *D'argent à 3 fasces de pourpre accompagnées de 9 trèfles de même, 4 et 4 en pal et 1 en pointe.*
(2) Denais dit : *d'azur à la fasce d'argent chargée de 3 roses de gueules et ....*

MAUGARS (René), sieur du Vivier, demeurant en la ville d'Angers, comparant le xxviiie avril 1667, a dit qu'il n'a jamais pris ny prétendu prendre la qualité d'escuyer et y renonce et a signé :

Maugars.

MAUMESCHIN (Jacques de), seigneur du Lac, conseiller du Roy, maistre des Eaux et Forest du comté de Beaufort, demeurant en sa maison de Periers, parroisse du Lac, eslection d'Angers, ressort de Beaufort, comparant le cinq mars 1668, a dit qu'il entend maintenir la qualité d'escuier, qu'il a un fils nommé Jacques de Maumeschin et qu'il ne connoist autres personnes qui portent son nom et armes qui sont : *de sable eschiqueté d'or à deux trais,* a mis au greffe les tiltres dont il entend s'aider et a signé :

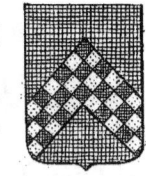

J. de Maumeschin.

Les pièces dud. sieur luy ont esté rendues le deux septembre 1668.

MAUMESCHIN (de). — Originaire d'Anjou.
Jacques de Maumeschin, chevalier, seigneur du Lac, conseiller du Roy, maistre des eaux et forêts du comté de Beaufort, demeurant paroisse du Lac, élection d'Angers, ressort de Beaufort, a justifié la possession du titre de noblesse, depuis l'année 1538, commençant en la personne de son bisayeul.
Porte : *de sable au chevron échiqueté d'or et de sable de 3 traits.*
— Jacques de Maumeschin... eut acte de la représentation de ses titres le 2 septembre 1668.

MAUNY (Jacques de), sieur dud. lieu, demeurant parroisse de La Fresnaye, eslection du Mans, bailliage de La Flèche, comparant le 27e aoust 1666, lequel pour satisfaire à l'assignation qui luy a esté donnée à la requeste de Laspeyre, par exploict de Jallu du dix-huict aoust dernier a dict qu'il entend maintenir la qualité d'escuyer comme descendu de parens nobles et escuiers, qu'il est l'aisné et seul de sa famille ; porte pour armes : *un chevron brizé d'argent au champ d'azur chargé de trois estoilles d'or deux en chef et une en pointe,* et que pour la justiffication de sa noblesse, il produira au premier jour ses pièces, et a esleu domicille en la maison de M^{tre} Miré estant à nostre suitte, et a signé :

Jacques de Mauny.

Les pièces dud. sieur de Mauny luy ont esté rendues ce trante aoust 1666.

MAUNY (DE). — Originaire du Maine.

Jacques de Mauny, écuyer, sieur du dit lieu, demeurant paroisse de La Fresnaye, élection du Mans, a justifié la possession du titre de noblesse, depuis l'année 1533, commençant en la personne de son bisayeul.

Porte : *d'azur au chevron d'argent, accompagné de 3 étoiles d'or, 2 et 1.*

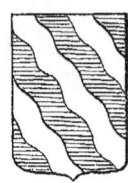

MAURAT (PIERRE DE), sieur de Palluau, cy-devant l'un des gensdarmes de la garde du roy, et de présent l'un des cens gentilshommes de sa maison, demeurant à Albizé, parroisse Sainct-Vincent, eslection de Richelieu, ressort de Loudun, bailliage de Tours, comparant le 12 aoust 1666, lequel pour satisfaire à l'assignation à luy donnée à la requeste de Laspeyre le quatre du présent mois par exploict de Ladebat pour procéder aux fins dud. exploict et de nostre ordonnance y énoncée, a dit qu'il a eu droict de prendre la qualité d'escuyer qui luy a esté donnée par ses lettres de provision desd. charges, jouissant encor de celle de gentilhomme pour laquelle il est employé sur l'estat de la maison du Roy registré à la Cour des aydes et néantmoins n'a pris lad. qualité depuis qu'il s'est défaict de lad. charge de gendarme et y renonce, et pour représenter lesd. provisions extraictes dud. estat et les certifficats de ses services qui sont à lad. cour produicts au procès qu'il y a allencontre des habitans de lad. parroisse de Sainct-Vincent a requis délay compétant, et a faict eslection de domicille en la personne de Me Michel Bernard, et a signé :

PIERRE DE MAURAT.

Led. de Maurat[1] a mis au greffe par M^{tre} Bernard, son procureur, les pièces dont il entend se servir, lesquelles ont esté parafées par première et dernière, ce 21e may 1667.

MAUTAINS (FRANÇOIS), garde du corps de deffunct Monsieur le duc d'Orléans, ayant son domicille au bourg de Neufvis, eslection et bailliage de

---

(1) Armoiries : *d'azur à 3 bandes ondées d'argent.*

Tours, demeurant depuis plusieurs années à Tracy-le-Mont, comme capitaine des gardes de la forest de Laigle, comparant le neufe mars 1669 par Me Claude Bonnette, procureur au présidial de cette ville de Tours, lequel a dict qu'icelluy Mautains n'entend maintenir la qualité d'escuyer et que sy elle luy a esté donnée ç'a esté à son inseu et à cause de lad. charge de garde du corps et pour justiffier de lad. qualité de garde du corps a mis au greffe les pièces dont led. sieur Mautains entend se servir, et a signé :

BONNETTE.

Les pièces dud. sieur Mautains ont esté rendues au sieur de Lable, son beau-frère, ce trente janvier 1670.

MAYNIÈRE (JACQUES DE), sieur du Plessis-Brard, demeurant parroisse de Tilliers, eslection et seneschaussée d'Angers, comparant le xviie may 1667, tant pour luy que pour Louis de Mainière, sieur de La Gaudinière, son frère, demeurant avec luy, a dit que luy et sond. frère entendent maintenir la qualité d'escuyer, qu'il est l'aisné de sa famille dont il ne cognoist autres que René de Mainière, sieur du Portereau, demeurant à Usarche en Limouzin, son oncle et ses enfans, demeurans dans lad. province, qu'il porte : *d'argent au chevron de gueules accompagné de trois estoilles de sable deux en chef et une en poincte;* et a signé :

JACQUES DE MAYNIÈRE.

MAYNIÈRE (DE). — Originaire d'Anjou.
Jacques de Maynière, écuyer, sieur du Plessis-Bérard, Louis de Maygnière, écuyer, sieur de La Gaudinière son frère, demeurants paroisse de Tilliers, élection et ressort d'Angers, ont justifié la possession du titre de noblesse, depuis l'année 1545, commençant en la personne de leur bisayeul.
Porte: *d'argent au chevron de gueules accompagné de 3 étoiles de sable, 2 et 1.*
— Jacques de Maynières... eut acte de la représentation de ses titres, tant pour luy que pour son frère, le 19 mars 1667.

MAYRE ou MAIRE (ALEXANDRE LE), sieur de La Roche-Jaquelin, demeurant parroisse de Daumeray, eslection et ressort de Sablé, comparant le xxiie mars 1667 tant pour luy que pour François Lemaire, sieur de La Roche-Jaquelin, son père demeurant même parroisse a dit que sond. père et luy entendent maintenir la qualité d'escuyer, que sond. père est aisné de sa maison et qu'il ne cognoist qu'Alexandre Le Maire, sieur de La Baumerie, de son nom et armes, qu'il porte : *d'azur, au lyon d'or, couronné de mesme, armé et lampassé de gueules, entouré de trèfles aussy d'or,* a mis au greffe les pièces dont il entend se servir et a signé :

ALEXANDRE LEMAYRE.

Les pièces dud. sieur Lemaire luy ont esté rendues ce xxvie mars 1667.

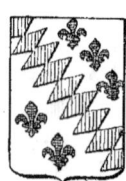

MEAULNE (GABRIEL DE), sieur de La Mestairie, demeurant parroisse de Noyant, eslection de Baugé, ressort et bailliage de La Flesche, comparant le 29 aoust 1666, lequel pour satisfaire à l'assignation à luy donnée à la requeste de Laspeyre, a dit qu'il entend maintenir la qualité d'escuyer et qu'il est issu d'un cadet de sa maison, et qu'outre Augustin de Meaulne, son nepveu, il ne cognoist personne de sad. branche et que de la branche de l'aisné de lad. maison sont issus : Pierre de Meaulne et [Charles] de Meaulne, son frère, et leurs familles et qu'il n'en cognoist autres desd. branches, et que le sieur de Meaulne, sieur de Roissé et sa famille sont d'une autre branche de lad. maison qui porte pour armes : *d'argent à une bande fuselée de gueulles, bordée de sable, accompagnée de cinq fleurs de lis de sable en orle, trois et deux,* et pour la justiffication de sa noblesse a mis au greffe les pièces dont il entend se servir, lesquelles ont esté paraphées par première et dernière, et a faict eslection de domicille en la personne de M^{tre} Michel Bernard, procureur au bureau des finances, estant à la suitte de Monsieur l'Intendant et a signé :

G. DE MEAULNE.

Les pièces dud. sieur de Meaulne luy ont esté rendues ce jour d'huy 25e septembre 1666.

MEAULNE (DE).
Gabriel de Meaulne, écuyer, sieur de La Mettaierie, demeurant paroisse de Noyan, élection de Baugé, présidial de La Flèche ; Charles de Maulne, écuyer, sieur de La Vallée, demeurant

paroisse de Brais (Breil), élection de Beaugé, présidial de La Flesche ; Pierre de Meaulne, écuyer, sieur de La Goupillière, demeurant même paroisse, frères et cousins issus de germain dud. Gabriel, ont justifié la possession du tiltre de noblesse, depuis l'année 1469, commençant en la personne de leur quartayeul.

Porte : *d'argent à la bande fuselée de gueules accostée de 5 fleurs de lys de sable 3 et 2.*

— Gabriel de Meaulne.... eut acte de la représentation de ses titres le 23 septembre 1666.

MEAULNE (CLAUDE DE), seigneur de Lancheneil et de Rouessé, demeurant aud. Rouessé, paroisse de Grenoux, eslection et comté de Laval, présidial de Chasteau-Gontier, comparant le XXVIe avril 1668 a dit qu'il entend maintenir la qualité d'escuyer, qu'il est aisné de sa maison, de laquelle il ne connoist autres personnes que François de Méaulne, sieur de La Bretesche, son frère puisné, Robert de Méaulne, sieur de Bains, son oncle, ... de Meaulne, fils dud. Robert, en lad. eslection de Laval, ... de Maulne sieur des Mestairies, demeurant eslection de Baugé, et trois de Meaulnes, frères, sieurs de Pontallin, demeurans eslection de Mayenne, ses cousins, qu'il porte pour armes : *d'argent semées de fleurs de lis de sable à la bande fuzellée de gueulles,* pour la justification de laquelle qualité, il a produict les pièces dont il entend seservir, et a signé :

CLAUDE DE MEAULNE DE LANCHENEIL-ROUESSÉ.

Les pièces dud. s^r de Meaulne luy ont esté rendues le XXXe avril 1668.

MEAULNE (RENÉ DE), sieur de Pontallain, demeurant parroisse de Vallière, eslection et ressort de Baugé, comparant par M^{tre} Louis Le Damoysel, son procureur, le neuf octobre 1668, tant pour luy que pour René de Meaulne, sieur dud. lieu, son frère, demeurant parroisse de Chaillant, eslection de Mayenne, lequel Le Damoysel a dit que led. sieur et son frère entendent maintenir la quallité d'escuier, qu'ils portent pour armes : *d'argent, semé de fleurs de lis de sable, à la bande fuzellée de gueules,* a mis au greffe les pièces dont ils entendent leur servir et a signé :

LE DAMOYSEL.

Les pièces dud. sieur de Pontallain de Meaulne luy ont esté rendues le XXXIe janvier 1669.

MEAULNE (ROBERT DE), escuier, sieur de Baings, demeurant parroisse d'Astillé, eslection et comté de Laval, présidial de Chasteaugontier, comparant le 23e janvier 1669 par Jean Leclerc pour la malladie de Me Michel Bernard, son procureur, lequel Leclerc a dit que led. sr de Meaulne entend maintenir la qualité d'escuier et qu'outre Charles de Meaulne, escuier, sieur de Lancheneil, aisné du nom demeurant en ladicte eslection de Laval et les srs de Meaulne-Pontallin, demeurans en cette généraillité il ne connoist autres personnes de son nom et armes qui sont : *d'argent sepmé de fleurs de lis de sable, à la bande fuzellée de gueules* ; a mis au greffe les pièces dont il entend se servir et a signé :

LECLERC.

Les pièces dud. sr de Meaulne ont esté rendues aud. Leclerc led. jour, 23e janvier 1669.

MEAULNE (DE). — Originaire du Maine.

Robert de Meaulne, écuyer, sieur de Bains, demeurant paroisse d'Astillé, élection et comté de Laval, présidial de Châteaugontier, Claude de Meaulne, écuyer, sieur de Lancheneil et de Rouessé demeurant paroisse de Grenoux même élection et présidial, neveu dudit Robert. René de Meaulne, écuyer, sieur de Pontallain, demeurant paroisse de La Vallière élection et ressort de Baugé et René de Maulne, écuyer, sieur dud. lieu, demeurant paroisse de Chaillant, élection de Mayenne, frères et cousins issus de germains dud. Claude, ont justifié la possession du titre de noblesse depuis l'année 1510 commençant scavoir led. Robert en la personne de son bisayeul et les autres en celle de leur trisayeul.

Porte : *d'argent semé de fleurs de lys de sable sans nombre à la bande fuselée de gueules.*

— René de Meaulne, sieur de Pontallain... eut acte de la représentation de ses titres le 18 décembre 1668.

MÉAUSSÉ (ÉZÉCHIAS DE), sieur de La Gastellinière, y demeurant parroisse de Pouzay-le-Vieil, eslection et siège royal de Loches, bailliage de Tours, comparant le XXI avril 1668, tant pour luy que pour Odet de Meaussé, sieur de La Rainville, son père, demeurans ensemble, a dit que sond. père et luy entendent maintenir la qualité d'escuyer, qu'il est à présent aisné de sa maison dont il ne connoist que Gabriel de Meaussé, son frère puisné et Louis de Meaussé, sieur de Villepeton-la-Rainville, son cousin-germain, demeurant en la province d'Orléans, qu'il porte pour armes : *d'argent, à trois chevrons de sable* et a signé :

ÉZÉCHIAS DE MEAUSSÉ.

MÉAUSSÉ (DE). — Originaire de Beausse.

Odet de Meaussé, écuyer, sieur de Rainville, demeurant paroisse de Pouzay-le-Vieil, élection et siège royal de Loches, bailliage de Tours, a justiffié la possession du titre de noblesse, depuis l'année 1512, commençant en la personne de son bisayeul.

Porte : *d'argent à 3 chevrons de sable.*

MÉGAUDAIS (BERTRAND DE), seigneur de Marolles, demeurant ordinairement à Paris, estant de présent en sa maison de Marolles, parroisse de Larchamps, eslection de Mayenne, ressort d'Ernée, comparant le xxxᵉ may 1668 par Mᵉ Louis Le Damoysel, lequel a dit que led. sieur entend maintenir la quallité d'escuier qu'il porte pour armes : *de gueules, à l'aigle exployée d'argent, bectée et pattée d'or* et a mis au greffe les pièces et tiltres dont led. sieur de Marolles entend se servir, et a signé :

LE DAMOYSEL.

Les pièces dud. sieur de Mégaudays ont esté rendues le dernier may 1668.

MÉGAUDAIS (DE). — Originaire du Maine.

Bertrand de Mégaudais, écuyer, sieur de Marrolles, demeurant ordinairement à Paris rue Saint-Benoist proche la Charité, assigné en sa maison de Marolles, paroisse de Larchamps, a justifié la possession du titre de noblesse, depuis l'année 1541, commençant en la personne de son trisayeul.

Porte : *de gueules à l'aigle éployée d'argent, armée et becquetée d'or.*

MÉGUYON (FRANÇOIS DE), sieur de La Houssaye, cy-devant maire de la ville d'Angers, y demeurant parroisse Sainct-Pierre, comparant le neuf novembre 1666, lequel pour satisfaire à l'assignation à luy donnée à la requeste de Laspeyre, a dict qu'il entend maintenir sa qualité d'escuier, comme ayant esté maire de la ville d'Angers, et en cette qualité aquis les privillèges de noblesse qui sont attribuez aux maires de lad. ville, oultre qu'il est fils de Pierre de Méguyon, vivant prévost provincial de la ville d'Angers, auquel la qualité d'escuier estoit donnée par ses lettres de provision, lequel est mort revestu de sa charge et au service du Roy au siège de La Rochelle, et pour la justification de sa noblesse produira au premier jour les pièces justifficatives d'icelle, et a esleu domicille en sa maison, en cette ville d'Angers, et a signé :

F. DE MÉGUYON.

MÉGUION (DE). — D'Angers, noblesse de mairerie.

François de Méguyon, écuyer, sieur de La Houssaye, demeurant en la ville d'Angers, maire de lad. ville en 1663, a payé la confirmation.

Porte : *d'azur au chevron d'or accompagné en chef de 2 roses d'argent et en pointe d'un lionceau d'or.*

— François de Méguyon... qui a été maire de ville en 1663 paiera...

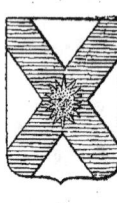

MENAGE. — D'Angers, noblesse d'échevinage.

Mᵉ Pierre Ménage avocat du Roy au présidial d'Angers et Guillaume Ménage, son neveu, fils de deffunt Mᵉ Guillaume Ménage lieutenant particulier aud. présidial, led. Pierre et led. deffunct Mᵉ Guillaume Ménage, étaient fils de Mᵉ Guillaume Ménage, échevin de la ville d'Angers en 1619, ont payé la confirmation.

Porte : *d'argent au sautoir d'azur chargé en cœur d'un soleil rayonnant d'or.*

Pierre Ménage, sieur de L'Anerie... eut acte de la représentation de ses titres le 27 mars 1668.

Les enfants de Mᵉ Guillaume Ménage vivant lieutenant particulier au présidial d'Angers et maire de cette ville en 1650, pour jouir...

— Mᵉ Pierre Ménage... fils puisné de Mᵉ Guillaume sieur de La Neormaye... pour jouir...

MENARD (Mᵗʳᵉ PIERRE), sieur d'Iserné, advocat en Parlement, demeurant en cette ville de Tours, comparant le xxviiᵉ janvier 1667, a dit n'avoir prétendu la qualité d'escuyer et n'avoir cognoissance de l'avoir prise en aucun acte avant l'année 1665, mais qu'ayant eu l'honneur d'estre nommé par Sa Majesté à la dignité de maire de Tours en lad. année 1665 et ayant comme il est de notoriété publique fait cette charge autant bien qu'il se peut à la satisfaction de Sa Majesté et du public, la noblesse et le droit de prendre cy après lad. qualité luy est acquise comme s'il estoit né de parens nobles suivant les privillèges accordés aux maire et vingt-quatre eschevins de lad. ville..... et a signé :

MÉNARD [1].

Led. sieur Ménard a mis au greffe les pièces dont il entend se servir ce xxᵉ janvier 1669.

MENARD (NICOLAS), sieur des Ruaux, demeurant parroisse de Saint-Sanson-lez-la-ville-d'Angers, comparant le dernier janvier 1668 par Mᵗʳᵉ

---

(1) Armoiries : *d'azur à l'épervier d'or.*

Michel Bernard, lequel a dict qu'icelluy Menard entend maintenir la quallité d'escuier mais qu'il ne peut quant à présent produire les tiltres justifficatifs d'icelle, attendu qu'ils sont entre les mains de Charles Menard, sieur de La Barre, son cousin-germain, aisné de sa famille et du nom, lesquels led. sieur des Ruaux a appris avoir esté produitz en pareille instance et poursuicte au conseil par led. sieur de La Barre par le renvoy qui a esté faict de lad. instance par monsieur l'Intendant d'Alençon et qu'ilz ont esté distribuéz à M. Le Camus, m⁰ des requestes et conseiller au Conseil, pourquoy demande délay jusqu'à ce que lad. instance soit jugée.

Signé: BERNARD.

MENON (FRANÇOIS-URBAIN DE), seigneur de Turbilly, demeurant en son château de Semur, eslection du Chateau-du-Loir, ressort de Saint-Calais, duché et pairie de Vendosme, comparant le xvııe juin 1667 par Me Michel Bernard, procureur au bureau des finances à Tours, lequel a dit qu'icelluy sieur de Menon entend maintenir sa qualité d'escuyer, pour la justification de laquelle il représentera cy-après les tiltres dont il s'entend ayder mesme pour la justiffication de la qualité d'escuyer de Louis de Menon, escuyer, sieur du Plessis, son oncle, demeurant parroisse de Noyant-en-Anjou.

BERNARD.

MENON (DE). — Originaire d'Anjou.
François Urbain de Menon, chevalier, seigneur, comte de Turbilly, demeurant paroisse de Sémur, élection du Châteauduloir, bailliage de Vendome a justiffié la possession du titre de noblesse, depuis l'année 1540, commençant en la personne de son trisayeul.
Porte: *d'or au chardon de sinople fleuri de gueules, soutenu d'un croissant de même en pointe.*

MENOU (LOUIS DE), demeurant à Genillé, parroisse dud. lieu, eslection de Loches, bailliage de Tours, comparant le xıııe septembre 1667, a dit qu'il entend maintenir la qualité d'escuyer, qu'il est aisné de sa famille et reconnoist François de Menou, demeurant à Céphoux, parroisse d'Orbigny, Pierre de

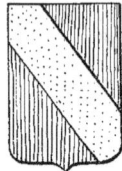

Menou, ses frères, et autres portez par son arbre généalogique et porte pour armes : *de gueules, à la bande d'or* et pour la justiffication de sa noblesse produira au premier jour ses tiltres et a signé :

LOUIS DE MENOU.

Lesd. pièces ont esté rendues au sieur de La Rochedalais, ce xxiie septembre 1667.

Signé : DE MENOU LA ROCHEDALAIS.

MENOU (MARIE DE), veufve de Jean de Meaussé vivant, sieur de La Richerie, demeurant parroisse de Chambon, eslection de Loches, ressort et bailliage de Tours, comparant le xe mars 1668 par M^{tre} Michel Bernard, a dit qu'elle n'entend poinct soustenir la qualité d'escuyer de son deffunct mary parce que la preuve luy en seroit difficile à cause que les tiltres sont en Beausse ès mains de l'aisné de la maison, mais soustient que de son estoc elle est noble estant fille de Jean de Menou, sieur de Boussay et autres lieux, que les tiltres de leur maison sont ès mains de Louis de Menou, sieur de Genilly qui estoit fils de René de Menou et led. René fils dud. Jean de Menou, lad. Marie de Menou, sœur dud. René de Menou et tante dud. Louis, sieur de Genilly, lequel estant à présent l'aisné a par devers luy tous les tiltres de noblesse, et mesme ayant esté assigné par devant M. l'Intendant il a justiffié suffisamment sa qualité de noble au moyen de quoy il a esté envoyé absous de la demande de Laspeyre, ce qu'elle emploie pour la justiffication de sa qualité de noble et de damoiselle, à laquelle elle se restraint et a déclaré n'avoir aucuns enfans dud. deffunct, son mary.

Signé : BERNARD.

MENOU (DE). — Originaire de Touraine.

Louis de Menou, chevalier, seigneur de Baussay (Beauçay) et de Genillé, demeurant paroisse de Genillé, élection et ressort de Loches, bailliage de Tours, François de Menou, chevalier, seigneur de La Roche d'Allais, demeurant paroisse d'Orbigny, élection de Loches, Pierre de Menou, chevalier, seigneur de Marré (Marray), Claude de Menou, chevalier, seigneur de La Pénissière, tous frères, demeurants paroisse de Genillé, ont justiffié la possession du titre de noblesse, depuis l'année 1538, commençant en la personne de leur trisayeul.

Portent : *de gueules à la bande d'or.*

MÉRAULT (CHARLES), sieur d'Orsigny, conseiller et m^tre d'hostel du Roy, gentilhomme ordinaire de sa maison, demeurant ordinairement hors le temps de son service près Sa Majesté, en sa maison de La Fautrière, parroisse de La Jumelière, eslection et seneschaussée d'Angers, comparant le xxe may 1667, a dit qu'il entend maintenir la qualité d'escuyer, qu'il est cadet de sa maison et qu'oultre Jean Mérault, sieur de Villiers et d'Inmorville, conseiller du Roy en ses conseils et sa cour de Parlement de Rouen, son frère aisné, demeurant à Paris, il ne cognoist personne de son nom et armes, qu'il porte : *d'azur, à un chevron d'or et trois molettes d'espron, aussy d'or, deux en chef et une en pointe sur laquelle est une merlette de sable,* et a signé :

C. MÉRAULT D'ORSIGNY.

MERCENT (CLAUDE DE), sieur du Pont-d'Orne, demeurant parroisse de Nostre-Dame de la ville de Mamers, eslection du Mans, comparant le dix-huictiesme may 1667, a dit qu'il a pris la quallité d'escuyer du temps qu'il estoit pourveu de la charge de gendarme de la compagnie du Roy et que depuis qu'il s'est deffect de lad. charge, il ne l'a jamais prise et ne l'entend prendre à l'advenir et a signé :

MERCENT.

MERCEREL (JEAN LE), sieur de Chateloger, demeurant parroisse de Sainct-Denis, eslection de Mayenne, ressort d'Ernée, comparant le 3e juin 1668, a dit qu'il entend maintenir la qualité d'escuyer, qu'il est seul et ses enfans qui portent son nom et armes qui sont : *de sable à trois rencontres de cerf d'or, deux et une,* a mis au greffe les tiltres dont il entend se servir et a signé :

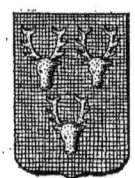

JEAN LE MERCEREL.

Les pièces dud. sieur luy ont estées rendues le 4e juin 1668.

MERCEREL (LE). — Originaire de Bretagne.

Jean Le Mercerel, écuyer, sieur de Chateloger, demeurant paroisse de Saint-Denis, élection de Mayenne, a justiffié la possession du titre de noblesse, depuis l'année 1538, commençant en la personne de son quartayeul.

Porte : *de sable à 3 massacres de cerf d'or, 2 et 1.*

MÉREAU (JEAN), sieur des Bournais, demeurant en la parroisse d'Anthongny-le-Teillac, eslection et ressort de Chinon, bailliage de Tours, comparant le 26ᵉ aoust 1666, lequel pour satisfaire à l'assignation à luy donnée à la requeste de Laspeyre par Ladebat huissier, le vingtiesme du présent mois, a dict qu'il n'a jamais usurpé la qualité d'escuyer, et n'entend la maintenir, et a faict eslection de domicille en la maison de Mᵗʳᵉ André Le Bourguignon, advocat à Chinon, et a signé :

MÉREAU.

Condamné.

MERCIER (RENÉ LE), conseiller du Roy, lieutenant criminel de robbe courte en la mareschaussée de Beaufort en Anjou, y demeurant, comparant le 14 juillet 1666, nous a déclaré qu'il a obtenu des lettres de provision de lad. charge de lieutenant criminel de robbe courte en l'année 1651, dans laquelle il a été receu en lad. année, et qu'en conséquence, il a pris la qualité d'escuyer dans les sentences qu'il a rendues, et ainsy que tous les provosts des mareschaux et lieutenans criminels de robbe ont faict, mesmes ses prédécesseurs en lad. charge, en quoy il n'a faict aucun préjudice aux droicts de Sa Majesté estant exempt par lad. charge de touttes impositions, de tailles, subsides et cens, de sorte que n'ayant point prétendu s'attribuer lad. qualité d'escuyer, comme issu de noble extraction, mais à cause de sad. charge, comme faisoient tous les provosts auxquels Sa Majesté en a faict deffences, il a cessé de prendre lad. qualité d'escuyer, qu'il n'entend prendre à l'advenir, et a signé :

R. LEMERCYER.

MESLAND (MICHEL), demeurant à Sillé-le-Guillaume, eslection et bailliage du Mans, comparant le huict septembre 1666 tant pour lui que pour Charles de Mesland, son frère, président-bailly de Fresnay y demeurant eslection du Mans, bailliage de La Flesche, lequel pour satisfaire aux assignations à eux données a dict que sond. frère et luy entendent maintenir la qualité d'escuier et qu'il ne reste de leur famille qu'eux deux et qu'ils portent pour armes celles qu'ils feront mettre en hault de leur généalogie qu'ils produiront au premier jour avec les tiltres dont ils entendent se servir pour la justiffication de leur noblesse et a faict eslection de domicille en la personne de M^{tre} Michel Bernard, procureur au bureau des finances de Tours, estant à la suitte de Monsieur l'Intendant, et a signé :

DE MELLAND.

MESLANGER (RENÉ DU), sieur de Blain, demeurant parroisse de Morthon, eslection de Loudun, comparant le XVIIe febvrier 1668, tant pour luy que pour Nicolas du Meslanger, escuier, son père, et Gilles du Meslanger, son frère, demeurant parroisse de Chassay, eslection du Mans et led. Gilles, en la ville du Mans, a dit qu'il entend maintenir la qualité d'escuyer tant pour luy que pour lesd. du Meslanger, porte pour armes : *d'argent, à deux léoparts de gueules en part*, a mis au greffe les pièces dont il entend se servir et a signé :

RENÉ DU MESLANGER.

Les pièces dud. sieur du Meslanger luy ont esté rendues ce XVIIe febvrier 1668.

MELLANGER (DU). — Originaire du Mayne.
Nicolas du Mellanger, écuyer, sieur des Landes, demeurant paroisse de Chassé, élection du Mans, Gilles du Mellanger, écuyer, sieur dud. lieu, demeurant en la ville du Mans, René de Mellanger, écuyer, sieur du Blin, demeurant paroisse de Morton, élection de Loudun, frères et enfans dud. Nicolas ont justiffié la possession du titre de noblesse, depuis l'année 1495, commençant scavoir led. Nicolas en la personne de son quartayeul et ses enfans en celle de leur quintayeul.
Porte : *d'argent à 2 lions passants de gueules*.

MESLEY (CHARLES DE), sieur de Sainte-Vierge, demeurant parroisse du Puy-Notre-Dame, eslection de Montreuilbellay, seneschaussée de Saumur,

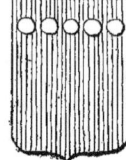

comparant le xviie avril 1667 par Me Jacques Paul Miré, procureur estant à la suitte de Monsieur l'Intendant, lequel a dit que led. sieur de Melay entend maintenir la qualité d'escuyer tant pour luy que pour Philippes et Jonas de Meslé, ses frères, qu'il n'en cognoist point autres de son nom et armes, qu'il porte : *de gueules, à cinq besans d'argent*, a mis au greffe les pièces dont led. sieur entend se servir et a signé :

Miré.

Les pièces dud. sieur de Meslay ont esté rendues à monsieur de Breslay, son beau-père, ce xxve avril 1667.

Signé : Louis de Breslay.

Armoiries : *de gueules à cinq besans d'argent, rangés en chef.*
— Charles de Meslay.... au nombre des maintenus par M. Voisin de la Noiraye.

MESMIN (Charles-Honoré), sieur de Seille, demeurant à Loudun, comparant le quinze avril 1667 par Me René Briffault, procureur au présidial de cette ville de Tours, lequel a dit qu'icelluy Mesmin entend maintenir la qualité d'escuyer et qu'il produira au premier jour les pièces dont il entend se servir à cet effect et a signé :

Briffault.

MESMIN. — Originaire de Loudun.
Charles-Honoré Mesmin, écuyer, sieur de Silly, demeurant à Loudun, fils de René Mesmin, sergent-major de la ville de Loudun, annobly par lettres du mois de mars 1635, lesquelles estant révoquées par les déclarations de 1643 et 1664, par jugement du 6 aoust 1667 deffenses luy ont esté faites de prendre à l'avenir la qualité d'écuyer. Ce qui a été confirmé par arrest du conseil du 6 août 1667 et 1er février 1668 ; depuis par arrêt du conseil du 19 janvier 1669 il a été confirmé en sa noblesse sans restitution néantmoins de la somme de 1,000^l portée par notredit jugement.

MESNIL (Étienne du)[1], sieur des Brosses et d'Aussigné, conseiller et advocat du Roy en la seneschaussée d'Anjou, comparant le 29 septembre 1666 par M^{tre} Bernard, lequel a dit pour led. du Mesnil qu'il entend maintenir sa quallité d'escuyer, pour la justiffication de laquelle il produira au premier jour, et a signé :

Bernard.

(1) Armoiries : *d'azur à 3 coquilles d'or, 2 et 1.*

Les pièces dud. sieur du Mesnil ont esté rendues aud. Bernard, son procureur, le XXIII janvier 1668.

— Étienne du Mesnil, écuyer... petit-fils d'un échevin de ladite ville d'Angers au nombre des maintenus par M. Voisin.
Me Estienne du Mesnil..... fils de M. du Mesnil qui fut échevin en 1609 pour jouir...... paiera...

Damoiselle Marie Le Mercier, veufve de Louis DU MESNIL, vivant sieur de La Bosseraie, comparant le XXe juin 1667 tant pour elle que pour Pierre, Charles, Louis et Louise du Mesnil, ses enfans et dud. deffunct, demeurant en la ville du Lude, eslection de Baugé, seneschaussée de La Flèche, laquelle a dit qu'elle entend maintenir la qualité d'escuyer de sond. deffunct mary tant pour elle que pour sesd. enfans, qu'elle ne cognoist personne dud. nom et armes du Mesnil outre sesd. enfans qui portent pour armes : *d'azur à une bande d'argent chargée de trois merlettes de sable, à l'estoille d'or au second quanton*, a mis au greffe les pièces dont elle entend se servir et a signé :

MARIE LEMERCIER.

Les pièces de lad. damoiselle Lemercier luy ont esté rendues le XXIIe juin 1667.

MESNIL (DU). — Originaire d'Anjou.
Dame Marie Le Mercier, veuve de Louis du Mesnil, écuyer, sieur de La Bosseraye et du Pont de Pierre ayant la garde noble de Pierre, Charles, Louis et Louise du Mesnil, ses enfans, demeurante en la ville du Lude, élection de Baugé, a justifié la possession du titre de noblesse de ses enfans, depuis l'année 1531, commençant en la personne de leur trisayeul.
Porte : *d'azur à 3 coquilles d'or, 2 et 1*.
— Louis du Mesnil, sieur de La Beausseraye, eut acte de la représentation de ses titres le 21 juin 1667.

MESNIL (DU). — Originaire de Normandie.
Jean du Mesnil, écuyer, sieur de La Mazure, demeurant cy-devant en la Basse-Normandie,

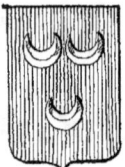

généralité de Caen, paroisse de Larchamp, élection de Mayenne, a rapporté un certificat signé par M. Chamillart, intendant en ladite généralité, comme il avoit produit ses titres et qu'ils avoient été trouvés bons et valables en conséquence employés dans le catalogue des gentilshommes de la dite province.

Porte : *de gueules à 3 croissants d'argent, 2 et 1.*

Cette famille anoblie en juin 1544 fut en effet maintenue en Normandie en 1599, 1635 et 1666.

MESSEMÉ (Étienne de), sieur du Mastray, demeurant paroisse de Jaunay, comparant le 18e septembre 1668 par M^{tre} Jacques-Paul Miré, procureur à la suite de Monseigneur l'Intendant, lequel a dit que led. sieur de Messemé entend maintenir la qualité d'escuyer qu'il a toujours prise, produira au premier jour les pièces concernans sa noblesse [1].

Signé : Le Damoysel.

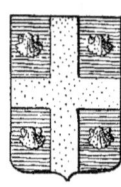

MICHEL (Louis Le), sieur de Reval [2], demeurant parroisse de Fatines, eslection et ressort du Mans, comparant le 21 septembre 1666 par Pierre Lemichel, son fils, fondé de procuration passée pardevant Delabbaye, notaire royal en lad. ville du Mans, a dit que sond. père entend maintenir la qualité d'escuyer et qu'estant cadet de sa maison, et ses aisnés qui ont les tiltres estans demeurans en Normandie, il prétend demander délay de les retirer pour les produire, et a faict eslection de domicille en la personne de M^{tre} Miré et a signé :

Pierre Le Michel.

Les pièces et tiltres dud. sieur Lemichel ont esté rendues aud. Miré son procureur le 25e janvier 1669.

MICHELET (Jean), cy-devant conseiller du Roy et lieutenant criminel en l'eslection de Tours, ancien eschevin de lad. ville, comparant le quinze

---

(1) Armoiries : *de gueules à 6 feuilles de pannes d'or, 3, 2, et 1.*

(2) Cette famille maintenue en Normandie en 1523, 1599, 1666, portait : *d'azur à la croix d'or cantonnée de 4 coquilles de même.*

décembre 1667, a dit que s'il a pris la qualité d'escuyer, qu'il l'a prise à cause de sad. qualité d'eschevin de lad. ville de Tours, et a signé :

MICHELET.

MIDORGE (Jean), demeurant à Angers, comparant le dernier mars 1667, a dit qu'il entend maintenir la qualité d'escuyer, qu'il est aisné et seul d'une branche de cadets de sa maison, que Jean et Claude Midorge, frères, sont les aisnés de lad. maison et François Midorge, sieur de Granry est son oncle et Nicolas Midorge, son fils, son cousin-germain et qu'il ne cognoist autres de son nom et armes, qu'il porte : *d'azur au chevron et trois espics de bled d'or*, et pour la justiffication de lad. qualité a mis au greffe les pièces dont il entend se servir et a signé :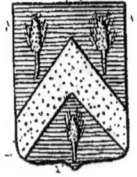

MYDORGE.

Les pièces dud. sieur Mydorge luy ont esté rendues ce cinq avril 1667.

MIDORGE. — Originaire de Paris.
Jean Midorge, écuyer, receveur des tailles de l'élection d'Angers, y demeurant, a justiffié la possession du titre de noblesse, depuis l'année 1526, commençant en la personne de son trisayeul.
Porte : *d'azur au chevron d'or accompagné de 3 épis de blé de même, 2 et 1.*
— Jean Midorge... eut acte de la représentation de ses titres le 4 juillet 1667.

MILON (Mtre François), conseiller du roy, assesseur au bailliage et siège présidial de Tours, y demeurant, comparant le xxv⁰ janvier 1669, a déclaré qu'en l'année 1644 il a esté nommé par Sa Majesté en la charge de maire de lad. ville au lieu et place du sieur Patrix et faict eschevin le jour saint Simon et saint Jude en l'année 1645 en l'assemblée du corps de lad. ville et deputé des parroisses d'icelle et ensuitte presté le serment le xxii⁰ novembre aud. an, en conséquence des quelles charges il peut avoir pris quelquefois la qualité d'escuyer et de noble suivant les privilèges accordés aux maires et eschevins de lad. ville de Tours par les lettres patentes du Roy Louis unze, confirmées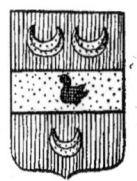

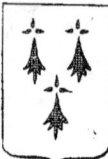

par les Roys, ses successeurs, mesmes par Sa Majesté, a mis au greffe les pièces dont il entend se servir, et a signé :

MILON [1].

MINAULT (JEAN), sieur de La Maison-Neufve, demeurant parroisse de Saint-Aignan, eslection de Chasteaugontier, comparant le 10e septembre 1668 tant pour luy que pour René Minault sr dud. lieu de La Maison-Neufve son père, demeurant mesme parroisse, René Minault, demt parroisse de Brain-sur-les-Marches, mesmes eslection, son frère, damlle Marguerite Minault, sa sœur, demeurant parroisse dud. Saint-Aignan, Julien Minault, sieur de La Jardonnerie, demeurant parroisse de Ballots, mesme eslection de Chasteaugontier et pour damlle Jeanne Pr..... veufve de deffunct Eslie Minault, sieur de La Chesnaye, demeurante en lad. parroisse de Saint-Aignan, frère dud. sieur de La Jardonnerie et pour René Minault, sieur de La Cherbonnerie, demeurant parroisse de Ballots; lequel a dit qu'il entend maintenir la qualité d'escuyer tant pour luy que pour lesd. cy-dessus nomméz et qu'il ne connoist autres personnes de son nom et armes ; qu'il porte : *d'argent, à trois ermines,* produira au premier jour les pièces justifficatives de sa noblesse et a signé :

RENÉ MINAULT.

Les pièces dud. sieur Minault ont esté rendues le 13 septembre 1668.

MINAULT. — Originaire du Maine.

René Minault, écuyer, sieur de La Maison neuve, demeurant paroisse de Saint-Aignan, élection de Châteaugontier, Jean Minault écuyer, sieur dud. lieu, même paroisse, René Minault, écuyer, sieur de La Charbonnière, demeurant paroisse de Ballots, élection de Châteaugontier et René Minault, écuyer, sieur de La Hellaudière, demeurant paroisse de Congrier, élection d'Angers, son fils, cousin du 3e ou 4e dégré des enfans dud. Maison neuve, ont justifié la possession du titre de noblesse, depuis l'année 1510, commençant scavoir ledit René, sieur de La Maison neuve, en la personne de son bisayeul et les autres en celle de leur trisayeul, et ledit René sieur de La Hellaudière en celle de son quartayeul.

Porte : *d'argent à 3 hermines de sable, 2 et 1.*

René Minault.... eut acte de la représentation de ses titres tant pour lui que pour ses enfans et André-René ses cousins, le 12 septembre 1668.

(1) Armoiries : *de gueules à la fasce d'or chargée d'une merlette de sable et accompagnée de 3 croissants d'or*.

MINIER (René), sieur de Chasteauganne, y demeurant parroisse de Martesé, pays et ressort de Loudun, chevalier de l'ordre du Roy de Sainct-Michel, comparant le 9 aoust 1666, lequel pour satisfaire à l'assignation à luy donnée à la requeste de Laspeyre le troisiesme du présent mois d'aoust par exploict de Ladebat huissier, pour procéder aux fins dud. exploict et de nostre ordonnance y énoncée, a dit qu'il maintient la qualité d'escuyer par luy prise et que Sa Majesté luy ayant faict l'honneur de le recevoir aud. ordre après avoir esté faict preuve de sa noblesse par le sieur marquis de Sourdis pour ce commis de Sa Majesté, il ne peut estre tenu pour la justiffication de sad. qualité que de représenter les provisions et lettres dud. ordre et le certifficat dud. sieur de Sourdis d'avoir faict lad. preuve de noblesse, ce qu'il offre faire, et a faict eslection de domicille en cette ville de Tours au logis de M^{tre} Estienne Ridet, procureur au présidial, rue Traversine et a signé :

René Minier.

MINIER (Claude et Charles), sieurs de Basse-Rue et de Boré, demeurans parroisse de Martesé [Martaizé], ressort de Loudun, comparans le neuf aoust 1666, par René Minier, sieur de Chasteauganne, fondé de procuration spéciale passé par Haudemont, notaire royal le 7^{esme} du présent mois, laquelle est demeurée à nostre greffe. Led. sieur de Chasteauganne pour satisfaire aux assignations données ausd. sieurs Claude et Charles Minier, à la requeste de Laspeyre par exploicts de Ladebat, pour procéder aux fins desd. exploicts et de nos ordonnances y énoncées, a dit que lesd. sieurs entendent maintenir la qualité d'escuyer et produiront à cet effect les pièces et tiltres dont ils entendent s'aider, et a signé :

René Minier.

Le 23e aoust 1666, lesd. sieurs Minier ont mis au greffe les pièces dont ils entendent s'aider pour la justiffication de leur noblesse.

Les pièces desd. sieurs ont esté rendues à Me Michel Bernard, fondé de procuration desd. sieurs le 1er septembre 1666.

MINIER. — Originaire de Touraine.

Claude Minier, écuyer, sieur de Basserue, Charles Minier, écuyer, sieur de Boré, frères, demeurants paroisse de Martaizé, élection et siège présidial de Loudun, bailliage de Tours, ont justifié la possession du titre de noblesse, depuis l'an 1530, commençant en la personne de leur ayeul.

Portent: *de gueules à 3 cignes d'argent, becqués, membrés de sable et couronnés d'or, 2 et 1.*

MOCET (RENÉ), sieur du Chillois, huissier ordinaire de la chambre du Roy, demeurant ordinairement en la ville de La Haye, en Touraine, comparant le cinq mars 1668, a dit qu'il n'a pris la qualité d'escuyer qu'en conséquence de sad. charge et qu'elle luy est donnée par ses provisions et ne prétend continuer à la prendre que tant qu'il plaira à Sa Majesté et a signé :

MOCET DE CHILLOIS.

MOCET (HENRY), sieur du Buisson, huissier de Chambre du Roy, demeurant en la ville de La Haie, en Touraine, comparant le cinq mars 1668, a dit qu'il n'a pris la qualité d'escuyer qu'en conséquence de sad. charge et que lad. qualité luy a esté donnée par ses provisions et qu'il n'entend continuer à la prendre que tant qu'il plaira à Sa Majesté et a signé :

MOCET DU BUISSON [1].

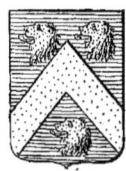

MOGAS (RENÉ DE), sieur de Sermaise, du Grip et de La Pilletière, demeurant paroisse de Saint-Germain près Daumeray, eslection de La Flèche, ressort de Baugé, seneschaussée d'Angers, comparant le xxv janvier 1667, a dit qu'il entend maintenir la qualité d'escuyer, qu'il est l'aisné de sa maison et seul de son nom et armes avec deux sœurs dont l'une religieuse et l'autre mariée à Armand de Broc, escuyer, sieur de Chemiré et qu'il porte pour armes : *d'azur, à un chevron et trois testes de lyon d'or* et qu'il produira au premier jour les pièces dont il entend se servir et a signé :

RENÉ DE MOGARS DE SERMAISE.

Les pièces dud. sieur de Mogas luy ont esté rendues le dernier janvier 1667.

(1) Armoiries : *d'azur au chevron d'or accompagné de 3 tourterelles d'argent, 2 et 1.*

531

MOGAS. — Originaire d'Anjou.

René Mogas, écuyer, baron de Sermaise, demeurant à Saint-Germain élection de La Flèche, bailliage d'Angers, ayant produit les lettres obtenues par François Mogas, son père, en avril 1658 par lesquelles S. M. auroit déclaré ledit Mogas issu de noble race et le maintient en lad. noblesse sans qu'il soit tenu d'en raporter ses titres attendu la perte d'iceux durant les guerres civiles lesd. lettres vérifiées en la chambre des Comptes et Cour des aydes, auroit esté renvoyé au conseil avec sond. avis où il a obtenu arrêt de maintenue en sa noblesse.

Porte : *d'azur au chevron d'or accompagné de trois têtes de lyon arrachées de même, 2 et 1.*

— René de Maugars, écuyer, sieur de Sermaise, et du .... demeurant paroisse de Saint-Germain, près Daumeray, élection de La Flèche, maintenu par arrêt du 11 juin 1667 [1].

MOINE (Jean-Baptiste), sieur de Courteille et de Moisné, l'un des gens d'armes de la compagnie de la garde du Roy, demeurant aud. Moisné, en Trans, diocèse du Mans, comparant le six septembre 1666 par M^{tre} René Boutin, procureur au Présidial de Tours, lequel a dit en vertu du pouvoir à luy donné qu'outre la qualité qu'il a pleu à Sa Majesté donner aud. Lemoine à cause de sad. place de gendarme, il entend se maintenir en la qualité d'escuyer par luy toujours prise et qu'il veut continuer comme estant d'extraction noble, et ayant toujours vescu noblement, ainsy que ses prédécesseurs, et attendu qu'il est dans le service actuel sans pouvoir désamparer prétend demander délay pour justiffier de ses tiltres et généalogie, et a faict eslection de domicille au logis de Me Jean Fravelin procureur à Tours et partout ailleurs en la personne de M^{tre} Michel Bernard et a signé :

BOUTIN.

MONTBEL (René de), seigneur d'Yseures et de Champéron, demeurant en sa maison seigneurialle d'Yzeures, parroisse dud. lieu, eslection de Loches, bailliage de Tours, comparant le XXIII juin 1668 par Me Michel Bernard, procureur au bureau des finances à Tours, lequel a dit tant pour led. sieur René de Montbel que pour Anthoine de Montbel, sieur de Champeron son frère puisné, demeurant en lad. eslection, que led. sieur René de Montbel

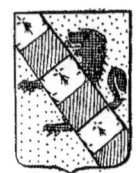

---

[1] Denais donne les armoiries de cette famille au nom Mogas et ailleurs aux Maugars de Sermaise : *D'azur à la bande d'argent accostée de 2 étoiles d'or.*

entend maintenir la qualité de chevalier, qu'il est aisné de sa maison et qu'outre François de Montbel, fils dud. sieur René, demeurant en lad. eslection il ne connoist autres personnes de son nom et armes, qu'il porte : *d'or au lion de sable, armé et lampassé de gueules, à la bande componée d'hermines et de gueules de six pièces*, a mis au greffe les pièces dont led. René, Anthoine et François de Montbel entendent se servir et a signé :

BERNARD.

Les pièces dud. sieur de Montbel ont esté rendues ce vi^e juillet 1668.

MONBEL (DE). — Originaire de Touraine.

René de Monbel, chevalier, seigneur d'Iseure et de Champron, demeurant paroisse d'Isseure, élection de Loches, bailliage de Tours, Antoine de Monbel, chevalier, seigneur de Champron, frère dudit René, François de Monbel, chevalier, seigneur dud. lieu, fils dudit René, demeurants tous en la susdite paroisse, ont justiffié la possession du titre de noblesse depuis l'année 1517, commençant scavoir lesd. René et Antoine en la personne de leur trisayeul et led. François en celle de son quartayeul.

Porte : *d'or au lion de sable armé et lampassé de gueules, à la bande componnée d'hermines et de gueules de 6 pièces, brochante*.

MONCELET (FRANÇOIS DE), sieur de Beauchesne, poursuivant d'armes de Sa Majesté, en sa grande escurie, cy-devant eschevin de la ville d'Angers, y demeurant, comparant le xviie febvrier 1668 par M^{tre} Mathieu Augeart, bourgeois de cette ville de Tours, lequel a dit qu'icelluy de Moncelet entend maintenir la qualité d'escuyer tant en conséquence de sad. charge de poursuivant d'armes que des privilèges accordés aux maires et eschevins de lad. ville d'Angers, a mis au greffe les pièces dont led. sieur entend se servir et a signé :

AUGEARD.

MONCELET (DU).
— François du Moncelet [1], sieur de Beauchesne, qui a été échevin en 1657, pour jouïr...

---

(1) Armoiries : *de gueules au chevron d'argent accompagné en chef d'un croissant de même et en pointe de deux montagnes aussi d'argent, l'une à côté de l'autre*.

MONDIÈRE (François de), sieur de La Borderye, demeurant parroisse de Livré, eslection et ressort de Chasteaugontier, comparant le unze septembre 1668, a dit qu'il entend maintenir la qualité d'escuier, qu'il ne connoist personne qui porte son nom et armes qui sont : *d'argent, au lion de sable, armé et lampassé de gueules*, a mis au greffe les pièces dont il entend se servir et a signé :

FRANÇOIS DE MONDIÈRE.

Les pièces dud. sieur de Mondière ont esté rendues le 29e janvier 1669.

MONDIERE (DE). — Originaire d'Anjou.
François de Mondière, écuyer, sieur de La Borderie, demeurant paroisse de Livré, élection et ressort de Châteaugontier, a justifié la possession du titre de noblesse, depuis l'année 1507, commençant en la personne de son trisayeul.
Porte : *d'argent au lion de sable, armé et lampassé de gueules.*
— François de Mondières, écuyer, sieur de Chastillon, eut acte de la représentation de ses titres le 21 janvier 1669.

MONDAGRON ou MONDRAGON (Jean-Baptiste de), sieur de Hires y demeurant parroisse Saint-Corneille, eslection et seneschaussée du Mans, comparant le XVII juillet 1668, a dit qu'il entend maintenir la qualité d'escuyer, qu'il est aisné de sa maison et qu'outre Ciprien de Mondragon, son frère puisné, dam^{lle} Magdelaine de Mondragon, sa sœur, demeurans avec luy, il ne connoist autres personnes de son nom et armes, qu'il porte : *d'or, à trois annelets de sable, deux et un* et pour la justiffication de laquelle qualité il a mis au greffe les pièces dont il s'entend ayder et a signé :

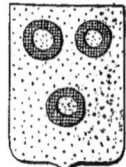

JEAN-BAPTISTE DE MONDAGRON.

Les pièces dud. sieur de Mondagron luy ont esté rendues le 19e juillet 1668.

MONDRAGON (DE). — Originaire du Maine.
Jean-Baptiste de Mondragon, écuyer, sieur de Hires, paroisse de Saint-Corneille, élection et sénéchaussée du Mans, a justiffié la possession du titre de noblesse, depuis l'année 1546, commençant en la personne de son bisayeul.
Porte : *d'or à 3 annelets de sable, 2 et 1.*

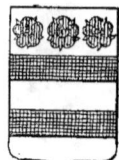

MONDION (François de), sieur de La Closière, demeurant parroisse d'Azay-le-Rideau, eslection de Chinon, comparant le 8 septembre 1666, lequel pour satisfaire à l'assignation à luy donnée à la requeste de Laspeyre, par Bazin, sergent, le 6e du présent mois, a dict qu'il entend maintenir la qualité d'escuyer qu'il a prise, et qu'il est aisné de cadet de sa maison, et qu'il a pour cousin remué de germain Jacques de Mondion, fils d'Urban de Mondion, escuier, sieur de Risparfond, demeurant parroisse de Cheillé, et outre que Gilles de Mondion, escuier, sieur de Mespied, est aussy son cousin, lequel est chef des nom et armes de la maison. Porte pour armes : *d'argent à deux fasces de sable au chef cousu d'argent chargé de trois rozes de gueulles*, et pour la justiffication de sa noblesse produira au premier jour ses tiltres et a esleu domicille en la maison de M^{tre} André Guérin, procureur au bailliage de Chinon et a signé :

François de Mondion.

A produict ses pièces le douze janvier 1667.
Les pièces dud. sieur de Mondion luy ont esté rendues ce unze febvrier 1667.

MONDION (Anthoine de), sieur de Mespied, demeurant parroisse de Seaux, eslection et ressort de Loudun, bailliage de Tours, comparant le xxiiie janvier par Charles Auguste de Mondion, son fils, lequel a dit que sond. père et luy entendent maintenir la qualité d'escuyer, que led. sieur Anthoine de Mondion, son père, est l'aisné de sa maison et qu'outre Gilles, Pierre et René de Mondion, ses frères, il ne cognoist personne de son nom et armes que François de Mondion, sieur de La Clousière et sa famille, demeurant parroisse d'Azay-le-Rideau, et qu'il porte pour armes : *d'argent, à deux fasces de sable et en chef trois rozes de gueules* et a mis au greffe les pièces dont il entend se servir et a signé :

Charles-Auguste de Mondion.

Les pièces dud. sieur de Mondion luy ont esté rendues ce xxviiie janvier 1667.

MONDION (de).
Anthoine de Mondion, écuyer, sieur de Mespied et de Chavayne (Chaveignes), demeurant

paroisse de Sceaux, élection de Loudun; François de Mondion, écuyer, sieur de La Clousière, demeurant paroisse d'Azay-le-Rideau, élection de Tours, cousin issu de germain du père dud. Antoine, ont justifié la possession du titre de noblesse, depuis l'année 1424, commençant scavoir led. François en la personne de son 6ᵉ ayeul, et led. Antoine en celle de son 7ᵉ ayeul.

Porte : *d'argent à 2 fasces de sable accompagnées en chef de 3 roses de gueules rangées.*

MONGEON ? (François de), sieur de La Gallacherye, demeurant parroisse d'Auverse, eslection et seneschaussée de Baugé, comparant le 2 octobre 1668 par Mᵗʳᵉ Michel Bernard, lequel a dit qu'icelluy sieur de Mongeon entend maintenir la qualité d'escuyer et a led. Bernard signé :

Bernard.

MONLÉON (Charles de), prieur de Balesme, ayant charge de damoiselle Marie-Anne de Housseaux, vefve de Georges de Monléon, vivant sieur des Brochetières, sa belle-sœur demeurante en la maison de La Jounaie, parroisse de Marcé, eslection et siège royal de Chinon, bailliage de Tours, lequel comparant le xıᵉ janvier 1668, a dit que lad. damoiselle entend maintenir la qualité d'escuier prise par led. deffunct son mary, lequel estoit puisné de sa famille dont elle ne connoist autres personne qu'Eustache de Monléon, sieur de La Roche-Amellon, son frère aisné, Charles, Louis-François, et François de Monléon, ses frères puisnés, tous demeurans en la province de Poictou, Jouachim de Monléon, sieur des Brechetières, son fils et dud. deffunct son mary qui portoit pour armes : *de gueules au lion d'argent passant ou léopardé, armé et lampassé de mesme*, a mis au greffe les pièces dont lad. damoiselle entend se servir et a signé :

Charles de Monléon.

MONTLEON (de). — Originaire de .....
Dame Marie-Anne des Housseaux veuve de ..... Montléon, écuyer, sieur des Bréchetières, demeurante paroisse de Marcé, élection et ressort de Chinon, bailliage de Tours, a justiffié la possession du titre de noblesse de son mari, depuis l'année 1550, commençant en la personne du trisayeul de son mary.

Porte : *de gueules au lion passant d'argent.*

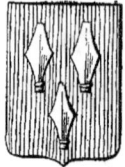

MONS (Charles-Christophe de), sieur de La Roche-d'Auchasle, comparant le 20 juillet 1666, par M^tre Michel Bernard, nous a dit qu'ayant esté poursuivy aux mesmes fins à la Cour des Aydes, il y a envoyé ses tiltres, réquérant délay de trois mois pour les retirer.

Signé : Bernard.

DUMONT, lisez MONS (Claude de), sieur du Sein, comparant le 18 juillet 1666 par Me Michel Bernard procureur au bureau des finances à Tours, a requis délay de trois mois.

Signé : Bernard.

MONS (Charles-Christophe de), sieur de La Roche-d'Anchasle [Enchailles], parroisse de Cussé [Cussay], bailliage de Tours, agé de 40 ans ou environ, comparant le 7 aoust 1666, a dit qu'il entend maintenir la qualité d'escuier et qu'il est issu et fils aisné de Pierre de Mons, sieur de Beauvais, cadet, qu'il ne cognoist de lad. branche que Jean et François de Mons ses nepveus fils de Louis de Mons, sieur de La Vau, vivant son frère, et Jean de Mons, sieur de La Grenoisière, son autre frère cadet, et qu'Anthoine de Mons sieur de La Pierre est aisné de lad. maison, et que led. sieur de La Pierre a trois enfans : Pierre, Jacques et Emmanuel ; et que de deffunct Joseph de Mons, aussy cadet de lad. maison sont issus : Anthoine de Mons, sieur d'Allet, décédé, qui a laissé quatre enfans : Anthoine, Marc-Anthoine et .... de Mons, et qu'outre est encor issu de feu Joseph de Mons, frère d'Anthoine et Pierre : Jean de Mons, sieur d'Orbigny Girardière, et qu'il porte pour armes : *de gueules à trois fers de lance mornés*, et qu'il produira au premier jour les pièces dont il entend se servir et a signé :

Charles Christofle Demons.

Le 20 aoust 1666, les pièces dud. sieur luy ont esté rendues.

MONS (Jean de), sieur d'Orbigny et des Girardières, demeurant parroisse de Civray-sur-Erves, bailliage de Tours, comparant le 7 aoust 1666 par M^tre Michel Bernard, a dit qu'il maintient la qualité d'escuier, mais qu'estant cadet de sa maison il prétend s'aider des tiltres producits par Charles Christophle de Mons, sieur d'Enchare, son cousin-germain.

Signé : BERNARD.

MONS (FRANÇOIS-PIERRE DE), sieur du Sein, demeurant parroisse de Chivré, eslection et ressort de Loches, bailliage de Tours, comparant le xxiie janvier 1667, a déclaré qu'il entend maintenir la qualité d'escuyer, qu'il est aisné de sa maison et qu'outre Claude de Mons, sieur de La Bodinière, son frère, estant au service de Sa Majesté en qualité de volontaire en la compagnie d'infanterie du sieur marquis Darcs, il ne cognoist personne de son nom et armes, qu'il porte : *de sable, à trois fers de lance d'argent mornés* et a mis au greffe les pièces dont il entend se servir et a signé :

F. PIERRE DE MONS DU SAINGS.

Les pièces dud. sieur de Mons luy ont esté rendues le vingt-six janvier 1667.

MONS (DE). — Originaire de Touraine.

Anthoine de Mons, écuyer, sieur de Mesnard, demeurant parroisse de Civray et Pierre de Mons, écuyer, sieur de Beauvais, son frère ; Christophe de Mons, écuyer, sieur de La Roche-d'Anchasle, paroisse de Civray, et Jean de Mons, écuyer, sieur de La Grenaisière, demeurant paroisse de Bourneu, les dits Christophe et Jean Demons fils dud. Pierre et neveux dud. Anthoine.

Élisabeth Morin, veuve d'Anthoine de Mons, écuyer, sieur de La Valette, mère et tutrice de Jean de Mons son fils et dud. deffunct demeurant en lad. paroisse de Civray, élection de Loches, ont justifié la possession du titre de noblesse, depuis l'année 1493, commençant les dits Antoine et Pierre en la personne de leur quartayeul et lesd. Charles, Jean et Anthoine en celle de leur quintayeul.

Portent : *de gueules à 3 fers de lance mornez d'argent, 2 et 1.*

François-Pierre de Mons, écuyer, écuyer, sieur de Saint, demeurant parroisse de Civray, élection de Loches, bailliage de Tours, a justifié la possession du titre de noblesse, depuis l'année 1540, commençant en la personne de son trisayeul.

Porte : *de sable à 3 fers de lance mornéz d'argent, 2 et 1.*

Claude de Mons, sieur de Saint, avait été maintenu en 1635 par ordonnance des commissaires royaux pour le régallement des tailles.

MONT (René du), sieur de Richemont, demeurant parroisse de Princé, eslection et ressort de Richelieu, comparant le xx septembre 1668 tant pour luy que pour Charles du Mont, sieur de Beaulieu-Richemont, demeurant parroisse de Martezé, eslection et ressort de Loudun, et pour Cézard du Mont, sieur dud. lieu, demeurant parroisse de Nueil-soubz-Fay, eslection et ressort dud. Richelieu, a dit qu'ils entendent maintenir la quallité d'escuier, qu'ils sont les seuls qui portent leur nom et armes qui sont : *de sable, à la croix ancrée d'argent*, et pour la justiffication de leursd. quallitéz d'escuiers a mis au greffe les pièces et tiltres dont ils entendent se servir, et a signé :

René du Mont-Richemont.

Les pièces dud. sieur luy ont esté rendues le 23 septembre 1668.

MONT (du). — Originaire de Touraine.

René du Mont, écuyer, sieur de Richemont, demeurant paroisse de Princé, élection de Richelieu, Charles du Mont, écuyer, sieur de Beaulieu, son frère, demeurant paroisse de Martezé, élection de Loudun, et Cœzar du Mont, écuyer, sieur dud. lieu, demeurant paroisse de Nueil-sous-Faye, élection de Richelieu, ont justifié la possession du titre de noblesse depuis l'année 1505, commençant en la personne de son trisayeul.

Porte : *de sable à la croix ancrée d'argent*.

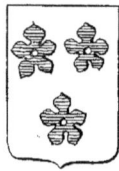

MONTESSON (Charles de), comte dud. lieu, seigneur de La Ridellière et autres terres, demeurant en son chasteau de La Roche-Pichemer, parroisse de Sainct-Ouen-des-Oyes, comparant le 2ᵉ juillet 1668 par Mᵉ Michel Bernard, procureur au bureau des finances à Tours, lequel Bernard pour satisfaire à l'assignation donnée aud. sʳ de Montesson, à la requeste de Laspeyre le .... juin dernier, à dit qu'icelluy sieur comte de Montesson entend maintenir la quallité de chevalier et d'escuyer, qu'il est seul de sa maison et qu'outre .... de Montesson, marquis dud. lieu, son fils aisné, et .... de Montesson, chevalier de l'ordre Saint-Jean-de-Jérusalem, aussy son fils puisné, il ne connoist autres personnes de son nom et armes, qu'il porte : *d'argent à trois quintefeuilles d'azur* et pour la justiffication desquelles qualités, led. Bernard a mis au greffe les pièces et tiltres dont led. sieur comte de Montesson entend se servir, lesquelles ont esté paraphées par première et dernière et a led. Bernard signé :

Bernard.

Les pièces dud. sieur de Montesson ont esté rendues aud. Bernard son procureur, le 10 juillet 1668.

MONTESSON (DE). — Autrefois HUBERT, originaire du Maine.

Charles de Montesson, chevalier, comte dud. lieu, sieur de La Ridélière-Champgeneteux et de La Boissière, demeurant paroisse de Saint-Ouen-des-Oyes, élection du Mans, a justiffié la possession du titre de noblesse, depuis l'année 1435, commençant en la personne de son quintayeul.

Ledit quintayeul portoit le nom de Hubert, son fils a quitté le nom de Hubert et a pris le nom de Montesson seul.

Porte : *d'argent à 3 quintefeuilles d'azur, 2 et 1.*

MONTEUL (GILLES DE), sieur de La Ferronnerye, conseiller du roy, lieutenant général du prévost des mareschaux de la province du Mayne, demeurant au Mans, comparant le XIII septembre 1666, par Mathurin Redouin, praticien à Tours, fondé de procuration spécialle le deuxiesme du présent mois par Coulon et Bodin, notaires royaux en lad. ville du Mans, lequel pour satisfaire à l'assignation donnée aud. de Monteul le quinze aoust dernier à la requeste de Laspeyre, a dit en vertu du pouvoir à luy donné par lad. procuration qu'il est vray qu'icelluy de Monteul a pris la qualité d'escuyer en conséquence du tiltre de sa charge ainsy qu'elle a toujours esté prise par ses prédécesseurs en icelle, laquelle qualité Sa Majesté n'a point désirée par ses arrests estre rayé, mesmes par celluy donné à Saint-Germain le XIIIIe may dernier, ne voulant percister en lad. qualité que soubz le bon plaisir de Sa Majesté, et est lad. procuration demeurée au greffe, et a fait eslection de domicille au logis de M^{tre} Gavin procureur au présidial de Tours, et a signé :

REDOUIN.

MONTIGNÉ (Me RENÉ), demeurant à Angers, parroisse Sainct-Michel-du-Tertre, comparant le XIXe décembre 1667 par Mathurin Pillet, marchand de draps de soie demeurant en cette ville de Tours, lequel a dit qu'icelluy Montigné n'a jamais pris la qualité d'escuyer et a signé :

PILLET.

540

MONTIGNÉ (Jacques de), demeurant en la ville d'Angers parroisse Saint-Michel-du-Tertre, comparant le xix décembre 1667 par Mathurin Pillet, marchand de draps de soie de cette ville de Tours, lequel a dit qu'icelluy de Montigné n'a jamais pris la qualité d'escuyer et a signé :

PILLET.

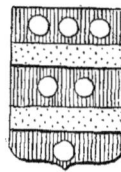

MONTIGNY (Louis de), sieur du Coudray, demeurant parroisse de Luzillé, eslection et bailliage d'Amboise, comparant le xxix avril 1667 a dit qu'il entend maintenir la qualité d'escuyer et qu'il est seul de son nom et armes, qu'il porte : *de gueules à deux fasces d'or et six besans d'argent, trois, deux et un* et pour la justiffication de lad. qualité a mis au greffe les pièces dont il entend se servir et a signé :

LOUIS DU COUDRAY-MONTIGNY.

Les pièces dud. sieur de Montigny luy ont esté rendues ce dernier avril 1667.

MONTIGNY (de). — Originaire de Touraine.

Louis de Montigny, écuyer, sieur du Coudray, cy-devant capitaine et major du régiment de la Marine, demeurant paroisse de Luzilly, élection d'Amboise, a représenté des lettre d'anoblissement octroyées par S. M. à Philippes de Montigny, son père, au mois d'aoust de l'année 1653. Lettres de confirmation obtenues par ledit Louis en 1667 enregistrées en la cour des aydes par lesquelles S. M. confirma et maintient lesd. lettres d'anoblissement obtenues par Philippes de Montigny, son père, nonobstant la révocation de 1664.

MONTIGNY (Pierre de), sieur du Theron, demeurant parroisse Saint-Espain, eslection et ressort de Chinon, comparant le neufᵉ janvier 1668, a déclaré qu'il n'a jamais pris la qualité d'escuyer qu'en conséquence de la charge qu'il possède d'archer-garde du corps de la deffuncte Reine mère du Roy et qu'il ne l'entend maintenir que en cas que Sa Majesté luy a veille conserver et a signé :

DE MONTIGNY.

MONTPLACÉ (René de), seigneur dud. lieu, demeurant parroisse de Nostre-Dame-du-Pé, eslection de La Flèche, bailliage d'Angers, comparant le xxv⁰ janvier 1667 a dit qu'il entend maintenir la qualité d'escuier, qu'il est aisné de sa maison et qu'il ne cognoist de sad. maison et armes que François de Montplacé, son oncle, qu'il porte : *d'azur à une croix d'or quantonnée de quatre fleurs de lis aussy d'or*, et a mis au greffe les pièces dont il entend se servir et a signé :

R. DE MONTPLACÉ.

Le xxix⁰ janvier 1667 les pièces dud sieur de Montplacé luy ont esté rendues.

MONTPLACÉ (FRANÇOIS DE), sieur du lieu, demeurant parroisse de Bourg, eslection et ressort d'Angers, comparant le xviii⁰ may 1668 par Mᵉ Louis Le Damoisel, lequel a dit que led. de Montplacé entend maintenir la quallité d'escuier, qu'il est cadet de sa maison, que l'aisné de sa famille est René de Montplacé, son nepveu, lequel auroit cy-devant produit les tiltres justifficatifs de la noblesse de lad. maison fors ceux qui concernent led. François de Montplacé, ausquels tiltres il se rapporte pour la justiffication de sad. qualité et a mis au greffe les pièces qui prouvent la dessendance de lad. qualité, et porte pour armes : *d'azur, à la croix d'or, cantonnée de quatre fleurs de lis d'or* et a signé :

LE DAMOISEL.

Les pièces dud. de Montplacé ont esté rendues aud. Le Damoysel le xx⁰ mars 1668.

MONTPLACÉ (DE). — Originaire d'Anjou.
François de Montplacé, écuyer, sieur dud. lieu, demeurant paroisse de Bourg, élection et ressort d'Angers, René de Montplacé, écuyer, sieur de La Motte-Liziard, demeurant paroisse de Notre-Dame-du-Pé, élection de La Flèche, sénéchaussée d'Angers, neveu dud. François, ont justifié la possession du titre de noblesse, depuis l'année 1434, commençant scavoir led. François en la personne de son 5ᵉ ayeul et ledit Henri en celle de son 6ᵉ ayeul.
Porte : *d'azur à la croix d'or cantonnée de 4 fleurs de lys de même*.
— René de Montplacé... eut acte de la représentation de ses titres le 29 janvier 1667 et François... le 29 mars 1668.

MONTREUIL (Messire RENÉ DE), sieur de La Chaux, comparant le huict may 1669 tant pour luy que pour Hervé de Montreuil, seigneur de La

Chaux, son père, demeurant parroisse de .... et pour Mre François de Montreuil, seigneur de Melleré, demeurant parroisse de La Baroche, tous eslection du Mans, lequel a dit qu'ils entendent maintenir la quallité d'escuier et de chevallier, qu'il ne connoist autres personne de leur famille qui portent leur nom et armes qui sont : *d'argent, à trois massacres de cerf de sable, deux en chef et une poincte*, et pour la justiffication de leursd. qualitéz a produict au greffe les pièces et tiltres dont ils entendent leur servir et a signé :

La Chaux Montreul.

Les pièces dud. sieur de Montreul luy ont esté rendues le 9e may 1669.

MONTREUIL (de). — Originaire du Maine.

Hervé de Montreuil, chevalier, sieur de La Chaut, demeurant paroisse de Neuilly, élection du Mans, René de Montreuil, chevalier, sieur dud. lieu, son fils, demeurant même paroisse, François de Montreuil, chevalier, sieur de Melleré, demeurant paroisse de La Baroche-Gondouin, élection du Mans, neveu dudit Hervé, ont justiffié la possession du titre de noblesse, depuis l'année 1538, commençant scavoir ledit Hervé en la personne de son ayeul, son fils et neveu en celle de leur bisayeul.

Porte : *d'argent à 3 massacres de cerf de sable, 2 et 1.*

MONTROUILLON (Pierre de), sieur du Monterly, demeurant parroisse de Razines, eslection de Richelieu, seneschaussée d'Angers, comparant le xiiiie aoust 1668 a dit qu'il entend maintenir la qualité d'escuyer, qu'il est aisné de sa maison et qu'outre René de Montrouillon, son cousin-germain, demeurant en la ville de Paris, et Me .... de Montrouillon, conseiller au Parlement de Paris, son cousin au 4e ou 5e degré, il ne connoist autres personnes de son nom et armes, qu'il porte : *d'or, à trois trèfles de sable, deux en chef et l'autre en poincte, au ruisseau d'argent, en fasce* ; déclarant qu'il y a cinq ans qu'il a esté assigné pour raison du mesme faict à la Cour des aydes à la requeste de Me Thomas Bousseau, où il a produict ses tiltres lesquelz il n'a encores retirés, pourquoy il a prétendu demander délay pour les retirer et iceux représenter et a signé :

De Mont-Ruillon.

Led. sieur a mis au greffe les pièces dont il entend se servir ce xiii avril 1669.
Led. sieur a produict de nouveau ce six febvrier 1670.
Les pièces dud. sieur ont esté rendu le 20 juillet 1670.

MORÉ (RENÉ), conseiller du Roy, et èsleu en la ville du Mans, y demeurant comparant le trois mars 1667 par Me Reddouin, lequel a dit que ledit sieur Moré n'a jamais pris la qualité d'escuyer à laquelle il renonce, et a led. Reddouin signé :

REDOUIN.

MORÉ (BRANDELIS DE), sieur du Val et du Han, demeurant parroisse de Rubay [Ribay], eslection et seneschaussée du Mans, comparant le xviiie juin 1668 par Me Jacques Paul Miré, lequel a dit qu'icelluy sieur de Moré entend maintenir la qualité d'escuier, qu'il est aisné de sa maison et qu'outre .... de Moré, son frère, il ne connoist personne de son nom et armes, qu'il porte : *d'argent, à la croix ancrée d'azur*, et pour la justiffication de sa noblesse a mis au greffe les pièces dont il entend se servir.

Signé : MIRÉ.

Les pièces dud. sieur de Moré ont esté rendues aud. Miré ce xx juin 1668.

MORÉ (DE). — Originaire du Maine.

Brandelis de Moré, écuyer, sieur du Val du Han et du Rubay, élection et ressort du Mans, a justifié la possession du titre de noblesse, depuis l'année 1537, commençant en la personné de son bisayeul.

Porte : *d'argent à la croix ancrée d'azur*.

MOREAU (FRANÇOIS), sieur de La Brétonnière, comparant le 20 juillet 1666, par Mtre Michel Bernard, a remontré qu'il n'a ses tiltres et a requis délay.

Signé : BERNARD.

Condamné.

MOREAU (FRANÇOIS), sieur de La Berthonière, comparant le 24 juillet 1666, par damoiselle Barbe Davanne sa femme, laquelle a déclaré que son mary est absent de la ville d'Amboise, sa demeure dès il y a desjà quelque temps et

544

qu'elle ne scait précisément le lieu où il est, pourquoy aurait requis délay pour le prévenir, et a signé :

B. DAVANNE.

Condamné.

MOREAU (GUILLAUME), sieur de La Morinière, demeurant à Saumur, eslection et ressort de lad. ville, comparant le 29 aoust 1666, lequel pour satisfaire à l'assignation à luy donnée à la requeste de Laspeyre le 26 du présent mois par exploict de Girault, huissier, pour procéder aux fins dud. exploict et de nostre ordonnance y énoncée, a dit qu'il a pris la qualité d'escuyer qui a esté donnée par Sa Majesté à son deffunct père pour récompense de ses services et de son père, ayeul dud. Guillaume de La Morinière, par lettres du mois de septembre 1646, vériffiées es chambre des comptes et cour des aydes de Paris, lesquelles lettres il mettera au greffe au premier jour et a faict eslection de domicille en la personne de M^{tre} Michel Bernard, procureur au bureau des finances, estant à la suitte de Monsieur l'Intendant, et a signé :

G. MOREAU DE LA MORINIÈRE.

Le deux febvrier 1667 led. sieur de La Morinière a mis au greffe les pièces dont il entend se servir.

MOREAU. — Originaire d'Anjou.
Guillaume Moreau, écuyer, sieur de La Morinière, demeurant autrefois à Saumur, présentement à Paris, paroisse Saint-Roch, a rapporté des lettres d'anoblissement accordées par S. M. en 1646 à Urbain Moreau, son père, commissaire ordinaire et provincial de l'artillerie de Paris et Isle de France, enregistrées en la chambre des Comptes et Cour des aydes de Paris, lesdites lettres confirmées par arrest du conseil du 12 avril 1669 nonobstant révocation desd. anoblissments portée par l'édit du mois de septembre 1664, dont S. M. l'a exempté.
Porte : *de gueules à la foi d'or, accompagnée de 3 roses d'argent, 2 et 1.*
— Guillaume Moreau... eut acte de lar epresentation de ses titres tant pour luy que pour son frère le 16 mai 1668.

MOREAU (LOUIS), sieur de Bois-Rousseau, demeurant à Laval, comparant le 18 avril 1669, a dit qu'il n'a jamais pris la qualité d'escuyer et qu'il y renonce et a signé :

MOREAU.

MOREAU.

— René Moreau [1], sieur du Plessis-Raymond, qui fut échevin en 1659 et à présent conseiller de ville, pour jouir....

MOREL (Gédéon), sieur de La Montagne, demeurant parroisse de Jauzé, eslection et ressort du Mans, comparant le dix octobre 1666, lequel a dict qu'il entend maintenir la qualité d'escuyer et qu'il est aisné de sa maison, laquelle est originaire de Normandie, et que outre Jean Morel, son frère, et sa famille, il ne cognoist personne de son nom et armes, qu'il porte : *d'argent à un cheval de sable passant, et au chef d'azur, chargé d'un croissant et deux molettes d'espron d'or* et qu'il produira au premier jour les pièces dont il entend se servir pour la justiffication de sa noblesse, et a signé :

Gédéon Morel.

Les pièces dud. sieur Morel luy ont esté rendues, le 30 juillet 1667.

MOREL (de). — Originaire de Normandie.

Gédéon Morel, écuyer, sieur de La Montagne, demeurant paroisse de Jauzé, élection et ressort du Mans, a esté maintenu par jugement contradictoire en la noblesse acquise par Albert Morel, son bisayeul, annobly par lettres du mois de mars 1577 en conséquence de l'édit du mois de juin 1576 moyennant la somme de 2,000 escus d'or sol dont il a rapporté la quittance de finance [2].

MOREL. — Originaire de Normandie.

— Antoine Morel, chevalier, comte d'Aubigny et de Neuvilette, demeurant paroisse de Villelune? élection de La Flèche, au nombre des maintenus par M. Voisin.
Armoiries : *d'or au lion de sinople, armé, lampassé de gueules, couronné d'argent*.

MORGES (René de), sieur de Pont-Cher, en cette ville de Tours, comparant le huict fevrier 1667, a déclaré qu'il entend maintenir la qualité d'escuyer,

---

(1) N. H. René Moreau, écuyer, échevin d'Angers, acquit Le Plessis-Raymond, le 26 janvier 1649.
C. Port, *Dict. de Maine-et-Loire*, III, 125.
(2) Cette famille maintenue en Normandie par Chamillard, portait : *d'argent au cheval gai de sable au chef d'azur chargé d'un croissant d'or cotoyé de 2 molettes de même*.

qu'il est aisné de sa maison et qu'outre René de Morges, son père et Pierre de Morges, son oncle, il ne cognoist personne de son nom et armes, qu'il porte : *d'azur à trois testes de lion d'or, arachées, couronnées d'argent et lampassées de gueules* et a mis au greffe les pièces dont il entend se servir et a signé :

De Morges.

Les pièces dud. sieur de Morges luy ont esté rendues ce deux mars 1667.

MORGES (de). — Originaire de Provence.

René de Morges, écuyer, sieur de Ponché, demeurant en la ville de Tours, paroisse de Saint-Saturnin, a justiffié la possession du titre de noblesse, depuis l'année 1516, commençant en la personne de son trisayeul.

Porte : *d'azur à 3 têtes de lyon arrachées d'or lampassées de gueules couronnées d'argent*, 2 et 1.

MORIN (Michel), demeurant parroisse de Vouzailles, eslection de Richelieu, ressort de Saumur, seneschaussée d'Angers, comparant le XVIe aoust 1668 tant pour lui que pour Louis Morin son fils, Louis Morin son frère puisné, Paul et René Morin frères, ses cousins-germains demeurants en lad. parroisse de Vouzailles, a dit qu'il entend maintenir la qualité d'escuyer, qu'il est aisné de sa maison, et qu'outre René Morin, son fils puisné et les enfans de sond. fils aisné, de sond. frère puisné et ceux de sesd. cousins-germains, il ne connoist autres personnes de son nom et armes, pour la justiffication de laquelle qualité d'escuyer, il produira cy-après les pièces et tiltres dont il entend se servir et a déclaré ne scavoir signer.

MORIN (Mtre Benjamin), président au grenier à sel du Mans, comparant le 20 avril 1669 par Jacques Delahaye, clerc de Me Michel Bernard, lequel a dit que led. Morin n'a jamais pris la qualité d'escuyer et y renonce, et a signé :

Delahaye.

MORISSON (Jacques), sieur de La Foy et de La Motterie, demeurant parroisse Sainct-Germain près Montfaucon, eslection et ressort d'Angers, comparant le cinq septembre 1666, lequel, pour satisfaire à l'assignation à luy donnée à la requeste de Laspeyre le XXVIIe aoust dernier, a dict qu'il entend maintenir la qualité d'escuyer, qu'il est aisné de sa famille et qu'il ne cognoist de son nom et armes que Charles Morisson son cadet, et qu'il porte pour armes : *de sable à deux espées d'or en sautoir et une molette d'espron d'argent*, et pour la justiffication de lad. qualité a mis au greffe les pièces dont il entend se servir, et a faict eslection de domicille en cette ville de Chinon au logis de M{tre} André Guérin, procureur, et a signé :

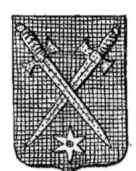

JACQUES MORISSON MOTHERIE.

Les pièces dud. sieur Morisson luy ont esté rendues ce jourd'huy six septembre 1666.

MORISSON. — Originaire du Berry.
Jacques Morisson, écuyer, sieur de La Foy, demeurant paroisse de Saint-Germain près Montfauçon, élection d'Angers, a justiffié la possession du titre de noblesse, depuis l'année 1494, commençant en la personne de son quartayeul.
Porte : *de sable à deux espées d'or passées en sautoir la pointe en bas, à une molette d'éperon d'argent en pointe*.
— Jacques Morisson... eut acte de la représentation de ses titres le 6 septembre 1666.

MORTIER (HONORAT DU), sieur du Pin, demeurant parroisse de Juvardeil, eslection et seneschaussée d'Angers, comparant le quinze avril 1667 tant pour luy que pour damoiselle Marie .... veufve Louis du Mortier, sieur de La Ruchesnière, pour elle et Henry du Mortier, son fils, a dit et déclaré que lad. damoiselle veufve du Mortier et luy entendent maintenir la qualité d'escuyer et pour la justiffication de lad. qualité a mis au greffe les pièces dont il entend se servir et a signé :

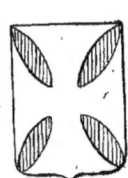

HONORAT DU MORTIER.

Les pièces dud. sieur dud. Mortier luy ont esté rendues ce XXII avril 1667.

MORTIER (DU). — Originaire d'Anjou.
Honorat du Mortier, écuyer, sieur du Pin, demeurant paroisse de Juvardeil, élection d'Angers, a justiffié la possession du titre de noblesse, depuis l'année 1455, commençant en la personne de son quintayeul.
Porte : *de gueules à la croix pattée d'argent*.

— René du Mortier, écuyer, sieur de Thuré, demeurant paroisse de Brusson, élection de La Flèche, au nombre des maintenus par M. Voisin de La Noyrais.

Honoré du Mortier... eut acte de la représentation de ses titres le 23 avril 1667.

MOTTE (Pierre de La), seigneur de La Mote-Barassé, demeurant parroisse de Senonnes, eslection et seneschaussée d'Angers, comparant le 4e juillet 1667, a dit qu'il entend maintenir la qualité d'escuyer à luy attribuée par sa naissance, qu'il ne connoist autres personnes de son nom et armes outre Jean, Marquis, Louis, Pierre, Joseph, René, Claude et Philippes de La Motte, ses enfans, et qu'il porte pour armes : *d'argent, au lion de sable rempant, portant en cœur un escu d'argent chargé d'une fasce de gueulles fleurdelisée, cantonnée de quatre merlettes de sable*, a mis au greffe les pièces dont il entend se servir, et a signé :

De La Motte.

Les pièces dud. sieur de La Mote luy ont esté rendues ce six juillet 1667.

MOTE (de La). — Originaire d'Anjou.

Pierre de La Mote, écuyer, sieur de La Mote-Baracé, demeurant paroisse de Senonnes, élection et sénéchaussée d'Angers, a justiffié la possession du titre de noblesse, depuis l'année 1532, commençant en la personne de son bisayeul.

Porte : *d'argent au lion de sable cantonné de 4 merlettes de même, à l'écu d'argent posé en cœur chargé d'une fasce fleurdelysée et contrefleurdelysée de gueules*, qui est de Bréon.

— François de La Motte... eut acte de la représentation de ses titres, le 6 juillet 1667.

MOTTE (Mre François de La), seigneur vicomte d'Aspremont, capitaine aux gardes du Roy, demeurant ordinairement à Paris, ayant ses terres dans la baronnie d'Amboise où il fait quelquefois séjour, comparant le huict décembre 1666 par Pierre Garnier, sieur du Barat, lieutenant des chasses d'Amboise, lequel a dit pour led. sieur d'Aspremont qu'il entend maintenir la quallité d'escuyer et chevallier et qu'il est l'aisné de lad. maison, et qu'il ne cognoist personne de son nom et armes que Mre Claude de La Motte, seigneur de Noyan et sa famille, demeurant dans l'eslection de Montluçon et qu'il porte pour armes : *d'argent à un aigle desploié d'azur, couronné, becqué et armé de gueules*, a mis au greffe les pièces dont led. sieur d'Aspremont entend se servir, et a signé :

Garnier.

Les pièces dud. sieur d'Apremont ont esté rendues aud. sieur Garnier, ce quinze décembre 1666.

MOTHE (DE LA). — Originaire du Bourbonnois.

François de La Motte, chevalier, sieur de La Mothe-Villebert, des Moulins et Pourieux en Bourbonnois, du Feuillet, Melun, Souvigny et vicomte d'Aspremont en Touraine, capitaine au régiment des gardes de S. M. et des chasses d'Amboise, a justiffié la possession du titre de noblesse, depuis l'année 1443, commençant en la personne de son quintayeul.

Porte : *d'argent à l'aigle d'azur, armée, becquée et couronnée de gueules.*

MOTTE (ABRAHAM DE LA), sieur de La Branière, y demeurant parroisse de Parcé, eslection et sénéchaussée de Baugé, comparant le 10e septembre 1668 tant pour luy que pour René de La Mothe, sieur dud. lieu, son fils aisné, demeurant parroisse d'Avrilly, eslection dud. Baugé, a dit qu'il entend maintenir la qualité d'escuyer, qu'il est aisné de sa maison, et qu'outre sond. fils et Do .... de La Mothe, sieur du Plessis, son cousin issu de germain, au service du Roy, Charlotte de La Mothe, sœur de luy comparant, Victor, Anne, Anthoinette et Marie de La Mothe, ses filles, il ne connoist autres personnes de son nom et armes, qu'il porte : *d'or, au chevron de gueules accosté de deux croissans d'azur en chef et d'une rose de gueules en poincte,* et a signé :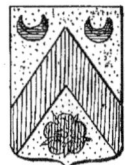

A. DELAMOTTE.

Led. sieur de La Motte a produit les tiltres dont il entend se servir ce 17e septembre 1668.

Les pièces dud. sieur de La Motte luy ont esté rendues ce 19 septembre 1668.

MOTTE (DE LA). — Originaire d'Anjou.

Abraham de La Motte, écuyer, sieur de La Brahannière, demeurant paroisse de Parcé, élection et siège royal de Baugé, sénéchaussée d'Angers, René de La Motte, écuyer, sieur dud. lieu, son fils, demeurant paroisse d'Avrillé, même élection, ont justiffié la possession du titre de noblesse, depuis l'année 1531, commençant ledit Abraham en la personne de son bisayeul et ledit René en celle de son trisayeul.

Porte : *d'or au chevron de gueules accompagné en chef de deux croissants d'azur et en pointe d'une rose de gueules.*

— Abraham de La Motte... eut acte de la représentation de ses titres le 19 septembre 1668.

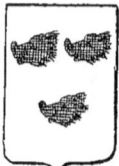

MOUETAULT (Jean de), sieur de La Paiotière, parroisse de Restigné, eslection de Saumur, ressort de Chinon, bailliage de Touraine, comparant le neuf octobre 1666, lequel a dit qu'il entend maintenir la qualité d'escuyer et qu'il reste seul de sa maison, laquelle est originaire de Normandie [1], et ne scait s'il en reste encore quelque branche et qu'il n'en cognoist poinct, et qu'il porte pour armes : *d'argent, à trois hures de sanglier de sable*, et qu'il produira au premier jour les pièces dont il prétend se servir pour la justiffication de sa noblesse, et a faict eslection de domicille en cette ville de Chinon au logis de M^{tre} André Bourguignon, advocat, et a signé :

Jehan de Mouetault.

Le quinze décembre 1666, led. sieur de Mouetault a mis au greffe les pièces dont il entend se servir le quinze décembre 1666.
Led. sieur de Mouetault a mis au greffe les pièces dont il entend se servir.
Le vingt dud. mois les pièces dud. sieur de Mouetault luy ont esté rendues.

MOUETTAULT (de).

Jean de Mouettault, écuyer, sieur de La Pajottière, demeurant paroisse de Restigné, élection de Saumur, a justiffié la possession du titre de noblesse, depuis l'année 1559, commençant en la personne de son bisayeul.
Porte : *d'argent à 3 hures de sanglier arrachées de sable, 2 et 1*.
Jean de Mouettault eut acte de la représentation de ses titres le 20 décembre 1666.

MOULINS (Jacques des), sieur de Montmirail, demeurant parroisse de Bourgneuf-de-la-Forest, eslection et ressort de Laval, comparant le xviiie mars 1667, a déclaré qu'il entend maintenir la qualité d'escuyer, qu'il est seul de sa maison et porte pour armes : *d'azur, à un chevron d'argent et un croissant montant de mesme et deux estoiles d'or en chef* et pour la justification de lad. qualité a mis au greffe les pièces dont il entend se servir et a signé :

Desmoulins.

Les pièces dud. sieur des Moulins luy ont esté rendues ce xxiiiie mars 1667.

(1) Ce nom ne figure en aucune recherche de Normandie.
Carré de Busserolles dit : Moestault.

MOUSSU (Simon), sieur de Huraudière, demeurant à Saint-Calais, eslection du Chasteau-du-Loir, comparant le sept mars 1667, a dit qu'il n'a jamais pris la qualité d'escuyer, à laquelle il renonce ; au contraire, a tousjours esté employé au roolle des tailles despuis plus de vingt ans et dans tous les actes de conséquence et autres qu'il a passés, il n'a poinct faict employer lad. qualité d'escuyer, et a signé :

Moussu.

MOUSSY (Hugues de), sieur des Granges, y demeurant parroisse d'Yzeures, eslection de Loches, bailliage de Tours, comparant le xve febvrier 1668 par Me Michel Bernard, lequel a dit qu'icelluy sieur de Moussy entend maintenir la qualité d'escuyer, pour la justiffication de laquelle il représentera cy-après les pièces et tiltres dont il s'entend ayder.

Signé : Bernard.

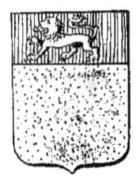

Led. sieur de Moussy a mis au greffe les pièces dont il s'entend ayder ce xviiie avril 1668.

Led. sieur de Moussy a produict de nouveau ce xxixe may 1668.

Led. sieur de Moussy a encores produict de nouveau le xxxie juillet 1668.

Les pièces dud. sieur de Moussy ont esté rendues le 17 may 1670 [1].

MOUSTIER (René du), sieur de Turé, parroisse de Bruslon, eslection de La Flèche, ressort du duché-pairie de Sablé, comparant le xxiiiie septembre 1666, lequel a dit qu'il entend maintenir la qualité d'escuyer et qu'il est cadet issu d'un cadet de sa maison et que François du Moustier, demeurant parroisse de Virollet en Sainctonge est son aisné et que de la branche de l'aisné de lad. maison il n'est resté qu'une fille et qu'il ne cognoist personne de son nom et armes que sond. frère, et qu'il porte pour armes : *d'argent au chevron de gueules à trois annelets de mesme*, et qu'il produira au premier jour les pièces dont il entend se servir pour la justiffication de sa noblesse, et a faict eslection de domicille en cette ville de Chinon au logis de M^{tre} Jacques Bruzard, procureur, et a signé :

R. du Moustier.

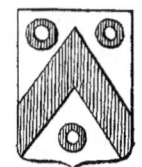

(1) Armoiries : *d'or au chef de gueules chargé d'un lion léopardé d'argent.*
Cette famille a été maintenue dans sa noblesse le 7 novembre 1584 et le 10 décembre 1664.

Les pièces dud. sieur du Moustier luy ont esté rendues, ce neuf octobre 1666.

MOUTIER (DU). — Originaire d'Anjou.

René du Moutier, écuyer, sieur de Thuré, demeurant paroisse de Brûlon, élection de La Flèche, a justiffié la possession du titre de noblesse, depuis l'année 1541, commençant en la personne de son bisayeul.

Porte : *d'argent au chevron de gueules accompagné de 3 annelets de même, 2 et 1.*

— René du Moustier... eut acte de la représentation de ses titres le 9 octobre 1666.

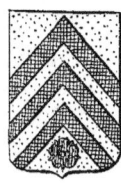

MOUTIS (RENÉ DES), sieur du Verger, demeurant paroisse de Montreuil-le-Chestif eslection et ressort du Mans, comparant le 6e décembre 1667, a dit qu'il entend maintenir la quallité d'escuier, qu'il est quadet de sa maison, que Gilles des Montis, sieur dud. lieu, demeurant paroisse de Montgaroult, eslection d'Argentan, généralité d'Allençon, est son frère aisné et de la maison, que les sieurs des Montis, de La Morandière, frères, demeurans dans la parroisse de Ferrière, eslection et généralité d'Allençon, sont de la mesme maison et qu'il n'en connoist autres du nom et armes, qu'il porte : *d'or, à trois chevrons de sable, une rose de gueules en poincte*, et a mis au greffe les pièces dont il entend s'ayder et a signé :

DES MOUTIS.

Les pièces dud. sieur Desmontis luy ont esté rendues le neuf décembre 1667. Cette famille fut maintenue en Normandie le 4 avril 1666.

MONTIS (DES). — Ou MOUTIS.

René des Montis, écuyer, sieur du Verger, demeurant paroisse de Montreuil-le-Chétif, élection et bailliage du Mans, a justiffié la possession du titre de noblesse, depuis l'année 1513, commençant en la personne de son trisayeul.

Porte : *d'or à 3 chevrons de sable et une rose de gueules en pointe.*

MOUTON (NICOLAS LE), sieur de La Jossière, demeurant parroisse de B........., eslection du Mans, seneschaussée de La Flèché, comparant le quatre janvier 1667; a dit qu'il entend maintenir la qualité d'escuyer, qu'il est cadet de sa maison et que Nicolas, Joseph et Georges Lemouton, ses nepveus encor jeunes et non mariés sont enfans de l'aisné de lad. branche, dessendus des branches de l'aisné, et sont lesd. sieurs demeurans les uns en Bretagne, les autres en Normandie et autres provinces, lesquels sont séparés de sa branche depuis plus de cent ans et qu'il ne cognoist autres personnes de son nom et armes qu'il porte : *d'argent, à trois gibecières de sable, houpées et garnies d'or*; et qu'ayant cy-devant esté assigné aux mesmes fins à la cour des aides à la requeste de M⁰ Thomas Bousseau il y auroit obtenu arrest de maintenue de sad. qualité avec condamnation de despens le seize may 1665, lequel arrest et pièces sur lesquelles il est intervenu il représentera incessamment, et a signé :

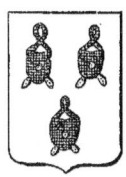

LE MOUTON.

Depuis a produict ses tiltres le neuf janvier 1667 et lesd. pièces luy ont esté rendues ce xxvi⁰ juillet 1667.

MOUTON. — Originaire de Normandie.
Nicolas Le Mouton, écuyer, sieur de La Jossière, demeurant paroisse de Bernay, élection du Mans, a justifié la possession du titre de noblesse, depuis l'année 1516, commençant en la personne de son bisayeul.
Porte : *d'argent à 3 gibecières de sable, fermées et houppées d'or, 2 et 1*.
Cette famille fut maintenue en Normandie en 1463, 1576, 1598, 1634, et 1666.

MOYNARD (Vénérable et Discret M⁽ᵗʳᵉ⁾ JEAN), prestre, demeurant en la ville d'Angers, comparant le six febvrier 1668, par M⁽ᵗʳᵉ⁾ Michel Bernard, lequel a a dit que si icelluy sieur Moynard a pris la qualité d'escuyer, sa esté en concéquence des privilèges attribuez aux maires et eschevins de l'hostel de ville d'Angers, comme ayant esté, dès l'année 1647, esleu et nommé eschevin dud. hostel de ville.

BERNARD.

MOYNERIE (ANNE), fille demeurant à Chasteau-du-Loir, comparant le trois juin 1667 a dict que le vingt un may dernier, il fust donné assignation à la requeste de Laspeyre à Martin Moynerie en parlant à elle que l'exploict qualifie sœur dud. Martin Moynerie quoy qu'elle n'ait aucun frère de ce nom et a signé :

ANNE MOYNERIE.

MOYNIER (Claude-Éléonord), sieur de La Piolière, aagé de 65 ans ou environ, demeurant à Beaulieu, parroisse Sainct-Laurent dud. Beaulieu, ressort de Loches, bailliage de Touraine, comparant le 29 juillet 1666, nous a dit qu'il renonce à la qualité d'escuier, et a signé :

Moynier [1].

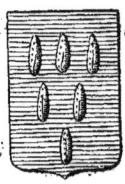

MULET (François), sieur de Girouissière, demeurant parroisse de Bouzillé, eslection et seneschaussée d'Angers, comparant le treize may 1667 a dit qu'il entend maintenir la qualité d'escuyer, qu'il est aisné et seul de sa maison, qu'il porte pour armes : *d'azur à six grains d'orge d'or, trois, deux, un* et pour la justiffication de lad. qualité a produict les pièces dont il entend se servir et a signé :

Françoys Mullet.

Lesd. pièces ont esté rendues aud. sieur Mullet le 20e may 1667.

MULET. — Originaire d'Anjou.

François Mulet, écuyer, sieur de La Girousière, demeurant paroisse de Bousillé, élection et ressort d'Angers, a justiffié la possession du titre de noblesse, depuis l'année 1466, commençant en la personne de son quintayeul.

Porte : *d'azur à 6 grains d'orge d'or, 3, 2 et 1.*

— François Mullet... eut acte de la représentation de ses titres le 20 mai 1667.

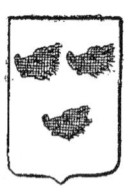

MUR (René de), sieur de Blandouet, parroisse de Vern, comparant le xxiiie mars 1667 par M^{tre} Jacques-Paul Mirey, lequel a dit qu'icelluy de Mur entend maintenir la qualité d'escuyer comme issu de Jullien de Mur, vivant escuyer son père qui estoit cadet de sa maison et a signé :

Mirey.

Led. sieur de Mur a mis au greffe les pièces dont il entend se servir ce xiiiie avril 1667 [2].

Lesd. pièces ont esté rendues le 16e septembre 1670.

---

(1) Armoiries : *d'azur à un lion d'or, soutenant un monde d'argent.*
(2) Armoiries : *d'argent à 3 hures de sanglier de sable éclairées de gueules, 2 et 1.*

René du Mur... eut acte de la représentation de ses titres pour lui et pour Claude et Louis du Mur, écuyers, étant tous les deux au service du Roy, le 16 septembre 1670 [1].

N

NADOT (Louis), escuyer de cuisine du commun de la maison du Roy, demeurant à Bonnestable, eslection du Mans, comparant le dernier febvrier 1667, par Me Pierre Berneust, le jeune, procureur au siège présidial de cette ville de Tours, lequel a dit que led. Nadot n'a pris et ne prétend autre qualité que celle d'escuyer de cuisine du commun de la maison du Roy, suivant les provisions qui luy en ont esté données par Sa Majesté et a signé :

BERNEUST.

NADOT (Mathurin), sieur de La Brosse, demeurant en la parroisse de Bonnestable, eslection et ressort du Mans, comparant le douze avril 1667, a déclaré qu'il n'a jamais pris ny entendu prendre la quallité d'escuyer, et que s'yl se trouve quelque acte qu'il a passé où elle luy a esté donnée ç'a esté lors qu'il estoit mineur, desquelles il n'entend se servir, y renonçant et demande à estre deschargé de lad. assignation ayant tousjours esté imposé aux roolles des tailles de la parroisse où il est demeurant ce quy faict veoir qu'il n'a jamais joy de lad. qualité et a signé :

M. NADOT.

NAU (René), sieur des Cordais, cy-devant mareschal-des-logis du Roy et de la compagnie des chevaux-légers du sieur marquis de ...., demeurant parroisse de Longué, eslection et bailliage d'Angers, comparant le XIX avril 1667, a dit qu'il entend maintenir la qualité d'escuyer qu'il est aisné de sa famille et reconnoist pour frères : Jacques Nau, cornette de la compagnie des chevaux-légers de la compagnie dud. sieur Chevalier de .... et François Nau,

(1) Armoiries : *de gueules à 3 bandes d'argent.*

sieur des Ruo [du Ruau] cavallier dans lad. compagnie, reconnoist aussy Jean Nau, sieur des Marais, demeurant au Hâvre de Grâce, son oncle et Gabriel Nau, sieur de L'Estan, son cousin issu de germain, demeurant en sa maison de L'Estang, paroisse de Savigny-sur-Lude, porte pour armes : *de gueules à la gerbe d'or, support deux lyons d'or, au croissant d'argent en chef*, et proteste de requérir un délay pour retirer ses titres de Jean Nau, son oncle, auquel il les a prestés pour produire en Normandie et a signé ;

RENÉ NAU.

NAU. — Originaire de Touraine.

René Nau, écuyer, sieur de Cordais, demeurant paroisse de Longué, élection et présidial d'Angers, Gabriel Nau, écuyer, sieur de Lestang, demeurant paroisse de Savigny-sous-le-Lude, élection de Baugé, cousin issu de germain dud. René, ont justiffié la possession du titre de noblesse, depuis l'année 1502, commençant en la personne de leur quartayeul.

Porte : *de gueules à la gerbe de blé d'or soutenue de deux lions de même, au croissant montant d'argent en chef.*

— René Neau... eut acte de la représentation de ses titres le 16 août 1667.

Louise de Meaulne veuve de Pierre Neau, écuyer, sieur de La Goupillière, demeurant paroisse de Milon, élection de Baugé, eut acte de la représentation de ses titres tant pour luy que pour son frère, le 6 aoust 1667.

NAU (JEAN), sieur de La Brosse, parroisse de Luzillé, eslection et bailliage d'Amboise, comparant le XIX avril 1667, a dit que jamais il n'a pris ny entendu prendre la qualité d'escuyer, qu'à la vérité ayant esté pourveu d'une charge de garde du corps de feu Monsieur le Duc d'Orléans, la qualité d'escuyer fut emploiée dans les provisions qui luy furent données de lad. charge mais que néantmoins il n'a pris lad. qualité d'escuyer, qu'à la vérité il a jouy des privilèges de lad. charge et a signé :

NAU.

Led. sieur Nau a mis au greffe les pièces dont il entend se servir ce XX avril.

Les pièces dud. sieur Nau luy ont esté rendues le XX novembre 1669.

Armoiries : *d'azur à 5 triangles d'or, surmontés d'une flamme de même.*

NÉGRIER (René), sieur de La Crochardière, bourgeois de la ville du Mans, y demeurant, comparant le quinze juillet 1667, a dit qu'il n'a jamais pris ny entendu prendre la qualité d'escuyer et au contraire a toujours esté compris aux rolles des tailles et que sy lad. qualité d'escuyer luy a esté donnée, ça esté à son inseu et sans son consentement, et a faict eslection de domicille au domicille du sieur Lihoreau, chanoine de Saint-Pierre-le-Pillier de cette ville de Tours y demeurant proche lad. église et a signé:

Négrier [1].

NEPVEU (Thomas), sieur de Pouancé, demeurant parroisse d'Antogné, ressort de Saumur, bailliage d'Angers, comparant le 17 juillet 1666, nous a déclaré qu'il entend maintenir la qualité d'escuyer par luy prise et qu'il produira au premier jour les pièces dont il entend se servir, et a signé :

Nepveu.

NEPVEU (Thomas), sieur de Pouessé [Pouancé], demeurant parroisse d'Anthoignié, eslection de Montreuil-Bellay, bailliage de Saumur, comparant le 11e septembre 1666, lequel pour satisfaire à l'assignation qui luy a esté donnée à la requeste de Laspeyre le 10 juillet dernier, a dict qu'il entend maintenir la qualité d'escuier comme fils de Thomas Nepveu, sieur de Gaigné, maire, eschevin, conseiller de la ville d'Angers, et qu'il est seul de sa famille et porte pour armes : *d'azur à trois besans d'or chargé de trois croix de gueules*, et a esleu domicille en la personne de M^{tre} Bernard, procureur au bureau à Tours estant à nostre suitte, et pour la justiffication de sa noblesse a produict ses tiltres et pièces et a signé :

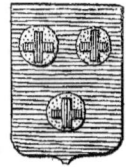

T. Nepveu.

Les pièces dud. sieur Nepveu luy ont esté rendues ce six avril 1667.

---

(1) Armoiries : *d'or à 3 têtes de Maure de sable tortillées d'argent, 2 et 1.* — Aliàs : *d'argent au sautoir de gueules cantonné de 4 têtes de Maure de sable.*

NEPVEU. — Originaire d'Angers, noblesse d'échevinage.

Thomas Nepveu, sieur de Pouancé, demeurant en la ville d'Angers, fils de Me Thomas Nepveu qui fut maire de lad. ville en 1628, a payé la confirmation.

Porte : *d'azur à 3 besans d'or, chargés chacun d'une croix de gueules.*

— Thomas Neveu... eut acte de la représentation de ses titres le 5 avril 1667.

Me Thomas Nepveu... qui exerça la charge de maire en 1628... pour jouir.

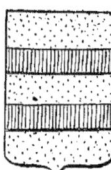

NEPVEU (Jacques), sieur de La Montallerie, y demeurant parroisse de Savigny, eslection de Richelieu, seneschaussée d'Angers, comparant le 22e aout 1668, a dit qu'il entend maintenir la qualité d'escuyer, qu'il est seul de sa maison et armes, qu'il porte : *d'or, à deux faces de gueulles*, pour la justification de laquelle qualité d'escuyer il a produict et mis au greffe les pièces et tiltres dont il s'entend ayder, et a signé :

Nepveu Montallerie.

Les pièces dud. sieur Nepveu luy ont esté rendues ce 24 aoust 1668.

NEPVEU. — Originaire de Poitou.

Jacques Nepveu, écuyer, sieur de La Mancellerie, demeurant paroisse de Savigny, élection de Richelieu, sénéchaussée d'Angers, a justiffié la possession du titre de noblesse, depuis l'année 1545, commençant en la personne de son bisayeul.

Porte : *d'or à 2 fasces de gueules.*

NICOLAS (Joseph), sieur de La Fardelière, demeurant à Nantes, parroisse de Saint-Léonard, comparant le 14 janvier 1669, par Me Pierre Berneust, le jeune, lequel a dit que led. sieur de La Fardelière, est habittant de la province de Bretagne et ne faict aucun domicille en Anjou, a requis son renvoy devant les sieurs commissaires establis par Sa Majesté en lad. province de Bretagne [1].

Signé : Berneust.

---

(1) Cette famille, anoblie en 1612, fut en effet maintenue en 1669.
Armoiries : *d'or au lion de sable, armé, lampassé et couronné de gueules, au chef de sable.*

NICOLLON (MATHURIN), sieur de Chansay, demeurant à Angers, comparant le 14e janvier 1667 par Mtre Michel Courtois, clerc de Me Jean Ferregeau, procureur au siège présidial de Tours, lequel a déclaré qu'icelluy Nicollon n'a jamais pris la quallité d'escuyer qu'il ne prétend point, et a signé :

COURTOIS [1].

NOIR (FRANÇOIS-ÉLISABETH LE), fille de deffunct Jean Lenoir et de Françoise Legué, sieur et dame du Bois-Huguet, demeurant parroisse de La Séguinière, comparant le xxviiie avril 1667 par Mtre Louis Le Damoysel, lequel a dict qu'elle entend maintenir la qualité d'escuier.

Signé: LE DAMOYSEL.

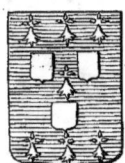

Les pièces de lad. damoiselle Le Noir ont esté rendues le cinquiesme may 1667.

NOIR (LE). — Originaire d'Anjou.
Damoiselle Françoise-Élisabeth Le Noir, demeurant parroisse de La Séguinière, élection de Montreuil-Bellay, ressort d'Angers, a justiffié la possession du titre de noblesse, depuis l'année 1506, commençant en la personne de son quartayeul. Il n'y a plus d'enfans masles de cette famille.
Porte : *d'azur à 3 écus d'argent 2 et 1, et 7 hermines posées, 3, 1 et 3.*
— Damoiselle Françoise-Élisabeth Le Noir... au nombre des maintenus par M. Voisin de La Noirays.

Damoiselle Marguerite Chaperon, veufve de PAUL LE NOIR, vivant sieur de Pasdeloup, demeurant parroisse de Sez en Loudunois, mère et tutrice de son fils et dud. deffunct, comparant le xiiie may 1667 par Mtre Paul Miré, lequel a dict qu'elle entend maintenir la qualité d'escuyer de sond. deffunct mary tant pour elle que pour sond. fils et que les tiltres pour la justiffication d'icelle

---

(1) Mathurin Nicollon de Chanzé fut conseiller et assesseur en l'hôtel de ville d'Angers en 1696.
Portait : *losangé d'or et d'azur au chef d'argent chargé de 3 hermines de sable.*

qualité estans produicts à Paris en une instance à la chambre souveraine, elle prétend demander délay de les retirer pour les représenter [1].

Signé : MIRÉ.

NOS (RENÉ DES), sieur du Mussé, demeurant parroisse de Charné, eslection de Mayenne, bailliage d'Ernée, comparant le trois aoust 1667, tant pour luy que pour Gilles des Nos des Mesnard, Philippes Jean et Jean-Baptiste des Nos, escuiers, frères, demeurantz parroisse de Sainct-Berthevin, eslection de Mayenne et ressort du Pontmain, lequel a déclaré qu'ils entendent maintenir la quallité d'escuiers, qu'ils ne connoissent personnes qui portent leur nom et armes en autres provinces qu'en Bretaigne qui sont messieurs des Nos de Panard demeurans parroisse de Saint-Mhervé ? baronnye de Vitré, de .... demeurant parroisse de Parigné, baronnye de Fougère et des Ville-Tesbaux demeurant au Vaumalloisel, parroisse du Plusdonnais en Bretaigne, et portent pour armes : *d'argent, au lion de sable, armé, lampassé et couronné d'or* et a signé :

RENÉ DESNOS.

Les pièces dud. sieur des Nos luy ont esté rendues le 5 aoust 1667.

NOTZ (DES). — Originaire du Mayne.
René Desnotz, écuyer, sieur du Moussé, demeurant paroisse de Charné, Gilles Des Notz, écuyer, sieur de Hémenard, Philippe et Jean-Baptiste des Notz, ses frères, demeurants paroisse de Saint-Berthevin, élection de Mayenne, ont justiffié la possession du titre de noblesse, depuis l'année 1532, commençant en la personne de leur trisayeul.

O

Damoiselle Marie Vollage, veufve de deffunct PIERRE ODESPUNG, sieur de La Meschinière, demeurante en la ville d'Angers, comparante le 23e janvier

---

(1) Denais donne à cette famille des armoiries presque semblables aux Lenoir de Bois-Huguet : *d'argent à 3 écussons d'azur 2 et 1, accompagnés de 6 hermines, 3, 2 et 1, une étoile de gueules en abime.*

1669 par Jean Leclerc, clerc de Me Michel Bernard, son procureur, lequel a dit qu'elle entend maintenir la quallité d'escuyer dud. deffunct son mary, et qu'elle ne congnoist personne qui porte son nom et armes qui sont : *d'or, à la croix d'azur, engreslée de sable, au franc quartier chargé d'un croissant de sable,* a mis au greffe les pièces dont elle entend se servir.

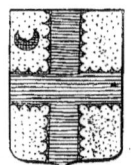

Signé : LECLERC.

Les pièces de lad. damoiselle ont esté rendues aud. Leclerc, le premier febvrier 1669.

ODESPIN. — Originaire de Touraine.

Marie Volage veuve de deffunct Pierre Odespin, écuyer, sieur de La Meesinière, demeurant en la ville d'Angers, a justiffié la possession du titre de noblesse de son mary, depuis l'année 1547, commençant en la personne de son bisayeul.

Porte : *d'or à la croix danché d'azur, au franc-quartier chargé d'un croissant de sable.*

— Pierre d'Odespung, écuyer, sieur de La Méchinière... eut acte de la représentation de ses titres le 1er février 1669.

Armoiries : *d'or à la croix d'azur engrelée de sable et cantonnée au 1er canton d'un croissant de sable.*

OLLIVIER (Me ANTOINE), advocat en parlement et ez sièges royaux de Loudun, y demeurant, comparant le sept juin 1667 par Me Daniel Montault, advocat aud. siège de Loudun, lequel a dict que led Ollivier n'a jamais pris la qualité d'escuyer, à laquelle il renonce et a signé :

MONTAULT.

ORILLARD (MICHEL), sommier de fruiterie de feu Son Altesse Royalle Monsieur le duc d'Orléans, demeurant au bourg et parroisse de Mosne, eslection d'Amboise, comparant par Jean Leclerc, son procureur, lequel a dit que led. Orillard ne scait pourquoy il a esté assigné, touttes foys que sy c'est que l'on prétende qu'il ayt pris la quallité d'escuyer ou de chevallier, déclare qu'il ne l'a jamais prise et que sy c'est comme exempt des tailles, qu'il est prest de produire ses provisions de lad. charge ou autres pièces nécessaires pour justiffier qu'il a droict d'en jouir :

Signé : LECLERC.

Led. Orillard a mis au greffe les pièces dont il entend se servir ce 18e febvrier 1669.

J'ay soubsigné recongnoist que les pièces dud. sr Orillard m'ont esté rendues à Tours le 10 juin 1669.

BERNARD.

ORVAUX (RENÉ D'), sieur de La Beuvrière, demeurant parroisse de Grez-Neufville, ressort du présidial et eslection d'Angers, comparant le unze avril 1667, par Me Pierre Berneust Le Jeune, procureur au présidial de Tours, lequel a dit qu'icelluy d'Orvaux entend maintenir la qualité d'escuyer, et qu'il porte pour armes : *de sable, à la bande d'argent à deux cottices d'or.*

Signé : BERNEUST.

Led. sieur d'Orvaux a mis au greffe les pièces dont il entend se servir ce trois juin 1667.

Les pièces dud. sieur luy ont esté rendues le cinq desd. mois et an.

Signé : DORVAULX.

ORVAUX (D'). — Originaire d'Anjou.
René d'Orvaux, écuyer, sieur de La Beuvrière, demeurant paroisse de Gréneuville, Guillaume et Nicolas d'Orvaux, ses frères, demeurants paroisse de La Ferrière, élection et bailliage d'Angers, ont justifflé la possession du titre de noblesse, depuis l'année 1541, commençant en la personne de leur bisayeul.
Porte : *de sable à la bande d'argent cotoyée de 2 cotices d'or.*
— René d'Orvaux... eut acte de la représentation de ses titres... le 5 juin 1667.

OUVRARD (PIERRE), prévost de la mareschaussée de Laval, comparant le 29 septembre 1666, lequel pour satisfaire à l'assignation à luy donnée à la requeste de Laspeyre, a dict qu'il entend maintenir sa qualité d'escuyer, en conséquence des lectres de noblesse obtenues par deffunct André Ouvrard, son frère, et du brevet de retenue par luy obtenu qu'il produira au premier jour, qu'il est unique de sa famille, et porte pour armes celles qu'il fera mettre au hault de son arbre généalogique, et a esleu domicille en la maison de M^tre Bernard, estant à nostre suitte, et a signé :

OUVRARD.

Les pièces dud. sieur Ouvrard luy ont esté rendues ce deux octobre 1666.

OUVRARD (DE). — Originaire de Laval.

Pierre Ouvrard, écuyer, sieur de La Baronnerie et de La Saudraye, lieutenant du prévot provincial du Mans à la résidence de Laval a esté anobly par le roy au mois de septembre 1665 pour les services par luy rendus et par son deffunct père et a obtenu un brevet de retenue pour la confirmation dud. anoblissement nonobstant la révocation portée par la déclaration de S. M. en 1664.

Porte : *d'azur au soleil d'or posé en chef soutenu de deux aigles affrontées de même et en pointe d'un croissant montant d'argent...*

P

PAISSAC (PIERRE), garde à cheval des chasses de Saint-Germain-en-Laye, demeurant parroisse de Beaumont-Pied-de-Bœuf, eslection de Chasteau-du-Loir, comparant le xie juin 1667, a dit qu'il n'a jamais pris la qualité d'escuyer, ne la prétent point et y renonce, a faict élection de domicile au logis de Me Nicolas Boulenger, advocat en cette ville du Chasteau-du-Loir et a signé :

P. PAISSAC.

PALLU (M^tre ÉTIENNE), antien conseiller et advocat du roy au siège présidial de Tours, eschevin de lad. ville, y demeurant, comparant le xxie janvier 1669, a déclaré qu'il a esté nommé par le deffunct Roy à la charge d'eschevin au lieu et place de deffunct sieur de Vaux-Pallu, son père le xxviie aoust 1628, en laquelle il a presté le serment le xxiiiie septembre audit an ; il n'a pas observé s'il a pris la qualité d'escuyer mais communément celle de noble, et comme il a estimé que le titre d'escuyer estoit plus convenable aux gentils-hommes portans les armes il ne l'a affecté mais le plus souvent celuy de noble, soustient pouvoir prendre lesd. qualités de noble et d'escuyer en conséquence de sesd. qualités de maire et eschevin et requiert estre deschargé de la poursuicte contre luy faicte et a signé :

PALLU.

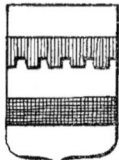

PALLU (PIERRE DE LA), sieur de Lautonnière, demeurant parroisse de Grée, eslection et ressort du Mans, comparant le xviie febvrier 1667 par Me Michel Bernard, lequel a dit que led. sieur de La Pallu entend maintenir la quallité d'escuyer, pour la justiffication de laquelle il a produict au greffe les pièces dont il entend se servir.

BERNARD.

Les pièces dud. sieur de La Pallu ont esté rendues aud. Bernard, son procureur, ce xviie avril 1667 [1].

PALLUET (ESTIENNE), excmpt de la mareschaussée d'Angers, demeurant en lad. ville, comparant le 5 octobre 1666, lequel pour satisfaire à l'assignation à luy donnée à la requeste de Laspeyre, a dict qu'il n'a jamais pris la qualité d'escuyer à laquelle il renonce comme se verra dans tous les actes de conséquence par luy faicts, mesme de ceux de sa charge d'exempt qu'il exerce depuis trante ans, que si pourtant elle luy a esté donnée par quelques notaires dans quelques actes de peu de conséquence, ç'a esté sans son sceu et sans sa participation, et a signé :

E. PALLUET.

PANNETIER (JEAN LE), marchand, sieur de La Besnardière, demeurant en la ville d'Ernée, eslection de Mayenne, comparant le douze apvril 1669 par Me Jean Le Pannetier, sieur de Préaux, son filz, procureur du Roy en lad. élection, lequel a dit que sond. père n'a jamais pris la qualité d'escuyer ny de chevalier et qu'il y renonce et a signé :

J. LE PANNETIER.

(1) Armoiries : *d'argent à la fasce de gueules crenelée par le bas, soutenue d'une autre fasce de sable.*

PANTIN (Samuel), sieur de La Hamelinière, demeurant parroisse de Chantoceaux, eslection et ressort d'Angers, comparant le dix-huictiesme may 1667 par François Poupon, sieur de Beaulieu, lequel a dit que led. sieur entend maintenir la qualité d'escuyer, qu'il est aisné de sa maison et qu'il ne connoist autres personnes de son nom et armes que les sieurs Pantin de La Guaire, cadets sortis de lad. maison, qui sont demeurans en Bretagne, et qu'il porte pour armes : *d'argent, à une croix de sable cantonnée de quatre mollectes d'espron de gueules,* a mis au greffe les pièces dont led. sieur entend se servir, et a signé :

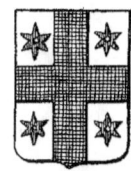

Poupon.

Lesd. pièces ont esté rendues le 20ᵉ may 1667.

PANTIN. — Originaire de Bretagne.
Samuel Pantin, écuyer, sieur de La Hamelinière, demeurant paroisse de Chantoceaux, élection et ressort d'Angers, a justifié la possession du titre de noblesse, depuis l'année 1546, commençant en la personne de son trisayeul.
Porte : *d'argent à la croix de sable cantonnée de 4 molettes de gueules.*
— Samuel Pantin... eut acte de la représentation de ses titres le 18 may 1669.

PAPILLON (Gabriel), sieur des Roches, demeurant parroisse d'Auzoué, ressort et bailliage de Tours, comparant le 22 juillet 1666, a déclaré qu'il entend maintenir la qualité d'escuier et a requis délay de deux mois pour réprésenter ses tiltres.
Ledit sieur nous a dit que Rolland Papillon, son frère, demeurant en la ville de Paris depuis environ quinze ans a néantmoins esté assigné par devant nous, pourquoy a requis délay pour advertir led. sieur Rolland Papillon, et a signé :

Des Roches Papillon.

PAPILLON (........) sieur de Villomé, demeurant à Chasteau-Regnault, bailliage de Tours, comparant le 26 juillet 1666, nous a dit qu'il entend maintenir sa qualité d'escuier, comme issu de parens nobles; mais qu'il est en procès avecques sa mère qui s'est saisye de tous les tiltres de sa famille pendant son absence dans les païs estrangers, partant nous requiert un délay de trois mois pour obliger sad. mère de rendre ses tiltres, reconnoist en oultre qu'il a deux frères : Rolland et Gabriel, et une sœur Suzanne Papillon, qui sont les seuls qu'il reconnoist de sa famille ; ses armes : *un lyon et deux roses*, qu'il ne peut blazonner, et a signé :

Papillon.

PAPILLON (Samuel), sieur de Vauberault, demeurant à Metz-Robert, parroisse de Sainct-Georges-sur-Eure, eslection et bailliage de Chartres, générallité d'Orléans, lequel pour satisfaire à l'assignation à luy donnée à la requeste de Laspeyre par exploict de Gacongne, le 25 juillet dernier, pour payer la somme de deux mil livres à laquelle il est condamné par arrest de la Cour des aydes du 2 décembre 1666, a dit lad. assignation luy avoir esté mal donnée au logis de la damoiselle veufve de Vauxbraux, sa mère, aud. Vauxbraux, parroisse de Nazelles près Amboise dans laquelle il n'a demeuré depuis 8 ans qu'il est marié et a tousjours demeuré en lad. parroisse de Sainct-Georges, partant a requis son renvoy par devant Monsieur le commissaire subdélégué de Sa Majesté en la générallité d'Orléans, par devant lequel il prétend faire veoir la nullité dud. arrest de la Cour des aydes, et en outre faire preuve de sa noblesse, et a signé :

S. Papillon Vauberault.

Et le 10 aoust aud. an, M^{tre} Jean Bretonneau comme procureur dud. Papillon nous a déclaré que led. sieur est près de rapporter ses tiltres par devant nous en luy donnant un bref délay ; led. Papillon ayant tousjours vescu noblement estant seigneur de la terre de Vauxbraux qui vault quarante mil livres et possède du chef de sa femme une terre au pays chartrain de valeur de cinquante à soixante mil livres, auquel Bretonneau aud. nom avons octroyé délay de quinze jours sans espérance de nouveau délay, et a signé :

Bretonneau.

Les pièces qui ont esté mises au greffe par Rolland Papillon, cousin-germain dud. Samuel tant pour luy que pour led. Samuel Papillon et Gabriel Papillon ses cousins, luy ont esté rendues le 26 juin 1670.

Signé :   R. Papillon.

PAPILLON (Louis), sieur des Sources, demeurant à présent en la parroisse de Nazelles, eslection d'Amboise, comparant le vie octobre 1668 tant pour luy que pour Samuel Papillon, sieur de Vauberault, son frère, demeurant mesme parroisse et Rolland Papillon, sieur de La Graffardière et de Villaumay, demeurant ordinairement à Paris et Gabriel Papillon, sieur des Roches-Bléré, demeurant parroisse d'Auzouet, mesme eslection, ont dit qu'ils entendent maintenir la qualité d'escuier, que lesd. Samuel et Louis Papillon sont aisnez de la maison et lesd. Rolland et Gabriel cadets de lad. maison et qu'outre les sieurs Papillon qui demeurent en Provence, il n'en cognoissent autres qui porte leur nom et armes qui sont : *d'or, à un lion de gueules appuyé sur trois roses de mesmes*, ont mis au greffe les pièces dont ils prétendent se servir et ont signé :

   Louis Papillon.   De Papillon.

       Gabriel Papillon [1].

PARAGE (Louis de), provost général et provincial du duché de Beaumont, seneschaussée siège présidial et mareschaussée de La Flesche, et anciens ressorts, demeurant en lad. ville de La Flèche, comparant le 29 aoust 1666, lequel pour satisfaire à l'assignation à luy donnée à la requeste de Laspeyre le vingt un du présent mois par exploict de Carteron, huissier, pour procéder aux fins dud. exploict et de nostre ordonnance y énoncée, a dit qu'il a pris la qualité d'escuier à luy donnée par les provisions de ses charges et qu'ayant esté cy-devant assigné aux mesmes fins à la Cour des aydes ainsy que plusieurs autres provosts de mesme qualité, à la requeste de Mtre Thomas Bousseau cy-devant chargé de la recherche des usurpateurs du tiltre de noblesse, plusieurs desd. provosts s'estans pourveus au Conseil, arrest seroit intervenu le douze mars 1665, portant que tous les provosts généraux et provinciaux sont déchargés de la demande et recherche dud. Bousseau, et sur les demandes desd. provosts et leurs lieutenans servans près leurs personnes seulement pour estre maintenus à l'advenir en lad. qualité d'escuier, et ordonné qu'ils justiffieront dans trois mois de leurs tiltres de provisions et aultres tiltres en vertu desquels ils prétendent lad. qualité et jusques à ce deffences à eux de la

---

(1) Armoiries : *d'or au lion de gueules, adextré de 3 roses de même posées en pal.*

prendre ; depuis lequel arrest il n'a pris lad. qualité d'escuyer et déclare qu'il ne la veut prendre s'il ne plaist à Sa Majesté la luy vouloir continuer en vertu de ses lettres de provision dans lesquelles lad. qualité luy est donnée, et a faict eslection de domicille en la personne de M^tre Bernard, et a signé :

Parage.

Les pièces dud. sieur Parage luy ont esté rendues ce 22 aoust 1667.

PAS (Antoine du), enfant de cuisine et bouche de feu Monsieur le duc d'Orléans, demeurant parroisse de Chenonceaux, eslection d'Amboise, comparant le dix décembre 1668, a dit qu'il n'a jamais pris ny entendu prendre la quatité d'escuyer, ny jouy d'autre privilège que de ceux attribuez à sad. charge, et a signé :

Dupas.

PASQUIER (Pierre), sieur de La Forest, demeurant à Angers, comparant le dernier may 1667 a dit qu'il n'a jamais pris la qualité d'escuyer et que sy elle luy a esté donnée en quelque acte ça esté à son inseu et sans son consentement et a signé :

Pasquier.

PATRIX (Vincent), bailly de Loudunois, comparant le dix-huictiesme may 1667, a dit qu'il entend maintenir la quallité d'escuier, comme fils d'un eschevin et maire de la ville de Tours [1], qu'il est seul de sa famille et comme bailly de Loudunois et pour la justiffication de sad. noblesse a protesté de demander un dellay compétant pour retirer ses tiltres qui sont produicts au Parlement, led. sieur Patrix comparant par Me Briffault son procureur lequel a signé :

Briffault [2].

---

(1) Jean Patrix, avocat en Parlement, échevin de Tours, fut élu maire de cette ville en 1643.
(2) Armoiries : *d'argent au chevron d'azur, accompagné de 3 feuilles de houx de sinople 2 et 1, une hure de sanglier de sable posée en chef.*

PAULMIER.
— Les enfans de Mᵉ François Paulmier vivant avocat et fils de Mᵉ René Paulmier, sieur de La Bouverie, qui fut échevin en 1629, pour jouir...

PAUVERT (DE).
René de Pauvert, écuyer, sieur du Poilvire [1], demeurant paroisse dud. lieu, élection de Châteaugontier eût acte de la repésentation de ses titres, tant pour lui que pour son frère et ses cousins, le 22 août 1669.
Armoiries : *d'or à la croix ancrée de gueules cantonnée de 4 roses de même.*

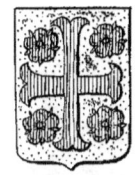

PAYNEAU.
— Mᵉ Pierre Payneau [2], sieur de Pégon, conseiller au présidial d'Angers, qui fut échevin en 1664, pour jouir.....

PÉAN (GEORGES), sieur de Malitourne, l'un des vingt-quatre eschevins perpétuels de la ville de Tours, y demeurant, comparant le XXIVᵉ janvier 1669, a déclaré qu'en l'année 1651 par lettres de cachet de Sa Majesté du XXIIᵉ novembre, il a esté nommé eschevin de lad. ville au lieu du feu sieur Buisson et presté le serment le quatriesme décembre suivant, depuis lequel temps ayant donné des marques de sa fidélité et des soins assidus qu'il a pris des affaires publicques et le service de Sa Majesté dans les occasions, où il a esté par elle choisy en 1666 par ses lettres de cachet pour faire la charge de maire et continué l'année suivante par autres lettres de cachet, depuis laquelle nomination il a jouy des privillèges de noblesse accordés au corps de cette ville par les roys Louis XIᵉ et Henry IIIᵉ confirmées par leurs successeurs et mesme par Sa Majesté et n'ayant faict aucun acte desrogeant il doit continuer d'en jouir suivant l'intention de Sa Majesté portée par sa déclaration du mois d'avril 1667, a mis au greffe les pièces dont il entend se servir et a signé :

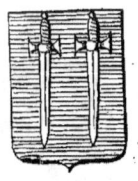

PÉAN MALITOURNE [3].

PEIGNÉ (HARDY LE), sieur de Lormont, demeurant parroisse de La Tillière ?, eslection et ressort d'Angers, comparant le dix-sept may 1667, par Mᵗʳᵉ Jacques-Paul Miré, procureur à la suitte de Monsieur l'Intendant, lequel

---

(1) Aucune paroisse de ce nom ou d'un nom approchant n'existe dans l'élection de Château-Gontier.
(2) Armoiries : *de gueules à l'aigle éployée d'or accostée de 2 colonnes d'argent.*
(3) Armoiries : *d'azur à 2 espées d'argent mises en pal la pointe en bas.*

a dit que led. sieur Lepeigné entend maintenir la qualité d'escuyer et qu'il prétend demander délay pour aporter les tiltres de sa noblesse qui sont entre les mains de dame Anne Lepeigné, fille et principalle héritière de deffunct Louis Lepeigné, vivant sieur de La Charoulière, frère aisné dud. sieur Lepeigné, et a signé :

Miré.

Lad. dame de Lepeigné a produict ses tiltres tant pour elle que pour led. Hardy de Lepeigné, sieur de Lormont.

Lesd. tiltres ont esté rendus aud. sieur et dame Lespeigné.

Signé : Anne Le Peigné.

Le Damoysel.

PELAUT (René), sieur du Colombier, demeurant à Bourgueil, ressort de Chinon, bailliage de Tours, comparant le 16 juillet 1666, nous a dit qu'il entend maintenir la qualité d'escuyer et qu'il produira au premier jour les pièces dont il entend se servir et a signé :

René Pelaud.

Led. sieur Pelaut a mis ses pièces au greffe le 17 mars 1668, lesquelles luy ont esté rendues le 29 dud. mois.

PELAUD. — Originaire d'Anjou.

René Pelaud, écuyer, sieur du Colombier, demeurant paroisse de Saint-Nicolas de Bourgueuil, élection de Saumur, ressort de Chinon, bailliage de Tours, a justiffié la possession du titre de noblesse, depuis l'année 1510, commençant en la personne de son trisayeul.

Porte : *de gueules semé de billettes d'or au lion rampant d'argent armé, lampassé et couronné d'or.*

— René Pelaud... demeurant en sa maison du Porquier... eut acte de la représentation de ses titres le 19 mars 1668.

PELISSON (Daniel), sieur de Montigné, demeurant parroisse d'Antrasmes [Entrammes], comparant le xviiie septembre 1666 par M^{tre} Michel Bernard, lequel a déclaré que ledict Pelisson n'a jamais prétendu la qualité d'escuyer bien qu'il eust asses de raisons pour ce faire et que s'il se trouve qu'elle luy ait esté donnée en aucuns actes ç'a esté les notaires ou autres qui les ont passés qui l'y ont inceré de leur chef sans en avoir eu ordre de sa part et sans qu'il y ait pris garde, qu'il y renonce en cas que besoin soit, n'en ayant aussy jamais tiré aucun advantage proffit ny privilège ayant toujours payé la taille, et a signé :

BERNARD [1].

PELLÉ (CHARLES), sieur de La Bonnardière, chef du gobelet de la deffuncte Royne-mère, demeurant parroisse de Montsoreau, eslection de Saumur, comparant le cinq octobre 1666, lequel pour satisfaire à l'assignation à luy donnée à la requeste de Laspeyre, a dict qu'il ne prétend poinct la quallité d'escuier de naissance, et que sy quelque notaire luy a donné lad. qualité d'escuier par quelque acte c'est à cause de sad. charge de chef de gobelet de la Royne dont il est pourveu il y a plus de neuf ans, et auparavant n'a poinct pris lad. qualité d'escuier, et pour la justiffication offre produire ses pièces au premier jour, et a esleu son domicille en la maison de M^{tre} André Guérin, procureur à Chinon, et a signé :

C. PELLÉ DE LA BONNARDIÈRE.

PELLETIER (GUILLAUME), sieur de La Simonnière, demeurant en cette ville de Tours, comparant le quatre may 1667, a dit qu'il n'a jamais pris ny entendu prendre la qualité d'escuyer ny soubz ce prétexte prétendu estre exempt du payement de la taille ne autres charges dont les roturiers sont tenus, ce qui parroist d'autant qu'il est imposé aux tailles de la parroisse de Nouzillé, comme faisant valloir la terre et mestairie de Belle-Fontaine, en lad. parroisse quoy qu'il soit bourgeois de cetted. ville et a signé :

PELLETIER.

PELLETIER (JEAN), sieur de Beaupré, capitaine d'une compagnie dans l'isle Saint-Christophle, et ambleur de la petite escurie du Roy, demeurant parroisse Saint-Patrice, eslection de Chinon, comparant le XXIXe may 1668 a

---

(1) Cette famille portait : *de sinople à 3 gerbes d'or, au porc épic de même en abîme.*

dit qu'il n'a jamais pris la qualité d'escuyer à laquelle il a renoncé et renonce entend que besoin est ou seroit, et a signé :

BEAUPRÉ-PELLETIER.

PELLETIER (GUILLAUME LE), sieur de La Simonnière, demeurant en cette ville de Tours, comparant le xxviie décembre 1667, a dit que M^{tre} Laspeyre l'a dès le vingt-deux avril dernier fait assigner aux mesmes fins, à laquelle assignation il auroit comparu le quatre may ensuivant et déclaré comme il fait de rechef qu'il n'a jamais pris ny entendu prendre la qualité d'escuyer, ny soubz ce prétexte estre exempt du payement de la taille et autres charges et impositions auxquelles les roturiers sont sujets, ayant au contraire esté imposé aux tailles de la parroisse de Nouzillé, comme faisant valoir la terre de Bellefontaine en lad. parroisse, quoyque bourgeois de cetted. ville de Tours, et a signé :

PELLETIER [1].

PELLETIER (ESTIENNE LE), sieur de La Foucaudière conseiller au présidial du Mans, y demeurant, comparant le 25e aoust 1666, lequel pour satisfaire à l'assignation à luy donnée à la requeste de Laspeyre par exploict de Berton, le treize du présent mois, pour procéder aux fins dud. exploict et de nostre ordonnance y énoncée a dit qu'il entend maintenir la qualité d'escuyer qui luy a esté octroyée par Sa Majesté en considération et pour récompense des services qu'il luy a rendu dont il luy a pleu luy faire expédier ses lettres et depuis la révoquation des anoblissemens un brevet de retenue en lad. qualité nonobstant lad. révoquation, lesquelles lettres et brevets ensemble les commissions des employs qu'il a eu et les certifficats des services qu'il a rendus il mettera incessamment au greffe et pouroit mesmes justiffier de sa noblesse par sa naissance mais estant issu de cadets de sa famille et n'ayant tous les tiltres nécessaires quand à présent se restraint seullement ausd. lettres de noblesse, brevet de retenue, commissions et certifficats de service, et a faict eslection de domicille en la personne de M^{tre} Michel Bernard,

(1) Armoiries : *d'hermines à 2 pals de vair.*

procureur au bureau des finances à Tours, estant à la suitte de Monsieur l'Intendant, et a signé :

Le Pelletier de La Foucaudière.

Led. jour led. sieur Pelletier a mis au greffe les pièces dont il entend se servir, lesquelles ont esté paraphées par première et dernière.

Les pièces dud. sieur Le Pelletier luy ont esté rendues ce jour d'huy 25ᵉ aoust 1666 [1].

PELLETIER (François Le), sieur du Grignon, demeurant en la ville du Mans, comparant le dix septembre 1666, lequel pour satisfaire à l'assignation à luy donnée sur deffault le quatre du présent mois à la requeste de Laspeyre, a dit qu'il entend maintenir la qualité d'escuyer et qu'il est resté seul de sa famille n'ayant que deux nepveus ecclésiastiques et qu'il porte pour armes : *de gueules à une toison d'argent parsemée d'hermines*, et qu'il produira au premier jour les pièces dont il entend se servir pour la justiffication de sa noblesse, et a faict eslection de domicille en la personne de Mtre Michel Bernard, et a signé :

F. Le Peletier Grignon.

PELLETIER (Robin Le), sieur de La Richerays, conseiller du Roy, président bailly, juge général au siège royal de la baronnie de Sainte-Suzanne, y demeurant, eslection et ressort de La Flèche, comparant le xxvıᵉ juillet 1667, par Mtre Louis Le Damoisel, procureur à la suitte de Monsieur l'Intendant, lequel a dit que led. sieur de La Richardière n'a jamais pris la qualité d'escuyer, qu'il ne l'a jamais entendu prendre et qu'il y renonce, ayant toujours esté employé aux roolles des tailles de la parroisse où il est demeurant.

Le Damoysel.

PELLETIER (Charles Le), sieur de Feumusson, demeurant en la ville du Mans, comparant le cinquiesme avril 1669, par Jacques de La Haye, clerc de

---

(1) Armoiries : *d'argent à l'arbre arraché de sinople, accompagné de 3 roses de gueules, 2 et 1*.

Me Michel Bernard, procureur au bureau des Finances de Tours et son procureur, lequel Delahaye a dit que led. Le Pelletier n'a jamais pris ny prétendu prendre la qualité d'escuyer et y renonce.

DE LA HAYE.

PELLETIER (LE). — Originaire du Mans.

Etienne Le Pelletier, écuyer, conseiller au présidial du Mans y demeurant, a représenté les lettres d'anoblissement, obtenues par lui au mois d'aoust 1661, en conséquence des services par lui rendus et attendu la révocation portée par la déclaration de 1664, il a obtenu un brevet de retenue pour la confirmation desdites lettres, le 18 septembre 1665, qu'il a aussy représenté.

PELLOUARD (JEAN), sieur de L'Estang, demeurant au bourg de Torcé, bailliage du Mans, comparant le 12 juillet 1666, nous a déclaré qu'ayant servy Sa Majesté en qualité de commissaire ordinaire de son artillerie en ses armées, pendant 25 ans et plus, il se peut que quelques notaires, luy ayent donné la qualité d'escuyer à cause de sad. charge, laquelle néantmoins il n'a jamais prétendue et au contraire est employé aux roolles des tailles de lad. paroisse de Torcé, et a signé :

J. PELOUARD.

Condamné.

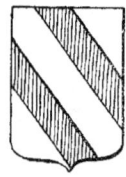

PENNART (RENÉ DE), sieur du Port de Miré, y demeurant parroisse dud. lieu, eslection de Chasteaugontier, duché et payrie de Sablé, comparant le xxie aoust 1668, a dit qu'il entend maintenir la qualité d'escuyer, qu'il est issu de cadet de sa maison, qu'outre René et Phelipes de Pennart, ses enfans, Mathurin de Pennart, sieur de La Guedonnière, son frère puisné, demeurant en lad. parroisse de Miré, René et Jacques de Pennart, frères, ses cousins-germains, demeurans, scavoir led. René parroisse d'Ernée, eslection, duché et payrie de Mayenne, et led. Jacques en la ville de Paris, Nicollas-François de Pennart, son cousin issu de germain, issu de l'aisné de sa maison, demeurant parroisse Saint-Paul-le-Gaultier eslection du Mans, duché et payrie dud.

Mayenne, Françoise-Marguerite-Anne et Catherine de Pennart, sœurs dud. Nicollas-François de Pennart, il ne connoist autres personnes de son nom et armes qu'il porte : *d'argent, à deux bandes de gueules,* pour la justiffication de laquelle qualité d'escuyer, il a mis au greffe les pièces dont il entend se servir et a signé :

DE PENNART.

Les pièces dud. sieur de Pennart luy ont esté rendues ce XXIIe aoust 1668.

PENNARD (DE). — Originaire du Maine.

René de Pennard, écuyer, sieur du Port de Miré, y demeurant, élection de Châteaugontier, Mathurin de Pennard, écuyer sieur de La Guidonnière, son frère, demeurant paroisse de Miré, René de Pennard, écuyer, sieur des Epinaires ? demeurant paroisse d'Ernée, élection et ressort de Mayenne, cousin germain desdits René et Mathurin, et Nicolas-François, écuyer, sieur de Chantepie leur cousin du 2 ou 3e dégré, demeurant paroisse de Saint-Paul-le-Gautier, élection et ressort du Mans, ont justiffié la possession du titre de noblesse, depuis l'année 1441, commençant scavoir lesd. René, Mathurin et René de Pennard en la personne de leur quartayeul et le dit Nicolas en celle de son trisayeul.

Porte : *d'argent à 2 bandes de gueules.*

PÉQUINEAU (PHILBERT), sieur de La Fresnaie, demeurant à Tours, comparant le 20 juillet 1666, par M^{tre} Michel Bernard, a déclaré qu'ayant esté poursuivy à la Cour des aydes aux mesmes fins, il y a envoyé ses tiltres pour lesquels retirer il requiert délay de trois mois.

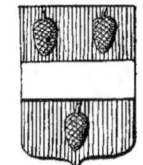

Signé : BERNARD.

PÉQUINEAU (Noble PHILBERT), sieur de La Fresnaye, conseiller du Roy, controlleur général des finances en la généralité de Tours, comparant le 19e décembre 1668, a dit qu'il a eu droict de prendre la qualité d'escuyer fondé sur sa naissance et charge de controlleur général des finances, de laquelle charge il prétend quant à présent avoir droict de maintenir lad. qualité estant attribuée à tous les trésoriers de France dont lad. charge fait partie du corps, comme il est justiffié par la déclaration du Roy Henry troisiesme du 28e janvier 1576, vérifiée en la Cour des aydes le quatre juin aud. an, et auxquels termes de la déclaration il a esté en droict de prendre lad. qualité tout ainsy que lesd. trésoriers de France dont il fait partie du corps, déclarant quand a présent comme il est cadet des cadets de sa maison qu'il s'en raporte aux aisnés de produire les tiltres de sa famille de laquelle déclaration il a requis acte et a signé :

Peguineau.

Led. sieur a produict les pièces dont il entend se servir ce xviiie janvier 1669.
Led. sieur a produict de nouveau ce 1er febvrier 1669.
Le dernier mars 1669, led. sieur a produit de nouveau.
Toutes les productions dud. sieur Péquineau luy ont esté rendues le xxvi mars 1670.

PÉQUINEAU (Galliot), sieur de Vaudésir[1], demeurant parroisse de Huismes, eslection de Chinon, bailliage de Tours, comparant le 17e septembre 1667, par Me Michel Bernard, procureur au bureau des finances à Tours, lequel a dit qu'icelluy Péquineau entend maintenir la qualité d'escuyer, et a signé :

Bernard.

Julienne Lefebvre, veufve Louis PERCHERON, vivant chauffe-cire à sceller de la deffuncte mère du Roy, demeurant à Chahaignes, eslection de La Flèche, comparant le neuf may 1667 par M^{tre} Nicolas Luzeau, procureur au présidial de Tours, lequel a dit que lad. Lefebvre n'a poinct congnoissance que led. deffunct Percheron son mary ait pris la qualité d'escuyer et qu'elle y renonce.

Signé : Luzeau.

PERCYL (Jacques), sieur de La Boissière, demeurant parroisse de Maillé, eslection et ressort de Chinon, bailliage de Touraine, comparant le six octobre 1666, lequel a dit qu'il entend maintenir la qualité d'escuyer, qu'il est aisné

---

(1) Armoiries : *de gueules à la fasce d'argent accompagnée de 3 pommes de pin versées d'or, 2 et 1.*

issu d'un cadet de sa maison et que Pierre de Percy demeurant en lad. parroisse est son frère et que .... de Percyl, sieur de Loché, demeurant aud. lieu de Loché, eslection de Loches, bailliage de Touraine est l'aisné de lad. maison, et qu'il n'en cognoist autres de son nom et armes, qu'il porte *d'argent à neuf hermines de sable et trois bezans d'azur* et pour la justiffication de lad. qualité a mis au greffe les pièces dont il entend se servir, et a faict eslection de domicille en cette ville de Chinon, au logis de M^{tre} Jacques Bruzard, procureur, et a signé :

J. DE PERCYL.

PERSIL (RENÉ DE), sieur de La Renaudière, demeurant en la parroisse de Chemiré, eslection de Loches, bailliage de Tours, comparant le XIIIe septembre 1668, a dit qu'il entend maintenir la qualité d'escuyer par luy prise, qu'il est cadet de sa famille, que son aisné est Michel de Persil, seigneur de Loché, y demeurant eslection de Loches, et .... de Persil, sieur de La Boissière, demeurant à Sepmes, eslection de Chinon qui est sorty de cadetz de sa famille, porte pour armes : *d'hermines, à trois tourteaux d'azur, un en chef et deux en pointe*, et a signé :

RENÉ DE PERSIL.

PERSIL (DE). — Originaire de Touraine.

Michel de Persil, écuyer, sieur de Loché et René Persil, écuyer, sieur de La Renardière, son frère, demeurant paroisse de Loché, élection et ressort de Loches, bailliage de Tours, ont justifflé la possession du titre de noblesse, depuis l'année 1507, commençant en la personne de leur trisayeul.

Porte : *d'argent à trois tourteaux d'azur accompagnés de 9 hermines de sable, 3, 3, et 3*[1].

PÉRION (LOUIS), chevallier, viconte de Ports, et seigneur du Roger, demeurant en son chastel de Ports, parroisse dud. lieu, eslection de Chinon, et baillliage de Tours, comparant le 27e janvier 1667 par Me Jacques Bruzard, procureur au siège royal de Chinon, lequel a dit que led. sieur Périon entend maintenir la qualité d'escuyer, porte pour armes : *d'argent, au griffon de gueules* ; a mis au greffe les pièces dont il entend se servir et a signé :

BRUZARD.

---

[1] Carré de Busserolles leur donne, à tort, comme aux Northumberland d'Angleterre : *d'or au lion d'azur, écartelé de gueules à 3 perches (poissons) d'argent en pal.*

Les pièces dud. sieur Périon ont esté rendues aud. Bruzard ce ix février 1668.

PÉRION (ROBERT DE), sieur de La Choisière, y demeurant parroisse Saint-Laurent de Boussay, comparant le xviie février 1668 par Leclerc, son procureur, a déclaré qu'il entend maintenir la qualité d'escuyer, qu'il porte pour armes : *d'argent, au griffon de gueules,* et produira ses tiltres pour la justiffication de lad. qualité au premier jour.

Signé : LECLERC.

Led. sieur de Perion a mis au greffe par Me Louis Le Damoisel les pièces dont il entend se servir ce 4e mars 1668.

Les pièces dud. sieur de Perion ont esté rendues aud. Le Damoisel son procureur le seize mars 1668.

Damoiselle Charlotte de Mons, vefve de deffunct PHILIPPE DE PERION, sieur du Ris, demeurante parroisse de Saint-Laurens de Boussay, eslection et ressort de Loches, comparant le xviie aoust 1668 par Me Louis Le Damoisel, lequel a dit qu'icelle damoiselle entend maintenir la quallité d'escuyer dud. deffunct de Perion, son mary, pour la justiffication de laquelle elle employe l'inventaire des pièces productes par Robert de Périon, sieur de La Choisière, demeurant en lad. parroisse de Saint-Laurens de Boussay, son fils.

LE DAMOYSEL.

PERION (DE). — Originaire de Touraine.
Louis de Périon, chevalier, vicomte de Ports, y demeurant, élection de Chinon, bailliage de Tours et Robert de Périon, écuyer, sieur de La Choisière, demeurant paroisse de Saint-Laurent-de-Boussay, élection et ressort de Loches, son cousin, ont justiffié la possession du titre de noblesse, depuis l'année 1504, commençant en la personne de son trisayeul.
Porte : *d'argent au griffon rampant de gueules.*

PERRAUD (CHARLES), sieur de La Sablonnière, du païs de Bretagne, comparant le xxiiie may 1667 par Me Jehan Ferregeau, son procureur, lequel a dit que led. sieur n'a deub estre assigné devant nous pour ce qu'il est originaire dud. païs de Bretagne, que s'il a faict sa demeure en la ville de Mamers, eslection et seneschaussée du Mans, depuis deux ans expiréz le sixiesme du présent mois, ç'a esté que par le contrat de son mariage par luy contracté aud. Mamers avec la damoiselle Renée Meslin, fille du sieur Meslin, l'on est obligé de le norrir avec lad. damoiselle, sa femme, pendant deux ans, désirant retourner aud. Bretagne et néantmoins soustenir sa qualité d'escuyer la fera prouver devant nous syl est par nous ordonné, luy estant donné délay compétant, dont acte.

Signé : Ferregeau.

PERRAULT. — Originaire de Bretagne.
Charles Perrault, écuyer, sieur de La Sablonnière, demeurant en la ville de Mamers, élection du Mans, a justiffié la possession du titre de noblesse, depuis l'année 1526, commençant en la personne de son trisayeul.
Porte : *de sable à 3 têtes de chèvre arrachées d'argent accornées d'or, 2 et 1.*

PERRAY (Jules de), sieur de Neuilly et de La Testardière, demeurant parroisse du Boullay, bailliage de Tours, comparant le 6 aoust 1666, a dit qu'il entend maintenir la qualité d'escuier qu'il est l'aisné de sa maison qui porte pour armes : *d'or à deux léopartz à la queue nouée de gueules, membrés et lampasséz d'azur, au chef de gueules*, et qu'il ne cognoist de lad. maison et armes que Louis, Jean et François du Perray, ses frères et a mis à nostre greffe les pièces dont il entend se servir, et a signé :

Julles du Perray.

Les pièces dud. sieur luy ont esté rendues le 9 aoust 1666.

PERRAY (du). — Anciennement appelé SCHUMENTER, originaire d'Allemagne.
Jules du Perray, écuyer, sieur de Neuilly et de La Testardière, paroisse du Boullay, élection de Tours, a justifié la possession du titre de noblesse, depuis l'an 1376, commençant en la personne de son 7e ayeul Mre Michel Schumenter, sieur de La Rochegarreau, chevalier, conseiller et chambellan de Louis, duc d'Anjou, qui lui donna pour récompense de ses services la terre, chastel et chastellenie de Saint-Laurent-du-Mortier, pour en jouir pendant sa vie. Les ancêtres dud. Duperray ont porté le nom de Schumenter jusqu'à Pierre du Perray, son bisayeul, qui a pris le nom de Du Perray seul.

Porte : *d'or, à deux léopards à la queue nouée de gueules, armés et lampassés d'azur, au chef de gueules.*

Le xi⁣ᵉ juin 1667 est comparu Pierre Parmentier, receveur de la terre et seigneurie de Courcillon, lequel nous a dit que bien que messire Pierre de Perrien, chevallier des ordres du Roy, grand eschanson de France, père et tuteur naturel de messire Pierre de Perrien, seignear de Courcillon, son fils, soit demeurant en la ville de Paris, il y a plus de dix huict ans, néantmoins il luy a esté donné assignation en lad. terre de Courcillon à la requeste de Laspeyre le vingt-deux may dernier, et pour avertir led. sieur de Perrien de lad. assignation prétend demander délay et a signé :

Parmentier, recepveur de Coursillon [1].

Damoiselle Magdeleine de Sausson, veufve de deffunct Pierre de La Perrière, demeurante au bourg et parroisse de Saulgé-l'Hôpital, comparante le 23ᵉ décembre 1668 par Mᵗʳᵉ Jacques-Paul Miré, lequel a dit qu'elle entend maintenir la quallité d'escuyer prise par sond. deffunct mary, qu'elle produira au premier jour les tiltres de sa noblesse et a signé :

Miré.

PERRIÈRES (Thomas des), sieur du Plessis, demeurant à Baie, eslection du Mayne, comparant le xviii septembre 1666 par Jacques Le Vayer, sieur du Parc fondé de procuration receue devant Chappé, notaire royal au Mans, le xvii de ce présent mois et an, lequel pour satisfaire à l'assignation quy luy a esté donnée à la requeste de Laspeyre par Bazin huissier le x des présens mois et an, a dict pour led. sieur des Perrières qu'il n'entend maintenir la quallité d'escuier, que sy elle luy a esté donnée par quelques nottaires, ç'a esté à son inseu et sans leur avoir donné charge, ce quy est tellement vray que par le contrat de son mariage passé par Foucault, notaire royal au Mayne, ce

---

(1) Armoiries : *d'argent à 5 fusées de gueules en bande.*

4e febvrier 1659, il n'a poinct pris lad. qualitté d'escuier, et depuis plusieurs années n'en a poinct pris aultre que celle de marchand, aussy a-t-il toujours esté imposé aux roolles des tailles, ainsy qu'il justiffiera en temps et lieu, et quand il nous plaira l'ordonner, au moyen de quoy a requis son envoy, et a faict eslection de domicille en la maison de M^{tre} André le Bourguignon, advocat au bailliage de Chinon.

LEVAYER.

PERRIERS (LOUIS DE), seigneur du Bouchet, demeurant en sa maison seigneurialle de La Martinière, parroisse de Neufvy, eslection de Tours, comparant le XIIII mars 1669 par Jean Leclerc, lequel a dit que led. sieur du Bouchet entend maintenir la qualité d'escuyer, qu'il est aisné de sa maison, et pour la justiffication de lad. qualité il produira cy-après les tiltres et pièces dont il entend se servir en luy donnant dellay compétant de les retirer des mains de Claude de Periers, escuier, sieur de La Graffinière, son cousin germain et cadet de lad. maison, demeurant en la province d'Anjou, auquel il a cy-devant aidé desd. tiltres pour les représenter devant Monseigneur l'Intendant, ce qu'il a faict et sur lesquels il a cy-devant obtenu ordonnance de renvoy, et a signé :

LE CLERC.

PERRIERS (CLAUDE DE), sieur de La Graffinière, demeurant en son chasteau de La Vau-Festu, parroisse de Saint-Georges-du-Bois, eslection et ressort de Baugé, comparant le neufiesme janvier 1669, tant pour luy que pour damoiselle de Gontault, sa belle-sœur, veufve de deffunct Ambroise de Perriers, sieur de Saint-Georges, mère de Louis-Ambroise de Perriers, et de damoiselle Renée-Marie de Perriers, enfans mineurs dud. deffunct Ambrois et de lad. de Gontault, demeurante à Baugé, desquels enfans led. sieur de La Graffinière est curateur, lesquels comparans par Me Jacques-Paul Miré, procureur, lequel a dit que led. sieur de La Graffinière entend maintenir la quallité d'escuier, qu'il est cadet de sa maison et qu'il n'en connoist autres qui porte son nom et armes qui sont : *d'azur, au lion d'or, armé, lampassé de gueulles, semé de larmes d'or* et pour la justiffication de la qualité d'escuier, led. Miré a mis au greffe les pièces dont ils entendent leur servir et a signé :

MIRÉ.

Les pièces dud. sieur de Periers ont esté rendues aud. Miré le 15 janvier 1669.

PÉRIERS (DE). — Originaire d'Anjou.

Claude de Periers, écuyer, sieur de La Graffinière, demeurant paroisse Saint-Georges-du-Bois, élection de Baugé, demoiselle Marie de Gontauld, veuve d'Amboise de Périers, écuyer, sieur de Saint-Georges son père, mère et tutrice de Louis-Ambroise et Renée-Marie de Périers ses enfants et dud. deffunt, demeurante en la ville de Baugé, ont justiffié la possession du titre de noblesse, depuis l'année 1517, commençant en la personne du trisayeul dud. Claude de Périers et quartayeul desd. mineurs.

Porte : *d'azur semé de larmes d'or au lion de même, armé et lampassé de gueules.*

— René de Perriers.... eut acte de représentation de ses titres le 13 janvier 1669.

PERRIN (RENÉ), sieur de Laumerie, demeurant paroisse de La Roche-Clermault, ressort de Chinon, bailliage de Tours, aagé de 43 ans ou environ, comparant le 6 aoust 1666, a dit qu'il entend maintenir la qualité d'escuier, qu'il est seul de sa maison, qu'il porte pour armes : *d'azur à trois arbalestes d'or*, et qu'il produira au premier jour les pièces justifficatives de sa noblesse, et a signé :

RENÉ PERRIN.

Led. sieur Perrin a mis ses tiltres au greffe le 26 janvier 1667, lesquels luy ont esté rendus le 1er may 1668 [1].

PERROT (LOUIS), sieur de La Bourdillière, demeurant en cette ville de Tours, comparant le 27e janvier 1668, a dit qu'il entend maintenir la qualité d'escuyer, qu'il est cadet de sa maison dont monsieur Perrot de La Malmaison,

---

(1) Carré de Busserolles donne à cette famille : *d'azur au huchet d'or abaissé sous un lévrier courant d'argent accolé de gueules.*

conseiller du Roy au Parlement de Paris, est l'aisné, monsieur Perrot de Fercourt, maître des requestes, est son cousin et qu'il ne cognoist autres de son nom et armes que lesd. sieurs Perrot et leurs familles et qu'il porte pour armes : *d'azur, à deux croissans d'or adossés et posés en pal, au chef d'argent, chargé de trois aigles de sable, desployées, à deux testes*, et a faict eslection de domicille en cette ville de Tours, en la maison de Me Jean Hardouin, procureur au présidial de cetted. ville, et a signé :

L. Perrot de La Bourdilière.

PERROUEL (Charles de), sieur de La Hauldrière, demeurant à Escorpain, pays du Maine, eslection du Chasteau-du-Loir, bailliage de Vandosme, comparant le 21e décembre 1666, par M^{tre} Michel Bernard, procureur au bureau des finances, lequel a dict qu'icelluy de Perrouel soustient la qualité d'escuyer, pour la justiffication de laquelle produira au premier jour les pièces dont il entend se servir et a M^{tre} Jean Moreau, commis au greffe de cette ville de Tours, signé pour l'absence dud. Bernard.

Moreau.

PESCHART (Jean), sieur des Rouaudières, y demeurant parroisse de Cormenon, eslection du Chasteau-du-Loir, bailliage de Montdoubleau, comparant le XXIII mars 1668, a dict qu'il entend maintenir la qualité d'escuyer, qu'il est seul de sa maison, de laquelle il ne connoist autres personnes que Jean Peschart, son fils, qu'il porte pour armes : *de gueules, à la bande d'or, chargée de trois roses d'espines d'azur, accostée de quatre ducs d'argent ;* pour la justiffication de laquelle qualité d'escuier il a produict et mis au greffe les pièces dont il s'entend ayder et a signé :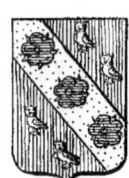

J. Peschart des Rouaudières.

Les pièces dud. sieur Peschart luy ont esté rendues ce XXVI mars 1668.

PESCHARD. — Originaire du Mayne.
Jean Peschard, écuyer, sieur des Rouhaudières y demeurant paroisse de Cormenon,

élection de Châteauduloir, a justiffié la possession du titre de noblesse, depuis l'année 1540, commençant en la personne de son bisayeul.

Porte : *de gueules à la bande d'or chargée de 3 roses d'épine d'azur et accostée de 4 ducs d'argent.*

PESCHERAD (René de), sieur de La Roche, eschevin de la ville d'Angers, comparant le trante aoust 1666, lequel pour satisfaire à l'assignation à luy donnée à la requeste de Laspeyre, le 23e du présent mois d'aoust, par exploict de Carré, pour procéder aux fins dud. exploict et de nostre ordonnance y énoncée, a dict qu'ayant esté cy-devant et auparavant que d'estre eschevin assigné à la Cour des aydes, à la requeste de Thomas Bousseau, cy-devant chargé par Sa Majesté de la recherche des usurpateurs du tiltre de noblesse, aux mesmes fins, il traicta avec le sieur Couade, estant aux droicts dud. Bousseau, à une somme de quatorze cens livres, à laquelle led. Couade s'obligea de fournir aud. de Pescherard arrest de modération de lad. Cour à lad. somme et mesme pour les deux sols par livre et de luy en fournir quictance de l'espargne deuement controllée ; en exécution duquel traicté il paya comptant huict cens livres aud. Couade et les six cens livres restans devoient estre par luy payées en luy fournissant lesd. arrest et quictance, et lesquelles six cens livres il est encor prest de deslivrer aud. Couade en satisfaisant de sa part aud. traicté ; et néantmoins, attendu sa qualité présente d'eschevin et desclaration qu'il a faicte à l'hostel de lad. ville d'Angers qu'il désire vivre noblement, entend maintenir et conserver la qualité d'escuyer qui luy est attribuée par ladicte qualité d'eschevin ; et a faict eslection de domicille en cette ville de Chinon, au logis du sieur Angibert, conseiller du Roy et esleu en lad. ville, et a signé :

R. de Pescherad [1].

— René Pécherad, sieur de La Roche de Gennes qui a été échevin en 1665, pour jouir....

PESLIER (François), sieur de La Roche-Madou, marchand, demeurant en la ville de Laval, comparant le cinq octobre 1666, par Mtre Michel Bernard,

(1) Armoiries : *d'argent à la fasce ondée d'azur accompagnée de 6 merlettes de sable.*

585

lequel a dict que led. sieur n'a jamais pris la qualité d'escuier à laquelle il renonce, au contraire a toujours continué son commerce de marchand et pris lad. qualité et payé les tailles et autres charges de roture, et a signé :

BERNARD.

PETIOT (CHRISTOPHE), sieur de Laluisanne [Laluisant], cy-devant garde du corps de deffunct monsieur le duc d'Orléans, demeurant parroisse d'Athée, eslection et bailliage d'Amboise, présidial de Tours, comparant le XXXI décembre 1667, a dit qu'il n'entend point maintenir la qualité d'escuyer, à laquelle il renonce entend que besoin est ou seroit et laquelle qualité il n'a jamais prise ayant toujours faict les fonctions de roturier, et a signé :

PETIOT [1].

PETIT (HENRY-ALBERT), sieur de La Roussière, demeurant parroisse du Bailleul, comparant le cinquiesme avril 1667 par Me Jacques-Paul Miré procureur estant à la suitte de monsieur l'Intendant, lequel a dict qu'icelluy Petit entend maintenir la qualité et est cadet de sa maison.

MIRÉ.

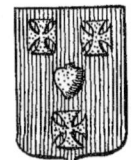

PETIT (PIERRE), sieur de Piedflond, demeurant parroisse de Martigné-Briant, eslection et sénéschaussée de Saumur, comparant le XXIIIe avril 1667 tant pour luy que pour Guy Petit, sieur de La Pichonnière, son fils, demeurant mesmes paroisse et ressort, Augustin Petit, sieur de Tailleprest, demeurant parroisse du Geneté, eslection et ressort de La Flèche, Henry-Albert Petit, sieur de La Roussière, demeurant parroisse du Bailleul, eslection et seneschaussée de La Flèche, ses enfans, et encore pour demoiselle Françoise Messai,

---

(1) Armoiries : *de ..... au chevron d'or, accompagné en chef de 2 trèfles de ....., et en pointe d'un agneau pascal d'or avec sa banderolle ; au chef de .... chargé de 3 étoiles de ....*
Carré de Busserolles. *Armorial de Tour.*, p. 754.

veufve de Raoul Petit, escuier, sieur de La Rouairie, mère et tutrice de Pierre-Charles Petit, fils dud. deffunct et d'elle, demeurant parroisse de Chansault, eslection et ressort d'Angers, a dit que tous ses fils, lad. demoiselle Messai et luy entendent maintenir la qualité d'escuyer et qu'il n'en cognoist autres de son nom et armes, qu'il porte : *de sable à trois croix pastées et un cœur en abisme d'or*, a mis au greffe les pièces dont il entend se servir et a signé :

PIERRE PETIT.

Les pièces dud. sieur Petit luy ont esté rendues ce xxvie avril 1667.

PETIT. — Originaire d'Anjou.

Pierre Petit, écuyer, sieur de Piedflon, demeurant paroisse de Martigné-Briand, élection et ressort de Saumur, Guy Petit, demeurant en lad. paroisse, Augustin Petit, écuyer, sieur de Taillepraist, demeurant paroisse de Génété, élection et ressort de La Flèche, et Henri-Albert Petit, écuyer, sieur de La Roussière, demeurant paroisse du Bailleul, élection de La Flèche, ses enfants et encore demoiselle Marie Messart veuve de Raoul Petit, fils aisné dud. Pierre Petit, mari, et tutrice de Pierre et Charles Petit, ses enfans, demeurante paroisse de Chanzeaux, élection et ressort d'Angers. Ledit Pierre Petit, père, a justiffié la possession du titre de noblesse, depuis l'année 1444, commençant en la personne de son 5e ayeul.

Porte : *de sable à 3 croisettes pattées d'or 2 et 1, un cœur de même posé en abime.*

— Pierre Petit... eut acte de la représentation de ses titres le 27 avril 1667.

PETIT (PRÉGENT LE), sieur de La Besnerie, demeurant parroisse de Tiercé, eslection et seneschaussée d'Angers, comparant le huict avril 1667, a dit qu'il entend maintenir la qualité d'escuyer, qu'il est aisné de sa maison et que René Le Petit, sieur de La Guinaudière, parroisse de Joué, évesché de Nantes, est aisné d'une branche de cadets de sa maison et que Jean Le Petit, sieur du Bois-Souchard, demeurant parroisse des Touches, dud. evesché de Nantes, est aussy d'une autre branche de lad. maison et qu'il n'en cognoist poinct d'autres et qu'il porte pour armes : *de sable à une bande d'argent chargée d'un lyon de gueules;* produira au premier jour les pièces dont il entend se servir et a signé :

PRÉGENT LE PETIT.

Le XIIe avril 1667, led. sieur Le Petit a mis au greffe les pièces dont il entend se servir.

Les pièces dud. sieur Le Petit luy ont esté rendues ce xx avril 1667.

PETIT (LE). — Originaire de Bretagne.
Prégant Le Petit, écuyer, sieur de La Bennerie, demeurant paroisse de Tiercé, élection et ressort d'Angers, a justiffié la possession du titre de noblesse, depuis l'année 1542, commençant en la personne de son trisayeul.
Porte : *de sable à la bande d'argent chargée d'un lion de sable.* — Aliàs : *de gueules.*
— Préjent le Petit... eut acte de la représentation de ses titres les 18 et 19 avril 1667.

PETIT (François Le)[1], sieur du Petit-Hostel, demeurant parroisse Saint-Martin-de-Sargé, eslection du Chasteau-du-Loir, comparant le dix-huict juin 1667, par M{tre} Louis Barbin conseiller du Roy, assesseur en lad. eslection, lequel a dit qu'icelluy Le Petit entend maintenir la qualité d'escuyer et a signé :

L. Barbin.

PETIT-JEAN (Antoine-Joachim de), sieur de Linières-Bouton, demeurant parroisse de Maigné-le-Vicomte, eslection de Baugé, comparant le quatre octobre 1668, a dit qu'il entend maintenir la qualité d'escuier, qu'il est aisné de sa maison, et qu'outre Anthoine Petit-Jean, sieur des Oumeaux et ..... de Petit-Jean, sieur de La Roussardière, il n'en connoist autre qui porte son nom et armes qui sont : *d'argent, à un bourdon d'azur,* produira au premier jour les pièces dont il entend se servir et a signé :

A.-J. de Petit-Jean.

Les pièces dud. sieur de Petit-Jean luy ont esté rendues après les avoir mises au greffe le 5e octobre 1668.

PETIT-JEAN. — Originaire d'Anjou.
Anthoine-Joachim de Petit-Jean, écuyer, sieur de Linière, demeurant paroisse de Meigné-le-Vicomte, élection de Baugé, et Antoine de Petit-Jean, écuyer, sieur des Oumeaux, son cousin du 2e au 3e degré, demeurant paroisse de Lignières-de-Bouttons aussi élection de

---

(1) Armoiries : *d'azur au chevron d'or, accompagné en chef de 2 trèfles d'argent, et en pointe d'une molette de même*

Baugé, ont justiffié la possession du titre de noblesse, depuis l'année 1441, ledit Anthoine Joachim en la personne de son 7e ayeul et ledit Anthoine en celle de son 6e ayeul.

Porte : *d'argent au bourdon de pèlerin d'azur.*

— Anthoine Petit-Jean eut acte de la représentation de ses titres le 19 juin 1667 et Antoine Joachim... le 8 octobre 1668.

PÉTRINEAU (RENÉ), eschevin de la ville d'Angers[1], y demeurant, comparant le trante mars 1667, par Me Michel Bernard, procureur au bureau des finances de cette ville de Tours, lequel a dit qu'icelluy Pétrineau n'a point prétendu estre d'extraction noble, n'a pris les qualités ny jouy des avantages dont jouissent les nobles du royaume et de la province d'Anjou, que véritablement le premier may 1665 il a esté nommé eschevin de lad. ville pour deux ans qui finiront au premier may prochain et qu'il a esté accordé aux maire et eschevins de lad. ville par les Roys de France des privièges et advantages de noblesse, lesquels maire et eschevins doivent conformément aux arrests de la Cour des aides faire leurs déclarations en sortant de leurs charges s'ils entendent jouir desd. privilèges de noblesse et que led. Pétrineau ne devant sortir de sad. charge qu'au mois de may prochain, il fera lors la déclaration qu'il jugera à propos, et a signé :

BERNARD.

— René Pétrineau, avocat au présidial d'Angers qui a été échevin en 1665, pour jouir...

PHILIPPE (MARC), sieur de La Hardouinière, demeurant parroisse de Vellèches, eslection de Saint-Romain, bailliage de Poitiers, comparant le douze mars 1667, a dit qu'il entend maintenir la qualité d'escuyer, qu'il est aisné et seul resté de sa maison, qu'il porte pour armes : *d'azur, au chevron d'or et trois rozes de mesme deux en chef et une en poincte* et pour la justification de lad. qualité a mis au greffe les pièces dont il entend se servir et a signé :

MARC PHILIPES.

(1) Armoiries : *de gueules à 3 tours d'argent, 2 et 1.*

Les pièces dudict sieur Philippes ont esté rendues au sieur Jean Philippes, son fils ce XVIIIe mars 1667.

PHELIPPES. — Originaire de Poitou.

Marc Phelippes, écuyer, sieur de La Hardinière, demeurant paroisse de Vellèches, élection de Chinon, bailliage de Tours, a justiffié la possession du titre de noblesse, depuis l'année 1533, commençant en la personne de son bisayeul.

Porte : *d'azur au chevron d'or accompagné de 3 roses de même, 2 et 1.*

PHILY (JACQUES), sieur de La Boissière [1], demeurant à présent au bourg de Bouzillé-en-Anjou, comparant le treize may 1667 par Me Michel Bernard, lequel a dict qu'icelluy Phily entend maintenir la qualité d'escuyer, et que n'estant que cadet issu de cadet de sa maison qui est de Bretagne où ses aisnés qui ont les tiltres sont demeurans, il prétend demander délay de les retirer pour les réprésenter.

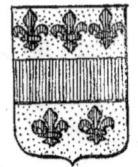

Signé : BERNARD.

PICARD (RENÉ), sieur de Beauchesne, demeurant à Sainct-Cyr-en-Bourg, eslection de Saumur, comparant le XVIIe septembre 1666 ; lequel pour satisfaire à l'assignation à luy donnée à la requeste de Laspeyre par Pavillon, huissier, le XIe des présens mois et an, a dict qu'il entend maintenir la qualité d'escuier qu'il a prise, qu'il ne cognoist aulcunes personnes de son nom quy soient nobles, et que sa noblesse est fondée sur des lettres pattentes quy luy ont esté accordées, par Sa Majesté, et mesme a paié pour la confirmation au sieur de La Vallée Corné une somme de 900 livres le cinquiesme de juillet 1663, lesquelles lettres et quictance de lad. somme il représentera dans quinzaine, et porte pour armes : *party d'azur et de gueulles au chesne d'or chargé de glans aussy d'or appuyé des deux pieds de devant d'un lion d'argent*, et a faict eslection de domicile au logis de M^{tre} Jacques Bruzard, procureur au bailliage de Chinon, et a signé :

PICARD DE BEAUCHESNE.

---

(1) Cette famille, que P. de Courcy, appelle Fily, a été maintenue en Bretagne en 1669. Armoiries : *d'or à la fasce de gueules accompagnée de 5 fleurs de lys de même, 3 et 2.*

Le 23e décembre 1666, led. sieur Picart a mis au greffe les pièces dont il entend se servir.

Les pièces dud. sieur Picard luy ont esté rendues ce 10 janvier 1667.

PICARD DE PHELIPPEAUX (François Le), sieur de Fontenailles, premier cavalier en la compagnie de chevau-légers du sieur marquis de Pleumartin, demeurant parroisse de Saint-Pierre d'Estourneau [Saint-Pierre-de-Tournon], eslection de Loches, bailliage de Tours, comparant le huicte febvrier 1668, a dit qu'il entend maintenir la qualité d'escuyer, qu'il ne cognoist personne de son nom et porte pour armes : *d'azur au lyon d'or*, prétend demander délay, n'estant issu que d'un cadet et luy manquant plusieurs de ses tiltres, pour les chercher et répresenter jusques après la guerre et a signé :

F. Le Picar de Phelipos.

Led. sieur Le Picard a mis au greffe les pièces dont il entend se servir ce xxiiii avril 1668.

Les pièces dud. sieur luy ont esté rendues ce xxvie avril 1668.

PICART dit Philippeaux (Le). — Originaire de Touraine.

François Le Picart dit Philippeau, écuyer, sieur de Fontenailles, demeurant paroisse de Saint-Pierre-de-Tournon, élection de Loches, bailliage de Tours, a justifié la possession du titre de noblesse, depuis l'année 1541, commençant en la personne de son bisayeul.

Porte : *d'azur au lion d'argent*.

PICARD (Mtre Nicolas), sieur des Landes, conseiller du Roy et eslu suprimé en l'eslection du Mans, et Claude CAPELLIN, conseiller et advocat du Roy suprimé en lad. eslection et y demeurans, comparans le 20 avril 1669 par Jacques Delahaye, clerc de Me Michel Bernard, lequel a dit qu'ils n'ont jamais prétendu la qualité d'escuyer et y renoncent, et a signé :

Delahaye.

PICHON (Charles), sieur de Lairaudière ?, marchand fermier, demeurant en la parroisse de Chambellay, eslection d'Angers, comparant le xiiie mars

1667 par Me François Godefroy, son procureur, lequel a dit que led. Pichon n'a jamais pris ny entendu prendre la qualité d'escuyer, a laquelle il renonce.

Signé : GODEFROY.

PICHOT (FRANÇOIS), sieur de Montbrun et de La Sollerye, demeurant à Angers, comparant le xxvie septembre 1666, lequel a dit qu'il n'a point pris la qualité d'escuyer et y renonce, au contraire a tousjours esté compris es roolles des subsistances comme les autres bourgeois de lad. ville d'Angers, et a Me Michel Bernard, son procureur signé lad. déclaration.

BERNARD.

Damoiselle Catherine Chauvière, veufve de feu HÉLIE PIEDALET, comparant le trois juin 1667, laquelle a dict et déclaré qu'il a esté donné assignation en son logis, parroisse de Nogent, eslection de La Flèche, à Amaury Piedalet, sieur de Boisclavier, son fils et dud. deffunct son mary, à la requeste de Laspeyre, quoy que sond. fils soit au service de Sa Majesté au régiment de cavallerie de Monsieur le duc d'Orléans, dans la compagnie de Basleroy et pour advertir son fils de lad. assignation et d'envoyer certifficat de ses services, prétend demander délay et a déclaré ne savoir escrire ny signer de ce interpellée.

Led. sieur Pidallet ayant comparu par Miré son procureur a déclaré qu'il entend maintenir la qualité d'escuier et produict les pièces justifficatives de sad. qualité le quinze septembre 1669.

Les pièces dud. Pidallet ont esté rendues aud. Miré, son procureur le quatre janvier 1670.

— Amaury Pidallet... au nombre des maintenus par M. Voisin.

PIERREBUFFIÈRE (BENJAMIN DE), seigneur de Chambray, du Chastellier et de La Turballière, demeurant aud. lieu du Chastellier, parroisse de Neuilly-le-Noble, eslection et ressort de Chinon, bailliage de Tours, comparant le dix febvrier 1667, a dit qu'il entend maintenir la qualité d'escuyer ou chevallier, qu'il est cadet d'une branche de lad. maison de Pierrebuffière, apellée de Chambray, qui reste seule de lad. maison dont aisné Charles-Abel de Pierrebuffière, baron de Prunget, en Berry et qu'il ne cognoist autres de lad. maison que Benjamin de Pierrebuffière, son fils, et qu'il porte pour armes : *de sable au lyon d'or,* et a signé :

BENJAMIN DE PIERREBUFFIÈRE.

Les pièces dud. sieur ont esté mises au greffe ce 23 avril 1668.
Les pièces dud. sieur ont esté rendues le XXVIe avril 1668.

PIERRE-BUFFIÈRE (DE). — Originaire de Limousin.

Benjamin de Pierre Buffière, chevalier, seigneur de Chambray, Beaumont, Le Châtelier, y demeurant, paroisse de Neuilly-le-Noble, élection et ressort de Chinon, bailliage de Tours, a justiffié la possession du titre de noblesse, depuis l'année 1523, commençant en la personne de hault et puissant seigneur, messire Louis de Pierre-Buffière, chevalier, seigneur, baron de Châteauneuf et autres lieux, son bisayeul.

Porte : *de sable au lion d'or.*

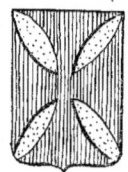

PIERRES (DANIEL), sieur des Espaux, demeurant en la parroisse de Crevant, eslection de Chinon, bailliage de Tours, comparant le 27e aoust 1666, lequel pour satisfaire à l'arrest du Conseil du 22 mars et nostre ordonnance, a dict qu'il entend maintenir sa qualité d'escuier, qu'il est cadet de sa famille, que son aisné est Hector Pierres, demeurant à La Boullinière parroisse d'Usseau, eslection de Chastellerault, son frère, et que Maximilien et Josias Pierres sont aussy ses aisnés, demeurans led. Maximilien parroisse de Courcoué, eslection de Richelieu, et led. Josias en la susd. parroisse d'Usseau ; et Anthoine Pierres, son cousin issu de germain et leurs descendans ; led. Anthoine demeurant au lieu d'Espiny [Épigny], parroisse de Cussé, eslection de Loches, et oultre déclare que .... Pierres, sieur du Plessis-Baudouin, demeurant en Poictou, est l'aisné de la famille des Pierres ; porte pour armes : *d'or à une croix pattée de gueulles ;* pour la justiffication de sa noblesse il a présentement produict ses tiltres paraphéz par premier et dernier, et a esleu domicille en la maison de Mtre Michel Bernard, procureur au bureau de Tours, estant à nostre suitte, et a signé :

DANIEL PIERRES.

Les pièces dud. sieur Pierres luy ont esté rendues ce jourd'huy 24 septembre 1666.

PIERRES (ANTOINE), sieur d'Espigny, demeurant parroisse de Ligueil, eslection et ressort de Loches, bailliage de Tours, comparant le trante aoust 1666 par Daniel Pierres, fondé de procuration speciálle passée par devant Besnard et Lepin notaires le 28e du présent mois laquelle est demeurée au greffe, lequel en vertu dud. pouvoir a dit que led. sieur d'Espigny entend maintenir la qualité d'escuyer et que pour la justiffication il a produict conjoinctement avec luy les pièces dont il entend se servir et a faict eslection de domicille en la personne de M^{tre} Michel Bernard, procureur au bureau des finances à Tours, estant à la suitte de Monsieur l'Intendant, et a signé :

DANIEL PIERRES.

PIERRES (RENÉ), sieur de Chazé, demeurant à Angers, comparant le xvIII^e avril 1667, a dit qu'il entend maintenir la qualité d'escuyer, qu'il est aisné et seul de sa maison, qu'il porte pour armes : *d'or, à une croix pattée de gueules*, a produict les pièces justifficatives de sa qualité et a signé :

RENÉ PIERRES.

Les pièces dud. Pierres luy ont esté rendues ce xxI^e avril 1667.

PIERRES (FRANÇOIS), sieur du Plessis-Baudouin et de Pondevis, demeurant aud. Pondevis, parroisse du Poiré, eslection des Sables-d'Oslonnes, généralité de Poitiers, comparant le xxIII avril 1668 par Me Urban Conseil, procureur au présidial de cette ville de Tours, lequel a dit qu'icelluy Pierres entend maintenir la qualité d'escuyer, qu'il est seul de son nom et armes, qu'il porte : *d'or, à une croix patée de gueules*, et pour la justification de lad. qualité a mis au greffe les pièces dont led. sieur s'entend servir et a signé :

CONSEIL.

Les pièces dud. sieur Pierres ont esté rendues aud. Conseil ce xxve avril 1668.

PIERRES (DE).

François de Pierres, chevalier, sieur du Plessis-Baudouin, aisné du nom et armes, demeurant en sa maison du Plessis, élection d'Angers, a justifié la possession du titre de noblesse, depuis l'année 1469, commençant en la personne de Jean Pierres, chevalier, sieur du Plessis-Baudouin et de Bellefontaine son quintayeul.

Daniel de Pierres, écuyer, sieur des Espeaux, demeurant paroisse de Cravan, élection de Chinon, bailliage de Tours et Maximilien Pierres, écuyer, sieur de Varennes, son frère, demeurant paroisse de Courcouée, élection de Richelieu, ont justiffié la possession du titre de noblesse, depuis l'année 1448, commençant en la personne de leur quartayeul.

René Pierres, écuyer, sieur de Chazay, demeurant en la ville d'Angers, a justifié la possession du titre de noblesse, depuis l'année 1524, commençant en la personne de son trisayeul.

Portent : *d'or à la croix pattée de gueules* [1].

— René Pierre, sieur de Chazé, eut acte de la représentation de ses titres le 20 avril 1667.

PIGORNET (GATIEN), l'un des gardes du corps de Monsieur le duc d'Orléans, demeurant parroisse de Ferrière-Larson, eslection de Loches, bailliage de Tours, comparant le six febvrier 1668, a dit qu'il n'a jamais pris la qualité d'escuyer, qu'en conséquence de lad. charge, laquelle qualité il ne prétend point de naissance et mesme n'a point prise depuis la recherche contre les usurpateurs du titre de noblesse et a signé :

DE PIGORNET.

Led. sieur Pigornet a mis au greffe les pièces dont il entend se servir, ce sixiesme febvrier 1668.

Les pièces dud. sieur Pigornet ont esté rendues à Me Jean Boulanger, ayant charge par procuration de les retirer, ce xxx may 1668.

PILLEGAULT (JEAN), sieur de L'Ouvrinière, demeurant à Angers, comparant le viie febvrier 1668, par M^{tre} Pierre Luzeau, procureur au présidial de Tours,

---

(1) Les armoiries de cette famille sont : *d'or à la croix pattée et alaisée de gueules.*

a dit qu'il n'a jamais pris la quallité d'escuyer à laquelle il renonce et en cas qu'il se trouve quelques actes, ce qu'il n'estime pas, en requiert communication pour dire contre iceux ce qu'il advisera bon estre, et a led. Luzeau esleu domicille en sa maison scize rue de la Vieille-Poissonnerie, parroisse Sainct-Saturnin, et a signé :

LUZEAU.

PILLEGAUD (JEAN), sieur de L'Ouvrinière, demeurant en la ville d'Angers, comparant le XXIX febvrier 1668, par M⁰ Louis Le Clerc, lequel a déclaré que led. Pillegaud n'a jamais entendu prendre la quallité d'escuyer, renonce à s'en vouloir ayder et servir.

Signé : LECLERC.

PILLERVAIN (GABRIEL DE), sieur de La Rivière, demeurant à Niort, eslection du Mans, bailliage dud. lieu, comparant le XIIII⁰ may 1667 a dit qu'il entend maintenir la qualité d'escuyer, qu'il est l'aisné de sa branche et cadet de la famille, reconnoist Siméon de Pillervin aisné, demeurant en Basse-Bretagne et non autre, produira au premier jour les pièces justifficatives de sa noblesse, porte : *de gueules à six anneaux d'or, trois, deux et un*, et a signé :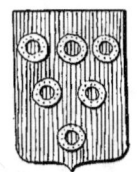

G. DE PILLERVAIN.

Les productions qui ont esté mises au greffe par led. sieur Pillervin ont esté retirées par François de Pillervin, son fils, ce XX⁰ novembre 1669.

F. DE PILLERVOIN.

PILLOIS (DANIEL DE), sieur de Montigny, demeurant parroisse de Tassé, eslection de La Flèche, ressort du marquisat de Sablé, comparant le 7 aoust 1667 tant pour luy que pour René de Pillois, sieur de Montigny, son père, demeurant parroisse de Chevillé, eslection de La Flèche, seneschaussée de Chasteau-Gontier, a dit que sond. père et luy entendent maintenir la qualité

d'escuyer, que sond. père est aisné de sa maison et qu'outre Gilles et Jacques de Pillois, ses frères cadets, Jean de Pilloys, sieur du But, demeurant parroisse de Ménil, pays d'Anjou, son oncle, il ne cognoist autres de son nom et armes, qu'il porte : *d'or, à un lyon de gueules*, et produira au premier jour les pièces dont il entend se servir et a signé :

DANIEL DE PILLOIS.

Led. sieur a mis au greffe les pièces dont il entend se servir ce xve juin 1668.

Les pièces dud. sieur de Pillois luy ont esté rendues ce xviiie juin 1668.

PILOIS (DE). — Originaire de Normandie.

René de Pilois, écuyer, sieur de Montigny, demeurant paroisse de Chemillé, et Daniel Pillois, écuyer, sieur de Montigny, son fils aisné, dsmeurant paroisse de Tassé, élection de La Flèche et Gilles, Jacques et Gilles Pillois, ses fils puisnés estant au service du Roy.

Led. sieur René Pilois, père, a justiffié la possession du titre de noblesse, depuis l'année 1528, commençant en la personne de son trisayeul.

Porte : *d'or au lion de gueules*.

— Daniel de Pillois... et Renée de Portebize veuve de René de Pillois, écuyer, sieur de La Coquemillière, demeurant paroisse de Craon, élection de Châteaugontier, eurent acte de la représentation de leurs titres et pour Gédéon Pillois son fils, le 15 décembre 1669.

PILLOT (RENÉ), sieur de La Guyonnière, y demeurant parroisse de Longeron, eslection de Montreuil-Bellay, seneschaussée d'Angers, comparant le vingt-six may 1667 tant pour luy que pour damoiselle Perrinne Brochart, veuve de Louis Pillot, vivant sieur dud. lieu de La Gémonnière, sa mère, a dit que sad. mère et luy entendent maintenir la qualité d'escuyer, qu'il est aisné de sa maison et qu'outre Louis, François, Louis, Charles, François, Claude, Charles et Alexandre Pillot, ses frères, il ne cognoist personne de son nom et armes, qu'il porte : *de sable à une face d'argent et trois crouzilles aussy d'argent*, a mis au greffe les pièces dont il entend se servir et a signé :

RENÉ PILLOT.

Lesd. pièces ont esté rendues aud. Pillot le 28 may 1667.

PILLOT. — Originaire d'Anjou.

René Pillot, écuyer, sieur de La Guionnière, demeurant paroisse du Longeron, élection de Montreuil-Bellay, bailliage d'Angers, a justiffié la possession du titre de noblesse, depuis l'année 1527, commençant en la personne de son quartayeul.

Porte : *de sable à la fasce d'argent accompagnée de 3 crousilles de même, 2 et 1*.

— René Pillot... au nombre des maintenus par M. Voisin de La Noiraye.

PINCÉ (RAOUL DE), sieur de Saint-Léonard, cy-devant conseiller du Roy, lieutenant-général en la seneschaussée de Baugé, demeurant en la ville dud. lieu, comparant le 10e septembre 1668, a dit qu'il entend maintenir la qualité d'escuyer, qu'il est seul de son nom et armes, qu'il porte : *d'argent, orlé de gueulles, à trois merlettes de sable, deux et une*, et a produit et mis au greffe les pièces et tiltres dont il entend se servir et a signé :

DE PINCÉ.

Les pièces dud. sieur de Pincé, luy ont esté rendues ce 13 septembre 1668.

PINCÉ (DE). — Originaire d'Anjou.

Raoul de Pincé, écuyer, cy-devant lieutenant-général de la sénéchaussée de Baugé, y demeurant, a justiffié la possession du titre de noblesse, depuis l'année 1334, commençant en la personne de son 8e ayeul.

Porte : *d'argent à 3 merlettes de sable, 2 et 1, à la bordure de gueules*. — Aliàs : *une étoile de gueules en cœur, sans bordure*.

— Raoul de Princé... eut acte de la représentation de ses titres le 27 septembre 1668.

PINDRÉ (JEAN DE), sieur de Beaupuy, demeurant à Chinon, bailliage de Tours, comparant le 18 aoust 1666, lequel pour satisfaire à l'assignation à luy donnée à la requeste de Laspeyre en vertu de nostre ordonnance et deffault les 21 juillet et 17 aoust pour procéder aux fins desd. ordonnance et deffault, a dit qu'il entend maintenir la qualité d'escuyer, et qu'il est aisné de sa maison et que outre Louis et Charles Pindré, ses frères et Marie, sa sœur, et Louis et Estienne de Pindré, ses cousins germains, il ne cognoist personne de sa maison et armes dont le champ est *de sable chargé d'un chevron d'or, accompagné de trois molettes d'espron aussy d'or, deux en chef et une en*

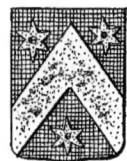

poincte, et pour la justiffication de lad. qualité d'escuyer a produict au greffe les pièces dont il entend se servir, lesquelles ont esté paraphées par première et dernière et a faict eslection de domicille en sa maison en cette ville de Chinon, et a signé :

Jehan de Pindré.

Ce jourd'huy 21e aoust led. sieur de Pindré a produict par addition.
Le 25e dud. mois led. sieur de Pindré a encore produict par addition.
Touttes les pièces dud. sieur de Pindré ont esté rendues à Isaac-Louis de Pindré, sieur de Beaupuy, son frère, ce dernier mars 1667.

Signé : I.-L. de Pindré.

PINDRÉ (de). — Originaire de Poitou.

Jean de Pindré, écuyer, sieur de Beaupuy, demeurant en la ville de Chinon, a justifié la possession du titre de noblesse, depuis l'année 1533, commençant en la personne de son bisayeul.

Porte : *de sable au chevron d'or accompagné de 3 molettes de même, 2 et 1* [1].

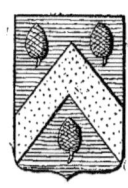

PINEAU (Christophe du), demeurant à Angers, comparant le quatre avril 1667 par M^{tre} François Godeffroy, lequel a dit qu'icelluy du Pineau entend maintenir la quallité d'escuyer comme fils et unique héritier de deffunct Gabriel du Pineau, vivant conseiller du Roy et juge magistrat au siège présidial de lad. ville, nommé par Sa Majesté maire et eschevin de lad. ville d'Angers, a mis au greffe les pièces dont led. sieur du Pineau entend se servir et a signé :

Godefroy.

PINEAU (du). — D'Angers, noblesse de mairie.

Christophle Pineau, écuyer, sieur de Montargon, demeurant en la ville d'Angers, a justifié sa noblesse comme petit-fils de Claude Pineau procureur de l'Hôtel-de-ville d'Angers en l'an 1594 jusqu'en 1599.

Porte : *d'azur au chevron d'or accompagné de 3 pommes de pin de même, 2 et 1*.

— Christophe Pineau... eut acte de la représentation de ses titres le 17 août 1668.

---

(1) Carré de Busserolles dit cette famille maintenue le 18 septembre 1666 et le 1er septembre 1667.

— Christophe du Pineau, fils de M^tre Gabriel du Pineau conseiller au présidial d'Angers qui fut maire en 1632 pour jouir.....

PINELAIRE (MICHEL DE), sieur du Vivier, demeurant parroisse de Dierre, eslection d'Amboise, comparant le XIII septembre 1666 par Mathurin Redouin praticien demeurant à Tours, lequel a dict pour led. sieur qu'il n'a pris ne entendu prendre la qualité d'escuyer et qu'au contraire il est imposé aux roolles des tailles, et a faict eslection de domicille au logis de M^tre Jaques Pavin procureur au présidial de cette ville de Tours, et a signé :

REDOUIN.

PINSON (PIERRE), sieur de La Martinière, comparant le 20 juillet 1666, par M^tre Pierre Belgarde, procureur au présidial de Tours, a déclaré n'avoir jamais pris la qualité d'escuyer et ne la prétendre à l'advenir.

Signé : BELGARDE.

PIOLIN.
— François Piolin, sieur de La Groye [1], qui fut échevin en 1666, pour jouir...
Armoiries : *d'argent à 3 cors de chasse de sable. 2 et 1.*

Damoiselle Louise Marchant, veufve de RENÉ PIPART, sieur de La Roche-Pipard, demeurant parroisse de Truys, eslection et siège royal de Loches, bailliage de Tours, comparant le trois septembre 1668 par Me Michel Bernard, a dit qu'elle n'a connoissance si led. deffunct, son mary, a pris la qualité d'escuyer et s'il estoit d'extraction noble, qu'elle ne peut de son chef soustenir ny renoncer à cette qualité d'autant qu'il a laissé plusieurs enfans dont partie sont majeurs, contre lesquels Me Laspeyre doibt s'adresser et à l'esgard de ses mineurs led. Bernard a prétendu demander délay pour que lad. veufve confère avec leurs parens pour faire la déclaration qu'ils adviseront bon estre et que

---

[1] En 1686, noble homme François Piolin, sieur de La Groye, époux d'Anne Pauvert, était juge-consul d'Angers.

quand à lad. veufve, qu'elle est noble d'extraction, comme il a esté justiffié par les tiltres produits devant Monsieur l'Intendant par Macé Marchant, escuier, sieur de L'Ardillière, son nepveu et la veuve Joseph Marchant, vivant escuier, sieur de Lignieries, son cousin aisné de leur nom et armes comme apert par par l'ordonnance qu'ils en ont obtenue de mond. sieur l'Intendant, et a led. Bernard signé :

BERNARD.

PITARD (M^{tre} RENÉ), conseiller du Roy et son procureur en la seneschaussée et siège présidial de Chasteaugontier, y demeurant, comparant le deux octobre 1666 par M^{tre} Jacques-Paul Mirey lequel a dict qu'icelluy Pitard n'entend s'aider ny prendre à l'advenir la qualité d'escuier et que s'il l'a prise cy devant ça esté à cause de la charge de provost provincial et chevallier du guet, lesquelles charges donnent la liberté à ceux qui les exercent de prendre la qualité d'escuier et que depuis qu'il n'a plus lesd. charges il a toujours esté imposé dans les roolles de la taille et du sel, et a signé :

MIREY.

PLAINCHESNE (FRANÇOIS), cy-devant vallet de chambre ordinaire du Roy et du deffunct Roy, son père, d'heureuse mémoire et à présent gendarme de la garde de Sa Majesté, demeurant parroisse de Villiers, eslection de Baugé, comparant le huictiesme may 1669 par Me Louis Le Damoysel, lequel a dit qu'icelluy sieur entend maintenir la qualité d'escuier, à cause de sa charge qu'il poccede depuis l'année 1654 de gendarme de la garde de Sa Majesté, auparadvant laquelle, il estoit pourveu de celle de vallet de chambre ordinaire de Sad. Majesté depuis l'année 1615, lesquelles charges il a toujours exercées jusques à présent, et pour la justiffication de ce a mis au greffe les pièces et tiltres dont il entend se servir, et a signé :

LE DAMOYSEL.

Les pièces dud. sieur de Plainchesne ont esté rendues aud. Le Damoysel le unze juin 1669.

PLANCHE (René de La), sieur de Ruillé, demeurant en la parroisse dud. Ruillé, eslection et bailliage de Chasteaugontier, comparant le xviiie avril 1668 par Louis de La Planche, escuyer, sieur des Hayes, demeurant parroisse de Martigné, eslection du Mans, lequel a dit qu'icelluy sieur de Ruillé entend maintenir la qualité d'escuyer, qu'il est aisné de sa maison dont il ne recognoist personne que luy Deshayes et qu'il porte pour armes : *d'azur, à cinq fasces ondées d'argent,* a mis au greffe les pièces dont led. sieur entend se servir et a signé :

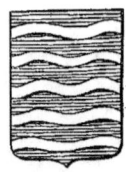

L. de La Planche.

Les pièces dud. sieur de Ruillé ont esté rendues aud. sieur des Hayes le xxe avril 1668.

PLANCHE (de la). — Originaire de Poitou.
René de La Planche, écuyer, sieur de la Chastellenie de Ruillé, élection de Châteaugontier, Louis de La Planche, écuyer, sieur des Hayes, demeurant paroisse de Martigné, élection de Laval, ont justiffié la possession du titre de noblesse, depuis l'année 1524, commençant en la personne de noble homme François de La Planche, sieur de Ruillé, qui eut plusieurs garçons entr'autres Rolland, aisné, trisayeul dud. sieur de Ruillé et Jean bisayeul dud. sieur des Hayes.
Porte : *d'azur à 5 fasces ondées d'argent.*
— René de La Planche eut acte de la représentation de ses titres le 20 avril 1668 [1].

PLANCHENEAU (François), sieur des Planches, l'un des gardes du corps de Sa Majesté, estant de présent à la cornette des gardes au quartier de Meulan, comparant le six avril 1667 par Pierre Petit, clerc de Me Pierre Belgarde, procureur au présidial de cette ville de Tours, lequel a dit qu'icelluy Planchenault possède la qualité d'escuyer à juste tiltre et pour la justiffication d'icelle a mis au greffe les pièces dont led. Planchenault entend se servir et a signé.

Petit.

PLESSIS (René du), sieur de La Tour Rouardière, demeurant parroisse de

---

(1) Cette famille porte actuellement : *de sable à 5 fasces ondées d'argent.*

Tauxigny, eslection et siège royal de Loches, bailliage de Tours, comparant le dernier janvier 1668 par Mᵉ Michel Bernard, procureur au bureau des finances à Tours, lequel a dit qu'icelluy sieur du Plessis entend maintenir sa qualité d'escuyer pour la justiffication de laquelle il représentera cy-après les pièces et tiltres dont il s'entend ayder en luy donnant délay compétant et a led. Bernard signé :

BERNARD.

Led. sieur du Plessis a mis au greffe les pièces dont il entend se servir ce xxᵉ febvrier 1668.

Les pièces dud. sieur du Plessis luy ont esté rendues ce xxɪɪ febvrier 1668.

DU PLESSIS.

PLESSIS (DU). — Originaire de Touraine.

René du Plessis, écuyer, sieur de La Tour Rouardière, demeurant paroisse de Tauxigny, élection et siège royal de Loches, bailliage de Tours, a justiffié la possession du titre de noblesse, depuis l'année 1510, commençant en la personne de son trisayeul.

Porte : *d'argent à 3 chevrons de gueules.*

PLESSIS (FRANÇOIS DU), sieur de Mongenard, demeurant parroisse de Challon, eslection et ressort de Laval, comparant le xxvɪᵉ juin 1668, a dit qu'il entend maintenir la quallité d'escuier, qu'il est le seul de sa maison, qu'il porte pour armes : *d'or, à la rencontre de cerf de sable et en chef un croissant d'azur* et pour la justiffication de sa qualité d'escuyer a mis au greffe les pièces dont il entend se servir et a signé :

FRANÇOIS DU PLESSIS.

Les pièces dud. sieur du Plessis luy ont esté rendues le 27ᵉ juin 1668.

PLESSIS (DU). — Originaire du Maine.

François Duplessis, écuyer, sieur de Montgenard, demeurant paroisse de Chaslon, élection et ressort de Laval, a justifié la possession du titre de noblesse, depuis l'année 1495, commençant en la personne de son trisayeul.

Porte : *d'or à la tête de cerf de sable, au croissant en chef d'azur.*

PLESSIS (Messire Urbain-Charles du), seigneur marquis de Jarzé, demeurant en son chasteau dud. Jarzé, mesme parroisse eslection de Baugé, comparant par M^tre Louis Le Damoysel, procureur à la suitte de Monseigneur l'Intendant, le neuf^e octobre 1668, tant pour luy que pour messire René du Plessis, seigneur marquis dud. Jarzé, demeurant parroisse de Bourg, eslection d'Angers, son père, lequel Damoisel a dit qu'ils entendent maintenir la quallité de chevallier et d'escuier, qu'ils sont seuls qui portent leur nom et armes qui sont : *de gueules, au massacre de cerf branché, chargé de deux croissans montans le tout d'argent*, a mis au greffe les pièces dont ils entendent s'ayder et a signé :

LE DAMOYSEL.

Les pièces dud. s^r du Plessis ont esté rendues ce x^e octobre 1668.

PLESSIS (DU). — Originaire du Maine.

Messire René du Plessis, chevalier, seigneur, marquis de Jarzé, baron du Plessis-Bourré y demeurant, élection et ressort d'Angers, et messire Urbain du Plessis, chevalier, seigneur, marquis de Jarzé, y demeurant élection de Baugé, ont justiffié la possession du titre de noblesse, depuis l'année 1508, commençant en la personne, led. sieur de Jarzé père, de son quartayeul et led. sieur de Jarzé fils, de son quintayeul.

Porte : *de gueules au massacre de cerf d'argeut, surmonté de 2 croissants de même l'un sur l'autre*.

— Urbain-Charles du Plessis, chevalier, des ordres du roy... eut acte de la représentation de ses titres le 10 octobre 1668.

PLUMEREAU (Vincent), sieur de La Plumallière, demeurant parroisse de Princé, eslection de Richelieu, comparant le 30 décembre 1668 par Jean Leclerc, lequel a dit que led. Plumereau n'a jamais prétendu prendre ny pris la qualité d'escuyer, neantmoins il est exempt des tailles et subsides en conséquence de sa charge de garde du corps de la feue Reine, mère du Roy qui luy permet de prendre lad. qualité et outre qu'il estoit dans le service lors du décez de lad. feue Reyne-mère, pourquoy il doibt jouir des privilèges accordez par Sa Majesté aux officiers de la maison de lad. feue Reine-mère, et a signé :

LECLERC.

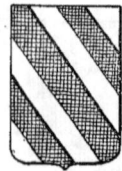

POEZE (René de La), sieur de La Colaisière, demeurant parroisse de Landemont, eslection et seneschaussée d'Angers, comparant le dix-sept may 1667 par M^tre Jean Fargeau, procureur au présidial de cette ville de Tours, lequel a dict qu'icelluy sieur de La Poëze entend maintenir la qualité d'escuyer, a mis au greffe les pièces dont il entend se servir et a signé :

Ferregeau.

Les pièces dud. sieur de La Poise luy ont esté rendues ce xxi may 1667.

René de La Poeze.

POÈZE (de la). — Originaire d'Anjou.
René de La Poèze, écuyer, sieur de La Collezière, demeurant paroisse Saint-Sauveur, élection et ressort d'Angers, a justiffié la possession du titre de noblesse, depuis l'année 1530, commençant en la personne de son trisayeul.
Porte : *d'argent à 3 bandes de sable.*
— René de la Poize eut acte de La représentation de ses titres le 21 mai 1667.

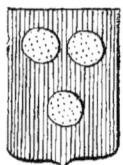

POITEVIN (René), sieur du Boydais, demeurant parroisse d'Abilly, ressort de Chinon bailliage de Tours, comparant le 18 juillet 1666 par M^tre Estienne Ridet, procureur au présidial de Tours, lequel procureur nous a déclaré qu'icelluy sieur Poictevin ayant esté assigné aux mesmes fins à la Cour des aydes à Paris, il y a envoyé ses tiltres qui sont entre les mains du rapporteur, requérant délay suffisant pour les retirer et produire devant nous.

Signé : Ridet.

POICTEVIN (René), l'aisné, sieur de Boisdais, demeurant parroisse d'Abilly, comparant le neuf aoust 1666, par Me Estienne Ridet procureur au présidial de Tours, a déclaré qu'il entend maintenir la qualité d'escuyer, mais qu'ayant esté assigné aux mesmes fins à la Cour des aydes et y ayant envoyé ses tiltres, il requiert délay compétant pour les retirer.

Signé : Ridet.

POICTEVAIN. — Originaire de Touraine.

René Poictevain, écuyer, sieur de Boisdays, demeurant paroisse d'Abilly, élection de Chinon, bailliage de Tours, a justifié la possession du titre de noblesse, depuis l'an 1485, commençant en la personne de son quartayeul.

Porte : *de gueules à 3 tourteaux (besans) d'or 2 et 1.*

POICTEVIN (GASPARD LE), sieur des Portes, demeurant en la ville d'Angers, parroisse de la Sainte-Trinité, comparant le cinquiesme janvier 1668 par M^{tre} Michel Bernard, procureur au bureau des finances à Tours, et son procureur, lequel a dit que ledict Gaspard Le Poictevin est pourveu de la charge de secrétaire clerc de la maison de ville d'Angers, et qu'en cette qualité il est bien fondé de prendre la qualité d'escuyer, mesmes devant sa réception en lad. charge, comme estant filz de deffunct Paschal Le Poictevin, vivant sieur du Plessis, pourveu de la mesme charge de secrétaire clerc de lad. mairie dès l'année 1597, produira au premier jour les pièces dont il entend s'ayder.

BERNARD.

POICTEVAIN. — D'Angers, noblesse de mairie.

Gaspard Poictevain, écuyer, sieur des Portes, greffier de la maison de ville d'Angers, fils de Raoul Poictevain, aussi greffier de lad. maison de ville ès-années 1588 et suivantes jusqu'en 1597.

Porte : *losangé d'or et de gueules, au chef d'or chargé d'un lion léopardé de sable.*

— Gaspard Le Poitevin... eut acte de la représentation de ses titres le 27 septembre 1668.

POIRIER (JACQUES DU), comparant le XIII febvrier 1669, a déclaré qu'il renonce à la quallité d'escuyer et n'entend la soustenir, laquelle il n'a jamais prise dans aucuns actes ny contracts, que de plus il n'a poinct porté de préjudice au Roy ayant passé toutte sa vye dans les armées de Sa Majesté et à la Cour, qu'il n'a jamais demeuré que dans les villes de Paris, Angers et en cette ville de Tours où il est demeurant depuis deux ou trois ans seulement, qui sont villes franches et poinct taillables, qu'il n'a jamais eu ung sol de bien de père et de mère ny autres personnes à la succession desquels il a renoncé, ny possédé un poulce de terre, ny autre bien, et qu'il a subsisté depuis trente deux ans et plus par les employs qu'il a eus, de la part du Roy et gratification de Sa Majesté, et a signé :

Du Poirier.

POISSON (François), advocat au siège présidial d'Angers, y demeurant, comparant le xviiie may 1667 par Me Ollivier Vacher, notaire royal en cette ville de Tours, lequel a dit qu'icelluy Poisson n'a pris la qualité d'escuyer que comme eschevin de ladicte ville d'Angers et depuis qu'il a esté nommé en lad. charge en concéquence des privilèges accordés par Sa Majesté aux maire et eschevins de lad. ville et que sy sad. Majesté désire révoquer lesd. privilèges il n'entend après lad. révoquation prendre lad. qualité d'escuyer.

Signé : Vacher.

Led. Le Vacher a mis au greffe les pièces dont led. Poisson entend s'aider, ce sept avril 1667.

Les pièces dud. sieur Poisson ont esté rendues à Me François Heulin son procureur le neuf juillet 1670.

POISSON (Pierre)[1], sieur de Gastines, conseiller et sécrétaire du Roy, maison, couronne de France et de ses finances, demeurant ordinairement à Paris, rue Bardebec, parroisse Saint-Méderic et assigné en sa maison size en la ville d'Angers, comparant le xie janvier 1668 par Me Michel Bernard lequel a dit qu'icelluy sieur Poisson entend maintenir sa qualité d'escuyer en conséquence de sa charge de conseiller sécrétaire de Sa Majesté pour la justiffication de laquelle il produira cy-après les pièces dont il s'entend ayder.

Signé : Bernard.

Led. sieur Poisson a mis au greffe les pièces dont il entend se servir le xxviie janvier 1668.

Les pièces dud. sieur Poisson ont esté rendues aud. Bernard le cinquiesme febvrier 1668.

— Pierre Poisson... au nombre des maintenus par M. Voisin de la Noirays.
— Me François Poisson, sieur de La Chabossaye, avocat au présidial d'Angers, qui fut échevin en 1661, pour jouir...

(1) Armoiries : *d'azur au dauphin d'argent, couronné d'or et barbelé de gueules.*

POITRAS (André), sieur des Brosses, conseiller du Roy, receveur des traictes foraines au bureau de la ville d'Angers, y demeurant, comparant le unze mars 1667 par Me François Godefroy, lequel a dit qu'icelluy Poitras n'a jamais pris ny entendu prendre la qualité d'escuyer et a signé :

GODEFROY.

PONCEAU (Jacques du), sieur de Charnay, demeurant parroisse de Brion, eslection et ressort d'Angers, comparant le viiie mars 1668 tant pour luy que pour Louis du Ponceau, sieur de La Bourgonnière, demeurant parroisse de Lussay en Berry et pour damoiselle Françoise du Ponceau, sa sœur, demeurant parroisse de Chaudron, eslection et ressort d'Angers, lequel a dit que sesd. frère, sœur et luy entendent maintenir la quallité d'escuier, qu'il ne connoist personne de son nom et armes qui sont : *de sable, à la fasce d'argent et trois merlettes de mesmes*, et pour la justiffication de leur noblesse a mis au greffe les tiltres dont ils entendent se servir et a signé :

J. DUPONSEAU.

PONCHER (Anselme de), sieur de Beauvais, y demeurant parroisse de Claunay, eslection et siège royal de Loudun, bailliage de Tours, comparant le xiiiie aoust 1668, a dit qu'il entend maintenir la qualité d'escuyer, qu'il est aisné de sa maison et qu'outre ses enfans et .... de Pontcher, sieur de .... demeurant en la ville de Paris, son cousin au troisième degré, il ne connoist autres personnes de son nom et armes, et a signé :

ANSELME DE PONCHER [1].

Renée du Breil, veufve ANTHOINE DU PONT, vivant sieur de Préau, demeurante parroisse de Montigné, comparante le vingt-huict mars 1667 par Me Jacques Paul Miré, lequel a dit que lad. du Breil entend maintenir la qualité

(1) Armoiries : *d'or au chevron de gueules chargé sur la pointe d'une tête de léopard d'or et accompagné de 3 coquilles de sable, 2 et 1.*

d'escuyer prise par led. deffunct son mary qui porte pour armes : *de gueules, à la fasce d'or chargée pour briseure de trois testes de turc de carnation, leur turban de gueules tortillé de sinople semé de croissans d'argent*, et a signé :

Miré.

Les pièces de lad. damoiselle ont esté rendues au sieur du Pont, son fils, ce xxvie avril 1667.

Signé : Anthoine Dupont de la Chiquetière.

PONT (du). — Originaire d'Anjou.

Anthoine Dupont, écuyer, sieur de la Chiquetière, demeurant paroisse de Montigné, élection et ressort de Baugé, Michel et François Dupont, ses frères, ont justifflé la possession du titre de noblesse, depuis l'année 1512, commençant en la personne de leur bisayeul.

Porte : *de gueules à la fasce d'or chargée de 3 têtes de turc de carnation jaillissant le sang, leur turban de gueules tortillé de sinople, semé de croissants d'argent* [1].

— Antoine du Pont... eut acte de la représentation de ses titres le 25 avril 1667.

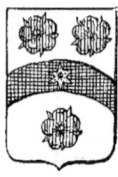

PONT (Claude du), sieur du Ruau, conseiller du Roy au siège présidial d'Angers, y demeurant paroisse Saint-Pierre, comparant par M^{tre} Michel Bernard, procureur au bureau des finances à Tours, le xxxie décembre 1667, tant pour lui que pour Louis Dupont, conseiller du Roy, garde scel audit siège présidial d'Angers, son fils ; lequel Bernard a dit qu'icelluy sieur du Pont, père, entend maintenir sa qualité d'escuyer en conséquence des privilèges accordés par Sa Majesté aux maires, eschevins et officiers de la maison commune, estant issu d'un eschevin, produira cy-après les tiltres dont il s'entend ayder.

Signé : Bernard.

Lesd. Dupont ont mis au greffe les pièces dont ils entendent se servir ce xxii febvrier 1668.

Les pièces dud. sieur Dupont ont esté rendues aud. sieur Bernard le xxve avril 1668.

(1) Denais dit à tort : *de gueules semé de croissants d'argent, à la fasce...*

PONT (DU). — Originaire d'Angers, noblesse de mairie.

Claude Dupont, écuyer, sieur du Ruau, Louis Dupont et François Dupont, ses enfans, conseillers au présidial d'Angers, y demeurants, ont justiffié leur noblesse fondée sur ce que ledit Claude du Pont est petit-fils de Jacques Dupont, échevin de la ville d'Angers ès années 1571 et 1575.

Porte : *d'argent à la fasce voûtée de sable chargée d'une molette d'éperon d'or et accompagnée de 3 roses de gueules, 2 et 1.*

— Claude du Pont... eut acte de la représentation de ses titres le 24 avril 1668.

PONTHOISE (LOUIS-CÉSAR DE), sieur de Gomer, demeurant parroisse de Chenu, eslection de La Flèche, comparant le premier octobre 1668, a dit qu'il entend maintenir la qualité d'escuier, qu'il est aisné de sa maison et qu'outre Pierre et Hiérosme de Ponthoize, ses frères, il n'en connoist autres qui portent son nom et armes qui sont : *d'argent, à un aigle exployé de sable au chef d'azur ;* produira au premier jour les pièces dont il entend se servir et a signé :

LOUIS-CÉSAR DE PONTHOISE.

Les pièces dud. sieur de Ponthoise luy ont esté rendues le 4e octobre 1668.

PONTOISE (DE). — Originaire d'Anjou.

Cœzar de Pontoise, écuyer, sieur de Gomer, demeurant paroisse de Chenu, élection de La Flèche, a justifié la possession du titre de noblesse, depuis l'année 1530, commençant en la personne de son trisayeul.

Porte : *d'argent à l'aigle éployée de sable, au chef d'azur (diminué).*

— César de Pontoise... au nombre des maintenus par M. Voisin.

PORCHERON DE SAINTE-JAMES (JACQUES), sieur de Daussigny, demeurant parroisse de Loiré, eslection et ressort d'Angers, comparant le huictiesme may 1668 tant pour luy que pour Philisbert-Pierre Porcheron de Sainte-James, sieur de Vernay, son frère cadet, demeurant parroisse de Sauves en Mirballais, eslection de Richelieu, a dit que sond. frère et luy entendent maintenir la quallité d'escuier, qu'ils sont cadetz de leur branche et maison, que Charles-Arnoul Porcheron, sieur de Beroutte, est l'aisné de lad. maison et René Porcheron, sieur de Vau, demeurantz en Poictou et n'en cognoist autres qui portent son nom et armes qui sont : *d'or, au chevron d'azur, à deux hures de*

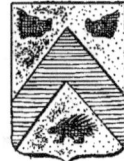

sanglier de rencontre de sable en chef avec deffences d'argent et en pointe un porc espy, aussy de sable, et pour la justiffication de lad. quallité d'escuyer a signé :

Jacques Porcheron de Saint-James.

Les pièces dud. sieur Porcheron luy ont esté rendues le dixiesme may 1668.

PORCHERON (Philibert-Pierre), sieur de Vernay, demeurant parroisse de Sauves, eslection de Richelieu, seneschaussée d'Angers, comparant le 14e septembre 1668 par Me Michel Bernard, procureur au bureau des finances à Tours, lequel a dit qu'icelluy sieur Porcheron entend maintenir la qualité d'escuyer et a signé :

Bernard.

PORCHERON. — De Poitiers, noblesse de mairie.

Jacques Porcheron de Sainte-James, écuyer, sieur d'Aussigny, demeurant paroisse de Loiré élection et ressort d'Angers, Philbert-Pierre Porcheron de Sainte-James, écuyer, sieur de Verné, son frère, demeurant en la paroisse de Sauves, élection de Richelieu, ont justiffié la possession du titre de noblesse, depuis l'année 1534, commençant en la personne de François Porcheron, leur trisayeul, maire et échevin de la ville de Poitiers.

Porte : *d'or au chevron d'azur accompagné en chef de 2 hures de sanglier affrontées de sable, deffendues d'azur et en pointe d'un porc-épic aussi de sable.*

— Jacques Porcheron... eut acte de la représentation de ses titres le 9 mai 1668.

PORTE (Me François de La), conseiller du Roy et en l'eslection d'Angers, y demeurant parroisse de Saint-Michel-du-Tertre, comparant le xx febvrier 1668, par Mtre Michel Bernard lequel a dit qu'encores que led. constituant soit noble d'extraction, que néantmoins comme son bisayeul auroit faict desrogeance, de laquelle il auroit obtenu des lettres de réhabilitation, lesquelles il n'a pu jusques a icy faire vériffier manque de moyen, il n'entend quand à présent prendre ny soustenir la qualité d'escuier jusqu'à ce qu'il ayt moyen de faire faire lad. vériffication et demande estre renvoyé de lad. assignation.

Bernard.

PORTE (Louis de La), sieur du Boccage, l'un des gardes escossois du corps du Roy, soubs la charge de Monsieur le duc de Nouailles, demeurant parroisse de Villevesque, eslection et ressort d'Angers, comparant le 2ᵉ juillet 1668, a dit qu'il entend maintenir la qualité d'escuyer en vertu de sad. charge de garde escossois du corps de Sa Majesté, a mis au greffe les pièces dont il entend se servir et a signé :

De La Porte.

Les pièces dud. sieur de La Porte luy ont esté rendues le 9ᵉ juillet 1668.

PORTEBIZE (Jacques de), sieur de La Chaise, demeurant parroisse de Beauvais, eslection du Mans, comparant le xxv septembre 1668 tant pour luy que pour Abel et Charles de Portebize, ses frères demeurans parroisse de Chérancé, mesmes eslection, a dit qu'il entend maintenir la qualité d'escuier tant pour luy que pour sesd. frères, qu'il est sorty de cadets de sa maison et qu'outre Ysaac de Portebize, demeurant à Troyes-en-Champagne, aisn de la maison et Pierre de Portebize, son frère cadet, gouverneur de Blin en Bretagne, il n'en connoist autre qui porte son nom et armes qui sont *de gueules à cinq besans d'or bordés de sable,* a mis au greffe les pièces dont il entend se servir et a signé :

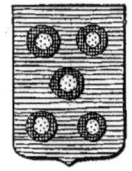

De Portebize.

PORTEBISE (de). — Originaire d'Anjou.

Jacques de Portebise, écuyer, sieur dud. lieu, demeurant paroisse de Beauvais, élection et ressort du Mans, Abel et Charles de Portebise, ses frères, ont justiffié la possession du titre de noblesse, depuis l'année 1545, commençant en la personne de leur bisayeul.

Porte : *d'azur, à 5 besans d'or, bordés de sable, et posés en sautoir.* — Aliàs : *de gueules à 6 besans d'or, 3, 2, et 1.*

PORTES (Pierre des), sieur du Boullay, demeurant parroisse Saint-Christophe-du-Luat, eslection de Laval, seneschaussée de Chasteaugontier, comparant le trois aoust 1667, a dit qu'il entend maintenir la qualité d'escuyer, qu'il est seul de son nom et armes, qu'il porte : *d'azur, à trois fuzées d'or bordées de sable en pal,* a produict les pièces justifficatives de sa noblesse et a signé :

Desportes.

Les pièces dud. sieur Desportes ont esté rendues à M. Michel Bernard son procureur le cinq aoust 1668.

POT (Jean Le), sieur de La Leu, demeurant parroisse de Faverolles, eslection d'Amboise, bailliage de Tours, comparant le xxviiie avril 1667, a dit qu'il n'a jamais pris ny entendu prendre la qualité d'escuyer et qu'au contraire il a toujours esté imposé aux rolles des tailles depuis qu'il est marié, et a signé :

Le Pot.

POTEL (Pierre), sieur de Boisregnault, demeurant parroisse de Baslan, eslection et bailliage de Tours, comparant le xxvie janvier 1668, a dit qu'il entend maintenir la qualité d'escuyer, qu'il est cadet de sa maison, que Sébastien Potel, demeurant à Paris, est son frère aisné et qu'il ne cognoist autres de son nom et armes et a signé :

Potel.

POTEL (Pierre), sieur du Bois-Regnault, demeurant parroisse de Ballan, eslection de Tours, comparant le 15e mars 1669 par M^{tre} Louis Le Damoysel, lequel a dit que led. Potel entend maintenir la quallité d'escuyer, qu'il porte pour armes : *de gueules, à trois colonnes sommées de trois boules d'or et au chef d'or chargé de trois estoilles de gueulles* ; a mis au greffe les pièces dont led. sieur Potel entend s'ayder et a signé :

Le Damoysel.

Les pièces dud. sieur Postel ont esté rendues le 16e mars 1669.

POTEL. — De Paris.

Pierre Potel, écuyer, sieur du Boisrenault, demeurant paroisse de Balan, élection de Tours, a justiffié sa noblesse comme fils de Jean Potel, conseiller et secrétaire du Roy, mort revestu de lad. charge.

Porte : *de gueules à 3 poteaux sommés de 3 boules d'or, au chef d'or chargé de 3 étoiles de gueules.*

POULAIN (Laurent), sieur de Beigné, receveur de l'Hostel-Dieu Saint-Jean l'Évangeliste d'Angers, y demeurant paroisse de la Trinité, comparant le xiiiie avril 1667 par Me Jacques-Paul Miré, son procureur, lequel a dit que led. Poulain n'a jamais pris ny entendu prendre la qualité d'escuyer, et que s'il se trouve des actes où il ait esté estably en lad. qualité ça esté à son inseu et les notaires qui la luy ont donnée, et a led. Miré signé :

Miré.

POULAIN (Charles), sieur de La Gaudinière, conseiller et secrétaire du Roy, maison et couronne de France et de ses finances, demeurant ordinairement à Paris paroisse de Saint-Méderic et assigné en sa maison size en la ville d'Angers, comparant le xiiii janvier 1668 par Me Michel Bernard, lequel a dit qu'icelluy sieur Poullain entend maintenir sa quallité d'escuyer en conséquence de sad. charge de conseiller et sécretaire du Roy, pour la justiffication de laquelle il représentera cy après les pièces dont il s'entend aider et a signé:

Bernard.

Led. sieur Poulain a mis au greffe les pièces dont il entend se servir ce xxviie janvier 1668.

Les pièces dud. sieur Poullain ont esté rendues aud. sieur Bernard le 5 febvrier 1668.

— Charles Poulain... au nombre des maintenus par M. Voisin.
Armoiries : *de .... au lion de ....*

POUSSET (Thomas), comparant le 29 juillet 1666 par Mtre Jean Tripier, marchand orfevre, son beau-frère, demeurant paroisse Sainct-Nicolas de la ville du Mans, a déclaré n'avoir jamais eu cognoissance que la qualité d'escuier luy ayt esté donnée, ayant tousjours esté imposé aux tailles et mesme esté collecteur desd. tailles de la parroisse du Crucifix de l'année dernière 1665, et a signé :

Trippier.

POYET (Jacques), sieur de Cerizier, demeurant parroisse de L'Hospitail-Bouillé, eslection et ressort d'Angers, comparant le xxvie mars 1667, a dit qu'il entend maintenir la qualité d'escuyer, qu'il est aisné d'une branche de cadets de sa maison et qu'il ne cognoist de lad. branche que Toussaints Poyet, son frère, et que .... Poyet, sieur de La Poitevinière, demeurant parroisse de Frossé en Bretagne, est aisné du nom et armes et René Poyet, sieur du Colledo, demeurant en l'évesché de Vannes en lad. province de Bretagne, est d'une autre branche de cadets et qu'il ne cognoist autres de sond. nom et armes, qu'il porte : *d'azur, à trois colonnes? d'or*, et qu'il produira au premier jour les pièces dont il entend se servir et a signé :

Jacques Poyet.

Led. sieur Poyet a mis au greffe les pièces dont il entend se servir ce douze avril 1667.

Les pièces dud. sieur Poyet luy ont esté rendues ce xixe aoust 1667.

POYET. — Originaire d'Anjou.

Jacques Poyet, écuyer, sieur du Cerisier et Toussaint Poyet, écuyer, sieur de La Haute-Bergerie, son frère, demeurant paroisse de L'Hôpital de Bouillé, élection et ressort d'Angers, ont justiffié la possession du titre de noblesse, depuis l'année 1548, commençant en la personne de son ayeul.

Porte : *d'azur à 3 colonnes d'or, rangées en pal.*

— Jacques Poyet... eut acte de la représentation de ses titres... le 19 aoust 1667.

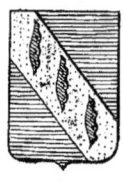

PRÉ (Philippe du), sieur de La Carte, demeurant à Sainct-Laurent-de-Lain, eslection de Baugé, bailliage d'Angers, comparant le 28 aoust 1666, lequel pour satisfaire à l'assignation qui luy a esté donnée à la requeste de Laspeyre par exploict de Carré, huissier, du vingtiesme aoust dernier, a dict qu'il entend maintenir sa qualité d'escuier, comme issu de parens nobles et escuiers, qu'il est l'aisné de sa branche et que François du Pré, sieur de Vellegenard, demeurant en Brie, est l'aisné de la famille, qui est le seul qu'il reconnoist de lad. famille ; porte pour armes : *d'azur à la bande d'or chargée de trois gousses de genest de sinople*, et pour la justiffication de sa noblesse, produira au premier jour ses tiltres, a esleu domicille en la personne de M^{tre} Michel Bernard, estant à nostre suitte, et a signé :

P. Dupré.

Le 30 dud. mois d'aoust led. sieur du Pré a mis au greffe les pièces dont il entend se servir.

Le douze décembre 1666, les pièces dud. sieur du Pré luy ont esté rendues.

PRÉ (DU). — Originaire de Paris.

Philippe du Pré, écuyer, sieur de La Carte, demeurant paroisse de Saint-Laurent-du-Lin, élection de Baugé, bailliage d'Angers, a justiffié la possession du titre de noblesse, commençant en la personne de Nicole Dupré, son trisayeul, conseiller et secrétaire du roi en 1529, mort dans la charge.

Porte : *d'azur à la bande d'or chargée de 3 gousses de genêt de sinople* [1].

— Philippe du Pré... eut acte de la représentation de ses titres le 12 décembre 1666.

PRÉSEAU (GILLES), sieur de La Guilletière, demeurant parroisse Saint-Sauveur, eslection et seneschaussée d'Angers, comparant le unze may 1667, a dit qu'il entend maintenir la qualité d'escuyer, qu'il est aisné de sa maison et qu'outre Guillaume Préseau, sieur de La Vivandière, son frère, demeurant parroisse Saint-Sauveur de Landémont mesmes eslection et seneschaussée, il ne cognoist personne de son nom et armes, qu'il porte : *de sable, au sautoir engreslé d'argent accompagné de quatre coquilles de mesme*, a mis au greffe les pièces dont il entend se servir et a signé :

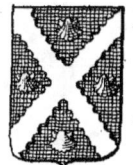

GILLES PRÉSEAU.

Lesd. pièces ont esté rendues aud. sieur Preseau le 20e may 1667.

PRÉZEAU — Originaire de Bretagne.

Gilles Prézeau, écuyer, sieur de La Guilletière, demeurant paroisse de Saint-Sauveur, élection d'Angers, a justiffié la possession du titre de noblesse, depuis l'année 1492, commençant en la personne de son quartayeul.

Porte : *de sable au sautoir d'argent engreslé et cantonné de 4 crousilles de même.*

— Gabriel Prézeau... eut acte de la représentation de ses titres le 18 may 1667.

PRÉVOST (CHARLES), sieur de Bonnezeaux, demeurant parroisse de Thouarcé, eslection et seneschaussée d'Angers, comparant le XIII septembre 1666, lequel pour satisfaire à l'assignation qui luy a esté donnée à la requeste

---

(1) Carré de Busserolles dit à tort... *chargée de 5 gousses de genêt de sinople.*

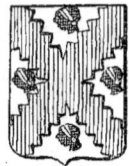 de Laspeire, a dit qu'il entend maintenir sa qualité d'escuier comme descendu de parens nobles et escuiers, qu'il est aisné de sa famille, a pour frère François Prévost, demeurant à Braslou en Poictou et ne connoist aucuns de sa branche et famille, porte pour armes : *d'argent au sautoir de gueulles dentelé de sable, avec une croix patée de sable qui est au milieu ou se croise le sautoir, avecq quatre testes de more de sable bandées d'or,* et pour la justiffication de sa noblesse produira au premier jour ses tiltres, et a esleu domicille en la personne de M^tre Miré estant à nostre suitte, et a signé :

CHARLES PRÉVOST.

Le quinze janvier 1667, led. sieur Prévost a mis au greffe les pièces dont il entend se servir.

Le XIe avril 1667 les pièces dud. sieur Prévost luy ont esté rendues.

PRÉVOST (RENÉ), sieur de Fresnay, demeurant parroisse de Saint-Benoist, eslection de Chinon, comparant le 22e aoust 1668, par Me Jacques Paul Miré, tant pour luy que pour François Prévost, escuier, sieur de La Fosse, son père, demeurant parroisse de Braslou, eslection de Richelieu et Louis, Jean et Anthoine Prévost, escuiers, frères dud. René, lequel a dit que led. Prévost entend maintenir la qualité d'escuyer tant pour luy que pour sond. père et frères, qu'il est fils de cadet de sa maison et qu'outre Charles Prévost, escuier, sieur de Bonnezeaux, demeurant en Anjou, son oncle et aisné de lad. maison, il n'en connoist qui portent son nom et armes qui sont : *d'argent, au saultoir de gueules, dantelé de sable, cantonné de quatre teste de mores bandées d'argent,* et pour la justiffication de lad. qualité d'escuier dud. sieur Prévost, led. Miré a mis au greffe les pièces et tiltres justiffcatifs de sa noblesse et a signé :

MIRÉ.

Les pièces dud. sieur Provost ont esté rendues aud Miré le 27e aoust 1668.

Damoiselle Charlotte Prud'homme, veufve de deffunct ANTOINE PRÉVOST, escuier, sieur de Bonnezeaux, demeurant parroisse de Verné-le-Fourrier, eslection et ressort de Baugé, comparant par M^tre Jacques Paul Miré le 24e septembre 1668, tant pour elle que pour Victor Prévost, escuyer, sieur des Nous, demeurant avec lad. damoiselle Prud'homme, sa mère, et encore pour damoiselles Jacqueline, Renée et Louise Prévost, filles de lad. damoiselle Prudhomme, lequel Miré a dit que lad. damoiselle entend maintenir la qualité d'escuier prise par sond. deffunct mary pour en jouir tant par elle que par led. Victor, son fils et ses filles, qu'elle est femme de l'aisné de sa maison et qu'elle ne connoist autres qui porte le nom et armes des sieurs Prevost que Charles Prévost, sieur de Bonnezeaux, François Prévost, sieur de La Fosse, ses enfans et René Prévost, sieur de La Fresnaye, son petit-fils, lesquels ont eu leur renvoy de Monseigneur l'Intendant, a mis au greffe les pièces dont elle entend se servir et a signé :

MIRÉ.

Les pièces de lad. damoiselle Prudhomme ont esté rendues aud. Miré ce 25e septembre 1668.

PRÉVOST. — Originaire d'Anjou.

Charles Prévost écuyer, sieur de Bonnes-Eaux, demeurant paroisse de Thouarcé, élection d'Angers et René Prévost, écuyer, sieur du Fresne, son frère, demeurant paroisse de Braslou, élection de Chinon, bailliage de Tours, ont justifié la possession du titre de noblesse, depuis l'année 1446, commençant en la personne de leur quintayeul.

Porte : *d'argent au sautoir de gueules, danchée, cantonné de 4 testes de More bordées d'argent* [1].

— Charles Prevost eut acte de la représentation de ses titres le 11 avril 1667.

— Antoine Prévost, écuyer, sieur de la Rigaudière, Charlotte de Prud'homme sa veuve, demeurante paroisse de Vernoie-le-Fourier, élection de Baugé, eut acte de la représentation de ses titres, tant pour elle que pour Victor son fils et pour ses filles, le 25 septembre 1668.

PRÉVOST (CHARLES), sieur de La Galonnière, demeurant parroisse de Cugan, marche de Poitou et de Bretagne, comparant le trois may 1667, a dit que bien qu'il ne soit de l'estendue de cette généralité, néantmoins il

---

[1] Denais, *Armorial d'Anjou*, dit : *de gueules à 3 croix pattées d'argent, 2 et 1* — Carré de Busserolles : *d'argent au sautoir dentelé de sable cantonné de 4 têtes de Maure tortillées du fond.*

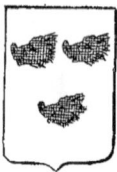

consent de justiffier sa qualité d'escuyer, qu'il entant maintenir luy estant pourveu d'un délay compétant qu'il prétend demander pour retirer les tiltres justifficatifs de sa noblesse de Gabriel Prévost, sieur de Bignon, son cousin germain, aisné de sa maison, demeurant parroisse de Chauché, province de Poitou et qu'outre led. sieur de Bignon, il ne cognoist autres de son nom et armes que Samuel Prévost, sieur du Plessis, son frère puisné, demeurant parroisse de Beaurepere, eslection de Moléon en Poitou, et qu'il porte pour armes : *d'argent, à trois hures de sanglier, arrachées, de sable*, et a signé :

CHARLES PRÉVOST.

Led. sieur Prévost a mis au greffe les pièces dont il entend se servir ce quatre juin 1667.

Les pièces dud. sieur Prévost ont esté rendues à Alexandre Prévost, escuyer, son frère, ayant charge de les retirer ce xx juillet 1667.

Signé : ALEXANDRE PRÉVOST.

PRÉVOST — Originaire de Poitou.

Charles Prévost, écuyer, sieur de La Ganouillère [1], demeurant paroisse de Cugan, élection et ressort d'Angers, a justiffié la possession du titre de noblesse, depuis l'année 1538, commençant en la personne de son trisayeul.

Porte : *d'argent à 3 hures de sanglier arrachées de sable, 2 et 1*. — Aliàs : *languées de gueules, défendues d'argent*.

PRÉVOST (JACQUES LE), sieur de La Blosserye, demeurant parroisse de Sainct-Denis-du-Chevain, eslection et ressort du Mans, comparant le XXIIe juillet 1667, a dit qu'il entend maintenir la quallité d'escuyer, qu'il est seul issu d'une branche de cadetz de sa maison, que Robert Le Prévost, sieur de La Moissonnière, est l'aisné de sa famille, demeurant en la parroisse de Coudehard, eslection d'Argentan, François Le Prévost, frère dud. Robert, demeurant en lad. parroisse de Coudehard, Isaac Le Prévost, sieur du Bordage, demeurant parroisse de Montpinson, issu d'une autre branche de cadetz, Jacques Le Prévost, sieur du Fort, demeurant parroisse de Villedieu, Jacques

(1) Carré de Busserolles dit La Galonnière.

Le Prévost, escuier, sieur de La Porte, demeurant au bourg de Trun, issuz d'autre branche de cadetz et ne connoist autres de sa famille qui portent son nom et armes lesquelles sont : *d'azur au lion d'argent, lampassé et armé d'or, tenant une hache d'armes aussy d'argent,* a mis au greffe les pièces dont il entend se servir et a signé :

JACQUES LE PRÉVOST.

Les pièces dud. sieur Le Prevost luy ont esté rendues ce xxve juillet 1667.

PRÉVOST (LE). — Originaire de Normandie.

Jacques Le Prévost, écuyer, sieur de La Blosserie, demeurant paroisse de Saint-Denis, élection et ressort du Mans, a justiffié la possession du titre de noblesse, depuis l'année 1535, commençant en la personne de son trisayeul.

Porte : *d'azur au lion d'argent, armé et lampassé de gueules, appuyé sur une hallebarde d'argent.*

— Cette famille fut maintenue en Normandie, en 1635 et le 12 aoust 1667.

PRÉVOST (URBAIN), sieur de La Marière, demeurant parroisse de Sauve, eslection et ressort de Richelieu, comparant le dix-huict septembre 1667, a dit qu'il entend maintenir la qualité d'escuyer, qu'il est seul de son nom et armes et qu'ayant esté assigné aux mesmes fins à la requeste de Thomas Bosseau, cy-devant chargé de la recherche des usurpateurs de noblesse à la Cour des aydes, il y a produict ses tiltres qui sont encore ès mains du procureur dud. Bosseau, duquel il ne les a peu retirer ainsy qu'il parroist par le certifficat du sieur Lhuillier, caution dud. Bosseau, qu'il offre représenter, pour retirer lesquelles pièces et les représenter il prétend demander délay et a signé :

URBAIN PRÉVOST [1].

PREZ (DES). — Originaire du Poitou.

François Déprés, écuyer, sieur de La Jarrière, demeurant paroisse de Savigny, élection de Richelieu, bailliage d'Angers, a justiffié la possession du titre de noblesse, depuis l'année 1461, commençant en la personne de son quintayeul.

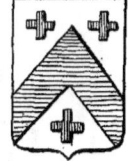

(1) Armoiries : *d'argent à un cep de vigne au naturel fruité d'un raisin d'azur qui est accosté de deux limaçons affrontés de pourpre approchant leurs têtes pour manger le raisin.*

Porte : *d'argent au chevron d'azur accompagné de 3 croisettes de gueules, 2 et 1* [1].

PRIMAUDAYE (GABRIEL DE LA), sieur La Ripaudière, demeurant parroisse de Savigné-sur-Rillé, eslection et seneschaussée de Baugé, comparant le XXIII avril 1667 tant pour luy que pour Daniel de La Primaudaye, sieur de La Goyère, demeurant en Bas-Poitou, Esléazard de La Primaudaye, sieur de Limondière, demeurant mesme parroisse de Savigny et Gabriel de La Primaudaye, sieur de Champmillon, demeurant parroisse de Channaye, mesmes eslection et ressort de Baugé, ses enfans, et pour Maurice de La Primaudaye, sieur de Goulau (Egoulau), demeurant aussy parroisse de Savigné, Philippes de La Primaudaye, sieur de Bissay, demeurant en lad. parroisse de Savigné et pour Pierre de La Primaudaye, escuier, sieur de La Barée, et Jacques de La Primaudaye, sieur de Campoix, mineurs frères, demeurans en lad. parroisse de Chasnay, lequel a dit que tous lesd. sieurs de La Primaudaye et luy entendent maintenir la qualité d'escuier et qu'il n'en cognoist autres de son nom et armes, qu'il porte : *semé de France à l'escu d'or en abisme traversé d'une patte de griffon d'or, un tourteau de sable sur le tout*, et a mis au greffe les pièces dont il entend se servir.

Signé : GABRIEL DE LA PRIMAUDAYE, ayné.
GABRIEL DE LA PRIMAUDAYE, sieur de Chammillon.
PIERRE DE LA PRIMAUDAYE, sieur de La Barrée.

Les pièces dud. sieur de La Primaudaye luy ont esté rendues ce quatre juillet 1667.

MAURICE DE LA PRIMAUDAYE.

PRIMAUDAIS (DE LA). — Originaire de Touraine.
Gabriel de La Primaudais, écuyer, sieur de La Ripaudière, Daniel de La Primaudais, écuyer, Cœsard et Gabriel de La Primaudais, écuyers, ses enfants, demeurant paroisse de Savigné, élection et ressort de Baugé, Mauris de La Primaudais, écuyer, sieur des Goullau, Philippes

---

(1) D'après Carré de Busserolles la famille Desprez de La Jarrière portait : *d'argent, au chevron d'azur, accompagné de 3 coquilles de gueules 2 et 1.*

de La Primaudais, écuyer, sieur de Bissé, Pierre de La Primaudais, écuyer, sieur de La Barre et Jacques de La Primaudais, frères, neveux dud. Gabriel, père, ont justifflé la possession du titre de noblesse, commençant en la personne de Nicolas de La Primaudais, conseiller et secrétaire du roy en 1540, bisayeul dud. Gabriel et trisayeul de ses enfans et neveux.

Porte : *semé de France à l'écu d'or en abime chargé d'un tourteau de sable traversé d'une patte de griffon d'or.*

PRINCE (FRANÇOIS LE), sieur de Pontosme, garde vétéran du corps de Sa Majesté, demeurant à Beaumont-le-Vicomte, eslection du Mans, bailliage de La Flèche, comparant le 18 aoust 1666, par M^{tre} Mathurin Aubin, advocat en Parlement, son petit-fils, fondé de procuration spéciale passée devant Jousset et Le Teissier, notaires royaux, le treiziesme du présent mois, laquelle est demeurée au greffe, lequel sieur Aubin, pour satisfaire à l'assignation donnée aud. Le Prince à la requeste de Laspeyre le trante juillet dernier par exploict de Jallu, pour procéder aux fins dud. exploict et de nostre ordonnance y énoncée, a dit en vertu du pouvoir à luy donné par lad. procuration, que led. sieur Le Prince ayant esté garde du corps et servy vingt-quatre ans et obtenu lettres de vétéran, il a eu et a encor droict de prendre la qualité d'escuyer qui luy a esté donnée par ses lettres de vétéran et confirmée par deux arrests du Conseil, et pour la justiffication de ce que dessus a mis au greffe les pièces dont il entend se servir avec l'inventaire d'icelles, et a faict eslection de domicile en la personne de M^{tre} Bernard et a signé :

AULBIN.

Les pièces dud. sieur Leprince ont esté rendues aud. sieur Aulbin le 20 août 1666.

PROUST (PIERRE LE), sieur de Rondé, gentilhomme de la vennerie de Monsieur le duc d'Orléans, demeurant parroisse de Savigny, ressort de Richelieu, comparant le 10 aoust 1666, lequel pour satisfaire à l'assignation à luy donnée le deux du présent mois à la requeste de Laspeyre par exploict de Ladebat huissier pour procéder aux fins dud. exploict et de nostre ordonnance y énoncée, a dit n'avoir jamais pris la qualité d'escuyer ny ne la prétendre et y renoncer et qu'ayant esté cy-devant assigné aux mesmes fins à la Cour des aydes à la requeste de Thomas Bosseau cy-devant chargé de la recherche des usurpateurs du tiltre de noblesse, il se seroit pourveu au Roy en son conseil, où il auroit obtenu arrest le 26 mars 1665 par lequel il est demeuré deschargé de l'assignation à luy donnée à lad. cour à la requeste dud. Bousseau avec deffences de prendre à l'advenir la qualité d'escuyer à peine d'estre contrainct au payement de l'amende de 2,000 livres, à quoy il n'a contrevenu, et a signé :

PIERRE LE PROUST [1].

Condamné.

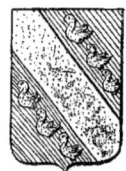

PUY (CHARLES DU), sieur de La Chevallerie, demeurant parroisse de Balhesme, eslection et ressort de Chinon, bailliage de Tours, comparant le trante aoust 1666 par Esmery du Puy, son fils, fondé de procuration passée par Le Tellier, notaire, le 23e du présent mois laquelle est demeurée au greffe ; lequel pour satisfaire à l'assignation donnée à sond. père, le vingt un du présent mois par exploict de Ladebat, pour procéder aux fins dud. exploict et de nostre ordonnance y énoncée, a dit en vertu du pouvoir à luy donné par lad. procuration que led. sieur Charles du Puy, son père, entend maintenir la qualité d'escuyer, et qu'outre luy Esmery du Puy et Charles du Puy, son frère, et Renée, Magdelaine, Suzanne et Anne, ses sœurs, ils ne cognoissent dud. nom et armes que René du Puy, sieur de La Roche Ploquain, et qu'il porte pour armes : *de sinope à une barre d'or, accompagnée de six merlettes aussy d'or* ; et pour la justiffication de lad. qualité, produira au premier jour les pièces dont il entend se servir, et a faict eslection de domicille au logis de Mtre Jacques Bruzard, procureur en cette ville de Chinon, et a signé :

EMERY DU PUY.

Les pièces dud. sieur du Puy luy ont esté rendues ce cinq septembre 1666.

PUY (FRANÇOIS DU), sieur de Frettefons, comparant le 26 décembre 1667 tant pour luy que pour Anthoine du Puy, son fils, demeurant à Angers,

(1) Armoiries : *d'azur au chevron d'or accompagné en chef de deux colombes d'argent et en pointe d'un lionceau d'or.*

parroisse de La Trinité, a dit qu'il entend maintenir la qualité d'escuyer, qu'il porte pour armes : *de sinople, à la barre d'or accompagnée de six merlettes de mesmes, trois et trois*, et qu'il ne recognoist de son nom et armes que les sieurs du Puy demeurans proche La Haye, en Touraine, dont la branche est séparée il y a très-longtemps, a mis au greffe les pièces dont il entend se servir et a signé :

FRANÇOIS DU PUY.

Les pièces dud. sieur du Puy luy ont esté rendues ce xxviie décembre 1667.

PUY (DU). — Originaire d'Anjou.

François Dupuy, écuyer, sieur Dupuy et Yves-Antoine Dupuy, son fils, demeurants en la ville d'Angers, a justiffié sa noblesse depuis l'an 1433 commençant en la personne de son quartayeul.

Charles Dupuy, écuyer, sieur de La Chevallerie, y demeurant paroisse de Balesme, élection de Chinon, bailliage de Tours, a justifié la possession du titre de noblesse, depuis l'année 1499 commençant en la personne de son quartayeul.

Porte : *de sinople à la bande d'or accostée de 6 merlettes aussi d'or* [1].

— Yves-Antoine du Puy, écuyer, sieur de Froidefond, demeurant paroisse de la Trinité d'Angers, eut acte de la représentation de ses titres, tant pour lui que pour son père le 27 décembre 1667.

PUY-DU-FOU (Messire GABRIEL DU), et de Champagne, daufin de Combronde, premier marquis d'Auvergne, seigneur et prince de Pescheul, conseiller du roy en ses conseils d'Estat, demeurant en son chasteau de Pescheul, parroisse d'Avoise, eslection de La Flèche, seneschaussée du Mans, comparant le vingt juin 1667 par Me Louis Le Damoisel, procureur estant à la suitte de Monsieur l'Intendant, lequel a dit que led. sieur du Pui-du-Fou, entend maintenir ses qualités d'escuyer et chevallier, et pour la justiffication desd. qualités a mis au greffe les pièces dont il entend se servir.

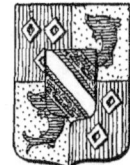

LE DAMOISEL.

Les pièces dud. sieur du Puy-du-Fou ont esté rendues aud. Le Damoisel le xxie juin 1667.

---

(1) Carré de Busserolles dit : la *bande d'or bordée de sable, accompagnée de 6 merlettes aussi d'or, 3 en chef et 3 en pointe.*

PUY DU FOU (DU). — Originaire du Poitou.

Messire Gabriel du Puy du Fou et de Champagne, dauphin de Combronde, premier marquis et gentilhomme de la province d'Auvergne, prince de Pescheseul, conseiller du Roy en ses conseils, dernier seigneur du nom de la maison du Puy du Fou, descendu de Ruant sieur du Puy du Fou, chambrier de France sous le règne de François Ier, a justiffié la possession du titre de noblesse, depuis l'année 1515, commençant en la personne de messire François du Puy du Fou son trisayeul, chevalier de l'ordre du Roi, gouverneur de Nantes, qui avoit espousé Catherine de Laval, fille aisnée de feu Jean de Laval sire de Bois-Dauphin, qui eurent pour fils messire René de Puy du Fou, chevalier, gouverneur de La Rochelle et païs d'Aunis, marié avec Catherine de La Rochefoucault fille aisnée de M. de Barbezieux gouverneur de Paris et d'Antoine d'Amboise dame de Combronde dont est issu messire Gilbert du Puy du Fou mary de damoiselle Philippes de Champagne, héritiers des sires de Pescheseul aisnés de la maison de Champagne en Anjou et au Mayne dont est issu messire René du Puy du Fou, père du dernier de la famille et maison du Puy du Fou, mari de dame Madeleine de Bellière.

Porte : *escartelé et contrescartelé scavoir aux 1 et 4 de gueules à 3 macles d'argent, 2 et 1,* qui est du Puy du Fou, *aux 2 et 3 d'or au dauphin pasmé d'azur,* qui est des Dauphin de Combronde puisnés des princes d'Auvergne et sur le tout en abisme porte : *d'azur à la bande d'argent accostée de 2 cotices d'or potancées et contrepotancées de 13 pièces,* qui est de la maison de Sancerre et aussi de celle de Champagne.

Q

QUATREBARBES (LOUIS DE), sieur des Bourdeaux, demeurant parroisse de Morannes, comparant le douze avril 1667 par Me André Javelle, procureur au présidial de cette ville de Tours, lequel a dit qu'icelluy de Quatrebarbes entend maintenir la qualité d'escuyer et que n'estant que cadet de sa maison il n'a aucun tiltre que son partage, pour le recouvrement desquels tiltres de son aisné et les représenter il prétend demander délay, et a signé :

JAVELLE.

QUATREBARBES (HIACINTHE DE), seigneur de La Rongère, demeurant parroisse Saint-Sulpice, eslection et présidial de Chasteaugontier, comparant le 12e septembre 1668, par M^{tre} Michel Bernard, lequel a dict qu'icelluy sieur de Quatrebarbes entend maintenir la qualité d'escuyer, qu'il est aisné de sa maison, qu'outre de Quatrebarbes, son fils non nommé; Dame Marie Lair, veufve d'Hélye de Quatrebarbes, vivant sieur de La Roussardière, son oncle, et le fils de lad. veufve, Gilbert-Jean et Claude de Quatrebarbes, frères dud. comparant, René de Quatrebarbes, son cousin au quatriesme degré, et René et Zacarye de Quatrebarbes, frères dud. René ; les enfans desd. René et Zacarrye, ensemble ceux de Louis de Quatrebarbes fils dud. René, Lancelot, René et Charles de Quatrebarbes, enfans dud. René et les enfans desd. Lancelot et René, il ne connoist autres personnes de son nom et armes qu'il porte : *de sable, à la bande d'argent, accostée de deux cottisses de mesme ;* a mis au greffe les pièces dont led. sieur de Quatrebarbes entend se servir et a signé :

BERNARD.

Les pièces dud. sieur de Quatrebarbes ont esté rendues ce XIIIIe septembre 1668.

QUATREBARBES (ZACHARIE DE), sieur de La Durantière, demeurant parroisse d'Auverse, eslection et siège royal de Baugé, comparant le neuf avril 1669 par Jacques de La Haye clerc de M^{tre} Michel Bernard, son procureur, lequel a dit que led. sieur de Quatrebarbes entend maintenir la qualité d'escuyer, qu'il est parent de Hiacinthe de Quatrebarbes, escuyer, sieur de La Rongère, lequel a cy-devant représenté devant Monseigneur l'Intendant les tiltres de sa noblesse et sur iceux obtenu son renvoy, lesquelz tiltres il employe et a ce jourd'huy mis au greffe de mond. seigneur les tiltres dont il entend se servir et porte pour armes : *de sable, à la bande d'argent accostée de deux cottices de mesmes ;* et a signé :

DELAHAYE.

Les pièces ont esté rendues aud. Delahaye le 9 juin 1669.

QUATREBARBES (DE). — Originaire du Maine (Anjou).
Hyacinthe de Quatrebarbes, écuyer, sieur de La Rongère, demeurant paroisse de Saint-Sulpice, Marie Le Lair veuve de Elie de Quatrebarbes, écuyer, sieur de La Roussardière, son

oncle, demeurant paroisse de Quélaines, René de Quatrebarbes, écuyer, sieur de Chasnay, son cousin au 4e dégré et Lancelot de Quatrebarbes, écuyer, sieur de Fontenailles, fils dud. René, demeurants paroisse de Loigné, élection de Châteaugontier et Zacharie de Quatrebarbes, écuyer, sieur de La Durantière, demeurant paroisse d'Auverse, élection et ressort de Baugé, cousin au 4e dégré dud. Hyacinthe, ont justiffié la possession du titre de noblesse, depuis l'année 1520, commençant scavoir en la personne du quartayeul dud. défunt Hélie, et dud. Lancelot, ayeul desd. René et Zacharie.

Porte : *de sable à la bande d'argent accostée de 2 cotices de même.*

— Élie de Quatrebarbes... eut acte de la représentation de ses titres le 14 septembre 1668.

QUELIN.

— Me Jean Quelin [1], avocat au présidial d'Angers, fils de Jacques Quelin, sieur de La Plaine, qui fut échevin en 1633, pour jouir ....

QUELLENEC (LOUIS DU), sieur de La Groissinière [2], demeurant parroisse de Contigné, comparant le douze avril 1667 par Me André Javelle, procureur au présidial de cette ville de Tours, lequel a dict qu'icelluy du Quellenec entend maintenir la qualité d'escuyer et attendu qu'il est cadet de sa maison et que ses aisnés sont demeurans en Bretagne, prétend demander délay pour y aller quérir ses tiltres et les représenter.

Signé : JAVELLE.

QUELQUEJEU (JACQUES), sieur de Villechartre, conseiller du roy, segraier des eaues et forests de Sonnois et Perray, demeurant à Neufchastel, eslection et bailliage du Mans, comparant le 3 septembre 1666 par Mtre Michel Bernard, fondé de procuration passée par Cohier, notaire royal, du 22e aoust dernier, laquelle est demeurée au greffe, lequel pour satisfaire à l'assignation donnée aud. Quelquejeu à la requeste de Laspeyre le 28e dud. mois par exploict de Jallu, a dict en vertu du pouvoir à luy donné par lad. procuration que led. Quelquejeu renonce comme il a faict cy devant à la qualité d'escuyer pour raison de laquelle ayant esté poursuivy à la Cour des aydes seroit intervenu

---

(1) Noble homme Jean Quelin, sieur de La Plaine, avocat et banquier à Angers 1610-1615.
C. Port. *Dictionnaire*, t. III, p. 110.

(2) Armoiries : *d'hermines au chef de gueules chargé de 3 fleurs de lys d'or.*

arrest de condamnation contre luy de la somme de deux mille livres d'amande, laquelle auroit esté modérée par autre arrest de lad. cour du trois décembre 1663 à la somme de neuf cens livres, laquelle il a payée scavoir six cens livres au receveur général des amandes de lad. cour par quictance du trois décembre de lad. année 1663, et trois cens livres à Nicolas Mouton, sieur de La Chaussetière, dénonciateur, par sa quictance du vingt janvier 1661, et a signé :

BERNARD.

Condamné.

QUELQUEJEU (CLÉMENT), sieur du Coudray, commis à la recette du grenier à sel de Lassay, y demeurant, comparant le xxve avril 1667, a dit qu'il n'a jamais pris ny prétendu prendre la qualité d'escuyer, et en cas qu'elle luy ait esté donnée la désavoue et ceux qui luy auroient donnée et a signé :

QUELQUEJEU.

QUELQUEJEU (GUILLAUME), sieur de Butte, escuier de la grande escurie du Roy, demeurant à Paris, sur les fossés d'entre les portes Saint-Jacques et Saint-Michel comparant le deux aoust 1667 par M^{tre} Michel Bernard, procureur au bureau des finances de cette ville de Tours, lequel a dit qu'icelluy Quelquejeu n'a pris la qualité d'escuyer que lors qu'il a eu droit de la prendre et qu'il a esté en exercice des charges de chevau-léger de la garde de Sa Majesté et d'escuyer dans sa grande escurie et a signé :

G. QUELQUEJEU.

Led. sieur Quelquejeu a mis au greffe les pièces dont il entend se servir, ce dix janvier 1669.

QUETIER (JACQUES), sieur de Jumeaux [Thoumeaux], demeurant en sa maison de La Rebillière, parroisse Sainct-Cir-du-Gault, eslection et bailliage

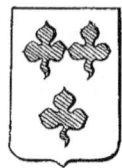

de Tours, comparant le cinq janvier 1668 par M^tre Michel Bernard, lequel a dit que led. Jacques Quettier entend maintenir la qualité d'escuier et qu'il produira les pièces dont il entend se servir au premier jour et a signé :

BERNARD.

Led. Quetier a mis au greffe les pièces dont il entend se servir ce XXVIe janvier 1668.

Les pièces dud. sieur Quetier luy ont esté rendues le 2 febvrier 1668.

Signé : QUETIER.

QUETIER. — Originaire de Touraine.

Jacques Quetier, écuyer, sieur de Thoumeaux et de La Rebillière, demeurant paroisse de Saint-Cyr-du-Gault, élection et bailliage de Tours, a justiffié la possession du titre de noblesse, depuis l'année 1537, commençant en la personne de son bisayeul.

Porte : *d'argent à 3 trèfles de sinople, 2 et 1.*

QUILLET (JEAN), sieur des Roches, demeurant parroisse Nostre-Dame de Mamers, eslection du Mans, ressort dud. Mamers, comparant le dix-huict may 1667, a dit qu'il a pris la qualité d'escuyer par le passé du temps qu'il estoit pourveu de la charge de gendarme de la compagnie du Roy, et que depuis qu'il s'est deffet de lad. charge il ne l'a jamais prise et ne l'entend à l'advenir et a signé :

QUILLET.

QUINEMONT (JEAN DE), sieur de Varennes, y demeurant parroisse dud. lieu, eslection et ressort de Loches, bailliage de Tours, comparant le troisième septembre 1668 par Me Michel Bernard, lequel a dit que led. sieur de Quinemont entend maintenir la qualité d'escuyer, pour la justiffication de laquelle il représentera cy-après les pièces et tiltres dont il entend se servir.

Signé : J. DE QUINEMONT.

Led. sieur de Quinemont a mis au greffe les pièces dont il entend se servir pour la justiffication de sa noblesse et de Jacques de Quinemont, son cousin-germain le XXIX décembre 1668.

Les pièces dud. sieur de Quinemont luy ont esté rendues le XXXI décembre 1668.

QUINEMONT (JACQUES DE), sieur des Quautelleryes, demeurant parroisse de Varennes, eslection et ressort de Loches, bailliage de Tours, comparant le troisiesme septembre 1668 par M^{tre} Michel Bernard, lequel a dit qu'icelluy sieur de Quinemont entend maintenir la qualité d'escuyer, qu'il est cadet de sa maison et que les tiltres justifficatifs de lad^{te} qualité sont ès mains de Jean de Quinemont, s^r de Varennes, son cousin, aisné de sa maison, dem^t en lad^{te} parroisse, lequel a esté assigné à mesme fin.

Signé : BERNARD.

Les pièces dud. sieur de Quinemont ont esté rendues aud. Bernard le 10 juin 1668.

QUINEMONT (DE). — Originaire de Touraine.

Jean de Quinemont, écuyer, sieur de Varennes, élection et siège royal de Loches, bailliage de Tours, a justiffié la possession du titre de noblesse, depuis l'année 1483, commençant en la personne de son trisayeul.

Porte : *d'azur au chevron d'argent accompagné de 3 fleurs de lys d'or au pied nourri, 2 et 1.*

QUIRIT (HENRY), comparant le 5 juillet 1666, a déclaré qu'il perciste en la qualité d'escuyer, à cet effect a déposé à nostre greffe les pièces dont il entend se servir, et a signé :

HENRY QUIRIT.

Les pièces dud. sieur luy ont esté rendues le 15 juillet 1666.

QUIRIT (CÉSAR), sieur de La Motte-Vauricher, comparant le 6 juillet 1666, nous a déclaré qu'il persiste en la qualité d'escuyer par luy prise et à cet effect employe les tiltres produicts le jour d'hier par Henry Quirit, sieur du Vauricher, son cousin-germain, et a signé :

CÉZAR QUIRIT.

QUIRIT. — Originaire de Loudunois.

Henry Quirit, écuyer, sieur du Vauricher, demeurant paroisse Saint-Laurent-de-Langeais, élection et bailliage d'Angers ; César Quirit, écuyer, sieur de La Motte, son cousin-germain, demeurant paroisse des Essarts, ressort et élection de Chinon, ont justifié la possession du titre de noblesse, depuis l'année 1502, commençant en la personne de leur quintayeul.

Porte : *de sinople au cygne d'argent nageant dans une eau de même.* — Aliàs : *à la fasce d'argent soutenant un cigne contourné de même.*

R

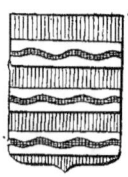

RABAULT (RENÉ), sieur de Jazeneuil, demeurant parroisse d'Avayne, eslection de Chinon, comparant le 15e avril 1669 par Me Louis Le Damoysel, lequel a dit que led. sieur Rabault entend maintenir la quallité d'escuier qu'il a esté expédié devant Monsieur Barantin, intendant en la générallité de Poitiers pour sa noblesse et obtenu une ordonnance de maintenue en icelle avec René Rabault, escuier, sieur de Ladvau de Breuil, aisné de son nom et armes, demeurant en Poictou, et qu'il est prest de réprésenter lad. ordonnance, ce qu'il a faict et l'a mise au greffe, laquelle a esté rendue sur le champ aud. Le Damoysel, son procureur et a signé :

LE DAMOYSEL.

RABAULT. — Originaire de Poitou.

René Rabault, écuyer, sieur de Jazeneuil, demeurant paroisse d'Avoyne, élection de Chinon, a rapporté une ordonnance de renvoi de M. de Barentin, intendant de Poitou, par laquelle il paroit qu'il a justiffié la possession du titre de noblesse, depuis l'année 1405, commençant en la personne de son quartayeul.

Porte : *de gueules à 3 fasces d'argent chargées chacune d'une bande ondée de sable* [1].

RABESTAN (HENRI DE), sieur de Sourche, demeurant parroisse de Précigné, eslection de La Flèche et ressort de Sablé, comparant le xxe mars 1667, a dit

---

[1] Carré de Busserolles dit : *fascé d'argent et de gueules de 6 pièces les deux premières d'argent chargées d'un filet vivré de sable.*

qu'il entend maintenir la qualité d'escuyer, qu'il est l'aisné et seul resté de sa maison, qu'il porte pour armes : *d'azur, à une croix cantonnée de quatre coquilles d'or*, qu'il produira au premier jour les pièces dont il entend se servir et a signé :

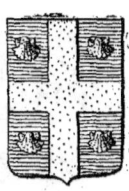

HENRY DE RABESTAN.

Led. sieur de Rabestan a mis au greffe les pièces dont il entend se servir ce xxIIII mars 1667.

Les pièces dud. sieur de Rabestan luy ont esté rendues ce xxvII^e mars 1667.

RABESTAN (DE).

Henry de Rabestan, écuyer, sieur de Sourches, demeurant paroisse de Précigné, élection de La Flèche, eut acte de la représentation de ses titres le 27 mars 1667.

Armoiries : *d'azur à la croix d'or cantonnée de 4 coquilles de même.*

RABINARD (ROBERT), sieur de Vilvaier, demeurant parroisse de Changé près le Mans, eslection et ressort du Mans, comparant le huict septembre 1666, lequel pour satisfaire à l'assignation à luy donnée sur deffault à la requeste de Laspeyre le quatre aoust dernier, a dict qu'il entend maintenir la qualité d'escuier et qu'il est issu d'un cadet et seul resté de sa maison et qu'il porte pour armes : *neuf billettes d'argent en fonds de sable*, et qu'il produira au premier jour les pièces dont il entend se servir pour la justiffication de lad. qualité, et a faict eslection de domicille en la personne de M^{tre} Michel Bernard procureur au bureau des finances de Tours et a signé :

ROBERT RABINARD.

Les pièces dud. sieur Rabinard ont esté rendues au sieur de Francastel ayant charge dud. Rabinard de les retirer ce xxIII mars 1668.

Signé : FRANCASTEL.

RACAPPÉ (MICHEL DE), seigneur de Menil, Ceigné et autres lieux demeurant parroisse de Mesnil, eslection de Chasteaugontier, seneschaussée d'Angers,

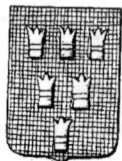

comparant le xixe juillet 1668, a dit qu'il entend maintenir la qualité de chevalier et d'escuyer, qu'il est aisné de sa maison et qu'outre René de Racapé, son père, René de Racapé, et Augustin de Racapé, ses frères puisnés tous deux demeurans en lad. parroisse de Ménil, Louis de Racapé, fils de luy comparant, et René de Racapé, ses nepveus, en bas âge, il ne connoist autres personnes de son nom et armes, qu'il porte : *de sable, à six roquets d'argent, trois, deux et un,* a mis au greffe les pièces dont il entend se servir et a signé :

MICHEL DE RACAPPÉ.

Les pièces dud. sieur de Racappé luy ont esté rendues le xixe juillet 1668.

RACAPÉ (DE). — Originaire d'Anjou (Bretagne).

René de Récapé, écuyer, sieur de Meignanes, demeurant paroisse de Mesnil, élection de Châteaugontier, Michel de Racapé, sieur de Nueil, René et Augustin, de Racapé ses enfans, demeurant paroisse du Mesnil, ont justifié la possession du titre de noblesse, depuis l'année 1415, commençant en la personne du 5e ayeul desd. René et Michel.

Porte : *de sable à 6 roquets d'argent, 3, 2 et 1.*

— Michel de Racapé... eut acte de la représentation de ses titres... le 9 juillet 1668.

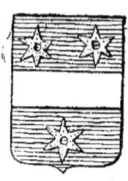

RADULPH (SAMUEL), sieur de La Fontelle, demeurant parroisse de Mazières, païs d'Anjou, comparant le neufe avril 1669, par Jacques Delahaye, clerc de Mtre Michel Bernard, procureur à Tours, lequel Delahaye a dit que led. sieur entend maintenir la qualité d'escuyer, a mis au greffe les pièces dont il entend se servir, qu'il ne cognoist autres personnes de son nom et armes, qui sont *d'azur, à la fasce d'argent chargée de trois molettes d'espron d'or.*

Signé : DELAHAYE.

Les pièces dud. sieur Radulph ont esté rendues aud. Bernard, à Tours, le 13 janvier 1671

— Samuel Radulphe... eut acte de la représentation de ses titres le 11 août 1670 [1].

(1) Cette famille originaire de Normandie où elle fut maintenue en 1599, 1635, et 1666, porte : *d'azur à la fasce d'argent accompagnée de 3 molettes d'or, 2 et 1.*

RAGUEAU ou RAGUENEAU (David), sieur des Brosses, demeurant en sa maison seigneurialle de Dongé, parroisse de Turageau, eslection de Richelieu, seneschaussée d'Angers, comparant le 10e septembre 1668 a dit qu'il entend maintenir la qualité d'escuyer, qu'il est issu de cadet de sa maison, que François Ragueau, sieur des Minières et de La Bouchonnière, son cousin-germain issu d'un aisné de sa maison, demeurant en la généralité de Poictiers lequel a en sa possession les tiltres justificatifs de leur noblesse, les a produicts devant monsieur Barentin, intendant en lad. généralité, comme apert par la sentence qu'il a obtenue le 9 aoust 1667 qu'il produira avec les pièces nécessaires pour faire voir qu'il est cousin-germain dud. Jacques Rageau, outre lequel, luy comparant et plusieurs Ragueaux, demeurans en la généralité de Bourges, il ne connoist autres personnes de son nom et armes, qu'il porte : *de gueules, au chef d'or, chargé de trois estoilles de sable, à l'onde d'argent accostée de deux porcs espy d'or hérissez de sable, et en poincte une estoille d'or*, a mis au greffe les pièces dont il entend se servir et a signé :

David Rageau.

RAGUENEAU. — Originaire de Bourges, noblesse d'échevinage.

David Ragueneau, écuyer, sieur des Brosses, demeurant paroisse de Turageau, élection de Richelieu, bailliage d'Angers, est petit-fils de Jean Ragueneau, échevin de la ville de Bourges en 1585.

Porte : *de gueules au chevron d'argent accosté de 2 porcs épics de même hérissés de sable en chef et d'une étoile d'or en pointe, au chef d'or chargé de 3 étoiles de sable.*

RANCHER (Anthoine de), sieur de Verneuil, demeurant parroisse de Dissay-soubz-Courcillon, eslection de La Flèche, ressort du Chasteau-du-Loir, bailliage du Mans, comparant le vingt un septembre 1666, lequel pour satisfaire à l'assignation à luy donnée à la requeste de Laspeyre le quatorze du présent mois par exploict de Chaufourt, pour procéder aux fins dud. exploict et de nostre ordonnance y énoncée, a dit qu'il entend maintenir la qualité d'escuyer et qu'il est aisné de sa maison, et que monsieur Rancher, sieur de La Foucardière, conseiller du Roy en sa cour de parlement et Messieurs ses frères sont issus d'un cadet, et messire Rancher, abbé de Montier-en-Der, est issu d'une autre branche et qu'outre lesd. sieurs et leurs

634

familles et René Rancher, sieur de Mouchault et Louis Rancher, sieur des Bigottières, ses frères, il ne cognoist personne de son nom et armes qu'il mettra au hault de sa généalogie qu'il produira au premier jour avec les tiltres dont il entend se servir pour la justiffication de sa noblesse, et a faict eslection de domicille en la personne de M^{tre} Jacques Paul Miré estant à la suitte de Monsieur l'Intendant, et a signé :

De Rancher.

Le dix décembre 1666, led. sieur a mis ses pièces au greffe.

RANCHER. — Originaire de Touraine.
Anthoine Rancher, écuyer, sieur de Verneuil, demeurant paroisse de Dissay, élection de La Flèche, sénéchaussée du Maine, René et Louis Rancher, ses frères, ont justiffié la possession du titre de noblesse, commençant en la personne d'Anthoine Rancher, leur trisayeul, conseiller du Roy en la cour souveraine de l'échiquier d'Alençon, père d'Anthoine Rancher aussi conseiller en lad. cour de l'échiquier d'Alençon, lesquels sont morts revêtus desd. charges.
Portent : *d'azur au sautoir d'or cantonné de 4 annelets d'or* [1].
— Anthoine Rancher... eut acte de la représentation de ses titres le 21 juin 1667.

RAPINAT (Mathurin), commis aux aides de l'eslection d'Amboise, demeurant aud. Amboise, comparant le vingt-septiesme janvier 1667, a dit qu'il n'a jamais prétendu la qualité d'escuyer et que s'il l'a prise ç'a esté pendant le temps qu'il estoit garde du corps du Roy, a faict eslection de domicille en cette ville de Tours au logis de Me Louis Goupy, procureur au présidial, rue du Signe et a signé :

Rapinat.

Damoiselle Urbaine Guilloteau, veufve de René du Rateau, sieur de La Jumeraye, demeurante paroisse d'Aviré, eslection d'Angers, bailliage de Chasteaugontier, comparante le quatorze avril 1667, a dit qu'elle entend maintenir la qualité d'escuyer de son deffunct mary tant pour elle que pour

---

(1) Carré de Busserolles dit à tort : *de sable au ranchier passant d'or accorné et onglé de gueules.*

Paul, Charles, François et ..... du Rateau, ses enfans et dud. deffunct du Rateau, lequel estoit seul de sa maison et armes, desquelles armes elle ne scait le blason, et qu'elle produira au premier jour les pièces dont elle entend se servir et a signé :

URBANNE GUILLOTEAU.

Les pièces de lad. damoiselle luy ont esté rendues ce XVIIe avril 1667.

RASTEAU (DU). — Originaire de Touraine.

Paul du Rasteau, écuyer sieur de La Jumeraye, François et Charles du Rasteau, ses frères, demeurants paroisse d'Aviré, élection et ressort de Châteaugontier, ont justiffié la possession du titre de noblesse, depuis l'année 1540, commençant en la personne de leur quartayeul.

Porte : *d'argent à l'arbre planté sur une terrasse de sinople au lion passant de gueules brochant.*

— Urbane Guilloteau... eut acte de la représentation de ses titres le 17 avril 1667.

RAYMOND (LOUIS), sieur de Cigongne, demeurant parroisse de Sepmes, eslection et ressort de Chinon, bailliage de Tours, comparant le 26e du mois d'aoust 1666, lequel pour satisfaire aux arrests du Conseil et nostre ordonnance, et éviter aux surprises qui pourroient luy estre faictes à la requeste de Laspeyre, a dict qu'il entend maintenir sa qualité d'escuyer comme descendu d'ayeux nobles et escuiers comme il fera veoir par les pièces qu'il produira au premier jour par devant nous ; qu'il est cadet de sa famille et n'en connoist d'autres en cette généralité que Cosme et Jacques, Marthe et Marie Raimon, ses frères et sœurs, enfans de Jacques Raimon, et que les aisnéz d'icelle demeurent dans le païs d'Angousmois, porte pour armes : *des lozanges sans nombre d'or et d'azur*, et a esleu domicille en la maison de Me Jacques Breuzard, procureur et a signé :

LOUIS RAYMOND.

RAYMOND (JACQUES), sieur de La Garrinière, demeurant parroisse de Draché, eslection et ressort de Chinon, bailliage de Tours, comparant le cinq septembre 1666 par Louis Raymond, son fils aisné, fondé de procuration spécialle passée par Garnier, notaire royal à Sainte-Maure, le trois du présent mois, lequel pour satisfaire à l'assignation à luy donnée à la requeste de Laspeyre, a dit que led. Jacques Raymond, son père, entend maintenir la qualité d'escuyer et qu'il est cadet de sa maison et que de sa branche, il ne reste que luy Louys, Cosme et Jacques Raymond, ses enfans et Marthe et Marie Raymond, ses filles et que de la branche de l'aisné, il y a plusieurs particuliers en Angoumois d'où il est originaire qu'il ne cognoist poinct, et qu'il porte pour armes : *lozengé d'or et d'azur* et qu'il produira au premier jour les pièces dont il entend se servir pour la justiffication de lad. qualité, et a faict eslection de domicile en la ville de Chinon au logis de M^{tre} Jacques Bruzard, procureur et a signé :

Louys Raymond.

Le six dud. mois de septembre led. sieur Raymond a mis au greffe les pièces dont il entend se servir.

Les pièces dud. sieur Raymond luy ont esté rendues ce dix octobre 1666.

RAIMOND. — Originaire d'Angoumois.

Jacques Raimond, sieur de La Garinière et de La Roche-Peloquin, demeurant paroisse de Draché, élection de Chinon bailliage de Tours, a justiffié la possession du titre de noblesse, depuis l'année 1523, commençant en la personne de son trisayeul.

Porte : *losangé d'or et d'azur*.

RAYNAIS (Gilles de La), sieur des Croix, demeurant dans la ville de Durtal, eslection et ressort de La Flèche comparant le quinze mars 1667 par damoiselle Marie de Feuquerolles, son espouse ; laquelle damoiselle a dit que led. sieur de La Raynais entend maintenir la qualité d'escuyer, qu'il est aisné et resté seul d'une branche de cadets de sa maison et que François de La Raynais, sieur de Beauvais, est d'une autre branche de lad. maison et qu'il y a encor quelques particuliers dessendus de l'aisné de lad. maison, lesquels demeurent vers Saint-Malo, qu'elle ne cognoist poinct et que les armes dud. sieur de la Raynais sont : *de gueules, à une grenouille d'argent*, et a signé :

Marie de Feuquerolles.

Le XVIe mars 1667 lad. damoiselle a mis au greffe les pièces dud. sieur de La Raynais, son mary.

RAINAYE (DE LA). — Originaire d'Anjou.

Gilles de La Rainaye, écuyer, sieur des Croix et François de La Rainaye, écuyer, sieur de Beauvais, son cousin issu de germain, demeurant paroisse de Durtal, élection de La Flèche, bailliage d'Angers, ont justiffié la possession du titre de noblesse, depuis l'année 1556, commençant en la personne de leur bisayeul.

Porte : *de gueules à la grenouille d'argent.*

— Gilles et François de La Raynaie... eurent acte de la représentation de leurs titres le 25 janvier 1668.

Damoiselle Françoise Delatre, veufve LÉON LE RECOUVREUR, vivant sieur de Ponge, comparant le neufiesme mars 1668, par M^{tre} Pierre Petit, son procureur, fondé de procuration passée devant Benoist nottaire à la chastellenie de Saulgé-L'Hospital, lequel a dict qu'elle entend maintenir la quallité d'escuyer prise par sond. feu mary et qu'elle produira les pièces justiffcatives de sa noblesse.

Signé : PETIT.

Lad. damoiselle Delastre a mis au greffe par led. Petit les pièces dont elle entend se servir ce XIIIIe mars 1668.

REGNAULDIN (LOUIS), sieur du Cormier, gentilhomme ordinaire de la maison de feu monsieur le Prince de Condé, demeurant parroisse de Valon, eslection de La Flèche, seneschaussée du Mans, comparant le XXIX juillet 1667, a dit qu'il ne prétend point la qualité d'escuyer et n'a cognoissance de l'avoir prise et que sy elle luy a esté donnée, çà esté à son inseu et à cause de sad. charge de gentilhomme servant et a signé :

REGNAULDIN.

REGNIER (PIERRE), sieur de Courtiou, demeurant au Puy-Nostre-Dame, eslection de Montreuil-Bellay, comparant le XX septembre 1666, lequel pour satisfaire à l'assignation à luy donnée à la requeste de Laspeyre par Girault, huissier, le XIIIe des présens mois et an, a dict qu'il entend maintenir la quallité d'escuier qu'il a prise, qu'il est yssu d'un cadet de la maison, que Louis Regnier, escuier, sieur de La Planche et du Teil, est l'aisné de leur

famille, lequel demeure aud. lieu de La Planche, eslection de Poictiers, porte pour armes : *d'argent au lion rampant de gueulles, armé, couronné et lampassé d'or*, et pour la justiffication de sa noblesse produira au premier jour, et a esleu son domicile en la maison de M^tre André Guérin, procureur à Chinon.

Signé : PIERRE REGNIER.

Led. sieur Regnier a mis au greffe les pièces dont il entend se servir le seize mars 1667.

Les pièces dud. sieur Regnier luy ont esté rendues ce XVIIIe mars 1667.

RENIER. — A Poitiers, noblesse de mairie.

Pierre Renier, sieur de Courtiou, demeurant paroisse du Puy-Nostre-Dame, élection de Montreuil-Bellay, a justiffié la possession du titre de noblesse, depuis l'an 1500, en laquelle Pierre Renier, son trisayeul, a esté élu échevin de la ville de Poitiers.

Porte : *d'argent au lion de gueules armé, lampassé et couronné d'or*.

— Pierre Renier... au nombre des maintenus par M. Voisin de la Noirays.

REIX (HONORÉ DE), sieur de Nointeau, y demeurant parroisse de Loché, eslection et siège royal de Loches, bailliage de Tours, comparant le XIX may 1668 par Me Michel Bernard, procureur au bureau des finances à Tours, lequel a dit que led. sieur de Reix entend maintenir la quallité d'escuyer, qu'il est unique de sa famille, qu'il porte pour armes : *d'azur, à la croix d'or ancrée, accostée de deux merlettes d'argent*, pour la justiffication de laquelle qualité d'escuyer led. Bernard a mis au greffe les pièces dont led. sieur de Reix entend s'ayder.

Signé : BERNARD.

Les pièces dud. sieur de Reix ont esté rendues aud. Bernard le premier juin 1668.

REIX. — Originaire de Touraine.

Honoré Reix, écuyer, sieur de Nointeau, demeurant paroisse de Loché, élection et ressort de Loches, a justiffié la possession du titre de noblesse, depuis l'année 1530, commençant en la personne de son trisayeul.

Porte : *d'azur à la croix d'or accostée de 2 merlettes d'argent* [1].

(1) Carré de Busserolles dit : *la croix ancrée*.

REMIGIOUX (ÉDOUARD DE), sieur de Chézelle, y demeurant parroisse de Turageau, eslection de Richelieu, seneschaussée d'Angers, comparant le dernier décembre 1668, a dit qu'il entend maintenir la qualité d'escuyer, qu'il ne cognoist autres personnes de son nom et armes sinon Jacques de Remigioux, sieur de La Fuye, son cousin-germain, demeurant en sa maison de La Fuye, parroisse de Jaunay, eslection de Richelieu et porte pour armes : *d'azur, à trois collonnes d'argent*, a mis au greffe les pièces dont il entend se servir et a signé :

ESTIENNE DE REMIGIOUX.

Les pièces dud. sieur de Remigioux ont esté rendues le 21e janvier 1669.

REMIGIOUX (DE). — Originaire de Poitou.

Étienne de Remigioux, écuyer, sieur de Chézelle, demeurant paroisse de Turageau, élection de Richelieu, bailliage d'Angers, a justiffié la possession du titre de noblesse, depuis l'année 1550, commençant en la personne de son bisayeul.

Porte : *d'azur à trois colonnes d'argent, 2 et 1* [1].

REMOLLARD (FRANÇOIS), sieur de La Bèche [Bretèche], demeurant parroisse de Brizé, eslection de Richelieu, bailliage de Tours, comparant le 19e aoust 1668 tant pour luy que pour Allexandre de Remollard, son frère, a dit que sond. frère et luy entendent maintenir la quallité d'escuyer et qu'outre sond. frère, il ne cognoist autres personnes de sond. nom et armes, que Allexandre Remollard, prieur de Courléon, en Anjou, qu'il porte : *de sable à trois fasces d'or et de sable à six pièces et bordé aussy d'or*, et a signé :

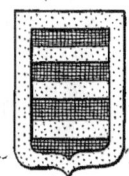

FRANÇOIS REMOLLARD.

Led. sieur Remolard a mis au greffe les pièces dont il entend se servir ce XXIe aoust 1668.

Lesd. pièces ont esté rendues le ve septembre 1668.

REMOLARD. — Originaire de Touraine.

François Remolard, écuyer, sieur de La Brèche, de Brizay, demeurant élection de Richelieu

---

[1] Carré de Busserolles donne pour armoiries à cette famille: *d'azur, à trois couleuvres d'argent, ondoyantes, posées en pal.*

et Anthoine de Remollard, écuyer, sieur de Chasteaugontier, son frère, demeurant en lad. paroisse, a été renvoyé comme noble par jugement contradictoire et a justiffié la possession du titre de noblesse, depuis l'année 1490, commençant en la personne de leur quartayeul.

Porte : *de sable à 3 fasces d'or, à la bordure de même* [1].

— François Remollard... au nombre des maintenus par M. Voisin de la Noirays.

RENARD (FRANÇOIS DE), sieur des Roches, Courtamblé, La Baudelan, et Chavigny, demeurant parroisse de Brion, eslection de Baugé, séneschaussée d'Angers, comparant le xxe avril 1667, tant pour luy que pour Gabriel de Renart, sieur des Bosselières, demeurant parroisse de Lorouer, eslection du Chasteau-du-Loir, seneschaussée du Mans, et Léonord de Regnard, sieur des Granges, demeurant parroisse de Neufvi, eslection et bailliage de Tours, ses frères puisnés, a dit que sesd. frères et luy entendent maintenir la qualité d'escuyer et qu'il ne cognoist de son nom et armes que Edme-Laurent, Louis, Anthoine et Charles de Renart, ses cousins germains, ses aisnés, demeurans scavoir led. Edme-Laurent de Regnard, sieur de Courtamblé, parroisse d'Épuisé, desd. eslection du Chasteauduloir et seneschaussée du Mans, et led. Anthoine de Renard, sieur du Mée, demeurant dite parroisse dud. Mée et lesd. Louis et Charles, estans au service de Sa Majesté, le premier capitaine au régiment de Normandie, et le dernier lieutenant aud. régiment ; porte pour armes : *d'azur, à trois regnards d'or,* a mis au greffe les pièces dont il entend se servir, et a signé :

FRANÇOIS DE RENARD.
LÉONORD DE RENARD.

Les pièces dud. sieur de Regnard luy ont esté rendues ce 4e may 1667.

RENARD (EDME-LAURENT DE), sieur de Courtamblé, demeurant parroisse d'Épuisé, eslection du Chasteau-du-Loir, barronnie pairie de Montdoubleau, comparant le dix-huit juin 1667, a dit qu'il entend maintenir la qualité d'escuier, qu'il est aisné de sa maison que Louis, Anthoine, Charles et Jean de Regnard, sont ses frères puisnés et qu'il ne cognoist autres de son nom et

---

(1) Carré de Busserolles omet la bordure.

armes que les sieurs de Regnard des Roches, de Regnard des Granges, et le sieur de Regnard Boisselière, frères, qui ont esté assignés et ont produict leurs tiltres et obtenu leur renvoy sont ses cousins germains, qu'il porte : *d'azur, à trois regnards passans d'or* et a signé :

EDME-LAURENT DE RENARD.

Led. sieur de Regnard a mis au greffe les pièces dont il entend se servir ce neuf aoust 1667.

Les pièces dud. sieur de Regnard ont esté rendues à Me Louis Barbin, assesseur en l'eslection dud. Chateau-du-Loir, ce trois septembre 1667.

BARBIN.

RENARD (DE). — Originaire de Vendômois.

François de Renard, écuyer, sieur des Roches, Courtemblay, demeurant paroisse de Brion, élection de Baugé, bailliage d'Angers, Laurens de Renard, écuyer, sieur de Courtemblé, demeurant paroisse d'Épuisé, élection du Châteauduloir, ont justiffié la possession du titre de noblesse, depuis l'année 1499, commençant en la personne de leur quartayeul.

Porte : *d'azur à 3 renards d'or, 2 et 1* [1].

— François Renard, sieur de ... La Baudelan... eut acte de la représentation de ses titres le 21 may 1667.

RENART (FRANÇOIS DE), sieur de Boisroger, demeurant à Rilly, comparant le 20 juillet 1666, par M^{tre} Michel Bernard, a déclaré que n'ayant ses tiltres, il requiert délay.

Signé : BERNARD.

Le 24 mars 1667, Louis Regnard, sieur de Rilly, a mis au greffe les pièces dont il entend se servir avec François de Regnard, son frère, lesquelles luy ont esté rendues le 16 avril 1667.

Signé : DE RENART RILLY.

---

[1] Carré de Busserolles dit : *à 3 renards passants d'or, les uns au-dessus des autres*.

RENARD (DE). — Originaire du Blaisois.

Louis de Renard, chevalier, sieur de Rilly-sur-Loire, François-René de Renard, écuyer, sieur du Boisroger, y demeurant, élection d'Amboise, bailliage de Tours, ont justiffié la possession du titre de noblesse, depuis l'année 1303, commençant en la personne de leur 8ᵉ ayeul.

Porte : *d'argent à la fasce de gueules accompagnée de six merlettes de sable en orle.* — Alias : *rangées 3 et 3.*

RENARD (Louis), sieur de La Brainière, demeurant en la ville du Mans, comparant le 23ᵉ aoust 1666, lequel pour satisfaire à l'assignation à luy donnée à la requeste de Laspeyre, par exploict de Jallu, pour procéder aux fins dud. exploict et de nostre ordonnance y énoncée a dit n'avoir jamais pris la qualité d'escuyer et n'entend la prendre, et que sy elle luy a esté donnée, ç'a esté à son inseu et qu'au contraire il a toujours esté imposé aux rolles des tailles et icelles payé ainsy qu'il fera aparoir, et a mis ses pièces au greffe, et a faict eslection de domicille en la personne de Mᵗʳᵉ Michel Bernard, procureur au bureau des finances à Tours, estant à la suitte de Monsieur l'Intendant, et a signé :

L. RENARD.

Led. jour les pièces dud. sieur Renard luy ont esté rendues.

RENAZÉ (CLAUDE), comparant le 12 juillet 1666, par Louis Renazé, son fils, demeurans ville de Loches, nous a déclaré qu'estant provost des mareschaulx, de lad. ville de Loches, il a pris la qualité d'escuyer pendant qu'il a possédé lad. charge seulement ; laquelle charge luy donnoit lad. qualité, et que depuis qu'il s'est défait et a vendu lad. charge, il a cessé de prendre icelle qualité qu'il n'entend maintenir ne l'ayant de naissance, et a signé :

RENAZÉ.

RENIER (ROBERT DE), sieur de Lauberdière, y demeurant parroisse d'Artannes, eslection et bailliage de Tours, comparant le xiiᵉ décembre 1667 a dit qu'il entend maintenir sa qualité d'escuyer, qu'il est issu d'un cadet de sa famille, de laquelle il ne connoist autres personnes que ...... de Reniers, ses cousins, aisnéz de la famille, demeurans en la généralité d'Orléans et qu'il porte pour armes : *d'azur, au saultoir ou croix Saint-André dantelée d'argent et quatre merlettes de mesmes,* a requis delay compétant pour représenter ses pièces et a signé :

DE RENIER.

RENIER (DE). — Originaire d'Orléanais.

Robert de Renier, écuyer, sieur de Lauberdière, demeurant paroisse d'Artannes, élection et bailliage de Tours, a justiffié la possession du titre de noblesse, depuis l'année 1507, commençant en la personne de son trisayeul.

Porte : *d'azur au sautoir d'argent engreslé de sable cantonné de 4 merlettes d'argent* [1].

RESTRE (FRANÇOIS LE), sieur de Laubinière, demeurant parroisse Saincte-Jamme, prez Segré, eslection et bailliage d'Angers, comparant le XXIIIe mars 1667, a dit qu'il entend maintenir la qualité d'escuyer, comme dessendu de parens nobles et escuiers, qu'il est seul et unicque de sa famille, porte pour armes : *d'argent, à la barre de sable chargée de trois estoilles d'or et deux cœurs, un en poincte et l'autre en chef,* produira au premier jour ses pièces et a signé :

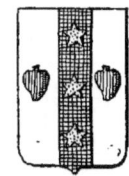

FRANÇOIS LE RESTRE.

Led. sieur a mis au greffe les pièces dont il entend se servir ce XXVIe mars 1667.

Les pièces dud. sieur Le Restre luy ont esté rendues ce XXIe may 1667.

RESTRE (LE). — Originaire d'Anjou.

François Le Restre, écuyer, sieur de Laubinière, demeurant paroisse de Sainte-James, près Segré, élection et ressort d'Angers, a justifié la possession du titre de noblesse, depuis l'année 1536 commençant en la personne de son bisayeul.

Porte : *d'argent au pal de sable chargé de 3 étoiles d'or et accosté de 2 cœurs de gueules.*
— François Le Restre... eut acte de la représentation de ses titres le 21 mai 1667.

(1) Carré de Busserolles dit le sautoir *dentelé* et les merlettes *d'or.*

RÉVEILLÉ (Hillaire de), sieur de Beaulieu, demeurant parroisse du Coudray, ressort de Saumur, bailliage d'Angers, comparant le 21 juillet 1666 par M^{tre} Ollivier Le Vacher, notaire royal à Tours, a déclaré qu'il est gendarme de la compagnie de la garde du roy, présentement en service près Sa Majesté, qu'il a droict de prendre la qualité d'escuier conformément à l'arrest du conseil du 13 avril 1657.

Vacher.

RÉVEILLÉ (M^{tre} Hilaire), conseiller du Roy, lieutenant en l'ellection de Saumur, demeurant aud. Saumur, parroisse de Nantilly, comparant le xxvie mars 1668 par Me Ollivier Vacher, notaire royal à Tours, lequel a dit que led. Reveillé n'a jamais pris la quallité d'escuyer ne jouy d'aucun privillège attribué à ceux de lad. quallité et qu'au contraire il a annuellement payé la taille jusques à ce qu'il aye esté pourveu de sad. charge [1].

Vacher.

REVERDY (Jean), sieur de Vauvert, parroisse de Sainct-Fraimbault, comparant le xiii septembre 1666 par M^{tre} Michel Bernard, procureur au bureau des finances à Tours, fondé de procuration passée par Barbin, notaire royal à Beaumont, du dix du présent mois de septembre, lequel pour satisfaire à l'assignation donnée aud. Reverdy à la requeste de Laspeyre a dict en vertu du pouvoir à luy donné par lad. procuration que led. Reverdy est puisné de sa famille et que tous les tiltres concernans sa noblesse sont entre les mains de la veufve René Reverdy, escuier, sieur dud. lieu, lesquelles les doibt représenter à sa descharge, pourquoy il prétend demander délay et est lad. procuration demeurée au greffe, et a signé :

Bernard.

Condamné.

REVERDY (Jacques de), sieur du Tertre, demeurant parroisse d'Assé-le-

(1) Armoiries : *d'azur au chevron d'or accompagné de 3 étoiles de même, 2 et 1, celle de la pointe supportant un hibou au naturel.*

Riboulle, comparant le xiiie septembre 1666 par M^{tre} Michel Bernard son procureur et au bureau des finances à Tours, fondé de procuration spéciale passée par devant Barbin, notaire royal à Beaumont, le dixiesme du présent mois, lequel pour satisfaire à l'assignation donnée audict de Reverdy à la requeste de Laspeyre a dit en vertu du pouvoir à luy donné par lad. procuration que led. de Reverdy à juste droict a pris la qualité d'escuyer estant noble d'extraction et qu'ayant mis ses tiltres entre les mains de Jean de Reverdy, son frère, pour les représenter devant Monsieur l'Intendant de la généralité de Limoges où il est assigné aux mesmes fins, il prétend demander délay pour les représenter par devant Monsieur l'Intendant et est lad. procuration demeurée au greffe et a signé :

BERNARD.

REVERDY (PHILIPPES), sieur du Petit-Marcé, demeurant parroisse de Challain, eslection et seneschaussée d'Angers, comparant le quatorze avril 1667, a dit qu'il entend maintenir la qualité d'escuyer, qu'il esté resté seul de sa maison et porte pour armes : *d'azur, à trois testes de sanglier arachées d'argent et esclairées de gueules*, a mis au greffe les pièces dont il entend se servir et a signé :

PHILIPPES REVERDY.

Lesd. pièces luy ont esté rendues le 22 avril 1667.

REVERDY. — Originaire d'Anjou.

Philippes Reverdy, écuyer, sieur du Petit-Marcé, demourant paroisse de Chalains, élection et ressort d'Angers, a justifié la possession du titre de noblesse, depuis l'année 1504, commençant en la personne de son trisayeul.

Porte : *d'azur à 3 hures de sanglier arrachées d'argent, éclairées de gueules, 2 et 1*.

— Philippes Reverdy... eut acte de la représentation de ses titres le 22 avril 1667.

RIBIER (LOUIS), sieur de Boissay, demeurant en la parroisse de Meigné-le-Vicomte, ellection de Baugé, comparant le quatre octobre 1668, a dit qu'il entend maintenir la quallité d'escuier et qu'il produira ce jourd'huy les pièces dont il entend se servir et a signé :

LOUIS RIBIER.

Produit le ve, rendu le six dud. mois.

RIBIER. — Originaire de Saintonge.

Louis Ribier, écuyer, sieur de Boissay, demeurant paroisse de Meigné, élection de Baugé, a justiffié la possession du titre de noblesse, depuis l'année 1540, commençant en la personne de son bisayeul.

Porte : *d'azur au croissant d'argent, au chef cousu de gueules chargé de 3 étoiles d'or.*

— Louis Ribier... eut acte de la représentation de ses titres le 6 octobre 1668.

RICART (Pierre), sieur de La Giraudière, lieutenant du provost provincial et cy devant garde du corps de Sa Majesté, demeurant à Chinon, comparant le 17 aoust 1666, lequel pour satisfaire à l'assignation à luy donnée à la requeste de Laspeyre, le 28 juillet dernier, par exploict de Ladebat, huissier, pour procéder aux fins dud. exploict et de nostre ordonnance y énoncée, a dit qu'il ne prétend la qualité d'escuyer ne l'ayant de naissance, et que néantmoins il a eu et a encor droict de la prendre à cause de sesd. charges de garde du corps et lieutenant de prévost des mareschaux, attendu que lesd. charges de prévost et lieutenant sont du corps des compagnies de la gendarmerie de Sa Majesté qui ont droict de prendre lad. qualité suyvant les déclarations du Roy et plusieurs arrests de la Cour des aydes, ce qui est encor confirmé par l'arrest du conseil du Roy du 22ᵉ mars dernier, portant que les officiers des mareschaussées, à l'exception des provosts généraux et provinciaux et leurs lieutenans anciens seront traictés comme usurpateurs et ainsy led. Ricart, estant lieutenant ancien n'a peu estre recherché pour lad. qualité, et que d'ailleurs quand led. Ricart n'auroit eu le droict de prendre lad. qualité, il n'a poinct préjudicié au Roy ny au public, sesd. charges l'ayans toujours exempté de touttes contributions de tailles, sel et autres impositions, et a esleu domicille en la maison de Mᵗʳᵉ André Guérin, procureur en cette ville de Chinon, et a signé :

P. RICART.

Ce jourd'huy 21 aoust 1666, led. Ricart a mis ses pièces au greffe, lesquelles ont esté paraphées par première et dernière.

Les pièces dud. sieur Ricart ont esté rendues au sieur Dangibert de La Vivardière, pour ledit sieur Ricart à cause de sa maladie le 6 septembre 1666.

Signé : ANGIBERT.

RICHARD (Charles), escuier, sieur du Mesnil-Sainct-Georges, bailliage de Touraine, comparant le 26 juillet 1666, nous a dict qu'il entend maintenir sa qualité d'escuier, comme issu de parens de noble extraction laquelle a esté confirmée par arrest de la Cour des aydes du 18 aoust 1665, a déclaré en oultre qu'il est seul de la famille des Richards et porte pour armes : *d'or à deux lyons affrontéz de sable, arméz et lampasséz de gueulles*, et a signé :

RICHARD DU MESNIL.

Les pièces que led. sieur Richard avoit mises au greffe ont esté rendues à M^{tre} Bernard Fourneau procureur au présidial de Tours, ayant charge dud. sieur, le 27 février 1670 ; a esté condamné.

Condamné.

RICHARD (Gabriel de), sieur de La Bourdillière, demeurant parroisse de Sainct-Martin de Bossay, comparant le deux octobre 1668 par M^{tre} Michel Bernard, lequel a dit qu'icelluy sieur de Richard entend maintenir la qualité d'escuyer et a signé : [1]

BERNARD.

RICHARD (Guy), sieur de Segrée, demeurant à Angers, comparant le unze mars 1667 a dit qu'il entend maintenir la qualité d'escuyer comme ayant esté eschevin de lad. ville d'Angers, a mis au greffe les pièces dont il entend se servir et a signé :

DE SEGRÉE-RICHARD.

— Guy Richard, sieur de Segré, échevin de la ville d'Angers, y demeurant, au nombre des maintenus par M. Voisin de La Noirays.
Jacques Richard, sieur de Segré qui a été échevin en 1650, pour jouir ....

(1) Armoiries : *d'or à 2 lions affrontés de sable, armés et lampassés de gueules.*

RICHAUDEAU (Claude de), sieur de La Boissière, comparant le premier octobre 1666, tant pour luy que pour Bernard de Richaudeau, seigneur de Parnay, son nepveu aagé de seize ans, aisné de la famille, lequel a dict qu'il entend maintenir sa qualité d'escuier comme descendu de parents nobles et escuiers, qu'ils ne reconnoissent aucuns de leur famille, porte pour armes celles qu'il fera mettre en son arbre généalogique et pour la justiffication de sa noblesse prétend demander un dellay compétant pour faire apporter ses tiltres de la Cour des aydes où ils ont esté produicts, et a eslu domicille en la personne de M^{tre} Miré et a signé :

Claude de Richaudeau.

Le trois janvier 1667, led. sieur a mis au greffe les pièces dont il entend se servir.

Led. sieur Richaudeau a produict de nouveau le xxvie may 1667.

RICHAUDEAU (DE). — Originaire d'Anjou.

Bernard de Richaudeau, écuyer, sieur de Parnay, y demeurant, et Claude Richaudeau, écuyer, sieur de La Boissière, son oncle, demeurant à Varennes-sous-Montsoreau, élection de Saumur, ont justiffié la possession du titre de noblesse, depuis l'année 1550, commençant scavoir led. Bernard en la personne de son trisayeul et led. Claude en celle de son ayeul.

Porte : *d'azur à 3 chevrons d'or.*

Damoiselle Judic Le RICHE, veufve de Alexandre Sainct-J....., sieur de Longesve, demeurant parroisse de Sepmes, eslection et ressort de Chinon, comparant le huictiesme febvrier 1668, a dict que bien que feu son mary feust noble d'extraction néantmoins attendu qu'elle n'a poinct les tiltres justifficatifs de sa noblesse, elle n'entend poinct maintenir la qualité d'escuier de sond. deffunct mary mais bien qu'en son particulier elle est noble d'extraction, ce qu'elle justiffiera par les tiltres qu'elle produira au premier jour, et a faict eslection de domicille en la personne de M^{tre} Louis Le Damoysel, procureur à la suitte de Monsieur l'Intendant et a déclaré ne scavoir signer et a led. Ledamoysel signé :

Le Damoysel.

RICHE (Charles Le), sieur des Dormans, demeurant parroisse de Saint-Pierre-des-Pierres, eslection de Loudun, bailliage de Tours, comparant par M^tre Jean Moreau, greffier au greffe criminel de cette ville de Tours, le 22e août 1668, tant pour luy que pour damoiselle Judict Le Riche, veufve de feu Allexandre de Saint-Juire (?), sieur de Longesve, sa tante, demeurante parroisse de Semes, eslection et ressort de Chinon, bailliage de Tours, lequel Moreau a dit que lesd. sieur et damoiselle Le Riche entendent maintenir la qualité d'escuyer, qu'ils ne cognoissent personne de leur nom et armes que René et Suzanne Le Riche leurs sœurs et que leursd. armes sont : *d'azur, à une fasce d'or, accompagnée de deux testes de cheval arrachées d'argent, une en chef et l'autre en poincte, escartellées d'azur à trois testes de léopart d'or deux et une ;* a produict les tiltres dont ils entendent se servir :

Signé : Moreau.

Les pièces dud. sieur Le Riche ont esté rendues le xxixe janvier 1669.

RICHE (le). — Originaire de Loudunois.

Charles Le Riche, écuyer, sieur des Dormans, demeurant paroisse Saint-Pierre-des-Pierres, élection de Loudun et demoiselle Judith Le Riche, sa tante, demeurante paroisse de Sepmes, élection et ressort de Chinon, bailliage de Tours, ont justiffié la possession du titre de noblesse, depuis l'année 1537, commençant scavoir ledit Charles Le Riche en la personne de son trisayeul et lad. Judith en celle de son bisayeul.

Porte : *écartelé aux 1 et 4 d'azur à la fasce d'or accompagné de 2 têtes de cheval arrachées de même, aux 2 et 3 d'azur à 3 têtes de léopard d'or 2 et 1.*

RICHELOT (Daniel), sieur de La Rousselerie, demeurant à Martezé, parroisse dud. lieu, eslection de Loudun, bailliage de Tours, comparant le xxve septembre 1668, a dit qu'il entend maintenir la quallité d'escuyer, qu'il est cadet de sa maison et que outre Louis Richelot, sieur de La Verrye et damoiselle .... Richelot, demeurants en lad. parroisse de Martezé, il ne cognoist autres personnes de son nom et armes, qu'il porte : *d'azur, aux clochettes d'argent,* a mis au greffe les pièces dont il entend se servir et a signé :

Daniel Richelot.

Les pièces dud. sieur Richelot luy ont esté rendues le 28e septembre 1668.

650

RICHELOT. — Originaire du Perche.

Daniel Richelot, écuyer, sieur de La Roussellerie, demeurant paroisse de Martezé, élection de Loudun, bailliage de Tours, a justiffié la possession du titre de noblesse, depuis l'année 1540, commençant en la personne de son trisayeul.

Porte : *d'azur semé de clochettes d'argent.*

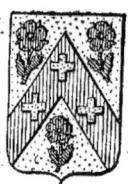

RICHER (ROLAND), sieur du Breil, conseiller du roy, lieutenant particulier au siège présidial de La Flèche, y demeurant ordinairement, comparant le xxve mars 1667 par Me Jean Morinet, le jeune, procureur au présidial de cette ville de Tours, lequel a dict que led. Richer entend maintenir la qualité d'escuyer qu'il a droict de prendre y estant fondé par lettres patentes de déclaration et arrests deument vériffiés par tout où besoin a esté.

(Non signé.)

RICHER (ROLAND), sieur et baron du Breuil, conseiller du Roy, lieutenant particulier en la seneschaussée et siège présidial de La Flèche, comparant le xxie avril 1667 par Morinet, le jeune, son procureur et au siège présidial de Tours, lequel a dit qu'icelluy sieur Richer entend prendre et soustenir la qualité d'escuyer comme fils et héritier de deffunct Jacques Richer, vivant escuier, sieur de Monthéard, son père, conseiller du roy et président aud. siège présidial.

Signé : MORINET.

Led. sieur Richer a mis au greffe les pièces dont il entend se servir, ce deux aoust 1667.

Les pièces dud. sieur Richer luy ont esté rendues ce xx aoust 1667.

R. RICHER.

RICHER (CHARLES), sieur de Monthéard, premier président au siège présidial du Mans, demeurant en lad. ville du Mans, parroisse de la Coulture, comparant le huictième febvrier 1668 par Charles Richer, son fils, demeurant aussy aud. Mans, lequel a dit que sond. père et luy entendent maintenir la quallité d'escuyer, que sond. père est l'aisné de la maison et que Rolland Richer, sieur du Breuil, lieutenant particulier au siège présidial de La Flèche est son oncle et que oultre Rolland Richer, sieur de Neufville, frère de luy Charles Richer, il ne cognoist personne de son nom et armes, qu'il porte : *d'or, au chevron de gueules chargé de trois croisettes d'or et à trois roses de gueules pattées de sinople, deux en chef et une en poincte* et pour la justiffication de leursd. callitéz a mis au greffe les pièces dont ils entendent leur servir et a signé :

Richer.

Lesd. pièces ont esté rendues aud. sieur Richer le 9 febvrier 1668.

RICHER (DE). — Originaire du Mans.
Charles Richer, écuyer, sieur de Monthéart, premier président au siège présidial du Mans, Charles Richer, écuyer, son fils, et Roland Richer, écuyer, sieur du Breuil, conseiller du Roy, lieutenant particulier en la sénéchaussée de La Flèche, frère dud. sieur de Monthéard, ont justifffié leur noblesse comme descendants de Jacques Richer, père desd. Charles et Roland, qui a esté anobly par le Roy Henri IV pour services par luy rendus, au mois de mars 1590.
Porte : *d'or au chevron de gueules chargé de 3 croisettes d'or et accompagné de 3 roses de gueules feuillées de sinople, 2 et 1.*
— Roland Richer, sieur, baron du Breuil... eut acte de la représentation de ses titres le 20 août 1667.

RIDEO (Louis du), sieur de La Cirottière, demeurant en la ville de Baugé, eslection et ressort de lad. ville, bailliage d'Angers, comparant le 25e aoust 1666, lequel pour satisfaire à l'assignation à luy donnée à la requeste de Laspeyre le dix-neuf du présent mois d'aoust par exploict de Carré, pour se voir dire que l'arrest rendu contre luy à la Cour des Aydes le 24 mars 1667 sera exécuté selon sa forme et teneur, et ce faisant contrainct au payement des sommes y contenues tant en principal qu'en despens, a dit que led. arrest a esté surpris, led. du Rideo n'ayant jamais pris la qualité d'escuyer par aucuns actes qui fasse souche à noblesse, partages ny contract de mariage, au contraire, led. du Rideo a toujours esté imposé dans les roolles tant du sel que des tailles dans lad. ville de Baugé, sa demeure, ainsy qu'il offre justiffier par les extraicts de plus de vingt années, au préjudice de quoy ils ont exigé des fermiers dud. du Rideo la somme de dix sept cent quarante livres par les diverses ventes et adjudications que les préposés de M^{tre} Thomas Bosseau ont faictes à l'instant des exécutions, non compris en lad. somme de dix sept cent quarante livres le prix de douze bœufs de harnois qu'ils ont retenus pour une somme modique de cinq cens livres, quoy qu'ils fussent de valleur de plus de douze cens livres, et nonobstant ces rigoureuses vexations, lesd. préposés ont constitué prisonnier led. du Rideo es prisons de La Flèche où ils l'ont retenu un mois vingt jours, pour avoir restitution desquelles sommes, ensemble ses dommages et interests, s'est pourveu au Conseil et obtenu ses forclusions contre lesd. préposés, et a faict eslection de domicile en la personne de M^{tre} Jacques Paul Miré, estant à la suitte de Monsieur l'Intendant et a signé :

L. Du Rideo.

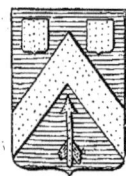

RIDEO (Mathurin du), sieur de Parpezay [Parpacé], l'un des anciens gentilshommes de la grande escurye du Roy, demeurant en sa maison seigneurialle dudict Parpezay, parroisse de Bosset en Anjou comparant le 19e janvier 1668 par Me Michel Lepot, son procureur ......

(Procès-verbal incomplet) [1].

RIDOUET (Jacques de), sieur de Buron et de Sancé, demeurant en sa maison seigneurialle de Sancé, parroisse Saint-Martin-d'Arcé, eslection et seneschaussée de Baugé, comparant le xxe septembre 1668, a dit qu'il entend maintenir la qualité d'escuyer, qu'il est issu de cadet de sa maison, qu'outre Paul, Henry, Pierre, Urbain, Jacques, Abel, René et Gédéon de Ridouet, ses enfans et les enfans de feu Georges de Ridouet, vivant sieur de Sancé, son cousin-germain, demeurants en la généralité d'Orléans, il ne connoist autres personnes de son nom et armes, qu'il porte : *de sable, à trois demies losanges*

---

(1) Cette famille dont était Mathurin doyen des gentilshommes ordinaires de la vénerie du Roi en 1680.
Portait : *d'azur au chevron d'or accompagné en chef de 2 écussons et en pointe d'une flèche de même en pal, la pointe en haut.*

d'or, en fasce, et trois molettes d'espron, de mesme, deux en chef et l'autre en poincte; a produict les pièces dont il entend se servir et a signé :

JACQUES DE RIDOUET.

Les pièces dud. sieur de Ridouet luy ont esté rendues ce 24e septembre 1668.

RIDOUET (DE). — Originaire d'Anjou.

Jacques de Ridouet, écuyer, sieur du Buron, demeurant paroisse de Saint-Martin-d'Arcé, élection et ressort de Baugé, a justiffié la possession du titre de noblesse, depuis l'année 1517, commençant en la personne de son trisayeul.

Porte : *de sable à 3 demies losanges d'or en fasce et 3 molettes de même, 2 et 1.*

— Jacques Ridouet... sieur de Sancé... eut acte de la représentation de ses titres le 21 septembre 1668.

RIGNÉ (FRANÇOIS DE), sieur de La Vrillière, demeurant parroisse de la Tour-Sainct-Gillain, eslection et ressort de Chinon, bailliage de Touraine, aagé d'environ 48 ans, comparant le 10 aoust 1666 lequel pour satisfaire à l'assignation à luy donnée à la requeste de Laspeyre le 27e juillet dernier par exploict de Ladebat pour procéder aux fins dud. exploict et de nostre ordonnance y énoncée, a dit qu'il entend maintenir la qualité d'escuyer, qu'il est aisné de sa maison qui porte pour armes : *d'or à une croix de gueules frettée d'argent*, et qu'il ne cognoist de sa maison et armes que Jacques de Rigné, issu d'un cadet, Prégent de Rigny oncle dud. François et Barthélemy de Rigné sieur de La Guérinière est sorty d'un puisné de lad. maison il y a près de deux cens ans et qu'il ne cognoist autres de lad. maison et armes que les cy-dessus nommés et leurs enfans et qu'il produira au premier jour les pièces dont il entend se servir pour la justiffication de sa noblesse et a signé :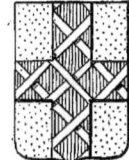

F. DE RIGNÉ.

Les pièces dud. sieur ont esté déposées le 17e aoust 1666, et rendues le 30e dud. mois.

RIGNÉ (BERTHELLEMY DE), sieur de La Guérinière, Dammarie, Chancé, et autres lieux demeurant à La Guérinière, parroisse de Dammarie, eslection et bailliage de Tours, comparant le deuxiesme janvier 1667, lequel a dict qu'il entend maintenir la qualité d'escuier, et qu'il est aisné d'une branche de cadets de sa maison et que de lad. branche, il ne reste que luy et Anthoine de Rigné, son fils, et que le sieur de Rigné, seigneur de La Vrillière, est l'aisné de lad. maison et qu'outre led. sieur de La Vrillière et ses frères, et le sieur de Rigné de La Ducasière, demeurant en Poictou, oncle dud. sieur de La Vrillière, il ne connoist personne de son nom et armes, qu'il porte : *d'or, à la croix de gueules fretée d'argent*, et pour la justiffication de sa noblesse a mis au greffe les pièces dont il entend se servir et a signé :

DE RIGNÉ.

Les pièces dud. sieur de Rigné, luy ont esté rendues ce trois febvrier 1667.

RIGNÉ (JOSEPH DE), sieur de La Lucardière, demeurant parroisse de Geneteil, eslection de Baugé, ressort de La Flèche, comparant le 28e septembre 1668, a dit qu'il entend maintenir la qualité d'escuier, qu'il est cadet de sa maison, que François de Rigné, sieur de Vague ? *alids* Verrie, demeurant parroisse de Coüen ?, eslection de Loudon est son frère aisné, que Claude de Rigné est son frère cadet, lesquels sont issus d'une branche de cadets de sa maison, que François de Rigné, sieur de La Vrillière, est l'aisné de sa maison et n'en cognoist autres qui portent son nom et armes qui sont : *d'or à la croix de gueules frettée d'argent* ; produira au premier jour les pièces dont il entend se servir et a signé :

JOSEPH DE RIGNÉ.

Les pièces dud. sieur de Rigné ont esté rendues le xe octobre 1668 à M[tre] Louis Le Damoysel lequel les avoit producits.

RIGNÉ (DE). — Originaire de Touraine.

François de Rigné, écuyer, sieur de La Vrillière et de La Tour-Saint-Geslin, demeurant élection de Chinon, bailliage de Tours, et Joseph de Rigné, écuyer, sieur de la Lucardière, son cousin germain, demeurant paroisse de Génété, élection de Baugé, bailliage d'Angers, ont justifié la possession du titre de noblesse, depuis l'année 1457, commençant en la personne de Guillaume de Rigné, écuyer, sieur de La Vrillière, gouverneur pour le roy en la ville de Bayonne.

Porte : *d'or à la croix de gueules frettée d'argent.*

— Barthélemy de Rigné, écuyer, sieur de La Guérinière, y demeurant, paroisse de Dame-Marie, élection et bailliage de Tours, a justifié la possession du titre de noblesse, depuis l'année 1512, commençant en la personne de son bisayeul.

Porte : *de même* [1].

RIVAU (SIMON DU), sieur de Bessé, demeurant en sa maison seigneurialle du Luc, parroisse de Braslou, eslection de Richelieu, seneschaussée d'Angers, comparant le XXIIIe aoust 1668, a dit qu'il entend maintenir la qualité d'escuyer, qu'il est issu de cadet de sa maison, qu'outre René-Jean et Simon du Rivau, ses enfans, Philipe, René et Anthoine du Rivau, ses frères puisnés, demeurans en lad. eslection et Anthoine du Rivau, sieur du Plessis, son cousin-germain, issu de l'aisné, demeurant en l'eslection de Mayenne, il ne cognoist autres personnes de son nom et armes, qu'il porte : *de gueules, à la face fuzellée d'argent,* a mis au greffe les pièces dont il entend se servir, et a signé :

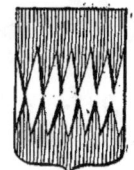

SIMON DU RIVAU.

Les pièces dud. sieur du Rivau luy ont esté rendues le 24e aoust 1668.

RIVEAU (DU). — Originaire de Touraine.

Simon Du Riveau, écuyer, sieur de Bossé, demeurant paroisse de Braslou, élection de Richelieu, bailliage d'Angers, René et Antoine Du Riveau, ses frères, demeurants paroisse de Braslou, ont justiffié la possession du titre de noblesse, depuis l'année 1532, commençant en la personne de messire René du Riveau, chevalier, sieur de Villiers-Boivin? leur quintayeul.

Porte : *de gueules à la fasce fuselée d'argent (de sept pièces).*

RIVAUDE (JEAN DE), sieur de La Charlottière demeurant parroisse de Balesme, eslection et ressort de Chinon, bailliage de Tours, comparant le dix-huictiesme décembre 1666 par Éléonord de Rivaulde, son fils, lequel a dit que sond. père entend maintenir la qualité d'escuyer, qu'il est aisné d'une branche de sa maison et qu'il reste seul de lad. branche avec sa famille et

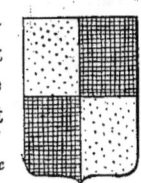

(1) Carré de Busserolles donne aux Rigué de La Guérinière les armes suivantes : *d'argent, à trois croix cramponnées de sable.*

qu'il ne cognoist autres de son nom et armes qu'il porte : *escartélées d'or et de sable*, que le sieur de Rivaulde, seigneur de Villegomblain, issu de l'aisné de lad. maison qui est séparé de lad. branche de cadets depuis près de deux cens ans, et que pour la justiffication de sa noblesse, il produira au premier jour les pièces dont il entend se servir, et a signé :

ELLÉONOR DE RIVAUDE.

Les pièces dud. sieur de Rivaude luy ont esté rendues ce XXIIIe janvier 1667.

RIVAUDE (DE). — Originaire de Berry.
Jean de Rivaude, écuyer, sieur de La Charlottière, demeurant paroisse de Balesme, élection de Chinon, bailliage de Tours, a justiffié la possession du titre de noblesse, depuis l'année 1504, commençant en la personne de son trisayeul.
Porte ; *escartelé d'or et de sable*.

RIVAULT (M^{tre} JACQUES), sieur de Beauvois, advocat et procureur au siège présidial du Mans, y demeurant, comparant le cinq avril 1669, par Jacques Delahaye, clerc de M^{tre} Michel Bernard, lequel a dit que led. sieur Rivault n'a jamais prétendu la qualité d'escuyer et qu'il y renonce, qu'il a esté assigné, soubz le nom de Marc et qu'il a nom Jacques.

DELAHAYE.

RIVECOURT (FRANÇOIS DE), sieur de La Mote-Orson, demeurant parroisse de La Chapelle-du-Genet, eslection et seneschaussée d'Angers, comparant le 4e juillet 1667 par Me Michel Bernard, lequel a dit qu'icelluy sieur de Rivecourt entend maintenir la qualité d'escuyer, a produit les pièces dont led. sieur de Rivecourt s'entend ayder et a signé :

BERNARD.

Les pièces dud. sieur de Rivecourt ont esté rendues aud. Bernard le sept juillet 1667.

RIVECOURT (DE). — Originaire de Normandie.
François de Rivecourt, écuyer, sieur de La Motheorson, demeurant paroisse de La Chapelle-

du Genest, élection et bailliage d'Angers, à justiffié la possession du titre de noblesse, depuis l'année 1503, commençant en la personne de son trisayeul.

Porte : *d'argent au lion de gueules, accompagné en chef de 2 molettes d'éperon d'azur* [1].

RIVIÈRE (JEAN), demeurant en la ville du Mans, comparant le 29 juillet 1666, nous a dit qu'il n'a jamais entendu ni n'entend prendre la qualité d'escuier, estant imposé aux rolles des tailles de la parroisse Sainct-Nicollas de lad. ville, et a signé :

RIVIÈRE.

Condamné.

RIVIÈRE (RENÉ), sieur de La Patrière, capitaine au régiment d'infanterie de Ronserolles, demeurant parroisse de Savigné comparant le XIII septembre 1666, par Mathurin Redouin, praticien demeurant à Tours fondé de procuration spécialle passée par Fouqué notaire royal au Maine, le quatre aoust dernier, lequel pour satisfaire à l'assignation donnée aud. Rivière sur deffault le seize dud. mois d'aoust à la requeste de Laspeyre, a dit en vertu du pouvoir à luy donné par lad. procuration que led. Rivière n'entend sousteni la qualité d'escuyer n'ayant entendu la prendre et que sy lors qu'il est venu en province pendant quelques quartiers d'hiver les notaires qui ont passé quelques actes pour luy luy ont donné cette qualité ç'a esté à son inseu et contre son intention pendant qu'il estoit mineur, et a faict eslection de domicille en la maison de M^{tre} Jacques Pavin procureur au présidial de cette ville de Tours et a signé :

REDOUIN.

Condamné.

RIVIÈRE (JEAN DE LA), conseiller du Roy, juge prévost de la ville du Mans, y demeurant, comparant le 28e septembre 1666 par M^{tre} Michel Bernard, lequel a dit que led. de la Rivière est gentilhomme et issu de noble race, et qu'il produira au premier jour les pièces dont il entend se servir, et a signé :

BERNARD.

(1) Ce nom ne figure pas dans les recherches de Normandie.

Le trois janvier 1667, led. sieur de La Rivière a mis au greffe les pièces dont il entend se servir.

Led. sieur de La Rivière a produict de nouveau le six juillet 1667.

Les tiltres ont esté rendus le 28 juillet 1667.

RIVIÈRE (ANTOINE DE LA), sieur des Roches, demeurant parroisse de Saint-Rémy [de Sillé], eslection et seneschaussée du Mans, comparant le xviiie décembre 1667 par Mtre Michel Bernard, lequel a dit que led. sieur entend maintenir sa qualité d'escuyer comme estant de la famille et oncle de Jean de La Rivière, escuier, conseiller du Roy, bailly du siège royal de la prévosté dud. Mans, et a signé :

BERNARD.

Led. sieur a mis au greffe les pièces dont il entend se servir ce xxie décembre 1667.

Les pièces ont esté rendues aud. Bernard ce septiesme janvier 1668.

RIVIÈRE (DE LA). — Originaire d'Angers, noblesse d'échevinage.

Anthoine de La Rivière, écuyer, sieur des Roches, conseiller du Roy, lieutenant particulier en l'élection du Mans et Jean de La Rivière, écuyer, conseiller, juge-prévost de la ville du Mans, ont justiffié la possession du titre de noblesse, commençant en la personne de Jean de La Rivière, chancelier de Bretagne, premier échevin de la ville d'Angers lors de l'établissement de la mairie, faite par le roi Louis XI.

Porte : *d'argent, à cinq têtes de dauphin d'azur mises en sautoir.*

RIVIÈRE (NICOLAS DE LA), seigneur de Montigny, demeurant parroisse de Coasmes, eslection et ressort de Baugé, comparant le xxie juin 1664 tant pour luy que pour Charles de La Rivière, seigneur de Bresche, demeurant en lad. parroisse de Bresche, eslection et bailliage de Tours, par dame Marie de Broc femme et mère desd. sieurs de La Rivière, ayant charge d'eux, laquelle a dit que lesd. sieurs de La Rivière entendent maintenir la qualité d'escuyer, que led. sieur Nicolas de La Rivière est aisné de sa maison, que Jacques de La Rivière, seigneur de Chasteaufort, demeurant à Mamers, païs du Perche, est frère puisné dud. Nicolas, qu'elle ne cognoist autre du nom et armes, qu'ils portent :

fascé d'or et d'azur ; a mis au greffe les pièces dont elle entend se servir et a signé :

Marie de Broc.

Lesd. pièces ont esté rendues à Monsieur de Segrais, en vertu de la procuration de lad. dame de Broc, le xxiie juin 1667.

RIVIÈRE (Joseph de La), escuier, seigneur du Breuil, de Monts, demeurant aud. lieu parroisse dud. Monts-en-Touraine, eslection de Tours, comparant le xxviie febvrier 1669 par M^{tre} André Berthot, procureur en l'élection de Tours, lequel a déclaré que led. sieur entend maintenir et justiffier la qualité d'escuyer par luy prise, en produira les pièces justifficatives au premier jour et a signé :

Berthot.

Led. sieur a mis au greffe par M^{tre} André Berthot, le jeune, procureur au présidial de Tours, les pièces dont il entend se servir, le sept décembre 1669.
Lesd. pièces ont esté rendues le 1er juillet 1670.

RIVIÈRE DE MONTIGNY. — Originaire d'Anjou.
Nicolas de La Rivière, écuyer, sieur de Montigny, demeurant paroisse de Couesme, élection de Baugé et Charles de La Rivière, écuyer, sieur de Bréhemon, son fils, y demeurant, élection de Tours, commençant en la personne de leur trisayeul et quartayeul.
Porte : *d'or à 3 fasces d'azur* [1].

RIVIÈRE (Jacquine de La), veuve de deffunct Messire Rolland Morin [2], seigneur du Trest, conseiller du roy, président en la chambre des comptes de Bretagne, comparant le 6 juin 1667, par M^{tre} Michel Bernard son procureur lequel a dict qu'elle entend soustenir la qualité de noble qu'elle a toujours prise et pour la justiffication qu'elle produira au premier jour ses tiltres.

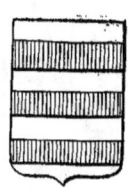

Signé : Bernard.

---

(1) Denais dit que cette famille de La Rivière portait : *d'azur à 3 fasces d'or, à 10 besans de même en orle.*
(2) Morin : *d'argent à un arbre de sinople planté sur une terrasse de même, un sanglier ou porc épic de sable passant sur le fût.*

RIVIÈRE DE LA MORLIÈRE. — Originaire d'Anjou.

Dame Jacqueline de La Rivière veuve de feu Rolland Morin, sieur du Trest, président en la chambre des comptes de Bretagne, demeurante paroisse de Saint-Rémy-en-Mauge, élection et ressort d'Angers, a justiffié la possession du titre de noblesse, depuis l'année 1475, commençant en la personne de Jean de La Rivière, son quartayeul. Il ne reste plus de mâles de cette famille.

Porte : *d'argent à 3 fasces de gueules.*

RIVIÈRE (François de La), sieur du Plessis de Vergonne, demeurant parroisse dud. Vergonne, eslection et seneschaussée d'Angers comparant le XVIIIe avril 1667 par Me Jean Fergeau, procureur au présidial de cette ville de Tours, lequel a dit qu'icelluy de La Rivière entend maintenir la qualité d'escuyer et qu'il produira au premier jour les pièces dont il entend se servir et a signé :

Ferregeau.

Led. sieur a produit les tiltres dont il entend se servir le 2e may 1667.

Les pièces dud. sieur de La Rivière ont esté rendues à la damoiselle sa mère le XXIIIe may 1667.

Anne Belocier.

RIVIÈRE (de La). — Du Plessis-Vergonne.

François de La Rivière, écuyer, sieur du Plessis-Vergogne, y demeurant, élection et bailliage d'Angers, a justiffié la possession du titre de noblesse, depuis l'année 1481, commençant en la personne de son quintayeul.

Porte : *d'argent à 3 chevrons de gueules.*

RIVIÈRE (Georges de La), sieur de La Roche-Tabuteau, demeurant au bourg de Montjean, eslection et seneschaussée d'Angers, comparant le cinq may 1667, a dit qu'il entend maintenir la qualité d'escuyer, qu'il est seul d'une branche de cadets de sa maison, que François de La Rivière, sieur de La Blonnière, demeurant en Bretagne, est l'aisné de lad. maison, et qu'outre Anthoine de La Rivière, demeurant parroisse du Pin-en-Mauges, frère dudit sieur de La Blonnière, il ne cognoist personne de son nom et armes, qu'il porte : *fuzellé d'or et de gueule, au franc quartier d'hermines ;* et a signé :

Georges de La Rivière.

Lesd. tiltres luy ont esté rendus le dix may 1667.

RIVIÈRE (ANTOINE DE LA), sieur de La Belonnière y demeurant parroisse du Pin-en-Mauges, eslection et bailliage d'Angers, comparant le 10 may 1667, a dit qu'il entend maintenir la qualitté d'escuier par luy prise et qu'il est cadet de sa maison et que son frère aisné nommé François de La Rivière, aussy sieur de La Blonnière, demeure en Bretagne, qu'il ne cognoist autre de son nom et armes que Georges de La Rivière, sieur de La Roche-Tabuteau, demeurant à Montejean et porte pour armes : *d'or, fuzellé de gueules au franc quartier d'ermines semées.*

ANTHOINE DE LA RIVIÈRE.

RIVIÈRE DE LA BELLONNIÈRE (DE LA). — Originaire d'Anjou.

Georges de La Rivière, écuyer, sieur de La Roche-Tabusteau, demeurant paroisse de Montjean, élection d'Angers, a justifflé la possession du titre de noblesse, depuis l'année 1528, commençant en la personne de son trisayeul.

Porte : *d'or, à la fasce fuselée de gueules, au franc canton d'hermines.*

ROBERT (RENÉ), sieur de Chantemelle, seigneur des seigneuryes de Laloue et du Costeau, demeurant parroisse de Saint-Pater, eslection de Tours, comparant le deux mars 1669, a dit qu'il entend maintenir la qualité d'escuier, qu'il ne connoist personne qui porte son nom et armes qui sont : *d'argent, à la fasce et trois merlettes de gueules,* produira les tiltres dont il entend se servir et a signé :

RENÉ ROBERT.

ROBICHON (EDME), sieur du Petit-Lournay, l'un des deux cens gensdarmes de la Reyne et l'un des cent servans et privilégiez, demeurant aud. Lournay, parroisse Sainte-Geneviefve de Lhuisnes, eslection et bailliage de Tours, comparant le 26ᵉ décembre 1667 par Mᵗʳᵉ Michel Bernard, procureur au bureau des finances à Tours, lequel a dit que led. Robichon n'a jamais pris la qualité d'escuyer qu'en conséquence des lettres de provision à luy octroyées de lad. charge de l'un des deux cens gensdarmes de la Reyne par le sieur marquis de Garau, le troisiesme juillet 1665, laquelle qualité d'escuyer il n'entend prendre que tant qu'il plaira à Sa Majesté et a led. Bernard signé :

BERNARD.

Led. sieur Robichon a produict les pièces dont il entend se servir ce xiiii janvier 1668.

Les pièces dud. sieur Robichon ont esté rendues aud. Bernard le xxxie mars 1668.

ROBIN (Léonord), sieur de La Tremblaye, demeurant parroisse de Saint-Pierre-de-Chollet, eslection de Montreuil-Bellay, seneschaussée d'Angers, comparant le vingt-trois avril 1667, a dit qu'il entend maintenir la qualité d'escuyer, qu'il est aisné de sa maison et qu'outre Henry-René Robin, sieur de Bazoges, demeurant à Paris, son frère, il ne cognoist de son nom et armes que .... Robin, sieur de Mondon, parroisse de Seaux, eslection de Richelieu, et qu'il porte pour pour armes : *de gueules, à deux clefs d'argent, passées en sautoir, chargé de trois trèfles d'or et une coquille d'argent en chef*, et a signé :

Léonor Robin.

Led. sieur Robin a mis au greffe les pièces dont il entend se servir ce xxiiiie avril 1667.

Les pièces dud. sieur Robin luy ont esté rendues ce xxve avril 1667.

ROBIN DE LA TREMBLAYE (Jacques), seigneur d'Artigny, capitaine d'un des vaisseaux du Roy, demeurant en sa maison seigneurialle d'Artigny, parroisse de Seaux, eslection de Richelieu, seneschaussée d'Angers, comparant le 16e septembre 1668 par Mtre Michel Bernard, lequel a dit que led. sieur de La Tremblaye-Robin entend maintenir la qualité d'escuyer et chevallier, a mis au greffe les pièces dont il entend se servir et a signé :

Bernard.

Les pièces dud. sieur de La Tremblaye-Robin ont esté rendues aud. Bernard le 16 septembre 1668.

ROBIN DE LA TREMBLAYE. — Originaire d'Anjou.
Léonard Robin, écuyer, sieur de La Tremblaye, y demeurant, paroisse de Saint-Pierre de

Cholet, élection de Montreuil-Bellay, ressort d'Angers, et Jacques de La Tremblaye-Robin, écuyer, sieur de Mondion d'Artigny, capitaine d'un des vaisseaux du Roy, demeurant en sa maison d'Artigny, paroisse de Sceaux élection de Richelieu, bailliage d'Angers, cousin du 2 ou 3e dégré dud. Léonard Robin l'aisné, ont justiffié la possession du titre de noblesse, depuis l'année 1500, commençant scavoir led. Léonard en la personne de son 5e ayeul et led. Jacques en celle de son quartayeul.

Porte : *de gueules à 2 clefs d'argent en sautoir cantonnées de 3 trèfles d'or et d'une coquille d'argent en chef.*

Damoiselle Barbe Gasnays, veufve de feu Jacques ROBIN, vivant seigneur de Montison, demeurant en cette ville de Tours, comparant le second jour de janvier 1668, laquelle a dict qu'elle ne scait pas sy son deffunct mary a pris la quallité d'escuyer et que s'il l'a prise ç'a esté comme fils et petit-fils d'eschevin de lad. ville de Tours et qu'à son égard elle ne prétend poinct, et a signé :

BARBE GASNAY.

ROBIN (Mtre François), sieur de Montison, conseiller au présidial de Tours, y demeurant, comparant le xxviiie janvier 1669, par Me Pierre Luceau, le jeune, procureur au présidial, lequel a dit qu'icelluy sieur de Montizon n'a congnoissance avoir jamais pris la qualité d'escuyer, et quand mesme elle luy auroit esté donnée ce ne peut estre que pendant sa minorité et pouroit d'ailleurs se deffendre de l'amande attendu que Daniel Robin, son ayeul, estoit eschevin de lad. ville de Tours qui la pouvoit prendre, et a signé :

PIERRE LUCEAU.

ROBINIÈRE (Jean de La), sieur de Givré, demeurant parroisse de Vou, eslection et siège royal de Loches, bailliage de Tours, comparant le troisième septembre 1668 a dit qu'il entend maintenir la qualité d'escuyer, qu'il est aisné de sa maison et qu'outre Louis de La Robinière, sieur de Beauvays, estant au service de Sa Majesté, il ne cognoist autres personnes de son nom et armes, qu'il porte : *d'azur au chevron d'argent*, et a signé :

JEAN DE LA ROBINIÈRE.

ROCHAIS (Marthe), veufve d'Estienne Rochais, vivant vallet de chambre ordinaire du roy, demeurante à Amboise, comparant le xxviie décembre 1667, laquelle a dict qu'elle ne scait pas sy son deffunct mary a pris la quallité d'escuyer et que s'il l'avoit prise elle n'entend point la maintenir et y renonce, ny jouir de l'exemption de tailles et autres subcides que comme veufve d'officier du Roy et a signé :

M. Rochais.

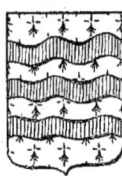

ROCHE (Damoiselle Judicq de La), vefve de deffunct Magdelon de La Hune, sieur du Mourier, fille de deffunct Hardy de La Roche, sieur de L'Eschasserye et de damoiselle Jeanne Damours, demeurant parroisse de .... eslection de Baugé, comparant le xxve septembre 1668 par M^{tre} Louis Le Damoysel, lequel a dict que lad. de La Roche entend maintenir la quallité d'escuyer de son deffunct père et non celle de son deffunct mary ny ayant aucun interest puisqu'elle n'a eu aucuns enfans de son mariage, qu'elle ne cognoist personne de sa famille qui porte son nom et armes qui sont : *d'argent, à trois fasces ondées de gueules, semées d'hermines de sable*, a mis au greffe dont lad. damoiselle entend se servir et a signé :

Le Damoysel.

Les pièces de lad. damoiselle de La Roche ont esté rendues le 5 octobre 1668.

Damoiselle Renée de Cambon, vefve de deffunct François de La ROCHE, vivant escuyer, sieur de Bois-Hérault, demeurant au lieu de La Gazelière, parroisse et bourg de .... eslection de Baugé, comparant le xxve septembre 1668 par M^{tre} Louis Le Damoisel, lequel a dit que lad. damoiselle entend maintenir la qualité d'escuier dud. deffunct son mary qu'elle n'a eu aucuns enfans de luy, lequel estoit cadet de sa maison pourquoy elle n'est saisie de tiltres d'icelle, que René de La Roche, sieur de Vernay est l'aisné de lad. maison, lequel est saisy desd. tiltres et demande délay de les représenter.

Signé : Le Damoysel.

ROCHE (René de La), sieur de Vernay et de Morains, demeurant parroisse de Sully-l'Abbaye, eslection de Chinon, ressort de Saumur, comparant le huictiesme mars 1669, a dit qu'il entend maintenir la quallité d'escuyer, qu'il est aisné de sa maison, que Armand de La Roche, sieur de Verrière, capitaine réformé du régiment de cavallerye de Monsieur le Prince de Condé, est son frère cadet, et n'en connoist autres qui portent son nom et armes qui sont: *d'argent à trois fasces undées de gueules*, et pour la justiffication de sad. qualité a demandé délay de réprésenter ses titres et faire condamner damoiselle Renée de Cambon, veufve de François de La Roche, sieur de Boishérault de les luy rendre attendu que deffunct René de La Roche, sieur de Vernay, son père, les auroit mis entre les mains dud. deffunct sieur de Boishérault, lors de la recherche de la noblesse à la Cour des aydes à Paris, et a signé :

RENÉ DE LA ROCHE.

Led. sieur de La Roche a mis au greffe les pièces dont il entend se servir le 20 may 1669.

Lesd. pièces ont esté rendues le unze juin 1669.

ROCHE (DE LA). — Originaire d'Anjou.
Demoiselle Judich de La Roche, demeurante paroisse de.... élection de Baugé, a justiffié la possession du titre de noblesse, depuis l'année 1531, commençant en la personne de son bisayeul.
Porte : *d'hermines à 3 fasces ondées de gueules*.
— Renée Cambon... eut acte de la représentation de ses titres le 11 juin 1669.
— Judith de La Roche... eut acte de la représentation de ses titres le 27 décembre 1669.

ROCHEBOUET (David de La), demeurant en la ville de Tours, rue de la Croix-Blanche, comparant le 13 juillet 1666, nous a dit qu'il a cy-devant pris la qualité d'escuyer, croyant y estre bien fondé, et atendu que la plus part de ses tiltres ont esté adirés, se réserve à déclarer s'il maintiendra lad. qualité après qu'il aura recouvré ses tiltres, ce qu'il espère dans peu, et a signé :

LA ROCHEBOUET [1].

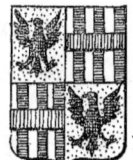

(1) Armoiries : *écartelé aux 1 et 4 d'or à l'aigle de sable ; aux 2 et 3 pallé d'argent et d'azur de 6 pièces, à la fasce de gueules brochant.*

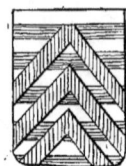 ROCHEFOUCAULT (Antoine de La), sieur de La Brosse, Neuilly-le-Noble, demeurant au chasteau dud. Neuilly, parroisse dud. lieu, eslection et ressort de Chinon, bailliage de Tours, comparant le sept febvrier 1668 tant pour luy que pour René de La Rochefoucault, sieur de Neuilly-le-Noble, son père, demeurant aud. lieu, a dit que sond. père et lui entendent maintenir la qualité d'escuier et de chevallier, qu'il est aisné d'une branche de cadetz de sa maison de laquelle Monsieur le Duc de La Rochefoucault est l'aisné et qu'outre Charles Jouachim, Jacques, Élisabeth et Marie-Ursule de La Rochefoucault, ses frères et sœurs et ses enfans, il ne cognoist personne de son nom et armes en Touraine, qu'il y a plusieurs autres branches de lad. maison dans plusieurs provinces du royaume, qu'il porte pour armes : *burlé d'argent et d'azur de dix pièces, brizé de trois chevrons de gueules dont le premier la pointe coupée ;* a mis au greffe les pièces dont il entend se servir et a signé :

Antoine de La Rochefoucaud-Neuilly.

Les pièces dud. sieur de La Rochefoucault luy ont esté rendues le neufviesme febvrier 1668.

ROCHEFOUCAULT (de La). — Originaire de Poitou.
Messire Louis de La Rochefoucault, chevalier, seigneur de La Brosse, Neuilly-le-Noble, et La Bertaudière, demeurant en son château de Neuilly-le-Noble, élection et ressort de Chinon, bailliage de Tours, a justiffié la possession du titre de noblesse, depuis l'année 1516, commençant en la personne de noble et puissant René de La Rochefoucault, sieur de Bayet et de La Bergerie, son quartayeul.
Porte : *burelé d'argent et d'azur de 10 pièces à 3 chevrons de gueules brochants, le premier écimé.*

ROCHEGUYART (Jean de La), sieur de Poix, demeurant parroisse de Jupilles, eslection et ressort du Chasteauduloir, seneschaussée du Mans, comparant le trois juin 1667, a dit que bien qu'il soit noble d'extraction, originaire de Berry, il ne peult néantmoins quand à présent justiffier sa noblesse à raison de ce qu'en l'année 1647, sa maison auroit esté pillée par vingt soldats qui y auroient esté envoyéz par le sieur de La Chesnaye-Baigneux, sieur de Saint-Mars, lesquel soldats outre le pillage de lad. maison auroient bruslé tous ses tiltres et papiers dont il auroit faict informer, en vertu de commission de la cour de parlement, pardevant le lieutenant criminel de cette ville de Chasteauduloir et en suitte obtenu sentence contre led. Baigneux portant condamnation à huit cens livres de réparation, dommages et intérests, et dix livres d'amande; de laquelle sentence led. Baigneux ayant interjetté appel, arrest seroit intervenu le sept septembre 1650, portant modération de lad. réparation à quatre cens livres et condamnation contre led. Baigneux de quarante livres d'aumosne, pour la poursuitte duquel procès et obtention desd. sentence et arrest il a consommé tout son bien et ne vit que des bienfaits de ses amis, a faict eslection de domicille en cette ville de Chasteauduloir en la maison de M^{tre} Charles Moynerie, avocat, et a signé:

J. DE LA ROCHE.

ROCHER (JEAN DU), sieur de La Rouablère, demeurant parroisse de Charné, eslection du Mayne, bailliage d'Ernée, comparant le trois aoust 1667 a dit qu'il entend maintenir la qualité d'escuier, qu'il est seul de son nom et armes, qu'il porte: *d'argent au chef de léosparcq de sable tenant en gueulle un cor aussy de sable;* a mis au greffe les pièces dont il entend se servir, et a signé:

JEAN DU ROCHER.

Lesd. pièces ont esté rendues aud. Jean du Rocher, le cinq aoust 1667.

ROCHER (DU). — Originaire du Maine.
Jean du Rocher, écuyer, sieur de La Rouablère, demeurant paroisse de Charné, élection du Mayne, a justifié la possession du titre de noblesse, depuis l'année 1549, commençant en la personne de son trisayeul.
Porte: *d'argent à la tête de léopard de sable tenant un cor de chasse aussi de sable.*

ROCHER (M^{tre} NICOLAS), conseiller et secrétaire du Roy, maison et couronne de France, seigneur baron de Senevières, demeurant en la ville de Loches, comparant le dernier janvier 1668 par Me Michel Bernard, lequel a dit que led. sieur de Sennevières est bien fondé de prendre la qualité d'escuier ayant exercé lad. charge de sécrétaire du Roy pendant vingt-trois ans et plus, qu'il la soustient et produira les tiltres dont il s'entend ayder, au premier jour.

Signé: BERNARD.

ROCHER. — Originaire de Loches.

Nicolas Rocher, écuyer, conseiller et secrétaire du Roy, baron de Senevières, a obtenu des lettres de vétéran après avoir servi pendant 23 ans. Il n'a point d'entants masles [1].

ROE (DE LA). — Originaire d'Anjou.

Charles de La Roë, écuyer, sieur de Vaux, demeurant paroisse de Chemiré, élection et ressort de Baugé, a justiffié la possession du titre de noblesse, depuis l'année 1518, commençant en la personne de son trisayeul.

Porte : *d'argent à 6 rots (roues) de gueules, 3, 2 et 1.* — Aliàs : *annelets.*

— Charles de La Roë, sieur du Vau et du Moulin... eut acte de la représentation de ses titres le 27 décembre 1669.

ROGER (GUILLAUME), conseiller du roy au bailliage de Loudun, comparant le 20 juillet 1666, pour Jacques Roger, sieur de Prugny, son frère absent estant en la ville de Paris, a déclaré que sy led. Jacques Roger a pris la qualité d'escuyer, ç'a esté pendant plusieurs années qu'il a esté dans le service du Roy dans ses armées, tant dans la cavallerie qu'infanterie avec commandement, et que depuis son mariage, il a toujours demeuré à Poitiers, ville franche, et y demeure encor à présent, et ainsy n'a faict aucun préjudice au Roy ny au public et que bien qu'il pust prendre lad. qualité d'escuyer aussy bien que plusieurs de son nom et armes bien recogneus pour gentilshommes en la ville de Poitiers, néantmoins il n'entend maintenir lad. qualité, et a esleu domicille à Tours, en la maison du sieur de La Marbellière Roger, procureur au bureau des finances.

Signé : G. ROGIER.

Condamné.

ROGER (HILAIRE), demeurant en cette ville de Tours, parroisse Saint-Estienne, comparant le XIII décembre 1667, a dit et déclaré que le douze du présent mois il a esté donné assignation en sa maison à Louis Roger, sieur du Tertre, à la requeste de Laspeyre et que sy on entendoit que lad. assignation fust donnée à luy Hillaire Roger, il déclare qu'il n'a jamais pris ny entendu prendre la qualité d'escuyer et a signé :

ROGER.

(1) Armoiries : *d'azur au rocher d'or accompagné en chef de deux flammes de même.*

ROGIER (Henry), seigneur de Marigny et de La Custière, demeurant en sa maison de La Custière, parroisse de Chambon, eslection de Loches, baronnie de Preuilly, bailliage de Tours, comparant le xi may 1668 par M^tre Michel Bernard, lequel a dict qu'icelluy sieur Rogier entend maintenir la qualité d'escuyer, qu'il est seul de sa famille et qu'il porte pour armes : *d'argent, d trois roses épanouies de gueulles en chef et un lion de sable* ; a mis au greffe les pièces dont led. sieur entend se servir et a signé :

BERNARD.

Les pièces dud. sieur Rogier ont esté rendues aud. Bernard ce xiie may 1668.

ROGIER. — Originaire de Poitiers.
Henry Rogier, écuyer, sieur de Marigny, demeurant paroisse de Chambon, élection de Loches, bailliage de Tours, a justiffié la possession du titre de noblesse, commençant en la personne de Jean Rogier, échevin et maire de la ville de Poitiers ès-années 1528, 1549, 1550 et 1551, son bisayeul.
Porte : *d'argent au lion de sable surmonté de 3 roses épanouies de gueules rangées en chef.*

ROGIER. — Originaire de Touraine.
Jean Rogier, écuyer, sieur de Belleville, a représenté des lettres d'anoblissement obtenues par Jean Rogier, son père, en considération de ses services. Led. Rogier et ses frères ont obtenu un brevet de retenue, pour la confirmation, du 25 novembre 1665.

Signé : LE TELLIER.

Porte : *d'azur à 3 roses d'or, 2 et 1.*

ROHARD (Louis de), sieur du Boul, demeurant parroisse de Vibrais, eslection de Chasteauduloir, seneschaussée du Mans, comparant le dix huict juin 1667, a dit qu'il entend maintenir la qualité d'escuyer, qu'il est aisné d'une branche de cadet de sa maison, que Jacques de Rohart, sieur de La Goguerie demeurant parroisse de Saint-Lubin-Saint-Fonds, pays du Perche et Louis de Rohart, frère dud. sieur de La Goguerie sont ses cousins-germains, que .... de Rohart, sieur de Pégeon, demeurant près de Mamers au pays du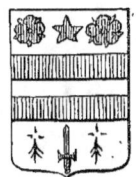

Maine est aussy son parent et qu'il y en a encor plusieurs autres du mesme nom et armes qu'il ne cognoist point et sont demeurans en Normandie, qu'il porte pour armes celles qu'il mettra au hault de sa généalogie et a signé :

Louis de Rohard.

ROHARD (de). — Originaire du Perche.

Louis de Rohard, écuyer, sieur du Bourg, demeurant en sa maison de la Loudinière, paroisse de Vibrais, élection de Châteauduloir, bailliage du Mans, a justifié la possession du titre de noblesse, depuis l'année 1513, commençant en la personne de son trisayeul.

Porte : *d'argent, à deux fasces de gueules accompagnées en chef d'une étoile et de deux roses, et en pointe d'une épée la pointe en haut, le tout de même ; l'épée accostée de deux hermines.*

ROMANS (François de), sieur de Fline, et de la chastellenie des Noïers, demeurant parroisse de Martigné-Briand, eslection et ressort d'Angers, comparant le quinze novembre 1666 par M^{tre} François Lesourd, procureur en l'eslection de La Flesche, lequel a dict que led. sieur de Romans entend maintenir la qualité d'escuier et qu'il produira au premier jour les pièces dont il entend se servir pour la justiffication de sa noblesse, et a signé :

J. Lesourd.

Led. sieur de Romans a mis ses pièces au greffe le premier avril 1667.

Les pièces dud. sieur de Romans ont esté rendues au sieur de Chevrier, son beau-frère, ce xviie may 1667.

Chevrier.

ROMANS (des). — Originaire du Blaisois.

François des Romans, écuyer, sieur de La Chouanière, demeurant paroisse de Martigné-Briand, élection et ressort d'Angers, a justifié la possession du titre de noblesse, depuis l'année 1529, commençant en la personne de son quartayeul.

Porte : *d'azur au chef d'argent chargé de 2 croisettes pattées de gueules rangées.*

— François des Romans... eut acte de la représentation de ses titres le 17 may 1667.

ROSEL (Charles de), sieur de La Gasneraie, demeurant parroisse de Theneuil, eslection de Richelieu, bailliage de Tours, comparant le cinquiesme febvrier 1668, a dit qu'il entend maintenir la qualité d'escuier, qu'il est aisné de sa maison, et qu'outre Jean de Rozel, sieur de Terrouanne, capitaine de cavallerie réformé du régiment de Richelieu, Cézard de Rosel, capitaine d'une compagnie de chevaux-légers, dans le régiment d'Anguin, et François-Alexis de Rosel, lieutenant de lad. compagnie, ses frères, il ne cognoist personne de son nom et armes, qu'il porte : *d'argent, à trois rozeaux au naturel, au chef de gueules dantelé, chargé de trois besans d'or*, a produict les pièces dont il entend se servir et a signé :

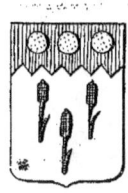

CHARLES DU ROSEL.

Les pièces dud. sieur de Rosel luy ont esté rendues ce six febvrier 1668.

ROZEL (DE).

Charles de Rozel, écuyer, sieur de La Gasnerais, et du Vau-de-Valères, demeurant paroisse de Théneuil, élection de Richelieu, bailliage de Tours, a justiffié la possession du titre de noblesse, depuis l'année 1492, commençant en la personne de son quartayeul.

Porte : *d'argent à 3 roseaux de sable, au chef dentelé de gueules chargé de 3 besants d'or.*

ROSTAING (JEAN DE), sieur des Mézangères, gouverneur de la ville et chasteau de Tallard, frontière de Savoie, aide des camps et armées de Sa Majesté, demeurant paroisse de Mézeray, comparant le XXVIe mars 1667 par M^{tre} Mathieu Augeard, bourgeois de Tours, a dit qu'icelluy sieur de Rostaing entend maintenir la qualité d'escuyer et qu'estant cadet de sa maison il n'a aucuns tiltres lesquels sont ès-mains de ses aisnés qui sont demeurans en Provence et Italye, pourquoy prétend demander délay et a signé :

AUGEARD.

Led. Augeart a produict pour led. sieur de Rostain ce XXIIe may 1667.
Les pièces dud. de Rostain m'ont esté rendues le 4e octobre 1671.

AUGEARD.

Armoiries : *de gueules au lion d'or.*

ROUER (François), sieur de Villeray, demeurant à Paris, comparant le dix-neuf décembre 1666, en concéquence de l'ordonnance de Messieurs les commissaires généraux députés pour les usurpateurs du titre de noblesse du dix novembre dernier, par laquelle avant faire droict diffinitivement aud. Rouer, il est renvoyé par devant Monsieur l'Intendant pour estre par luy faict et dressé procès-verbal à la réprésentation des tiltres de la prétendue noblesse dud. Rouer et estre iceux communicqués au procureur du roy de la commission de mondit sieur Intendant pour donner son advis, pour le tout veu et renvoyé estre ordonné ce que de raison, en conséquence de laquelle ordonnance il a produict sesd. tiltres lesquels ont esté paraphés, et a signé :

Rouer de Villeray.

Les pièces dud. sieur Rouer ont esté rendues à René Tourtay, marchand m^{tre} passemantier à Tours, ayant charge à cet effect dud. Rouer, le xviie janvier 1669 [1].

ROUGÉ (Gilles de), sieur de La Perdrillière, demeurant en sa maison de La Borde parroisse de Neuillé, eslection de Saumur, comparant le xiii septembre 1666 par M^{tre} André Guérin procureur au bailliage de Chinon, lequel pour satisfaire à l'assignation à luy donnée à la requeste de Laspeyre le 9 du présent mois par Pavillon huissier, a dict qu'il entend maintenir la qualité d'escuier qu'il a prise et que pour la justiffication de sa noblesse, il produira au premier jour ses tiltres, et a esleu domicille en la maison dud. Guérin.

Guérin.

ROUGER (de). — Originaire d'Anjou.
Gilles de Rouger, écuyer, sieur de La Perdrillère, demeurant paroisse de Neuillé, élection de Saumur, a justiffié la possession du titre de noblesse, depuis l'année 1506, commençant en la personne de son bisayeul.
Porte : *de sable à deux lions d'or affrontés armés et lampassés de gueules.*
— Gilles de Rougé... eut acte de la représentation de ses titres le 27 janvier 1669.

(1) Armoiries : *d'azur au chevron d'or accompagné de 3 casques d'argent, 2 et 1.*

ROUGÉ (Pierre de), sieur des Rues, comparant le xxe may 1667 tant pour luy que pour Louis de Rougé, sieur de Laurière, son frère puisné, demeurans ensemble parroisse de Saint-Pierre-de-Maulimart, eslection, ressort et seneschaussée d'Angers, a dit qu'il est l'aisné de sa famille et qu'il entend maintenir la qualité d'escuyer par les pièces qu'il en produira au premier jour, qu'il porte pour armes : *de gueulles à la croix pattée d'argent* ; et qu'il ne cognoist autres personnes de son nom, armes et famille que les sieurs de Rougé Plessis-Bellière et de Courtimont, demeurans scavoir led. sieur de Bellière en la ville de Paris et led. sieur de Courtimont parroisse Saint-Aubin, eslection et ressort du Chasteau-du-Loir et a signé :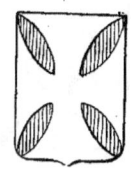

Pierre de Rougé.

ROUGÉ (Charles de), sieur de Courtimont, demeurant parroisse de Nogent, eslection de La Flèche, séneschaussée du Mans, comparant le 30e may 1667, a dit qu'il entend maintenir la qualité d'escuier, qu'il est cadet de sa maison que le sieur Rouger des Rues, demeurant en Anjou est l'aisné de sa maison dont il ne cognoist que .... Rouger, sieur du Plessis-Bellière, demeurant à Paris, porte pour armes : *de gueules, à la croix patée d'argent*, et a faict eslection de domicille en cette ville du Chasteau-du-Loir, au logis de Me Nicolas Boullanger, advocat et a signé :

Charle de Rougé.

ROUGÉ (de). — Originaire d'Anjou [de Bretagne].

Pierre de Rougé, écuyer, sieur des Rues et Louis de Rougé, son frère, demeurants ensemble paroisse de Maulimart, élection et Ressort d'Angers, Charles de Rougé écuyer, sieur de Courtimont, demeurant paroisse de Nogent-sur-Loir, élection et ressort de La Flèche, leur cousin, ont justiffié la possession du titre de noblesse, depuis l'année 1530, commençant scavoir lesd. Pierre et Louis en la personne de leur trisayeul et led. Charles en celle de son bisayeul.

Porte : *de gueules à la croix patée d'argent*.

— Pierre de Rougé... eut acte de la représentation de ses titres, le 21 mai 1667.
Charles ... le 17 juin 1667.

ROUGEMONT (François de), sieur de La Voirie, y demeurant parroisse d'Abilly, eslection et siège royal de Chinon, bailliage de Tours, comparant le sept febvrier 1668 tant pour lui que pour René de Rougemont, sieur de La Guerrière, son frère, demeurant parroisse de Neuilly-le-Noble, et Louis de Rougemont, escuier, sieur de Berault, demeurant en lad. parroisse de Neuilly et Louis de Rougemont, escuier, sieur de Larsay, demeurant parroisse d'Abilly, ses cousins-germains, a dit qu'ils entendent maintenir la qualité d'escuyer, qu'il est aisné de sa maison, de laquelle il ne cognoist autres que les cy-dessus nommés et Louis et Marin de Rougemont, ses autres frères, qui sont au service du Roy, porte pour armes : *d'argent, au lyon de gueules*, a mis au greffe les pièces dont il entend se servir, et a signé :

François de Rougemont.

Les pièces dud. sieur de Rougemont luy ont esté rendues le xie febvrier 1668.

ROUGEMONT (de). Originaire de Touraine.

François de Rougemont, écuyer, sieur de La Voirie, demeurant paroisse d'Abilly, élection de Chinon, René de Rougemont, écuyer, sieur de La Guerrière, demeurant paroisse de Neuilly-le-Noble, son frère, et Louis de Rougemont, écuyer, sieur de Bérault, demeurant en lad. paroisse de Neuilly, et Louis de Rougemont, écuyer, sieur de Larsay frères, cousins-germains desd. François et René, ont justiffié la possession du titre de noblesse, depuis l'année 1505, commençant en la personne de leur quartayeul.

Porte : *d'argent au lion de gueules*.

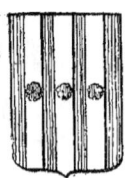

ROUSSARDIÈRE (François de La), sieur de La Bouessière, comparant le 29e juin 1668 tant pour luy que pour François de La Roussardière, sieur de Rouillon, son père, demeurant parroisse de Villevesque, eslection et ressort d'Angers, a déclaré qu'ils entendent maintenir la qualité d'escuier, qu'ils sont seuls qui portent leur nom et armes qui sont : *d'argent, à trois pals de gueules, au chef cousu d'argent chargé de trois roses de gueules*, a mis au greffe les pièces dont il entend se servir et a signé :

F. De La Roussardière.

Les pièces dud. sieur de La Roussardière luy ont esté rendues ce 30 juin 1668.

ROUSSARDIÈRE (DE LA). — Originaire d'Anjou.

François de La Roussardière, écuyer, sieur de La Boissière, demeurant paroisse de Villelevesque, élection d'Angers, a justiffié la possession du titre de noblesse, depuis l'année 1533, commençant en la personne de son trisayeul.

Porte : *de gueules à 3 pals d'argent chargés en chef de 3 roses de gueules.* — Aliàs : *en fasce.*

— François de La Roussardière, sieur de Rouillon... eut acte de la representation de ses titres le 30 juillet 1667.

ROUSSAY (RENÉ DU), sieur de Verrue, y demeurant, parroisse dud. lieu, ellection de Richelieu, comparant le xve septembre 1667, a dit qu'il entend maintenir sa qualité d'escuyer, qu'il est l'aisné de sa famille, qu'il ne connoist autre personne de son nom et armes que Augustin du Roussay, sieur de Bonneuil, son frère puisné, lequel est au service de Sa Majesté et qu'il porte pour armes : *d'azur, au chevron brisé d'argent à trois fusées d'or et une molette d'espron de mesme,* a mis au greffe les pièces dont il entend se servir et a signé :

RENÉ DUROUSSAY.

Les pièces dud. sieur de Roussay luy ont esté rendues ce dix-sept septembre 1667.

ROUSSAY (DE). — Originaire de Mirebalais.

René de Roussay, écuyer, sieur de Verrue, y demeurant, élection de Richelieu, bailliage d'Angers, a justiffié la possession du titre de noblesse, depuis l'année 1498, commençant en la personne de son quartayeul.

Porte : *d'azur au chevron d'argent, accompagné en chef de 3 fusées d'or et en pointe d'une molette de même.*

ROUSSEAU (RENÉ), sieur du Chardonnay, demeurant parroisse de Challain, eslection et présidial d'Angers, comparant le quinze avril 1667, a dit qu'il entend maintenir la qualité d'escuyer, qu'il est seul de son nom et armes et qu'il porte : *de sinople, à cinq faces d'or et un lyon d'azur, couronné et lampassé de gueules,* a mis au greffe les pièces dont il entend se servir et a signé :

RENÉ ROUSSEAU.

Les pièces dud. sieur Rousseau luy ont esté rendues ce 7 mai 1667.

676

ROUSSEAU (François), sieur de La Richaudaie, demeurant parroisse de Challain, eslection et ressort d'Angers, comparant le deux may 1667 tant pour luy que pour François Rousseau, sieur du Perrin, son cousin-germain, demeurant parroisse d'Angrie, mesmes eslection et ressort, a dit qu'ils entendent maintenir la qualité d'escuyer et qu'il ne cognoist autres de son nom et armes, qu'il porte : *fascé d'or et de sinope à un lion d'azur lampassé et couronné de gueules,* et a signé :

François Rousseau.

Les pièces dud. sieur Rousseau luy ont esté rendues ce sept may 1667.

ROUSSEAU. — Originaire d'Anjou.

François Rousseau, écuyer, sieur de La Richaudais, demeurant paroisse de Chalain et François Rousseau, écuyer, sieur du Perrin, demeurant paroisse d'Angrie, élection d'Angers, son frère, ont justiffié la possession du titre de noblesse, depuis l'année 1517, commençant en la personne de leur bisayeul.

René Rousseau, écuyer, sieur du Chardonné, demeurant paroisse de Chalain, élection d'Angers, a justifié la possession du titre de noblesse, depuis l'année 1541, commençant en la personne de son bisayeul.

Porte : *de sinople à 5 fasces d'or, au lion d'azur armé et lampassé de gueules brochant sur le tout.*

— René Rousseau... eut acte de la représentation de ses titres le 7 mai 1667.

— François Rousseau... le 7 mai 1667.

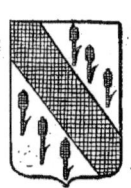

ROUSSEAU (Jean), sieur de La Boucherie, demeurant parroisse Saint-Jean-de-Montlévrier, eslection de Montreuil-Bellay, séneschaussée d'Angers, comparant le xxviiie avril 1667 par Me Jean Moreau, commis au greffe criminel de cette ville de Tours, lequel a dit qu'icelluy sieur Rousseau entend maintenir la qualité d'escuyer.

Moreau.

Led. sieur Rousseau a mis au greffe par Me Jacques-Paul Miré, les pièces dont il entend se servir ce deux juillet 1667.

Les pièces dud. sieur Rousseau de La Boucherie ont esté rendues aud. Miré son procureur, le quatre septembre 1668.

ROUSSEAU. — Originaire d'Anjou.

Jean Rousseau, écuyer, sieur de La Boucherie, demeurant paroisse de Maulevrier, élection de Montreuil-Bellay, bailliage d'Angers, par jugement contradictoire a été maintenu en sa noblesse dont il a justiffié la possession depuis l'année 1535, commençant en la personne de son trisayeul.

Porte : *d'argent à la bande de sable accostée de 6 roseaux de même.*

— Jean Rousseau… au nombre des maintenus par M. Voisin.

ROUSSEAU (JEHAN DU), sieur d'Herbouville, fils unique de deffuncts Jehan du Rousseau, sieur d'Herbouville et de damoiselle Simonne Dadée, son expouse, en secondes nopces, demeurant au bourg de Sainct-Cosme-de-Vaire, eslection du Mans, comparant le xxiie juillet 1667 par Ferregeau, son procureur, lequel a dit que led. sieur entend maintenir la qualité d'escuyer qu'il a comme tous ses prédécesseurs prise, et d'aultant qu'il n'est yssu que d'un puisné, requiert un dellay d'un mois pour produire.

Signé : FERREGEAU.

ROUSSEAU (JEAN-BAPTISTE), sieur de La Guiltière, bourgeois de cette ville de Tours, y demeurant parroisse Saint-Venant, comparant le cinquiesme janvier 1668 par M^{tre} Michel Bernard, lequel a déclaré que led. Rousseau n'a jamais prétendu la qualité d'escuyer ayant toujours contribué au payement des deniers dont les roturiers sont tenus et que s'il se trouve qu'elle luy aye esté donnée en quelques actes ce n'a point esté qu'il l'ait affectée et que de l'esprit des notaires, au moyen de quoy requiert l'envoy de lad. assignation.

Signé : BERNARD.

ROUSSEAU (GUILLAUME), controlleur au grenier à sel d'Angers et cy devant conseiller du Roy, au siège présidial de lad. ville y demeurant, comparant le xxvi janvier 1668 par Jacques Pouperon, clerc de Me Anthoine Compain, greffier du bureau des finances à Tours, lequel a dit que s'il se trouve que led. Rousseau ait pris la qualité d'escuyer, ça esté comme estant fils d'eschevin de lad. ville d'Angers et qu'il déclare qu'à l'advenir led. Rousseau n'entend plus prendre ny se servir de lad. qualité et a signé :

POUPERON.

Led. sieur Rousseau a mis au greffe les pièces dont il entend se servir le six febvrier 1668.

Les pièces dud. sieur Rousseau ont esté rendues aud. Pouperon, son procureur le huict juin 1668.

— Guillaume Rousseau... échevin de la ville d'Angers au nombre des maintenus par M. Voisin.

ROUSSEAU.

— Me Sébastien Rousseau, contrôleur au grenier à sel d'Angers, fils de Me Sébastien Rousseau, vivant controlleur aud. grenier, qui fut échevin en 1630, pour jouir...

ROUSSEAU (NICOLAS), sieur de Surgon, procureur fiscal au bailliage de Pontmain, paroisse de Charné, ville d'Ernée, eslection de Mayenne, comparant le douze apvril 1669 lequel a déclaré qu'il n'a jamais pris ny entendu prendre la qualité d'escuyer, qu'il y renonce.

N. ROUSSEAU.

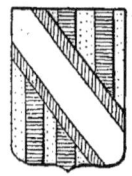

ROUSSELÉ (LÉONORD DE), sieur de Boutteville, demeurant parroisse de Mé, comparant le xxiiie mars 1667 par Me Jean Hardouin, procureur au présidial de cette ville de Tours lequel a dict qu'icelluy sieur de Rousselé entend maintenir la qualité d'escuyer et qu'estant cadet de sa maison et n'ayant aucuns tiltres, lesquels sont entre les mains de la dame comtesse de La Roche, veufve de feu Mre René de Rousselé, son frère aisné, il prétend demander délay pour retirer lesd. tiltres et a signé :

HARDOUIN.

Dame Anne de Frezeau[1], veufve de Mre RENÉ DE ROUSSELÉ, seigneur comte de La Roche Millet, ayant la garde noble des enfans dud. deffunct et d'elle, comparant par Mtre Jean Fergeau, procureur au présidial de cette ville de Tours, le six may 1667, lequel a dict que lad. dame de Frezeau entend maintenir pour elle et ses enfans la qualité d'escuyer et chevallier de son

(1) De Frézeau : *burelé d'argent et de gueules de 10 pièces à la cotice d'or brochant sur le tout.*

deffunct mary et qu'outre Éléonord de Rousselé, frère de sond. deffunct mary, qu'il portoit pour armes : *d'or à trois palz d'azur chargés d'une bande d'argent ourlée de gueules,* et pour la justiffication desd. qualités a mis au greffe les pièces dont elle entend se servir, et a led. Fergeau signé :

FERREGEAU.

Les pièces de lad. dame de Frezeau ont esté rendues aud. Fergeau, son procureur, ce XIII may 1667.

ROUSSELÉ (DE). — Originaire d'Anjou.

Dame Anne Frezeau, veuve de messire René de Rousselé, chevalier, seigneur, comte de La Roche-Millet, ayant la garde noble de François, Isaac et Joseph-René de Rousselé, ses enfans et dud. deffunct et messire Éléonord de Rousselé, chevalier, seigneur de Bouteville, demeurants parroisse de May, élection de Montreuil-Bellay, frère dud. deffunct sieur de Rousselé, ont justiffié la possession du titre de noblesse, depuis l'année 1513, commençant en la personne du trisayeul dud. deffunct René et dud. Éléonord, messire René de Rousselé, chevalier, baron de Saché et autres lieux a espousé damoiselle Marguerite de Montmorency fille de haut et puissant seigneur messire François de Montmorency, chevalier des ordres du Roy, seigneur baron de Hauteville et autres lieux.

Portent : *d'or à 3 pals d'azur à la bande d'argent bordée de 2 cotices de gueules.*

ROUSSELET (Messire FRANÇOIS DE), seigneur marquis de Chasteauregnault, cy-devant capitaine lieutenant du mestre de camp des gardes de Sa Majesté, demeurant aud. Chasteau-Regnault, eslection et bailliage de Tours, comparant le seize janvier 1669, a déclaré qu'il entend maintenir la qualité de chevalier, qu'il est aisné de sa maison, et qu'outre messire François de Rousselet, chevalier, marquis de Chasteau-Regnault, baron de Noyers, son père, messire Baltazard de Rousselet, abbé commandataire de Fontaine-les-Blanches et de Sainte-Marie de Pornique, demeurant aud. Chasteau-Regnault, et messire François-Louis de Rousselet, chevalier, capitaine d'un vaisseau du Roy, estant présentement dans le service, ses frères, il ne connoist personne de son nom et armes, qu'il porte: *d'or au chesne de sinople, englanté d'or* et pour la justiffication de lad. qualité a mis au greffe les pièces dont il entend se servir, et a signé :

FRANÇOIS DE ROUSSELET.

Les pièces dud. sieur de Rousselet luy ont esté rendues ce XVIIe janvier 1669.

ROUSSELET (de). — Originaire de Languedoc.

François de Rousselet, chevalier, seigneur, marquis de Châteauregnault, y demeurant élection de Tours, et François-Louis Rousselet, son frère, chevalier, capitaine d'un vaisseau du Roy, ont justiffié la possession du titre de noblesse, depuis l'année 1522, commençant en la personne de noble homme François de Rousselet, leur bisayeul, fils de Me Jean Rousselet, nottaire et sécrétaire du Roy.

Porte : *d'or à l'arbre de sinople.*

ROUX (Philippe Le), sieur de La Guibetière, demeurant parroisse de Valletz en Bretagne, comparant le 22e may 1667 par Mtre Louis Le Damoisel, lequel a dit que led. sieur de La Guibetière, entend maintenir la qualité d'escuyer et qu'estant de la province de Bretaigne, il prétend demander son renvoy pour la justiffcation de sa noblesse par devant le commissaire pour ce départy par Sa Majesté et a signé :

Le Damoysel.

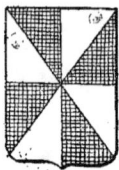

ROUX (Louis Le), seigneur de La Roche-des-Aubiers et de l'Orvoire, demeurant parroisse de Soulaines, eslection et ressort d'Angers, comparant le quatre juin 1667, tant pour luy que pour Jean Le Roux, sieur de Soulaines, demeurant parroisse de Vallerets en Bretagne et Philippes Le Roux, sieur de La Guibetière, demeurant parroisse de Tilliers, mesmes eslection et ressort d'Angers, a dit que lesd. sieurs et luy entendent maintenir la qualité de chevallier et d'escuyer, qu'il est aisné de sa maison dont il ne cognoist personne que lesd. sieurs Le Roux, ses frères, qu'il porte pour armes : *gironné de huict pièces, d'argent et de sable,* a mis au greffe les pièces dont il entend se servir et a signé :

Louis Leroux.

Les pièces dud. sieur Le Roux luy ont esté rendues ce quatre juin 1667.

ROUX (Charles Le), seigneur de Rechesne, demeurant parroisse de Vernante, eslection de Baugé, ressort de Saumur, comparant le douze septembre 1668, a dit qu'il entend maintenir la qualité d'escuier, qu'il est aisné de sa maison et seul, qu'il ne connoist personne de sa famille qui porte son nom et armes qui sont : *gironné d'argent et de sable de huict pièces*, a mis au greffe les pièces dont il entend se servir et a signé :

CHARLES LE ROUX.

Les pièces dud. sieur Le Roux luy ont esté rendues le 26 septembre 1668.

ROUX (LE). — Originaire d'Anjou.

Louis Le Roux, chevalier, sieur de La Roche des Aubiers, demeurant parroisse de Soulaine, Jean Le Roux, écuyer, sieur de Soulaine et Philippe Le Roux, écuyer, sieur de La Guiblière, demeurants paroisse de Tillières, élection et ressort d'Angers, ses frères, ont justifié la possession du titre de noblesse depuis l'année 1424, commençant en la personne de leur quintayeul.

Charles Le Roux, écuyer, sieur de Rechesnes, demeurant paroisse de Vernantes, élection de Baugé, ressort de Saumur, a justiffié la possession du titre de noblesse, depuis l'année 1509, commençant en la personne de son bisayeul.

Porte : *gironné d'argent et de sable de 8 pièces*.

— Charles Le Roux... eut acte de la représentation de ses titres le 27 septembre 1667, et Louis Le Roux... pour Jean et Philippe ses frères le 14 juin 1667.

ROY (LE).

— Guillaume Le Roy, écuyer, sieur de La Roche Véroullière demeurant à Saint-Denis-d'Anjou, élection de Châteaugontier, eut acte de la représentation de ses titres le 5 juin 1667.

Armoiries : *d'argent à 3 chevrons de sable, une fasce de gueules brochant sur le tout*.

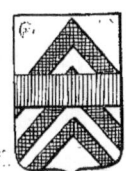

ROYE (CLAUDE DE), sieur de La Brunetière, demeurant à Angers, comparant le XXIX⁰ mars 1667 par Michel Courtois, clerc de Mᵉ Jean Fergeau, procureur au présidial de cette ville de Tours, lequel a dit qu'icelluy de Roye entend maintenir la qualité d'escuyer par luy prise comme ayant esté eschevin de lad. ville.

Signé : COURTOIS.

ROYES (DE). — Noblesse d'échevinage.

Claude de Royes, sieur de La Brunetière, demeurant en la ville d'Angers, a été élu échevin de la ville en 1659, a payé la confirmation.

— Claude de Roye... eut acte de la représentation de ses titres à la charge de payer la taxe pour être confirmé dans sa noblesse le 27 avril 1668.

— Claude de Roye... qui a été échevin en 1659, pour jouir....

ROYER (Hierosme Le), lieutenant-général à la seneschaussée et siège présidial de La Flèche, y demeurant, comparant le xvie novembre 1666, lequel a dict qu'encores que quelques greffiers et nottaires luy ayent quelques fois donné la qualité d'escuyer par honneur à cause de sad. charge, néantmoins il n'a jamais entendu ny n'entend se prévaloir de lad. qualité et ne l'a prise dans plusieurs actes de conséquence dans lesquels il a esté estably et que tant s'en fault qu'il en ait tiré aventage au contraire il a esté imposé sur les roolles des tailles à beaucoup plus que ses facultés ne permettent quoy qu'il en soit exempt suivant l'édict du mois de juin 1586 portant création de la charge de commissaire examinateur aud. siège uni à lad. charge de lieutenant-général, et a faict eslection de domicille en cette ville de La Flèche au logis où il est demeurant, et a signé :

Le Royer.

ROYER (Anthoine Le), sieur de La Martinière, demeurant parroisse de Sennevières, eslection de Loches, comparant le xvie mars 1667, par Mtre Jean Moreau, commis au greffe criminel de cette ville de Tours, lequel a dit que led. Le Royer n'a jamais pris la qualité d'escuyer.

Moreau.

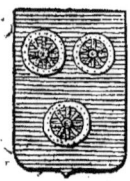

ROYER (Jacques Le), sieur d'Artezay, conseiller sécrétaire du Roy, maison et couronne de France, demeurant ordinairement à Paris, comparant le 14e juillet 1667, par Mtre Jacques Paul Miré, lequel a dict qu'icelluy sieur Le Royer entend maintenir la qualité d'escuyer comme luy estant attribué à cause de sad. charge de conseiller-sécrétaire du Roy, produira ses tiltres au premier jour,

Signé : Miré.

— Louis Le Royer, sieur de La Roche-d'Arthezay, élection de La Flèche, demeurant ordinairement à Paris, au nombre des maintenus par M. Voisin comme étant secrétaire du Roy. Armoiries : *d'azur à 3 roues d'or, 2 et 1.*

ROZ (Jacques Du), demeurant à Chasteauneuf, eslection et bailliage d'Angers, comparant le premier octobre 1666, lequel pour satisfaire à l'assignation à luy donnée à la requeste de Laspeyre, a dict qu'il entend maintenir sa qualité d'escuyer comme dessendu de parens nobles et escuiers, qu'il est cadet de sa famille dont les aisnez sont demeurans dans la province de Bourgongne, que de sa branche il n'en reconnoît aucuns, porte pour armes: *d'azur au lyon rempant de gueulles chargé de trois estoilles d'argent mises en poincte*, pour la justiffication de sa noblesse produira au premier jour, a esleu domicille en la personne de M^tre Miré et a signé :

Du Roz.

RUBION.
— Me Nicolas Rubion, sieur du Pasty, conseiller à la prévosté d'Angers, qui a été échevin en 1664, pour jouir ....

RUSSON (François de), escuier, sieur de La Grée, et de La Ricoullais et du Port-Guyet, demeurant ordinairement au lieu de La Grée, paroisse de Montreuil-sur-Maine, eslection et ressort d'Angers, et cy-devant en sa maison noble du Port-Guiet prèz Bourgueil comparant le 22e janvier 1668 par Me Louis Le Damoysel, tant pour luy que pour Pierre de Russon, escuier, sieur de La Bérardière, demeurant parroisse de la Trinité d'Angers, lequel Le Damoisel a déclaré que lesd. sieurs de Russon entendent maintenir la quallité d'escuier et qu'ils portent pour armes : *d'azur à trois chevrons d'or, au chef d'argent chargé de six fusées de gueules*, a mis au greffe les pièces dont ils entendent leur servir et a signé :

Le Damoysel.

Les pièces dud. sieur de Russon ont esté rendues aud. Le Damoysel le 24e janvier 1668.

RUSSON (de). — Originaire d'Anjou.

François de Russon, écuyer, sieur de La Grée et de La Ricoulais, demeurant paroisse de Montreuil-sur-Maine, élection et ressort d'Angers et Pierre de Russon, écuyer, sieur de La Bérardière, demeurant en la ville d'Angers, son oncle, ont justifié la possession du titre de noblesse, depuis l'année 1549, commençant scavoir led. François en la personne de son bisayeul et led. Pierre en celle de son ayeul.

Porte : *d'azur à 3 chevrons d'or au chef d'argent chargé de 3 losanges de gueules*.

— François de Russon... eut acte de la représentation de ses titres le 24 janvier 1668.

S

SACARDY (Vincent de), sieur de Cazentin, demeurant ordinairement en cette ville de Tours, comparant le xxx mars 1667 par Me François Métivier, procureur au siège présidial de cette ville de Tours, lequel a dit qu'icelluy De Sacardy entend maintenir la qualité d'escuyer et prétend demander délay d'en informer.

Signé : Mestivier.

SACÉ (François de), sieur de La Rolandière, demeurant parroisse de Trogues, ellection et siège royal de Chinon, bailliage de Tours, comparant le xx janvier 1668 a dit qu'il entend maintenir sa qualité d'escuyer, qu'il est l'aisné de la famille dont il ne connoist autres personnes que François de Sacé, son père, et .... de Sacé, demeurant en la province de Poictou et qu'il porte pour armes : *de gueules, à trois chevrons d'argent*, et pour la justiffication de sad. qualité, il produira cy-après les pièces dont il s'entend ayder en luy donnant délay compétant et a signé :

F. De Sacé.

Led. sieur de Sacé a mis au greffe les pièces dont il entend se servir ce xx febvrier 1668.

Les pièces dud. sieur de Sacé luy ont esté rendues ce xxii febvrier 1668.

SACÉ (René de), sieur de Limbaudière et Séligny demeurant parroisse de Princé, eslection de Richelieu, comparant le xxie aoust 1668 tant pour luy que pour François de Sacé, son fils, escuier, demeurant avec luy, a dit qu'il entend maintenir la qualité d'escuier, qu'il ne connoist de son nom et armes outre sond. fils que .... Sacé, sieur de Rollandière, demeurant parroisse de Trogues en Touraine, porte pour armes : *de gueules, à trois chevrons d'argent*, a mis au greffe les tiltres concernans sa noblesse et a signé :

René de Sacé.

Les pièces dud. sieur de Sacé luy ont esté rendues le 22e aoust 1668.

SACÉ (DE). — Originaire de Touraine.

René de Sacé, écuyer, sieur de Limbaudière, demeurant paroisse de Princé, élection de Richelieu et François de Sacé, écuyer, son fils, ont justiffié la possession du titre de noblesse depuis l'année 1521, commençant en la personne de leur trisayeul et quartayeul.

Porte : *de gueules à 3 chevrons d'argent.*

SASSAY (DE). — Originaire de Touraine.

François de Sassay, écuyer, sieur de La Giraudière et François de Sassay, écuyer, sieur dud. lieu, son fils, demeurants paroisse de Trogues, élection de Chinon, bailliage de Tours, ont justifié la possession du titre de noblesse, depuis l'année 1504, commençant en la personne de leur trisayeul et quartayeul.

Porte : *de gueules à 3 chevrons d'argent.*

SAFFRÉ (Louis DE), sieur de La Jarrye, y demeurant parroisse de Villemoisand, eslection et seneschaussée d'Angers, comparant le xxve avril 1667, par M^{tre} Louis Le Damoisel, procureur à la suitte de Monsieur l'Intendant, lequel a dit qu'icelluy de Saffré entend maintenir la qualité d'escuyer et que n'estant que cadet de sa maison, il n'a point les tiltres pour la justiffication de lad. qualité, lesquels estans ès-mains de ses aisnés, il prétend demander délay de les retirer pour les représenter et a signé :

LE DAMOYSEL.

Led. Saffré a mis au greffe pour led. Le Damoisel les pièces dont il entend se servir ce xiiie juillet 1667.

SAGEON (CLAUDE DE), sieur de La Hutière, demeurant à ...... eslection et présidial de La Flèche, comparant le premier octobre 1666 tant pour luy que pour Hierosme Sageon, son père, a dict qu'il entend maintenir sa qualité d'escuier comme descendu de parens nobles et escuiers, mais pour la justiffication de leur noblesse ils protestent de réquérir un dellay de six mois pour pouvoir recouvrer leurs tiltres qui sont entre les mains d'un procureur qui les a products à la Cour des aydes et que présentement ils n'ont pas les moyens à cause de leur pauvreté de pouvoir retirer lesd. tiltres, et a esleu domicille en la personne de M^{tre} Miré estant à nostre suitte, et a signé :

C. DE SAGEON.

686

SAIN (Louis), sieur du Breuil de Mons, demeurant en cette ville de Tours, comparant le xve décembre 1667, a dit qu'il a pris la qualité d'escuyer comme estant fils de feu René Sain, conseiller du Roy, trésorier-général de France à Tours, maire et eschevin de lad. ville, en conséquence des lettres patentes du roy Louis XI et ses successeurs et mesmes du Roy à présent règnant qui donnent pouvoir aux maire et eschevins de lad. ville et à leurs successeurs et dessendans de prendre lad. qualité d'escuyer et a signé :

SAIN [1].

SAINT-BELIN (Jean de), sieur du Ponceau, demeurant parroisse Sainct-Laurent-des-Hostels, eslection et seneschaussée d'Angers, comparant le trois juin 1667, a dit qu'il entend maintenir la qualité d'escuyer, qu'il est resté seul de son nom et armes en la province d'Anjou et porte pour armes : *d'azur, à trois testes de bellier d'argent, accornées d'or*, produira au premier jour les pièces dont il entend se servir et a signé :

J. De Sainct-Belin.

Led. sieur de Saint-Belin a mis au greffe les pièces dont il entend se servir ce xviie juin 1667.

Les pièces dud. sieur luy ont esté rendues ce xxiie juin 1667.

SAINT-BLAIN (de). — Originaire d'Anjou.

Jean de Saint-Blain, écuyer, sieur du Ponceau, demeurant paroisse de Saint-Laurent-des-Hôtels, élection et bailliage d'Angers a justiffié la possession du titre de noblesse, depuis l'année 1556, commençant en la personne de son quartayeul.

Porte : *d'azur à 3 têtes de bélier d'argent, accornées d'or, 2 et 1.*

— Jean de Saint-Blain... eut acte de la représentation de ses titres le 21 juin 1667.

SAINTE-CÉCILE (Louis de), sieur de La Gaucherie-aux-Dames, demeurant

---

(1) René Sain fut maire de Tours en 1613.
Armoiries : *d'azur, à la fasce d'argent chargée d'une tête de maure au naturel, tortillée d'argent, accompagnée de trois coquilles d'or.*

parroisse de Montilliers, eslection de Montreuil-Bellay, seneschaussée d'Angers, comparant le 23ᵉ may 1668, a dit qu'il entend maintenir la qualité d'escuier, qu'il est seul de son nom et armes, qu'il porte : *fascé d'argent et d'azur, à l'escu de sable en abîme, chargé d'un lion d'argent, armé et lampassé de gueules* ; qu'il produira au premier jour les pièces justifficatives de sa noblesse et a signé :

Louis de Seinte Sésile.

Led. sieur de Sainte-Cécille a mis au greffe ce ix may 1669
Les pièces dud. sieur luy ont esté rendues ce quatre janvier 1673.

SAINT-ÉLAN (DE).
— Joachim de Saint-Élan et Louise de Saint-Élan sa sœur, enfants de Joachim de Saint-Élan vivant commandant dans le château de Saumur, maintenus par M. Voisin de La Noirays, par arrêt du conseil du 12 janvier 1668.

SAINTE-MARIE (Charles de), dit Vermontault, demeurant parroisse de Savonnière, eslection et bailliage de Tours, comparant le xvɪᵉ avril 1667, a dit qu'il n'entend maintenir la qualité d'escuyer, qu'il n'a jamais prise ny prétendue et que sy elle luy a esté donnée ce n'a point esté de son consentement et n'a peu estre que par erreur attendu qu'il a esté cuisinier que l'on appelle escuyer de cuisine du sieur marquis de Villandry chez lequel il va encor journellement prendre ses repas n'ayant aucun bien ny moyen de vivre et ne pouvant plus travailler et a signé :

Charles de Sainte-Marie.

SAINCTE-MARTHE (François de), sieur de Champdoiseau, demeurant parroisse de Saint-Hillaire-des-Trois-Moustiers, eslection et bailliage de Loudun, comparant le quinze avril 1666, a dit qu'il entend maintenir la qualité d'escuyer et qu'estant en instance pour raison de lad. qualité à la cour des aides avec le sieur de Chandenier il y a produict ses tiltres pour retirer lesquels et les représenter il prétend demander délay, qu'il est cadet de sa maison, que ses aisnés sont : Abel de Sainte-Marthe, conseiller de la Cour des

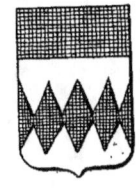

aides, le fils du feu sieur de Sainte-Marthe vivant capitaine au régiment de Navarre, Pierre-Gaucher de Sainte-Marthe, sieur de Méré, conseiller du Roy et son historiografe et qu'il ne cognoist autres de son nom et armes que Jean et Claude de Sainte-Marthe, ses frères et qu'il porte pour armes : *d'argent, à trois fuzées, deux demies de sable, mises en pal, rangées en face, au chef de mesme*, et a signé :

FR. DE SAINTE-MARTE.

Condamné.

SAINTE-MARTHE (DE). — Originaire de Touraine.

François de Sainte-Marthe, écuyer, sieur de Champ-d'Oiseau, demeurant paroisse de Saint-Hilaire-des-Trois-Moustiers, élection de Loudun, a justiffié la possession du titre de noblesse, depuis l'année 1553, commençant en la personne de son bisayeul.

Porte : *d'argent à 3 fusées et deux demies de sable rangées en fasce au chef de même.*

SAINT-GERMAIN (JACQUES DE), fils aisné et principal héritier d'Olivier de Sainct-Germain, sieur du Plessis, Tassé et des Coutures, led. sieur Olivier de Sainct-Germain, demeurant aud. lieu des Coustures, parroisse de Vivy, séneschaussée de Saumur, comparant le 15 juillet 1666, nous a déclaré qu'il entend maintenir la qualité d'escuyer prise par son père et qu'à cet effect, il produira par devant nous au premier jour les pièces dont il entend se servir, et a signé :

JACQUES DE SAINCT-GERMAIN.

Led. sieur a produict ses tiltres le 27 avril 1667, lesquels ont esté rendus à M^{tre} Michel Bernard son procureur et au bureau des finances de la ville de Tours, le 28 juillet 1667.

SAINT-GERMAIN (JACQUES DE), sieur du Plessis, des Coustures et du Vaudelenay, aagé de 42 ans ou environ, demeurant parroisse dud. Vaudelnay, ressort de Saumur, comparant le 3 aoust 1666, a dit qu'il entend maintenir la qualité d'escuier, qu'il est aisné de sa maison et que pour armes il porte : *d'argent aux nuées d'azur remplies d'un cœur d'or*, et que le sieur de Sainct-Germain, seigneur de Courcelle, maître d'hostel ordinaire du deffunct Roy

Louis treize et de la deffuncte Reine Anne d'Autriche, qui a pour enfans Jean de Saint-Germain, receu en survivance de sad. charge de maître d'hostel et lieutenant au régiment des gardes de Sa Majesté, et Charles de Sainct-Germain seigneur de La Bretesche, aussy lieutenant aud. régiment des gardes et leurs frères encor jeunes, sont de mesme famille et qu'outre led. Jacques de Saint-Germain a ses frères cadets au nombre de quatre, scavoir : Jean, Robert, et Antoine tous trois prestres et les deux derniers de l'Oratoire, et Pierre, seigneur de Placé, premier capitaine commandant le régiment de Montpezat et aide de camp des armées de Sa Majesté, et que pour la justiffication de sa noblesse et de celle d'Olivier de Saint-Germain, son père, il produira au premier jour, et a signé :

JACQUES DE SAINCT-GERMAIN.

SAINT-GERMAIN (DE). — Originaire de Paris.

Ollivier de Saint-Germain, écuyer, sieur du Plessis, Tacé et des Coutures, damoiselle Marie Pierre, veuve de Jacques de Saint-Germain, écuyer, fils aisné dud. Ollivier, mère et tutrice de François et Charlotte de Saint-Germain, ses enfants et Pierre de Saint-Germain, écuyer, demeurant paroisse de Vivy, élection et ressort de Saumur, bailliage d'Angers, led. Ollivier père a justifié la possession du titre de noblesse, depuis l'année 1549, commençant en la personne de Robert de Saint-Germain, conseiller et secrétaire du Roy, bisayeul dud. Pierre et trisayeul desd. mineurs.

Porte : *d'argent aux nues d'azur chargées d'un cœur d'or.*

— Olivier... eut acte de la représentation de ses titres le 28 juillet 1667.

SAINT-JEAN (HUGUES DE), sieur de Pointy, comparant le 20 juillet 1666, par M^{tre} Michel Bernard, a requis délay pour réprésenter ses tiltres.

Signé : BERNARD.

Le 6 aoust 1666, est comparu led. sieur de Sainct-Jean qui a déclaré maintenir la qualité d'escuyer, qu'il est issu de cadet de sa maison qui porte : *d'azur à une cloche d'argent sablée, sur trois molettes d'espron aussy d'argent sablé*, et qu'il ne recognoist de ladicte branche de cadets que François-Jean-Jacques, Pierre et Jean-Jacques, ses frères et leurs enfans, et Bernard, son fils, et François de Sainct-Jean, vicompte de Couzerans et baron de Pointys, aisné de lad. maison, et Jean-Jacques, son frère et leurs enfans dont il ne scait les noms de baptesme, et a signé :

Hugues de Sainct-Jean.

Les pièces dud. sieur lui ont esté rendues le 21 aoust 1666.

SAINT-JEAN (DE). — Originaire de Guyenne.

Hugues de Saint-Jean, écuyer, sieur de Pointis, demeurant paroisse de Ligueul, élection et ressort de Loches, bailliage d'Angers, a justiffié la possession du titre de noblesse, depuis l'année 1400 commençant en la personne de Roger de Saint-Jean, damoiseau, son quartayeul.

Porte : *d'azur à une cloche d'argent, bataillée de sable, accompagnée de 3 estoiles aussi d'argent, 2 et 1*. Aliàs : *rangées en pointe*.

SAINCT-JOUIN (Claude de), sieur de Vaulard et de La Maurousière, demeurant parroisse de Sainct-Martin de Neuvy, eslection et seneschaussée d'Angers, comparant le xxe may 1667, a dit qu'il entend maintenir la qualité d'escuyer, qu'il est l'aisné de sa maison, et qu'il ne connoist personne de son nom et armes sinon François de Saint-Jouin, son frère, demeurant en lad. parroisse, qu'il porte pour armes : *d'argent chargé d'un lion rampant de sable, couronné, lampassé et onglé de gueules*, produira au premier jour les pièces justifficatives de sa noblesse et a signé :

Claude de Sainct-Jouin.

Led. sieur de Sainct-Jouin a mis au greffe les pièces dont il entend se servir le xxie juin 1667.

SAINT-JOUIN (DE). — Originaire de Touraine.

Claude de Saint-Jouin, écuyer, sieur de Vaulard, demeurant paroisse de Neuvy, élection et sénéchaussée d'Angers, a justifflé la possession du titre de noblesse, depuis l'année 1550, commençant en la personne de son bisayeul.

Porte : *d'argent au lion de sable, armé, lampassé et couronné de gueules*.

— Claude de Saint-Jouin... eut acte de la représentation de ses titres le 14 mai 1667.

SAINT-MESLOIR (Anthoine de), sieur de La Ciffière, demeurant en la parroisse de Courdemanche, eslection de Chasteau-du-Loir, comparant le xxiiiie juin 1667 par Mtre Jullian Potier, lequel a dit que led. sieur de Saint-Mesloir entend maintenir la qualité d'escuyer et a signé.

POTIER.

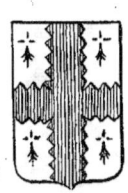

SAINCT-MELOIR (Raoul de), escuyer, sieur de Pannet, demeurant parroisse de Cormes, comparant le neufe octobre 1667 par Jean Leclerc, fondé de procuration spécialle, lequel a dit qu'icelluy de Sainct-Meloir entend maintenir la qualité d'escuyer, qu'il produira au premier jour les tiltres justifficatifs d'icelle et a faict eslection de domicille en cette ville de Tours, en la maison de Me Isaac Remonneau, prestre, demeurant au cloistre Saint-Gatien de cette ville de Tours.

Signé : J. Leclerc.

Led. sieur de Saint-Meloir a mis au greffe les pièces dont il entend se servir pour la justiffication de sa noblesse et d'Anthoine et Louis de Saint-Méloir, ses frères, ce premier janvier 1668.

Les pièces dud. sieur de Sainct-Meloir luy ont esté rendues ce xviiie febvrier 1668.

Signé : De Sainct-Meloir.

SAINT-MÉLOIR (de). — Originaire du Mans.

Raoul de Saint-Méloir, écuyer, sieur de Panest, demeurant parroisse de Cormes, élection et ressort du Mans, Louis de Saint-Méloir, écuyer, sieur de Jutigny, demeurant parroisse de Vieuvy, élection et ressort de Chartres et Antoine de Saint-Méloir, écuyer, sieur de La Rangottière, demeurant en lad. parroisse de Cormes, frères, et Antoine de Saint-Méloir, écuyer, sieur de La Siffière, leur cousin au 2e ou 3e degré, ont justifié la possession du titre de noblesse depuis l'année 1490 scavoir lesd. Raoul, Louis et Antoine frères en la personne de leur quartayeul et le dit Antoine II en celle de son trisayeul.

Porte : *d'argent à la croix denchée de gueules, cantonnée de 4 hermines de sable.*

SAINT-OFFANGE (Philippe de), sieur de La Pouëze et de La Jousselinière, demeurant parroisse du Pin-en-Mauges, eslection et ressort d'Angers, comparant le xxie may 1667 par Mtre Louis Le Damoysel, procureur suivant Monsieur l'Intendant, lequel Damoisel a dit que led. sieur de La Pouëze

entend maintenir la quallité d'escuyer et qu'il demande délay d'apporter ses tiltres de noblesse attendu qu'il n'est l'aisné de son nom et que c'est le seigneur conte de Vihiers issu de la dame contesse de Crissé qui est fille unique du deffunct seigneur de Saint-Offange, chef de leur maison, qui a leṣd. tiltres.

Signé : Le Damoysel.

Le xxxe juillet 1667, led. sieur de Saint-Offange a produit tant pour luy que pour Arthus de Saint-Offange, sieur des Chastelliers et François de Saint-Offange, sieur de La Jaille, les pièces dont ils entendent se servir.

Les pièces dud. sieur de Saint-Offange ont esté rendues aud. Le Damoisel, ce premier aoust 1667.

SAINT-OFFANGE (de). — Originaire d'Anjou.

Philippe de Saint-Offange, écuyer, sieur de La Poeze, demeurant paroisse du Pin-en-Mauge et Artus de Saint-Offange, écuyer, sieur des Chasteliers, demeurant paroisse de Grezillé et François de Saint-Offange, écuyer, sieur de La Jaille, élection et ressort de Saumur, cousins au 2e dégré dud. sieur de La Poeze, ont justiffié la possession du titre de noblesse, depuis l'année 1549, commençant scavoir led. Philippe en la personne de leur bisayeul et lesd. Artus et François en celle de leur trisayeul ; led. Philippe, aisné de la famille n'a point d'enfants masles.

Porte : *d'azur au chevron d'argent, accompagné de 3 molettes de même, 2 et 1.*

— Philippe de Saint-Offange... Artus et François... eurent acte de la représentation de leurs titres le dernier juin 1667.

SAINT-OUEN (Jean de), sieur de La Ribaudière, demeurant parroisse de Crosmières, eslection et bailliage de La Flesche, comparant le 28e aoust 1666, tant pour luy que pour Gallois de Saint-Ouen, sieur de La Maillarserie, son nepveu, demeurant parroisse de Moranne, eslection de La Flesche, bailliage d'Angers, en vertu du pouvoir à luy donné par ledict Gallois, lequel pour satisfaire à l'assignation qui a esté donnée aud. Gallois à la requeste de Laspeire le dix-huict aoust dernier, et de sa part à l'arrest du vingt deux mars dernier, a dict qu'il entend maintenir sa qualité d'escuyer et celle dud. Gallois de Sainct-Ouen son nepveu aisné de sa famille, comme issus de parens nobles, qu'ils ne reconnoissent de leur famille que leurs enfans ; porte pour armes : *d'azur à trois gerbes d'or liées de gueulles,* et pour la justiffication de sa noblesse et celle dud. Gallois a produict en nos mains ses tiltres de noblesse et esleu domicille en la personne de M⁰ Miré estant à nostre suite et a signé :

JEAN DE SAINT-OUEN.

Le 29 du mois d'aoust led. sieur de Sainct-Ouyn a mis au greffe les pièces dont il entend se servir.

Les pièces dud. sieur de Sainct-Ouen luy ont esté rendues ce jour d'huy trois septembre 1666.

SAINT-OUEN (DE). — Originaire d'Anjou.

Gallois de Saint-Ouen, écuyer, sieur de La Maillarserie, demeurant parroisse de Morannes, élection et ressort de La Flèche, et a justiffié la possession du titre de noblesse, depuis l'année 1503, commençant en la personne de son trisayeul.

Porte : *d'azur à 3 gerbes d'or, liés de gueules, 2 et 1.*

— Gallois de Saint-Ouen.... eut acte de la représentation de ses titres le 3 septembre 1666.

SAINTRAILLES (FRANÇOIS DE), sieur dud. lieu, demeurant en sa maison du Vau, parroisse de Sainte-Cérotte, ellection du Chasteauduloir, bailliage de Vendosme, comparant le xvii⁰ juin 1667, a dit qu'il entend maintenir la qualité d'escuyer à luy attribuée par sa naissance produira cy-après les pièces dont il s'entend ayder en luy donnant délay compétant, et a signé :

FRANÇOIS DE SAINTRAILLES.

Armoiries : *d'argent à la croix alaisée de gueules.* Aliàs : *écartelé aux 2 et 3⁰ de gueules au lion d'argent.*

SALLAIS [SALLES] (LOUIS DE), sieur de La Contée, demeurant parroisse de Morannes, comparant le douze avril 1667 par Mᵗʳᵉ André Javelle, procureur au siège présidial de cette ville de Tours, lequel a dit qu'icelluy de Salles entend maintenir la qualité d'escuyer et prétend demander délay pour recouvrer et représenter les pièces justiffcatives de lad. qualité d'escuyer, et a signé :

JAVELLE.

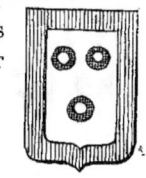

Led. sieur de Salles a mis au greffe les pièces dont il entend se servir, ce dernier may 1667.

Les pièces dud. sieur de Salles ont esté rendues à M⁰ Louis Le Damoysel son procureur le unze mars 1668 [1].

SALMON (René de), sieur de La Villonnière, curateur d'Éléonord de Salmon, sieur de Liandon, eslection du Chasteau-du-Loir, comparant le 3 juin 1667, a dit qu'il entend maintenir la qualité d'escuier dud. sieur d'Eliandon, comme issu de noble race, par les tiltres qu'il représentera en luy donnant un délay compétant de les retirer d'Urban de Salmon, sieur du Chastellier, aisné de la famille qui les a produicts devant monsieur l'Intendant de la généralité d'Orléans, et a signé :

René de Salmon.

Led. sieur de Salmon a mis au greffe les pièces dont il entend se servir ce xixᵉ juillet 1667.

Les pièces dud. sieur de Salmon luy ont esté rendues ce xxiiᵉ juillet 1667.

SALMON (de). — Originaire du Maine.

René de Salmon, prêtre, curateur de Léonard de Salmon, écuyer, sieur de Liandon, demeurant paroisse de Chales, élection et ressort de Château-du-Loir, bailliage du Mans, à justiffié la possession du titre de noblesse, depuis l'année 1529, commençant en la personne de son quartayeul.

Porte : *d'azur à 3 têtes de lion d'or arrachées et lampassées de gueules* [2].

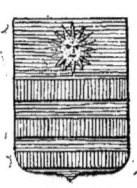

SANCIÈRES (Pierre de), sieur des Ardrillés, demeurant paroisse de Mée, eslection et seneschaussée du Mans, comparant le xxviᵉ juillet 1667, a dit qu'il entend maintenir la qualité d'escuyer, qu'il est seul de son nom et armes, qu'il porte : *d'azur, à un soleil d'or en chef et trois bandes de sable et une aigle de mesme en poincte*, et a signé :

P. De Sancière.

(1) Armoiries : *d'argent à 3 annelets de sable, 2 et 1, à la bordure de gueules.*
(2) Carré de Busseroles ajoute : *un chevron d'or.*

Led. sieur de Sancières a mis au greffe les pièces dont il entend se servir ce xxviii juillet 1667.

Lesd. tiltres ont esté rendus le 3 aoust 1667.

SANCIERS (de). — Originaire du Maine.

Pierre de Sanciers, écuyer, sieur des Ardrillés, demeurant paroisse de Mée, élection et ressort du Mans, a justiffié la possession de titre du noblesse, depuis l'année 1496, commençant en la personne de son trisayeul.

Porte : *d'azur à 3 fasces cousues de gueules surmontées d'un soleil d'or.*

SANGLIER (Gilles), seigneur de Joué et de La Noblaie, demeurant aud. lieu de La Noblaie, parroisse de Lémeré, eslection de Richelieu, bailliage de Tours, comparant le deux octobre 1666, lequel a dit qu'il entend maintenir la qualité d'escuier et qu'il reste seul de sa maison avec Louis, Jacques, Joseph, Charles, François et Gilles et Marie Sanglier, ses enfans et qu'il porte pour armes : *d'or, au sanglier de sable aux deffences et lumière d'argent*, et qu'il produira au premier jour les pièces dont il entend se servir pour la justiffication de sa noblesse et a faict eslection de domicille au logis de M^{tre} André Bourguignon, advocat en cette ville de Chinon, et a signé :

Gilles Sanglier.

SANGLIER. — Originaire de Touraine.

Gilles Sanglier, écuyer, sieur de Joué, et de La Noblaye, demeurant paroisse de Leméré, élection de Richelieu, Louis, Jacques, Joseph, Charles, François et Gilles Sanglier, ses enfans, led. sieur de Joué a justiffié la possession du titre de noblesse, depuis l'année 1425, commençant en la personne de son 6e ayeul.

Porte : *d'or au sanglier de sable, la défense et la lumière d'argent.*

SANSON (Félix de), sieur de Lorchère, demeurant parroisse d'Avaisé, eslection de La Flèche, bailliage du Mans, comparant le huict septembre 1666, lequel pour satisfaire à l'assignation à luy donnée à la requeste de Laspeyre le deux du présent mois par exploict de Carré, a dict qu'il entend maintenir la qualité d'escuyer et qu'il est cadet de sa maison et que Charles et Louis de Sanson sont ses frères et que Paul de Sanson, son neveu, est l'aisné de sa

maison et qu'il n'en congnoist autres de son nom et armes, qu'il porte : *escartelé au premier et au dernier d'or, au segond et troisiesme de gueule à un lyon sur le tout partye de l'un et de l'aultre*, et qu'il produira au premier jour les pièces dont il entend se servir pour la justiffication de sa noblesse et a faict eslection de domicille en la personne de M^{tre} Jacques Paul Miré estant à la suitte de Monsieur l'Intendant, et a signé :

FÉLIX DE SANSON.

Dame Françoise Hay, veufve de deffunct JEAN DE SANSON, sieur de Milon, mère et tutrice naturelle des enfans issus dud deffunct et d'elle, demeurant parroisse d'Amné, eslection du Mans, bailliage de La Flèche, comparant le XXVIe septembre 1666, par Anthoine de Girois, sieur de Bonneval ; lequel a dit que lad. dame de Milon entend maintenir la qualité d'escuyer qu'a prise son deffunct mary pour Paul, Jacques, Joseph, François et Claude de Sanson, ses enfans et dud. deffunct son mary, et que Charles de Sanson, sieur d'Amné, demeurant parroisse de Sainct-Laurent-de-la-Plaine, eslection et bailliage d'Angers, et Félix de Sanson, sieur de Lorchère et de Martigny, demeurant parroisse d'Avessé, eslection de La Flèche et bailliage du Mans, et Louis de Sanson sieur de Roches, prestre, prieur de Montdejean, sont frères cadets dud. deffunct sieur de Sanson, son mary, et qu'elle n'en congnoist autres dud. nom de Sanson et armes de lad. maison qui sont : *escartellées d'or et de gueules au lyon sur le tout de l'un dans l'autre*, et qu'elle produira au premier jour les pièces dont elle entend se servir pour la justiffication de lad. noblesse tant de sesd. enfans que desd. sieurs de Sanson, frère dud. deffunct son mary, et a signé :

ANTOINE GIROIS.

SANSON (DE). — Originaire du Mans.

Demoiselle Françoise Hay, veuve de Jean de Sanson, écuyer, sieur de Milon, Amné et autres lieux, mère, garde-noble et tutrice de Paul, Jacques, Joseph, François et Claude Sanson, ses enfants et dud. deffunct, demeurant paroisse d'Amné, élection du Mans, bailliage de La Flèche, Charles de Sanson, écuyer, sieur d'Amné et du Pineau, demeurant paroisse de Saint-Laurens-de-la-Pleine, élection et bailliage d'Angers, Félix Sanson, écuyer, sieur de Lorchère et de Martigny y demeurant élection de La Flèche, ressort et bailliage du Mans et Louis de Sanson, prêtre, prieur de Montjean, frères dud. deffunct Jean de Sanson, lad. Hay a justiffié la possession du titre de noblesse dud. Jean Sanson son mary et de ses frères, depuis l'an 1545, commençant en la personne du trisayeul dud. Jean de Sanson son mary.

Porte : *écartelé d'or et de gueules au lion sur le tout de l'un en l'autre armé, lampassé d'argent et d'azur.*

SAPINAUD (JEAN), sieur de La Rénollière, demeurant en la parroisse de La Séguinière, eslection de Montreuil-Bellay et Honoré Sapinaud, sieur d'Aubert, demeurant en la parroisse de Chaubrongne, aussy eslection de Montreuil-Bellay, comparant le treize septembre 1666, lesquelz sur les assignations à eux données à la requeste de Laspeyre en datte des quatre et six du présent mois par Girault huissier, ont dict qu'ils entendent maintenir la qualité d'escuyer qu'ils ont prise, mais qu'ils ne peuvent pas présentement présenter leurs tiltres de noblesse parce qu'ils sont entre les mains de René Sapinaud, escuier, sieur de L'Erbergement, aisné et chef de leurs maison et armes, lequel ayant esté assigné devant Monsieur Barantin, Intendant en Poictou, il auroit représenté ses tiltres de noblesse qui sont communs entre eux suivant le procès-verbal dud. sieur Barantin, en datte du 21 juillet dernier au bas duquel est le désistement du sieur Pinet, lequel procès-verbal ils ont représenté au moyen de quoy ont requis un délay compétant pour retirer lesd. tiltres affin de les représenter devant le seigneur Voisin, déclarans qu'ils ne congnoissent aultre de leurs noms et armes que led. sieur René Sapinaud et Charles Sapinaud sieur de Louisière, tous lesquels portent pour armes : *d'argent à trois merlettes de sable sans pied et sans bec, deux en chef et une en poincte,* et ont esleu domicille en la maison de M{tre} André Guérin procureur à Chinon, et ont signé :

J. SAPINAUD.

HONNORÉ SAPINAUD.

Lesd. sieurs Sapinaud ont ce jourd'huy trois octobre 1666 mis au greffe les pièces dont ils prétendent se servir.

Les pièces desd. sieurs Sapinault ont esté rendues à René Sapinault, sieur de L'Abergement ce six aoust 1667.

SAPINAUD (CHARLES), sieur de Louisière et Vallançay demeurant parroisse de Sainct-Pierre de Chaubrongne, en Marche, eslection de Montreuil-Bellay, comparant le xiii septembre 1666, lequel pour satisfaire à l'assignation quy luy a esté donnée à la requeste de Laspeyre par Girault, sergent royal, le septiesme de ce mois, a déclaré qu'il entend maintenir la qualitté d'escuier qu'il a prise et pour la justiffication de sa noblesse demande délay compétant pour retirer les tiltres de René Sapinaud, sieur de L'Hébergement, son aisné quy les a représentés devant Monsieur Barantin Intendant de Poictou, et qu'il ne cognoist pour ses parens que led. René Sapinaud, Jean Sapinaud, sieur de La Renollière, et Honoré Sapinaud, sieur d'Aubert et porte pour armes : *d'argent à trois merlettes de sable, deux en chef et une en poincte*, et a esleu domicille en la maison de M^{tre} André Guérin, procureur à Chinon, et a signé :

CHARLE SAPINAUD.

SAPINAUT. — Originaire de Poitou.

Charles Sapinaut, écuyer, sieur de La Louisière, demeurant paroisse de Chaubrongne, Honoré Sapinaut, écuyer, sieur d'Aubert, demeurant paroisse de Montigné et Jean Sapinaud, écuyer, sieur de La Renolière, demeurant paroisse de La Séguinière, élection de Montreuil-Bellay, bailliage d'Angers, par jugement contradictoire, ont été maintenus dans leur noblesse dont ils ont justiffié la possession, depuis l'année 1537, commençant en la personne de leur bisayeul.

Porte : *d'argent à 3 cannettes (merlettes) de sable 2 et 1*.

— Jean, Honoré et Charles Sapinault... au nombre des maintenus par M. Voisin.

SARAZIN (GABRIEL), sieur de La Rouillerie, demeurant parroisse de Bescon [Bécon], eslection et seneschaussé d'Angers, comparant le quatre may 1667, a dit qu'il entend maintenir la qualité d'escuyer, qu'il est l'aisné de sa maison, dont il ne cognoist que Jacques Sarazin, son oncle et sa famille, demeurant parroisse de Chalongnes, mesmes eslection et seneschaussée, qu'il porte pour armes : *de sable, à un lyon d'or combattant, couronné, armé, lampassé et barré de gueules*, et a signé :

SARAZIN.

SARAZIN. — Originaire d'Anjou.

Gabriel de Sarazin, écuyer, sieur de La Roullerie, demeurant paroisse de Bécon, élection et sénéchaussée d'Angers a justiffié la possession du titre de noblesse, depuis l'année 1520, commençant en la personne de son trisayeul.

Porte : *de sable au lion d'or, armé, lampassé et couronné de gueules, une fasce de même brochant sur le tout.*

— Jacques de Sérazin, écuyer, sieur de La Saulaye, sénéchal de Chalonnes, y demeurant paroisse Saint-Maurille et Gabriel de Serazin eurent acte de la représentation de leurs titres le 5 novembre 1668.

SARAZIN (JEAN DE), sieur de Vezins, demeurant parroisse de Mayet, eslection de La Flèche, ressort de Chasteauduloir, présidial du Mans, comparant le cinq may 1667 tant pour luy que pour Jean de Sarazin, sieur de La Brossardière, parroisse de Saint-Pater, eslection et bailliage de Tours, son frère puisné, a dit que sond. frère et luy entendent maintenir la qualité d'escuyer, qu'il est aisné de sa maison dont il ne cognoist que sond. frère et qu'il porte pour armes : *d'argent, au lyon de sable, armé, couronné et lampassé de gueules, accompagné de cinq molettes d'espron aussy de gueules*; a faict eslection de domicille au logis du sieur d'Aligné[1], trésorier de France au bureau des finances et a signé :

CHARLES DE SARAZIN.

JEHAN DE SARAZIN.

Led. sieur de Sarazin a produict les titres justifficatifs de sa noblesse le 28 may 1667.

Les pièces dud. sieur Sarazin luy ont esté rendues ce dernier may 1667.

CHARLES DE SARAZIN.

SARAZIN. — Originaire du Maine.

Charles de Sarazin, écuyer, sieur de Vezins demeurant paroisse de Mayet, élection de La Flèche, ressort de Chateauduloir et Jean de Sarazin, écuyer, sieur de La Brouardière, demeurant paroisse de Saint-Pater, élection et ressort de Tours, son frère, ont justiffié la possession du titre de noblesse, depuis l'année 1501, commençant en la personne de leur quartayeul.

Porte : *d'argent au lion de sable, armé, lampassé et couronné de gueules, accompagné de 5 molettes de sable, 3 et 2.*

— Charles Sarazin... eut acte de la représentation de ses titres le 29 mars 1667.

(1) René Cazet, sieur d'Aligny, maire de Tours en 1658, trésorier de France, au bureau des Finances de la généralité de Tours.

SARRAZIN (François de), sieur de La Batie, comparant le xxviie septembre 1667 tant pour luy que pour Philippes de Sarazin, sieur de Beaumont, son père, demeurans tous deux, parroisse de Chassaigne, eslection et ressort de Loudun, a dit que sondict père et luy entendent maintenir la qualité d'escuyer et qu'il ne cognoist en cette généralité personne de son nom et armes qui sont : *d'or, à la teste de more de sable,* et a signé :

FRENÇOIS DE SARAZIN DE LABASTIE.

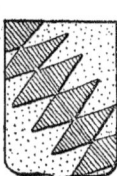

SARCÉ (François de), demeurant parroisse de Sarcé, eslection et ressort de Chasteau-du-Loir, séneschaussée du Mans, comparant le quatre juin 1667, lequel a dit qu'il entend maintenir la qualité d'escuyer, qu'il est seul de son nom et armes, qu'il porte : *d'or à la bande fuzelée de sinople*, et pour la justiffication de lad. qualité a mis au greffe les pièces dont il entend se servir, et a signé :

F. DE SARCÉ.

Les pièces dud. sieur de Sarcé luy ont esté rendues ce xix juin 1667.

SARCÉ (DE). — Originaire du Maine.

François de Sarcé, écuyer, sieur dud. lieu et du Coulombier et demoiselles Véronique et Anne de Sarcé, ses sœurs, demeurant paroisse de Sarcé, élection et ressort de Chateauduloir, ont justifié la possession du titre de noblesse, depuis l'année 1546, commençant en la personne de leur bisayeul.

Porte : *d'or à la bande fuselée de sinople.*

SAUGÉRE (Paul de La), sieur de La Boussardière, demeurant parroisse de Saint-Martin-du-Limet, eslection de Chasteaugontier, seneschaussée d'Angers, comparant le premier aoust 1667, par Charles du Couldray, escuyer, sieur de La Vaugottière, demeurant en lad. parroisse, tant pour luy Paul de La Saugère que pour Alexandre de La Saugère, demeurant parroisse de Pommerieux et pour Renée Jarret, veufve de Charles de La Saugère, sieur de Gaubert et ses enfans, demeurant en lad. parroisse de Pommerieux, lequel du Couldray a dit qu'iceux de La Saugère et Jaret entendent maintenir la qualité d'escuyer, qu'il n'en cognoist point d'autres dud. nom et armes, qu'ils portent : *de sable, à six fleurs de lys d'argent, trois, deux et une*, a mis au greffe les pièces dont ils entendent se servir et a signé :

Charles du Couldray.

Les pièces dud. sieur de La Saugère ont esté rendues le trois aoust 1667.

SAUGÈRE (de la). — Originaire du Maine.

Paul de La Saugère, écuyer, sieur de La Boussardière, demeurant paroisse de Saint-Martin-du-Limet, demoiselle Renée Jarret veuve de Charles de La Saugère, écuyer, sieur de Gaubert, son frère, mère et tutrice de Charles de La Saugère son fils et dud. deffunct et Alexandre de La Saugère, écuyer, sieur de Fougeré, son cousin-germain, demeurant paroisse de Pommerieux, élection et ressort de Châteaugontier, ont justiffié la possession du titre de noblesse, depuis l'année 1526, commençant scavoir lesd. Paul, Charles et Alexandre en la personne de leur trisayeul et lesd. mineurs en celle de leur quartayeul.

Porte : *de sable à 6 fleurs de lys d'argent, 3, 2 et 1.*

— Paul de La Saugère... eurent acte de la représentation de leurs titres le 3 août 1667.

SAURIN (François), maître garçon nourissant et dressant de jeunes chiens pour la meutte de la grande Louvetrie de France, demeurant parroisse de Lublé eslection et seneschaussée de Baugé, comparant le xxe septembre 1668, a dit qu'il n'a jamais pris ny entendu prendre la qualité d'escuyer à laquelle il a renoncé et renonce, a déclaré ne scavoir signé et à Me Michel Bernard signé pour luy,

Bernard.

SAUVAGE (François), demeurant au bourg de Diers [Dierres], bailliage de Tours, comparant le 12 juillet 1666, nous a dit qu'il entend maintenir la qualité d'escuyer, et qu'il produira au premier jour les pièces dont il entend se servir, et a signé :

F. Sauvaige.

SAUVAGE. — Originaire de Touraine.

François Sauvage, écuyer, sieur des Vieilles Cartes et Bonnefont, demeurant parroisse de

Diere, élection d'Amboise, a justiffié la possession du titre de noblesse, depuis l'année 1495, commençant en la personne de François Sauvage, son 4° ayeul, anobliz par le roi Charles VIII pour services par luy rendus dans le recouvrement du royaume de Cicille et en la bataille de Fornoue.

Porte : *d'azur à 3 croissants d'argent 2 et 1, et une étoille d'or en cœur* [1].

SAVARY.

— Nicolas Savary, gentilhomme servant la Reine, demeurant à Saumur, renvoyé comme étant couché sur l'état, par jugement du...

SAVIGNY (PIERRE DE), demeurant à Chasteaudun, générallité d'Orléans, bailliage de Blois, fondé de procuration de Jacques de Savigny, demeurant en lad. ville de Chasteaudun, comparant le 14 juillet 1666, nous a dit que bien que led. Jacques Savigny, ne soit de cette généralité mais de celle d'Orléans, il ne luy importe où faire sa déclaration, et pour ce a déclaré pour led. Jacques Savigny qu'il a pris quelques fois la qualité d'escuyer qu'il a creu devoir et pouvoir bien prendre et luy appartenir au moyen des services par luy rendus à sa Majesté dans ses trouppes, et de la charge de l'un de ses cent gentilshommes, de laquelle il a plu à Sa Majesté le pourveoir, et que néantmoins n'ayant aucuns biens pour le maintien de lad. charge et de la qualité d'escuyer, il ne prétend plus à l'advenir prendre lad. qualité, et a signé :

SAVIGNY.

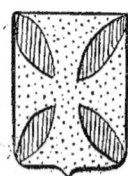

SAVONNIÈRE (MARTIN DE), sieur de La Bretesche, demeurant aud. lieu de La Bretesche, eslection et seneschaussée d'Angers, comparant le XIIIIᵉ may 1667 par Mᵉ Jean Ferregeau, son procureur, lequel a dit que led. sieur entend maintenir la qualité d'escuier, qu'il est l'aisné de la famille et reconnoist Phélix de Savonnières, son frère puisné, Jean-Guillaume de Savonnières, sieur d'Antredeaux, Guillaume de Savonnières, sieur d'Auvers, Charles de Savonnières, sieur du Blou, Martin de Savonnières, sieur de La Plesse, Charles de Savonnières, sieur de La Gallardière, René de Savonnières, sieur de Lynières, conseiller au Parlement de Paris, ses cousins, porte pour armes : *de gueules,*

---

(1) Carré de Busserolles met les croissants *d'or*.

à la croix patée d'or, a produict les tiltres de sa noblesse qui luy ont esté rendus.

FERREGEAU.

SAVONNIÈRES (Messire NICOLAS DE), seigneur de Bruslon, comparant le 19e may 1669, tant pour luy que pour damoiselle Françoise de Rougé, sa mère, demeurante parroisse de La Bruère, eslection de Baugé, a dit qu'il entend maintenir la quallité d'escuyer et de noblesse, est cadet de sa maison, que Martin de Savonnières, seigneur de La Bretesche est l'aisné d'icelle, Martin de Savonnières, seigneur de La Troche, demeurant en Bretagne et M. de Lignières de Savonnières, conseiller en Parlement sont dessendus de lad. maison et n'en connoist autres qui portent son nom et armes, fors Jacques de Savonnières, damoiselles Jeanne et Anne de Savonnières, ses frère et sœurs, demeurans avec luy, qu'il porte pour armes ; *de gueulles, à la croix pattée d'or* et pour la justiffication de sa noblesse a produict les pièces dont il entend se servir et a signé :

N. DE SAVONNIÈRES.

Les pièces dud. sieur de Savonnières luy ont esté rendues le XXIe may 1669.

SAVONNIÈRES (DE). — Originaire d'Anjou.

Mre Martin de Savonnières, chevalier, seigneur de La Bretesche, demeurant paroisse de Chantoceaux, élection et ressort d'Angers, Nicolas de la Savonnière, écuyer, sieur de Bruslon, demeurant paroisse de La Bruère, élection de La Flèche, ont justiffié la possession du titre de noblesse, depuis l'année 1512, commençant en la personne de Jean de Savonnière qui eut quatre garçons scavoir : Jean, l'aisné, bisayeul dud. sieur de La Bretesche qui a fait la branche des aisnés et Antoine puisné bisayeul dud. de Braslon.

Porte : *de gueules à la croix pattée d'or*.

— Martin de Savonnières... eut acte de la représentation de ses titres le 18 mai 1667.
— Nicolas... le 20 mai 1669.

SAYBOUET (JACQUES DE), sieur de Sainct-Martin, demeurant parroisse d'Assé, eslection et bailliage du Mans, comparant le trois octobre 1666, lequel a dit qu'il entend maintenir la qualité d'escuyer et qu'il est seul resté de son nom et armes, qu'il porte : *d'azur à trois estoilles d'or et un croissant d'argent*, et que pour la justiffication de sa noblesse, il produira au premier jour les pièces dont il entend se servir, et a faict eslection de domicille en la personne de M^tre Jacques Paul Miré estant à la suitte de Monsieur l'Intendant, et a signé :

DE SAYBOUET.

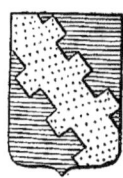

SCARRON (Messire RENÉ), sieur du Chastellier, et de Bissus, premier capitaine au régiment de Champagne, comparant le XVIe septembre 1667, a déclaré qu'il entend maintenir la qualité d'escuyer et de chevallier, qu'il est puisné de sa maison, que Jean Scarron, seigneur de Maudisné, conseiller et maître d'hostel ordinaire du roy, est son frère aisné, et Pierre Scaron et André Scaron, premier président d'Artois sont ses frères cadetz, et qu'il connoist de son nom et armes outre sesd. frères et la famille dud. sieur André, le sieur Scaron de Vaujours, conseiller au Parlement de Paris, le sieur Scaron de Vouvre, frère, Nicollas Scaron, seigneur de La Valière, le sieur Scaron de Pimats, et ses frères demeurans au Lionnois, le sieur Scaron du Rié, demeurant au païs du Maine, tous ses cousins issus de germain et qu'il n'en connoist autres, qu'il porte pour armes : *d'azur, à la bande........, d'or*, a mis au greffe les pièces dont il entend se servir, et a signé :

RENÉ SCARRON DU CHASTELLIER.

Lesd. tiltres ont esté rendus aud. sieur de Scarron le 22 septembre 1667.

SCARRON (NICOLAS), sieur de Raunay, Vaux, La Vallière, demeurant en sa maison seigneurialle de La Valière, parroisse de Négron, eslection et siège royal d'Amboise, bailliage de Tours, comparant le XVIe avril 1668 par Me Michel Bernard, lequel a dit que led. sieur Scarron entend maintenir la qualité d'escuyer, qu'il est aisné de sa maison de laquelle il ne connoist autres personnes que Messieurs Scarron de Paris et .... Scarron, sieur des Chastelliers, demeurant en la ville de Loches, qu'il porte pour armes : *d'azur, à une bande d'or brétecée et contre bretécée*, pour la justiffication de laquelle qualité a mis au greffe les pièces dont led. sieur Scarron entend se servir et a signé :

BERNARD.

Les pièces dud. sieur Scarron ont esté rendues aud. Bernard, le xiie may 1668.

SCARON. — Originaire de Lyon.

René Scaron, chevalier, sieur du Châtelier, 1er capitaine au régiment de Champagne, demeurant en la ville de Loches et Nicolas Scaron, écuyer, sieur de Raunay, Vaux et La Vallière, demeurant paroisse de Négron, élection et ressort d'Amboise, bailliage de Tours, ont justiffié la possession du titre de noblesse, depuis l'année 1546, commençant en la personne de Jean Scarron, leur bisayeul, échevin de la ville de Lyon ès-années 1546 et 1547 qui eût deux enfans scavoir : Jean Scarron, conseiller au Parlement de Paris, père de Jean Scarron, aussi conseiller en la Cour, père du sieur du Châtelier et Pierre Scarron aussi échevin et prévot de marchands de la ville de Lyon ès-années 1572, 1579 et 1605 ayeul dud. Nicolas.

Porte : *d'azur à la bande bretessée et contrebretessée d'or.*

SCÉPEAULX (Michel de), sieur du Couldray, et du Chalonge, demeurant paroisse de Chastelays, eslection et seneschaussée d'Angers, comparant le xxe mars 1667 par Raphaël des Scepeaulx, aussy sieur du Coudray, son frère, lequel a dit que sond. frère et luy, Charles et Jacques des Scépeaulx leurs cousins, demeurans led. Charles, parroisse de Noyans, eslection et seneschaussée d'Angers, et led. Jacques, parroisse de Bécon, mesmes eslection et seneschaussée entendent maintenir la qualité d'escuyer, que led. Michel des Scépeaulx est aisné de sa maison dont il ne cognoist personne que Pierre et Anne des Scepeaulx ses cousins-germains encor en bas âge, et qu'ils portent tous mesmes armes qui sont : *vairées d'argent et de gueules*, a mis au greffe les pièces dont il entend se servir et a signé :

RAPHAEL DE SCEPEAULX.

Les pièces dud. sieur des Scepeaulx luy ont esté rendues le xxvie mars 1667.

SCÉPEAUX (de). — Originaire d'Anjou.

Michel d'Espeaux, écuyer, sieur du Coudray et Raphaël, son frère, demeurants paroisse de Châtelais, et Jacques d'Espeaux, écuyer, sieur de La Roche, leur cousin, demeurant à La Roche-Noyon, élection et bailliage d'Angers, ont justiffié la possession du titre de noblesse, depuis l'année 1511, commençant en la personne de leur quartayeul.

Porte : *vairé, [contrevairé] d'argent et de gueules.*

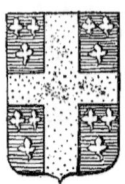

SÉGRAIS (Jacques de) sieur dud. lieu, demeurant parroisse de Saint-Aubin, eslection et bailliage de Tours, comparant le cinquiesme may 1667 tant pour luy que pour dame Magdelaine Le Boucher, veufve Louis de Segrais, vivant sieur dud. lieu, sa mère, demeurant parroisse Saint-Mars-d'Outillé, eslection du Chasteauduloir, seneschaussée du Mans, et pour René de Ségrais, sieur de Miéré, son frère, demeurant parroisse de Saint-Mars, a dit que sesd. mère, frère, et luy entendent maintenir la qualité d'escuyer, qu'il est aisné de sa maison dont il ne cognoist personne que sond. frère, et qu'il porte pour armes : *d'azur, à une croix d'or, cantonnée de trois treffles d'argent* et a signé :

Ségraye.

Led. sieur de Ségrais a mis au greffe les pièces dont il entend se servir ce XXVIIe may 1667.

Les pièces dud. sieur de Ségrais luy ont esté rendues ce quatre juin 1667.

SEGRAYE (de). — Originaire du Maine.

Jacques de Ségraye, écuyer, sieur dud. lieu et René de Ségraye, écuyer, sieur de Miéré son frère, demeurants scavoir led. Jacques paroisse de Saint-Aubin, élection de Tours et ledit René paroisse de Saint-Mars-d'Oustillé, élection de Châteauduloir, ont justiffié la possession du titre de noblesse, depuis l'année 1486, commençant en la personne de leur quartayeul.

Porte : *d'azur à la croix d'or cantonnée de 12 trèfles d'argent.*

SÉGUR (Pierre de), sieur de Crouail, demeurant parroisse de Sainct-Vincent-de-Mont, eslection de Richelieu, ressort de Loudun, bailliage de Touraine, comparant le 18 aoust 1666, lequel pour satisfaire à l'assignation à luy donnée à la requeste de Laspeyre, le 4 du présent mois, par exploict de Ladebat, huissier, pour procéder aux fins dud. exploict et de nostre ordonnance y énoncée, a dit qu'il est issu d'un cadet de sa maison, et que Jacques de Ségur, capitaine-major entretenu en la citadelle de Brest en Basse-Bretagne, est de la mesme branche et son cousin-germain, et que de la branche de l'aisné de lad. maison sont issus Bernard de Ségur, sieur de Pardaillan, et ses enfans, dont il ne scait le nom et les sœurs dud. sieur de Pardaillan, dont il ne scait aussi le nom et qu'il ne cognoist autres de lad. maison, attendu que led. sieur de Pardaillan et autres de sa branche, demeurent en Guienne et Rouergue, et qu'il entend maintenu la qualité d'escuyer par luy prise et que pour la justiffication il produira au premier jour les pièces dont il entend se servir, et a faict eslection de domicille en la personne de M^tre Michel Bernard, procureur au bureau des finances de Tours, estant à la suitte de Monsieur l'Intendant, et a signé :

De Ségur [1].

SEIGNEUREAU (Charles), sieur de Lamarin et du Clouestre, demeurant parroisse de Turageau, eslection et ressort de Richelieu, comparant le XXIII aoust 1668, a dit qu'il entend maintenir la qualité d'escuyer, qu'il ne connoist personne qui porte son nom et armes qui sont : *de sable, à trois chabots d'argent, deux et un,* a mis au greffe les pièces dont il entend se servir et a signé :

Charle Seigneureau.

Les pièces dud. sieur luy ont esté rendues le 26e aoust 1668.

SEIGNEURIAU. — Originaire de Poitou.
Charles Seigneuriau, écuyer, sieur de La Marin, demeurant paroisse de Thurageau, élection et ressort de Richelieu, a justiffié la possession du titre de noblesse, depuis l'année 1526, commençant en la personne de son bisayeul.
Porte : *de sable à 3 chabots d'argent, 2 et 1.*

SEILLONS (Anne-François de), sieur de La Barre, demeurant parroisse de Grugé, eslection et seneschaussée d'Angers, comparant le XIXe avril 1667 tant pour luy que pour damoiselle Marguerite Poyet, sa mère, demeurant en lad. parroisse, a dit qu'ils entendent maintenir la qualité d'escuyer et qu'il ne cognoist de son nom et armes que Jean et Renault de Seillons, ses frères, et qu'il porte pour armes : *d'or fretté de gueules au bort de sable engreslé et au chef aussy d'or*, et a signé :

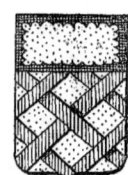

Anne-François de Seillons.

(1) Armoiries : *écartelé aux 1 et 4 d'argent au lion de gueules, aux 2 et 3 d'argent à la bordure de gueules chargée de 9 besans d'or.* — Aliàs : *aux 2 et 3 d'argent plein.*

Led. sieur de Seillons a mis au greffe les pièces dont il entend se servir ce xxe avril 1667.

Les pièces dud. sieur de Seillons ont esté rendues le xx décembre 1667.

SEILLONS (DE). Originaire d'Anjou.

François de Seillons, écuyer, sieur de La Barre, de Grugé, y demeurant, élection et ressort d'Angers, a justiffié la possession du titre de noblesse, depuis l'année 1546, commençant en la personne de son trisayeul.

Porte : *d'or fretté de gueules, au chef d'or à l'ourlet de sable engreslé.*

— Anne-François de Seillons... eut acte de la représentation de ses titres le 8 juin 1667.

SEMALLÉ (ABRAHAM DE), sieur du Bel-Air, demeurant à La Hazardière, parroisse de Montgaudry, eslection de Mortagne, au pays du Perche, comparant le xix septembre 1666, lequel pour satisfaire à l'assignation qui luy a esté donnée à la requeste de Laspeyre le 7e du présent mois et an, a dict qu'ayant esté assigné aux mesmes fins par devant Monsieur de Marles, commissaire départy en la généralité d'Alençon, il luy auroit représenté ses tiltres, lesquels ayant trouvés bons et en bonne forme, suffisans pour soustenir sa quallité d'escuier les luy auroit rendus après les avoir tous paraphés au dos et signés de sa main, et affin que nous voyons que ce qu'il met en avant est véritable a mis et laissé sa production à nostre greffe composée de seize pièces sans inventaire ne arbre généalogique, lesquels luy ont esté cy-devant prestés par Abraham de Semallé, sieur de Chemerot, son oncle, qui les avoit comme chef du nom et des armes, et poura mesmes en avoir à faire pour les produire devant Monsieur Voisin ou devant nous en son absence, d'aultant qu'il est demeurant à Lignières, eslection du Mans, et en temps que besoing seroit desclaré qu'il entend maintenir la quallité d'escuier par luy prise, qu'il ne cognoist autres parens de son nom et armes que sond. oncle, et porte pour armes : *d'argent à l'espervier de sable, armé d'or, sur une barre de gueulles*, et a faict eslection de domicille en la maison de Mtre André Le Bourguignon, advocat au bailliage de Chinon, et a consenty que sesd. tiltres soyent par nous mis entre les mains dud. sieur de Lignières, son oncle, et a signé et requis son envoy.

ABRAHAM DE SEMALLÉ.

SEMALLÉ (ABRAHAM DE), demeurant en la parroisse de Lignières-la-Carelle, païs du Maine, eslection du Mans, présidial de La Flèche, comparant le trois octobre 1666 par Jean-Baptiste-Louis de Semallé, sieur de La Giroudière, son fils aisné, demeurant en lad. parroisse fondé de procuration spécialle passée par Jean Dugast, notaire royal au bourg de Saincte-Sabine, le vingt-neuf septembre dernier, lequel a dict que sond. père entend maintenir la qualité d'escuyer et qu'il est aisné de sa maison, et qu'outre sa famille il ne cognoist de son nom et armes que Abraham de Semallé, sieur de Belair, demeurant à Sainct-Rémy, mesmes eslection et présidial, son nepveu et qu'il porte pour armes : *d'argent, à une barre de gueules chargée d'un espervier de sable armé d'or*, et qu'il produira au premier jour les pièces dont il entend se servir pour la justiffication de sa noblesse et a signé :

JEAN-BAPTISTE-LOUIS DE SEMALLÉ.

SÉMALÉ (DE). — Originaire du Maine.
Abraham de Semalé, écuyer, sieur de Leignerottes? et Abraham de Sémalé, écuyer, sieur de Belair son frère, demeurants paroisse de Montgaudry, élection du Mans, ont justiffié la possession du titre de noblesse, depuis l'année 1532, commençant en la personne de leur bisayeul.
Porte : *d'argent à la fasce de gueules chargée d'un épervier de sable armé d'or*.

SEPTIER (RENÉ), le jeune, sieur des Bordes-Quantinière, escuyer du commun du Roy, demeurant parroisse de Vallière, eslection d'Amboise, comparant le xviie décembre 1668 par M^{tre} Jean Bretonneau, procureur au bailliage et siège présidial de cette ville de Tours, lequel a dit qu'icelluy Septier n'a jamais pris ny entendu prendre la qualité d'escuyer et n'en a point pris ny n'en prétend poinct d'autre que celle de sa charge d'escuyer du commun de Sa Majesté.

BRETONNEAU.

SEPTIER (JEAN), chef d'eschansonnerie de la maison du Roy, comparant le 19e décembre 1668, a dit qu'il n'a jamais pris la qualité d'escuyer ny entendu la prendre, à laquelle il renonce et que dans tous les actes par luy faicts il n'y a pris d'autre que celle de chef d'eschansonnerie, et a signé :

Septier.

SÉRÉZIN. — D'Angers, noblesse de mairie.

M⁰ Sébastien Sérézin premier président de l'élection d'Angers a été maire de ladite ville en 1665 et a payé la taxe pour la confirmation de sa noblesse.

Porte : *d'azur au chevron d'or, accompagné de 3 croissants d'argent, 2 et 1.*

— M⁰ Sébastien Sérézin... pour jouir...

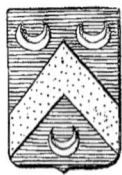

SERIN (Hilaire), sieur de La Motte, demeurant en sa maison des Noïers, parroisse de Loiré, eslection et seneschaussée d'Angers, comparant le xiiii⁰ avril 1668, tant pour luy que pour Louis Serin, sieur de La Noüe, son père, demeurant ensemble, a dit qu'il entend maintenir la qualité d'escuyer, qu'il est issu de cadet de sa maison dont il ne connoist autres personnes que René Serin, sieur de La Cordinière, aisné de la famille, René-Pierre et .... Serin, enfans dud. René, demeurans en la province de Poictou, qu'il porte pour armes : *d'argent, au saultouer de gueules ;* pour la justiffication de laquelle qualité il a produict et mis au greffe les pièces dont il s'entend ayder et a signé :

Hillayre Serein.

Les pièces dud. sieur Serein luy ont esté rendues ce xvi⁰ avril 1668.

Il avait épousé, le 14 décembre 1665, Marie de Scépeaux.

SERIN. — Originaire d'Anjou.

Hillaire Serin, écuyer, sieur de La Motte, demeurant paroisse de Loiré, élection et ressort d'Angers, a justiffié la possession du titre de noblesse depuis l'année 1512, commençant en la personne de son quartayeul.

Porte : *d'argent au sautoir de gueules.*

— Hilaire Serin... eut acte de la représetation de ses titres... le 16 avril 1668.

Damoiselle Françoise Massonneau, veufve de deffunct Pierre SERMENTON, sieur du Colombier, conseiller et maistre d'hostel ordinaire du roy et porte espée de parement de Sa Majesté, demeurant en sa maison au village des Massonneaux, parroisse de Meray, près La Guerche, eslection de Loches en Touraine, bailliage de Tours, comparant le xii⁰ avril 1668, laquelle a dict qu'elle n'a congnoissance sy led. deffunct son mary a pris la quallité d'escuyer, et que s'il l'a prise, ce peult estre en conséquence de sesd. charges par les provisions desquelles elle luy est donnée par le Roy, qu'elle n'entend maintenir lad. qualité d'escuyer, mais seullement les privilèges et exemptions attribuéz à lad. charge de porte-espée de parement du Roy, en l'exercice de laquelle il est décedé, et dont luy et elle depuis son decedz ont tousjours bien et deuement jouy, et a signé :

Françoise Massonneau.

SERPILLON (René), sieur de La Brosse-Boisette, demeurant parroisse de Saint-Hillaire-des-Chaubroignes, eslection de Montreuil-Bellay, seneschaussée d'Angers, comparant le xxiii⁰ avril 1667 par M⁰ Jacques Auger, praticien, fondé de procuration spécialle, lequel a dit qu'icelluy sieur Serpillon entend maintenir la qualité d'escuyer et qu'ayant esté cy-devant assigné aux mesmes fins à la Cour des aydes, il a produict les pièces justifficatives de sa noblesse qui y sont encor et pour retirer lesquels il prétend demander délay.

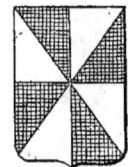

Auger.

Led. sieur Serpillon a mis au greffe les pièces dont il entend se servir, ce xxv⁰ aoust 1667.

Les pièces dud. sieur Serpillon ont esté rendues le 17⁰ septembre 1670.

SERPILLON (de).

René de Serpillon, écuyer, sieur de La Brosse-Boisette, demeurant paroisse de Saint-Hilaire-d'Échaubroigne, élection de Montreuil-Bellay, au nombre des maintenus par M. Voisin.

Armoiries : *gironné d'argent et de sable de 12 pièces.*

SESMAISONS (Joseph de), sieur de La Menantière, parroisse de Sainct-Pierre-Maulimart, eslection et bailliage d'Angers, comparant le six juin 1667, lequel a dict qu'il entend maintenir la qualité d'escuyer qu'il est l'aisné de sa branche en Anjou et reconnoist : René de Sesmaison et sa famille, son nepveu et les enfans de deffunct Louis de Sesmaisons, son frère puisné ; porte : *de gueules à trois maisons tourées d'or, massonnées de sable,* et a signé :

JOSEPH DE SESMAISONS.

SESMAISONS (DE). — Originaire de Bretagne.
Joseph de Sesmaisons, écuyer, sieur de La Ménantière et de Saint-Pierre-de-Maulimart, élection et sénéchaussée d'Angers, a justiffié la possession du titre de noblesse, depuis l'année 1512, commençant en la personne de son bisayeul.
Porte : *de gueules à 3 maisons, en forme de tours d'or, maçonnées de sable, 2 et 1.*

SEVIN (MARIN), sieur de La Rivière, demeurant parroisse de Vivoin, eslection du Mans, seneschaussée de La Flèche comparant le XXIe juillet 1667, a dit qu'il entend maintenir la qualité d'escuyer que Sa Majesté luy a octroyée par ses lettres du mois de septembre 1655, vérifiées où besoin a esté et qu'il luy a pleu luy confirmer par son brevet de retenue du mois de septembre 1665 et qu'il porte pour armes : *d'azur, à la gerbe d'or liée de mesme,* et pour la justiffication de lad. qualité a mis au greffe les pièces dont il entend se servir, et a signé :

SEVYN DE LA RIVIÈRE.

Les pièces dud. sieur Sevin luy ont esté rendues ce XXIIII juillet 1667.

SÉVIN (DE). — Originaire du Maine.
Marin Sévin, écuyer, sieur de La Rivière, demeurant parroisse de Vivoing, élection et ressort du Mans, a représenté des lettres d'anoblissement par luy obtenues de S. M. en 1665 pour les services par luy rendus, lesquelles étant révoquées par les déclarations de S. M. il a obtenu un brevet de retenue qu'il a aussy représentée.
Porte : *d'azur à la gerbe de blé d'or.*

SIBEL (CLAUDE), sieur de La Roptière, demeurant parroisse de Vert, eslection et seneschaussée d'Angers, comparant le premier avril 1667, a dit qu'il maintient la qualité d'escuyer et qu'il reste seul de son nom et armes, qu'il porte : *de gueules, à trois quinte feuilles d'argent, deux en chef et une en pointe, une fleur de lis en abisme, aussy d'argent* et produira au premier jour les pièces dont il entend se servir, et a signé :

CLAUDE SIBEL.

Led. sieur Sibel a mis au greffe les pièces dont il entend se servir, ce xxviiie avril 1667.

Les pièces dud. sieur Sibel luy ont esté rendues le neuf avril 1676.

SEBILLE (CHARLES), sieur de La Buronnière, demeurant parroisse de Juvardeil, eslection et seneschaussée d'Angers, comparant le quinze avril 1667, a dit qu'il entend maintenir la qualité d'escuyer qu'il est seul de son nom et armes, qu'il porte : *d'azur, à une bande d'or, chargée de trois quintes feuilles de gueules* et pour la justiffication de lad. qualité a mis au greffe les pièces dont il entend se servir et a signé :

CHARLES SIBILLE.

Les pièces dud. sieur Sibille luy ont esté rendues ce xxe avril 1667.

SEBILLE. — Originaire d'Anjou.
Charles Sebille, originaire d'Anjou, écuyer, sieur de La Buronnière, demeurant paroisse de Juvardeil, élection et ressort d'Angers, a justiffié la possession du titre de noblesse, depuis l'année 1525, commençant en la personne de son bisayeul.
Porte : *d'azur à la bande d'or chargée de 3 quintefeuilles de gueules*.
— Charles Sibille... eut acte de la représentation de ses titres le 18 avril 1667.

SIBOUR (PIERRE), sieur des Ruaux, capitaine au régiment d'infanterie de Picardie, demeurant en cette ville de Tours, comparant le 10e septembre 1668, a dit qu'il entend maintenir la quallité d'escuyer, que oultre Jean Sibour, seigneur des Brosses, conseiller au Parlement de Normandie, demeurant à Paris, Jacques Sibour, demeurant aussi à Paris, Christophle Sibour, sieur de La Gasneraye, capitaine de chevaux légers dans le régiment de Monsieur, demeurant aussy à Paris, ses frères, il ne connoist personne de son nom et armes, et a signé :

SIBOUR DES RUAUX [1].

---

(1) Armoiries : *d'azur à deux chevrons d'or, accompagnés en pointe d'un croissant d'argent*.

SICAULT (Marc), sieur de La Noue, valet de chambre ordinaire de Sa Majesté, comparant le xxviiie may 1667 tant pour luy que pour damoiselle Suzanne Sicault, sa mère, veufve de feu Philippes Sicault, vivant sieur de La Noue, gentilhomme et valet de chambre ordinaire du Roy, demeurant ordinairement à Angers, lequel a dit que sond. deffunct père et luy n'ont pris la qualité d'escuyer qu'en vertu de leursd. charges et qu'à son esgard, il ne l'entend prendre qu'en ce qu'il plaira à Sa Majesté et que sad. mère entend seulement jouir des privilèges accordés aux veufves des officiers de la maison du Roy, et a mis au greffe les pièces dont il entend se servir, et a signé :

Marc Sicault.

SIGONNEAU (Honorat), sieur de La Perdrillière, demeurant parroisse de Fougeray, eslection et bailliage de Baugé, comparant le 28e aoust 1666, lequel pour satisfaire à l'assignation qui luy a esté donnée par exploict de Carré le dix-neuf aoust dernier, à la requeste de Laspeyre, a dict, qu'il entend maintenir sa qualité d'escuyer, comme descendu de parens nobles et qu'il est seul et unique de sa famille, porte pour armes : *d'argent à trois merlettes de gueulles*, et a esleu domicille en la personne de M^{tre} Mirey estant à nostre suitte, et a signé :

Honorat Sigonneau.

Le 20e décembre 1666 led. sieur Sigonneau a mis au greffe les pièces dont il entend se servir pour la justiffication de sa noblesse estans en deux sacqs de production et production nouvelle dont les pièces ont esté paraphées par première et dernière.

Les productions dud. sieur Sigonneau luy ont esté rendues le trente décembre 1666.

SIGONNEAU. — Originaire d'Anjou.

Honorat Sigonneau, écuyer, sieur de La Perdrillière, demeurant paroisse de Fougeré, élection de Baugé, bailliage d'Angers, renvoyé au conseil où il a obtenu arrest de main levée et a justiffié la possession du titre de noblesse, depuis l'année 1526, commençant en la personne de son quartayeul anobly au mois de may 1517 pour services.

Porte : *d'argent à 3 cannettes de gueules, 2 et 1.*

— Honorat Sigonneau... produisit ses titres et renvoyé au conseil avec avis de le maintenir le 5 février 1667.

Arrêt du conseil du 5 décembre 1667 qui le maintint en sa noblesse.

SILLAR (RENÉ LE), sieur de Prézeau, parroisse de Parcé, eslection de Richelieu, comparant le 26 juillet 1666, nous a dit qu'il entend maintenir sa qualité d'escuier comme issu de parens nobles, qu'il est l'aisné de sa famille de laquelle il y a des cadets, qu'il porte pour armes : *trois croissans d'argent en bande chargée de cinq canettes désarmées au champ de sinople,* et a signé :

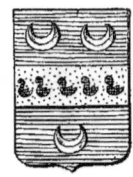

LE SILLAR.

Les pièces dud. sieur Le Silla luy ont esté rendues le 8 aoust 1667.

SILLAS (DU). — Originaire d'Anjou.

René du Sillas, écuyer, sieur de Prézeau, demeurant paroisse de Parçay, élection de Richelieu, bailliage de Tours, a justiffié la possession du titre de noblesse, depuis 1545, commençant en la personne de son bisayeul.

Porte : *d'azur à la fasce d'or chargée de 5 merlettes de sable et accompagnée de 3 croissants d'argent, 2 et 1* [1].

SILLEUR (JACQUES LE), sieur de Sougé, comparant le unziesme mars 1667 tant pour luy que pour damoiselle Françoise Le Vayer, sa mère, veufve de René Le Silleur, sieur de Cheniers, son père, led. sieur de Sougé, demeurant parroisse dud. Soulgé-le-Gannelon, eslection du Mans, bailliage de Fresnay, présidial de La Flèche, et lad. damoiselle demeurant mesme parroisse, lequel sieur de Sougé a dit que lad. damoiselle et luy entendent maintenir la qualité, qu'il est aisné d'une branche de cadets et qu'outre Louis et Charles Le Silleur, ses frères, Margueritte, Élizabeth, relligieuse, Jullienne et Françoise Le Silleur, ses sœurs, les sieurs Le Silleur de Saint-Bry, Le Silleur du Pissot, Le Silleur de La Boullaye, Le Silleur de Lyonnière, demeurans en Normandie, le sieur Le Silleur de La Garenne et les sieurs Le Silleur de La Loue-Battais, demeu-

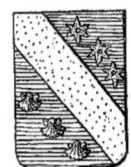

---

(1) Carré de Busserolles dit : *de sinople à une bande d'argent chargée de 5 canettes de sable et accompagnée de 3 croissants de même, 2 et 1.*

rans en Bretagne, sont de son nom et armes et n'en cognoist poinct d'autres, que sesd. armes sont : *d'azur, à la bande d'or accosté au premier de trois molettes d'espron d'or et au second de trois coquilles d'argent,* a mis au greffe les pièces dont il entend se servir et a signé :

J. LE SILLEUR.

Les pièces dud. sieur Le Silleur luy ont esté rendues ce seize mars 1667.

SILLEUR (LE). — Originaire du Maine (Normandie).
Jacques Le Silleur, écuyer, sieur de Sougé, demeurant paroisse de Sougé-le-Gannelon, élection du Mans, ressort de Fresnay, a justiffié la possession du titre de noblesse, depuis l'année 1510, commençant en la personne de son trisayeul.
Porte : *d'azur à la bande d'or accostée de 3 molettes d'or en chef et de 3 crouzilles d'argent en pointe.*

SIMON (ANTHOINE) sieur de La Besnardaie, demeurant parroisse de Vern, eslection et seneschaussée d'Angers, comparant le XVIII avril 1667 tant pour luy que pour damoiselle Marie Baudrier, veufve de François Simon, sieur de La Besnardaie, sa mère et pour Anthoine, François et Guy Simon ses frères, demeurans mesmes paroisse, eslection et seneschaussée, a dit que sesd. mère, frères et luy entendent maintenir la qualité d'escuyer et qu'il ne cognoist autres de son nom et armes, qu'il porte : *d'or, à une roze de gueulle,* a mis au greffe les pièces dont il entend se servir et a signé :

ANTHOINE SIMON.

Les pièces dud. sieur Simon luy ont esté rendues ce xxviiie avril 1667.

SIMON. — Originaire d'Anjou.
Anthoine Simon, écuyer, sieur de La Besnardais, demeurant paroisse de Vern, élection et sénéchaussée d'Angers, Antoine, François et Guy Simon, ses frères, ont justifié la possession du titre de noblesse depuis l'année 1508, commençant en la personne de leur bisayeul.
Porte : *d'or à la rose de gueules, boutonnée d'or.*

SIMON (MATHIEU), sieur de La Martinière, cy-devant l'un des gardes du corps du Roy, et à présent l'un de ses gendarmes, demeurant parroisse de

Bannes, eslection de La Flèche, seneschaussée du Mans, comparant le six juin 1667, a dit qu'il a esté pourveu de lad. charge de garde du corps dès l'année 1649, qu'il a exercée jusques en 1662 et avoit esté pourveu l'année précédente 1661 de lad. charge de gendarme, en concéquence desquelles charges il a pris la quallité d'escuyer, laquelle il ne prétend point de naissance et a signé :

Simon.

SIMONNET (Isaac), sieur de Beaulieu, demeurant parroisse d'Yseures, eslection et siège royal de Loches, bailliage de Tours, comparant le xxviiie aoust 1668 a dit qu'il n'a jamais pris ny entendu prendre la qualité d'escuyer, à laquelle il a renoncé et renonce en tant que besoin est ou seroit, et a signé :

Simonnet.

SIRARD (Gilles de), sieur de La Joncheraie, demeurant parroisse de Crissé, eslection et ressort du Mans, comparant le deux septembre 1666, lequel pour satisfaire à l'assignation à luy donnée à la requeste de Laspeyre le 21e aoust dernier par Jallu, pour respondre aux fins dud. exploict et de nostre ordonnance y énoncée, a dit qu'il entend maintenir la qualité d'escuyer par luy prise et qu'il reste seul de sa maison. Porte pour armes : *de sable d un signe d'argent couronné d'or*, et pour la justiffication de lad. qualité a mis au greffe les pièces dont il entend se servir, lesquelles ont esté paraphées par première et dernière, et a faict eslection de domicille au logis de M^{tre} André Guérin, procureur en cette ville de Chinon, et a signé :

De Sirard.

Les pièces dud. sieur de Sirard luy ont esté rendues ce trois septembre 1666.

SISSEY (François de), sieur dud. lieu, demeurant parroisse de Saint-Rigomer-des-Bois, eslection du Mans, présidial de La Flèche, comparant le xvie avril 1667 tant pour luy que pour Jacques de Sissey, sieur des Auxbus, demeurant parroisse de Saint-Pierre de Morton, eslection et bailliage de

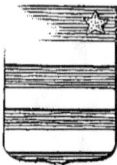

Loudun, son frère, et Anthoine de Sissey, sieur de La Courtinière, son cousin-germain, demeurant mesmes eslection et ressort de Loudun, lequel a dit qu'ils entendent maintenir la qualité d'escuier et qu'ils ne cognoist autres dud. nom et armes que : François, Charles et Louis de Sissey, frères dud. sieur Anthoine de Sissey, demeurans eslection de Mortagne, générallité d'Alençon et qu'ils portent pour armes : *d'azur, à trois bandes d'argent et une estoille d'or à la partie gauche en chef*, et produira au premier jour les pièces justifficatives desd. qualités, et a signé :

De Sissey.

Led. sieur de Sissey a mis au greffe les pièces dont il entend se servir ce xviiie avril 1667.

Les pièces dud. sieur de Sissey luy ont esté rendues ce xxie avril 1667.

SISSAY (DE). — Originaire du Perche.

François de Sissay, écuyer, sieur dud. lieu demeurant paroisse de Saint-Rigomer-des-Bois, élection et ressort du Mans, Jacques de Sissay, sieur des Aubus, demeurant paroisse de Morton, élection de Loudun, bailliage de Tours, son frère et Antoine de Sissay, leur cousin-germain, ont justiffié la possession du titre de noblesse, depuis l'année 1501, commençant en la personne de leur trisayeul.

Porte : *d'azur à 3 fasces d'argent, à l'étoile d'or posée au canton senestre du chef*.

SORHOETTE (David de) sieur de Pommerieux, y demeurant parroisse de Contigné, eslection et seneschaussée d'Angers, comparant le xixe juin 1668, a dit qu'il entend maintenir la quallité d'escuier, qu'il est l'aisné de sa maison en France, que Pierre de Sorhoette, sieur de La Perroussaye, demeurant parroisse de Soullaire et Guillaume de Sorhoette, sieur du Bois de Soulhaire, demeurant parroisse de Chasteauneuf, tous eslection d'Angers, [sont] ses cousins-germains et cadets de sa maison et n'en cognoist autres en France, qui portent son nom et armes qui sont : *d'or, à l'arbre de sinople, soustenu en pointe d'un sanglier de sable, au chef d'argent chargé d'un aigle exployé à deux testes aussy de sable, armé de gueules* ; a mis au greffe les pièces dont il entend se servir et a signé :

De Sorhoette.

Led. sieur de Sorhoet produit de nouveau ce xxve avril 1669.

Les productions dud. sieur de Sorhoette et les pièces d'icelles contre lesquelles il y a eu inscription de faux formée par M. le procureur du Roy et les procédeures pour raison desd. inscriptions de faux et les contredits de mond. sieur le Procureur du Roy contre la première des inscriptions, ont esté envoyés au greffe de M^{rs} les Commissaires généraux à Paris par le messager de cette ville de Tours qui s'en est chargé ce jourd'huy xxvie septembre 1669.

SORHOETTE (Guillaume de), sieur du Bois de Soullaire, demeurant parroisse de Chasteauneuf, eslection et ressort d'Angers, comparant le 1er septembre 1668 par Me Louis Le Damoysel, lequel a dit que led. sieur de Sorhoette entend maintenir la quallité d'escuyer, qu'il est cadet d'une branche de cadetz de sa maison, que Pierre de Sorhoette, escuyer, sieur de La Perroussaye, demeurant parroisse de Soullerre, eslection et ressort d'Angers est son frère aisné, et l'aisné de lad. maison en Anjou est David de Sorhoette, sieur de Pommerieux, demeurant parroisse de Contigné, mesme eslection et ressort d'Angers, et n'en connoist autres qui portent son nom et armes en France, qui sont : *d'or, à l'arbre de sinople soustenu en pointe d'un sanglier de sable, au chef d'argent chargé d'un aigle aussy de sable;* estant sorty d'antienne noblesse des sieurs de Sorhoette de La Basse-Navarre, et pour la justiffication de lad. qualité produira au premier jour les pièces dont il entend se servir.

Le Damoysel.

SOUCELLES (Henry de), seigneur d'Oiré, demeurant en son chasteau d'Estival, parroisse de Saint-Germain d'Arcé, eslection et seneschaussée de Beaugé, comparant le xxiie septembre 1668, a dit qu'il entend maintenir la qualité de chevalier et d'escuyer, qu'il est cadet de sa maison, qu'outre Henry, Sanson, Pierre de Soucelles, ses enfans; Paul de Soucelles, seigneur baron dud. lieu, son frère, aisné, demeurant à Soucelles, parroisse dud. lieu, et Sanson et Paul de Soucelles, ses nepveus, il ne connoist autre personne de son nom et armes, qu'il porte : *de gueules, à trois chevrons d'argent*, a mis au greffe les pièces dont il entend se servir, et a signé :

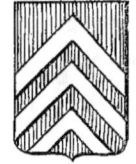

Henry de Soucelles

Les pièces dud. sieur de Soucelles luy ont esté rendues ce 24e septembre 1668.

SOUCELLES (DE). — Originaire d'Anjou.

Messire Paul de Soucelles, chevalier, baron dud. lieu y demeurant et messire Henry de Soucelles, chevalier, seigneur d'Oiré, son frère demeurant paroisse de Saint-Germain-d'Arcé, élection et ressort de Baugé, ont justiffié la possession du titre de noblesse, depuis l'année 1452, commençant en la personne de noble et puissant seigneur Hardouin de Soucelles, écuyer, sieur dud. lieu, leur 5e ayeul.

Porte : *de gueules à 3 chevrons d'argent*.

SOUSAY (FRANÇOIS DE), sieur de La Guichardière, parroisse de Saint-Hillaire de Eschaubrongne, eslection de Montreuil-Bellay, ressort d'Angers, comparant le XVIe avril par Me Pierre Gyérault, lequel a dit qu'icelluy de Sousay entend maintenir la qualité d'escuyer et qu'il est aisné de sa maison et que .... de Sousay, sieur des Moulins, demeurant en Bretagne est son cousin-germain, et qu'il ne cognoist autres de son nom et armes, qu'il porte : *de gueulles, à trois coquilles d'or*, et pour la justiffication de lad. qualité a mis au greffe les pièces dont il entend se servir et a signé :

GYÉRAULT.

Les pièces dud. sieur de Soussay ont esté rendues aud. Gyérault, ce XXVIe avril 1667.

SOUSSAY (DE).

François de Soussay, écuyer, sieur de La Guichardière, demeurant paroisse de Saint-Hilaire de Chaubrognes, élection de Montreuil-Bellay, bailliage d'Angers, a justiffié la possession du titre de noblesse, depuis l'année 1535, commençant en la personne de son bisayeul.
— François Soussay... au nombre des maintenus par M. Voisin.

SOUSSON (RAOUL DE), sieur de La Braudière, demeurant parroisse de Loisle (?) eslection et ressort de La Flèche, comparant le XXVIe avril 1667 tant pour luy que pour Louis de Sousson, sieur de Vernelle, demeurant parroisse de Saint-Jean-des Marais, eslection et seneschaussée d'Angers, a dit que sond.

frère et luy entendent maintenir la qualité d'escuyer, qu'ils sont seuls de leur maison, que néantmoins il scait qu'il y en a encore quelques-uns de lad. maison lesquels estans en provinces esloignées il ne cognoist poinct et qu'il porte pour armes : *d'azur, à un soleil d'or en chef, un lis d'argent patté en fasce et trois estoilles aussy d'argent rangées* [1] et a signé :

RAOUL DE SOUSSON.

Led. sieur de Sousson a mis au greffe le seize septembre 1667.
Les pièces dud. sieur de Sousson luy ont esté rendues ce xvIII^e janvier 1668.

T

TAHUREAU (RENÉ DE), sieur de La Fustaye, demeurant parroisse de Mareschè, eslection du Mans, seneschaussée de La Flèche, comparant le XXIe juillet 1667, a dit qu'il entend maintenir la quallité d'escuier, qu'il est aisné d'une branche de cadetz de sa maison, que le sieur Tahureau de La Chevallerye demeurant parroisse de Courcemont, mesme eslection du Mans, est l'aisné de lad. maison dont il ne connoist autres et porte pour armes celles qu'il produira au hault de sa généalogie et a signé :

RENÉ DE TAHUREAU.

Led. sieur Tahureau a mis au greffe les pièces dont il entend se servir ce XXVIe janvier 1668.
Lesd. pièces dud. sieur Tahureau luy ont esté rendues le 29e janvier 1668.

TAHUREAU. — Originaire du Maine.
Pierre Tahureau, écuyer sieur de La Chevallerie, demeurant paroisse de Courcemont et René Tahureau, écuyer, sieur de La Fustaye, demeurant paroisse de Mareschay, son cousin issu de germain, ont justiffié la possession du titre de noblesse depuis l'année 1467, commençant en la personne de leur quartayeul.
Porte : *d'argent à 3 hures de sanglier arrachées de sable, 2 et 1.*

(1) Denais donne à cette famille : *de sable au lis naturel posé en pal surmonté d'un soleil d'or et accompagné en pointe de 3 étoiles d'argent rangées.*

TAILLEVIS (René de), sieur du Breuil, demeurant parroisse de Saint-Mars-du-Corps, eslection du Chasteau-du-Loir, baronnie-pairie de Mondoubleau, comparant le xxiiii° juin 1667, a dit qu'il entend maintenir la qualité d'escuyer, qu'il est cadet de sa maison et que François de Taillevis, son nepveu, demeurant en Vendosmois, génerallité d'Orléans, est l'aisné de sad. maison, de laquelle il recognoist encor Edme de Taillevis, sieur de Chaufour et .... de Taillevis, sieur de Fontenailles frères, demeurans aussy en Vendosmois mesme génerallité d'Orléans, et qu'il n'en cognoist point d'autres et qu'il porte pour armes : *d'azur au lyon d'or tenant une grape de raisin d'argent* et a signé :

R. De Taillevis.

TAILLEVIS (François-Paul de), sieur de Jupeaux et Claude de Taillevis, sieur de Carrys, demeurans parroisse de Saint-Cyr-du-Gault, en Touraine, comparans le 23° janvier 1669, ont dit qu'ils entendent maintenir la qualité d'escuyer, qu'ils sont issus d'aisnéz de leur maison et qu'outre Edme de Taillevis, sieur de Chauffour, leur père et Jean de Taillevis, sieur de Fontenailles, demeurant parroisse de Lunay, génerallité d'Orléans, eslection de Vendosme, et Charles Taillevis prieur de Françay, mesme génerallité d'Orléans, leur oncle, et René de Taillevis, sieur de Brué, demeurant en l'eslection du Chasteauduloir, il n'en connoissent autres qui portent leur nom et armes qui sont : *d'azur, au lion d'or tenant une grappe de raisin en la patte dextre ;* ont mis au greffe les pièces dont ils entendent se servir et ont signé :

F. Paulle de Taillevis.

Claude de Taillevis.

Les pièces dud. sieur de Taillevis luy ont esté rendues le 24° janvier 1669.

Signé : F. Paule de Taillevis.

TAILLEVIS (de). — Originaire du Bas-Vendosmois.
François-Paul de Taillevis, écuyer, sieur de Juppeaux et Claude de Taillevis, écuyer, sieur du Breuil, demeurant parroisse de Saint-Mars-du-Cor, élection de Châteauduloir, leur cousin

du 2 au 4e dégré, ont justiffié la possession du titre de noblesse depuis l'année 1554, commençant en la personne de Raphaël Taillevis, qui fut annobli en lad. année 1554 et est le trisayeul desd. François et Claude de Taillevis et ayeul dud. René.

Porte : *d'azur au lion rampant d'or tenant une grappe de raisin d'argent.*

TALOUR (Barthélemy), sieur de La Carterie, demeurant en la ville d'Angers, parroisse Sainct-Denis, comparant le dix novembre 1666, par M^{tre} Claude Bruneau, advocat au présidial d'Angers, lequel a déclaré pour ledict Talour qu'il n'a jamais pris la qualité d'escuier ainsy qu'il se voit dans tous les actes de conséquence qu'il a passés et a signé :

G. Bruneau [1].

TANTON (Philippe de), escuyer, sieur de La Gogrière et Claude de Tanton, sieur dud. lieu, comparans le xii juin 1668 par led. Claude de Tanton, ont dit qu'ils entendent maintenir la qualité d'escuyer par eux prises, qu'ils en produiront les tiltres, déclarent ne congnoistre autres de leur nom et qu'ils portent pour armes : *d'azur, au chevron danté, d'or, à deux fleurs de lis et demie d'or, deux en chef et la demye en poincte.*

Signé : Claude de Tanton.

Les pièces dud. sieur de Tanton luy ont esté rendues le 20e septembre 1668.

TENTON (de). — Originaire d'Anjou.

Philippe de Tanton, écuyer, sieur de La Goguerière, demeurant paroisse de Belair, élection de Baugé et Claude de Tenton, écuyer, sieur dud. lieu, son frère, demeurant paroisse d'Ambillou, élection de Saumur, ont justiffié la possession du titre de noblesse depuis l'année 1522 commençant en la personne de leur bisayeul.

Porte : *d'azur au chevron denché d'or accompagné en chef de 2 fleurs de lys et en pointe d'une demie fleur de lys le tout de même.*

— Philippe de Tanton... eut acte de la représentation de ses titres le 20 septembre 1668.

---

(1) De cette famille était Jean Talour, conseiller à la chambre des comptes de Bretagne en 1740.
D'azur à la croix pattée d'argent chargée d'un cœur de gueules.

TARDIF. — De Tours, noblesse d'échevinage.

Thomas Tardif et Artus Tardif, écuyer, sieur du Jong, son frère, demeurants paroisse de Trogues, élection de Chinon, bailliage de Tours, ont justiffié la possession de leur noblesse, comme petit-fils de Jean Tardif l'un des 24 échevins de la ville de Tours anoblis par le Roy Henri III.

Porte : *d'or à 3 palmes de sinople, 2 et 1.*

TARTERET (Mᵉ MICHEL), conseiller du Roy, juge magistrat au siège présidial de cette ville de Tours, comparant le xxviiᵉ janvier 1667, a dit qu'ayant l'honneur d'estre l'un des vingt-quatre eschevins perpétuels de lad. ville où il a mesme encore la charge de maire, il a creu devoir prendre la qualité d'escuyer, ce qui auroit esté accordé aux maire et eschevins de lad. ville par lettres patentes des Roys Louys unziesme, et Henry troisiesme et confirmé de temps en temps par tous les Roys jusques à présent et a faict eslection de domicille en cetted. ville en la maison où il est demeurant et a signé :

TARTERET.

TARTERET (Mᵉ MICHEL), conseiller du Roy, juge magistrat au bailliage et siège présidial de Tours, eschevin de lad. ville, comparant le 29ᵉ janvier 1669, a dict qu'il a faict cy-devant sa déclaration, néantmoins pour obéir à l'ordonnance de Monsieur l'Intendant, déclare avoir esté nommé à lad. charge d'eschevin le jour S. Simon S. Jude le 28ᵉ octobre 1655, à laquelle il a presté le serment, a esté installé le 4ᵉ novembre suivant et depuis a esté esleu maire et en icelle charge a presté le serment le 26ᵉ novembre 1662, en conséquence desquelles qualitez il soustient avoir esté fondé de prendre la qualité d'escuyer et requiert estre renvoyé de lad. demande.

Signé : TARTERET.

TASCHEREAU (GABRIEL), comparant le 7 juillet 1666, nous a dit qu'il entend maintenir la qualité d'escuyer par luy prise, et a signé :

G. TASCHEREAU DE LINYÈRES.

725

Et le 19 dud. mois, led. sieur Taschereau a mis au greffe les pièces dont il entend se servir pour la justiffication des qualités d'escuyer et de chevallier par luy prises, lesquelles pièces luy ont esté rendues [1].

TASSIER (CHARLES), sieur des Rameaux, demeurant parroisse de Theneuil eslection de Chinon, comparant le 12e septembre 1668 par Mtre Michel Bernard, lequel a dit qu'icelluy sieur Tassier entend maintenir la quallité d'escuyer, produira cy-après les tiltres dont il entend s'ayder et a signé :

BERNARD.

Led. sieur Tassier a mis au greffe les pièces dont il entend se servir le xxi mars 1669.

Damoiselle Marie Vaz de Mello, veufve de FRANÇOIS DU TERTRE, vivant sieur du Bois-Joulain, demeurant à Nantes, en la maison de Alfonce Vaz de Mello, conseiller, médecin ordinaire de Sa Majesté et doyen de l'université de lad. ville de Nantes, son père, depuis cinq ans qu'elle est veufve, comparant le dix-sept juin 1667, laquelle pour satisfaire à l'assignation qui luy a esté donnée aud. lieu du Bois-Joulain en Anjou quoy qu'elle n'y ait demeuré depuis la mort de sond. mary a dit que lad. assignation n'a peu luy estre donnée, n'estant de l'estendue de cette généralité, et que neantmoins elle déclare que que sond. mary a pris la qualité d'escuyer et a eu droict de la prendre, mais qu'elle ne peut quand à présent justiffier lad. qualité n'ayant voulu accepter la garde noble de ses enfans et dud. deffunct sieur du Tertre auxquels enfans a esté créé trois curateurs, pour raison de quoy il y a procès indécis au parlement de Paris, et scellé aposé sur les coffre et lieux où sont les tiltres justifficatifs de la noblesse de sond. deffunct mary qui ne peuvent être représentés qu'après la levée dud. scellé par le sieur de Dieuty l'un desd. curateurs qui en est chargé par justice, et a signé :

MARIE VAZ DE MELLO.

(1) Armoiries : *de gueules à 7 macles d'or, 3, 3 et 1.*

TERTRE (René du), sieur du Tertre de May, demeurant parroisse de May, eslection et ressort de Chasteau-Gontier, comparant le xxi aoust 1668, a dit qu'il entend maintenir la qualité d'escuier, qu'il est aisné de sa maison, que .... du Tertre, sieur des Ruaux, demeurant parroisse de Bazouges de Chemeré pays du Mayne est cadet de sa maison, que Allexandre du Tertre, sieur du Boisjourdan et damoiselle Marie du Tertre, enfans mineurs, demeurans en Poictou sont issus d'une branche de cadetz de sa maison, et n'en connoist autres qui portent son nom et armes qui sont : *d'argent, au lion rampant de sable, armé, couronné et lampassé de gueulles,* et pour la justification de sa noblesse a mis au greffe les pièces dont il entend se servir et a signé :

René du Tertre.

Les pièces dud. sieur du Tertre luy ont esté rendues le 22e aoust 1668.

TERTRE (de). — Originaire d'Anjou.
René du Tertre, écuyer, sieur dud. lieu, demeurant paroisse de May élection et ressort de Châtiffié la possession du titre de noblesse, depuis l'année 1434, commençant en la personne de son quartayeul.
Porte : *d'argent au lion de sable, armé, lampassé et couronné de gueules.*
— René du Tertre... eut acte de la représentation de ses titres le 21 août 1668.

THERET (Jacques-Edmond), demeurant parroisse d'Azé-sur-Indre, comparant le 31 juillet 1666, a déclaré qu'ayant esté cy-devant provost des mareschaux et en mesme temps lieutenant-criminel en l'Eslection de Loches, à laquelle il est présentement supprimé, il se peut que quelques notaires luy ayent donné la qualité d'escuier, qu'il ne prétend poinct et à laquelle il renonce, et a signé :

Théret [1].

Condamné.

TESSÉ (Jean de), gentilhomme ordinaire de la maison du Roy, demeurant en la ville d'Angers, comparant le quinze juin 1667 par Me Paul Miré, lequel

---

(1) Portait : *d'azur au soleil d'or entouré d'un orle de gouttes d'eau ou larmes d'argent.*

a dit que depuis trante ans et plus que led. de Tessé porte les armes pour le service du Roy, il n'a pris la qualité d'escuier qu'après avoir traitté et esté receu en la charge d'exempt des gardes du Roy qu'il a exercé longtemps conjoinctement avec la charge de lieutenant au gouvernement du Pont-de-Cé, et est encores présentement gentilhomme ordinaire de la maison du Roy, couché et employé sur l'estat de Sa Majesté, ce qu'il justiffiera par tiltres authenticques et a signé :

MIRÉ.

Led. sieur de Tessé a mis au greffe les pièces dont il entend se servir, ce xve janvier 1668.

Les pièces dud. sieur de Tessé ont esté rendues à Me Michel Bernard, son procureur, le deuxiesme febvrier 1671.

TESTARD (PIERRE LE), sieur de Roussillon, demeurant en la ville de Mayenne, comparant le XXIX juillet 1667, a dit qu'il entend maintenir sa qualité d'escuyer, qu'il est seul de sa famille et qu'il ne connoist autres personnes de son nom et armes, qu'il porte : *d'azur, à la croix Saint-André ou saultoir d'argent*, a mis au greffe les pièces dont il entend se servir et a signé :

P. LE TESTARD.

TESTARD. — Originaire du Maine.

Pierre Testard, écuyer, sieur de Roussillon, demeurant en la ville de Mayenne, a justiffié la possession du titre de noblesse, depuis l'année 1554, commençant en la personne de son trisayeul.

Porte : *d'azur au sautoir d'argent*.

TESTU (CLAUDE), sieur de La Roche, conseiller du Roy, au baillage et siège présidial de Tours, y demeurant, comparant le XXVIIe janvier 1667 a dit qu'il entend maintenir la qualité d'escuyer, qu'il est aisné de sa maison, que le sieur Testu, trésorier de France en lad. ville de Tours, est son cousin remué de germain et qu'il y en a encor d'autres du mesme nom à Paris, qu'il ne cognoist et qu'outre led. sieur Testu, trésorier de France, et sa famille et Pierre,

Marguerite et Marie, ses frères et sœurs, il ne cognoist personne de son nom et armes, et produira au premier jour les pièces dont il entend se servir, et a signé :

Testu.

Led. sieur Testu a mis ses pièces au greffe et lesd. pièces luy ont esté rendues ce xxiie mars 1668.

Et lesd. pièces ont esté remises au greffe le quinze septembre 1669.

Lesd. pièces ont esté rendues aud. sieur Testu le 4e janvier 1670.

TESTU (Pierre), sieur de Pierre Basse, demeurant à La Galaisière, parroisse de Lucé, eslection et seneschaussée de Baugé, comparant le ive octobre 1668, a dit qu'il entend maintenir la qualité d'escuyer, qu'il est issu de cadet de sa maison, qu'outre Armand Testu son fils, Alexandre Testu capitaine au régiment du Roy, demeurant à Paris et Pierre Testu, bénéficier, ses frères, puisnéz, Gabriel Testu, de Balincourt d'Hédouville, son cousin issu de germain demeurant en l'eslection de Beauvais et Louis Testu aussy son cousin issu de germain, il ne connoist autres personnes de son nom et armes, qu'il porte : *d'or, à trois lionceaux de sable, armez et lampasséz de gueules, celuy du milieu contourné :* a mis au greffe les pièces dont il entend se servir et a signé :

Pierre Testu.

Les pièces dud. sieur Testu luy ont esté rendues le 4 octobre 1668.

TESTU. — Originaire de Paris.

Pierre Testu, écuyer, sieur de Pierre Basse, demeurant paroisse de Lucé, élection et ressort de Baugé, a justiffié la possession du titre de noblesse, depuis l'année 1533, commençant en la personne de son trisayeul.

Porte : *d'or à 3 lionceaux passants de sable, armés, lampassés de gueules, celui du milieu contourné.*

— Pierre Testu... eut acte de la représentation de ses titres le 4 septembre 1668.

TEXIER (Jacques Le), sieur des Clais, demeurant parroisse Saint-Martin de Sargé, eslection de Chasteauduloir, et du duché de Vendosme, comparant le dix-huict juin 1667, a dit qu'il entend maintenir la qualité d'escuyer, qu'il est seul de son nom et armes, qu'il porte : *d'azur à un lyon d'or lampassé de gueules*, et a signé :

J. LE TEXIER.

Led. sieur Le Texier a mis au greffe les pièces dont il entend se servir ce premier juillet 1667.

Lesd. pièces ont esté rendues aud. sieur Le Texier le neuf juillet 1667.

TESSIER (LE). — Originaire du Maine.

Jacques Le Tessier, écuyer, sieur de Saint-Martin de Sargé, élection du Chateauduloir, a justiffié la possession du titre de noblesse, depuis l'année 1535, commençant en la personne de son bisayeul.

Porte : *d'azur au lion d'or lampassé de gueules*.

THÉART (ISAAC), sieur de La Burlière, demeurant à Angers, comparant le XXII décembre 1667, a dit qu'il n'a jamais pris ny entendu prendre la qualité d'escuyer et y renonce, et a signé :

J. THÉARD.

THIBAULT (LOUIS DE), sieur de Chassaignes, demeurant ordinairement à Paris et à présent à Voyseray, parroisse de Grazé, eslection et bailliage de Loudun, comparant le XIIIe septembre 1667, a dit qu'il entend maintenir la qualité d'escuier en conséquence de sa charge de conseiller et sécretaire du Roy de laquelle il est pourveu depuis l'année 1654, sans préjudice de la soustenir d'extraction cy-après, attendu que les tiltres sont entre les mains de ses aisnéz demeurans en Bourgongne et en Nivernois et a signé :

DE THIBAULT CHASSEIGNES [1].

THIERRY (CHARLES), sieur de Launay, demeurant parroisse de Fontaines, comparant le VIIIe mars par Me Louis Le Damoysel tant pour luy que pour

---

(1) Armoiries : *de gueules à 3 tours crenelées d'or, maçonnées de sable, 2 et 1*.

Henry Thierry, son frère absent, damoiselle Anne Courtois, vefve de Urban Thierry, sieur de La Vieillière, son frère aisné, demeurante à Durtal et damoiselles Renée, Marguerite, Marie, Gabrielle et Jeanne Les Thierris, ses sœurs, demeurantes à Brion, tous eslection d'Angers et ressort de Baugé, lequel a dict que lesd. sieurs et damoiselles Thierry entendent maintenir la quallité d'escuier et qu'ils portent pour armes : *de sinople, au limier d'or, accompagné de trois mollettes d'espron d'or*, et a mis au greffe les pièces concernans la noblesse desd. sieurs Thierry.

Signé : Le Damoysel.

Le sac et lesd. pièces dud. sieur Thierry a esté rendu aud. Le Damoysel le neufiesme mars 1668.

THIERY. — Originaire d'Anjou.

Charles Thiery, écuyer, sieur de Launay, Henri Thiery et damoiselle .... Courtois veuve d'Urbain Thiery, écuyer, sieur de Beaulieu, demeurants à Durtal, élection de Baugé, ont justifié la possession du titre de noblesse, depuis l'année 1482, commençant en la personne de Pierre Thierry, leur quintayeul, anobly par le Roi Louis XI en conséquence des services qu'il luy a rendus en plusieurs circonstances.

Porte : *de sinople au chien passant d'or, accompagné de 3 molettes de même, 2 et 1.*

— Charles Thierry.... eut acte de la représentation de ses pièces le 8 mars 1668.

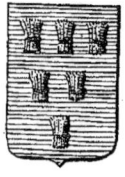

THIESLIN (Claude de), sieur de Montfrond, demeurant parroisse d'Auvers-le-Hamon, eslection de La Flèche, bailliage du Mans, et Charles de Thieslin, sieur du Lavoir, La Courbe, cousin-germain dud. Claude, demeurant parroisse de Beaufay, eslection et bailliage du Mans, comparans le seize octobre 1666, lesquels ont dict qu'ils entendent maintenir la qualité d'escuier, comme issus de parens nobles et escuiers, reconnoist led. Claude Thieslin comme aisné Jean de Thieslin, son oncle, demeurant parroisse de Saumeray, eslection de Chateaudun, bailliage de Chartres, René Thieslin, son oncle, demeurant parroisse de Torcé, eslection et bailliage du Mans, et Pierre de Thieslin, aussy son oncle et père dud. Charles ; porte pour armes : *d'azur à six chevallières de lin d'or, liez de gueulles, trois en chef, deux en cœur, et une en poincte*, et ont signé :

C. de Thieslin.

Claude de Thieslin de Monfrou.

THIESLIN. — Originaire d'Anjou.

Claude Thieslin, écuyer, sieur de Montfrou, demeurant paroisse d'Auvers-le-Hamon, élection de La Flèche, René de Tieslin, écuyer, sieur du Plessis, demeurant paroisse de Torcé, élection du Mans, et Charles Thieslin, écuyer, sieur de La Courbe, demeurant paroisse de Bauffé, élection du Mans, neveu dud. Pierre Tieslin, ont justiffié la possession du titre de noblesse, depuis l'année 1537, commençant en la personne du trisayeul desd. Pierre et René et quartayeul dud. Charles.

Porte : *d'azur à 6 chevalières ou gerbes de lin d'or, liées de gueules, 3, 2 et 1.*

— Claude de Thieslin.... eut acte de la représentation de ses titres le 21 novembre 1666 [1].

THION (RENÉ), sieur de La Verrouillère, conseiller du Roy au siège présidial d'Angers, comparant le XVIIIe septembre 1666, lequel a dit qu'il n'a jamais pris la qualité d'escuier et que sy elle luy a esté donnée, ç'a esté à son inseu et sans consentement et que sy cela est ce n'a esté que pendant sa minorité et que quand mesme il l'auroit prise (que non), il n'auroit faict aucun préjudice au Roy ny au public ayant toujours demeuré en ville franche, et a faict eslection de domicille en la personne de M^{tre} Michel Bernard procureur au bureau des finances estant à nostre suitte, et a signé :

THION.

THION (PIERRE), demeurant à Angers, comparant le unze janvier 1667, par M^{tre} Fergeau, procureur, lequel a dit que led. sieur n'a jamais pris la qualité d'escuyer, que si elle se trouve employée en quelques actes en demande communiquation et proteste de s'inscrire en faux contre iceux et qu'il y renonce.

FERREGEAU.

Éléonnarde Raguin, veufve de GUILLAUME DE **THOIS** vivant huissier de la chambre du Roy, demeurante au bourg de Pressigny, eslection et siège royal de Loches, Bailliage de Tours, comparante le deux apvril 1668 par Me André Berthot, procureur en l'eslection de Tours, lequel a dit qu'icelle veufve n'a

---

(1) Cette famille fut aussi maintenue en l'élection d'Évreux par de La Galissonnière le 16 mars 1667.

connoissance si son deffunct mary a pris la quallité d'escuyer et que s'il l'a prise que ce ne peut estre qu'en conséquence de sa charge, qu'elle n'entend maintenir lad. qualité d'escuyer, mais seullement son exemption et privillèges attribuez à la charge dud. deffunct son mary en l'exercice de laquelle il est décédé.

BERTHOT.

THOMAS (MATHIEU), sieur de Jonchères, procureur de l'hostel et maison commune de cette ville d'Angers, y demeurant parroisse Sainct-Maurille, comparant le neuf novembre 1666, lequel pour satisfaire à l'assignation à luy donnée à la requeste de Laspeyre, a dict qu'il entend maintenir sa qualité d'escuier, laquelle est attachée à sa charge de procureur dud. hostel de ville qu'il exerce despuis vingt ans et plus, par les lettres de création dud. hostel de ville, faictes par Louis Unze, confirmées par ses successeurs, ce qu'il justiffiera par les pièces qu'il produira au premier jour, et a signé :

M. THOMAS.

Les pièces dud. sieur Thomas m'ont esté rendues et mises es mains en conséquence du pouvoir à moy donné par led. sieur Thomas porté par sa lettre missive demeurée au greffe de monseigneur l'intendant, ce deux juin 1667.

BERNARD.

— Mathieu Thomas... advocat au présidial d'Angers, qui fut échevin en 1646, paiera...
Armoiries : *d'argent à la tête de Maure de sable tortillée d'argent, accolée, bouclée et éclairée de même.*

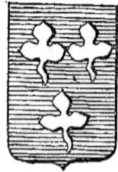

THOMAS (JACQUES), sieur de Montargy, demeurant parroisse de Savigné-l'Évesque, eslection et bailliage du Mans, comparant le xxe décembre 1666, tant pour luy que pour Esmery Thomas, sieur de Beaumont, mesme parroisse, a dit qu'ils entendent maintenir la qualité d'escuier, qu'il est aisné de sa maison et qu'il porte pour armes : *d'azur à trois treffles d'argent*, et qu'outre led. Esmery Thomas, son frère, et Philbert Thomas, son autre frère, il ne cognoist personne de son nom et armes, qu'il produira au premier jour les pièces dont il entend se servir pour la justiffication de sa noblesse et de sesd. frères, et a signé :

JACQUE THOMAS.

THORY (PIERRE DE), sieur de La Tuffière, demeurant parroisse Saint-Germain-d'Arcé, eslection et seneschaussée de Baugé, comparant le XXIIe septembre 1668, a dit qu'il entend maintenir la qualité d'escuyer, qu'il est aisné de sa maison, qu'outre Mathieu de Thory, son fils, Marc de Thory, sieur de La Chevalerie, son frère puisné, demeurant en l'eslection du Chasteau-du-Loir, Charles de Thory, sieur des Roches, son cousin germain, demeurant parroisse dud. Saint-Germain-d'Arcé, Henry, René et Victor de Thory, aussy ses cousins germains estans au service du Roy, il ne connoist autres personnes de son nom et armes, qu'il porte : *d'argent, à deux fasces de gueules, à sept merlettes de mesme, quatre en chef et l'autre en poincte* pour la justiffication de laquelle qualité, il a produict les pièces dont il entend se servir, et a signé:

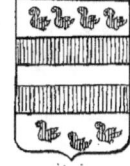

PIERRE DE THORY.

Les pièces dud. sieur de Thory luy ont esté rendues ce 23 septembre 1668.

THORY (DE). — Originaire d'Anjou.
Pierre de Thory, écuyer, sieur de La Tuffière, demeurant paroisse Saint-Germain-d'Arcé élection et sénéchaussée de Baugé, Marc de Thory, écuyer, sieur de La Chevallerie, son frère puisné, demeurants en sa maison du Clos-Rouge, élection de Chateauduloir et Charles de Thory, écuyer, sieur des Roches demeurant paroisse de Saint-Germain-d'Arcé et Henri, René et Victor de Thory frères, étant au service du Roy cousins-germains dud. de Thory ont justiffié la possession du titre de noblesse, depuis l'année 1532, commençant en la personne de son trisayeul.
Porte: *d'argent à 2 fasces de gueules et 7 merlettes de même, 4 en chef et 3 en pointe.*

TIBERGEAU (LOUIS), seigneur de La Motte, demeurant parroisse de Flée, eslection de La Flèche ressort du Chasteau-du-Loir, présidial du Mans, comparant le XXIXe avril 1667, a dit qu'il entend maintenir la qualité d'escuyer, qu'il est aisné de sa maison et que François Tibergeau, sieur de la Pilletière

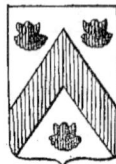

et René Tibergeau, frères, estans au service de Sa Majesté, sont cadets de lad. maison, et qu'il porte pour armes : *d'argent à un chevron de gueules, accompagné de trois croisilles de mesme* et a signé :

LA MOTTE THIBERGEAU.

Led. sieur Thibergeau a mis au greffe les pièces dont il entend se servir ce xxviie may 1667.

Les pièces dud. sieur Tibergeau luy ont esté rendues ce quatre juin 1667.

TIBERGEAU. — Originaire du Maine.

Louis Tibergeau, écuyer, sieur de Flée, de La Motte et autres lieux, demeurant en sa maison de La Motte, élection de La Flèche ressort de Chateauduloir, a justiffié la possession du titre de noblesse, depuis l'année 1486, commençant en la personne de son trisayeul.

Porte : *d'argent au chevron d'azur accompagné de 3 crousilles de même, 2 et 1.*

TORCHARD (Damoiselles LOUISE et ANNE-MARIE DE), filles de deffunct Jean de Torchard, sieur de Brosse, demeurantes parroisse d'Auvers-le-Hamon, eslection de La Flèche, ressort du Mans, comparantes le xx décembre 1668 par M^{tre} Louis Le Damoisel, procureur à la suite de Monseigneur l'Intendant, lequel a déclaré que les dictes damoiselles entendent maintenir la quallité d'escuier et de chevallier prise par led. deffunct leur père, qu'ils portent pour armes : *d'or, à cinq barres en bande, de gueules, à l'escu d'argent posé à la droite, chargé d'un porc espy de sable ;* ont mis au greffe les tiltres dont elles entendent leur servir.

Signé : LE DAMOYSEL.

Les pièces desd. damoiselles de Torchard ont esté rendues aud. Le Damoysel ce xxiie décembre 1668.

TORCHARD (DE). — Originaire d'Anjou.

Damoiselles Louise et Anne-Marie de Torchart sœurs demeurantes paroisse d'Auvers-le-Hamon, élection de La Flèche ressort du Mans, ont justifié la possession du titre de noblesse, depuis l'année 1481 commençant en la personne de leur quartayeul.

Porte : *d'or à 5 bandes de gueules, alias, au franc canton d'argent chargé d'un porc-épic de sable.*

— Louise... de Torchard... au nombre des maintenus par M. Voisin.

TOUCHART (AMBROISE), conseiller du Roy, juge royal de Laval y demeurant, comparant le treize may 1667 par M⁰ André Berthot, procureur en l'eslection de cette ville de Tours, lequel a dit qu'icelluy Touchard n'a jamais pris la qualité d'escuyer et au contraire a tousjours vescu en bourgeois et payé sel et taille depuis qu'il est hors de la puissance de ses père et mère, et a signé :

BERTHOT.

TOUCHE (JACQUES DE LA), sieur de L'Angevinière, demeurant parroisse de Sepmes, eslection et ressort de Chinon, bailliage de Tours, comparant le 23ᵉ aoust 1666, lequel, pour satisfaire à l'assignation à luy donnée à la requeste de Laspeyre le vingt un du présent mois par exploict de Ladebat pour procéder aux fins dud. exploict et de nostre ordonnance y énoncée, a dit qu'il entend maintenir la qualité d'escuyer et qu'il est cadet de sa maison, et que Louis et .... de La Touche, ses cousins-germains sont aussy cadets, et qu'Augustin de Latouche est l'aisné de la maison qui porte pour armes : *d'or à un lyon de sable couronné, lampassé et onclé aussy d'or,* et qu'il ne cognoist autres desd. maison et armes que les cy-dessus només, que les tiltres pour la justiffication de sa noblesse estans entre les mains dud. Augustin de La Touche, son aisné, il prétend demander délay pour les retirer et les représenter, et a faict eslection de domicille en cette ville de Chinon au logis de M^tre Breuzard, procureur, et a signé :

JACQUES DE LA TOUCHE.

Le 23ᵉ septembre 1666, led. sieur a mis au greffe les pièces dont il entend se servir pour la justiffication de sa noblesse.

Les pièces dud. sieur de La Touche luy ont esté rendues, ce dix octobre 1666.

TOUCHE (DE LA). — Originaire de Touraine.

Jacques de La Touche, écuyer, sieur de Langevinière y demeurant paroisse de Sepmes, élection de Chinon bailliage de Tours, a justiffié la possession du titre de noblesse, depuis l'année 1486, commençant en la personne de son quintayeul.

Porte : *d'or au lion de sable, armé, lampassé et couronné de gueules.*

TOUSCHE (René de La), sieur de L'Isle, demeurant en la parroisse de Sainct-Paul-le-Viconte, eslection du Mans, bailliage de La Flèche, comparant le 5 octobre 1666 par M^tre Michel Bernard, lequel a dict que led. sieur entend maintenir la qualité d'escuyer comme issu de parens nobles et escuiers, et pour la justiffication de sa noblesse a produict ses tiltres.

(Acte non signé.)

TOUSCHE (DE LA). — Originaire du Maine.

René de La Tousche, écuyer, sieur de L'Isle, demeurant parroisse de Saint-Paul-le-Vicomte, élection du Mans, a justiffié la possession du titre de noblesse, depuis l'année 1483, commençant en la personne de son quartayeul.

Porte : *d'argent à 2 bandes de sable.*

TOUCHE (Jacques de La), sieur de La Mortellerie, demeurant au domaine des Préz parroisse de Chailland, eslection et bailliage de Mayenne, comparant le cinquiesme décembre 1667 par M^tre Michel Bernard, lequel a dit qu'icelluy sieur de La Touche entend maintenir la qualité d'escuyer, pour la justification de laquelle en luy donnant délay compétant pour ce faire il représentera les pièces et tiltres dont il s'entend ayder, lesquels sont ès mains de son frère aisné lequel est à présent demeurant en Normandie, et a led. Bernard signé :

BERNARD.

Led. sieur a mis au greffe les pièces dont il s'entend servir ce xiii avril 1668. Les pièces dud. sieur de La Touche luy ont esté rendues ce quinze avril 1668.

Signé : De La Touche.

TOUCHE (DE LA). — Originaire du Maine.

Jacques de La Touche, écuyer, sieur de La Mantellerie, demeurant parroisse de Chailland élection et duché de Mayenne, a justiffié la possession du titre de noblesse, depuis l'année 1514, commençant en la personne de son trisayeul.

Porte : *d'azur au lévrier passant d'or, au collier de même.*

TOUCHES (Antoine des), demeurant parroisse de Trogues, eslection de Chinon, comparant le 10e septembre 1668, a dit qu'il n'a jamais pris ny entendu prendre la qualité d'escuyer, ayant toujours esté cottisé ès rolles des tailles et du sel es parroisses où il a faict sa demeure et mesme est l'année présente collecteur des tailles en lad. parroisse de Trogues et a signé :

DESTOUCHES.

TOURNETON (RENÉ DE), sieur du Plessis, demeurant parroisse de Tillouze, eslection et bailliage de Tours, comparant le xxe septembre 1667, a dit qu'il entend maintenir la qualité d'escuyer, qu'il ne cognoist que René et Léonord Tourneton, ses enfans, de son nom et armes, qu'il porte : *de gueules, au chef d'argent, chargé de trois cœurs aussy de gueulles* et pour la justiffication de sa qualité a mis au greffe les pièces dont il entend se servir et a signé :

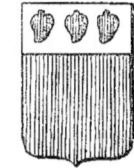

DE TOURNETON.

Les pièces dud. sieur de Tourneton luy ont esté rendues, ce xxii septembre 1667.

TOURNETON (DE).
René de Tourneton, écuyer, sieur du Plessis, y demeurant, paroisse de Tillouze, élection et présidial de Tours et René de Tourneton, écuyer, sieur de La Voye, son fils aisné, demeurant paroisse de Mazé, élection de Baugé, présidial de La Flèche, ont justiffié la possession du titre de noblesse depuis l'année 1505, commençant en la personne de leur bisayeul et trisayeul.
Porte : *de gueules au chef d'argent chargé de 3 cœurs de même.*
— René de Tourneton... eut acte de la représentation de ses titres... le 22 septembre 1667.

Du 19 février 1667 :
Sont comparus les Maire et eschevins de la ville de TOURS ès personnes de Charles Charbonnier, conseiller du Roy et son procureur en l'Election de lad. ville de Tours, Michel Tarteret, aussy conseiller du Roy, juge magistrat au siège présidial de ladite ville, Jean Carré conseiller du Roy, lieutenant civil et criminel en lad. eslection et Estienne Gravier, sieur d'Orthière, eschevins et députés du corps de lad. ville par délibération du vingt-six janvier dernier.
Lesquels ayans apris les poursuittes qui se font devant nous à la requeste

de Me Jean Laspeyre, contre aucuns de leurs corps et autres dessendans des précédents maires et eschevins de lad. ville qui ont pris la qualité d'escuyer, déclarent qu'ilz interviennent et se joignent ès instances avec lesd. particuliers pour soustenir avec eux comme de faict ils soustiennent contre led. Laspeyre que comme nobles ils ont droict de prendre lad. qualité d'escuyer et n'en peuvent estre vallablement recherchés.

Leur noblesse est fondée par lettres patentes de l'establissement dudict corps de ville, du Roy Louis unziesme, du mois de febvrier mil quatre cens soixante un, par lesquelles il est porté en ces termes : « que pour accroistre l'honneur desd. maire et eschevins, de leur postérité, combien qu'ils ne soient nés ne extraits de noble lignée, les avons anoblis et anoblissons du privilège de noblesse, eux et leurs lignées et postérités nées et à naistre en loyal mariage et qu'ils soient réputés et tenus pour nobles et jouissent des privilèges, franchises et libertés que les autres nobles du royaume jusques à parvenir à l'estat de chevallerie en temps et lieu. »

Cesd. lettres ont esté registrées en la chambre des comptes par arrest du vingt-huict may 1464, par lequel quoy qu'il y ayt quelque modification sur le chef dud. anoblissement, néantmoins led. article qui est le second commance en ces termes : « Nous consentons led. anoblissement.... »

Il en est de mesme par les arrests de vériffication de lad. chambre, des lettres de confirmation des Roys Charles huictiesme et Louis douziesme et sur la confirmation du Roy François premier avec expression particulière dud. anoblissement pourveu qu'ils soient procréés en loyal mariage, habitans de lad. ville de Tours ou demeurans en ville non payans taille.

Le deffault de vériffication ès cours de parlement et des aides desd. lettres a esté réparé par celles qui ont esté faictes de la confirmation du roy François premier scavoir au parlement purement et simplement sans aucune modification de l'anoblissement par arrest du XIIIe aoust 1518, et pour lad. cour des aydes l'arrest de vériffication du quinze juin 1519 porte en termes exprès que la cour consent que les maire et vingt-quatre Eschevins présens et à venir, leur postérité en ligne directe née et à naistre jouissent de la noblesse à eux accordé par icelles lettres aux conditions y contenues.

Il y a eu semblables confirmations de tous les reignes jusques à présent avec les vériffications esd. cours et chambre des comptes, aux modifications desd. arrests dont n'est à présent question, ne s'agissant que du tiltre et qualité de noblesse qui a toujours esté conservé.

En sorte que le Roy Henri quatriesme aiant révoqué plusieurs privilèges de noblesse et exepté ceux accordez aux villes capitalles de ce Royaume, par ses lettres patantes du douziesme juillet 1598, Sa Majesté déclare qu'en lad. revocquation, elle n'a entendu y avoir compris le tiltre de noblesse et privilège accordé auxd. maire et eschevins de la ville de Tours ; lesquelles lettres ont esté registrées en la cour des aides par arrest du 18 de septembre aud. an.

De plus pour les nécessitez de cest estat le deffunct Roi aiant ordonné que ceux qui auroient privilège d'exemption des droits de francz fiefz paieroient à Sa Majesté quelque finance pour y estre confirméz, lesd. Maire et Eschevins de Tours s'y sont opposés tant pour le général des habitans qui ont led. privilège pour leurs terres nobles de la province de Touraine, pour lesquels ils ont remonstré qu'ayant obtenu confirmation de leur privilège à l'avènement à la couronne du Roy, ils n'en auroient besoing d'autres et que de leur faire paier finance c'estoit indirectement les priver dud. affranchissement ; et à l'égard d'eux maire et échevins en particullier, n'estoit que pour ceux qui jouissoient de lad. exemption par privilège mais que pour eux et les dessendans de leurs prédécesseurs estans nobles, ils n'estoient subjectz aud. droict, sur quoy par arrest de la chambre souveraine des frans fiez du troisiesme septembre 1659 contradictoirement donné avec le traitant les habitans sont demeurés décheus de leur opposition, et faisant droit sur celle desd. maire et eschevins, led. arrest porte qu'en conséquence des privilèges de noblesse à eux accordéz, ils demeureront exemptz des dictes taxes, eux et leurd. postérité née et à naistre, que ce qui a esté par eux payé leur sera rendu.

En l'instance cy-devant pandante au Conseil du Roy pour raison de cette noblesse, le traittant à voullu prétendre que le Roy Henri troisiesme ayant choisy son séjour et de ses principalles compagnies souveraines en sa ville de Tours pendant les troubles de cet Estat, Sa Majesté désira s'assurer de ses plus fidelles serviteurs, pour le gouvernement de sad. ville, pour cet effect par ses lettres patantes du mois de may 1589 elle a suprimé le corps de ville et estably un Maire et vingt-quatre Echevins ausquelz Sa Majesté a attribué les mesmes privilèges que ceux portez par lesd. lettres de Louis unziesme et confirmation d'icelles, a levé les modifications dud. arrest de la chambre, lesquelles lettres led. traittant dit avoir esté restrainctes par l'arrest du parlement séant à Tours du. dix-huictiesme dud. moys de may de vérification, aux personnes des vingt-quatre Eschevins lors nommés et que pour les autres, il n'en peulvent jouir, qui est une pure cavillation destruitte par la lecture dud. arrest par lequel il se voit que la seule diférance qui y est establye entre lesd. vingt-quatre lors nommés et les autres qui l'ont depuis esté conciste en ce que les premiers jouissent sans restriction de l'effect desd. lettres de Louis unziesme, les modifications qui y avoient esté aportéez par les arretz de vérification de la chambre estans levés en leur faveur ; et pour les autres qui seroient nommés pour l'avenir, led. arrest porte qu'ils jouiront de lad. noblesse en la forme que leurs prédécesseurs en ont cy-devant jouy et aux conditions portées par lesd. arrests de vérification, de sorte que leurs prédécesseurs ayant jouy de lad. noblesse ainsy que lesd. confirmations et vérifications d'icelles le justiffient il est hors de doubte qu'ilz y ont esté confirméz.

Il est sans aparances de dire que la cour du Parlement séant à Tours où elle avoit esté receue par les habitans avec tout l'honneur et respec qui luy est deub eust voullu afoiblir les privillèges du corps de ville lesquelz ont estez encores confirméz par les Roiz qui ont depuis suivy et particullièrement par ladicte déclaration du Roy Henri quatriesme de l'an 1598.

Et par ses moyens soustiennent lesd. Maire et Eschevins estre bien fondez en leur intervention cy-dessus et led. Laspeyre sans aulcune action contre eux ny contre ceux avec lesquelz ilz se sont jointz.

CHERBONNYER.   TARTERET.
CARRÉ.   GRAVIER.

Lesd. Maire et Eschevins ont produict et mis au greffe les pièces dont ils entendent se servir pour la justiffication de leurs raisons et moyens, lesquelles pièces ont esté parafées par première et dernière ce sept janvier 1669.

TOURS (NICOLAS DE), sieur de Bois-Bonnard, y demeurant parroisse de Villeperdue, ellection et bailliage de Tours, comparant le troisième décembre 1667 par M⁹ Michel Bernard, lequel a dit qu'icelluy sieur de Tours, entend maintenir la qualité d'escuyer, qu'il est unicque de sa famille, qu'il porte : *d'or à l'aigle de sable, à deux testes, armée et becquée de gueules, au pal d'azur, chargé de trois tours d'argent eschiquées* et a signé :

BERNARD.

Les pièces dud. sieur de Tours ont esté rendues ce XXVII janvier 1668 aud. Bernard, son procureur.

TOURS (DE). — Originaire de Tours.
Nicolas de Tours, écuyer, sieur de Boisbonnard, y demeurant paroisse de Villeperdue, élection et bailliage de Tours, a justiffié sa noblesse comme fils de Louis de Tours, conseiller et secrétaire du Roy, maison et couronne de France mort dans sa charge.
Porte : *d'or à l'aigle éployée de sable, armée et becquées de gueules, au pal d'azur chargé de 3 tours d'argent échiquetées [maçonnées de sable].*

TOUVOIS (RENÉ DE), sieur dud. lieu demeurant en la paroisse de Sainct-Pierre-des-Échaubrognes, eslection de Montreuil-Bellay, comparant le 13 septembre 1666, lequel pour satisfaire à l'assignation quy luy a esté donnée à la requeste de M^{tre} Jean de Laspeire par Girault huissier le sixiesme du présent mois, a dit qu'il entend maintenir la qualitté d'escuier par luy prise et pour la justiffication de sa noblesse qu'il produira ses tiltres au premier jour et ne congnoist aultre de son nom et armes et qu'il porte pour armes : *de gueulles au paon d'or les miroirs de la queue de sable,* et a esleu domicille en la maison de M^{tre} André Guérin procureur au bailliage de Chinon, et a signé :

DE TOUVOIS.

Led. sieur de Touvois a mis au greffe les pièces dont il entend se servir le x octobre 1666.
Les pièces dud. sieur de Touvois luy ont esté rendues ce XXII avril 1667.

— Pierre de Touvois... produisit ses titres et renvoyé au Conseil avec avis de le décharger des poursuites du traitant, sans dépens, et de le maintenir dans sa noblesse le 20 avril 1667.

TRAFFOREST (SÉBASTIEN DE), sieur des Belonnières, commissaire des guerres, demeurant parroisse de Maillé-Laillé, eslection et ressort de Chinon, comparant le XVIII janvier 1668, par Me André Berthot, procureur en l'eslection de cette ville de Tours, lequel a dit qu'icelluy Sébastien Trafforest n'a jamais pris la qualité de chevallier et d'escuier auxquelles il renonce et n'entend y prétendre aucun droict et que s'il a jouy de l'exemption des Tailles, ç'a esté en vertu de sa charge de commissaire ordinaire des guerres dont il a esté pourveu dés l'année 1627, et a signé :

BERTHOT.

TREMBLIER (CHARLES DU), sieur de La Varenne, conseiller du Roy, juge magistrat au siège présidial d'Angers, y demeurant, comparant le 12e juin 1667 par Me Michel Bernard, lequel a dit qu'icelluy du Tremblier entend maintenir la quallité d'escuyer comme ayant esté cy-devant esleu et nommé eschevin en la ville dudict Angers, suivant les privilèges accordez aux maire et eschevins de lad. ville, pour la justiffication de quoy il produira cy-après les pièces dont il s'entend ayder.

Signé: BERNARD.

TREMBLIER (DU). — D'Angers, noblesse d'échevinage.

Charles du Tremblier, sieur de La Varenne, conseiller au présidial d'Angers, qui a été échevin de lad. ville en 1662, a payé la confirmation.

Porte : *d'or au tronc d'arbre repoussant en bas, de [sinople]*.

— Charles du Tremblier, sieur de .... et de Chauvigné.... pour jouir.... au nombre des maintenus par M. Voisin le 14 juin 1668 et chargé de payer la taxe.

TRIBOUILLE (CLAUDE DE LA), sieur de Beauchesne, demeurant parroisse de Saint-Crespin, eslection et seneschaussée d'Angers, comparant le dix-sept may 1667 tant en son nom que pour damoiselle Françoise Richard, veufve de Guillaume de La Tribouille, sieur de Beauchesne, sa mère, demeurant en lad. parroisse de Saint-Crespin, a dit qu'il entend et sad. mère soustenir la qualité d'escuyer qu'il est aisné d'une branche de cadets de sa maison, que Guillaume de La Tribouille demeurant avec sad. mère est son frère, que Philippes de La Tribouille, demeurant en Bretagne est l'aisné de sad. maison, qu'Anthoine de La Tribouille, demeurant en lad. parroisse de Saint-Crespin est son oncle et Jean de La Tribouille, sieur du Saucé, demeurant en Poictou est aussy son cousin et qu'il ne cognoist autre de son nom et armes que........ de La Tribouille, demeurant en Bretagne, qu'il porte pour armes : *d'azur, à trois roquets d'argent*, et a signé :

CLAUDE DE LA TRIBOUILLE.

TRIBOUILLE (Antoine de la), seigneur de La Haye, demeurant parroisse de Saint-Crespin, eslection et ressort d'Angers, comparant le 12ᵉ juin 1667 par Mᵉ Louis Le Damoisel, lequel a dit que led. sieur de La Haye entend maintenir la quallité d'escuyer, qu'il est issu d'une branche de cadets de sa maison et que l'aisné d'icelle est Claude de La Tribouille, seigneur de Beauchesne, lequel produira au premier jour tant pour son chef que pour led. sieur de La Haye.

Signé : Le Damoysel.

TRIBOUILLE (de la). — Originaire de Bretagne.
Claude de La Tribouille, écuyer, sieur de Beauchesne et Antoine de La Tribouille, écuyer, sieur de La Haye, son oncle, demeurants paroisse de Saint-Crespin, élection et ressort d'Angers, ont justiffié la possession du titre de noblesse, depuis l'année 1517, commençant en la personne du quartayeul dud. Claude.
Porte : *d'azur à 3 roquets d'argent, 2 et 1.*
— Claude de Tribouille... eut acte de la représentation de ses titres tant pour lui que pour sa mère et .... le 15 juin 1667.

TRIOLLON (Pierre de), demeurant parroisse de Beaumont, eslection du Chasteau-du-Loir, bailliage du Mans, comparant le 1ᵉʳ juin 1667, a dit qu'il entend maintenir la qualité d'escuier, qu'il est l'aisné de sa famille et reconnoit François, Gaspard, Jean et Gabriel Triollon, de sa famille, demeurans province de Poictou, porte pour armes : *de gueules, à la tour d'argent accostée de deux levrettes de mesme,* et a signé :

Pierre de Triollon.

Led. sieur de Triollon à produict les pièces justifficatives de sa noblesse le xvᵉ avril 1668.
Lesd. pièces luy ont esté rendues ce xviiᵉ avril 1668.

TRIOLON (de). — Originaire de ....
Pierre de Triolon, écuyer, sieur de Chamagnan, demeurant paroisse de Beaumont-pied-de-Bœuf, élection et ressort du Châteauduloir, a justifié la possession du titre de noblesse depuis l'année 1552, commençant en la personne de son bisayeul.
Porte : *de gueules à la tour d'argent accostée de 2 levrettes passantes de même.*

Damoiselle Anthoinette de La Motte, femme séparée de biens d'avec GEORGES DU TROCHET, sieur de Turterie, demeurante parroisse de Nueil, eslection et siège royal de Chinon, bailliage de Tours, comparante le VIIe janvier 1668, laquelle a dict que le deuxiesme du présent mois il a esté donné assignation aud. sieur du Trochet, en la maison où elle est demeurante, bien qu'icelluy du Trochet en soit absent il y a plus de huict ans et qu'elle ne scait s'il est noble et a pris la qualité d'escuyer et a signé :

A. DE LA MOTTHE.

Led. sieur Trochet a mis au greffe les pièces dont il entend se servir pour la justiffication de sa qualité d'escuyer par M^{tre} Jacques Paul Miré, son procureur le 21e mars 1669.

Les pièces dud. sieur Trochet luy ont esté rendues le 11e may 1669.

Envoyé noble.

Signé : GEORGES TROCHET.

TROCHET. — Originaire de Poitou.

Georges Trochet, écuyer, sieur de Charnay, demeurant parroisse de Nué-sous-Crissay, élection de Chinon, bailliage de Tours, a raporté une ordonnance de M. Barentin intendant de Poitou dans laquelle la possession du titre de noblesse est justiffiée depuis l'année 1453 commençant en la personne de son quintayeul.

Porte : *d'azur à 5 pals d'or.*

TULLE (CHARLES DE), sieur de La Malière, demeurant parroisse de Saint-Laurent-sur-Sèvre, eslection de Mauléon, généralité de Poitiers, comparant le XIX may 1668, lequel a dit qu'il entend maintenir la qualité d'escuyer et qu'il a esté assigné aux mesmes fins pardevant monsieur Barantin, intendant de la généralité de Poitiers le treize may 1667, devant lequel il a produit ses tiltres justifficatifs de sa noblesse et par devant lequel il prétend demander son renvoy et a signé :

CHARLES DE TULLE [1].

(1) Armoiries : *d'argent au pal de gueules chargé de 3 papillons d'argent.*

TURPIN (ANTHOINE), sieur d'Orvaux, de Crissé, demeurant parroisse d'Angrie, eslection et ressort d'Angers, comparant le XXVIIIe avril 1667, a dit qu'il entend maintenir la qualité d'escuyer, qu'il est cadet d'une branche cadette de sa maison, que Urban Turpin, baron de Crissé, demeurant parroisse de Loiré, mesmes eslection et ressort d'Angers, est son frère aisné, que René Turpin, sieur de La Fresnaye-Turpin, est son frère puisné, et que ...... Turpin, comte de Vic, est aisné de la maison et qu'il n'en cognoist poinct d'autres de son nom et armes, qu'il porte : *lozangé d'or et de gueules* et attendu qu'il est cadet de sa maison prétend demander délay pour recouvrer les tiltres de ses aisnés et les répresenter et a signé :

ANTHOINE TURPIN.

TURPIN (HENRY-CHARLES), seigneur comte de Vihiers, demeurant ordinairement en son chasteau de Thargé, parroisse dud. lieu, eslection de Chastellerault, généralité de Poitiers, comparant le XXIIe may 1668 par Me Michel Bernard, lequel a dit que led. sieur Turpin a esté cy-devant assigné pour raison du mesme faict devant monsieur l'intendant dudict Poictiers, devant lequel il a produict les pièces et tiltres justifficatifs de sa qualité de chevallier comme appert par acte du 28 mars 1665, signé :

COLBERT.

Lesquels tiltres il offre encores représenter.

Signé : BERNARD [1].

V

VABRES (MICHEL DE), sieur de La Grand'-Roche, demeurant en la parroisse de Perrigny-l'Évesque, eslection du Chasteau-du-Loir, seneschaussée du

(1) Armoiries : *lozangé d'or et de gueules*.

Mans, comparant le 22e may 1667, a dit qu'il entend maintenir la quallité d'escuier, et ne connoist autres de son nom et armes, et a signé :

M. de Vabres.

VABRES (de). — Originaire de ...
Michel de Vabres, écuyer, sieur de La Grande-Roche, demeurant parroisse de Perigny-l'Évêque, élection du Châteauduloir, a rapporté pour l'établissement de sa noblesse des lettres de provision de Michel de Vabres, son père, de la charge de conseiller et sécretaire du Roy, le 22 juillet 1594, ensemble celles de son successeur en lad. charge du 15 may 1622.
Porte : *d'or à 3 pins de sinople, au chef d'azur chargé de 3 besans d'or.*

VACHER (Henri Le), sieur de La Chaise, demeurant à Saint-Germain d'Arcé, eslection de Baugé, bailliage dud. lieu, comparant le 29e aoust 1666, par M^{tre} Michel Pellisson, notaire royal à La Flesche, en vertu de la procuration à luy donnée par led. de La Chaise, du 27e aoust 1666, lequel pour satisfaire à l'assignation qui luy a esté donnée à la requeste de Laspeyre, par Carré, huissier du 21e de ce mois, a dict qu'il entend maintenir la qualité d'escuier comme descendu de parens nobles et escuiers et requiert un dellay compétant pour apporter ses tiltres, attendu sa maladie. Porte pour armes : *d'or à trois testes de vaches de gueulles deux en chef et une en poincte*, et a esleu domicille en la personne de M^{tre} Michel Bernard, procureur au bureau à Tours, estant à nostre suitte, et a signé :

Pélisson.

VACHER (Henri Le), sieur de La Chaise, demeurant à Sainct-Germain d'Arcé, eslection de Baugé, ressort et bailliage de La Flèche, comparant le xxi septembre 1666 par Messire Urbain Le Vacher, prestre, conseiller et aumosnier du Roy, abbé de La Chaise, son frère, lequel a dit qu'icelluy sieur de La Chaise entend maintenir la qualité d'escuyer et qu'il est aisné de sa maison et qu'outre luy abbé de La Chaise, son frère, il ne cognoist personne de son nom et armes que Charles et René Le Vacher, ses cousins-germains, et qu'il porte pour armes : *d'or à trois testes de vache de gueules, deux en chef et une en poincte*, et pour la justiffication de lad. qualité a produit les pièces dont il entend se servir et a signé :

Urbain Le Vacher.

Les pièces dud. sieur de La Chaise ont esté rendues au sieur abbé de La Chaise son frère, le xxvie septembre 1666.

VACHER (Le). — Originaire d'Anjou.

Henry Le Vacher, écuyer, sieur de La Chaize demeurant parroisse de Saint-Germain-d'Arcé, élection de Baugé, bailliage d'Angers, a justiffié la possession du titre de noblesse, depuis l'année 1507, commençant en la personne de son trisayeul.

Porte : *écartelé aux 1 et 4 d'or à 3 testes de vache de gueules 2 et 1 ; aux 2 et 3 d'azur à 2 lions affrontés d'or* [qui est Scolain].

— Henri Le Vacher... eut acte de la représentation de ses titres le 21 septembre 1666.

VACHER (Étienne Le), sieur de Marigny, demeurant à l'Isle Bouchart, ressort de Chinon, bailliage de Tours, âgé de 67 ans, comparant le 6 aoust 1666, a dit qu'il entend maintenir la qualité d'escuier, qu'il est puisné de sa maison, et que de son aisné qui s'apeloit Jacques Le Vacher est issu Estienne Le Vacher et qu'il ne cognoist personne desd. nom et armes sinon les filles de luy Estienne Le Vacher, et que pour armes il porte : *d'azur à un vaze d'or remply de fleurs* et a mis au greffe les pièces dont il entend se servir.

Signé : Vacher.

Les pièces dud. sieur Le Vacher luy ont esté rendues le 9 aoust 1666.

VAHAYE (Jean de), sieur de La Rondelière, demeurant parroisse de Charné, eslection de Mayenne, et Ancelme de Vahaye, sieur de Moranne, demeurant paroisse de Chemillé, eslection de La Flèche, comparans le trois aoust 1667 tant pour eux que pour Jean de Vahaye, sieur de La Bouverye, demeurant parroisse de Charné et Magdelon de Vahaye, sieur de Beaulieu, demeurant parroisse de Dezertines, eslection de Mayenne, ont dit qu'ils entendent maintenir la qualité d'escuyer et qu'ils ne connoissent personnes de leur nom

et armes sinon Magdelon de Vahaye chevalier de l'ordre de Saint-Michel, demeurant parroisse de Fercé, eslection de La Flèche et toutte sa famille aisné d'icelle famille, et qu'ils portent pour armes : *d'azur, au soleil d'or,* pour la justiffication de leur noblesse ont mis au greffe les pièces et tiltres dont ils entendent se servir et ont signé :

J. de Vahaye.

A. de Vahaye.

Les pièces dud. sieur de Vahaye luy ont esté rendues le cinq aoust 1667.

VAHAYE (de). — Originaire du Maine.

Jean de Vahaye, écuyer, sieur de La Rondelière, et Jean de Vahaye, écuyer, sieur de La Bouverie, demeurants parroisse de Charné, Magdelon de Vahaye, sieur de Beaulieu, demeurant paroisse de Dezertine, élection de Mayenne et Anselme de Vahaye, écuyer, sieur de Moranne, demeurant paroisse de Chemillé, élection de La Flèche, ont justiffié la possession du titre de noblesse, depuis l'année 1532, commençant scavoir led. Jean Ier, aisné de la famille en la personne de son trisayeul et ledit Jean II, Magdelon et Anselme en celle de leur bisayeul.

Porte : *d'azur au soleil d'or.*

VALLÉE (François de La), sieur de La Rocherais, demeurant parroisse de Geneteil, eslection de Baugé, ressort de La Flèche, comparant le 28e septembre 1668, a dit qu'il entend maintenir la qualité d'escuyer, qu'il est cadet de sa maison que Nicollas de La Vallée est son frère aisné, demeurant parroisse de Saint-Laurent-du-Tencement, eslection de Bernay, que Gaspard de La Vallée, sieur du Vivier, est son frère cadet, lequel est au service du Roy, que .... de La Vallée, sieur de La Roche, Nicollas de La Vallée, demeurans parroisse de .... et René de La Vallée, sieur de .... demeurant parroisse de Porte, tous en Normandie, sont issus de branches de cadetz de leur maison et n'en connoist d'autre qui porte son nom et armes qui sont : *de gueules, à trois croissans d'argent montans, deux et un,* produira les tiltres dont il entend se servir et a signé :

François de Lavallée.

Les pièces dud. sieur de La Vallée ont esté rendues le 4e octobre 1668.

VALLÉE (DE LA). — Originaire d'Anjou.

François de La Vallée, écuyer, sieur des Rocherayes, demeurant paroisse de Genetay, élection de Baugé, a justiffié la possession du titre de noblesse, depuis l'année 1526, commençant en la personne de son trisayeul.

Porte : *de gueules à 3 croissants d'argent, 2 et 1.*

— François de Vallée... eut acte de la représentation de ses titres le 4 octobre 1668.

VALLÉE (RENÉ DE LA), sieur dudit lieu de La Vallée, demeurant parroisse de Blandouet, eslection du Mans, ressort de La Flèche, comparant le xxvie juillet 1667 par M^{tre} Louis Le Damoisel, lequel a dit que led. sieur de La Vallée entend maintenir la qualité d'escuyer et qu'il produira ses tiltres au premier jour.

LE DAMOYSEL.

Led. sieur de La Vallée a mis au greffe les pièces dont il entend se servir ce xxviie juillet 1667

Les pièces dud. sieur de La Vallée ont esté rendues audit Le Damoysel le 16e mars 1668.

VALLÉE (DE LA). — Originaire du Maine.

René de La Vallée, écuyer, sieur dud. lieu, demeurant paroisse de Blandouet, élection et bailliage du Mans, est petit-fils de Michel de La Vallée, écuyer, sieur de La Vallée, commissaire ordinaire de l'artillerie, qui fut anobly au mois de janvier 1609 pour avoir rendu en peu de temps tout l'attirail de l'artillerie avec ses officiers proche la ville de Lyon.

Porte : *d'argent au lion de gueules, armé de sable et tenant en la gueule une branche de laurier de sinople.*

VALLET (DE LA). — Originaire du Bourbonnais.

Pierre de La Vallet, écuyer, sieur de La Touche, demeurant paroisse de Chillé, élection de Chinon, bailliage de Tours et René de La Vallet, écuyer, sieur de La Brosse, demeurant paroisse de Saint-Laurent-du-Lin, élection de Baugé, bailliage d'Angers, frères, ont justifié la possession du titre de noblesse, depuis l'année 1532, commençant en la personne de leur bisayeul.

Porte : *d'azur à la fasce d'or surmontée de 3 étoiles de même.*

— René Vallet... eut acte de la représentation de ses titres le 4 octobre 1668.

VALLIÈRE (PIERRE DE), sieur de La France, receveur de Brezé, appartenant à Monsieur le prince de Condé, comparant le 29 juillet 1666, par M^{tre} Pierre

Belgarde, nous a dit qu'il n'entend se servir de la qualité d'escuier et que sy quelques personnes la luy ont donnée, c'estoit à cause qu'il estoit au service comme mareschal des logis de feu monsieur le mareschal de Brezé, et que depuis sa mort, il a tousjours esté au service de mond. sieur le prince de Condé, et a signé :

BELGARDE.

VALLOIS (ANDRÉ LE), sieur de La Louzeraye, comparant le XXIXᵉ may 1668 tant pour luy que pour damoiselle Françoise Reste, vefve de deffunct René Le Vallois, sieur de Villiers, son frère aisné, et pour les enfans issus dud. deffunct et d'elle, demeurans parroisse de Larchamp, eslection de Mayenne, ressort d'Ernée, a dit qu'il entend maintenir la qualité d'escuyer dud. deffunct son mary lequel estoit l'aisné de sa maison, et n'en cognoist autres qui portent son nom et armes qui sont : *de gueules au chevron d'argent, accompaigné de trois croissans montans de mesme, deux en chef et un en poincte*, a mis au greffe les pièces dont ils entendent leur servir et a signé :

A. LE VALLOYS.

Les pièces dud. sieur Le Vallois luy ont esté rendues le 30ᵉ may 1668.

VALLOIS (LE). — Originaire du Maine.

Françoise Le Restre, veuve de deffunct René Le Vallois, écuyer, sieur de Villiers, tutrice de Louis, Bernard, Eusèbe et René Le Vallois, ses enfants, et dud. deffunct et André Le Vallois, écuyer, sieur de Louzeray, frère dud. René Le Vallois, demeurant paroisse de Larchamps, élection de Mayenne, ont justiffié la possession du titre de noblesse, depuis l'année 1542, commençant en la personne du bisayeul dud. feu René et dud. André.

Porte : *d'azur au chevron d'argent accompagné de 3 croissants de même, 2 et 1*.

VALORY (LOUIS DE), sieur de Tilly [Estilly], demeurant parroisse de Beaumont, eslection et ressort de Chinon, bailliage de Tours, et Charles de Valory, sieur de Lecé? parroisse de Varenne soubs Montsorreau, eslection et ressort de Saumur bailliage d'Angers, comparans le 23ᵉ aoust 1666, lesquels ont dit qu'ils entendent maintenir la qualité d'escuyer par eux prise, et qu'ils sont scavoir led. Louis de Valory, aisné de la maison, et led. Charles Valory issu d'un cadet, et qu'ils ne cognoissent de leurs noms et armes outre François de Valory, prieur de Pallaiseau, frère dud. Charles, que Brandelis de Vallory, curé de Montourtier, et Charles de Vallory, lieutenant des cent gentilshommes du Roy, et leurs enfans, demeurans led. Brandelis au lieu de Montourtier, au Bas-Maine, et led. Charles à Paris, et qu'ils portent pour armes : *d'or au laurier de sinope et chef de gueules*, et pour simier une aigle d'argent semée de croissans de sable, et chargée d'une croix aussy de sable en cœur, et pour la justiffication de leurs noblesses ont mis au greffe les pièces dont ils entendent s'aider, et ont esleu domicille en cette ville de Chinon au logis de M^{tre} Guillaume Daguindeau et ont signé :

Louis de Valory.

Charles de Valory.

Les pièces desd. sieurs ont esté rendues aud. Louis de Valory, ce trante aoust 1666.

VALLORY (de). — Originaire de Florence.

Louis de Vallory, écuyer, sieur de Tilly et Charles de Vallory, écuyer, sieur de Lecé, demeurant paroisse de Beaumont, élection de Chinon, bailliage de Tours, ont justiffié la possession du titre de noblesse, depuis l'année 1427, commençant en la personne de Barthélemy de Vallory, leur quartayeul, écuyer du roi de Cécile, auquel la reine Yolande sa femme donna la terre et seigneurie de Marignane qu'elle érigea en marquisat en sa faveur.

Porte : *d'or au laurier de sinople, au chef de gueules*.

VALTÈRE (Jean), escuier, sieur de Feudonnet demeurant en la ville d'Angers, parroisse Sainct-Aignan, comparant le unziesme septembre 1666, lequel sur l'assignation à luy donnée à la requeste de Laspeyre par Carré huissier le 23 aoust dernier a dict qu'il entend maintenir la qualité d'escuier par luy prise et que pour la justification de sa noblesse il produira au premier jour ses tiltres et ne cognoistre autres de son nom et armes que M^{tre} Pierre Valtère, chanoine en l'églize d'Angers, son frère, porte pour armes : *denté de gueulles en chef au champ d'argent à la fasce de sable avecq deux roses d'or*

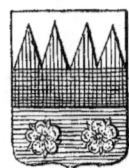

en poincte en champ d'azur, et a esleu domicille en la maison de M^tre André Guérin, procureur au bailliage de Chinon, et a signé :

JAN VALTÈRE.

Les pièces dud. sieur Valtère ont esté rendues au sieur Rousseau, advocat au Chasteau-du-Loir, ayant pouvoir de les retirer par procuration du XIIIe juin 1667, le seize dud. mois de juin.

— Me N. Valtère, sieur de Feudonnet, avocat, fils de Sébastien Valtère, qui fut échevin en 1640 pour....

Porte : *Coupé d'argent et d'azur par une fasce de sable, l'argent emmanché de 4 pièces de gueules et l'azur chargé de 2 roses d'or.*

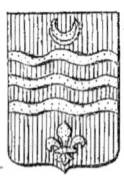

VALTOT (François de), sieur du Plessis, demeurant aud. lieu du Plessis, parroisse de Marchemaisons, province de Normendie, comparant le XIX septembre 1666, par Abraham de Semallé, fondé de procuration, lequel pour satisfaire à l'assignation à luy donnée à la requeste de Laspeyre par Jallu huissier le 7e du présent mois a dict pour led. de Valtrot qu'estant demeurant en lad. province dud. Normendie, il auroit esté assigné dès le XXIIIe de may dernier devant Monsieur de Marles, commissaire départy au département de la généralité d'Allençon pour luy réprésenter ses tiltres en vertu desquels il auroit pris la quallité d'escuier ce qu'il auroit faict, et sont encore à présent dans son greffe ainsy qu'il est prest de justifier, au moien de quoy a requis son envoy et a laissé lad. procuration à nostre greffe passée par Leriche notaire royal au Mayne le XIIIe septembre 1666, et a faict eslection d domicille en la maison de M^tre André Le Bourguignon, advocat au bailliage de Chinon et a signé :

ABRAHAM DE SEMALLÉ.

VALTOT (DE). — Originaire de Normandie.

François de Valtot, écuyer, sieur du Plessis, demeurant cy-devant paroisse de Marchemaisons, élection d'Alençon et à présent paroisse St Rémy, Election et bailliage du Mans, a représenté une ordonnance de renvoy de Mr de Marle, intendant de la Généralité d'Alençon et par laquelle il paraît que ledit Valetot a justiffié la possession du tiltre de noblesse, depuis l'année 1550, commençant en la personne de son trisayeul.

Porte : *de gueules à 3 petites fasces ondées d'or surmontées d'un croissant de même et une fleur de lys aussi d'or en pointe.*

VANSSAY (Marin de), sieur de La Barre, demeurant au chasteau de Conflans, eslection du Chasteau-du-Loir, duché de Vendosme, comparant le xviie juin 1667, a dit qu'il entend maintenir la qualité d'escuyer, qu'il est aisné de sa maison, que François de Vanssay et Jacques de Vanssay, ses frères sont demeurans avec luy et qu'outre sesd. frères, Marin de Vanssay, sieur de Rocheux, demeurant à Blois, François de Vanssay, demeurant à Tours, et Joseph de Vanssay, lieutenant au régiment de La Fère, de présent en garnison à Philisbourg, tous trois frères, sont ses cousins-germains, que Jean de Vanssay, sieur de Bretel et de Nazelles, demeurant à Bretel, parroisse de Rouessé et Louis de Vanssay, sieur de Coullouasné, demeurant parroisse de Chérancé, de l'eslection et seneschaussée du Mans, frères, sont aussy ses cousins remués de germain et que .... de Vanssay, sieur de La Salle, demeurant ordinairement au logis du sieur de Chamagnan? parroisse de Luceau, eslection du Chasteau-du-Loir et séneschaussée du Mans, est aussy son cousin remué de germain et que .... de Vanssay sieur de .... lieutenant de Roy en la ville de Mézières est encor de sa maison, et qu'il ne cognoist autres de son nom et armes, qu'il porte : *d'azur, à trois besans d'argent chargés de chacun une hermine*, et a signé :

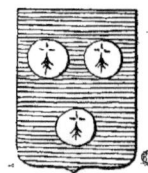

Marin de Vanssay.

VANSSAY (de). — Originaire du Maine.
Marin de Vanssay, écuyer, sieur de La Barre, Conflant, François de Vanssay, écuyer, sieur du Flan, Jacques de Vanssay, écuyer, sieur de La Béraudière, demeurants paroisse de Conflans, élection du Chateauduloir et François de Vanssay, demeurant en la ville de Tours, cousins germains ont justiffié la possession du titre de noblesse depuis l'année 1462, commençant en la personne de leur quartayeul.
Porte : *d'azur à 3 besans d'argent 2 et 1 chargés chacun d'une hermine de sable.*

VARICE (Louis), sieur d'Aubigné, exempt des gardes du corps du Roy, aagé de 35 ans, aisné de sa maison, demeurant ordinairement en la ville d'Angers, comparant le 9 aoust 1666, a dit qu'il entend maintenir la qualité d'escuyer, qu'il ne cognoist de sa maison que Jacques Varice, sieur du Chastellier, son frère, et qu'ayant esté assigné aux mesmes fins à la Cour des aydes, il y a envoyé ses tiltres, requérant délay sufisant pour les retirer, et a signé :

Louys Varice d'Aubigné.

Le 23 septembre 1666, led. sieur a déposé ses tiltres au greffe, lesquels ont esté rendus au sieur de La Brosse Maldemeure ayant charge par procuration de les retirer, le 19 may 1667.

Signé : Hercules de Launay.

VARICE (Jacques), sieur du Chastellier, exempt des gardes du corps du roy, demeurant en la ville d'Angers, comparant le quinze novembre 1666, lequel a dit qu'il entend maintenir la qualité d'escuyer et qu'il est cadet de sa maison et qu'outre Louis Varice, son frère aisné, il ne cognoist de sa maison et armes que Gaspard Varice, sieur de Vauléard, trésorier de France au bureau des finances à Tours, et les enfans de feu René Varice, sieur de Juigné, vivant auditeur en la chambre des comptes de Bretagne, et qu'il porte pour armes : *de gueules au chevron et trois macles d'or en fasce et une en poincte* et pour la justiffication de sa noblesse emploie les pièces qui ont esté et seront produictes par led. Louis Varice, et a faict eslection de domicille en cette ville de La Flesche au logis de M^{tre} Le Royer, advocat, et a signé :

Jacques Varice.

VARICE (Gaspard), sieur de Juigné, demeurant parroisse dudit Juigné-Bessé, eslection et seneschaussée d'Angers, comparant le dernier avril 1667 par Hector Belot, demeurant à Angers, lequel a dit qu'icelluy sieur de Juigné, entend maintenir la qualité d'escuyer et pour la justiffication d'icelle, a mis au greffe les pièces dont il entend se servir, et a signé :

Belot.

— Gaspard Varice, écuyer, sieur de Juigné... eut acte de la représentation de ses titres le 28 may 1667.

VARLET (M^{tre} Julien), sieur de Lorchères, demeurant à Angers, comparant le trois may 1667 par Jacques Pouperon, lequel a dit qu'icelluy Varlet n'a point pris la qualité d'escuyer ny jouy des privilèges d'icelle ayant toujours esté habitant de lad. ville.

Signé : POUPERON.

VASSE (M^tre HUBERT), conseiller du Roy au siège présidial et seneschaussée du Mans, y demeurant, comparant le 23e du mois d'aoust 1666, par M^tre Guillaume Fontaine, advocat en parlement, demeurant à La Flèche, fondé de procuration spécialle dud. sieur Vasse, du dix-neuf du présent mois passée par devant Le Roux et Coquelin, notaires royaux en lad. ville du Mans, lequel pour satisfaire à l'assignation donnée sur deffault aud. Vasse le seize du présent mois par Berton, huissier, pour procéder aux fins desd. exploicts, deffault et ordonnance y énoncée, a dit en vertu du pouvoir à luy donné par lad. procuration que led. Vasse n'entend à l'advenir soustenir et prendre la qualité d'escuyer et que s'il l'a prise par le passé il a creu y estre bien fondé pour estre issen de parens nobles, pour le soustien de laquelle noblesse il auroit cy-devant obtenu lettres de relief de desrogeance et autres lettres de noblesse dont il poursuivoit l'enthérinement à la Cour des aides, et qu'il n'a poinct faict de préjudice au Roy ny au public, d'aultant qu'il a toujours contribué à touttes charges et esté imposé au roolle des tailles depuis qu'il est taxable, et a faict eslection de domicille en la personne de M^tre Bernard, et est lad. procuration demeurée au greffe, et a signé :

FONTAINE [1].

Condamné.

VAUGIRAULT (JACQUES DE), sieur de Rochebonne, demeurant parroisse de La Poitevinière, eslection et ressort d'Angers, comparant le xxiiiie décembre 1666, lequel pour satisfaire à l'assignation donnée à damoiselle Hilairine de Beausoleil, veufve de feu René de Vaugirault son frère cadet, demeurant parroisse de Longué, eslection d'Angers, ressort de Saumur, a dit que lad. veufve de Vaugirault entend maintenir la qualité d'escuyer prise par sond. deffunct mary et que luy Jacques de Vaugirault entend aussy la maintenir, et

(1) Armoiries : *d'azur à la fasce d'or chargée d'une aigle éployée de sable et accompagnée de 3 étoiles d'argent, 2 et 1.*

qu'il est aisné de sa maison, et qu'outre les enfans de sondict frère et les siens et Gabriel de Vaugirault, bénéficier, son frère, il ne cognoist personne de son nom et armes, qu'il croit néantmoins qu'il y en a encor en Poictou quelques autres de son nom et armes, qu'il ne cognoist poinct, et que sesd. armes sont : *d'argent à une aigle de sable, desployée, à deux testes, onclée, bectée et esclairée de gueules*, et qu'il produira au premier jour les justiffications de sa noblesse et de ses frères et nepveus, et a signé :

J. DE VAUGIRAULD.

Les pièces dud. sieur de Vaugirault ont esté rendues à M^{tre} Jacques Paul Mirey, son procureur, le XVIIe febvrier 1667.

VAUGIRAULT (LOUIS DE), sieur de La Massonnière, demeurant parroisse de Saint-Christofle-en-Champagne, eslection et seneschaussée du Mans, comparant le XIIIe mars 1667 par Charles de Thieslin, escuier, sieur de Lorière, La Courbe, lequel a dit que led. sieur de Vaugirault entend maintenir la qualité d'escuyer et a mis au greffe les pièces dont il entend se servir à cet effect et qu'icelluy sieur de Vaugirault est aisné et seul de sa maison et porte pour armes : *d'argent, à l'aigle double de sable, couronné de mesme, becqueté et épiété de gueules* et a signé :

C. DE THIESLIN.

Les pièces dud. sieur de Vaugirault ont esté rendues aud. sieur de Thieslin, ce XVIIe mars 1667.

Damoiselle MARIE DE VAUGIRAULT veufve de deffunct François de Jameray[1], sieur d'Armaillé, demeurant parroisse de La Poëze, eslection d'Angers, comparant le XXVIIIe avril 1667, laquelle a dit qu'elle entend maintenir la qualité de damoiselle de son chef et non la qualité d'escuyer qu'a pris sond. deffunct mary quoy qu'elle la pust maintenir et ce qu'elle ne faict attendu la difficulté du recouvrement des tiltres qui sont entre les mains des aisnés

---

(1) De Jameray : *d'azur au lion d'argent accompagné de 3 trèfles d'or, 2 et 1*.

de sond. deffunct mary qui sont de Champagne et autres provinces esloignées et gouverneurs de vaisseaux sur mer, et a signé :

Marie de Vaugirault.

Damoiselle Charlotte de Channé, veufve de feu Georges de VAUGIRAULT, vivant sieur de La Guérinière, demeurant parroisse de La Chapelle-Sainct-Florent-le-Vieil, comparant le treize may 1667 par M^{tre} Michel Bernard, lequel a dict qu'icelle de Channé entend maintenir la qualité d'escuyer de son deffunct mary et prétend demander délay pour réprésenter les tiltres justifficatifs de lad. qualité.

Signé : Bernard.

Les pièces de lad. damoiselle de Channé ont esté rendues aud. Bernard, son procureur, ce xxiii febvrier 1668.

VAUGIRAULT (de). — Originaire d'Anjou.

Jacques de Vaugirault, écuyer, sieur de Rochebonne, demeurant paroisse de La Poitevinière, élection et ressort d'Angers, Hillarine de Beausoleil, veuve de deffunct René de Vaugirault, mère et tutrice de Jacques, René, Charlotte et Marie de Vaugirault ses enfans et dud. René de Vaugirault, demeurante paroisse de Longué, élection de Saumur, ont justifflé la possession de leur noblesse, depuis l'année 1477, commençant en la personne du quartayeul dud. deffunct René et dudit Jacques sieur de Rochebonne.

Damoiselle Charlotte de Channé, veuve de Georges de Vaugirault, écuyer, sieur de La Guérinière, demeurante paroisse Saint-Florent-le-Vieil, élection et bailliage d'Angers, a justifflé la possession du titre de noblesse en la famille dud. Georges de Vaugirault son mary depuis l'année 1527, commençant en la personne de son bisayeul. Du mariage de lad. de Channé avec led. Vaugirault il ne reste que deux filles, Marie et Françoise.

Louis de Vaugirault, sieur de La Massonnière, demeurant parroisse de Saint-Christophle-en-Champagne, élection et bailliage du Mans, a justifflé la possession du titre de noblesse, depuis l'année 1545, en la personne de son bisayeul.

Quoique les titres raportez par ces deux dernières familles ne justifflent pas qu'elles soient descendues de Jean de Vaugirault, quartayeul de Jacques, aisné de la famille néantmoins ils le reconnoissent pour le chef de la famille et portent les mêmes armes qui sont : *d'argent à une aigle esployée de sable (becquée, éclairée et onglée de gueules)*.

— Jacques de Vaugirault, Hillarine de Beausoleil... eurent acte de la représentation de leurs titres le 16 février 1667.

— Charlotte de Channé.... eut acte de la représentation de ses titres le 22 février 1668.

La branche de La Guerinière portait : *d'or à l'aigle de sable couronné d'azur.*

VAUJOYEUX (Louis de), sieur de La Planche, demeurant parroisse Sainct-Sauveur de Landemont, eslection et seneschaussée d'Angers, comparant le xiiii⁰ may 1667, a dit qu'il entend maintenir la qualité d'escuyer qu'il est seul de son nom et armes, qu'il porte : *d'argent, au lyon de sinople*, et pour la justiffication de lad. qualité a mis au greffe les pièces dont il entend se servir, et a signé :

Louys de Vaujoyeux.

Les pièces du sieur de Vaujoyeux luy ont esté rendues ce xxi may 1667.

VAUJOYEUX (de).
Louis de Vaujoyeux, écuyer, sieur de La Planche, demeurant paroisse Saint-Sauveur, élection et bailliage d'Angers, a justiffié la possession du titre de noblesse, depuis l'année 1539, commençant en la personne de son bisayeul.
Porte : *d'argent au lion de sinople*.
— Louis de Vaujoyeux... eut acte de la représentation de ses titres le 21 may 1667.

VAURIMOYRE (René de), sieur de L'Ermenerie, demeurant parroisse de Dissé, eslection de La Flèche, ressort du Chasteau-du-Loir, présidial du Mans, comparant le xviii⁰ mars 1667 tant pour luy que pour René de Vorimoire, sieur de La Perrière, son fils, demeurant parroisse de Bazouges, eslection et bailliage de La Flèche, a dit que sond. fils et luy entendent maintenir la quallité d'escuyer et qu'il ne cognoist personne de son nom et armes, qu'il porte : *d'argent, à six merlettes de sable*, et a mis au greffe les pièces dont il entend se servir et a signé :

De Vorimoyre.

Les pièces ont esté rendues aud. sieur de Vaurimoire le 20 may 1667.

VAURIMOIRE (de).
René de Vaurimoire, écuyer, sieur de L'Armenerie, demeurant paroisse de Courcillon, élection de La Flèche et René de Vaurimoire, sieur de La Perrière, son fils, ont justifié la possession du titre de noblesse, depuis l'année 1520, commençant en la personne de leur ayeul et bisayeul.
Porte : *d'argent à 6 merlettes de sable, 3, 2 et 1*.
— René de Vaurimoire... eut acte de la représentation de ses titres... le 18 may 1665.

VAUX (MICHEL DE) sieur de La Haye, l'un des vallets de chambre de feu Monsieur le Prince de Condé et cy-devant l'un des gensdarmes de Sa Majesté et fourier des logis, camps et armées de Sa Majesté, demeurant parroisse de Vallon, eslection de La Flèche, seneschaussée du Mans, comparant le XXIX juillet 1667 par Louis Regnauldin, sieur du Cormier, demeurant aud. Vaslon, lequel a dit qu'icelluy de Vaux ne prétend poinct la quallité d'escuyer par sa naissance et qu'il ne la point prise et que sy elle luy a esté donnée, ç'a esté pendant qu'il exerçoit lesd. charges de gendarme et fourier des logis de Sa Majesté qui luy donnoient droict de la prendre, et a signé :

REGNAULDIN.

VAUX (SIMON DE) sieur de La Blandelière, demeurant parroisse d'Escuillé, eslection d'Angers, seneschaussée de Chasteau-Gontier, comparant le XXIII mars 1668 par Me Michel Bernard, lequel a dit qu'icelluy sieur de Vaux entend maintenir la qualité d'escuier, pour la justiffication de laquelle il représentera ci-après les pièces et tiltres dont il entend s'ayder en luy donnant délay compétant, et a signé :

BERNARD.

Led. sieur de Vaux a mis au greffe les pièces dont il entend se servir ce XVII avril 1668.
Les pièces dud. sieur de Vaux ont esté rendues au sieur Bernard le XXe avril 1668.

VAUX (DE). — Originaire d'Anjou.
Simon de Vaux, écuyer, sieur de La Blandelière, demeurant paroisse de Sevillé, élection et bailliage d'Angers, a justifié la possession du titre de noblesse, depuis l'année 1496 commençant en la personne de son trisayeul.
Porte : *d'azur au sautoir fuzelé d'or accompagné aux 3 derniers quartiers d'un lionceau de même.*
— Simon de Vaux... eut acte de la représentation de ses titres le 7 avril 1668.

VAULX (GUY DES), sieur de Loresse, demeurant parroisse de Montjean, eslection de Laval, bailliage de Chasteaugontier, comparant le XIII juin 1668

tant pour luy que pour Jacques des Vaulx, escuier, son frère, et Gilbert des Vaulx sieur de Boisbrault, leur aisné ; led. Jacques des Vaux demeurant parroisse de Courveilles [Courbeveille], mesmes eslection de Laval et bailliage et led. Gilbert demeurant parroisse de Lesbois, eslection de Mayenne, lequel sieur de Loresse a dit qu'il entend maintenir la qualité d'escuier qu'il porte : *d'argent soubs sable au lion de l'un en l'autre, armé, lampassé d'or*, et qu'il connoist de son nom et armes outre ceux cy-dessus nommés Jean des Vaulx, marquis de Levarré et son frère comte de Levarré, et Bertrand des Vaulx, escuier, leur oncle et les enfans de luy et dud. Jacques des Vaulx, son frère, de la mesme province du Maine, et pour la justiffication de lad. qualité d'escuier a mis au greffe les pièces justifficatives de sa noblesse et a signé :

Guy des Vaulx.

Les pièces dud. sieur des Vaulx luy ont esté rendues ce xviii juin 1668.

VAUX (des). — Originaire du Maine.

Gilbert des Vaux, écuyer, sieur du Boisbrault, demeurant paroisse de Lesbois, élection de Mayenne, Guy des Vaux, écuyer, sieur de Loresse, demeurant paroisse de Montjean et Jacques des Vaux, son frère, demeurant paroisse de Courveille, élection de Laval, cousins dud. Gilbert, ont justiffié la possession du titre de noblesse, depuis l'année 1510, commençant ledit Gilbert en la personne de son trisayeul et ledit Guy et Jacques en celle de leur bisayeul.

Porte : *coupé de sable et d'argent au lion de l'un en l'autre, armé, lampassé d'or.*

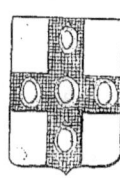

VAYER (René Le), sieur du Tronchet, demeurant en la ville du Mans, comparant le xxie febvrier 1668 par Mtre Michel Bernard, procureur au bureau des finances à Tours, fondé de procuration specialle passée devant Gervais Rousseau, notaire royal au Mans, le xe du présent mois, lequel Bernard a dit qu'icelluy Le Vayer entend maintenir la qualité d'escuyer.

Signé : Bernard.

Led. sieur Le Vayer a mis au greffe les pièces dont Jacques Le Vayer, son cousin-germain et luy entendent se servir, ce quinze may 1668.

Les pièces dud. sieur Le Vayer ont esté rendues le xxiiiie juin 1668.

VAYER (LE). — Originaire du Maine.

Jacques Le Vayer, conseiller du Roy, lieutenant-général en la sénéchaussée et siège présidial du Mans, y demeurant, Rolland Le Vayer, écuyer, sieur de Boutigny, son frère, demeurant à Paris, et René Le Vayer, écuyer, sieur du Tronchet, leur cousin germain demeurant en la ville du Mans, ont justiffié la possession du titre de noblesse, depuis l'année 1525, commençant en la personne de leur trisayeul.

Porte : *d'argent à la croix de sable chargée de 5 miroirs d'argent, bordés d'or.*

VEAU (URBAIN), sieur de Rivière, demeurant aud. lieu de Rivière, parroisse dud. lieu, eslection de Richelieu, bailliage de Tours, aagé de trente sept ans ou environ, comparant le 2 aoust 1666, a dit estre aisné de sa maison et que pour armes il porte : *d'or à trois testes de veau de gueules, deux en teste et une en poincte, avec un chevron brizé d'azur,* qu'il ne cognoist de sa maison et armes que René et François Veau ses cadets, et qu'il entend maintenir la qualité d'escuier, et a signé :

URBIN VEAU.

Le sieur Veau a mis ses pièces au greffe le 5 aoust 1666, lesquelles luy ont esté rendues le 7 desd. mois et an.

VEAU. — Originaire du Maine.

Urbain Veau, écuyer, sieur de Rivière, René Veau, écuyer, sieur de La Cour et François Veau, écuyer, sieur de Coesmé, frères, demeurants paroisse de Rivières, élection de Richelieu, ont raporté des lettres de réhabilitation obtenues par Alain Veau, leur bisayeul, au mois d'aoust[1] 1551 bien et deument vériffiées.

Porté : *d'or au chevron d'azur accompagné de 3 testes de veau de gueules, 2 et 1.*

VEILLON (RENÉ), sieur de Basse-Rivière, y demeurant, parroisse de Sainte-James, eslection et seneschaussée d'Angers, comparant le XVe avril 1668 par Me Michel Bernard, lequel a dit qu'icelluy sieur Veillon entend maintenir la qualité d'escuyer, qu'il est aisné de sa maison de laquelle il ne connoist autres personnes que René Veillon, son cousin issu de germain et les deux enfans dud. René, demeurans en lad. parroisse et pour la justiffication de laquelle

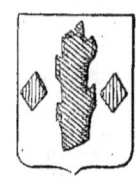

---

(1) D'Hozier de Sérigny a biffé aoust et l'a remplacé par avril.

qualité d'escuyer, a mis au greffe les pièces dont led. sieur Veillon entend s'ayder et a signé :

BERNARD.

Les pièces dud. sieur Veillon ont esté rendues aud. Bernard le xvie avril 1668.

VEILLON. — Originaire d'Anjou.

René Veillon, écuyer, sieur de La Basse-Rivière, demeurant paroisse de Sainte-Jame, élection et bailliage d'Angers, a justiffié la possession du titre de noblesse, depuis l'année 1472, commençant en la personne de son quartayeul.

Porte : *d'argent au tronc d'arbre d'azur, accosté de deux losanges de gueules.* — Alias : *d'argent au bâton écoté et mis en pal de sinople...*

— René Veillon... eut acte de la représentation de ses titres le 16 avril 1668.

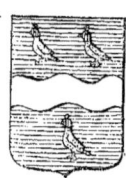

VERDIER (GABRIEL), sieur de La Jousselinière, demeurant en la ville d'Angers, comparant le xvi mars 1668 par M^{tre} Michel Bernard, procureur au bureau des finances à Tours, lequel a dit qu'icelluy sieur Verdier entend maintenir la qualité d'escuyer, pour la justiffication de laquelle il représentera cy-après les pièces et tiltres dont il s'entend ayder en luy donnant délay compétant de ce faire.

Signé : BERNARD.

— Me Jean Verdier, conseiller au présidial d'Angers, qui a été échevin en 1648, pour jouir...

Jean Verdier, conseiller au présidial d'Angers y demeurant, échevin de ladite ville en 1648, au nombre des maintenus par M. Voisin de La Noirays.

Armoiries : *d'azur à la fasce ondée d'argent, accompagnée de 3 émerillons d'or, becqués, chaperonnés et éperonnés de gueules, 2 et 1.*

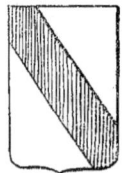

Françoise Boisgaultier, veufve de CLAUDE DU VERGER, demeurant parroisse de Montrichard, eslection d'Amboise, présidial de Tours, comparant le dernier avril 1667, a dit qu'elle entend maintenir la qualité d'escuyer prise par sond. deffunct mary décédé sans enfans et à la communauté duquel elle a renoncé et a signé :

F. BOISGAULTIER.

despens et néantmoins en temps que besoing est a faict eslection de domicille en la maison de M^{tre} Pierre Mauget advocat à Chinon.

Signé : VERONNEAU.

Condamné.

VERRIER (FRANÇOIS LE), sieur de La Henrière, gouverneur des pages de la chambre du Roy, demeurant de présent au chasteau du Lude, comparant le vingt-quatre décembre 1666, par M^{tre} Jacques Paul Mirey, procureur, lequel a dict que led. sieur Le Verrier, entend maintenir la qualité d'escuyer, et qu'estant led. sieur Le Verrier party pour aller servir son quartier, il prétend demander délay compétant pour venir représenter les tiltres justiffi-catifs de sa noblesse et a signé :

MIREY.

Damoiselle Élisabeth de Maran, veufve CLAUDE DE VERT, escuier sieur de Fontenelles, mère et tutrice des enfans dud. deffunct, demeurant parroisse de Seinct-Eusèbes de Gennes, comparant le xxIIII^e janvier 1667 par M^{tre} Jacques Paul Mirey, procureur, lequel a dit que lad. de Maran entend maintenir la quallité d'escuier prise par sond. deffunct mary et jouir des privillèges y attribués et produira au premier jour les pièces dont elle entend se servir, et a led. Mirey signé :

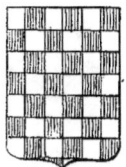

MIREY.

Les pièces ont esté rendues à lad. damoiselle de Maran le douze may 1667.

Signé : ÉLISABETH DE MARAN.

VERT (LE). — Originaire d'Anjou.

Damoiselle Élisabeth Maran, veuve de deffunct Claude Le Vert, écuyer, sieur de La Fontenelle, mère et tutrice de Claude, François, Charles et Urban de Vert, ses enfans, demeurants paroisse de Saint-Eusèbe de Gennes, élection et ressort de Saumur, a justiffié la possession du titre de noblesse, en la famille dud. Le Vert, depuis l'année 1518, commençant en la personne du trisayeul dud. Claude Le Vert.

Porte : *eschiqueté d'argent et de gueules.*
— Élizabeth Maran.... demeurant en sa maison noble de Chapeau..... eut acte de la représentation de ses titres le 11 may 1667.

VESDON (Joachim de), sieur des Obiers, comparant le 15 juillet 1666, par M^{tre} Jacques Dufrementel, procureur au siège présidial de Tours, lequel nous a déclaré que led. Vesdon est du ressort de la généralité de Poitiers où il a été assigné aux mesmes fins et a requis son renvoy par devant le sieur commissaire establi en lad. généralité, et a signé :

J. Dufrementel [1]

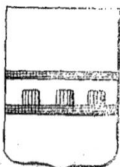

VIALLIÈRE (Estienne de La), sieur de Rigny, demeurant parroisse de Razines, eslection et ressort de Richelieu, bailliage d'Angers, aagé de 43 ans ou environ, comparant le 13 aoust 1666, lequel pour satisfaire à l'assignation à luy donnée à la requeste de Laspeyre, le 6 du présent mois, par exploict de Ladebat, huissier, pour procéder aux fins dud. exploict et de nostre ordonnance, a dit qu'il entend maintenir la qualité d'escuyer, qu'il est issu d'un cadet de sa maison et qu'outre Marc-Anthoine, René, Georges, Marie et Catherine, ses enfans, et Renée de La Viallière, sa sœur, femme de Hillaire Boyvin, escuyer, sieur du Monteil, il ne cognoist personne de lad. branche et que Nicolle et Fulgence de La Viallière sont issus de feu Jacques de La Viallière, lequel Jacques estoit fils de Pierre, aisné de lad. maison qui porte pour armes : *d'argent à trois creneaux de gueules rangés, à une barre de sable*, et qu'estant cadet comme dict est, il n'a que partie des tiltres nécessaires pour la justification de sa noblesse, l'autre partie estant entre les mains de lad. Fulgence de La Viallière, pour retirer lesquels et nous les représenter, il nous a requis délay compétent et a faict eslection de domicille en la personne de Me Bernard et a signé :

E. de La Viallière.

Les pièces dud. sieur de La Viallière luy ont esté rendues le 3 may 1668.

(1) Le rédacteur de ce procès-verbal a certainement fait erreur en écrivant Vesdon, c'est de la famille de Besdon, de Châtellerault, qu'il s'agit.

VIALIÈRE (DE LA). — Originaire de Touraine.

Estienne de La Vialière, sieur de Rigny, demeurant paroisse de Rasines, élection et ressort de Richelieu, bailliage d'Angers, a justiffié la possession du titre de noblesse, depuis l'année 1505, commençant en la personne de son bisayeul.

Porte : *d'argent à une bande (fasce) de même bordée de sable et chargée de 3 créneaux de gueules.*

VIAU (JEAN DE), sieur de Dissay, demeurant parroisse de Sainct-Cristofle, eslection et bailliage de Tours, comparant le 1er juin 1667, a dit qu'il entend maintenir la quallité d'escuyer à luy attribuée par sa naissance, pour la justiffication de laquelle il représentera cy-après les pièces dont il s'entend ayder, et a signé :

JEAN DE VIAU.

VIAU. — Originaire de Touraine.

Jean Viau, écuyer, sieur de Dissay, demeurant paroisse de Saint-Christophe, élection et bailliage de Tours, a justiffié la possession du titre de noblesse, depuis l'année 1482, commençant en la personne de son trisayeul.

Porte : *de gueules à 6 merlettes d'or, 3, 2 et 1.*

VIEIL (JOSEPH LE), sieur de Longefont, demeurant parroisse de Sainct-Clair, eslection et bailliage de Loudun, âgé de 57 ans, ou environ, comparant le neuf aoust 1666, lequel pour satisfaire à l'assignation à luy donnée à la requeste de Laspeyre, le 4 du présent mois, par exploict de Ladebat huissier, pour procéder aux fins dud. exploict et de nostre ordonnance y énoncée, a dit qu'il entend maintenir la qualité d'escuyer par luy prise, qu'il est cadet de sa maison qui porte pour armes : *d'argent à trois hermines d'azur,* et qu'il ne cognoist de lad. maison et armes que Alexandre Le Vieil, fils aisné d'Alexandre Le Vieil, vivant son frère aisné, et François Le Vieil, fils de Jean Le Vieil, vivant son frère puisné, et que pour la justification de lad. qualité, il produira au premier jour les pièces dont il entend se servir, et a faict eslection de domicille en ville de Tours, au logis de Me Pierre Bastard, procureur au présidial, rue du Boucassin, et a signé :

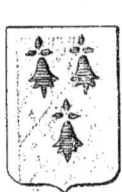

JOSEPH LE VIEIL.

Le 29 aoust 1666 led. sieur a déposé ses pièces lesquelles luy ont esté rendues le 16 mars 1667.

VIGNIER. — Originaire de Bourgogne.

Benjamin Vignier, écuyer, sieur de La Motte et de Negelle, capitaine des ville et château et dûché de Richelieu, y demeurant, a justifié la possession du titre de noblesse, depuis l'année....

Porte : *d'or au chef de gueules à la bande componnée d'argent et de sable, à la bordure de France.*

VILLEMEREAU [1] (Marie de), veufve de Noël Moreau, sieur du Petit-Puy, vivant l'un des gentilshommes servans de feu Monsieur le duc d'Orléans, demeurante parroisse de Vivy, eslection et ressort de Saumur, comparant le neuf octobre 1666, laquelle a dit qu'elle entend continuer à jouir des privilèges octroyés aux veufves des officiers de feu mond. sieur duc d'Orléans et non en la qualité d'escuyer que prenoit sond. deffunct mary en vertu de sad. charge de gentilhomme servant, et produira au premier jour les pièces dont elle entend se servir pour la justiffication de ses prétentions, et a signé :

Marie de Villemereau.

Les pièces de lad. damoiselle de Villemereau luy ont esté rendues, ce XIXe febvrier 1667.

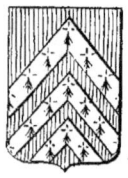

VILLENEUVE (Louis de), sieur du Vivier, sieur du Cazau, demeurant parroisse du Mé, eslection de Montreuil-Bellay, seneschaussée d'Angers, comparant le 6 avril 1667, a dit qu'il entend maintenir la qualité d'escuyer, qu'il est aisné et seul d'une branche de cadets de sa maison, que François de Villeneufve, sieur du Cazau, demeurant parroisse de Mazières et Louis-Augustin de Villeneufve, son frère, demeurant parroisse de Chaubrongne, mesme eslection de Montreuil-Bellay, sont aisnés de lad. maison et que Louis de Villeneufve, sieur de Coué, demeurant parroisse de .... près Durtal et René de Villeneufve, son frère, demeurant parroisse de Billasé, sont d'une autre branche de lad. maison dont il ne cognoist d'autres et qu'il porte pour armes : *de gueules, à trois chevrons d'argent chargés d'hermines, scavoir sept au premier, cinq au second et trois au dernier* et qu'il produira au premier jour les pièces dont il entend se servir, et a signé :

Louis de Villeneufve.

---

(1) Elle portait : *d'argent à 3 papegeais de sinople, 2 et 1.*

VILLENEUVE (Louis-Augustin de), sieur de La Renaudière, demeurant parroisse de Saint-Pierre-des-Chaubrongnes, eslection de Montreuil-Bellay, comparant le xvie avril 1667 tant pour luy que pour dame Françoise de Signy, veufve de deffunct René de Villeneufve, vivant sieur du Cazeau, sa mère demeurant parroisse de Saint-Jean de Montlévrier, mesmes eslection et ressort, a dit que sad. mère et luy entendent maintenir la qualité d'escuyer, que led. feu sieur de Villeneufve, leur mary et père, a prise, et qu'il n'est que puisné de sa famille et que François de Villeneufve, sieur du Cazeau, est son frère aisné et du nom et armes, demeurant parroisse de Mazières, mesmes eslection et ressort, que Louis de Villeneufve, sieur du Vivier, demeurant mesmes eslection et ressort, est d'une autre branche de lad. maison et que Louis et René de Villeneufve, frères, demeurans parroisse de Seiches, eslection et ressort d'Angers, sont aussy d'une autre branche de lad. maison et qu'il n'en cognoist autres de son nom et armes, qu'il porte : *de gueules, à 3 chevrons d'argent, chargés d'ermines*, et a signé :

Louis-Augustin de Villeneufve.

Led. sieur de Villeneufve a mis au greffe les pièces dont il entend se servir le xix juin 1667.

Les pièces dud. sieur de Villeneufve luy ont esté rendues ce xxi juin 1667.

VILLENEUFVE (de). — Originaire d'Anjou.

Louis-Augustin de Villeneuve, sieur de La Renaudière, demeurant paroisse de Chaubrogne, François de Villeneuve, sieur du Cazaut, demeurant paroisse de Mazières et Louis de Villeneuve, sieur du Vivier, demeurant paroisse du May, élection de Montreuil-Bellay, frères, ont justifié la possession du titre de noblesse, depuis l'année 1536, commençant en la personne de leur trisayeul.

Porte : *de gueules à 3 chevrons d'hermines*.

— Louis-Augustin..... et François de Villeneuve, au nombre des maintenus par M. Voisin de La Noirays.

VILLIER (Antoine du), sieur des Ouches, demeurant parroisse de Civray, eslection de Loches, siège royal de Chinon, baillage de Tours, comparant le neuf^e du mois de febvrier 1668, a dit qu'il entend maintenir la qualité d'escuyer, qu'il est aisné issu d'un des cadets de sa famille, de laquelle il ne

connoist personne et qu'il porte pour armes : *de gueulles, à deux lions d'argent, endosséz, couronnéz de mesme* et a signé :

A. DU VILLIER.

Led. sieur du Villier a mis au greffe par Jean Leclerc, clerc de Me Bernard, les pièces dont il entend se servir le 14e janvier 1669.

Les pièces dud. sieur du Villier ont esté rendues aud. Leclerc le 14e mars 1669.

VILLIER DE LARDOISE. — Originaire de Touraine.

Antoine du Villier, sieur des Ouches, demeurant parroisse de Civray, élection de Loches, bailliage de Tours, a justiffié la possession du titre de noblesse, depuis l'année 1518, commençant en la personne de son bisayeul.

Porte : *d'argent à 2 lions adossés et couronnés de gueules.*

VILLIER (ANTOINETTE DU), dame de La Felonnière, y demeurant parroisse de Civray, eslection et siège royal de Loches, comparant le xxviiie febvrier 1668, laquelle a dit qu'elle entend maintenir la qualité de noble et de damoiselle, qu'elle est aisnée de sa maison, de laquelle elle ne connoist autres personnes que Françoise du Villier, veufve de René de Sernay? sieur du Pavillon, sa sœur puisnée, qu'elle porte pour armes : *d'argent, à deux lions de sable endossés, lampassés de gueules, armés et couronnés de gueules,* pour la justiffication de laquelle qualité et de celle de lad. Françoise, sa sœur, elle a mis et produict au greffe les pièces dont elle entend s'ayder, et a signé :

ANT. DU VILLIER.

Les pièces de lad. damoiselle du Villier luy ont esté rendues ce xxixe febvrier 1668.

VILLIER (FRANÇOISE DU), veufve de René de Sernay?, vivant sieur du Pavillon, demeurant parroisse de Civray, eslection et siège royal de Loches, bailliage de Tours, comparant le xxviiie febvrier 1668, a dict avoir connoissance de la noblesse de sond. deffunct mary mais que les tiltres justifficatifs de sa qualité d'escuyer estans en Bretagne, elle ne peut les réprésenter se rapportant à sa qualité de noble et de damoiselle à elle acquise d'extraction, pour la justiffication de laquelle elle emploie les tiltres et pièces producits par damoiselle Anthoinette du Villier, dame de La Felonnière, sa sœur aisnée, et que du mariage dud. deffunct et d'elle il n'est resté que Marie-Anthoinette de Sernay, laquelle a espousé Pierre-François de Mons, sieur du Saint, et a signé :

F. DU VILLIER.

VILLIER (DU). — Originaire de Touraine.
Antoinette du Villier dame de La Felonnière, demeurante paroisse de Civray, élection de Chinon, a justiffié la possession du titre de noblesse, depuis l'année 1516, commençant en la personne de son bisayeul. Il n'y a plus de masles de cette famille dans la province.
Porte : *d'argent à 2 lions de sable adossés, armés et couronnés d'or lampassés de gueule.*

VILLIERS (GABRIEL DE), sieur de Fourmelle, demeurant parroisse de Challain eslection et ressort d'Angers, comparant le dernier mars 1667 tant pour luy que pour Charles de Villiers, sieur de La Menuquière? demeurant parroisse Saint-Martin-du-Bois, mesmes eslection et ressort et Louis de Villiers, sieur de Gaufouilloux, demeurant en lad. parroisse de Challain, ses frères puisnés, a dit que sesd. frères et luy entendent maintenir la qualité d'escuyer et que Bonadventure de Villiers, sieurs de Linières, demeurant parroisse dud. Linières, eslection et ressort de Baugé, est son cousin-germain et que le sieur de Villiers de Lauberdière est chef du nom et des armes, lequel sieur de Lauberdière est demeurant parroisse de Bessé, eslection et ressort de Baugé, et que autre sieur de Villiers Lauberdière est encor de la mesme maison et demeure parroisse du Gué-Deniau, et qu'il n'en cognoist autre de son nom et armes, qu'il porte : *d'argent, à la barre de gueules chargée en hault d'un croissant d'argent et à la roze de gueulles en chef* et qu'il produira au premier jour les pièces dont ils entendent se servir pour la justiffication de leur qualité et a signé :

GABRIEL DE VILLIERS.

Led. sieur de Villiers a mis au greffe les pièces dont il entend se servir ce deux avril 1667.

Les pièces desd. sieurs de Villiers ont esté rendues à Mᵉ Le Damoysel leur procureur le xxiii may 1668.

GABRIEL DE VILLIERS, écuyer, sieur de Fourmeslay, paroisse de Challain, Charles de Villiers, sieur de Manquelle, demeurant paroisse Saint-Martin-du-Bois, et Louis de Villiers, demeurant en lad. paroisse de Challain, élection d'Angers, ses frères, ont justiffié la possession du titre de noblesse, depuis l'année 1519, commençant en la personne de leur bisayeul, tous cadets de la maison de Villiers de Lauberdière et portent aussi : *d'argent à la bande de gueules chargée d'un croissant d'argent et accompagnée en chef d'une rose de gueules.*
— Gabriel de Villiers.... eut acte de la représentation de ses titres.... le 14 janvier 1668 et Gabrielle Petit.... le 29 janvier 1669.

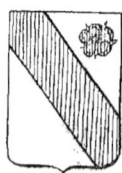

Dame Gilberde Petit, vefve de deffunct Mᵉ FRANÇOIS DE VILLIERS, seigneur de Lauberdière, comparante le xxviiiᵉ janvier 1669, par Mᵗʳᵉ Louis Le Damoysel, tant pour elle que comme garde-noble de François-Gabriel de Villiers, seigneur de Lauberdière, Charles de Villiers, chevalier de l'ordre de Saint-Jean de Hiérusalem, et damoiselle Renée de Villiers, ses enfans et dud. deffunct, demeurants paroisse de Boissé, eslection et ressort de Baugé, lequel Damoysel a dit qu'ils entendent maintenir la quallité d'escuier et chevallier, qu'ils portent pour armes : *d'argent, à la barre en bande de gueules accompagnée en chef d'une roze aussy de gueules,* ont mis par led. Le Damoysel les pièces dont ils entendent leur servir et a signé :

LE DAMOYSEL.

Les pièces desd. sieurs de Villiers ont esté rendues le xxixᵉ janvier 1669.

VILLIERS (DE). — Originaire d'Anjou.
Dame Gabrielle Petit, veuve de François de Villiers, sieur de Lauberdière, mère, ayant la garde noble de François-Gabriel de Villiers sieur de Lauberdière, Charles et René de Villiers ses enfans et dud. deffunct, demeurante paroisse du Gué-Deniau, élection de Baujé, a justifié la possession du titre de noblesse, depuis l'année 1462, commençant en la personne du quintayeul dud. deffunct sieur de Lauberdière.
Porte : *d'argent à la bande de gueules accompagnée en chef d'une rose de même.*

VINCENT (CLAUDE), sieur de La Brunère et de Jallais, y demeurant parroisse dud. lieu, eslection et ressort de la seneschaussée d'Angers, comparant le xxiie may 1667, par Louis Massonneau, son procureur, lequel a dit que led. Vincent entend maintenir et soutenir sa quallité d'escuyer et est prest fournir les tiltres justifficatifs et a signé :

MASSONNEAU.

VIVIER (René Le), sieur de La Melinière, demeurant en la ville d'Angers, comparant en la ville de Tours le xxiiiie juillet 1668, par M^{tre} Michel Bernard procureur au bureau des finances à Tours, lequel a dit qu'icelluy sieur Vivier n'a jamais pris la qualité d'escuyer ny jouy des privilèges y attribuez,

Signé : BERNARD.

VOLLAIGE (Jacques), demeurant à Angers, comparant le treize novembre 1666, lequel pour satisfaire à l'assignation qui luy a esté donnée à la requeste de Laspeyre a dict qu'il n'a jamais entendu ny prétendu souscrire à la qualité d'escuier à laquelle il renonce et a eslu domicille en cette ville d'Angers en sa maison, rue de l'Hospital, et a signé :

J. VOLLAIGE.

VOLLAGE (Paul), sieur de Vaugirault, demeurant à Angers, comparant le xxie avril 1667, a dit qu'il n'a jamais pris la qualité d'escuier à laquelle il renonce et qu'il a toujours demeuré en ville franche et contribué à toutes les charges et impositions en quoy les roturiers sont tenus et a signé :

P. VOLLAIGE DE VAUGIRAULT [1].

VONNES (François de), seigneur vicomte d'Azay, et de Fontenay, demeurant au chasteau d'Azay, parroisse dud. lieu, eslection et siège royal de Loches, comparant le vi febvrier 1668, a dit qu'il entend maintenir la qualité de

---

(1) Denais dit que cette famille portait : *d'azur à la fasce d'argent chargée d'un cœur de gueules et accompagné en chef de 2 roses et en pointe d'un croissant, le tout d'argent.*

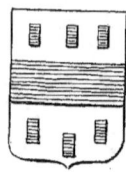 chevallier, qu'il est aisné de sa famille, de laquelle il ne connoist autres personnes que Jean de Vonnes, son frère puisné, demeurant parroisse de Tauxigny, de lad. eslection de Loches, Jacques de Vonnes, sieur de La Richardière, son cousin-germain, demeurant parroisse de Saint-Branchs, eslection dud. Tours, et Georges, René et Charles de Vonnes, ses enfans, qu'il porte pour armes : *d'or, à la fasce d'azur, et six billettes de mesmes trois en chef et trois en pointe, deux et une,* pour la justiffication de laquelle il a produict et mis au greffe les pièces et tiltres dont il s'entend ayder, et a signé :

F. DE VONNES DE FONTENAY D'AZÉ.

Les pièces dud. sieur de Vonnes luy ont esté rendues le neuf febvrier 1668.

VONNES (FRANÇOIS DE), sieur de Breuil, demeurant parroisse de Maré? eslection et bailliage de Tours, comparant le huict febvrier 1668 par Me Michel Bernard, lequel a dit que led. sieur de Vonnes entend maintenir sa qualité d'escuyer, qu'il est cadet de sa famille, que François de Vonnes, vicomte d'Azay et de Fontenay en est l'aisné, de laquelle il ne connoist autres personnes que Jean de Vonnes, aussy son cousin-germain, frères, leurs enfans et Jacques de Vonnes, sieur de La Richardière, son cousin-germain, demeurans, scavoir lesd. François et Jean de Vonnes en l'eslection de Loches et led. Jacques de Vonnes en lad. eslection de Tours, et qu'il porte pour armes : *d'or, à la fasce d'azur, accompagnée de six billettes de même, trois en chef et trois en pointe, deux et une,* pour la justiffication de laquelle il emploie les tiltres produits par François de Vonnes comme aisné et a produict les pièces dont il s'entend ayder.

Signé : BERNARD.

Les pièces dud. sieur de Vonnes ont esté rendues aud. Bernard le ix febvrier 1668.

VONNES (DE). — Originaire de Touraine.

François de Vonnes, écuyer, sieur vicomte d'Azay et Jean de Vonnes, écuyer, sieur de La Trévaudière, son frère, demeurant paroisse de Tauxigny, élection de Loches, bailliage de Tours, ont justiffié la possession du titre de noblesse, depuis l'année 1472, commençant en

la personne de Collinet de Vonnes, écuyer, vallet touchant du Roy Louis XI, leur quartayeul.
Porte : *d'or à la fasce d'azur accompagnée de six billettes de même 3 en chef et 3 en pointe 2 et 1.*

VOYER (JACQUES DE), seigneur vicomte de Paulmy, demeurant au chasteau dud. Paulmy, parroisse dud. lieu, comparant le dix-huict febvrier 1668 par Marc Bruère, sieur de Briolle, demeurant en cette ville de Tours, lequel a dit que led. sieur de Paulmy entend maintenir la qualité de chevalier, qu'il est aisné de sa maison et que René de Voyer, sieur d'Argenson, conseiller du Roy en ses conseils, maître des requestes ordinaire de son hostel, ambassadeur à Venise, Louis de Voyer, abé de Beaulieu, Pierre de Voyer, vicomte d'Argenson, vice-roy en Canadas, sont de la mesme maison, dont il ne cognoist autres que lesd. sieurs et leurs familles au nombre de six garçons et trois filles, et qu'il porte pour armes : *d'azur, à deux lions léopardéz d'or, couronnés de mesme, armés et lampassés de gueules,* et pour la justiffication de la noblesse dud. sieur de Paulmy a mis au greffe les pièces dont il entend se servir, et a signé :

BRUIÈRE.

Les pièces dud. sieur de Voyer ont esté rendues aud. de Bruière, le 19 febvrier 1668.

VOYER (LE). — Originaire de Touraine.
Messire Jacques Le Voyer, chevalier, conseiller du Roi en ses conseils, gouverneur et lieutenant-général des ville et château de Châtellerault et pays du Chastelleraudois, vicomte de Paulmy, élection de Chinon, bailliage de Tours, a justiffié la possession du titre de noblesse, depuis l'année 1538, commençant en la personne de hault et puissant seigneur Jean de Voyer, écuyer, sieur de Paulmy et de La Roche de Gennes, son trisayeul.
Porte : *d'azur à 2 lions léopardés et couronnés d'or, armés et lampassés de gueules.*

VOYER (Mtre JACQUES LE), conseiller du Roy, maréchal des Eaues et Forests d'Angers, y demeurant parroisse Saint-Maurille, comparant le unziesme mars 1667 par Mtre Jacques-Paul Mirey, lequel a dit que led. Le Voyer n'a jamais pris la quallité d'escuier et ne l'entend point prendre et y renonce sans néantmoins déroger et préjudicier aux droicts, privilèges, exemptions et franchises attribuéz à sond. office par édict et déclaration de Sa Majesté du mois de mars 1637 et autres pour l'obtention desquels il auroit financé plusieurs sommes de deniers ez coffres du Roy, au moyen de laquelle déclaration, réprésentation dud. eedict et de coppies d'acquittement desd. paiemens qu'il a mis ez mains dud. Mirey son procureur, demande qu'il soit maintenu et gardé esd. privilèges et envoyé de la demande de Me Jean Laspeyre avec despens.

MIREY.

TABLE ALPHABÉTIQUE

A

Abbeville, 290.
Abilly, 161, 230, 326, 387, 493, 494, 604, 605, 674.
Agenais, 160.
Agneaux, 198.
Albaudières, 315.
Albizé, 512.
Alençon, 348, 426, 519, 634, 752.
Alger, 262, 263.
Aligny, 167, 699.
Allemagne, 579.
Alleray, à Choüe, 311, 312.
Allet, 536.
Amaillou, 295.
Ambers, 168, 169.
Ambillou, 723.
Amboise, 96, 124, 125, 257, 260, 261, 453, 543, 548, 549, 634, 664.
Amiens, 392.
Amigné, 4.
Amné-en-Champagne, 696.
Ampoigné, 408, 409.
Ancinnes, 447.
Andigné, 322.
Andonville, 184.
Andrezé, 373, 374.
Angers, ville : 7, 9, 11, 22, 27, 28, 34, 37, 39, 48-50, 59, 60, 67, 68, 73, 74, 79, 82, 91, 93, 105, 108, 112, 122, 126, 128, 136, 146, 155, 163, 176-178, 184, 186, 188-190, 200-202, 204, 205, 209, 210, 213-215, 217, 219, 223, 224, 227, 237, 243, 244, 248, 249, 253, 255, 265, 279, 281, 286, 288, 289, 293, 299-301, 308, 309, 317, 324, 325, 329, 331, 336, 337, 339, 341, 350-352, 355, 359, 360, 362, 365, 366, 371, 374, 375, 380, 387, 390, 395, 398, 400, 411, 412, 418, 419, 433, 437, 438, 452, 457, 458, 460, 466, 476, 477, 500, 506, 507, 511, 517, 518, 525, 527, 532, 539, 540, 545, 553, 558-561, 564, 568, 584, 588, 591, 593-595, 598, 599, 605-610, 613, 622, 623, 626, 647, 658, 677, 678, 681, 683, 710, 723, 726, 729, 733, 751, 753, 754, 762, 773, 775.
— présidial, 22, 23, 25, 27, 48, 75, 85, 92, 128-130, 209, 255, 318, 319, 339, 341, 393, 450, 478, 499, 731, 742.
— prévôté, 22, 355, 384, 411.
Angle, 117.
Angleterre, 354.
Angoulême, 336.
Angoumois, 113.
Angrie, 11, 13, 745.
Antogny, 107, 108, 522, 557.
Antredeux, 702.
Anzay, 157, 158.
Apremont, 548, 549.
Arbouville, 307.
Arcé, 434.

Arcy, 304.
Ardancourt, 290, 291.
Ardanne, 190.
Ardré, 43.
Argenson, 775.
Argenton, 119, I20, 448, 449.
Argonne, 98.
Armaillé, 756.
Armançay, 479.
Artannes, 642, 643.
Arthezé, 682.
Artigné, 415, 416.
Artigny, 335, 662, 663.
Artois, 44.
Asnières, 45, 46.
Assé-le-Riboul, 162, 645.
Assigny, 434.
Astillé, 516.
Athée, 480, 481, 585.
Aubert, 697, 698.
Aubigné, 113, 114, 753.
Aubigny, 40, 41, 545.
Auneuil, 35.
Aunis, 437.
Ausnay. 315.
Aussigné, 524.
Auvergne, 249, 623, 624.
Auvers, 129, 342, 702.
Auverse, 244, 351, 384, 535, 625, 626.
Auvers-le-Hamon, 31, 32, 401, 402, 730, 731, 734.
Auzoué, 565, 567.
Avénières, 210.
Aversé, 336, 337.
Avessé, 695, 696.
Aviré, 634, 635.
Avoine, 630.
Avoise, 123, 406, 407, 623.
Avon, 43.
Avrillé, 162, 163, 357, 423, 549.
Azay-le-Rideau, 3, 204, 534, 535.
Azé, 135, 773, 774.
Azé-sur-Indre, 726.

B

Baigneux, 350.
Baillou, 239.
Bains, 515, 516.
Bais, 580.
Balan, 38, 612.
Balesmes, 112, 470, 480, 535, 622, 623, 655, 656.
Balincourt, 399, 728.
Ballée, 202, 351.
Ballots, 197, 198, 417, 528.
Baracé, 461, 462.
Barre, 372.
Barrou, 320.
Bascon, 414.
Basse, 53, 54.
Basserivière, 761.
Basserue, 529.
Baudres, 490.
Baugé, 43, 61, 129, 217, 233, 235, 257, 264, 345, 416, 425, 426, 476, 581, 582, 597, 651.
Bayonne, 654.
Bazoges, 662.
Bazouges, 153, 445, 446.
Bazouges-lès-Château-Gontier, 57, 266.
Bazouges-sur-Loir, 84, 758.
Béarn, 253.
Beauçay, 520.
Beauce, 398, 487, 517.
Beaucé, 390.
Beauchesne, 391, 392, 443, 532, 589, 742.
Beaudeau, 206.
Beaufay, 730, 731.
Beaufeu, 155.
Beaufort, 192, 237, 313, 460, 499, 500, 511, 522.
Beaulieu, paroisse, 451.
Beaulieu-lès-Loches, 121, 122, 215, 554.
Beaulieu, terre, 18, 497, 644, 717, 730, 747, 748, 775.
Beaulieu-Richemont, 538.
Beaumené, 29.
Beaumesnil, 491, 492.
Beaumont, 44, 48, 700, 732, 743, 750.
Beaumont-la-Chartre, 283, 284.
Beaumont-la-Ronce, 88, 109.
Beaumont-le-Vicomte, 36, 259, 399, 462, 504, 567, 621.
Beaumont-Pied-de-Bœuf, 231, 563, 743.
Beaupré, 571.

Beaupréau, 73.
Beaupuy, 597, 598.
Beauré, 235.
Beauregard, 76, 104, 206, 207, 238, 384, 385, 492, 499.
Beauregard, à Jumelles, 12.
Beaurepaire, 87, 618.
Beaurepos, 323.
Beauvais, terre, 192, 221, 362, 411, 422, 450, 536, 537, 607, 611, 636, 637, 656, 663.
Beauvais, ville, 35.
Beauvau, 52.
Beauvoir, 125, 153, 220.
Bécheron, à Azay-le-Rideau, 3.
Becoiseau, 323.
Bécon, 437, 698, 705.
Beigné, 613.
Belair, 144, 239, 723.
Bellefonds, 349.
Bellefontaine, 111, 273, 594.
Bellefosse, 469.
Bellemare, 162.
Belletouche, 153.
Belleville, 669.
Bellevue, 428.
Bellou, 312.
Bené, 352.
Benéhart, 483-485.
Bérault, 674.
Berfay, 388.
Bergeresse, 494.
Bernay, 114, 553.
Beroutte, 609.
Berry, 29, 52, 90, 111, 144, 161, 195, 242, 294, 320, 345, 346, 434, 490, 547, 607, 656, 666.
Bersay, 484, 485.
Berthegon, 330, 422.
Bérus, 6.
Bésidel, 334.
Beslay, 456.
Bessac, 510.
Bessé, 249, 479, 480, 655, 771, 772.
Bessé-sur-Braye, 385.
Betz, 229.
Biart, 472.

Bierné, 79, 203.
Bignon, 618.
Billy, 242.
Bissay, 620.
Bissus, 704.
Bizay, 151.
Blain, 523.
Blaisois, 161.
Blaison, 198, 200.
Blandouet, 554, 749.
Blanzay, 497, 498.
Blaye, 56.
Bléré, 296, 297, 313, 482, 483.
Blois, 233, 642, 670, 753.
Blou, 59, 60, 444, 445.
Bœuxes, 321, 322.
Boisaudé, 311.
Boisbernier, 221.
Boisbonnard, à Villeperdue, 740, 741.
Boisbrault, 760.
Boisbriand, 108.
Boisclair, 234.
Boisclavier, 591.
Boisdais, 604, 605.
Boisdauphin, à Précigné. 624.
Boisdenier, 333.
Boisfront, 481.
Boishérault, 664.
Boisjésus, 344.
Boislecomte, 240.
Boismorin, 352.
Boisroger, 641.
Boisrousseau, 544.
Boissay, 473, 474, 645, 646.
Boissimon, 407.
Boissodé, 384.
Boissy, 397.
Boisvert, 213.
Bologne, 475.
Bommois, 382.
Bompart, 312.
Bonaventure, 216.
Bonchamps, 300.
Bonnebos, 238.
Bonnefonds, 701.
Bonnelaye, 152, 153
Bonneseaux, 615-617.

Bonnétable, 206, 207, 555.
Bonneval, 355, 356, 696.
Bonnevau, 432, 433, 441.
Bonœil, 232, 675.
Bonrepos, 170, 276.
Bordeaux, 315, 316.
Boré, 529.
Bouer, 364.
Bouère, 102, 103, 278, 279, 405.
Bouferré, 468.
Bouffry, 189, 190.
Bougeard, 40, 41.
Bouillé-Saint-Paul, 290.
Bouloire, 93.
Boumois, 340.
Bourbonnais, 459, 549, 749.
Bource, 237.
Bourdigalle, 76.
Bourg, 541, 603.
Bourgdavid, 393.
Bourges, 251, 336, 633.
Bourglegas, 157.
Bourgogne, 419, 729, 768.
Bourgueil, 165, 166, 348, 570.
Bourguisson, 23, 277.
Bourjoly, 458.
Bourmont, 483.
Bournan, 58, 174, 186, 276.
Bourneu, 537.
Bournezeaux, 763, 764.
Boussay, 327, 520.
Boutard, 281.
Boutigny, 761.
Boutteville, 678, 679.
Bouzillé, 554, 589.
Brains-sur-Allonnes, 471.
Brains-sur-l'Authion, 475.
Braslou, 191, 381, 382, 616, 617, 655.
Braye-sur-Maulne, 429.
Brécé, 179.
Brêches, 658.
Bréhemont, 659.
Breil, 515.
Bresse, 86.
Brest, 706.
Brestel, 753.
Bretagne, 11-13, 18, 35, 37, 47, 60, 71, 85-87, 99,101, 112, 152, 153, 166, 173, 175, 178, 240, 243, 244, 255, 275, 293, 300, 301, 305, 334, 352, 357, 367, 368, 391, 423, 450, 453, 456, 465, 475, 480, 482, 483, 500, 507, 522, 553, 558, 560, 565, 578, 579, 587, 589, 595, 611, 614, 615, 659-661, 680, 703, 712, 720, 723, 742, 743, 754.
— parlement, 7-9, 27, 75, 129, 222, 258, 259, 299, 320, 356, 380, 390, 466, 492.
Bretz, 135, 136.
Brézé, 749.
Briasse, 218.
Brie, 52, 70, 369, 614.
Breil, 333.
Brigné, 105, 106.
Brillaudin, 342, 343.
Brillé, 185,
Briolle, 775.
Brion, 184, 455, 456, 484, 485, 607, 641, 730.
Brissac, 247, 418.
Brissarthe, 170, 226, 336, 337, 437.
Brizay, 157, 472, 473, 639.
Broc, 142.
Brosse, 105, 734.
Brûlon, 108, 340, 548, 551, 552, 703.
Bueil, 97.
Buron, 652.
Bussy, 432.
Butte, 627.
Buxeuil, 331.

C

Caen, 349, 526.
Campoix, 620.
Canada, 13, 775.
Candé, 29, 387.
Cangé, 61.
Cantenay, 442.
Carelles, 182.
Carentan, 323.
Carmain, 483.
Casant, 3.
Castillonnès, 160.
Caudebec, 358.

Caux, 358.
Cazentin, 684.
Céphoux, 519.
Cérelles, 227, 228.
Cernusson, 21.
Chahaignes, 163, 484, 485, 576.
Chailland, 50, 51, 515, 516, 736.
Chailly, 78, 79.
Chalain, 208, 274, 275, 288, 289, 645, 675, 676, 771, 772.
Chalais, 44.
Challanges, 142, 143.
Challes, 132, 242, 243, 694.
Chalonnes, 698, 699.
Chalons, 602.
Chamagnan, 743, 753.
Chambellay, 127, 590.
Chamboisseau, 470.
Chambon, 346, 376, 397, 520, 669.
Chambort, 763.
Chamboureau, 300, 301.
Chambourg, 182, 183.
Chambray, 591, 592.
Champagne, 70, 323, 443, 623, 624.
Champagné, 301.
Champagnette, 445, 446.
Champart, 227.
Champdalon, 152.
Champdoiseau, 687.
Champéon, 51, 52.
Champeron, 531, 532.
Champgrand, 272, 482, 483.
Champhaut, 174.
Champigné, 454, 455.
Champigny, 306, 473.
Champigny-le-Sec, 381, 382.
Champigny-sur-Veudes, 299.
Champmarteau, 276.
Champmilon, 620.
Champrobert, 399.
Champrobin, à Vivy, 5.
Chançay, 76, 153, 238, 354, 559, 653.
Changé-lès-Le Mans, 631.
Chanteil, 148.
Chantelou, 36, 323, 443, 501.
Chantemesle, 661.
Chantenay, 46.

Chantepie, 575.
Chantilly, 284, 285.
Chantocé, 115.
Chantoceaux, 228, 377, 565, 703.
Chanzé, 559.
Chanzeaux, 98, 194, 205, 489, 490, 586.
Chapelière, 132.
Chappes, 381, 460.
Charantilly, 495.
Charcigné, 401.
Chareau, 404.
Chargé-Contré, 37.
Charmont, 160.
Charnacé, 351, 352.
Charné, 101, 102, 346, 560, 607, 667, 678, 744, 747, 748.
Charou, 347.
Chartrené, 184.
Charvaux, 501.
Chasle, 217.
Chasnay, 620, 626.
Chassé, 165, 523.
Chasseignes, 370, 700, 729.
Chassené, 29.
Chastenay, 228.
Château-du-Loir, 94, 415, 416, 484, 485, 553.
Châteaudun, 702.
Châteaufort, 658.
Châteauganne, 529.
Château-Gontier, 7, 8, 82, 178, 258, 280, 292, 317, 408, 409, 439, 660.
Châteauneuf, 423, 496-498, 682, 718, 719.
Château-Renault, 565, 679, 680.
Châtelais, 41, 42, 705.
Châtellerault, 766, 775.
Châteloger, 521, 522.
Châtillon, 121.
Châtillon-sur-Indre, 386.
Châtillon-sur-Loing, 459.
Chaubourg, 251.
Chauché, 618.
Chaudron, 607.
Chauffour, 722.
Chaumont, 159.
Chaumussay, 14, 15, 252.
Chauné, 358.

Chauvigny, 117, 480, 481.
Chavaignes, 347, 430, 431, 534.
Chavigné, 255.
Chavigny, 640.
Chazé, 11, 13, 593, 594.
Chazé-sur-Argos, 62, 242, 421.
Chédigny, 78, 79.
Chedris, 457.
Cheffres, 197.
Chefs, 199.
Cheillé, 459, 534.
Chemant, 200.
Chemazé, 60, 443, 444.
Chémérot, 708.
Chémery, 193.
Chemillé, 309, 310, 358.
Chemillé (Indre-et-Loire), 288.
Chemillé (Maine-et-Loire), 6, 94, 109, 110, 247.
Chemilly, 87, 88.
Chemiré, 141, 142, 530, 577, 668.
Chenevières, 24.
Cheniers, 715.
Chenonceaux, 568.
Chenu, 394, 442, 609.
Chenusson, 352, 369.
Chérancé, 611, 753.
Cherbon, 84.
Chérelles, 50.
Chéseray, 312.
Chesnais, 250.
Chevaigné, 118.
Cheves, 58, 59.
Chevigné, 170, 412.
Chevillé, 304, 310, 355, 595.
Cheviré-le-Rouge, 244, 245, 270, 271, 352, 353.
Chevrigny, 491, 492.
Chézelle, 630.
Chillay, 320.
Chillé, 749.
Chinon, 2, 17, 38, 39, 53, 54, 100, 111, 133, 137, 182, 257, 273, 410, 438, 494, 646.
Chivré, 537.
Chizay, 89.
Chizé, 296.
Chollet, 52.

Choüe, 312.
Chouppes, 199, 205.
Cigné, 472, 632.
Cigogne, 635.
Cimbré, 273.
Cinais, 427, 428.
Ciran, 374.
Civray, 154, 349, 536, 769-771.
Cizay, 490, 491.
Claunay, 502, 607.
Cléré, 71, 140, 425.
Cléret, 267.
Clinchemore, 426.
Closfortin, 198.
Cogners, 431, 432.
Coismes, 199.
Colombiers, 182, 183.
Combronde, 623, 624.
Conflans, 753.
Conforgien, 419.
Congé, 303.
Congrier, 461, 528.
Connerré, 214.
Cons, 148.
Contest, 509.
Contigné, 99, 100, 503, 626, 718, 719.
Continvoir, 239.
Contres, 77.
Cormenon, 323, 583.
Cormes, 691.
Coron, 404.
Corzé, 40, 190, 192.
Cossé-le-Vivien, 222, 223.
Cottereau, 204.
Coucy, 323.
Coudehart, 618.
Coué, 294, 768.
Couesme, 66, 658.
Coulaines, 208.
Coullefru, 492.
Coulombiers, 498.
Coulouasné, 753.
Couptrain, 392.
Courbeveille, 760.
Courçay, 121.
Courcelles, 84, 198, 284, 285, 370, 688.
Courcemont, 721.

Courchamps, 329.
Courcillon, 580, 758.
Courcival, 30.
Courcoué, 134, 151, 152, 191, 472, 473, 592, 594.
Courcueil, 134, 135.
Courdemanche, 690, 691.
Courjon, 364.
Courléon, 172, 173, 289, 639.
Courteille, 531.
Courtemblé, 640, 641.
Courtimont, 673.
Courtiou, 637, 638.
Coutances, 323.
Couture, 31.
Couzerans, 689, 690.
Couzières, 187.
Crannes, 212, 213.
Craon, 389, 596.
Cravant, 63, 593, 594.
Crépy-en-Valois, 65.
Cric, 406, 407.
Crissé, 384, 692, 717, 745.
Crosmières, 692.
Crosnes, 498.
Crouail, 706.
Crouzilles, 16, 17.
Cugan, 617.
Cuillé, 294.
Cully, 481.
Cumeray, 455, 456.
Cuon, 72, 169, 487.
Curzay, 497.
Cussay, 145, 146, 536, 592.

D

Dammarie, 653, 654.
Dampierre-du-Chemin, 379.
Danne, 22, 23.
Daon, 250.
Daubert, à Avoise, 45, 46.
Daumeray, 487, 513, 530.
Daussigny, 609.
Denazé, 41, 42.
Denezé-sous-le-Lude, 83, 84.

Désertines, 747, 748.
Dierre, 599, 701.
Dissay, 767.
Dissay-sous-Courcillon, 633, 634, 758.
Dollon, 364.
Dongé, 633.
Doué, 502.
Douillet, 304, 403.
Doussais, 51.
Doussay, 195, 196, 206, 296.
Draché, 34, 35, 160, 635.
Drain, 201.
Dreslincourt, 96.
Durtal, 203, 307, 383, 461, 636, 637, 730.

E

Echemiré, 40, 41.
Ecoman, 495.
Écorpain, 463, 583.
Écosse, 271, 376.
Écueillé, 134, 759.
Égoulau, 620.
Elbœuf, 194.
Entramnes, 570.
Épeigné-les-Bois, 23, 358.
Épigny, 592, 593.
Épinal, 421.
Érigné, 345, 346.
Ernée, 127, 564, 574, 575, 678.
Esclivoy, 362.
Escorces, 247.
Espeaux, 461, 462.
Esves, 480.
Étiau, 126.
Étival, 470, 719.
Étriché, 419.
Évron, 401.

F

Falaise, 331.
Falèche, 764.
Fâtines, 4, 526.
Fautraux, 323.
Faveraye, 88, 98.

Faverolles, 388, 389, 612.
Faye, 347,
Feneu, 208.
Ferrières-Larson, 594.
Ferrières-sur-Beaulieu, 3.
Feudonnet, 751.
Feumusson, 573.
Flée, 733, 734.
Fline, 670.
Florence, 197.
Foix, 319.
Follet, 433, 434.
Fondettes, 114, 463.
Fontaine, 154-156.
Fontaines, 180, 340, 430, 729.
Fontaines, à Rouziers, 97.
Fontaines-Guérin, 383.
Fontaines-les-Blanches, 679.
Fontbaudry, à Preuilly, 10.
Fontenailles, 147, 590, 722.
Fontenay, 40, 41, 189, 773, 774.
Fontenay-en-Champagne, 45, 46.
Fontenelle, 765.
Fontevrault, 379.
Forez, 239.
Forgeais, 442, 443.
Forges, 298.
Fougeré, 26, 27, 253, 701, 714.
Fougères, 200.
Fourmelle, 771, 772.
Fourneux, 379.
Françay, 16, 17.
Francquetot, 323.
Francqueville, 290.
Fraux, 39.
Frédilly, 370.
Freigné, 287, 483, 485.
Fresnay, 171.
Fresnay-sur-Sarthe, 435, 523.
Froidefond, 622, 623.
Froidefontaine, 94, 109, 110.
Fromentières, 504, 506.
Frossé, 614.
Furigny, 467.
Fyé, 148.

G

Gaigné, 249.
Ganjac, 118.
Guarguesalle, 84.
Garris, 401.
Gastines, 26, 175, 351, 352, 606.
Gaufouilloux, 771.
Gendeville, 435.
Genillé, 14, 15, 349, 519, 520.
Gennes, 13, 458.
Gesté, 147, 148, 301, 327.
Gesvres, 482.
Gilbourg, 483.
Girardet, 311.
Gisné, 174.
Givré, 663.
Givry, marquisat, 97, 233.
Gizeux, 62, 467.
Goismard, 128-130.
Goivre, 368, 369.
Gomer, 609.
Gommonville, 323.
Gonnord, 175, 439.
Gouis, 129.
Gousselière, 88.
Gouy, 84, 461, 462.
Grandbois, 475.
Granchamp, 21.
Grandfons, 156.
Grandnière, 218.
Grandmont, prieuré, 53.
Grandpont, 166, 167.
Gravouillau, 256.
Grazé, 729.
Greez-sur-Maine, 131.
Grenoux, 515, 516.
Grésigné, 183, 184.
Grez, 564.
Grézillé, 46, 692.
Grez-Neuville, 372, 562.
Grugé, 707, 708.
Guérande, 363.
Guilly, 111.
Guyenne, 690.

H

Hauteberge, 88.
Haut-Éclair, 254, 350.
Hauteville, 401, 402, 679.
Herbouville, 677.
Hires, 533.
Hollande, 20.
Hommes, 119, 120.
Huillé, 432, 433.
Huismes, 19, 66, 136, 249, 254, 365, 576.
Huraudière, 551.

I

Ingrandes, 135, 471.
Inmorville, 521.
Iserné, 518.
Islay, 106.
Isles, 179.
Issoudun, 58.
Istelin, 44.
Ivry, abbaye, 53.
Izé, 486, 487.

J

Jalesnes, 485.
Jallais, 5, 6, 116, 155, 156, 772.
Jardré, 24.
Jarzé, 220, 221, 414, 415, 603.
Jaulnay, 24, 91, 124, 256, 298, 526.
Jauzé, 545.
Javron, 491, 492.
Jazeneuil, 630.
Joinvilliers, 497.
Jonchères, 732.
Joreau, 458.
Joué, 297, 353, 505, 586, 695.
Joussy, 14.
Jublains, 503.
Juigné-sur-Loire, 384, 754.
Juigné-sur-Sarthe, 206, 447.
Juillé, 297, 298, 301, 302.
Jumelles, 12, 173.
Jupeaux, 722.

Jupilles, 415, 666.
Juvardeil, 66, 547.
Juvigné, 142, 143, 171, 172, 222, 223.

K

Kermainguy, 453.

L

La Baconnière, 172.
La Baissière, 52, 53.
La Baluère, 456.
La Bardonneau, 154.
La Barillière, 228, 229.
La Baroche-Gondouin, 542.
La Baronnerie, 563.
La Barre, 203, 314, 451, 463, 464, 519, 707, 708, 753.
La Barrée, 620.
La Bâtardière, 435, 436.
La Bâtie, 700.
La Baudelan, 640.
La Baumerie, 514.
La Bazouge de Chéméré, 726.
La Bedouère, 227, 228.
La Bellière, 214.
La Belloyère, 496.
La Belotière, 444.
La Bénehardière, 171, 172.
La Bérardière, 350, 683.
La Béraudaie, 171, 172.
La Béraudière, 248, 249, 260, 753.
La Bergerie, 666.
La Bertaudière, 78, 666.
La Berthelotière, 194.
La Besnardaie, 716.
La Besnardière, 158, 239, 564.
La Besnerie, 586.
La Bessonnière, 370.
La Beuvrière, 562.
La Blanchardière, 22, 23, 277, 366.
La Blandelière, 759.
La Blonnière, 660.
La Blosserie, 618.
La Blouère, 225.

La Bochalière, 82.
La Bodinière, 124, 537.
La Boirie, 451.
La Boisselière, 384, 641.
La Boissière, 14, 15, 41, 42, 87, 240, 252, 417, 539, 576, 577, 589, 648, 674.
La Bonnardière, 240, 571.
La Bonnerie, 457.
La Borde, 5, 34, 76, 77, 125, 275, 420, 672.
La Borderie, 533.
La Bosseraie, 525.
La Boucherie, 676, 677.
La Bouchetière, 494.
La Bouchonnière, 633.
La Bouderie, 412.
La Bouillonnière, 46.
La Boulaie, 328, 363.
La Boulerie, 265.
La Boulinière, 592.
La Boullaie, 15, 42, 186.
La Bourdillière, 256, 582, 647.
La Bourelière, 72, 169.
La Bourgonnière, 607.
La Boussardière, 700, 701.
La Boutarderie, 760.
La Boutonnière, 199.
La Bouverie, 569, 747, 748.
La Bouvraye, 471.
La Brainière, 642.
La Branière, 549.
La Braudière, 720.
La Bréchetière, 191.
La Bretesche, 439, 639, 689, 702.
La Bretesche-Mosny, 209, 211.
La Bretonnière, 188, 251, 321, 543, 544.
La Brichetière, 93.
La Brière, 41, 42.
La Brissonnière, 489, 490.
La Brossardière, 699.
La Brosse, 135, 354, 489, 490, 504, 506, 555, 556, 666, 749.
La Brosse-Maldemeure, 454, 455.
La Brosserie, 279.
La Brossinière, 443, 444.
La Bruère, 493, 703.
La Brumanière, 241.
La Brunelière, 225.

La Brunelle, 36.
La Brunère, 772.
La Brunetière, 681.
La Buissonnière, à Maresché, 36.
La Burelière, 729.
La Buronnière, 713.
La Canterie, 490.
La Carelière, 348.
La Carte, 614, 615.
La Carterie, 294, 723.
La Cassinerie, 317.
La Cataudière, 29.
La Celle-Saint-Avant, 37, 38. 134, 386.
La Chabossaye, 606.
La Chabosselaye, 241.
La Chaise, 746, 747.
La Chalonnière, 386.
La Chapelle, 398.
La Chapelle-du-Genct, 656.
La Chapelle-Montrelet, 60.
La Chapelle-Saint-Laud, 170.
La Chapellière, 441.
La Charlottière, 350, 655.
La Charoulière, 570.
La Charpenterie, 157, 309.
La Charte-Bouchère, 104.
La Chartre, 65, 235, 236, 277, 332, 396, 397.
La Chasse, 11.
La Châtaigneraie, 158.
La Châtière, 493, 494.
La Chaubruère, 467.
La Chaume, 413, 414, 447.
La Chaumelais, 337.
La Chaussaire, 73.
La Chaussée, 67.
La Chaussetière, 627.
La Chauvinière, 115, 498, 499.
La Chaux, 541, 542.
La Chéderie, 456.
La Chelluère, 11, 13.
La Cherbonnerie, 528.
La Chesnaye, 23, 272, 384, 463, 528.
La Chesnuère, 311.
La Chevalerie, 56, 84, 108, 109, 213, 284, 295, 419, 622, 623, 721, 733.
La Chevalière, 143, 144.
La Chevrie, 152, 211.

787

La Chevrière, 363.
La Chicaudière, 383, 393, 394.
La Chillerie, 69.
La Chiquetière, 608.
La Choisière, 578.
La Chouannière, 184, 457, 458, 670.
La Choupesse, 48.
La Ciffière, à Courdemanche, 690.
La Cirottière, 651.
La Claverie, 183.
La Closière, 534, 535.
La Cloutière, 32.
La Cochelière, 233.
La Cochonnière, 252.
La Cointerie, 217.
La Colaisière, 604.
La Comté, 693.
La Cordinière, 710.
La Cossonnière, 54, 55.
La Coudraye, 224, 425.
La Coudre, 36, 71.
La Cour, 761.
La Courbe, 730, 756.
La Courbe-Raguin, 62.
La Cour d'Argy, à Onzain, 16.
La Cour d'Avon, 43.
La Cour de Verneuil, 191.
La Courneuve, 254.
La Courtaisière, 134, 386.
La Courtinais, 230.
La Courtinière, 718.
La Coutancière, 471.
La Coutardière, 337.
La Crochardière, 244, 245, 557.
La Croisière, 380.
La Croisille, 228, 229.
La Croix, 70, 91, 127, 195, 196, 273, 274.
La Croix de Bléré, 115, 213, 251.
La Curée, 239, 240.
La Custière, 669.
La Dardelière, 193, 194.
La Daumerie, 122.
La Devançais, 476, 477.
La Dominière, 224.
La Dorée, 349.
La Dorengerie, 225, 226.
La Doussinière, 195.

La Ducasière, 654.
La Ducherie, 217.
La Durandière, 51.
La Durantière, 625, 626.
La Fardelière, 558.
La Fautrière, 521.
La Faverie, 231.
La Fellière, 313.
La Felonnière, 115, 770.
La Fenêtre, 92.
La Ferrière, 211, 212, 562.
La Ferronnerie, 539.
La Ferronnière, 299.
La Ferté, 97, 98, 138, 763.
La Ferté-Bernard, 155.
La Feuillée, 63.
La Flèche, 24, 31, 32, 246, 256, 258, 262-264, 277, 441, 460, 463, 567, 650, 682.
La Foi, 546, 547.
La Fontaine, 393.
La Fontaine-d'Angé, 19, 20.
La Fontaine du Chêne, 31.
La Fontaine-Saint-Martin, 19, 20.
La Fontelle, 632.
La Forêt, 223, 432, 433, 568.
La Forêt Clérambault, 327.
La Forêterie, 312.
La Forge, 384, 385.
La Fosse, 75, 307, 616, 617.
La Foucardière, 633.
La Foucaudière, 572.
La Foucheraie, 380, 381.
La Fourerie, 331.
La France, 749.
La Frébouchère, 503.
La Frédonnière, 447.
La Frémillonnière, 394.
La Freslonnière, 31, 32.
La Fresnaye, 417, 511, 512, 575, 576, 617, 745.
La Frételière, 367, 368.
La Frézelière, 324, 325.
La Furgeonnière, 432, 433.
La Futaye, 721.
La Fuye, 111, 155, 639.
La Gagnerie, 493.
La Gaignerie, 392.

La Galacherie, 535,
La Galaiserie, 423.
La Galaisière, 129, 728.
La Galardière, 702.
La Galonnière, 505, 506, 617.
La Galorière, 210.
La Gandonnière, 472.
La Gapalière, 391, 392.
La Garde, 46, 110, 464.
La Garenne, 25.
La Garinière, 635, 636.
La Garrelière, 461, 462.
La Gasneraye, 670, 671, 713.
La Gastelinière, 516.
La Gâtinière, 424.
La Gauberderie, à Doué, 502.
La Gaucherie, 88.
La Gaucherie aux Dames, 686, 687.
La Gaudetterie, 468.
La Gaudière, 383.
La Gaudinière, 502, 513, 613.
La Gaulerie, 146.
La Goupellière, 199.
La Gautraye, 455, 456, 507.
La Gauvinière, 342.
La Gazelière, 664.
La Genette, 66, 204.
La Géraudière, 427.
La Germainerie, 22, 23.
La Gibonnière, 372.
La Gidonnière, 235.
La Gilberdière, 125.
La Gilbertière, 47.
La Gilière, 128, 129.
La Giraudière, 198, 230, 342, 395, 428, 646, 685, 763.
La Girouardière, 402.
La Girousière, 554.
La Gogrière, 723.
La Goguerie, 669.
La Gondurie, 161.
La Goujonnière, 187.
La Goupillière, 197, 515, 556.
La Gousterie, 309.
La Graffardière, 567.
La Graffinière, 487, 581, 582.
La Grandière, 371.

La Grand'maison, 256, 309, 310, 393.
La Grand'Roche, 745, 746.
La Grange, 70, 167, 291, 341, 363.
La Grange-Rouge, 233.
La Gravelle, 408.
La Grée, 138, 281, 683.
La Grefferie, 420.
La Grenaisière, 536, 537.
La Grenetière, 152.
La Gresleraye, 11.
La Grimaudière, 467.
La Grize, 78.
La Groie, 599.
La Groissardière, 131.
La Grossinière, 626.
La Grue, 350, 439-441.
La Gruellerie, 414, 415.
La Guedonnière, 574, 575.
La Guêpière, 347.
La Guerche, 711.
La Guérinière, 442, 653, 655, 757.
La Guéritaude, 483, 484.
La Guerrie, à Chailland, 50.
La Guerrière, 674.
La Guerrerie, 121.
La Guiberdière, 155, 179, 299, 300.
La Guibetière, 680.
La Guichardière, 720.
La Guichetière, 259, 260.
La Guierche, 452.
La Guignardière, 343, 344.
La Guignaudière, 404.
La Guilletière, 417, 615.
La Guillonnière, 508, 509.
La Guiltière, 677.
La Guinaudière, 586.
La Guitardière, 490.
La Guitterie, 69.
La Guyardière, 134.
La Guyonnière, 596.
La Haie, 10, 71, 270.
La Hamelinière, 399, 565.
La Hanelottière, 253.
La Hardière, 205, 285.
La Hardouinière, 588, 589.
La Harteloire, 81.
La Haudrière, 583.

La Haussière, 200.
La Haute-Bergerie, 614.
La Haute-Pierre, 42.
La Haute-Porée, 176.
La Haute-Rivière, 288, 289, 371.
La Haye, 74, 282, 311, 530, 759.
La Haye-Jouslin, 299.
La Hazardière, 708.
La Hellaudière, 528.
La Henrière, 765.
La Houdinière, 284.
La Houssaye, 137, 517, 518.
La Housselière, 396, 397.
La Huchonnière, 401.
La Hulinière, 469.
La Hunaudière, 75, 76, 232, 235.
La Hurelière, 420.
La Huronnière, 392.
La Hutière, 685.
Laigné, 310.
Lairaudière, 470.
La Jaille, 26, 27, 484, 692.
La Jaillette, 12.
La Jaillière, 60.
La Janière, 268.
La Jardonnerie, 528.
La Jarie, 435, 685.
La Jarosseraye, 357.
La Jarrière, 619.
La Jauneraie, 164.
Lajon, 186.
La Joncheraie, 266, 717.
La Jossière, 552, 553.
La Joubardière, 78.
La Jounaie, 535.
La Jousselinière, 691, 762.
La Jubaudière, 831.
La Jumelière, 63, 521.
La Jumeraie, 635.
La Lande, 92, 243, 449.
La Leu, 612.
La Léverie, 34, 35.
La Loge, 62.
La Logeardière, 440.
La Logerie, 93.
La Loudinière, 670.
La Loue, 661.

La Louère, 73.
La Louisière, 698.
La Loutière, 164, 493.
La Louverie, 456.
La Louzeraie, 750.
La Lucardière, 654.
Laluisant, 585.
La Mabillière, 243, 244.
La Maillasserie, 692, 693.
La Maillette, 353.
La Mairie, 486, 487.
La Maison-Blanche, 37.
La Maison-Neuve, 528.
La Malière, 744.
La Malmaison, 582.
La Mancelière, 60, 90.
La Manourière, 219.
La Marbelière, 668.
La Mare, 49, 247, 320.
La Marière, 619.
La Marin, 707.
La Marminière, 297, 298.
La Marselière, 80.
La Martelière, 82, 83.
La Martinière, 90, 191, 312, 581, 599, 682, 716.
La Masserie, 4.
La Massonnière, 756.
La Masure, 299, 525.
La Mauricière, 127.
La Mauroussière, 129, 130, 690.
Lamboust, 481.
Lambrosse, 475, 476.
La Méchinière, 560, 561.
La Mélinière, 773.
La Melletaie, 298.
La Membrolle, 418.
La Ménantière, 711, 712.
La Ménardière, 230.
La Mérandière, 290.
Lameré, 157.
La Métairie, 514, 515.
La Michelière, 188.
La Midière, 23.
La Moditière, 436.
La Moinerie, 325.
La Moisselière, 317.

La Moissonnière, 618.
La Moncellerie, 198.
La Monerie, 225, 283.
La Montagne, 371, 545.
La Montallerie, 558.
La Morandière, 552.
La Morinaie, 499, 500.
La Marinière, 128, 253, 254, 763.
La Mortellerie, 736.
La Mottaie, 455, 456.
La Motte, 77, 152, 153, 173, 216, 329, 367, 492, 710, 733, 734, 744, 768.
La Motte-Baracé, 548.
La Motte-Bourjoly, 457.
La Motte-Déat, 198.
La Motte-d'Orvaux, 476, 477.
La Motte-Ferchaud, 173, 174.
La Motte-Guyot, 197, 198.
Le Motte-Husson, 278, 279.
La Motte-Lesbron, 138.
La Motte-Libergère, 361, 362.
La Motte-Linière, 84.
La Motte-Liziard, 541.
La Motte-Orson, 656.
La Motterie, 546, 547.
La Motte-Vauricher, 629.
La Motte-Villebert, 549.
La Moussaye, 367.
La Musse, 334.
La Naudière, 191.
Lancheneil, 515, 516.
Landémont, 131, 604.
La Néormaye, 518.
L'Anerie, 79, 515.
La Neuville, 215.
Langeais, 121.
L'Angevinière, 428, 735.
Languedoc, 126, 221, 680.
La Niardière, 394.
La Nivardière, 276.
La Noblaie, 695.
La Noë, 419.
La Noiraie, 1, 2.
La Noüe, 116, 117, 170, 192, 710, 714.
La Pajottière, 550.
La Pallière, 385.
La Pallu, 45, 46, 63.

La Pâquerie, 258.
La Paragère, 45, 46.
La Pataudière, 473.
La Patriére, 461, 462, 657.
La Peire, 140.
La Pénissière, 520.
La Perdrillière, 672, 714.
La Perrière, 318, 357, 366, 758.
La Perrine, 411.
La Perrinière, 348.
La Perronnière, 392.
La Perrottière, 398.
La Perroussaye, 718, 719.
La Petite-Senaudière, 405.
La Pichonnière, 585.
La Piltière, 255, 530, 733.
La Piolière, 554.
La Plaine, 189, 626.
La Planche, 485, 486, 637, 638, 758.
La Plesse, 162, 163, 170, 288, 324, 702.
La Plochère, 465.
La Plumalière, 603.
La Pointe, 388, 389.
La Poissonnaie, 450.
La Poissonnière, 227, 417.
La Poitevinière, 172, 614, 755.
La Pommelière, 479, 480.
La Pommeraie, 32, 33, 41, 42, 97, 98, 115, 173.
La Porcherie, 457.
La Porte, 476, 478, 619.
La Poterie, 6.
La Pouëze, 691, 692, 756.
La Poulinière, 147, 148.
La Poupardière, 172.
La Pouplinière, 494, 495.
La Poussetière, 18.
La Prairie, 98.
La Prévôterie, 212.
La Prouterie, 320, 321.
La Proutière, 66.
La Quantinière, 157, 158.
La Rablais, 380.
La Rable, 303.
La Ragotiére, 11-13.
La Ragotterie, 64, 65.
La Rainville, 516, 517.

La Rangeardière, 477, 478.
La Rangisière, 314.
La Rangottière, 691.
La Raturière, 369.
La Raudière, 16, 17.
La Ravillaic, 367.
Larçay, 227.
Larchamp, 30, 225, 226, 367, 421, 423, 517, 526, 750.
L'Ardillière, 495, 600.
La Rebillière, 281, 627, 628.
La Régalerie, 30.
La Rémonnerie, 187.
La Rémonnière, 407.
La Renaudière, 15, 16, 577, 769.
La Renollière, 697, 698.
La Restrie, 96.
La Ribaudière, 692.
La Richardière, 55, 179, 573, 774.
La Richaudais, 676.
La Richerie, 520.
La Ricoulais, 683.
La Ridelière, 538, 539.
La Rigallière, 504.
La Rigauderie, 103.
La Rigaudière, 84, 617.
La Ripaudière, 620.
Larmoise, 466.
La Rimbaudière, 367.
La Rivetière, 380.
La Rivière, 47, 74, 138, 367, 502, 595, 712.
La Roberderie, 150.
La Roberdière, 427.
La Roberie, 391.
La Roche, 14, 15, 23, 27, 46, 132, 141, 142, 247, 248, 253, 337, 362, 424, 428, 429, 584, 727, 728, 748.
La Roche-Aguet, 230.
La Roche-Amellon, 331, 535.
La Roche-Bardoul, 287.
La Roche-Bourdeille, 97.
La Roche-Breteau, 374.
La Roche-Brochard, 482.
La Roche-Chargé, 386.
La Roche-Chevreux, 232.
La Roche-Clermault, 37, 582.
La Roche-Coisnon, 179.

La Rochedain, 250, 251.
La Rochedais, 3.
La Roche-d'Alais, 520.
La Roche-d'Artezay, 682.
La Roche-de-Gennes, 775.
La Roche-d'Enchailles, 536, 537.
La Roche-des-Aubiers, 680.
La Roche-des-Pins, 192.
La Roche-de-Vaas, 231.
La Roche-Foissard, 256.
La Rochegarreau, 579.
La Roche-Giffart, 178.
La Roche-Hue, 270, 271.
La Roche-Jacquelin, 487, 513, 514.
La Roche-Jouslin, 208.
La Rochelle, 257, 346, 437, 517.
La Roche-Madou, 584.
La Roche-Mayet, 355, 356.
La Roche-Milet, 678, 679.
La Roche-Noyon, 705.
La Roche-Paragère, 45.
La Roche-Pichemer, 538.
La Roche-Pipart, 599.
La Roche-Ploquin, 622, 636.
La Roche-Pozay, 184.
La Rocheraie, 748, 749.
La Roche-Tabuteau, 660, 661.
La Roche-Talbot, à Souvigné-sur-Sarthe, 2.
La Roche-Thibault, 220, 221.
La Roche-Vernaise, 167.
La Roche-Verrouillaise, 681.
La Rocinitière, 491.
La Roderie, 267.
La Rolandière, 45, 684.
La Ronde, 108.
La Rondelière, 334, 747, 748.
La Rongère, 624, 625.
La Roptière, 712.
La Roquemitière, 488.
La Roselière, 183.
La Rouablère, 667.
La Rouairie, 586.
La Rouillerie, 698.
La Roulerie, 163, 347.
La Roussardière, 587, 625.
La Rousselaie, 41.
La Rousselerie, 649, 650.

La Rousselière, 495.
La Roussière, 585.
La Rouvraye, 101, 102.
Larsay, 674.
La Ruaudière, 14.
La Ruchesnière, 547.
La Sablonnière, 578, 579.
La Salle, 21, 45, 46, 753.
La Samsonnière, 244.
La Saudraye, 448, 563.
La Saulaye, 92, 269, 412, 437, 438, 699.
La Saulnerie, 339.
La Sauvagère, 505, 506.
La Sauvitière, 170.
La Séguinière, 52, 559, 697, 698.
La Selle, 239, 417.
La Selle-Guénant, 468.
La Septrée, 112, 113.
La Sicardière, 333.
La Simonnière, 571, 572.
La Sionnière, 119, 120, 448.
La Solerie, 591.
La Sorinière, 285.
Lassay, 324, 325, 406, 481, 627.
La Sublerie, 273.
La Subrardière, 148, 149.
La Tersère, 394, 395.
La Têtardière, 579.
La Thibaudière, 418.
La Thiberdière, 145, 146.
La Touchardière, 197, 198, 469.
La Touche, 31, 86, 190, 241, 285, 299, 438, 439, 459, 749.
La Touche de Hillerin, 413.
La Touche-Ferronnière, 99.
La Touche-Voisin, 192.
La Tour, 438.
La Tour-Landry, 483-485.
La Tour-Rouaudière, 601.
La Tour-Saint-Gelin, 653.
La Trapière, 195, 196.
La Treille, à Montreuil-Bellay, 68, 69.
La Treille, à Cholet, 52, 53.
La Tremblaye, 662.
La Troche, 703.
La Tronière, 375, 376.
La Trudonnière, 447.

Ta Tuffière, 38, 733.
La Turballière, 591.
La Turlière, 305, 306.
La Turpinière-Daillon, 47.
Lauberdière, 370, 642, 643, 772.
Laubeuge, 107, 108.
Laubinais, 443.
Laubinière, 643.
Laubonnière, 286, 287.
Laubrière, 299.
L'Augardière, 873, 374.
Laumerie, 582.
L'Aunay, 18, 94, 144, 153, 174, 175, 238, 292, 347, 365, 367, 444, 445, 507, 508, 729, 763.
L'Aunay-Villiers, 356, 357.
Launeau, 310.
Laurière, 673.
Lautonnière, 564.
La Vacherie, 406.
Laval, 47, 101, 102, 166, 167, 176, 183, 210-213, 293, 294, 403, 493, 544, 562, 563, 584, 735.
La Valette, 118, 302, 537.
La Valinière, 157, 158, 413.
La Vallée, 29, 332, 383, 385, 387, 434, 514, 749.
La Vallière, 409, 515, 704, 705.
Lavardin, 178.
La Varenne, 742.
La Vau, 4, 71, 425, 536, 668.
La Vaudelle, 18.
La Vau-Festu, 581.
La Vaugottière, 231, 700.
La Vaumorière, 180.
La Verderie, 192.
La Verdonnière, 406.
La Vergne, 362.
La Verrie, 649.
La Verrouillière, 731.
La Vezouzière, 278.
La Vieille-Senaudière, 405.
La Vieillière, 730.
La Vignolle, 490, 491.
La Villardière, 508.
La Villatte, 138, 289.
La Ville-au-Fourier, 140-142.

La Ville-au-Maire, 19.
La Villeguérin, 85, 86.
La Villonnière, 694.
La Vionnière, 91.
La Vivandière, 615.
La Voie, 737.
La Voirie, 674.
La Voûte, 199, 265.
La Vrillière, 653, 654.
Le Bailleul, 30, 32, 57, 118, 585.
Le Barat, 548.
Le Baril, 429.
Le Belair, 708.
Le Blou, 702.
Le Bocage, 611.
Le Bois, 277, 424.
Le Bois-Coudray, 43.
Le Bois-d'Assé, 356.
Le Bois de Chillou, 110.
Le Bois de Maine, 207.
Le Bois de Soulaire, 718, 719.
Le Bsisfebvrier, 450.
Le Boisguérin, 498.
Le Bois-Huguet, 559.
Le Bois-Joulain, 725.
Le Bois-Marie, 101.
Le Bois-Moreau, 461, 462.
Le Bois-Morin, 353.
Le Bois-Noblet, 465.
Le Bois-Renault, 612.
Le Bois-Souchard, 586.
Le Bordage, 461, 462, 618.
Le Bouchet, 19, 272, 324, 417, 581.
Le Boul, 669.
Le Boulay, 192, 193, 428, 498, 499, 579, 611.
Le Bourg, 670.
Le Bourg d'Iray, 298.
Le Bourgneuf-la-Forêt, 171, 456, 550, 763.
Le Breil, 650, 651, 686, 722.
Le Brémetier, 4.
Le Breuil, 222, 478, 491, 492.
Le Brossay, 331.
Le Buisson, 530.
Le Buron, à Châtelais, 41, 42.
Le But, 176, 596.
Le Carteron, 20, 188.
Le Cazau, 768, 769.

Lecé, 750, 751.
Le Cerisier, 423, 614.
Le Chalonge, 795.
Le Champ, 410.
Le Charbonnay, 675.
L'Échasserie, 664.
Le Châtelet, 149, 262, 263, 421-423.
Le Châtelier, 60, 124, 125, 260, 591, 704, 753, 754.
Le Chênay, 334.
Le Chêne, 18, 155, 156, 410, 465.
L'Échigné, 135.
Le Chillois, 530.
Le Chiron, 254, 255.
Le Cloître, 707.
Le Clos Rouge, 733.
L'Écluse, 70.
Le Colledo, 614,
Le Colombier, 440, 441, 496, 570, 700, 710.
Le Cormier, 637, 759.
Le Côteau, 661.
Le Couaineau, 113, 114.
Le Couboureau, 449, 440.
Le Coudray, 74, 315, 316, 404-406, 441, 540, 627, 644, 705.
Le Croisic, 363.
L'Écurie, 344.
Le Domaine, 456.
Le Fau, 205, 206.
Le Fay, 375.
Le Feuillet, 549.
L'Effretière, 452.
Le Fort, 618.
Le Fourneau, 260, 261.
Le Frémiou, 270.
Le Frênay, 401.
Le Frêne, 51, 52, 253, 335, 472.
Le Gast, 492.
Le Génetay, 208, 585.
Le Goupillon, 215.
Le Grand-Lucé, 94.
Le Grand-Pressigny, 468.
Le Grand-Rigné, 253.
Le Grand-Velours, 202, 203.
Le Grignon, 573.
Le Grip, 530.
Le Gué, 193.

Le Gué-Deniau, 494, 771.
Le Gué-de-Pré, 275.
Le Han, 543.
Le Hâvre, 308, 556.
Le Houssay, 416.
Le Houx, 218.
Le Jarrier, 388.
Le Jonc, 724.
Le Lac, 511.
Le Lavoir, 139, 730.
Le Lion d'Angers, 173, 366, 395.
Le Lorouer, 484.
Le Louroux-Béconnais, 448, 462.
Le Louroux-Bothereau, 99.
Le Luc, 655.
Le Lude, 81, 142, 147, 342, 343, 420, 525, 765.
Le Mans, 4, 33, 96, 120, 203, 223, 235, 236, 257, 270, 297, 302, 303, 323, 349, 356, 361, 364, 373, 391, 438, 439, 539, 543, 546, 557, 572-574, 590, 613, 642, 650, 651, 656, 657, 691, 696, 755, 760, 761.
Le Marais, 464, 482.
Le Marchais, 362.
Le Marest, 107, 108.
Le Marga, 127.
Le Mas, 395.
Le Matray, 526.
Le Maurier, 19, 20.
Le May, 96, 489, 768, 769.
Le Mée, 640.
Le Méliard, 392.
Le Mellé, 21.
Lémeré, 695.
Le Mesnil, 426, 632.
Le Mesnil Saint-Georges, 647.
Le Monteil-Boivin, 105.
Le Monterly, 542.
Le Mortier, 68, 488.
Le Moulin, 668.
Le Moulin-Ferme, 204.
Le Moulin-Neuf, 362, 405.
Le Mourier, 664.
Le Mur du Val, 55.
Le Mureau, 5, 6, 444.
Le Mussé, 560.
Le Parc, 34, 580.

Le Parc-Bodin, 109.
Le Parvis, 443, 444.
Le Pas, 321, 322.
Le Pastis, 683.
Le Pavillon, 338, 770.
Léperonnière, 307.
Le Perray, 313, 510.
Le Perrin, 676.
Le Perroy, 451.
Le Pertre, 18.
Le Petit-Bois, 282, 389.
Le Petit-Hôtel, 587.
Le Petit-Marcé, 645.
Le Petit-Puy, 95, 768.
Le Petit-Vau, 153.
Le Pin, 43, 44, 205, 547.
L'Épinay, 300, 365.
L'Épine, 499.
Le Pineau, 696.
Le Pin en Mauges, 660, 661, 691, 692.
Le Plantis, 128, 129, 318, 319, 353.
Le Plessis, 95, 132, 257, 297, 306, 312, 355, 368, 499, 580, 618, 655, 688, 689, 731, 737, 752.
Le Plessis-Barbe, 97.
Le Plessis-Baudouin, 592-594.
Le Plessis-Bellière, 673.
Le Plessis-Berard, 513.
Le Plessis-Bitault, 88, 395.
Le Plessis-Bourré, 603.
Le Plessis de Cosmes, 226.
Le Plessis de Festé, 147, 148.
Le Plessis-Doussay, 394.
Le Plessis-Galleron, 329.
Le Plessis-Glin, 373.
Le Plessis-le-Vicomte, 369.
Le Plessis-Lyonnais, 368.
Le Plessis-Macé, 62.
Le Plessis-Malineau, 489, 490.
Le Plessis-Mesle, 305.
Le Plessis-Raganne, 62, 63.
Le Plessis-Raymond, 545.
Le Plessis-Vergonne, 660.
Le Poiré, 593.
Le Poirier, 277, 381, 382.
Le Ponceau, 9, 46, 297, 686.
Le Pont de Pierre, 525.

Le Pont d'Orne, 521.
Le Port de Miré, 574, 575.
Le Portereau 513.
Le Port-Guyet, 683.
Le Pôteau, 206.
Le Pré, 303, 304.
Le Prémorel, 85, 86.
Le Puy, 151, 152, 204, 214.
Le Puy-Nivet, 386.
Le Puy-Notre-Dame, 69, 406, 523, 637, 638.
Le Puy-Roger, 437.
Le Réchillon, 89.
Le Ribay, 543.
Le Rié, 704.
Le Ris, 578.
Le Rivau, à Lémeré, 52, 401.
L'Ermenerie, 758.
Le Rocher, 168.
Le Roger, 577.
Le Rossay, 185.
Le Roullet, 251.
Le Rouzay, 246.
Le Ruau, 556, 608, 609.
Les Abattants, 492.
Les Ajoncs, 480.
Les Ardrilliers, 694, 695.
Le Saulce, 476.
Les Aunays, 57, 128, 129, 208, 213, 298, 360.
Les Aunes-aux-Bœufs, 145.
Les Bandes, 88.
Lesbeauxpinais, 274, 275.
Les Belonnières, 741.
Les Bergerais, 230.
Les Besnardières, 240.
Les Bigottières, 183, 634.
Les Blotières, à Chemillé, 6.
Lesbois, 760.
Les Bordes, 368, 369.
Les Bordes Quantinières, 709.
Les Bosselières, 640.
Les Bourdeaux, 624.
Les Bournais, 522.
Les Bréchetières, 535.
Les Briotières, 466.
Les Brosses, 90, 106, 423, 524, 607, 633, 713.

Les Buards, 63.
Les Buchetières, 114.
Les Carouges, 261.
Les Cartes, 453.
Les Certeaux, 370.
Les Chanais, 57.
Les Chapelles, 178.
Les Charlottières, 376.
Les Châteliers, 22, 23, 109, 205, 210, 692.
Les Chemineaux, 411.
Les Chenets, 473.
Les Clais, 728.
Les Cordais, 555.
Les Coudrays, 440.
Les Courants, 102, 103.
Les Courtis, 320.
Les Couteaux, 91.
Les Coutures, 688, 689.
Les Croix, 297, 298, 636, 637.
Les Déserts, 152.
Les Dormants, 649.
Les Écorces, 461.
Les Écotais, 14.
Le Sellay, 434.
Le Sein, 536.
Les Éméreaux, 209, 210.
Les Espaux, 592, 594.
Le Serrain, à Semblançay, 44.
Les Essarts, 10, 13, 315, 462, 630.
Les Étangs l'Archevêque, 325, 326.
Les Forges, 95, 119, 120, 387.
Les Fougerais, 57, 58.
Les Fourneaux, 326.
Les Gâtinières, 283.
Les Gazelières, 219.
Les Girardières, 537.
Les Gracières, 299.
Les Granges, 349, 551, 640, 641.
Les Griettes, 109.
Les Grouas, 227.
Les Harconnières, 437.
Les Hayes, 80, 369, 601.
Les Hommeaux, 112, 249.
Les Hommes, 404, 405.
Les Huttières, 155.
Les Janières, 119, 120.
Les Jardins, 471.

Les Jarillais, 359.
Les Jarriais, 33, 109.
Les Landes, 6, 85, 86, 140, 413, 414, 523, 590.
Les Liardières, 132, 133.
Les Ligneris, 495, 496.
Les Loges, 138, 139.
Les Loupes, 387.
Los Maisons-Rouges, 76.
Les Malardières, 55.
Les Marais, 136, 396, 504, 556.
Les Mares, 435.
Les Massonneaux, 711.
Les Mées, 78, 80.
Les Meneaux, 126.
Les Metterayes, 202.
Les Mézangères, 671.
Les Minières, 633.
Les Moges, 413.
Les Molands, 482.
Les Monts, 194.
Les Mortiers, 226, 363, 364, 440.
Les Moulins, 503, 549, 720.
Les Mousseaux, 390.
Les Noulis, 129.
Les Nous, 617.
Les Noyers, 201, 670, 710.
Les Obiers, 766.
Les Ormes, 308, 319.
Les Ouches, 769, 770.
Les Oumeaux, 587.
Les Parquets, 83, 84.
Les Pâtis, 363.
Les Pâtures, 346.
L'Esperonnière, 163.
Les Perrières, 444, 445.
L'Espinay, 10, 11, 244, 267.
Les Pins, 192, 258.
Les Places, 328, 341.
Les Planches, 421, 601.
Les Poissonnières, 342, 343.
Les Portes, 275, 605.
Les Prés, 736.
Les Rameaux, 725.
Les Rocherais, 447.
Les Roches, 94, 218, 229, 286, 441, 565, 628, 640, 641, 658, 733.

Les Roches Bléré, 567.
Les Rochettes, 367, 430.
Les Rouaudières, 583.
Les Rousses, 411.
Les Ruaux, 518, 713, 726.
Les Rues, 673.
Les Soulais, 262.
Les Sources, 567.
Lestelle, 147.
Les Terres-Noires, 425, 429.
L'Estortière, 24.
Lee Touches, 40, 47, 586.
Les Verchers, 347.
Les Vieilles-Cartes, 701.
L'Etang, 50, 58, 509, 556, 574.
L'Etang-Brulaire, 301.
Le Teil, 637.
Le Temple, 305, 306, 411.
Le Terrier, 474.
Le Tertre, 361, 440, 644, 668, 726, 763.
Le Théron, 540.
Le Tilleul, 343, 344.
Le Tilloy, 159.
Le Trest, 659, 660.
Le Tronchay, 65.
Le Tronchet, 760, 761.
Le Val, 77, 543.
Lévaré, 760.
Le Vau, 28, 49, 693.
Le Verger, 103, 343, 344, 510, 552.
Le Verger, à Seiches, 54.
Le Vernusson, aux Ponts-de-Cé, 5, 6.
Le Vert, 417.
Le Vieil-Baugé, 40, 41, 70, 135, 136, 194, 195, 265, 441, 451.
Le Vignaud, 202, 203.
Le Vivier, 236, 237, 242, 398, 511, 599, 748, 768.
Le Voide, 482.
L'Hébergement, 698.
L'Hommelaye, 114.
Lhommes, 235, 236.
L'Hôpital-Bouillé, 614.
L'Hôtellerie-de-Flée, 295.
Liandon, 694.
Liègne, 380, 381.
Ligneries, 600.

Lignières, aux Verchers, 347.
Lignières-la-Carelle, 709.
Lignières-la-Toussaint, 143.
Ligré, 65, 66.
Ligueil, 593, 690.
L'Ile-Bouchard, 370, 747.
L'Ile-Milon, 507.
L'Ile-Tison, 453.
Limbaudière, 684, 685.
Limoges, 308.
Limondière, 620.
Limons, 454.
Limousin, 113, 117, 196, 222, 513, 592.
Linière, 84, 373, 498, 499, 587, 702, 771.
Lisieux, 175.
L'Isle, 130, 419, 423, 480, 736.
Liverdun, 320
Livré, 197, 198, 469, 533.
Loché, 577, 638.
Loches, 10, 32, 69, 215, 252, 375, 479, 551, 642, 667, 668, 704, 705, 726.
Loiré, 138, 328, 409, 410, 465, 609, 710, 745.
L'Olive, 470.
Longchamps, 478.
Longefont, 767.
Longeron, 596, 597.
Longève, 648.
Longlée, 463.
Longué, 103, 436, 455, 555.
Longuefuye, 102, 103.
Lorchère, 695, 696, 754, 755.
Loresse, 759.
Lorière, 455, 756.
L'Orillonnière, 435.
L'Orme, 241.
L'Ormont, 569.
Lorouer, 640.
Lorraine, 39, 52, 272, 320, 337, 469.
L'Orvoire, 680.
Louailles, 209, 211, 720.
Loudière, 377.
Loudun, 21, 139, 199, 204, 274, 317, 382, 413, 417, 422, 488, 498, 524, 561, 568, 630, 649, 668.
Loué, 208.
Louerre, 46.

Louisière, 697.
Loupes, 495.
Loupfougères, 240.
Louresse, 106, 107.
Lournay, 661.
L'Ouvrinière, 594, 595.
Louzil, 27.
Louzillière, 57, 58.
Lublé, 182, 701.
Lucé, 493, 728.
Luceau, 753
Lucé-le-Mars, 346.
Luché, 151, 152, 287, 420.
Lunay, 240.
Lussault, 334.
Luynes, 661.
Luzarches, 913.
Luzé, 134.
Luzillé, 540, 556.
Lyon, 308, 705.

M

Machemont, 96.
Macquillé, 99, 100.
Maillé, 230, 485, 486, 576, 741.
Mainneuf, 11.
Malherbe, 433, 434.
Malicorne, 84, 272, 277.
Malitourne, 569.
Malivault, 73.
Malleville, 33.
Malmault, 16.
Malvoisine, 374.
Mamers, 125, 303, 383, 521, 579, 628, 658, 669.
Manne, 16, 17.
Mantelan, 375.
Marcé, 73, 110, 367, 372, 488, 507, 535.
Marchemaison, 752.
Marcillé, 418, 481.
Marcilly, 422, 423, 464.
Marçon, 80, 328.
Marçonnay, 496-498.
Marconnet, 87.
Maré, 251.

Mareil, 194, 195, 247, 248.
Marennes, 349.
Maresché, 36, 721.
Mareuil, 498.
Margat, 449.
Marigné, 441.
Marigné-lès-Château-Gontier, 132.
Marigné-Peuton, 12, 14.
Marigny, 403, 669, 747.
Marmande, 307.
Marnay, 152, 265.
Marolles, 517.
Marray, 520.
Martaizé, 529, 530, 538, 649.
Marthou, 67, 68, 249.
Martigné, 503, 601.
Martigné-Briant, 64, 65, 165, 211, 430, 585, 586, 670.
Martigné-sous-Laval, 278, 279.
Martigny, 114, 696.
Maudiné, 704.
Maulay, 372.
Maulevrier, 676, 677, 769.
Maulny, 170, 211.
Maumusson, 71.
Maurepart, 105-107.
Mauvières, 32.
May, 678, 679, 726.
Mayenne, 419, 727.
Mayet, 42, 114, 355, 356, 414, 415, 699.
Mazé, 371, 737.
Mazeuil, 497.
Mazières, 459, 632.
Meaux, 323.
Médouin, 450.
Mée, 695.
Meignannes, 632.
Meigné, 78, 368, 369, 587, 645, 646.
Mélian, 203.
Mélinay, 121, 122.
Melleré, 542.
Melun, 549.
Ménard, 537.
Ménetou, 294.
Ménil, 596, 631.
Méon, 119, 120, 158.
Méral, 148, 149.

Méray, 711.
Méré, 117, 145, 146, 161, 688.
Mespied, 534, 535.
Messars, 145, 146.
Mettray, 76, 90, 295, 306.
Metz, 375.
Metz-Robert, 566.
Mézangeau, 201.
Mézeray, 18, 671.
Mézières, 753.
Mézureau, 126.
Miéré, 706.
Migennes, 70.
Migny, 23.
Milan, 3.
Miliers, 34, 35.
Milly, 430, 431.
Milon, 507, 556 696.
Minguet, 269.
Miraumont, 44.
Mirebalais, 289, 306, 675.
Mirebeau, 72, 314, 380, 413.
Mocé, 172-174.
Moinet, 245.
Moiré, 172-174.
Moisné, 531.
Moitron, 469.
Molières, 443.
Molierne, 259, 260.
Monac, 224.
Monbuer, 474, 475.
Moncé-en-Belin, 396.
Monchauvon, à Échemiré, 40, 41.
Moncointre, 317.
Mondevis, 496, 497.
Mondon, 662.
Mondoubleau, 145, 146, 388,
Monhoudou, 127.
Monmoutier, 86.
Montaillé, 305, 306.
Montalais, 60.
Montargis, 459, 732.
Montargon, 598.
Montataire, 480, 481.
Montautour, 47.
Montbault, 404, 405.
Montbizot, 30.

Montbrun, 591.
Montdoublain, 101, 102.
Montejean, 76, 660.
Montenay, 450.
Monteville, 366.
Montfrond, 730.
Montgaroult, 552.
Montgaudry, 708.
Montgauger, à Saint-Épain, 14, 334, 335.
Montgazon, 404, 405.
Montgenard, 602.
Montgeoffroy, 371.
Montguyon, 186, 283.
Monthéard, 650, 651.
Monthenault, 230.
Monthibault, 266.
Montier-en-Der, 633.
Montiffray, 86-88.
Montigné, 18, 324, 435, 436, 454, 570, 607, 608.
Montigny, 595, 596, 658.
Montilliers, 132, 133, 407, 408, 687.
Montison, 663.
Montjaubert, 159.
Montjean, 759.
Montlouis, 130.
Montluçon, 548.
Montmirail, 550.
Montmorillon, 117.
Montmort, 487.
Montours, 438.
Montourtier, 751.
Montpinçon, 618.
Montreaux, 618.
Montreaux, 434.
Montrenou, 219, 220.
Montreuil, 49, 179, 180, 360.
Montreuil-Bellay, 68, 69, 413.
Montreuil-le-Chétif, 552.
Montreuil-sur-Loir, 22.
Montreuil-sur-Maine, 683.
Montrichard, 235, 762.
Monts, 324, 489, 659.
Montsabert, 487.
Montsoreau, 461, 471, 571.
Morains, 665.

Morannes, 174, 208, 301, 363, 624, 692, 693, 747, 748.
Mordoy, 18.
Mornay, 496-498.
Mortagne, 127.
Morton, 523, 717.
Moru, 436.
Mosné, 494.
Mosnes, 66, 561.
Mosny, 442.
Mouchault, 634.
Mougon, 196, 197.
Mouliherne, 86, 144.
Moulin-Vieux, 348.
Moussy, 35, 36.
Mouterre-Silly, 108.
Mozé, 245, 246.
Murault, 314.

N

Nantes, 52-54, 71, 218, 255, 558, 725.
Nanteuil, 233.
Nantilly, 151, 152.
Naples, 164.
Narbonne, 221.
Narcé, 25.
Nauvay, 45.
Nazé, 399.
Nazelles, 566, 567, 753.
Négelle, 768.
Négron, 704, 705.
Nerbonne, 237.
Néron, 16.
Neufbourg, 378.
Neufchâtel-en-Saosnois, 626.
Neuillé, 510, 672.
Neuilly, 542, 579, 591, 666, 674.
Neuville, 404, 445, 467.
Neuville-sur-Maine, 131.
Neuville-sur-Sarthe, 651.
Neuvillette, 545.
Neuvy, 139, 423, 446, 512, 513, 581, 640, 690.
Neuvy-en-Champagne, 355, 356.

Niafle, 384, 385, 453, 469.
Nîmes, 216.
Niort, 481, 595.
Nœllet, 26, 355.
Nogent, 50, 591, 673.
Nogent-le-Bernard, 292.
Nointeau, 638.
Normandie, 2, 51, 84, 109, 110, 135, 143, 155, 174, 194, 198, 207, 294, 307, 322, 323, 348, 363, 372, 383, 398, 406, 445, 492, 502, 507, 525, 526, 545, 550, 553, 596, 619, 656, 670, 713, 748, 752.
Notre-Dame d'Aux, 202.
Notre-Dame des Vaux, abbaye, 39.
Notre-Dame du Pé, 540, 541.
Nouzilly, 76, 424, 571, 572.
Noyal-sur-Villaine, 367.
Noyant, 208, 218, 345, 378, 514, 548, 705.
Noyers, 679.
Nozay, 410.
Nueil, 180-182, 632, 744.
Nueil-sous-Faye, 538.

O

Oiré, 719, 720.
Olivet, 125.
Ollon, 420.
Onzain, 16.
Orbigny, 519, 520, 536, 537.
Orcis, 30.
Orléanais, 303, 464, 643.
Orléans, 179.
Orsigny, 521.
Orthière, 737.
Orton, 503.
Orvaux, 745.
Ourne, 94, 315.

P

Palaiseau, 751.
Palluau, 156, 512.
Pally, 283, 284.
Pannet, à Cormes, 691.

Pantière, 29.
Panzou, 35, 36, 346, 347.
Parçay, 14, 15, 126, 252, 307, 330 440, 454, 715.
Parcé, 119, 120, 549.
Pardaillan, 706.
Parigné, 424.
Parigné-l'Évêque, 745, 746.
Paris, 14, 15, 57, 58, 68, 87, 89, 97, 156, 159, 162, 172, 218, 266, 316, 346, 394, 424, 432, 473, 517, 527, 548, 567, 613, 615, 627, 668, 672, 673, 682, 713.
— Parlement, 39, 40, 154, 156, 159, 233, 242, 282, 302, 413, 487, 542, 702, 704, 705, 729.
Parnay, 648.
Parpacé, 652.
Pasdeloup, 559, 560.
Passavant, 83, 502.
Paulmy, 775.
Paviers, 196, 197.
Peaupuy, 246.
Pégeon, 669.
Peinel, 293.
Pelouse, 412.
Peray, 125, 303, 383.
Perchambault, 85.
Perche, 241, 389, 398, 480, 650, 670, 718.
Perche-Gouet, 476.
Pérouse 80.
Perray, 130.
Perrier, 511.
Pescheseul, 623.
Petite-Mule, 507, 508.
Peuton, 402.
Philisbourg, 753.
Piart, 448, 449.
Picardie, 35, 96, 290, 291, 323, 388, 392, 500.
Piedflond, 585, 586.
Pierrefitte, 105-107.
Pietable, 267.
Pimats, 704.
Pirmil, 456.
Placé, 361, 362, 689.
Poché, 228.
Pointis, 689, 690.

Poitiers, 221, 237, 439, 668.
Poitou, 4, 24, 65, 66, 83, 92, 124, 152, 177, 186, 188, 194, 195, 196, 203, 206, 222, 225, 285, 290, 315, 321, 322, 327, 333, 335, 342, 345, 347, 351, 362, 370, 380, 381, 424, 428, 441, 454, 489, 497, 503, 509, 510, 589, 598, 601, 609, 610, 618, 619, 624, 639, 666, 684, 698, 710, 744, 764.
Poix, 666.
Pommerieux, 700, 701, 718.
Pondevis, 593.
Ponge, 637.
Pons, 377.
Ponsac, 497.
Pontallain, 515, 516.
Pontcher, 545, 546.
Pont-de-Ruan, 427, 428.
Pontigny, 368, 369.
Pontlevoy, 325.
Pontlong, 227.
Pontmoreau, 314.
Pontosme, 621.
Pontus, 398.
Pontvallain, 114.
Porte, 748.
Portebise, 176.
Portjouslin, 15.
Ports, 464, 577.
Portugal, 262, 263.
Posset, 133.
Pouancé, 47, 557, 558.
Poulenne, 242.
Pourieux, 549.
Poussay, 504.
Pouzay, 394, 395, 464, 508, 516, 517.
Préaux, 565, 607.
Précigné, 631.
Pressigny, 280, 319, 731.
Preuegné, 417.
Preuilly, 139.
Préval, 76.
Prézeau, 715.
Princé, 267, 307, 506, 507, 538, 603, 684, 685.
Provence, 546, 567.
Prugny, 668.

Puzay, 72.

Q

Quelaines, 626.

R

Rablay, 137.
Raincy, 763, 764.
Rairie, 182.
Rajasse, 434.
Ranzon, 167.
Raunay, 704, 705.
Razines, 60, 80, 90, 126, 157, 158, 350, 351, 377, 542, 766.
Rechesne, 680, 681.
Rée, 503.
Rennes, 300.
Rennes-en-Grenouille, 207.
Renoûé, 314, 315.
Resnay, 313.
Restigné, 193, 410, 550.
Reval, 526.
Rezeux, 405.
Ribou, 12.
Richebourg, 401.
Richelieu, 341, 446.
Richemont, 538.
Richerie, 478.
Rigny, 766.
Rillé, 158.
Rilly, 502, 641, 642.
Riou, 89.
Riparfonds, 534.
Rivarennes, 52, 288.
Rivière, 761.
Rochebonne, 755.
Rochebouet, 380.
Rochecorbon, 369.
Rochecot, 43, 44.
Roches, 696.
Rocheux, 753.
Romaigny, 241.
Rompré, 198.
Roncée, 35.

Rondé, 621.
Rortre, 109.
Rosé, 171, 172.
Rouen, 83, 162, 521.
Rouessé, 515, 516.
Rouillon, 674, 675.
Roussillon, 727.
Rouveau, 159, 160, 414, 415, 465.
Rouziers, 97.
Rozay, 233.
Ruillé, 57, 312, 601.
Ruillé-en-Champagne, 179, 180.
Ruillé-Froidfonds, 13.
Ruillé-sur-Loir, 484.
Ry, 250, 251, 467.

S

Sablé, 2, 9, 82.
Saché, 3, 192.
Saint-Aignan, 356, 392, 492, 528.
Saint-Aignan-sur-Roë, 152, 153.
Saint-Amadour, 417.
Saint-Antoine-du-Rocher, 239, 275.
Saint-Aubert, 312.
Saint-Aubin, 342, 352, 355, 673, 706.
Saint-Aubin de Luigné, 47.
Saint-Aubin de Pouancé, 363, 364.
Saint-Aubin-des-Coudrais, 411.
Saint-Aubin-du-Pavoil, 11, 13, 295.
Saint-Aubin-le-Dépeint, 343, 344.
Saint-Bault, 427.
Saint-Benoît, 616.
Saint-Berthevin, 560.
Saint-Branch, 55, 774.
Saint-Calais, 261, 551.
Saint-Célerin, 132.
Saint-Cénéré, 219, 220.
Saint-Christophe, 763, 767.
Saint-Christophe-du-Luat, 611.
Saint-Christophe-en-Champagne, 411, 415, 756.
Saint-Clair, 767.
Saint-Clément-de-la-Place, 185.
Saint-Côme-de-Vair, 33, 677.
Saint-Corneille, 533.

Saint-Crépin, 335, 742, 743.
Saint-Cyr-du-Gault, 303, 320, 321, 627, 628, 722.
Saint-Cyr-en-Bourg, 384, 589.
Saint-Cyr-en-Pail, 491.
Saint-Denis, 521, 522.
Saint-Denis-d'Anjou, 503, 681.
Saint-Denis-de-Gastines, 85, 86.
Saint-Denis du Chevain, 618.
Sainte-Catherine, 170.
Sainte-Catherine-de-Fierbois, 76, 77, 330.
Sainte-Cécile, 315, 316.
Sainte-Cérotte, 693.
Sainte-Colombe, 394.
Sainte-Croix, 356.
Sainte-Gemme, 452, 643, 761, 762.
Sainte-Gemmes d'Andigné, 12, 13, 269, 270.
Sainte-Hélène, 354.
Sainte-Marie-du-Bois, 207.
Sainte-Maure, 146, 290, 356, 447.
Sainte-Néomaye, 497.
Saint-Épain, 164, 335, 337, 438, 540.
Sainte-Radégonde, 38.
Sainte-Suzanne, 146, 233, 234, 573.
Saint-Étienne, 165, 166.
Saint-Eusèbe-de-Gennes, 765.
Sainte-Vierge, 523.
Saint-Florent, 285.
Saint-Florent-le-Vieil, 86, 88, 393, 413, 431, 757.
Saint-Flavier, 54, 55, 251.
Saint-Fraimbault, 644.
Saint-Fraimbault de Lassay, 241.
Saint-Fraimbault de Prières, 419, 420.
Saint-Gatien, 144.
Saint-Gault, 149.
Saint-Georges-des-Sept-Voies, 62, 63, 419, 456, 507.
Saint-Georges-du-Bois, 508, 581, 582.
Saint-Georges-du-Puy-de-la-Garde, 218.
Saint-Georges-le-Gaultier, 81.
Saint-Georges-sur-Eure, 566.
Saint-Georges-sur-Loire, 10, 13, 170.
Saint-Germain, 82, 341, 348, 479, 530, 531, 546, 547.
Saint-Germain-d'Arcé, 719, 720, 733, 746, 747.

Saint-Germain-des-Prés, 99, 217.
Saint-Germain-en-Laye, 147, 563.
Saint-Germain-le-Fouilloux, 212, 213.
Saint-Germain-le-Guillaume, 470.
Saint-Germain-sur-Vienne, 764.
Saint-Gervais, 127.
Saint-Gourgon, 463.
Saint-Hénis, 322, 323.
Saint-Hilaire, 232.
Saint-Hilaire-des-Échaubrognes, 711, 720, 741.
Saint-Hilaire-des-Trois-Moutiers, 45, 167, 687, 688.
Saint-Hilaire-du-Bois, 404, 405.
Saint-Hippolyte, 459.
Saint-Jean-de-Luz, 401.
Saint-Jean-de-Sauves, 314, 428, 497, 498.
Saint-Jean-des-Marais, 270, 720.
Saint-Jean-des-Mauverets, 209, 211, 501.
Saint-Jean-sur-Erve, 421, 422.
Saint-Julien-de-Chédon, 222.
Saint-Just-de-Vercher, 190, 342, 428, 429.
Saint-Lambert, 453.
Saint-Lambert-de-la-Potterie, 457, 458.
Saint-Laon, 77, 78.
Saint-Laurent, 459.
Saint-Laurent-de-Lain, 474, 614, 615, 749.
Saint-Laurent-de-la-Plaine, 696.
Saint-Laurent-des-Autels, 377, 378, 686.
Saint-Laurent-des-Mortiers, 173, 579.
Saint-Laurent-du-Tencement, 748.
Saint-Laurent-sur-Sèvres, 744.
Saint-Léger, 379.
Saint-Léonard, 597.
Saint-Loup, 246, 389.
Saint-Loup-de-Fribois, 435.
Saint-Lubin-Saint-Fonds, 669.
Saint-Maixent, 439.
Saint-Marceau, 214.
Saint-Mars, 25, 30, 457, 666, 667.
Saint-Marsault, 156, 504.
Saint-Mars-d'Egrenne, 30.
Saint-Mars-d'Outillé, 706.
Saint-Mars-du-Cor, 722.
Saint-Marsolles, 294, 353.
Saint-Martin, 703, 763.
Saint-Martin-d'Arcé, 653.

Saint-Martin-de-Connée, 214.
Saint-Martin-de-la-Place, 340.
Saint-Martin-des-Monts, 189, 190.
Saint-Martin-de-Villenglose, 449.
Saint-Martin-du-Bois, 100, 102, 476, 477, 771.
Saint-Martin-du-Limet, 231, 232, 429, 700.
Saint-Martin-le-Beau, 334.
Saint-Mathurin, 245.
Saint-Maurice, 330.
Saint-Mhervé, 560.
Saint-Michel, 232, 440.
Saint-Michel-du-Tertre, 610.
Saint-Michel-sur-Loire, 149, 150.
Saint-Nicolas-de-Bourgueil, 348.
Saintonge, 172, 242, 308, 377, 551, 646.
Saint-Ouen, 226.
Saint-Ouen-des-Oies, 538, 539.
Saint-Pair, 503.
Saint-Paterne, 237, 661, 699.
Saint-Paul-le-Gaultier, 574, 575.
Saint-Paul-le-Vicomte, 736.
Saint-Pierre, 268.
Saint-Pierre de Curçay, 454.
Saint-Pierre-de-Maulimart, 673, 711, 712.
Saint-Pierre-d'Epieds, 151.
Saint-Pierre-des-Echaubrognes, 96, 224, 333, 344, 380, 697, 769.
Saint-Pierre-des-Pierres, 649.
Saint-Pierre-de-Tournon, 112, 113, 590.
Saint-Pierre-de-Verche, 291.
Saint-Pierre-du-Lorouer, 433, 434.
Saint-Quentin, 492.
Saintré, 119, 120.
Saint-Rémy, 709, 752.
Saint-Rémy, abbaye, 233.
Saint-Rémy-de-Sillé, 658.
Saint-Rémy-en-Mauges, 252, 660.
Saint-Rigomer-des-Bois, 472, 717, 718.
Saint-Samson, 518.
Saint-Saturnin-du-Limet, 443, 444.
Saint-Sauveur, 615.
Saint-Sauveur de Flée, 343.
Saint-Sauveur de Guiramnay, 362.
Saint-Sauveur de Landemont, 758.
Saint-Sauveur-en-Poitou, 503.
Saint-Senoch, 251, 320.

Saint-Sulpice-lès-Château-Gontier, 624, 625.
Saint-Sulpice-sur-Loire, 475, 476.
Saint-Symphorien, 308.
Saint-Vigor, 492.
Saint-Vincent-de-Mont, 706.
Saint-Vincent-du-Lorouer. 325, 326.
Saix, 274.
Sambin, 78.
Sancé, 652.
Saosnois, 6, 303, 383.
Sarcé, 700.
Sarcigny, 420.
Sargé-sur-Braye, 587, 728, 729.
Sarrigné, 500.
Saugé, 269, 580.
Saulges, 283.
Saulnay, 38, 39, 267, 311.
Saultray, 208, 213.
Saumeray, 730.
Saumur, 5, 28, 53, 92, 94, 95, 122, 159, 216, 256, 258, 264, 271, 272, 275, 276, 282, 313, 316, 318, 346, 354, 359, 375, 376, 379, 387, 431, 488, 491, 544, 687, 702.
Sauves, 306, 314, 422, 609, 610, 619.
Savenières, 56.
Savigné, 412, 657.
Savigné-l'Évêque, 732.
Savigné-sous-le-Lude, 556.
Savigné-sur-Rillé, 620.
Savigny, 268, 558, 619, 621.
Savigny-en-Verron, 328.
Savoie, 32.
Savonnière, 138, 687.
Sazay, 439, 441.
Sceaux, 535, 662, 663.
Sceaux-sur-Huisne, 398.
Segré, 647.
Seiches, 54.
Seilles, 524.
Séligny, 684.
Semblançay, 239.
Semur, 519.
Senantes, 403.
Sennevières, 667, 682.
Senonnes, 548.
Sepmes, 29, 577, 635, 648, 649, 735.
Sérigny, 105, 230.

Sermaise, 476, 478, 530, 531.
Sermont, 269, 270.
Serrant, 50.
Seuilly, 236.
Seurdres, 172, 173, 178, 203.
Sigogne, 130.
Sillé-le-Guillaume, 522, 523.
Soings, 192.
Soizé, 476.
Solesmes, 390, 391.
Sorbey, 70.
Sougé-le-Gannelon, 715, 716.
Soulaines, 188, 680, 681.
Soulaire, 718.
Soulangé, 319, 320.
Soulitré, 132.
Sourches, 630, 631.
Sourdigné, 175.
Souvigné-sous-Châteaux, 250, 251.
Souvigné-sur-Sarthe, 2, 503.
Souvigny, 259, 266, 549.
Stenay, 459.
Sully-l'Abbaye, 665.
Surgon, 678.

T

Tailleprêt, 585.
Tallard, 671.
Tassé, 595, 596, 688, 689.
Tauxigny, 371, 602, 774.
Teildraps, 249.
Teillay, 149.
Teillé, 389, 390.
Teloché, 133.
Ternay, 17.
Terouanne, 671.
Thargé, 745.
Thenay, 185.
Theneuil, 73, 384, 385, 670, 725.
Thorée, 246.
Thou, 422, 423.
Thouarsais, 327, 343, 344, 490, 615.
Thoumeaux, 627, 628.
Thouvault, 230.
Thunes, 444, 445.

Thurageau, 48, 90, 168, 169, 381, 633, 639, 707.
Thuré, 548, 551, 552.
Thury, 323.
Tiercé, 273, 586.
Tigné, 20, 21, 52, 53, 89.
Tilliers, 188, 334, 466, 513, 680.
Tillouze, 737.
Tilly, 224, 431, 432.
Tirepoil, 407, 408.
Torcé, 241, 574, 730, 731.
Torfou, 440.
Touchamps, 81.
Toulouse, 118.
Tournon, 376.
Tours, ville, 17, 39, 43, 56, 61, 67, 87, 88, 106, 116, 117, 125, 167, 170, 171, 190, 220, 227, 229, 238, 250, 260, 266, 268, 276, 281, 282, 326, 333, 336, 338, 340, 344, 345, 350, 353, 403, 404, 428, 436, 457, 459, 483, 518, 526, 527, 545, 563, 568, 569, 571, 572, 575, 582, 663, 664, 668, 677, 684, 686, 713, 724, 727, 728, 737.
— présidial, 14, 21, 39, 40, 41, 44, 228, 305.
— bureau des finances, 15, 195, 754.
Tracy-le-Mont, 513.
Tranchelion, 386.
Trans, 283, 531.
Trée, 490.
Trémentines, 20, 363, 367, 368.
Tresson, 369.
Trisac, 14.
Trizay, 123.
Trogues, 684, 685, 724, 736.
Troyes, 257, 611.
Trun 619.
Truys, 599.
Tuffé, 253.
Turbilly, 519.
Turé, 551.
Turpenay, abbaye, 53.
Turterie, 744.
Tyrol, 418.

U

Usseau, 592.

V

Vaas, 100.
Valençay, 112, 236, 697.
Valette, 359.
Vallagon, 276.
Vallet, 15.
Valletz, 680.
Vallière, 416, 515, 709.
Vallon, 61, 510, 637, 759.
Vancé, 312.
Vannes, 614.
Varennes, 19, 240, 268, 289, 357, 376, 396, 430, 431, 466, 594, 628, 629, 750, 751.
Varennes-sous-Montsoreau, 648.
Vatan, 111.
Vauberault, 566, 567.
Vauberger, 170.
Vaudelenay, 688.
Vaudésir, 576.
Vaugaudez, 87.
Vaugelé, 384.
Vaugeois, 178, 211.
Vaugirault, 773.
Vaujours, 704.
Vaulard, 690.
Vauléard, 754.
Vaulogé, 414, 415.
Vaumorin, 154.
Vaurouault, 367.
Vauthibault, 446.
Vautigny, 306.
Vauvert, 289, 467, 644.
Vaux, 209, 211, 348, 609, 705.
Vaux-de-Chaumont, 450.
Vaux-Pallu, 563.
Vauxperron, 94.
Vayalle, 177.
Veigné, 38, 39.
Vellèches, 150, 193, 588, 589.
Vellegenard, 614.
Vendôme, 16, 321, 644.
Vendômois, 66, 312.
Veniers, 474, 475.
Vennevelles, 286, 287.
Vern, 554, 716.
Vernantes, 247, 248, 485, 680, 681.

Vernay, 609, 610, 664, 665.
Verneil-le-Chétif, 308.
Verneil-le-Fourier, 140, 141, 142, 158, 173, 289, 616, 617.
Vernelle, 720.
Verneuil, 97, 490, 633.
Vernou, 88, 413, 414.
Verrières, 174, 665.
Verrüe, 4, 675.
Vert, 712.
Vezins, 11, 13, 163, 699.
Vezot, 358.
Viantais, 122.
Vibraye, 213, 214, 669, 670.
Vic, 180, 745.
Vieuvy, 691.
Vigré, 100, 102.
Vihiers, 745.
Vilbourg, 177.
Villaines, 192, 193, 289, 429, 466.
Villaines-la-Carelle, 338.
Villaines-la-Gosnais, 65.
Villaines-la-Juhel, 406.
Villarceau, 189, 190.
Villatte, 288.
Villeblanche, 295.
Villebranche, 207.
Villebrun, 161.
Villechartre, 626.
Villechauve, 279.
Villedieu, 225, 426, 618.
Villedomer, 499.
Villegomblain, 656.
Villegraton, 100.
Villegué, 441.
Villelévêque, 253, 611, 675.
Villemainseul, 59, 60.
Villemoisant, 685.

Villemort, 117.
Villenoble, à Boursay, 503.
Villenglose, 449.
Villenières, 49.
Villeperdue, 740, 741.
Villepeton, 516, 517.
Villeprovert, 240.
Villeray, 672.
Villette, 373.
Villiers, 37, 38, 111, 121, 222, 233, 315, 356, 371, 480, 521, 600, 750.
Villiers-au-Bouin, 42, 50, 286, 287, 361, 509.
Villiers-Charlemagne, 247.
Villiers-Rozières, 387, 388.
Villomé, 565, 567.
Vilvaier, 631.
Virollet, 551.
Vitray, 386.
Vitry-le-François, 432.
Vivoin, 237, 504, 712.
Vivy, 5, 399, 689, 768.
Voisenay, 729.
Voisin, 192.
Volennes, 350.
Vonnes, 112, 427, 428.
Vontes, 390.
Vou, 39, 103, 663.
Vousseronde, 60.
Vouvre, 704.
Vouzailles, 546.

Y

Yvetot, 63, 190.
Yzernay, 92, 104, 154-156.
Yzeures, 130, 145, 146, 184, 422, 423, 531, 532, 717.

MAMERS. — TYP. DE G. FLEURY ET A. DANGIN. — 1895.

www.ingramcontent.com/pod-product-compliance
Lightning Source LLC
Chambersburg PA
CBHW070716020526
44115CB00031B/1122